Hofmann

Grunderwerbsteuergesetz
Kommentar

# Online-Version inklusive!

**Stellen Sie dieses Buch jetzt in Ihre „digitale Bibliothek" in der NWB Datenbank und nutzen Sie Ihre Vorteile:**

▶ Ob am Arbeitsplatz, zu Hause oder unterwegs: Die Online-Version dieses Buches können Sie jederzeit und überall da nutzen, wo Sie Zugang zu einem mit dem Internet verbundenen PC haben.

▶ Die praktischen Recherchefunktionen der NWB Datenbank erleichtern Ihnen die gezielte Suche nach bestimmten Inhalten und Fragestellungen.

▶ Die Anlage Ihrer persönlichen „digitalen Bibliothek" und deren Nutzung in der NWB Datenbank online ist kostenlos. Sie müssen dazu nicht Abonnent der Datenbank sein.

Ihr Freischaltcode: **CAXIMZEIFDDTKHKOSALPRD**

Hofmann/H.,Grunderwerbsteuergesetz Kommentar

**So einfach geht's:**

① Rufen Sie im Internet die Seite **www.nwb.de/go/online-buch** auf.

② Geben Sie Ihren Freischaltcode in Großbuchstaben ein und folgen Sie dem Anmeldedialog.

③ Fertig!

**Alternativ** können Sie auch den Barcode direkt mit der **NWB Mobile** App einscannen und so Ihr Produkt freischalten! Die NWB Mobile App gibt es für iOS, Android und Windows Phone!

**Die NWB Datenbank – alle digitalen Inhalte aus unserem Verlagsprogramm in einem System.**

www.nwb.de

# Grunderwerbsteuergesetz

## Kommentar

Von
Dr. Ruth Hofmann
Vors. Richterin am Bundesfinanzhof a. D., Berlin

und

Gerda Hofmann
Ministerialrätin, Berlin

11., völlig neu bearbeitete Auflage

▶ **nwb** KOMMENTAR

**Zitiervorschlag:**

Hofmann, GrEStG, § < . . . > Rdnr. < . . . >

ISBN 978-3-482-**66721**-3
11., völlig neu bearbeitete Auflage 2017

© Verlag Neue Wirtschafts-Briefe GmbH & Co. KG, Herne 1967
www.nwb.de

Satz: Griebsch & Rochol Druck GmbH, Hamm
Druck: medienHaus Plump GmbH, Rheinbreitbach

# VORWORT

Seit dem Erscheinen der Vorauflage sind noch keine drei Jahre vergangen, jedoch ist die Zeit nicht spurlos am Grunderwerbsteuerrecht vorbei verstrichen. Das Bundesverfassungsgericht hat im Sommer 2015 die Ersatzbemessungsgrundlage (§ 8 Abs. 2 GrEStG) rückwirkend für die Zeit nach dem 31. 12. 2008 für unvereinbar mit dem Gleichheitssatz des Grundgesetzes erklärt und damit den Gesetzgeber zur Neuregelung gezwungen. Die höchstrichterliche Rechtsprechung hat nicht nur zu Einzelfragen aus dem Gebiet der Ergänzungstatbestände überraschende Lösungen gefunden, die den Gesetzgeber auf den Plan gerufen haben (§ 1 Abs. 2a Sätze 2 bis 5 GrEStG), sondern auch Ungereimtheiten in der die Umstrukturierung im Konzern begünstigenden Vorschrift (§ 6a GrEStG) aufgedeckt und darüber hinaus Zweifel daran geäußert, ob es sich dabei nicht um eine mit dem Binnenmarkt unvereinbare Beihilfe (Art. 107 Abs. 1 AUEV) handle. Der Gesetzgeber hat des Weiteren u. a. die Begünstigungsvorschrift des § 6a GrEStG zum Teil erweitert, zum Teil jedoch in Bezug auf die einzuhaltende Vor- und Nachbehaltensfrist verschärft, die Anforderungen an eine ordnungsgemäße Anzeige in § 16 Abs. 5 GrEStG stärker konturiert, aber auch ausländischen Steuerpflichtigen eine längere Anzeigefrist eingeräumt (§ 19 Abs. 3 Satz 2 GrEStG). Schließlich haben die Länder – mit Ausnahme von Bayern und Sachsen – von ihrer Kompetenz, den Steuersatz zu bestimmen, Gebrauch gemacht und diesen teilweise bis nahe an die magische Grenze von sieben Prozent, wie sie vor Erlass des GrEStG 1983 zumindest im Ergebnis galt, erhöht. Die damit einhergehende Steuerlast macht es notwendig, sich mit dem Grunderwerbsteuergesetz ernstlich zu beschäftigen, auch wenn es nur 23 Paragraphen zuzüglich einer – bislang nicht ausgefüllten – Verordnungsermächtigung umfasst.

Die verschiedenen und nicht gerade kompatiblen Ansätze zur Lösung der mit den Ergänzungstatbeständen (§ 1 Abs. 2a bis Abs. 3a GrEStG) – Stichwort: share deals – sowie mit der Begünstigungsvorschrift des § 6a GrEStG zusammenhängenden Fragen machten eine weitgehende Neukommentierung dieser Vorschriften erforderlich. Unser Anliegen war es, jeweilige Entwicklungen sorgsam aufzuzeigen und speziell auf Übergangsfragen, insbesondere solche, die auch künftig noch von Bedeutung sind (Beispiel: § 1 Abs. 2a GrEStG), einzugehen und ebenso für alte und neuere Zweifelsfragen trotz des Bewusstseins, wohl nicht allem voll gerecht werden zu können, Denkansätze und Lösungen anzubieten. Dabei wird in der Kommentierung selbstverständlich auf die gleich lautenden Erlasse der obersten Finanzbehörden der Länder eingegangen, die einerseits den Finanzbehörden Hilfestellung leisten sollen und zum anderen die Beraterschaft über die Auslegung des Gesetzes aus der Sicht der Finanzverwaltung informieren.

Unser Dank gilt dem Lektorat und den vielen guten Geistern, die die Realisierung der Neuauflage möglich machten.

Hoffentlich ist es uns gelungen, mit der Mischung aus vollständiger Überarbeitung und Neukommentierung den Rechtsanwendern erneut ein solides Rüstzeug an die Hand zu geben, das sich in der Praxis als verlässlich erweist. Dankbar sind wir für jede Kritik und jegliche Anregung.

Berlin, im Juni 2016          Ruth Hofmann          Gerda Hofmann

# INHALTSÜBERSICHT

# ABKÜRZUNGSVERZEICHNIS

|  | **A** |
| --- | --- |
| a. A. | anderer Ansicht |
| a. a. O. | am angegebenen Ort |
| Abs. | Absatz |
| Abschn. | Abschnitt |
| a. E. | am Ende |
| AEG | Allgemeines Eisenbahngesetz |
| AEUV | Vertrag über die Arbeitsweise der Europäischen Union |
| ÄndG | Änderungsgesetz |
| a. F. | alter Fassung |
| AG | 1. Aktiengesellschaft<br>2. Die Aktiengesellschaft (Zeitschrift) |
| AktG | Aktiengesetz |
| a. M. | anderer Meinung |
| amtl. Begr. | amtliche Begründung |
| ABl | Amtsblatt |
| AmtshilfeRLUmsG | Gesetz zur Umsetzung der Amtshilferichtlinien…26. 6. 2013, BGBl I 1809 |
| AnfG | Anfechtungsgesetz |
| Anh. | Anhang |
| Anl. | Anlage |
| AO | Abgabenordnung |
| Art. | Artikel |
| Aufl. | Auflage |

|  | **B** |
| --- | --- |
| BAnz | Bundesanzeiger |
| BauGB | Baugesetzbuch |
| BayObLG | Bayerisches Oberstes Landesgericht |
| BB | Betriebs-Berater (Zeitschrift) |
| BBergG | Bundesberggesetz |
| betr. | betreffend |
| BeurkG | Beurkundungsgesetz |
| BewG | Bewertungsgesetz (1965) |
| BFH | Bundesfinanzhof |
| BFHE | Entscheidungen des BFH (Sammlung) |

| | |
|---|---|
| BFH/NV | Sammlung amtlich nicht veröffentlichter Entscheidungen des BFH (Zeitschrift) |
| BGB | Bürgerliches Gesetzbuch |
| BGBl | Bundesgesetzblatt |
| BGH | Bundesgerichtshof |
| BGHZ | Entscheidungen des BGH in Zivilsachen (Sammlung) |
| BJagdG | Bundesjagdgesetz |
| BMF | Bundesministerium der Finanzen |
| Boruttau/… | Boruttau, Kommentar zum GrEStG, 17. Aufl./Verfasser |
| BoSoG | Bodensonderungsgesetz |
| BR | Bundesrat |
| BR-Drucks. | Bundesrats-Drucksache |
| bspw. | beispielsweise |
| BStBl | Bundessteuerblatt |
| BT | Bundestag |
| BT-Drucks. | Bundestags-Drucksache |
| Buchst. | Buchstabe |
| BVerfG | Bundesverfassungsgericht |
| BVerfGE | Entscheidungen des BVerfG (Sammlung) |
| BVerfGG | Bundesverfassungsgerichtsgesetz |
| BVerwG | Bundesverwaltungsgericht |
| BVerwGE | Entscheidungen des BVerwG (Sammlung) |
| BvS | Bundesanstalt für vereinigungsbedingte Sonderaufgaben |
| bzw. | beziehungsweise |

## D

| | |
|---|---|
| DB | Der Betrieb (Zeitschrift) |
| D spezial Ost | Deutschland spezial Ost (seit 1994, davor DDR spezial; Zeitschrift) |
| DDR spezial | (bis 1993 einschl., jetzt Deutschland spezial Ost; Zeitschrift) |
| DNotZ | Deutsche Notar-Zeitschrift |
| DStR | Deutsches Steuerrecht (Zeitschrift) |
| DStRE | Deutsches Steuerrecht Entscheidungen (Zeitschrift) |
| DStZ | Deutsche Steuerzeitung (Zeitschrift) |
| DtZ | Deutsch-Deutsche Rechtszeitschrift |
| DV, DVO | Durchführungsverordnung |
| DVR | Deutsche Verkehrsteuerrundschau (Zeitschrift) |

## E

| | |
|---|---|
| EFG | Entscheidungen der Finanzgerichte (Zeitschrift) |
| EG | Europäische Gemeinschaft |
| EGAO | Einführungsgesetz zur AO 1977 |

| | |
|---|---|
| EGBGB | Einführungsgesetz zum BGB |
| EGInsO | Einführungsgesetz zur Insolvenzordnung |
| EGZGB | Einführungsgesetz zum ZGB |
| EGZVG | Einführungsgesetz zum ZVG |
| EheG | Ehegesetz |
| EigentÜbertrG | Gesetz über die Übertragung des Eigentums und die Verpachtung volkseigener landwirtschaftlich genutzter Grundstücke ... 22. 7. 1990 (GBl DDR I 1990, 899) |
| EinfErl | Einführungserlass zum GrEStG 1983 |
| EinigungsV | Vertrag zwischen der Bundesrepublik Deutschland und der Deutschen Demokratischen Republik über die Herstellung der Einheit Deutschlands 31. 8. 1990 (BGBl II 1990, 889) |
| ENeuOG | Eisenbahnneuordnungsgesetz |
| EnWG | Energiewirtschaftsgesetz |
| ErbbauRG | Erbbaurechtsgesetz |
| ErbR | Zeitschrift für die gesamte erbrechtliche Praxis |
| ErbBSt | Erbfolgebesteuerung (Zeitschrift) |
| ErbStB | Erbschaftsteuer-Berater (Zeitschrift) |
| ErbStG | Erbschaftsteuer- und Schenkungsteuergesetz |
| ErbStR | Erbschaftsteuer-Richtlinien 19. 12. 2011 (BStBl I Sondernummer 1/2011, 2) |
| EStG | Einkommensteuergesetz |
| etc. | et cetera – und übrige(s) |
| EU | Europäische Union |
| EuGH | Europäischer Gerichtshof |
| EuGHE | Entscheidungssammlung des Europäischen Gerichtshofs |
| EWIV | Europäische Wirtschaftliche Interessenvereinigung |
| EWR | Europäischer Wirtschaftsraum |

## F

| | |
|---|---|
| f., ff. | folgende, fortfolgende |
| FA | Finanzamt |
| FÄ | Finanzämter |
| FAZ | Frankfurter Allgemeine Zeitung |
| FG | Finanzgericht |
| FGB | Familiengesetzbuch der Deutschen Demokratischen Republik 20. 12. 1965 (GBl DDR I 1966, 1) |
| FGG | Gesetz über die freiwillige Gerichtsbarkeit |
| FGO | Finanzgerichtsordnung |
| FlurbG | Flurbereinigungsgesetz |
| FM | Finanzministerium (Staatsministerium der Finanzen) |
| FördG | Fördergebietsgesetz 23. 9. 1993 (BGBl I 1993, 1655) |
| FR | Finanzrundschau (Zeitschrift) |

| | |
|---|---|
| FVG | Gesetz über die Finanzverwaltung |

## G

| | |
|---|---|
| G | Gesetz |
| GBl DDR | Gesetzblatt der Deutschen Demokratischen Republik |
| GBO | Grundbuchordnung |
| GbR | Gesellschaft bürgerlichen Rechts |
| GenG | Genossenschaftsgesetz |
| GG | Grundgesetz |
| ggf. | gegebenenfalls |
| gl. A. | gleicher Ansicht |
| GmbH | Gesellschaft mit beschränkter Haftung |
| GmbHG | Gesetz über die Gesellschaften mit beschränkter Haftung |
| GmbHR | GmbH-Rundschau (Zeitschrift) |
| Gottwald/Behrens | Grunderwerbsteuer, 5. Aufl. 2015 |
| GrEStG | Grunderwerbsteuergesetz |
| GrS | Großer Senat |
| GrStG | Grundsteuergesetz |
| GVBl, GVOBl | Gesetz- und Verordnungsblatt |
| GVO | Grundstücksverkehrsordnung |

## H

| | |
|---|---|
| Handbuch | Handbuch Erbschaftsteuer und Bewertung 2015 des Deutschen wissenschaftlichen Instituts der Steuerberater e.V. |
| HFR | Höchstrichterliche Finanzrechtsprechung (Zeitschrift) |
| HGB | Handelsgesetzbuch |
| h. M. | herrschende Meinung |
| HöfeO | Höfeordnung |

## I

| | |
|---|---|
| i. d. F. | in der Fassung |
| i. e. S. | im engeren Sinne |
| i. H. v. | in Höhe von |
| INF | Die Information über Steuer und Wirtschaft (Zeitschrift) |
| InsO | Insolvenzordnung |
| InvG | Investmentgesetz |
| InVorG | Gesetz über den Vorrang für Investitionen bei Rückübertragungsansprüchen nach dem Vermögensgesetz i. d. F. 4. 8. 1997 (BGBl I 1996) |
| i. S. | im Sinne |
| IStR | Internationales Steuerrecht (Zeitschrift) |
| i. V. m. | in Verbindung mit |

| | |
|---|---|
| i.w.S. | im weiteren Sinne |

## J

| | |
|---|---|
| JStG | Jahressteuergesetz |
| -juris- | Juris (Datenbank) |
| JW | Juristische Wochenschrift (Zeitschrift) |
| JZ | Juristen-Zeitung (Zeitschrift) |

## K

| | |
|---|---|
| K | Der Konzern (Zeitschrift) |
| KAGB | Kapitalanlagengesetzbuch |
| Kap. | Kapitel |
| KG | Kommanditgesellschaft, Kammergericht Berlin |
| KGaA | Kommanditgesellschaft auf Aktien |
| KO | Konkursordnung |
| KStG | Körperschaftsteuergesetz |
| KStR | Körperschaftsteuer-Richtlinien |
| KVG | Gesetz über das Vermögen der Gemeinden, Städte und Landkreise 6.7.1990 (GBl DDR I 1990, 660) |

## L

| | |
|---|---|
| Ländererlasse | Gleich lautende Erlasse der obersten Finanzbehörden der Länder |
| LPartG | Lebenspartnerschaftsgesetz |
| LPG | Landwirtschaftliche Produktionsgenossenschaft |
| LPG-Gesetz | Gesetz über die landwirtschaftlichen Produktionsgenossenschaften |
| LwAnpG | Landwirtschaftsanpassungsgesetz 29.6.1990 (GBl DDR I 1990, 642, i.d.F. 3.7.1991, BGBl I 1991, 1410; mit späteren Änderungen) |

## M

| | |
|---|---|
| MaBV | Makler- und Bauträger-Verordnung |
| MauerG | Gesetz über den Verkauf von Mauer- und Grenzgrundstücken an die früheren Eigentümer 15.7.1996 (BGBl I 1996, 980) |
| MDR | Monatsschrift für Deutsches Recht (Zeitschrift) |
| MeAnlG | Meliorationsanlagengesetz 21.9.1994 (BGBl I 1994, 2550) |
| MittBayNot | Mitteilungen des Bayerischen Notarvereins .... (Zeitschrift) |
| MoMiG | Gesetz zur Modernisierung des GmbH-Rechts und zur Bekämpfung von Missbräuchen 23.10.2008 (BGBl I 2008, 2026) |
| m.w.N. | mit weiteren Nachweisen |

## N

| | |
|---|---|
| n. F. | neue Fassung |
| NJW | Neue Juristische Wochenschrift (Zeitschrift) |
| NJW-RR | Neue Juristische Wochenschrift – Rechtsprechungs-Report (Zeitschrift) |
| NotBZ | Zeitschrift für die notarielle Beratungs- und Beurkundungspraxis |
| Nr. | Nummer |
| nv | nicht veröffentlicht |
| NWB | Neue Wirtschafts-Briefe (Zeitschrift) |
| NZG | Neue Zeitschrift für Gesellschaftsrecht (Zeitschrift) |

## O

| | |
|---|---|
| o. a. | oben angeführt |
| ÖPP | Öffentlich Private Partnerschaft |
| ö. R. | öffentlichen Rechts |
| OFD | Oberfinanzdirektion |
| OFH | Oberster Finanzgerichtshof |
| OHG | offene Handelsgesellschaft |
| OLG | Oberlandesgericht |
| OwiG | Ordnungswidrigkeitengesetz |

## P

| | |
|---|---|
| PartGG | Gesetz über Partnerschaftsgesellschaften Angehöriger freier Berufe |
| Pahlke | Kommentar zum GrEStG, 5. Aufl., 2014 |
| PGH | Produktionsgenossenschaft des Handwerks |
| PGH-VO | Verordnung über die Gründung, Tätigkeit und Umwandlung von Produktionsgenossenschaften des Handwerks 8. 3. 1990 (GBl DDR I 1990, 164) |
| PTNeuOG | Postneuordnungsgesetz |

## R

| | |
|---|---|
| R. | Rechtsspruch (Anordnungsform der StRK) |
| RAO | Reichsabgabenordnung |
| RdL | Recht der Landwirtschaft (Zeitschrift) |
| Rdnr., Rn | Randnummer |
| resp. | respektive |
| RFH | Reichsfinanzhof |
| RFHE | Entscheidungen des RFH (Sammlung) |
| RG | Reichsgericht |
| RGBl | Reichsgesetzblatt |
| RGZ | Entscheidungen des RG in Zivilsachen (Sammlung) |
| Rspr. | Rechtsprechung |
| RStBl | Reichssteuerblatt |

| | |
|---|---|
| Rz | Randziffer |

## S

| | |
|---|---|
| s. | siehe |
| S. | Seite |
| SachenRBerG | Gesetz zur Sachenrechtsbereinigung im Beitrittsgebiet 21. 9. 1994 (BGBl I 1994, 2538), mit späteren Änderungen |
| SchuldRAnpG | Gesetz zur Anpassung schuldrechtlicher Nutzungsverhältnisse an Grundstücken im Beitrittsgebiet 21. 9. 1994 (BGBl I 1994, 2538) |
| SE | Societas Europea (Europäische Gesellschaft) |
| Sp. | Spalte |
| SpTrUG | Gesetz über die Spaltung der von der Treuhand verwalteten Unternehmen 5. 4. 1991 (BGBl I 1991, 854) mit späteren Änderungen |
| StÄndG | Steueränderungsgesetz |
| StAnpG | Steueranpassungsgesetz |
| StB | Der Steuerberater (Zeitschrift) |
| Stbg | Die Steuerberatung (Zeitschrift) |
| StEd | Steuer Eildienst (Zeitschrift) |
| StEK | Steuererlasskartei |
| StEntlG | Steuerentlastungsgesetz |
| StGB | Strafgesetzbuch |
| StMBG | Gesetz zur Bekämpfung des Missbrauchs und zur Bereinigung des Steuerrechts 21. 12. 1993 (BGBl I 1993, 2310) |
| StRK | Steuerrechtsprechung in Karteiform |
| st. Rspr. | ständige Rechtsprechung |
| StVj | Steuerliche Vierteljahresschrift (Zeitschrift) |
| StW, StuW | Steuer und Wirtschaft (Zeitschrift) |

## T

| | |
|---|---|
| Tipke/Kruse | Tipke/Kruse, Kommentar zur Abgabenordnung und Finanzgerichtsordnung (Loseblatt) |
| TreuhG | Gesetz zur Privatisierung und Reorganisation des volkseigenen Vermögens – TreuhandG – 17. 6. 1990 (GBl DDR I 1990, 300) mit späteren Änderungen |
| Tz | Textziffer |

## U

| | |
|---|---|
| u. a. | und andere, und anderes, unter anderem |
| u. Ä. | und Ähnliche(s) |
| Ubg | Die Unternehmensberatung (Zeitschrift) |
| u. dergl. | und dergleichen |
| UmwandlungsVO | Verordnung zur Umwandlung von volkseigenen Kombinaten, Betrieben und Einrichtungen in Kapitalgesellschaften 1. 3. 1990 (GBl DDR I 1990, 107) |

| | |
|---|---|
| UmwG 1969 | Umwandlungsgesetz i. d. F. der Bekanntmachung 6. 11. 1969 (BGBl I 1969, 2081) |
| UmwG | Umwandlungsgesetz vom 24. 10. 1994 (BGBl I 1994, 3210, ber. 1995, 428) mit späteren Änderungen |
| UStB | Der Umsatzsteuer-Berater (Zeitschrift) |
| UStG | Umsatzsteuergesetz |
| usw. | und so weiter |
| u. U. | unter Umständen |
| UVR | Umsatzsteuer- und Verkehrsteuer-Recht (Zeitschrift) |

## V

| | |
|---|---|
| V | zur Veröffentlichung bestimmt |
| VAG | Versicherungsaufsichtsgesetz |
| VEB | Volkseigener Betrieb |
| VerkaufsG | Gesetz über den Verkauf volkseigener Gebäude 7. 3. 1990 (GBl DDR I 1990, 157) |
| VermG | Gesetz zur Regelung offener Vermögensfragen (Anl. II Kap. III Sachgebiet B Abschn. I Nr. 5 des EinigungsV); nun i. d. F. der Bekanntmachung 21. 12. 1998 (BGBl I 1998, 4026), mit späteren Änderungen |
| VG | Verwaltungsgericht |
| VGH | Verwaltungsgerichtshof |
| vgl. | vergleiche |
| v. H. | vom Hundert |
| VO | Verordnung |
| VVaG | Versicherungsverein auf Gegenseitigkeit |
| VVG | Gesetz über den Versicherungsvertrag |
| VwGO | Verwaltungsgerichtsordnung |
| VwVfG | Verwaltungsverfahrensgesetz |
| VwZG | Verwaltungszustellungsgesetz |
| VZOG | Vermögenszuordnungsgesetz i. d. F. 29. 3. 1994 (BGBl I 1994, 709), mit späteren Änderungen |

## W

| | |
|---|---|
| WEG | Wohnungseigentumsgesetz |
| Weilbach | Kommentar zur Grunderwerbsteuer (Loseblatt) |
| WM | Wertpapiermitteilungen (Zeitschrift) |
| WoGenVermG | Gesetz zur Regelung vermögensrechtlicher Angelegenheiten der Wohnungsgenossenschaften |
| WPg | Die Wirtschaftsprüfung (Zeitschrift) |
| WpHG | Wertpapierhandelsgesetz |

## Z

| | |
|---|---|
| z. B. | zum Beispiel |
| ZEV | Zeitschrift für Erbrecht und Vermögensnachfolge |
| ZflR(ZIR) | Zeitschrift für Immobilienrecht |
| ZGB | Zivilgesetzbuch der Deutschen Demokratischen Republik 19.6.1975 (GBl DDR I 1975, 465) |
| ZGR | Zeitschrift für das gesamte Gesellschaftsrecht |
| ZIP | Zeitschrift für Wirtschaftsrecht |
| Ziff. | Ziffer |
| ZPO | Zivilprozessordnung |
| z. T. | zum Teil |
| ZVG | Gesetz über die Zwangsversteigerung und Zwangsverwaltung |

# TEIL I: TEXTTEIL

## Grunderwerbsteuergesetz

i. d. F. 26. 2. 1997 (BGBl I S. 418), zuletzt geändert durch Art. 18 Gesetz zur Modernisierung des Besteuerungsverfahrens vom 18. 7. 2016 (BGBl I 2016, 1679)[1]

# Erster Abschnitt: Gegenstand der Steuer

## § 1 Erwerbsvorgänge

(1) Der Grunderwerbsteuer unterliegen die folgenden Rechtsvorgänge, soweit sie sich auf inländische Grundstücke beziehen:

1. ein Kaufvertrag oder ein anderes Rechtsgeschäft, das den Anspruch auf Übereignung begründet;

2. die Auflassung, wenn kein Rechtsgeschäft vorausgegangen ist, das den Anspruch auf Übereignung begründet;

3. der Übergang des Eigentums, wenn kein den Anspruch auf Übereignung begründendes Rechtsgeschäft vorausgegangen ist und es auch keiner Auflassung bedarf. Ausgenommen sind

   a. der Übergang des Eigentums durch die Abfindung in Land und die unentgeltliche Zuteilung von Land für gemeinschaftliche Anlagen im Flurbereinigungsverfahren sowie durch die entsprechenden Rechtsvorgänge im beschleunigten Zusammenlegungsverfahren und im Landtauschverfahren nach dem Flurbereinigungsgesetz in seiner jeweils geltenden Fassung,

   b. der Übergang des Eigentums im Umlegungsverfahren nach dem Baugesetzbuch in seiner jeweils geltenden Fassung, wenn der neue Eigentümer in diesem Verfahren als Eigentümer eines im Umlegungsgebiet gelegenen Grundstücks Beteiligter ist,

   c. der Übergang des Eigentums im Zwangsversteigerungsverfahren;

4. das Meistgebot im Zwangsversteigerungsverfahren;

---

1 Hinsichtlich der Gesetzesänderungen im Einzelnen wird auf Seite 40 f. verwiesen.

5. ein Rechtsgeschäft, das den Anspruch auf Abtretung eines Übereignungsanspruchs oder der Rechte aus einem Meistgebot begründet;

6. ein Rechtsgeschäft, das den Anspruch auf Abtretung der Rechte aus einem Kaufangebot begründet. Dem Kaufangebot steht ein Angebot zum Abschluss eines anderen Vertrags gleich, kraft dessen die Übereignung verlangt werden kann;

7. die Abtretung eines der in den Nummern 5 und 6 bezeichneten Rechte, wenn kein Rechtsgeschäft vorausgegangen ist, das den Anspruch auf Abtretung der Rechte begründet.

(2) Der Grunderwerbsteuer unterliegen auch Rechtsvorgänge, die es ohne Begründung eines Anspruchs auf Übereignung einem anderen rechtlich oder wirtschaftlich ermöglichen, ein inländisches Grundstück auf eigene Rechnung zu verwerten.

(2a) Gehört zum Vermögen einer Personengesellschaft ein inländisches Grundstück und ändert sich innerhalb von fünf Jahren der Gesellschafterbestand unmittelbar oder mittelbar dergestalt, dass mindestens 95 vom Hundert der Anteile am Gesellschaftsvermögen auf neue Gesellschafter übergehen, gilt dies als ein auf die Übereignung eines Grundstücks auf eine neue Personengesellschaft gerichtetes Rechtsgeschäft. Mittelbare Änderungen im Gesellschafterbestand von den an einer Personengesellschaft beteiligten Personengesellschaften werden durch Multiplikation der Vomhundertsätze der Anteile am Gesellschaftsvermögen anteilig berücksichtigt. Ist eine Kapitalgesellschaft an einer Personengesellschaft unmittelbar oder mittelbar beteiligt, gelten die Sätze 4 und 5. Eine unmittelbar beteiligte Kapitalgesellschaft gilt in vollem Umfang als neue Gesellschafterin, wenn an ihr mindestens 95 vom Hundert der Anteile auf neue Gesellschafter übergehen. Bei mehrstufigen Beteiligungen gilt Satz 4 auf der Ebene jeder mittelbar beteiligten Kapitalgesellschaft entsprechend. Bei der Ermittlung des Vomhundertsatzes bleibt der Erwerb von Anteilen von Todes wegen außer Betracht. Hat die Personengesellschaft vor dem Wechsel des Gesellschafterbestandes ein Grundstück von einem Gesellschafter oder einer anderen Gesamthand erworben, ist auf die nach § 8 Abs. 2 Satz 1 Nr. 3 ermittelte Bemessungsgrundlage die Bemessungsgrundlage für den Erwerbsvorgang, für den auf Grund des § 5 Abs. 3 oder des § 6 Abs. 3 Satz 2 die Steuervergünstigung zu versagen ist, mit dem entsprechenden Betrag anzurechnen.

(3) Gehört zum Vermögen einer Gesellschaft ein inländisches Grundstück, so unterliegen der Steuer, soweit eine Besteuerung nach Absatz 2a nicht in Betracht kommt, außerdem:

1. ein Rechtsgeschäft, das den Anspruch auf Übertragung eines oder mehrerer Anteile der Gesellschaft begründet, wenn durch die Übertragung unmittelbar oder mittelbar mindestens 95 vom Hundert der Anteile der Gesellschaft in der Hand des Erwerbers oder in der Hand von herrschenden und abhängigen Unternehmen oder abhängigen Personen oder in der Hand von abhängigen Unternehmen oder abhängigen Personen allein vereinigt werden würden;

2. die Vereinigung unmittelbar oder mittelbar von mindestens 95 vom Hundert der Anteile der Gesellschaft, wenn kein schuldrechtliches Geschäft im Sinne der Nummer 1 vorausgegangen ist;

3. ein Rechtsgeschäft, das den Anspruch auf Übertragung unmittelbar oder mittelbar von mindestens 95 vom Hundert der Anteile der Gesellschaft begründet;

4. der Übergang unmittelbar oder mittelbar von mindestens 95 vom Hundert der Anteile der Gesellschaft auf einen anderen, wenn kein schuldrechtliches Geschäft im Sinne der Nummer 3 vorausgegangen ist.

(3a) Soweit eine Besteuerung nach Absatz 2a und Absatz 3 nicht in Betracht kommt, gilt als Rechtsvorgang im Sinne des Absatzes 3 auch ein solcher, aufgrund dessen ein Rechtsträger unmittelbar oder mittelbar oder teils unmittelbar, teils mittelbar eine wirtschaftliche Beteiligung in Höhe von mindestens 95 vom Hundert an einer Gesellschaft, zu deren Vermögen ein inländisches Grundstück gehört, innehat. Die wirtschaftliche Beteiligung ergibt sich aus der Summe der unmittelbaren und mittelbaren Beteiligungen am Kapital oder am Vermögen der Gesellschaft. Für die Ermittlung der mittelbaren Beteiligungen sind die Vomhundertsätze am Kapital oder am Vermögen der Gesellschaften zu multiplizieren.

(4) Im Sinne des Absatzes 3 gelten

1. als Gesellschaften auch die bergrechtlichen Gewerkschaften und

2. als abhängig

   a. natürliche Personen, soweit sie einzeln oder zusammengeschlossen einem Unternehmen so eingegliedert sind, dass sie den Weisungen des Unternehmers in Bezug auf die Anteile zu folgen verpflichtet sind;

   b. juristische Personen, die nach dem Gesamtbild der tatsächlichen Verhältnisse finanziell, wirtschaftlich und organisatorisch in ein Unternehmen eingegliedert sind.

(5) Bei einem Tauschvertrag, der für beide Vertragteile den Anspruch auf Übereignung eines Grundstücks begründet, unterliegt der Steuer sowohl die Vereinbarung über die Leistung des einen als auch die Vereinbarung über die Leistung des anderen Vertragsteils.

(6) Ein in Absatz 1, 2, 3 oder Absatz 3a bezeichneter Rechtsvorgang unterliegt der Steuer auch dann, wenn ihm ein in einem anderen dieser Absätze bezeichneter Rechtsvorgang vorausgegangen ist. Die Steuer wird jedoch nur insoweit erhoben, als die Bemessungsgrundlage für den späteren Rechtsvorgang den Betrag übersteigt, von dem beim vorausgegangenen Rechtsvorgang die Steuer berechnet worden ist.

(7) (weggefallen)

# § 2  Grundstücke

(1) Unter Grundstücken im Sinne dieses Gesetzes sind Grundstücke im Sinne des bürgerlichen Rechts zu verstehen. Jedoch werden nicht zu den Grundstücken gerechnet:

1. Maschinen und sonstige Vorrichtungen aller Art, die zu einer Betriebsanlage gehören,

2. Mineralgewinnungsrechte und sonstige Gewerbeberechtigungen,

3. das Recht des Grundstückseigentümers auf den Erbbauzins.

(2) Den Grundstücken stehen gleich

1. Erbbaurechte,

2. Gebäude auf fremdem Boden,

3. dinglich gesicherte Sondernutzungsrechte im Sinne des § 15 des Wohnungseigentumsgesetzes und des § 1010 des Bürgerlichen Gesetzbuchs.

(3) Bezieht sich ein Rechtsvorgang auf mehrere Grundstücke, die zu einer wirtschaftlichen Einheit gehören, so werden diese Grundstücke als ein Grundstück behandelt. Bezieht sich ein Rechtsvorgang auf einen oder mehrere Teile eines Grundstücks, so werden diese Teile als ein Grundstück behandelt.

# Zweiter Abschnitt: Steuervergünstigungen

# § 3 Allgemeine Ausnahmen von der Besteuerung

Von der Besteuerung sind ausgenommen:

1. der Erwerb eines Grundstücks, wenn der für die Berechnung der Steuer maßgebende Wert (§ 8) 2 500 Euro nicht übersteigt;

2. der Grundstückserwerb von Todes wegen und Grundstücksschenkungen unter Lebenden im Sinne des Erbschaftsteuer- und Schenkungsteuergesetzes. Schenkungen unter einer Auflage unterliegen der Besteuerung jedoch hinsichtlich des Werts solcher Auflagen, die bei der Schenkungsteuer abziehbar sind;

3. der Erwerb eines zum Nachlass gehörigen Grundstücks durch Miterben zur Teilung des Nachlasses. Den Miterben steht der überlebende Ehegatte oder Lebenspartner gleich, wenn er mit den Erben des verstorbenen Ehegatten oder Lebenspartners gütergemeinschaftliches Vermögen zu teilen hat oder wenn ihm in Anrechnung auf eine Ausgleichsforderung am Zugewinn des verstorbenen Ehegatten oder Lebenspartners ein zum Nachlass gehöriges Grundstück übertragen wird. Den Miterben stehen außerdem ihre Ehegatten oder ihre Lebenspartner gleich;

4. der Grundstückserwerb durch den Ehegatten oder den Lebenspartner des Veräußerers;

5. der Grundstückserwerb durch den früheren Ehegatten des Veräußerers im Rahmen der Vermögensauseinandersetzung nach der Scheidung;

5a. der Grundstückserwerb durch den früheren Lebenspartner des Veräußerers im Rahmen der Vermögensauseinandersetzung nach der Aufhebung der Lebenspartnerschaft;

6. der Erwerb eines Grundstücks durch Personen, die mit dem Veräußerer in gerader Linie verwandt sind oder deren Verwandtschaft durch die Annahme als Kind bürgerlich-rechtlich erloschen ist. Den Abkömmlingen stehen die Stiefkinder gleich. Den in den Sätzen 1 und 2 genannten Personen stehen deren Ehegatten oder deren Lebenspartner gleich;

7. der Erwerb eines zum Gesamtgut gehörigen Grundstücks durch Teilnehmer an einer fortgesetzten Gütergemeinschaft zur Teilung des Gesamtguts.

Den Teilnehmern an der fortgesetzten Gütergemeinschaft stehen ihre Ehegatten oder ihre Lebenspartner gleich;

8. der Rückerwerb eines Grundstücks durch den Treugeber bei Auflösung des Treuhandverhältnisses. Voraussetzung ist, dass für den Rechtsvorgang, durch den der Treuhänder den Anspruch auf Übereignung des Grundstücks oder das Eigentum an dem Grundstück erlangt hatte, die Steuer entrichtet worden ist. Die Anwendung der Vorschrift des § 16 Abs. 2 bleibt unberührt.

# § 4 Besondere Ausnahmen von der Besteuerung

Von der Besteuerung sind ausgenommen:

1. der Erwerb eines Grundstücks durch eine juristische Person des öffentlichen Rechts, wenn das Grundstück aus Anlass des Übergangs von öffentlich-rechtlichen Aufgaben oder aus Anlass von Grenzänderungen von der einen auf die andere juristische Person übergeht und nicht überwiegend einem Betrieb gewerblicher Art dient;

2. der Erwerb eines Grundstücks durch einen ausländischen Staat, wenn das Grundstück für die Zwecke von Botschaften, Gesandtschaften oder Konsulaten dieses Staates bestimmt ist und Gegenseitigkeit gewährt wird;

3. der Erwerb eines Grundstücks durch einen ausländischen Staat oder eine ausländische kulturelle Einrichtung, wenn das Grundstück für kulturelle Zwecke bestimmt ist und Gegenseitigkeit gewährt wird;

4. der Übergang von Grundstücken gemäß § 1 Absatz 1 Nummer 3 und von Gesellschaftsanteilen gemäß § 1 Absatz 3 Nummer 2 und 4 als unmittelbare Rechtsfolge eines Zusammenschlusses kommunaler Gebietskörperschaften, der durch Vereinbarung der beteiligten Gebietskörperschaften mit Zustimmung der nach Landesrecht zuständigen Stelle oder durch Gesetz zustande kommt, sowie Rechtsgeschäfte über Grundstücke gemäß § 1 Absatz 1 Nummer 1 und über Gesellschaftsanteile gemäß § 1 Absatz 3 Nummer 1 und 3 aus Anlass der Aufhebung der Kreisfreiheit einer Gemeinde;

5. der Erwerb eines Grundstücks von einer juristischen Person des öffentlichen Rechts sowie der Rückerwerb des Grundstücks durch die juristische Person des öffentlichen Rechts, wenn das Grundstück im Rahmen einer Öffentlich Privaten Partnerschaft für einen öffentlichen Dienst oder Gebrauch im Sinne des § 3 Abs. 2 des Grundsteuergesetzes benutzt wird und

zwischen dem Erwerber und der juristischen Person des öffentlichen Rechts die Rückübertragung des Grundstücks am Ende des Vertragszeitraums vereinbart worden ist. Die Ausnahme von der Besteuerung entfällt mit Wirkung für die Vergangenheit, wenn die juristische Person des öffentlichen Rechts auf die Rückübertragung des Grundstücks verzichtet oder das Grundstück nicht mehr für einen öffentlichen Dienst oder Gebrauch genutzt wird.

# § 5  Übergang auf eine Gesamthand

(1) Geht ein Grundstück von mehreren Miteigentümern auf eine Gesamthand (Gemeinschaft zur gesamten Hand) über, so wird die Steuer nicht erhoben, soweit der Anteil des einzelnen am Vermögen der Gesamthand Beteiligten seinem Bruchteil am Grundstück entspricht.

(2) Geht ein Grundstück von einem Alleineigentümer auf eine Gesamthand über, so wird die Steuer in Höhe des Anteils nicht erhoben, zu dem der Veräußerer am Vermögen der Gesamthand beteiligt ist.

(3) Die Absätze 1 und 2 sind insoweit nicht anzuwenden, als sich der Anteil des Veräußerers am Vermögen der Gesamthand innerhalb von fünf Jahren nach dem Übergang des Grundstücks auf die Gesamthand vermindert.

# § 6  Übergang von einer Gesamthand

(1) Geht ein Grundstück von einer Gesamthand in das Miteigentum mehrerer an der Gesamthand beteiligter Personen über, so wird die Steuer nicht erhoben, soweit der Bruchteil, den der einzelne Erwerber erhält, dem Anteil entspricht, zu dem er am Vermögen der Gesamthand beteiligt ist. Wird ein Grundstück bei der Auflösung der Gesamthand übertragen, so ist die Auseinandersetzungsquote maßgebend, wenn die Beteiligten für den Fall der Auflösung der Gesamthand eine vom Beteiligungsverhältnis abweichende Auseinandersetzungsquote vereinbart haben.

(2) Geht ein Grundstück von einer Gesamthand in das Alleineigentum einer an der Gesamthand beteiligten Person über, so wird die Steuer in Höhe des Anteils nicht erhoben, zu dem der Erwerber am Vermögen der Gesamthand beteiligt ist. Geht ein Grundstück bei der Auflösung der Gesamthand in das Alleineigentum eines Gesamthänders über, so gilt Absatz 1 Satz 2 entsprechend.

(3) Die Vorschriften des Absatzes 1 gelten entsprechend beim Übergang eines Grundstücks von einer Gesamthand auf eine andere Gesamthand. Absatz 1 ist insoweit nicht entsprechend anzuwenden, als sich der Anteil des Gesamthänders am Vermögen der erwerbenden Gesamthand innerhalb von fünf Jahren nach dem Übergang des Grundstücks von der einen auf die andere Gesamthand vermindert.

(4) Die Vorschriften der Absätze 1 bis 3 gelten insoweit nicht, als ein Gesamthänder – im Fall der Erbfolge sein Rechtsvorgänger – innerhalb von fünf Jahren vor dem Erwerbsvorgang seinen Anteil an der Gesamthand durch Rechtsgeschäft unter Lebenden erworben hat. Die Vorschriften der Absätze 1 bis 3 gelten außerdem insoweit nicht, als die vom Beteiligungsverhältnis abweichende Auseinandersetzungsquote innerhalb der letzten fünf Jahre vor der Auflösung der Gesamthand vereinbart worden ist.

# § 6a  Steuervergünstigung bei Umstrukturierungen im Konzern

Für einen nach § 1 Absatz 1 Nummer 3 Satz 1, Absatz 2, 2a, 3 oder Absatz 3a steuerbaren Rechtsvorgang aufgrund einer Umwandlung im Sinne des § 1 Absatz 1 Nummer 1 bis 3 des Umwandlungsgesetzes, einer Einbringung oder eines anderen Erwerbsvorgangs auf gesellschaftsvertraglicher Grundlage wird die Steuer nicht erhoben. Satz 1 gilt auch für entsprechende Umwandlungen, Einbringungen sowie andere Erwerbsvorgänge auf gesellschaftsvertraglicher Grundlage aufgrund des Rechts eines Mitgliedstaats der Europäischen Union oder eines Staats, auf den das Abkommen über den Europäischen Wirtschaftsraum Anwendung findet. Satz 1 gilt nur, wenn an dem dort genannten Rechtsvorgang ausschließlich ein herrschendes Unternehmen und ein oder mehrere von diesem herrschenden Unternehmen abhängige Gesellschaften oder mehrere von einem herrschenden Unternehmen abhängige Gesellschaften beteiligt sind. Im Sinne von Satz 3 abhängig ist eine Gesellschaft, an deren Kapital oder Gesellschaftsvermögen das herrschende Unternehmen innerhalb von fünf Jahren vor dem Rechtsvorgang und fünf Jahren nach dem Rechtsvorgang unmittelbar oder mittelbar oder teils unmittelbar, teils mittelbar zu mindestens 95 vom Hundert ununterbrochen beteiligt ist.

# § 7 Umwandlung von gemeinschaftlichem Eigentum in Flächeneigentum

(1) Wird ein Grundstück, das mehreren Miteigentümern gehört, von den Miteigentümern flächenweise geteilt, so wird die Steuer nicht erhoben, soweit der Wert des Teilgrundstücks, das der einzelne Erwerber erhält, dem Bruchteil entspricht, zu dem er am gesamten zu verteilenden Grundstück beteiligt ist.

(2) Wird ein Grundstück, das einer Gesamthand gehört, von den an der Gesamthand beteiligten Personen flächenweise geteilt, so wird die Steuer nicht erhoben, soweit der Wert des Teilgrundstücks, das der einzelne Erwerber erhält, dem Anteil entspricht, zu dem er am Vermögen der Gesamthand beteiligt ist. Wird ein Grundstück bei der Auflösung der Gesamthand flächenweise geteilt, so ist die Auseinandersetzungsquote maßgebend, wenn die Beteiligten für den Fall der Auflösung der Gesamthand eine vom Beteiligungsverhältnis abweichende Auseinandersetzungsquote vereinbart haben.

(3) Die Vorschriften des Absatzes 2 gelten insoweit nicht, als ein Gesamthänder – im Fall der Erbfolge sein Rechtsvorgänger – seinen Anteil an der Gesamthand innerhalb von fünf Jahren vor der Umwandlung durch Rechtsgeschäft unter Lebenden erworben hat. Die Vorschrift des Absatzes 2 Satz 2 gilt außerdem insoweit nicht, als die vom Beteiligungsverhältnis abweichende Auseinandersetzungsquote innerhalb der letzten fünf Jahre vor der Auflösung der Gesamthand vereinbart worden ist.

# Dritter Abschnitt: Bemessungsgrundlage

# § 8 Grundsatz

(1) Die Steuer bemisst sich nach dem Wert der Gegenleistung.

(2) Die Steuer wird nach den Grundbesitzwerten im Sinne des § 151 Absatz 1 Satz 1 Nummer 1 in Verbindung mit § 157 Absatz 1 bis 3 des Bewertungsgesetzes bemessen:

1. wenn eine Gegenleistung nicht vorhanden oder nicht zu ermitteln ist;

2. bei Umwandlungen auf Grund eines Bundes- oder Landesgesetzes, bei Einbringungen sowie bei anderen Erwerbsvorgängen auf gesellschaftsvertraglicher Grundlage;

3. in den Fällen des § 1 Absatz 2a, 3 und 3a.

Erstreckt sich der Erwerbsvorgang auf ein noch zu errichtendes Gebäude oder beruht die Änderung des Gesellschafterbestandes im Sinne des § 1 Abs. 2a auf einem vorgefassten Plan zur Bebauung eines Grundstücks, ist der Wert des Grundstücks abweichend von § 157 Absatz 1 Satz 1 des Bewertungsgesetzes nach den tatsächlichen Verhältnissen im Zeitpunkt der Fertigstellung des Gebäudes maßgebend.

# § 9  Gegenleistung

(1) Als Gegenleistung gelten

1. bei einem Kauf:

   der Kaufpreis einschließlich der vom Käufer übernommenen sonstigen Leistungen und der dem Verkäufer vorbehaltenen Nutzungen;

2. bei einem Tausch:

   die Tauschleistung des anderen Vertragsteils einschließlich einer vereinbarten zusätzlichen Leistung;

3. bei einer Leistung an Erfüllungs statt:

   der Wert, zu dem die Leistung an Erfüllungs statt angenommen wird;

4. beim Meistgebot im Zwangsversteigerungsverfahren:

   das Meistgebot einschließlich der Rechte, die nach den Versteigerungsbedingungen bestehen bleiben;

5. bei Abtretung der Rechte aus dem Meistgebot:

   die Übernahme der Verpflichtung aus dem Meistgebot. Zusätzliche Leistungen, zu denen sich der Erwerber gegenüber dem Meistbietenden verpflichtet, sind dem Meistgebot hinzuzurechnen. Leistungen, die der Meistbietende dem Erwerber gegenüber übernimmt, sind abzusetzen;

6. bei der Abtretung des Übereignungsanspruchs:

   die Übernahme der Verpflichtung aus dem Rechtsgeschäft, das den Übereignungsanspruch begründet hat, einschließlich der besonderen Leistungen, zu denen sich der Übernehmer dem Abtretenden gegenüber verpflichtet. Leistungen, die der Abtretende dem Übernehmer gegenüber übernimmt, sind abzusetzen;

7. bei der Enteignung:

die Entschädigung. Wird ein Grundstück enteignet, das zusammen mit anderen Grundstücken eine wirtschaftliche Einheit bildet, so gehört die besondere Entschädigung für eine Wertminderung der nicht enteigneten Grundstücke nicht zur Gegenleistung; dies gilt auch dann, wenn ein Grundstück zur Vermeidung der Enteignung freiwillig veräußert wird.

8. (weggefallen)

(2) Zur Gegenleistung gehören auch

1. Leistungen, die der Erwerber des Grundstücks dem Veräußerer neben der beim Erwerbsvorgang vereinbarten Gegenleistung zusätzlich gewährt;

2. die Belastungen, die auf dem Grundstück ruhen, soweit sie auf den Erwerber kraft Gesetzes übergehen. Zur Gegenleistung gehören jedoch nicht die auf dem Grundstück ruhenden dauernden Lasten. Der Erbbauzins gilt nicht als dauernde Last;

3. Leistungen, die der Erwerber des Grundstücks anderen Personen als dem Veräußerer als Gegenleistung dafür gewährt, dass sie auf den Erwerb des Grundstücks verzichten;

4. Leistungen, die ein anderer als der Erwerber des Grundstücks dem Veräußerer als Gegenleistung dafür gewährt, dass der Veräußerer dem Erwerber das Grundstück überlässt.

(3) Die Grunderwerbsteuer, die für den zu besteuernden Erwerbsvorgang zu entrichten ist, wird der Gegenleistung weder hinzugerechnet noch von ihr abgezogen.

# § 10  (weggefallen)

# Vierter Abschnitt: Steuerberechnung

# § 11  Steuersatz, Abrundung

(1) Die Steuer beträgt 3,5 vom Hundert.

(2) Die Steuer ist auf volle Euro nach unten abzurunden.

# § 12 Pauschbesteuerung

Das Finanzamt kann im Einvernehmen mit dem Steuerpflichtigen von der genauen Ermittlung des Steuerbetrags absehen und die Steuer in einem Pauschbetrag festsetzen, wenn dadurch die Besteuerung vereinfacht und das steuerliche Ergebnis nicht wesentlich geändert wird.

# Fünfter Abschnitt: Steuerschuld

# § 13 Steuerschuldner

Steuerschuldner sind

1. regelmäßig:

   die an einem Erwerbsvorgang als Vertragsteile beteiligten Personen;

2. beim Erwerb kraft Gesetzes:

   der bisherige Eigentümer und der Erwerber;

3. beim Erwerb im Enteignungsverfahren:

   der Erwerber;

4. beim Meistgebot im Zwangsversteigerungsverfahren:

   der Meistbietende;

5. bei der Vereinigung von mindestens 95 vom Hundert der Anteile an einer Gesellschaft in der Hand

   a. des Erwerbers:

   der Erwerber;

   b. mehrerer Unternehmen oder Personen:

   diese Beteiligten;

6. bei Änderung des Gesellschafterbestandes einer Personengesellschaft:

   die Personengesellschaft;

7. bei der wirtschaftlichen Beteiligung von mindestens 95 vom Hundert an einer Gesellschaft:

   der Rechtsträger, der die wirtschaftliche Beteiligung innehat.

## § 14 Entstehung der Steuer in besonderen Fällen

Die Steuer entsteht,

1. wenn die Wirksamkeit eines Erwerbsvorgangs von dem Eintritt einer Bedingung abhängig ist, mit dem Eintritt der Bedingung;

2. wenn ein Erwerbsvorgang einer Genehmigung bedarf, mit der Genehmigung.

## § 15 Fälligkeit der Steuer

Die Steuer wird einen Monat nach der Bekanntgabe des Steuerbescheids fällig. Das Finanzamt darf eine längere Zahlungsfrist setzen.

# Sechster Abschnitt: Nichtfestsetzung der Steuer, Aufhebung oder Änderung der Steuerfestsetzung

## § 16

(1) Wird ein Erwerbsvorgang rückgängig gemacht, bevor das Eigentum am Grundstück auf den Erwerber übergegangen ist, so wird auf Antrag die Steuer nicht festgesetzt oder die Steuerfestsetzung aufgehoben,

1. wenn die Rückgängigmachung durch Vereinbarung, durch Ausübung eines vorbehaltenen Rücktrittsrechts oder eines Wiederkaufsrechts innerhalb von zwei Jahren seit der Entstehung der Steuer stattfindet;

2. wenn die Vertragsbedingungen nicht erfüllt werden und der Erwerbsvorgang deshalb auf Grund eines Rechtsanspruchs rückgängig gemacht wird.

(2) Erwirbt der Veräußerer das Eigentum an dem veräußerten Grundstück zurück, so wird auf Antrag sowohl für den Rückerwerb als auch für den vorausgegangenen Erwerbsvorgang die Steuer nicht festgesetzt oder die Steuerfestsetzung aufgehoben,

1. wenn der Rückerwerb innerhalb von zwei Jahren seit der Entstehung der Steuer für den vorausgegangenen Erwerbsvorgang stattfindet. Ist für den Rückerwerb eine Eintragung in das Grundbuch erforderlich, so muss inner-

halb der Frist die Auflassung erklärt und die Eintragung im Grundbuch beantragt werden;

2. wenn das dem Erwerbsvorgang zugrunde liegende Rechtsgeschäft nichtig oder infolge einer Anfechtung als von Anfang an nichtig anzusehen ist;

3. wenn die Vertragsbedingungen des Rechtsgeschäfts, das den Anspruch auf Übereignung begründet hat, nicht erfüllt werden und das Rechtsgeschäft deshalb auf Grund eines Rechtsanspruchs rückgängig gemacht wird.

(3) Wird die Gegenleistung für das Grundstück herabgesetzt, so wird auf Antrag die Steuer entsprechend niedriger festgesetzt oder die Steuerfestsetzung geändert,

1. wenn die Herabsetzung innerhalb von zwei Jahren seit der Entstehung der Steuer stattfindet;

2. wenn die Herabsetzung (Minderung) auf Grund des § 437 des Bürgerlichen Gesetzbuchs vollzogen wird.

(4) Tritt ein Ereignis ein, das nach den Absätzen 1 bis 3 die Aufhebung oder Änderung einer Steuerfestsetzung begründet, endet die Festsetzungsfrist (§§ 169 bis 171 der Abgabenordnung) insoweit nicht vor Ablauf eines Jahres nach dem Eintritt des Ereignisses.

(5) Die Vorschriften der Absätze 1 bis 4 gelten nicht, wenn einer der in § 1 Absatz 2 bis 3a bezeichneten Erwerbsvorgänge rückgängig gemacht wird, der nicht fristgerecht und in allen Teilen vollständig angezeigt (§§ 18 bis 20) war.

# Siebenter Abschnitt:
# Örtliche Zuständigkeit, Feststellung von Besteuerungsgrundlagen, Anzeigepflichten und Erteilung der Unbedenklichkeitsbescheinigung

## § 17 Örtliche Zuständigkeit, Feststellung von Besteuerungsgrundlagen

(1) Für die Besteuerung ist vorbehaltlich des Satzes 2 das Finanzamt örtlich zuständig, in dessen Bezirk das Grundstück oder der wertvollste Teil des Grundstücks liegt. Liegt das Grundstück in den Bezirken von Finanzämtern verschiedener Länder, so ist jedes dieser Finanzämter für die Besteuerung des Erwerbs insoweit zuständig, als der Grundstücksteil in seinem Bezirk liegt.

(2) In den Fällen des Absatzes 1 Satz 2 sowie in Fällen, in denen sich ein Rechtsvorgang auf mehrere Grundstücke bezieht, die in den Bezirken verschiedener Finanzämter liegen, stellt das Finanzamt, in dessen Bezirk der wertvollste Grundstücksteil oder das wertvollste Grundstück oder der wertvollste Bestand an Grundstücksteilen oder Grundstücken liegt, die Besteuerungsgrundlagen gesondert fest.

(3) Die Besteuerungsgrundlagen werden

1. bei Grundstückserwerben durch Umwandlungen auf Grund eines Bundes- oder Landesgesetzes durch das Finanzamt, in dessen Bezirk sich die Geschäftsleitung des Erwerbers befindet, und

2. in den Fällen des § 1 Absatz 2a, 3 und 3a durch das Finanzamt, in dessen Bezirk sich die Geschäftsleitung der Gesellschaft befindet,

gesondert festgestellt, wenn ein außerhalb des Bezirks dieser Finanzämter liegendes Grundstück oder ein auf das Gebiet eines anderen Landes sich erstreckender Teil eines im Bezirk dieser Finanzämter liegenden Grundstücks betroffen wird. [2]Befindet sich die Geschäftsleitung nicht im Geltungsbereich des Gesetzes und werden in verschiedenen Finanzamtsbezirken liegende Grundstücke oder in verschiedenen Ländern liegende Grundstücksteile betroffen, so stellt das nach Absatz 2 zuständige Finanzamt die Besteuerungsgrundlagen gesondert fest.

(3a) In die gesonderte Feststellung nach Absatz 2 und 3 sind nicht die Grundbesitzwerte im Sinne des § 151 Absatz 1 Satz 1 Nummer 1 in Verbindung mit § 157 Absatz 1 bis 3 des Bewertungsgesetzes aufzunehmen, wenn die Steuer nach § 8 Abs. 2 zu bemessen ist.

(4) [1]Von der gesonderten Feststellung kann abgesehen werden, wenn

1. der Erwerb steuerfrei ist oder

2. die anteilige Besteuerungsgrundlage für den Erwerb des in einem anderen Land liegenden Grundstücksteils 2 500 Euro nicht übersteigt.

Wird von der gesonderten Feststellung abgesehen, so ist in den Fällen der Nummer 2 die anteilige Besteuerungsgrundlage denen der anderen für die Besteuerung zuständigen Finanzämter nach dem Verhältnis ihrer Anteile hinzuzurechnen.

# § 18 Anzeigepflicht der Gerichte, Behörden und Notare

(1) Gerichte, Behörden und Notare haben dem zuständigen Finanzamt schriftlich Anzeige nach amtlich vorgeschriebenem Vordruck zu erstatten über

1. Rechtsvorgänge, die sie beurkundet oder über die sie eine Urkunde entworfen und darauf eine Unterschrift beglaubigt haben, wenn die Rechtsvorgänge ein Grundstück im Geltungsbereich dieses Gesetzes betreffen;

2. Anträge auf Berichtigung des Grundbuchs, die sie beurkundet oder über die sie eine Urkunde entworfen und darauf eine Unterschrift beglaubigt haben, wenn der Antrag darauf gestützt wird, dass der Grundstückseigentümer gewechselt hat;

3. Zuschlagsbeschlüsse im Zwangsversteigerungsverfahren, Enteignungsbeschlüsse und andere Entscheidungen, durch die ein Wechsel im Grundstückseigentum bewirkt wird. Die Anzeigepflicht der Gerichte besteht auch beim Wechsel im Grundstückseigentum auf Grund einer Eintragung im Handels-, Genossenschafts- oder Vereinsregister;

4. nachträgliche Änderungen oder Berichtigungen eines der unter den Nummern 1 bis 3 aufgeführten Vorgänge.

Der Anzeige ist eine Abschrift der Urkunde über den Rechtsvorgang, den Antrag, den Beschluss oder die Entscheidung beizufügen.

(2) Die Anzeigepflicht bezieht sich auch auf Vorgänge, die ein Erbbaurecht oder ein Gebäude auf fremdem Boden betreffen. Sie gilt außerdem für Vorgänge, die die Übertragung von Anteilen an einer Kapitalgesellschaft, einer bergrechtlichen Gewerkschaft, einer Personenhandelsgesellschaft oder einer Gesellschaft des bürgerlichen Rechts betreffen, wenn zum Vermögen der Gesellschaft ein im Geltungsbereich dieses Gesetzes liegendes Grundstück gehört.

(3) Die Anzeigen sind innerhalb von zwei Wochen nach der Beurkundung oder der Unterschriftsbeglaubigung oder der Bekanntgabe der Entscheidung zu erstatten, und zwar auch dann, wenn die Wirksamkeit des Rechtsvorgangs vom Eintritt einer Bedingung, vom Ablauf einer Frist oder von einer Genehmigung abhängig ist. Sie sind auch dann zu erstatten, wenn der Rechtsvorgang von der Besteuerung ausgenommen ist.

(4) Die Absendung der Anzeige ist auf der Urschrift der Urkunde, in den Fällen, in denen eine Urkunde entworfen und darauf eine Unterschrift beglaubigt worden ist, auf der zurückbehaltenen beglaubigten Abschrift zu vermerken.

(5) Die Anzeigen sind an das für die Besteuerung, in den Fällen des § 17 Abs. 2 und 3 an das für die gesonderte Feststellung zuständige Finanzamt zu richten.

# § 19 Anzeigepflicht der Beteiligten

(1) Steuerschuldner müssen Anzeige erstatten über

1. Rechtsvorgänge, die es ohne Begründung eines Anspruchs auf Übereignung einem anderen rechtlich oder wirtschaftlich ermöglichen, ein Grundstück auf eigene Rechnung zu verwerten;

2. formungültige Verträge über die Übereignung eines Grundstücks, die die Beteiligten unter sich gelten lassen und wirtschaftlich erfüllen;

3. den Erwerb von Gebäuden auf fremdem Boden;

3a. unmittelbare und mittelbare Änderungen des Gesellschafterbestandes einer Personengesellschaft, die innerhalb von fünf Jahren zum Übergang von 95 vom Hundert der Anteile am Gesellschaftsvermögen auf neue Gesellschafter geführt haben, wenn zum Vermögen der Personengesellschaft ein inländisches Grundstück gehört (§ 1 Abs. 2a);

4. schuldrechtliche Geschäfte, die auf die Vereinigung von mindestens 95 vom Hundert der Anteile einer Gesellschaft gerichtet sind, wenn zum Vermögen der Gesellschaft ein Grundstück gehört (§ 1 Abs. 3 Nr. 1);

5. die Vereinigung von mindestens 95 vom Hundert der Anteile einer Gesellschaft, zu deren Vermögen ein Grundstück gehört (§ 1 Abs. 3 Nr. 2);

6. Rechtsgeschäfte, die den Anspruch auf Übertragung von mindestens 95 vom Hundert der Anteile einer Gesellschaft begründen, wenn zum Vermögen der Gesellschaft ein Grundstück gehört (§ 1 Abs. 3 Nr. 3);

7. die Übertragung von mindestens 95 vom Hundert der Anteile einer Gesellschaft auf einen anderen, wenn zum Vermögen der Gesellschaft ein Grundstück gehört (§ 1 Abs. 3 Nr. 4);

7a. Rechtsvorgänge, aufgrund derer ein Rechtsträger unmittelbar oder mittelbar oder teils unmittelbar, teils mittelbar eine wirtschaftliche Beteiligung in Höhe von mindestens 95 vom Hundert an einer Gesellschaft, zu deren Vermögen ein inländisches Grundstück gehört, innehat (§ 1 Absatz 3a);

8. Entscheidungen im Sinne von § 18 Abs. 1 Satz 1 Nr. 3. Die Anzeigepflicht besteht auch beim Wechsel im Grundstückseigentum auf Grund einer Eintragung im Handels-, Genossenschafts- oder Vereinsregister.

Sie haben auch alle Erwerbsvorgänge anzuzeigen, über die ein Gericht, eine Behörde oder ein Notar eine Anzeige nach § 18 nicht zu erstatten hat.

(2) Die in Absatz 1 bezeichneten Personen haben außerdem in allen Fällen Anzeige zu erstatten über

1. jede Erhöhung der Gegenleistung des Erwerbers durch Gewährung von zusätzlichen Leistungen neben der beim Erwerbsvorgang vereinbarten Gegenleistung;

2. Leistungen, die der Erwerber des Grundstücks anderen Personen als dem Veräußerer als Gegenleistung dafür gewährt, dass sie auf den Erwerb des Grundstücks verzichten;

3. Leistungen, die ein anderer als der Erwerber des Grundstücks dem Veräußerer als Gegenleistung dafür gewährt, dass der Veräußerer dem Erwerber das Grundstück überlässt;

4. Änderungen im Gesellschafterbestand einer Gesamthand bei Gewährung der Steuervergünstigung nach § 5 Abs. 1 und 2 oder § 6 Abs. 3 in Verbindung mit § 6 Abs. 1;

4a. Änderungen von Beherrschungsverhältnissen im Sinne des § 6a Satz 4;

5. Änderungen in der Nutzung oder den Verzicht auf Rückübertragung, wenn der Grundstückserwerb nach § 4 Nummer 5 von der Besteuerung ausgenommen war.

(3) Die Anzeigepflichtigen haben innerhalb von zwei Wochen, nachdem sie von dem anzeigepflichtigen Vorgang Kenntnis erhalten haben, den Vorgang anzuzeigen, und zwar auch dann, wenn der Vorgang von der Besteuerung ausgenommen ist. Die Frist nach Satz 1 verlängert sich auf einen Monat für den Steuerschuldner, der eine natürliche Person ohne Wohnsitz oder gewöhnlichen Aufenthalt im Inland, eine Kapitalgesellschaft ohne Geschäftsleitung oder Sitz im Inland oder eine Personengesellschaft ohne Ort der Geschäftsführung im Inland ist.

(4) Die Anzeigen sind an das für die Besteuerung, in den Fällen des § 17 Abs. 2 und 3 an das für die gesonderte Feststellung zuständige Finanzamt zu richten. Ist über den anzeigepflichtigen Vorgang eine privatschriftliche Urkunde aufgenommen worden, so ist der Anzeige eine Abschrift der Urkunde beizufügen.

(5) ¹Die Anzeigen sind Steuererklärungen im Sinne der Abgabenordnung. Sie sind schriftlich abzugeben. ³Sie können gemäß § 87a der Abgabenordnung in elektronischer Form übermittelt werden.

# § 20   Inhalt der Anzeigen

(1) Die Anzeigen müssen enthalten:

1. Vorname, Zuname, Anschrift sowie die steuerliche Identifikationsnummer gemäß § 139b der Abgabenordnung oder die Wirtschafts-Identifikationsnummer gemäß § 139c der Abgabenordnung des Veräußerers und des Erwerbers, gegebenenfalls auch, ob und um welche begünstigte Person im Sinne des § 3 Nummer 3 bis 7 es sich bei dem Erwerber handelt;

2. die Bezeichnung des Grundstücks nach Grundbuch, Kataster, Straße und Hausnummer;

3. die Größe des Grundstücks und bei bebauten Grundstücken die Art der Bebauung;

4. die Bezeichnung des anzeigepflichtigen Vorgangs und den Tag der Beurkundung, bei einem Vorgang, der einer Genehmigung bedarf, auch die Bezeichnung desjenigen, dessen Genehmigung erforderlich ist;

5. den Kaufpreis oder die sonstige Gegenleistung (§ 9);

6. den Namen der Urkundsperson.

(2) Die Anzeigen, die sich auf Anteile an einer Gesellschaft beziehen, müssen außerdem enthalten:

1. die Firma, den Ort der Geschäftsführung sowie die Wirtschafts-Identifikationsnummer der Gesellschaft gemäß § 139c der Abgabenordnung,

2. die Bezeichnung des oder der Gesellschaftsanteile;

3. bei mehreren beteiligten Rechtsträgern eine Beteiligungsübersicht.

# § 21 Urkundenaushändigung

Die Gerichte, Behörden und Notare dürfen Urkunden, die einen anzeigepflichtigen Vorgang betreffen, den Beteiligten erst aushändigen und Ausfertigungen oder beglaubigte Abschriften den Beteiligten erst erteilen, wenn sie die Anzeigen in allen Teilen vollständig (§§ 18 und 20) an das Finanzamt abgesandt haben.

# § 22 Unbedenklichkeitsbescheinigung

(1) Der Erwerber eines Grundstücks darf in das Grundbuch erst dann eingetragen werden, wenn eine Bescheinigung des für die Besteuerung zuständigen Finanzamts vorgelegt wird (§ 17 Abs. 1 Satz 1) oder Bescheinigungen der für die Besteuerung zuständigen Finanzämter (§ 17 Abs. 1 Satz 2) vorgelegt werden, dass der Eintragung steuerliche Bedenken nicht entgegenstehen. Die obersten Finanzbehörden der Länder können im Einvernehmen mit den Landesjustizverwaltungen Ausnahmen hiervon vorsehen.

(2) Das Finanzamt hat die Bescheinigung zu erteilen, wenn die Grunderwerbsteuer entrichtet, sichergestellt oder gestundet worden ist oder wenn Steuerfreiheit gegeben ist. Es darf die Bescheinigung auch in anderen Fällen erteilen, wenn nach seinem Ermessen die Steuerforderung nicht gefährdet ist. Das Finanzamt hat die Bescheinigung schriftlich zu erteilen. Eine elektronische Übermittlung der Bescheinigung ist ausgeschlossen.

# Achter Abschnitt: Durchführung

# § 22a Ermächtigung

Zur Vereinfachung des Besteuerungsverfahrens wird das Bundesministerium der Finanzen ermächtigt, im Benehmen mit dem Bundesministerium des Innern und mit Zustimmung des Bundesrates durch Rechtsverordnung ein Verfahren zur elektronischen Übermittlung der Anzeige und der Abschrift der Urkunde im Sinne des § 18 näher zu bestimmen. Die Authentifizierung des Datenübermittlers sowie die Vertraulichkeit und Integrität des übermittelten elektronischen Dokuments sind sicherzustellen. Soweit von dieser Ermächtigung nicht Gebrauch gemacht wurde, ist die elektronische Übermittlung der Anzeige und der Abschrift der Urkunde im Sinne des § 18 ausgeschlossen.

# Neunter Abschnitt: Übergangs- und Schlussvorschriften

# § 23 Anwendungsbereich

(1) Dieses Gesetz ist auf Erwerbsvorgänge anzuwenden, die nach dem 31. Dezember 1982 verwirklicht werden. Es ist auf Antrag auch auf Erwerbsvorgänge anzuwenden, die vor dem 1. Januar 1983, jedoch nach dem Tag der Verkündung des Gesetzes, 22. Dezember 1982, verwirklicht werden.

(2) Auf vor dem 1. Januar 1983 verwirklichte Erwerbsvorgänge sind vorbehaltlich des Absatzes 1 Satz 2 die bis zum Inkrafttreten dieses Gesetzes geltenden Vorschriften anzuwenden. Dies gilt insbesondere, wenn für einen vor dem 1. Januar 1983 verwirklichten Erwerbsvorgang Steuerbefreiung in Anspruch genommen und nach dem 31. Dezember 1982 ein Nacherhebungstatbestand verwirklicht wurde.

(3) § 1 Abs. 2a, § 9 Abs. 1 Nr. 8, § 13 Nr. 6, § 16 Abs. 5, § 17 Abs. 3 Nr. 2 und § 19 Abs. 1 Nr. 3a in der Fassung des Gesetzes vom 20. Dezember 1996 (BGBl I S. 2049) sind erstmals auf Rechtsgeschäfte anzuwenden, die die Voraussetzungen des § 1 Abs. 2a in der Fassung des Gesetzes vom 20. Dezember 1996 (BGBl I S. 2049) nach dem 31. Dezember 1996 erfüllen.

(4) [1]§ 8 Abs. 2 und § 11 Abs. 1 in der Fassung des Gesetzes vom 20. Dezember 1996 (BGBl I S. 2049) sind erstmals auf Erwerbsvorgänge anzuwenden, die nach dem 31. Dezember 1996 verwirklicht werden. § 10 ist letztmals auf Erwerbsvorgänge anzuwenden, die vor dem 1. Januar 1997 verwirklicht werden.

(5) § 4 Nr. 1 in der Fassung des Gesetzes vom 24. März 1999 (BGBl I S. 402) ist erstmals auf Erwerbsvorgänge anzuwenden, die nach dem 31. Dezember 1997 verwirklicht werden.

(6) § 1 Abs. 6, § 8 Abs. 2, § 9 Abs. 1 und § 17 Abs. 3 Satz 1 Nr. 1 in der Fassung des Gesetzes vom 24. März 1999 (BGBl I S. 402) sind erstmals auf Erwerbsvorgänge anzuwenden, die nach dem Tage der Verkündung des Gesetzes verwirklicht werden. § 1 Abs. 2a und 3, § 5 Abs. 3, § 13 Nr. 5 und 6, § 16 Abs. 4 und § 19 Abs. 1 Satz 1 Nr. 3a bis 7 und Abs. 2 Nr. 4 in der Fassung des Gesetzes vom

24. März 1999 (BGBl I S. 402) sind erstmals auf Erwerbsvorgänge anzuwenden, die nach dem 31. Dezember 1999 verwirklicht werden.

(7) § 1 Abs. 2a Satz 3, § 2 Abs. 1 Satz 2 Nr. 3, § 6 Abs. 3 Satz 2, § 16 Abs. 4, § 19 Abs. 1 Satz 1 Nr. 8 und § 19 Abs. 2 Nr. 4 in der Fassung des Gesetzes vom 20. Dezember 2001 (BGBl I S. 3794) sind erstmals auf Erwerbsvorgänge anzuwenden, die nach dem 31. Dezember 2001 verwirklicht werden. § 1 Abs. 7 ist letztmals auf Erwerbsvorgänge anzuwenden, die bis zum 31. Dezember 2001 verwirklicht werden.

(8) Die §§ 6a und 19 Absatz 2 Nummer 4a in der Fassung des Artikels 7 des Gesetzes vom 22. Dezember 2009 (BGBl I S. 3950) sind erstmals auf Erwerbsvorgänge anzuwenden, die nach dem 31. Dezember 2009 verwirklicht werden. § 6a ist nicht anzuwenden, wenn ein im Zeitraum vom 1. Januar 2008 bis 31. Dezember 2009 verwirklichter Erwerbsvorgang rückgängig gemacht wird und deshalb nach § 16 Absatz 1 oder 2 die Steuer nicht zu erheben oder eine Steuerfestsetzung aufzuheben oder zu ändern ist.

(9) Soweit Steuerbescheide für Erwerbsvorgänge von Lebenspartnern noch nicht bestandskräftig sind, ist § 3 Nummer 3 bis 7 in der Fassung des Artikels 29 des Gesetzes vom 8. Dezember 2010 (BGBl I S. 1768) erstmals auf Erwerbsvorgänge anzuwenden, die nach dem 31. Juli 2001 verwirklicht werden.

(10) § 6a Satz 4 in der Fassung des Artikels 12 des Gesetzes vom 22. Juni 2011 (BGBl I S. 1126) ist erstmals auf Erwerbsvorgänge anzuwenden, die nach dem 31. Dezember 2009 verwirklicht werden.

(11) § 1 Absatz 3a und 6 Satz 1, § 4 Nummer 4 und 5, § 6a Satz 1, § 8 Absatz 2 Satz 1 Nummer 3, § 13 Nummer 7, § 16 Absatz 5, § 17 Absatz 3 Satz 1 Nummer 2, § 19 Absatz 1 Satz 1 Nummer 7a und Absatz 2 Nummer 5, § 20 Absatz 2 Nummer 3 in der Fassung des Artikels 26 des Gesetzes vom 26. Juni 2013 (BGBl I S. 1809) sind erstmals auf Erwerbsvorgänge anzuwenden, die nach dem 6. Juni 2013 verwirklicht werden.

(12) § 6a Satz 1 bis 3 sowie § 16 Absatz 5 in der am 31. Juli 2014 geltenden Fassung sind auf Erwerbsvorgänge anzuwenden, die nach dem 6. Juni 2013 verwirklicht werden.

(13) § 1 Absatz 2a und § 21 in der am 6. November 2015 geltenden Fassung sind auf Erwerbsvorgänge anzuwenden, die nach dem 5. November 2015 verwirklicht werden.

(14) § 8 Absatz 2 und § 17 Absatz 3a in der am 6. November 2015 geltenden Fassung sind auf Erwerbsvorgänge anzuwenden, die nach dem 31. Dezember 2008 verwirklicht werden. Soweit Steuer- und Feststellungsbescheide, die vor

dem 6. November 2015 für Erwerbsvorgänge nach dem 31. Dezember 2008 ergangen sind, wegen § 176 Absatz 1 Satz 1 Nummer 1 der Abgabenordnung nicht geändert werden können, ist die festgesetzte Steuer vollstreckbar.

(15) § 19 Absatz 3 Satz 2 in der am 23. Juli 2016 geltenden Fassung ist auf Erwerbsvorgänge anzuwenden, die nach dem 22. Juli 2016 verwirklicht werden.

# §§ 24 bis 27 (weggefallen)

# § 28 (Inkrafttreten)

## Verzeichnis der Änderungsgesetze

Seit der Bekanntmachung der Neufassung des Grunderwerbsteuergesetzes vom 26. 2. 1997 (BGBl I 1997, 418, berichtigt BGBl I 1997, 1804), die ausgehend vom Grunderwerbsteuergesetz 1983 17. 12. 1982 (BGBl I 1982, 1777) alle Änderungen dieses Gesetzes einschließlich derjenigen durch Art. 7 JStG 1997 20. 12. 1996 (BGBl I 1996, 2049) berücksichtigt, ist das Gesetz erneut geändert worden, und zwar durch

► Art. 15 StEntlG 1999/2000/2002 vom 24. 3. 1999 (BGBl I 1999, 402). Die Änderungen sind aus § 23 Abs. 5 und 6 ersichtlich;

► Art. 13 Steuer-Euroglättungsgesetz (StEuglG) vom 19. 12. 2000 (BGBl I 2000, 1790). Das Gesetz trat am 1. 1. 2002 in Kraft;

► Art. 13 Steueränderungsgesetz 2001 (StÄndG 2001) vom 20. 12. 2001 (BGBl I 2001, 3794). Die Änderungen sind weitgehend aus § 23 Abs. 7 ersichtlich;

► Art. 9 Fünftes Gesetz zur Änderung des Steuerbeamten-Ausbildungsgesetzes und zur Änderung von Steuergesetzen vom 23. 7. 2002 (BGBl I 2002, 2715), und zwar in Bezug auf § 16 Abs. 3 Nr. 2;

► Art. 26 Drittes Gesetz zur Änderung verwaltungsverfahrensrechtlicher Vorschriften vom 21. 8. 2002 (BGBl I 2002, 3322). Die Änderungen betreffen § 18 Abs. 1, § 19 Abs. 5 und § 22 Abs. 2;

► Art. 18 Gesetz zur Umsetzung von EU-Richtlinien in nationales Steuerrecht und zur Änderung weiterer Vorschriften (Richtlinien-Umsetzungsgesetz – EURLUmsG) vom 9. 12. 2004 (BGBl I 2004, 3310, ber. 3843). Durch dieses Gesetz wurde § 4 Nr. 8 eingefügt;

► Art. 5 Gestz zur Beschleunigung der Umsetzung von Öffentlich Privaten Partnerschaften vom 1. 9. 2005 (BGBl I 2004, 2676);

- ► Art. 10 Jahressteuergesetz 2008 (JStG 2008) vom 20. 12. 2007 (BGBl I 2007, 3150);
- ► Art. 13 Jahressteuergesetz 2009 (JStG 2009) vom 19. 12. 2008 (BGBl I 2008, 2794);
- ► Art. 7 Gesetz zur Beschleunigung des Wirtschaftswachstums (Wachstumsbeschleunigungsgesetz) v. 22. 12. 2009 (BGBl I 2009, 3950);
- ► Art. 29 Jahressteuergesetz 2010 (JStG 2010) v. 8. 12. 2010 (BGBl I 2010, 1768);
- ► Art. 12 Gesetz zur Umsetzung der Richtlinie 2009/65/EG zur Koordinierung der Rechts- und Verwaltungsvorschriften betreffend bestimmte Organismen für gemeinsame Anlagen in Wertpapieren (OGAW-IV-Umsetzungsgesetz – OGAW-IV-UmsG) v. 22. 6. 2011 (BGBl I 2011, 1126);
- ► Art. 9 Steuervereinfachungsgesetz 2011 v. 1. 11. 2011 (BGBl I 2011, 2131);
- ► Art. 26 Gesetz zur Umsetzung der Amtshilferichtlinie sowie zur Änderung steuerlicher Vorschriften (Amtshilferichtlinie-Umsetzungsgesetz – AmtshilfeRLUmsG) v. 26. 6. 2013 (BGBl I 2013, 1809);
- ► Art. 14 Gesetz zur Anpassung des nationalen Steuerrechts an den Beitritt Kroatiens zur EU und zur Änderung weiterer steuerlichen Vorschriften v. 25. 7. 2014 (BGBl I 2014, 1266);
- ► Art. 8 Steueränderungsgesetz 2015 (StÄndG 2015) v. 2. 11. 2015 (BGBl I 2015, 1834);
- ► Art. 18 Gesetz zur Modernisierung des Besteuerungsverfahrens v. 18. 7. 2016 (BGBl I 2016, 1679).

Auf die jeweiligen Anmerkungen nach dem Gesetzestext wird verwiesen.

# TEIL II: KOMMENTAR

# Einführung

# A. Rechtfertigung und Entwicklung der Grunderwerbsteuer

## I. „Rechtfertigung" der Grunderwerbsteuer

„Die Grundwechselabgaben knüpfen an einen Verkehrsvorgang an, der sich    1
nicht leicht der Kenntnis der Steuerbehörde entziehen kann und deshalb besonders geeignet ist, dem Staat eine ergiebige Einnahmequelle zu verschaffen". Mit diesen Worten beginnt Ott die Einleitung zur 3. Auflage seines
Grunderwerbsteuerkommentars (1927). Angesichts des steten Finanzbedarfs
der öffentlichen Hand sowie des Umstands, dass der Gesetzgeber bei der Erschließung von Steuerquellen einen weitreichenden Gestaltungsspielraum
hat,[1] bleibt dem nicht viel hinzuzufügen, zumal die Entscheidung, an den
Grunderwerb als solchen steuerliche Folgen zu knüpfen, die der Gesetzgeber

---

1 Vgl. BVerfG v. 12. 10. 1978 2 BvR 154/74, BVerfGE 49, 343; v. 22. 6. 1995 2 BvL 37/91, BStBl II
  1995, 655, 660.

schon in vorkonstitutioneller Zeit getroffen hat, vom Grundgesetz rezipiert worden ist.[1] Gerade die speziellen Verkehrsteuern entziehen sich der Einpassung in Prinzipien wie z. B. das der Besteuerung nach der Leistungsfähigkeit, das im Übrigen nicht etwa der Besteuerung von Verkehrsvorgängen entgegensteht. Sie müssen nur ihren Eigengesetzlichkeiten gehorchend in sich stimmig sein. Auch soweit die Grunderwerbsteuer solche Rechtsträgerwechsel erfasst, die nicht Teil eines Leistungstauschs „Grundstück gegen Entgelt" sind (z. B. Umwandlungsvorgänge), entspricht dies der herkömmlichen Ausgestaltung dieser Steuer,[2] wie sie ursprünglich in Art. 105 Abs. 2 GG und jetzt unter der Sammelbezeichnung „Verkehrsteuern" in Art. 106 Abs. 2 Nr. 4 GG Erwähnung und damit verfassungsrechtliche Billigung gefunden haben.[3]

## II. Entwicklung der Grunderwerbsteuer

### 1. Die Grunderwerbsteuer als Reichs- und Landessteuer

2 Als Reichssteuer taucht die Grunderwerbsteuer erstmals im Reichsstempelgesetz vom 15. 7. 1909/3. 7. 1913 auf (Stempelabgabe auf Grundstücksübertragungen und die Einbringung von Grundstücken in Gesellschaften). Die diesbezüglichen Vorschriften des Reichsstempelgesetzes traten ebenso wie die Landesgesetze und die Satzungen der Gemeinden (Gemeindeverbände), die die Erhebung einer Abgabe von Grundstücksübertragungen betrafen, mit Inkrafttreten des Grunderwerbsteuergesetzes 1919[4] mit Wirkung vom 1. 10. 1919 außer Kraft. Dieses Grunderwerbsteuergesetz[5] wurde zum 1. 5. 1940 durch das Grunderwerbsteuergesetz 1940[6] abgelöst.

Da bis zum Inkrafttreten des Finanzreformgesetzes vom 12. 5. 1969[7] zum 1. 1. 1970 die Gesetzgebungshoheit auf dem Gebiet der Grunderwerbsteuer ausschließlich den Ländern zustand (Art. 105 Abs. 2 GG a. F.), wurde das Grunderwerbsteuerrecht Landesrecht (Art. 123 ff. GG). Das Finanzreformgesetz hat daran nichts geändert. Die Länder hatten alle – mit Ausnahme des Landes Bremen – das Grunderwerbsteuergesetz neu gefasst, wobei die wesentlichen Grundzüge des Grunderwerbsteuergesetzes 1940 jedoch erhalten blieben.

---

1 Vgl. auch BVerfG v. 8. 1. 1999 1 BvL 14/98, BStBl II 1999, 152, 156.
2 Zu Grundstücksübergängen aufgrund Fusion vgl. schon RFH v. 12. 6. 1923 II A 110/23, RFHE 12, 209.
3 Vgl. auch BFH v. 19. 8. 2004 II B 60/03, BFH/NV 2005, 69.
4 Vom 12. 9. 1919, RGBl 1919, 1617.
5 In der Fassung der Bekanntmachung v. 11. 3. 1927, RGBl I 1927, 72.
6 Vom 29. 3. 1940, RGBl I 1940, 585.
7 BGBl I 1969, 359.

## 2. Das Grunderwerbsteuergesetz ab 1983

**Literatur:** *Beck*, Das Grunderwerbsteuergesetz 1983, DB 1983, 109; *Forst*, Die Reform der Grunderwerbsteuer – Grunderwerbsteuergesetz 1983, DStZ 1983, 78; *Moench/Merl*, Seit Jahresbeginn im neuen Gewand: Das Grunderwerbsteuerrecht, DStR 1983, 63; *Sigloch*, Zum Grunderwerbsteuergesetz 1983, NJW 1983, 1817; *Sturm*, Das Grunderwerbsteuergesetz 1983, WM 1983, 582; *Möllinger*, Zwei Jahre bundeseinheitliches Grunderwerbsteuerrecht, DVR 1985, 18.

Mit dem Erlass des Grunderwerbsteuergesetzes 1983[1] hat der Bund von der ihm durch das Finanzreformgesetz vom 12. 5. 1969[2] eingeräumten Gesetzgebungskompetenz (konkurrierende Gesetzgebung, Art. 105 Abs. 2 GG) umfassenden Gebrauch gemacht. Das so überaus unübersichtliche, zersplitterte und durch ein Übermaß an Befreiungsvorschriften (rd. 80 % der Erwerbsvorgänge waren davon betroffen) gekennzeichnete Grunderwerbsteuerrecht wurde damit einer begrüßenswerten Schlankheitskur unterzogen und – jedenfalls ab 1. 1. 1983 – vereinheitlicht.

3

Das Grunderwerbsteuergesetz 1983, das aus den angeführten Gründen zwar als radikales und ersehntes Reformwerk anzusprechen ist, erweckt allerdings nur auf den ersten Blick den Eindruck eines völlig neuen Gesetzes. Es steht voll in der Tradition des Grunderwerbsteuergesetzes 1940 und schleppt solcherart auch dessen Schwachstellen mit sich fort. Da sich im Kernbereich gegenüber dem bisherigen Recht – mit Ausnahme der Abschaffung von Befreiungsvorschriften – nicht so arg viel geändert hat, kann weitgehend auf die bisherige Rechtsprechung und Literatur zurückgegriffen werden.

Das Grunderwerbsteuergesetz 1983 wurde seit seinem Inkrafttreten vielfach geändert. Bis Ende 1995 betrafen die Änderungen – mit Ausnahme der Einfügung der Nummer 3 in § 2 Abs. 2 – Folgen der Herstellung der Einheit Deutschlands. Die weiteren Änderungen bis in das Jahr 2013 hinein bezwecken in erster Linie grunderwerbsteuerrechtlich unerwünschten gesellschaftsrechtlichen Gestaltungen entgegenzuwirken (z. B. § 1 Abs. 2a und 3a), § 5 Abs. 3, § 6 Abs. 3 Satz 2). Sie haben ebenso wie die Einführung einer Steuervergünstigung für die Umstrukturierung von Unternehmen (§ 6a) tief in die gewachsenen Substanz des Gesetzes eingegriffen. In jüngster Zeit ergangene gesetzliche Regelungen dienten der Präzisierung von Tatbeständen oder dazu, Auslegungsergebnissen des Bundesfinanzhofs, die als zu restriktiv (§ 1

---

1 Vom 17. 12. 1982, BGBl I 1982, 1777.
2 BGBl I 1969, 359.

Abs. 2a)[1] oder zu großzügig (§ 16 Abs. 5)[2] empfunden wurden, auszuweichen. Die Neuregelung der Ersatzbemessungsgrundlage ist auf die Entscheidung des Bundesverfassungsgerichts vom 23. 6. 2015[3] zurück zu führen, die § 8 Abs. 2 Satz 1 für die Zeit nach dem 31. 12. 2008 als mit dem Gleichheitssatz des Grundgesetzes für unvereinbar erklärte und den Gesetzgeber verpflichtete, spätestens bis 30. 6. 2016 rückwirkend zum 1. 1. 2009 eine Neuregelung zu treffen. Auch das Ziel, Befreiungsvorschriften außerhalb des Gesetzes zu vermeiden, ist inzwischen in Teilbereichen außer Acht gelassen (vgl. die in Hofmann, GrEStG, Anh. zu § 4 unter Rdnr. 7 ff. aufgeführten Gesetze).

### 3. Änderung des Grundgesetzes durch das Föderalismusgesetz 2006

4    Durch Art. 1 Nr. 18 des Gesetzes zur Änderung des Grundgesetzes vom 28. 8. 2006[4] wurde im Zuge des Föderalismusreformvorhabens in Art. 105 Abs. 2a GG folgender Satz angefügt:

*„Die Länder haben die Befugnis zur Bestimmung des Steuersatzes bei der Grunderwerbsteuer."*

Von dieser Befugnis haben alle Länder mit Ausnahme von Bayern und Sachsen Gebrauch gemacht. Im Einzelnen wird auf Hofmann, GrEStG, § 11 Rdnr. 1 verwiesen.

5    Wenngleich auch Art. 72 Abs. 2 GG durch das o. a. Gesetz vom 28. 8. 2006[5] grundlegend umgestaltet wurde, steht dem Bund nach wie vor die ihm in Art. 105 Abs. 2 GG[6] eingeräumte Gesetzgebungskompetenz (konkurrierende Gesetzgebung) zu. Das gilt obwohl sich die Verweisung auf Art. 72 Abs. 2 GG auf die Voraussetzungen bezieht, unter denen dem Bund auf den im ersten Halbsatz dieser Vorschrift genannten Gebieten das Gesetzgebungsrecht zusteht.

---

1 Z. B. BFH v. 24. 4. 2013 II R 17/10, BStBl II 2013, 833.
2 Z. B. BFH v. 18. 4. 2012 II R 51/11, BStBl II 2013, 830, und v. 3. 3. 2015 II R 30/17, BStBl II 2015, 777.
3 1 BvL 13/11, 1 BvL 14/11, BStBl II 2015, 871.
4 BGBl I 2006, 2034.
5 BGBl I 2006, 2034.
6 I. d. F. des Finanzreformgesetzes v. 12. 5. 1969, BGBl I 1969, 359.

# B. Verwaltungs- und Ertragshoheit

## I. Verwaltungshoheit

Die Verwaltungshoheit auf dem Gebiet der Grunderwerbsteuer steht aus-   6
schließlich den Ländern zu (Art. 108 Abs. 2 GG). Sofern sie die Ertragshoheit allein den Gemeinden (Gemeindeverbänden) übertragen, können sie diesen
auch Verwaltungshoheit einräumen (Art. 108 Abs. 4 Satz 2 GG).

## II. Ertragshoheit

Das Aufkommen an Grunderwerbsteuer steht den Ländern zu (Art. 106 Abs. 2   7
Nr. 4 GG). Der Landesgesetzgeber kann das Aufkommen ganz oder teilweise
den Gemeinden oder Gemeindeverbänden überlassen (Art. 106 Abs. 7 Satz 2
GG n. F.).

§ 17 trägt der Ertragshoheit nach dem Belegenheitsprinzip Rechnung.

# C. Konkurrenz zu anderen Steuern

## I. Erbschaft- und Schenkungsteuer

Nach § 3 Nr. 2 sind Grundstückserwerbe von Todes wegen und Schenkungen   8
unter Lebenden i. S. des Erbschaftsteuer- und Schenkungsteuergesetzes von
der Besteuerung nach dem Grunderwerbsteuergesetz ausgenommen; Schenkungen unter Auflage unterliegen der Besteuerung jedoch hinsichtlich des
Werts solcher Auflagen, die bei der Schenkungsteuer abziehbar sind.[1] Der Erb-
schaft- und Schenkungsteuer ist somit Vorrang vor der Grunderwerbsteuer gegeben, und zwar auch bei den Ersatztatbeständen des § 1 Abs. 2a bis 3a.

## II. Umsatzsteuer

**Literatur:** *Pelka/Niemann,* Auswirkung der Rechtsprechung des Bundesfinanzhofs zur
Grunderwerbsteuerpflicht bei Bauherrenmodellen für die umsatzsteuerliche Praxis, DB
1983, 467; *Möllinger,* Inwieweit sind die Steuertatbestände des Umsatzsteuerrechts und
des Grunderwerbsteuerrechts deckungsgleich?, DVR 1985, 114; *Sack,* Die Auswirkungen
der grunderwerbsteuerrechtlichen BFH-Rechtsprechung zum einheitlichen Vertrag (Bauherrenmodell) auf die Umsatzsteuer, UStR 1985, 169; *Rutemöller,* Mehrfachbelastung
mit Grunderwerb- und Umsatzsteuer im Lichte der Rechtsprechung zum einheitlichen
Leistungsgegenstand, BB 2013, 983.

---

1  Beachte dazu BVerfG v. 15. 5. 1984 1 BvR 464/81 u. a., BStBl II 1984, 608.

## 1. Die Sechste EG-Richtlinie Umsatzsteuer/die Mehrwertsteuer-Systemrichtlinie

9    Die Sechste Richtlinie des Rats der Europäischen Gemeinschaft zur Harmonisierung der Rechtsvorschriften der Mitgliedstaaten über die Umsatzsteuern vom 17.5.1977[1] i.d.F. der Richtlinie 2006/112[2] beschäftigt sich ebenso wie die am 1.1.2007 in Kraft getretene Richtlinie 2006/112 (Mehrwertsteuer-Systemrichtlinie) vom 28.11.2006[3] auch mit Grundstücksumsätzen. Sie unterscheidet zwei Gruppen von Grundstücken, nämlich einerseits die Neubauten und Baugrundstücke und andererseits die Altbauten und sonstigen Grundstücke.

Die Lieferung von Neubauten und Baugrundstücken durch einen Unternehmer (Art. 4 Abs. 1 und 2 der 6. Richtlinie/Art. 9 Abs. 1 Unterabs. 1 und 2 Mehrwertsteuer-Systemrichtlinie) unterliegt stets der Umsatzsteuer (vgl. Art. 13 B Buchst. g und h der 6. Richtlinie/ Art. 135 Abs. 1 Buchst. j und k Mehrwertsteuer-Systemrichtlinie). Die „Lieferung" durch einen Nichtunternehmer kann der Umsatzsteuer unterworfen werden (Art. 4 Abs. 3 der 6. Richtlinie/Art. 12 Mehrwertsteuer-Systemrichtlinie) und unterliegt diesfalls keiner Befreiung (Art. 13 B Buchst. g und h der 6. Richtlinie/Art. 135 Abs. 1 Buchst. h und k Mehrwertsteuer-Systemrichtlinie). Die Lieferung von Altbauten und sonstigen Grundstücken durch einen Unternehmer (Art. 4 Abs. 1 und 2 der Richtlinie) unterliegt zwar der Umsatzsteuer, ist aber nach Art. 13 B Buchst. g und h der 6. Richtlinie/Art. 135 Abs. 1 Buchst. j und k Mehrwertsteuer-Systemrichtlinie von ihr befreit. Die „Lieferung" solcher Grundstücke durch einen Nichtunternehmer ist nicht der Umsatzsteuer unterwerfbar. Nach Art. 28 Abs. 3 der 6. Richtlinie i.V.m. Anhang F/Art. 370 Mehrwertsteuer-Systemrichtlinie i.V.m. Anhang X Teil A bzw. Art. 371 Mehrwertsteuer-Systemrichtlinie i.V.m. Anhang X Teil B kann die Umsatzsteuerbefreiung für die Lieferung von Neubauten und Baugrundstücken durch einen Unternehmer bis zum Ablauf einer zeitlich nicht exakt fixierten Übergangszeit (vgl. Art. 28 Abs. 4 der 6. Richtlinie/Art. 393 Abs. 1 Mehrwertsteuer-Systemrichtlinie) „unter den in den Mitgliedstaaten bestehenden Bedingungen" beibehalten werden.

---

1   77/388/EWG, ABl L 145.

2   ABl L 376, 1.

3   ABl L 347, 1.

## 2. Umsatzsteuergesetz

Das Umsatzsteuergesetz hat die Umsätze, die unter das Grunderwerbsteuer- 10
gesetz fallen, in § 4 Nr. 9 Buchst. a von der Umsatzsteuer befreit, allerdings mit
Optionsmöglichkeit (§ 9 Abs. 1 UStG; wegen der Einschränkungen der Optionsmöglichkeit bei Übertragung und Bestellung von Erbbaurechten s. § 9 Abs. 2
UStG). Wegen des befürchteten Einnahmeausfalls für die Länder hat man sich
zur Transformation der Sechsten Richtlinie Umsatzsteuer EG unter Abschaffung der Grunderwerbsteuer nicht durchringen können.[1]

## 3. Doppelbelastung bei Bauherrenmodellen u. Ä.?

Das FG Düsseldorf hat mit Beschluss vom 17. 12. 1984[2] dem Gerichtshof der 11
Europäischen Gemeinschaften folgende Fragen zur Vorabentscheidung vorgelegt:

„1. Sind Lieferungen von Gegenständen und Dienstleistungen, die im Rahmen
    eines von einem Initiator angebotenen, auf Errichtung eines Gebäudes ge-
    richteten „Bündelung" von Werk- und Dienstleistungsverträgen und einem
    Grundstückskaufvertrag („Bauherrenmodell") erbracht werden, zusammen
    mit dem von einem anderen Unternehmer getätigten Grundstücksumsatz
    eine einheitliche „Lieferung von Gebäuden oder Gebäudeteilen und dem
    dazugehörigen Grund und Boden" i. S. des Art. 13 Teil B Buchst. g, Art. 28
    Abs. 3 Buchst. b i. V. m. Anhang F Nr. 16 der 6. Richtlinie des Rates zur Har-
    monisierung der Umsatzsteuern vom 17. 5. 1977 (77/388/EWG), oder un-
    terliegen diese Lieferungen und Dienstleistungen ausschließlich des Grund-
    stücksumsatzes der Mehrwertsteuer nach Art. 2 Nr. 1 der 6. Richtlinie?

2. Sofern nach Art. 2 Nr. 1 der 6. Richtlinie die Mehrwertsteuer zu erheben ist:
    Enthält das Gemeinschaftsrecht ein Verbot der Doppelbesteuerung des In-
    halts, dass die nämliche Lieferung von Gegenständen bzw. Dienstleistun-
    gen nicht zusätzlich mit einer weiteren Verkehrsteuer (hier: mit der deut-
    schen Grunderwerbsteuer) belegt werden darf?"

Die Antwort, die der Europäische Gerichtshof darauf mit Urteil vom 8. 7. 1986[3]
erteilte, lautet wie folgt:

„1. Lieferungen von Gegenständen und Dienstleistungen, die im Rahmen ei-
    ner auf die Errichtung eines Gebäudes gerichteten „Bündelung" von Werk-

---

1 Vgl. BT-Drucks. 9/251.
2 DVR 1985, 39.
3 Rs. C-73/85, UR 1986, 297.

und Dienstleistungsverträgen von der Art des dem Vorlagebeschluss zugrunde liegenden „Bauherrenmodells" erbracht werden, unterliegen – abgesehen von der Lieferung des Baugrundstücks – nach Art. 2 Nr. 1 der 6. Richtlinie des Rates vom 17. 5. 1977 der Mehrwertsteuer.

2. Keine Vorschrift des Gemeinschaftsrechts hindert einen Mitgliedstaat daran, einen gemäß der Sechsten Richtlinie der Mehrwertsteuer unterliegenden Vorgang zusätzlich mit weiteren Verkehrsteuern, wie der Grunderwerbsteuer des deutschen Rechts, zu belegen, sofern diese Steuern nicht den Charakter von Umsatzsteuern haben."

In der Begründung seiner Entscheidung zum 2. Leitsatz verweist der EuGH auf Art. 33 der Sechsten Richtlinie.

12    Auf den Vorlagebeschluss des Niedersächsischen FG vom 2. 4. 2008[1] betreffend erneut die Vereinbarkeit der Einbeziehung künftiger Bauleistungen in die grunderwerbsteuerrechtliche Bemessungsgrundlage beim einheitlichen Erwerbs- oder Leistungsgegenstand mit Art. 401 der Richtlinie 2006/112 (einst: Art. 33 Abs. 1 der 6. Richtlinie) hat der EuGH mit Beschluss auf der Grundlage von Art. 104 Abs. 3 seiner Verfahrensordnung vom 27. 11. 2008[2] entschieden, dass Art. 33 der Sechsten Richtlinie des Rats 17. 5. 1977 i. d. F. der Richtlinie 91/680/EWG des Rates vom 16. 12. 1991 dahin gehend auszulegen sei, dass er einen Mitgliedstaat nicht daran hindert, beim Erwerb eines noch unbebauten Grundstücks künftige Bauleistungen in die Bemessung von Verkehrsteuern wie die „Grunderwerbsteuer" des deutschen Rechts einzubeziehen und somit einen nach der Sechsten Richtlinie der Umsatzsteuer unterliegenden Vorgang zusätzlich mit diesen weiteren Steuern zu belegen, sofern diese nicht den Charakter von Umsatzsteuern haben. Unter Hinweis auf sein Urteil vom 8. 7. 1986 (s. Rdnr. 11) ist der EuGH der Auffassung, die Grunderwerbsteuer habe nicht den Charakter einer Umsatzsteuer, weil es an wesentlichen Merkmalen einer Mehrwertsteuer fehle. Er hat dabei betont, dass der zur Vorabanfrage führende Streitfall noch unter die Sechste EG-Richtlinie falle, zugleich aber zu erkennen gegeben, dass die Vorlagefrage unter Geltung des Art. 401 der Mehrwertsteuer-Systemrichtlinie nicht anders zu beantworten sei.[3]

---

1 EFG 2008, 975.
2 Rs. C-156/08, DStR 2009, 223.
3 Zur umsatzsteuerrechtlichen Beurteilung vgl. BFH v. 30. 10. 1986 V B 44/86, BStBl II 1987, 145; v. 7. 2. 1991 V R 53/85, BStBl II 1991, 737; v. 29. 8. 1991 V R 87/86, BStBl II 1992, 206; v. 26. 6. 1992 V B 62/92, BFH/NV 1993, 636; v. 10. 9. 1992 V R 99/88, BStBl II 1993, 316; v. 15. 10. 1992 V R 17/89, BFH/NV 1994, 198; v. 20. 6. 1994 V B 12/94, BFH/NV 1995, 457.

Nach der Rechtsprechung des Bundesverfassungsgerichts[1] ist die Einbeziehung der auf die Baukosten entfallenden Grunderwerbsteuer verfassungsrechtlich unbedenklich. Zu bedenken ist schließlich, dass von einer echten Doppelbelastung durch Grunderwerbsteuer und Umsatzsteuer allein durch Einbeziehung mehrerer in objektiv sachlichem Zusammenhang stehende Verträge, die darauf insgesamt gerichtet sind, dem Erwerber als einheitlichen Leistungsgegenstand das bebaute Grundstück zu verschaffen, gegenüber dem Erwerb eines bereits vor Begründung eines Eigentumsverschaffungsanspruchs bebauten Grundstücks nicht die Rede seien kann. Denn auch wenn die Lieferung eines bebauten Grundstücks wegen § 4 Nr. 9 Buchst. a UStG beim Veräußerer umsatzsteuerfrei ist, hat dies wegen des in § 15 Abs. 2 Satz 1 Nr. 1 UStG vorgesehenen Vorsteuerabzugsverbots zur Folge, dass die (beim Veräußerer) nicht abzugsfähige Umsatzsteuer über den Kaufpreis für das bebaute Grundstück, der kalkulatorisch die nichtabzugsfähige Umsatzsteuer enthält, in die Bemessungsgrundlage für die Grunderwerbsteuer eingeht.[2] Die Verfassungsbeschwerde gegen das Urteil des BFH vom 27. 9. 2012 II R 7/10[3] mit dem er das Urteil des Niedersächsischen FG vom 26. 8. 2011[4] aufhob und seine bisherige Rechtsprechung zum einheitlichen Erwerbsgegenstand bestätigt hat, wurde vom BVerfG nicht angenommen.[5]

# Erster Abschnitt: Gegenstand der Steuer

# § 1 Erwerbsvorgänge

(1) Der Grunderwerbsteuer unterliegen die folgenden Rechtsvorgänge, soweit sie sich auf inländische Grundstücke beziehen:

1. ein Kaufvertrag oder ein anderes Rechtsgeschäft, das den Anspruch auf Übereignung begründet;

2. die Auflassung, wenn kein Rechtsgeschäft vorausgegangen ist, das den Anspruch auf Übereignung begründet;

---

1 Vom 11. 1. 1988 1 BvR 391/87, StRK GrEStG 1983 Allg. R. 6.
2 So zutreffend BFH v. 27. 10. 1999 II R 17/99, BStBl II 2000, 34.
3 BStBl II 2013, 86.
4 EFG 2012, 730.
5 Beschluss v. 20. 5. 2013 1 BvR 2766/12, StEd-Abrufnummer 808 aus 2013.

3. der Übergang des Eigentums, wenn kein den Anspruch auf Übereignung begründendes Rechtsgeschäft vorausgegangen ist und es auch keiner Auflassung bedarf. Ausgenommen sind

   a) der Übergang des Eigentums durch die Abfindung in Land und die unentgeltliche Zuteilung von Land für gemeinschaftliche Anlagen im Flurbereinigungsverfahren sowie durch die entsprechenden Rechtsvorgänge im beschleunigten Zusammenlegungsverfahren und im Landtauschverfahren nach dem Flurbereinigungsgesetz in seiner jeweils geltenden Fassung,

   b) der Übergang des Eigentums im Umlegungsverfahren nach dem Baugesetzbuch in seiner jeweils geltenden Fassung, wenn der neue Eigentümer in diesem Verfahren als Eigentümer eines im Umlegungsgebiet gelegenen Grundstücks Beteiligter ist,

   c) der Übergang des Eigentums im Zwangsversteigerungsverfahren;

4. das Meistgebot im Zwangsversteigerungsverfahren;

5. ein Rechtsgeschäft, das den Anspruch auf Abtretung eines Übereignungsanspruchs oder der Rechte aus einem Meistgebot begründet;

6. ein Rechtsgeschäft, das den Anspruch auf Abtretung der Rechte aus einem Kaufangebot begründet. Dem Kaufangebot steht ein Angebot zum Abschluss eines anderen Vertrags gleich, kraft dessen die Übereignung verlangt werden kann;

7. die Abtretung eines der in den Nummern 5 und 6 bezeichneten Rechte, wenn kein Rechtsgeschäft vorausgegangen ist, das den Anspruch auf Abtretung der Rechte begründet.

(2) Der Grunderwerbsteuer unterliegen auch Rechtsvorgänge, die es ohne Begründung eines Anspruchs auf Übereignung einem anderen rechtlich oder wirtschaftlich ermöglichen, ein inländisches Grundstück auf eigene Rechnung zu verwerten.

(2a) Gehört zum Vermögen einer Personengesellschaft ein inländisches Grundstück und ändert sich innerhalb von fünf Jahren der Gesellschafterbestand unmittelbar oder mittelbar dergestalt, dass mindestens 95 vom Hundert der Anteile am Gesellschaftsvermögen auf neue Gesellschafter übergehen, gilt dies als ein auf die Übereignung eines Grundstücks auf eine neue Personengesellschaft gerichtetes Rechtsgeschäft. Mittelbare Änderungen im Gesellschafterbestand von den an einer Personengesellschaft beteiligten Personengesellschaften werden durch Multiplikation der Vomhundertsätze der Anteile am

Gesellschaftsvermögen anteilig berücksichtigt. Ist eine Kapitalgesellschaft an einer Personengesellschaft unmittelbar oder mittelbar beteiligt, gelten die Sätze 4 und 5. Eine unmittelbar beteiligte Kapitalgesellschaft gilt in vollem Umfang als neue Gesellschafterin, wenn an ihr mindestens 95 von Hundert der Anteile auf neue Gesellschafter übergehen. Bei mehrstufigen Beteiligungen gilt Satz 4 auf der Ebene jeder mittelbar beteiligten Kapitalgesellschaft entsprechend. Bei der Ermittlung des Vomhundertsatzes bleibt der Erwerb von Anteilen von Todes wegen außer Betracht. Hat die Personengesellschaft vor dem Wechsel des Gesellschafterbestandes ein Grundstück von einem Gesellschafter oder einer anderen Gesamthand erworben, ist auf die nach § 8 Abs. 2 Satz 1 Nr. 3 ermittelte Bemessungsgrundlage die Bemessungsgrundlage für den Erwerbsvorgang, für den auf Grund des § 5 Abs. 3 oder des § 6 Abs. 3 Satz 2 die Steuervergünstigung zu versagen ist, mit dem entsprechenden Betrag anzurechnen.

(3) Gehört zum Vermögen einer Gesellschaft ein inländisches Grundstück, so unterliegen der Steuer, soweit eine Besteuerung nach Absatz 2a nicht in Betracht kommt, außerdem:

1. ein Rechtsgeschäft, das den Anspruch auf Übertragung eines oder mehrerer Anteile der Gesellschaft begründet, wenn durch die Übertragung unmittelbar oder mittelbar mindestens 95 vom Hundert der Anteile der Gesellschaft in der Hand des Erwerbers oder in der Hand von herrschenden und abhängigen Unternehmen oder abhängigen Personen oder in der Hand von abhängigen Unternehmen oder abhängigen Personen allein vereinigt werden würden;

2. die Vereinigung unmittelbar oder mittelbar von mindestens 95 vom Hundert der Anteile der Gesellschaft, wenn kein schuldrechtliches Geschäft im Sinne der Nummer 1 vorausgegangen ist;

3. ein Rechtsgeschäft, das den Anspruch auf Übertragung unmittelbar oder mittelbar von mindestens 95 vom Hundert der Anteile der Gesellschaft begründet;

4. der Übergang unmittelbar oder mittelbar von mindestens 95 vom Hundert der Anteile der Gesellschaft auf einen anderen, wenn kein schuldrechtliches Geschäft im Sinne der Nummer 3 vorausgegangen ist.

(3a) Soweit eine Besteuerung nach Absatz 2a und Absatz 3 nicht in Betracht kommt, gilt als Rechtsvorgang im Sinne des Absatzes 3 auch ein solcher, aufgrund dessen ein Rechtsträger unmittelbar oder mittelbar oder teils unmittelbar, teils mittelbar eine wirtschaftliche Beteiligung von mindestens 95 vom

Hundert an einer Gesellschaft, zu deren Vermögen ein inländisches Grundstück gehört, innehat. Die wirtschaftliche Beteiligung ergibt sich aus der Summe der unmittelbaren und mittelbaren Beteiligungen am Kapital oder am Vermögen der Gesellschaft. Für die Ermittlung der mittelbaren Beteiligungen sind die Vomhundertsätze am Kapital oder am Vermögen der Gesellschaften zu multiplizieren.

(4) Im Sinne des Absatzes 3 gelten

1. als Gesellschaften auch die bergrechtlichen Gewerkschaften und

2. als abhängig

   a) natürliche Personen, soweit sie einzeln oder zusammengeschlossen einem Unternehmen so eingegliedert sind, dass sie den Weisungen des Unternehmers in Bezug auf die Anteile zu folgen verpflichtet sind;

   b) juristische Personen, die nach dem Gesamtbild der tatsächlichen Verhältnisse finanziell, wirtschaftlich und organisatorisch in ein Unternehmen eingegliedert sind.

(5) Bei einem Tauschvertrag, der für beide Vertragsteile den Anspruch auf Übereignung eines Grundstücks begründet, unterliegt der Steuer sowohl die Vereinbarung über die Leistung des einen als auch die Vereinbarung über die Leistung des anderen Vertragsteils.

(6) Ein in Absatz 1, 2, 3 oder Absatz 3a bezeichneter Rechtsvorgang unterliegt der Steuer auch dann, wenn ihm ein in einem anderen dieser Absätze bezeichneter Rechtsvorgang vorausgegangen ist. Die Steuer wird jedoch nur insoweit erhoben, als die Bemessungsgrundlage für den späteren Rechtsvorgang den Betrag übersteigt, von dem beim vorausgegangenen Rechtsvorgang die Steuer berechnet worden ist.

*Anmerkung:*

*Für die Zeit nach dem 31. 12. 1996 und vor dem 1. 1. 2000 galt Absatz 2a in folgender Fassung:*

*(2a) Gehört zum Vermögen einer Personengesellschaft ein inländisches Grundstück und ändert sich bei ihr innerhalb von fünf Jahren der Gesellschafterbestand vollständig oder wesentlich, gilt dies als auf die Übereignung des Grundstücks auf eine neue Personengesellschaft gerichtetes Rechtsgeschäft. Eine wesentliche Änderung des Gesellschafterbestandes ist anzunehmen, wenn sie bei wirtschaftlicher Betrachtung eine Übertragung des Grundstücks auf die neue Personengesellschaft darstellt. Dies ist stets der Fall, wenn 95 vom Hundert der Anteile am Gesellschaftsvermögen auf neue Gesellschafter übergehen. Bei*

*der Ermittlung des Vomhundertsatzes bleibt der Erwerb von Anteilen von Todes wegen außer Betracht. Hat die Personengesellschaft vor dem Wechsel des Gesellschafterbestandes ein Grundstück von einem Gesellschafter erworben, sind die Sätze 1 bis 4 insoweit nicht anzuwenden, als die Steuer nach § 5 von der Bemessungsgrundlage für das von dem Gesellschafter erworbene Grundstück zu erheben ist.*

*Für die Zeit nach dem 31. 12. 1999 und vor dem 1. 1. 2002 galt Absatz 2a in folgender Fassung:*

*(2a) Gehört zum Vermögen einer Personengesellschaft ein inländisches Grundstück und ändert sich innerhalb von fünf Jahren der Gesellschafterbestand unmittelbar oder mittelbar dergestalt, dass 95 vom Hundert der Anteile auf neue Gesellschafter übergehen, gilt dies als ein auf die Übereignung eines Grundstücks auf eine neue Personengesellschaft gerichtetes Rechtsgeschäft. Bei der Ermittlung des Vomhundertsatzes bleibt der Erwerb von Anteilen von Todes wegen außer Betracht. Hat die Personengesellschaft vor dem Wechsel des Gesellschafterbestandes ein Grundstück von einem Gesellschafter erworben, ist auf die nach § 8 Abs. 2 Satz 1 Nr. 3 ermittelte Bemessungsgrundlage die Bemessungsgrundlage anzurechnen, von der nach § 5 Abs. 3 die Steuer nachzuerheben ist.*

*Für die Zeit nach dem 31. 12. 2001 und vor dem 6. 11. 2015 galt Absatz 2a in folgender Fassung:*

*(2a) Gehört zum Vermögen einer Personengesellschaft ein inländisches Grundstück und ändert sich innerhalb von fünf Jahren der Gesellschafterbestand unmittelbar oder mittelbar dergestalt, dass mindestens 95 vom Hundert der Anteile am Gesellschaftsvermögen auf neue Gesellschafter übergehen, gilt dies als ein auf die Übereignung eines Grundstücks auf eine neue Personengesellschaft gerichtetes Rechtsgeschäft. Bei der Ermittlung des Vomhundertsatzes bleibt der Erwerb von Anteilen von Todes wegen außer Betracht. Hat die Personengesellschaft vor dem Wechsel des Gesellschafterbestandes ein Grundstück von einem Gesellschafter oder einer anderen Gesamthand erworben, ist auf die nach § 8 Abs. 2 Satz 1 Nr. 3 ermittelte Bemessungsgrundlage die Bemessungsgrundlage für den Erwerbsvorgang, für den auf Grund des § 5 Abs. 3 oder des § 6 Abs. 3 Satz 2 die Steuervergünstigung zu versagen ist, mit dem entsprechenden Betrag anzurechnen.*

*§ 1 Abs. 2a wurde erstmals eingefügt durch Art. 7 Nr. 1 Buchst. a JStG 1997 v. 20. 12. 1996 (BGBl I 1996, 2049), gleichzeitig wurde der Anwendungsvorrang dieser Vorschrift in § 1 Abs. 3 erster Satzteil eingefügt (Art. 7 Nr. 1 Buchst. b JStG 1997). Durch Art. 15 Nr. 1 Buchst. a StEntlG 1999/2000/2002 24. 3. 1999*

*(BGBl I 1999, 402) erhielt § 1 Abs. 2a eine neue Fassung (s. o.). Die ursprünglich Fassung des § 1 Abs. 2a galt nur bei Tatbestanderfüllung in der Zeit nach dem 31. 12. 1996 und vor dem 1. 1. 2000 (§ 23 Abs. 3, Abs. 6 Satz 2). Durch Art. 13 Nr. 1 Buchst. a StÄndG 2001 v. 20. 12. 2001 (BGBl I 2001, 3794) wurden in § 1 Abs. 2a Satz 1 die Wörter am „Gesellschaftsvermögen" eingefügt und Satz 3 neu gefasst. Diese Fassung des § 1 Abs. 2a galt für alle nach dem 31. 12. 2001 verwirklichten Erwerbsvorgänge (§ 23 Abs. 7 Satz 1). Die jetzige Fassung beruht auf Art. 8 Nr. 1 StÄndG 2015 v. 2. 11. 2015 (BGBl I 2015, 1834); zum zeitlichen Anwendungsbereich s. § 23 Abs. 13.*

*Die Änderungen in § 1 Abs. 3 Nr. 1 bis 4 (Herabsetzung des für eine Anteilsvereinigung erforderlichen Mindestquantums von 100 % auf 95 %) beruht auf Art. 15 Nr. 1 Buchst. b StEntlG 1999/2000/2002; zum zeitlichen Anwendungsbereich s. § 23 Abs. 6 Satz 2.*

*§ 1 Abs. 3a wurde durch Art. 26 Nr. 1 Buchst. a AmtshilfeRLUmsG v. 26. 6. 2013 (BGBl I 2013, 1809) eingefügt. Zum zeitlichen Anwendungsbereich s. § 23 Abs. 11.*

## Inhaltsübersicht

# A. Einleitung

## I. Die Grunderwerbsteuer als Rechtsverkehrsteuer

Der Grunderwerbsteuer unterliegen bestimmte, in **§ 1 Abs. 1 bis 3a abschlie-** **1** **ßend aufgezählte Rechtsvorgänge,** die auf den (unmittelbaren oder mittelbaren) Erwerb inländischer Grundstücke i. S. des § 2 gerichtet sind. Die Anknüpfung der Besteuerung der Grundstücksumsätze an Vorgänge des Rechtsverkehrs führt dazu, dass die Grunderwerbsteuer als Rechtsverkehrsteuer bezeichnet wird. Das Wort **Grundstücksumsatz** ist deshalb i. S. der **Änderung des Rechts am Grundstück** zu verstehen (weshalb die reine Grundbuchberichtigung (§ 894 BGB, § 22 GBO) nicht der Grunderwerbsteuer unterliegt); ein **wirtschaftlicher Umsatz** braucht **nicht verwirklicht** zu werden.[1] Deshalb unterliegt die **Sicherungsübereignung** der Grunderwerbsteuer[2] sowie die nur vorübergehende Eigentumsübertragung (bzw. das darauf abzielende Kausalgeschäft) zu Bedingungen, die dem Erwerber wirtschaftlich gesehen eher die Stellung eines Pächters oder Nießbrauchsberechtigten einräumen.[3]

---

1 Vgl. auch BFH v. 5. 2. 1969 II R 29/66, BStBl II 1969, 400; v. 21. 1. 2004 II R 1/02, BFH/NV 2004, 1120; v. 9. 4. 2008 II R 32/06, BFH/NV 2008, 1526.
2 BFH v. 22. 10. 1952 II 67/52, BStBl III 1952, 310; v. 1. 2. 1956 II 162/55 S, BStBl III 1956, 93.
3 BFH v. 24. 10. 1990 II R 68/88, BFH/NV 1991, 624.

2   Da der im Gesetz genannte jeweilige Rechtsvorgang als solcher um des in der Rechtsänderung selbst enthaltenen Ergebnisses der Rechtsänderung willen der Steuer unterworfen ist,[1] folgt aus der Anknüpfung an das Recht am Grundstück, dass die **Zurechnungsvorschriften** des § 39 AO im Bereich der der Grunderwerbsteuer unterliegenden Tatbestände **bedeutungslos** sind.[2] Deshalb unterliegt die Übertragung eines Grundstücks auf einen anderen zu treuen Händen sowie die Rückübertragung auf den Treugeber der Grunderwerbsteuer (vgl. Rdnr. 87). Andererseits versteinert die Grunderwerbsteuer jedoch nicht zur bloßen „Rechtsformsteuer"; gleichartige Verkehrsvorgänge müssen, soweit es die Ausformung der gesetzlichen Tatbestände zulässt, in gleicher Weise behandelt werden.[3] Trotzdem bleibt der tatsächlich gewollte Weg, d.h. der verwirklichte Tatbestand und nicht ein anderer möglicher maßgebend. Aus diesem Grunde stellt z.B. die Übertragung der Nacherbenanwartschaft allein selbst dann keinen der Grunderwerbsteuer unterliegenden Rechtsvorgang dar, wenn das zu erwartende Vermögen nur aus Grundstücken besteht.[4] Aus der Rechtsnatur der Grunderwerbsteuer folgt jedoch zwingend, dass jeder Erwerbsvorgang (schuldrechtlicher oder sachenrechtlicher Art) rechtlich für sich zu würdigen ist. Deshalb muss auch bei einem echten **Vertrag zugunsten eines Dritten** (§ 328 BGB) jeweils sorgfältig untersucht werden, ob neben dem Verpflichtungsgeschäft zwischen dem Verkäufer (Versprechenden) und dem Käufer (Versprechensempfänger) ein weiteres grunderwerbsteuerrechtlich erhebliches Verhältnis zwischen dem Käufer und dem Dritten vorliegt.[5]

## II. Rechtsträgerwechsel als Wesen der grunderwerbsteuerrechtlichen Tatbestände

### 1. Allgemeines

3   Wie aus der Aufzählung der Tatbestände in § 1 ersichtlich ist, muss der Erwerbsvorgang abzielen auf den Erwerb eines bisher einem anderen gehörenden Grundstücks i. S. von § 2. Erfasst wird also der auf einen **Grundstückswechsel zwischen verschiedenen Rechtsträgern** gerichtete Vorgang.[6] Daraus folgt, dass weder die Einbringung eines zum Privatvermögen gehörenden Grund-

---

1   Vgl. BFH v. 29. 9. 2004 II R 14/02, BStBl II 2005, 148.

2   Vgl. auch BFH v. 23. 10. 1974 II R 87/73, BStBl II 1975, 152.

3   BFH v. 19. 11. 1968 II 112/65, BStBl II 1969, 92; v. 15. 12. 1972 II R 123/66, BStBl II 1973, 363.

4   FG München v. 12. 9. 1968, EFG 1969, 96.

5   Vgl. BFH v. 14. 4. 1965 II 30/62, BStBl III 1965, 420, einerseits und BFH v. 6. 5. 1969 II 166/64, BStBl II 1969, 558, andererseits.

6   BFH v. 1. 4. 1981 II R 87/78, BStBl II, 1981, 488; v. 1. 3. 2000 II R 53/98, BStBl II 2000, 357.

stücks durch einen Kaufmann in das „Vermögen" seiner Einzelfirma einen der Grunderwerbsteuer unterliegenden Tatbestand erfüllt noch die Änderung seiner Firma; im letzteren Fall ändert er nur seinen Handelsnamen (§ 17 HGB; Eigentumswechsel tritt aber ein, wenn der Erwerber eines Handelsgeschäfts die Firma des bisherigen Inhabers gemäß § 22 Abs. 1 HGB fortführt).

Obwohl § 90 Abs. 1 ZVG dem Zuschlag einen neuen (originären) Eigentumserwerb folgen lässt, entsteht mangels Rechtsträgerwechsels keine Grunderwerbsteuer bei der Ersteigerung des eigenen Grundstücks durch den Vollstreckungsschuldner im Zwangsversteigerungsverfahren. Gibt bei einer Zwangsversteigerung zur Aufhebung einer Gemeinschaft einer der Miteigentümer das Meistgebot ab, kann folglich nur dessen Mehrerwerb der Grunderwerbsteuer unterliegen. Mangels Rechtsträgerwechsels erfüllt auch die Begründung von Wohnungs- und Teileigentum durch den Grundstückseigentümer bzw. von Wohnungs- und Teilerbbaurechten durch den Erbbauberechtigten (§ 30 Abs. 2 WEG) nach § 8 WEG keinen der Grunderwerbsteuer unterliegenden Tatbestand. Ebenfalls kein Rechtsträgerwechsel im grunderwerbsteuerrechtlichen Sinn liegt insoweit vor, als im Umlegungsverfahren nach dem BauGB das zugeteilte Grundstück mit dem bisherigen Grundstück des Beteiligten im Umlegungsverfahren flächen- und deckungsgleich ist.[1]

Andererseits wird wegen Verschiedenheit der Rechtsträger ein der Grunderwerbsteuer unterliegender Tatbestand verwirklicht, wenn ein Grundstück von einer natürlichen Person auf eine juristische Person übergeht, auch wenn dieselbe natürliche Person alle Anteile der juristischen Person innehat oder die juristische Person als Einmann-GmbH errichtet ist. Mangels eines allgemein gültigen, auch für das Grunderwerbsteuerrecht in jeder Beziehung maßgebenden Instituts der Organschaft unterliegen der Steuer auch Grundstücksgeschäfte zwischen Mutter- und Tochtergesellschaften und den Schwestergesellschaften eines Organkreises.[2] Zu Rechtsvorgängen zwischen Gesamthandsgemeinschaften bzw. zwischen diesen und den Gesamthändern s. Rdnr. 22.

## 2. Aneignung herrenloser Grundstücke, Ersitzung

Wird das Eigentum an einem Grundstück nach § 928 Abs. 1 BGB aufgegeben, so wird das Grundstück herrenlos. Die **Aneignung** eines solchen Grundstücks durch den aneignungsberechtigten Fiskus (§ 928 Abs. 2 BGB) unterliegt **mangels Rechtsträgerwechsels** ebenso wenig der Grunderwerbsteuer wie die Ab-

4

---

1 BFH v. 29. 10. 1997 II R 36/95, BStBl II 1998, 27.
2 BFH v. 14. 2. 1967 II 170/64, BStBl III 1967, 346.

tretung des Aneignungsrechts.[1] Auch die Aneignung eines herrenlosen Grundstücks nach Verzicht des Fiskus auf das Aneignungsrecht[2] ist aus dem nämlichen Grunde **nicht steuerbar.**

Erwirkt der Eigenbesitzer ein **Ausschlussurteil** (§ 927 Abs. 1 BGB), so wird das Grundstück herrenlos.[3] Weder die Aneignung des Grundstücks durch denjenigen, der das Ausschlussurteil erwirkt hat, durch Eintragung im Grundbuch (§ 927 Abs. 2 BGB) noch die Abtretung des Aneignungsanspruchs durch diesen sind grunderwerbsteuerbar.[4]

Zu beachten ist, dass der Verzicht auf das Eigentum an einem Grundstück bzw. das Eigentum an einem den Grundstücken gleichstehenden Gebäude nach § 310 ZGB nicht zur Herrenlosigkeit des Grundstücks führte; es wurde Volkseigentum (wegen vermögensrechtlicher Ansprüche vgl. § 1 Abs. 2 VermG).

Um einen gleichfalls originären, d. h. nicht abgeleiteten Eigentumserwerb handelt es sich im Fall der **Buchersitzung** (§ 900 Abs. 1 BGB), denn diese soll im öffentlichen Interesse ein dauerndes Auseinanderfallen von Recht und Besitz vermeiden, zumal der (wahre) Eigentümer seine Rechtsposition nicht mehr ausüben kann, weil sein Anspruch auf Herausgabe aus § 985 BGB jedenfalls verjährt ist. So gesehen verstärkt die Buchersitzung die Verjährungswirkungen.[5] Der Erwerb ist als originärer Erwerb nicht der Grunderwerbsteuer unterworfen.[6]

### 3. Grundbuchberichtigung

5 Die **schlichte Grundbuchberichtigung** (§ 894 BGB) unterliegt als solche nicht der Grunderwerbsteuer. Sie bewirkt nicht den Übergang des Eigentums am Grundstück, sondern führt nur zur Übereinstimmung des Inhalts des Grundbuchs mit der wahren Rechtslage. Ob der Vorgang, der zur Unrichtigkeit des Grundbuchs geführt hat, selbst der Grunderwerbsteuer unterworfen ist, steht auf einem anderen Blatt.

Aber auch **Rechtsgeschäfte,** die entweder nicht zu einer echten Rechtsveränderung führen, z. B. die Erklärung der Auflassung **lediglich zum Zweck der Berich-**

---

1 BFH v. 1. 4. 1981 II R 87/78, BStBl II 1981, 488.
2 Siehe dazu BGH v. 7. 7. 1989 V ZR 76/88, BGHZ 108, 278.
3 Vgl. BGH v. 13. 2. 1980 V ZR 59/78, NJW 1980, 1521.
4 Gl. A. Boruttau/Fischer, Rn. 47.
5 Vgl. BGH v. 26. 1. 1994 IV ZR 19/93, NJW 1994, 1152.
6 Im Ergebnis gl. A. Boruttau/Fischer, Rn. 46; Pahlke, Rz 14.

**tigung** des Grundbuchs oder solche, die grunderwerbsteuerrechtliche Zuordnung unberührt lassen, lösen keine Grunderwerbsteuer aus.[1]

## 4. Identitätswahrende Umwandlungen

**Literatur:** *Mack,* Grunderwerbsteuerpflicht bei quotenwahrendem Formwechsel?, UVR 2009, 254; *Meining,* Der Formwechsel einer grundbesitzenden Zweipersonen-GmbH & Co. KG, GmbHR 2011, 916.

### a) Allgemeines

Von **formwechselnden Umwandlungen** im eigentlichen Sinne spricht man, **wenn** ein **Gesetz** ausdrücklich in einem formalisierten Verfahren den **Rechtsformwechsel unter Wahrung der Identität vorsieht** (vgl. dazu Rdnr. 10). Aber auch außerhalb dieses engeren Begriffs finden Formwechsel statt, die die Identität des Rechtsträgers unberührt lassen und deshalb keine Grunderwerbsteuer auslösen können.

Dazu gehört die „Umwandlung" einer GbR in eine OHG oder KG oder umgekehrt (vgl. § 105 Abs. 2 i.V.m. § 6 Abs. 1 und § 2 HGB), ohne dass sich im Personenstand der Gesellschaft etwas ändert (zum Wechsel im Personenstand einer Gesamthandsgesellschaft vgl. Rdnr. 24 ff.; s. aber § 1 Abs. 2a). Die Personengesellschaft als solche verliert ihre Identität nicht, es wird lediglich das Grundbuch unrichtig. Dasselbe gilt, wenn sich durch Änderung des Gesellschaftsvertrages eine OHG in eine KG wandelt.[2] Das gilt auch beim Übergang von einer GbR zu einer Partnerschaft i. S. § 1 Abs. 1 PartGG.

**Identität** besteht auch **zwischen** der **rechtsfähigen Vorgesellschaft** (der errichteten, aber noch nicht eingetragenen Kapitalgesellschaft) einer **Kapitalgesellschaft** und der (später durch Eintragung in das Handelsregister, vgl. § 11 GmbHG, § 41 AktG) entstehenden juristischen Person. Die Vorgesellschaft ist eine notwendige Vorstufe (ein Durchgangsstadium) zur Kapitalgesellschaft, die ihrem Ziel nach darauf gerichtet ist, sich durch Eintragung in das Handelsregister in eine AG bzw. GmbH oder Unternehmergesellschaft umzuwandeln. Dabei geht sie in der entstandenen AG oder GmbH auf; sie wandelt sich unter Identitätswahrung zur juristischen Person. Wird eine AG oder eine GmbH (auch eine Unternehmergesellschaft (UG haftungsbeschränkt), § 5a GmbHG) durch nur eine Person gegründet (zur Zulässigkeit s. § 2 AktG, § 1 GmbHG) be-

6

7

---

1 Vgl. BFH v. 12.11.1975 II R 116/75, BStBl II 1976, 168; s. hierzu auch BFH v. 21.7.1982 II R 75/81, BStBl II 1983, 82.
2 Vgl. dazu BFH v. 26.7.1974 II R 199/72, BStBl II 1974, 724.

darf es der einseitigen notariell beurkundeten Satzung bzw. Erklärung des Gründungswillens (§§ 23, 28 AktG, § 2 GmbHG). Dieser einseitigen Erklärung kommt für die Anwendung der weiteren Vorschriften des AktG bzw. GmbHG dieselbe Bedeutung zu, wie die der mehreren Gründer.[1] In jedem Fall entsteht die AG bzw. die GmbH (bzw. die Unternehmergesellschaft) nicht vor Eintragung in das Handelsregister (§ 41 Abs. 1 Satz 1 AktG, § 11 Abs. 1 GmbHG). Wie im Fall der Gründung durch mehrere Personen tritt auch mit der einseitigen notariell beurkundeten Erklärung ein Vorstadium ein, in welchem dem Vorstand bzw. Geschäftsführer bereits Leistungen im Umfang von §§ 36, 36a AktG bzw. § 7 Abs. 2 und 3 GmbHG zur Verfügung zu stellen sind (§ 37 Abs. 1 Satz 2 AktG bzw. § 8 Abs. 2 GmbHG), deren Gegenstände mit der Eintragung der AG bzw. GmbH zu deren Gesellschaftsvermögen werden, ohne dass es eines Übertragungsakts bedürfte. Auch das rechtsfähige **Vorstadium** (AG bzw. GmbH in Gründung) einer **Einmann-AG** bzw. **Einmann-GmbH** geht in der mit ihm identischen AG bzw. GmbH auf, und zwar ohne Identitätsverlust, quasi durch Formwechsel.[2] Es fehlt auch hier an einem Rechtsträgerwechsel.[3]

Wenngleich die **echte** Mehrpersonen-**Vorgesellschaft** gelegentlich als Gesamthandsgemeinschaft bezeichnet wird,[4] so ist die vom Gesetz vorausgesetzte (vgl. z. B. § 36 Abs. 2 Satz 1 sowie § 54 Abs. 3 Satz 1 AktG sowie § 7 Abs. 2, 3 und § 8 Abs. 2 Satz 1 GmbHG) Vorgesellschaft als Übergangsstadium zur Kapitalgesellschaft nicht als Gesamthand i. S. von §§ 5 und 6 anzusehen, denn sie setzt sich in der Kapitalgesellschaft fort. Die Vorgesellschaft ist eine Organisationsform eigener Art, welche den im Gesetz oder im Gesellschaftsvertrag bzw. der Satzung statuierten Gründungsvorschriften sowie dem Recht der angestrebten Gesellschaft unterliegt, soweit es mit ihrem besonderen Zweck vereinbar ist und nicht die Eintragung im Handelsregister voraussetzt.[5] Sie ist derart nur ein rechtstechnisches Instrument zur Vermögenssonderung.[6] Zuständig für die Abwicklung der echten Vorgesellschaft sind nicht die Gesellschafter, sondern entsprechend § 265 AktG bzw. § 66 GmbHG grundsätzlich die Vorstandsmitglieder bzw. die Geschäftsführer.[7]

---

1  Vgl. BGH v. 7. 5. 1984 II ZR 276/83, BGHZ 91, 145.
2  Vgl. auch BFH v. 17. 10. 2001 II R 43/99, BStBl II 2002, 210.
3  BFH v. 5. 12. 1956 II 71/65 U, BStBl III 1957, 28.
4  So BGH v. 29. 1. 2001 II ZR 331/00, NJW 2001, 1056.
5  Vgl. BGH v. 23. 10. 2006 II ZR 162/05, DB 2006, 2677, m. w. N.
6  So Boruttau/Fischer, Rn. 266.
7  Vgl. BGH v. 23. 10. 2006 II ZR 162/05, DB 2006, 2677.

Anders liegen die Dinge bei einer „**unechten" Vorgesellschaft.** Eine solche liegt regelmäßig vor, wenn die Gründer von vornherein nicht die Eintragung als Kapitalgesellschaft beabsichtigen. Eine solche unechte Vorgesellschaft unterliegt dem Recht der Personengesellschaft[1] und ist Gesamthand i. S. von §§ 5 und 6. Dasselbe gilt für die **fehlgeschlagene Vorgesellschaft,** also für den Fall, dass die Gesellschafter die Eintragungsabsicht aufgeben, die Vorgesellschaft aber nicht abwickeln, sondern fortsetzen. Auch diese Gesellschaft unterliegt dem Recht der Personengesellschaft. Sie ist entweder Gesellschaft des bürgerlichen Rechts oder Handelsgesellschaft, wobei der Wechsel der Rechtsform von der Vorgesellschaft zur Personengesellschaft ihre Identität unberührt lässt.[2]

Weder mit der grundbuchfähigen Vorgesellschaft[3] noch mit der Kapitalgesellschaft identisch ist die Vorgründungsgesellschaft, also der Zusammenschluss von Personen in einer GbR zum Zwecke der Gründung einer Kapitalgesellschaft; sie endet mit Zweckerreichung.[4]

### b) Formwechselnde Umwandlungen; spezielle Umwandlungsvorgänge im Beitrittsgebiet

Wegen der vor dem 1. 1. 1995 zulässigen Umwandlungen nach §§ 362 ff. AktG a. F. und dem UmwG 1969 wird auf Rdnr. 8 zu § 1 der 6. Auflage verwiesen. Hinsichtlich der besonderen Umwandlungsvorgänge nach dem TreuhandG vom 17. 6. 1990[5] sowie nach der 3. DV-TreuhandG vom 29. 8. 1990[6] – zur Fortgeltung s. Art. 25 EinigungsV bzw. Anlage II Kap. IV Abschn. I Nr. 8 zum EinigungsV – sowie nach dem LwAnpG vom 29. 6. 1990[7] wird auf Hofmann, GrEStG, § 1 Rdnr. 9 der 7. Auflage und zu § 4 Rdnr. 9 f. der 8. Auflage verwiesen.

### c) Formwechsel nach § 1 Abs. 1 Nr. 4, §§ 190 bis 304 UmwG

Das Umwandlungsgesetz (UmwG) vom 28. 10. 1994[8] ermöglicht in § 1 Abs. 1 die Umwandlung von Rechtsträgern durch Verschmelzung, Spaltung, Vermögensübertragung und Formwechsel. Umwandlungen außerhalb des Um-

---

1  Vgl. auch BGH v. 28. 11. 1997 V ZR 178/96, NJW 1998, 1979.
2  Siehe BGH v. 15. 3. 2004 II ZR 271/01, ZIP 2004, 1047; v. 31. 3. 2008 II ZR 308/06, BB 2008, 1249.
3  Vgl. BGH v. 9. 3. 1981 II ZR 54/80, BGHZ 80, 129.
4  § 726 BGB; zur Notwendigkeit der Einzelübertragung von Rechten und Verbindlichkeiten auf die Vorgesellschaft s. BGH v. 25. 10. 2000 VIII ZR 306/99, GmbHR 2001, 293.
5  GBl-DDR I 1990, 300.
6  GBl-DDR I 1990, 1333.
7  GBl-DDR I 1990, 642, mit späteren Änderungen durch Bundesgesetz.
8  BGBl I 1994, 3210; zuletzt geändert durch Gesetz v. 22. 12. 2011, BGBl I 2011, 3044.

wandlungsgesetzes sind nur möglich, wenn sie durch ein anderes Bundesgesetz oder ein Landesgesetz ausdrücklich vorgesehen sind (§ 1 Abs. 2 UmwG;
numerus clausus der Umwandlungsfälle). Der **Formwechsel** (§ 190 Abs. 1
UmwG) führt **nicht** zu einem **Rechtsträgerwechsel.** Nach § 202 Abs. 1 Nr. 1
UmwG hat die Registereintragung der neuen Rechtsform die Wirkung, dass
der formwechselnde Rechtsträger in der im Umwandlungsbeschluss bestimmten Rechtsform weiter besteht.

**Formwechselnde Rechtsträger** können sein **Personenhandelsgesellschaften**
und **Partnerschaftsgesellschaften** (§ 191 Abs. 1 Nr. 1 UmwG; zulässig nur der
Formwechsel in eine Kapitalgesellschaft oder eine eingetragene Genossenschaft, § 214 Abs. 1, § 225a UmwG), **Kapitalgesellschaften** (§ 3 Abs. 1 Nr. 2
i. V. m. § 191 Abs. 1 Nr. 2 UmwG; Formwechsel nach § 226 UmwG in GbR, Personenhandelsgesellschaft [Voraussetzung: § 228 Abs. 1 UmwG], Partnerschaftsgesellschaft [Voraussetzung: § 228 Abs. 2 UmwG], andere Kapitalgesellschaft oder eingetragene Genossenschaft zulässig), **eingetragene Genossenschaften** (§ 191 Abs. 1 Nr. 3 UmwG; Formwechsel nach § 258 Abs. 1 UmwG nur
in eine Kapitalgesellschaft zulässig), **rechtsfähige Vereine** (§ 191 Abs. 1 Nr. 4
UmwG; Formwechsel nach § 272 Abs. 1 UmwG nur in Kapitalgesellschaft oder
eingetragene Genossenschaft zulässig), **Versicherungsvereine auf Gegenseitigkeit** (VVaG, § 191 Abs. 1 Nr. 4 UmwG; Formwechsel nach § 291 UmwG nur für
solche VVaG zulässig, die nicht kleinere Vereine i. S. § 53 VAG sind, und nur in
AG zulässig) und **Körperschaften sowie Anstalten des öffentlichen Rechts**
(§ 191 Abs. 1 Nr. 5 UmwG; nach § 301 UmwG Formwechsel grundsätzlich nur
in Kapitalgesellschaft zulässig).

Eine AG kann nach Art. 2 Abs. 4 SE-VO ebenso formwechselnd in eine SE umgewandelt werden (vgl. auch Art. 37 SE-VO) wie eine SE mit Sitz im Inland in eine
AG (Art. 66 SE-VO).

10  **In allen** diesen **Fällen** findet **kein Rechtsträgerwechsel** statt. Kennzeichnend
für die formwechselnde Umwandlung ist, dass an ihr nur ein Rechtsträger beteiligt ist, es also nicht zu einer Gesamtrechtsnachfolge eines Rechtsträgers in
das Vermögen eines anderen kommt, und es schon gar nicht einer Übertragung der einzelnen Vermögensgegenstände bedarf. Denn die formwechselnde
Umwandlung wird durch das Prinzip der Identität des Rechtsträgers, der Kontinuität seines Vermögens (wirtschaftliche Identität) und der Diskontinuität
seiner Verfassung bestimmt.[1]

---

1 BFH v. 4. 12. 1996 II B 116/96, BStBl II 1997, 661.

Daran ändert sich auch dann nichts, wenn im Zuge der Umwandlung einer Kapitalgesellschaft in eine GmbH & Co. KG bzw. einer GmbH & Co. KG in eine Kapitalgesellschaft mit Zustimmung der Anteilsinhaber ein – traditionell am Vermögen der KG nicht beteiligter – neuer Gesellschafter als Komplementär beitritt bzw. die GmbH als bisheriger persönlich haftender Gesellschafter ausscheidet.[1] Begreift man den Formwechsel schlicht als rechtstechnisches Instrument zur Gewährleitung der Identität des sich umwandelnden Unternehmens, so wird deutlich, dass die (vordem häufig) aus § 194 Abs. 1 Nr. 3 und § 202 Abs. 1 Nr. 2 Satz 1 UmwG abgeleitete These von der unabdingbaren Identität der Mitglieder sowohl des formwechselnden als auch des Rechtsträgers neuer Rechtsform zumindest dann unstimmig ist, wenn es sich um am Gesellschaftskapital bzw. am Vermögen der Gesellschaft nicht beteiligte Anteilsinhaber handelt. Ein derartiger Mitgliederwechsel verändert nicht die Identität des Rechtsträgers.

Zu grunderwerbsteuerrechtlich erheblichen „Fernwirkungen" formwechselnder Umwandlungen (§ 5 Abs. 3, § 6 Abs. 3 Satz 2) s. Hofmann, GrEStG, § 5 Rdnr. 28.

Kein formwechselfähiger Rechtsträger ist die Gesellschaft des bürgerlichen Rechts sowie die unternehmenstragende Erbengemeinschaft. Strittig ist, ob die Europäische Wirtschaftliche Interessengemeinschaft (EWIV) umwandlungsfähiger Rechtsträger ist. Dafür spricht u. E., dass sie nach § 1 EWIV-AusführungsG vom 14. 4. 1988[2] als Personengesellschaft gilt.[3]

## 5. Sitzverlegung von Kapitalgesellschaften

### a) Allgemeines zu ausländischen Kapitalgesellschaften

Eine im Ausland gegründete Kapitalgesellschaft ist zwar als solche Rechtsträger, solange sie ihren Verwaltungssitz im Gründungsstaat behält. Denn nach strikt deutscher Rechtsauffassung beurteilt sich die Frage, ob eine im Ausland gegründete juristische Person im Inland rechtsfähig ist grundsätzlich nach dem Recht, das am Ort ihres tatsächlichen Verwaltungssitzes gilt. Das ist der Ort, wo die grundlegenden Entscheidungen der Unternehmensleitung in lau-

11

12

---

1 Vgl. dazu auch BGH v. 17. 5. 1999 II ZR 293/98, BGHZ 142, 1, 5; v. 9. 5. 2005 II ZR 29/03, AG 2005, 813.

2 BGBl I 1988, 514.

3 Gl. A. Joost, Formwechsel von Personengesellschaften, in Lutter, Verschmelzung, Spaltung, Formwechsel, S. 246; K. Schmidt, NJW 1995, 1; a. A. Widmann/Mayer, Umwandlungsrecht, UmwG 1995 Rz 9 ff. zu § 191.

fende Geschäfte umgesetzt werden.[1] Verlegt sie ihren Verwaltungssitz in das Inland, kann sie wegen der in Deutschland herrschenden Sitztheorie nicht mehr als (ausländische) Kapitalgesellschaft agieren. Sie unterliegt als inländischer Rechtsträger dem inländischen Rechtsformzwang und verliert das Privileg der auf das Gesellschaftsvermögen beschränkten Haftung (s. § 1 Abs. 1 Satz 2 AktG, § 13 Abs. 2 GmbHG). Da sie aber auch kein „rechtliches nullum" sein kann ist davon auszugehen, dass sie – je nach ihrem Tätigkeitsfeld – jedoch eine OHG oder eine Gesellschaft bürgerlichen Rechts sein kann. Als solche ist sie aber eine Personengesellschaft in Auflösung, weil die Gesellschafter im Zweifel die unbeschränkte Haftung mit dem eigenen Vermögen nicht wollen. Doch kann sie als eine Gesamthand ihrer Gesellschafter – nicht als Kapitalgesellschaft – im Inland Rechtsträgereigenschaft haben. Ob sie als OHG durch Formwechsel die Rechtsform einer Kapitalgesellschaft inländischen Rechts erlangen kann (vgl. § 191 Abs. 1, Abs. 2, § 214 UmwG) soll dahingestellt bleiben.[2] Jedenfalls bewirkt der von der inländischen Rechtsordnung aufgezwungene „Formwechsel" nicht, dass im grunderwerbsteuerrechtlichen Sinn hinsichtlich von ihr noch als anerkannte ausländische Kapitalgesellschaft im Inland erworbener Grundstücke ein Rechtsträgerwechsel vorliegt.

An dieser Rechtslage aus deutscher Sicht hat sich für in einem Drittland ordnungsgemäß gegründete Kapitalgesellschaften nichts geändert.[3]

### b)  EU-weite Niederlassungsfreiheit

13    Die im deutschen internationalen Privatrecht angelegte **Sitztheorie** und die aus ihr bei Verlegung ihres Verwaltungssitzes einer Kapitalgesellschaft vom Ausland in das Inland gezogenen Rechtsfolgen (s. Rdnr. 12) hat jedoch insoweit ihre **Allgemeingültigkeit verloren**, als eine Gesellschaft **unter** dem **Schutz** der im **EG-Vertrag** garantierten **Niederlassungsfreiheit** (Art. 43, 48) **steht**. Denn der EuGH hat auf Vorlage des BGH[4] mit Urteil vom 5. 11. 2002[5] in Anknüpfung an vorhergehende Entscheidungen des Gerichtshofs[6] ausgesprochen, dass dann, wenn eine Gesellschaft, die nach dem Recht des Mitgliedstaats, in dem sie ihren satzungsgemäßen Sitz hat, gegründet ist, in einem anderen Mitgliedstaat

---

1  Vgl. BGH v. 21. 3. 1986 V ZR 10/85, BGHZ 97, 269.

2  Zu allem s. K. Schmidt, ZGR 1999, 20.

3  Vgl. zuletzt BGH v. 27. 10. 2008 II ZR 158/06, BB 2009, 14; s. auch OLG Hamburg v. 30. 3. 2007, DB 2007, 1245.

4  Beschluss v. 30. 3. 2000 VII ZR 370/98, BB 2000, 1106.

5  Rs. C-208/00 – *Überseering*, NJW 2002, 3614.

6  EuGH v. 9. 3. 1999 Rs. C-212/97 – *Centros*, NJW 1999, 2027.

von ihrer Niederlassungsfreiheit Gebrauch mache, dieser andere Mitgliedstaat nach den Art. 43 und 48 EG-Vertrag verpflichtet ist, die Rechts- und Parteifähigkeit zu achten, die diese Gesellschaft nach dem Recht ihres Gründungsstaates besitzt. Der BGH hat dem EuGH-Urteil entsprechend mit Urteil vom 13. 3. 2003[1] entschieden und dabei darauf abgestellt, ob die „zugezogene" Gesellschaft nach dem Recht des Gründungsstaats (weiterhin) rechtsfähig ist. Das muss auch dann gelten, wenn eine Gesellschaft wirksam nach dem Recht eines anderen Mitgliedstaats gegründet wurde und dort Rechtsfähigkeit erlangt, ihren faktischen Sitz aber stets nur im Inland hatte.[2] Die Gründe, aus denen die Gesellschaft in dem anderen Mitgliedstaat errichtet wurde, sowie der Umstand, dass sie ihre Tätigkeit ausschließlich oder nahezu ausschließlich im Mitgliedstaat der Niederlassung ausübt, nehmen ihr nicht das Recht, sich auf die durch den EG-Vertrag garantierte Niederlassungsfreiheit zu berufen, es sei denn, im konkreten Fall wird ein Missbrauch nachgewiesen.[3] Die **Einschränkung der Sitztheorie** gilt jedoch **nur innerhalb** der **EU** und nur unter der Voraussetzung, dass der Gründungsstaat die Rechtsfähigkeit trotz der Verlegung des Verwaltungssitzes (dem Wegzug) anerkennt, also dieser Umstand nach dem Recht dieses Mitgliedstaats nicht zur Auflösung der Gesellschaft führt. Ein Rechtsträgerwechsel steht insoweit nicht zur Debatte.

Mit seinem Urteil vom 16. 12. 2008[4] hat der EuGH jedoch deutlich gemacht, Art. 43 und 48 EG-Vertrag stünden Rechtsvorschriften eines Mitgliedstaats nicht entgegen, die es einer nach ihrem Recht gegründeten Gesellschaft verwehren, bei der Verlegung ihres Sitzes ihre Eigenschaft als Gesellschaft nationalen Rechts des Gründerstaates zu behalten. Allerdings dürfe der Gründungsmitgliedstaat die Gesellschaft dadurch, dass er ihre Auflösung und Liquidation verlangt, nicht daran hindern, sich in eine Gesellschaft nach dem nationalen Recht des Zuzugsmitgliedstaats umzuwandeln, soweit dies nach dessen Recht möglich ist.[5]

14

Auf den Richtlinienvorentwurf zur Verlegung des Gesellschaftssitzes innerhalb der EU[6] wird hingewiesen.

---

1 VII ZR 370/98, NJW 2003, 1461; vgl. auch BGH v. 14. 3. 2005 II ZR 5/03, BB 2005, 1016.
2 Vgl. BayObLG v. 19. 12. 2002 2 ZBR 7/02, ZflR 2003, 200.
3 EuGH v. 30. 9. 2003 Rs. C-167/01 – *Inspire Art Ltd*, IStR 2003, 849.
4 Rs. C-210/06 – *Cartesio*, BB 2009, 11.
5 Vgl. in diesem Zusammenhang auch OLG Nürnberg v. 13. 2. 2012, DB 2012/853. Weiterführend: EuGH v. 12. 7. 2012 Rs. C-378/10 – *Vale*, DB 2012, 114. Siehe dazu auch Teichmann, Der grenzüberschreitende Formwechsel ist spruchreif: das Urteil des EuGH in der Rs. *Vale*, DB 2012, 2085.
6 Abgedruckt in ZIP 1997, 1721.

### c) Niederlassungsfreiheit aufgrund von Staatsverträgen

15 Auch soweit (jeweils ratifizierte) Staatsverträge, die nach Art. 3 Nr. 2 EGBGB vorrangig zu beachten sind, für Auslandsgesellschaften ein Niederlassungsrecht und damit verbunden die Pflicht zur Anerkennung statuieren,[1] beansprucht die **Gründungstheorie** Geltung.[2]

### d) Sitzverlegung einer inländischen Kapitalgesellschaft in das Ausland

16 Keine Auswirkungen hatten die Überseering-Entscheidungen des EuGH und des BGH (vgl. Rdnr. 13) auf die Rechtsfolgen, die eine im Inland gegründete Kapitalgesellschaft durch Verlegung ihres Verwaltungssitzes in das Ausland erleidet. Denn nach deutschem Recht, dem diese unterliegt, herrschte die Sitztheorie weiter mit der Folge, dass die Verlegung ihres Verwaltungssitzes zu ihrer Liquidation führt.[3] Das hat sich erst durch § 5 AktG und § 4a GmbHG i. d. F. MoMiG vom 23. 10. 2008[4] mit Wirkung vom 1. 11. 2008 geändert, die die Trennung von Verwaltungs- und Satzungssitz ermöglichen.

## III. Der Rechtsträger

### 1. Allgemeines

17 Da der Steuer der auf einen Grundstückswechsel zwischen verschiedenen Rechtsträgern gerichtete Vorgang bzw. der Rechtsträgerwechsel usw. unterliegt, ist die Frage nach der Fähigkeit (Eigenschaft), Rechtsträger zu sein, eine spezifisch grunderwerbsteuerrechtliche. Der Begriff des **Rechtsträgers im grunderwerbsteuerrechtlichen Sinne** ist weiter als der der Rechtsfähigkeit. Rechtsträger sind nicht nur **alle natürlichen** und **juristischen Personen** (Letztere sowohl des privaten als auch des öffentlichen Rechts), sondern **auch** bestimmte **Gesamthandsgemeinschaften**.

Zur Rechtsträgerschaft von Kapitalgesellschaften ausländischen Rechts s. Rdnr. 12 f. Zur Rechtsfolge der Verlegung des Verwaltungssitzes einer inländischen Kapitalgesellschaft in das Ausland (auch innerhalb der EU) vgl. Rdnr. 16.

---

1 Vgl. z. B. Art. 31, 34 des EWR-Abkommens, ABl Nr. L 1 v. 3. 1. 1994, 6, sowie Art. XXV Abs. 5 Satz 2 des Freundschafts-, Handels- und Schifffahrtsvertrags zwischen der Bundesrepublik Deutschland und den Vereinigten Staaten von Amerika v. 29. 11. 1954, BGBl II 1956, 487.

2 Vgl. BGH v. 19. 9. 2005 II ZR 372/03, NJW 2005, 3351; v. 29. 1. 2003 VIII ZR 153/02, BB 2003, 810.

3 Vgl. dazu auch BayObLG v. 7. 5. 1992 3Z BR 14/92, DB 1992, 1400, sowie BFH v. 2. 1. 2003 I R 6/99, BStBl II 2003, 1043, unter II. 2.c.

4 BGBl I 2008, 2026.

## 2. Die Gesamthand als Rechtsträger

**Literatur:** *Hailer,* Ist die Gesellschaft bürgerlichen Rechts steuerrechtsfähig?, UVR 1989, 163; *Blum/Schellenberger,* Die Gesellschaft bürgerlichen Rechts ist grundbuchfähig, BB 2009, 400; *Lautner,* Grundstückserwerbe durch Gesellschaften bürgerlichen Rechts unter Geltung der gesetzlichen Neuregelungen des ERVBGB, MittBayNot 2010, 286; *Potsch,* Grundstücks-GbR und Grunderwerbsteuer, NZG 2012, 176.

Bei Gesamthandsgemeinschaften sind Berechtigte an jedem Gegenstand des 18 gemeinschaftlichen Vermögens die an den Gesamthandsgemeinschaften Beteiligten in ihrer Gesamtheit, ohne über ihre Anteile an den gemeinschaftlichen Gegenständen verfügen zu können (§§ 718, 719 Abs. 1, §§ 1416, 1419 Abs. 1, § 2032 Abs. 1, § 2033 Abs. 2 BGB). Das Gesamthandsvermögen ist dinglich gebundenes Sondervermögen, dessen Eigentümer die einzelnen Gesellschafter oder sonstigen Gesamthänder gemeinsam mit allen anderen Beteiligten in gesamthänderischer Verbundenheit sind. Der gesamthänderische Bezug folgt aus der Mitgliedschaft in der Gesamthand; unerheblich ist, ob der einzelne Gesamthänder im Innenverhältnis vermögensmäßig beteiligt ist. Dieser Aussage steht die jüngere Rechtsprechung des BGH,[1] wonach auch die nicht registerfähige (s. dagegen §§ 106, 162 HGB, § 4 PartGG) Gesellschaft des bürgerlichen Rechts, ohne juristische Person zu sein, (teil)rechtsfähig ist und infolgedessen Eigentum an Grundstücken und grundstücksgleichen Rechten erwerben kann,[2] nicht entgegen. Denn die (Außen)Gesellschaft des bürgerlichen Rechts ist insoweit immer nur Zuordnungssubjekt des Gesellschaftsvermögens, dessen vermögensrechtliche Inhaber ihre Mitglieder in gesamthänderischer Verbundenheit sind. Das ist bei den registerfähigen Personengesellschaften nicht anders.

Den zivilrechtlichen Vorgegebenheiten, dass den Gesamthändern selbst nicht Volleigentum an den zum Gesamthandsvermögen gehörenden Gegenständen zusteht, sie vielmehr kraft der gesamthänderischen Bindung in Bezug auf das Eigentum daran eine Einheit bilden, hat der Gesetzgeber dadurch Rechnung getragen, dass er den Gesamthandsgemeinschaften die Eigenschaft als selbständige Rechtsträger im grunderwerbsteuerrechtlicher Hinsicht zuerkannt hat. Dies ergibt sich indirekt aber deutlich aus den Regelungen in den §§ 5 bis 7, § 1 Abs. 3 und inzwischen auch aus § 1 Abs. 2a. Soweit ihre Rechtsträgereigenschaft zu bejahen ist, sind allerdings nicht bei allen Gesamthands-

---

1 Urteile v. 29. 1. 2001 II ZR 331/00, NJW 2001, 1056, und v. 25. 1. 2008 II ZR 63/07, NJW 2008, 1378, sowie Beschluss v. 4. 12. 2008 V ZB 74/08, BB 2009, 109.

2 Zur Grundbucheintragung vgl. § 47 Abs. 2 GBO, angefügt durch Gesetz v. 11. 3. 2009 (BGBl I 2009, 2713) mit Wirkung v. 18. 8. 2009 (s. Art. 229 § 21 EGBGB), s. auch § 82 Satz 3 GBO sowie § 899a BGB.

gemeinschaften unterschiedslos die nämlichen Konsequenzen zu ziehen; denn die bürgerlich-rechtlichen Unterschiede sind auch für die Grunderwerbsteuer zu beachten.

**Gesamthandsgemeinschaften** sind (soweit sie für den Grundstücksverkehr hauptsächlich in Betracht kommen) die Personengesellschaften (Gesellschaft des bürgerlichen Rechts [§§ 705 ff. BGB], der nichtrechtsfähige Verein [§ 54 Satz 1 BGB; auf ihn finden §§ 705 ff. BGB Anwendung], die offene Handelsgesellschaft – OHG – [§§ 105 ff. HGB] und die Kommanditgesellschaft – KG – [§§ 161 ff. HGB]), die Partnerschaftsgesellschaft (§§ 1, 7 PartGG), die Erbengemeinschaft (§§ 2032 ff. BGB) und die Gütergemeinschaft (§§ 1415 ff. BGB) sowie die fortgesetzte Gütergemeinschaft (§§ 1483 ff. BGB). Der gesetzliche Güterstand der Zugewinngemeinschaft führt nicht zu gesamthänderischer Vermögensbildung (§ 1363 Abs. 2 BGB). Die **stille Gesellschaft** – und sei sie noch so atypisch ausgestaltet – ist keine Gesamthandsgemeinschaft (§ 230 HGB); sie ist – wie die Unterbeteiligung an der Beteiligung eines Gesellschafters – ein Rechtsverhältnis lediglich obligatorischen Inhalts (s. auch Hofmann, GrEStG, § 5 Rdnr. 2).

19    Von den Gesamthandsgemeinschaften sind **in jeder Beziehung** als **selbständige Rechtsträger** i. S. des Grunderwerbsteuerrechts zu qualifizieren die **Gesellschaft des bürgerlichen Rechts** und der nichtrechtsfähige Verein,[1] die **OHG**[2] und die **KG**,[3] die (als OHG) geltende **Partnerschaftsgesellschaft** (§§ 1, 7 PartGG) sowie die **EWIV**.[4] **Beschränkt** auf die **Außengeschäfte**[5] ist der **Erbengemeinschaft**, die zivilrechtlich nicht rechtsfähig ist,[6] Rechtsträgereigenschaft beizumessen.[7]

20    **Nicht** als **selbständige Rechtsträger** anzusehen sind die **Gütergemeinschaft** sowie die **fortgesetzte Gütergemeinschaft**,[8] wenn ihnen auch im Rahmen der §§ 5 bis 7 eine beschränkte Rechtsträgereigenschaft zuzubilligen ist (vgl. Hofmann, GrEStG, § 5 Rdnr. 1). Ihre Rechtfertigung findet die von der Behandlung anderer Gesamthandsgemeinschaften abweichende Betrachtung der Gütergemein-

---

1  BFH v. 25. 7. 1956 II 294/55, BStBl III 1956, 285; v. 7. 7. 1976 II R 151/67, BStBl II 1977, 12.
2  BFH v. 4. 5. 1951 II 68/51, BStBl III 1951, 116; v. 27. 10. 1970 II 72/65, BStBl II 1971, 278.
3  BFH v. 14. 11. 1956 II 46/56, BStBl III 1957, 19; v. 29. 9. 1970 II R 13/70, BStBl II 1971, 107.
4  Art. 1 Abs. 2 VO, EWG Nr. 2137/85 des Rats v. 25. 7. 1985, über die Schaffung einer Europäischen Wirtschaftlichen Interessenvereinigung, ABl EG Nr. L 1985 S. 1 i. V. m. § 1 EWIV-AusführungsG v. 14. 4. 1988, BGBl I 1988, 514.
5  BFH v. 17. 7. 1975 II R 141/74, BStBl II 1976, 159; v. 6. 6. 1984 II R 184/81, BStBl II 1985, 261.
6  BGH v. 17. 10. 2006 VIII ZB 94/05, DStR 2007, 167.
7  BFH v. 29. 11. 1972 II R 28/67, BStBl II 1973, 370; v. 20. 12. 1972 II R 84/67, BStBl II 1973, 365.
8  BFH v. 4. 4. 1967 II 49/63 U, BFHE 88, 388.

schaften aus § 1416 Abs. 1 Satz 2 BGB, wonach die Ehegatten bzw. die Lebenspartner (§ 7 LPartG) während des Bestehens der Gütergemeinschaft selbständig – ohne als Vertreter des Gesamtguts auftreten zu müssen – Vermögen erwerben können, das dann auch zum Gesamtgut gehört; die erworbenen Gegenstände werden kraft Gesetzes gemeinschaftlich (§ 1416 Abs. 2 BGB). Die Ehegatten sowie die Lebenspartner bzw. die Teilnehmer an einer fortgesetzten Gütergemeinschaft werden bei Erwerb und Veräußerung wie Beteiligte nach Bruchteilen behandelt (beachte aber § 1416 Abs. 1 Satz 2 BGB: der Anspruch auf Übereignung entsteht nur in der Person des erwerbenden Ehegatten oder Lebenspartners). Erwerben die Ehegatten oder die Lebenspartner gemeinsam zur gesamten Hand, ist jeder Ehegatte bzw. Lebenspartner zur Hälfte Schuldner der Steuer. Zwischen ihnen besteht keine Gesamtschuldnerschaft. Gleichfalls grunderwerbsteuerrechtlich als je hälftige Erwerber sind Ehegatten anzusehen, die ein **Grundstück zu gemeinschaftlichem Eigentum** (§ 13 Familiengesetzbuch der DDR; zur Fortgeltung des Güterstands der Eigentums- und Vermögensgemeinschaft nach diesem Gesetz aufgrund entsprechender Erklärung vgl. Art. 234 § 4 EGBGB) erwerben.[1]

## 3. Konsequenzen aus der selbständigen Rechtsträgereigenschaft von Gesamthandsgemeinschaften

**Literatur:** *Dörfelt*, Die Gesellschaft bürgerlichen Rechts als Instrument der Erleichterung des Grundstücksverkehrs, DB 1979, 1153; *Weber*, Anteilsübertragung bei der grundstücksverwaltenden Personengesellschaft und Steuerumgehung, WM 1981, 262; *Jakob*, Gesellschafterwechsel und Gestaltungsmissbrauch im Grunderwerbsteuerrecht, DB 1984, 1424; *Martin*, Grunderwerbsteuer bei Übertragung von Anteilen an Personengesellschaften und Erbteilen, DB 1985, 2169; *Rossmanith*, Grunderwerbsteuer beim Zusammentreffen von Grundstückseinbringung und Gesellschafterwechsel, DStR 1989, 417; *Dietz*, Grunderwerbsteuerrechtliche Behandlung der Übertragung von Anteilen an Grundstücksgesellschaften, DStR 1992, 489; *Schelnberger*, Droht der Grunderwerbsteuer das Ende?, UVR 1992, 320; *Viskorf*, Die Gesamthandsgemeinschaft als grunderwerbsteuerrechtlich vorteilhaftes Instrument der Mobilisierung von Grundstücken, DStR 1994, 6.

### a) Allgemeines

Diejenige Gesamthandsgemeinschaft, die als selbständiger Rechtsträger anzusehen ist (Rdnr. 19), wird für jeden Steuerfall als Einheit behandelt, ist also selbst Veräußerer oder Erwerber und damit Steuerschuldner.[2] Seinem mate-  **21**

---

1 BFH v. 12. 10. 1994 II R 63/93, BStBl II 1995, 174.
2 § 13; für Gesellschaften des bürgerlichen Rechts vgl. BFH v. 22. 10. 1986 II R 118/84, BStBl II 1987, 183; v. 11. 2. 1987 II R 103/84, BStBl II 1987, 325.

riellen Inhalt nach richtet sich der Steuerbescheid gegen sie. Wegen der steuerlichen Pflichten der Geschäftsführer bzw. Gemeinschafter vgl. § 34 AO.

22    Aus der selbständigen Rechtsträgereigenschaft einer Gesamthand ergibt sich die zwingende Folge, dass der Grundstückswechsel zwischen verschiedenen Gesamthandsgemeinschaften auch dann der Steuer unterliegt, wenn an ihnen jeweils die nämlichen natürlichen und juristischen Personen beteiligt sind.[1] Das wird in § 6 Abs. 3 vorausgesetzt; zur möglichen Begünstigung vgl. dort. Ebenso führt der Grundstückswechsel zwischen der Gesamthandsgemeinschaft und den an ihr Beteiligten zur Grunderwerbsteuer. Wegen der hierfür in Betracht kommenden Steuervergünstigungen vgl. §§ 5, 6 und 7 Abs. 2, 3 bzw. § 3 Nr. 3.

23    Die grunderwerbsteuerrechtliche Selbständigkeit der Gesamthandsgemeinschaft schließt es nicht aus, ihr Eigenschaften der Gesamthänder zuzurechnen.[2] Der Gesamthand können sowohl – **quotal** – **verwandtschaftliche Beziehungen zugerechnet** werden als auch **andere grunderwerbsteuerrechtlich erhebliche Verhältnisse.** Aus der Rechtsprechung: BFH vom 20. 12. 1972[3] Erwerb eines Grundstücks durch Mutter von aus deren Kindern bestehender Erbengemeinschaft ist nach § 3 Nr. 6 steuerfrei; BFH vom 17. 12. 1975[4] Erwerb eines Grundstücks durch eine KG ist insoweit nach § 5 Abs. 2 i. V. m. § 3 Nr. 6 steuerfrei, als ihre Gesellschafter mit dem Veräußerer in gerader Linie verwandt sind; BFH vom 21. 11. 1979[5] Erwerb eines Grundstücks von einer KG durch eine Person, die mit einem Gesellschafter in gerader Linie verwandt ist, unter den Voraussetzungen von § 6 Abs. 2, 4 teilweise steuerfrei nach § 3 Nr. 6;[6] BFH vom 13. 3. 1974[7] anteilige Befreiung einer Grundstücksübertragung in Erfüllung eines Verschaffungsvermächtnisses oder einer verbindlichen Teilungsanordnung durch KG auf Vermächtnisnehmer bzw. Begünstigten kann nach § 3 Nr. 2 und 6, § 6 Abs. 2 steuerbefreit sein.[8] Vgl. dazu auch Hofmann, GrEStG, § 3 Rdnr. 3, § 5 Rdnr. 37, und § 6 Rdnr. 35, 36.

---

1   BFH v. 27. 10. 1970 II 72/65, BStBl II 1971, 278.

2   So BFH v. 25. 2. 1969 II 142/63, BStBl II 1969, 400; v. 27. 10. 1970 II 72/65, BStBl II 1971, 278.

3   II R 84/67, BStBl II 1973, 365.

4   II R 35/69, BStBl II 1976, 465.

5   II R 96/76, BStBl II 1980, 217.

6   Ebenso BFH v. 10. 2. 1982 II R 152/80, BStBl II 1982, 481.

7   II R 52/66, BStBl II 1974, 555.

8   Siehe auch BFH v. 12. 12. 1979 II R 79/75, BStBl 1980, 220.

### b) Wechsel im Personenstand von Personengesellschaften

Da das Recht des Gesamthänders nur mittelbar in seinem Mitgliedschafts-    24
recht Ausdruck findet, löst der **Wechsel im Personenstand einer Gesamthand**
(Ausnahme: Erbengemeinschaft, s. Rdnr. 28) grundsätzlich – vorbehaltlich § 1
Abs. 2a (vgl. dazu Rdnr. 92 ff.) und § 1 Abs. 3 (s. dazu Rdnr. 132 ff.) sowie § 1
Abs. 3a (vgl. dazu Rdnr. 190) – ebenso wenig Grunderwerbsteuer aus wie die
Verschiebung im Anteilsverhältnis (vgl. aber § 6 Abs. 4, § 7 Abs. 3). Dabei ist es
gleichgültig, ob in eine bestehende Personengesellschaft ein weiterer Gesell-
schafter eintritt oder ob einer der Gesellschafter seinen Gesellschaftsanteil
(mit Zustimmung der anderen) an einen Dritten abtritt oder ob schließlich ein
Gesellschafter austritt, sofern die Gesellschaft noch unter mindestens zwei
Gesellschaftern fortbesteht. Denn die grunderwerbsteuerrechtlich – abgesehen von § 1 Abs. 2a (s. dazu Rdnr. 88 ff.) sowie § 1 Abs. 3a (s. dazu auch
Rdnr. 190) und von besonderen Konstellationen (s. Rdnr. 25 ff.) – unerhebliche
Änderung im Personenstand setzt den Fortbestand der gesamthänderischen
Gemeinschaft voraus. Vereinigen sich **alle Gesellschaftsrechte in einer Person**,
so gehen bei den Personengesellschaften die Gesellschaftsrechte unter und
das bislang gesamthänderisch gebundene Vermögen zufolge Anwachsung
(§ 738 BGB) in das Eigentum des Anteilserwerbers über. Es liegt ein nach § 1
Abs. 1 Nr. 3 Satz 1 der Grunderwerbsteuer unterliegender Erwerbsvorgang
vor.[1]

### c) Gleichzeitige Auswechslung aller Gesellschafter (Rechtslage bis 31. 12. 1996)

Die Rechtsprechung des BFH, wonach die gleichzeitige oder auf einem einheit-    25
lichen Plan beruhende Auswechslung aller Gesellschafter einer lediglich
grundstücksverwaltenden Personengesellschaft nach § 1 Abs. 1 Nr. 1 i. V. m.
§ 42 AO der Steuer unterlag (hierzu wird auf Rdnr. 19 bis 22 der 8. Auflage verwiesen), ist mit Einfügung des § 1 Abs. 2a obsolet geworden.

### Exkurs: Mit einem Grundstück verknüpfter Gesellschaftsanteil

Ist im Gesellschaftsvertrag einer Personengesellschaft jedem (übertragbar ge-    26
stellten) Gesellschaftsanteil ein Grundstück (meist ein Wohnungs- oder Teileigentum) derart zugeordnet, dass der Gesellschafter bzw. sein Rechtsnachfol-

---

1 BFH v. 13. 11. 1974 II R 26/74, BStBl II 1975, 249; v. 19. 1. 1977 II R 161/74, BStBl II 1977, 359; v.
13. 9. 1995 II R 80/92, BStBl II 1995, 903; s. auch BFH v. 5. 11. 2002 II R 86/00, BFH/NV 2003,
344.

ger im Falle seines Ausscheidens sowie im Falle der Auflösung anstelle eines Anspruchs auf Auszahlung eines Abschichtungs- bzw. Auseinandersetzungsguthabens (nur) einen Anspruch auf Übertragung dieses Grundstücks erhält, er also seine Gesellschafterstellung einseitig in einen Eigentumsverschaffungsanspruch umwandeln kann, so ersetzt der Erwerb eines derart ausgestalteten Gesellschaftsanteils die Übertragung des ihm zugeordneten Grundstücks, dessen Auswahl den Gesellschaftsanteil bestimmt. Da die Konstruktion der Übertragung derartig ausgestalteter Anteile (bzw. deren Erwerb durch Beitritt zur Gesellschaft) nur unter dem Gesichtspunkt der Vermeidung der Steuerpflicht bzw. erhoffter Steuerbefreiung aus § 6 Abs. 2 bzw. § 7 Abs. 2 bei Beachtung der Fristen von § 6 Abs. 4 bzw. § 7 Abs. 3 für den Fall des Eintritts der Bedingung für die Übereignungsverpflichtung der Gesellschaft verständlich ist, stellt sie einen nach § 1 Abs. 1 Nr. 1 i.V.m. § 42 AO steuerpflichtigen Erwerbsvorgang dar.[1] Voraussetzung ist allerdings, dass der den Übertragungsanspruch begründende (Gesellschafts-)Vertrag in allen seinen Teilen notariell beurkundet ist (§ 311b Abs. 1 BGB).[2] Abzuheben ist auf die gesellschaftsvertraglichen und sonstigen Vereinbarungen im Zeitpunkt des Erwerbs der Gesellschafterstellung, eine nach Einräumung bzw. Übertragung eines derartigen Gesellschaftsanteils etwa mögliche Änderung des Gesellschaftsvertrags steht der Annahme der Grunderwerbsteuerpflicht nicht entgegen.[3] Keine Bedeutung kommt den Motiven für eine derartige Rechtsgestaltung zu, seien sie außersteuerlicher Art oder wird mit der vorgenommenen Rechtsgestaltung die Erlangung einer ertragsteuerrechtlichen Vergünstigung u. Ä. erstrebt.[4] Diese Rechtsprechung ist nicht durch § 1 Abs. 2a obsolet geworden, denn sie knüpft nicht an den Wechsel im Personenstand einer Gesellschaft an.[5]

Der Annahme, die Einräumung sowohl wie die Übertragung eines derart ausgestatteten Gesellschaftsanteils unterliege der Steuer aus § 1 Abs. 2[6] ist nicht beizupflichten.[7] Sie übersieht, dass bei solchen gesellschaftsvertraglichen Vereinbarungen es im Belieben eines Gesellschafters steht, durch Kündigung ei-

---

1 BFH v. 10.5.1989 II R 86/86, BStBl II 1989, 628; v. 25.3.1992 II R 46/89, BStBl II 1992, 680; v. 1.12.2004 II R 32/02, BFH/NV 2005, 721; v. 29.5.2011 II B 133/10, BFH/NV 2011, 1539.

2 BFH v. 23.11.2011 II R 64/09, BFH/NV 2012, 292. Zum Umfang des Erfordernisses der notariellen Beurkundung eines derartigen Vertrags s. auch BGH v. 19.4.1978 II ZR 61/77, NJW 1978, 2505.

3 BFH v. 26.8.1992 II R 100/89, BFH/NV 1993, 563.

4 BFH v. 1.12.2004 II R 23/02, BFH/NV 2005, 721, unter Aufhebung des Urteils des Sächsischen FG v. 11.4.2002, EFG 2002, 1104; s. auch BFH v. 6.3.1996 II R 38/93, BStBl II 1996, 377.

5 Ebenso Pahlke, Rz 6 ff. und Rz 269; FG Mecklenburg-Vorpommern v. 2.5.2001, EFG 2001, 909.

6 Boruttau/Fischer, Rn. 766 ff.

7 Vgl. auch BFH v. 7.2.2001 II R 35/99, BFH/NV 2001, 1144.

nen Auflassungsanspruch herbeizuführen, mag er daran auch möglicherweise durch eine Schamfrist seit der erstmaligen Einräumung bzw. Übertragung des Gesellschaftsanteils zeitweise gehindert sein. Insoweit kommt der Mobilität des Grundstückes, das mit einem Gesellschaftsanteil untrennbar verknüpft ist, eine andere Qualität als die einer bloßen Verwertungsbefugnis zu. Dabei ist auch zu berücksichtigen, dass der Gesellschaftsanteil faktisch das Grundstück repräsentiert.

**Voraussetzung** für die Steuerpflicht der Übertragung (Einräumung) eines mit einem Grundstück verknüpften Gesellschaftsanteils ist, dass der **Anspruch auf Übereignung des Grundstückes stets an die Stelle** eines **Abschichtungsanspruchs** in Geld (bei Ausscheiden) bzw. eines **Auseinandersetzungsguthabens** (bei Auflösung) tritt. Ist das nicht der Fall, besteht nur im Falle der Auflösung der Gesellschaft ein Übereignungsanspruch nicht aber auch im Falle des kündigungsbedingten Ausscheidens, so besteht die für die Steuerpflicht der Einräumung bzw. Übertragung des Gesellschaftsanteils nach § 1 Abs. 1 Nr. 1 i.V. m. § 42 AO vorausgesetzte untrennbare Verknüpfung nicht; die Übertragung (Einräumung) des Gesellschaftsanteils unterliegt dann nicht der Steuer.[1] Dasselbe gilt, wenn der einzelne Gesellschafter, dessen Gesellschaftsanteil zwar ein bestimmtes Grundstück (eine Wohnungs- oder Teileigentumseinheit) zugeordnet ist, im Falle der Kündigung oder Auflösung der Gesellschaft nur ein Wahlrecht zwischen dem auf Geld gerichteten Auseinandersetzungsanspruch in Höhe des Verkehrswerts des Grundstücks und dem Eintritt in Verhandlungen über die Übertragung des Grundstücks hat.[2] Kann der Gesellschafter, obwohl ihm bei Auflösung der Gesellschaft ein Anspruch auf Übertragung des Eigentums an dem bisher nur schuldrechtlich zugeordneten Grundstück zusteht, die Auflösung der Gesellschaft nicht allein herbeiführen und kann er bei Kündigung seine Beteiligung nicht unmittelbar selbst in einen Anspruch auf Eigentumsübertragung umwandeln, so unterliegt die Einräumung (Übertragung) eines derartig mit dem Grundstück verknüpften Gesellschaftsanteils nicht der Steuer nach § 1 Abs. 1 Nr. 1 i.V. m. § 42 AO.[3]

27

## 4. Besonderheiten bei der Erbengemeinschaft

Der Grundsatz der selbständigen Rechtsträgereigenschaft der Erbengemeinschaft findet seine Grenze dort, wo es das Wesen dieser Gemeinschaft als eines letztlich personenrechtlichen Zufallsverhältnisses (§ 2032 Abs. 2 BGB), des-

28

---

1 BFH v. 27. 3. 1991 II R 82/87, BStBl II 1991, 731.
2 BFH v. 18. 8. 1993 II R 51/91, BStBl II 1993, 879.
3 BFH v. 7. 2. 2001 II R 35/99, BFH/NV 2001, 1144.

sen Konstruktion in erbrechtlichen Kategorien seine Rechtfertigung findet, und der Sinn und Zweck in Betracht kommender grunderwerbsteuerrechtlicher Vorschriften fordern.[1] Im Gegensatz zur Rechtslage bei den anderen Gesamthandsgemeinschaften ist der Miterbenanteil kraft Gesetzes (§ 2033 Abs. 1 BGB, vgl. dagegen § 719 Abs. 1 BGB) stets übertragbar. Aus den Charakteristika der Struktur der Erbengemeinschaft ist zu folgern, dass die **Übertragung eines Anteils an einem Nachlass** zu einem kraft Gesetzes eintretenden Übergang des Eigentums an einem zum Nachlass gehörenden Grundstück führt.[2] Es handelt sich um eine **Veränderung** der eigentumsmäßigen **Zuordnung** des zum Nachlass gehörenden Grundstücks. Hier tritt nicht die Erbengemeinschaft als solche einer anderen Person gegenüber als Veräußerer oder Erwerber auf (vgl. § 2041 BGB), sondern es wird ein Erbanteil an dem grundstücksumfassenden Sondervermögen übertragen. Die gegenüber den Personengesellschaften abweichende Betrachtung hat ihren Grund nicht zuletzt darin, dass die Erbengemeinschaft in erster Linie auf Auseinandersetzung gerichtet ist (vgl. § 2042 BGB) und das gesamthänderisch gebundene Sondervermögen nicht einem in die Zukunft weisenden gemeinschaftlichen Zweck der Beteiligten gewidmet ist. Dazu ist der Anteil des einzelnen Miterben quotal fixiert und nicht etwa variabel. In gleicher Weise entsteht Grunderwerbsteuer aus § 1 Abs. 1 Nr. 3 für eine Erbteilsübertragung, wenn zwar das Grundstück zu einem anderen Nachlass gehört, aber auch ein Anteil an diesem anderen Nachlass in dem Nachlass enthalten ist, von dem ein Anteil übertragen wird.[3]

Sofern die Erbteilsübertragung der Teilung des Nachlasses dienen soll und an einen Miterben oder diesem gleichstehende Person (s. § 3 Nr. 3 Satz 2 und 3) erfolgt, ist der Vorgang nach § 3 Nr. 3 steuerfrei. Auch im Übrigen sind die Befreiungsvorschriften auf eine Erbteilsübertragung anzuwenden; insoweit ist unter „Grundstück" eben auch der Anteil an einer Erbengemeinschaft zu verstehen, wenn zum erbengemeinschaftlichen Vermögen ein Grundstück gehört.

## IV. Bruchteilseigentum

29  Das Eigentum kann einer Mehrheit von Personen nicht nur zur gesamten Hand zustehen, sondern auch nach ideellen, in der Natur nicht abgeteilten Bruchteilen (§ 1008 BGB). Das **Miteigentum** ist Eigentum zu einem bestimm-

---

1 BFH v. 29. 11. 1972 II R 28/67, BStBl II 1973, 370; v. 20. 12. 1972 II R 84/72, BStBl II 1973, 365.
2 BFH v. 17. 7. 1975 II R 141/74, BStBl II 1976, 159; s. auch BFH v. 4. 2. 2004 II B 147/02, BFH/NV 2004, 813.
3 BFH v. 17. 7. 1975 II R 141/74, BStBl II 1976, 159.

ten – wenn auch lediglich ideellen – Bruchteil, d. h. Volleigentum, das nur in seinem Umfang beschränkt ist. Jeder Miteigentümer kann über seinen Anteil frei verfügen. Es wird kein gemeinschaftliches Vermögen gebildet. Der Anteil des Miteigentümers wird bürgerlich-rechtlich grundsätzlich wie Alleineigentum behandelt. Dasselbe gilt wegen der Anknüpfung an das bürgerliche Recht auch für das Grunderwerbsteuerrecht. Der **Miteigentumsanteil ist grunderwerbsteuerrechtlich Grundstück.** Bei einem Erwerb von Miteigentumsanteilen an einem Grundstück liegen grunderwerbsteuerrechtlich so viele Erwerbsvorgänge vor, wie Miteigentumsbruchteile erworben werden. Der Erwerb eines Miteigentumsanteils ist nur dann von der Besteuerung ausgenommen bzw. genießt nur dann Steuervergünstigung, wenn die dafür erforderlichen tatbestandsmäßigen Voraussetzungen in Bezug auf den jeweiligen einzelnen Erwerbsvorgang gegeben sind.[1] Unter dieser Prämisse gilt das, was in dem Gesetz und in den Erläuterungen zum Grundstück bzw. Alleineigentum gesagt ist, gleicherweise für Miteigentumsanteile.

Da bei Wohnungs- und Teileigentum das Sondereigentum mit dem Miteigentumsanteil am Grundstück unlösbar verbunden ist (vgl. § 6 WEG), gilt hinsichtlich der Übertragung von solchen Sondereigentumseinheiten keine Besonderheit (vgl. im Übrigen Hofmann, GrEStG, § 2 Rdnr. 39 ff.).

# B. Erwerbsvorgänge

## I. Nach § 1 Abs. 1

### 1. Das Verpflichtungsgeschäft

Rechtsgeschäfte, die i. S. des § 1 Abs. 1 Nr. 1 einen Anspruch auf Übereignung 30 begründen, sind alle auf Erfüllung des dinglichen Eigentumsübergangs an einem Grundstück i. S. des § 2 abzielende schuldrechtliche, die Verpflichtung zur Auflassung (dinglichen Einigung; §§ 873, 925 BGB) enthaltenden Kausalgeschäfte, also die obligatorischen oder Verpflichtungsgeschäfte. Es muss ein schuldrechtlicher Anspruch auf Verschaffung des Eigentums an einem Grundstück begründet werden. Das ist nur der Fall, wenn **aus dem Vertrag auf die Erklärung der Auflassung** (dinglichen Einigung) **geklagt** werden kann.[2] Kann aus einer Vereinbarung nur auf den Abschluss eines Verpflichtungsgeschäfts geklagt werden, handelt es sich also um einen **Vor- oder Optionsvertrag,** kann

---

1 BFH v. 23. 6. 1976 II R 139/71, BStBl II 1976, 693.
2 BFH v. 27. 1. 1972 II 73/65, BStBl II 1972, 496; v. 31. 5. 1972 II R 162/66, BStBl II 1972, 828; v. 22. 9. 2004 II R 45/02, BFH/NV 2005, 1341.

das Rechtsgeschäft auch nicht im Hinblick auf § 42 AO der Besteuerung aus § 1 Abs. 1 Nr. 1 unterliegen. Denn ein Vorvertrag – auch in Gestalt eines Rahmenvertrags – begründet für beide Vertragsteile oder auch nur einen von ihnen lediglich die Verpflichtung, demnächst einen anderen schuldrechtlichen Vertrag, den Hauptvertrag abzuschließen. Auch ein Optionsvertrag begründet regelmäßig nur ein Recht, vom Vertragspartner den Abschluss des ggf. bereits vorformulierten Vertrags zu verlangen. Erst der Abschluss des Hauptvertrags bzw. der Vertragsschluss aufgrund Ausübung der Option ist das einen Anspruch auf Übereignung begründende Rechtsgeschäft. Ähnliches gilt für die Begründung eines **Ankaufsrechts** es sei denn, es wäre als aufschiebend bedingter Kaufvertrag zu werten (Auslegungsfrage[1]). Sofern die im Zuge eines Vor- oder Optionsvertrags bzw. eines Verkaufsangebots dem „Erwerber" zufließende Herrschaftsmacht die Voraussetzungen des § 1 Abs. 2 erfüllt, unterliegt der Vorgang der Steuer nach dieser Vorschrift (vgl. auch Rdnr. 76 ff.); § 1 Abs. 2 verdrängt insoweit die von § 42 AO ermöglichte Sachverhaltsanalogie. Auch ein bloßes Angebot (Verkaufs- oder Kaufangebot) begründet keinen Eigentumsverschaffungsanspruch; § 1 Abs. 1 Nr. 1 wird erst durch dessen (formgültige) Annahme erfüllt (wegen der Abtretung der Rechte aus einem Angebot s. § 1 Abs. 1 Nr. 6 und 7 und Rdnr. 71 ff.). Schließlich begründet auch ein notariell beurkundeter sog. „Bewerbervertrag", in dem sich die Vertragsteile zum Abschluss eines Kaufvertrages nach Vorliegen bestimmter Voraussetzungen verpflichten, keinen von § 1 Abs. 1 Nr. 1 vorausgesetzten Eigentumsverschaffungsanspruch.[2] Aus dem Rechtsgeschäft muss ein Anspruch auf Auflassung (§ 925 BGB) bzw. dingliche Einigung (§ 11 Abs. 1 ErbbauRG) entstehen. Geschäfte, die darauf abzielen, ein Vermögen im Wege der Gesamtrechtsnachfolge bzw. partiellen Gesamtrechtsnachfolge zu übertragen (Verschmelzung, Auf- oder Abspaltung, Ausgliederung, Vermögensübertragung, übertragende Umwandlung), unterliegen nicht § 1 Abs. 1 Nr. 1 (vgl. Rdnr. 47 ff.).

31 Gegenstand eines Verpflichtungsgeschäfts können auch **fremde Grundstücke** sein, also solche, die dem Verkäufer nicht oder noch nicht gehören.[3] Der Verkäufer hat grundsätzlich für die Erfüllung des Vertrags einzustehen (s. aber § 275 und § 326 BGB). Er muss dafür Sorge tragen, dass er entweder selbst in die Lage versetzt wird, das Eigentum an dem verkauften Grundstück zu übertragen, oder dafür, dass der Eigentümer das Grundstück an den Erwerber auflässt. Sofern nicht die Wirksamkeit des Vertrages von dem Eintritt einer Bedin-

---

1 Vgl. BGH v. 18. 1. 1989 VIII ZR 311/87, NJW 1990, 1233

2 BFH v. 11. 10. 1989 II R 147/85, BStBl II 1990, 158.

3 Vgl. auch BFH v. 8. 11. 1995 II R 93/94, BStBl II 1996, 27.

gung (bspw. der Erlangung der Rechtsmacht zur Eigentumsverschaffung) abhängt (vgl. § 14 Nr. 1) entsteht die Steuer mit dem Abschluss des Verpflichtungsgeschäfts über das fremde Grundstück.

Ein **formnichtiger** (vgl. § 311b Abs. 1 Satz 1 BGB; s. auch Art. 11 Abs. 4 EGBGB) 32 **„Grundstückskaufvertrag"** ist nicht nach § 1 Abs. 1 Nr. 1 i. V. m. § 41 Abs. 1 AO der Grunderwerbsteuer unterworfen,[1] wohl aber ggf. nach § 1 Abs. 2. Zwar bestimmt § 41 Abs. 1 Satz 1 AO, dass die Unwirksamkeit eines Rechtsgeschäfts für die Besteuerung unerheblich ist, soweit und solange die Beteiligten das wirtschaftliche Ergebnis des Geschäfts gleichwohl eintreten und bestehen lassen. Das Ergebnis, dem Käufer einen Anspruch auf Grundstücksübereignung zu verschaffen, kann jedoch offensichtlich bei einem voll formnichtigen Geschäft nicht eintreten (vgl. auch § 925a BGB). Anderes gilt im Bereich **teilweiser Formnichtigkeit.** In einem solchen Fall wird nämlich der Anschein eines beurkundeten (und folglich wirksamen) Rechtsgeschäfts erweckt, und zwar in einer Weise, die den erstrebten Erfolg – den Eigentumswechsel – als eintretbar erscheinen lässt, weil die Beteiligten durch § 925a BGB nicht gehindert werden, die Übereignung herbeizuführen und damit die – wenn auch nicht rückwirkende – Heilung des Formmangels zu erreichen (§ 311b Abs. 1 Satz 2 BGB). Bei einer derartigen Fallgestaltung können die Beteiligten i. S. des § 41 Abs. 1 AO das wirtschaftliche Ergebnis des Rechtsgeschäfts gleichwohl eintreten und bestehen lassen, indem sie ihren Erklärungen gemäß auf die Erfüllung hinwirken.[2] Zur Korrektur der Steuerfestsetzung vgl. Hofmann, GrEStG, vor § 15 Rdnr. 9.

Von der Frage, ob ein Vertrag lediglich wegen Nichtbeachtung der Form ganz 33 oder teilweise nichtig ist (vgl. Rdnr. 32), ist diejenige nach der **inhaltlichen Wirksamkeit** des Vertrages zu unterscheiden. Zur Begründung der Leistungspflicht des Verkäufers nach § 433 Abs. 1 Satz 1 BGB ist die Bezeichnung des Kaufgegenstands erforderlich. Dafür genügt es, dass er anhand der vertraglichen Regelungen bestimmbar ist. Ist das nicht möglich, entsteht keine schuldrechtliche Bindung, kein Vertrag. Soweit Kaufgegenstand die Veräußerung einer noch zu vermessenden Grundstücksteilfläche, also ein **noch zu bildendes** (künftiges) **Grundstück** ist (vgl. auch § 2 Abs. 3 Satz 2), ist es grundsätzlich erforderlich, dass der Plan, die Skizze, auf die der Vertrag Bezug nimmt und die der Kaufvertragsurkunde beigefügt ist, maßstabsgerecht ist.[3] Geht aber der

---

1 BFH v. 17. 12. 1975 II R 35/69, BStBl II 1976, 465.
2 BFH v. 19. 7. 1989 II R 83/85, BStBl II 1989, 989; vgl. auch BFH v. 19. 1. 1994 II R 52/90, BStBl II 1994, 409.
3 BGH v. 23. 4. 1999 V ZR 54/98, NJW-RR 1999, 1030.

Wille der Parteien nicht dahin, die noch zu vermessende Teilfläche im Vertrag abschließend festzulegen, sondern haben sich die Vertragsparteien bei Vertragsabschluss mit einem geringeren Bestimmtheitsgrad dergestalt zufriedengegeben, dass der übereinstimmende Wille dahin geht, dass sie sich über die Größe, die Lage und den Zuschnitt entsprechend einer zeichnerischen – hier nicht notwendig maßstabgetreuen – Darstellung in einem der Kaufvertragsurkunde beigefügten Plan und über die spätere Konkretisierung der Fläche einig sind, ist ein wirksamer Vertrag dann zustande gekommen, wenn dieser Wille in der Urkunde seinen Niederschlag gefunden hat.[1] Wem dabei das Bestimmungsrecht zugestanden ist (vgl. §§ 315 ff. BGB), muss sich ebenfalls aus dem Vertrag ergeben. Zu bemerken ist noch, dass die Konkretisierungserklärung nicht der Form des § 311b Abs. 1 Satz 1 BGB bedarf.

Diese zivilrechtlichen Vorgaben gelten auch für das Grunderwerbsteuerrecht.[2] Lassen sich die verkauften Teilflächen und deren Grenzen nicht mit der für einen Messungskauf hinreichenden Bestimmtheit aus dem die Steuer möglicherweise auslösenden Rechtsvorgang entnehmen, weil z. B. eine Teilfläche von ca. x qm aus einem Grundstück als Kaufgegenstand angegeben ist, ohne dass deren Lage und deren künftige Grenzen nur ansatzweise erwähnt sind, bedarf also der Kaufgegenstand nach dem Willen der Vertragsparteien noch einer Konkretisierung, deren Maßgaben auch nicht annähernd der Kaufvertragsurkunde zu entnehmen sind, wird, wenn die erforderliche Konkretisierung, der sich die Vertragsparteien übereinstimmend willentlich von vornherein unterwerfen, durch wen auch immer erfolgt, der Steuertatbestand erst mit dieser erfüllt.[3] Erfolgt die Konkretisierung durch eine der Vertragsparteien erstmals formgültig im Zuge des dinglichen Rechtsgeschäfts – der Auflassung – ist der Tatbestand des § 1 Abs. 1 Nr. 2 erfüllt.[4]

**Unwirksam** kann ein im Grundsatz auf die Verschaffung des Eigentums an einem inländischen **Grundstück** gerichteter Vertrag auch dann sein, wenn dieses im Vertrag **nicht hinreichend individualisiert** ist.[5] So kann aus einem notariell beurkundeten Einbringungsvertrag, in dem lediglich auf eine beigefügte Bilanz verwiesen ist, die den Posten „Grundstücke mit aufstehenden Bauten" enthält,

---

1 BGH v. 19. 4. 2002 V ZR 90/01, DB 2002, 1768.
2 Vgl. BFH v. 20. 4. 1971 II R 11/65, BStBl II 1971, 751.
3 BFH v. 17. 10. 1990 II R 42/88, BStBl II 1991, 144.
4 So BFH v. 29. 9. 2015 II R 23/14, BStBl II 2016, 104, in einem Fall, in dem nach vertraglicher Absprache der Erwerber zur Abfindung eines Anspruchs aus § 13 Abs. 1 Nr. 2 HöfeO einen Anspruch auf Übertragung eines Baugrundstücks mit einer Fläche von ca. 1.000 qm aus einem Areal nach seiner Wahl erhalten sollte.
5 Siehe auch BFH v. 27. 11. 2013 II R 11/12, BFH/NV 2014, 579.

kein Eigentumsverschaffungsanspruch der Gesellschaft hinsichtlich der Grundstücke entstehen, weil die Mindesterfordernisse des § 311b Abs. 1 Satz 1 BGB nicht erfüllt sind.[1] Auch in einem solchen Falle unterliegt der Vorgang nicht nach § 1 Abs. 1 Nr. 1 i. V. m. § 41 Abs. 1 AO der Steuer, weil kein dem Entstehen eines Übereignungsanspruchs vergleichbares wirtschaftliches Ergebnis eintreten kann.

Die **Anfechtbarkeit** (§§ 119 ff. BGB) eines Rechtsgeschäfts berührt dessen Bestand solange nicht, bis es nicht angefochten ist. Es wird erst durch Anfechtung (rückwirkend) vernichtet (§ 142 Abs. 1 BGB; s. auch Hofmann, GrEStG, vor § 15 Rdnr. 10). Ob das Grundstück, zu dessen Übereignung auf den Erwerber sich der andere Vertragspartner verpflichtet, diesem gehört, ist für das Vorliegen eines steuerbaren, wirksamen Verpflichtungsgeschäfts ohne Bedeutung.[2] Auch wird die Wirksamkeit eines Verpflichtungsgeschäfts nicht dadurch berührt, dass der Gegenstand, auf den es sich bezieht, noch nicht entstanden ist. So entsteht Wohnungs- bzw. Teileigentum bei einer sog. Vorratsteilung nach § 8 Abs. 2 Satz 2 WEG erst mit der Anlegung der Wohnungsgrundbücher, ein Erbbaurecht mit seiner Eintragung. Trotzdem unterliegt ein Vertrag, in dem jemand sich zur Übereignung eines mit einem Wohnungs- oder Teileigentum verbundenen Grundstücksmiteigentumsanteil verpflichtet (ist es nur genügend exakt beschrieben), der Grunderwerbsteuer ebenso wie der Vertrag über die Bestellung eines Erbbaurechts (vgl. hierzu Hofmann, GrEStG, § 2 Rdnr. 22). 34

Zwar kann ein Grundstück nicht in einem Zustand verkauft und damit zum Gegenstand eines Erwerbsvorgangs gemacht werden, den es im Zeitpunkt des bürgerlich-rechtlichen Wirksamwerdens des Verpflichtungsgeschäfts nicht mehr hat,[3] und ist eine schuldrechtlich etwa vereinbarte Rückwirkung grunderwerbsteuerrechtlich unbeachtlich.[4] Abgesehen davon ist jedoch nicht entscheidend, in welchem **Zustand** sich das Grundstück im Zeitpunkt der Verwirklichung des Erwerbsvorgangs (vgl. Hofmann, GrEStG, § 23 Rdnr. 1 ff.) oder der Entstehung der Steuer (§ 38 AO bzw. § 14) befindet, sondern **in welchem künftigen Zustand das Grundstück erworben werden soll.**[5] Dabei ist es gleichgültig, ob der Veräußerer nach Vertragsabschluss noch den Grundstückszustand zu verändern berechtigt (vgl. Hofmann, GrEStG, § 8 Rdnr. 7 ff.) oder verpflichtet 35

---

1 Vgl. BFH v. 14. 9. 1988 II R 25/86, BFH/NV 1989, 732.
2 Vgl. BFH v. 6. 3. 1996 II R 45/95, BFH/NV 1996, 639.
3 BFH v. 8. 3. 1978 II R 131/76, BStBl II 1978, 635.
4 BFH v. 11. 12. 1974 II R 30/69, BStBl II 1975, 417.
5 BFH v. 15. 12. 1954 II 114/54, BStBl III 1955, 53.

ist (z. B. Kauf eines Grundstücks mit einem vom Verkäufer noch zu erstellen-
den Gebäude).

### a)  Kaufvertrag

36    Als wichtigstes zur Übereignung verpflichtendes obligatorisches Rechtsgeschäft hat das Gesetz den **Kaufvertrag** in § 1 Abs. 1 Nr. 1 GrEStG herausgestellt. Durch den Kaufvertrag wird der Verkäufer eines Grundstücks verpflichtet, dem Käufer dieses zu übergeben und das Eigentum an ihm zu verschaffen (§ 433 Abs. 1 Satz 1 BGB). Durch den Kaufvertrag über ein bestehendes Erbbaurecht wird der Verkäufer verpflichtet, dem Käufer das Recht zu verschaffen und den Besitz an dem Erbbaurecht zu übergeben (§ 453 Abs. 1 i. V. m.
§ 433 Abs. 1 Satz 1 BGB). Wie jeder Vertrag kommt auch der Kaufvertrag durch
**Angebot und Annahme** zustande; das Angebot allein kann den Tatbestand des
§ 1 Abs. 1 Nr. 1 nicht erfüllen.

Als Vertrag, durch den sich der eine Teil verpflichtet, das Eigentum an einem
Grundstück zu übertragen oder zu erwerben, bedarf der Kaufvertrag der **notariellen Beurkundung** (§ 311b Abs. 1 Satz 1 BGB). Dabei genügt es, wenn zunächst der Vertragsantrag und sodann die Annahme von einem Notar beurkundet wird (§ 128 BGB). Mangelt es an dieser Form, so ist der Kaufvertrag
nichtig (§ 125 BGB; er ist nicht nach § 1 Abs. 1 Nr. 1 der Steuer unterworfen,
vgl. Rdnr. 32). Der nicht formgerecht abgeschlossene Vertrag wird seinem ganzen Inhalt nach gültig, wenn die Auflassung und die Eintragung in das Grundbuch erfolgen (§ 311b Abs. 1 Satz 2 BGB; keine Rückwirkung!). Zu Heilungs-
möglichkeiten für Erbbaurechtsbestellungs- sowie Grundstücks- und Gebäu-
deankaufsverträge im Beitrittsgebiet vgl. auch § 14 Abs. 3 SachenRBerG.

Der Käufer wird aus dem Kaufvertrag verpflichtet, dem Verkäufer die verkaufte Sache abzunehmen und den Kaufpreis zu zahlen (§ 433 Abs. 2 BGB). Zur inhaltlichen Wirksamkeit des Kaufvertrags **muss** der **Kaufpreis nicht beziffert**
sein. Es genügt, wenn sich die Vertragsparteien über dessen Maßstab und die
Methode der Preisfestlegung in einer Weise geeinigt haben, dass der Kaufpreis
**der Höhe nach bestimmbar** ist. Auch eine Schiedsgutachterklausel nach § 317
BGB ist zulässig. Möglich ist es schließlich, die Bestimmung des Kaufpreises
einer Vertragspartei zu überlassen (§§ 315, 316 BGB). Besteht die Gegenleistung des Käufers nicht (wenigstens zur Hauptsache) in Geld, sondern in anderen Gegenständen, so liegt nicht Kauf, sondern Tausch vor (vgl. auch Hofmann,
GrEStG, § 9 Rdnr. 30).

Ein Kaufvertrag kommt auch beim Erwerb in **freiwilliger Versteigerung** zustande, wenn auch erst mit der Erteilung des Zuschlags (§ 156 BGB). Das Eigentum am Grundstück geht hier – im Gegensatz zum Erwerb im Zwangsversteigerungsverfahren – erst mit Auflassung und Eintragung in das Grundbuch über.

Auch der sog. **Komplettierungskauf** nach dem SachenRBerG vom 21. 9. 1994,[1]   37
also der Ankauf der bislang aufgrund Nutzungsrechts (vgl. § 1 SachenRBerG)
genutzten Grundfläche (vgl. §§ 14 ff., §§ 61 ff. SachenRBerG) bzw. der Ankauf
vom Nutzer errichteter baulicher Anlagen (§§ 81 ff. SachenRBerG) unterliegt
der Grunderwerbsteuer; er ist nicht befreit. Kommt keine Einigung über den
Ankauf eines Grundstücks (§§ 14 ff., §§ 61 ff. SachenRBerG) oder eines Gebäudes (§ 81 SachenRBerG) zustande und scheitert auch das notarielle Vermittlungsverfahren (§§ 87 ff. SachenRBerG), so kann Klage auf Feststellung des Inhalts eines Ankaufsrechts (gemeint sein muss eines Kaufvertrages) erhoben
werden (§§ 103, 104 SachenRBerG). Das Gericht stellt dann im Urteil die Rechte und Pflichten der Parteien fest; diese Feststellung ist mit Rechtskraft für die
Parteien in gleicher Weise verbindlich wie eine vertragsmäßige Vereinbarung
(§ 106 Abs. 2 SachenRBerG). Stets bedarf es aber noch der Vornahme der Erfüllungshandlungen (vgl. § 106 Abs. 3, 4 SachenRBerG). Ein solches vertragsinhaltsfeststellendes **Urteil nach § 106 Abs. 2 SachenRBerG** ersetzt das Verpflichtungsgeschäft und erzeugt die nämlichen Wirkungen wie dieses. Es stellt damit einen nach **§ 1 Abs. 1 Nr. 1** der Steuer unterliegenden Erwerbsvorgang dar.

### b)  Tauschvertrag

Ein **wechselseitiger Grundstückstausch** liegt vor, wenn jeder der Vertragspart-   38
ner sich zur Übereignung eines Grundstücks verpflichtet. Auf den Tauschvertrag, auch auf einen Tauschvertrag, der kein wechselseitiger Grundstückstauschvertrag ist – die Gegenleistung kann in der Hingabe jedes übertragbaren Gegenstandes mit Ausnahme von Geld bzw. Geldsorten bestehen –, finden nach § 480 BGB die Vorschriften über den Kauf entsprechende Anwendung; jeder ist gleich einem Käufer und einem Verkäufer zu betrachten. **§ 1
Abs. 5** bestimmt folgerichtig, dass bei einem (wechselseitigen) Grundstückstauschvertrag der Steuer sowohl die Vereinbarung über die Leistung des einen
als auch diejenige über die Leistung des anderen Vertragsteils der Steuer unterliegt (vgl. auch Hofmann, GrEStG, § 9 Rdnr. 30). Das gilt aber nur für den eigentlichen Grundstückstauschvertrag. So liegt kein Grundstückstauschvertrag
i. S. des § 1 Abs. 5 – wohl aber ein Tauschvertrag nach § 480 BGB – vor, wenn

---

1 BGBl I 1994, 2457; zuletzt geändert durch Gesetz v. 8. 12. 2010, BGBl I 2010, 1864.

nur für einen Vertragspartner der Anspruch zur Übereignung eines Grundstücks begründet wird.[1]

Ein Grundstückstausch im grunderwerbsteuerrechtlichen Sinne liegt auch dann vor, wenn Miteigentumsanteile jeweils verbunden mit einem Sondereigentum getauscht werden, denn beide Sondereigentumseinheiten sind Grundstücke i. S. von § 2, die nicht beide identisch sind.[2] Auch wenn es sich nicht um einen Tausch handelt, der für beide Vertragsteile einen Anspruch auf Übereignung eines Grundstücks begründet, kann ein „Tauschvertrag" für die Vertragsbeteiligten zu zwei grunderwerbsteuerrechtlich erheblichen Vorgängen führen. Das ist dann der Fall, wenn der Anspruch auf Übertragung eines Grundstücks (auf eine noch zu bildende Sondereigentumseinheit) gegen den Anspruch auf Übertragung eines anderen Grundstücks (auf eine andere noch zu bildende Sondereigentumseinheit) „getauscht" wird.

Ein Vertrag eigener Art liegt vor, wenn für einen Vertragsteil der Anspruch auf Übereignung eines Grundstückes, für den anderen Vertragsteil dagegen der Anspruch auf Errichtung eines Gebäudes auf dessen (anderem) Grundstück begründet wird; hier wird ein übertragbarer Gegenstand gegen eine werklieferungsvertragliche Verpflichtung „getauscht".

### c) Sachinbegriffe als Gegenstand des Verpflichtungsgeschäfts

39   Gegenstand des Kauf- oder Tauschvertrages und jeden anderen Verpflichtungsgeschäfts können auch Sachinbegriffe sein, wie z. B. ein Handelsgeschäft, ein landwirtschaftlicher Betrieb im Ganzen (s. § 453 Abs. 1 BGB), ein Grundstück einschließlich Mobiliar usw. (s. auch § 311c BGB). Soweit Grundstücke Gegenstand der Vereinbarung sind, unterliegt der Vertrag nach § 1 Abs. 1 Nr. 1 der Grunderwerbsteuer. Das Gleiche gilt beim Erbschaftskauf (§§ 2371 ff. BGB; zum Erbteilskauf s. Rdnr. 28 und 57) und dem Vermögenskauf (§ 311b Abs. 3 BGB).

### d) Andere Verpflichtungsgeschäfte

40   Ein rechtsgeschäftlicher Anspruch auf Übereignung entsteht sowohl aus einem (formgültigen, vgl. § 518 Abs. 1 BGB) **Schenkungsversprechensvertrag** als auch aus einem **Übergabevertrag** (meist gemischte Schenkung, Schenkung unter Auflage, sog. vorweggenommene Erbfolge). Zur Steuerbefreiung vgl. § 3 Nr. 2 und Hofmann, GrEStG, § 3 Rdnr. 22 ff. Zu den von § 1 Abs. 1 Nr. 1 erfass-

---

1  BFH v. 20. 2. 1974 II R 59/66, BStBl II 1974, 428.

2  BFH v. 12. 10. 1988 II R 6/86, BStBl II 1989, 54.

ten Verpflichtungsgeschäften gehören auch die **Einbringungsverträge,** d. h. Verträge, durch die die Verpflichtung begründet wird, Vermögensgegenstände[1] auf eine Gesellschaft unter Gewährung von Gesellschaftsrechten zu übertragen (für Personengesellschaften beachte auch § 5) und die **Auseinandersetzungsverträge** zur Auflösung von Bruchteils- und Gesamthandsgemeinschaften (vgl. dazu auch §§ 6, 7 Abs. 2, 3). Auch die Verträge über die Hingabe von Grundstücken an Erfüllungs statt und erfüllungshalber (einschließlich der Abfindungs- oder Abschichtungsverträge, sofern ein Grundstück hingegeben wird) unterliegen der Grunderwerbsteuer.

Nach Auffassung des Schleswig-Holsteinischen FG[2] erzeugt ein schriftliches **Stiftungsgeschäft** zur Errichtung einer Stiftung des privaten Rechts, in dem der Stifter die Übertragung des Eigentums an einem Grundstück zusichert, mit der Bekanntgabe der Anerkennung durch die zuständige Landesbehörde und der Übersendung der Stiftungsurkunde, also mit dem Entstehen der rechtsfähigen Stiftung (§ 80 Abs. 1 BGB), eine Verpflichtung zur Übereignung des Grundstücks, wodurch der Tatbestand das § 1 Abs. 1 Nr. 1 erfüllt wird. Denn nach § 81 Abs. 1 Satz 1 BGB bedarf das Stiftungsgeschäft unter Lebenden lediglich der Schriftform.

Verpflichtungsgeschäft i. S. des § 1 Abs. 1 Nr. 1 ist auch die **Verpflichtung zur Bestellung eines Erbbaurechts**[3] sowie seine vorzeitige Aufhebung.[4] Vgl. hierzu Hofmann, GrEStG, § 2 Rdnr. 22 ff.

**Nicht** zu den von § 1 Abs. 1 Nr. 1 erfassten Verpflichtungsgeschäften gehören Rechtsgeschäfte, die nicht einen klagbaren Anspruch auf Übereignung eines Grundstücks begründen, sondern einen Eigentumsübergang kraft Gesetzes auslösen. Als Beispiele seien neben der Verpflichtung zur Erbteilsübertragung[5] die Verpflichtung zum Ausscheiden aus einer Personengesellschaft, sofern das Vermögen einem verbleibenden „Gesellschafter" anwächst,[6] sowie die Umwandlung[7] erwähnt (s. dazu bereits Rdnr. 30).

---

1 Hier: Grundstücke; zur mangelnden Individualisierung der zu übertragenden Grundstücke, wenn nur auf eine Einbringungsbilanz verwiesen wird, vgl. BFH v. 14. 9. 1988 II R 25/86, BFH/NV 1989, 732.
2 Urteil v. 8. 3. 2012, EFG 2012, 184; BFH v. 27. 11. 2013 II R 11/12, BFH/NV 2014, 579 – aus anderen Gründen aufgehoben.
3 BFH v. 28. 11. 1967 II R 37/66, BStBl II 1968, 223.
4 BFH v. 5. 12. 1979 II R 122/76, BStBl II 1980, 136.
5 BFH v. 17. 7. 1975 II R 141/74, BStBl II 1976, 159; vgl. Rdnr. 28 und 57.
6 BFH v. 19. 1. 1977 II R 161/74, BStBl II 1977, 359; v. 16. 2. 1977 II R 89/74, BStBl II 1977 671, s. dazu Rdnr. 56.
7 BFH v. 8. 2. 1978 II R 48/73, BStBl II 1978, 320; v. 18. 7. 1979 II R 59/73, BStBl II 1979, 683; v. 25. 7. 1979 II R 55/76, BStBl II 1979, 692.

### e) Vertragsübernahme und Vertragsbeitritt

41 **Vertragsübernahme** ist Verfügung über das Schuldverhältnis im Ganzen; sie bedarf der Zustimmung aller Beteiligten. Sie ist Subjektwechsel im Rahmen eines im Übrigen unverändert fortbestehenden Vertrages. **Vertragsbeitritt** ist der Eintritt eines weiteren Erwerbers neben dem ursprünglichen und bedarf gleichermaßen der Zustimmung aller Beteiligten. Ist der aufrechterhaltene Vertrag formbedürftig, so bedürfen auch Vertragsbeitritt bzw. -eintritt der Form (vgl. § 311b Abs. 1 Satz 1 BGB: Begründung einer Erwerbsverpflichtung). **Nicht mehr bloße Vertragsübernahme** oder **-beitritt** liegt vor, wenn der Grundstückskaufvertrag sich nicht im Wesentlichen auf den Austausch der Käuferseite beschränkt, in weiteren Punkten (insbesondere Vertragsgegenstand, Kaufpreis u. Ä.) geändert wird, so dass die Änderungen einem **Neuabschluss** eines Grundstückkaufvertrags zwischen dem ursprünglichen Veräußerer und dem Dritten gleichkommen. Dabei unterscheiden sich Neuabschluss und Vertragsübernahme nicht darin, unter welchen Personen bei der Vertragsdurchführung der Eigentumswechsel am Grundstück eintritt, weil dieser sich notwendig zwischen dem ursprünglichen Veräußerer und dem Dritten vollzieht. Sie unterscheiden sich jedoch darin, zwischen welchen Personen der grunderwerbsteuerrechtlich relevante Erwerbsvorgang stattfindet. Beim Neuabschluss wird er zwischen dem ursprünglichen Veräußerer und dem Dritten verwirklicht. Dagegen wird bei der Vertragsübernahme ein (im Regelfall sogleich erfüllter) Anspruch auf Übertragung des Grundstücksübereignungsanspruch begründet und damit ein Erwerbsvorgang nach § 1 Abs. 1 Nr. 5 bzw. Nr. 7 verwirklicht, der grunderwerbsteuerrechtlich einen nochmaligen relevanten Rechtsträgerwechsel zwischen dem Veräußerer und dem Vertragsübernehmer bzw. demjenigen, der dem Vertrag beitritt, ausschließt.[1] Für das Eingreifen von Steuerbefreiungen bzw. -vergünstigungen ist allein auf das Verhältnis der am Zwischengeschäft Beteiligten abzustellen.[2]

An der Steuerpflicht aus dem ursprünglichen Vertrag ändert sich nichts.[3] Der aus diesem entstandene Eigentumsverschaffungsanspruch ist Gegenstand des Zwischengeschäfts. Die Voraussetzungen des § 16 sind mangels Entlassung des Veräußerers aus seiner Übereignungspflicht nicht erfüllt (vgl. Hofmann, GrEStG, § 16 Rdnr. 24 f.).

---

1 BFH v. 22. 1. 2003 II R 32/01, BStBl II 2003, 526, unter Aufgabe von BFH v. 26. 9. 1990 II R 107/87, BFH/NV 1991, 482.
2 Siehe auch bisher BFH v. 22. 9. 2010 II R 36/09, BFH/NV 2011, 304.
3 Vgl. BFH v. 13. 5. 1992 II B 118/91, BFH/NV 1993, 326.

## 2. Die Auflassung

Nach § 873 Abs. 1 BGB bedarf es zur Übertragung des Eigentums an einem    42
Grundstück der Einigung des Berechtigten und des anderen Teils über die
Rechtsänderung im Grundbuch sowie schließlich der Eintragung der Rechts-
änderung in das Grundbuch. Diese **dingliche Einigung** ist die Auflassung (§ 925
BGB). Sie unterliegt nach § 1 Abs. 1 Nr. 2 nur **dann** der Steuer, **wenn** ihr **kein
Verpflichtungsgeschäft** i. S. des § 1 Abs. 1 Nr. 1 **vorausgegangen** ist, in dessen
Erfüllung die Auflassung erfolgt.[1] Der Auflassung ist auch dann ein den Anspruch auf Übereignung begründendes Rechtsgeschäft vorausgegangen, wenn
in einem unter einer aufschiebenden Bedingung abgeschlossenen und deshalb
schwebend unwirksamen Kaufvertrag, aus dem die Steuer nach § 14 Nr. 1 erst
mit Bedingungseintritt entsteht, bereits die – notwendig unbedingte (vgl.
§ 925 Abs. 2 BGB) – Auflassung erklärt wird und durch weitere Vereinbarungen
sichergestellt ist, dass von der Auflassung erst nach Bedingungseintritt von
der Urkundsperson Gebrauch gemacht wird.[2] Auch dann, wenn einseitig (möglicherweise vertragswidrig) die Urkundsperson zur Stellung der Eigentums-
umschreibungsanträge veranlasst wird, ist dadurch der Tatbestand des § 1
Abs. 1 Nr. 2 nicht erfüllt.[3] Auch dann, wenn vor Eintritt der aufschiebenden Bedingung, unter der der Kaufvertrag oder ein anderes schuldrechtliches Geschäft, das einen Anspruch auf Übereignung eines Grundstücks begründet, gestellt ist, einvernehmlich die Auflassung erklärt und der Notar zur Stellung der
für die Eigentumsumschreibung im Grundbuch erforderlichen Anträge angewiesen, ist der Auflassung ein Verpflichtungsgeschäft vorausgegangen.[4] Die
Verwirklichung des Tatbestands des § 1 Abs. 1 Nr. 2 ist jedenfalls ausgeschlossen, wenn die aus einem Kaufvertrag entstandene Übereignungspflicht durch
den Gesamtrechtsnachfolger des Verkäufers im Wege der Auflassung erfüllt
wird.[5]

Der Anwendungsbereich der Vorschrift ist damit verengt auf dingliche Rechtsgeschäfte (Verfügungsgeschäfte), die zur Erfüllung eines Anspruchs dienen,
der nicht in einem obligatorischen, auf die Begründung eines Eigentumsverschaffungsanspruchs gerichteten Rechtsgeschäft seine Wurzel hat. Ob sich der
Eigentumsverschaffungsanspruch, durch dessen Begründung der Tatbestand

---

1 BFH v. 16. 6. 1999 II R 20/98, BFH/NV 2000, 80.
2 So auch BFH v. 10. 2. 2005 II B 115/04, BFH/NV 2005, 1139, entgegen FG Düsseldorf v.
   23. 9. 2002, EFG 2003, 181, und v. 28. 7. 2004, EFG 2004, 1786.
3 BFH v. 11. 12. 2014 II R 26/12, BStBl II 2015, 402; a. A.. Pahlke, Rz 159.
4 Es wird nicht etwa der Tatbestand des § 1 Abs. 1 Nr. 1 i. V. m. § 41 Satz 1 AO erfüllt; so aber FG
   Münster v. 5. 6. 2012, EFG 2012, 1873.
5 Vgl. dazu FG Bremen v. 11. 6. 2003, EFG 2003, 1323.

des § 1 Abs. 1 Nr. 1 verwirklicht und zu dessen Erfüllung die Auflassung erklärt wird, gegen denjenigen richtet, der Beteiligter des dinglichen Verfügungsgeschäfts ist, ist unerheblich.

43   Erfolgt die Auflassung in Erfüllung eines Grundstücksvermächtnisses, so ist ihr denknotwendig kein Verpflichtungsgeschäft i. S. des § 1 Abs. 1 Nr. 1 vorausgegangen (steuerfrei, vgl. § 3 Nr. 2 Satz 1 und Hofmann, GrEStG, § 3 Rdnr. 10). Wird bspw. das Grundstück, das ein Auftragnehmer (Geschäftsbesorger) in Ausführung eines Grundstücksbeschaffungsauftrags im eigenen Namen erworben hat, in Erfüllung des aus § 667 BGB (ggf. i. V. m. § 675 BGB) bestehenden Anspruchs des Auftraggebers (Geschäftsherrn) auf Herausgabe des Erlangten, d. h. auf Übereignung des beschafften Grundstücks, aufgelassen, so unterliegt die Auflassung der Steuer nach § 1 Abs. 1 Nr. 2. Einen reinen Auflassungsanspruch gewährt Art. 233 § 11 Abs. 3 EGBGB dem nach Art. 233 § 12 EGBGB Berechtigten im Zuge der Abwicklung der Bodenreform der ehemaligen DDR. Der Berechtigte kann nämlich von demjenigen, dem das Eigentum an einem Grundstück aus der Bodenreform i. S. Art. 233 § 11 Abs. 2 EGBGB übertragen worden ist, „Zug um Zug gegen Übernahme der Verbindlichkeiten nach § 15 Abs. 1 Satz 2 (des Art. 233 EGBGB) die unentgeltliche Auflassung des Grundstücks verlangen". Die Auflassung infolge Herausgabeanspruchs aus Bereicherung wegen Anfechtung des Kausalgeschäftes oder dessen Nichtigkeit (vgl. §§ 142, 812 ff. BGB) wird in der Regel unter § 16 Abs. 2 fallen. Dasselbe gilt bei der Rückabwicklung eines Vertrags infolge Rücktritts aus Rechtsgründen. Nehmen die Beteiligten eines genossenschaftlichen Bewerbervertrags vom vereinbarten Abschluss eines Kaufvertrags Abstand und erklären lediglich die Auflassung, so ist dieser kein Verpflichtungsgeschäft vorausgegangen, weil aus dem Bewerbervertrag nicht auf Auflassung hätte geklagt werden können.[1] Der Verstoß gegen § 925a BGB macht die Auflassung nicht nichtig.

44   Bei Erbbaurechtsübertragung bzw. -bestellung tritt an die Stelle der Auflassung (§ 11 Abs. 1 Satz 1 ErbbauRG schließt § 925 BGB aus) die Einigung gemäß § 873 Abs. 1 BGB. Führt der Heimfall des Erbbaurechts dazu, dass dieses auf den Grundstückseigentümer übergeht, entsteht die Steuer nach § 1 Abs. 1 Nr. 2, weil es nur noch der Einigung der Beteiligten sowie der Eintragung der Rechtsänderung im Erbbaugrundbuch bedarf. Dasselbe gilt bei Aufhebung des Erbbaurechts vor dessen Ablauf sowie beim Verzicht auf das Erbbaurecht. Bei den den Grundstücken gleichgestellten Gebäuden auf fremdem Boden (§ 2

---

1  BFH v. 11. 10. 1989 II R 147/85, BStBl II 1990, 188.

Abs. 2 Nr. 2), die bewegliche Sachen sind (vgl. Hofmann, GrEStG, § 2 Rdnr. 29), tritt die Einigung nach § 929 BGB an die Stelle der Auflassung.

Sofern sich die Beteiligten, um den formellen Nachweis der Unrichtigkeit des Grundbuchs zu vermeiden, zur Berichtigung im Grundbuch der Auflassung bedienen, unterliegt der Vorgang dann nicht nach § 1 Abs. 1 Nr. 2 der Steuer, wenn diese Berichtigung nur der Klarstellung der grunderwerbsteuerrechtlich ohnehin eingetretenen Zuordnung dient bzw. der durch die Auflassung Berechtigte schon Eigentümer war (kein Rechtsträgerwechsel, vgl. Rdnr. 5).

## 3. Der Übergang des Eigentums

**Literatur:** *Wohlschlegel,* Übertragende Umwandlung von Kapitalgesellschaften und Grunderwerbsteuer, StuW 1976, 361.

### a) Begriff und Voraussetzung

Nach § 1 Abs. 1 Nr. 3 Satz 1 unterliegt der Übergang des Eigentums an einem   45
Grundstück dann der Grunderwerbsteuer, wenn kein den Anspruch auf Übereignung begründendes Rechtsgeschäft ihm vorausgegangen ist und es auch keiner Auflassung bedarf. Steuerbar ist der „Übergang" des Eigentums. Die Erfüllung dieses Tatbestandes ist somit nur möglich, wenn das Eigentum am Grundstück von einem Rechtsinhaber auf einen anderen übergeht, so dass der Erwerb des Eigentums an einem herrenlosen Grundstück von der Vorschrift nicht erfasst wird.[1] Den von § 1 Abs. 1 Nr. 3 Satz 1 betroffenen Erwerbsvorgängen ist gemeinsam, dass sich der **Eigentumsübergang außerhalb des Grundbuchs** vollzieht. Angesprochen sind damit der Eigentumsübergang kraft Gesetzes und die Übertragung des Eigentums kraft behördlichen bzw. gerichtlichen Ausspruchs. Obwohl im letzteren Fall ein „originärer" Eigentumserwerb eintritt, ordnet das Gesetz eindeutig solche Vorgänge der Vorschrift zu (vgl. § 1 Abs. 1 Nr. 3 Satz 2 und auch § 9 Abs. 1 Nr. 7).

### b) Eigentumsübergang kraft Gesetzes

### aa) Allgemeines

Das Tatbestandsmerkmal des Eigentumsübergangs kraft Gesetzes ist stets   46
dann erfüllt, wenn **entweder** den **Eigentumswechsel vorbereitende Rechtsgeschäfte begrifflich ausgeschlossen** sind **oder** das **Gesetz** den **Eigentumsübergang als zwingende Folge eines Rechtsgeschäfts im weitesten Sinne,** das nicht

---

1 BFH v. 1. 4. 1981 II R 87/78, BStBl II 1981, 488.

selbst die Übertragung des Eigentums an Grundstücken zum Inhalt hat, **an-ordnet.**

Der ersteren Gruppe ist die gesetzliche Erbfolge (§§ 1922 ff. BGB) ebenso zuzu-ordnen wie der Übergang des zum Vermögen einer betrieblichen Unterstüt-zungskasse gehörenden Grundstücks auf den Träger der Insolvenzversicherung nach § 16 Abs. 1 des Gesetzes zur Verbesserung der betrieblichen Altersvorsor-ge[1] oder ein Gesetz, das im Zuge der Umorganisation staatlicher Verwaltung selbst Neuzuordnungen von Grundstücken vornimmt (meist steuerfrei, vgl. § 4 Nr. 4). Auch der Übergang des Eigentums an den zu einem Immobilien-Sonder-vermögen gehörenden Vermögensgegenständen von der AIF-Kapitalgesell-schaft (s. dazu § 245 KAGB[2]) auf die Verwahrstelle[3] bei Erlöschen des Verwal-tungsrechts der AIF-Kapitalgesellschaft nach § 100 Abs. 1 Nr. 1 KAGB[4] erfolgt kraft Gesetzes. Hinsichtlich der im Inland belegenen Grundstücke (vgl. § 231 Abs. 1 Nr. 1 bis 5 KAGB[5]) wird der Tatbestand des § 1 Abs. 1 Nr. 3 Satz 1 erfüllt, auch wenn die Verwahrstelle (s. § 100 Abs. 2 KAGB) nur das Sondervermögen abzuwickeln und an die Anteilseigner zu verteilen hat.[6]

Zur zweiten Fallgruppe zählt etwa neben der Erbfolge aufgrund Testaments oder Erbvertrags (§ 1922 i. V. m. §§ 1937, 1941 BGB) oder dem Übergang des Eigentums infolge Vereinbarung des Güterstands der Gütergemeinschaft (§ 1416 Abs. 1 BGB) auch der Grundstückserwerb eines Ehegatten bzw. Lebens-partners (§ 7 LPartG i. V. m. § 1416 BGB) während des Bestehens der Güter-gemeinschaft kraft § 1416 Abs. 2 BGB (beides steuerfrei nach § 3 Nr. 4).

### bb) Umwandlungsvorgänge

#### (1) Allgemeines

47  Zu **unterscheiden** sind **Umwandlungsvorgänge,** die zu einem Eigentumsüber-gang kraft Gesetzes durch **Gesamtrechtsnachfolge** führen, von Umwandlungs-vorgängen, die zwar zu einem Vermögensübergang kraft Gesetzes führen, je-doch nur im Wege einer Art **partieller Gesamtrechtsnachfolge.** Erstere sind da-durch gekennzeichnet, dass der bisherige Vermögensträger unter gleichzeiti-gem Übergang seines ganzen Vermögens auf einen neuen Rechtsträger er-

---

1 BFH v. 21. 1. 2004 II R 1/03, BFH/NV 2004, 1120.
2 Entspricht § 75 InvG.
3 Früher: Depotbank.
4 Entspricht § 39 Abs. 1 InvG.
5 Früher: § 67 InvG.
6 Zur Grunderwerbsteuerbefreiung s. Hofmann, GrEStG, Anh. zu § 4 Rdnr. 13.

lischt. Bei Letzteren kann der bisherige Vermögensträger entweder erlöschen oder fortbestehen, in jedem Fall gehen nur abgesonderte Vermögensteile auf einen bzw. mehrere Rechtsträger über. In beiden Fällen geht das Eigentum an Grundstücken, soweit es zum Vermögen gehört, i. S. des § 1 Abs. 1 Nr. 3 Satz 1 kraft Gesetzes über. Keiner der umwandlungsrechtlichen Verträge (vgl. z. B. §§ 4, 126 UmwG) beinhaltet ein Verpflichtungsgeschäft i. S. des § 1 Abs. 1 Nr. 1 oder stellt gar ein solches dar; sie sind nicht auf die Begründung eines Eigentumsverschaffungsanspruchs gerichtet. Zur Steuerbegünstigung bei Umwandlungsvorgängen im Konzern s. § 6a und die dortigen Erläuterungen.

### (2) Vorgänge nach dem Umwandlungsgesetz

Das UmwG[1] hat das ehemals zersplitterte Verschmelzungs- und Umwandlungsrecht grundlegend reformiert und dabei den numerus clausus der Umwandlungsfälle erweitert. Es ermöglicht in § 1 Abs. 1 UmwG neben der Umwandlung durch Formwechsel, dem grunderwerbsteuerrechtlich keine Bedeutung zukommt (vgl. Rdnr. 9 ff.), die Umwandlung von Rechtsträgern durch Verschmelzung, Spaltung und Vermögensübertragung.

Sofern an einer Verschmelzung oder Spaltung (Aufspaltung, Abspaltung, Ausgliederung) Kapitalgesellschaften als übertragender, übernehmender oder neuer Rechtsträger[2] beteiligt sind, spielen die Beteiligungsverhältnisse an ihnen keine Rolle, weil ihre Gesellschafter nicht an deren Vermögen, sondern nur an ihnen selbst beteiligt sind.[3] Deshalb unterliegen bspw. die Verschmelzung zweier Kapitalgesellschaften, deren Anteile sich zu 100 % in der Hand des nämlichen Gesellschafters befinden, dann ebenso der Steuer aus § 1 Abs. 1 Nr. 3 Satz 1, wenn Grundbesitz sich im Vermögen des übertragenden Rechtsträgers befindet, wie die Verschmelzung einer Kapitalgesellschaft mit dem Vermögen des Alleingesellschafters (§ 120 UmwG).

### (2.1) Umwandlung durch Verschmelzung (§ 1 Abs. 1 Nr. 1 UmwG)

Bei der **Umwandlung durch Verschmelzung** wird entweder das gesamte Vermögen eines oder mehrerer Rechtsträger als Ganzes auf einen bestehenden Rechtsträger (Verschmelzung **durch Aufnahme**) oder zweier oder mehrerer

48

49

---

1 Art. 1 des Gesetzes zur Bereinigung des Umwandlungsrechts v. 28. 10. 1994, BGBl I 1994, 3210; zuletzt geändert durch das UmwGÄnG v. 21.7. 2011, BGBl I 2011, 1338.

2 Wegen des Sacheinlageverbots des § 5a Abs. 2 Satz 2 GmbHG kommt eine neu gegründete Unternehmensgesellschaft (haftungsbeschränkt) als neugegründeter Rechtsträger nicht in Frage (BGH v. 11. 4. 2011 II ZB 9/10, DB 2011, 1263).

3 Vgl. auch BFH v. 7. 9. 2007 II B 5/07, BFH/NV 2007, 2351.

Rechtsträger als Ganzes auf einen von ihnen dadurch gegründeten Rechtsträger (Verschmelzung **durch Neugründung**) im Wege der Gesamtrechtsnachfolge unter Auflösung ohne Abwicklung übertragen, und zwar gegen Gewährung von Anteilen oder Mitgliedschaften des übernehmenden oder neuen Rechtsträgers an die Anteilsinhaber des oder der übertragenden Rechtsträger (§ 2 UmwG). Grundlage der Verschmelzung ist der beurkundungspflichtige Verschmelzungsvertrag (§§ 4 bis 6, 36, 37 UmwG). Mit der Eintragung der Verschmelzung in das Handelsregister des übernehmenden Rechtsträgers geht das Vermögen einschließlich der Verbindlichkeiten auf den übernehmenden Rechtsträger über, während die übertragenden Rechtsträger erlöschen (§ 20 UmwG). Sachlich entspricht die Umwandlung durch Verschmelzung (§ 1 Abs. 1 Nr. 1, § 2 UmwG) den vor Inkrafttreten des UmwG ermöglichten Verschmelzungs- und Umwandlungsvorgängen. Der Kreis der an Verschmelzungen als übertragende, übernehmende oder neue Rechtsträger Beteiligten wurde jedoch nicht unerheblich erweitert; zugleich wurden auch sog. Mischverschmelzungen grundsätzlich zugelassen (§ 3 UmwG). Der Übergang des Eigentums an Grundstücken zufolge Verschmelzung unterliegt der Grunderwerbsteuer nach § 1 Abs. 1 Nr. 3 Satz 1, und zwar in Bezug auf alle Grundstücke, hinsichtlich derer die übertragenden Rechtsträger als Eigentümer im Grundbuch eingetragen sind,[1] denn der Verschmelzungsvertrag begründet keine rechtsgeschäftliche Pflicht zu einer auflassungsbedürftigen Übereignung des Grundstückes, er bezieht sich nicht auf dieses.

Zu **grenzüberschreitenden Verschmelzungen,** zu der nur Kapitalgesellschaften i. S. der Internationalen Verschmelzungsrichtlinie[2] zugelassen sind, die nach dem Recht eines Mitgliedstaates der EU oder eines anderen Vertragsstaates des Abkommens über den Europäischen Wirtschaftsraum (EWR) gegründet wurden und die ihren satzungemäßen Sitz, ihre Hauptverwaltung oder ihre Hauptniederlassung im EU- oder im EWR-Gebiet haben, vgl. §§ 122a ff. UmwG.

Zur Bemessungsgrundlage s. Hofmann, GrEStG, § 8 Rdnr. 38 ff.. Bei der Verschmelzung von Personengesellschaften mit einer Personengesellschaft kommt die Begünstigung nach § 6 Abs. 3 Satz 1 in Betracht.

Gehört zu dem auf den aufnehmenden bzw. neuen Rechtsträger übergehenden Vermögen ein Anteil an einer grundbesitzhaltenden Personengesellschaft,

---

1  Vgl. BFH v. 16. 2. 1994 II R 125/90, BStBl II 1994, 866; v. 20. 12. 2000 II B 53/00, BFH/NV 2001, 817(die Nichtzulassungsbeschwerde gegen FG München v. 16. 2. 2000, EFG 2000, 1406, zurückweisend); BFH v. 9. 4. 2008 II R 36/06, BFH/NV 2008, 1526; v. 5. 3. 2012 II B 90/11, BFH/NV 2012, 998.

2  Richtlinie 2005/56/EG v. 26. 10. 2005, ABl. EU Nr. L 310, 1.

können mittelbare grunderwerbsteuerrechtliche Rechtsfolgen eintreten (§ 1 Abs. 2a, § 5 Abs. 3, § 6 Abs. 3 Satz 2, s. dazu Rdnr. 28 sowie Hofmann, GrEStG, § 5 Rdnr. 30 ff.).

**(2.2)  Umwandlung durch Spaltung (§ 1 Abs. 1 Nr. 2 UmwG)**

Das UmwG fasst unter dem Oberbegriff der Spaltung **drei Vorgänge** zusammen, nämlich die Aufspaltung, die Abspaltung und die Ausgliederung (§ 123 UmwG).  50

Die **Aufspaltung** (§ 123 Abs. 1, 4 UmwG) ist dadurch gekennzeichnet, dass der übertragende Rechtsträger Teile seines Vermögens, in die er sein Vermögen insgesamt gespalten hat, jeweils als Gesamtheit gleichzeitig auf andere bestehende oder von ihm dadurch gegründete Rechtsträger (übernehmende Rechtsträger) gegen Gewährung von Anteilen oder Mitgliedschaften der übernehmenden Rechtsträger an die Anteilsinhaber des übertragenden Rechtsträgers überträgt und damit ohne Abwicklung aufgelöst wird. Mit der Eintragung der Spaltung in das Register des übertragenden Rechtsträgers gehen sein Vermögen einschließlich der Verbindlichkeiten entsprechend der im Spaltungs- und Übernahmevertrag vorgesehenen Aufteilung jeweils als Gesamtheit auf die übernehmenden Rechtsträger über (§ 131 Abs. 1 Nr. 1 Satz 1 UmwG). Gleichzeitig erlischt auch der übertragende Rechtsträger (§ 131 Abs. 1 Nr. 2 UmwG).  51

Bei der **Abspaltung** (§ 123 Abs. 2 UmwG) bleibt der übertragende Rechtsträger bestehen. Er spaltet lediglich einen oder mehrere Teile von seinem Vermögen ab zur Aufnahme des Teils oder der Teile jeweils als Gesamtheit auf einen oder mehrere bestehende Rechtsträger bzw. zur Neugründung durch Übertragung des Teils oder der Teile jeweils als Gesamtheit auf einen oder mehrere dadurch von ihm gegründete neue Rechtsträger gegen Gewährung von Anteilen oder Mitgliedschaften dieses oder dieser Rechtsträger an die Anteilsinhaber des übertragenden Rechtsträgers. Die Eintragung der Abspaltung in dem Register des übertragenden Rechtsträgers zeitigt nach § 131 Abs. 1 Nr. 1 Satz 1 UmwG dieselben Folgen in Bezug auf den Vermögensübergang des Vermögensteils bzw. der Vermögensteile einschließlich der Verbindlichkeiten wie die Aufspaltung.  52

Auch bei der **Ausgliederung** eines oder mehrerer Teile aus dem Vermögen eines übertragenden Rechtsträgers können die Teile jeweils als Gesamtheit auf einen bestehenden oder neugegründeten Rechtsträger übertragen werden, jedoch gegen Gewährung von Anteilen oder Mitgliedschaften an dem übernehmenden oder an den neugegründeten Rechtsträgern an den übertragenden  53

Rechtsträger (§ 123 Abs. 3 UmwG). Hinsichtlich des Übergangs des oder der ausgegliederten Vermögensteile lässt § 131 Abs. 1 Nr. 1 Satz 1 UmwG dieselben Rechtsfolgen wie bei den sonstigen Spaltungsvorgängen eintreten.

Zu beachten ist, dass an einer Ausgliederung als **übertragende Rechtsträger** u. a. **auch Einzelkaufleute** beteiligt sein können, wenngleich nur zur Aufnahme des von ihnen betriebenen Unternehmens, dessen Firma im Handelsregister eingetragen ist, bzw. von Teilen dieses Unternehmens in Personenhandelsgesellschaften, Kapitalgesellschaften oder eingetragene Genossenschaften; im Übrigen nur zur Neugründung einer Kapitalgesellschaft (§ 124 Abs. 1, § 152 UmwG).

54 **Soweit** im Zuge einer Auf- oder Abspaltung bzw. einer Ausgliederung kraft Gesetzes (s. § 131 Abs. 1 Nr. 1 UmwG) ein **Grundstück** auf einen übernehmenden oder neugegründeten Rechtsträger **übergeht,** unterliegt der Eigentumsübergang der Steuer nach **§ 1 Abs. 1 Nr. 3 Satz 1.** Die im Zuge der Spaltung erforderlichen Verträge begründen keinen Eigentumsverschaffungsanspruch, sie sind – ebenso wie der Verschmelzungsvertrag – nicht auf etwaige Grundstücke bezogen (vgl. Rdnr. 47). Das Erfordernis der genauen Bezeichnung der übergehenden Grundstücke unter Beachtung von § 28 GBO (§ 126 Abs. 1 Nr. 9, Abs. 2 Satz 1 und 2 UmwG) dient nur dazu, dem Bestimmtheitserfordernis des Grundbuchrechts Rechnung zu tragen.[1] Soweit Personenhandelsgesellschaften beteiligt sind, kommt Begünstigung nach § 6 Abs. 3 Satz 1 in Betracht. Bei Ausgliederung des Unternehmens eines Einzelkaufmanns zur Aufnahme in eine Personenhandelsgesellschaft kann die Begünstigung aus § 5 Abs. 2 eingreifen. Zur Bemessungsgrundlage s. Hofmann, GrEStG, § 8 Rdnr. 38 ff.

Ist Bestandteil des übergehenden Vermögens ein Anteil an einer grundstückshaltenden Personengesellschaft, können mittelbare grunderwerbsteuerrechtliche Rechtsfolgen ausgelöst werden (§ 1 Abs. 2a, § 5 Abs. 3, § 6 Abs. 3 Satz 2).

**(2.3)   Umwandlung durch Vermögensübertragung (§ 1 Abs. 1 Nr. 3 UmwG)**

55 § 174 UmwG unterscheidet zwischen der **Vollübertragung** des Vermögens eines Rechtsträgers als Ganzes auf einen anderen unter Auflösung ohne Abwicklung (Abs. 1), der **aufspaltenden gleichzeitigen Übertragung** von Vermögensteilen jeweils als Gesamtheit auf andere bestehende Rechtsträger unter Auflösung ohne Abwicklung (Abs. 2 Nr. 1), der **abspaltenden Übertragung** von Teilen durch Übertragung des Teils oder der Teile als Gesamtheit auf einen oder mehrere bestehende Rechtsträger (Abs. 2 Nr. 2) und der **Ausgliederung** eines

---

[1] Vgl. dazu BGH v. 25. 1. 2008 V ZR 79/07, DB 2008, 517; s. auch KG v. 1. 8. 2014, DB 2014, 2282.

oder mehrerer Teile aus dem Vermögen durch Übertragung jeweils als Gesamtheit auf einen oder mehrere Rechtsträger (Abs. 2 Nr. 3). Allen Arten der Vermögensübertragung nach § 174 UmwG ist gemeinsam, dass die Übertragung des Vermögens bzw. des Vermögensteils bzw. der Vermögensteile gegen Gewährung einer Gegenleistung erfolgt, die nicht in Anteilen oder Mitgliedschaften an dem übernehmenden Rechtsträger besteht. Die Gegenleistung ist bei Vollübertragung, aufspaltender und abspaltender Übertragung den Anteilsinhabern des übertragenden Rechtsträgers zu gewähren, bei ausgliedernder Übertragung dem übertragenden Rechtsträger. Im Kern entsprechen sich die Vollübertragung und die Verschmelzung, die auf- bzw. abspaltende sowie die ausgliedernde Übertragung und die Spaltung, jedoch unterscheiden sie sich in der Art der zu gewährenden Gegenleistung. Diese wiederum ist logische Folge des beschränkten Kreises der zur Voll- bzw. Teilübertragung zugelassenen Rechtsträger (vgl. § 175 UmwG: von Kapitalgesellschaft auf Bund, Land, Gebietskörperschaft oder deren Zusammenschluss, Versicherungs-AG auf VVaG oder öffentlich-rechtliche Versicherungsunternehmen usw.). Zur möglichen Steuerbegünstigung s. § 6a.

In allen Fällen der von § 174 UmwG angesprochenen **Vermögensübertragungen** gehen die im Vermögen (Vermögensteil) vorhandenen Grundstücke im Wege der Gesamtrechtsnachfolge (Vollübertragung) bzw. partiellen Gesamtrechtsnachfolge (Sonderrechtsnachfolge) in ein Vermögen (verstanden als Teil eines ganzen Vermögens) kraft Gesetzes auf den übernehmenden Rechtsträger über. Eines darauf gerichteten Verpflichtungsgeschäfts oder einer Einzelübertragung bedarf es nicht. Der gesellschafts- und umwandlungsrechtliche Vertrag ist kein Verpflichtungsgeschäft (s. Rdnr. 47). Der Übergang der Grundstücke unterliegt der **Steuer nach § 1 Abs. 1 Nr. 3 Satz 1.** Zur Bemessungsgrundlage s. Hofmann, GrEStG, § 8 Rdnr. 38 ff..

### cc) Nachfolge in das Vermögen einer Personengesellschaft

Eigentumsübergang kraft Gesetzes liegt auch vor bei der Rechtsnachfolge in ein Sondervermögen. Eine derartige beschränkte Gesamtrechtsnachfolge tritt bei der Anwachsung (§ 738 Abs. 1 Satz 1 BGB) des Gesellschaftsvermögens an den allein übrig gebliebenen Gesellschafter einer zwei- oder mehrgliedrigen Gesellschaft ein.[1] Eine Anteilsvereinigung i. S. des § 1 Abs. 3 liegt nicht vor, weil der Gesellschaftsanteil nicht über-, sondern untergeht. Das Nämliche gilt beim Erwerb aller Gesellschaftsanteile an einer Personengesellschaft durch

56

---

1 BFH v. 31. 10. 1963 II 155/60, BStBl II 1963, 579; v. 26. 10. 2006 II R 32/05, BFH/NV 2007, 609.

eine Person bzw. beim Erwerb aller Anteile der übrigen Gesellschafter einer Personengesellschaft durch einen Gesellschafter.[1]

### dd) Sonstiges

57 Eigentumsübergang kraft Gesetzes tritt auch ein bei **Übertragung eines Anteils an einer Erbengemeinschaft,** wenn Grundstücke in irgendeiner Beziehung zum Nachlass gehören.[2] Siehe hierzu Rdnr. 28. Zur Bemessungsgrundlage s. Hofmann, GrEStG, § 9 Rdnr. 62.

Hat eine **Einmann-Kapitalgesellschaft in Gründung** (vgl. auch Rdnr. 7) von einem Dritten ein Grundstück erworben und kommt es nicht zur Eintragung der Gesellschaft ins Handelsregister, führt die Auflösung der GmbH (AG) in Gründung hinsichtlich des Grundstücks zu einem Rechtsträgerwechsel i. S. von § 1 Abs. 1 Nr. 3 Satz 1 auf den Gründungsgesellschafter.[3] Denn das Vermögen einer Kapitalgesellschaft in Gründung geht ohne Rechtsträgerwechsel auf die entstandene Kapitalgesellschaft über; die Annahme, der Übergang des Grundstücks auf den Gründer stelle keinen Rechtsträgerwechsel dar, verbietet sich deshalb, weil zwischen dem Gründer und der entstandenen Kapitalgesellschaft keine Rechtsträgeridentität besteht.

### c) Eigentumsübergang kraft Ausspruchs einer Behörde

### aa) Gerichtsbeschlüsse

58 Unter Behörden sind in diesem Zusammenhang auch Gerichte zu verstehen. Durch § 1 Abs. 1 Nr. 3 Satz 2 Buchst. c wird der infolge Zuschlags im Zwangsversteigerungsverfahren erfolgende Eigentumserwerb des Erstehers am Grundstück (§ 90 Abs. 1 ZVG) aus dem Regelungsbereich der Vorschrift herausgenommen, weil schon dessen Vorstufen als solche der Grunderwerbsteuer unterliegen (§ 1 Abs. 1 Nr. 4, 5 und 7).

### bb) Enteignung, förmliche Grundstückstauschverfahren

59 Eigentumsübergang kraft Gesetzes erfolgt im Zuge der Enteignung, sei es nach den landesrechtlichen Gesetzen oder nach Bundesrecht. Als bundesrechtliche Enteignungsvorschriften seien beispielsweise erwähnt §§ 85 ff. BauGB,

---

1 Vgl. BFH v. 13. 9. 1995 II R 80/92, BStBl II 1995, 903, m. w. N.; v. 5. 11. 2002 II R 86/00, BFH/NV 2003, 344.
2 BFH v. 17. 7. 1975 II R 141/74, BStBl II 1976, 159.
3 BFH v. 17. 10. 2001 II R 43/99, BStBl II 2002, 210.

§ 19 Bundesfernstraßengesetz und § 12 Energiewirtschaftsgesetz. Der Ansicht, die Grunderwerbsteuerpflicht von Enteignungsvorgängen sei zumindest teilweise mangels Steuerwürdigkeit verfehlt,[1] ist nicht zuzustimmen. Es ist dem Gesetzgeber vorbehalten, derartige Vorgänge zu befreien, wobei auch zu bedenken ist, dass Enteignung weitgehend Scheitern ernstlicher Bemühungen um einen freihändigen Grundstückserwerb voraussetzt (vgl. bspw. § 87 Abs. 2 BauGB). Zur Bemessungsgrundlage bei Enteignung s. Hofmann, GrEStG, § 9 Rdnr. 55.

Zu Eigentumserwerb kraft behördlichen Ausspruchs kommt es auch in den gesetzlich geregelten Tauschvorgängen nach §§ 45 ff. BauGB (s. dazu Rdnr. 62), im förmlichen Flurbereinigungsverfahren (s. dazu Rdnr. 61) und im Zuge der Grenzregelung nach §§ 80 ff. BauGB. In all diesen Fällen kommt es zum Eintritt eines neuen Rechtszustands (§§ 72, 83 BauGB, § 61 FlurbG) und ist deshalb Grundbuchberichtigung veranlasst (§§ 74, 84 BauGB, § 79 FlurbG).

### cc) Allgemeines zu § 1 Abs. 1 Nr. 3 Satz 2

Nach dem **Wortlaut** des § 1 Abs. 1 Nr. 3 Satz 2 scheinen die in den Buchstaben a bis c angeführten Erwerbsvorgänge schlechthin **aus dem Bereich** der der **Grunderwerbsteuer unterliegenden Vorgänge ausgenommen** zu sein. Das ist für den Eigentumserwerb im Zwangsversteigerungsverfahren wegen der Vorverlegung auf das Meistgebot (§ 1 Abs. 1 Nr. 4) beschränkt richtig. Der Gesetzgeber ist dabei, wie sich aus der Begründung des Finanzausschusses[2] ergibt, davon ausgegangen, dass die in den Buchstaben a und b beschriebenen Vorgänge in Ermangelung eines Leistungsaustausches auch nicht der Umsatzsteuer unterlägen. Nach § 4 Nr. 9 Buchst. a UStG sind von den unter § 1 Abs. 1 Nr. 1 UStG fallenden Umsätzen die Umsätze, die unter das Grunderwerbsteuergesetz fallen, umsatzsteuerfrei. Dass die in § 1 Abs. 1 Nr. 3 Satz 2 unter Buchst. a und b aufgeführten Vorgänge mangels Leistungsaustauschs nicht der Umsatzsteuer unterfielen, ist zumindest nicht so eindeutig wie angenommen. Geht man von dem Bild eines gesetzlich geregelten Grundstücks**tausch**verfahrens aus,[3] so kann ein Leistungsaustausch nicht ohne weiteres verneint werden. U. E. ist aber davon auszugehen, dass die Vorgänge **nur** schlicht **von der Grunderwerbsteuer** – dieser eigentlich unterworfen – **befreit** sind[4], also die Umsatzsteuer in jedem Fall zurückweichen muss (§ 4 Nr. 9 Buchst. a UStG);

60

---

1 Pahlke, Rz 184.
2 BT-Drucks. 9/2114.
3 Vgl. BFH v. 4. 7. 1979 II R 111/76, BStBl II 1979, 682.
4 Ähnlich BFH v. 28. 7. 1999 II R 25/98, BStBl II 2000, 206; ebenso Pahlke, Rz 185.

denn die klassischen Befreiungsvorschriften der §§ 3 und 4 beginnen auch mit dem Einleitungssatz: „Von der Besteuerung sind ausgenommen …".[1]

#### dd) Eigentumsübergänge im Zuge der Flurbereinigung

**Literatur:** *Bruschke*, Grunderwerbsteuerrechtliche Fragen im Zusammenhang mit der Bodenordnung, UVR 1996, 71; *Heine*, Der Mehrerwerb gegen Geldausgleich in der ländlichen Flurbereinigung und im Baulandumlegungsverfahren nach dem Grunderwerbsteuergesetz, UVR 2006, 59.

61 Erwerbsvorgänge im Verfahren nach dem FlurbG vom 16. 3. 1976[2] unterliegen der Grunderwerbsteuer, soweit sie nicht nach § 1 Abs. 1 Nr. 3 Satz 2 Buchst. a (oder ggf. nach § 3 Nr. 1) steuerfrei sind; § 108 Abs. 1 und 2 FlurbG gelten aufgrund § 108 Abs. 3 FlurbG nicht für die Grunderwerbsteuer. § 1 FlurbG definiert die **Flurbereinigung** als zweckgerichtete Neuordnung ländlichen Grundbesitzes durch nach dem Gesetz zulässige Maßnahmen: Es handelt sich um ein behördlich angeordnetes (§ 4 FlurbG) oder geleitetes (§§ 2, 91, 103b FlurbG) **Tauschverfahren** primär **zur Verbesserung** der **Agrarstruktur.** Die beteiligten Eigentümer der zum Flurbereinigungsgebiet gehörenden Grundstücke bilden im eigentlichen Flurbereinigungsverfahren eine als Körperschaft des öffentlichen Rechts geltende Teilnehmergemeinschaft (§ 10 FlurbG). Jeder Teilnehmer hat entsprechend der Wertrelation seines Altbesitzes zum Wert aller Grundstücke des Gebiets die für gemeinschaftliche oder öffentliche Anlagen erforderlichen Flächen aufzubringen (§ 47 FlurbG), im Übrigen ist er für seine Grundstücke grundsätzlich mit Land von gleichem Wert abzufinden (§ 44 FlurbG, vgl. auch §§ 48 ff. FlurbG). Das Nämliche gilt für das vereinfachte Flurbereinigungsverfahren nach § 86 FlurbG. Die Abfindung in Land nach §§ 44, 48, 49 Abs. 1, § 73 und § 50 Abs. 4 FlurbG ist in gleicher Weise nach § 1 Abs. 1 Nr. 3 Satz 2 Buchst. a von der Besteuerung ausgenommen wie die unentgeltliche Zuteilung von Land für gemeinschaftliche Anlagen (Begriff: § 39 Abs. 1 FlurbG) an die Teilnehmergemeinschaft oder die Gemeinde nach §§ 40, 42 Abs. 2 FlurbG. Soweit Flächen für öffentliche Anlagen, die nicht gemeinschaftliche Anlagen sind, nach § 40 Satz 2 FlurbG zugeteilt werden, unterliegt die Zuteilung ebenso wie die Zuteilung nach § 88 Nr. 4 FlurbG der Grunderwerbsteuer. Landzuteilungen aus dem sog. Masseland nach § 54 Abs. 2, § 55 FlurbG dienen nicht (unmittelbar) der Abfindung in Land und unterliegen daher der Steuer.[3] Die Steuerfreiheit der Landzuweisung bzw. des Tauschlandser-

---

1 So nun auch ausdrücklich BFH v. 28. 7. 1999 II R 25/98, BStBl II 2000, 206.
2 BGBl I 1976 546, zuletzt geändert durch Art. 17 JStG 2009 v. 19. 12. 2008, BGBl I 2008, 2794.
3 Ebenso Pahlke, Rz 188.

werbs ergreift auch die unvermeidbaren in Geld auszugleichenden Mehrzuweisungen, denn auch insoweit handelt es sich um Abfindungen in Land.[1] Der Verzicht auf Landabfindung nach § 52 FlurbG zugunsten der Teilnehmergemeinschaft unterliegt nicht nach § 1 Abs. 1 der Steuer, weil er sich − ohne auf ein konkretes Grundstück bezogen zu sein − nur zugunsten der Teilungsmasse auswirkt. Verzichtet ein Teilnehmer auf die Abfindung in Land nach § 52 Abs. 1 FlurbG zugunsten eines Dritten, fallen die ihm deshalb nicht mehr zuzuteilenden Grundstücke nicht in das sog. Masseland i. S. des. § 54 Abs. 2 FlurbG. Die Eigentumszuweisung an den Dritten beruht dann auf § 44 FlurbG und nicht auf § 54 Abs. 2 FlurbG. Die Erfüllung des abgeleiteten Abfindungsanspruchs würde zwar dem Wortlaut nach von § 1 Abs. 1 Nr. 3 Satz 2 Buchst. a erfasst werden; dies ist aber vom Gesetzeszweck nicht gedeckt. Zuzustimmen ist daher BFH vom 23. 8. 2006,[2] dass der Anwendungsbereich des § 1 Abs. 1 Nr. 3 Satz 2 Buchst. a einer Einschränkung dahin gehend bedarf, dass die Eigentumszuteilung an einen Dritten nicht von der Steuer ausgenommen ist, wenn dieser erst durch den Landabfindungsverzicht eines Teilnehmers am Flurbereinigungsverfahren in dieses einbezogen worden ist. Dasselbe gilt für eine Eigentumszuweisung an einen Teilnehmer, soweit sie sich auf Land bezieht, das er erst infolge Landabfindungsverzichts eines anderen Teilnehmers zu seinen Gunsten beanspruchen konnte. Der Steuer unterliegt erst die Eigentumszuteilung aufgrund des abgeleiteten Landabfindungsanspruchs, und zwar auch dann, wenn eine vorläufige Einweisung in Besitz und Nutzen erfolgt.[3]

### ee) Erwerbsvorgänge im Umlegungsverfahren nach dem Baugesetzbuch

Literatur: *Birk*, Grunderwerbsteuerbefreiungen bei freiwilligen Umlegungen nach § 79 BBauG, NJW 1983, 923; *L. Fischer*, Grunderwerbsteuerbefreiung bei Grundstücksverträgen innerhalb einer freiwilligen Umlegung?, DVR 1983, 164; *Möllinger*, Sind freiwillige Baulandumlegungen seit Inkrafttreten des Grunderwerbsteuergesetzes 1983 nach § 79 BBauG grunderwerbsteuerfrei?, DVR 1983, 122; *Bruschke*, Grunderwerbsteuerrechtliche Fragen im Zusammenhang mit der Bodenordnung, UVR 1996, 71; *Pahlke*, Grunderwerbsteuer und Umlegungsverfahren, DStR 1997, 143; *Heine*, Grunderwerbsteuer in der Baulandumlegung, UVR 1997, 237; *ders.*, Der Mehrerwerb gegen Geldausgleich in der ländlichen Flurbereinigung und im Baulandumlegungsverfahren nach dem Grunderwerbsteuergesetz, UVR 2006, 59.

---

1 Vgl. das zur Umlegung nach dem BauGB ergangene Urteil des BFH v. 28. 7. 1999 II R 25/98, BStBl II 2000, 206.

2 II R 41/05, BStBl II 2006, 916.

3 BFH v. 17. 5. 2000 II R 47/99, BStBl II 2000, 627.

62    Das Bundesbaugesetz ist durch das Gesetz über das Baugesetzbuch vom 8. 12. 1985[1] unter gleichzeitiger Umbenennung in Baugesetzbuch (BauGB) geändert und erweitert worden; es gilt nunmehr i. d. F. der Bekanntmachung vom 23. 9. 2004,[2] die inzwischen zahlreiche Änderungen erfahren hat. Vorweg ist festzuhalten, dass das Umlegungsverfahren nach dem BauGB ebenso wie das Flurbereinigungsverfahren beherrschende Prinzip der Surrogation – ungebrochene Fortsetzung des Eigentums an einem „verwandelten Grundstück"[3] – nicht grundsätzlich der Steuerbarkeit nach § 1 Abs. 1 Nr. 3 Satz 1 entgegensteht, wenn sich das inhaltlich unveränderte Eigentum (als dingliches Recht verstanden) auf einen anderen abgegrenzten Teil der Erdoberfläche bezieht. Denn insoweit hat in Bezug auf das „tatsächliche" Grundstück ein Wechsel in der eigentumsmäßigen Zuordnung[4] stattgefunden.

Zweck der Umlegung, einer bodenordnerischen Maßnahme, ist es, bebaute und unbebaute Grundstücke in der Weise neu zu ordnen, dass nach Lage, Form und Größe für die bauliche oder sonstige Nutzung zweckmäßig gestaltete Grundstücke entstehen (vgl. § 45 BauGB). Die im Umlegungsgebiet gelegenen Grundstücke werden nach ihrer Fläche rechnerisch zu einer Masse (Umlegungsmasse) vereinigt (§ 55 Abs. 1 BauGB). Aus dieser sind vorweg neben den örtlichen Verkehrsflächen (§ 55 Abs. 2 Satz 1 Nr. 1 BauGB) die überwiegend den Bedürfnissen der Bewohner des Umlegungsgebiets dienenden Flächen für Parkplätze, Grünanlagen einschließlich Kinderspielplätzen und Anlagen zum Schutz gegen schädliche Umwelteinwirkungen i. S. d. Bundes-Immissionsschutzgesetzes i. d. F. vom 17. 5. 2013[5] sowie die in § 55 Abs. 2 Satz 2 BauGB genannten Flächen auszuscheiden und der Gemeinde oder dem sonstigen Erschließungsträger zuzuteilen (zum Abfindungscharakter s. § 55 Abs. 3 BauGB). Aus der verbleibenden Masse, der Verteilungsmasse (§ 55 Abs. 4 BauGB), können sonstige Flächen, für die nach dem Bebauungsplan eine Nutzung für öffentliche Zwecke festgesetzt ist, einschließlich der Flächen zum Ausgleich i. S. des § 1a Abs. 3 BauGB, ausgeschieden und dem Bedarfs- oder Erschließungsträger zugeteilt werden, wenn dieser geeignetes Ersatzland, das auch außerhalb des Umlegungsgebietes liegen kann, in die Verteilungsmasse einbringt (§ 55 Abs. 5 Satz 1 BauGB). Aus der restlichen Verteilungsmasse sind den Eigentümern dem Umlegungszweck entsprechend möglichst Grundstücke in

---

1  BGBl I 1986, 2191.
2  BGBl I 2004, 2414, zuletzt geändert durch das Asylverfahrensbeschleunigungsgesetz v. 20. 10. 2015, BGBl I 2015, 1722.
3  So BGH v. 13. 1. 1983 III ZR 118/81, BGHZ 86, 226, 230.
4  BFH v. 29. 10. 1997 II R 36/95, BStBl II 1998, 27.
5  BGBl I 2013, 1274; s. zu allem § 55 Abs. 2 Satz 1 Nr. 2 BauGB.

gleicher oder gleichwertiger Lage wie die eingeworfenen Grundstücke zuzuteilen, und zwar entsprechend dem Wert- oder Flächenanteil (§ 59 Abs. 1 i.V. m. §§ 56 ff. BauGB). Eigentümer können ggf. auch mit außerhalb des Umlegungsgebiets gelegenen Grundstücken abgefunden werden (§ 59 Abs. 3 bis 5 BauGB). Die **im Zuge eines Umlegungsverfahrens** erfolgende **Zuteilung von Grundstücken** ist nach § 1 Abs. 1 Nr. 3 Satz 2 Buchst. b **von der Besteuerung ausgenommen, wenn** der **neue Eigentümer als Eigentümer** eines **im Umlegungsgebiet gelegenen Grundstücks Beteiligter** in diesem Verfahren ist. Maßgebend für die Beurteilung ist dabei das einzelne förmliche Umlegungsverfahren für das jeweilige Umlegungsgebiet (§ 52 BauGB). Für die Zuteilung an einen Eigentümer, der die subjektive Voraussetzung des § 1 Abs. 1 Nr. 3 Satz 2 Buchst. b erfüllt, Eigentümer eines im Umlegungsgebiet gelegenen Grundstücks zu sein, ist es für die Steuerbefreiung unerheblich, ob das ihm zugeteilte Grundstück innerhalb oder außerhalb des Umlegungsgebiets liegt.

Soweit die einem Beteiligten am Umlegungsverfahren zugeteilten Grundstücke mit den ihm schon bisher gehörenden Einwurfgrundstücken identisch, also flächen- und deckungsgleich sind, wird mangels Rechtsträgerwechsels kein der Grunderwerbsteuer unterliegender Tatbestand erfüllt, und zwar auch dann nicht, wenn insoweit eine Ausgleichszahlung zu leisten ist.[1] Die vom Grundbild eines geregelten Tauschverfahrens mit wertgleicher Abfindung ausgehende Auffassung,[2] dass im Übrigen Grundstückszuteilungen im förmlichen Umlegungsverfahren an am Verfahren beteiligte Grundstückseigentümer nicht schlechthin von der Besteuerung ausgenommen, vielmehr insoweit steuerpflichtig seien, als der neue Eigentümer dafür deshalb zu Barleistungen verpflichtet ist, weil er keinen wertgleichen Grundstücksverlust im Umlegungsverfahren erlitten hat,[3] wurde ausdrücklich aufgegeben. Unter Berücksichtigung des Umstands, dass die konkrete Zuteilungsentscheidung schon wegen der tatsächlichen komplexen Gegebenheiten kaum dem Idealfall der wertgleichen Abfindung in Land entsprechen kann und schon deshalb das BauGB neben den Grundsätzen der wertgleichen und verhältnismäßigen Zuteilung den Grundsatz der Vorteilsausgleichung statuiert, vertritt der BFH[4] nunmehr die Auffassung, dass **alle in einem förmlichen Umlegungsverfahren** nach dem BauGB durch Ausspruch einer Behörde **erfolgenden Eigentumsänderungen steuerfrei** sind, **wenn** der **neue Eigentümer** in diesem Verfahren **als Eigentü-**

**63**

---

1 BFH v. 29. 10. 1997 II R 36/95, BStBl II 1998, 27; s. auch Rdnr. 3.
2 Vgl. dazu auch BVerwG v. 6. 8. 1959 1 C 204/57, BVerwGE 10, 3.
3 So BFH v. 18. 9. 1985 II R 131/83, BStBl II 1985, 719, zu früheren landesrechtlichen Befreiungsregelungen, und v. 1. 8. 1990 II R 61/88, BStBl II 1990, 1034, zu § 1 Abs. 1 Nr. 3 Satz 2 Buchst. b.
4 Vgl. Urteil v. 28. 7. 1999 II R 25/98, BStBl II 2000, 206.

**mer eines im Umlegungsgebiet gelegenen Grundstücks Beteiligter** ist. Diese Aussage kann aber nicht uneingeschränkt gelten, sondern nur insoweit, als die Mehrzuteilung umlegungsbedingt ist, also ihren Grund in den tatsächlichen komplexen Gegebenheiten in einem Umlegungsverfahren hat. Der „Einkauf" in ein künftiges Umlegungsgebiet mit einem eher kleinen Grundstück deshalb, um letztendlich ein gewünschtes, erheblich größeres Grundstück im Zuteilungswege (grunderwerbsteuerfrei) zu erhalten, ist von § 1 Abs. 1 Nr. 3 Satz 2 Buchst. b schon vom Sinn und Zweck her nicht erfasst,[1] handelt es sich doch um ein denaturiertes, lediglich eigenwirtschaftlichen Zwecken des sich Einkaufenden dienendes „Umlegungsverfahren".

Nicht von der Steuerbefreiung erfasst sind Grundstückszuteilungen an Gemeinden und sonstige Bedarfsträger, denen Flächen für öffentliche Zwecke deshalb zugeteilt werden, weil sie außerhalb des Umlegungsgebiets liegendes Ersatzland eingebracht haben (§ 55 Abs. 5 BauGB); den Erwerbern fehlt die Eigenschaft Eigentümer eines im Umlegungsgebiet liegenden Grundstücks zu sein.[2]

64 Die Befreiung ist auch demjenigen zu gewähren, der kraft Erbbaurechts (vgl. § 2 Abs. 2 Nr. 1) Beteiligter am Umlegungsverfahren war. Nach FG Münster vom 25. 7. 1986[3] gilt die Befreiung für einen kraft Erbbaurechts Beteiligten nur hinsichtlich der Zuweisung von Erbbaurechten, nicht aber für den Erwerb von Grundeigentum durch ihn. Das ist zutreffend, denn seine Beteiligung im Umlegungsverfahren leitet sich nicht von Grundeigentum ab. Zur „Beteiligung" von Personen, die vor Bekanntmachung des Umlegungsbeschlusses einen durch Auflassungsvormerkung gesicherten Eigentumsverschaffungsanspruch erworben haben, s. §§ 61, 63 BauGB. Wegen der Begründung eines Eigentumsverschaffungsanspruchs nach Bekanntgabe des Umlegungsbeschlusses vgl. § 51 BauGB.

Zuzustimmen ist FG Baden-Württemberg vom 13. 10. 2004,[4] dass der Erwerb aufgrund einer Zuteilung, die außerhalb des Regelungswerks des Umlegungsverfahrens nach dem BauGB im Einverständnis der Beteiligten erfolgt, nicht nach § 1 Abs. 1 Nr. 3 Satz 2 Buchst. b grunderwerbsteuerfrei ist (im Entscheidungsfall Grundstückszuteilung an eine Person zu Alleineigentum, die lediglich Miteigentümerin eines Einwurfgrundstücks war, und der zur Erfüllung des Sollanspruchs bereits ein Grundstück zu Miteigentum zugeteilt worden war, die aber – anders als die weiteren Miteigentümer – mit der Zuerkennung eines Geldanspruchs wegen Minderabfindung nicht einverstanden war).

---

1 FG Rheinland-Pfalz v. 16. 5. 2013, EFG 2014, 64 (Rev.: II R 46/13); ebenso Pahlke, Rz 191.
2 Vgl. auch BFH v. 1. 8. 1990 II R 61/88, BStBl II 1990, 2043.
3 EFG 1986, 613.
4 EFG 2005, 891.

Die Ausnahme von der Besteuerung nach § 1 Abs. 1 Nr. 3 Satz 2 Buchst. b gilt    65
nur für den Übergang von Eigentum im Umlegungsverfahren, nicht aber für
einen nach § 1 Abs. 1 Nr. 1 der Steuer unterliegenden Vertrag über eine „freiwillige Umlegung".[1] Zur Anwendung von § 7 Abs. 2, wenn die „Umlegungsteilnehmer" ihre Grundstücke auf eine GbR übertragen und nach Durchführung
der „Umlegung" (Neuordnung der Grundstücke) diese von der GbR wiederum
auf die „Umlegungsteilnehmer" übertragen werden, s. FM Saarland v.
4. 9. 1998[2] und Hofmann, GrEStG, § 7 Rdnr. 17.

Ursprünglich galt die Ausnahme von der Besteuerung nach § 1 Abs. 1 Nr. 3
Satz 2 Buchst. b nicht für den Grundstücksübergang im **Grenzregelungsverfahren** nach §§ 80 ff. BauGB.[3] Mit der Änderung des BauGB durch das Gesetz zur
Anpassung des BauGB an EU-Richtlinien vom 24. 6. 2004[4] **wurde aus der bisherigen Grenzregelung die „vereinfachte Umlegung".** Erwerbsvorgänge, die im
Rahmen einer derartigen vereinfachten Umlegung verwirklicht werden, sind
deshalb unter der Voraussetzung, dass die Gemeinde den Beschluss über die
vereinfachte Umlegung nicht vor dem 20. 7. 2004 (s. § 239 BauGB) gefasst hat,
steuerfrei.[5]

## 4. Das Meistgebot im Zwangsversteigerungsverfahren

Der Erwerb des Grundstückseigentums im Zwangsversteigerungsverfahren er-    66
folgt durch den Zuschlag (§ 90 Abs. 1 ZVG), der mit der Verkündung des Zu-
schlagsbeschlusses wirksam wird (§ 89 ZVG). Der Zuschlag ist dem Meistbietenden (§ 81 Abs. 1 ZVG) oder, wenn dieser die Rechte aus dem Meistgebot an
einen anderen, der auch die Verpflichtungen aus dem Meistgebot übernommen hat, abgetreten hat, dem anderen zu erteilen (§ 81 Abs. 2 ZVG). Erklärt
der Meistbietende im Termin, für einen anderen geboten zu haben (oder tut er
dies nachträglich in öffentlich beglaubigter Urkunde), und ist seine Vertretungsmacht offenkundig oder durch öffentlich-beglaubigte Urkunde nachgewiesen, so ist der Zuschlag dem Vertretenen zu erteilen.

Der **Besteuerung unterliegt** aber nicht der vorstehend dargestellte Eigentumserwerb am Grundstück, sondern **bereits** das **Meistgebot** (§ 1 Abs. 1 Nr. 4), entsprechend dem Grundgedanken des Gesetzes, das in erster Linie den Anspruch

---

1  BFH v. 6. 9. 1988 II B 98/88, BStBl II 1988, 1008; v. 7. 9. 2011 II R 68/09, BFH/NV 2012, 62;
   BVerfG v. 24. 3. 2015 1 BvR 2880/11, BStBl II 2015, 622, kein Verstoß gegen Art. 3 Abs. 1 GG.
2  DStR 1998, 1218.
3  BFH v. 24. 2. 1988 II B 160/87, BStBl II 1988, 457.
4  BGBl I 2004, 1359.
5  Vgl. auch FM Baden-Württemberg v. 25. 11. 2004, DB 2004, 2669.

auf Übereignung, der durch ein Verpflichtungsgeschäft erzeugt ist, der Besteuerung unterwirft.[1] Mit dem Meistgebot erwirbt der Meistbietende den Anspruch auf Erwerb des Eigentums am versteigerten Grundstück durch Erteilung des Zuschlags (§ 81 Abs. 1, § 90 Abs. 1 ZVG). Dieser Anspruch ähnelt dem durch das Verpflichtungsgeschäft erworbenen Übereignungsanspruch.[2] Wird der Zuschlag rechtskräftig versagt, weil der betreibende Gläubiger den Versteigerungsantrag zurücknimmt oder die einstweilige Einstellung des Verfahrens bewilligt (§§ 29, 30, 33 ZVG), oder aus den in §§ 83, 85 ZVG angeführten Gründen, so erlischt das Meistgebot (§§ 86, 72 Abs. 3 ZVG). Dem Meistbietenden erwächst ein Änderungsanspruch aus § 175 Abs. 1 Satz 1 Nr. 2 AO, denn der die Steuer auslösende Tatbestand ist auf den Zeitpunkt der Entstehung der Steuer zurückwirkend vernichtet worden.

Das Meistgebot im Zwangsversteigerungsverfahren unterliegt der Steuer auch dann, wenn der Meistbietende gegen den Schuldner einen Grundstücksübereignungsanspruch nach Anordnung der Zwangsversteigerung aus vorhergehendem Recht erlangt hat.[3]

67    Die Erfüllung des der Grunderwerbsteuer unterliegenden Tatbestands durch Abgabe des Meistgebots (§ 1 Abs. 1 Nr. 4) ist ebenso eindeutig wie die Steuerschuld des Meistbietenden; beide Begriffe sind aus dem Recht der Zwangsversteigerung vorgegeben.[4] Daraus folgt, dass der Tatbestand des § 1 Abs. 1 Nr. 4 durch das in der Zwangsversteigerung abgegebene Meistgebot auf ein Grundstück auch dann verwirklicht wird, wenn der Wille, im eigenen Namen zu bieten, fehlte, der Wille, in fremdem Namen zu bieten, aber nicht erkennbar hervorgetreten ist[5] oder wenn der Meistbietende nur wegen unzureichenden Nachweises der Vollmacht (§ 71 Abs. 2 ZVG: Nachweis der Vertretungsmacht durch öffentlich beglaubigte Urkunde) im eigenen Namen geboten hat.[6] Für die Verwirklichung des Tatbestandes des § 1 Abs. 1 Nr. 4 in der Person des Meistbietenden (mit der Folge aus § 13 Nr. 4) ist es also nicht entscheidend, ob der Meistbietende im Auftrag und für Rechnung des späteren Erstehers gehandelt hat,[7] wohl aber für die Frage, ob in der Person des „Vertretenen" der Tatbestand des § 1 Abs. 2 verwirklicht ist. Das Meistgebot ist dem Vertretenen

---

1 BFH v. 6. 6. 1984 II R 184/81, BStBl II 1985, 261.
2 Vgl. amtl. Begründung zum GrEStG 1940, RStBl 1940, 387, 390.
3 BFH v. 14. 11. 1967 II 27/64 U, BFHE 91, 58.
4 BFH v. 19. 11. 1968 II 112/65, BStBl II 1969, 92.
5 BFH v. 7. 11. 1968 II 9/65, BStBl II 1969, 41.
6 BFH v. 19. 11. 1968 II 112/65, BStBl II 1969, 92.
7 § 81 Abs. 3 ZVG; BFH v. 5. 2. 1969 II R 19/66, BStBl II 1969, 400.

nur dann zuzurechnen, wenn es in seinem Namen – und sei es auch unter Verletzung des § 71 Abs. 2 ZVG[1] – abgegeben und angenommen worden ist, der Vertretene i. S. des Zwangsversteigerungsgesetzes Bieter ist. In diesem Fall ist der Vertretene derjenige, in dessen Person der Tatbestand des § 1 Abs. 1 Nr. 4 verwirklicht wurde, der Meistbietende i. S. von § 13 Nr. 4 (allgemein zur Vertretung vgl. Rdnr. 70).

Nach der Rechtsprechung des Bundesfinanzhofs zum früheren Grunderwerbsteuerrecht besteht für den Fall, dass der Bieter, der gar nicht in eigenem Namen bieten will, diesen Umstand aber wegen der Förmlichkeiten des Zwangsversteigerungsverfahrens nicht zum Ausdruck bringen kann bzw. an § 71 Abs. 2 ZVG scheitert, und die Rechte aus dem Meistgebot an den, für den er bieten wollte, abgetreten bzw. das ihm zugeschlagene Grundstück alsbald an denjenigen weitergegeben hat, in dessen Namen er von Anfang an handeln wollte, Anlass, von Amts wegen zu prüfen, ob die Einziehung der Steuer nach Lage des Einzelfalles i. S. des § 227 AO unbillig ist.[2] Ein derartiger Erlass aus Billigkeitsgründen ist aber nur in extremen Ausnahmefällen angebracht, weil die Steuer hier gerade an objektive, aus einem förmlichen Verfahren sich ergebende, Merkmale anknüpft.[3]

Der **Zwangsversteigerung unterliegen** – soweit grunderwerbsteuerrechtlich   68
erheblich – nur **Grundstücke** und **grundstücksgleiche Rechte,** wie das **Erbbaurecht** und das **selbständige Gebäudeeigentum** (§ 864 Abs. 1 ZPO; vgl. dazu auch Hofmann, GrEStG, § 9 Rdnr. 37). Der Immobilarzwangsvollstreckung unterliegen **auch Bruchteile** an Grundstücken und grundstücksgleichen Rechten (§ 864 Abs. 2 ZPO), somit auch das Wohnungs- und Teileigentum sowie das Wohnungs- und Teilerbbaurecht nach dem WEG.

Die Versteigerung von als **bewegliche Sachen** geltenden Gebäuden (Scheinbestandteilen) und Baulichkeiten erfolgt nach der ZPO. Wird die bewegliche Sache öffentlich versteigert (§§ 814 ff. ZPO), wird sie durch Zuschlag (§ 817 Abs. 1 ZPO) und Ablieferung (§ 817 Abs. 2 ZPO) veräußert. Beide Vorgänge sind öffentlich-rechtlicher Natur, der Eigentumserwerb erfolgt originär. Obwohl das Meistgebot (anders als nach § 81 Abs. 1 ZVG) kein Recht auf den Zuschlag begründet, ist § 1 Abs. 1 Nr. 4 (ebenso wie § 9 Abs. 1 Nr. 4, vgl. Hofmann, GrEStG, § 9 Rdnr. 37) auf die Versteigerung des Gebäudes auf fremdem Grund und Boden entsprechend anzuwenden.[4]

---

1  BFH v. 14. 1. 1969 II 137/64, HFR 1969, 278.
2  BFH v. 7. 11. 1968 II 9/65, BStBl II 1969, 41.
3  Gl. A. Pahlke, Rz 206; a. A. Boruttau/Fischer, Rn. 444.
4  Vgl. Boruttau/Fischer, Rn. 436.

## 5. Besteuerung der Zwischengeschäfte

*Literatur: Heine,* Zwischengeschäfte und Handel mit Kaufangeboten bei der Grunderwerbsteuer, UVR 2000, 57; *Bruschke,* Zwischengeschäfte und Grunderwerbsteuer, UVR 2004, 335; *Behrens/Schmitt,* Grunderwerbsteuer beim Unternehmenskauf mit noch nicht feststehender Akquisitionsstruktur, DB 2006, 785.

### a) Verpflichtung zur Abtretung eines Übereignungsanspruches bzw. der Rechte aus einem Meistgebot sowie die Abtretung eines solchen Rechts (§ 1 Abs. 1 Nr. 5 und 7)

69    Die Steuertatbestände des § 1 Abs. 1 Nr. 5 und 7 betreffen Zwischenhandelsgeschäfte. Der nämliche wirtschaftliche Erfolg, der durch die Weiterveräußerung eines Grundstücks – ein Verpflichtungsgeschäft kann auch ein dem Veräußerer (noch) nicht gehörendes Grundstück betreffen – erreicht wird, kann auch dadurch erzielt werden, dass der aus einem Verpflichtungsgeschäft erworbene Übereignungsanspruch abgetreten wird (§ 398 BGB). Die Abtretung unterliegt für sich keiner Formvorschrift. Sie kann in der Weise geschehen, dass ein Dritter in die Rechte und Pflichten des Käufers eintritt, der Käufer aber dem Verkäufer gegenüber aus dem Kaufvertrag verpflichtet bleibt, oder dass der Käufer gleichzeitig vom Veräußerer aus seinen Verbindlichkeiten ihm gegenüber entlassen wird. Auch die Rechte aus dem Meistgebot können abgetreten werden (§ 81 Abs. 2 ZVG) wie auch der Meistbietende erklären kann, für einen anderen geboten zu haben (§ 81 Abs. 3 ZVG).

**Begrifflich** kann ein „**Zwischengeschäft**" i. S. des § 1 Abs. 1 Nr. 5 bzw. 7 **nur vorliegen, wenn** bereits die Begründung der weiter übertragenen Rechtsposition der Steuer unterlegen haben kann, wie dies bei dem **rechtsgeschäftlich begründeten** Anspruch auf Übereignung (§ 1 Abs. 1 Nr. 1) und beim Meistgebot (§ 1 Abs. 1 Nr. 4) der Fall ist. **Nicht** in den Anwendungsbereich der Vorschriften fällt deshalb die Abtretung eines **gesetzlichen** Anspruchs auf Eigentumsübertragung bzw. ein darauf gerichtetes Verpflichtungsgeschäft.[1] Der Steuer unterliegt erst der Übergang des Eigentums auf den Abtretungsempfänger mit Rechtskraft der Entscheidung der zuständigen Behörde (§ 1 Abs. 1 Nr. 3 Satz 1).

**§ 1 Abs. 1 Nr. 5** erfasst die zur Abtretung des Übereignungs- bzw. „Zuschlags"-Anspruchs verpflichtenden (obligatorischen, kausalen) **Rechtsgeschäfte, § 1 Abs. 1 Nr. 7** die Abtretung selbst, wenn ein solches Geschäft nicht vorausgegangen ist (z. B. aus Auftrag, § 667 BGB). In allen Fällen unter-

---

1 So BFH v. 10. 12. 1997 II R 27/97, BStBl II 1998, 159, und v. 4. 4. 2001 II R 62/99, BFH/NV 2001, 1448, betreffend die Abtretung eines Anspruchs nach dem VermG auf Rückübertragung des Eigentums an einem Grundstück.

liegt der Steuer sowohl das den Übereignungsanspruch begründende ursprüngliche Geschäft (die den Anspruch auf Zuschlag begründende Abgabe des Meistgebots) als auch das zur Abtretung verpflichtende Rechtsgeschäft bzw. die Abtretung selbst. Bedarf das den Übereignungsanspruch begründende Rechtsgeschäft der Genehmigung oder ist es aufschiebend bedingt, entsteht die Steuer aus § 1 Abs. 1 Nr. 5 bzw. 7 erst mit der Genehmigung dieses Rechtsgeschäfts bzw. mit Bedingungseintritt.

Ergibt die Auslegung eines einem noch nicht vollzogenen Grundstückskaufvertrag nachfolgenden formgerechten weiteren Vertrags, dass die in ihm vorgenommene Auswechslung der Person des Erwerbers zu einer **Vertragsübernahme** durch den neuen Käufer geführt hat, weil sich die Beteiligten im Wesentlichen auf einen Austausch der Käuferseite beschränken, so verwirklicht sich zwischen diesem und dem ursprünglichen Käufer ein der Steuer nach § 1 Abs. 1 Nr. 5 bzw. 7 unterliegender Erwerbsvorgang.[1] Gleiches gilt für einen **Vertragsbeitritt**. In beiden Fällen erwirbt der Vertragsübernehmer bzw. derjenige, der dem Vertrag beitritt, das Eigentum am Grundstück vom Verkäufer. Der nach § 1 Abs. 1 Nr. 5 bzw. Nr. 7 der Steuer unterliegende Erwerbsvorgang zwischen dem ursprünglichen Käufer (Alleinerwerber) und dem neuen Käufer bzw. Vertragsbeitretenden schließt aber eine (nochmalige) Besteuerung nach § 1 Abs. 1 Nr. 1 aus. Der Abtretung steht die **Erklärung** des Erwerbers gleich, die **Rechte aus dem Vertrag für einen Dritten erworben** bzw. **für einen anderen geboten** zu haben.[2] Zivilrechtlich ist rechtsgeschäftliches Handeln für einen dem Vertragspartner zwar subjektiv unbekannten, jedoch objektiv bekannten Vertragsteil zulässig. Denn das Handeln im fremden Namen (§ 164 Abs. 1 BGB) setzt die Nennung des Namens des Vertretenen nicht voraus; insofern ist maßgebend allein, dass der Wille, im fremden Namen zu handeln, erkennbar hervortritt.[3] Ergibt sich die Person des dem Vertragspartner nicht genannten Dritten bspw. aus einem beim Notar hinterlegten (formgerechten! § 311b Abs. 1 Satz 1 BGB) Erwerbsauftrag mit Vollmacht dieses Dritten, so treffen die Wirkungen des Rechtsgeschäfts allein diesen. Ein Eintrittsrecht des Vertreters ist ausgeschlossen. Nach BFH vom 22. 12. 1959[4] soll dann, wenn jemand (A) einen Kaufvertrag für einen von ihm zu benennenden Dritten abschließt und die Person des (verdeckt) Vertretenen bereits bei Vertragsabschluss angeblich — obwohl nicht schriftlich fixiert und damit durch A abän-

70

---

1 BFH v. 22. 1. 2003 II R 32/01, BStBl II 2003, 526; vgl. dazu auch Rdnr. 41.
2 Zu § 81 Abs. 3 ZVG vgl. BFH v. 13. 10. 1965 II 80/62, BStBl III 1965, 712.
3 § 164 Abs. 2 BGB; vgl. BGH v. 16. 4. 1957 VIII ZR 216/56, JZ 1957, 441.
4 II 228/56, BStBl III 1960, 233.

derbar – „objektiv feststeht" (wenn sie auch jedenfalls dem Verkäufer nicht bekannt ist) und darüber hinaus nach dem gesamten Vertragsinhalt nicht A, sondern nur der Dritte selbst als Vertragspartner anzusehen ist, in der Benennung des Dritten keine der Steuer unterliegende Abtretung eines Übereignungsanspruches liegen. U. E. ist dieser Entscheidung nicht zu folgen. Denn entweder war der Verkäufer bereit, das Grundstück an jeden beliebigen von A benannten Vertragspartner aufzulassen, dann kann A sich auch selbst benennen und ist für ihn ein Übereignungsanspruch begründet mit der Folge, dass in der Benennung des Dritten eine Abtretung des Übereignungsanspruches liegt, oder es ist kein Kaufvertrag zustande gekommen, weil – kraft ausdrücklichen Ausschlusses der Selbstbenennung – A keinen Anspruch auf Übereignung an sich oder zugunsten eines Dritten (§ 328 BGB) erlangt hat und der Dritte nicht Vertragspartner ist. Im Grundstücksverkehr gibt es kein Geschäft „für den, den es angeht". Steht der „vertretene" Vertragspartner objektiv noch nicht fest, ist zunächst einmal festzustellen, ob nicht der „Vertreter" selbst einen Anspruch auf Übereignung erlangt hat. Das ist jedenfalls bei einem **Oder-Kauf** anzunehmen. Verkauft jemand ein Grundstück an den anwesenden V „oder einen noch zu benennenden Dritten" und soll auch die Auflassung an diesen V „oder einen noch zu benennenden Dritten" erfolgen, ist der Handelnde (V) alleiniger Käufer.[1] Benennt in einem solchen Fall der „Vertreter" (V) einen Dritten, so wird damit der Tatbestand des § 1 Abs. 1 Nr. 5 bzw. 7 erfüllt. Auch wenn der Vertrag nicht ausdrücklich als Oder-Kauf formuliert ist, kann sich aus dem Inhalt der Vereinbarungen (z. B. Haftung des V für die Kaufpreiszahlung, Leistung einer Anzahlung, Bewilligung einer Vormerkung zu seinen Gunsten) ergeben, dass der Selbsteintritt des V diesem nicht versagt ist. Ein derartiger „Vorratserwerb" begründet in der Regel zwischen dem „Vertreter" und dem Veräußerer unmittelbar Rechte und Pflichten i. S. von § 1 Abs. 1 Nr. 1; die Benennung eines Dritten erfüllt dann den Tatbestand von § 1 Abs. 1 Nr. 5 bzw. 7. Ergibt die Vertragsauslegung, dass der Selbsteintritt des Vertreters nicht nur verbal ausgeschlossen ist, ist der Vertrag regelmäßig dahin zu verstehen, dass sich der Verkäufer X gegenüber verpflichtet, das bezeichnete Grundstück zu den vereinbarten Bedingungen nur an einen von X zu benennenden Dritten zu verkaufen. Er wird als Kaufvertrag mit dem Dritten entsprechend § 177 BGB mit dessen Eintritt wirksam. Ob aus diesem Vertrag zwischen dem Verkäufer und dem X grunderwerbsteuerrechtliche Konsequenzen zu ziehen sind, richtet sich nach § 1 Abs. 2 (ggf. auch nach § 1 Abs. 1 Nr. 6). Meist

---

1 Vgl. BFH v. 7. 10. 1974 II R 103/72, BStBl II 1975, 47, m. w. N.; s. auch FG Mecklenburg-Vorpommern v. 13. 9. 2001, EFG 2001, 1618.

dürfte X durch die vom Verkäufer eingegangene Verkaufsverpflichtung durch diesen in die Lage versetzt worden sein, das Grundstück, bezüglich dessen er keinen Anspruch auf Übereignung erworben hat, auf eigene Rechnung zu verwerten. Ist nach dem Inhalt der von den Vertragsparteien abgegebenen Willenserklärungen (§§ 133, 157 BGB) nur ein Verkaufsangebot gemacht worden an einen von X zu benennenden Dritten, so kann die Benennung des Dritten den Tatbestand des § 1 Abs. 1 Nr. 7 begründen.[1] Siehe dazu Rdnr. 71 ff.

### b) Verpflichtung zur Abtretung der Rechte aus einem Kaufangebot u. Ä. sowie die Abtretung solcher Rechte (§ 1 Abs. 1 Nr. 6 und 7)

**Literatur:** *Sigloch,* Zum Grunderwerbsteuergesetz 1983, NJW 1983, 1817; *Bruschke,* Grunderwerbsteuerrechtliche Behandlung von Kaufangeboten, UVR 1994, 363; *Heine,* Zwischengeschäfte und Handel mit Kaufangeboten bei der Grunderwerbsteuer, UVR 2000, 57.

Wie ein einen Übereignungsanspruch begründender Vertrag durch getrenntes **71** (Veräußerungs-)Angebot und getrennte Annahme zustande kommen kann, so kann durch „Eintritt" eines Dritten in das Angebot eine „Weiterveräußerung" an einen Dritten (anstelle des ursprünglichen Angebotsempfängers) zustande kommen. Bürgerlich-rechtlich kann aus einem Angebot (§ 145 BGB) kein abtretbares Recht entspringen. Das Kaufvertragsangebot (Angebot zum Abschluss eines anderen Geschäfts) ist ebenso wenig ein Verpflichtungsgeschäft i. S. von § 1 Abs. 1 Nr. 1 wie der Angebotsvertrag (Option, Optionsvertrag). Die „Abtretung der Rechte" aus Vertragsanträgen kann nur mit Zustimmung des Antragenden erfolgen, welche bereits antizipiert sein kann.

Die Vorschriften des § 1 Abs. 1 Nr. 6 und 7 dienen der Erfassung solcher Zwischengeschäfte, die den Veräußerer binden.[2] Sie sollen Umgehungen verhindern, die dadurch erreicht werden, dass sich jemand durch Veräußerungsantrag oder Option (Ankaufsrecht) oder auch durch Optionsvertrag[3] ein Grundstück an die Hand geben lässt. Aus ihrem Anwendungsbereich scheiden deshalb − trotz buchstäblicher Erfüllung des Tatbestands dem Wortlaut nach − nach Sinn und Zweck diejenigen Vorgänge aus, die weder einen vermiedenen Zwischenerwerb ersetzen, der entsprechend dem gewollten wirtschaftlichen Ergebnis geboten gewesen wäre, noch einer Verwertung des Kaufange-

---

1  BFH v. 16. 4. 1980 II R 141/77, BStBl II 1980, 525; v. 16. 12. 1981 II R 109/80, BStBl II 1982, 269.
2  BFH v. 10. 7. 1974 II R 89/68, BStBl II 1975, 86.
3  BFH v. 31. 5. 1972 II R 162/66, BStBl II 1972, 828.

bots dienen, die den eigenen wirtschaftlichen Interessen des Berechtigten nützt.[1]

72   Zur **Tatbestandserfüllung** ist **zunächst** das Vorliegen eines **rechtswirksamen, der** Form des § 311b BGB genügenden[2] **Kaufangebots** von Seiten des Verkäufers (Verkaufsofferte) erforderlich, sei es gegenüber einer bestimmten Person oder einem (bzw. mehreren) von dieser zu benennenden Dritten (sog. Oder-Angebot) oder lediglich gegenüber Dritten unter Ausschluss des Selbstbenennungsrechts,[3] aus welchem dem Benennungsberechtigten die Rechtsmacht erwächst, aus eigenem Recht die Rechte aus diesem an einem oder mehrere Dritte weiter zu leiten, also mit dem Kaufangebot zu handeln. **Weiter** ist erforderlich, dass die sich aus dem Kaufangebot ergebenden **Rechte an Dritte abgetreten** werden (und sei es auch verdeckt durch bloße Benennung) und dass **schließlich** der **Kauf** zwischen diesem bzw. diesen und dem Verkäufer **durch Annahme** des **Angebots** durch den Benannten **zustande kommt.**[4] Die bloße Benennung eines Dritten bewirkt noch keine neue (weitergehende) Bindung des Verkäufers.

73   Weitere – **ungeschriebene** – **Voraussetzung** für die Tatbestandsverwirklichung ist, dass der Berechtigte das **Kaufangebot zum Nutzen wirtschaftlicher Interessen,** die nicht solche des Veräußerers oder Erwerbers sind, **ausnützt,** also über den bloßen Abschluss des Kaufvertrags hinausgehen. Dieses von der Rechtsprechung entwickelte Tatbestandsmerkmal beruht auf am Zweck der Vorschriften – Erfassung des Handels mit Kaufangeboten – orientierter wortlautbegrenzender Auslegung.[5] Das ist zuvörderst der Fall, wenn der **Benennungsberechtigte** das Kaufangebot zum Nutzen **eigener wirtschaftlicher Interessen** verwertet, also die Möglichkeit hat, bei der Weitergabe des Grundstücks unter Ausnützung seiner Stellung wirtschaftliche Vorteile aus dem Handel mit einem Grundstück zu erzielen.[6] Dies setzt jedoch nicht voraus, dass ihm die Verwertungsbefugnis i. S. von § 1 Abs. 2 verschafft ist.[7] Es genügt ein wirtschaftliches Interesse, das nicht über den Abschluss des Grundstücks-

---

1   BFH v. 16. 4. 1980 II R 141/77, BStBl II 1980, 525; v. 15. 3. 2000 II R 30/98, BStBl II 2000, 359, m. w. N.

2   BFH v. 5. 7. 2006 II R 7/06, BStBl II 2006, 785.

3   BFH v. 16. 12. 1981 II R 109/80, BStBl II 1982, 269; v. 15. 3. 2000 II R 30/98, BStBl II 2000, 359; kritisch hierzu Boruttau/Fischer, Rn. 481.

4   Vgl. BFH v. 6. 9. 1998 II R 135/86, BStBl II 1998, 984, m. w. N.

5   Vgl. BFH v. 22. 1. 1997 II R 97/94, BStBl II 1997, 411; zustimmend Pahlke, Rz 227; a. A. Boruttau/Fischer, Rn. 483.

6   BFH v. 18. 12. 2002 II R 12/00, BStBl II 2003, 356; v. 27. 4. 2005 II R 30/03, BFH/NV 2005, 2050.

7   BFH v. 16. 4. 1980 II R 141/77, BStBl II 1980, 525.

kaufvertrags hinausgeht, wie es bei reinen Maklerverträgen der Fall ist, ebenso wenig wie das allgemeine Interesse eines Grundpfandgläubigers an einem Mittelzufluss beim Schuldner.[1] Liegt der Vorteil in der Ausnützung der sonst nur dem Veräußerer gegebenen Möglichkeit, den jeweils benannten Angebotsempfänger und Annehmenden zum Abschluss weiterer Verträge zu bestimmen, ist die Voraussetzung dann erfüllt, wenn der Benennungsberechtigte – verdeckt – an den neuen Verträgen „verdient" und dadurch zu seinem Vorteil an der Verwertung des Grundstücks teilhat.[2] Unerheblich ist es, ob der erhoffte wirtschaftliche Vorteil auch tatsächlich erzielt wird.[3]

Der Umstand, dass der Benennungsberechtigte vor der Benennung des Dritten mit diesem einen Treuhandvertrag (im Rahmen eines Bauherrenmodells) abgeschlossen hat und damit die Verpflichtung zur Benennung des Dritten eingegangen war, steht der Besteuerung nicht entgegen; denn bei einer solchen Fallkonstellation wird das Benennungsrecht gerade zur Verfolgung eigenwirtschaftlicher Interessen (Erlangung der Treuhandgebühr) ausgeübt.[4] Ob der Benennungsberechtigte den Dritten selbst ausgesucht hat oder ihm dieser durch eine einer Projekt- bzw. Initiatorengruppe zuzurechnende Vertriebsorganisation zugeführt wurde, ändert an der Steuerpflicht ebenso wenig wie der Umstand, dass das Benennungsrecht erst ausgeübt wird, nachdem der Dritte vorher weitere Verträge – u. a. auch mit dem Benennungsberechtigten – abgeschlossen hat.[5]

Die vom Benennungsberechtigten bei Ausübung des Benennungsrechts wahrgenommenen wirtschaftlichen Interessen müssen nicht dessen unmittelbar eigene sein, es genügt, wenn der Benennungsberechtigte **wirtschaftliche Interessen Dritter** (also nicht des Grundstücksveräußerers oder -erwerbers) verfolgt, **denen gegenüber er** im Hinblick auf die Ausübung des Benennungsrechts vertraglich **gebunden ist** oder als deren **Hilfsperson** er fungiert.[6] Die vom Benennungsberechtigten verfolgten unmittelbaren oder mittelbaren wirtschaftlichen Interessen müssen abzielen auf einen **konkreten Vermögensvorteil,** der bei ihm oder dem Dritten eintreten soll. **Mittelbare Vorteile,** die einer benennungsberechtigen Gesellschaft allein aufgrund gesellschaftsrechtlicher Beteiligung an der benannten Gesellschaft zufallen, genügen ebenso

74

---

1 BFH v. 16.12.1981 II R 109/80, BStBl II 1982, 269; v. 27.4.2005 II R 30/03, BFH/NV 2005, 2050; v. 19.11.2008 II R 24/07, BFH/NV 2009, 788.
2 Vgl. BFH v. 22.1.1997 II R 97/94, BStBl II 1997, 411; v. 18.12.2002 II R 12/00, BStBl II 2003, 356.
3 BFH v. 6.9.1989 II R 135/86, BStBl II 1989, 984.
4 So zutreffend Niedersächsisches FG v. 23.5.1990 III 523/84, EFG 1991, 495.
5 BFH v. 3.3.1993 II R 89/89, BStBl II 1993, 453.
6 BFH v. 3.3.1993 II R 89/89, BStBl II 1993, 453; v. 22.1.1997 II R 97/94, BStBl II 1997, 411.

wenig wie die Förderung wirtschaftlicher Interessen von deren Gesellschaftern, die lediglich Ausfluss ihrer Gesellschafterstellung sind.[1]

Verfahrensrechtlich ist noch anzumerken, dass die dem Benennungsberechtigten vertraglich eingeräumte uneingeschränkte Möglichkeit, das Grundstück zu seinem Vorteil weiterzugeben, grundsätzlich ein Handeln in Verfolgung eigener wirtschaftlicher Interessen indiziert. Für einen diese Indizwirkung ausschließenden Sachverhalt – nämlich das Tätigwerden ausschließlich im Interesse des Veräußerers oder präsumtiven Erwerbers – trägt der Benennungsberechtigte die Feststellungslast.[2] Allerdings kommt Sachverhalten, in denen sich das wirtschaftliche Interesse eines benennungsberechtigten Grundpfandgläubigers von vornherein auf den Mittelzufluss beim Schuldner zur Bedienung von dessen Darlehensverbindlichkeiten ihm gegenüber beschränkt, die Indizwirkung nicht zu mit der Folge, dass die Feststellungslast bezüglich der die Verwirklichung des Tatbestands des § 1 Abs. 1 Nr. 6 oder Nr. 7 begründenden Tatsachen bei der Finanzbehörde verbleibt.[3]

75      Der enge Zusammenhang der Vorschriften mit § 1 Abs. 2 ist offensichtlich. Obwohl der Anwendungsbereich nicht deckungsgleich ist, sind die Grenzen ziemlich fließend.[4] Werden die Tatbestände des § 1 Abs. 1 Nr. 6 bzw. 7 und des Abs. 2 durch denselben Lebenssachverhalt verwirklicht, so fällt neben der Steuer für den Kauf durch den anderen (Dritten) nur eine weitere Steuer an.[5] Zur Problematik vgl. auch Sigloch.[6]

Die Steuer entsteht bei Zwischengeschäften i. S. von § 1 Abs. 1 Nr. 6 und 7 erst mit der Annahme des Vertragsangebots des Verkäufers durch den Benannten.[7] Bei der Übertragung der Rechte aus einem Vor- oder Optionsvertrag auf einen Dritten liegt die Ausübung des Ankaufsrechts in der Wahrnehmung der sie vermittelnden Rechte durch den Dritten.[8]

---

1  BFH v. 15. 3. 2000 II R 30/98, BStBl 2000, 359; vgl. auch BFH v. 17. 7. 1974 II R 18/69, BStBl II 1975, 242.
2  BFH v. 22. 1. 1997 II R 97/94, BStBl II 1997, 411; v. 18. 12. 2002 II R 12/00, BStBl II 2003, 356.
3  BFH v. 19. 11. 2008 II R 24/07, BFH/NV 2009, 788.
4  Vgl. dazu BFH v. 10. 7. 1974 II R 89/68, BStBl II 1975, 86; s. auch BFH v. 2. 10. 1984 II R 109/82, BStBl II 1985, 97.
5  BFH v. 6. 5. 1969 II 131/64, BStBl II 1969, 595.
6  NJW 1983, 1817, 1820.
7  BFH v. 6. 5. 1969 II 131/64, BStBl II 1969, 595.
8  BFH v. 31. 5. 1972 II R 162/66, BStBl II 1972, 828.

**Steuerschuldner** ist stets **nur** die **Mittelsperson.**[1] Zur Bemessungsgrundlage vgl. BFH vom 31.5.1972,[2] 6.5.1969[3] sowie vom 25.11.1992;[4] s. auch Hofmann, GrEStG, § 8 Rdnr. 36. Zwar stellen die **Befreiungsvorschriften** des § 3 auf persönliche Relationen zwischen Veräußerer und Erwerber als alten bzw. neuen Rechtsträger ab, eine Position, die derjenige Zwischenerwerber, der nur mit Kaufangeboten handelt, nie einnimmt, doch misst das Gesetz ihm den nämlichen Stellenwert zu, wie demjenigen, der seinen Eigentumsverschaffungsanspruch usw. abtritt oder abzutreten sich verpflichtet (§ 1 Abs. 1 Nr. 5 bzw. 7). Aus diesem Grunde ist der Mittelsperson, sollte unter Erfüllung der tatbestandsmäßigen Voraussetzungen (vgl. Rdnr. 72 und 73) der Abtretungsempfänger zum Personenkreis des § 3 Nr. 4 oder 6 gehören, Grunderwerbsteuerbefreiung zu gewähren. Da die Vergünstigungsvorschriften für den Übergang von Grundstücken auf Gesamthandsgemeinschaften durch Gesamthänder (§ 5 Abs. 1 und 2) bzw. Gesamthandsgemeinschaften (§ 6 Abs. 3 Satz 1) sowohl wie von Gesamthandsgemeinschaften auf Gesamthänder (§ 6 Abs. 1 und 2) auf dem Grundgedanken der wertmäßigen Teilhabe der Gesamthänder am Grundstück basieren, kommt u. E. die Anwendung dieser Vorschriften auf einen nach § 1 Abs. 1 Nr. 6 bzw. 7 der Steuer unterliegenden Vorgang nicht in Betracht.[5] Denn derjenige, dem das Grundstück „an die Hand gegeben ist", ist an diesem selbst nicht wertmäßig beteiligt.

## II. Erwerb der Verwertungsbefugnis (§ 1 Abs. 2)

**Literatur:** *Fuchs/Lieber,* Grunderwerbsteuer bei Organschaft – Inflation von Grunderwerbsteuertatbeständen?, DStR 2000, 1333; *Heine,* Keine Verwertungsmöglichkeit an Grundstücken der Gesellschaft durch den Alleingesellschafter – § 1 Abs. 2 GrEStG, UVR 2001, 105; *Berg-Mosel/Jacob/Ilka,* Grunderwerbsteuerlicher Ersatztatbestand nach § 1 Abs. 2 GrEStG bei Public Private Partnership-Verträgen, BB 2005, 1478; *Gottwald,* Grunderwerbsteuer und Immobilienleasing, MttBayNot 2007, 103; *Philipowski,* Ersteigerung von Grundstücken durch die Verwertungsgesellschaft eines Kreditinstituts, DStR 2008, 1413; *Stoschek/Sommerfeld/Mies,* Grunderwerbsteuer und Immobilienleasingverträge, DStR 2008, 2046.

**Verwaltungsanweisungen:** Gleich lautende Ländererlasse zu grundstücksbezogenen Treuhandverhältnissen sowie zu Grundstückserwerben durch Auftragnehmer bzw. Geschäftsbesorger vom 12.10.2007 (BStBl I 2007, 757).

---

1 BFH v. 10.7.1974 II R 12/70, BStBl II 1974, 772.
2 II R 162/66, BStBl II 1972, 828.
3 II 131/64 U, BStBl II 1969, 595.
4 II R 122/89, BFH/NV 1993, 688.
5 A. A. Boruttau/Fischer, Rn. 445; gl. A. Pahlke, Rz 236.

## 1. Charakter der Vorschrift: Ersatztatbestand

76    Durch die in § 1 Abs. 1 normierten Tatbestände werden die üblichen Rechtsvorgänge erfasst, die auf die Übertragung des (bürgerlich-rechtlichen) Eigentums abzielen. Damit werden aber nicht diejenigen Grundstücksgeschäfte getroffen, die zwar nicht auf den Erwerb des Eigentums selbst gerichtet sind, in ihrem wirtschaftlichen Ergebnis jenen aber im Wesentlichen gleichkommen. Zur Schließung dieser Lücke dient der **Ersatztatbestand** des **§ 1 Abs. 2,** der diejenigen Fälle erfasst, die vom Wechsel im Eigentum abgesehen den in § 1 Abs. 1 beschriebenen Erwerbsvorgängen so nahe kommen, dass sie wie diese dem Erwerber es ermöglichen, sich den Wert des Grundstücks für eigene Rechnung nutzbar zu machen.[1]

77    So ist nach BFH vom 9. 5. 1962[2] § 1 Abs. 2 nicht anwendbar, wenn der Übergang des (bürgerlich-rechtlichen) Eigentums am Grundstück vereinbart ist und der Käufer die ihm schon vorab überlassene wirtschaftliche Macht an dem Grundstück nach Aufhebung des Kaufvertrags zugunsten des Eigentümers aufgibt, wie auch die zunächst erfolgte Einräumung der später aufgegebenen Befugnisse, weil sie nicht das Endziel der Vereinbarungen waren, nicht die Voraussetzungen des § 1 Abs. 2 erfüllten. Andererseits schließt der Umstand, dass für einen späteren Zeitpunkt der Abschluss eines formgültigen Kaufvertrages vorgesehen ist, nicht in jedem Fall die Annahme, es sei – quasi vorab – die Verwertungsbefugnis übertragen worden, aus.[3]

Man wird **folgende Trennungslinie** ziehen müssen: ist ein Verpflichtungsgeschäft abgeschlossen, also ein Anspruch auf Übertragung des (bürgerlich-)rechtlichen Eigentums an einem Grundstück begründet worden, so wird auch dann (nur) der Tatbestand des § 1 Abs. 1 Nr. 1 verwirklicht, wenn in Erfüllung einer Vertragspflicht aus dem Verpflichtungsgeschäft dem Erwerber vorab Rechtspositionen übertragen werden, die für sich gesehen den Tatbestand des § 1 Abs. 2 erfüllen.[4] Allerdings ist das Vorliegen eines Verpflichtungsgeschäfts, z. B. eines Kaufvertrages, für das die erforderliche Genehmigung bewusst nicht eingeholt wird, in einem solchen Fall für die Besteuerung aus § 1 Abs. 2 – die Erfüllung der Tatbestandsmerkmale im Übrigen unterstellt – kein Hinderungsgrund,[5] zumal bei einer solchen Konstellation kein Eigentumsver-

---

1 Vgl. BFH v. 3. 5. 1973 II R 37/68, BStBl II 1973, 709; v. 17. 5. 2000 II R 47/99, BStBl II 2000, 627.

2 II 159/60, BStBl III 1962, 313.

3 BFH v. 10. 10. 1962 II 84/59, BStBl III 1963, 15; vgl. auch BFH v. 26. 5. 1970 II R 184/66, BStBl II 1970, 673.

4 BFH v. 17. 1. 1996 II R 47/93, BFH/NV 1996, 579; v. 5. 2. 2003 II R 15/01, BFH/NV 2003, 818.

5 Vgl. auch BFH v. 12. 12. 1968 II B 42/68, HFR 1969, 130.

schaffungsanspruch, sondern nur die Verwertungsbefugnis begründet werden soll, der „Kaufvertrag" letztere lediglich verdeckt. Ist kein Eigentumsverschaffungsanspruch begründet worden, so erfüllt die etwa aufgrund eines Vorvertrages (auch wenn er mangels Beurkundung – § 311b Abs. 1 Satz 1 BGB – nichtig ist) erfolgte Vorwegverschaffung der Verwertungsbefugnis den Tatbestand des § 1 Abs. 2 ohne Rücksicht darauf, ob (fernes) Endziel aller Vereinbarungen die Eigentumsübertragung sein soll oder nicht.[1]

§ 1 Abs. 2 setzt als **Negativabgrenzung** zu § 1 Abs. 1 nur voraus, dass **kein Anspruch auf Übereignung begründet** wird. Deshalb kann der Tatbestand auch durch einen formnichtigen Kaufvertrag erfüllt werden (vgl. auch Rdnr. 32). Ob dem Eigentümer Risiken oder mögliche Nachteile seines Eigentums verbleiben, ist für die Besteuerung aus § 1 Abs. 2 kein wesentliches Entscheidungskriterium.[2]

Der Tatbestand des § 1 Abs. 2 stellt darauf ab, ob die maßgebenden **Rechtsvorgänge** – seien sie privatrechtlicher oder öffentlich-rechtlicher Natur[3] – es einem anderen als dem Eigentümer rechtlich oder wirtschaftlich „ermöglicht" haben, „das Grundstück auf eigene Rechnung zu verwerten". Da die Möglichkeit durch Rechtsvorgänge verwirklicht werden muss, setzt § 1 Abs. 2 eine Rechtsmacht des Erwerbers voraus, auch wenn deren bürgerlich-rechtlicher Inhalt hier nicht enumerativ umschrieben ist (vgl. dagegen § 1 Abs. 1). Die Unterscheidung zwischen „rechtlich" und „wirtschaftlich" betrifft allein die Art und Weise der ermöglichten Verwertung.[4]    78

Da § 1 Abs. 2 Vorgänge erfasst, die vom Wechsel im Eigentum abgesehen den in § 1 Abs. 1 beschriebenen Erwerbsvorgängen so nahe kommen, dass sie es wie diese dem Erwerber ermöglichen, sich den Wert des Grundstücks für eigene Rechnung nutzbar zu machen, also einen Wechsel in der Grundstückszuordnung – wenn auch unterhalb der Ebene des Eigentümerwechsels – erfordert, kann die **durch** die **Beteiligung an** einer **Gesellschaft** vermittelte Einflussnahme auf ein dieser gehörendes Grundstück sowie die dadurch vermittelte Wertteilhabe **den Tatbestand nicht erfüllen.**[5] Das schließt es auch aus anzunehmen, der Erwerb eines Grundstücks durch eine Gesellschaft des bürgerlichen Rechts, deren Gesellschaftsanteile treuhänderisch für Dritte gehalten    79

---

1 Siehe BFH v. 27. 8. 1975 II R 52/70, BStBl II 1976, 30; vgl. auch Niedersächsisches FG v. 19. 6. 1987, EFG 1988, 192.
2 BFH v. 12. 12. 1973 II R 29/69, BStBl II 1974, 251.
3 Boruttau/Fischer, Rn. 645; vgl. auch BFH v. 24. 4. 2013 II R 32/11, BStBl II 2013, 962.
4 BFH v. 12. 12. 1973 II R 29/69, BStBl II 1974, 251; v. 16. 6. 1975 II R 86/67, BStBl II 1976, 27.
5 So auch BFH 24. 4. 2013 II R 32/11, BStBl II 2013, 962.

werden, unterliege bei diesen Dritten nach § 1 Abs. 2 der Steuer, und zwar ungeachtet des Inhalts der Treuhandabrede.[1]

Wenngleich ein Anteil am Vermögen einer grundstücksbesitzenden Gesamthandsgemeinschaft stets eine anteilige Beteiligung am Wert und an Wertveränderungen des Grundstücks vermittelt und der Gesamthänder auch über sein Mitgliedschaftsrecht jedenfalls regelmäßig bei Verfügungen über das Grundstück mitwirkt, ist wegen der grunderwerbsteuerrechtlichen (Teil-)Rechtsfähigkeit der Gesamthandsgemeinschaften (vgl. Rdnr. 21) ein Anteil am Vermögen einer Gesamthand grundsätzlich nicht als wirtschaftliche Verwertungsbefugnis an einem der Gesamthand gehörenden Grundstück anzusehen.[2] Auch der Umstand, dass jemand Alleingesellschafter einer Kapitalgesellschaft ist, begründet weder für sich allein noch in Verbindung mit einem Beherrschungs- und Gewinnabführungsvertrag die Verwertungsbefugnis i. S. des § 1 Abs. 2.[3] Die eigene Rechtspersönlichkeit der Kapitalgesellschaft steht dem ebenso entgegen wie der Umstand, dass der Alleingesellschafter auf seine Mitwirkungsrechte in den Organen der Kapitalgesellschaft angewiesen ist bzw. ihm zwar Weisungsrechte zustehen, er jedoch nicht kraft seiner Gesellschafterstellung die Geschäfte der Kapitalgesellschaft leitet. Eine unmittelbare grunderwerbsteuerrechtliche Zuordnung eines der Kapitalgesellschaft gehörenden bzw. eines von dieser erworbenen Grundstücks unter Durchbrechung von deren Rechtspersönlichkeit kommt nicht in Betracht (beachte aber § 1 Abs. 3). Hinzu kommt, dass sich der Rechtsvorgang, der einem anderen als dem Grundstückseigentümer die Möglichkeit verschafft, ein Grundstück auf eigene Rechnung zu verwerten, sich auf ein bestimmtes Grundstück beziehen muss (s. auch Rdnr. 76).

## 2. Verwertungsbefugnis aufgrund Substanzberechtigung

### a) Substanzberechtigung

80      Außer in den Fällen der Ermächtigung zum Verkauf auf eigene Rechnung und dergleichen (Rdnr. 83) setzt der Erwerb der wirtschaftlichen Verwertungsbefugnis voraus, dass der Berechtigte nicht nur **besitz- und nutzungsberechtigt,** sondern auch an der Substanz des Grundstücks in dem Sinn beteiligt ist,

---

1 BFH v. 6. 4. 2001 II B 95/00, BFH/NV 2001, 1299.

2 BFH v. 27. 3. 1991 II R 82/87, BStBl II 1991, 731; v. 8. 11. 2000 II R 55/98, BStBl II 2001, 419.

3 BFH v. 1. 3. 2000 II R 53/98, BStBl II 2000, 357; v. 29. 7. 2009 II R 2/08, BFH/NV 2009, 1835.

dass er an der **ganzen Substanz des Grundstücks seinem Wert nach teilhaben soll,** gegebenenfalls also die Substanz angreifen können soll.[1] Dabei genügt es, dass der Berechtigte etwaige Wertsteigerungen gesichert realisieren kann. Es ist nicht erforderlich, dass ihn Wertverluste belasten, weil § 1 Abs. 2 den Erwerb einer Machtstellung der Grunderwerbsteuer unterwirft. Diese wird jedoch nicht dadurch geschmälert, dass dem Eigentümer des Grundstücks immer noch ein kleinerer oder größerer Teil der Risiken oder möglichen Nachteile seines Eigentums verbleiben.[2] Die **Einwirkungsmöglichkeiten,** aus denen die Verwertungsbefugnis auf eigene Rechnung hervorgeht, müssen **gleichzeitig** und in einer jeden Zweifel ausschließenden Weise bestehen.[3]

In diesem Sinne ist § 1 Abs. 2 (sofern nicht bereits ein Eigentumsverschaffungsanspruch begründet wird) häufig bei den üblichen Verträgen im **Immobilienleasing** erfüllt: der Leasinggeber verpflichtet sich, auf einem von ihm zu erwerbenden (oder gleichzeitig erworbenen) Grundstück nach den Wünschen und Vorstellungen des Leasingnehmers ein Gebäude zu errichten und übernimmt die Aufgaben des Bauherrn. Während der Laufzeit des unkündbaren Leasingvertrags hat er das Leasingobjekt uneingeschränkt dem Leasingnehmer zu Besitz und Nutzung zu überlassen, der „wirtschaftlicher Eigentümer" sein soll, Lasten und Gefahr sowie Instandhaltung, Unterhaltung und Erneuerung zu tragen hat. Dem Leasingnehmer wird nicht nur das Recht eingeräumt, die Übereignung des Grundstücks nach Ablauf des Leasingvertrags zu verlangen, er ist regelmäßig auch berechtigt, jederzeit während der Laufzeit des Vertrages durch Zahlung der Investitionskosten (abzüglich geleisteter Tilgungsraten) den Abschluss eines Kaufvertrags über das (bebaute) Grundstück zu verlangen. In diesen Fällen kann der Leasingnehmer letztlich uneingeschränkt nach seinem Belieben über das Grundstück verfügen.[4] Zu beachten ist allerdings, dass dem Übergang des „wirtschaftlichen Eigentums" i. S. des Ertragsteuerrechts höchstens indizielle Bedeutung zukommt,[5] darauf aber nicht abgehoben werden kann.[6]

Ist der Leasingvertrag (wenn auch möglicherweise eingeschränkt) kündbar, verbleibt die Gefahr der zufälligen sowie der vom Leasingnehmer nicht zu ver-

1 Vgl. BFH v. 17.10.1990 II R 55/88, BFH/NV 1991, 556; v. 17.1.1996 II R 47/93, BFH/NV 1996, 579.
2 BFH v. 12.12.1973 II R 29/69, BStBl II 1974, 251.
3 BFH v. 27.1.1965 II 60/60 U, BStBl III 1965, 265.
4 BFH v. 17.1.1996 II R 47/93, BFH/NV 1996, 579; v. 30.9.1998 II R 13/96, BFH/NV 1999, 666; vgl. dazu auch BFH v. 5.2.2003 II R 15/01, BFH/NV 2003, 818.
5 Vgl. BFH v. 10.3.1970 II R 135/68, BStBl II 1970, 522; v. 24.7.1974 II R 32/67, BStBl II 1974, 773.
6 BFH v. 15.3.2006 II R 29/04, BFH/NV 2006, 1702.

tretenden ganzen oder teilweisen Zerstörung des Leasinggegenstands mit Auswirkungen auf die Leistungspflicht des Leasingnehmers beim Leasinggeber und ist dem Leasingnehmer nicht jederzeit, sondern nur bspw. zu zwei unterschiedlichen Zeitpunkten das Recht gewährt, jeweils einmalig den Abschluss eines Kaufvertrags zu verlangen, so hat der Leasinggeber dem Leasingnehmer nicht die Verwertungsbefugnis i. S. des § 1 Abs. 2 an dem Leasingobjekt verschafft. Hat gar noch bei Nichtausübung des Rechts, das Leasingobjekt käuflich zu erwerben, der Leasingnehmer bezüglich ihm von vornherein oder von Fall zu Fall gestatteter baulicher Veränderungen den ursprünglichen Zustand wieder herzustellen, so erweist sich das Leasingverhältnis bloß als besonderes Miet- bzw. Pachtverhältnis, das dem Nutzenden keine Substanzberechtigung dem Werte nach gewährt. **Keine Verwertungsbefugnis** begründet jedenfalls ein Leasingvertrag, wenn dem Leasingnehmer lediglich das Recht eingeräumt ist, zum Ablauf des Leasingvertrags den Abschluss eines Kaufvertrags über das Leasingobjekt mit dem Leasinggeber zu einem festgelegten Kaufpreis herbeizuführen.[1] Zwar ist der Leasingnehmer durch die Ausübung des vertraglich eingeräumten – im Regelfall durch eine Vormerkung gesicherten – Ankaufsrecht (unabhängig davon, ob es nur durch ihn selbst oder auch durch einen von ihm benannten Dritten ausgeübt werden kann) zu den dafür vorgesehenen Zeitpunkten in der Lage, über das Leasingobjekt zu verfügen, doch bestehen die Einwirkungsmöglichkeiten, aus denen sich die Verwertungsbefugnis ergibt, nicht gleichzeitig,[2] sondern folgen zeitlich aufeinander.[3]

Wird in einem einheitlichen Vertrag vereinbart, dass V ein Grundstück an S überträgt, während E allein den Kaufpreis schuldet, so wird es E nicht schon deshalb ermöglicht, dieses Grundstück auf eigene Rechnung zu verwerten, weil S für die ihm von E erbrachte Leistung diesem ein anderes Grundstück gibt.[4] Zur Erfüllung der Tatbestandsmerkmale des § 1 Abs. 2 genügt auch nicht, dass ein Gebäude lediglich nach den Wünschen und im Interesse eines anderen errichtet wird (etwa bei Pachtverhältnissen), selbst wenn diesem anderen vor der Errichtung des Gebäudes ein Vorkaufsrecht für das zu bebauende Grundstück eingeräumt wird.[5] Die Übertragung eines bloßen Rechts zur Nutzung eines Grundstücks durch vorläufige Besitzeinweisung nach §§ 65 ff. FlurbG kann den Tatbestand des § 1 Abs. 2 nicht schon deshalb erfüllen, weil

---

1 BFH v. 15. 3. 2006 II R 28/04, BStBl II 2006, 630.
2 Siehe dazu BFH v. 7. 1. 1965 II 60/60 U, BStBl III 1965, 265.
3 BFH v. 15. 3. 2006 II R 28/04, BStBl II 2006, 630, und II R 11/05, BFH/NV 2006, 1704.
4 BFH v. 6. 5. 1969 II 166/64, BStBl II 1969, 558.
5 BFH v. 3. 12. 1975 II R 122/70, BStBl II 1976, 299.

mit großer Wahrscheinlichkeit mit Ausführung des Flurbereinigungsplans der Besitzer auch Eigentümer des Grundstücks wird, weil diese Rechtsposition noch völlig ungesichert ist.[1] Der atypische stille Gesellschafter erhält durch seine obligatorischen Rechte auf Teilhabe am Gewinn und Liquidationserlös ebenso wie der stille Gesellschafter nicht die Verwertungsmacht an den dem Inhaber des Handelsgeschäfts gehörenden und dem Unternehmen dienenden Grundstücken.[2] Er ist weder besitz- noch nutzungsbefugt; diese Rechte stehen dem Inhaber des Handelsgeschäfts als Eigentümer des Grundstückes zu.

**b) „Einbringung" eines Grundstücks in eine Personengesellschaft**

Wird ein **Grundstück** nur **dem Werte nach** (quoad sortem) **in eine Gesellschaft** 81 eingebracht, folgt die rechtliche oder wirtschaftliche Verwertungsmöglichkeit nicht schon aus etwaigen Buchungsvorgängen sowie aus der diesen entsprechenden Behandlung bei den Ertragsteuern; solchen Umständen kommt lediglich indizielle Wirkung zu.[3] So ergibt sich allein daraus, dass ein Gesellschafter einer Personengesellschaft ein ihm gehörendes Grundstück mit Gebäude dieser zur Fruchtziehung und Lastentragung zur Verfügung gestellt hat, nicht, dass der Gesellschaft die Verwertungsbefugnis i. S. von § 1 Abs. 2 eingeräumt wurde.[4] Hinzutreten muss, dass die Gesellschafter sich für die Fälle der Veräußerung des Grundstücks, des Ausscheidens eines Gesellschafters oder der Liquidation der Gesellschaft über die Verteilung des Veräußerungserlöses bzw. der Wertsteigerungen oder Wertminderungen geeinigt haben.[5] Die Personengesellschaft hat den Substanzwert eines Grundstücks also nur dann zugewandt erhalten und damit Verwertungsbefugnis i. S. von § 1 Abs. 2 erlangt, wenn sie es nicht nur besitzt und nutzt und die Lasten trägt, sondern wenn auch Wertsteigerungen und Wertminderungen der Gesellschaft und nur vermittels des Gesellschaftsverhältnisses den einzelnen Gesellschaftern zugutekommen.[6] Die Gesellschaft muss nicht zusätzlich zu einer Verfügung über das dem Werte nach eingebrachte Grundstück ermächtigt sein,[7] denn die Wertteilhabe an der Substanz des Grundstücks über gesellschaftsvertragliche Ver-

---

1 Siehe BFH v. 17. 5. 2000 II R 47/99, BStBl II 2000, 627.
2 BFH v. 30. 11. 1983 II R 130/81, BStBl II 1984, 158.
3 BFH v. 10. 3. 1970 II R 135/68, BStBl II 1970, 522.
4 BFH v. 24. 7. 1974 II R 32/67, BStBl II 1974, 773.
5 BFH v. 27. 8. 1975 II R 52/70, BStBl II 1976, 30.
6 BFH v. 8. 12. 1965 II 148/62, BStBl III 1966, 148; vgl. auch BFH v. 11. 5. 1966 II 171/63, BStBl III 1966, 400.
7 A. A. Boruttau/Fischer, Rn. 689.

einbarungen, die es dem „Einbringenden" aufgrund seiner Treuepflicht verwehren, das Grundstück selbst – quasi an der Gesellschaft vorbei – während seiner Zugehörigkeit zur Gesellschaft durch Veräußerung auf seine eigene Rechnung zu verwerten, reicht zur Substanzteilhabe aus. Die derartige Einbringung dem Werte nach, die den Tatbestand des § 1 Abs. 2 erfüllt, ist nach § 5 Abs. 2 begünstigt. Durch Einbringung eines Grundstücks lediglich zur Nutzung (quaod usum) kann dagegen der Tatbestand des § 1 Abs. 2 nicht verwirklicht werden.

War einer Personengesellschaft die wirtschaftliche Verwertungsbefugnis an einem Grundstück durch einen Gesellschafter in diesem Sinne übertragen, so bedingt die Zuweisung des Grundstücks an den (zivilrechtlichen) Eigentümer im Zuge der Auseinandersetzung notwendigerweise wiederum die Übertragung der Verwertungsbefugnis auf diesen.[1] Der Vorgang ist nach § 6 Abs. 2 (vorbehaltlich § 6 Abs. 4) steuerbegünstigt.

### c) Verwertungsbefugnis an einem Gebäude

Literatur: *Martin*, Grunderwerbsteuerpflicht beim „Erwerb" der Verwertungsbefugnis an Gebäuden, die nicht Scheinbestandteile nach § 95 BGB sind, BB 1983, 1982.

82   Gebäude auf fremdem Boden sind in § 2 Abs. 2 Nr. 2 den Grundstücken gleichgestellt (vgl. Hofmann, GrEStG, § 2 Rdnr. 28 ff.). Auf derartige Gebäude bezogen bedingt das Innehaben der Verwertungsbefugnis, dass der kraft Rechtsgeschäftes Berechtigte seine Befugnisse auf einen Dritten übertragen kann, ohne vereinbarte Befugnisse zu verlieren.[2] Die „Übertragung" eines Gebäudes lediglich zum Abriss erfüllt diese Voraussetzung nicht.[3] Hinsichtlich eines zivilrechtlich im Eigentum des Grundstückseigentümers stehenden Gebäudes auf fremdem Boden wird der Tatbestand des § 1 Abs. 2 dann erfüllt, wenn dem Dritten Befugnisse an dem Gebäude (nicht auch am Grundstück) eingeräumt werden, die über die Befugnisse eines Mieters oder Pächters hinausgehen und ihm (kraft der gleichartigen Rechtsstellung des Veräußerers) hinsichtlich Nutzung und Veräußerung eine dem Eigentümer nahe kommende Stellung geben.[4] „Überträgt" jemand ein von ihm auf dem Grundstück eines anderen kraft Gestattung errichtetes Gebäude auf den Grundstückseigentümer – der zivilrechtlich Eigentümer des Gebäudes als wesentlichen Bestandteil des

---

1 BFH v. 20. 4. 1971 II 11/65, BStBl II 1971, 751.
2 BFH v. 27. 4. 1966 II 10/63, BStBl III 1966, 427.
3 Vgl. dazu – wenn auch in anderem Zusammenhang – BFH v. 31. 5. 1978 II R 114/72, BStBl II 1978, 532.
4 BFH v. 29. 7. 1998 II R 71/96, BStBl II 1999, 796.

Grundstücks ist –, so liegt darin die **Verwertung des Substanzwerts** des – grunderwerbsteuerrechtlich – auf fremdem Boden stehenden Gebäudes.[1] Kein Erwerb der Verwertungsbefugnis hinsichtlich eines Gebäudes, das in Ausübung entweder des Rechts am Grundstück oder eines Erbbaurechts errichtet worden ist, liegt vor bei Aufhebung (Nichtigkeit) des das Recht am Grundstück betreffenden Verpflichtungsgeschäfts und Rückübertragung.[2] Ebenso liegt kein Erwerb der Verwertungsbefugnis hinsichtlich eines dem Erbbaurecht als dessen wesentlicher Bestandteil zugeordneten Gebäudes bei Erlöschen des Erbbaurechts durch Zeitablauf vor (vgl. dazu Hofmann, GrEStG, § 2 Rdnr. 27).

Zur Frage der durch ein Dauerwohn- oder Dauernutzungsrecht etwa vermittelten Verwertungsbefugnis vgl. Hofmann, GrEStG, § 2 Rdnr. 45.

## 3. Verkauf auf eigene Rechnung und verwandte Fälle

Der Tatbestand des § 1 Abs. 2 kann ohne Einräumung der Besitz- und Nutzungsbefugnisse erfüllt werden in den Fällen, in denen jemand in die Lage versetzt wird, ein fremdes Grundstück auf eigene Rechnung zu veräußern;[3] denn eine solche **Befugnis zur Veräußerung** des Grundstücks ist die stärkste Verfügungsmacht. Die aufgrund Rechtsgeschäfts erlangte Verwertungsmöglichkeit wird als ein **gedachter Zwischenerwerb** des Berechtigten besteuert.[4]     83

Zur Erfüllung des Tatbestands des § 1 Abs. 2 ist in diesem Zusammenhang erforderlich, dass (1) der Berechtigte **am wirtschaftlichen Ergebnis** einer **Verwertung** des Grundstücks **teil hat** (vgl. dazu Rdnr. 86) und dass (2) er die **Verwertung** auch **selbst herbeiführen** kann. Letztere Voraussetzung ist nicht nur gegeben, wenn dem Berechtigten eine notariell beurkundete Verkaufsvollmacht (und sei es auch nur widerruflich) erteilt wurde,[5] sondern auch dann, wenn sich der Grundstückseigentümer gegenüber dem Berechtigten verpflichtet, mit von diesem nachgewiesenen Käufern Grundstückskaufverträge abzuschließen.[6] Die Befugnis, die Veräußerung des Grundstücks herbeizuführen, kann auch bei einem Dritten liegen, soweit gewährleistet ist, dass dieser im Interesse desjenigen tätig sein wird, dem das wirtschaftliche Ergebnis der     84

---

1  BFH v. 18. 9. 1974 II R 92/68, BStBl II 1975, 245; v. 27. 3. 1985 II R 37/83, BStBl II 1985, 526; vgl. auch BFH v. 20. 2. 1968 II 150/64, HFR 1968, 351.

2  BFH v. 14. 1. 1976 II R 149/74, BStBl II 1976, 347.

3  BFH v. 3. 12. 1968 II B 39/68, BStBl II 1969, 170; v. 2. 12. 1971 II 136/65, BStBl II 1972, 495.

4  Vgl. auch BFH v. 18. 12. 1985 II R 180/83, BStBl II 1986, 417.

5  Vgl. BFH v. 3. 12. 1968 II B 39/68, BStBl II 1969, 170; v. 28. 4. 1970 II 144/64, BStBl II 1970, 674; v. 19. 6. 1975 II R 86/67, BStBl II 1976, 97.

6  BFH v. 17. 10. 1990 II R 55/88, BFH/NV 1991, 556.

Grundstücksveräußerung zukommt, also der **Dritte als** dessen **Hilfsperson** anzusehen ist.[1] Letzteres ist dann anzunehmen, wenn zwischen dem aus der Grundstücksveräußerung wirtschaftlich Berechtigten und dem (dispositionsbefugten) Dritten ein entsprechendes schuldrechtliches Auftragsverhältnis besteht oder es sich dabei um Gesellschaften handelt, die aufgrund einer Gesellschafter-Geschäftsführerverflechtung einer einheitlichen Willensbildung unterliegen, und der Berechtigte derart bestimmenden Einfluss auf die Veräußerung des Grundstücks nehmen kann.[2]

Der Abschluss eines typischen Maklervertrags, der dem gesetzlichen Leitbild der §§ 652 ff. BGB entspricht, kann offensichtlich keine Verwertungsbefugnis des Maklers begründen. **Wird aber einem Makler (formgerecht) ein unwiderruflicher Verkaufsauftrag** und eine **unwiderrufliche Vollmacht** unter Befreiung von den Beschränkungen des § 181 BGB erteilt, **hat der Auftraggeber bereits** den ihm zustehenden **Festpreis** bzw. einen unbedingten Anspruch darauf **erhalten** und soll die künftige Veräußerung zwar im Namen des Auftraggebers, aber allein auf Rechnung des Maklers erfolgen, so **ist** eindeutig der **Tatbestand** des § 1 Abs. 2 **erfüllt**.[3] Diese Vereinbarung kann nämlich jederzeit durch Selbsteintritt des Maklers in einen vollgültigen Kaufvertrag überführt werden. Aber auch wenn die Verhältnisse nicht so eindeutig liegen, kann ein **atypischer Maklervertrag**, auch wenn er nicht in der Form des § 311b Abs. 1 Satz 1 BGB geschlossen wurde[4] es dem Makler realiter rechtlich ermöglichen, ein Grundstück auf eigene Rechnung zu verwerten, sofern eine beurkundete (wenn auch widerrufliche) Vollmacht (Verkaufsvollmacht) vorliegt, er also die Verwertung des Grundstücks selbst herbeiführen kann, und die Abrede getroffen wurde, dass ein Überpreis dem Makler zufließen soll. Dabei muss die Verkaufsvollmacht nicht dem Makler selbst erteilt sein; es genügt, dass der Grundstückseigentümer einem Dritten (notariell beurkundete) Verkaufsvollmacht erteilt hat und diese ohne Verletzung seiner Pflichten aus dem Maklervertrag nicht widerrufen kann.[5] Desgleichen kann die vertragliche Verpflichtung des Grundstückseigentümers gegenüber dem zur Abschöpfung von Mehrerlösen berechtigten „Makler" mit von diesem nachgewiesenen Käufern Grundstückskaufverträge abzuschließen, sofern festgelegte Mindestkaufpreise erreicht werden,

---

1 BFH v. 21. 7. 1965 II 78/62, BStBl III 1965, 561.
2 BFH v. 10. 3. 1999 II R 35/97, BStBl II 1999, 491.
3 BFH v. 21. 7. 1965 II 78/62, BStBl III 1965, 561.
4 Vgl. BFH v. 10. 11. 1976 II R 95/71, BStBl II 1977, 166, s. auch BFH v. 7. 12. 1999 II B 64/99, BFH/NV 2000, 746; v. 8. 11. 2000 II R 55/98, BStBl II 2001, 419.
5 BFH v. 14. 9. 1988 II R 116/85, BStBl II 1989, 52.

dem „Makler" die Verwertungsbefugnis verschaffen.[1] Die Möglichkeit, in diesem Sinne ein Grundstück auf eigene Rechnung zu verwerten, wird nicht dadurch ausgeschlossen, dass der Erwerber durch Vertrag mit einem Dritten gehalten ist, diesen an der Verwertungsmöglichkeit oder an dem Verwertungserlös teilhaben zu lassen, ohne dass dieser Dritte vom Eigentümer eine Mitwirkungsmöglichkeit auf eigene Rechnung erlangt.[2] Entscheidend ist die Gesamtheit der mit dem Grundstückseigentümer getroffenen Vereinbarungen sowie die tatsächliche Abwicklung.[3]

Handelt es sich um einen **befristeten** Verkaufsvertrag dieser Art oder ist die Möglichkeit nicht ausgeschlossen, dass der Grundstückseigentümer selbst ohne Mitwirkung des anderen das Grundstück veräußert, **gilt § 1 Abs. 2** allerdings **nur, soweit** von der Befugnis **Gebrauch gemacht** wird;[4] die Verwertungsbefugnis wird dem Makler oder der sonst in dieser Weise berechtigten Person nur unter der aufschiebenden Bedingung verschafft, dass es ihm gelinge, den Verkauf an Dritte herbeizuführen. Dasselbe gilt im Hinblick auf § 41 Abs. 1 AO bei einem formunwirksamen atypischen Maklervertrag.[5] Auch eine **befristete** Vollmacht, über das Grundstück eines anderen zu verfügen, es nach dem WEG aufzuteilen und einzelne Eigentumswohnungen zu verkaufen unter der weiteren Abrede, dass der Bevollmächtigte den über einen bestimmten Betrag hinausgehenden erzielten Erlös einbehalten dürfe, schafft zumindest nur die Chance zur Beteiligung an der Substanz des Grundstücks. Sie beinhaltet allein noch nicht die unbedingte (und unbefristete) Verwertungsmöglichkeit i.S. des § 1 Abs. 2. Aus dieser Chance auf Substanzbeteiligung wird jedoch durch Abschluss von Kaufverträgen in Ausnützung der Vollmacht die Rechtsmacht, die den Tatbestand der Verwertungsmöglichkeit erfüllt.[6] Daraus folgt, dass auch nur insoweit und erst dann die Steuer entsteht, § 14 Nr. 1; vgl. auch Rdnr. 18 zu § 14.

Zu beachten ist, dass der nach § 1 Abs. 2 der Steuer unterliegende Rechtsvorgang des atypischen Maklers nicht identisch ist mit der von ihm dem Grundstücksveräußerer gegenüber erbrachten Vermittlungsleistung. Diese ergibt sich aus dem Vermittlungsvertrag, während die Verwirklichung des § 1 Abs. 2 darauf beruht, dass der Makler zusätzlich dazu besondere Befugnisse erhält.[7]

---

1 BFH v. 17.10.1990 II R 55/88, BFH/NV 1991, 556.
2 BFH v. 2.7.1975 II R 49/74, BStBl II 1975, 863.
3 BFH v. 17.10.1990 II R 55/88, BFH/NV 1991, 556.
4 BFH v. 10.11.1976 II R 95/71, BStBl II 1977, 166; v. 14.9.1988 II R 116/85, BStBl II 1989, 52.
5 So zutreffend Boruttau/Fischer, Rn. 743.
6 BFH v. 18.12.1985 II R 180/83, BStBl II 1986, 415.
7 BFH v. 10.9.2015 V R 41/14, BFH/NV 2016, 655; s. dazu auch Harlacher, DB 2015, 3112.

86   Das Grundstück auf **eigene Rechnung** verwerten kann derjenige, dem das wirtschaftliche Ergebnis (z. B. in Gestalt eines ihm zustehenden [zufließenden] Mehrerlöses) zugutekommt. Das ist nicht der Fall, wenn der Berechtigte zwar die Veräußerung herbeiführen kann, sich aus dem Erlös aber nur hinsichtlich seiner Forderungen gegenüber dem Grundstückseigentümer befriedigen kann. In einem solchen Falle erfolgt die Verwertung nämlich auf Rechnung des Grundstückseigentümers.[1]

Wird durch eine Veräußerungsermächtigung nicht nur eine Gewinnerzielungschance erlangt, sondern auch das Risiko eines Verkaufsverlustes übernommen, wird der Tatbestand des § 1 Abs. 2 verwirklicht, sofern der Vertrag für den Ermächtigten aus anderen Gründen einen Vorteil mit sich bringt.[2] Wird einem Architekten die Möglichkeit verschafft, Käufer auszuwählen und die Verwertung des Grundstücks selbst herbeizuführen, ist es dann nach BFH vom 2. 12. 1971[3] unerheblich, ob dieser einen Mehrerlös hätte erzielen können und behalten dürfen, sofern er sich durch die Vertragsgestaltung die Möglichkeit verschafft hat, die Architektenaufträge für die Bebauung der zu bildenden Grundstücke selber zu erhalten. Der Verkaufsermächtigung kann es gleichstehen, wenn der Grundstückseigentümer einem von einem anderen (X) zu benennenden Dritten ein **Kaufvertragsangebot** macht und die Annahme durch den das Angebot entgegennehmenden X ausgeschlossen ist, sofern handfeste eigenwirtschaftliche Interessen des X damit verfolgt werden. Das wurde bspw. bei einem derartigen Kaufvertragsangebot verbunden mit einem zwischen X und dem Verkäufer abgeschlossenen Darlehensvertrag unter gleichzeitiger Dienstbarkeitsbestellung zugunsten des X angenommen.[4] Deutlich wird daraus, dass die Grenze zu § 1 Abs. 1 Nr. 6 bzw. 7 unscharf wird.

Die Tatbestände des § 1 Abs. 1 Nr. 6 bzw. 7 und der des § 1 Abs. 2 überlappen sich häufig. Sie schließen einander nicht aus, weil das Kaufangebot noch keinen Anspruch auf Übereignung begründet. Soweit die Tatbestandsverwirklichungen sich auf denselben Lebenssachverhalt beziehen, die Besteuerungsgrundlage aber unterschiedlich ist – für den Fall der Zwischengeschäfte nach § 1 Abs. 1 Nr. 6 und 7 der Wert des Grundstücks i. S. von § 151 Abs. 1 Satz 1 Nr. 1 i. V. m. § 157 Abs. 1 bis 3 BewG gemäß § 8 Abs. 2 Satz 1 Nr. 1,[5] für den des

---

1 BFH v. 27. 7. 1994 II R 67/91, BFH/NV 1995, 269; v. 27. 4. 2005 II R 30/03, BFH/NV 2005, 2050.
2 BFH v. 26. 5. 1976 II R 128/71, BStBl II 1976, 724.
3 II 136/65, BStBl II 1972, 495.
4 BFH v. 3. 10. 1984 II R 109/82, BStBl II 1985, 97.
5 BFH v. 6. 5. 1969 II 131/64, BStBl II 1969, 595.

§ 1 Abs. 2 der Wert der Gegenleistung gemäß § 8 Abs. 1[1] –, ist die Steuer aus dem höheren Betrag zu berechnen.

## 4. „Treuhandverhältnisse"

**Literatur:** Treuhandverhältnisse im Grunderwerbsteuerrecht, DVR 1978, 146; *H. Fischer,* Grunderwerbsteuerbare Treuhandgeschäfte und Zurechnungsvorschriften der Abgabenordnung, BB 1978, 1772; *Möllinger,* Die Besteuerungsgrundlagen nach dem Grunderwerbsteuergesetz bei entgeltlich vereinbartem Übergang eines Grundstücks vom Treugeber auf den Treuhänder, DVR 1982, 69; *Sosnitza,* Grunderwerbsteuerbefreiung nach § 3 Nr. 6 GrEStG, wenn das Grundstück von dem in gerader Linie Verwandten nur über eine Mittelsperson erlangt werden kann, UVR 1991, 334; *Heine,* Grunderwerbsteuerpflicht nach § 1 Abs. 2 GrEStG für Banken bei Auftragserwerben durch Verwertungsgesellschaften, UVR 1999, 60.

**Verwaltungsanweisungen:** s. vor Rdnr. 76.

### a) Übertragung eines Grundstücks zu treuen Händen

Wird durch Verpflichtungsgeschäft ein Anspruch auf Übereignung begründet, so unterliegt dieser Vorgang auch dann der Steuer aus § 1 Abs. 1 Nr. 1, wenn mit ihm kein Grundstücksumsatz im engeren Sinne verbunden ist. Ist nach den Vereinbarungen der Parteien der Erwerber im Innenverhältnis gehalten, das Grundstück nur nach Weisung des Veräußerers zu verwalten, über dieses nur nach Weisung des Veräußerers zu verfügen und es jederzeit dem Veräußerer wieder herauszugeben, so bleibt die Verwertungsmöglichkeit beim Veräußerer. Regelmäßig werden derartige Vorgänge als „Treuhanderwerbe" bezeichnet, ohne dass es sich wirklich um ein Treuhandverhältnis handeln muss. Da die Verwertungsbefugnis dem Veräußerer nicht übertragen ist, sondern ihm verbleibt, wird insoweit kein der Grunderwerbsteuer aus § 1 Abs. 2 unterliegender Tatbestand verwirklicht.

Werden die Weisungsbefugnisse auf einen anderen übertragen, also der „Treugeber" ausgewechselt, so erwirbt der neue „Treugeber" Verwertungsbefugnis i. S. von § 1 Abs. 2. In gleicher Weise erwirbt der „Treuhänder" die ihm – kraft Abrede im Innenverhältnis – noch nicht zustehende Verwertungsbefugnis, wenn die für das Innenverhältnis maßgebenden Vereinbarungen aufgehoben werden. Die Steuer wird in diesem Fall jedoch nach § 1 Abs. 6 Satz 2 nur insoweit erhoben, als die Bemessungsgrundlage dafür den Betrag übersteigt, von dem die Steuer für den nach § 1 Abs. 1 Nr. 1 der Steuer unterliegenden Erwerbsvorgang berechnet wurde.

87

---

1 BFH v. 3. 10. 1984 II R 109/82, BStBl II 1985, 97.

Die Rückübereignung des Grundstücks auf den Treugeber führt – sofern die Voraussetzungen von § 16 Abs. 2 erfüllt sind – dazu, dass die Steuer für den Rückerwerb nicht festgesetzt wird und die Steuerfestsetzung für den Erwerb durch den „Treuhänder" aufzuheben ist. Andernfalls ist der Rückerwerb nach Maßgabe von § 3 Nr. 8 steuerfrei (vgl. Hofmann, GrEStG, § 3 Rdnr. 45).

Überträgt der „Treuhänder" das Eigentum an dem Grundstück auf einen anderen „Treuhänder", so entsteht Grunderwerbsteuer aus § 1 Abs. 1 Nr. 1 ebenso wie im Fall der Veräußerung des Grundstücks durch den „Treuhänder" auf Weisung des „Treugebers" an einen Dritten. Die damit verbundene Auflösung des Innenverhältnisses ist Ausfluss der dem „Treugeber" verbleibenden Verwertungsbefugnis und unterliegt nicht der Steuer.[1]

Keine Verwertungsbefugnis erwirbt der Treugeber an dem Sicherungsgut im Rahmen eines sog. Contractuel Trust Arrangement (CTA), auch wenn das Sicherungsgut von einem Dritten stammt.[2]

### b) Auftragserwerb

88    Wird **ein Grundstück im Auftrag (§ 662 BGB) oder als Geschäftsbesorger (§ 675 BGB) eines anderen,** der häufig unkritisch als „Treugeber" bezeichnet wird (ohne es in der Regel zu sein), **durch einen „Treuhänder" erworben,** unterliegt der Anspruch des Auftragnehmers auf Übertragung des Eigentums am Grundstück der Steuer aus § 1 Abs. 1 Nr. 1. **Gleichzeitig erwirbt** der **Auftraggeber** wegen des ihm zustehenden Anspruchs auf Herausgabe des in Durchführung des Auftrags Erlangten (§ 667 BGB ggf. i.V.m. § 675 BGB) die Rechtsmacht, das Grundstück an sich zu ziehen oder es – bei entsprechender Ausgestaltung des Auftrags – für seine, des Auftraggebers oder Geschäftsherrn Rechnung durch den Auftragnehmer oder Geschäftsbesorger zu verwerten und damit die **Verwertungsbefugnis** i. S. von § 1 Abs. 2;[3] denn der Auftrags- oder Geschäftsbesorgungsvertrag, aus dessen Durchführung der Herausgabeanspruch folgt, ist kein Verpflichtungsgeschäft i. S. von § 1 Abs. 1 Nr. 1. Der konkrete Abschluss eines Auftrags- oder Geschäftsbesorgungsvertrags (§ 662 bzw. § 675 BGB) muss feststehen; bloße gesellschaftsrechtliche, wirtschaftliche oder persönliche Verflechtungen als solche können ihn nicht ersetzen.[4] Unerheblich ist, ob der Auftragnehmer bzw. Geschäftsbesorger eine Erwerbspflicht übernommen hat

---

1 BFH v. 7.7.1976 II R 151/67, BStBl II 1977, 12.
2 Siehe FG Köln v. 18.12.2013, EFG 2015, 581 (Rev.: II R 54/14).
3 Vgl. z. B. BFH v. 26.7.2000 II R 33/99, BFH/NV 2001, 206.
4 BFH v. 8.11.2000 II R 55/98, BStBl II 2001, 419.

oder ob der Auftrag/der Geschäftsbesorgungsvertrag dahin geht, bei dem Auftragnehmer bzw. Geschäftsbesorger im Übrigen freigestellten Erwerb das Grundstück oder den Erlös aus einer Weiterveräußerung an den Auftraggeber herauszugeben bzw. abzuführen. Fehlt bei Bestehen einer Erwerbspflicht des Auftragnehmers bzw. Geschäftsbesorgers die an sich nach § 311b Abs. 1 Satz 1 BGB erforderliche notarielle Beurkundung,[1] kann schon zivilrechtlich die Berufung auf den Formmangel einen Verstoß gegen Treu und Glauben darstellen;[2] der Mangel ist bei Ausführungen des Auftrags/Geschäftsbesorgungsvertrags im Rahmen des § 1 Abs. 2 i.V. m. § 41 Abs. 1 Satz 1 AO unbeachtlich. Die gleichzeitig erlangte **Verwertungsbefugnis leitet sich ab vom Auftragnehmer/Geschäftsbesorger ("Treuhänder")**, nicht etwa von dem veräußernden Grundstückseigentümer. Dieser Umstand ist von Relevanz für Steuerbefreiungen.[3] Handelt der Auftraggeber/Geschäftsherr seinerseits im Auftrage eines Dritten, so steht dem Dritten gegenüber seinem Auftragnehmer/Geschäftsbesorger wiederum ein Anspruch auf Herausgabe des Erlangten zu; auch unter den Parteien dieses weiteren Auftragsverhältnisses wird wiederum der Tatbestand des § 1 Abs. 2 verwirklicht.[4] Die in Erfüllung des Herausgabeanspruchs erklärte Auflassung des Grundstücks durch den Auftragnehmer/Geschäftsbesorger an den Auftraggeber/Geschäftsherrn unterliegt der Steuer nach § 1 Abs. 1 Nr. 2; die Steuer wird jedoch nur nach Maßgabe von § 1 Abs. 6 Satz 2 erhoben.[5]

Erwirbt ein Sanierungsträger (§§ 157 ff. BauGB) bzw. ein Entwicklungsträger (§§ 167 ff. BauGB) als Treuhänder einer Gemeinde ein Grundstück, so erhält die Gemeinde gleichzeitig an dem Grundstück die Verwertungsbefugnis i. S. von § 1 Abs. 2 – öffentlich-rechtlich fundiertes Treuhandverhältnis –.[6] Denn das dem Sanierungs- bzw. Entwicklungsträger nach außen zustehende Eigentum ist gegenüber der Gemeinde eingeschränkt, in deren Interesse das Grundstückseigentum erworben wurde und gehalten wird.

Wird der Auftragnehmer ("Treuhänder") aus den Bindungen an den Auftraggeber ("Treugeber") entlassen, so erwirbt der erstere die Verwertungsbefugnis i. S. von § 1 Abs. 2 an dem Grundstück. Die Aufhebung der Absprachen im Innenverhältnis, die mit dem Auftragserwerb wirksam wurden und zum gleich-

---

1 Vgl. BGH v. 22. 5. 1987 IVa ZR 263/85, NJW 1987, 2071.
2 Vgl. BGH v. 2. 5. 1996 III ZR 50/95, NJW 1996, 1960.
3 Vgl. auch Sosnitza, UVR 1991, 334.
4 BFH v. 26. 4. 1989 II B 153/88, BFH/NV 1990, 322.
5 Vgl. auch BFH v. 5. 11. 1986 II R 66/84, BFH/NV 1988, 390.
6 Vgl. BFH v. 28. 9. 1988 II R 244/85, BStBl II 1989, 157.

zeitigen Erwerb der Verwertungsbefugnis durch den Auftraggeber („Treugeber") führten, kann unter § 16 Abs. 2 fallen.

89  **Handelt** der in verdeckter Stellvertretung **Meistbietende als „Strohmann"** für einen anderen, dem gegenüber er aus dem seinem Handeln zugrunde liegenden Auftrags- oder Geschäftsbesorgungsverhältnis zur Herausgabe des Erlangten verpflichtet ist, so erlangt der **Auftraggeber** mit der Abgabe des Meistgebots die **Verwertungsbefugnis,**[1] gleichgültig ob der „Strohmann" die Rechte aus dem Meistgebot selbst abzutreten verpflichtet ist oder kraft weiterer Abrede das ihm zugeschlagene Grundstück für den Auftraggeber verwalten und verwerten soll. Lässt ein Kreditinstitut durch seine Grundstücksverwertungsgesellschaft das Grundstück ersteigern und soll diese weder verpflichtet sein, das Meistgebot abzutreten bzw. das Grundstück herauszugeben, noch einen bei der Verwertung des Grundstücks erzielten (Mehr-)Erlös an das Kreditinstitut abzuführen bzw. es auf Rechnung des Kreditinstituts zu verwalten, so sollen nach Auffassung der Finanzverwaltung ebenfalls zwei der Grunderwerbsteuer unterliegende Erwerbsvorgänge vorliegen, nämlich der nach § 1 Abs. 1 Nr. 4 durch Abgabe des Meistgebots verwirklichte sowie weiter ein nach § 1 Abs. 2 steuerpflichtiger Erwerb der Verwertungsbefugnis durch das Kreditinstitut.[2] Dieser Auffassung ist nicht beizupflichten. Bei einer derartigen Fallgestaltung fehlt es nämlich an jeglichem Merkmal, das den Tatbestand der Verwertungsbefugnis (§ 1 Abs. 2) ausfüllen könnte. Denn weder wirtschaftliche noch gesellschaftsrechtliche Verflechtungen können das auf das konkrete, von der Verwertungsgesellschaft zu ersteigernde Grundstück bezogene Auftrags- oder Geschäftsbesorgungsverhältnis zwischen dem Kreditinstitut und der Verwertungsgesellschaft ersetzen, welches dem Kreditinstitut die Rechtsmacht verschaffen könnte, das von der Verwertungsgesellschaft ersteigerte Grundstück an sich zu ziehen (vgl. § 667 BGB, ggf. i.V. m. § 675 BGB) oder es – bei entsprechender Ausgestaltung des Auftragsverhältnisses – durch die Verwertungsgesellschaft für seine, des Kreditinstituts, Rechnung verwerten zu lassen.[3]

90  Wurde im zeitlichen Geltungsbereich des Investmentgesetzes[4] bei einem Immobilien-Spezialfonds in zulässiger Weise (§ 30 Abs. 1 Satz 1 InvG) die sog. Miteigentumslösung (§ 75 InvG) – bei einem einzigen Anleger folglich Alleineigentumslösung – gewählt, wurde mit dem entsprechenden Anleger- und

---

1  Vgl. BFH v. 26. 3. 1980 II R 143/78, BStBl II 1980, 523.
2  Vgl. FM Baden-Württemberg v. 12. 1. 1995, BB 1995, 295.
3  Vgl. auch BFH v. 8. 11. 2000 II R 55/98, BStBl II 2001, 419, durch das das Urteil des FG Nürnberg v. 20. 11. 1997, EFG 1999, 347, aufgehoben wurde.
4  Abgelöst durch das KAGB v. 4. 7. 2013, BGBl I 2013, 1983.

Einbringungsvertrag der Kapitalgesellschaft insbesondere im Hinblick auf § 26 Abs. 1 InvG[1] und auf § 30 Abs. 2 InvG[2] nicht die Verwertungsbefugnis verschafft.[3]

**c) Abspaltung der Verwertungsbefugnis**

Räumt der Eigentümer eines Grundstücks einem anderen die Verwertungsmöglichkeit in Bezug auf dieses derart ein, dass er sich verpflichtet, das Grundstück nur nach Weisung des anderen zu verwalten, die Erträgnisse an diesen auszukehren und über das Grundstück nur nach Weisung des anderen zu verfügen, und räumt er diesem anderen das Recht ein, die Herausgabe des Grundstücks zu verlangen, so werden Eigentum und Verwertungsbefugnis in vergleichbarer Weise gespalten wie in den in den vorhergehenden Anmerkungen erwähnten Fällen. Der Erwerb der Verwertungsbefugnis durch diesen „Treugeber" unterliegt der Steuer nach § 1 Abs. 2. Ebenso unterliegt der Steuer nach § 1 Abs. 2 die Auflösung (Aufhebung) derartiger Vereinbarungen (beachte aber § 16 Abs. 5). Überträgt der „Treuhänder" in einem solchen Fall später aufgrund entsprechendem formgerechten Verpflichtungsgeschäft das Grundstück auf den „Treugeber", so entsteht Grunderwerbsteuer aus § 1 Abs. 1; sie ist jedoch nur nach Maßgabe des § 1 Abs. 6 Satz 2 zu erheben.

Für die Übereignung des Grundstücks durch den „Treuhänder" auf einen Dritten gelten die Ausführungen in Rdnr. 87 entsprechend.

91

# III. Änderung des Gesellschafterbestands einer Personengesellschaft (§ 1 Abs. 2a)

**Literatur:** *Beckmann*, Grunderwerbsteuer bei Umstrukturierungen, GmbHR 1999, 217; *Fabry/Pitzer*, Neuerungen des Grunderwerbsteuergesetzes und Auswirkungen auf die GmbH und die GmbH & Co KG, GmbHR 1999, 766; *Eggers/Fleischer/Wischott*, DStR 1999, 1301; *Halaczinsky*, Änderungen des Grunderwerbsteuergesetzes durch das StEntlG 1999/2000/2002, NWB F. 8, 1425; *Heine*, Erneute Änderung des Grunderwerbsteuergesetzes, UVR 1999, 153; *Hörger/Mentel/Schulz*, Ausgewählte Fragen zum Steuerentlastungsgesetz 1999/2000/2002: Unternehmensumstrukturierungen, DStR 1999, 565; *M. Schmidt*, Grunderwerbsteuer – quo vadis?, DB 1999, 1972; *Stoschek*, Neuregelungen bei der Grunderwerbbesteuerung von Beteiligungsverkäufen und Umwandlungen, ZflR 1999, 487; *Gottwald*, Verstärkte Grunderwerbsteuerbelastungen bei Unternehmensumstrukturierungen – Auswirkungen des Steuerentlastungsgesetzes 1999/2000/2002, BB 2000, 69; *Weilbach*, § 1 Abs. 2a GrEStG geändert: Folgen für die Praxis, UVR 2000,

---

1 Zustimmungsvorbehalt zugunsten der Depotbank.
2 Surrogationsprinzip.
3 Zutreffend FG Köln v. 12. 4. 2016 5 K 1346/15, juris.

256; *Heine*, Stellungnahme zu Weilbach in UVR 2000, 256, UVR 2000, 453; *ders.*, Grunderwerbsteuer bei Übertragung von Anteilen an Personengesellschaften nach § 1 Abs. 2a GrEStG, INF 2000, 389; *Stoschek/Haftenberger/Peter*, Die Grunderwerbsteuerrechtliche Bemessungsgrundlage bei vorherigem Grundstückserwerb und nachfolgender wesentlicher Änderung im Gesellschafterbestand einer Personengesellschaft, DStR 2000, 1460; *Kroschewski*, Differenzierung der Grunderwerbsteuer nach Kapital- und Personengesellschaften bei Umstrukturierung von Unternehmensgruppen, GmbHR 2001, 707; *Heine*, Konsequenzen aus dem Scheitern der Gesetzesinitiative der vormaligen Bundesregierung für grunderwerbsteuerliche Erleichterungen bei der Umstrukturierung im Konzern, UVR 2002, 375; *Teiche*, Entstehung der Grunderwerbsteuer nach § 1 Abs. 2a und 3 GrEStG bei Umstrukturierungen innerhalb eines Konzerns, UVR 2003, 258 und 300; *Behrens/A. Hofmann*, Mittelbare Anteilsübertragung bei § 1 Abs. 2a GrEStG, UVR 2004, 27; *Wiese*, § 1 Abs. 2a GrEStG und die „werbende" Personengesellschaft, UVR 2004, 48; *Teiche*, Anwendung der Befreiungsvorschriften des § 3 Nr. 2, 4 und 6 GrEStG auf Erwerbsvorgänge i. S. d. § 1 Abs. 2a GrEStG, UVR 2005, 306; *Behrens/Schmitt*, Beteiligung an geschlossenen Immobilienfonds über Treuhandkommanditisten und § 1 Abs. 2a GrEStG, DStR 2005, 1429; *dies.*, Zur Auslegung des Begriffs „Anteil am Gesellschaftsvermögen" i. S. v. § 1 Abs. 2a GrEStG, UVR 2005, 378; *dies.*, Grunderwerbsteuer beim Unternehmenskauf bei noch nicht feststehender Akquisitionsstruktur, DB 2005, 2401; *Kaiser*, Altgesellschaftereigenschaft nach § 1 Abs. 2a GrEStG bei Austritt und späterem Wiedereintritt in eine grundstückshaltende Personengesellschaft, BB 2005, 1877; *Götz*, Grunderwerbsteuerliche Fragen bei der Übertragung von Personengesellschaftsanteilen, BB 2006, 578; *Starke/Bücker*, Ist bei der Anteilsvereinigung in der Hand einer Personengesellschaft § 1 Abs. 2a oder § 1 Abs. 3 GrEStG anzuwenden?, GmbHR 2006, 416; *Heine*, Steuerpflichtiger Gesellschafterwechsel bei der GmbH durch die Hintertür des § 1 Abs. 2a GrEStG?, GmbHR 2006, 350; *v. Proff zu Irnich*, Anwendung der personenbezogenen Befreiungsvorschriften bei Anteilseignerwechsel und Anteilsvereinigung, DB 2007, 2616; *Behrens*, Grunderwerbsteuer bei auf grundbesitzende Kapitalgesellschaften bezogene M&A-Transaktionen, Ubg 2008, 316; *Micker*, Typisierungsbefugnis versus Folgerichtigkeit bei § 1 Abs. 2a GrEStG, DStZ 2009, 285; *Behrens*, Anmerkungen zum koordinierten Länder-Erlass zu § 1 Abs. 2a GrEStG, DStR 2010, 774; *Schanko*, Die aktuelle Verwaltungsauffassung zu § 1 Abs. 2a GrEStG, UVR 2010, 148; *Heine*, § 1 Abs. 2a GrEStG: Einschränkungen des Altgesellschafters durch die Finanzverwaltung, UVR 2012, 23; *Loose*, Mittelbare Änderungen im Gesellschafterbestand einer grundstücksbesitzenden Personengesellschaft i. S. von § 1 Abs. 2a GrEStG, DB 2013, 1687; *Scheifele/Müller*, Die mittelbare Änderung des Gesellschafterbestandes i. S. des § 1 Abs. 2a GrEStG, DStR 2013, 1805; *Bock*, Die neue wirtschaftliche Betrachtungsweise des BFH beim mittelbaren Gesellschafterwechsel nach § 1 Abs. 2a GrEStG, GmbHR 2013, 862; *Behrens*, Mittelbarer Gesellschafterwechsel i. S. von § 1 Abs. 2a GrEStG, Ubg 2013, 134; *ders.*, Anmerkung zum gleichlautenden Ländererlass zu § 1 Abs. 2a GrEStG vom 18. 2. 2014; DStR 2014, 1526; *Illig*, GrESt: Konzernbetrachtung des BFH bei Umstrukturierungen im Gesellschafterbestand; BB 2013, 2135; *Hartrott/Schmidt-Gerlach*, Keine mittelbare Änderung des Gesellschafterbestands gem. § 1 Abs. 2a GrEStG durch die Begründung von Treuhandverhältnissen, DStR 2014, 1210; *Behrens/Bieneis*, Grunderwerbsteuerrechtliche Zuordnung von Gesellschaftsanteilen nach § 39 Abs. 2 Nr. 1 AO?, DStR 2014, 2369; *Rutemöller*, Das Ende schuldrechtlicher Gestaltungsmöglichkeiten im Rahmen mittelbarer Änderungen des Gesellschafterbestands gem. § 1 Abs. 2a GrEStG, BB 2015, 1058; *Stange/Aichberger*, Keine Erleichterung konzerninterner Umstrukturierungen …, DB 2015, 1509; *Eigner/Geißler,* Die Stiftung als „long-term-RETT-Blocker", DStZ 2015, 333; *Loose,* Mittelbare Veränderungen im Gesellschafterbestand einer grundbesitzenden Gesellschaft i. S. d. § 1 Abs. 2a GrEStG, DB 2015, 1003; *Bock/Weiß,* Änderungen beim mittelbaren Gesellschafterwechsel (§ 1 Abs. 2a GrEStG) … durch das Steueränderungsgesetz 2015, GmbHR 2016, 208; *Joisten,* Die wirtschaftliche Betrachtungsweise im Anwendungsbereich des § 1 Abs. 2a GrEStG, DStZ 2016, 272.

**Verwaltungsanweisungen:** Zur Auffassung der Finanzverwaltung s. Ländererlasse – Anwendung des § 1 Abs. 2a GrEStG – v. 18. 2. 2014, BStBl I 2014, 561.

# 1. Vorbemerkung

## a) Anlass, Vorgeschichte und Regelungsziel

Zivilrechtlich führt selbst die gleichzeitige Auswechslung aller Gesellschafter nicht zum Verlust der Identität der Personengesellschaft.[1] Grunderwerbsteuerrechtlich war der Wechsel im Personenstand bis zur Einführung des § 1 Abs. 2a (a. F.) durch Art. 7 Nr. 1 Buchst. a JStG 1997 vom 20. 12. 1996[2] in § 1 unerheblich. Die Rechtsprechung des BFH hatte lediglich den gesamtplanmäßigen vollständigen Austausch aller Gesellschafter einer sich im Wesentlichen auf die Verwaltung von Grundbesitz beschränkenden Personengesellschaft der Steuer nach § 1 Abs. 1 Nr. 1 i. V. m. § 42 AO unterworfen (s. Rdnr. 25). Da aufgrund dieser Rechtsprechung „in Fällen, in denen ein Zwerganteil zurückbehalten wurde oder auch nur ein Gesellschafter formal in der Altgesellschaft verblieb, Grunderwerbsteuer im erheblichem Umfang nicht festgesetzt werden" konnte, sollte durch einen selbständigen Tatbestand „diese Möglichkeit der missbräuchlichen Steuervermeidung … beseitigt werden".[3]

Erklärtes **Regelungsziel** der Vorschrift, eines weiteren **eigenständigen Steuertatbestands,** ist die **Einschränkung** von aus der selbständigen Rechtsträgerschaft der Gesamthandsgemeinschaften (s. Rdnr. 18 ff.) folgenden – **grunderwerbsteuerrechtlich vorteilhaften** – **Gestaltungsmöglichkeiten.** § 1 Abs. 2a a. F. bestimmte, um dieses Ziel zu erreichen, im Wege einer **Fiktion,** dass die **vollständige oder wesentliche Änderung** des **Gesellschafterbestands** bei einer **Personengesellschaft,** zu deren Vermögen ein inländisches Grundstück gehört, **als ein auf die Übereignung des Grundstücks** auf eine neue Personengesell-

92

---

1 BGH v. 8. 11. 1965 II ZR 223/64, BGHZ 44, 229; s. auch BFH v. 12. 12. 1996 II R 61/93, BStBl II 1997, 299.
2 BGBl I 1996, 2049.
3 BT-Drucks. 13/6151, 16.

schaft **gerichtetes Rechtsgeschäft** gilt, wenn diese Veränderung sich **innerhalb von fünf Jahren** vollzieht.

### b)   Ursprüngliche Fassung des § 1 Abs. 2a

93   Die **ursprüngliche Fassung** des § 1 Abs. 2a (= § 1 Abs. 2a a. F.) wurde durch Art. 7 JStG 1997 vom 20. 12. 1996[1] in § 1 eingefügt und bereits durch Art. 15 StEntlG 1999/2000/2002 für Erwerbsvorgänge, die nach dem 31. 12. 1999 verwirklicht wurden, neu gefasst (vgl. § 23 Abs. 6 Satz 2). Sie enthielt wesentlich weitere und in ihrem Satz 2 verfassungswidrig unbestimmte Tatbestandsmerkmale.[2]

Da § 1 Abs. 2a a. F. nur für tatbestandserfüllende Vorgänge nach dem 31. 12. 1996 und vor dem 1. 1. 2000 galt (vgl. Hofmann, GrEStG, § 23 Rdnr. 10 f.) wird insoweit auf die Erläuterungen in Rdnr. 88 bis 106 der 8. Auflage Bezug genommen.

### c)   Zwischenzeitliche Fassungen von § 1 Abs. 2a bis 5. 11. 2015

94   § 1 Abs. 2a erhielt durch Art. 15 Nr. 1 Buchst. a StEntlG 1999/2000/2002 vom 24. 3. 1999[3] eine andere Fassung. Diese war nach § 23 Abs. 6 Satz 2 „erstmals auf Erwerbsvorgänge anzuwenden, die **nach dem 31. 12. 1999** verwirklicht werden" (s. dazu Hofmann, GrEStG, § 23 Rdnr. 10 und 11). Mit Wirkung zum nämlichen Zeitpunkt wurden die entsprechenden Regelungen zur Steuerschuldnerschaft (§ 13 Nr. 6, s. dazu Hofmann, GrEStG, § 13 Rdnr. 20) und zur Anzeigepflicht (§ 19 Abs. 1 Nr. 3a, s. dazu Hofmann, GrEStG, § 19 Rdnr. 3) angeglichen. Die Anrechnungsregel des letzten Satzes (§ 1 Abs. 2a Satz 3) wurde dem durch dasselbe Gesetz neu geschaffenen Absatz 3 des § 5, der ebenfalls erstmals auf Erwerbsvorgänge anzuwenden ist, die nach dem 31. 12. 1999 verwirklicht werden (§ 23 Abs. 6 Satz 2, s. dazu Hofmann, GrEStG, § 23 Rdnr. 13 und § 5 Rdnr. 13 ff.), sowie der seit 1. 4. 1999 maßgebenden Bemessungsgrundlage angepasst. **Durch** Art. 13 Nr. 1 Buchst. a **StÄndG 2001** vom 20. 12. 2001[4] **wurden** in § 1 Abs. 2a Satz 1 die Wörter **„am Gesellschaftsvermögen"** eingefügt und **Satz 3** neu gefasst. Diese Fassung des § 1 Abs. 2a galt für alle **nach dem 31. 12. 2001** verwirklichten Erwerbsvorgänge (§ 23 Abs. 7 Satz 1). Die Neufassung des § 1 Abs. 2a Satz 3 berücksichtigte zum einen die Anfügung von Satz 2 an § 6 Abs. 3 durch dasselbe Gesetz und trug zum anderen dem Um-

---

1 BGBl I 1996, 2049.
2 Siehe dazu BFH v. 30. 4. 2003 II R 79/00, BStBl II 2003, 890.
3 BGBl I 1999, 402.
4 BGBl I 2001, 3794.

stand Rechnung, dass § 5 Abs. 3 (ebenso wie § 6 Abs. 3 Satz 2) kein Nacherhebungstatbestand ist.

Mit der Neufassung des Satzes 1 des § 1 Abs. 2a durch das StEntlG 1999/2000/2002[1] hat sich der Gesetzgeber auf eine eindeutige Grenze, nämlich **mindestens 95 % der Anteile** festgelegt, deren Übergang innerhalb eines Zeitraums von fünf Jahren auf neue Gesellschafter als ein **fiktiv auf** die **Übereignung des Grundstücks gerichtetes Rechtsgeschäft auf** eine **fingierte neue Personengesellschaft gilt.** Gleichzeitig aber hat er davon abgesehen, auf die Änderung des Gesellschafterbestands „bei" der Personengesellschaft abzustellen (so noch § 1 Abs. 2a Satz 1 a. F.) und hat dafür ausdrücklich geregelt, dass **auch mittelbare Veränderungen** im Gesellschafterbestand tatbestandserfüllend bzw. -beitragend sein können in der (unzutreffenden, vgl. dazu Rdnr. 107 ff.) Annahme, dass dadurch „Abgrenzungs- und Auslegungsprobleme vermieden" werden.[2]

**d) Einfügung der Sätze 2 bis 5 durch das Steueränderungsgesetz 2015**

Durch Art. 8 Nr. 1 des StÄndG 2015 vom 2. 11. 2015[3] wurden die Sätze 2 bis 5 **95** in § 1 Abs. 2a eingefügt, und zwar als Reaktion auf das BFH-Urteil vom 24. 4. 2013 II R 17/10,[4] in dem – im Gegensatz zur Finanzverwaltungsauffassung[5] – ausgesprochen ist, mittelbare Änderungen im Gesellschafterbestand seien ausschließlich nach wirtschaftlichen Maßstäben zu beurteilen, wobei Kapital- und Personengesellschaften als gleichermaßen transparent anzusehen und nur solche Änderungen relevant seien, durch die Rechtsträger beteiligt werden an denen keine gesellschaftsrechtlichen Beteiligungen bestehen können. Diese Fassung ist nach § 23 Abs. 13 auf Erwerbsvorgänge anzuwenden, die **nach dem 5. 11. 2015** verwirklicht werden. Siehe dazu insbesondere Rdnr. 111b. **§ 1 Abs. 2a Satz 2** erklärt an Personengesellschaften beteiligte Personengesellschaften als transparent und berücksichtigt mittelbare Änderungen bei diesen anteilig durch Multiplikation der Anteile am Gesellschaftsvermögen. **§ 1 Abs. 2a Sätze 3 bis 5** beschreiben, wann eine Kapitalgesellschaft als „neue" Gesellschafterin gilt und zwar sowohl eine an der grundbesitzenden Personengesellschaft unmittelbar beteiligte als auch bei mehrstufigen Beteiligungen.

---

1  v. 24. 3. 1999, BGBl I 1999, 402.
2  Vgl. BT-Drucks. 14/443, 42.
3  BGBl I 2015, 1834.
4  BStBl II 2013, 833.
5  Ländererlasse v. 25. 2. 2010, BStBl I 2010, 245; vgl. Ländererlasse v. 18. 2. 2014, BStBl I 2014, 561.

### e) Regelungsziel und Charakter der Vorschrift

96  Das in Rdnr. 92 beschriebene Regelungsziel hat der Gesetzgeber bei der Neufassung des § 1 Abs. 2a nicht aus den Augen verloren. Die Vorschrift ist als ein neben § 1 Abs. 3 tretender weiterer **Ergänzungstatbestand** sowohl zu § 1 Abs. 1 als auch zu § 1 Abs. 2 anzusehen, die die grunderwerbsteuerrechtliche Zuordnung einzelner Grundstücke auf eine als „neu" fingierte Personengesellschaft erfasst. Dieser **eigenständige Tatbestand** beugt seinem Ziel nach Steuerumgehungen vor, erfordert aber weder Umgehungsabsicht noch kann seine Verwirklichung dadurch widerlegt werden, dass eine solche nicht vorliege, denn für die Erfüllung des Tatbestands des § 1 Abs. 2a ist es unerheblich, aus welchen Überlegungen und Gründen der Gesellschafterwechsel erfolgt. Im Hinblick auf das Regelungsziel – Verhinderung missbräuchlicher Steuervermeidung – schließt die Vorschrift die Anwendung des § 42 AO[1] aus, wenn z. B. nur 94,4 % der Anteile am Gesellschaftsvermögen übergehen.[2]

## 2.  Personengesellschaften i. S. von § 1 Abs. 2a

97  Der Anwendungsbereich der Vorschrift ist nicht auf solche Personengesellschaften beschränkt, deren Zweck im Wesentlichen die Verwaltung von Grundbesitz ist. Personengesellschaften i. S. des § 1 Abs. 2a Satz 1 sind **ungeachtet ihres Gesellschaftszwecks** neben der **Gesellschaft bürgerlichen Rechts** die **Personenhandelsgesellschaften** (OHG und KG) sowie die EWIV und die **Partnerschaftsgesellschaft.** Auch die „unechte Vorgesellschaft" (vgl. Rdnr. 7) ist Personengesellschaft i. S. der Vorschrift. Der Wortlaut des § 1 Abs. 2a Satz 1 bietet keinen Anhaltspunkt dafür, werbende Personengesellschaften, die ein lebendes gewerbliches Unternehmen betreiben oder einen Betrieb der Land- und Forstwirtschaft unterhalten, aus ihrem Anwendungsbereich auszuklammern.[3] Der Anwendungsbereich erfasst auch ausländische Personengesellschaften, zu deren Vermögen ein inländisches Grundstück gehört, sofern deren rechtliche Strukturen dem inländischer Personengesellschaften entsprechen.

---

1  Siehe § 42 Abs. 1 Satz 2 AO.
2  So auch FG Baden-Württemberg v. 27. 7. 2012, EFG 2013, 395; s. auch BFH v. 29. 5. 2011 II B 133/10, BFH/NV 2011, 1539.
3  Siehe auch BFH v. 11. 9. 2002 II B 113/02, BStBl II 2002, 777; a. A. Wiese, UVR 2004, 58.

## 3. Grundstücke im Vermögen der Gesellschaft und zeitliche Dimension

### a) Grunderwerbsteuerrechtliche Zuordnung

Ein Grundstück gehört zum Vermögen der Personengesellschaft, wenn und so-    98
lange es ihr grunderwerbsteuerrechtlich zuzuordnen ist. Auf die Ausführungen
betreffend das gleich lautende Tatbestandsmerkmal des § 1 Abs. 3 in
Rdnr. 148 ff. wird verwiesen.

### b) Zeitliche Dimension

Der Steuer unterworfen ist die fingierte Übereignung des Grundstücks einer    99
Personengesellschaft auf eine – ebenfalls fingierte – neue Personengesellschaft durch alle (unmittelbaren und mittelbaren) Änderungen im Gesellschafterbestand innerhalb eines **Zeitraums** von höchstens **fünf Jahren**, die zu-
sammengezählt oder en bloc[1] zum Übergang von **mindestens 95 % der Anteile
am Gesellschaftsvermögen** auf neue Gesellschafter führen, und zwar **in Bezug
auf ein Grundstück**. Das bedeutet, dass das Grundstück vom ersten bis zum
letzten derartigen Anteilsübergang zum Vermögen der Personengesellschaft
(vgl. Rdnr. 98 und 148 ff.) gehören muss. Hat zum Vermögen der Gesellschaft
ursprünglich nur ein Grundstück gehört und wird dieses nach Übergang von
50 % der Anteile am Gesellschaftsvermögen veräußert, haben weitere Anteilsübergänge in Bezug auf dieses keine Relevanz und verlieren die bereits vollzogenen insoweit jegliche (zukünftige) Bedeutung. Wird nach dem Übergang
von 50 % der Anteile am Gesellschaftsvermögen ein Grundstück durch die Gesellschaft hinzuerworben, ist es nur für zeitlich danach erfolgende Anteilsübergänge (möglicherweise) von Bedeutung.

**BEISPIELE:**

a) A und B gründen zum 1.1.2009 eine OHG, die im Januar 2013 zwei Grundstücke
erwirbt. A und B sind am Vermögen und am Gewinn der Gesellschaft im Verhältnis von $^3/_4$ zu $^1/_4$ beteiligt. Wegen unüberbrückbarer Differenzen überträgt B seinen Anteil mit Zustimmung des A zum 31.12.2014 auf C. Im Oktober 2015 erleidet A einen schweren Unfall. Er veräußert seinen Anteil mit Zustimmung des C
noch im Dezember 2015 an D.

Der Tatbestand des § 1 Abs. 2a Satz 1 ist in Bezug auf beide Grundstücke erfüllt.

b) Sachverhalt wie zu a), nur wird im Januar 2015 eines der Grundstücke durch die
OHG (Gesellschafter: A und C) veräußert.

---

1 Vgl. BFH v. 17. 3. 2006 II B 157/05, BFH/NV 2006, 1341.

Der Tatbestand des § 1 Abs. 2a Satz 1 wird nur in Bezug auf das verbleibende Grundstück erfüllt.

c) Sachverhalt wie zu a); doch wird im März 2015 ein weiteres (drittes) Grundstück durch die (A und C) OHG erworben.

Das dritte Grundstück wird von der fingierten Übereignung nicht erfasst.

Der **Übergang von Anteilen** am Gesellschaftsvermögen **auf neue Gesellschafter** ist stets **in Bezug auf** das **einzelne Grundstück** zusammenzuzählen. Auch kann der Tatbestand nur erfüllt sein, wenn der gesamte Anteilsübergang in Beziehung auf dieses sich nicht auf einen längeren Zeitraum als fünf Jahre erstreckt.

99a    Auch der **mittelbare Übergang** durch Veränderung der Beteiligungsverhältnisse einer als Gesellschafterin am Vermögen der grundbesitzenden Personengesellschaft beteiligten **Kapitalgesellschaft** muss sich – um für § 1 Abs. 2a Satz 1 relevant zu werden – innerhalb der **Fünfjahresfrist vollziehen**. Veränderungen, die weiter zurück liegen, können nicht zum fingierten Grundstücksübergang auf eine „neue" fiktive Personengesellschaft beitragen.[1] Auch insoweit darf der Grundstücksbezug nicht vernachlässigt werden.

> **BEISPIEL:** Am Vermögen der im letzten Jahrhundert gegründeten X-GmbH & Co. KG waren zu Beginn dieses Jahrhunderts als Kommanditistin die Y-GmbH (Gesellschafter A, B und C zu je 1/3) zu 75 % sowie E zu 20 % und F zu 5 % beteiligt. Die Komplementärin war am Vermögen der X-GmbH & Co. KG nicht beteiligt. Die X-GmbH & Co. KG erwarb im Dezember 2008 ein Grundstück (Grundstück 1), das sie im Jahr 2014 wieder veräußerte, und im Juni 2011 ein weiteres Grundstück (Grundstück 2).
>
> Seit dem Jahr 2007 sind folgende Veränderungen im Gesellschafterbestand der Y-GmbH und der X-GmbH & Co. KG eingetreten: Am 1. 2. 2009 veräußerte A seinen Geschäftsanteil an der Y-GmbH an G. Am 1. 4. 2012 veräußerte B seinen Geschäftsanteil an der Y-GmbH an H und am 1. 6. 2015 C seinen Geschäftsanteil an der Y-GmbH ebenfalls an H. E hat seinen Kommanditanteil an der X-GmbH & Co. KG am 1. 5. 2013 auf J übertragen.
>
> In Bezug auf das Grundstück 1 erfolgte kein tatbestandserfüllender Gesellschafterwechsel bei der X-GmbH & Co. KG. Zwar wurden 2/3 der Anteile an der Y-GmbH an neue Gesellschafter übertragen und es trat ein unmittelbarer Gesellschafterwechsel in Höhe von 20 % durch den Übergang des Anteils von E auf J ein, doch war bis Dezember 2013 die Y-GmbH nicht i. S. des Satz 2 des § 1 Abs. 2a „neue" Gesellschafterin geworden.
>
> Auch in Bezug auf das Grundstück 2 ist der Tatbestand des § 1 Abs. 2a Satz 1 nicht erfüllt, denn Gesellschafter G war im Zeitpunkt des Grunderwerbs durch die X-GmbH & Co. KG schon an der Y-GmbH beteiligt.

---

1 Unklar Pahlke, Rz 309.

## 4. Anteile am Gesellschaftsvermögen

Da § 1 Abs. 2a Satz 1 die Übereignung des der Personengesellschaft gehören-    100
den Grundstücks auf eine „neue" Personengesellschaft über das **Transportmit-**
**tel des Anteilsübergangs** auf neue Gesellschafter fingiert, knüpft die Vorschrift
notwendig in Bezug auf die Grenze von mindestens 95 % der Anteile am Gesellschaftsvermögen an die dementsprechende Wertteilhabe an den zum Gesamthandsvermögen gehörenden Gegenständen an. Die Ausführungen in Hofmann, GrEStG, § 5 Rdnr. 9 ff. gelten entsprechend für die Ermittlung der Höhe
des jeweils übergehenden prozentualen Anteils am Gesellschaftsvermögen.

Da der auf einen neuen Gesellschafter übergehende Anteil am Gesellschafts-    101
vermögen hinsichtlich des Tatbestands des § 1 Abs. 2a Satz 1 zwingend voraussetzt, dass mit ihm eine Teilhabe am Wert des Gesellschaftsgrundstücks verbunden ist, kann ein Anteilsübergang dann nicht zur Tatbestandserfüllung beitragen, wenn aufgrund einer zivilrechtlich wirksamen gesellschaftsvertraglichen Vereinbarung im Innenverhältnis Sonderregelungen getroffen sind, wonach mit diesem Anteil keine Teilhabe am Wert und den Wertveränderungen
des Gesellschaftsgrundstücks verbunden ist, diese vielmehr nur einem oder
mehreren anderen Gesellschaftern zusteht (vgl. dazu Hofmann, GrEStG, § 5
Rdnr. 8). Diese Frage ist bei jedem Anteilsübergang in Bezug auf jedes einzelne
Grundstück gesondert zu überprüfen.[1]

Unschwer ist zu erkennen, dass die Vorschrift dann erhebliche Probleme mit    102
sich bringt, wenn unter den Gesellschaftern (einschließlich den beitretenden
Gesellschaftern) keine Vereinbarungen über eine gleich bleibende prozentuale
(verhältnismäßige) Beteiligung getroffen sind. Denn in einem solchen Fall können sich stetig durch Zuschreiben von Gewinnen bzw. Abschreiben von Verlusten (oder auch zulässigen Entnahmen) Veränderungen im prozentualen Beteiligungsverhältnis ergeben. Derartige **„schleichende" Veränderungen** sind aber
vom Tatbestand des § 1 Abs. 2a Satz 1 ebenso wenig angesprochen, wie Änderungen der Beteiligung am Gesellschaftsvermögen der Altgesellschafter (s.
Rdnr. 115) zueinander.[2] Sie sind nicht steuerbar. U. E. ist in einem solchen Fall
auf den verhältnismäßigen Anteil am Gesellschaftsvermögen im Zeitpunkt
des (wirksamen) Übergangs des Anteils abzuheben, denn nur insoweit hat der
neue Gesellschafter durch den Anteilsübergang eine prozentuale Mitberechtigung an dem zum Vermögen der Personengesellschaft gehörenden Grund-

---

1 So zutreffend Behrens/Schmitt, UVR 2005, 378.
2 Siehe dazu Ländererlasse v. 18. 2. 2014, BStBl I 2014, 2, Tz 2.1.

stück erhalten. Spätere Veränderungen müssen außer Betracht bleiben.[1] Das muss sowohl beim abgeleiteten (derivativen) als auch beim originären unmittelbaren Anteilserwerb gelten (vgl. Rdnr. 104 ff.), als auch im Zeitpunkt des mittelbaren Anteilsübergangs (vgl. Rdnr. 107 ff.). Denn die Annahme, die Anteilsverhältnisse seien erst auf den Zeitpunkt des letzten Teilakts einer Reihe von zeitlich gestreckten Anteilsübergängen zu ermitteln, mit dem die tatbestandliche Grenze von mindestens 95 % erreicht wird, ist mit dem Wortlaut der Vorschrift nicht zu vereinbaren, die den Übergang dieses Quantums auf neue Gesellschafter fordert. Die Bestimmung des Anteils am Vermögen gilt entsprechend für mittebare Anteilsübergänge.

## 5. Unmittelbarer Anteilsübergang

### a) Allgemeines

103 Unmittelbar vollzieht sich ein Anteilsübergang dann, wenn ein Mitgliedschaftsrecht mit der ihm anhaftenden anteiligen Mitberechtigung am Vermögen (vgl. Rdnr. 100 f.) von einer Person erworben wird, die vor dem Erwerb der Gesellschafterstellung nicht Mitglied der Personengesellschaft war. Gleichgültig ist, ob der Übergang von Anteilen am Vermögen der Gesellschaft – verstanden als unmittelbare dingliche Berechtigung an den aktiven Vermögenswerten der Gesellschaft und definiert durch die gesellschaftsvertraglichen Regelungen über die anteilige vermögensmäßige Beteiligung – auf abgeleitetem (derivativem) Erwerb oder auf Neueintritt (Beitritt, also originärem) Erwerb (vgl. Rdnr. 104 ff.) beruht. Der **Gesellschafterbestand** der Personengesellschaft **muss sich zivilrechtlich** von demjenigen vor dem Anteilsübergang **unterscheiden**. Das ist auch der Fall, wenn ein Mitgliedschaftsrecht mit der ihm anhaftenden anteiligen Mitberechtigung am Vermögen auf eine (weitere) Personengesellschaft übergeht (s. dazu im Einzelnen Rdnr. 111). Dabei ist bei der Übertragung vom mindestens 95 % der Anteile an der grundstücksbesitzenden Personengesellschaft der Tatbestand des § 1 Abs. 2a Satz 1 auch dann erfüllt, wenn der übertragende (Alt-)Gesellschafter nach der Anteilsübertragung weiterhin mittelbar als Mitglied der die Anteile erwerbenden zwischengeschalteten Personengesellschaft in vollem Umfang an der grundstücksbesitzenden Personengesellschaft beteiligt ist, sich also die Übertragung der Anteile im Ergebnis als eine Art Verlängerung der Beteiligungskette darstellt.[2] Desgleichen liegt ein unmittelbarer Gesellschafterwechsel vor, wenn ein Gesellschafter

---

1 Zustimmend Boruttau/Fischer, Rn. 843; Pahlke, Rz 286.
2 BFH v. 28. 2. 2012 II R 57/09, BStBl II 2012, 917.

der grundstücksbesitzenden Personengesellschaft seine Gesellschaftsbeteiligung auf einen anderen überträgt und dieser (neue) Gesellschafter die Beteiligung als Treuhänder für den früheren Gesellschafter hält.[1] Zu erwähnen ist noch, dass trotz zivilrechtlich geänderten Gesellschafterbestands mangels Rechtsträgerwechsels (vgl. Rdnr. 9f.) bei einem Formwechsel (§ 1 Abs. 1 Nr. 4, §§ 190 ff. UmwG) kein Anteilsübergang vorliegt.

### b) Derivativer Erwerb

Änderungen im Gesellschafterbestand einer Personengesellschaft können dadurch eintreten, dass ein Gesellschafter sein **Mitgliedschaftsrecht** mit allen damit verbundenen vermögensmäßigen Berechtigungen **ganz oder teilweise** auf einen anderen **überträgt**.[2] Zur Wirksamkeit der Übertragung bedarf es der Zustimmung der Mitgesellschafter, die auch (z. B. im Gesellschaftsvertrag) antizipiert sein kann. In diesem Fall tritt der Anteilserwerber unmittelbar in die Gesellschafterstellung des Veräußerers ein; der Gesellschafterwechsel (Ausscheiden und Neueintritt) vollzieht sich also in einem Rechtsakt. Neben dieser Art des **derivativen Erwerbs** kann ein abgeleiteter Erwerb auch **aufgrund** von **Gesamtrechtsnachfolge** durch Verschmelzung des Gesellschafters (§ 1 Abs. 1 Nr. 1, §§ 2 ff. UmwG) oder durch Teilrechtsnachfolge bei Spaltungsvorgängen (§ 1 Abs. 1 Nr. 2, §§ 123 ff. UmwG) eintreten.[3] Die Umwandlung kann allerdings nach § 6a begünstigt sein (s. Rdnr. 130a). Zum Erwerb von Anteilen von Todes wegen s. Rdnr. 122.

104

Nach Tz. 3 der Ländererlasse vom 18. 2. 2014[4] sind bei der Ermittlung des Prozentsatzes beim derivativen Erwerb insbesondere Veränderungen der Vermögensbeteiligung durch bloße Kapitaländerungen zu berücksichtigen. Tz. 3.1. bringt dazu folgendes

105

**BEISPIEL:** „Eine Gesellschaft zu deren Vermögen ein Grundstück gehört besteht aus fünf Gesellschaftern, die jeweils zu 20 % am Vermögen beteiligt sind. Das Gesellschaftsvermögen beträgt 100.000 €. Drei Gesellschafter übertragen ihre Anteile auf neue Gesellschafter. Anschließend wird innerhalb der Fünfjahreszeitraums das Vermögen im Wege der Kapitalerhöhung auf 1.000.000 € aufgestockt, wobei das zusätzliche Kapital ausschließlich auf die hinzugetretenen Gesellschafter entfällt. Da die Altgesellschafter weiterhin zusammen nur zu 40.000 € am Vermögen der Gesell-

---

1  BFH v. 17. 3. 2006 II B 157/05, BFH/NV 2006, 1431; v. 16. 1. 2013 II R 66/11, BStBl II 2014, 266.
2  Vgl. auch BFH v. 27. 4. 2005 II R 61/03, BStBl II 2005, 649.
3  BFH v. 3. 6. 2014 II R 6/13, BFH/NV 2014, 1461; s. dazu auch das zu § 6 Abs. 4 ergangene Urteil des BFH v. 26. 1. 1997 II R 15/96, BStBl II 1997, 296.
4  BStBl I 2014, 561.

schaft beteiligt bleiben, sind auf die Neugesellschafter insgesamt 96 % der nunmehr bestehenden Anteile übergegangen...."

Wenngleich in diesem Beispielsfall die Änderung des Gesellschafterbestands infolge Übergangs von Anteilen am Gesellschaftsvermögen auf neue Gesellschafter (Anteilsübertragungen) nicht die erforderliche Grenze von mindestens 95 % der Anteile am Gesellschaftsvermögen erreicht, sondern nur 60 %, so führt doch die spätere innerhalb des Fünfjahreszeitraums erfolgende Kapitalerhöhung, der „mittelbare" Transportfunktion zukommt, dazu, dass die Grenze erreicht (überschritten) wird. Dieser Auffassung ist jedenfalls beizupflichten, wenn zwischen den Anteilsübergängen und der Kapitalerhöhung ein alle diese Vorgänge umfassender gesamtplanmäßiger Zusammenhang besteht.[1]

105a    **Kein Fall** der **Änderung** des Gesellschafterbestands durch mittelbaren Übergang von Anteilen auf neue Gesellschafter liegt vor, wenn eine an der Personengesellschaft mit Grundbesitz als Gesellschafterin beteiligte **Kapitalgesellschaft durch** bloßen **Formwechsel** die **Rechtsform** einer **Personenhandelsgesellschaft** erhält (§ 1 Abs. 1 Nr. 4, §§ 190, 191, 226, 228 ff. UmwG). Kennzeichnend für eine formwechselnde Umwandlung ist, dass an ihr nur ein Rechtsträger beteiligt ist, es also weder zu einer Gesamtrechtsnachfolge eines Rechtsträgers in das Vermögen eines anderen kommt noch es der Übertragung der einzelnen Vermögensgegenstände bedarf. Die Eintragung der neuen Rechtsform in das Register hat nach § 202 Abs. 1 Nr. 1 UmwG die Wirkung, dass der formwechselnde Rechtsträger in der in dem Umwandlungsbeschluss bestimmten Rechtsform weiter besteht. An der durch das UmwG vorgegebenen Kontinuität des Rechtsträgers ändert sich nicht etwa dadurch etwas, dass der neue Rechtsträger, wie im Fall des Formwechsels einer Kapitalgesellschaft in eine Personenhandelsgesellschaft, nicht selbst Träger des Unternehmensvermögens ist, dieses vielmehr seinen Gesellschaftern zur gesamten Hand zusteht.[2] Ein irgendwie gearteter Übergang von Teilen seines Vermögens (hier: des Anteils am Gesellschaftsvermögen derjenigen Personengesellschaft, an der die Kapitalgesellschaft nunmehr als Personenhandelsgesellschaft als Gesellschafterin beteiligt ist) liegt angesichts der umwandlungsrechtlichen Vorgegebenheiten nicht vor.[3]

---

1  So auch Boruttau/Fischer, Rn. 873.
2  Vgl. BFH v. 4. 12. 1996 II B 116/96, BStBl II 1997, 661.
3  So auch Ländererlasse v. 26. 2. 2003, BStBl I 2003, 271, unter Tz 4, zweiter Absatz.

### c) Originärer Erwerb

Kein Fall des derivativen, sondern einer des originären Erwerbs der Gesellschaf- 106
terstellung liegt vor, wenn ein Gesellschafter durch Vereinbarung mit den übrigen Gesellschaftern ausscheidet und gleichzeitig ein neuer Gesellschafter
durch Abschluss eines Aufnahmevertrags mit den übrigen Gesellschaftern in
die Gesellschaft eintritt. Hier sind notwendig zwei Verträge abzuschließen
(auch wenn sie zu einem einheitlichen Rechtsgeschäft zusammengefasst werden können). Der Anteil des Ausscheidenden wächst zunächst den übrigen Gesellschaftern an (§ 738 Abs. 1 Satz 1 BGB) und anschließend zugunsten des
neuen Gesellschafters wieder ab, so dass der **neue Gesellschafter nicht Rechtsnachfolger** des alten ist. Zwischen ihm und dem alten Gesellschafter bestehen
keine vertraglichen Beziehungen, weil der eintretende Gesellschafter einen
neuen Gesellschaftsanteil erwirbt.

Um einen Fall originären, zur Änderung des Gesellschaftsbestands führenden,
Erwerbs des Mitgliedschaftsrechts handelt es sich auch im Falle des **Beitritts**
eines Dritten zu einer Personengesellschaft, also in sonstigen Fällen der **Neu-
aufnahme** von Gesellschaftern durch die bisherigen Gesellschafter auf gesellschaftsvertraglicher Grundlage. Zur Beachtlichkeit der zivilrechtlichen Grundsätze über fehlerhafte Personengesellschaftsverhältnisse einschließlich derjenigen über den fehlerhaften Beitritt zu einer Personengesellschaft bei Beurteilung der Frage, ob mit grunderwerbsteuerrechtlicher Bedeutung eine Änderung im Gesellschafterbestand einer Personengesellschaft eingetreten ist, vgl.
BFH vom 20. 10. 2004.[1] Beim Beitritt liegt ein Erwerb eines weiteren zusätzlichen Anteils (Mitgliedschaftsrechts) durch den neuen Gesellschafter vor. Das
ist insbesondere von Bedeutung für Grundstücksprojektgesellschaften, geschlossene Immobilienfonds u. Ä., bei denen das „projektierte" Kapital im Zuge
von „Kapitalerhöhungen" erst aufgebracht werden muss.

## 6. Mittelbarer Anteilsübergang

### a) Allgemeines

Die **„mittelbare Änderung des Gesellschafterbestands"** ist ein **grunderwerb-** 107
**steuerrechtlicher Zweckbegriff.** Er verbietet für das Grunderwerbsteuerrecht
die zivilrechtlich zutreffende Aussage, mittelbare Mitglieder einer Personengesellschaft gebe es nicht, und gebietet, danach zu fragen, wer hinter einer als
Gesellschafterin an einer Personengesellschaft beteiligten Kapitalgesellschaft

---

1 II R 54/02, BStBl II 2005, 299.

oder Personengesellschaft als deren Gesellschafter steht bzw. wem gegenüber der einzelne Gesellschafter verpflichtet ist, seinen Gesellschaftsanteil weisungsgemäß zu halten und abzutreten.[1] Er ist aus sich heraus auszulegen, wobei der Rückgriff auf zivilrechtliche Kategorien zu unterbleiben hat, weil es zivilrechtlich keine mittelbare Änderung des Gesellschafterbestandes gibt.[2]

108   Allgemein besteht Einigkeit darüber, dass die gesetzliche Anordnung der Einbeziehung mittelbarer „Gesellschafterwechsel" auch die Berücksichtigung geänderter Beteiligungsverhältnisse an solchen Kapital- und Personengesellschaften fordert, die ihrerseits unmittelbar an der grundstücksbesitzenden Personengesellschaft beteiligt sind.

**b) Mittelbarer Übergang durch Veränderung der Beteiligungsverhältnisse bei einer als Gesellschafterin beteiligten Kapital- oder Personengesellschaft**

109   Nach welchen Kriterien die Auslegung dieses „Zweckbegriffs" erfolgen soll, war für den mittelbaren Übergang durch Veränderung der Beteiligungsverhältnisse bei einer als Gesellschafterin an der grundbesitzenden Personengesellschaft beteiligten Personen- oder Kapitalgesellschaft bis zur Einfügung der Sätze 2 bis 5 in § 1 Abs. 2a durch Art. 8 Nr. 1 StÄndG 2015 v. 2. 11. 2015[3] mit Wirkung für Erwerbsvorgänge nach dem 5. 11. 2015[4] umstritten. Die Finanzverwaltung[5] hat sich zur Auslegung des Begriffs der „mittelbaren Änderung des Gesellschafterbestands" an der gefestigten Rechtsprechung und allgemeinen Literaturmeinung zur mittelbaren Anteilsvereinigung i. S. des § 1 Abs. 3 angelehnt. Da § 1 Abs. 2a in der jetzigen Fassung erst auf Erwerbsvorgänge anzuwenden ist, die nach dem 5. 11. 2015 verwirklicht werden, ist nachfolgend eine Doppelkommentierung angezeigt.

**aa) § 1 Abs. 2a Sätze 2 bis 5**

109a   Für die Zeit **nach dem 5. 11. 2015** (s. § 23 Abs. 13) ist für die mittelbare Änderung im Gesellschafterbestand einer grundbesitzenden Personengesellschaft danach zu unterscheiden, ob sich der Gesellschafterbestand einer an ihr als Gesellschafterin beteiligten Kapital- oder Personengesellschaft ändert. Eine an

---

1 Zur Sicherungsabtretung eines Kommanditteils vgl. FG Münster v. 10. 4. 2014, EFG 2014, 1838 (Rev.: II R 35/15).

2 Vgl. auch BFH v. 24. 4. 2013 II R 17/10, BStBl II 2013, 833; vgl. dazu „Nichtanwendungserlasse" der obersten Finanzbehörden der Länder v. 9. 10. 2013, BStBl I 2013, 1278.

3 BGBl I 2015, 1834.

4 § 23 Abs. 13.

5 Ländererlasse v. 25. 2. 2010, BStBl I 2010, 245; s. auch Ländererlasse v. 18. 2. 2014, BStBl I 2014, 561.

der grundbesitzenden Personengesellschaft unmittelbar als Gesellschafterin **beteiligte Kapitalgesellschaft** gilt nach § 1 Abs. 2a Satz 4 in vollem Umfang als neue Gesellschafterin, wenn an ihr mindestens 95 % ihrer Anteile auf neue Gesellschafter übergehen. Das gilt nach **§ 1 Abs. 2a Satz 5** bei mehrstufigen Beteiligungen auf der Ebene jeder mittelbar beteiligten Kapitalgesellschaft entsprechend. Mittelbare Änderungen im Gesellschafterbestand von an der grundbesitzenden Personengesellschaft **beteiligten Personengesellschaften** werden nach **§ 1 Abs. 2a Satz 2** durch Multiplikation der Anteile am Gesellschaftsvermögen anteilig berücksichtigt. Das gilt auch bei mehrstufigen Beteiligungen auf der Ebene jeder mittelbar beteiligten Personengesellschaft.

**BEISPIELE:▶**

(1) An einer seit 2013 grundbesitzenden KG sind unmittelbar die A-GmbH zu 100 % als Kommanditistin und die B-GmbH als Komplementärin zu 0 % beteiligt. An der A-GmbH waren im Zeitpunkt des Grundstückserwerbs durch die KG die C-GmbH mit 65 %, die D-GmbH mit 30 % und der E mit 5 % beteiligt. Die Anteile an der C-GmbH wurden im Dezember 2015 en bloc an die X-GmbH, der einzige Geschäftsanteil der D-GmbH im Juli 2016 an die Y-GmbH veräußert. Die X-GmbH wie die Y-GmbH gelten nach § 1 Abs. 2a Satz 5 als neue mittelbare Gesellschafter; der Tatbestand des § 1 Abs. 2a Satz 1 ist erfüllt.

(2) An der F-GbR, einer Gesellschaft mit Grundbesitz, sind seit jeher G zu 50 %, H zu 40 % und I-OHG zu 10 % beteiligt. Am Vermögen und Gewinn der I-OHG sind J und K je hälftig beteiligt. Im Jahr 01 überträgt G seinen Anteil an der F-GbR auf W. Im Jahr 03 veräußert J seinen Anteil an I-OHG an V. Im Jahr 04 überträgt H seinen Anteil an F-GbR auf W.

Zwar erreicht die unmittelbare Änderung im Gesellschafterbestand der F-GbR nur 90 %, ihr ist aber der mittelbare Übergang des Anteils des J an der I-OHG auf V (50 % von 10 % =) 5 % hinzuzurechnen, so dass der Tatbestand des § 1 Abs. 2a Satz 1 im Jahr 04 erfüllt wird.

**bb)  Auffassung der Finanzverwaltung für die Zeit vor dem 6. 11. 2015**

Mittelbarer Übergang von Anteilen am Gesellschaftsvermögen der grundbesitzenden Personengesellschaft infolge von Änderungen von Beteiligungsverhältnissen bei einer als Gesellschafterin beteiligten Kapital- oder Personengesellschaft wurden von der Finanzverwaltung[1] wie folgt gesehen:    110

Bei einer als Gesellschafterin an der grundbesitzenden Personengesellschaft beteiligten **Kapitalgesellschaft** ist für die Beantwortung der Frage, ob diese als (fiktive) neue Gesellschafterin anzusehen ist, weil sich die Beteiligungsverhältnisse an ihr unmittelbar oder mittelbar verändern, davon auszugehen, dass ein **mittelbarer Übergang** ihres Anteils am Gesellschaftsvermögen der grund-

---

1 Ländererlasse v. 25. 2. 2010, BStBl I 2010, 245, und v. 18. 2. 2014, BStBl I 2014 561.

besitzenden Personengesellschaft dann **vorliegt**, wenn **mindestens 95 % der Anteile** an der Kapitalgesellschaft unmittelbar oder mittelbar **auf neue Aktionäre bzw. GmbH-Gesellschafter** übergegangen sind. Dabei soll jede Veränderung auf jeder Beteiligungsebene gesondert zu prüfen sein, und zwar von unten nach oben. Ob die Kapitalgesellschaft zu einer Gesellschaftergruppe gehört, soll dabei so lange unerheblich sein, als nicht eine bloße Verstärkung einer lediglich mittelbaren zu einer unmittelbaren Beteiligung eintritt.

**Änderungen im Gesellschafterbestand** einer Personengesellschaft, **die** ihrerseits **Gesellschafterin** der grundstücksbesitzenden Personengesellschaft ist, sind stets als **mittelbare Änderungen** zu qualifizieren.[1] Denn jeder Gesellschafter einer als Gesellschafterin an einer Personengesellschaft beteiligten Personengesellschaft ist über seine Gesamthandsberechtigung an deren Vermögen mittelbar an der anderen Personengesellschaft beteiligt. Aus diesem sachenrechtlichen Bezug, der Zugehörigkeit des Anteils am Vermögen der grundstücksbesitzenden Personengesellschaft, der unlösbar mit dem Gesellschaftsanteil an ihr verbunden ist, zum Gesamthandsvermögen, folgt eine Sachnähe, die es erlaubt, Personengesellschaften als transparent anzusehen. Wenngleich deren Gesellschafter nicht über den gesamthänderisch gebundenen Anteil an dem zum Gesamthandsvermögen gehörenden Vermögensgegenständen verfügen kann,[2] kann er jedoch sein Mitgliedschaftsrecht, dem die gesamthänderische Mitberechtigung anhaftet, als Ganzes übertragen.[3] Eines Rückgriffs auf §§ 5 und 6 bedarf es dafür nicht.

**cc) Auffassung des Bundesfinanzhofs für die Zeit vor dem 6. 11. 2015**

111 Im Urteil vom 24. 4. 2013 II R 17/10[4] hat der **BFH** ausgesprochen, dass das Gesetz für die Auffassung der Finanzverwaltung (Rdnr. 110)[5] in Bezug auf mittelbare Änderungen zwischen als Gesellschafterinnen beteiligten Personengesellschaften und Kapitalgesellschaften sei zu differenzieren, keine Rechtsgrundlage biete. Außerdem führe die Differenzierung bezüglich mittelbarer Änderungen im Gesellschafterbestand einer grundbesitzenden Personengesellschaft je nach Rechtsform der an dieser unmittelbar oder mittelbar beteiligten

---

1 Gl. A. Boruttau/Fischer, Rn. 856; vgl. auch BFH v. 29. 2. 2012 II R 57/09, BStBl II 2012, 917.
2 Vgl. § 719 BGB.
3 Er bedarf allerdings dazu der Zustimmung der Mitgesellschafter, weil die Übertragung zur Änderung des Gesellschaftsvertrag führt. Die Zustimmung kann auch schon im Gesellschaftsvertrag antizipiert sein.
4 BStBl II 2013, 833.
5 Die in der Kommentarliteratur ebenfalls vertreten wurde, vgl. Boruttau/Fischer, § 1 Rn. 848 ff.; Pahlke/Franz, GrEStG, 4. Aufl., § 1 Rz 306 ff.; Vorauflage Rdnr. 110 ff..

Personengesellschaften einerseits und Kapitalgesellschaften andererseits zu Ungleichbehandlungen, die aus Sinn und Zweck der Regelung nicht geboten seien. Der BFH vertrat in dieser Entscheidung vielmehr die Auffassung, die mittelbare Änderung des Gesellschafterbestands einer grundbesitzenden Personengesellschaft i. S. des § 1 Abs. 2a Satz 1 sei ausschließlich nach wirtschaftlichen Maßstäben zu beurteilen, wobei Kapital- und Personengesellschaften gleichermaßen als transparent zu betrachten seien. Dabei seien nur solche Veränderungen in den Beteiligungsverhältnissen bei der Prüfung, ob eine mittelbare Änderung des Gesellschafterbestands einer grundbesitzenden Personengesellschaft vorliege, relevant, durch die solche Rechtsträger beteiligt werden, an denen keine gesellschaftsrechtlichen Beteiligungen bestehen können, nämlich natürliche und juristische Personen (außer Kapitalgesellschaften) und diese nur dann, wenn sie zu einer vollständigen Änderung der Beteiligungsverhältnisse – und sei es auch schrittweise – geführt haben. Die dieser Art restriktive Auslegung der Vorschrift sei wegen des Gebots der Gesetzesbestimmtheit und -klarheit erforderlich. Es lasse sich nämlich der Umfang einer tatbestandserfüllenden mittelbaren Änderung bei mehrstufigen Beteiligungen aus dem Wortlaut des Gesetzes nicht sicher erkennen, zumal die Grenze von 95 v.H. lediglich die Änderungen der Beteiligung auf der unmittelbaren Beteiligungsebene beträfen.

Der der Entscheidung zugrunde liegende Sachverhalt stellt sich wie folgt dar: Am Gesellschaftsvermögen der Klägerin, einer grundstücksbesitzenden GmbH & Co. KG war als Kommanditistin mit 94 % die G-GmbH beteiligt, die ihre Kommanditbeteiligung am 16. 3. 2006 auf die H-GmbH übertrug. Alleingesellschafterin der Komplementärin, der A-GmbH, die mit 6 % am Gesellschaftsvermögen der Klägerin beteiligt war, war die C-GmbH. Deren Alleingesellschafterin, die I-AG, veräußerte am 1. 1. 2005 ihre Beteiligung an der C-GmbH zur Hälfte an K, eine Anstalt des öffentlichen Rechts. Den restlichen Anteil an der C-GmbH übertrug die I-AG am 31. 3. 2006 auf eine 100 %ige Tochtergesellschaft, die I-GmbH.

### dd) Reaktion der Finanzverwaltung auf BFH II R 17/10

Die Finanzverwaltung hat die Entscheidung des BFH v. 24. 4. 2014 II R 17/10[1] 111a mit sog. Nichtanwendungserlassen vom 9. 10. 2013[2] belegt. Sie hat diese Erlasse jedoch am 16. 9. 2015[3] wieder aufgehoben.

---

1 BStBl II 2013, 833.
2 BStBl I 2013, 1278.
3 BStBl I 2015, 822.

### ee) Übergangsfragen

111b   Da sich die Rechtsprechung des Bundesfinanzhofs[1] und die für Erwerbsvorgänge nach dem 5. 11. 2015[2] anwendbare Gesetzesfassung zur Frage, wann eine mittelbare Änderung des Gesellschafterbestands der grundbesitzenden Personengesellschaft vorliegt, unvereinbar gegenüber stehen, drängt sich die Frage auf, nach welcher Maßgabe solche Änderungen bei einem schrittweisen (fingierten) Übergang von Anteilen an deren Vermögen, die in einem Fünfjahreszeitraum vollzogen werden, der in die Zeit nach dem 5. 11. 2015 hineinragt, zu beurteilen sind. U. E. können nur solche mittelbaren Änderungen im Gesellschafterbestand von an der grundbesitzenden Personengesellschaft beteiligten Kapital- und Personengesellschaften, die vor dem 6. 11. 2015 vollzogen wurden, mit den nach dem 5. 11. 2015 vorgenommenen derartigen Gesellschafterwechsel den Tatbestand des § 1 Abs. 2a Satz 1 erfüllen, die dem Auslegungsergebnis des BFH[3] entsprechen. Denn eine mittelbare Änderung kann allgemein nur dann zur Erfüllung des Tatbestands des § 1 Abs. 2a Satz 1 beitragen, wenn sie – die Erreichung des Quantums von 95 % unterstellt – solcher Art ist, dass sie den Tatbestand im Zeitpunkt ihres Vollzugs erfüllen würde. Das aber ist nur der Fall bei Änderungen durch gesellschaftsrechtliche Vorgänge, die den Kriterien des Bundesfinanzhofs entsprechen. Zu berücksichtigen ist dabei auch, dass die Änderung durch das StÄndG 2015[4] nicht wie von Seiten des Bundesrats zunächst gewünscht[5] rückwirkend, sondern erst nach dem 5. 11. 2015 anzuwenden sind (§ 23 Abs. 13).

### c) Sonstige mittelbare Änderungen im Gesellschafterbestand

### aa) Allgemeines

111c   Es ist offensichtlich, dass die Worte „unmittelbar oder mittelbar", die auf der Änderung des § 1 Abs. 2a Satz 1 durch Art. 15 Nr. 1 Buchst. a StEntlG 1999/2000/2002 vom 24. 3. 1999[6] beruhen, durch dessen Art. 15 Nr. 1 Buchst. b die nämlichen Worte in § 1 Abs. 3 Nrn. 1 bis 4 eingefügt wurden, von der jahrzehntelangen gefestigten Rechtsprechung zur mittelbaren Anteilsvereinigung auch aufgrund schuldrechtlich begründeter Herausgabeansprüche

---

1 Siehe Urteil v. 24. 4. 2013, BStBl II 2013, 833, s. Rdnr. 111.
2 Siehe § 23 Abs. 13.
3 Der das letztinstanzliche Auslegungsmonopol in Steuer- und Zollangelegenheiten hat.
4 Vom 2. 11. 2015, BGBl I 2015, 1834.
5 Siehe z. B. BR-Drucks. 184/14, S. 45 und BR-Drucks. 432/14: Klarstellung rückwirkend für Erwerbsvorgänge, die nach dem 31. 12. 2001 verwirklicht werden.
6 BGBl I 1999, 402

bei Auftrags- bzw. Treuhandverhältnissen inspiriert sind. Die „mittelbare" Änderung im Gesellschafterbestand einer grundstücksbesitzenden Personengesellschaft sollte wohl dementsprechend (und damit im Grundsatz unkompliziert) verstanden werden. Die Übertragung der anerkannten Rechtsgrundsätze zu § 1 Abs. 3 Nrn. 1 und 3 muss auf den ersten Blick zu Friktionen führen. In beiden Vorschriften wird auf ein Rechtsgeschäft abgehoben, das den Anspruch auf Übertragung von Anteilen einer Gesellschaft begründet. Für § 1 Abs. 2a Satz 1 aber ist allein der Übergang von Anteilen am Gesellschaftsvermögen – also die sachenrechtliche Ebene – allein von Bedeutung. Eine mittelbare Änderung im Gesellschafterbestand einer Personengesellschaft dergestalt, dass Anteile auf einen mittelbaren Neugesellschafter übergehen, gibt es zivilrechtlich nicht. § 1 Abs. 2a Satz 1 kann insoweit deshalb nur dahin verstanden werden, dass das Gesetz die Beantwortung der Frage fordert, wer „das Sagen" hinsichtlich eines Anteils am Gesellschaftsvermögen hat, dieses aufgrund seiner Herrschaftsmacht, die schuldrechtlich zukommt oder vertraglich zugestanden ist, an sich ziehen kann bzw. neben den „anderen" Gesamthändern über das Schicksal von Gesellschaftsgrundstücken – wenn auch aus dem Hintergrund – entscheiden kann.

Die Finanzverwaltung hat § 1 Abs. 2a Satz 1 in der Weise ausgelegt,[1] die Kommentarliteratur war weithin derselben Auffassung.[2]

#### bb) Mittelbarer Anteilsübergang bei Treuhandverhältnissen

Vorweg ist festzuhalten, dass **zivilrechtlich allein** der **Treuhänder Gesellschafter** einer Personengesellschaft mit allen sich aus dem Gesellschaftsvertrag ergebenden Rechte und Pflichten ist. Unabhängig davon, ob das Treuhandverhältnis offen oder verdeckt ist, für die anderen Gesellschafter erkennbar (und von ihnen gebilligt) oder für sie unerkennbar ist, ist allein der Treuhänder als Gesamthänder Mitberechtigter an den Gegenständen des Gesellschaftsvermögens.[3] Zwischen dem Treuhänder und dem Treugeber bestehen nur schuldrechtliche Beziehungen. Unabhängig davon, dass nur der Treuhänder, nicht aber der Treugeber zivilrechtlich an einer Personengesellschaft beteiligt sein kann, setzt jedoch der vom Gesetz als tatbestandsbegründend angesehene mittelbare Übergang von Anteilen am Gesellschaftsvermögen voraus, dass

**112**

---

1 Und zwar in den Ländererlassen spätestens seit denen vom 26. 3. 2003, BStBl I 2003, 271.
2 Boruttau/Fischer, Rn. 858 f.; Pahlke/Franz, 4. Aufl., Rz 309 ff.; Vorauflage, Rndr. 113 ff.
3 Vgl. grundlegend BGH v. 18. 10. 1962 II ZR 12/61, WM 1962, 1353; s. auch BFH v. 16. 12. 1988 II B 134/88, BFH/NV 1990, 59, und zu § 1 Abs. 2a a. F. BFH v. 28. 9. 2004 II B 162/03, BFH/NV 2005, 72; v. 11. 12. 2004 II B 5/04, BFH/NV 2005, 381, m. w. N.

sich jenseits der zivilrechtlichen Ebene durch (grunderwerbsteuerrechtliche) Zurechnung auf einen Dritten relevante Veränderungen im Gesellschaftsbestand ergeben können. Unter diesem Gesichtswinkel muss davon ausgegangen werden, dass ein mittelbarer Übergang von Anteilen am Gesellschaftsvermögen auch durch Vereinbarungstreuhand stattfinden kann.[1] Deshalb kommt nicht nur dem Treuhänder-, sondern auch dem Treugeberwechsel im Bereich des § 1 Abs. 2a Satz 1 Bedeutung zu; auch solche Vorgänge sind in die Ermittlung des Prozentsatzes einzubeziehen.[2] Die Rückübertragung der aufgrund Vereinbarungstreuhand erworbenen Gesellschafterstellung auf den Treugeber bleibt zwar nicht unberücksichtigt[3]; ist aber analog § 3 Nr. 8 steuerbefreit.[4]

Zu beachten bleibt, dass die unmittelbare Übertragung der Gesellschafterstellung auf einen neuen Gesellschafter auch dann zur Tatbestandserfüllung des § 1 Abs. 2a Satz 1 beitragen kann, wenn dieser vereinbarungsgemäß den Anteil treuhänderisch für den bisherigen Gesellschafter halten soll.[5] Haftet dem zu treuen Händen übertragenen Mitgliedschaftsrecht ein Anteil von mindestens 95 % am Gesellschaftsvermögen an, wird sowohl durch die Übertragung als auch durch die Rückübertragung auf den Treuhänder und ehemaligen Altgesellschafter jeweils der Tatbestand des § 1 Abs. 2a Satz 1 erfüllt.[6]

Im Ergebnis sieht das auch der Bundesfinanzhof[7] so. Allerdings begründet er das Ergebnis damit, dass die „mittelbare" Änderung des Gesellschafterbestands einer grundstücksbesitzenden Personengesellschaft i. S. des § 1 Abs. 2a Satz 1 nur nach wirtschaftlichen Maßstäben zu beurteilen sei und für die derart vorzunehmende Zurechnungsentscheidung auf § 39 Abs. 2 Nr. 1 AO zurückgegriffen werden könne, allerdings „unter Beachtung grunderwerbsteuerlicher Besonderheiten". Diese Besonderheiten sind aus der Entscheidung nicht zu erkennen. Sie bezieht sich nur auf ein steuerrechtlich anzuerkennendes Treuhandverhältnis, das voraussetzt, dass ein Gesellschafter als Treuhänder Inhaber eines Gesellschaftsanteils mit der Maßgabe ist, die Rechte aus der Beteiligung nur unter Beachtung des mit dem Treugeber geschlossenen Treuhandvertrags auszuüben. Die „grunderwerbsteuerlichen Besonderheiten" lie

---

1 A. A. Behrens/Schmitt, DStR 2005, 1429, und UVR 2009, 240, ausgehend von der Prämisse, der Tatbestand des § 1 Abs. 2a Satz 1 könne nur durch den dinglichen Übergang der Rechtsinhaberschaft an Anteilen auf neue Gesellschafter verwirklicht werden.
2 So Boruttau/Fischer, Rn. 858 f.; Ländererlasse v. 18. 2. 2014, BStBl I 2014, 561.
3 Ländererlasse v. 18. 2. 2014, a. a. O., Tz 2.2.
4 Siehe auch BFH v. 17. 3. 2006 II B 157/05, BFH/NV 2006, 1341.
5 Zustimmend BFH v. 16. 1. 2013 II R 66/11, BStBl II 2014, 266.
6 BFH v. 17. 3. 2006 II B 157/05, BFH/NV 2006, 1341.
7 Urteil v. 25. 11. 2015 II R 18/14, BFHE 251, 492 = BFH/NV 2016, 255.

gen wohl darin, dass abweichend etwa von ertragsteuerrechtlichen Folgerungen aus § 39 Abs. 2 Nr. 1 AO das Treugut nicht dem Treugeber zugerechnet wird, sondern die zivilrechtliche Stellung des Treuhänders als Gesellschafter nicht ignoriert wird. U. E. bedarf es in Treuhandfällen keines Rückgriffs auf § 39 Abs. 2 Nr. 1 AO, weil diese Vorschrift nicht der grunderwerbsteuerrechtlichen Zuordnung entspricht.

Dass der unmittelbare Treuhänderwechsel dergestalt, dass derjenige, der ein     113
einen Anteil am Gesellschaftsvermögen vermittelndes Mitgliedschaftsrecht treuhänderisch für einen anderen hält, dieses unmittelbar auf einen weiteren neuen Gesellschafter überträgt, zur Erfüllung des Tatbestands des § 1 Abs. 2a Satz 1 beitragen kann bzw. diesen bei einer vermögensmäßigen Beteiligung von mindestens 95 % am Gesellschaftsvermögen der grundstückshaltenden Personengesellschaft erfüllen kann, entspricht dem Wortlaut der Vorschrift. Man wird aber auch davon auszugehen haben, dass für den Treugeberwechsel, der zu einer mittelbaren Änderung des Gesellschafterbestands führt, dasselbe gilt. Sind Treuhänder und Treugeber Kapitalgesellschaften, so führt u. E. jedenfalls ein Gesellschafterwechsel bei der Treuhänderin, der zur Folge hat, dass mindestens 95 % ihrer Anteile auf neue Gesellschafter übergehen, zu einer mittelbaren Änderung des Gesellschafterbestands der grundstückshaltenden Personengesellschaft im Umfang der Höhe ihrer Beteiligung am Gesellschaftsvermögen der Personengesellschaft. Die Frage, ob das auch für einen entsprechenden Gesellschafterwechsel bei der Treugeber-Kapitalgesellschaft gilt, also auch eine mittelbare Änderung im Gesellschafterbestand der Personengesellschaft auf der zweiten Ebene von § 1 Abs. 2a Satz 1 erfasst wird, ist wohl ebenfalls mit Ja zu beantworten.

### cc) Mittelbare Änderungen aufgrund anderweitiger schuldrechtlicher Bindungen

Mit Urteil vom 9. 7. 2014 II R 49/12 hat der Bundesfinanzhof[1] ausgesprochen,     114
schuldrechtliche Bindungen könnten es nach den § 1 Abs. 2a Satz 1 zugrunde liegenden Wertungen rechtfertigen, den Anteil am Gesellschaftsvermögen einem Dritten nach § 39 Abs. 2 Nr. 1 AO unter Beachtung grunderwerbsteuerrechtlicher Besonderheiten zuzurechnen und diesen wie einen Neugesellschafter der grundbesitzenden Personengesellschaft zu behandeln.

Der Entscheidung lag folgender Sachverhalt zugrunde: Am Vermögen einer grundbesitzenden GmbH & Co. KG, waren die A mit einer Einlage von

---

1 BStBl II 2016, 57.

450.000 € sowie die B mit einer Einlage von 2.050.000 € als Kommanditisten beteiligt. Die Komplementär-GmbH, deren Gesellschafter die A und die B waren, war am Gesellschaftsvermögen nicht beteiligt. Am 16. 10. 2001 veräußerte die A ihren gesamten Kommanditanteil und die B einen Teil ihres Kommanditanteils i. H. v. 5,6 %; zugleich veräußerten A und B ihre Geschäftsanteile an der Komplementärin an die X. Die Abtretung der Gesellschaftsanteile erfolgte unter der aufschiebenden Bedingung der Kaufpreiszahlung (fällig: 1. 11. 2001). In dem Vertrag wurde gleichzeitig der X ein Optionsrecht eingeräumt, das sie berechtigte, jederzeit die Übertragung des der B verbliebenen Kommanditanteils zum Kaufpreis von .... zu verlangen. Wurde die Kaufoption nicht bis spätestens 31. 12. 2006 ausgeübt, konnte B von X den Erwerb des Teilkommanditanteils zum Kaufpreis von .... verlangen. Am 19. 11. 2001 gewährte die X der B ein Darlehen mit fester Laufzeit bis zum 31. 12. 2006, das zum abgezinsten Betrag sofort ausgezahlt wurde. Weiter übertrug die B mit Vertrag vom 19. 11. 2001 das Gewinnstammrecht für den verblieben Teilkommanditanteil an X.

Der Bundesfinanzhof führte aus, da wirtschaftliches Eigentum vorliege, wenn der Käufer des Anteils (1) aufgrund eines (bürgerlich-rechtlichen) Rechtsgeschäfts bereits eine rechtlich geschützte, auf den Erwerb des Rechts gerichtete Position erworben habe, die ihm gegen seinen Willen nicht mehr entzogen werden kann, und (2) die mit dem Anteil verbundenen wesentlichen Rechte sowie (3) das Risiko einer Wertminderung und die Chance einer Wertsteigerung auf ihn übergegangen sind, liege in den getroffenen Vereinbarungen vom 16. 10. und 19. 11. 2001 eine mittelbare Änderung des Gesellschafterbestands.

114a    In ihren Ländererlassen vom 9. 12. 2015[1] haben die obersten Finanzbehörden der Länder den Rückgriff des Gerichts auf § 39 Abs. 2 Nr. 1 AO für die Zurechnungsentscheidung als im Grunderwerbsteuerrecht nicht anwendbar erklärt. „Einem mittelbaren Gesellschafterwechsel gleichgestellt wird *(aber)* eine Gestaltung (z. B. eine vertragliche), die einen anderen als dem an der Gesellschaft Beteiligten – ebenso wie bei der Verwertungsbefugnis nach § 1 Abs. 2 bei Treuhandgeschäften und bei Geschäftsbesorgungsverträgen – die Wertteilhabe an dem (Gesellschafts-)Grundstück einräumt."

Sachverhaltsgestaltungen, wie sie dem BFH-Urteil vom 9. 7. 2014 II R 49/12[2] zugrunde liegen, die auf die blühend aggressive Gestaltungsphantasie der

---

1 BStBl I 2016, 136.
2 BStBl II 2016, 57.

Steuervermeidungsstrategen zurückgehen und die nach den Wertungen, die § 1 Abs. 2a Satz 1 zugrunde liegen, als besteuerungswürdig anzusehen sind, verführen den Rechtsanwender, „neue" Wege einzuschlagen. Solange diese in sich schlüssig sind – Rückgriff auf § 39 Abs. 2 Nr. 1 AO oder Anlehnung § 1 Abs. 2 – müssen sie zum nämlichen Ergebnis führen. Denn eine Missbrauchsvermeidungsvorschrift, wie die des § 1 Abs. 2a Satz 1 (und des § 1 Abs. 3), schließt die Anwendung des § 42 AO aus, vgl. Rdnr. 137. Unter Abwägung der Verträglichkeit beider neuen Wege ist u. E. der artfremde Rückgriff auf § 39 Abs. 2 Nr. 1 AO ausgeschlossen. Die grunderwerbsteuerrechtlichen Bordmittel des Ersatztatbestandes des § 1 Abs. 2 sollten im Rahmen des § 1 Abs. 2a Satz 1 vorzugsweise in Anspruch zu nehmen sein.

## 7. Altgesellschafter und neue Gesellschafter

§ 1 Abs. 2a Satz 1 zwingt dazu, zwischen „Altgesellschaftern" und „neuen Gesellschaftern" zu differenzieren. **Altgesellschafter** sind stets diejenigen natürlichen Personen, die entweder selber Gründungsgesellschafter sind oder die im Zeitpunkt des Erwerbs des jeweiligen Grundstücks durch die Personengesellschaft schon deren Gesellschafter waren, denen also dieses schon zu diesem Zeitpunkt über ihre gesamthänderische Mitberechtigung (grunderwerbsteuerrechtlich) zuzurechnen war. Unerheblich ist es für die Altgesellschaftereigenschaft, ob mit dem Mitgliedschaftsrecht eine vermögensmäßige Beteiligung am Gesellschaftsvermögen verbunden ist. **Altgesellschafter sind weiter** diejenigen natürlichen Personen, die als Gesellschafter einer ihrerseits an der Personengesellschaft beteiligten Personengesellschaft in den genannten Zeitpunkten deren Mitglieder waren. Kapitalgesellschaften sind Altgesellschafter, soweit sie in den genannten Zeitpunkten Mitglieder der Personengesellschaft bzw. einer als Gesellschafterin an ihr beteiligten Personengesellschaft waren. Sie werden erst dann zu „Neugesellschaftern", wenn sich die Beteiligungsverhältnisse an ihnen in dem in § 1 Abs. 2a Satz 2 bis 5 genannten Ausmaß verändert haben. Ist die Personengesellschaft, deren Gesellschafterbestand sich ändert, durch formwechselnde Umwandlung „entstanden", so müssen als Altgesellschafter diejenigen natürlichen und juristischen Personen angesehen werden, die im Zeitpunkt der Eintragung der neuen Rechtsform in das zuständige Register Gesellschafter sind.

Als Altgesellschafter anzusehen sind auch **mittelbare „Gesellschafter"**, also diejenigen, die an den unmittelbar oder auch mittelbar beteiligten Gesamthändern – Personen- oder Kapitalgesellschaften – selbst wiederum unmittel-

115

bar (oder mittelbar) beteiligt sind und dies seit Gründung der Personengesellschaft oder spätestens im Zeitpunkt des jeweiligen Erwerbs des Grundstücks.

Hinzuweisen ist darauf, dass die Altgesellschafter den Tatbestand des § 1 Abs. 3a verwirklichen können; die Altgesellschaftereigenschaft ist nur im Zusammenhang mit § 1 Abs. 2a von Bedeutung.

116 **Neugesellschafter,** und zwar unmittelbare Neugesellschafter sind alle diejenigen natürlichen und juristischen Personen, die **erst mit** dem **Erwerb der Gesellschafterstellung** in der Personengesellschaft bzw. an einer an dieser beteiligten Personengesellschaft durch (Anteils)Übertragung oder Beitritt zugleich (erstmals) **in die Mitberechtigung** am **Gesellschaftsgrundstück** der Personengesellschaft unmittelbar oder mittels der an der beteiligten Personengesellschaft vermittelten Berechtigung **in die Mitberechtigung** am **Grundstück einrücken.** Zum Neugesellschafter wird eine Kapitalgesellschaft dann, wenn sich die Beteiligungsverhältnisse an ihr in dem in § 1 Abs. 2a Sätze 3 bis 5 genannten Ausmaß verändert haben. Mittelbarer Neugesellschafter wird der Treugeber im Zeitpunkt des Wirksamwerdens der Vereinbarungstreuhand bzw. im Zeitpunkt des Wirksamwerdens des Treugeberwechsels. Alle „**neuen Gesellschafter"** verlieren ihre Stellung als Neugesellschafter **mit Ablauf von fünf Jahren** und **werden** ihrerseits in Bezug auf das „vorgefundene" Grundstück zu **Altgesellschaftern.**

> **BEISPIEL:** An einer GbR sind seit Gründung die X-GmbH zu 80 % sowie die Y-OHG zu 10 % und A zu 10 % beteiligt. Im Jahr 01 erwirbt die GbR ein Grundstück. Zu Anfang des Jahres 03 überträgt der bisherige Alleingesellschafter der X-GmbH alle Anteile insgesamt auf Z. Im Jahr 04 veräußert A seinen Gesellschaftsanteil an B. Mitte des Jahres 08 findet bei der Y-OHG ein vollständiger Gesellschafterwechsel statt. Zu diesem Zeitpunkt ist die X-GmbH (Alleingesellschafter Z) bereits zum Altgesellschafter geworden, so dass der Tatbestand des § 1 Abs. 2a Satz 1 nicht erfüllt ist.

117 Zu bemerken bleibt noch, dass ein Gesellschafter, der im Zeitpunkt der Verwirklichung des Tatbestands des § 1 Abs. 2a Satz 1 schon Gesellschafter (also auch Gesellschafter der „neuen Personengesellschaft") war, in Bezug auf das Grundstück bzw. die Grundstücke die damals zum Vermögen der Gesellschaft gehörten, notwendig Altgesellschafter ist.

118 Scheidet ein Altgesellschafter aus der grundstückshaltenden Gesellschaft aus, verliert er grundsätzlich die Altgesellschafterstellung (zu Fragen der Anwendbarkeit des § 16 Abs. 2 vgl. Hofmann, GrEStG, § 16 Rdnr. 62 ff.). Er wird dann Neugesellschafter der Personengesellschaft, wenn er innerhalb der Fünfjahresfrist den Anteil (Teil eines Anteils) eines anderen Altgesellschafters mit Zustim-

mung der übrigen Gesellschafter erwirbt[1] oder der Gesellschaft aufgrund neu gefassten Entschlusses wieder beitritt.

> **BEISPIEL:** ➤ An einer GbR, zu deren Vermögen ein inländisches Grundstück gehört, waren seit ihrer Gründung im Jahr 2000, die dem Grundstückserwerb unmittelbar vorausging, A mit 50 %, B und C mit je 5 % und D mit 40 % beteiligt. Im Januar 2009 veräußert A seinen Anteil an X. Noch gegen Ende des Jahres 2009 erwirbt Y den Anteil des B. Im November 2013 veräußert D seinen Anteil an A. Die übrigen Gesellschafter haben jeweils der Anteilsveräußerung zugestimmt.
>
> Insgesamt sind innerhalb eines Fünfjahreszeitraums 95 % der Anteile am Vermögen der GbR auf Personen übergegangen, die vor dem Zeitpunkt des jeweiligen Anteilserwerbs am Vermögen dieser Gesellschaft nicht beteiligt waren und denen dementsprechend keine Mitberechtigung am Gesellschaftsgrundstück zustand.

Der Annahme, der Tatbestand des § 1 Abs. 2a Satz 1 sei erfüllt, steht nicht entgegen, dass aus der Sicht des § 6 Abs. 3 Satz 1 i.V. m. Abs. 1 der A sowohl an der „alten" als auch an der „neuen" Personengesellschaft beteiligt ist.[2] Entscheidend für die Verwirklichung des Tatbestands des § 1 Abs. 2a Satz 1 ist allein der Umstand, dass A aufgrund eines neu gefassten Entschlusses (erstmals) wieder Gesellschafter der GbR geworden ist, sich also der Gesellschafterbestand – verglichen mit demjenigen vor Erwerb des Anteils des D durch A – zivilrechtlich verändert hat. Eine lediglich zeitpunktbezogene Betrachtung, wie sie für § 6 Abs. 3 Satz 1 geboten ist, scheidet demzufolge aus.

## 8. Übergang von mindestens 95 % der Anteile auf neue Gesellschafter

Die Grenze von mindestens 95 % des § 1 Abs. 2a Satz 1 kann erreicht werden durch einen oder mehrere unmittelbare Anteilsübergänge auf neue Gesellschafter, durch einen oder mehrere mittelbare Anteilsübergänge und schließlich durch eine Kombination von beiden.    119

> **BEISPIELE:** ➤
>
> a) An einer GbR, zu deren Vermögen ein Grundstück gehört, sind die A-GmbH zu 95 % und B zu 5 % beteiligt. Im Jahr 01 wird die A-GmbH auf die C-AG verschmolzen. Damit sind 95 % der Anteile am Vermögen der Personengesellschaft unmittelbar auf einen neuen Gesellschafter übergegangen.
>
> b) An einer GbR mit Grundbesitz sind D zu 5 % und die E-OHG zu 95 % beteiligt. Gleichberechtigte Gesellschafter der E-OHG sind F und G. Im Jahr 01 überträgt F

---

1 Ebenso BFH v. 16. 5. 2013 II R 3/11, BStBl II 2013, 963.
2 Vgl. zur Anwendbarkeit von § 6 Abs. 3 Satz 1 in einem solchen Fall BFH v. 27. 4. 2005 II R 61/03, BStBl II 2005, 649.

seinen Gesellschaftsanteil an der E-OHG auf H. Im Jahr 04 überträgt G ebenfalls seinen Gesellschaftsanteil an der E-OHG, und zwar auf I. Damit sind 95 % der Anteile am Vermögen der GbR mittelbar auf neue (mittelbare) Gesellschafter übergegangen.

c) An der J-GmbH & Co. KG sind die J-GmbH sowie K, L, M und N zu je 20 % beteiligt. Die KG erwirbt im Jahr 01 ein Grundstück. K, L, M und N sind je zu 25 % an der J-GmbH beteiligt. Im Jahr 03 veräußern K, L und M je ihre Kommanditbeteiligung sowie ihren Geschäftsanteil an der J-GmbH an O. Im Jahr 05 veräußert N seinen Gesellschaftsanteil sowie seinen Geschäftsanteil an der J-GmbH an P. Damit sind 80 % der Anteile am Vermögen der KG unmittelbar und 20 % der Anteile daran mittelbar auf neue Gesellschafter übergegangen.

Änderungen in der vermögensmäßigen Beteiligung von Altgesellschaftern, die zu einer Erhöhung ihrer (unmittelbaren oder durch Beteiligung an einer Personengesellschaft vermittelten) vermögensmäßigen Teilhabe führen, bleiben notwendig unberücksichtigt. Das muss auch dann gelten, wenn sie sozusagen „doppelt" beteiligt sind, nämlich einmal an der Personengesellschaft selbst und zum anderen an einer weiteren Personengesellschaft, die ihrerseits an der grundstückshabenden Personengesellschaft beteiligt ist.

**BEISPIELE:**

a) Am Vermögen der grundbesitzenden D-GmbH & Co. KG sind als Kommanditisten A mit 80 %, B mit 5 % und C mit 15 % beteiligt; der Komplementärin steht keine vermögensmäßige Beteiligung zu. Im Jahr 01 veräußert A seinen Gesellschaftsanteil an X. Im Jahr 03 übernimmt zufolge Änderung des Gesellschaftsvertrags die bislang nicht am Vermögen der KG beteiligte D-GmbH den Gesellschaftsanteil des C.

Da die D-GmbH Altgesellschafterin ist, ist der Tatbestand des § 1 Abs. 2a Satz 1 nicht erfüllt.

b) An einer GbR sind Q, R und S je zu 30 % und die T-OHG zu 10 % beteiligt. An der T-OHG sind Q und U zu je $^1/_4$ und V zu $^1/_2$ beteiligt. Die GbR erwirbt im Jahr 01 ein Grundstück. In den Jahren 03 und 04 veräußern Q, R und S ihre Gesellschaftsanteile an der GbR an W, X und Y. Im Jahr 05 überträgt V seinen Gesellschaftsanteil an der T-OHG an Q.

Da Q „Altgesellschafter" der T-OHG und damit der GbR ist, sind nur 90 % der Anteile am Gesellschaftsvermögen der GbR auf neue Gesellschafter übergegangen.

120    Da mindestens 95 % der Anteile am Gesellschaftsvermögen auf **neue Gesellschafter** übergehen müssen, ist – abgesehen vom Fall des Austritts und Wiedereintritts eines Gesellschafters (vgl. Rdnr. 118) – das quantitative Ausmaß der Anteilsübergänge jedenfalls bei festen Beteiligungen am Vermögen der Personengesellschaft auch danach zu bestimmen, **wie viele Anteile** am Gesellschaftsvermögen – bezogen auf das jeweilige Grundstück (vgl. Rdnr. 99) – **bei**

**Altgesellschaftern verblieben** sind. Zwar führt auch die „Weitergabe" eines Anteils durch einen Neugesellschafter an einen Dritten, einen weiteren Neugesellschafter, zur Änderung des Gesellschafterbestands, sie darf aber nicht im jeweiligen Fünfjahreszeitraum grundstücksbezogen dem Erwerb des ersten Neugesellschafters hinzuaddiert werden, obwohl ein verbliebener Altgesellschafter oder mehrere verbliebene Altgesellschafter an dessen Ende allein oder zusammen noch zu mehr als 5 % am Gesellschaftsvermögen beteiligt ist bzw. sind.[1]

**BEISPIEL:** ▶ Am Gesellschaftsvermögen einer GbR sind im Zeitpunkt des Grundstückserwerbs durch diese A mit 94,8 % und B mit 5,2 % beteiligt. Im Gesellschaftsvertrag der GbR ist festgelegt, dass der Gesellschaftsanteil des A ganz oder teilweise übertragbar ist, und zwar auch durch seine Einzelrechtsnachfolger. Im Jahr 01 überträgt A die Hälfte seines Gesellschaftsanteils auf X. Dieser überträgt den erworbenen Gesellschaftsanteil im Jahr 04 auf Y. Da A sich mit Y nicht verträgt, überträgt er im Jahr 05 seinen restlichen Gesellschaftsanteil auf Z.

Da B nach wie vor mit 5,2 % am Gesellschaftsvermögen beteiligt ist, sind nicht mindestens 95 % der Anteile am Gesellschaftsvermögen der GbR i.S. des § 1 Abs. 2a Satz 1 auf neue Gesellschafter übergegangen.

Zutreffend geht die Finanzverwaltung[2] davon aus, dass **bei Grundstücksprojektgesellschaften,** geschlossenen Immobilienfonds u. Ä. der Tatbestand des § 1 Abs. 2a Satz 1 **erst dann erfüllt ist, wenn mindestens 95 %** der Anteile am (für die Finanzierung) vorgesehenen erhöhten **(künftigen) Kapital** durch neue (beitretende) Gesellschafter erworben sind, also nicht nach jedem Gesellschafterbeitritt nach der noch bestehenden prozentualen vermögensmäßigen Beteiligung von Altgesellschaftern zu fragen ist. Denn in diesen, regelmäßig die Durchführung größerer Immobilien-Investitionsvorhaben betreffenden, Fällen steht die „neue" Personengesellschaft, fixiert durch den geplanten Eigenkapitaleinsatz bereits fest, auf die das Grundstück „übergeleitet" werden soll. „Zwischenbetrachtungen", also das Erreichen eines Stadiums, in dem − für sich gesehen − die Altgesellschafter (vgl. Rdnr. 115) nur noch mit höchstens 5 % vermögensmäßig an der Personengesellschaft beteiligt sind, das aber nicht das Endziel des Gesamtplans darstellt, müssen um der Planvorgaben willen außer Betracht bleiben. Das gebietet auch § 8 Abs. 2 Satz 2.

121

Wird die vorgesehene Eigenkapitaldecke nicht erreicht, werden also in größerem Umfang, als ursprünglich geplant, Fremdmittel eingesetzt, steht mit Ab-

---

1 Gottwald/Behrens, Tz 335.2.
2 Ländererlasse v. 18. 2. 2014, BStBl I 2014, 561, unter Tz 3, soweit die Ausführungen das Beispiel Tz 3.6 betreffen.

schluss des Investitionsvorhabens das prozentuale Beteiligungsverhältnis der Alt- und Neugesellschafter am Vermögen der Personengesellschaft fest und ist zur Ermittlung des Vomhundertsatzes von dem tatsächlichen Befund auszugehen.[1]

## 9. Nichtberücksichtigung des Erwerbs von Anteilen von Todes wegen

122 Nach § 1 Abs. 2a Satz 6 bleibt bei der Ermittlung des Vomhundertsatzes der Erwerb von Anteilen von Todes wegen außer Betracht. Durch § 1 Abs. 2a Sätze 3 bis 5, wonach eine unmittelbar beteiligte Kapitalgesellschaft dann im vollem Umfang als neue Gesellschafterin gilt, wenn mindestens 95 % der Anteile auf neue Gesellschafter übergehen, hat § 1 Abs. 2a Satz 6 eine neue Dimension erhalten: Auch Veränderungen in der Beteiligung an Kapitalgesellschaften – auf welcher Stufe auch immer – haben dann außer Betracht zu bleiben, wenn sie auf einem Erwerb von Todes wegen beruhen. Das ist in sich stimmig, können doch Übergänge auf den mittelbaren Ebenen nicht im weiterem Umfang Bedeutung erhalten, als solche, auf der unmittelbaren Beteiligungsebene. Zu bemerken ist, dass auch Treuhänder- bzw. Treugeberwechsel aufgrund Erwerbs von Todes wegen bei der Ermittlung des Vomhundertsatzes außer Betracht bleiben müssen. Eindeutig angesprochen wird damit der Gesellschafterwechsel durch Erbfolge (bei mehreren Erben im Wege der Sonderrechtsnachfolge, vgl. Hofmann, GrEStG, § 3 Rdnr. 30). Das Tatbestandsmerkmal „Erwerb von Todes wegen", welches auch § 3 Nr. 2 Satz 1 verwendet, allerdings mit dem Zusatz „im Sinne des Erbschaftsteuer- und Schenkungsteuergesetzes", könnte auch weiter reichen. Es ist nicht losgelöst vom Tatbestand des § 1 Abs. 2a Satz 1 zu verstehen. Gemeint ist der Übergang von Anteilen am Vermögen der grundbesitzenden Personengesellschaft bzw. einer an ihr – auf welcher Beteiligungsstufe auch immer – beteiligten Personengesellschaft sowie von Anteilen an einer unmittelbar oder mittelbar an diesen beteiligten Kapitalgesellschaft, ohne dass es eines Übertragungsaktes bedarf. Damit beschränkt sich die Anordnung im Wesentlichen auf den Gesellschafterwechsel durch Erbanfall i. S. des § 3 Abs. 1 Nr. 1 ErbStG.[2] U. E. ist es offensichtlich, dass § 1 Abs. 2a Satz 6 nur auf den Anteilsübergang durch Erbfolge abhebt und sich insofern an die Regelung in § 6 Abs. 4 Satz 1 anlehnt.

---

1 Ebenso Ländererlasse v. 18. 2. 2014, BStBl I 2014, 561, Tz 3.6.
2 Zu denken ist auch an den „teilentgeltlichen" Übergang auf andere Gesellschafter oder die Gesellschaft im Todesfall i. S. des § 3 Abs. 1 Nr. 2 Satz 2 ErbStG.

## 10. Anrechnung nach § 1 Abs. 2a Satz 7

*(Einstweilen frei)* 123

§ 1 Abs. 2a Satz 7 entspricht wörtlich § 1 Abs. 2a Satz 3 i. d. F des StÄndG 2001[1]. 124
Danach ist dann, wenn die Personengesellschaft vor dem Wechsel im Gesellschafterbestand ein Grundstück von einem Gesellschafter oder einer anderen
Gesamthand erworben hat, auf die nach § 8 Abs. 2 Satz 1 Nr. 3 ermittelte Bemessungsgrundlage die Bemessungsgrundlage für den Erwerbsvorgang, für
den aufgrund des § 5 Abs. 3 oder des § 6 Abs. 3 Satz 2 die Steuervergünstigung
zu versagen ist, mit dem entsprechenden Betrag anzurechnen. Die Regelung
soll die Doppelbelastung des Erwerbs eines Grundstücks von einem Gesellschafter bzw. einer (anderen) Gesamthand durch Versagung der Begünstigung
aus § 5 Abs. 1 oder Abs. 2 bzw. § 6 Abs. 3 Satz 1 i. V. m. Abs. 1 nach § 5 Abs. 3
bzw. § 6 Abs. 3 Satz 2 sowie durch die fingierte Übereignung desselben Grundstücks auf eine „neue Personengesellschaft" ausschließen. Denn **§ 1 Abs. 2a
Satz 7** setzt **tatbestandsmäßig voraus**, dass **(1)** durch die Personengesellschaft
vor dem Wechsel des Gesellschafterbestands von einem Gesellschafter oder
einer anderen Gesamthand ein Grundstück erworben wurde und **(2)** im Anschluss daran in Bezug auf dieses Grundstück der Tatbestand des § 1 Abs. 2a
Satz 1 erfüllt wurde, sowie dass **(3)** die Vergünstigung aus § 5 Abs. 1 oder 2
bzw. § 6 Abs. 3 Satz 1 i. V. m. Abs. 1 gemäß § 5 Abs. 3 bzw. § 6 Abs. 3 Satz 2 für
den Übergang des Grundstücks auf die „alte" Personengesellschaft zu versagen ist. Das Bindeglied für den Anfall von Grunderwerbsteuer, der durch § 1
Abs. 2a Satz 7 vermieden bzw. vermindert werden soll, ist die innere Verknüpfung der nachträglichen Versagung der Steuerbegünstigung einerseits mit
dem Wechsel im Gesellschafterbestand andererseits.

Die durch § 1 Abs. 2a Satz 7 angeordnete Vermeidung der Doppelbelastung ist 125
in der Weise vorzunehmen, dass „auf die nach § 8 Abs. 2 Satz 1 Nr. 3 ermittelte
Bemessungsgrundlage" für die infolge Erfüllung des Tatbestands des § 1
Abs. 2a Satz 1 zu erhebende Steuer diejenige Bemessungsgrundlage anzurechnen ist, von der wegen des vorgängigen Erwerbs des Grundstücks, in Bezug
auf welches Tatbestandserfüllung eingetreten ist, Steuer unter Versagung der
Begünstigung aus § 5 Abs. 1 oder 2 bzw. § 6 Abs. 3 Satz 1 i. V. mit Abs. 1 festzusetzen ist. Die Konstruktion der „Anrechnung" lehnt sich an § 1 Abs. 6 Satz 2
an, entspricht ihr aber nicht, weil sie die Anrechnung der entsprechenden Bemessungsgrundlage für den vorgängigen Grundstücksübergang nicht davon
abhängig macht, dass die Steuer, soweit die Steuervergünstigung im Hinblick

---

1 Vom 20. 12. 2001 BGBl I 2001, 3794.

auf § 5 Abs. 3 bzw. § 6 Abs. 3 Satz 2 nicht zu gewähren ist, auch festgesetzt ist.[1] Die **Anrechnung** findet **ausschließlich auf** der **Ebene der Bemessungsgrundlage** statt.

Eine Bindung der Grunderwerbsteuerfestsetzung für den Erwerbsvorgang nach § 1 Abs. 2a Satz 1 an die Festsetzung der Steuer deshalb, weil der Veräußerer eines Grundstücks an die Personengesellschaft seine Beteiligung an dieser innerhalb von fünf Jahren (s. § 5 Abs. 3) vermindert, besteht folglich nicht. Entscheidend für die Anrechnung ist nur, dass bei zutreffender materiell-rechtlicher Beurteilung gemäß § 5 Abs. 3, die Begünstigungsvoraussetzungen des § 5 Abs. 2 entfallen sind. Deshalb rechtfertigt die Aufhebung des auf § 5 Abs. 3 gestützten Grunderwerbsteuerbescheids nicht die Änderung desjenigen Verwaltungsakts, mit dem die Steuer für den Erwerbsvorgang i. S. des § 1 Abs. 2a Satz 1 unter Anrechnung der Bemessungsgrundlage für jenen festgesetzt wurde.[2]

126 Die Ermittlung der **nach** der **Anrechnung verbleibenden Bemessungsgrundlage** erfordert **drei Teilschritte:**

(1) die Ermittlung der Bemessungsgrundlage für den der Steuer unterworfenen fiktiven Übergang des Grundstücks auf die „neue Personengesellschaft". Dabei ist von den Werten i. S. des § 151 Abs. 1 Satz 1 Nr. 1 i. V. m. § 157 Abs. 1 bis 3 BewG auszugehen, die durch das Lagefinanzamt gesondert festzustellen sind (vgl. Rdnr. 62 f. zu § 8). Der Grundbesitzwert ist ggf. um den Prozentsatz, mit dem Altgesellschafter noch am Vermögen der „neuen Personengesellschaft" beteiligt sind, anteilig zu kürzen (s. Hofmann, GrEStG, § 6 Rdnr. 13). Sind Anteilsübertragungen zwar bei der Ermittlung des Vomhundertsatzes des § 1 Abs. 2a Satz 1 zu berücksichtigen, greift aber die Sperrfrist des § 6 Abs. 4 Satz 1 deshalb nicht ein, weil ein dem Anteilserwerb entsprechender Grundstückserwerb steuerfrei wäre (vgl. Rdnr. 129), ist eine weitere entsprechende Kürzung des Grundbesitzwerts vorzunehmen;

(2) die Ermittlung der Bemessungsgrundlage für den vorgängigen Erwerb des Grundstücks durch die Personengesellschaft, aus der die Steuer nur und ausschließlich wegen der Verminderung der vermögensmäßigen Beteiligung des Veräußerers an der Personengesellschaft (§ 5 Abs. 3) unter entsprechendem Wegfall der Vergünstigung aus § 5 Abs. 1 oder 2 festzusetzen ist bzw. die Ermittlung der entsprechenden Bemessungsgrundlage, aus der

---

1 Siehe auch BFH v. 17. 12. 2014 II R 2/13, BStBl II 2015, 557.
2 Siehe auch BFH v. 17. 12. 2014 II R 2/13, BStBl II 2015, 557.

die Steuer wegen der Verminderung der vermögensmäßigen Beteiligung eines Gesamthänders (§ 6 Abs. 3 Satz 2) unter entsprechendem Wegfall der Vergünstigung aus § 6 Abs. 3 Satz 1 i. V. m. Abs. 1 festzusetzen ist, und

(3) den Abzug der nach (2) ermittelten Bemessungsgrundlage von der nach (1) ermittelten Bemessungsgrundlage. Verbleibt dabei nur ein die Freigrenze des § 3 Nr. 1 nicht übersteigender Betrag, so ist keine Steuer zu erheben.

**BEISPIEL:** Eine GbR, an deren Vermögen A zu 80 %, B zu 15 % und C zu 5 % beteiligt sind, erwirbt im Jahr 01 von A ein Grundstück zum Kaufpreis von 1 Mio. €. Für diesen Erwerbsvorgang wird die Steuer nach § 5 Abs. 2 i. H. v. 80 % (also aus 800.000 €) nicht erhoben. Im Jahr 03 überträgt B mit Zustimmung von A und C seinen Gesellschaftsanteil auf seinen Sohn S. In 05 veräußert A seinen Gesellschaftsanteil mit Zustimmung von C und S an D.

Insgesamt sind damit 95 % der Anteile am Gesellschaftsvermögen der GbR auf neue Gesellschafter übergegangen; der Tatbestand des § 1 Abs. 2a Satz 1 ist erfüllt. Der Grundbesitzwert des Grundstücks wird zum Besteuerungsstichtag auf 900.000 € festgestellt.

Die Bemessungsgrundlage für den nach § 1 Abs. 2a Satz 1 der Steuer unterliegenden Wechsel im Gesellschafterbestand der GbR beträgt 900.000 € ./. (15 % [s. dazu Rdnr. 129] + 5 % [Altgesellschafter C] =) 720.000 €. Auf diese ist die Bemessungsgrundlage von 800.000 €, aus der wegen der Verminderung der Beteiligung des A die Steuer für den Erwerbsvorgang aus dem Jahr 01 durch Änderungsbescheid (s. Hofmann, GrEStG, § 5 Rdnr. 34) festzusetzen ist, anzurechnen. Im Ergebnis fällt für den Erwerbsvorgang i. S. des § 1 Abs. 2a Satz 1 keine Steuer an.

Nach dem **Wortlaut** des § 1 Abs. 2a Satz 7 **kann** die Bemessungsgrundlage für den Erwerb des Grundstücks von dem Gesellschafter (der Gesamthand), für den aufgrund des § 5 Abs. 3 oder des § 6 Abs. 3 Satz 2 die Steuervergünstigung zu versagen ist, **nur auf** die nach § 8 Abs. 2 Satz 1 Nr. 3 für die Bemessung der Steuer für die fiktive Übereignung des Grundstücks auf die „neue Personengesellschaft" ermittelte Berechnungsgrundlage angerechnet werden. Das kann aber nicht bedeuten, dass bei der Bemessungsgrundlagenanrechnung zwischenzeitliche **Wertsteigerungen** des Grundstücks **durch dessen Bebauung** ebenso **zu berücksichtigen** wären wie der Umstand, dass sich die Bemessungsgrundlage nach § 8 Abs. 2 Satz 2 bestimmt, weil die Änderung des Gesellschafterbestands auf einem vorgefassten Plan zur Bebauung des vorgängig von einem Gesellschafter durch die Personengesellschaft erworbenen Grundstücks beruht. Aus Gründen folgerichtiger Umsetzung des Gesetzesbefehls ist § 1 Abs. 2a Satz 7 in solchen Fällen dahin gehend auszulegen, dass vielmehr nur auf den Teil der nach § 8 Abs. 2 Satz 2 oder für das zwischenzeitlich bebaute bzw. sich im Bau befindliche Grundstück für den Erwerbsvorgang nach § 1 Abs. 2a Satz 1 ermittelten Bemessungsgrundlage, der **anteilig** auf das **unbe-** 127

**baute Grundstück** entfällt, die Bemessungsgrundlage für den vorgängigen Erwerbsvorgang, für den aufgrund § 5 Abs. 3 oder des § 6 Abs. 3 Satz 2 die Steuervergünstigung zu versagen ist, anzurechnen ist.[1] Denn es soll durch § 1 Abs. 2a Satz 7 nur die Doppelbelastung vermieden, nicht aber eine darüber hinausgehende Entlastung erreicht werden.

## 11. Gesellschafterwechsel und Steuervergünstigungen

### a) Anwendbarkeit des § 6 Abs. 3

128    Auf die Ausführungen in Hofmann, GrEStG, § 6 Rdnr. 13 ff. wird verwiesen.

129    Die Grundregel, dass § 6 Abs. 4 Satz 1 auf einen nach § 6 Abs. 3 Satz 1 i.V.m. Abs. 1 begünstigten Vorgang dann unanwendbar ist, wenn ein dem rechtsgeschäftlichen Erwerb des Anteils entsprechender Erwerb eines Grundstücks nach den allgemeinen Vorschriften steuerfrei wäre,[2] gilt auch in Bezug auf den fingierten Erwerb eines Grundstücks von einer Personengesellschaft durch eine andere i.S. des § 1 Abs. 2a. Ein unmittelbarer (derivativer, s. Rdnr. 103 f.) Anteilsübergang von einem Altgesellschafter (vgl. Rdnr. 115 ff.) auf einen neuen Gesellschafter, der zu dem Altgesellschafter in einem persönlichen Verhältnis steht, wie es § 3 Nr. 4 und 6 voraussetzt, steht daher der Anwendung des § 6 Abs. 3 Satz 1 i.V.m. Abs. 1 nicht entgegen.[3] Das Nämliche gilt für die schenkweise Übertragung (§ 3 Nr. 2 Satz 1) eines Anteils an einer Personengesellschaft.[4] Zur Begrenzung bei „gemischter Anteilsschenkung" vgl. Hofmann, GrEStG, § 3 Rdnr. 20.

130    Da bei **doppelstöckigen Gesamthandsgemeinschaften** stets der Rückgriff auf die am Vermögen der beiden Gesamthandsgemeinschaften Beteiligten erforderlich ist (vgl. Hofmann, GrEStG, § 6 Rdnr. 3), ist dem Grundsatz der quotalen Zurechnung von personenbezogenen (sachlichen) Steuerbefreiungen (s. § 3 Nr. 4 und 6) auch Rechnung zu tragen, wenn ein Anteil am Vermögen der grundstücksbesitzenden Personengesellschaft auf eine weitere Personengesellschaft übergeht. Denn die Neugesellschafterin Personengesellschaft ist dahin zu hinterfragen, wer als an ihr Beteiligter am Vermögen der grundstücksbesitzenden Gesellschaft beteiligt ist.

---

1  Ebenso Pahlke, Rz 314.
2  Vgl. BFH v. 10.2.1982 II R 152/80, BStBl II 1982, 481, m.w.N.; vgl. auch Hofmann, GrEStG, § 6 Rdnr. 35.
3  Ebenso Pahlke, Rz 11 zu § 3; BFH v. 16.8.2013 II R 66/11, BFH/NV 2013, 653..
4  Vgl. BFH v. 13.9.2006 II R 37/05, BFH/NV 2007, 157, v. 12.10.2006 II R 79/05, BStBl II 2007, 409 und v. 17.12.2014 II R 2/13, BStBl II 2015, 557; Ländererlasse v. 3.3.2013, BStBl I 2013, 773.

**BEISPIEL:** Am Vermögen der X-GbR, die im Jahr 01 ein Grundstück erwarb, sind A mit 5 %, B mit 60 % und C mit 35 % beteiligt. Im Jahr 04 überträgt C seinen Gesellschaftsanteil auf D und B seinen Gesellschaftsanteil auf die S&T-OHG, an der sein Sohn vermögensmäßig zu 1/3, im Übrigen fremde Dritte beteiligt sind.

Der Tatbestand des § 1 Abs. 2a Satz 1 ist erfüllt, denn es sind 95 % der Anteile am Vermögen der X-GbR auf neue Gesellschafter übergegangen. Wegen der Beteiligung des Sohns des B an der Neugesellschafterin, der S&T-OHG, und des Verbleibens des A in der X-GbR ist der Vorgang jedoch nach § 6 Abs. 3 Satz 1 i. V. m. § 3 Nr. 6 i. H. v. 5 % + ($^1/_3$ von 60 % =) 20 % steuerbegünstigt.

Ist bei unmittelbarem Anteilserwerb durch eine Personengesellschaft an dieser ein „Altgesellschafter" der grundstücksbesitzenden Personengesellschaft beteiligt, muss der fingierte Grundstücksübergang auf eine i. S. von § 1 Abs. 2a Satz 1 „neue Personengesellschaft" wegen dessen über die Neugesellschafterin bestehende und damit im Licht der §§ 5 und 6 fortbestehende gesamthänderischer Beteiligung an deren Vermögen bei Anwendung des § 6 Abs. 3 Satz 1 i. V. m. Abs. 1 auf den durch zivilrechtlichen Gesellschafterwechsel erfüllten, nach § 1 Abs. 2a Satz 1 steuerbaren Vorgang berücksichtigt werden.

**BEISPIEL:** Am Vermögen der Y-GbR, die im Jahre 01 ein Grundstück erwarb, waren A und B je zu 50 % beteiligt. Im Jahr 04 überträgt A seinen Gesellschaftsanteil an der Y-GbR auf D. Im Jahr 05 überträgt B seinen Gesellschaftsanteil an der Y-GbR auf die C-GbR, an deren Vermögen er neben anderen Personen zu 10 % beteiligt ist.

Der Tatbestand des § 1 Abs. 2a Satz 1 ist erfüllt, denn es sind innerhalb der Fünfjahresfrist alle Anteile an der Y-GbR unmittelbar auf neue Gesellschafter übergegangen. Da aber B über seine vermögensmäßige Beteiligung an der C-GbR zu 5 % am Vermögen der i. S. des § 1 Abs. 2a Satz 1 „neuen Personengesellschaft" beteiligt bleibt, ist der Vorgang nach § 6 Abs. 3 Satz 1 i. V. m. Abs. 1 i. H. v. 5 % steuerbegünstigt.

Bei Weiterverfolgung dieses Gedankens kann es im Extremfall dazu kommen, dass zwar der Tatbestand des § 1 Abs. 2a Satz 1 erfüllt ist, der Erwerb der „neuen Personengesellschaft" aber in voller Höhe nach § 6 Abs. 3 Satz 1 i. V. m. Abs. 1 begünstigt ist.

**BEISPIEL:** Gründungsgesellschafter der A-GbR, die kurz nach Gründung noch im Jahr 01 ein Grundstück erwarb, sind A und B. Am Vermögen der A-GbR waren A mit 4 % und B mit 96 % beteiligt. Im Jahr 04 veräußert und überträgt B seinen Gesellschaftsanteil an der A-GbR auf die B & Sohn-OHG, an der B und dessen Sohn je hälftig beteiligt sind.

Der Tatbestand des § 1 Abs. 2a Satz 1 ist erfüllt, denn zivilrechtlich ist ein Mitgliedschaftsrecht an der A-GbR, dem 96 % des Vermögens der Personengesellschaft anhaften, auf einen neuen Gesellschafter übergegangen. Da aber B über die B & Sohn-OHG zu 48 % am Vermögen der A-GbR beteiligt „bleibt" und im Übrigen nunmehr sein Sohn ebenfalls zu 48 % als am Vermögen der A-GbR beteiligt angesehen werden muss und schließlich A Mitglied sowohl der „alten" als auch der „neuen" Personengesellschaft bleibt, ist der Erwerb der i. S. von § 1 Abs. 2a Satz 1 „neuen Personengesellschaft" in vollem Umfang nach § 6 Abs. 3 Satz 1 i. V. m. Abs. 1 (und i. V. m. § 3 Nr. 6) begünstigt.

### b) Steuervergünstigung nach § 6a

130a     Tritt die Änderung im Gesellschafterbestand als Folge einer Umwandlung der in § 6a Sätze 1 und 2 aufgeführten Art ein (vgl. Rdnr. 104), so kann der nach § 1 Abs. 2a steuerbare Erwerbsvorgang nach § 6a begünstigt sein, sofern die Voraussetzungen des § 6a Sätze 3 und 4 erfüllt sind.

**BEISPIEL:** Die M-GmbH hält seit mehr als fünf Jahren alle Anteile der A-GmbH sowie 95 % der Anteile der B-GmbH. Die restlichen Anteile sind in Fremdbesitz. Die A-GmbH ihrerseits hält seit mehr als fünf Jahren 95 % der Anteile der C-GmbH und diese ebenso lang alle Anteile der X-GmbH. Letztere ist seit mehr als fünf Jahren an der P-OHG zu 10 % vermögensmäßig beteiligt. Weiterhin sind am Vermögen der P-OHG zu 5 % deren Gründungsgesellschafter P und zu 85 % ein Z beteiligt. Z hat seine Beteiligung im Jahr 01 erworben. Im Jahr 03 wird die X-GmbH auf die B-GmbH verschmolzen.

Mit der Verschmelzung gehen 10 % der Anteile am Gesellschaftsvermögen der P-OHG auf einen neuen Gesellschafter über, womit zusammen mit dem Erwerb des Z der Tatbestand des § 1 Abs. 2a Satz 1 verwirklicht wird. Der Erwerb durch die „neue Personengesellschaft" ist i. H. von 5 % (Anteil des P) nach § 6 Abs. 3 Satz 1 i. V. m. Abs. 1 und zu 10 % (Anteil der X-GmbH, nunmehr der B-GmbH) nach § 6a steuerbegünstigt.

## 12. Verhältnis zu § 1 Abs. 3

131     Nach dem Einleitungssatz des § 1 Abs. 3 sind der Steuer die in dieser Vorschrift beschriebenen Vorgänge, soweit sie sich auf Personengesellschaften beziehen können (s. dazu Rdnr. 141 ff.), nur unterworfen, soweit eine Besteuerung nach § 1 Abs. 2a nicht in Betracht kommt (vgl. auch Rdnr. 143). § 1 Abs. 2a genießt also Anwendungsvorrang, und zwar auch dann, wenn wegen des Eingreifens von Befreiungs- bzw. Begünstigungsvorschriften bzw. im Hinblick auf die An-

rechnungsvorschrift des § 1 Abs. 2a Satz 7 keine Steuer zu erheben ist. Der Anwendungsvorrang gilt auch dann, wenn ein Vorgang unter beide Vorschriften zu subsumieren ist.

**BEISPIELE:** a) An der XY-GmbH & Co. KG sind X und Y zu jeweils 50 % als Kommanditisten beteiligt. Komplementärin ist die nicht am Vermögen der KG beteiligte Z-GmbH, deren Anteile ebenfalls zu je 50 % von X und Y gehalten werden. Die KG erwarb im Jahr 01 ein Grundstück. Im Jahr 04 veräußern sowohl X als auch Y nicht nur ihre Kommanditanteile an der XY-GmbH & Co. KG sondern auch ihre Anteile an der Z-GmbH an N.

Alle Anteile an der XY-GmbH & Co. KG vereinigen sich damit in der Hand des N, und zwar teils unmittelbar, teils mittelbar (§ 1 Abs. 3 Nr. 1 bzw. 2; Steuerschuldner wäre nach § 13 Nr. 5 Buchst. a der N). Zugleich aber sind auch alle Anteile am Gesellschaftsvermögen der XY-GmbH & Co. KG auf neue Gesellschafter übergegangen. Im Hinblick auf den Anwendungsvorbehalt des Eingangssatzes des § 1 Abs. 3 zugunsten des § 1 Abs. 2a unterliegt der Vorgang der Steuer nach der letztgenannten Vorschrift mit der Folge, dass die Personengesellschaft Steuerschuldnerin ist (§ 13 Nr. 6).

b) An der A-GmbH & Co. KG, die im Jahre 01 gegründet wurde, waren als Gründungsgesellschafter neben der A-GmbH als Komplementärin, deren Anteile allein der A hielt, als Kommanditisten A, B und C beteiligt. Während die A-GmbH am Vermögen der A-GmbH & Co. KG nicht beteiligt war, waren die Kommanditisten zu je 1/3 an deren Vermögen beteiligt. Im Jahr 02 erwarb die A-GmbH & Co. KG Grundstücke. A übertrug im Juni 04 seine Kommanditbeteiligung sowohl wie sämtliche Anteile der A-GmbH auf D. Die Kommanditbeteiligung des B wurde im Lauf des Jahres 08 von diesem auf D übertragen, die des C im Jahr 10 ebenfalls auf D.

Der Tatbestand des § 1 Abs. 2a Satz 1 ist nicht erfüllt, weil innerhalb der Fünfjahresfrist nicht mindestens 95 % der Anteile am Gesellschaftsvermögen auf den Neugesellschafter D übergingen, denn im Jahr 10 war D bereits Altgesellschafter geworden. Die im Jahr 10 eintretende teils unmittelbare, teils über die von D beherrschte A-GmbH eintretende Vereinigung aller Anteile in der Hand des D verwirklicht den Tatbestand des § 1 Abs. 3 Nr. 1 oder 2. Der Anwendungsvorrang des § 1 Abs. 2a kommt wegen des Ablaufs der Fünfjahresfrist nicht zum Zuge.

Dabei ist zu bemerken, dass die Formulierung in § 1 Abs. 2a Satz 1 „auf neue Gesellschafter übergehen" nicht etwa bedeutet, dass die Anteile am Gesellschaftsvermögen der Personengesellschaft nach dem Gesellschafterwechsel stets mehreren Personen als neuen Gesellschaftern zustehen müssten.[1] So ist der Tatbestand des § 1 Abs. 2a Satz 1 auch erfüllt, wenn mindestens 95 % der Anteile am Gesellschaftsvermögen en bloc auf einen neuen Gesellschafter übergehen.[2] Eine unmittelbare Vereinigung aller Anteile an einer Personengesellschaft unterliegt wegen deren Untergang unter gleichzeitiger liquidations-

---

1 So aber Starke/Bücker, GmbHR 2006, 416.
2 Vgl. auch BFH v. 17. 3. 2006 II B 157/05, BFH/NV 2006, 1341.

loser Beendigung der Gesellschaft in Bezug auf die der Personengesellschaft gehörenden Grundstücke weder der Steuer aus § 1 Abs. 2a Satz 1 noch aus § 1 Abs. 3, sondern allein aus § 1 Abs. 1 Nr. 3 Satz 1 (vgl. Rdnr. 56).

## 13. Verhältnis zu § 1 Abs. 3a

131a     Der Tatbestand des § 1 Abs. 3a setzt voraus, dass weder eine Besteuerung nach § 1 Abs. 2a noch nach § 1 Abs. 3 in Betracht kommt; er ist also der Verwirklichung dieser beiden Erwerbsvorgänge gegenüber nachrangig.

> **BEISPIEL:** An der Q-GmbH & Co. KG, die im Jahr 2013 gegründet wurde und unmittelbar nach der Gründung Grundstücke erwarb, waren als Gründungsgesellschafter die Q-GmbH, deren einzigen Geschäftsanteil Q hielt, sowie F, M und R beteiligt. Am Vermögen der KG war Q zu 1 %, F zu 2 %, M zu 3 % und R zu 94 % beteiligt. Zu Beginn des Jahres 2015 übertrug M seinen Gesellschaftsanteil auf F. Im Herbst 2015 übertrug R seinen Gesellschaftsanteil auf Q.
>
> Der Tatbestand des § 1 Abs. 2a ist nicht erfüllt, weil nur 94 % der Anteile am Vermögen der KG auf einen neuen Gesellschafter übergingen. Auch der zunächst nachrangige Tatbestand des § 1 Abs. 3 Nr. 1 bzw. 2 ist nicht erfüllt, weil F weiterhin als Gesellschafter in der KG verblieb (s. dazu Rdnr. 141 f., 159). Verwirklicht wurde aber der Tatbestand des § 1 Abs. 3a, weil Q infolge der Übertragung des Gesellschaftsanteils des R auf ihn, teils unmittelbar, teils mittelbar (über die Q-GmbH) eine wirtschaftliche Beteiligung an der KG zu mindestens 95 % innehat.

Wenngleich für Erwerbsvorgänge nach dem 5. 11. 2015 durch die Einfügung der Sätze 2 bis 5 in § 1 Abs. 2a die Vorgaben für mittelbare Gesellschafterwechsel nunmehr präzisiert sind, gilt das nicht für Erwerbsvorgänge, die vor dem 6. 11. 2015 verwirklicht wurden.[1] Anzumerken ist, dass der Anwendungsbereich[2] des § 1 Abs. 3a im Lichte des BFH-Urteils vom 24. 4. 2013 II R 17/10[3] bei mittelbaren Gesellschafterwechseln weitreichendere Bedeutung erlangt hat. Zur Verdeutlichung diene folgendes

> **BEISPIEL:** Am Vermögen einer grundbesitzenden GbR sind seit deren Gründung A mit 2 %, B mit 18 % und die C-GmbH mit 80 % beteiligt. Gesellschafter der C-GmbH sind X mit 98 % und Y mit 2 % der Geschäftsanteile. Im Jahr 01 erwirbt die GbR ein Grundstück. Im Jahr 03 überträgt B seinen Gesellschaftsanteil an der GbR mit Zustimmung der Mitgesellschafter auf die Q-GmbH, deren Alleingesellschafter Z ist. Im Jahr 04

---

1 Vgl. § 23 Abs. 13.
2 Zum zeitlichen Anwendungsbereich s. § 23 Abs. 11.
3 BStBl II 2013, 833; s. dazu „Nichtanwendungserlasse" v. 9. 10. 2013, BStBl I 2013, 1278.

verkauft und überträgt X alle seine Geschäftsanteile an der C-GmbH formgerecht[1] an Z. Die Veräußerung bedarf keiner Genehmigung.[2]

Der Tatbestand des § 1 Abs. 2a Satz 1 i.V. m. den Sätzen 3 und 4 ist erfüllt, weil innerhalb von fünf Jahren insgesamt 98 % der Anteile am Vermögen teils unmittelbar (Übertragung des Gesellschaftsanteils des B i. H. von 18 %) und teils mittelbar (i. H. von 80 % wegen der Veränderung des Gesellschafterbestands der C-GmbH zu mehr als 95 %) auf neue Gesellschafter übergegangen sind.

Nach der im Urteil vom 24. 4. 2013 II R 17/10[3] zum Ausdruck gekommenen Auffassung des BFH ist § 1 Abs. 2a Satz 1 bei Erwerbsvorgängen vor dem 6. 11. 2015 nicht erfüllt, weil sich der Gesellschafterbestand der C-GmbH nicht vollständig, sondern nur zu 98 % (und damit eben nicht vollständig) geändert hat.[4] Deshalb ist § 1 Abs. 3a anwendbar. Dieser Tatbestand ist auch erfüllt, denn Z hat mittelbar über seine Alleingesellschafterstellung an der Q-GmbH 18 % und ebenfalls mittelbar über seine Beteiligung an der C-GmbH eine wirtschaftliche Beteiligung i. H. von mindestens 95 % an der Gesellschaft des bürgerlichen Rechts inne, nämlich 96,4 % ((98 % x 80 % =) 78,4 % + 18 %).[5]

## IV. Anteilsvereinigung und Anteilsübertragung (§ 1 Abs. 3)

**Literatur:** *Müller-Dott,* Mittelbare Anteilsvereinigung im Grunderwerbsteuerrecht, GmbHR 1976, 137; *H. Fischer,* Wird die Grunderwerbsteuerpflicht von Treuhandgeschäften im Beteiligungsbereich durch die geänderten Zurechnungsvorschriften beeinflusst?, DVR 1978, 21; *Protzen,* Treuhandverhältnisse im Grunderwerbsteuerrecht, DVR 1978, 146; *Uhl,* Treuhänder und grunderwerbsteuerliche Anteilsvereinigung, DVR 1978, 115, 162; 1979, 34, 66; *Stahl,* Grunderwerbsteuerpflichtige Anteilsvereinigung und Steuerbefreiung bei der Einmann-GmbH & Co. KG, StuW 1979, 237; *Martin,* Anteilsvereinigung bei der Grunderwerbsteuer, BB 1980, 410; *Sigloch,* Zum Grunderwerbsteuergesetz 1983, NJW 1983, 1817; *Binz/Freudenberg/Sorg,* Grunderwerbsteuerliche Probleme der Anteilsvereinigung bei der GmbH & Co KG, DStR 1990, 753; *Eder,* Die Grunderwerbsteuer im Konzern, DStR 1994, 735; *Wienands,* Grunderwerbsteuer und konzerninterne Restrukturierungen, DB 1997, 1362; *Stoschek,* Übertragung aller Gesellschaftsanteile auf eine vom Veräußerer zu 100 % beherrschte AG grunderwerbsteuerpflichtig, BB 1997, 1929; *ders.,* Neuregelungen bei der Grunderwerbbesteuerung von Beteiligungsverkäufen und Umwandlungen, ZflR 1999, 487; *Höger/Mentel/Schulz,* Ausgewählte Fragen zum Steuerent-

---

1 Siehe § 15 Abs. 3 und 4 GmbHG.
2 Vgl. § 15 Abs. 5 GmbHG.
3 BStBl II 2013, 833; vgl. Rdnr. 109a.
4 Zu Übergangsfragen vgl. Rdnr. 111b.
5 Zur Berechnung der mittelbaren wirtschaftlichen Beteiligung s. § 1 Abs. 3a Sätze 2 und 3.

lastungsgesetz 1999/2000/2002: Unternehmensumstrukturierungen, DStR 1999, 565; *Beckmann*, Grunderwerbsteuer bei Umstrukturierungen, GmbHR 1999, 217; *Eggers/Fleischer/Wischott*, DStR 1999, 1301; *Heine*, Anteilsgeschäfte nach § 1 Abs. 3 Grunderwerbsteuergesetz – Neuer Aspekt nach Gesetzesänderung durch Art. 15 Nr. 1b StEntlG, UVR 1999, 282; *M. Schmidt*, Grunderwerbsteuer – quo vadis?, DB 1999, 1972; *Gottwald*, Verstärkte Grunderwerbsteuerbelastung bei Unternehmensumstrukturierungen – Auswirkung des Steuerentlastungsgesetzes 1999/2000/2002, BB 2000, 69; *Storg*, Grunderwerbsteuer durch organisatorische Maßnahmen im Konzern, UVR 2001, 139; *Götz*, Grunderwerbsteuerliche und organschaftliche Fragen bei Umwandlungen im Konzern, GmbHR 2001, 277; *Hoffmann*, Unangemessene Grunderwerbsteuerpflicht bei der Veräußerung von Kapitalanlagegesellschaften, BB 2001, 757; *Heine*, Grunderwerbsteuerliche Auswirkungen von Kaufoptionen über Anteile an Gesellschaften mit Grundbesitz, GmbHR 2001, 551; *Eisele*, Rückübertragung von Anteilen an einer Kapitalgesellschaft von Treuhändern auf den Treugeber, UVR 2001, 418; *Kroschewski*, Differenzierung der Grunderwerbsteuer zwischen Kapital- und Personengesellschaften bei Umstrukturierung von Unternehmensgruppen, GmbHR 2001, 707; *ders.*, Zur Steuerbarkeit der unmittelbaren Anteilsvereinigung bei beherrschten Gesellschaften gemäß § 1 Abs. 3 GrEStG, BB 2001, 1121; *Heine*, Grunderwerbsteuerliche Auswirkung der Übernahme oder Einziehung eigener Geschäftsanteile, GmbHR 2002, 678; *H.-J. Fischer/Waßner*, Steuerstrafrechtliche Aspekte grunderwerbsteuerlicher Sachverhalte bei Unternehmensakquisitionen im Rahmen internationaler M&A-Transaktionen, BB 2002, 969; *Heine*, Der vorgefasste Plan und das einheitliche Vertragswerk bei GmbH-Anteilsgeschäften im Grunderwerbsteuerrecht, GmbHR 2002, 1055; *Stoschek/Peter*, Grunderwerbsteuerbarkeit von Optionsverträgen über Anteile an grundbesitzenden Gesellschaften, DStR 2002, 2108; *Sprengel/Dörrfuß*, Verstößt die Erhebung von Grunderwerbsteuer in Einbringungsfällen gegen Europarecht?, DStR 2003, 1059; *Teiche*, Entstehung von Grunderwerbsteuer nach § 1 Abs. 2a und 3 GrEStG bei Umstrukturierungen innerhalb eines Konzerns, UVR 2003, 258 und 300; *Behrens/Schmitt*, Die Komplementärbeteiligung und § 1 Abs. 3 GrEStG bei Erwerb von Kommanditaktien einer grundbesitzenden KGaA, UVR 2006, 118; *G. Hofmann*, Heterogener Formwechsel und Anteilsvereinigung, UVR 2007, 222; *Behrens/Schmitt*, Grunderwerbsteuer durch quotenwahrenden Formwechsel einer grundbesitzenden Personengesellschaft mit mindestens 95 %igem Gesellschafter in eine Kapitalgesellschaft?, UVR 2008, 16, 22; *Behrens*, Grunderwerbsteuer bei auf grundbesitzende Kapitalgesellschaften bezogenen M&A-Transaktionen, Ubg 2008, 316; *Behrens/Schmitt*, „Besteuerung nur bei Erreichen auch einer durchgerechneten Beteiligungsquote von min. 95 %", BB 2009, 425; *Wischott/Schönweiß/Fröhlich*, Systemwechsel in der Anwendung des § 1 Abs. 3 GrEStG bei mittelbaren Anteilsvereinigungen?, DStR 2009, 361; *Mack*, Grunderwerbsteuerpflicht bei quotenwahrendem Formwechsel., UVR 2009, 254; *Rothenöder*, Der Anteilsbegriff des § 1 Abs. 3 GrEStG, DStZ 2010, 334; *Schmitt-Homann*, Grunderwerbsteuer: Die 95 %Grenze – „Durchrechnung" oder „Alles- oder Nichtsbetrachtung" zur Ermittlung der Beteiligungshöhe, BB 2010, 2276; *Behrens*, Keine wirtschaftliche Betrachtungsweise bei § 1 Abs. 3 GrEStG, BB 2011, 358; *Griese/Wirges*, Mittelbare Anteilsvereinigung nach § 1 Abs. 3 GrEStG, DStZ 2011, 847; *Meiisl/Bokeloh*, Berücksichtigung von Rückbeteiligungen im Rahmen des § 1 Abs. 3 GrEStG – ist nun alles geklärt?, Ubg 2013, 587; *Böing*, Grunderwerbsteuerliche Anteilsvereinigung bei einer grundbesitzenden Einheits-GmbH & Co. KG, GmbH-StB 2014, 2030; *Behrens*, Zur Auslegung des Begriffs „Anteil der Gesellschaft" i. S. von § 1 Abs. 3 GrEStG bei Personengesellschaften, BB

2014, 2647; *Graesser,* Mittelbarer Anteilserwerb bei Einheits-GmbH & Co. KG, NWB 2014, 2934; *Bron,* Grunderwerbsteuerliche Vereinigung von Kapitalgesellschaftsanteilen aufgrund von Schenkung oder Erbfall, BB 2015, 1438; *Egner/Geißler,* Die Stiftung als „long-term-RETT-Blocker", DStZ 2015, 333; *Joisten,* Abschaffung der Pro-Kopf-Betrachtung bei vermittelnden Personengesellschaften im Anwendungsbereich des § 1 Abs. 3 GrEStG, Ubg 2016, 201.

## 1. Vorbemerkung

Mit der Einfügung des Absatzes 2a in § 1 durch Art. 7 Nr. 1 Buchst. a JStG 1997   132
vom 20. 12. 1996[1] wurden gleichzeitig durch Art. 7 Nr. 1 Buchst. b JStG 1997 in
den Einleitungssatz des § 1 Abs. 3 die Worte „soweit eine Besteuerung nach
Absatz 2a nicht in Betracht kommt" eingefügt.

Durch Art. 15 Nr. 1 Buchst. b StEntlG 1999/2000/2002 vom 24. 3. 1999[2] wurde
das für eine Anteilsvereinigung notwendige Quantum an Anteilen in § 1 Abs. 3
Nr. 1 bis 4 von 100 % auf „mindestens 95 % der Anteile an der Gesellschaft"
herabgesetzt und mit dem Zusatz „unmittelbar oder mittelbar" versehen.
Gleichzeitig wurden die Vorschriften über die Steuerschuldnerschaft (§ 13
Nr. 5; s. dazu Hofmann, GrEStG, § 13 Rdnr. 10) und die Anzeigepflichten (§ 19
Abs. 1 Nr. 4 bis 7) der Änderung des § 1 Abs. 3 angepasst. Zum zeitlichen An-
wendungsbereich s. § 23 Abs. 6 Satz 2 (vgl. Hofamm, GrEStG, § 23 Rdnr. 12).

Nach den Materialien zum Gesetzgebungsverfahren soll die Änderung des § 1
Abs. 3 durch das StEntlG 1999/2000/2002, „bisher bestehende nicht gerecht-
fertigte Unterschiede im Vergleich zu § 1 Abs. 2a bezüglich der Höhe des steu-
errelevanten Anteils ausräumen". Im Grunde aber steht die Befürchtung von
Steuerausfällen durch legale Umgehung von § 1 Abs. 3 in der bis 31. 12. 1999
geltenden Fassung (= § 1 Abs. 3 a. F.) durch Zurückbehaltung bzw. Übertragung
von Zwerganteilen („u. U. eine Aktie") auf (konzern)fremde Personen hinter der
Änderung.[3] Eine Art nachträgliche Rechtfertigung hat die Herabsetzung des
für eine Anteilsvereinigung erforderlichen Quantums von 100 % auf mindestens 95 % durch die Einfügung von §§ 327a ff. in das AktG durch Art. 7 Gesetz
zur Regelung von öffentlichen Angeboten zum Erwerb von Wertpapieren und
von Unternehmensübernahmen vom 20. 12. 2001[4] – sog. Squeeze-out – erhalten.

---

1 BGBl I 1996, 2049.
2 BGBl I 1999, 402.
3 Vgl. BT-Drucks. 14/265, 204.
4 BGBl I 2001, 3822.

**133**  Durch Art. 26 Nr. 1 Buchst. a AmtshilfeRLUmsG vom 26. 6. 2012[1] wurde durch Einfügen des Absatzes 3a in § 1 ein neuer Erwerbstatbestand geschaffen, und zwar im Wege der fiktionalen Anbindung an § 1 Abs. 3.[2] Gleichzeitig wurden Regelungen zur Steuerschuldnerschaft in § 13 Nr. 7 und zur Anzeigepflicht in § 19 Abs. 1 Satz 1 Nr. 7a getroffen. § 1 Abs. 3a sowie die mit dieser Vorschrift verbundenen Änderungen sind nach § 23 Abs. 11 erstmals auf Erwerbsvorgänge anzuwenden, die nach dem 6. 6. 2013 verwirklicht werden: Zur Verwirklichung eines Erwerbsvorgangs s. Hofmann, GrEStG, § 23 Rdnr. 1 ff.. § 1 Abs. 2a erhielt durch Einfügen der Sätze 2 bis 5 durch das StÄndG 2015[3] seine jetzige Fassung.

**134**  § 1 Abs. 3 i. d. F. vor dessen Änderung durch das StEntlG 1999/2000/2002 wird hier nicht mehr erläutert; insoweit wird auf die einschlägigen Ausführungen in der 8. Auflage Bezug genommen.

## 2.  Allgemeines

### a)  Charakter der Vorschrift, Besteuerungsgegenstand

**135**  § 1 Abs. 3 dient der Verhütung von Umgehungen und ist **als Ergänzungstatbestand** sowohl zu § 1 Abs. 1 als auch zu § 1 Abs. 2 anzusehen. Die in der Vorschrift beschriebenen Vorgänge sind den Grundstückserwerben gleichgestellt.[4] Durch § 1 Abs. 3 werden nicht gesellschaftsrechtliche Vorgänge, sondern **fingierte Grundstückserwerbe** der Steuer unterworfen.[5] § 1 Abs. 3 behandelt den Inhaber von mindestens 95 % der Anteile so, als gehörten ihm zufolge der Vereinigung dieser Anteile in seiner Hand die Grundstücke, die dieser Gesellschaft gehören, ihr also grunderwerbsteuerrechtlich zuzurechnen sind.[6] Da solcherart die Vereinigung und die Weiterübertragung aller Anteile grunderwerbsteuerrechtlich dem Erwerb der der Gesellschaft, deren Anteile betroffen sind, gehörenden Grundstücke gleichgestellt sind, erzeugen die in § 1 Abs. 3 beschriebenen Vorgänge so viele der Grunderwerbsteuer unterliegende Vorgänge, wie dieser Gesellschaft Grundstücke gehören.[7] Besteuert wird die Anteilsvereinigung bzw. die Weiterübertragung der vereinigten Anteile folg-

---

1  BGBl I 2013, 1809.
2  Auf die Erläuterungen in Rdnr. 187 ff. wird hingewiesen.
3  Vom 2. 11. 2015, BGBl I 2015, 1834.
4  BFH v. 22. 6. 1966 II 165/62 U, BStBl III 1966, 564.
5  BFH v. 4. 2. 2008 II B 38/07, BFH/NV 2008, 927.
6  Vgl. BFH v. 18. 7. 1997 II R 8/95, BFH/NV 1998, 81; v. 18. 9. 2013 II R 21/12, BStBl II 2014, 326.
7  BFH v. 28. 6. 1972 II 77/64, BStBl II 1972, 719.

lich nur in Bezug auf das einzelne Grundstück.[1] **Gegenstand der Besteuerung** ist somit **nicht** der **Anteilserwerb als solcher,** sondern die durch ihn begründete bzw. – soweit die Tatbestände des § 1 Abs. 3 Nr. 3 und 4 betroffen sind – veränderte grunderwerbsteuerrechtlich eigenständige Zuordnung der einzelnen der Gesellschaft gehörenden Grundstücke.[2] Die **in § 1 Abs. 3 normierten Tatbestände** dienen nur der **rechtstechnischen Anknüpfung;** erfasst wird durch die Vorschrift die Sachherrschaft, die an dem Gesellschaftsgrundstück über die rechtliche Verfügungsmacht an den Gesellschaftsanteilen erlangt wird, und damit die Änderung der Rechtszuständigkeit an diesem, wenngleich unterhalb (besser: außerhalb) der Eigentumsebene.

**b) Anteilsvereinigung und Anteilsübertragung**

§ 1 Abs. 3 unterscheidet zwei Fallgruppen, nämlich die Anteilsvereinigung und     136
die Anteilsübertragung. **§ 1 Abs. 3 Nr. 1** unterwirft obligatorische Rechtsgeschäfte über weniger als 95 % der Anteile einer grundbesitzenden Gesellschaft dann der Steuer, wenn sich infolge des Erfüllungsgeschäfts mindestens 95 % der Anteile einer solchen Gesellschaft unmittelbar oder mittelbar in einer Hand vereinigen würden, und **§ 1 Abs. 3 Nr. 2** die derartige Vereinigung infolge Übergangs von weniger als 95 % der Anteile ohne vorangegangenes schuldrechtliches Geschäft i. S. des § 1 Abs. 3 Nr. 1 (**Anteilsvereinigung**). Dagegen erfasst **§ 1 Abs. 3 Nr. 3** solche Kausalgeschäfte, die den Anspruch auf Übertragung unmittelbar oder mittelbar von mindestens 95 % der Anteile einer grundbesitzenden Gesellschaft en bloc aus einer Hand begründen und **§ 1 Abs. 3 Nr. 4** den unmittelbaren oder mittelbaren Übergang von mindestens 95 % der Anteile einer solchen Gesellschaft en bloc aus einer Hand, wenn kein Rechtsgeschäft i. S. des § 1 Abs. 3 Nr. 3 vorausgegangen ist (**Anteilsübertragung**). Während in den Fällen der Anteilsübertragung derjenige „ausgetauscht" wird, dem infolge der unmittelbaren oder mittelbaren Anteilsvereinigung die Grundstücke der Gesellschaft (grunderwerbsteuerrechtlich) zugeordnet sind, also die Änderung der Grundstückszuordnung durch Abgabe und Erwerb der Herrschaftsmacht über die der Gesellschaft gehörenden Grundstücke unterliegt, wird diese (grunderwerbsteuerrechtliche) Zuordnung in den Fällen der Anteilsvereinigung erstmals begründet; die Grundstücke werden deshalb als von der Gesellschaft erworben angesehen.[3]

---

1 BFH v. 8. 11. 1978 II R 82/73, BStBl II 1979, 153.
2 Vgl. BFH v. 31. 3.1982 II R 92/81, BStBl II 1982, 424; v. 20. 10. 1993 II R 116/90, BStBl II 1994, 121; v. 19. 12. 2007 II R 65/06, BStBl II 2008, 489, m. w. N.
3 St. Rspr. vgl. z. B. BFH v. 15. 12. 2006 II B 26/06, BFH/NV 2007, 500.

Die insoweit gebotene **Differenzierung** zwischen Anteilsvereinigung und Anteilsübertragung hat primär **Auswirkungen** auf das Eingreifen von Steuerbefreiungen und -begünstigungen (vgl. hierzu Rdnr. 186 ff.). Ihr kommt aber auch noch eine weitere Bedeutung zu, nämlich im Zusammenhang mit der Frage, ob der Tatbestand des § 1 Abs. 3 Nr. 2 oder 4 erfüllt ist. Vorweg ist festzuhalten, dass sich die auf Grundstücksübereignungsansprüche beziehenden **Tatbestände des § 1 Abs. 1 Nr. 5 bzw. Nr. 7** auf **Anteilsübertragungsansprüche nicht** (und zwar des Gesetzesvorbehalts wegen auch nicht entsprechend) **anwendbar** sind. Ist ein nach **§ 1 Abs. 3 Nr. 3** grunderwerbsteuerbares obligatorisches Rechtsgeschäft abgeschlossen und erfolgt vor dessen Erfüllung eine **Vertragsübernahme** oder eine **Abtretung** des **Anteilsübertragungsanspruchs,** so bewirken diese Vorgänge zwar eine Auswechslung desjenigen, dem der Anspruch auf Übertragung der vertragsgegenständlichen Anteile unmittelbar oder mittelbar zusteht, doch kann die Erfüllung dieses Anspruchs gegenüber dem Vertragsübernehmer oder Abtretungsempfänger, obwohl dieser seine Rechte vom ursprünglichen Inhaber dieser Position (bspw. dem Käufer) und nicht von dessen Vertragspartner (bspw. dem Verkäufer) ableitet, deshalb **in Bezug auf die im Zeitpunkt des ursprünglichen Vertragsabschlusses** der Gesellschaft gehörenden Grundstücke nicht nach § 1 Abs. 3 Nr. 4 der Steuer unterliegen, weil das Erfüllungsgeschäft seinen Grund in dem steuerbaren schuldrechtlichen Rechtsgeschäft hat.[1] Anders ist die Rechtslage, wenn ein Dritter einen Vertrag übernimmt oder ihm die Rechte aus einem Vertrag abgetreten werden, der einen Rechtsanspruch auf unmittelbare oder mittelbare Übertragung von weniger als 95 % der Anteile an einer grundstücksbesitzenden Gesellschaft begründet. Erfüllt dieser den Tatbestand des § 1 Abs. 3 Nr. 2, so ist – abgesehen von dem Ausnahmefall, dass Vertragsgegenstand z. B. 90 % der Gesellschaftsanteile sind und sowohl der ursprüngliche Vertragspartner als auch der Vertragsübernehmer bzw. Abtretungsempfänger je 5 % der Anteile der Gesellschaft halten – in der Person des Vertragsübernehmers bzw. Abtretungsempfängers die Erfüllung des Tatbestands des § 1 Abs. 3 Nr. 2 nicht denkbar. Erfüllt der Vertrag, den der Dritte übernimmt oder aus dem ihm die Rechte abgetreten werden, nicht den Tatbestand des § 1 Abs. 3 Nr. 1, tritt aber bei ihm infolgedessen Erfüllung erst ihm gegenüber in seiner Hand Anteilsvereinigung ein, so wird durch das Erfüllungsgeschäft der Tatbestand des § 1 Abs. 3 Nr. 2 verwirklicht. Denn § 1 Abs. 3 Nr. 2 setzt voraus, dass nicht ein Rechtsgeschäft vorangegangen ist, dessen Erfüllung zur unmittelbaren oder

---

1 So auch Behrens, Ubg 2008, 316; a. A. FG Köln v. 26. 3. 2014, EFG 2014, 1501 (Rev.: II R 26/14); s. Rdnr. 139.

mittelbaren Vereinigung von mindestens 95 % der Anteile in der Hand des Erwerbers führen würde. Auf Rdnr. 139 wird hingewiesen.

### c) Rechtliche Vereinigung

Die Vereinigung von mindestens 95 % der Anteile i. S. von § 1 Abs. 3 Nr. 1 und 2    137
ist eine **rechtliche Vereinigung** in der Hand eines Rechtsträgers. Sie setzt grundsätzlich einen bürgerlich-rechtlich wirksamen Anspruch auf Übertragung der Anteile[1] oder einen bürgerlich-rechtlich wirksamen Erwerb der Anteile voraus.[2] Insbesondere gibt es keine der Steuer unterliegende Entsprechung zu § 1 Abs. 1 Nr. 6 sowie – wenn nicht ein Anspruch auf Abtretung des Anteils bzw. der Anteile besteht – zu § 1 Abs. 2. Das ist vor allem von Bedeutung für die Beantwortung der Frage, ob schlicht ein Gestaltungsrecht gewährende Optionsverträge betreffend Anteile an grundstücksbesitzenden Gesellschaften im Bereich des § 1 Abs. 3 Nr. 1 tatbestandserfüllend sein können, die zu verneinen ist.[3] Auch die Anteilsvereinigung unter Einschaltung eines „Treuhänders" (s. Rdnr. 159) ist eine rechtliche i. S. von § 1 Abs. 3 Nr. 1, denn dem „Treugeber" erwächst mit dem Erwerb des Beauftragten (Geschäftsbesorgers) der Anspruch auf Herausgabe des von diesem erlangten Anteils nach § 667 BGB ggf. i. V. m. § 675 BGB.[4] Eine **Vereinigung** von mindestens 95 % der Anteile **unter wirtschaftlichen Gesichtspunkten scheidet** dementsprechend **aus**[5] (s. aber § 1 Abs. 3a). Da erst die Verwirklichung einer bestimmten zivilrechtlichen Gestaltung, nämlich die Vereinigung von mindestens 95 % der Anteile an einer grundbesitzenden Gesellschaft bzw. ein darauf abzielendes obligatorisches Geschäft, das den Anspruch auf Abtretung von Anteilen begründet, die Steuer auslöst, kommt eine Besteuerung entsprechend der den wirtschaftlichen Vorgängen angemessenen zivilrechtlichen Gestaltung (**§ 42 (Abs. 1) Satz 2 AO)** nicht in Betracht (womit insoweit auch **§ 42 Abs. 2 AO** i. d. F. StÄndG 2001 **keine Bedeutung** für § 1 Abs. 3 zukommt). Deshalb sind z. B. auch die Erwägungen, die der Zurückbehaltung eines Anteils und damit zur Vereinigung von An-

---

1 Was auch bei einer sog. Wertpapierleihe, die ihrer Natur nach ein Sachdarlehen ist, der Fall ist. Zur Wertpapierleihe vgl. z. B. von Bülow in Kölner Kommentar zum WpHG, Rdn. 83 ff. zu § 22.
2 BFH v. 26. 2. 1975 II R 130/67, BStBl II 1975, 456. Zu Fragen der Auslandsbeurkundung, insbesondere durch einen Notar mit Sitz in der Schweiz, vgl. Hermanns, Das Mysterium der Auslandsbeurkundung, DNotZ 2011, 224, sowie Bayer, Übertragung von GmbH-Geschäftsanteilen im Ausland nach der MoMiG-Reform, GmbHR 2013, 897. Zu Fragen der Beurkundungsbedürftigkeit bei Kauf bzw. Abtretung von Anteilen an einer englischen Private Limited Company s. Fetsch, GmbHR 2008, 133.
3 Vgl. dazu Heine, GmbHR 2001, 551, und Stoschek/Peter, DStR 2002, 2108.
4 BFH v. 18. 5. 1977 II R 191/72, BStBl II 1977, 678.
5 BFH v. 31. 7. 1991 II R 157/88, BFH/NV 1992, 57.

teilen unterhalb der tatbestandserfüllenden Quantums von mindestens 95 % zugrunde liegen, ohne Belang. Dabei ist schließlich auch zu berücksichtigen, dass niemand gezwungen ist, einen Steuertatbestand auszulösen.[1] Auch die mittelbare Anteilsvereinigung über die beherrschte Hand (s. Rdnr. 155) ist eine rechtliche. Sie ist nicht Ausfluss einer „wirtschaftlichen", die Tatbestände des § 1 Abs. 3 sprengenden Sicht, sondern Ergebnis einer mehrstufigen grunderwerbsteuerrechtlichen Betrachtungsweise, und zwar unter Zugrundelegung der dieser Vorschrift innewohnenden Eigengesetzlichkeit. Denn diejenige Sachherrschaft über ein Grundstück, die § 1 Abs. 3 erfassen will, kann zufolge Zuordnung des Grundstücks über das Innehaben der Anteile nicht nur direkt, sondern auch indirekt ausgeübt werden.

### d) Aufbau der Vorschrift

138 **Entsprechend** dem Grundgedanken der **primären Erfassung von** auf den Erwerb von Grundstücken abzielenden **Verpflichtungsgeschäften** erfassen § 1 **Abs. 3 Nr. 1 und 3** Rechtsgeschäfte, die den Anspruch auf Übertragung eines oder mehrerer Anteile einer Gesellschaft mit Grundbesitz begründen, wenn durch die Übertragung unmittelbar oder mittelbar mindestens 95 % der Anteile an der Gesellschaft vereinigt würden, sowie Rechtsgeschäfte, die den Anspruch auf Übertragung unmittelbar oder mittelbar von mindestens 95 % der Anteile der Gesellschaft begründen. In § 1 **Abs. 3 Nr. 2 und 4** wird die Vereinigung bzw. der Übergang mittelbar oder unmittelbar von mindestens 95 % der Anteile der grundbesitzenden Gesellschaft dann der Steuer unterworfen, **wenn kein schuldrechtliches Geschäft** i. S. von § 1 Abs. 3 Nr. 1 bzw. 3 **vorausgegangen ist.**

Hinzuweisen ist noch darauf, dass dem Umstand keine Bedeutung zukommt, ob sich anschließend an ein weniger als 95 % der Anteile an einer grundbesitzenden Gesellschaft betreffendes obligatorisches Rechtsgeschäft tatsächlich mindestens 95 % der Anteile der grundbesitzenden Gesellschaft unmittelbar oder mittelbar in der Hand des Erwerbers vereinigen. Deshalb ist der Tatbestand des § 1 Abs. 3 Nr. 1 auch dann erfüllt, wenn die Erfüllung des zuletzt vereinbarten obligatorischen Rechtsgeschäfts isoliert betrachtet nicht zur Vereinigung der Anteile im vom Gesetz verlangten Quantum von mindestens 95 % führt, sondern sich diese nur durch Zusammenrechnung mit weiteren

---

1 So wörtlich BFH v. 31. 7. 1991 II R 157/88, BFH/NV 1992, 57.

rechtsgeschäftlich begründeten Ansprüchen auf Übertragung von Gesellschaftsanteilen ergibt.[1]

Anteilsvereinigung i. S. des § 1 Abs. 3 Nr. 1 kann auch im Zusammenhang mit einer Kapitalerhöhung eintreten, wenn nämlich als deren Ergebnis einem Gesellschafter mindestens 95 % der Gesellschaftsanteile zustehen. Der Tatbestand wird mit der Erklärung des Gesellschafters, dass er den neuen Geschäftsanteil übernehme (§ 55 Abs. 1 GmbHG), erfüllt.[2]

Zur Unerheblichkeit von Zwischengeschäften (§ 1 Abs. 1 Nr. 5 und 7) vgl. Rdnr. 136.

**e) Folgerungen aus der rechtstechnischen Anknüpfung**

Aus der rechtstechnischen Anknüpfung an Anteilserwerbe und deren tatbestandsmäßigen Ausgestaltung den Schluss zu ziehen, die in § 1 Abs. 3 Nr. 2 und 4 normierten Tatbestände seien in der Weise subsidiär, dass sie die Entstehung der Steuer in Bezug auf Grundstücke, die beim Abschluss eines Verpflichtungsgeschäfts i. S. von § 1 Abs. 3 Nr. 1 bzw. 3 bzw. bei dessen Wirksamwerden noch nicht, jedoch beim Erfüllungsgeschäft zum Vermögen der Gesellschaft gehören, verbiete, ist im Hinblick darauf, dass Gegenstand der Besteuerung die Zuordnung der Grundstücke auf den Erwerber (die mehreren Erwerber) ist, nicht gerechtfertigt. Der grundsätzlichen Aussage der Rechtsprechung des BFH, dass **bei der gesellschaftsrechtlichen Anteilsvereinigung** in einer Hand i. S. des § 1 Abs. 3 Nr. 2 bzw. **beim Anteilsübergang** i. S. des § 1 Abs. 3 Nr. 4 **hinsichtlich** derjenigen **Grundstücke,** die der Besteuerung des vorausgegangenen obligatorischen Geschäfts **nach § 1 Abs. 3 Nr. 1** deshalb **nicht unterlagen,** weil sie im Zeitpunkt des Entstehens des rechtsgeschäftlich begründeten Übertragungsanspruchs **noch nicht** zum **Vermögen** der Gesellschaft gehörten, deren Anteile betroffen sind, **Grunderwerbsteuer entsteht**[3] ist zuzustimmen. Denn § 1 Abs. 3 ist seinem Charakter als Ergänzungstatbestand entsprechend **grundstücksbezogen.**[4]

Hinsichtlich des Übergangs von mittelbarer Anteilsvereinigung zu unmittelbarer Anteilsvereinigung vgl. Rdnr. 162, 163. Zu einer Anteilsvereinigung im Organkreis nachfolgenden Anteilsvereinigung in der Hand eines seiner Mitglieder vgl. Rdnr. 183.

139

---

1 Vgl. BFH v. 15. 12. 2006 II B 26/06, BFH/NV 2007, 500.
2 BFH v. 12. 2. 2014 II R 46/12, BStBl II 2014, 536.
3 Vgl. BFH v. 12. 7. 1972 II 81/65, BStBl II 1972, 913; v. 17. 2. 1982 II R 25/81, BStBl II 1982, 336.
4 Ebenso Boruttau/Fischer, Rn. 1001.

## 3. Gesellschaften i. S. von § 1 Abs. 3

### a) Allgemeines

140   Während § 1 Abs. 3 GrEStG 1940 die Gesellschaften i. S. der Vorschrift noch beispielhaft (also nicht erschöpfend) aufführte, nämlich AG, GmbH, bergrechtliche Gewerkschaft, OHG und Gesellschaft des bürgerlichen Rechts (GbR), hat das GrEStG 1983 auf diese Aufzählung verzichtet. Es hat sich damit begnügt, in § 1 Abs. 4 Nr. 1 die bergrechtlichen Gewerkschaften im Wege der Fiktion in den Kreis der Gesellschaften i. S. des § 1 Abs. 3 einzubeziehen; wegen deren Auflösung spätestens zum 1.1.1994 (vgl. § 163 BBergG) kommt dieser Vorschrift keine Bedeutung mehr zu. Da aber das GrEStG 1983 den Kernbestand der Vorschrift nicht antasten wollte, fallen unter den Begriff „Gesellschaft" in § 1 Abs. 3 grundsätzlich nicht nur **Kapitalgesellschaften** (z. B. AG, GmbH, KGaA, auch die UG (haftungsbeschränkt)[1]), sondern auch die **Personengesellschaften,** also OHG, KG und GbR,[2] sowie letztlich die Partnerschaftsgesellschaft (s. aber Rdnr. 143).

Keine Gesellschaft ist die Erbengemeinschaft;[3] der Erwerb des letzten aller Anteile einer Erbengemeinschaft durch dieselbe Person unterliegt der Steuer nach § 1 Abs. 1 Nr. 3.[4] Die Vereine – seien sie eingetragen oder nicht – sind als Personenvereinigungen keine Gesellschaften.

Ob die Gesellschaft ihren Sitz im Inland oder im Ausland hat, ist für die Anwendung des § 1 Abs. 3 unerheblich; allein entscheidend ist die Belegenheit des von dem fiktiven Grunderwerb erfassten Grundstücks im Inland.[5] Das gilt auch in Bezug auf eine dem Recht eines anderen Mitgliedstaats der EU unterliegende Gesellschaft und sonstige Gesellschaften ausländischen Rechts (vgl. Rdnr. 12 ff.) mit Grundbesitz im Inland, denn das steuerauslösende Merkmal ist der Wechsel der Rechtsträgerschaft am inländischen Grundstück.

### b) Personengesellschaften

141   Bei **Personengesellschaften** ist unter „Anteil an der Gesellschaft" die **gesellschaftsrechtliche Beteiligung** an dieser zu verstehen, also die aus der Mitgliedschaft in der Personengesellschaft folgende gesamthänderische Mitberechti-

---

1  Siehe § 5a GmbHG.
2  So auch BFH v. 13.9.1995 II R 80/92, BStBl II 1995, 903.
3  Vgl. BFH v. 17.7.1975 II R 141/74, BStBl II 1976, 159.
4  BFH v. 10.6.1964 II 30/61, BStBl III 1964, 486.
5  BFH v. 5.11.2002 II R 23/00, BFH/NV 2003, 505; v. 9.4.2008 II R 39/06, BFH/NV 2008, 1529.

gung hinsichtlich des (aktiven) Gesellschaftsvermögens.[1] Auch derjenige Gesellschafter, der am Wert des Gesellschaftsvermögens nicht beteiligt ist, weil er sich ohne eine Einlage an einer Personengesellschaft beteiligt und auch nicht die Möglichkeit hat, eine Einlage durch Stehenlassen von Gewinnen aufzubauen, ist gesamthänderischer Mitinhaber der zum Gesellschaftsvermögen gehörenden Sachen, Forderungen und Rechte.[2] Die gesamthänderische Mitberechtigung ist mit der Mitgliedschaft in der Personengesellschaft untrennbar verbunden, ist deren gesetzliche Folge.[3]

Diese der **sachenrechtlichen Ebene** zugeordnete **gesellschaftsrechtliche Beteiligung entzieht sich** – anders als die Beteiligung am Gesellschaftsvermögen im Ganzen, wie sie in §§ 5 und 6 und letztlich auch in § 1 Abs. 2a angesprochen ist, – **jeder Quotelung.** Jedem Mitglied einer Personengesellschaft steht stets nur eine (einzige) Beteiligung zu, unbeschadet dessen, dass deren Vermögenswert i. S. der Teilhabe am Reinvermögen im Verhältnis zu demjenigen der Mitgesellschafter unterschiedlich hoch sein kann. Überträgt einer von mehreren Gesellschaftern seine Beteiligung, seine Mitgliedschaft als solche und damit seinen Anteil an der Personengesellschaft i. S. des § 1 Abs. 3 auf einen Mitgesellschafter, so geht seine gesamthänderische Mitberechtigung als Folge des Verlusts der Mitgliedschaft unter, während der den „Anteil" übernehmende Gesellschafter nach wie vor nur seinen (einzigen) Anteil an der Gesellschaft behält. Eine **unmittelbare Vereinigung von mindestens 95 % der Anteile einer Personengesellschaft** in numerisch einer Hand **ist** schlechterdings **ausgeschlossen,** weil § 1 Abs. 3 **nicht darauf abstellt, welchen Anteil am Vermögen** der Gesellschaft – deren Reinvermögen – mit dem Innehaben der gesellschaftsrechtlichen Beteiligung im Innenverhältnis der Gesellschafter untereinander verbunden ist.[4] Anderes gilt jedoch für § 1 Abs. 3a: dieser Fiktionstatbestand hebt – in Bezug auf Personengesellschaften – ab auf die Beteiligung am Vermögen der Gesellschaft.

142

Zur Bestimmung einer mittelbaren Beteiligung an grundbesitzenden Personengesellschaften s. Rdnr. 173.

Der im Zuge der Einfügung des § 1 Abs. 2a durch das JStG 1997 in § 1 Abs. 3 aufgenommene Anwendungsvorbehalt zugunsten des § 1 Abs. 2a hat die Qua-

143

---

1 Vgl. dazu auch BFH v. 26. 7. 1995 II R 68/92, BStBl II 1995, 736.
2 Vgl. Huber, Vermögensanteil, Kapitalanteil und Gesellschaftsanteil an Personalgesellschaften des Handelsrechts, S. 304.
3 Vgl. auch BGH v. 22. 11. 1996 V ZR 234/95, NJW 1997, 860.
4 Ebenso Boruttau/Fischer, Rn. 938.

lifikation des Anteils an der Gesellschaft als gesellschaftsrechtliche Beteiligung, die aus dem Sinn und Zweck der in §1 Abs. 3 statuierten Steuertatbestände folgt, nicht verändert.[1] Denn diese zielen letztlich – ebenso wie die Tatbestände des §1 Abs. 1 und 2 – darauf ab, Vorgänge zu erfassen, die auf den Erwerb eines bisher einem anderen Rechtsträger gehörenden Grundstücks gerichtet sind, auf die Erlangung der Herrschaftsmacht darüber.[2] Die bestehende gesamthänderische Mitberechtigung eines weiteren Gesellschafters steht der grunderwerbsteuerrechtlichen Zuordnung des Grundstücks auf einen Gesellschafter entgegen, denn die Gesellschafter können über das zum Gesellschaftsvermögen gehörende Grundstück nur gemeinsam verfügen (vgl. §719 Abs. 1 BGB). So können die Anteile, die eine KG an einer anderen Gesellschaft hält, dem allein kapitalbeteiligten Kommanditisten deshalb nicht zugerechnet werden, weil der Komplementär, auch dann, wenn seine Beteiligung nicht mit einem wertmäßigen Anteil am Gesellschaftsvermögen verbunden ist, einen „Anteil an der Gesellschaft" hält.[3]

Aus denselben Gründen verbietet sich die Annahme einer Vereinigung von mindestens 95 % der Anteile der Personengesellschaft in der Hand der Mitglieder eines Organkreises bzw. in Fällen der durch mehrere teils juristische teils natürliche Personen vermittelten (mittelbaren) derartigen „Anteilsvereinigungen". §1 Abs. 3 geht für Personengesellschaften ins Leere, solange sich die „mindestens 95 % der Anteile" nicht auf 100 % (= alle) Anteile i. S. der gesellschaftsrechtlichen Beteiligung beziehen und auch bei Erfüllung dieser Voraussetzung selbst dann, wenn die „Vereinigung" der Anteile zu deren Untergang und damit zum Übergang des (Gesellschafts-)Vermögens auf den „Erwerber" führen würden (vgl. dazu Rdnr. 56).

## 4. Mindestens 95 % der Anteile

### a) Kapitalgesellschaften

144 Abgesehen von dem Fall, dass sich Anteile im Besitz der Kapitalgesellschaft selbst befinden[4] – dann stehen der Gesellschaft aus den von ihr selbst gehal-

1 Ebenso Boruttau/Fischer, Rn. 968; s. auch BFH v. 12. 3. 2014 II R 51/12, BFHE 245, 381 = BFH/NV 2014, 1315.
2 Vgl. BFH v. 26. 7. 1995 II R 68/92, BStBl II 1995, 736.
3 BFH v. 8. 8. 2001 II R 66/99, BStBl II 2002, 156.
4 Vgl. RFH v. 23. 10. 1929 II A 485/29, RFHE 26, 100; v. 9. 2. 1932 II A 618/31, RFHE 30, 199, und BFH v. 27. 1. 1954 II 189/53, BStBl III 1954, 83; v. 16. 1. 2002 II R 52/00, BFH/NV 2002, 1053.

tenen Anteilen keine Rechte zu,[1] weil die Gesellschaft begrifflich nicht ihr eigener Gesellschafter sein kann[2] –, löst die **Vereinigung** oder Übertragung von **nur nahezu 95 % der Anteile** an einer Gesellschaft mit Grundbesitz bzw. ein entsprechendes Verpflichtungsgeschäft die Steuer aus § 1 Abs. 3 **nicht** allein deshalb aus, weil die in anderer Hand verbleibenden Anteile wirtschaftlich bedeutungslos sind.[3] Siehe dazu bereits Rdnr. 137.

Hält die Kapitalgesellschaft selbst eigene Anteile, sind diese für die Berechnung des Quantums von mindestens 95 % auszuscheiden, ist also die prozentuale Beteiligung des einzelnen Gesellschafters umzurechnen auf das um die Eigenanteile der GmbH verminderte Stammkapital bzw. auf das um die in Eigenbesitz stehenden Aktien verminderte Grundkapital.

> **BEISPIEL:** ▶ An der X-GmbH, deren Stammkapital 100.000 € beträgt, sind Y zu 94 % und Z zu 1 % beteiligt; die restlichen 5 % hält die X-GmbH selbst. Y verkauft formgerecht die von ihm gehaltenen Geschäftsanteile (94 % bezogen auf das Stammkapital) an A.
> Der Tatbestand des § 1 Abs. 3 Nr. 3 ist erfüllt, denn Y ist an dem auf 95.000 € „gekürzten" Stammkapital mit rd. 98,95 % beteiligt.

Den selbst gehaltenen eigenen Anteilen stehen Anteile gleich, die von einer Tochtergesellschaft, deren Anteile die Kapitalgesellschaft zu mindestens 95 % hält, gehalten werden (die bisherige Auffassung wird aufgegeben).[4] Maßgebend dafür ist, dass eine solche (Tochter-)Gesellschaft aufgrund der in § 1 Abs. 3 fingierten Herrschaftsmacht derjenigen (Mutter-)Gesellschaft, die ihrerseits mit Anteilen an der ihr beteiligten Tochtergesellschaft zu mindestens 95 % beteiligt ist, keinen eigenen Willen entfalten kann.      145

**Unbeachtlich** ist, **ob** der **Anteilserwerber sich** dessen bewusst ist, dass durch die Anteilsübertragung die Vereinigung von mindestens 95 % der Anteile in seiner Hand eintritt.      146

Der Umstand, dass an der grundbesitzenden Gesellschaft ein Dritter als (typischer oder atypischer) stiller Gesellschafter beteiligt ist, ist für die Frage, ob mindestens 95 % der Anteile vereinigt werden bzw. sind, irrelevant;[5] die Rechtsstellung des stillen Gesellschafters ist eine rein schuldrechtliche, die kei-

---

1 Siehe § 71b AktG; vgl. auch BGH v. 30.1.1995 II ZR 45/94, NJW 1995, 1027.
2 Ausnahme: Konkurs über das Vermögen der Gesellschaft, BFH v. 27.1.1954 II 189/53 U, BStBl III 1954, 83.
3 Vgl. zu § 1 Abs. 3 a.F. schon BFH v. 16.3.1966 II R 26/63, BStBl III 1966, 254; v. 31.7.1991 II R 157/88, BFH/NV 1992, 57.
4 BFH v. 18.9.2013 II R 21/12, BStBl II 2014, 328.
5 BFH v. 30.3.1988 II R 76/87, BStBl II 1988, 550.

nen Anteil an der Gesellschaft i. S. des § 1 Abs. 3 begründet. Auch die persönlich haftenden Gesellschafter einer KGaA sind (als solche) nicht dinglich an deren Vermögen beteiligt; sie haben lediglich einen bedingten schuldrechtlichen Auseinandersetzungsanspruch.[1]

Im Übrigen ist noch zu bemerken, dass § 1 Abs. 3 typisierend nur auf das Quantum von mindestens 95 % der Anteile abstellt, ohne die Qualität der einzelnen Anteile, der mit ihnen verbundenen Rechtsmacht Bedeutung zuzumessen. Sofern bei einer ausländischen Kapitalgesellschaft, zu deren Vermögen ein inländisches Grundstück gehört, unterschiedliche Anteile an deren Kapital bestehen, von denen ein Teil (sog. Primaryshares) mit allen vermögensrechtlichen Ansprüchen sowie mit Stimmrechten ausgestattet ist, während den anderen Anteilen (sog. Secondaryshares) nur eine Art Leistungsvergütung zusteht, wird durch den Erwerb aller Secondaryshares durch denjenigen, dem die Primaryshares insgesamt oder zu 95 % zustehen, der Tatbestand des § 1 Abs. 3 Nr. 1 oder Nr. 2 erfüllt.

Sind die Anteile einer Gesellschaft mit Grundbesitz aufgrund vorangegangen Rechtsgeschäfts bereits in Quantum von 95 % in einer Hand vereinigt, unterliegt der Erwerb der restlichen Anteile nicht zusätzlich der Besteuerung,[2] und zwar auch dann nicht, wenn sich der Grundbesitzbestand der Gesellschaft erhöht hat.

### b) Personengesellschaften

147 Auf die Ausführungen in Rdnr. 141 ff. wird Bezug genommen.

## 5. Grundstücke im Vermögen der Gesellschaft

148 Grunderwerbsteuerrechtlich relevant sind die in § 1 Abs. 3 Nr. 1 bis 4 beschriebenen Vorgänge nur, wenn zum Vermögen der Gesellschaft ein inländisches Grundstück „**gehört**". Da es sich um eine spezifisch grunderwerbsteuerrechtliche Vorschrift handelt, ist darunter zu verstehen, dass der Gesellschaft ein Grundstück gehört, wenn es ihr **grunderwerbsteuerrechtlich zuzurechnen** ist,[3] und zwar aufgrund eines unter § 1 Abs. 1, 2, 3 oder 3a (nicht 2a) fallenden Er-

1 Vgl. BFH v. 27. 4. 2005 II B 76/04, BFH/NV 2005, 1627.
2 BFH v. 11. 12. 2014 II R 26/12, BStBl II 2015, 402.
3 Siehe auch BFH v. 20. 12. 2000 II R 26/99, BFH/NV 2001, 1040.

werbsvorgangs[1], für den die Steuer entstanden ist.[2] Auf die Zivilrechtslage oder die bewertungsrechtliche Zurechnung (vgl. § 39 AO) kommt es nicht an.[3] **So gehört ein Grundstück** zum Vermögen der Gesellschaft bereits, wenn sie einen Übereignungsanspruch aufgrund Verpflichtungsgeschäfts in Bezug auf dieses erworben hat, es ihr aufgelassen wurde oder sie das Meistgebot im Zwangsversteigerungsverfahren abgegeben hat bzw. ihr die Rechte aus dem Meistgebot eines Dritten abgetreten worden sind bzw. sie einen auf die Abtretung der Rechte aus dem Meistgebot abzielenden schuldrechtlichen Vertrag geschlossen hat. **Umgekehrt gehört ein Grundstück** dann **nicht (mehr)** zum Vermögen der Gesellschaft, wenn sie zwar dessen Eigentümerin ist, aber als Veräußerin an einem Verkaufsgeschäft über dieses beteiligt ist oder sich eines Anspruchs aus einem zur grunderwerbsteuerrechtlichen Zuordnung aus § 1 Abs. 1 führenden Rechtsvorgangs begeben hat[4], für den die Steuer entstanden ist. **Des Weiteren gehören** zum Vermögen der Gesellschaft diejenigen Grundstücke, an denen sie die Verwertungsbefugnis i. S. des § 1 Abs. 2 innehat. Hat die Gesellschaft einem anderen an einem Grundstück die Verwertungsbefugnis i. S. des § 1 Abs. 2 verschafft, so gehört dieses Grundstück trotzdem deshalb i. S. des § 1 Abs. 3 (auch) noch zum Vermögen dieser Gesellschaft, weil dadurch ihre eigene Verwertungsmöglichkeit nicht restlos beseitigt ist.[5] Hält die Gesellschaft, deren Anteile von dem Rechtsgeschäft betroffen sind, ihrerseits mindestens 95 % der Anteile einer anderen grundstücksbesitzenden Gesellschaft oder hat sie ein Verpflichtungsgeschäft i. S. von § 1 Abs. 3 Nr. 1 oder 3 als Erwerberin abgeschlossen oder hat sie schließlich eine wirtschaftliche Beteiligung i. S. des § 1 Abs. 3a an einer Gesellschaft inne, so gehören auch die vermittels derartiger grunderwerbsteuerrechtlicher Zuordnung betroffenen Grundstücke der anderen Gesellschaft zu ihrem Vermögen.[6] Der Verwirklichung des Tatbestands des § 1 Abs. 3 Nr. 1 oder Nr. 2 in Form der mittelbaren Anteilsvereinigung (s. dazu Rdnr. 154 ff.) steht nicht entgegen, dass die herrschende Zwischengesellschaft ihrerseits alsbald oder später die Anteile an der

---

1 Der muss erforderlichenfalls genehmigt sein, vgl. § 14 Nr. 2 und BFH v. 9. 3. 1960 II 247/58, BStBl III 1960, 175; v. 28. 6. 1972 II 77/64, BStBl II 1972, 719, und darf nicht unter einer aufschiebenden Bedingung stehen, vgl. § 14 Nr. 1 und FG Münster v. 5. 6. 2012, EFG 2012, 1843.

2 BFH v. 11. 12. 2014 II R 26/12, BStBl III 2015, 402.

3 St. Rspr., vgl. BFH v. 11. 12. 2014 II R 26/12, BStBl II 2015, 402.

4 BFH v. 16. 3. 1966 II 64/61, BStBl III 1966, 378; v. 17. 7. 1985 II S 5/85, BFH/NV 1986, 115; v. 9. 4. 2008 II R 39/06, BFH/NV 2008, 1529; st. Rspr. vgl. BFH v. 11. 12. 2014 II R 26/12, BStBl II 2015, 402.

5 Ebenso Boruttau/Fischer, Rn 993.

6 Vgl. BFH v. 30. 3. 1988 II R 76/87, BStBl II 1988, 550, m. w. N.

grundstücksbesitzenden Gesellschaft rechtsgeschäftlich an einen Dritten zu übertragen sich verpflichtet oder die Anteile sonst übergehen.[1]

149   Ausgehend von dem Grundsatz, dass Grundbesitz bereits zum Vermögen einer Gesellschaft gehört, wenn er ihr grunderwerbsteuerrechtlich zuzurechnen ist, und schon nicht mehr gehört, wenn sie einen der Tatbestände des § 1 Abs. 1 oder 3 als Veräußerin erfüllt hat, **kann dem grunderwerbsteuerrechtlichen Schicksal** dieser Erwerbsvorgänge, an denen die Gesellschaft als Erwerberin oder Veräußerin beteiligt ist, **Bedeutung zukommen.** Das ist dann der Fall, wenn man dem Anspruch auf Nichtfestsetzung der Steuer bzw. Aufhebung der Steuerfestsetzung nach § 16 Abs. 1 und 2 und seiner Realisierung für die Tatbestände des § 1 Abs. 3 und 3a ausnahmsweise steuerliche Wirkung für die Vergangenheit beimisst, also sie als ein rückwirkendes Ereignis i. S. des § 175 Abs. 1 Satz 1 Nr. 2 AO ansieht, das den Erlass, die Aufhebung oder Änderung eines Steuerbescheids rechtfertigt. Diese Annahme korrespondiert mit der besonderen grunderwerbsteuerrechtlichen Zurechnung von Grundstücken zum Vermögen der Gesellschaft und rechtfertigt sich daraus. Dabei ist es unter dieser spezifischen grunderwerbsteuerrechtlichen Qualifikation des Nichtfestsetzungsanspruchs usw. bedeutungslos, ob der den Tatbestand des § 16 Abs. 1 bzw. Abs. 2 erfüllende Lebenssachverhalt sich erst nach Erfüllung der Tatbestände des § 1 Abs. 3 verwirklicht, sofern nur die Steuer nicht festgesetzt bzw. eine Steuerfestsetzung aufgehoben ist.[2] Dasselbe gilt, wenn das Verpflichtungsgeschäft vor seiner Erfüllung angefochten ist und seine Wirkungen beseitigt sind (§ 41 Abs. 1 Satz 1 i. V. m. § 175 Abs. 1 Satz 1 Nr. 2 AO, vgl. Hofmann, GrEStG, vor § 15 Rdnr. 10).

150   Soweit die Gegenstände des Sondervermögens, das von einer AIF-Kapitalgesellschaft verwaltet wird, abweichend von § 92 Abs. 1 Satz 1 KAGB nur in deren Eigentum stehen können, wie das für diejenigen Vermögensgegenstände, die zu einem Immobilien-Sondervermögen gehören, in § 245 KAGB vorgeschrieben ist, unterliegt auch die Übertragung sämtlicher Anteile einer solchen Gesellschaft der Steuer nach § 1 Abs. 3 Nr. 3 bzw. Nr. 4.[3] Der Umstand, dass zum Zweck der Vermögensbestandssicherung hinsichtlich der zum Sondervermögen gehörenden Grundstücke die Kapitalanlagegesellschaft der Zustimmung der Verwahrstelle bedarf (§ 84 Abs. 1 Nr. 3 KAGB) und diese Ver-

---

1 BFH v. 15. 10. 2010 II R 45/08, BStBl II 2012, 392.

2 Ebenso Boruttau/Fischer, Rn. 998 f.; Pahlke, Rz 326.

3 Vgl. dazu im Geltungsbereich des Investmentgesetzes BFH v. 29. 9. 2004 II R 14/02, BStBl II 2005, 148. Die Rechtslage nach dem KAGB ist insoweit der nach § 2 Abs. 6, § 6, §§ 27 ff., § 75 InvG bestehenden vergleichbar.

fügungsbeschränkung im Grundbuch einzutragen ist, ändert an der dinglichen Zuordnung der Grundstücke ebenso wenig wie an deren grunderwerbsteuerrechtlichen Zuordnung zu ihrem Vermögen.[1] Da der Anteilsschein, in dem die Ansprüche des Anteilsinhabers gegenüber der Kapitalanlagegesellschaft verbrieft sind, keinen Anspruch auf Übereignung eines oder mehrerer Grundstücke aus dem Sondervermögen bzw. von Bruchteilen daran begründet, und den Anteilsinhabern mangels eines durch die Beziehungen zum Sondervermögen selbst begründeten Besitzrechts auch nicht die Verwertungsmöglichkeit an den Grundstücken zusteht, kann die Übertragung einzelner Anteilsscheine weder nach § 1 Abs. 1 Nr. 5 bzw. 7 noch nach § 1 Abs. 2 Grunderwerbsteuer auslösen und auch solcher Art, entgegen J. Hoffmann,[2] die Zugehörigkeit der Grundstücke im Grundstückssondervermögen zum Vermögen der Kapitalanlagegegesellschaft nicht in Frage stellen.

## 6. Unmittelbare und mittelbare Anteilsvereinigung/Anteilsübertragung (§ 1 Abs. 3 Nr. 1 und 3)

### a) Allgemeines

§ 1 Abs. 3 Nr. 1 unterwirft der Steuer Rechtsgeschäfte, die den Anspruch auf Übertragung eines oder mehrerer Anteile einer Gesellschaft begründen, zu deren Vermögen ein inländisches Grundstück gehört, wenn als Folge der Übertragung der Anteile, also der Erfüllung des Rechtsgeschäfts, unmittelbar oder mittelbar mindestens 95 % der Anteile dieser Gesellschaft in der Hand des Erwerbers oder in der Hand organschaftlich verbundener Unternehmen (s. § 1 Abs. 4 Nr. 2 Buchst. b) vereinigt werden würden (zur Anteilsvereinigung im Organkreis s. Rdnr. 174 ff.). An ein obligatorisches Rechtsgeschäft knüpft auch § 1 Abs. 3 Nr. 3 an; nach dieser Vorschrift unterliegt nämlich ein Rechtsgeschäft der Steuer, das den Anspruch auf Übertragung unmittelbar oder mittelbar von mindestens 95 % der Anteile einer Gesellschaft mit inländischen Grundbesitz en bloc begründet. Dass beide Tatbestände zur unmittelbaren Vereinigung des in ihnen genannten Quantums von Anteilen in einer Hand (zu herrschenden und abhängigen Unternehmen s. Rdnr. 174 ff,) bzw. zum Übergang der bereits tatbestandsmäßig vereinigten Anteile auf einen anderen führen, wird aus dem Text der Vorschrift bereits deutlich. Beide Tatbestände können jedoch im

151

---

1 Ebenso Boruttau/Fischer, Rn. 998.
2 BB 2001, 757.

Hinblick auf eine sich aus § 1 Abs. 3 ergebende mehrstufige Betrachtungsweise auch zu mittelbaren Anteilsvereinigungen (s. Rdnr. 154 ff.) beitragen.

152 Soweit der Tatbestand des § 1 Abs. 3 Nr. 3 dadurch erfüllt wird, dass mindestens 95 % der Anteile an einer Kapitalgesellschaft bspw. im Zuge einer Kapitalerhöhung in eine andere Kapitalgesellschaft gegen Gewährung von Gesellschaftsrechten en bloc eingebracht werden, halten Spengel/Dörrfuß[1] die Erhebung der Grunderwerbsteuer für mit europarechtlichen Vorgaben nicht vereinbar. Dem ist entgegenzuhalten, dass im Rahmen des § 1 Abs. 3 Gegenstand der Besteuerung nicht der Anteilserwerb als solcher ist, sondern die durch ihn begründete grunderwerbsteuerliche Zuordnung der einzelnen Grundstücke, die der Gesellschaft gehören, deren Anteile übertragen werden (s. Rdnr. 137). Erfasst wird durch § 1 Abs. 3 Nr. 3 und 4 der Übergang der Sachherrschaft an den Gesellschaftsgrundstücken, der über die rechtliche Verfügungsmacht an den erworbenen Gesellschaftsanteilen eintritt, also die derartige Änderung der Rechtszuständigkeit an den Grundstücken. Die Tatbestände, die in § 1 Abs. 3 normiert sind, dienen lediglich der rechtstechnischen Anknüpfung. Besteuert wird nur die Änderung der Rechtszuständigkeit an den Grundstücken, nicht aber die nach der Richtlinie allein der Gesellschaftsteuer vorbehaltene Ansammlung von Kapital (s. Präambel zur Richtlinie Absätze 6 und 8). Inzwischen hat auch der BFH mit Urteil vom 19. 12. 2007[2] dahin erkannt, dass die Grunderwerbsteuerpflicht einer Anteilsvereinigung in der Hand einer AG infolge Einbringung von Anteilen einer unmittelbar oder mittelbar grundbesitzenden Gesellschaft im Zuge einer Kapitalerhöhung gegen Gewährung neuer Aktien, nicht gegen die Richtlinie 69/335/EWG verstoße.[3]

## b) Unmittelbare Vereinigung

153 Unmittelbare Anteilsvereinigung in der Hand eines Erwerbers liegt nur dann vor, wenn die Anteile ihm **zivilrechtlich zugeordnet** werden können, der Erwerber also zivilrechtlich Gesellschafter der Gesellschaft wird.[4] Eine Beurteilung nach wirtschaftlichen Gesichtspunkten oder unter Einbeziehung der Zurechnungsvorschriften in § 39 AO ist nicht möglich.[5] **Erwerber** in diesem Sinne

---

1 DStR 2003, 1059.
2 II R 65/06, BStBl II 2008, 489.
3 Vgl. auch BFH v. 18. 11. 2005 II B 23/05, BFH/NV 2006, 612.
4 BFH v. 18. 9. 2012 II R 21/12, BStBl II 2014, 326.
5 BFH v. 26. 2. 1975 II R 130/67, BStBl II 1975, 456; v. 31. 7. 1991 II R 157/88, BFH/NV 1992, 57; s. auch Rdnr. 137.

kann nicht nur eine natürliche oder juristische Person sein, sondern auch eine Personenhandelsgesellschaft und schließlich auch eine GbR.[1]

### c) Mittelbare Vereinigung

#### aa) Allgemeines

Schon vor der Änderung des § 1 Abs. 3 durch das StEntlG 1999/2000/2002 (s. Rdnr. 132), wodurch ausdrücklich die mittelbare Anteilsvereinigung (nun von mindestens 95 % der Anteile an der Gesellschaft) der unmittelbaren gleichgestellt wurde, war die mittelbare Anteilsvereinigung (damals zu 100 %) Allgemeingut. Dem Begriff der mittelbaren Anteilsvereinigung wurden **herkömmlich zwei Fallgruppen** zugeordnet, nämlich die durch die zu 100 % (jetzt: 95 %) beherrschte Hand vermittelte (Rdnr. 155) und die durch einen sog. Treuhänder vermittelte (Rdnr. 159) Anteilsvereinigung. Die Änderung des § 1 Abs. 3 wirkt sich in diesem Zusammenhang nur dahin gehend aus, dass die Anteilsvereinigung nunmehr schon durch eine zumindest 95 % beherrschte Hand vermittelt werden kann.[2] Schließlich lässt sich auch die Vereinigung in der Hand von herrschenden und abhängigen Unternehmen bzw. nur von abhängigen Unternehmen als eine weitere **dritte Fallgruppe** mittelbarer Anteilsvereinigung begreifen, die vom Gesetzgeber ausdrücklich geregelt ist (s. Rdnr. 178 ff.).

154

#### bb) Anteilsvereinigung unter Einbeziehung der beherrschten Hand

Da nach § 1 Abs. 3 der mittelbare Zugriff auf die Grundstücke (über die Anteile der Gesellschaft mit Grundbesitz) für die Verwirklichung eines grunderwerbsteuerrechtlich relevanten Tatbestands ausreicht, kann nichts anderes gelten, wenn der Zugriff (teilweise) über eine zwischengeschaltete Gesellschaft erfolgt, an der der Anteilserwerber zu mindestens 95 % beteiligt ist. Ob diese zwischengeschaltete Gesellschaft abhängiges Unternehmen i. S. von § 1 Abs. 4 Nr. 2 Buchst. b ist, spielt in diesem Zusammenhang keine Rolle. **Die zu mindestens 95 % beherrschte Hand ist der beherrschenden Hand zuzurechnen.**[3]

155

---

1 Vgl. BGH v. 29.1.2001 II ZR 331/00, NJW 2001, 1056; v. 25.1.2008 II ZR 63/07, NJW 2008, 1378; v. 4.12.2008 V ZB 74/08, DB 2009, 109.

2 BFH v. 9.11.2008 II R 39/06, BFH/NV 2008, 1529.

3 Vgl. BFH v. 11.6.1975 II R 38/69, BStBl II 1975, 834; s. auch BFH v. 16.1.1980 II R 83/74, BStBl II 1980, 359.

**BEISPIEL:** ▸ An der X-AG, die ihrerseits 95 % der Anteile der grundbesitzenden Y-GmbH hält, sind Z zu 75 %, A zu 20 % und B zu 5 % beteiligt. Z erwirbt von A dessen Aktien der X-AG und stockt damit seine Beteiligung an dieser auf 95 % auf. Die Anteile der Y-GmbH sind mittelbar in der Hand des Z vereinigt.

Auf die tatsächliche Beherrschung kommt es nicht an. Das Gesetz fingiert, dass derjenige, der mindestens 95 % der Anteile an einer grundbesitzenden Gesellschaft innehat, über deren (inländisches) Grundstück kraft seiner Herrschaftsmacht „verfügt", ihm dieses also – grunderwerbsteuerrechtlich – zuzuordnen (zuzurechnen) ist. Handelt es sich dabei um eine Kapitalgesellschaft, so gehört ihr i. S. der § 1 Abs. 3 innewohnenden Systematik dieses (zivilrechtlich fremde) Grundstück. Werden mindestens 95 % der Anteile an dieser Zwischen-Obergesellschaft zum Gegenstand eines auf deren Übertragung gerichteten obligatorischen Rechtsgeschäfts gemacht, so gehen im Zuge von dessen Erfüllung i. S. des § 1 Abs. 3 Nr. 3 ebenfalls 95 % der Anteile an einer Gesellschaft, zu deren Vermögen ein inländisches Grundstück gehört, auf den Erwerber en bloc über. Diese spezifisch grunderwerbsteuerrechtliche, § 1 Abs. 3 innewohnende Systematik verbietet es, die für die Tatbestandsverwirklichung maßgebende Beteiligungsquote von 95 % durch die Multiplikation der auf den jeweiligen Beteiligungsstufen bestehenden Beteiligungsquoten zu ermitteln.[1]

156    Ausgehend davon, dass § 1 Abs. 3 die Sachherrschaft erfassen will, welche jemand an dem Gesellschaftsgrundstück über die rechtliche Verfügungsmacht an den Gesellschaftsanteilen erlangt, kommt es nicht darauf an, ob diese Sachherrschaft **mittelbar durch** eine oder **mehrere zwischengeschaltete Gesellschaften** ausgeübt wird (s. auch Rdnr. 137). So hat der BFH im Urteil vom 5. 11. 2002[2] mittelbare Anteilsvereinigung in folgendem Fall bejaht:

Durch Verträge vom .... erwarb die X 25,1355 % der Anteile an der A-AG sowie alle Anteile an der B-AG, die ihrerseits 74,8645 % der Anteile an der A-AG hielt. Die A war Alleingesellschafterin der C-AG, die ihrerseits als Gesellschafterin unmittelbar zu 60 % sowie über eine 100 %-Beteiligung an der D-AG mittelbar zu weiteren 40 % an der N, einer GmbH mit inländischem Grundbesitz, beteiligt war.

Es handelt sich um einen Fall **mehrstufiger mittelbarer Anteilsvereinigung**. Die derartige mehrstufige mittelbare Anteilsvereinigung in der Hand der X steht jedoch nicht der Besteuerung eines Vorgangs entgegen, durch den sich die An-

---

1 BFH v. 25. 8. 2010 II R 65/08, BStBl II 2011, 225, unter Aufhebung von FG Münster v. 17. 9. 2008, EFG 2008, 1993.
2 II R 23/00, BFH/NV 2003, 505; s. dazu auch BFH v. 18. 9. 2013 II R 21/12, BStBl II 2014, 326.

teile an der grundbesitzenden N-GmbH in der Hand einer weiteren Gesellschaft Y, deren Alleingesellschafterin die X ist, unmittelbar vereinigen. Erwirbt diese Y in der Folgezeit durch einheitlichen Vertrag alle Anteile an der N-GmbH von der C-AG und der D-AG, so unterliegt dieser Erwerb der Grunderwerbsteuer nach § 1 Abs. 3 Nr. 3.[1] Denn es kann dem Gesetz nicht entnommen werden, dass im Rahmen des § 1 Abs. 3 die gleichzeitige Zuordnung von Grundstücken auf mehrere Rechtsträger (hier: mittelbar auf X, unmittelbar auf Y) ausgeschlossen sein soll. Aus der zivilrechtlichen Selbständigkeit von Beteiligungsgesellschaften folgt daher für die grunderwerbsteuerliche Betrachtung, dass neben die Zuordnung auf eine Obergesellschaft (infolge mittelbarer Anteilsvereinigung) die Zuordnung auf eine Untergesellschaft tritt, wenn diese mindestens 95 % der Anteile an einer grundstücksbesitzenden Gesellschaft von einer anderen Untergesellschaft erwirbt.

Die beiden vorgenannten BFH-Urteile vom 5. 11. 2002 (s. Rdnr. 156) weisen deutlich auf die Problematik der **Umstrukturierung im Konzern außerhalb** eines **Organkreises** (dazu vgl. Rdnr. 179 ff.) hin. Denn ebenso wie es keinem Zweifel unterliegt, dass der Kauf eines Grundstücks durch eine Kapitalgesellschaft von deren Alleingesellschafter wegen des damit eintretenden Rechtsträgerwechsels der Steuer nach § 1 Abs. 1 Nr. 1 unterliegt, schließt der Umstand, dass eine Kapitalgesellschaft mindestens 95 % der Anteile an einer weiteren Kapitalgesellschaft von ihrem Alleingesellschafter erwirbt, die Verwirklichung des Tatbestands des § 1 Abs. 3 Nr. 3 nicht aus.[2] Zwar bleiben die Anteile der Gesellschaft, die Gegenstand der Übertragung sind, mittelbar in der Hand des Veräußerers vereinigt, doch kommt es bei der erwerbenden Kapitalgesellschaft zur erstmaligen Zuordnung der Grundstücke derjenigen Gesellschaft, deren Anteile ihr übertragen werden. Da die zu einem Konzern gehörenden Gesellschaften keine grunderwerbsteuerrechtliche Einheit in dem Sinne bilden, dass ihre Fähigkeit, selbst Träger von Rechten zu sein, zu verneinen wäre, unterliegt der Erwerb von mindestens 95 % der Anteile an einer grundbesitzenden Kapitalgesellschaft von einer weiteren Kapitalgesellschaft durch eine andere Kapitalgesellschaft auch dann der Grunderwerbsteuer, wenn beide Gesellschaften denselben Alleingesellschafter haben.[3] Denn die grunderwerbsteuerrechtliche Zuordnung der Grundstücke auf die „Schwesterkapitalgesellschaft" ist eine erstmalige. Die Personenidentität des jeweiligen Al-

157

---

1 BFH v. 5. 11. 2002 II R 41/02, BFH/NV 2003, 507.
2 BFH v. 4. 12. 1996 II B 110/96, BFH/NV 1997, 440; v. 10. 7. 2002 II R 87/00, BFH/NV 2002, 1494.
3 Sog. side-step; Sächsisches FG v. 13. 4. 2000, EFG 2002, 488; BFH v. 15. 1. 2003 II R 50/00, BStBl II 2003, 320.

leingesellschafters ist dafür grunderwerbsteuerrechtlich irrelevant.[1] Aus denselben Gründen unterliegt auch die (erstmalige) Übertragung aller der allein von einer Konzernmutter gehaltenen Anteile an Gesellschaften mit Grundbesitz auf eine 95%ige Tochtergesellschaft dieser Konzernmutter der Steuer nach § 1 Abs. 3 Nr. 3,[2] ebenso wie die mittelbare Anteilsvereinigung in der Hand der Konzernmutter einer unmittelbaren Vereinigung der Anteile derselben Gesellschaft in der Hand einer zu 95% von ihr beherrschten Gesellschaft bzw. einer Tochter- oder Enkelgesellschaft nicht entgegensteht.[3] Eine – wie auch immer geartete – wirtschaftliche Betrachtungsweise unter dem Aspekt, dass nur dem obersten Glied einer Konzernkette die spezifische grunderwerbsteuerrechtliche Sachherrschaft zustehe,[4] weil allein ihr die „Zwecksetzungsmacht" zukomme,[5] lässt sich mit dem stets auf den Rechtsträgerwechsel abstellenden Grunderwerbsteuerrecht nicht vereinen.[6] Die rechtliche Selbständigkeit von Tochter-, Enkel- oder Schwestergesellschaften als unerheblich beiseite zu schieben, ist als Gesetzesänderung nur dem Gesetzgeber vorbehalten. Zur bloßen Verstärkung einer mittelbaren zu einer unmittelbaren Anteilsvereinigung bzw. zur Verkürzung einer Beteiligungskette (– **up-stream** –) s. Rdnr. 162.

Zur Begünstigung von Umstrukturierungen im Konzern unter bestimmten Voraussetzungen vgl. § 6a.

158  Mittelbare Anteilsvereinigung tritt auch ein, wenn jemand sowohl sämtliche Kommanditanteile an einer **GmbH & Co. KG** als auch sämtliche (bzw. mindestens 95% der) Anteile an der persönlich haftenden GmbH erwirbt.[7] Die Anteilsvereinigung ist hinsichtlich der Kommanditbeteiligung eine unmittelbare, im Übrigen eine mittelbare. Dementsprechend tritt Anteilsvereinigung auch ein, wenn aus einer GmbH & Co. KG, deren persönlich haftende Gesellschafterin eine Einmann-GmbH ist, alle Kommanditisten bis auf denjenigen, der alle Anteile an der Komplementärin innehat, ausscheiden. Siehe im Übrigen Rdnr. 173.

1 Vgl. auch FG Baden-Württemberg v. 20. 3. 2002, EFG 2002, 1321.
2 Down-stream –; FG Münster v. 23. 1. 2002, EFG 2002, 573.
3 BFH v. 5. 11. 2002 II R 41/02, BFH/NV 2003, 507; vgl. Rdnr. 156.
4 Teiche, UVR 2003, 258, 269.
5 Kroschewski, GmbHR 2001, 707.
6 BFH v. 15. 12. 2010 II R 45/08, BStBl II 2012, 392.
7 BFH v. 21. 1. 1987 II R 176/83, BFH/NV 1988, 664; v. 15. 12. 2010 II R 45/08, BStBl II 2012, 392.

### cc) Durch Auftrag- oder durch Treuhandverhältnisse vermittelte Anteilsvereinigung

**Verwaltungsanweisungen:** Ländererlasse v. 12.10.2007, BStBl I 2007, 761.

Insbesondere bei Kapitalgesellschaften[1] kann der Tatbestand des § 1 Abs. 3 **159** Nr. 1 bzw. 3 – abgesehen von den Fällen der mittelbaren Anteilsvereinigung über die zu mindestens zu 95 % beherrschte Hand (s. Rdnr. 155 f.) – auch in anderer Weise ohne bürgerlich-rechtlichen Erwerb von mindestens 95 % der Anteile an einer grundbesitzenden Gesellschaft erfüllt werden. Erwirbt jemand im Auftrag eines anderen in eigenem Namen, aber auf Weisung und Rechnung des anderen (des Hintermanns) einen Anspruch auf Übertragung einzelner oder mehrerer Anteile an einer Gesellschaft mit Grundbesitz, so erwächst dem Auftraggeber (sog. „Treugeber") gegenüber dem Beauftragten (sog. „Treuhänder") aus § 667 BGB ein **Anspruch auf Herausgabe** des Erlangten. Dieser Anspruch ist in einem **obligatorischen Rechtsgeschäft begründet.** Wenn dieses auch nicht auf die Übertragung von Anteilen an einer (grundbesitzenden) Gesellschaft gerichtet ist, so ist diese doch **dessen Folge.** Der sog. „Treugeber" erhält i. S. von § 1 Abs. 3 Nr. 1 und 3 **einen Anspruch auf Übertragung** der bzw. von mindestens 95 % der Anteile.[2] Richtet sich der Anspruch des „Treugebers" nur auf einen Teil der Anteile an einer grundstücksbesitzenden Gesellschaft, weil der „Treuhänder" nur diese erwerben sollte, so ist der Tatbestand des § 1 Abs. 3 Nr. 1 erfüllt, wenn der „Treugeber" in Bezug auf die restlichen zur Erreichung des Quantums von mindestens 95 % erforderlichen Anteile an der Gesellschaft mit Grundbesitz ein den Anspruch auf deren Übertragung begründendes Verpflichtungsgeschäft abschließt oder diese Anteile auf ihn übergehen bzw. er sie bereits innehat.

Werden mehrere „Treuhänder" für einen „Treugeber" in dieser Weise tätig, so ist der Tatbestand des § 1 Abs. 3 Nr. 1 dann erfüllt, wenn diese zusammen mindestens 95 % der Anteile innehaben, weil in Bezug auf jeden von einem der mehreren „Treuhänder" erworbenen Anteil ein Anspruch des „Treugebers" auf Übertragung besteht und er durch Realisierung seiner Herausgabeansprüche alle Anteile an der Gesellschaft mit Grundbesitz in seiner Hand vereinigen würde. Die bloße Auswechslung eines dieser „Treuhänder" erfüllt den Tatbestand der Anteilsvereinigung ebenso wenig wie der Umstand, dass unter Auflösung eines der „Treuhandverhältnisse" ein Teil der Anteile unmittelbar

---

1 Siehe aber BFH v. 5.11.1986 II R 237/85, BStBl II 1987, 225; v. 19.10.1995 II R 63/92, BFH/NV 1996, 433.
2 Vgl. schon BFH v. 28.7.1972 II 77/64 U, BStBl II 1972, 719; v. 27.11.1979 II R 117/78, BStBl II 1980, 357; v. 5.11.1986 II R 237/85, BStBl II 1987, 225.

auf den „Treugeber" übertragen wird.[1] Übertragen die mehreren „Treuhänder" dieses „Treugebers", die zusammen mindestens 95 % der Anteile an einer Gesellschaft mit Grundbesitz halten, ihrerseits untereinander weisungsgemäß ihre Anteile, so tritt – unbeschadet des fortbestehenden Herausgabe-Übertragungsanspruchs des „Treugebers" – unmittelbare Anteilsvereinigung in der Hand eines von ihnen dann ein, wenn sich die Anteile in der Hand nur eines „Treuhänders" konzentrieren.

In Konsequenz der Aussagen zur über mehrere zwischengeschaltete Gesellschaften („beherrschte Hände") vermittelten mittelbaren Anteilsvereinigung (Rdnr. 156) muss mittelbare Anteilsvereinigung auch dann angenommen werden, wenn eine Mittelperson im Auftrag des Alleingesellschafters einer Kapitalgesellschaft mindestens 95 % der Anteile einer weiteren Kapitalgesellschaft erwirbt, die ihrerseits mindestens 95 % der Anteile an einer grundstücksbesitzenden anderen Kapitalgesellschaft innehat.

### dd) Mischfälle

160   Mittelbare Anteilsvereinigung tritt auch ein, wenn bspw. 90 % der Anteile an einer Kapitalgesellschaft sich in einer Hand – der des A – befinden und ein „Treuhänder" auftragsgemäß die weiteren, noch zum Quantum von mindestens 95 % der Anteile fehlenden Anteile an einer Gesellschaft mit Grundbesitz, die nicht die von A beherrschte Hand innehat, erwirbt, wodurch A ein Herausgabeanspruch erwächst.

### ee) Gründung einer Kapitalgesellschaft mit einem „Treuhänder"

161   Hat bei Gründung einer Kapitalgesellschaft, zu deren Vermögen im Zeitpunkt ihrer Eintragung in das Handelsregister ein Grundstück gehört, ein „Treuhänder" mitgewirkt, so entsteht die Steuer aus § 1 Abs. 3 Nr. 1 im Zeitpunkt der Eintragung dieser Gesellschaft (mit ihrer Entstehung) in der Person des „Treugebers", also hier des Mitgesellschafters.[2]

### d) Übergang von mittelbarer zu unmittelbarer Anteilsvereinigung

### aa) Übertragung der Anteile von der beherrschten Hand auf denjenigen Gesellschafter, der mindestens 95 % der Anteile an ihr hält

162   Die zu 95 % beherrschte Hand wird auch in Bezug auf die von ihr gehaltenen Anteile einer Gesellschaft mit Grundbesitz im Bereich des § 1 Abs. 3 dem Al-

---

1  BFH v. 16. 7. 1997 II R 8/95, BFH/NV 1998, 81.
2  BFH v. 28. 2. 1972 II 77/64 U, BStBl II 1972, 719; v. 28. 11. 1979 II R 117/78, BStBl II 1980, 357.

leingesellschafter voll zugerechnet (vgl. Rdnr. 155). **Folgt einer derartigen mittelbaren Anteilsvereinigung eine unmittelbare Anteilsvereinigung, so unterliegt dieser Vorgang nicht erneut der Grunderwerbsteuer** nach § 1 Abs. 3 Nr. 1.[1]

**BEISPIEL:** ► A, der Alleingesellschafter der grundstücksbesitzenden G-AG war, übertrug zunächst 45 % von deren Anteilen auf die B-GmbH, eine 100 %ige Tochtergesellschaft der Z-AG. Später veräußerte A seine restlichen Anteile an der G-AG (55 %, gemessen an deren Grundkapital) an die Z-AG, womit teils unmittelbare, teils mittelbare Anteilsvereinigung eintrat. Erwirbt die Z-AG in der Folgezeit von der B-GmbH mindestens 40 % der Anteile an der G-AG, löst die damit eintretende unmittelbare Vereinigung von mindestens 95 % der Anteile der G-AG in der Hand der Z-AG nicht erneut Grunderwerbsteuer aus.

Ungeachtet der zivilrechtlich im Vollzug des Geschäfts eintretenden unmittelbaren Vereinigung von 95 % der Anteile an der G-GmbH in der Hand der Z-AG tritt nämlich keine grunderwerbsteuerrechtlich erhebliche „Verstärkung" ihrer Rechtsstellung ein.[2] Aus grunderwerbsteuerrechtlicher Sicht gehörten der Z-AG ungeachtet der Gesellschafterstellung der von ihr zu mindestens zu 95 % beherrschten Kapitalgesellschaft (B-GmbH) die Anteile bereits zufolge der (grunderwerbsteuerrechtlichen) Zurechnung der Anteile der beherrschten Hand. Das gilt **nicht nur hinsichtlich** derjenigen **Grundstücke,** die im **Zeitpunkt** der Erfüllung des Tatbestands der **mittelbaren Anteilsvereinigung zum Vermögen der Gesellschaft** (G-AG) gehörten, sondern **auch** in Bezug auf diejenigen **Grundstücke, die inzwischen** von ihr **erworben** wurden. Denn auch der Erwerb weiterer Grundstücke einer Einmann-Kapitalgesellschaft nach Erlangung der Alleingesellschafterstellung löst nicht etwa eine erneute (nachträgliche) Steuer aus § 1 Abs. 3 aus. Aus den nämlichen Gründen unterliegt die Vereinigung von mindestens 95 % der Anteile einer grundbesitzenden Gesellschaft unmittelbar in der Hand einer Person dann nicht der Grunderwerbsteuer, wenn diese bereits seit Gründung der grundstücksbesitzenden Gesellschaft von dieser teils unmittelbar, teils mittelbar über eine zu 95 % beherrschte Gesellschaft gehalten wurden.[3]

Die nämlichen Grundsätze gelten bei Verkürzung einer Beteiligungskette von Kapitalgesellschaften, deren Anteile jeweils zu 95 % gehalten werden. Erwirbt eine Muttergesellschaft, die zu mindestens zu 95 % die Geschäftsanteile an

---

1 BFH v. 20. 10. 1993 II R 116/90, BStBl II 1994, 121; v. 12. 1. 1994 II R 130/91, BStBl II 1994, 408; v. 12. 7. 2014 II R 46/12, BStBl II 2014, 536.
2 So aber noch BFH v. 8. 11. 1978 II R 82/73, BStBl II 1979, 153.
3 BFH v. 12. 1. 1994 II R 130/91, BStBl II 1994, 408.

der Tochtergesellschaft (oder deren einzigen Geschäftsanteil) innehat, von dieser Tochtergesellschaft, die wiederum zu mindestens zu 95 % die Anteile an der grundbesitzenden Enkelgesellschaft hält, diese Anteile an der Enkelgesellschaft, ist dies kein nach § 1 Abs. 3 Nr. 3 der Steuer unterliegender Vorgang.[1] Denn auch in einem solchen Fall wird die ohnehin schon bestehende Zuordnung der Grundstücke der grundstücksbesitzenden (Enkel-)Gesellschaft bei der erwerbenden Gesellschaft lediglich verstärkt. Denn es ist unerheblich, ob der Muttergesellschaft die Anteile der grundstücksbesitzenden Enkelgesellschaft unmittelbar oder mittelbar über die von ihr zu 95 % beherrschte Tochtergesellschaft zuzurechnen sind. **Voraussetzung** für die Annahme einer **grunderwerbsteuerrechtlich unerheblichen Verstärkung** ist stets das Vorliegen einer direkten **Beteiligungskette** mit Beteiligungen, die jede für sich gesehen mindestens 95 % der Anteile umfassen. Der Erwerb aller Anteile an der Enkelgesellschaft durch eine weitere etwa sogar 100 %ige Tochtergesellschaft der Muttergesellschaft außerhalb der Beteiligungskette hätte den Tatbestand des § 1 Abs. 3 Nr. 3 erfüllt (vgl. Rdnr. 155 ff.). Besteht zwischen den einzelnen Mitgliedern eines Organkreises **keine** derartige **Beteiligungskette**, so kann von einer bloßen grunderwerbsteuerrechtlich unerheblichen Verstärkung nicht die Rede sein (vgl. Rdnr. 183).

Ob die nachfolgende unmittelbare Vereinigung der Anteile auf Rechtsgeschäft beruht oder darauf, dass das Vermögen der beherrschten Kapitalgesellschaft im Wege der Verschmelzung (§ 1 Abs. 1 Nr. 1, §§ 120 ff., § 20 UmwG) kraft Gesetzes auf den Allein- oder „Haupt"-Gesellschafter übergeht, oder eine der Gesellschaften einer Beteiligungskette im o. a. Sinn „up-stream" umgewandelt wird und sich dadurch diese Kette verkürzt, ist in diesem Zusammenhang unerheblich. Zu möglicher Steuerbegünstigung wird auf § 6a hingewiesen.

**bb) Erfüllung des Herausgabeanspruchs durch den „Treuhänder"**

163    Auch der im obligatorischen Rechtsgeschäft Auftrag oder Geschäftsbesorgungsvertrag wurzelnde **Herausgabeanspruch des Auftraggebers** („Treugebers") gegenüber dem Auftragnehmer („Treuhänder") **ist rechtsgeschäftlich begründeter Anspruch auf Übertragung** von Anteilen an einer Gesellschaft mit Grundbesitz i. S. des § 1 Abs. 3 Nr. 1,[2] demzufolge der Erwerb des „Treuhänders", der für sich gesehen außer in Fällen, in denen sich sein Erwerb auf mindestens 95 % der Anteile einer grundstücksbesitzenden Gesellschaft bezieht

---

1 FG Münster v. 8. 5. 2003, EFG 2003, 1187.
2 Vgl. BFH v. 23. 6. 1972 II 77/64 U, BStBl II 1972, 719; v. 27. 11. 1979 II R 117/78, BStBl II 1980, 357; v. 5. 11. 1986 II R 237/85, BStBl II 1987, 225; s. dazu Rdnr. 159.

(§ 1 Abs. 3 Nr. 3), nicht tatbestandsmäßig ist, dem Hintermann („Treugeber")
„zugerechnet" wird. Wird der Herausgabeanspruch erfüllt, ist nach der Rechtsprechung zu unterscheiden: halten mehrere „Treuhänder" (Auftragnehmer
bzw. Geschäftsbesorger) für einen „Treugeber" (Auftraggeber oder Geschäftsherrn) zusammen mindestens 95 % der Anteile an der Gesellschaft, so wird
der Tatbestand des § 1 Abs. 3 Nr. 1 und 2 nicht dadurch erfüllt, dass unter Auflösung eines der „Treuhandverhältnisse" ein Teil der Anteile unmittelbar auf
den bisherigen „Treugeber" übertragen wird, weil sich dadurch die Stellung
des „Treugebers" nicht qualitativ verändert, sie nicht in grunderwerbsteuerrechtlich relevanter Weise „verstärkt" wird, und zwar auch nicht hinsichtlich
von der Gesellschaft nach dem Zeitpunkt der erstmaligen Anteilsvereinigung
hinzuerworbener Grundstücke.[1] Entgegen BFH vom 12. 7. 1972[2] und vom
17. 2. 1982[3] muss dasselbe gelten, wenn alle, die mittelbare Anteilsvereinigung über „Treuhänder" begründenden, Anteile unmittelbar auf den „Treugeber" übergehen, sei es unter Auflösung aller „Treuhandverhältnisse" oder
durch Auflösung des einen, sich auf das zur Anteilsvereinigung erforderliche
Quantum von Anteilen beziehende Treuhandverhältnisses.[4] Die Rechtsfolge
kann keine andere sein, als beim Übergang von der durch die beherrschte
Hand (beherrschten Hände) vermittelten (mittelbaren) Anteilsvereinigung zur
unmittelbaren (vgl. Rdnr. 162). Zur Auffassung der Finanzverwaltung vgl. Ländererlasse vom 12. 10. 2007.[5]

## 7. Vereinigung bzw. Übergang von mindestens 95 % der Anteile

§ 1 Abs. 3 Nr. 2 unterwirft die gesellschaftsrechtliche Vereinigung von mindestens 95 % der Anteile u. a. in der Hand einer Person in Bezug auf die im Vermögen der Gesellschaft, deren Anteile vereinigt werden, stehenden Grundstücke der Steuer (zur Vereinigung im Organkreis vgl. Rdnr. 178). Dieser Tatbestand ist nicht nur erfüllt, wenn dieser Vereinigung ein auf die Übertragung
von Gesellschaftsanteilen gerichtetes obligatorisches Rechtsgeschäft vorausgegangen ist, das entweder mangels Grundbesitz der Gesellschaft, deren Anteile betroffen sind, nicht tatbestandsmäßig ist oder das nicht alle nunmehr

**164**

---

1 Vgl. BFH v. 16. 7. 1997 II R 8/95, BFH/NV 1998, 81.
2 II 81/65, BStBl II 1972, 913.
3 II R 25/81, BStBl II 1982, 336.
4 Gl. A. Boruttau/Fischer, Rn. 1027; Pahlke, Rz 362; offen gelassen in BFH v. 20. 10. 1993 II R
116/90, BStBl II 1994, 121, sowie in BFH v. 16. 7. 1997 II R 8/95, BFH/NV 1998, 81.
5 BStBl I 2007, 761.

der Gesellschaft gehörende Grundstücke betraf (s. dazu Rdnr. 139), sondern **primär** dann, **wenn** der zur Vereinigung führende **restliche Anteilsübergang kraft Gesetzes** erfolgt, sei das im Erbwege[1] oder im Zuge einer Verschmelzung (§ 1 Abs. 1 Nr. 1, §§ 2 ff. UmwG), einer Auf- oder Abspaltung bzw. Ausgliederung zur Aufnahme auf einen bestehenden Rechtsträger (§ 1 Abs. 1 Nr. 2, §§ 123 ff. UmwG) usw. § 1 Abs. 3 Nr. 2 verlangt auch nicht, dass sich durch die gesellschaftsrechtliche Vereinigung der Anteilsbestand des nunmehr mindestens 95 % der Anteile haltenden Gesellschafters erhöht. Der Tatbestand des § 1 Abs. 3 Nr. 2 ist auch dann erfüllt, wenn einer der beiden einzigen Aktionäre seine Aktien auf die AG überträgt.[2] Dasselbe gilt nach § 1 Abs. 3 Nr. 2, wenn einer der beiden Gesellschafter seine Aktien unter Zurückbehaltung von einigen Stücken auf die AG überträgt und sich damit mindestens 95 % des „gekürzten" (vgl. Rdnr. 144) Grundkapitals in der Hand des anderen Gesellschafters befinden. In gleicher Weise wird der Tatbestand des § 1 Abs. 3 Nr. 2 erfüllt, wenn eine GmbH in zulässiger Weise (vgl. § 33 Abs. 1 GmbHG) den nach § 34 GmbHG eingezogenen Anteil, dessen Untergang § 5 Abs. 3 Satz 2 GmbHG i. d. F. des Art. 1 MoMiG[3] verbietet, selbst erwirbt und von den restlichen Anteilen mindestens 95 % sich in einer Hand konzentrieren.[4] Das nämliche Ergebnis tritt ein, wenn die von § 5 Abs. 3 Satz 2 GmbHG verlangte Übereinstimmung der Summe der Nennbeträge aller Geschäftsanteile mit dem Stammkapital durch Aufstockung der vorhandenen Geschäftsanteile hergestellt wird und die verhältnismäßige Aufstockung dazu führt, dass ein Gesellschafter mindestens 95 % der Anteile innehat.

165 Auch im Bereich des § 1 Abs. 3 Nr. 4 ist es unerheblich, ob der Übergang von mindestens 95 % der Anteile en bloc aufgrund rechtsgeschäftlichen Übertragungsanspruchs erfolgt oder kraft Gesetzes. Der Tatbestand ist damit auch erfüllt, wenn mindestens 95 % der Anteile an einer grundstücksbesitzenden Gesellschaft im Erbwege, im Zuge von Umwandlungen (ausgenommen die formwechselnde Umwandlung, die nicht zu einem Übergang führt, s. hierzu auch Rdnr. 6 ff., 9 ff.) oder im Wege der Anwachsung (vgl. Rdnr. 56) übergehen. Zu möglicher Steuerbegünstigung bei Umwandlungsvorgängen s. § 6a.

---

1  Vgl. BFH v. 8. 6. 1988 II R 143/86, BStBl II 1988, 785.
2  BFH v. 20. 1. 2015 II R 8/13, BStBl II 2015, 553; vgl. bereits RFH v. 9. 2. 1932 II A 618/31, RFHE 30, 199.
3  Vom 23. 10. 2008, BGBl I 2008, 2026.
4  Vgl. zum Rechtszustand vor der Neufassung des § 5 Abs. 3 Satz 2 GmbHG BFH v. 10. 8. 1988 II R 193/85, BStBl II 1988, 959. Siehe dazu auch Meyer, Die Einziehung von GmbH-Anteilen im Licht des MoMiG, NZG 2009, 1201.

## 8. Randfragen

### a) Gründung von Einmann-Kapitalgesellschaften

Gehört zum Vermögen einer Einmann-GmbH (vgl. § 1 GmbHG) im Zeitpunkt ihres Entstehens durch Eintragung in das Handelsregister (§ 11 GmbHG) bereits ein Grundstück, so entsteht gleichzeitig der (einzige) Geschäftsanteil. Diese erstmalige Zuordnung „aller" Anteile erfüllt den Tatbestand des § 1 Abs. 3 Nr. 4 nicht; es fehlt an einem Rechtsträgerwechsel hinsichtlich der Anteile. Das Nämliche gilt bei Gründung einer Einmann-AG (§§ 2, 41 Abs. 1 Satz 1 AktG), gleichgültig, ob alle Aktien, deren Ausgabe erst nach Eintragung erfolgen kann (§ 41 Abs. 4 AktG), allein einem Aktionär oder neben ihm der Gesellschaft selbst gehören. Auch bei der Ausgliederung des von einem Einzelkaufmann betriebenen Unternehmens (oder von Teilen desselben) aus dem Vermögen des Kaufmanns zur Neugründung einer oder mehrerer Kapitalgesellschaften (§ 1 Abs. 1 Nr. 2, § 123 Abs. 3 Nr. 2, § 124 Abs. 1, §§ 152, 158 ff. UmwG) gilt nichts anderes; es entsteht entweder ein einziger Geschäftsanteil oder es entstehen mehrere Geschäftsanteile (vgl. § 11 Abs. 2 Satz 2 GmbHG i. d. F. MoMiG) bzw. Aktien, sie vereinigen sich nicht. Dasselbe gilt, wenn eines von den Gründungsmitgliedern einer AG oder einer GmbH Aktien bzw. Geschäftsanteile i. H. v. mindestens 95 % des Grund- oder Stammkapitals übernimmt.

166

### b) Auftrags- und Treuhandverhältnisse, die mindestens 95 % der Anteile betreffen

Schließt jemand – M – als Auftragnehmer („Treuhänder") eines anderen – H – weisungsgemäß ein Rechtsgeschäft im eigenen Namen, aber auf Rechnung des anderen – des H – ab, das den Anspruch auf Übertragung von mindestens 95 % der Anteile an einer grundstücksbesitzenden Kapitalgesellschaft begründet, so wird in der Person des „Treuhänders" – M – der Tatbestand des § 1 Abs. 3 Nr. 3 erfüllt. Die durch ihn vermittelte Position lässt wegen des Herausgabeanspruchs auch in der Person des „Treugebers" (Auftraggebers) – des H – Steuer aus § 1 Abs. 3 Nr. 3 entstehen. Zur Frage der Steuerpflicht der Übertragung aller Anteile an den „Treugeber" s. Rdnr. 163. Überträgt der „Treuhänder" – M – auf Weisung des „Treugebers" – H – alle Anteile auf einen Dritten – D –, der sie auftragsgemäß erwerben und von nun an für den „Treugeber" – den H – halten soll, entsteht in der Person des D Steuer aus § 1 Abs. 3 Nr. 3 bzw. 4. Verzichtet der „Treugeber" auf den Herausgabeanspruch, so löst dies keine Steuer aus, denn an der Rechtsstellung des D bzw. des M ändert sich nichts.

167

Tritt der „Treugeber" – H – seinen Herausgabeanspruch an einen weiteren „Treugeber" – W – ab, so unterliegt der Vorgang in der Person des W der Steuer aus § 1 Abs. 3 Nr. 3 der Steuer.[1]

168  Bei wirklichen Treuhandvereinbarungen ist zwischen der uneigennützigen (sog. echten), im Interesse des Treugebers begründeten Treuhand und der eigennützigen, also im Interesse (auch) des Treuhänders begründeten Treuhand zu unterscheiden.

169  Im Fall der **uneigennützigen Treuhand** hat der Treuhänder zufolge der schuldrechtlichen Abrede zwar die Pflicht, die Übertragung der Anteile anzunehmen, nicht aber einen Anspruch auf deren Übertragung. Die Steuer entsteht – wird das für eine Anteilsübertragung notwendige Quantum von mindestens 95 % der Anteile erreicht – mit dem Übergang der Anteile, und zwar aus § 1 Abs. 3 Nr. 4. Unbeschadet dessen, dass sich der Treugeber vorbehält, die Rückübertragung der Anteile zu verlangen, steht ihm kein rechtsgeschäftlich begründeter Anspruch auf Rückübertragung zu; der Vorbehalt kann den Tatbestand des § 1 Abs. 3 Nr. 3 nicht erfüllen.[2] Werden aufgrund Geltendmachung des Rückübertragungsvorbehalts die Anteile von dem Treuhänder auf den Treugeber (rück)übertragen, wird hinsichtlich aller Grundstücke der Gesellschaft der Tatbestand des § 1 Abs. 3 Nr. 4 verwirklicht. Sind die Voraussetzungen des § 3 Nr. 8 erfüllt, ist dieser Erwerbsvorgang in Bezug auf diejenigen Grundstücke, die schon im Zeitpunkt der Anteilsübertragung auf den Treuhänder zum Vermögen der Gesellschaft gehörten, steuerfrei. Im nämlichen Umfang ist unter den Voraussetzungen des § 16 Abs. 2 (insbesondere also der ordnungsmäßigen Erfüllung der Anzeigepflicht, § 16 Abs. 5) die Steuerfestsetzung für den Erwerb des Treuhänders aufzuheben (bzw. die Steuer nicht festzusetzen) und die Steuer für den (Rück)Erwerb durch den Treugeber nicht festzusetzen.

170  Im Fall **eigennütziger Treuhand** wird im Regelfall ein Anspruch des Treuhänders auf Übertragung der Anteile an der grundbesitzenden Gesellschaft begründet und damit – wird das erforderliche Quantum von mindestens 95 % erreicht – der Tatbestand des § 1 Abs. 3 Nr. 3 erfüllt. Ein (auch unter bestimmten Bedingungen) vorbehaltenes Verlangen auf Herausgabe des Treuguts[3] kann auch bei Bedingungseintritt nicht unter § 1 Abs. 1 Nr. 3 subsumiert werden. Denn der Ergänzungstatbestand des § 1 Abs. 3 kann nicht weiter reichen als der Haupttatbestand; der buchstäbliche Wortlaut des Gesetzes bedarf inso-

---

1  Vgl. auch BFH v. 18. 5. 1977 II R 191/72, BStBl II 1977, 687.
2  So jetzt auch Ländererlasse v. 12. 10. 2007, BStBl I 2007, 761, unter Tz 1.2.
3  In den Ländererlassen v. 12. 10. 2007, BStBl I 2007, 761, unter Tz 1.2, als rechtsgeschäftlich aufschiebend bedingt begründete Rückübertragungsverpflichtung bezeichnet.

weit einer einschränkenden Auslegung.[1] Werden die Anteile vom Treuhänder auf den Treugeber zurückübertragen, sind die Rechtsfolgen die nämlichen wie bei der uneigennützigen Treuhand (Rdnr. 169).

Der **Verzicht** des „Treugebers" auf einen ihm zustehenden Anspruch **auf Rück-abtretung** kann unter keinen der Tatbestände des § 1 Abs. 3 subsumiert werden. Die Abtretung dieses Anspruchs an einen Dritten unterliegt der Steuer aus § 1 Abs. 3 Nr. 3. Desgleichen unterliegt der Steuer die Weiterübertragung von mindestens 95 % der Anteile der Gesellschaft en bloc durch den „Treuhänder" auf einen Dritten der Steuer nach § 1 Abs. 3 Nr. 3 oder 4, wobei irrelevant ist, ob das Treuhandverhältnis erlischt oder zu dem Dritten weiterbestehen soll. 171

### c) Anteilsvereinigung bei heterogenem Formwechsel?

Das FG Münster hat mit Urteil vom 16. 2. 2006[2] noch zu § 1 Abs. 3 i. d. F. vor der Änderung durch das StEntlG 1999/2000/2002 vom 24. 3. 1999[3] entschieden, dass bei einem heterogenen Formwechsel einer grundbesitzenden zweigliedrigen Personengesellschaft in eine Kapitalgesellschaft ein gleichzeitig vereinbarter Gesellschafterwechsel, das aufschiebend durch die Eintragung der neuen Rechtsform in das Handelsregister bedingte Ausscheiden des an der Personengesellschaft vermögensmäßig nicht beteiligten Gesellschafters (Komplementär-GmbH), der Tatbestand des § 1 Abs. 3 Nr. 1 (a. F.) erfüllt werde. Es hat diese Entscheidung auf die Überlegung gestützt, dass sich der Verbund der Gesamthandsgemeinschaft nicht gemeinsam als Rechtsträger fortgesetzt habe. 172

Dieser Entscheidung ist nicht beizupflichten. Es liegt im Wesen der Personengesellschaften, dass unabhängig vom Ausmaß der vermögensmäßigen Beteiligung (auf die § 1 Abs. 3 nicht abstellt, vgl. Rdnr. 141) mit der Mitgliedschaft in ihr die gesamthänderische Mitberechtigung untrennbar verbunden ist, weshalb eine unmittelbare Anteilsvereinigung bei Personengesellschaften ausgeschlossen ist (vgl. Rdnr. 142 f.). Die Konstruktion der ungebrochenen Fortsetzung der Beteiligung am formgewechselten Rechtsträger in der am Rechtsträger neuer Rechtsform, wie sie umwandlungsrechtlich vorgegeben ist, schließt es aber jedenfalls aus, dann eine Anteilsvereinigung anzunehmen, wenn lediglich die vermögensmäßige Beteiligung fortgeführt wird. Zur Zulässigkeit des

---

1 Im Ergebnis ebenso Boruttau/Fischer, Rn. 1017; Pahlke, Rz 378.
2 EFG 2006, 1034, aufgehoben aus anderen Gründen durch BFH v. 9. 4. 2008 II R 31/06, BFH/NV 2008, 1435.
3 BGBl I 1999, 402.

Beitritts bzw. Ausscheidens eines Gesellschafters im Zuge der formwechselnden Umwandlung selbst vgl. Rdnr. 11.

#### d) Mittelbare Anteilsvereinigung über eine Personengesellschaft?

173 Die Überlegungen, die die Annahme einer unmittelbaren Vereinigung von
mindestens 95 bis 100 % der Anteile einer Personengesellschaft ausschließen
(s. Rdnr. 141 ff.), legen es nahe, die Zwischenschaltung einer Personengesellschaft sich nur dann auf den Tatbestand des § 1 Abs. 3 auswirken zu lassen,
wenn deren Anteile teils unmittelbar, teils mittelbar in einer Hand vereinigt
sind, wie z. B. bei der Einmann-GmbH & Co. KG,[1] oder alle Anteile an ihr von
Kapitalgesellschaften gehalten werden, deren Anteile wiederum von einem
einzigen Gesellschafter je zu mindestens 95 % gehalten werden bzw. alle Anteile an ihr von Treuhändern oder Treuhändern und einer derart beherrschten
Gesellschaft gehalten werden. Die zivilrechtlich untermauerten Besonderheiten der Personengesellschaften wirken sich jedoch nach BFH vom 12. 3. 2014 II
R 51/12[2] auf die mittelbare Beteiligungsebene nicht aus. Eine zwischengeschaltete Personengesellschaft sei vielmehr ebenso zu behandeln, wie eine
zwischengeschaltete Kapitalgesellschaft mit der Folge, dass es nicht auf die
Beteiligung der Gesellschafter am Gesamthandsvermögen aufgrund ihrer Mitgliedschaft in ihr ankomme, sondern auf die Beteiligung der Personengesellschaft selbst am Gesellschaftskapital derjenigen Gesellschaft, für die Anteilsvereinigung in Frage steht.

Die Entscheidung steht im offenen Widerspruch zum BFH-Urteil vom
8. 8. 2001 II R 66/89[3], die in der Entscheidung vom 12. 3. 2014 II R 51/12 nicht
erwähnt wird. In dem der Entscheidung zugrunde liegenden Fall erwarb einer
der beiden vermögensmäßig an einer KG beteiligten Kommanditisten, nämlich
A, den Kommanditanteil des anderen, des B. Die Komplementäre-GmbH, deren
Anteile die KG zu 100 % hielt, war weder berechtigt noch verpflichtet eine Einlage zu leisten. Wenngleich eine unmittelbare Anteilsvereinigung wegen der
Gesellschafterstellung der GmbH nicht in Frage stand,[4] so ist nach BFH doch
eine teils unmittelbare (Kommanditistenstellung), teils mittelbare Anteilver-
einigung eingetreten, weil dem A die Beteiligung der GmbH an der KG, als

---

1 Instruktiv FG Münster v. 22. 2. 2011, EFG 2011, 1274.
2 BFH/NV 2014, 1315.
3 BStBl II 2002, 156.
4 Weshalb – anders als bei einer Kapitalgesellschaft – eine „Abrechnung" der wechselseitigen Beteiligung zwischen der KG und ihrer persönlich haftenden Gesellschafterin (vgl. Rdnr. 145) nicht
wirklich denkbar ist.

dem nach Erfüllung des Vertrags mit B zu 100 % am Gesellschaftskapital Beteiligten zuzurechnen sei. Die Herrschaftsmacht über die Grundstücke der KG unterscheidet sich in dem der Entscheidung zugrunde liegenden Sachverhalt nicht von derjenigen der Einheitsgesellschaft bei der der einzige Kommanditist zugleich Alleingesellschafter der einzigen persönlich haftenden Gesellschafterin ist (s. Rdnr. 158).

Der Entscheidung ist nur im Ergebnis zuzustimmen. Sie führt im Einzelfall zu einer möglicherweise vom BFH kaum gewollten Ausweitung des Anwendungsbereichs des § 1 Abs. 3. Denn die Aussage, auf der mittelbaren Ebene seien Personen- und Kapitalgesellschaften gleich zu behandeln, bedeutet bei einer ähnlichen Fallgestaltung, in der die Anteile der Komplementäre-GmbH nur zu mindestens 95 % aber weniger als 100 % von der „zwischengeschalteten" KG gehalten werden, das ebenfalls Anteilsvereinigung infolge des Erwerbs des restlichen Kommanditanteils durch A eingetreten wäre. Die Aussage des BFH, dass es für eine unterschiedliche Behandlung von zwischengeschalteten Personen- und Kapitalgesellschaften auch unter Berücksichtigung des allgemeinen Gleichheitssatzes (Art. 3 Abs. 1 GG) allein keine Grundlage gäbe, rechtfertigt die Gleichstellung von Personen- und Kapitalgesellschaften auf mittelbarer Ebene nicht. Im Übrigen bot der der Entscheidung zugrunde liegende Fall (100 %ige Beteiligung der KG an ihrer Komplementär-GmbH) keinen Anlass zu derartigen Ausführungen; es handelt sich um ein obiter dictum.

Das FG Berlin-Brandenburg hat mit Urteil vom 18.6.2015[1] unter Anschluss der oben erwähnten Entscheidung des BFH vom 12.3.2014 II R 41/12,[2] die Erfüllung des Tatbestands des § 1 Abs. 3 bejaht in einem Fall, in dem diejenige ausländische Gesellschaft, deren Anteile gänzlich erworben wurden, über eine 100 %ige Enkelgesellschaft einerseits zu 94,1 % an einer inländischen Gesellschaft mit Grundbesitz beteiligt war, und andererseits einzige und allein vermögensmäßig beteiligte Kommanditistin der im Übrigen (also zu 5,9 %) beteiligten KG war.

Zur Auswirkung von Organschaftsverhältnissen auf diese Frage s. BFH vom 8.8.2001[3] und Rdnr. 181.

Zu bemerken ist noch, dass eine Vereinbarung, nach deren Inhalt alle bis auf einen Kommanditisten einer grundbesitzenden KG gegen eine von der KG zu leistende Abfindung ausscheiden und ihre Geschäftsanteile an der Komple-

---

1 EFG 2015, 1623 (Rev.: II R 41/15).
2 BFH/NV 2014, 1315.
3 II R 66/98, BStBl II 2002, 156.

mentär-GmbH auf den verbleibenden Kommanditisten übertragen, nicht nach § 1 Abs. 3 Nr. 1 der Steuer unterliegt. Der Vorgang unterliegt der Steuer nach § 1 Abs. 3 Nr. 2 mit Vollzug der Vereinbarung, denn eine derartige Vereinbarung begründet keinen Anspruch auf Übertragung von Anteilen an einer Personengesellschaft; der jeweilige Anteil des Ausscheidenden am Gesellschaftsvermögen wächst dem verbleibenden, dann allein am Gesellschaftsvermögen beteiligten Gesellschafter nämlich nach § 738 Abs. 1 Satz 1 BGB[1] kraft Gesetzes an.[2]

## 9. Abhängige Personen oder Unternehmen (Anteilsvereinigung im Organkreis)

**Literatur:** *Götz*, Grunderwerbsteuerliche und organschaftliche Fragen bei Umwandlungen im Konzern, GmbHR 2001, 277; *Streck/Binnewies*, Der faktische Konzern als hinreichende Voraussetzung für eine organisatorische Eingliederung…, DB 2001, 1578; *Heine*, Die Organschaft im Grunderwerbsteuerrecht, UVR 2001, 349; *Mitsch*, Die grunderwerbsteuerliche Organschaft, DB 2001, 2165; *Krebühl*, Besteuerung der Organschaft im neuen Unternehmenssteuerrecht, DStR 2002, 1241; *Heine*, Herrschende und abhängige Personen sowie Unternehmen und die Organschaft im Grunderwerbsteuerrecht, GmbHR 2003, 453; *Erdbrügger*, „Die organisatorische Eingliederung setzt die aktive Gestaltung der Beziehungen zwischen Organträger und Organgesellschaft voraus", BB 2008, 933; *Kaufmann/Schmitz-Herscheidt*, BB 2008, 2111; *Vossel/Peter/Hellstern*, Erweiterung der grunderwerbsteuerlichen Organschaft durch das EuGH-Urteil vom 16. 7. 2015?, Ubg 2016, 271.

**Verwaltungsanweisungen:** Ländererlasse zur Anwendung des § 1 Abs. 3 i. V. m. 4 GrEStG auf Organschaftsfälle v. 21. 3. 2007 (BStBl I 2007, 422).

### a) Gesetzeslage

174 § 1 Abs. 3 Nr. 1 und 2 lassen es in den Fällen, in denen es nicht zu einer gesellschaftsrechtlichen Vereinigung von mindestens 95 % der Anteile an der Gesellschaft mit Grundbesitz in der Hand des Anteilserwerbers kommt, genügen, dass sich die Anteile

► entweder in der Hand von herrschenden und abhängigen Unternehmen

► oder in der Hand von herrschenden Unternehmen und abhängigen Personen

► oder in der Hand abhängiger Unternehmen allein

► oder in der Hand abhängiger Personen allein

im erforderlichen Quantum vereinigen würden bzw. vereinigen.

1 Ggf. i. V. m. § 105 Abs. 3, § 161 HGB.
2 BFH v. 20. 1. 2016 II R 29/14, BFH/NV 2016, 680 vorgehend FG Nürnberg v. 27. 3. 2014, EFG 2014, 1499.

Der Gesetzgeber des GrEStG 1940, in dessen Tradition das GrEStG 1983 steht (vgl. Hofmann, GrEStG, Einf. Rdnr. 3 Nr. 2), hielt[1] „die Erweiterung" (d. h. die Gleichsetzung der Vereinigung in der Hand mehrerer Gesellschaften eines Konzerns mit der Vereinigung in einer Hand) für notwendig, „weil größere Unternehmen mit weitgehender gesellschaftsrechtlicher Verschachtelung die Entstehung der Steuer bisher dadurch umgehen konnten, dass sie die Anteile in der Hand mehrerer abhängiger Unternehmen oder in der Hand des herrschenden und eines abhängigen Unternehmens vereinigen." Mag auch die Fiktion des Organkreises als „eine Hand" mit Rücksicht auf die Einflussmöglichkeiten des herrschenden Unternehmens erfolgt sein, so ist doch nicht ein einzelnes Glied des Organkreises (grunderwerbsteuerrechtlich) Zuordnungsträger des Grundstücks derjenigen Gesellschaft, deren Anteile sich in ihm vereinigen. Denn bei Vorliegen eines Organschaftsverhältnisses wird der Tatbestand der Anteilsvereinigung lediglich erweitert.[2]

In § 1 Abs. 4 Nr. 2 definiert dann das Gesetz zwar in Buchstabe a in bewusster Loslösung vom Umsatzsteuergesetz[3] die abhängige Person entsprechend § 2 Abs. 2 Nr. 1 UStG und in Buchstabe b offenbar das abhängige Unternehmen entsprechend der in § 2 Abs. 2 Nr. 2 Satz 1 UStG formulierten Definition der Organgesellschaft. Die Definitionen bestechen in keiner Weise durch Präzision; denn es gibt kein Unternehmen als Träger von grunderwerbsteuerrechtlich relevanten Ansprüchen, Rechten oder Pflichten. Angesprochen ist damit unausgesprochen der Träger des „Unternehmens", also die natürliche oder juristische Person bzw. die Personengesellschaft als herrschendes Unternehmen, in das jemand „eingegliedert" sein kann.

### b)  „Abhängige Personen"

Soweit das Gesetz den Begriff der abhängigen Person(en) einführt, läuft es     175
notwendigerweise leer. Entweder ist die natürliche Person oder sind die „zusammengeschlossenen natürlichen Personen" (was auch immer damit gemeint sein mag) von Rechts wegen zur Herausgabe der Anteile verpflichtet, womit unabhängig von ihrer Eingliederung in ein Unternehmen mittelbare Anteilsvereinigung eintritt (vgl. Rdnr. 154 ff.), oder sie ist bzw. sie sind nicht „den Weisungen des Unternehmers in Bezug auf die Anteile zu folgen verpflichtet". Eine dritte Möglichkeit ist nicht ersichtlich. Anzumerken ist noch,

---

1  Vgl. die amtliche Begründung zum GrEStG 1940, RStBl 1940, 387 ff.
2  BFH v. 30. 3. 1988 II R 81/85, BStBl II 1988, 682.
3  Vgl. Gesetzesbegründung, BT-Drucks. 9/251.

dass eine Personenhandelsgesellschaft, an der juristische Personen beteiligt sind, kein Zusammenschluss natürlicher Personen i. S. von § 1 Abs. 4 Nr. 2 Buchst. a ist.[1]

Sofern sog. organschaftsähnliche Verhältnisse angesprochen sein sollten, wie sie von der Rechtsprechung für die Umsatzsteuer entwickelt worden waren und für diese Steuer durch die Entscheidungen des BFH vom 7.12.1978[2] und vom 8.2.1979[3] aufgegeben wurden, kann man der nunmehrigen „Definition" ebenfalls keine Bedeutung zumessen. Entweder besteht der Personenzusammenschluss aus einer natürlichen bzw. juristischen Person oder einer Personengesellschaft und aus von dieser zu mindestens 95 % beherrschten Kapitalgesellschaften, dann ist ohnehin die zu mindestens 95 % beherrschte Hand der sie beherrschenden Hand zuzurechnen (vgl. Rdnr. 155), so dass grunderwerbsteuerrechtlich nur „eine Hand" gegeben ist, oder der Personenzusammenschluss ist nicht als solcher den Weisungen einer Person „in Bezug auf die Anteile zu folgen verpflichtet" (sofern es sich nicht um „Treuhänder" handelt).

#### c) „Abhängige juristische Personen (Unternehmen)"

176  Soweit das Gesetz in § 1 Abs. 3 Nr. 1 i. V. m. Abs. 4 Nr. 2 Buchst. b **Organschaftsverhältnisse** anspricht, enthält es gegenüber dem Grunderwerbsteuergesetz 1940 im Ergebnis nichts Neues. Trotz der Neuformulierung des Organschaftsbegriffs kann auf die bisherige Rechtsprechung auch zum Umsatzsteuerrecht zurückgegriffen werden, denn die Vorschrift ist im Kernbereich wortgleich mit § 2 Abs. 2 Nr. 2 Satz 1 UStG 1980/2005.[4] „Herrschendes Unternehmen" der abhängigen juristischen Person ist deren Träger, also eine natürliche bzw. juristische Person oder eine Personengesellschaft. Der „Herrscher" muss Unternehmer sein. Diese Voraussetzung ist nicht erfüllt, wenn er die Anteile in seinem Privatvermögen hält[5] oder eine Holdinggesellschaft ohne jegliche eigene wirt-

1 BFH v. 8.8.2001 II R 66/98, BStBl II 2002, 156.
2 V R 22/7, BStBl II 1979, 356.
3 V R 101/78, BStBl II 1979, 362.
4 Die Rechtsprechung des BFH (Urteile v. 2.12.2015 V R 25/13, DStR 2016, 219, und v. 19.1.2016 XI R 38/12, BFHE 251, 538 = BFH/NV 2016, 500), wonach eine GmbH & Co. KG auch unter den Begriff „juristische Person" fällt, die die Rechtsprechung des EuGH (Urteil v. 16.7.2015 Rs. C-108/14 u. a. –Larentia + Minerva, DStR 2015, 1673) fortführt, ist auf § 1 Abs. 4 Nr. 2 Buchst. b nicht übertragbar.
5 BFH v. 20.3.1974 II R 185/66, BStBl II 1974, 769; vgl. auch BFH v. 18.12.1996 XI R 25/94, BStBl II 1997, 441.

schaftliche Tätigkeit ist.[1] Steuerpflicht tritt hier jedoch bei jeweiliger Beherrschung von Kapitalgesellschaften durch Beteiligung i. H. von mindestens 95 % ein (vgl. Rdnr. 155).

Für das Tatbestandsmerkmal der **finanziellen Eingliederung** ist Voraussetzung,   177
dass das herrschende Unternehmen über eine entsprechende kapitalmäßige Beteiligung an der juristischen Person verfügt, die es ihm ermöglicht, im Rahmen der Willensbildung der Organgesellschaft seinen eigenen Willen durchzusetzen.[2] Das ist regelmäßig der Fall, wenn die Beteiligung mehr als 50 % beträgt, es sei denn, die Stimmrechtsverhältnisse entsprechen dem Beteiligungsverhältnis nicht. Im letzteren Fall muss die Beteiligung des herrschenden Unternehmens (Organträgers) ihm das überwiegende Stimmrecht verschaffen. Das Bestehen eines Beherrschungsvertrags ist weder Voraussetzung für die Annahme einer Organschaft, noch kann es sie begründen, sofern die Voraussetzungen des § 1 Abs. 4 Nr. 2 Buchst. b nicht vorliegen.[3] Ist Organträger eine Personengesellschaft, kann (umsatzsteuerrechtlich) die finanzielle Eingliederung mittelbar dadurch hergestellt werden, dass sich die Anteile im Besitz von deren Gesellschaftern befinden. Eine finanzielle Eingliederung bei mittelbarer Beteiligung liegt vor, wenn die Mehrheit der Anteile oder Stimmrechte an der Organgesellschaft von den Gesellschaftern der Organträgergesellschaft (Muttergesellschaft) gehalten wird, so dass in beiden Gesellschaften dieselben Gesellschafter zusammen über die Mehrheit der Anteile oder Stimmrechte verfügen und damit der Organträger mittelbar seinen Willen auch in der Organgesellschaft durchsetzen kann.[4] Für die Annahme einer **wirtschaftlichen Eingliederung** genügt ein vernünftiger wirtschaftlicher Zusammenhang im Sinne einer wirtschaftlichen Einheit, Kooperation oder Verflechtung.[5] Die Tätigkeiten von Organträger und Organgesellschaft (abhängigem Unternehmen) müssen aufeinander abgestimmt sein, sie müssen sich fördern und ergänzen.[6] Die **organisatorische Eingliederung** schließlich ist zu bejahen, wenn der Organträger durch organisatorische Maßnahmen sicherstellt, dass eine von seinem Willen abweichende Willensbildung in der Organgesellschaft verhindert wird.[7]

---

1 Vgl. dazu EuGH v. 20. 6. 1991 Rs. C-30/90 – *Polysar*, EuGHE I 1991, 3111, Rz 17; v. 14. 11. 2000 Rs. C-142/99 – *Florienne und Berginvest*, EuGHE I 2000, 9567, Rz 17; v. 27. 9. 2001 Rs. C-16/00 – *Cibo Participations*, EuGHE I 2001, 6663, Rz 19.
2 Vgl. u. a. BFH v. 14. 12. 1978 V R 32/75, BStBl II 1979, 281; v. 20. 4. 1988 X R 3/82, BStBl II 1988, 792; s. auch BFH v. 20. 1. 1999 XI R 69/97, BFH/NV 1999, 1136.
3 Vgl. zur Umsatzsteuer BFH v. 11. 4. 1991 V R 126/87, BFH/NV 1992, 140.
4 Vgl. BFH v. 20. 1. 1999 XI R 69/97, BFH/NV 1999, 1136.
5 BFH v. 20. 9. 2006 V B 138/05, BFH/NV 2007, 281.
6 BFH v. 3. 4. 2003 V R 63/01, BStBl II 2004, 434.
7 BFH v. 5. 12. 2007 V R 26/06, BStBl II 2008, 451.

Die entsprechenden Maßnahmen müssen auch praktisch umgesetzt werden.[1] Das setzt in aller Regel die personelle Verflechtung der Geschäftsführung des Organträgers und der Organgesellschaft voraus.[2] Keines dieser Eingliederungsmerkmale darf gänzlich fehlen, wenn auch entweder die wirtschaftliche oder die organisatorische Eingliederung weniger stark in Erscheinung treten können, sofern sich die Eingliederung deutlich auf den anderen Gebieten zeigt.[3] Entscheidend ist das Gesamtbild der Verhältnisse.[4] Im Übrigen wird auf die Kommentarliteratur zu § 2 Abs. 2 Nr. 2 UStG verwiesen.

**d) Anteilsvereinigung im Organkreis**

178 Steuerpflicht im Organkreis tritt stets dann ein, wenn durch die Erfüllung des den Anspruch auf Übertragung eines oder mehrerer Anteile an einer Gesellschaft, zu deren Vermögen Grundstücke gehören, begründenden Rechtsgeschäfts bzw. die Übertragung selbst mindestens 95 % der Anteile entweder in der Hand der Organmutter und einer oder mehrerer ihrer Töchter oder Enkelinnen oder nur in der Hand ihrer Töchter bzw. ihrer Enkelinnen vereinigt werden. Wengleich beim Vorliegen eines Organschaftsverhältnisses für die Frage einer (mittelbaren) grunderwerbsteuerrechtlichen Zurechnung der Anteile an grundbesitzenden Gesellschaften auch Beteiligungen mit einer geringeren Quote als 95 % berücksichtigt werden, so bleibt doch die Tatbestandserfüllung im Übrigen, nämlich dass mindestens 95 % der Anteile an der grundbesitzenden Gesellschaft unmittelbar oder mittelbar übergehen müssen, davon unberührt; die organschaftliche Zurechnung ersetzt diese Voraussetzung nicht.[5]

Die **Anteilsvereinigung im Organkreis**, d. h. in der Hand von herrschenden und i. S. von § 1 Abs. 4 Nr. 2 Buchst. b abhängigen Unternehmen bzw. in der Hand von solchen abhängigen Unternehmen im engeren Sinn ist dadurch **von mittelbaren Anteilsvereinigungen über** die zu mindestens 95 % **beherrschte Hand** (s. dazu Rdnr. 155 ff.) **abzugrenzen**, dass das herrschende Unternehmen an den abhängigen Unternehmen zu weniger als mindestens 95 % beteiligt ist, also keine ununterbrochene Beteiligungskette im quantitativ erheblichen Ausmaß besteht. Unter dieser Prämisse lässt sich die Anteilsvereinigung im Organkreis als ein **weiterer (dritter) Fall**, ein Unterfall, einer **mittelbaren Anteilsvereini-**

---

1 Vgl. auch BMF-Schreiben v. 7. 8. 2013, BStBl I 2013, 333.
2 BFH v. 3. 4. 2008 V R 76/05, BStBl II 2008, 905.
3 Vgl. BFH v. 5. 12. 2007 V R 26/06, BStBl II 2008, 451, m. w. N.
4 BFH v. 3. 4. 2008 V R 76/05, BStBl II 2008, 905, m. w. N.
5 BFH v. 20. 7. 2005 II R 30/04, BStBl 2005, 830.

**gung** (s. Rdnr. 154) verstehen, der im Gesetz besonders geregelt ist.[1] Das darf aber die **Unterschiede** zwischen einer Anteilsvereinigung im Organkreis und einer Anteilsvereinigung über die zu mindestens 95 % beherrschte Hand (beherrschten Hände) nicht verwischen. Diese beginnen schon damit, dass an der Spitze des „bloß" organschaftlich verbundenen Konzerns ein Unternehmer stehen muss (vgl. Rdnr. 176), während derjenige, der alle quantitativ relevanten Anteile von (Töchter-)Gesellschaften (also mindestens 95 % der Anteile) in seiner Hand vereinigt, die Anteile auch in seinem Privatvermögen halten kann. Hinzu tritt, dass schon nach dem Gesetzestext die Anteile einer grundstücksbesitzenden Gesellschaft sich zur Tatbestandserfüllung in der Hand mehrerer Unternehmen „vereinigen" müssen, während für die Anteilsvereinigung in numerisch einer Hand (einer einzigen Hand) das Vorliegen eines Organschaftsverhältnisses irrelevant ist, d. h. die Anteilsvereinigung im Organkreis weder begründen kann noch die Anteilsvereinigung in der Hand nur eines der organschaftlich verbundenen Unternehmen dem Organkreis zugerechnet werden kann.

Die bloße **Begründung** oder Erweiterung eines **Organschaftsverhältnisses** 179 ohne jeglichen gleichzeitigen Anteilserwerb führt nicht zur Verwirklichung eines der Tatbestände des § 1 Abs. 3 i. V. m. Abs. 4 Nr. 2 Buchst. b, und zwar auch dann nicht, wenn die (nunmehrige) Organgesellschaft ihrerseits an (weiteren) grundstücksbesitzenden Gesellschaften beteiligt ist. Denn grunderwerbsteuerrechtlich kommt eine **Zurechnung von Grundstücken einer Gesellschaft,** deren **Anteile** zu mindestens 95 % in der **Hand einer** einzigen **Gesellschaft** organschaftlich verbundener Unternehmen **vereinigt** sind, **auf** den **Organkreis** entgegen dem insoweit eindeutigen Gesetzeswortlaut **nicht in Betracht.**[2] Werden **gleichzeitig** mit der Begründung der Organschaft durch das herrschende oder das abhängige Unternehmen **Anteile** an einer grundstücksbesitzenden Gesellschaft **erworben,** die zusammen mit den Anteilen, die das jeweils andere organschaftlich verbundene Unternehmen bereits hält, das für eine Anteilsvereinigung erforderliche Quantum von mindestens 95 % erreichen, so ist der Tatbestand des § 1 Abs. 3 Nr. 1 i. V. m. Abs. 4 Nr. 2 Buchst. b erfüllt (s. auch Ländererlasse vom 21. 3. 2007, a. a. O., Beispiele 2.1.2., 2.2.3. und 2.2.4.). Nach dem Urteil des BFH vom 16. 1. 1980[3] entsteht Grunderwerbsteuer aus § 1 Abs. 3 Nr. 1 oder Nr. 2 auch dann, wenn die Anteile an einer grundbesitzenden Kapitalge-

---

1 So anknüpfend an BFH v. 16. 1. 1980 II R 58/76, BStBl II 1980, 360, ausdrücklich BFH v. 8. 8. 2001 II R 66/98, BStBl II 2002, 156.

2 Boruttau/Fischer, Rn. 1066; s. auch Ländererlasse v. 21. 3. 2007, BStBl I 2007, 422, Beispiele 2.1.1., 2.1.3., 2.2.1. und 2.2.2.

3 II R 78/76, BStBl II 1980, 360.

sellschaft A zwei verschiedenen Kapitalgesellschaften B und C gehören und die Gesellschaft C 99,78 % der Anteile der Gesellschaft B unter gleichzeitiger Begründung eines Organverhältnisses erwirbt und übernimmt. Der BFH zieht die Parallele zur mittelbaren Anteilsvereinigung in einer einzigen Hand, die allerdings eine direkte oder indirekte Beteiligung des Erwerbers i. H. von damals 100 % voraussetze, doch erlaube das Gesetz die Unterschreitung, weil es bei der Vereinigung in der Hand von herrschendem und abhängigen Unternehmen, einem besonders geregelten Fall der mittelbaren Anteilsvereinigung, das Abhängigkeitsverhältnis genügen lasse und auf eine Beteiligung des herrschenden an dem abhängigen Unternehmen i. H. von (damals) 100 % verzichtet.

Die Finanzverwaltung[1] geht davon aus, dass eine Verknüpfung von Organschaftsbegründung und Anteilserwerb bzw. -übergang angenommen werden könne, wenn zwischen beiden ein „enger zeitlicher und sachlicher Zusammenhang im Sinne eines vorgefassten Plans" bestehe. Erfolge in einem zeitlichen Zusammenhang (regelmäßig nicht mehr als 15 Monate) mit dem Anteilserwerb bzw. -übergang die Begründung eines Organschaftsverhältnisses, so bestehe eine tatsächliche, wenn auch durch substantiierten Vortrag belegbarer Tatsachen widerlegbare Vermutung, dass beide Vorgänge auf einem vorgefassten, auf ein einheitliches Ziel gerichteten Plan beruhten (vgl. auch das dortige Beispiel 2.4.2.). Zu dieser Auffassung ist nur zu bemerken, dass die Anteilsvereinigung im Organkreis ein tatsächlich ins Werk gesetztes Organschaftsverhältnis voraussetzt.

180   Auch die **Verschmelzung** des **Organträgers** auf ein organkreisfremdes Unternehmen kann unter der Voraussetzung der Aufrechterhaltung der Organschaftsverhältnisse im (neuen) Organkreis Grunderwerbsteuer auslösen. Ist der bisherige Organträger nicht nur an der Organgesellschaft, sondern auch an einer weiteren grundbesitzenden Gesellschaft in der Form beteiligt, dass das herrschende und das abhängige Unternehmen zusammen zu mindestens 95 % beteiligt sind, gehen im Zuge der Verschmelzung des Organträgers mit dem neuen Organträger sowohl die von ihm gehaltenen Anteile an der Organgesellschaft als auch die an der grundstücksbesitzenden Gesellschaft unter gleichzeitigem Erlöschen des bisherigen Organträgers auf den neuen Organträger über (vgl. § 20 UmwG). Damit sind erstmals die Anteile an der grund-

---

1  Ländererlasse v. 21. 3. 2007, BStBl I 2007, 422, Tz 1 Abs. 7 bis 9.

besitzenden Gesellschaft in der Hand eines neuen herrschenden Unternehmens und des von ihm abhängigen Unternehmens vereinigt.[1]

Unter der Prämisse, dass die Elemente der Mittelbarkeit in den Fällen der Anteilsvereinigung über eine oder mehrere zwischengeschaltete beherrschte Gesellschaften (s. Rdnr. 155 ff.), vermittelt durch einen Treuhänder (s. Rdnr. 159) sowie im Falle der Vereinigung der Anteile in der Hand herrschender und abhängiger Unternehmen (s. Rdnr. 178) gleichwertig sind,[2] kommt eine **mittelbare Anteilsvereinigung** auch **unter Zwischenschaltung einer Personengesellschaft** in Betracht, **wenn** deren **Gesellschafter ein herrschendes und ein abhängiges Unternehmen** sind (vgl. dazu schon Rdnr. 173).          181

**BEISPIEL:** Die Anteile der grundstücksbesitzenden A-GmbH wurden zu 55 % von der A-KG und zu 45 % von fünf Einzelpersonen gehalten. Persönlich haftende Gesellschafterin der A-KG ohne Vermögensbeteiligung ist die A-B-GmbH, einziger Kommanditist ist die X-AG. Gesellschafter der Komplementärin sind die X-AG mit 90 % der Anteile und eine andere Kapitalgesellschaft mit 10 % der Anteile. Die X-AG erwirbt mit einheitlichem Vertrag die bisher von den fünf Einzelpersonen gehaltenen Anteile an der grundstücksbesitzenden A-GmbH.

Der Erwerb der Anteile an der A-GmbH durch die X-AG unterliegt dann nach § 1 Abs. 3 Nr. 1 i. V. m. Abs. 4 Nr. 2 Buchst. b der Steuer, wenn die Komplementärin der A-KG, die A-B-GmbH, ein von der X-AG abhängiges Unternehmen ist.[3] Denn in diesem Fall beherrscht die X-AG zusammen mit ihrem abhängigen Unternehmen A-B-GmbH die A-KG, die mittelbar für die X-AG die restlichen 55 % der grundbesitzenden A-GmbH hält, so dass zusammen mit den von der X-AG erworbenen Anteilen an der A-GmbH alle Anteile an dieser grundbesitzenden Gesellschaft in der Hand der X-AG vereinigt wurden. Insoweit kann auch von einer durch eine Personengesellschaft vermittelten Anteilsvereinigung gesprochen werden, wobei es auch genügte, wenn den Kommanditanteil ein „Treuhänder" des Organträgers der Komplementärin innehat. Die Kombinationsmöglichkeiten sind vielfältig (vgl. nochmals auch Rdnr. 173).

Der Umstand, dass zwei Kapitalgesellschaften, die ihrerseits einem Organkreis angehören, eine Kapitalgesellschaft unter Einbringung von Grundstücken durch eine von ihnen gründen, erfüllt nicht den Tatbestand des § 1 Abs. 3 Nr. 1 (wohl aber den des § 1 Abs. 1 Nr. 1). In einem solchen Fall findet nämlich eine erstmalige Zuordnung der bei der Gesellschaftsgründung bzw. ihrer Eintra-          182

---

1 Vgl. Ländererlasse v. 21. 3. 2007, BStBl I 2007, 422, Beispiel 4.1.2.
2 BFH v. 8. 8. 2001 II R 66/98, BStBl II 2002, 156.
3 BFH v. 8. 8. 2001 II R 66/98, BStBl II 2002, 156.

gung neu entstehenden Anteile statt.[1] Wäre allerdings eine der beiden Kapitalgesellschaften nur „Treuhänderin" der anderen, so würden sich im Zeitpunkt des Entstehens der Gesellschaft wegen des damit gleichzeitig entstehenden Herausgabeanspruchs (§ 667 BGB) der „Treugeber"-Gesellschaft alle Anteile an der neu gegründeten Gesellschaft in ihrer Hand vereinigen (s. schon Rdnr. 161); auch insoweit ist allerdings die Zugehörigkeit der beiden „Gründerinnen" zu einem Organkreis unerheblich.

Sofern sich nicht alle bisher von verschiedenen Gliedern eines Organkreises gehaltenen Anteile in der Hand nur eines von ihnen vereinigen, kann die **Anteilsverschiebung im Organkreis** (Umstrukturierung) u. E. keine Grunderwerbsteuer auslösen,[2] denn der **Organkreis gilt als „eine Hand"**. Hält aber ein Mitglied des Organkreises zunächst selbst mindestens 95 % der Anteile an einer grundbesitzenden Gesellschaft und überträgt sie Teile der von ihr gehaltenen Anteile auf Mitglieder des Organkreises, so führt dies zur erstmaligen Vereinigung der Anteile im Organkreis. Die unmittelbare Anteilsvereinigung wird zwar zu einer (besonderen Art der) mittelbaren abgeschwächt, maßgebend ist jedoch u. E., dass sich die grunderwerbsteuerrechtliche Zuordnung verändert.

183    Wie bereits ausgeführt, wird bei Vorliegen eines Organschaftsverhältnisses der Tatbestand der Anteilsvereinigung lediglich erweitert, nicht aber eingeschränkt. Demgemäß unterliegt die Übertragung von mindestens 95 % der Anteile an einer Gesellschaft, der Grundbesitz gehört, durch einen Organträger auf eine Organgesellschaft und umgekehrt sowie unter Organgesellschaften (Töchtern etc.) als Regelfall der Grunderwerbsteuer nach § 1 Abs. 3.[3] Denn die Vereinigung von mindestens 95 % in der Hand eines der Mitglieder des Organkreises, für die dessen Bestehen ohne Bedeutung ist, ist insoweit gegenüber der mittelbaren Anteilsvereinigung über zu mindestens 95 % beherrschten Gesellschaften unterschiedlich. Eine „Verkürzung der Beteiligungskette", wie sie im letzteren Fall grunderwerbsteuerrechtlich unerheblich ist (vgl. Rdnr. 162), also die Verstärkung der mittelbaren zu einer unmittelbaren Vereinigung der Anteile, ist insoweit nicht denkbar.

Die einer im Hinblick auf ein bestehendes Organschaftsverhältnis steuerpflichtigen Anteilsvereinigung nachfolgende Vereinigung in der Hand einer der Gliedgesellschaften ist wegen der damit erfolgenden andersartigen Zurechnung (der erstmaligen grunderwerbsteuerrechtlichen Zurechnung zu der nu-

---

1  Vgl. BFH v. 28. 11. 1979 II R 117/78, BStBl II 1980, 357.
2  Andeutungsweise ebenso BFH v. 30. 3. 1988 II R 81/85, BStBl II 1988, 682; s. auch Ländererlasse v. 21. 3. 2007, BStBl I 2007, 422, Tz 5.1. und 5.2.
3  BFH v. 30. 3. 1988 II R 81/85, BStBl II 1988, 682.

merisch einen Hand) auch bezüglich derjenigen Grundstücke steuerpflichtig, die schon zum Vermögen der Gesellschaft, deren Anteile nunmehr zu mindestens 95 % in einer Hand vereinigt werden, in dem Zeitpunkt gehörten, in dem Steuerpflicht wegen der organkreisbezogenen Anteilsvereinigung eintrat.[1]

**BEISPIEL:** Die Organtöchter T1, T2 und T3 – allesamt in der Rechtsform der GmbH – halten an der grundbesitzenden X-GmbH zunächst 50 %, 46 % und 4 % des Stammkapitals. Verpflichtet sich nun T1 zur Übertragung ihres Geschäftsanteils i. H. v. 50 % auf T2, werden in der Hand der T2 96 % der Anteile an der X-GmbH vereinigt.

Da der Gesetzgeber in § 1 Abs. 3 Nr. 1 es für die Anteilsvereinigung in der Hand des Erwerbers für ausreichend angesehen hat, dass sich aufgrund Erfüllung des Verpflichtungsgeschäfts mindestens 95 % der Anteile an einer grundbesitzenden Gesellschaft vereinigen würden, verbietet sich die Frage danach, wem die restlichen Anteile zustehen.

Die Vereinigung von mindestens 95 % der Anteile in der Hand eines Mitglieds 184 des Organkreises ist nicht unter dem Blickwinkel einer angenommenen grunderwerbsteuerrechtlichen Einheit der zum Organkreis gehörenden Unternehmen als bloße Verstärkung einer bereits bestehenden Rechtsposition anzusehen, sie führt zu einer anderen, neuen und eigenständigen Rechtsposition nämlich zur erstmaligen Zuordnung des Grundstücks der Gesellschaft an diejenige juristische Person, in deren Hand die Vereinigung eintritt. Diese vermittelt sie auch nicht etwa dem herrschenden Unternehmen, sofern dieses nicht ausnahmsweise zu mindestens 95 % an ihr beteiligt ist (vgl. Rdnr. 155), in welchem Falle aber das Vorliegen eines Organschaftsverhältnisses irrelevant ist. Auch besteht zwischen den Gliedern eines Organkreises kein gesamthänderisches Verhältnis, auch nicht im Hinblick auf die Anteile;[2] §§ 5, 6 sind deshalb nicht anwendbar (vgl. auch Hofmann, GrEStG, § 5 Rdnr. 39 und § 6 Rdnr. 38).

Die Übertragung von mindestens 95 % der Anteile einer Gesellschaft, zu deren 185 Vermögen Grundbesitz gehört, unter den Mitgliedschaftsgesellschaften eines Organkreises ist keiner entsprechenden Anwendung des § 1 Abs. 6 zugänglich, weil in Bezug auf diese dem „Verbund" keine die geforderte Nämlichkeit (Identität) des Erwerbers ersetzende Bedeutung zukommt,[3] und zwar auch nicht mit Rücksicht auf etwaige Weisungsverhältnisse. Insofern gilt nichts anderes als bei weisungsgemäßer Übertragung aller Anteile von einem „Treuhänder" auf einen anderen „Treuhänder" (vgl. Rdnr. 167). Liegt Anteilsvereinigung nur

---

1 Offen gelassen in BFH v. 20. 10. 1993 II R 116/90, BStBl II 1994, 121.
2 Vgl. BFH v. 29. 5. 1974 II 53/64, BStBl II 1974, 697.
3 A. A. Eder, DStR 1994, 735.

wegen organschaftlichen Verbundes der Anteilsinhaberinnen vor, kann begrifflich diesem Tatbestand kein Tatbestand des § 1 Abs. 1 oder 2 nachfolgen,
so dass insoweit § 1 Abs. 6 nicht eingreifen kann (vgl. auch Rdnr. 200).

## 10. Anteilsvereinigung und Befreiungsvorschriften

**Literatur:** *Stahl*, Grunderwerbsteuerpflichtige Anteilsvereinigung und Steuerbefreiung
bei der Einmann-GmbH & Co. KG, StuW 1979, 237; *Gehlen*, Zur Anwendbarkeit von personenbezogenen Grunderwerbsteuerbefreiungen bei der Anteilsvereinigung, DB 1980,
1422; *Martin*, Anteilsvereinigung bei der GmbH & Co. KG, BB 1980, 140; *Moench*, Keine
personenbezogenen Befreiungen von der Grunderwerbsteuer bei Anteilsvereinigungen,
BB 1982, 1607; *Eder*, Die Grunderwerbsteuer im Konzern, DStR 1994, 735; *v. Proff zu Irnich*, Anwendung der personenbezogenen GrESt.-Befreiungen bei Anteilseignerwechsel
und Anteilsvereinigung, DB 2007, 2616; *Heine*, Neue Rechtsprechung des BFH zur Grunderwerbsteuerfreiheit bei Schenkung von Geschäftsanteilen hat weitere Konsequenzen,
UVR 2008, 88, 186; *Mies/Greiser*, Die Anwendbarkeit der Vergünstigungsvorschriften der
§§ 5 und 6 GrEStG auf die Tatbestände des § 1 Abs. 3 GrEStG, DStR 2008, 1319; *Klass*,
GmbHR 2008, 717; *Köhler*, „In der Gestaltungspraxis zur Grunderwerbsteuer kann die
gleichzeitige Verwendung von Personen- und Kapitalgesellschaften zu Problemen führen", BB 2008, 1774; *Rutemöller*, Neuere Rechtsentwicklungen bei der Vermeidung einer
Doppelbelastung von Anteilsvereinigungen mit Grunderwerb- bzw. Erbschaft- und
Schenkungsteuer gem. § 3 Nr. 2 Satz 1 GrEStG, DStZ 2016, 239.

**Verwaltungsanweisungen:** Ländererlasse v. 6. 3. 2013, BStBl I 2013, 773.

186   Bei einer nach § 1 Abs. 3 **Nr. 1 oder 2** der Grunderwerbsteuer unterliegenden
Anteilsvereinigung ist – soweit nicht die Voraussetzungen für eine Begünstigung nach § 6a vorliegen – **zwischen** der **Vereinigung** von mindestens 95 %
der **Anteile** einer **Kapitalgesellschaft** und der teils unmittelbaren, teils mittelbaren oder nur mittelbaren Vereinigung aller Mitgliedschaftsrechte (s. dazu
Rdnr. 141 ff. einerseits und Rdnr. 158 andererseits) einer **Personengesellschaft**
**zu differenzieren.**

186a  Soweit nicht der Anwendungsvorrang des § 1 Abs. 2a greift, können auch bei
einer **Personengesellschaft** die Tatbestände des § 1 Ab. 3 Nr. 1 oder Nr. 2 verwirklicht werden, wenngleich nur teils unmittelbar, teils mittelbar über eine
vom unmittelbar beteiligten Gesellschafter beherrschte Hand (vgl. Rdnr. 158
und 173). In diesem Fall, indem derjenige, in dessen Hand sich alle Mitberechtigungen vereinigen, so behandelt wird, als habe er das Grundstück oder die
Grundstücke von der Personengesellschaft erworben (s. Rdnr. 136 Abs. 1 a. E.),
ist nicht nur die Begünstigung aus § 6 Abs. 2 (unter Beachtung von § 6 Abs. 4),
sondern sind auch die einschlägigen Steuerbefreiungen des § 3 anwendbar.[1]

---

1  Gl. A. Boruttau/Meßbacher-Hönsch, Rn. 52 und 438 zu § 3; Pahlke, Rz 13 zu § 3; Ländererlasse v.
   6. 3. 2013 (BStBl I 2013, 72), unter Tz 3.

Denn die dingliche Zuordnung des Gesellschaftsvermögens einer Personengesellschaft zu ihren Gesellschaftern in ihrer gesamthänderischen Verbundenheit rechtfertigt es, die persönlichen Eigenschaften der Gesellschafter im Grundstücksverkehr mit der Gesellschaft zu berücksichtigen und die personenbezogenen Befreiungsvorschriften des § 3 ebenso wie § 3 Nr. 2 grundsätzlich zur Anwendung zu bringen.[1]

**BEISPIEL:** ▶ An der X-GmbH & Co. KG, die vor einem guten Jahrzehnt ein Grundstück erwarb, sind seit sieben Jahren V und T, eine Tochter des V, je hälftig beteiligt. Die Komplementär-GmbH, deren Anteile allein die T hält, ist vermögensmäßig nicht beteiligt. V überträgt schenkweise seiner Tochter T seinen Anteil an der KG.

Durch die Anteilsübertragung werden alle Mitberechtigungen an der KG in der Hand der Tochter vereinigt. Der Tatbestand des § 1 Abs. 3 Nr. 2 wird dadurch erfüllt. Der Erwerbsvorgang ist in vollem Umfang nach § 6 Abs. 2 bzw. § 6 Abs. 2 i. V. m. § 3 Nr. 6 Satz 1 grunderwerbsteuerfrei. Im Übrigen wird auf die Ausführungen in Hofmann, GrEStG, § 3 Rdnr. 3 sowie § 6 Rdnr. 38 Bezug genommen.

Wird einer der Tatbestände des **§ 1 Abs. 3 Nr. 1 und Nr. 2** bezüglich einer **Kapitalgesellschaft** erfüllt, so kommen die personenbezogenen Steuerbefreiungen (insbes. § 3 Nr. 4 und Nr. 6) nicht zur Anwendung, weil bei einer Anteilsvereinigung das Grundstück als von der Gesellschaft erworben angesehen wird. Gehört nur ein Anteil von unter 95 % an einer grundbesitzenden Gesellschaft zum Nachlass und wird dieser Anteil von einem Miterben erworben, der die restlichen, zur Erreichung der Quote von mindestens 95 % fehlenden Anteile innehat, erfüllt dessen Erwerb den Tatbestand des § 1 Abs. 3 Nr. 1, er ist aber nicht nach § 3 Nr. 3 steuerfrei.[2] Denn § 1 Abs. 3 Nr. 1 behandelt denjenigen, in dessen Hand sich mindestens 95 % der Anteile einer grundbesitzenden Gesellschaft vereinigen so, als habe er das Grundstück der Gesellschaft von diesem erworben. Der teilungsbegünstigte Miterbe hat aber nicht die Grundstücke aus dem Nachlass erlangt.[3]

186b

Abgesehen von einer möglichen Steuerbegünstigung nach § 6a kann der Erwerbsvorgang aber **ganz oder teilweise nach § 3 Nr. 2 steuerfrei** sein.

Ausgehend von der Überlegung, dass für die Anwendung des § 3 Nr. 2 Satz 1 allein maßgebend sei, dass ein Lebenssachverhalt, der sowohl der Erbschaft- und Schenkungsteuer als auch der Grunderwerbsteuer unterliegt, hat der BFH

---

1 St. Rspr. Vgl. z. B. BFH v. 21. 11. 1979 II R 96/76, BStBl II 1980, 217; v. 11. 6. 2008 II R 58/06, BStBl II 2008, 879.
2 BFH v. 25. 11. 2015 II R 35/14, BStBl II 2016, 234; a. A. Pahlke, Rz 176.
3 Ebenso Boruttau/Meßbacher-Hönsch, Rn. 389 zu § 3.

mit Urteil vom 23. 5. 2012 II R 21/10[1] unter Aufgabe seiner früheren Rechtsprechung[2] entschieden, dass zur Vermeidung der Doppelbelastung mit beiden Steuern die durch die schenkweise Zuwendung eines Anteils ausgelöste
Anteilsvereinigung insoweit von der Grunderwerbsteuer befreit sei, als sie auf
dieser freigebigen Zuwendung beruht. Das gelte auch für der Anteilsvereinigung vorangehende Anteilserwerbe desjenigen, in dessen Hand sich die Anteile einer grundbesitzenden Gesellschaft i. S. des § 1 Abs. 3 Nr. 1 und 2 vereinigten, selbst wenn ihnen für sich gesehen keine grunderwerbsteuerrechtliche
Relevanz zukomme. Folglich habe sich der Umfang der Steuerbefreiung nach
§ 3 Nr. 2 Satz 1 für den fiktiven Erwerb derjenigen Grundstücke, die der Gesellschaft gehören, nicht nur nach der zuletzt die Anteilsvereinigung auslösenden
Anteilsübertragung zu richten, sondern danach, inwieweit die Anteile in der
Hand des Erwerbers diesem insgesamt freigebig zugewendet worden seien.
Denn die früher erworbenen Anteile blieben weiterhin damit belastet, dass ihr
Erwerb der Schenkungsteuer unterlag.[3]

Für den Umfang der Steuerbefreiung sind die jeweiligen Anteilserwerbe danach zu qualifizieren, ob sie vollunentgeltlich, teilentgeltlich oder voll entgeltlich erfolgten. Darüber hinaus sind die einzelnen Anteilserwerbe, für die die
Steuerbefreiung in Frage steht, wegen der Grundstücksbezogenheit des § 1
Abs. 3[4] darauf zu untersuchen, welche der inländischen Grundstücke, hinsichtlich derer die Anteilsvereinigung der Steuer unterliegt, im jeweiligen Zeitpunkt
schon zum Vermögen der Gesellschaft gehörten und durchgehend bis zum
Zeitpunkt der Anteilsvereinigung darin verblieben.[5] Gehörte zum Zeitpunkt eines der Anteilsvereinigung vorhergehenden freigebigen Anteilserwerbs noch
keines der Grundstücke, die der Gesellschaft im Zeitpunkt der Anteilsvereinigung gehören, also ihr grunderwerbsteuerrechtlich zuzurechnen sind,[6] kommt
Steuerbefreiung aus § 3 Nr. 2 Satz 1 nicht in Betracht. Ist seit dem Zeitpunkt
des der Anteilsvereinigung vorangehenden freigebigen Anteilserwerbs ein
Grundstück durch die Gesellschaft hinzu erworben worden, kommt insoweit
Steuerbefreiung ebenso wenig in Betracht[7] wie in dem Fall, dass ein Grundstück zwischen der vorhergehenden freigebigen Anteilsübertragung und der
Verwirklichung des Tatbestands des § 1 Abs. 3 Nr. 2 aus dem Vermögen der Ge-

---

1 BStBl II 2012, 793.
2 BFH v. 8. 6. 1988 II R 143/86, BStBl II 1988, 785.
3 Siehe dazu Ländererlasse v. 6. 3. 2013, BStBl I 2013, 773.
4 Vgl. Rdnr. 135, 139.
5 So zutreffend FG Nürnberg v. 23. 1. 2014, EFG 2014, 983.
6 Vgl. Rdnr. 148 f.
7 So auch Ländererlasse v. 6. 3. 2013, BStBl I 2013, 773, zu Tz 1 mit Beispielen.

sellschaft ausgeschieden ist. Zur Ermittlung der Begünstigungsquote – auch im Falle der Werterhöhung eines bei vorhergehendem schenkweisen Anteilserwerb schon vorhandenen Grundstücks – wird auf die detaillierten Ausführungen in BFH-Urteil vom 15. 10. 2014 II R 14/14[1] verwiesen. Siehe dort auch zur Feststellungslast. Unter „Werterhöhung" ist in diesem Zusammenhang die Werterhöhung wegen tatsächlicher Veränderungen des Grundstücks (z. B. Bebauung) zu verstehen, nicht aber die Wertdifferenz zwischen den bis zum 31. 12. 2008 zu ermittelnden Grundstückswerten (§ 138 Abs. 2 bis 4 BewG) und den Grundbesitzwerten i. S. des § 151 Abs. 1 Satz 1 Nr. 1 i. V. m. § 157 Abs. 1 bis 3 BewG. Im Fall der Werterhöhung aufgrund tatsächlicher Veränderungen am Grundstück zwischen einer unentgeltlichen Anteilsübertragung aufgrund freigebiger Zuwendung vor dem 1. 1. 2009 und einem späteren entgeltlichen oder teilentgeltlichen Erwerb der zum Quantum von mindestens 95 % der Anteile führenden weiteren Anteilserwerb nach dem 31. 12. 2008, ist wegen Änderung des § 8 Abs. 2 Satz 1, die fiktive Feststellung eines Grundbesitzwerts des noch unbebauten Grundstücks vorzunehmen.[2]

Die Grundsätze des BFH-Urteils v. 23. 5. 2010[3] haben naturgemäß auch Bedeutung für Anteilserwerbe von Todes wegen i. S. des § 3 ErbStG. Beim Erwerb durch Erbanfall ist allerdings Voraussetzung, dass der Anteilserwerber Alleinerbe ist oder ihm der Anteil vermächtnisweise[4] zugefallen ist. Denn die Anteile an Kapitalgesellschaften sind vererblich und werden, wenn der Erblasser mehrere Erben hinterlässt, deren gemeinschaftliches Vermögen. Denkbar ist allerdings eine Doppelbelastung mit Erbschaft- und Grunderwerbsteuer beim Anteilserwerb durch Schenkung auf den Todesfall (s. dazu näher Hofmann, GrEStG, § 3 Rdnr. 14 f.) sowie als Abfindungserwerb (§ 3 Abs. 2 Nr. 4 und 5 ErbStG) bzw. als Entgelt für die Übertragung der Nacherbenanwartschaft (§ 3 Abs. 2 Nr. 6 ErbStG). Zur Anwendung des § 3 Nr. 2 auf Erwerbsvorgänge i. S. des § 1 Abs. 3 Nr. 3 und 4 s. Rdnr. 186c.

Bei **Anteilsübertragungen** i. S. von **§ 1 Abs. 3 Nr. 3 und 4** gelten die der Gesellschaft gehörenden Grundstücke als von demjenigen erworben, der sich entweder verpflichtet hat, mindestens 95 % der Anteile einer grundbesitzenden Gesellschaft en bloc zu übertragen bzw. von demjenigen, aus dessen Hand diese Anteile auf den Erwerber übergehen. Denn § 1 Abs. 3 Nr. 3 und Nr. 4 erfasst die Änderung der Grundstückszurechnung, d. h. die Abgabe und den Erwerb der

186c

---

1 BStBl II 2015, 405.
2 Vgl. § 23 Abs. 14.
3 BStBl II 2012, 793.
4 Siehe § 3 Abs. 1 Nr. 1 ErbStG.

Herrschaftsmacht über diejenigen Grundstücke, die der Gesellschaft gehören, deren Anteile zu mindestens 95 % ihre Rechtszuständigkeit ändern. Derartige Erwerbsvorgänge können nach § 6a sowie nach §§ 5, 6 begünstigt sein. So ist auf die Einbringung von mindestens 95 % der Anteile an einer grundstücksbesitzenden Gesellschaft § 5 Abs. 2 ebenso anwendbar[1] wie § 6 Abs. 2 oder 3 auf den Erwerb von mindestens 95 % der Anteile von der Gesamthand en bloc durch einen Gesamthänder bzw. durch eine andere Gesamthand, soweit den Gesamthändern gleiche Anteile an der veräußernden und erwerbenden Gesamthand zustehen (s. auch Hofmann, GrEStG, § 6 Rdnr. 38). Auch die personenbezogenen Steuerbefreiungen nach § 3 Nr. 3 bis 7 sind auf Anteilsübertragungen ebenso anwendbar wie diejenige nach § 3 Nr. 2 Satz 1.[2] In Bezug auf die Steuerbefreiung nach § 3 Nr. 2 Satz 1 ist dem Zweck dieser Vorschrift (Vermeidung von Doppelbelastung mit Erbschaft- bzw. Schenkungsteuer einerseits und Grunderwerbsteuer andererseits, vgl. auch Hofmann, GrEStG, § 3 Rdnr. 7) Rechnung zu tragen. Werden weniger als 100 %, jedoch mindestens 95 % der Anteile einer grundstücksbesitzenden Gesellschaft schenkungsweise übertragen, so ist die Steuerbefreiung nur in Höhe des Prozentsatzes der übertragenen Anteile zu gewähren.[3] Dasselbe gilt für die Übertragung von vereinigten Anteilen auf einen Vermächtnisnehmer. Ist die Übertragung Gegenstand einer gemischten Schenkung oder einer Schenkung unter Auflage, so gelten die Ausführungen in Hofmann, GrEStG, § 3 Rdnr. 22 bis 25.

# V. Innehaben einer wirtschaftlichen Beteiligung (§ 1 Abs. 3a)

**Literatur:** *Joisten/Liekenbrock*, Die neue Anti-RETT-Blockerregelung nach § 1 Abs. 3a GrEStG, Ubg 2013, 469; *dies.*, Der Ländererlass zu § 1 Abs. 3a GrEStG – geregelte und ungeregelte Fälle, Ubg 2013, 743; *Behrens*, Neue RETT-Blocker-Vermeidungsvorschrift in § 1 Abs. 3a durch AmtshilfeRLUmsG, DStR 2013, 1405; *Heine*, RETT-BLOCKER – Nach Erhöhung der Steuersätze nun auch Verbreiterung der Besteuerungsbasis?, UVR 2013, 152; *Illing*, Das Ende für Gestaltungsmodelle mit RETT-Blocker-Strukturen in der Grunderwerbsteuer.., DStZ 2013, 504; *Schaflitzl/Schrade*, Die geplante Anti-„RETT-Blocker"-Regelung im Grunderwerbsteuerrecht, BB 2013, 343; *Schanko*, Gesetz zur Besteuerung von RETT-Blocker-Gestaltungen, UVR 2013, 215; *Schober/Kuhnke*, Die „Anti-RETT-Blocker"-Regelung des § 1 Abs. 3a, NWB 2013, 2225; *Wagner/Lieber*, Änderungen bei der GrEst: Vermeidung von RETT-Blockern und Erweiterung von § 6a GrEStG, DB 2013, 1387; *dies.*,

---

1 Siehe dazu BFH v. 16. 1. 2002 II R 52/00, BFH/NV 2002, 1053; v. 19. 2. 2009 II R 49/07, BFH/NV 2009, 1291.
2 Siehe Rdnr. 136; vgl. auch BFH v. 23. 5. 2010 II R 21/10, BStBl II 2012, 793, sowie Ländererlasse v. 6. 5. 2013, BStBl I 2013, 773, Beispiel 3 zu Tz 1.
3 So auch die Ländererlasse v. 6. 5. 2013 BStBl I 2013, 72, Beispiel 5 zu Tz 1.

GrESt bei share deals: Erwartete Klarstellung zu § 1 Abs. 3a GrEStG durch die Finanzverwaltung, DB 2013, 2296; *Wischott/Keller/Graessner/Bakeberg*, Auswirkungen des § 1 Abs. 3a GrEStG n. F. auf die Transaktionspraxis, DB 2013, 2235; *Behrens/Morgenweck*, Anmerkungen zum Erlassentwurf betreffend § 1 Abs. 3a GrEStG, BB 2013, 2839; *Gutsch/Meinnig*, Umstrukturierungs- und Transaktionshindernisse für bestehende „RETT-Blocker-Strukturen", GmbHR, 2014, 743; *Schanko*, Der Anwendungserlass zum neuen Ergänzungstatbestand § 1 Abs. 3a GrEStG, UVR 2014, 44.

**Verwaltungsanweisungen:** Ländererlasse v. 9. 10. 2013, BStBl I 2013, 1364.

# I. Vorbemerkung

Insbesondere zur Vermeidung der Verwirklichung von nach § 1 Abs. 3 der Grunderwerbsteuer unterliegenden Tatbeständen hat sich in der Praxis als Hilfsmittel das Zwischenschalten sog. Real Estate Transfer Tax- Blocker in weitem Ausmaß bewährt, was allerdings ein Dorn im Auge der Haushälter war. Dafür wurde vielfach der Umstand ausgenutzt, dass sich bei Personengesellschaften die der sachenrechtlichen Ebene zugeordnete gesellschaftsrechtliche Beteiligung jeder Quotelung entzieht, also jedem Mitglied, auch dem vermögensmäßig nicht beteiligten, eine (einzige) Mitberechtigung zusteht[1] (vgl. Rdnr. 162). Typisch für solch einen RETT-Blocker ist folgende Gestaltung: Am Vermögen des zwischengeschalteten RETT-Blockers, einer GmbH & Co. KG, die sich meist mit 5,1 % an der Kapitalgesellschaft, zu deren Vermögen ein inländisches Grundstück gehört, beteiligte, war allein derjenige beteiligt, der auch die restlichen 94,9 % der Anteile der Kapitalgesellschaft hielt. Eine derartige Gestaltung konnte aber auch gewählt worden sein, um den mittelbaren Übergang auf eine „neue" Kapitalgesellschaft als Neugesellschafterin einer Personengesellschaft und damit die Verwirklichung einer Änderung des Gesellschafterbestands einer Personengesellschaft i. S. des § 1 Abs. 2a Satz 1 zu vermeiden.

Um solchen und ähnlichen Gestaltungen – auch unter Zwischenschaltung von Kapitalgesellschaften – entgegenzutreten wurde nach längerem Anlauf durch Art. 26 Nr. 1 Buchst. a AmtshilfeRLUmsG[2] ein neuer (zusätzlicher) **eigenständiger Ergänzungstatbestand** in § 1 Abs. 3a geschaffen. Dieser tritt neben die Ergänzungstatbestände der Absätze 2a und 3 des § 1, ist aber ihnen gegenüber nachrangig, denn seine Verwirklichung setzt voraus, dass insoweit eine Besteuerung nach § 1 Abs. 2a und 3 „nicht in Betracht kommt". Der neue grunderwerbsteuerrechtliche Tatbestand gilt für Erwerbsvorgänge, die nach dem

187

---

1 Sog. Pro-Kopf-Betrachtung.
2 Vom 26. 6. 2013, BGBl I 2013, 1809.

6. 6. 2013 verwirklicht werden (§ 23 Abs. 11). Er wird flankiert durch Regelungen zur Steuerschuldnerschaft (§ 13 Nr. 7) und zur Anzeigepflicht (§ 19 Abs. 1 Nr. 7a; s. auch § 20 Abs. 2 Nr. 3). Die Begünstigung nach § 6a wurde auf ihn ausgedehnt. Gleichzeitig wurde der Anwendungsbereich von § 1 Abs. 6 Satz 1, § 8 Abs. 2 Nr. 3, § 16 Abs. 5 sowie § 17 Abs. 3 Satz 1 Nr. 2 um § 1 Abs. 3a erweitert.

Das Inkrafttreten des § 1 Abs. 3a betrifft bestehende RETT-Blocker-Strukturen nicht. Die Aufstockung einer bereits zu 95 % bestehenden wirtschaftlichen Vereinigung auf bis zu 100 % kann den Tatbestand des § 1 Abs. 3a ebenso wenig verwirklichen wie der Erwerb weiterer Grundstücke durch die Gesellschaft, an der sie besteht.[1]

§ 1 Abs. 3a ist als **Fiktionstatbestand** ausgestaltet. Der **Rechtsvorgang,** aufgrund dessen ein Rechtsträger die wirtschaftliche Beteiligung i. S. der Vorschrift innehat, **gilt als Rechtsvorgang i. S. des § 1 Abs. 3.** Es handelt sich dabei um eine **Rechtsfolgenverweisung**[2] spricht doch § 1 Abs. 3 nicht selbst die Steuerbarkeit des Innehabens einer wirtschaftlichen Beteiligung an. Nicht beizupflichten ist der von Schanko[3] vertretenen Ansicht, rechtstechnischer Anknüpfungspunkt des § 1 Abs. 3a sei der Rechtsvorgang, mit dem ein Rechtsträger Anteile an einer Gesellschaft erwerbe und dass Tatbestanderfüllung ohne Rechtsgeschäft nach der gesetzlichen Formulierung ausgeschlossen sei. Die Forderung nach „Innehaben" einer wirtschaftlichen Beteiligung nimmt allein auf die sachenrechtliche Folge eines Anteilserwerb Bezug und unterwirft den erreichten Zustand der Steuer. Dafür ist es auch irrelevant, ob dieser in einem Rechtsgeschäft seine Wurzeln hat oder aufgrund Gesetzes (z. B. Erbfolge, Umwandlungsvorgang) eintritt.

## II. Tatbestandsmerkmale des § 1 Abs. 3a

### 1. Nachrangigkeit

188    Tatbestandsmäßig setzt § 1 Abs. 3a voraus, dass weder eine Besteuerung nach § 1 Abs. 2a noch nach § 1 Abs. 3 in Betracht kommt. Für die derartige Anwendungssperre ist es ohne Bedeutung, ob die Steuer wegen der Verwirklichung des § 1 Abs. 2a oder 3 festgesetzt wurde, oder ob der Vorgang ganz oder teil-

---

1 So auch Ländererlasse v. 9. 10. 2013, BStBl I 2013, 1364, unter Tz 2 Abs. 2.
2 Ebenso Pahlke, Rz 409; Joisten/Liekenbrock, Ubg 2013, 469; a. A. Behrens, DStR 2013, 1405: „Rechtsgrundverweisung".
3 UVR 2014, 44 (49).

weise steuerbegünstigt war; entscheidend ist die abstrakte Steuerbarkeit.[1] Daraus ist nicht der Schluss zu ziehen, dass die Vorschrift § 1 Abs. 2a Satz 6 derogiere. Das negative Abgrenzungsmerkmal erlaubt es nicht davon auszugehen, dass eine Besteuerung nach § 1 Abs. 2a schon deshalb nicht in Betracht komme und deshalb § 1 Abs. 3a Satz 1 erfüllt sei, weil nach Satz 6 des § 1 Abs. 2a bei der Prüfung, ob mindestens 95 % der Anteile am Gesellschaftsvermögen einer Personengesellschaft auf neue Gesellschafter übergegangen sind, von Todes wegen erworbene Anteile nicht zu berücksichtigen sind. Denn es entspricht der Zielrichtung des § 1 Abs. 2a, grunderwerbsteuerrechtlich vorteilhaften Gestaltungsmöglichkeiten, die sich aus der selbständigen Rechtsträgereigenschaft der Gesamthandsgemeinschaften ergeben, entgegenzuwirken (s. Rdnr. 92). Der Tod des Gesellschafters einer Personengesellschaft ist aber kein Gestaltungsmittel. Deshalb bedarf § 1 Abs. 3a insoweit einer teleologischen Reduktion. Die Vorschrift ist § 1 Abs. 3a nur dann **gegenüber § 1 Abs. 2a nachrangig,** wenn dessen Tatbestand nur deshalb nicht erfüllt ist, weil entweder weniger als 95 % der Anteile am Gesellschaftsvermögen aufgrund Rechtsvorgangs unter Lebenden (wozu auch juristische Personen zu zählen sind) übergegangen sind oder der Übergang, sei er unmittelbar oder mittelbar, sich unter Altgesellschaftern (s. dazu Rdnr. 115 ff.) vollzog oder nicht innerhalb der Fünfjahresfrist erfolgte. Unter Beachtung des BFH-Urteils vom 24. 4. 2013 II R 17/10[2], das infolge der Gesetzesänderung durch Art. 8 Nr. 1 StÄndG 2015[3] mit Wirkung ab 6. 11. 2015 obsolet geworden war, war § 1 Abs. 3a dem Tatbestand des § 1 Abs. 2a Satz 1 gegenüber nicht nachrangig, soweit sich der Personenstand derjenigen Kapital- oder Personengesellschaften, die am Vermögen der grundstücksbesitzenden Personengesellschaft beteiligt sind, nicht zu 100 % ändert.

**Gegenüber § 1 Abs. 3** ist § 1 Abs. 3a dann **nachrangig,** wenn wegen der Zwischenschaltung eines zu mehr als 5 % der Anteile der Gesellschaft mit inländischem Grundbesitz haltenden Rechtsträgers Anteilsvereinigung i. S. von § 1 Abs. 3 Nr. 1 und 2 ebenso wie Anteilsübertragung i. S. von § 1 Abs. 3 Nr. 3 und 4 deshalb nicht in Betracht kommt, weil sich **nicht mindestens 95 % der Anteile** der Gesellschaft unmittelbar oder mittelbar in einer Hand vereinigen oder Ge-

---

1 Ebenso Ländererlasse v. 9. 10. 2013, BStBl I 2013, 1364.

2 BStBl II 2013, 833; Nichtanwendungserlass vom 9. 10. 2013, BStBl I 2013, 1278 − aufgehoben durch Ländererlasse v. 16. 9. 2015, BStBl I 2015, 822..

3 Vom 2. 11. 2015, BGBl I 2015, 1834.

genstand der Anteilsübertragung sind. Nachrangig ist § 1 Abs. 3a notwendig auch gegenüber der Anteilsvereinigung im Organkreis i. S. des § 1 Abs. 3.[1]

## 2. Legaldefinition der wirtschaftlichen Beteiligung (§ 1 Abs. 3a Satz 2)

189   Aufgrund eines Rechtsvorgangs, der als solcher i. S. des § 1 Abs. 3 gilt, muss **ein Rechtsträger** zur Erfüllung des Tatbestands des § 1 Abs. 3a unmittelbar oder mittelbar oder teils unmittelbar, teils mittelbar eine wirtschaftliche Beteiligung i. H. von mindestens 95 % an einer Gesellschaft, zu deren Vermögen ein inländisches Grundstück gehört, **innehaben**. Die **wirtschaftliche Beteiligung ergibt sich** nach der Legaldefinition des § 1 Abs. 3a Satz 2 aus der Summe der unmittelbaren und mittelbaren Beteiligungen am Kapital oder am Vermögen der Gesellschaft. Dabei sind zur **Ermittlung der mittelbaren Beteiligung** die Vomhundertsätze am Kapital oder am Vermögen der Gesellschaft zu multiplizieren (§ 1 Abs. 3a Satz 3). Aus der Gleichsetzung der Beteiligung am Kapital einer Kapitalgesellschaft mit der Beteiligung am Vermögen einer Personengesellschaft folgt zwingend, dass bei Kapitalgesellschaften nur auf die Beteiligung am Grund- oder Stammkapital abzuheben ist,[2,3] wobei der jeweiligen Ausstattung der Anteile keine Bedeutung zukommt. Eigene Anteile sowie wechselseitige Beteiligungen bleiben bei der Berechnung des Anteilsumfangs – wie im Rahmen des § 1 Abs. 3 (s. Rdnr. 145) – unberücksichtigt.[4] Stillen Beteiligungen jeder Art kommt ebenso wenig Relevanz zu, wie Gesellschafterdarlehen, Genussrechten, partiarischen Darlehen usw. Die solcherart definierte wirtschaftliche Beteiligung muss rechtlich fundiert sein, d. h. auf einem Rechtsvorgang beruhen.

## 3. Innehaben einer wirtschaftlichen Beteiligung

190   § 1 Abs. 3a unterwirft unter Berücksichtigung der Negativabgrenzung (s. Rdnr. 188) einen Rechtsvorgang, der als solcher als einer i. S. des § 1 Abs. 3 gilt,[5] der Grunderwerbsteuer aufgrund dessen ein Rechtsträger erstmalig unmittelbar oder mittelbar oder teils unmittelbar, teils mittelbar eine wirtschaftliche

---

1 Vgl. dazu Behrens, DStR 2013, 1405, 1409, mit instruktivem Beispiel; ebenso Pahlke, Rz 415; a. A. Schaflitzl/Schrade, BB 2013, 343, 348 f.
2 Bzw. bei Kapitalgesellschaften ausländischen Rechts auf das entsprechende Kapital.
3 Gl. A. Behrens, DStR 2013, 14055, 1406; Wagner/Lieber, DB 2013, 1387; Schaflitzl/Schrade, BB 2013, 343, 345.
4 Ebenso Gottwald/Behrens, Rz 366.35; Pahlke, Rz 428.
5 Wobei nur § 1 Abs. 3 Nrn. 2 und 4 angesprochen sind; gl. A. Pahlke, Rz 407.

Beteiligung (s. Rdnr. 189) i. H. von mindestens 95 % an einer Gesellschaft, zu deren Vermögen ein inländisches Grundstück gehört, innehat. **Gesellschaften** in diesem Sinne sind – wie sich aus der Legaldefinition der wirtschaftlichen Beteiligung in § 1 Abs. 3a Satz 2 ablesen lässt – sowohl **Kapital-** als auch **Personengesellschaften**. Zur Frage, wann **Grundstücke** i. S. der Vorschrift zu deren Vermögen gehören, vgl. die Ausführungen in Rdnr. 148, die entsprechend gelten. Zur **unmittelbaren Beteiligung** s. Rdnr. 153. Kann man das Innehaben einer wirtschaftlichen Beteiligung wenngleich unsauber und nicht wirklich zutreffend auch als „wirtschaftliche Anteilsvereinigung" bezeichnen, so sind die Unterschiede des Tatbestands zu denen des § 1 Abs. 3 in Bezug auf die mittelbare Beteiligung doch eklatant. Bei der mittelbaren Anteilsvereinigung i. S. des § § 1 Abs. 3 unterscheidet man herkömmlich neben der Anteilsvereinigung im Organkreis[1] die durch eine beherrschte Hand (die durch § 1 Abs. 3a eindeutig angesprochen ist) und die durch einen sog. Treuhänder vermittelte (vgl. Rdnr. 154 ff.). Die mittelbare Vereinigung im Organkreis kommt für § 1 Abs. 3a nicht in Betracht, weil die Vorschrift auf (nur) einen Rechtsträger abstellt[2], der Organkreis selbst aber nicht Rechtsträger ist, verlieren doch die Mitglieder eines Organkreises ihre Fähigkeit, selbst Rechtsträger zu sein, durch die Einbeziehung in ein Organschaftsverhältnis nicht. Aber auch eine durch einen „Treuhänder" vermittelte Beteiligung scheidet aus, weil der Rechtsträger aufgrund eines Rechtsvorgangs, der als solcher i. S. des § 1 Abs. 3 gilt, auch die mittelbare Beteiligung **innehaben** muss, kann sie nicht durch einen „Treuhänder" vermittelt werden. Denn diesem gegenüber hat der Auftraggeber (Geschäftsherr) nur einen schuldrechtlichen Anspruch auf Herausgabe (Abtretung) des vom Auftragnehmer (Geschäftsbesorger) erlangten Anteils einer grundbesitzenden Gesellschaft aus § 667 BGB (ggf. i. V. m. § 675 Abs. 1 BGB). Insoweit besteht zwischen der mittelbaren Anteilsvereinigung i. S. des § 1 Abs. 3 und dem Innehaben einer mittelbaren wirtschaftlichen Beteiligung kein Gleichklang. Das ist bei der Zielrichtung des § 1 Abs. 3a (s. Rdnr. 1) nicht verwunderlich, zumal hinsichtlich der durch „Treuhänder" vermittelten Anteilsvereinigung kein Handlungsbedarf bestand.[3] Die durch eine „beherrschte Hand" vermittelte Beteiligung beruht auf dem Grundgedanken, dass dann, wenn schon ein mittelbarer Zugriff auf die Grundstücke, die zum Vermögen einer Gesellschaft gehören, ausreicht, sie demjenigen, dem ihre Anteile unmit-

---

1 Die nach der Rechtsprechung des BFH (vgl. Urteile v. 16. 1. 1980 II R 58/6, BStBl II 1980, 360, und v. 8. 8. 2001 II R 66/98, BStBl II 2002, 156) als gesetzlich geregelter Fall einer mittelbaren Anteilsvereinigung anzusehen ist; vgl. auch Rdnr. 154, 178.
2 Ebenso Schober/Kuhnke, NWB 2013, 2225, 2230.
3 Zweifelnd Gottwald/Behrens, Rz 366. 29 f.

telbar oder mittelbar zu mindestens 95 % zustehen, grunderwerbsteuerrechtlich zuzuordnen, könne nichts anderes gelten, wenn und soweit der Zugriff durch eine zwischengeschaltete Gesellschaft erfolgt, deren Anteile jenem zu mindesten 95 % zustehen. Vgl. zu allem auch Rdnr. 137, 155 f. Auf diesem Gedanken aufbauend hat die herrschende Hand die durch die beherrschte Hand vermittelte Beteiligung inne, wozu noch zu bemerken ist, dass im Hinblick auf § 1 Abs. 3a Satz 3 von einer „herrschenden Hand" im Zusammenhang mit dem Innehaben einer wirtschaftlichen Beteiligung nicht die Rede sein kann.

191 Auch die salopp ausgedrückte „wirtschaftliche Vereinigung" ist eine **rechtliche** „**Vereinigung**". Dem Wort „wirtschaftliche" in § 1 Abs. 3a Satz 1 kommt im Hinblick auf die abschließende Definition der wirtschaftlichen Beteiligung in § 1 Abs. 3a Satz 2 keine selbständige Bedeutung zu.[1] Dies vorausgeschickt, kann der nach § 1 Abs. 3a der Steuer um des eintretenden Erfolgs wegen unterliegende Rechtsvorgang, die wirksame Abtretung oder der von Gesetzes wegen erfolgende Übergang entweder von Beteiligungen am Kapital einer Kapitalgesellschaft oder von Anteilen am Vermögen einer Personengesellschaft oder schließlich aller Rechtsstellungen, die beim Abtretenden zum Innehaben der wirtschaftlichen Beteiligung führten, sein. Denn **das Innehaben** einer wirtschaftlichen Beteiligung **setzt dingliche Rechtsvorgänge** voraus.[2] Soweit der Übergang aufgrund einer steuerbegünstigten Umwandlung i. S. von § 6a Sätze 1 und 2 oder aufgrund eines nach § 6a begünstigungsfähigen Erwerbsvorgangs auf gesellschaftsvertraglicher Grundlage (s. dazu Hofmann, GrEStG, § 6a Rdnr. 30 bis 33) erfolgt, wird die Steuer nicht erhoben (§ 6a Satz 1 i. d. F. Art. 26 Nr. 3 AmtshilfeRLUmsG[3]).

## 4. Gegenstand der Besteuerung

192 Gegenstand der Besteuerung ist **nicht** der zur unmittelbaren oder mittelbaren oder teils unmittelbaren, teils mittelbaren wirtschaftlichen Beteiligung führende **Rechtsvorgang als solcher, sondern** – ebenso wie im Bereich des § 1 Abs. 3[4] – die durch ihn erstmalig begründete bzw. veränderte **grunderwerbsteuerrechtlich eigenständige Zuordnung** der einzelnen inländischen Grundstücke, die der Gesellschaft, an der die wirtschaftliche Beteiligung besteht, ge-

---

1 Wie hier Behrens, DStR 2013, 1405, 1406.
2 Gl. A. Behrens, DStR 2013, 1405; unklar Wagner/Lieber, DB 2913, 1387, 1389, und DB 2013, 2295, 2296 (u. U. auf Übergang des wirtschaftlichen Eigentums i. S. wohl des § 39 AO abstellend); a. A, wohl auch Ländererlasse v. 9. 10. 2013, BStBl I 2013, 1364, zu Tz 1: „Die wirtschaftliche Beteiligung kann in allen Varianten des § 1 Abs. 3 GrEStG verwirklicht werden".
3 Vom 26. 6. 2013, BGBl I 2013, 1809.
4 Vgl. dazu Rdnr. 135.

hören. Da fingierte Grundstückserwerbe der Steuer unterworfen werden, werden durch die Erfüllung des Tatbestands des § 1 Abs. 3a so viele der Grunderwerbsteuer unterliegende Erwerbsvorgänge der Steuer verwirklicht, wie inländische Grundstücke zum Vermögen der Gesellschaft gehören, an der die wirtschaftliche Beteiligung besteht.

## III. Randfragen

### 1. § 1 Abs. 3a im Falle der Unanwendbarkeit des § 1 Abs. 3 Nr. 4?

Wie schon in Rdnr. 136 ausgeführt, führt der Übergang von mindestens 95 % der Anteile einer grundbesitzenden Kapitalgesellschaft auf denjenigen, dem der Anspruch auf Übertragung abgetreten wurde, nicht dazu, dass in der Person des Abtretungsempfängers der Tatbestand des § 1 Abs. 3 Nr. 4 verwirklicht wird, denn dem Übergang der Anteile auf diesen ist das den Anspruch auf Übertragung der Anteile begründende schuldrechtliche Rechtsgeschäft zwischen dem ehemaligen Inhaber der Anteile und dem Abtretenden vorausgegangen (s. Rdnr. 139).[1] Dem Wortlaut nach („soweit eine Besteuerung nach Absatz … 3 nicht in Betracht kommt") ist der Tatbestand des § 1 Abs. 3a erfüllt, weil der Abtretungsempfänger mit dem Übergang der Anteile der grundbesitzenden Gesellschaft mindestens 95 % dieser Anteile erstmals innehat. U. E. ist insoweit eine teleologische Reduktion des § 1 Abs. 3a vorzunehmen. Denn der Übergang von Anteilen unterliegt nach der inneren Systematik des § 1 Abs. 3 nur deshalb nicht der Steuer bei gleichbleibenden Grundstücksbestand der Gesellschaft, an der sie bestehen, weil ihm ein obligatorisches Rechtsgeschäft vorausgegangen ist. Diese „Freistelle" auszufüllen liegt nicht in der Zielrichtung des § 1 Abs. 3a. Joisten/Liekenbrock[2] und Pahlke[3] wollen die einschränkende Auslegung auf diejenigen Fälle beschränken, in denen zwischen einer mittebaren Anteilsvereinigung und der Verkürzung der Beteiligungskette keine weiteren Grundstücke durch die Gesellschaft erworben wurden oder die im Zeitpunkt der Verwirklichung der mittelbaren Anteilsveränderungen vorhandenen Grundstücke keine tatsächliche werterhöhenden Veränderungen erfuhren.

192a

---

1 Dies gilt nur nicht in Bezug auf solche Grundstücke, die nach dem Abschluss des Vertrags zwischen dem ehemaligen Inhaber und dem Abtretenden von der Gesellschaft hinzuerworben wurden.

2 Ubg 2013. 469.

3 Rz 447.

## 2. § 1 Abs. 3a infolge heterogenen Formwechsels?

192b Sind bei einer Personenhandelsgesellschaft zwei voneinander unabhängige Rechtsträger beteiligt, so kommt Anteilsvereinigung auch dann nicht in Betracht, wenn einer der Gesellschafter (A) zu 96 % und der anderen Gesellschafter (B) zu 4 % vermögensmäßig an ihr beteiligt sind (vgl. Rdnr. 141 ff.). Wird die Personengesellschaft verhältniswahrend formwechselnd in eine GmbH umgewandelt, so hat von der Eintragung des Formwechsels an, der Gesellschafter A unmittelbar erstmalig eine wirtschaftliche Beteiligung i. H. v. mindestens 95 % inne. Da die derart innegehabte Beteiligung aber nur die bisherige ununterbrochen fortsetzt, ist der Tatbestand des § 1 Abs. 3a trotz Nichterfüllung des Abs. 3[1] nicht erfüllt.[2]

## 3. Aufeinanderfolgen von Rechtsvorgängen (§ 1 Abs. 6)

193 Während im Anwendungsbereich des § 1 Abs. 3 die **Verkürzung von Beteiligungsketten**, d. h. der Übergang von einer mittelbaren Anteilsvereinigung zu einer unmittelbaren, als bloße Verstärkung der Anteilsvereinigung nicht erneut der Grunderwerbsteuer unterliegt (s. Rdnr. 162), kann eine solche Verstärkung **erstmalig zu einer wirtschaftlichen Beteiligung** führen.[3] Das ergibt sich **zwingend aus § 1 Abs. 6 Satz 1** i. d. F. Art. 26 Nr. 1 Buchst. b AmtshilfeRLUmsG[4], wonach ein in § 1 Abs. 3a bezeichneter Rechtsvorgang auch dann der Steuer unterliegt, wenn ihm ein in § 1 Abs. 3 bezeichneter Rechtsvorgang vorausgegangen ist. Allerdings ist Voraussetzung dafür, dass die zuvor bestehende mittelbare Anteilsvereinigung bei Durchrechnung i. S. von § 1 Abs. 3a Satz 3 nicht auch schon den – nachrangigen – Tatbestand des § 1 Abs. 3a erfüllt haben würde. Eine einschränkende Auslegung des Wortlauts des § 1 Abs. 3a, wie sie in der Literatur gefordert wird,[5] kommt deshalb nicht in Betracht.

194 Die Begrenzung der Steuererhebung nach § 1 Abs. 6 Satz 2 setzt voraus, dass (1) die Steuer für den vorangegangenen Erwerbsvorgang berechnet wurde, (2) Personenidentität auf der Erwerberseite und (3) Grundstücksidentität besteht.[6]

---

1 Siehe Rdnr. 172.
2 Ebenso Pahlke, Rz 436.
3 So auch Ländererlasse v. 9. 10. 2013, BStBl I 2013, 1364, Beispiel 13.
4 Vom 26. 6. 2013, BGBl I 2013, 1809.
5 Siehe z. B. Behrens, DStR 2013, 1405, 1408 f.; Wagner/Lieber, DB 2013, 2295, 2297; Schaflitzl/Schrade, BB 2013, 343, 346.
6 Vgl. dazu Rdnr. 188.

Wird eine vor dem 7. 6. 2013 dinglich vollzogene RETT-Blocker-Struktur mit     195
zwischengeschalteter Personengesellschaft dadurch aufgelöst, dass es infolge
Ausscheidens des fremden Gesellschafters (der Komplementär-GmbH bzw. eines Dritten) zur Anwachsung und damit zum Übergang des von der Personengesellschaft gehaltenen Anteils an einer grundstücksbesitzenden Gesellschaft
auf den Mehrheitsgesellschafter kommt, ist der Tatbestand des § 1 Abs. 3 Nr. 2
erfüllt. Entgegen der Ansicht von Behrens[1] ist dieser Tatbestand nicht deshalb
nicht erfüllt, weil bereits zuvor das Grundstück dem Mehrheitsgesellschafter
zuzurechnen war. Die vor dem 7. 6. 2013 dinglich vollzogene RETT-Blocker-
Struktur führte eben gerade nicht zur Zurechnung auf den Mehrheitsgesellschafter, weil § 1 Abs. 3a, dessen Verwirklichung zur derartigen Zurechnung
geführt hätte, nach § 23 Abs. 11 erstmals auf Erwerbsvorgänge anzuwenden
ist, die nach dem 6. 7. 2013 verwirklicht werden. Zur etwaigen Begünstigung
des anwachsungsbedingt erfüllten Tatbestand des § 1 Abs. 3 Nr. 2 nach § 6a s.
Hofmann, GrEStG, § 6a Rdnr. 30 ff.

## 4. Anwendung von Befreiungsvorschriften

Wegen der Anwendbarkeit von Befreiungsvorschriften wird auf den Inhalt der     196
Ausführungen in Rdnr. 186 bis 186c Bezug genommen, die entsprechend gelten.

## 5. Anwendbarkeit von § 16 Abs. 2

Auf Hofmann, GrEStG, § 16 Rdnr. 68a wird verwiesen.     197

## 6. Sonstiges

**Steuerschuldner** ist nach § 13 Nr. 7 derjenige Rechtsträger, der die wirtschatli-     198
che Beteiligung innehat. **Bemessungsgrundlage** sind die Werte i. S. des § 151
Abs. 1 Satz 1 Nr. 1 i. V. m. § 157 Abs. 1 bis 3 BewG (§ 8 Abs. 2 Satz 1 Nr. 3). Zur
Anzeigepflicht des Steuerschuldners s. § 19 Abs. 1 Satz 1 Nr. 7a, Abs. 2 bis 4.
Zum Inhalt der Anzeige s. § 20.

---

1 DStR 2013, 1405, 1409.

# C. Aufeinanderfolge von Tatbeständen (§ 1 Abs. 6)

*Anmerkung:*

*Durch Art. 26 Nr. 1 Buchst. b AmtshilfeRLUmsG 26. 6. 2013 (BGBl I, 1809) wurde der Anwendungsbereich auf den mit demselben Gesetz neu geschaffenen § 1 Abs. 3a erstreckt.*

## I. Grundsatz (§ 1 Abs. 6 Satz 1)

199 Den in § 1 Abs. 2, 3 und 3a normierten Tatbeständen kommt lediglich die Aufgabe zu, die Erlangung wirtschaftlicher Machtstellung in Bezug auf ein inländisches Grundstück (§ 2) zu erfassen. Trotz ihrer Eigenschaft als Ersatz- oder Ergänzungstatbestände zum Haupttatbestand des § 1 Abs. 1 stehen sie funktionsgleich neben diesem. Werden zeitlich versetzt verschiedene dieser Tatbestände in Bezug auf ein Grundstück erfüllt, so unterliegt jeder der Rechtsvorgänge nach § 1 Abs. 6 Satz 1 der Steuer. Angesprochen sind damit folgende Fälle:

(1) Erwerbsvorgang nach § 1 Abs. 1 folgt auf

   a) den Erwerb der Verwertungsbefugnis i. S. von § 1 Abs. 2,

   b) die Anteilsvereinigung i. S. von § 1 Abs. 3 (Ausnahme: Anteilsvereinigung im Organkreis, vgl. Rdnr. 185),

   c) das Innehaben einer wirtschaftlichen Beteiligung i. S. von § 1 Abs. 3a.

(2) Erwerbsvorgang nach § 1 Abs. 2 folgt auf

   a) einen Erwerbsvorgang nach § 1 Abs. 1 (z. B. „Treuhänder" erwirbt die dem „Treugeber" verbliebene Verwertungsbefugnis),

   b) eine Anteilsvereinigung i. S. von § 1 Abs. 3,

   c) das Innehaben einer wirtschaftlichen Beteiligung i. S. von § 1 Abs. 3a.

(3) Erwerbsvorgang nach § 1 Abs. 3 folgt

   a) dem Erwerb der Verwertungsbefugnis i. S. des § 1 Abs. 2,

   b) dem Innehaben einer wirtschaftlichen Beteiligung i. S. von § 1 Abs. 3a,[1]

   c) (in Sonderfällen) einem Erwerbsvorgang i. S. von § 1 Abs. 1.

---

1 Siehe dazu auch Rdnr. 193.

(4) Erwerbsvorgang nach § 1 Abs. 3a folgt auf

a) eine Anteilsvereinigung i. S. von § 1 Abs. 3,

b) einen Erwerb der Verwertungsbefugnis i. S. des § 1 Abs. 2.

Rechtlich unmöglich ist grundsätzlich die einem Erwerbsvorgang nach § 1 Abs. 1 nachfolgende Verwirklichung eines nach § 1 Abs. 3 oder 3a der Steuer unterliegenden Vorgangs, weil das Grundstück infolge des erstgenannten Erwerbsvorganges dem Erwerber (grunderwerbsteuerrechtlich) gehört, es folglich nicht zum Vermögen der Gesellschaft gehören kann, es sei denn, die Gesellschaft, deren Anteile sich nachträglich in seiner Hand vereinigen (würden), habe an dem Grundstück entweder die Verwertungsbefugnis, oder es ist ihr – was auf das Gleiche hinausläuft – aufgrund eines Herausgabeanspruchs (§ 667 BGB) grunderwerbsteuerrechtlich zuzurechnen.[1]

## II. Begrenzung der Steuererhebung (§ 1 Abs. 6 Satz 2)

Nach § 1 Abs. 6 Satz 2 wird trotz der in § 1 Abs. 6 Satz 1 verdeutlichten Selbständigkeit jedes Erwerbsvorgangs die Steuer für einen **nachfolgenden Rechtsvorgang** nur insoweit erhoben, als die Bemessungsgrundlage (§ 8) für den späteren Rechtsvorgang den Betrag übersteigt, von dem beim vorausgegangenen Rechtsvorgang die Steuer erhoben wurde. Die **Beschränkung der Steuererhebung auf die Differenz der Bemessungsgrundlage**[2] setzt Folgendes **voraus:**     200

(1) Die **Steuer** für den vorausgegangenen Rechtsvorgang muss **berechnet** worden sein. War der erste Rechtsvorgang steuerfrei, so unterliegt der nachfolgende – sind für ihn nicht wieder die Voraussetzungen für eine Steuerbefreiung gegeben – voll der Steuer.[3] Dasselbe gilt naturgemäß bei fälschlicher Befreiung des vorausgegangenen Rechtsvorgangs von der Steuer.[4] Der nachfolgende Rechtsvorgang unterliegt auch dann in vollem Umfang der Steuer, wenn zwar für den vorausgegangenen Rechtsvorgang die Steuer festgesetzt wurde, diese Steuerfestsetzung jedoch wegen Ablaufs der (Festsetzungs-)Verjährung aufgehoben wurde.[5] Ob die berechnete Steuer bezahlt wurde oder etwa aus Billigkeitsgründen erlassen wurde (§ 227 AO)

---

1 Gl. A. Pahlke Rz 467.
2 Unter Anwendung des für den nachfolgenden Erwerb maßgebenden Steuersatzes, FG Saarland v. 6. 12. 2000, EFG 2001, 229.
3 BFH v. 30. 8. 1961 II 15/60, BStBl III 1961, 519; s. auch BFH v. 19. 12. 1986 II B 163/86, BFH/NV 1988, 463.
4 BFH v. 31. 8. 1994 II R 108/91, BFH/NV 1995, 431.
5 Vgl. BFH v. 19. 7. 1972 II 204/65, BStBl II 1972, 914.

bzw. Zahlungsverjährung eintrat, ist ohne Bedeutung (vgl. die andersartige Konstruktion in § 3 Nr. 8 und Rdnr. 45 zu § 3).

(2) An den aufeinander folgenden Rechtsvorgängen muss auf der Erwerberseite dieselbe Person beteiligt sein.[1] Diese Erwerberidentität ist auch gewahrt, wenn der Erwerber durch formwechselnde Umwandlung nur seine Verfassung geändert hat.[2] Daran mangelt es, wenn einer nur vermittels eines Organschaftsverhältnisses der Steuer unterliegenden Anteilsvereinigung der Erwerb des Grundstücks selbst durch eine der an der Anteilsvereinigung beteiligten Gliedgesellschaften bzw. der Erwerb des Grundstücks durch eine andere organschaftlich verbundene Gesellschaft nachfolgt (vgl. Rdnr. 183). Nicht zu folgen ist FG Thüringen vom 21.4.2004,[3] wonach Erwerberidentität nicht Identität der erwerbenden Rechtsträger im grunderwerbsteuerrechtlichen Sinn erfordere, sondern eine Identität der Vermögensträger genüge. Es hat § 1 Abs. 6 Satz 2 angewendet beim Erwerb von Grundstücken durch eine KG, an deren Gesellschaftsvermögen der Kommanditist allein beteiligt war, von einer GmbH, deren einzigen Geschäftsanteil der Kommanditist früher erworben hatte, soweit für jenen nach § 1 Abs. 3 Nr. 3 der Steuer unterliegenden Erwerb die Steuer berechnet worden war. An der Erwerberidentität fehlt es auch, wenn der Alleingesellschafter (A) einer Kapitalgesellschaft (B), in deren Hand sich die Anteile einer weiteren Kapitalgesellschaft (C) mit Grundbesitz vereinigten, nachfolgend von der letztgenannten Gesellschaft (C) ein Grundstück erwirbt. U.E. muss auch dem **Erben** die Steuerberechnung aus einem vom Erblasser als Erwerber verwirklichten vorausgegangenen Rechtsvorgang zugutekommen, weil er in jeder Hinsicht in die Rechtsstellung des Erblassers einrückt, wobei der Vermögensübergang schlicht Folge des Todes des Erblassers ist.[4]

(3) Die aufeinander folgenden Erwerbsvorgänge müssen sich auf dasselbe Grundstück beziehen (**Grundstücksidentität**). Diese Grundstücksidentität ist nicht gewahrt, wenn der Erbbauberechtigte das mit dem Erbbaurecht belastete Grundstück erwirbt.[5] Grundstücksidentität muss aber auch angenommen werden, wenn nur ein Teil eines Grundstücks, das den Gegen-

1 Erwerberidentität, vgl. BFH v. 27.10.1970 II 72/65, BStBl II 1971, 278; v. 8.10.2003 II R 36/01, BFH/NV 2004, 366.
2 Pahlke, Rz 469; Boruttau/Fischer, Rn. 1131.
3 EFG 2004, 1856.
4 Vgl. § 1922 BGB, gl. A.Pahlke, Rz 469 und Boruttau/Fischer, Rn. 1131.
5 BFH v. 30.4.1974 II R 79/66, BStBl II 1974, 661; v. 8.8.2001 II R 46/99, BFH/NV 2002, 71.

stand des vorausgegangenen Rechtsvorgangs bildete, Gegenstand des nachfolgenden Rechtsvorgangs ist.

**BEISPIEL:** ▸ Zum Vermögen der X-GmbH gehörte zum Zeitpunkt eines nach § 1 Abs. 3 der Steuer unterliegenden Vorgangs durch den Erwerber A das Grundstück Flur-Nr. ... zu 3000 qm. A kauft später von der X-GmbH eine noch zu vermessende Teilfläche aus diesem Grundstück.

Grundstücksidentität kann auch angenommen werden, wenn einem Erwerbsvorgang nach § 1 Abs. 2 die Bestellung des Erbbaurechts am nämlichen Grundstück nachfolgt.[1]

## III. Entsprechende Anwendung im Bereich des § 1 Abs. 3?

Wie in Rdnr. 157 aufgezeigt, kann der Tatbestand des § 1 Abs. 3 Nr. 3 bzw. 4 unmittelbar durch eine Kapitalgesellschaft auch dann erfüllt werden, wenn sich an der mittelbaren Vereinigung in der Hand ihres Alleingesellschafter nichts ändert. Der entsprechenden Anwendung von § 1 Abs. 6 Satz 2 auf solche Fälle derart, dass die vom Alleingesellschafter für den mittelbaren Erwerb der Anteile an der Gesellschaft, die nunmehr auf eine andere Gesellschaft mit demselben Alleingesellschafter übertragen werden, hat BFH vom 15. 1. 2003[2] eine Absage erteilt. Für eine solche Analogie, die im Ergebnis den Tatbestand des § 1 Abs. 3 korrigieren würde, bestehe angesichts der klaren gesetzlichen Begrenzung der Anrechnungsregeln – Erwerberidentität einerseits und Beschränkung auf einen in einem anderen der Absätze 1, 2, 3 oder 3a des § 1 bezeichneten vorangegangenen Rechtsvorgangs andererseits – keine Möglichkeit. Der BFH geht in dieser Entscheidung u. E. zutreffend davon aus, dass der Gesetzgeber bewusst davon abgesehen habe, die Anrechnung einer einem Dritten berechneten Steuer in die Sonderregelung einzubeziehen. Differenzbesteuerung ist damit bspw. ausgeschlossen, wenn der alle Anteile an einer grundbesitzenden Gesellschaft Übertragende zugleich Alleingesellschafter der die Anteile erwerbenden Gesellschaft ist[3] oder die Anteilsübertragung zwischen zwei Kapitalgesellschaften erfolgt, die beide denselben Alleingesellschafter haben.[4]

201

---

1 BFH v. 21. 12. 1977 II R 47/73, BStBl II 1978, 318.
2 II R 50/00, BStBl II 2003, 320.
3 BFH v. 10. 7. 2002 II R 87/00, BFH/NV 2002, 1494.
4 Sächsisches FG v. 13. 4. 2000, EFG 2002, 488; bestätigt durch BFH v. 31. 3. 2004 II R 54/02, BStBl II 2004, 658.

# § 2 Grundstücke

(1) Unter Grundstücken im Sinne dieses Gesetzes sind Grundstücke im Sinne des bürgerlichen Rechts zu verstehen. Jedoch werden nicht zu den Grundstücken gerechnet:

1. Maschinen und sonstige Vorrichtungen aller Art, die zu einer Betriebsanlage gehören,

2. Mineralgewinnungsrechte und sonstige Gewerbeberechtigungen,

3. das Recht des Grundstückseigentümers auf den Erbbauzins.

(2) Den Grundstücken stehen gleich

1. Erbbaurechte,

2. Gebäude auf fremdem Boden,

3. dinglich gesicherte Sondernutzungsrechte im Sinne des § 15 des Wohnungseigentumsgesetzes und des § 1010 des Bürgerlichen Gesetzbuchs.

(3) Bezieht sich ein Rechtsvorgang auf mehrere Grundstücke, die zu einer wirtschaftlichen Einheit gehören, so werden diese Grundstücke als ein Grundstück behandelt. Bezieht sich ein Rechtsvorgang auf einen oder mehrere Teile eines Grundstücks, so werden diese Teile als ein Grundstück behandelt.

# A. Vorbemerkung

Eingefügt wurden die Nummer 3 in Absatz 2 durch Art. 23 StÄndG 1991 vom 1
24. 6. 1991[1] mit Wirkung ab 27. 6. 1991 (Art. 25 Abs. 1 StÄndG 1991) und die
Nummer 3 in Absatz 1 Satz 2 durch Art. 13 Nr. 2 StÄndG 2001 vom
20. 12. 2001[2] mit Wirkung für nach dem 31. 12. 2001 verwirklichte Erwerbsvor-

---

1 BGBl I 1991, 1322.
2 BGBl I 2001, 3794.

gänge (§ 23 Abs. 7 Satz 1, angefügt durch dasselbe Gesetz; s. dazu auch Rdnr. 14 und 19).

# B. Grundstücksdefinition

## I. Anknüpfung an das bürgerliche Recht

2 Gegenstand der Besteuerung sind nach § 1 Rechtsvorgänge, die sich auf inländische Grundstücke beziehen und nicht auf Grundbesitz im bewertungsrechtlichen Sinne (§ 19 Abs. 1 Nr. 1 BewG). Folgerichtig spricht § 2 Abs. 1 Satz 1 von Grundstücken im Sinne des bürgerlichen Rechts. Der **Grundstücksbegriff** als solcher ist jedoch weder im Bürgerlichen Gesetzbuch noch in der Grundbuchordnung definiert. Allgemein bezeichnet man als ein **Grundstück im Rechtssinn** einen begrenzten (katastermäßig vermessenen und bezeichneten) Teil der Erdoberfläche, der im Grundbuch eine besondere Stelle hat (§ 3 Abs. 1 Satz 1 GBO), sei es ein besonderes Grundbuchblatt oder sei es die Nummer eines Bestandsverzeichnisses beim gemeinschaftlichen (§ 4 GBO) Grundbuchblatt.[1] Das Grunderwerbsteuergesetz bezieht aber auch **Grundstücke im tatsächlichen Sinn** ein, d. h. begrenzte Teile der Erdoberfläche, die keine besondere Stelle im Grundbuch haben (§ 3 Abs. 2 und 3 GBO).

Da das Gesetz in erster Linie an Erwerbsvorgänge und nicht an den Eigentumsübergang am Grundstück anknüpft, sieht es notwendig Grundstücke im Zustand der Bewegung im Rechtsverkehr, weshalb es in § 2 Abs. 3 Satz 2 dem Grundstücksbegriff auch Teilflächen – seien sie vermessen oder noch nicht – unterstellt (vgl. Rdnr. 38). Wegen der Gleichstellung von ideellem Miteigentum (Bruchteilseigentum) am Grundstück mit dem Volleigentum vgl. Hofmann, GrEStG, § 1 Rdnr. 29.

## II. „Inländisches" Grundstück

3 Das Grundstück muss (vgl. § 1 Abs. 1 bis 3a) ein „inländisches" sein, also ein Grundstück im Geltungsbereich des Gesetzes. Auf den Ort des Abschlusses eines Erwerbsgeschäfts kommt es ebenso wenig an wie auf die Nationalität der an ihm beteiligten Personen. Bei der Anteilsvereinigung i. S. von § 1 Abs. 3 ist es bspw. irrelevant, ob die Gesellschaft, zu deren Vermögen ein inländisches Grundstück gehört, ihren Sitz im Inland hat oder im Ausland.

---

1 RG v. 12. 3. 1914 Rep. V 368/13, RGZ 84, 270; OLG Hamm v. 16. 5. 1966, NJW 1966, 2411.

# C. Abgrenzung des Grundstücksbegriffs

## I. Bestandteile

### 1. Miterfassung der Bestandteile

Die wohl einschneidendste Folge aus der Anknüpfung an den Grundstücks- 4
begriff des bürgerlichen Rechts ist die daraus folgende **Umfangsbestimmung**
des **Grundstücksbegriffs**, nämlich die **Einbeziehung der Bestandteile** (§§ 93 bis
96 BGB). Zwar ist auch der Begriff „Bestandteil" im bürgerlichen Recht als solcher nicht definiert. Ausgehend von der Begriffsbestimmung des wesentlichen
Bestandteils in § 93 BGB lassen sich aber als Bestandteile alle diejenigen körperlichen Gegenstände (= Sachen, § 90 BGB) bezeichnen, die entweder von Natur aus eine Einheit bilden oder durch Verbindung miteinander ihre Selbständigkeit in der Weise verloren haben, dass sie für die Dauer der Verbindung gemeinsam als ein Ganzes, als einheitliche Sache erscheinen.[1] Bestandteile sind
also stets Teile einer Sache. Auf die Art, insbesondere die größere oder geringere Festigkeit der Verbindung kommt es nicht an.

Die im bürgerlichen Recht so bedeutsame Unterscheidung zwischen wesentlichen Bestandteilen einerseits und einfachen Bestandteilen andererseits ist
grunderwerbsteuerrechtlich kaum von Relevanz.[2] **Einfache Bestandteile** haben
zwar bürgerlich-rechtlich in der Regel – d. h. sofern nichts anderes vereinbart
ist – teil am rechtlichen Schicksal der Hauptsache. Sie können aber sowohl unabhängig von der Hauptsache übereignet werden als auch von der Übereignung der Hauptsache ausgenommen werden. **Wesentliche Bestandteile** dagegen können nicht Gegenstand besonderer Rechte sein (§ 93 BGB). Es ist aber
möglich, dass sich der Veräußerer eines Grundstücks im schuldrechtlichen Vertrag die Entfernung wesentlicher Bestandteile vorbehält. So kann beispielsweise vereinbart werden, dass der Veräußerer das auf dem Grundstück stehende
Gebäude noch abbrechen soll, die Felder noch abernten darf. Für die Besteuerung bleibt in solchen Fällen allein maßgebend, was nach dem Inhalt der
schuldrechtlichen Vereinbarung auf den Erwerber übergehen soll. Unabhängig
vom Zeitpunkt des Eigentumserwerbs durch einen Käufer ist Gegenstand der
Besteuerung also das Grundstück ohne Gebäude bzw. das abgeerntete Grundstück. Ist nach dem Inhalt der schuldrechtlichen Vereinbarungen ein erst noch
zu bebauendes Grundstück gekauft, ist ebenso unabhängig vom Zeitpunkt

---

1 RG v. 2.11.1907 Rep. V 53/07, RGZ 67, 30.
2 Vgl. auch FG München v. 4.2.1982, EFG 1982, 529.

des Eigentumsübergangs das Grundstück in dem Zustand, in den es noch zu versetzen ist, Gegenstand des Erwerbsvorgangs (vgl. Hofmann, GrEStG, § 8 Rdnr. 9 ff.).

5   **Bestandteil** eines Grundstücks **ist** in erster Linie dessen **Boden,** und zwar **auch** der **abbaubare,** soweit es sich **nicht** um **bergfreie Bodenschätze** i. S. des § 3 Abs. 3 BBergG (z. B. Aluminium, Blei, Eisen, Gold, Kobalt, Kupfer, Mangan, Nickel, Schwefel, Silber, Salze, Stein- und Braunkohle, Erdöl, Erdgas) handelt, auf die sich nach § 3 Abs. 2 Satz 2 BBergG das Eigentum am Grundstück nicht erstreckt. Als Bodenschätze definiert § 3 Abs. 1 BBergG „alle mineralischen Rohstoffe in festem oder flüssigem Zustand und Gase, die in natürlichen Ablagerungen oder Ansammlungen (Lagerstätten) in oder auf der Erde, auf dem Meeresgrund, im Meeresuntergrund oder im Meerwasser vorkommen." Zu beachten ist dabei, dass im Beitrittsgebiet zu den bergfreien Bodenschätzen auch solche gehören, die im Gebiet der alten Bundesrepublik zu den in § 3 Abs. 4 BBergG aufgeführten grundeigenen Bodenschätzen gehören[1] und der Anlage zur VO über die Verleihung von Bergwerkseigentum der DDR vom 15. 8. 1970.[2] So gehört zu den Bestandteilen eines Grundstücks im alten Bundesgebiet dessen Ton-, Kies-, Sand-, Bims-, Kalkstein- oder Torfvorkommen u. Ä.[3] sowie die auf dem Grundstück befindliche Quellen,[4] im Beitrittsgebiet aber nur, soweit sie nicht Gegenstand einer Bergbauberechtigung (Erlaubnis, Bewilligung und Bergwerkseigentum) oder eines Gewinnungs- oder Speicherrechts sind. Das Ausbeutungsrecht kann allerdings mit dinglicher Wirkung verselbständigt sein (Bergwerke, Mineralgewinnungsrecht, vgl. Rdnr. 18) und damit aus den im Eigentum enthaltenen Befugnissen ausscheiden. Es kann auch infolge einer Grunddienstbarkeit gemäß § 96 BGB Bestandteil eines anderen Grundstücks geworden sein.[5] Ein Grundstück kann nämlich nicht nur sachliche, körperliche Bestandteile haben: Rechte, die mit dem Eigentum am Grundstück verbunden sind, gelten nach § 96 BGB als seine Bestandteile (vgl. Rdnr. 13, 14). Zum Ausnahmefall des Scheinbestandteils s. Rdnr. 10 f.

---

1 Vgl. Anlage II Kap. V Sachgebiet D Abschn. III Nr. 1 des EinigungsV i. V. m. § 3 BergG-DDR v. 12. 5. 1969, GBl-DDR I 1969, 29.

2 GBl-DDR I 1970, 1071; die Maßgaben des EinigungsV sind ab 23. 4. 1996 nicht mehr anzuwenden, jedoch bleiben Bodenschätze, auf die sich Bergbauberechtigungen beziehen, bergfrei vgl. Gesetz v. 15. 4. 1996, BGBl I 1996, 602.

3 BFH v. 31. 10. 1963 II 265/60, HFR 1965, 24; v. 22. 6. 1966 II 130/62, BStBl III 1966; 552; v. 22. 6. 1966 II 74/63, BStBl III 1966, 550; v. 29. 6. 1966 II 139/64, BStBl III 1966, 631.

4 RFH v. 26. 9. 1944 II 134/42, RStBl 1945, 12.

5 BFH v. 22. 6. 1966 II 130/62, BStBl III 1966, 552.

## 2. Wesentliche Bestandteile

### a) Gebäude und sonstige Bauwerke

Zu den wesentlichen Bestandteilen eines Grundstücks, denjenigen körper-  6
lichen Gegenständen, die das rechtliche Schicksal des Grundstücks teilen, gehören nach **§ 94 Abs. 1 Satz 1 BGB** die mit dem Grund und Boden fest verbundenen Sachen, „insbesondere Gebäude". Zu Abweichungen s. Rdnr. 29 und zu
Besonderheiten im Beitrittsgebiet s. Rdnr. 9.

Ein **Gebäude** ist nach gängiger Definition ein Bauwerk, das fest mit dem Boden verbunden ist und Menschen, Tieren oder Sachen durch räumliche Umfrie-
dung Schutz gegen äußere Einflüsse gewährt, soweit Menschen es betreten
und sich darin aufhalten können,[1] wenn dies auch nicht seine Bestimmung
sein muss. Ob das Bauwerk über die Erdoberfläche hinausragt, ist ohne Bedeutung (vgl. die sinnfällige Definition des Erbbaurechts in § 1 Abs. 1 ErbbauRG).
Gebäude kann auch ein gänzlich unter der Wasseroberfläche errichtetes Bauwerk sein.[2] Damit sind auch Tiefgaragen, Tiefkeller aller Art und dgl. vom Gebäudebegriff erfasst. Die **feste Verbindung mit dem Boden** i. S. von § 94 Abs. 1
Satz 1 BGB ist regelmäßig gegeben, wenn Teile des Gebäudes in das Erdreich
eingefügt sind, wenn Gebäudeteile mit in das Erdreich eingelassenen Pfeilern
oder Trägern verbunden sind oder wenn ein festes Fundament vorhanden ist.
Ist ein festes Fundament vorhanden, kommt es auf die Art der Verbindung mit
diesem nicht an;[3] es reicht aus, dass die Baulichkeit kraft ihrer Eigenschwere
auf ihm ruht, weil jedenfalls Baulichkeit und Fundament eine einheitliche Sache bilden.[4] In gleicher Weise liegt eine feste Verbindung mit dem Grundstück
vor, wenn ein Gebäude auf gemauerten Pfeilern oder auf Betonhöckerfun-
damenten (kraft seiner Eigenschwere) ruht oder auch nur von eingerammten
Holzpfählen getragen wird.[5] Das Vorhandensein eines Fundaments u. Ä. ist jedoch nicht unabdingbare Voraussetzung; entscheidend ist vielmehr die durch
die Eigenschwere eingetretene feste Verbindung mit dem Boden. So gehört
auch eine Fertiggarage aus Beton, die ohne Fundament oder sonstige Veranke-
rung auf dem Grund und Boden aufgestellt ist, zu den wesentlichen Bestandteilen des Grundstücks.[6]

---

1 BFH v. 24. 5. 1963 III 140/60, BStBl III 1963, 376.
2 BFH v. 9. 12. 1998 II R 1/96, BFH/NV 1999, 909.
3 BFH v. 20. 9. 2000 II R 60/98, BFH/NV 2001, 581.
4 BFH v. 3. 3. 1954 III 44/53, BStBl III 1954, 130.
5 BFH v. 22. 6. 1955 II 121/55, BStBl III 1955, 226; v. 21. 2. 1973 II R 140/67, BStBl II 1973, 507;
  BGH v. 10. 2. 1978 V ZR 33/76, NJW 1978, 1311.
6 BFH v. 4. 10. 1978 II R 15/72, BStBl II 1979, 190.

Die Gebäude sind in § 94 Abs. 1 Satz 1 BGB nur besonders herausgehoben. Selbstverständlich genießen die nämliche Bestandteilseigenschaft auch **andere Bauwerke,** d. h. nach ihrer typischen Zweckbestimmung und ihrer festen Verbindung mit dem Boden unbewegliche Werke, wie z. B. Brennöfen, Brücken, Gewächshäuser, Mauern, Zäune, Hof-, Wege- und Platzbefestigungen, Fördertürme u. ä. Grunderwerbsteuerrechtlich relevant sind solche Bauwerke allerdings nur, soweit sie nicht zu einer Betriebsanlage gehören (vgl. Rdnr. 16, 17). Zu den wesentlichen Bestandteilen eines Grundstücks gehört auch die Bausubstanz eines in der Errichtung begriffenen Gebäudes,[1] also die zur Herstellung des wesentlichen Bestandteils Gebäude bereits mit dem Grund und Boden festverbundenen Gewerke. Umgekehrt gehören auch die Reste eines verfallenen Gebäudes (einer Ruine) zum wesentlichen Bestandteil des Grundstücks.

Nicht Bestandteil des (dienenden) Grundstücks sind Gebäude und sonstige Bauwerke, die Bestandteile eines **Erbbaurechts** sind (§ 12 Abs. 2 ErbbauRG). Sie werden erst dann Bestandteile des Grundstücks, wenn das Erbbaurecht erlischt. Beim zu duldenden **Überbau** (§ 912 BGB) ist das gesamte Gebäude wesentlicher Bestandteil des Stammgrundstücks, obwohl es zum Teil mit dem Grund und Boden des überbauten Nachbargrundstücks fest verbunden ist.[2] Dasselbe gilt hinsichtlich der in Ausübung einer Grunddienstbarkeit errichteten baulichen Anlagen (§ 1020 Satz 2 BGB). Zu allem s. auch Rdnr. 10 a. E.

### b) Erzeugnisse

7    Neben den fest verbundenen Bauwerken gehören zu den wesentlichen Bestandteilen eines Grundstücks nach **§ 94 Abs. 1 Satz 1 BGB** auch dessen **Erzeugnisse,** solange sie mit dem Boden zusammenhängen, also Nutz- und Zierbäume, aufstehender Wald, aufstehende Ernte, Sträucher und blühende Pflanzen. Samen werden mit dem Aussäen, eine Pflanze mit dem Einpflanzen wesentlicher Grundstücksbestandteil (§ 94 Abs. 1 Satz 2 BGB). Hinsichtlich der Baumschulen u. Ä. vgl. Rdnr. 10.

### c) Gebäudebestandteile

8    Die zur Herstellung eines Gebäudes eingefügten Sachen gehören nach **§ 94 Abs. 2 BGB** zu dessen wesentlichen Bestandteilen. Feste Verbindung ist hier

---

1  BFH v. 8. 3. 1978 II R 131/76, BStBl II 1978, 635.
2  Vgl. BGH v. 16. 1. 2004 V ZR 243/03, NJW 2004, 1237.

nicht erforderlich.[1] Zur Herstellung eingefügt in diesem Sinne ist eine Sache, wenn sie dem Gebäude nach der Verkehrsauffassung ein seinem Zweck entsprechendes Gepräge gegeben hat.[2] Deshalb kommt der Art und der Zweckbestimmung des Gebäudes entscheidende Bedeutung zu. Die zur Herstellung des Gebäudes eingefügten und deshalb sonderrechtsunfähigen (§ 93 BGB) Sachen werden nur dann zu wesentlichen Bestandteilen eines Grundstücks, wenn das Gebäude dessen wesentlicher Bestandteil ist. Das ist nicht der Fall, wenn das Gebäude Scheinbestandteil des Grundstücks (§ 95 BGB; vgl. Rdnr. 10 und 11) ist oder kraft ausdrücklicher Regelung nicht zu den Bestandteilen des Grundstücks gehört (vgl. Rdnr. 9; s. auch Rdnr. 12).

In erster Linie gehören zu den zur Herstellung eines Gebäudes eingefügten Sachen die Baurohstoffe (Ziegel, Eisenträger, Fertigteile usw.) und die daraus erstellten Gebäudeteile, z. B. Außen- und Innenmauern, Dachstuhl und Bedachung,[3] Treppen und Fahrstühle (diese können Betriebsanlagen sein, vgl. Rdnr. 16, 17, wenn sie nur einem Betrieb als Lastenaufzug dienen), Türen und Fenster, ferner Rolläden bzw. Fensterläden, Wasserleitungsanlagen mit Ausgüssen, WC, Waschbecken und mit der Wand verbundene Badewannen respektive Duschkabinen, die Heizungsanlagen einschließlich der Heizkörper sowie der dem Mauerwerk angepassten Heizkörperverkleidungen, Kachelöfen, Kamine, Kacheln, Fliesen und sonstige mit dem Bauwerk verbundene Wandverkleidungen (z. B. Vertäfelungen, Bespannungen u. Ä.), aufgeklebte Bodenbeläge usw. Nicht nur Zubehör, sondern Bestandteile des Gebäudes bilden auch **Schrankwände,** die anstelle eines sonst notwendigen Mauerwerks eingefügt sind, sowie die in sie integrierten Verbindungstüren zwischen den durch sie getrennten Räumen. **Wandschränke** bzw. **Einbauküchen** zählen dann grundsätzlich zu den Gebäudebestandteilen, wenn sie durch Einpassen in die für sie bestimmten Stellen mit den sie umschließenden Gebäudeteilen vereinigt werden.[4] Handelt es sich jedoch nur um serienmäßige Anbaumöbel (Baukastensysteme u. Ä.), die jederzeit (ggf. in anderer Kombination) an anderer Stelle Verwendung finden können, stellen sie lediglich Zubehör dar. Je nach der Zweckbestimmung des Gebäudes, der Gegend, in der das Gebäude gelegen ist, und dem Zuschnitt des Hauses variieren auch diejenigen Sachen, die als

---

1 BGH v. 10. 2. 1978 V ZR 33/76, NJW 1978, 1311.
2 BGH v. 27. 9. 1978 V ZR 36/77, NJW 1979, 712.
3 Auch eine die Dacheindeckung ersetzende Photovoltaikanlage, vgl. FinBeh Hamburg v. 8. 7. 2008, DStR 2008, 1966.
4 BFH v. 4. 5. 1962 III 348/60 U, BStBl III 1962, 333; v. 1. 12. 1970 VI R 358/69, BStBl II 1971, 162; v. 29. 10. 1976 VI R 123/73, BStBl II 1977, 152; vgl. auch BGH v. 25. 5. 1984 V ZR 149/83, NJW 1984, 2277.

zur Herstellung des Gebäudes eingefügt anzusehen sind. Unerheblich ist, ob die Sachen bereits anlässlich der Errichtung des Gebäudes oder später, etwa anlässlich eines Umbaues, einer Modernisierungsmaßnahme eingefügt wurden.[1]

Im Hinblick auf § 2 Abs. 1 Satz 2 Nr. 1 kann die Frage unerörtert bleiben, wann Maschinen wesentliche Bestandteile von Gebäuden oder von Grundstücken sind.

### 3. Besondere Ausnahmen im Beitrittsgebiet

9    Nach Art. 231 § 5 Abs. 1 EGBGB gehören **nicht zu den Bestandteilen eines Grundstücks** Gebäude, Baulichkeiten, Anlagen, Anpflanzungen oder Einrichtungen, **die** gemäß dem am Tage vor dem Wirksamwerden des Beitritts geltenden Recht vom Grundstückseigentum **unabhängiges Eigentum** sind oder die danach aufgrund eines vor dem Wirksamwerden des Beitritts begründeten Nutzungsrechts an dem Grundstück oder eines Nutzungsrechts nach §§ 312 bis 315 ZGB zulässig errichtet oder angebracht sind. Wegen der Einzelheiten wird auf Rdnr. 29 ff. wegen der Gebäude und auf Rdnr. 12 für Baulichkeiten verwiesen. Nutzungsrechtsloses eigenständiges Gebäudeeigentum besteht im Beitrittsgebiet nach Maßgabe von Art. 233 § 2b EGBGB (vgl. auch Art. 233 § 8 EGBGB).

### 4. Scheinbestandteile

10    Nach § 95 Abs. 1 Satz 1 BGB gehören solche Sachen **nicht** zu den **Bestandteilen** eines Grundstücks, die nur **zu einem vorübergehenden Zweck** mit dem Grund und Boden verbunden sind, ebenso wie nach § 95 Abs. 2 BGB die nur zu vorübergehendem Zweck in ein Gebäude eingefügten Sachen nicht zu dessen wesentlichen Bestandteilen gehören (zur entsprechenden Anwendung von § 95 BGB auf das Erbbaurecht s. § 12 Abs. 2 ErbbauRG). Im Zeitpunkt der Verbindung bzw. Einfügung muss also die spätere Trennung beabsichtigt sein. Von einer Verbindung zu vorübergehendem Zweck wird man stets dann auszugehen haben, wenn die Verbindung durch einen Dritten erfolgt, der (etwa nach Ablauf der Miet- oder Pachtzeit) zur Beseitigung des von ihm herbeigeführten Zustands verpflichtet ist. Im Übrigen besteht eine tatsächliche Vermutung dafür, dass ein Mieter, Pächter oder sonst schuldrechtlich Nutzungsberechtigter eines Grundstücks, der darauf ein Gebäude errichtet, die Verbindung zu einem vorübergehenden, auf die Dauer des Vertragsverhältnisses bezogenen Zweck

---

1 BGH v. 13. 3. 1970 V ZR 71/67, BGHZ 53, 324.

vornimmt. Diese Vermutung entfällt weder bei langer Vertragsdauer noch bei massiver Bauweise, sie ist jedoch widerlegt, wenn die dauerhafte Verbindung möglich ist, weil dem Grundstückseigentümer ein Wahlrecht eingeräumt ist, das Gebäude zu übernehmen oder seine Beseitigung zu verlangen.[1] Sind Gebäude dazu bestimmt, nach Ende des Miet- oder Pachtverhältnisses den Zwecken des Vermieters oder Verpächters zu dienen oder hat dieser sie bei Vertragsbeendigung zu übernehmen, so verbietet sich die Annahme, sie seien zu einem vorübergehenden Zweck errichtet worden.[2] Bauten, die von einer Personenhandelsgesellschaft oder einer Gesellschaft des bürgerlichen Rechts auf einem Grundstück errichtet werden, das einer der Gesellschafter nur zur Nutzung eingebracht hat, sind im Zweifel nur zu vorübergehendem Zweck mit dem Grund und Boden verbunden worden.[3] Dieselben Grundsätze gelten für durch einen schuldrechtlich Nutzungsberechtigten in ein Gebäude eingefügte Sachen. Im Übrigen ist im Einzelnen für die Frage, ob Einfügung bzw. Verbindung zu vorübergehendem Zweck vorliegt, der Wille des Erbauers bzw. des Einfügenden maßgebend. Als Scheinbestandteile sind regelmäßig z. B. Ausstellungshallen (soweit sie nicht Massivgebäude sind) und Bauhütten anzusprechen. Ebenso stellen Scheinbestandteile eines Grundstücks die Pflanzen und Bäume in Handelsgärtnereien (Baumschulen) dar.

Kraft ausdrücklicher Bestimmung (§ 95 Abs. 1 Satz 2 BGB) gehören **nicht** zu den **Bestandteilen** eines Grundstücks **Gebäude** oder Werke, die **in Ausübung eines Rechts** an einem fremden Grundstück von dem Berechtigten mit dem Grundstück verbunden worden sind. Es muss sich um ein dingliches Recht handeln. Als dingliches Recht kommen neben Grunddienstbarkeit und Nießbrauch der gestattete oder zu duldende Überbau in Betracht; auf Letzteren ist die Vorschrift entsprechend anzuwenden. Hinsichtlich des Nießbrauchs kommen nur Einrichtungen i. S. des § 1049 BGB in Frage. Denn der Nießbraucher ist nach § 1037 BGB nicht berechtigt, in Ausübung seines Rechts die mit dem Nießbrauch zu seinen Gunsten belastete Sache umzugestalten oder wesentlich zu verändern. Gestattet ihm der Eigentümer des Grundstücks, dieses zu bebauen, handelt er nicht in Ausübung des Nießbrauchrechts, sondern kraft Gestattung. Sofern das Gebäude nicht zu einem vorübergehenden Zweck errichtet ist (dann Scheinbestandteil gemäß § 95 Abs. 1 Satz 1 BGB), wird es notwendig wesentlicher Bestandteil des Grundstücks (§ 94 BGB).

---

1 BGH v. 12. 7. 1984 IX ZR 124/83, NJW 1985, 789.
2 BGH v. 31. 10. 1952 V ZR 36/51, BGHZ 8, 1; BFH v. 22. 10. 1986 II R 125/84, BStBl II 1987, 181.
3 BGH v. 27. 5. 1959 V ZR 173/57, NJW 1959, 1487.

Gebäude, die aufgrund Erbbaurechts errichtet werden, sind wesentliche Bestandteile des Erbbaurechts (§ 12 Abs. 1 Satz 1 ErbbauRG) und nicht zugleich Bestandteile des Grundstücks (§ 12 Abs. 2 ErbbauRG). Sie werden jedoch mit dem Erlöschen des Erbbaurechts zu Bestandteilen des Grundstücks (§ 12 Abs. 3 ErbbauRG). Bauwerke, die aufgrund rechtmäßigen oder zu duldenden **Überbaues** (§ 912 BGB) auf das (fremde) Nachbargrundstück hinüberreichen, sind zwar, weil in Ausübung eines Rechts errichtet, nicht Bestandteile des Grundstücks, auf dem sie stehen (in das sie hineinragen), sie sind jedoch nicht bewegliche Sachen, sondern Bestandteile des Stammgrundstücks. Ist Inhalt einer **Grunddienstbarkeit** (§ 1018 BGB) das Recht, auf dem belasteten Grundstück eine bauliche Anlage zu errichten und zu halten, so ist das Bauwerk ebenfalls Bestandteil des herrschenden Grundstücks.[1] Dem steht § 1025 BGB deshalb nicht entgegen, weil die Teilung des herrschenden Grundstücks die vorgefundene tatsächliche und rechtliche Lage zu berücksichtigen hat.

11    Die in Rdnr. 10 erwähnten **Scheinbestandteile sind** bürgerlich-rechtlich **bewegliche Sachen.** Sie sind sonderrechtsfähig, können also Gegenstand besonderer Rechte sein. Ihre Übereignung richtet sind nach §§ 929 ff. BGB. Soweit es sich um Gebäude (vgl. Rdnr. 6) handelt, unterliegen die auf sie sich beziehenden Rechtsgeschäfte der Grunderwerbsteuer (§ 2 Abs. 2 Nr. 2; vgl. Rdnr. 28 ff.).

## 5.  Baulichkeiteneigentum

12    Den Scheinbestandteilen nahe steht das Baulichkeiteneigentum. Land- und forstwirtschaftlich nicht genutzte Bodenflächen konnten nach § 312 ZGB durch schriftlichen Vertrag zum Zwecke der kleingärtnerischen Nutzung, Erholung und Freizeitgestaltung überlassen werden. Dabei konnte nach § 313 Abs. 2 ZGB zwischen den Vertragsteilen vereinbart werden, dass der Nutzungsberechtigte auf der Bodenfläche ein Wochenendhaus oder andere Baulichkeiten errichtet, die der Erholung, Freizeitgestaltung oder ähnlichen Bedürfnissen dienen (auch Garagen, vgl. § 314 Abs. 4 ZGB). Die **in Ausübung eines vertraglichen Nutzungsrechts** errichteten **Baulichkeiten** („Datschen") wurden grundsätzlich **unabhängig vom Eigentum am Boden Eigentum des Nutzungsberechtigten** (§ 296 Abs. 1 Satz 1 ZGB). Für das Eigentum an diesen Baulichkeiten galten – anders als für das selbständige Gebäudeeigentum (vgl. Rdnr. 30) – die Bestimmungen über das Eigentum an **beweglichen Sachen** (§ 296 Abs. 1 Satz 2 ZGB), sie wurden durch schriftlichen Vertrag übertragen (§ 296 Abs. 2 BGB).

---

1  Gl. A. Boruttau/Viskorf, Rn. 77.

An der Eigenschaft als selbständige bewegliche Sache dieser Baulichkeiten hat sich infolge des Beitritts nichts geändert (Art. 231 § 5 Abs. 1, Art. 232 § 4 EGBGB). Auch § 11 Abs. 1 Satz 1 SchuldRAnpG geht vom Fortbestand des Baulichkeiteneigentums aus, das kraft Gesetzes erst im Falle der Vertragsbeendigung auf den Grundstückseigentümer übergeht. Ist die Baulichkeit nicht nur zu einem vorübergehenden Zweck mit dem Grund und Boden fest verbunden, wird sie dann wesentlicher Bestandteil des Grundstücks (§ 11 Abs. 1 Satz 2 SchuldRAnpG), anderenfalls bleibt sie Scheinbestandteil (s. § 95 Abs. 1 Satz 1 BGB).

## 6. Rechte als Bestandteile

### a) Allgemeines

Als Bestandteile eines Grundstücks gelten kraft der Fiktion des § 96 BGB außer den Sachbestandteilen auch die mit dem Eigentum am Grundstück verbundenen Rechte. Sie sind wesentlicher Bestandteil, teilen also das rechtliche Schicksal des Grundstückes, wenn sie vom Eigentum am Grundstück nicht getrennt werden können.

So sind Rechtsbestandteile des herrschenden Grundstücks insbesondere die subjektiv-dinglichen Grunddienstbarkeiten (§ 1018 BGB) und Reallasten (§ 1105 Abs. 2 BGB; vgl. § 1110 BGB), das subjektiv-dingliche Vorkaufsrecht (§ 1094 Abs. 2 BGB; vgl. § 1103 BGB), der Erbbauzinsanspruch (§ 9 Abs. 2 Satz 2 ErbbauRG) und die Überbau- und Notwegrenten (§§ 912 ff. BGB). Auch das Jagdrecht ist nach § 3 Abs. 1 Satz 2 BJagdG untrennbar mit dem Grundstückseigentum verbunden.[1]

Die Anknüpfung an den Grundstücksbegriff des bürgerlichen Rechts und damit auch an § 96 BGB (§ 2 Abs. 1 Satz 1) muss jedoch zurückstehen, wenn mit dem mit dem Grundstückserwerb verbundenen Rechtserwerb Vermögenspositionen erworben werden, die nach dem Sinn und Zweck des Grunderwerbsteuergesetzes, das lediglich den Rechtsverkehr mit Grundstücken erfasst, nicht unter den danach auszurichtenden Grundstücksbegriff fallen. Ist die miterworbene Vermögensposition auf Geldleistung gerichtet, so widerspricht es der der Grunderwerbsteuer eigenen Logik, den diesbezüglichen Aufwand des Erwerbers als grunderwerbsteuerrechtliche Gegenleistung anzusehen.[2] So kann ein **Anspruch auf Brandentschädigung**, auch wenn er nach landesrechtlichen Vor-

13

13

---

1 Zum Jagdausübungsrecht vgl. BFH v. 16. 6. 2008 II B 75/07, BFH/NV 2008, 1878.
2 Vgl. BFH v. 9. 10. 1991 II R 20/98, BStBl II 1992, 152.

schriften Bestandteil des Grundstücks sein sollte und deswegen kraft Gesetzes auf den Erwerber des Schadensgrundstücks übergeht (dessen rechtliches Schicksal teilt), nicht in den der Grunderwerbsteuer unterliegenden Vorgang einbezogen werden.[1] Auch die zu den subjektiv-dinglichen Rechtsbestandteilen gehörenden **Überbau- und Notwegrenten** (§ 912 Abs. 2, § 917 Abs. 2 BGB) sowie sonstige Reallasten (§ 1110 BGB) sind aus den nämlichen Gründen aus dem der Steuer unterliegenden Vorgang auszunehmen.

### b) Sonderrolle der Instandhaltungsrücklage (WEG)

13a    Nach § 21 Abs. 5 Nr. 4 WEG gehört die Ansammlung einer angemessenen Instandhaltungsrücklage zur ordnungmäßigen, den Interessen der Wohnungseigentümer entsprechenden Verwaltung. Die Instandhaltungsrücklage dient ausschließlich der wirtschaftlichen Absicherung künftig notwendiger Instandhaltungs- und Instandsetzungsmaßnahmen. Sie gehört zum Verwaltungsvermöge, das gemäß § 10 Abs. 7 WEG der Gemeinschaft der Wohnungseigentümer gehört. Träger des Verwaltungsvermögens ist die teilrechtsfähige[2] Wohnungseigentümergemeinschaft, die gem. § 11 Abs. 1 Satz 1 WEG unauflöslich ist. Der einzelne Wohnungseigentümer hat daran keinen Anteil. Er ist an ihr über seine Mitgliedschaft – in die er mit dem Eigentumserwerb kraft Gesetzes nachrückt – beteiligt, unabhängig davon, ob das Wohnungseigentum rechtsgeschäftlich oder durch Zuschlag erworben wurde. Der einzelne Wohnungseigentümer kann im Fall der Kostentragungspflicht aus Instandhaltungs- oder Instandsetzungsmaßnahmen (§ 16 Abs. 2 WEG) verlangen, dass vorrangig Mittel der Instandhaltungsrücklage verwendet werden.[3]

Solcherart ist ein „Anteil" an der Instandhaltungsrücklage weder mit dem Miteigentum am Grundstück noch mit der Sondereigentumseinheit verbunden. Er ist eindeutig kein Recht, aber es kommt ihm wirtschaftliche Bedeutung zu. So gesehen wird mit dem Eigentum an der Eigentumswohnung eine geldwerte Position miterworben, die bloße rechtliche Folge des Eigentumserwerbs bzw. Zuschlags ist. Trotzdem aber kann beim Erwerb einer Eigentumswohnung im Wege der Zwangsversteigerung das Meistgebot nicht um die anteilige Instandhaltungsrücklage gekürzt werden, weil auf diese bezogen kein Rechtsträ-

1  BFH v. 23. 10. 1985 II R 111/83, BStBl II 1986, 189.
2  BGH v. 2. 6. 2005 V ZB 32/05, DB 2005, 1283.
3  Palandt/Bassenge, Rz 8 zu § 21 WEG.

gerwechsel stattfindet.[1] Anders ist u. E. die Lage beim rechtsgeschäftlichen Erwerb einer Eigentumswohnung, denn die Vorstellungen von Veräußerer und Erwerber von der Höhe der Instandhaltungsrücklage bzw. von der aufschiebend bedingten Forderung, vorrangig die in der Instandsetzungsrücklage angesammelten Beträge zur Begleichung von Forderung aus Instandhaltungsbzw. Instandsetzungsarbeiten, spielen eine nicht ungewöhnliche Rolle bei der Bildung des Gesamtkaufpreises.[2]

Nicht zu den Rechten i. S. des § 96 BGB gehören die Milchreferenzmenge und die Zuckerrübenlieferungsrechte.[3]

### c) Erbbauzinsanspruch

Der **Anspruch auf den Erbbauzins,** soweit es sich um noch nicht fällige Leistungen handelt, ist **wesentlicher Bestandteil des** mit dem Erbbaurecht **belasteten Grundstücks** (§ 9 Abs. 2 Satz 2 ErbbauRG). Die Folgerung, dass deshalb umgekehrt der Erbbauzins dauernde Last des Erbbaurechts darstellen müsse, verbietet die Fiktion des § 9 Abs. 2 Nr. 2 Satz 3 (s. Rdnr. 19).    14

# II.  Zubehör

Der **Grundstücksbegriff umfasst nicht** das **Zubehör,** d. h. diejenigen beweglichen Sachen, die, ohne Bestandteil der Hauptsache zu sein, dieser zu dienen bestimmt sind und zu ihr in einem dieser Bestimmung entsprechenden räumlichen Verhältnis stehen (§ 97 Abs. 1 Satz 1 BGB). Entscheidend ist grundsätzlich die Verkehrsauffassung (§ 97 Abs. 1 Satz 2 BGB; vgl. aber auch § 98 BGB). Die Verpflichtung zur Veräußerung eines Grundstücks erstreckt sich nur im Zweifel auch auf dessen Zubehör (§ 311c BGB). Sind sich der Veräußerer und der Erwerber darüber einig, dass sich die Veräußerung (das dingliche Rechtsgeschäft) auf das Zubehör erstrecken soll, erlangt der Erwerber mit dem Eigentum am Grundstück nach § 926 Abs. 1 BGB auch das Eigentum an den zu diesem Zeitpunkt vorhandenen Zubehörstücken, soweit sie im Eigentum der Veräußerers stehen. Jedoch umfasst die Beschlagnahme im Zwangsversteigerungsverfahren stets das im Eigentum des Grundstückseigentümers stehende Zubehör (§ 20 Abs. 2 ZVG i. V. m. § 1120 BGB). Desgleichen umfasst der Wert    15

---

1  BFH v. 2. 3. 2016 II R 27/14, DStR 2016, 1110, das Urteil des Sächsischen FG v. 2. 4. 2014, EFG 2014, 1701, bestätigend. Siehe auch Sächsisches FG v. 25. 6. 2014, DStR 2015, 1103; a. A. FG Berlin-Brandenburg v. 26. 2. 2015, EFG 2015, 948 (Rev.: II 29/15).
2  Ähnlich Sächsisches FG v. 2. 4. 2014, EFG 2014, 1701.
3  BGH v. 30. 3. 1990 V ZR 113/89, NJW 1990, 1723.

des Grundbesitzes (§ 19 Abs. 1 BewG) auch das Zubehör (§§ 33, 68 BewG; Ausnahme: Betriebsvorrichtungen). Da der Erwerb von Zubehörteilen kraft Anknüpfung des § 2 Abs. 1 an den Grundstücksbegriff des bürgerlichen Rechts nicht der Grunderwerbsteuer unterliegt, scheidet der auf sie entfallende Anteil des Meistgebots oder Kaufpreisanteil bei der Besteuerung aus (vgl. Hofmann, GrEStG, § 8 Rdnr. 22 ff.).

## III. Ausnahmen

### 1. Maschinen und Betriebsvorrichtungen

16  Maschinen und sonstige Vorrichtungen aller Art, die zu einer Betriebsanlage gehören, werden nach **§ 2 Abs. 1 Satz 2 Nr. 1** ohne Rücksicht auf ihre Bestandteilseigenschaft nicht zu den Grundstücken gerechnet. Die Fassung der Vorschrift entspricht § 68 Abs. 2 Nr. 2 BewG. Diese Übereinstimmung war für das Grunderwerbsteuergesetz 1940 gewollt.[1] Das geltende Grunderwerbsteuergesetz steht zwar diesbezüglich in der Tradition des alten, doch bestand zu keiner Zeit eine unauflösliche absolute Identität des Begriffs. Das erhellt schon daraus, dass die Herausnahme der Maschinen und Betriebsvorrichtungen auch für landwirtschaftliche (forstwirtschaftliche) Grundstücke gilt.[2] Hinzu kommt, dass auch die Rechtsprechung im Bereich der Subventionsgesetze (Berlinförderungsgesetz, Investitionszulagengesetz) immer wieder den Begriff der Betriebsvorrichtung verwendet. Da aber der Begriff im jeweiligen Gesetzeszusammenhang zu sehen ist, d. h. nach Zweck und Sinn des Gesetzes variieren kann und u. U. sogar muss, können nicht alle in der Rechtsprechung zum Begriff der Betriebsvorrichtung gemachten Aussagen zur Auslegung des § 2 Abs. 1 Satz 2 Nr. 1 übernommen werden. So ist z. B. u. E. die Entscheidung des BFH vom 29. 10. 1974,[3] wonach eine zusätzliche Schallschlucktür als Betriebsvorrichtung subventionsfähig ist, auf die Grunderwerbsteuer nicht übertragbar. Hingegen sollte der zu § 68 BewG getroffenen Aussage, dass die Abgrenzung zwischen den Gebäuden einerseits und den Betriebsvorrichtungen andererseits vom Gebäudebegriff her vorzunehmen sei, ein Bauwerk, das als Gebäude zu betrachten ist, also keine Betriebsvorrichtung sein könne,[4] gefolgt werden.[5] Unter diesem Blickwinkel kann zur Abgrenzung der Betriebsvorrich-

---

1  Vgl. amtliche Gesetzesbegründung unter II. § 2, RStBl 1940, 387 ff.
2  Vgl. zuletzt BFH v. 20. 2. 1991 II R 61/88, BStBl II 1991, 531.
3  VIII R 159/70, BStBl II 1975, 68.
4  Vgl. BFH v. 25. 3. 1977 III R 5/75, BStBl II 1977, 594, m. w. N.; sowie v. 30. 1. 1991 II R 48/88, BStBl II 1991, 618.
5  Vgl. auch BFH v. 2. 7. 2009 II R 7/08, BFH/NV 2009, 1609, betreffend einen sog. Kfz-Tower.

tung auch auf die gleich lautenden Erlasse der obersten Finanzbehörden der Länder vom 5.6.2013[1] Bezug genommen werden. Auf § 2 Abs. 1 Satz 2 Nr. 1 ist – ebenso wie auf § 68 BewG – eine Qualifikation als ertragsteuerrechtlich selbständiger Gebäudeteil nicht übertragbar. Ertragsteuerrechtlich wird nämlich ohne Rücksicht auf die Bestandteilseigenschaft ein Gebäudeteil dann verselbständigt, wenn er besonderen Zwecken dient und so in einem von der eigentlichen Gebäudenutzung verschiedenen Nutzungs- und Funktionszusammenhang steht.[2]

**Einzelfälle aus der Rechtsprechung:** BFH vom 24.1.1952:[3] kleine Bauwerke, 17 wie Transformatorenhäuschen von Elektrizitäts- oder sonstigen Unternehmen sind Betriebsvorrichtungen; vom 30.11.1955:[4] Tankwärterhaus einer Tankstelle ist Gebäude, ggf. auch die das Dach dieses Hauses fortsetzende Tankstellenüberdachung; vom 14.8.1958:[5] Umzäunung ist keine Betriebsvorrichtung; vom 16.12.1964:[6] Umschließung des Brennofens und des Trockenschuppens einer Ziegelei ist Gebäude, wenn die Verbindung zwischen ihr und der eigentlichen Betriebsvorrichtung ohne Beeinträchtigung ihrer eigenen Standfestigkeit und Brauchbarkeit technisch gelöst werden kann; BFH vom 9.12.1989:[7] Außenmauern und Decken von Räumen eines Unterwasserkraftwerks, die den nicht nur vorübergehenden Aufenthalt von Menschen gestatten, gehören zum Gebäude, auch wenn sie zugleich einen Teil der Staumauer (des Überlaufbodens) bilden; vom 8.6.1966:[8] Fabrikschornsteine sind Betriebsvorrichtungen; vom 5.10.1966:[9] Kinobestuhlung ist Betriebsvorrichtung; vom 13.6.1969:[10] Förderturm in Stahlbetonweise kann Betriebsvorrichtung sein; vom 5.3.1971:[11] Personenaufzüge und Rolltreppen eines Warenhauses sind ebenso wenig Betriebsvorrichtung wie dessen Lüftungs- und Klimaanlage; Betriebsvorrichtung ist aber ein Lastenaufzug, und zwar einschließlich des Fahrstuhl-

---

1 BStBl I 2013, 732.
2 Vgl. grundlegend Beschluss des Großen Senats des BFH v. 26.11.1973 GrS 5/71, BStBl II 1974, 132.
3 III 110/50 S, BStBl III 1952, 84.
4 II 41/55, BStBl III 1956, 21.
5 III 328/57, BStBl III 1958, 400.
6 II 94/60, HFR 1965, 278.
7 II R 1/96, BFH/NV 1999, 909.
8 III 55/65, BFHE 86, 534.
9 II 2/64, BStBl III 1967, 686.
10 III 17/65, BStBl II 1969, 517.
11 III R 90/69, BStBl II 1971, 455.

schachtes;[1] vom 14. 11. 1975:[2] Autowaschhalle einer Autowaschanlage als Gebäude; vom 7. 10. 1983:[3] Sprinkleranlagen in Warenhäusern sind keine Betriebsvorrichtung; vom 18. 3. 1987:[4] vollautomatisches Hochregallager ist Betriebsvorrichtung;[5] BFH vom 9. 12. 1964[6] hat in grunderwerbsteuerrechtlicher Hinsicht Gewächshäuser in gärtnerischen Betrieben als Betriebsvorrichtungen angesehen. Dem ist BFH vom 25. 3. 1977[7] und vom 21. 1. 1988[8] unter Hinweis auf den Gebäudebegriff zutreffend nicht gefolgt (vgl. Rdnr. 6, 16).

Bei **land- und forstwirtschaftlichen Grundstücken** müssen die von Menschenhand hergestellten technischen Vorrichtungen dem Betrieb dienen; ihnen muss ein den Maschinen vergleichbarer Charakter zukommen. So ist zwar eine aus einem Rohrsystem bestehende Drainageanlage zur Entwässerung landwirtschaftlich genutzter Flächen eine Vorrichtung i. S. des § 2 Abs. 1 Satz 2 Nr. 1, nicht aber ein System von Erdgräben, die zu demselben Zweck angelegt sind.[9] Auch Meliorationsanlagen,[10] die mit Ablauf des 31. 12. 2000 gemäß § 10 Abs. 1 MeAnlG zu wesentlichen Bestandteilen des Grundstücks wurden, sind unter den nämlichen Voraussetzungen als Betriebsanlagen anzusehen. Bei einem weinbaulich genutzten Grundstück zählen zwar die Spann-, Halte- und Erziehungseinrichtungen zu den sonstigen Vorrichtungen, die zu einer Betriebsanlage gehören, nicht aber die Rebstöcke selbst.[11]

## 2. Gewerbeberechtigungen

18    Auch **Mineralgewinnungsrechte** und sonstige Gewerbeberechtigungen rechnen nach **§ 2 Abs. 1 Satz 2 Nr. 2** nicht zu den Grundstücken. Als **Gewerbeberechtigungen** i. S. der Vorschrift kommen dabei nur jene in Betracht, die als solche wirklich nach den maßgeblichen Vorschriften als grundstücksgleiche Rechte oder als Grundstücksbestandteile (§ 96 BGB) begründet worden sind.[12] Die im Grundstückseigentum enthaltenen Befugnisse stellen lediglich einen Teil

---

1 BFH v. 7. 10. 1977 III R 48/76, BStBl II 1978, 186.
2 III R 150/74, BStBl II 1976, 198.
3 III R 138/80, BStBl II 1984, 262.
4 II R 222/84, BStBl II 1987, 551.
5 vgl. aber auch BFH v. 28. 5. 2003 II R 41/00, BStBl II 2003, 693.
6 II 11/60, BStBl III 1965, 116.
7 III R 5/75, BStBl II 1977 594.
8 IV R 116/86, BStBl II 1988, 628.
9 BFH v. 20. 2. 1991 II R 61/88, BStBl II 1991, 531.
10 Begriff: § 2 MeliorationsanlagenG – MeAnlG – v. 28. 9. 1994, BGBl I 1994, 2550.
11 BFH v. 1. 2. 1989 II R 240/85, BStBl II 1989, 518.
12 Vgl. dazu BFH v. 15. 9. 1971 II 42/69, BStBl II 1972, 190.

des Grundstücks dar (vgl. Rdnr. 5). Zu beachten ist in diesem Zusammenhang das Bundesberggesetz vom 13. 8. 1980,[1] das ab 1. 1. 1992 bundeseinheitlich das Eigentum an Bodenschätzen – wenn auch mit Vorbehalt für bestehende Berechtigungen – regelt. Bodenschätze i. S. dieses Gesetzes sind alle mineralischen Rohstoffe in festem oder flüssigem Zustand (Ausnahme: Wasser) sowie Gase, die in natürlichen Ablagerungen (Lagerstätten) – soweit hier in Betracht kommend – in oder auf der Erde vorkommen (§ 3 Abs. 1 BBergG). Nicht erfasst werden von dem Gesetz außer den Wasservorkommen Kies, Sand oder Erde. Das Gesetz unterscheidet zwischen den bergfreien Bodenschätzen, auf die sich das Eigentum an einem Grundstück nicht erstreckt (§ 3 Abs. 2 Satz 2 BBergG), und grundeigenen Bodenschätzen, die im Eigentum des Grundstückseigentümers stehen (§ 3 Abs. 2 Satz 1 BBergG). Die Gewinnung bergfreier Bodenschätze bedarf der Bewilligung oder der Verleihung des Bergwerkeigentums. Für das Beitrittsgebiet gilt weitgehend etwas anderes.[2]

Soweit sonstige Gewerbeberechtigungen aus dem Grundstücksbegriff herausgelöst werden, sind nur solche Gewerbeberechtigungen angesprochen, die als subjektiv-dingliche Rechte i. S. des § 96 BGB Bestandteile des Grundstückes sind.[3] Die Frage, ob Gewerbeberechtigungen grundstücksgleiche Rechte darstellen, ist für das Grunderwerbsteuerrecht ohne Bedeutung. Gehört allerdings zu einem derartigen Recht ein Grundstück (Grundstücke einer Bahneinheit), so unterliegt der Übergang des Grundstücks im Gegensatz zu dem des grundstücksgleichen Rechts der Grunderwerbsteuer (s. auch Hofmann, GrEStG, Anh. zu § 4 Rdnr. 8 f.).

Keine Gewerbeberechtigung ist das Brennrecht (§§ 30 ff. BranntwMonG), auch wenn es am Grundstück haftet (vgl. § 38 Abs. 1 Nr. 3 BranntwMonG). Es ist primär Kontingentfuß und wegen seiner Verbindung mit dem Grundstückseigentum dessen Eigenschaft.

## 3.  Recht auf den Erbbauzins

Nach § 2 Abs. 1 Satz 2 Nr. 3 (eingefügt mit Wirkung ab 1. 1. 2002 durch das    19
StÄndG 2001; vgl. § 23 Abs. 7 Satz 1) wird das Recht des Grundstückseigentümers auf den Erbbauzins nicht zu den Grundstücken gerechnet (s. hierzu Rdnr. 14).

---

1  BGBl I 1980, 1310.
2  Vgl. Anlage II Kap. V Sachgebiet D Abschn. III Nr. 1 des EinigungsV; s. nun Gesetz v. 15. 4. 1996, BGBl I 1996, 602; vgl. auch schon Rdnr. 5.
3  BFH v. 15. 9. 1971 II 42/65, BStBl II 1972, 190.

# D. Erbbaurecht

**Literatur:** *C. Fiedler,* Erbbaurecht und Grunderwerbsteuer, DVR 1987, 34; *Behrens/Meyer-Wirges,* Erbbaurecht im Grunderwerbsteuerrecht, DStR 2006, 1866; *Bruschke,* Grunderwerbsteuerliche Behandlung von Erbbaurechten, UVR 2007, 153.

**Verwaltungsanweisungen:** Ländererlasse v. 16. 9. 2015, BStBl I 2015, 827.

## I. Begriff, Umfang

20 Das Erbbaurecht ist in dem Gesetz über das Erbbaurecht (ErbbauRG) vom 15. 1. 1919,[1] zuletzt geändert durch das Gesetz über die weitere Bereinigung von Bundesrecht vom 8. 12. 2010,[2] geregelt. Es ist definiert als veräußerliches und vererbliches Recht, auf oder unter der Oberfläche eines Grundstücks ein Bauwerk zu haben (§ 1 Abs. 1 ErbbauRG), und stellt sich seinerseits als Grundstücksbelastung dar. Begründet und übertragen wird das Erbbaurecht durch Einigung der Beteiligten (nicht Auflassung, aber ebenso bedingungsfeindlich: § 11 Abs. 1 ErbbauRG) und Eintragung im Grundbuch. Es wird wie ein Grundstück behandelt, kann also mit Grundpfandrechten usw. und auch seinerseits mit einem Untererbbaurecht belastet werden.[3]

Das aufgrund des Erbbaurechts errichtete Bauwerk gilt als dessen wesentlicher Bestandteil ebenso wie ein bei Bestellung des Erbbaurechts bereits vorhandenes Gebäude, dessen wesentlicher Bestandteil wird (§ 12 Abs. 1 Sätze 1 und 2 ErbbauRG). §§ 94, 95 BGB finden auf das Erbbaurecht entsprechende Anwendung.[4] Bestandteile des Erbbaurechts sind nicht zugleich Bestandteile des Grundstücks; sie werden jedoch mit dem Erlöschen des Erbbaurechts Grundstücksbestandteile (§ 12 Abs. 2, 3 ErbbauRG). Der Erbbauberechtigte ist nicht befugt, das Bauwerk wegzunehmen oder sich Bestandteile anzueignen (§ 34 ErbbauRG). Zum Wohnungserbbaurecht vgl. § 30 WEG. Zum vertragsmäßigen Inhalt des Erbbaurechts vgl. § 2 ErbbauRG (s. dazu auch § 42 SachenRBerG).

---

1 RGBl 1919, 72.
2 BGBl I 2010, 1864.
3 BGH v. 22. 2. 1974 V ZR 67/72, BGHZ 62, 179.
4 § 12 Abs. 2 ErbbauRG, zur Auswirkung s. Rdnr. 6 ff.; vgl. auch BFH v. 28. 7. 1976 II R 85/70, BStBl II 1977, 85.

## II. Übertragung, Bestellung

### 1. Übertragung eines Erbbaurechts

Ist ein Erbbaurecht als solches und damit als grundstücksgleiches Recht entstanden, so können in Bezug auf dieses wie bei einem Grundstück alle Tatbestände des § 1 Abs. 1 bis 3a verwirklicht werden. Insoweit bietet die in § 2 Abs. 2 Nr. 1 angeordnete Gleichstellung der Erbbaurechte weder Besonderheiten noch Schwierigkeiten.   21

### 2. Bestellung eines Erbbaurechts

Durch die Bestellung eines Erbbaurechts wird zwar weder durch Realteilung ein neues Grundstück geschaffen noch die Herrschaftsmacht über das Grundstück in ideeller Weise wie bei der Begründung von Miteigentum aufgespalten, es wird aber die Herrschaft über das Grundstück (im Sinne der Grundfläche verstanden) in zwei grunderwerbsteuerrechtlich gleichgestellte Rechte aufgeteilt. Die in § 2 Nr. 1 angeordnete Gleichstellung des Erbbaurechts mit den Grundstücken erfordert es, die (formbedürftige, § 11 Abs. 2 ErbbauRG) **Verpflichtung zur** bzw. **den Anspruch auf Bestellung eines Erbbaurechts** in gleicher Weise nach § 1 Abs. 1 Nr. 1 der **Besteuerung nach dem Grunderwerbsteuergesetz zu unterwerfen** wie die schuldrechtliche Begründung eines auf das Grundstück bezogenen Übereignungsanspruchs. Denn es wäre in der Tat ein kurioses Ergebnis, wenn zwar jede Art der Verwertungsbefugnis über ein Grundstück (ist sie durch einen Rechtsvorgang erlangt) nach § 1 Abs. 2 der Steuer unterliegen würde, das Entstehen eines den Grundstücken gleichgestellten, ungleich stärker ausgestatteten Rechts in der Person eines Dritten jedoch nicht.[1] Das gilt auch für die Verpflichtung zur Bestellung eines Untererbbaurechts.[2] Folgerichtig unterliegt auch ein Rechtsgeschäft, das den Anspruch auf Abtretung des Anspruchs auf Bestellung eines Erbbaurechts begründet (bzw. die Abtretung dieses Anspruches) der Grunderwerbsteuer nach § 1 Abs. 1 Nr. 5 bzw. Nr. 7.[3] Auch die Erneuerung eines Erbbaurechts (vgl. § 31 ErbbauRG) unterliegt als Neubestellung der Grunderwerbsteuer. Zur Gegenleistung vgl. Hofmann, GrEStG, § 9 Rdnr. 56 ff.   22

---

1 BFH v. 28. 11. 1967 II R 37/66 BStBl II 1968, 223; v. 21. 12. 1977 II R 47/73, BStBl II 1978, 318; v. 9. 8. 1978 II R 164/73, BStBl II 1978, 678.
2 BFH v. 5. 12. 1979 II R 103/76, BStBl II 1980, 135.
3 BFH v. 28. 11. 1967 II 1/64, BStBl II 1968, 222.

Gegenstand des Erbbaurechtsbestellungsvertrags mit einem Grundstückseigentümer kann auch ein **Gesamterbbaurecht** sein, selbst wenn die vom Erbbaurecht betroffenen Grundstücke **verschiedenen Eigentümern** gehören. Denn der Eigentümer eines Grundstücks kann sich schuldrechtlich verpflichten, ein Gesamterbbaurecht zu bestellen. Dabei wird das wirksame Entstehen eines Anspruchs des Erbbauberechtigten gegenüber dem jeweiligen, sich zu Bestellung verpflichtenden Grundstückseigentümer nicht dadurch gehindert, dass zur späteren Erfüllung des Anspruchs der andere Grundstückseigentümer sich ebenfalls mit der Begründung eines Gesamterbbaurechts an seinem Grundstück einverstanden erklären und die nämliche Verpflichtung eingehen muss. Stets liegen zwei Erwerbsvorgänge vor, und zwar auch dann, wenn die verschiedenen Grundstückseigentümer sich in einem formgerechten Vertrag zur Bestellung des Gesamterbbaurechts verpflichten.[1]

23  Für die Annahme eines Angebots des Nutzers an den Grundstückseigentümer nach §§ 32 ff. SachenRBerG (auch im Fall des § 40 SachenRBerG) gelten keine Besonderheiten. Das Gleiche gilt, wenn der Erbbaurechtsbestellungsvertrag im notariellen Vermittlungsverfahren beurkundet wird (§ 98 Abs. 2 Satz 1 SachenRBerG). Kommt es auch in einem solchen Vermittlungsverfahren nicht zu einer Einigung, so kann die Bestellung des Erbbaurechts gerichtlich durchgesetzt werden, und zwar im Wege der **Klage über den Inhalt des Erbbaurechts** (§ 104 SachenRBerG). Das Gericht stellt dann im Urteil die Rechte und Pflichten der Parteien fest; mit Rechtskraft des Urteils werden diese für die Parteien in gleicher Weise verbindlich wie eine vertragsgemäße Vereinbarung (§ 106 Abs. 2 SachenRBerG), so dass es nur noch der Erfüllung des Vertrags bedarf (vgl. auch § 106 Abs. 3 SachenRBerG). Dieses **Gestaltungsurteil,** das den Inhalt eines Vertrages über die Bestellung eines Erbbaurechts (von Wohnungserbbaurechten, vgl. § 30 WEG) sowie auch den Inhalt des Erbbaurechts festlegt, unterliegt u. E. in sinngemäßer Anwendung von § 1 Abs. 1 Nr. 1 der Grunderwerbsteuer. Ihm kommen die nämlichen Wirkungen wie dem durch dieses ersetzten Rechtsgeschäfts zu.

## 3. Verlängerung eines Erbbaurechts

24  Erbbaurechte werden regelmäßig für eine bestimmte Zeitdauer bestellt, d. h. sie erlöschen durch Zeitablauf. Sie können jedoch durch eine vor dem Zeitablauf getroffene Vereinbarung verlängert werden. Mit der Verlängerung des Erbbaurechts räumt der Grundstückseigentümer dem Erbbauberechtigten

1  BFH v. 24. 4. 2013 II R 53/10, BStBl II 2013, 755.

eine andernfalls erlöschende (§ 27 Abs. 1 ErbbauRG) über die (noch) bestehende zeitlich begrenzte Berechtigung hinausgehende Berechtigung an dem Grundstück i. S. des § 1 Abs. 1 ErbbauRG ein, deren Rechtsgrund wiederum nur auf der Verlängerung beruht. Der Grundstückseigentümer überträgt derart die das Erbbaurecht charakterisierende Rechtsmacht für einen weiteren Zeitraum, für den diese damit (erstmals) begründet wird. Das verlängerte Recht ist im Umfang der Verlängerung eine neue – grundstücksgleiche (§ 2 Abs. 2 Nr. 1) – Belastung des Grundstücks. Die **Begründung eines Anspruchs auf Verlängerung des Erbbaurechts unterliegt** daher ebenso **der Grunderwerbsteuer** wie die Begründung eines Anspruchs auf Bestellung eines Erbbaurechts.[1] Unerheblich ist es dabei, ob die Verlängerung zwischen den ursprünglichen Vertragsparteien vereinbart wird oder die Rechtszuständigkeit an dem Grundstück oder am Erbbaurecht oder an beiden sich zwischenzeitlich verändert hat, denn die Vereinbarung kann nur zwischen den derzeitigen Berechtigten erfolgen. Die Steuer entsteht im Zeitpunkt der rechtsgeschäftlichen Vereinbarung (§ 38 AO).

Nach **§ 5 Abs. 2 Satz 1 EGZGB** bestanden Erbbaurechte, die für eine bestimmte Zeit bestellt worden waren, nach Ablauf dieser Zeit mit dem gleichen Inhalt weiter, wenn das Grundstück nicht an den Erbbauberechtigten verkauft wurde. Der Umwandlung solcher Erbbaurechte dient **§ 112 SachenRBerG**. Nach § 112 Abs. 1 Satz 1 SachenRBerG endet das Erbbaurecht in dem im Erbbaurechtsvertrag bestimmten Zeitpunkt, frühestens jedoch am 31. 12. 1995 (für mit Wohngebäuden bebaute Erbbaurechte vgl. § 112 Abs. 1 Satz 2 SachenRBerG). Hat allerdings der Erbbauberechtigte nach dem 31. 12. 1975 das Grundstück bebaut oder bauliche Maßnahmen i. S. des § 12 Abs. 1 SachenRBerG vorgenommen, so endet das Erbbaurecht je nach der Art der Bebauung 90, 80 oder 50 Jahre nach dem 1. 10. 1994 (§ 112 Abs. 2 Satz 1 SachenRBerG i. V. m. Art. 3 SachenRÄndG). Wenngleich § 112 Abs. 2 Satz 3 SachenRBerG bestimmt, dass die Verlängerung der Laufzeit des Erbbaurechts in das Grundbuch einzutragen ist, handelt es sich **nicht** um eine **Erbbaurechtsverlängerung im eigentlichen Sinne,** wie sie oben angesprochen worden ist, weil das Erbbaurecht entsprechend dem durch § 112 Abs. 4 SachenRBerG für ab 1. 10. 1994 nicht mehr anwendbar erklärten § 5 Abs. 2 EGZGB überhaupt keine zeitlich befristete, sondern eine immer während Laufzeit hatte.

---

1 BFH v. 18. 8. 1993 II R 10/90, BStBl II 1993, 766.

## III. Heimfall

25  Nach § 2 Nr. 4 ErbbauRG kann als Inhalt des Erbbaurechts die Verpflichtung des Erbbauberechtigten begründet werden, das Erbbaurecht unter bestimmten Voraussetzungen auf den Grundstückseigentümer zu übertragen. Dieser Heimfallanspruch kann nicht vom Eigentum am Grundstück getrennt werden; der Grundstückseigentümer kann jedoch verlangen, dass das Erbbaurecht einem von ihm zu benennenden Dritten übertragen wird (§ 3 ErbbauRG).

Beim Heimfall geht das Erbbaurecht nicht unter. Der Grunderwerbsteuer unterliegt **nicht** das **Heimfallverlangen** oder gar schon der Eintritt der Heimfallvoraussetzungen, weil es sich insoweit nicht um zweiseitige Rechtsgeschäfte handelt, **wohl aber** die **nachfolgende Einigung über die Übertragung**, und zwar aus § 1 Abs. 1 Nr. 2.

Folgerichtig hat BFH vom 23. 9. 1969[1] bei Ausübung des Heimfalls durch das Verlangen, das Erbbaurecht einem Dritten zu übertragen, keinen steuerbaren Zwischenerwerb des Grundstückseigentümers gesehen. Denn die Übertragung auf den Dritten ist in einem solchen Fall lediglich Erfüllungshandlung (§ 267 BGB) für ein zwischen dem Eigentümer des Grundstücks und einem Dritten bestehendes Kausalgeschäft, das seinerseits den Tatbestand des § 1 Abs. 1 Nr. 1 erfüllt.

Die „Rückübertragung" des vom Heimfall in seinem Bestand nicht berührten Erbbaurechts auf den Eigentümer des mit dem Erbbaurecht belasteten Grundstücks unterliegt der Grunderwerbsteuer (§ 1 Abs. 1 Nr. 2; zur Besteuerungsgrundlage vgl. Hofmann, GrEStG, § 9 Rdnr. 59). Grundsätzlich kommt die Entstehung eines Anspruchs aus § 16 Abs. 2 dafür nicht in Betracht.[2]

## IV. Aufhebung und Erlöschen

26  Das Erbbaurecht kann (vorzeitig) aufgehoben werden. Dazu bedarf es der Zustimmung des Grundstückseigentümers (§ 26 ErbbauRG). Die **rechtsgeschäftliche Aufhebung** eines Erbbaurechts **unterliegt** als Spiegelbild der Begründung dieses Rechts der **Grunderwerbsteuer**.[3] Durch diesen Vorgang wird die rechtliche Teilung des Grundstücks in das bebauungsfähige Erbbaurecht und das insoweit nicht mehr bebauungsfähige Grundstück aufgehoben. Abgesehen von

---

1  II 113/64, BStBl II 1970, 130.

2  Vgl. BFH v. 26. 2. 1975 II B 44/74, BStBl II 1975, 418; s. aber auch den BFH v. 13. 7. 1983 II R 44/81, BStBl II 1983, 683, zugrunde liegenden Fall und zu allem Hofmann, GrEStG § 16 Rdnr. 47.

3  BFH v. 31. 3. 1976 II R 93/75, BStBl II 1976, 470; v. 5. 12. 1979 II R 122/76, BStBl II 1980, 136.

einem für die vorzeitige Aufhebung gezahlten Entgelt gehört auch die für ein aufstehendes Gebäude gezahlte Entschädigung zur Gegenleistung, denn dieses steht im Zeitpunkt des Abschlusses der Aufhebungsvereinbarung als wesentlicher Bestandteil des Erbbaurechts (noch) im Eigentum des Erbbauberechtigten, ist also aus der Sicht des Eigentümers des (noch) belasteten Grundstücks als Gebäude auf fremdem Grund und Boden (§ 2 Abs. 2 Nr. 2) anzusprechen.

Das **Erlöschen** des **Erbbaurechts durch Zeitablauf** (§§ 27 ff. ErbbauRG) ist **kein**     27 der **Grunderwerbsteuer unterliegender Vorgang**, es fehlt – im Gegensatz zur Aufhebung des Rechts – an einem darauf abzielenden Rechtsvorgang. Denn die Vereinbarung über die Laufzeit des Erbbaurechts berührt nur den Inhalt des Rechts; es ist rechtseigen, dass ein zeitlich begrenztes Recht ohne weiteres Zutun erlischt. Auch ein anlässlich der Beendigung des Erbbaurechts durch Zeitablauf stattfindender Übergang des Eigentums an Gebäuden oder sonstigen Bauwerken kann nicht der Grunderwerbsteuer unterliegen. Das Gebäude ist nicht i. S. des § 2 Abs. 2 Nr. 2 auf fremdem Boden errichtet, es wechselt nur seine Bestandteilseigenschaft, und zwar ohne dass es eines darauf gerichteten Rechtsvorgangs bedarf (§ 12 Abs. 2 Nr. 2 ErbbauRG, s. auch § 34 ErbbauRG) und – ist nicht Abbruch vereinbart – unabdingbar. Obwohl sich der Wechsel in der Bestandteilseigenschaft und damit der Eigentumswechsel kraft Gesetzes vollzieht, unterliegt er nicht nach § 1 Abs. 1 Nr. 3 der Steuer, weil er eben nicht ein Grundstück i. S. des Grunderwerbsteuergesetzes betrifft.[1]

# E. Gebäude auf fremdem Boden

**Literatur:** S. *Martin,* Grunderwerbsteuerpflicht beim „Erwerb" der Verwertungsbefugnis an Gebäuden, die nicht Scheinbestandteile nach § 95 BGB sind, BB 1983, 1982; *Reiss,* Gebäude auf fremdem Grund und Boden, StuW 1987, 122.

## I. Allgemeines

§ 2 Abs. 2 Nr. 2 stellt Gebäude auf fremdem Boden den Grundstücken gleich.     28 Zum Gebäudebegriff vgl. Rdnr. 6. Mangelt es an einem der Begriffsmerkmale (z. B. ein fundamentloser leichter Zeitungskiosk), kann der Erwerb des Gebäudes nicht der Grunderwerbsteuer unterliegen. Ein lediglich begonnenes Bau-

---

1 So auch BFH v. 8. 2. 1995 II R 51/92, BStBl II 1995, 334.

werk ist kein Gebäude;[1] in Anlehnung an § 72 Abs. 1 Sätze 1 und 2, § 178 BewG wird man von einem Gebäude erst sprechen können, wenn es in der Weise bezugsfertig ist, dass einem Nutzer zugemutet werden kann, es zu benützen.[2] Nach Auffassung der OFD Koblenz vom 28. 4. 2008[3] sollen „ortsfest gemachte Schwimmkörper wie Hausboote, Restaurantschiffe u. Ä." den zur Abgrenzung von anderen Bauwerken bzw. von Betriebsvorrichtungen definierten Gebäudebegriff erfüllen. Dem ist nicht beizupflichten, sofern derartige „Schwimmkörper" nicht mit dem Grund und Boden (unter Wasser) durch in das Erdreich eingelassenen Pfeilern oder Trägern fest verbunden sind. Ist ein „schwimmendes Haus" nur verankert oder nur mit Drahtseilen bzw. -tauen derart „ortsfest" gemacht, dass es nicht durch die Bewegung des Wassers allein seinen „Standort" verlassen kann, ist schon der Gebäudebegriff, der eine feste Verbindung mit dem Grund und Boden erfordert, nicht erfüllt.[4] Ein transportfähiges Gebäude, das erst noch auf einen Aufstellplatz zu verbringen ist, kann auch dann nicht Gegenstand eines der Grunderwerbsteuer unterliegenden Erwerbsvorgangs sein, wenn es nach seiner Aufstellung auf dem vorgesehenen Grundstück den in Rdnr. 6 geschilderten Gebäudebegriff erfüllt und gemäß § 95 Abs. 1 BGB als Scheinbestandteil sonderrechtsfähig ist.[5]

## II. Gebäude als bewegliche Sache

29  Ist ein Gebäude im Hinblick auf § 95 Abs. 1 BGB nur Scheinbestandteil (vgl. Rdnr. 10 ff.), so stellt es bürgerlich-rechtlich eine bewegliche Sache dar, obwohl es nach natürlicher Betrachtungsweise unbeweglich ist. Auf diese sich beziehende Rechtsgeschäfte unterliegen der Grunderwerbsteuer. Gebäude auf fremdem Grund und Boden, die als Scheinbestandteile weder wesentlicher Bestandteil des Grundstücks (§ 95 BGB) noch eines Erbbaurechts (§ 12 Abs. 2 ErbbauRG i. V. m. § 95 BGB) sind, können wie jede bewegliche Sache zur Sicherung übereignet werden. Die Sicherungsübereignung solcher, den Grundstücken gleichgestellter Gebäude, unterliegt der Steuer nach § 1 Abs. 1 Nr. 1, falls sie auf einem auf sie gerichteten Verpflichtungsgeschäft beruht, sonst (als dingliches Rechtsgeschäft) nach § 1 Abs. 1 Nr. 2. Zur auflösend bedingten Sicherungsübereignung s. Hofmann, GrEStG, vor § 15 Rdnr. 11. Der Steuer unterliegt

---

1  BFH v. 9. 7. 1994 II B 43/93, BFH/NV 1994, 738.

2  Siehe aber BFH v. 25. 4. 2013 II R 44/11, BFH/NV 2013, 1544.

3  www.juris.de, vgl. auch den Hinweis in UVR 2008, 296.

4  Ebenso BFH v. 26. 10. 2011 II R 27/10, BStBl II 2012, 274, FG Hamburg v. 20. 4. 2010, EFG 2010, 1289 bestätigend.

5  BFH v. 28. 1. 1998 II R 46/95, BStBl II 1998, 275.

auch der Erwerb im Zwangsversteigerungsverfahren nach §§ 816 ff. ZPO (vgl. dazu auch Hofmann, GrEStG, § 9 Rdnr. 37). Durch spätere Zweckänderung wird ein Gebäude, das deshalb Scheinbestandteil ist, weil es zu vorübergehendem Zweck mit dem Grund und Boden fest verbunden ist, nicht von selbst wesentlicher Bestandteil des Grundstücks; es bedarf vielmehr der Einigung zwischen dem Sacheigentümer (Gebäudeeigentümer) und dem Grundstückseigentümer über den Eigentumsübergang.[1] Eine derartige Einigung über den Eigentumsübergang unterliegt der Steuer nach § 1 Abs. 1 Nr. 2, wenn ihr kein Verpflichtungsgeschäft vorausgegangen ist.

## III.  Selbständiges Gebäudeeigentum

### 1.  Allgemeines

**Literatur:** *Salzig*, Immobilienveräußerungen in den neuen Bundesländern, ZfIR 2008, 553; *Thiemann*, Zur Zusammenführung von Grund- und Gebäudeeigentum in der Flurneuordnung nach Verjährung des Bereinigungsanspruchs des SachenBerG, RdL 2016, 88.

Zu den Gebäuden auf fremdem Boden im grunderwerbsteuerrechtlichen Sinn        30
gehört auch das **selbständige Gebäudeeigentum.** Wenngleich auch nach dem ZGB der Eigentümer des Grund und Bodens Eigentümer der mit diesem fest verbundenen Gebäuden und Anlagen war (§ 295 Abs. 1 ZGB), ermöglichten das ZGB und andere Rechtsvorschriften **der ehemaligen DDR** doch selbständiges Eigentum an Gebäuden und Anlagen unabhängig vom Eigentum am Boden (§ 295 Abs. 2 ZGB). Für Rechte an diesen Gebäuden usw. galten die Bestimmungen über Grundstücke entsprechend (§ 293 Abs. 2 ZGB). Selbständiges Gebäudeeigentum konnte insbesondere entstehen bzw. entstand aufgrund der Verleihung eines Nutzungsrechts an einem volkseigenen Grundstück für die Errichtung und Nutzung eines Eigenheims (§§ 287, 288 Abs. 4 ZGB), aufgrund Zuweisung genossenschaftlich genutzten Bodens zum Bau von Eigenheimen oder anderen persönlichen Bedürfnissen dienenden Gebäuden (§§ 291, 292 Abs. 3 ZGB), gemäß § 459 Abs. 1 Satz 1 ZGB (von volkseigenen Betrieben, staatlichen Organen oder Einrichtungen auf vertraglich genutzten Grundstücken errichtete Gebäude; vgl. dazu Art. 233 § 8 EGBGB), aufgrund Verkaufs volkseigener Gebäude nach dem VerkaufsG vom 7. 3. 1990[2] i. V. m. der dazu ergan-

---

1  BGH v. 21. 12. 1956 V ZR 245/55, NJW 1957, 437.
2  GBl-DDR I 1990, 157.

genen VO vom 15. 3. 1990[1] und schließlich nach § 27 LPG-Gesetz vom
2. 7. 1982[2] i. d. F. des Gesetzes vom 6. 3. 1990[3] in Bezug auf Gebäude und Anlagen, die von einer landwirtschaftlichen Produktionsgenossenschaft (LPG) auf dem von ihr genutzten Boden errichtet wurden. Für die letztgenannten Gebäude usw. war nach dem Recht der ehemaligen DDR kein Gebäudegrundbuchblatt anzulegen (s. nun Art. 233 § 2b Abs. 2 EGBGB). Nach Art. 233 § 2b Abs. 1 EGBGB besteht an Gebäuden und Anlagen von landwirtschaftlichen Produktionsgenossenschaften sowie Arbeiter-Wohnungsbaugenossenschaften und von gemeinnützigen Wohnungsbaugenossenschaften auf ehemals volkseigenen Grundstücken in den Fällen des Art. 233 § 2a Abs. 1 Satz 1 Buchst. a und b EGBGB unabhängiges Gebäudeeigentum, auch soweit dieses nicht gesetzlich bestimmt ist. Für das derart entstandene Gebäudeeigentum ist auf Antrag des Nutzers ein Gebäudegrundbuchblatt anzulegen (Art. 233 § 2b Abs. 2 EGBGB).

## 2. Fortbestand des selbständigen Gebäudeeigentums

31  Das nach § 288 Abs. 4 bzw. § 292 Abs. 2 ZGB entstandene selbständige Gebäudeeigentum blieb durch den Beitritt unberührt (Art. 231 § 5 Abs. 1 Satz 1 EGBGB); für das Gebäudeeigentum gelten von dem Wirksamwerden des Beitritts an die sich auf Grundstücke beziehenden Vorschriften des BGB (auch § 925 BGB) mit Ausnahme der §§ 927, 928 BGB (Art. 233 § 4 Abs. 1 Satz 1 EGBGB): Sie sind **selbständig verkehrsfähig** geblieben. Sich auf sie beziehende Rechtsvorgänge unterliegen der Grunderwerbsteuer. Das Nutzungsrecht am Grundstück ist nicht verkehrsfähig; es gilt als wesentlicher Bestandteil des Gebäudes (Art. 231 § 5 Abs. 2 Satz 1 EGBGB; vgl. schon § 289 Abs. 2 Satz 1 ZGB), allerdings lässt der Untergang des Gebäudes den Bestand des Nutzungsrechts unberührt (Art. 233 § 4 Abs. 3 EGBGB).

Für das Gebäudeeigentum ist auf Antrag – soweit noch nicht geschehen – ein Gebäudegrundbuchblatt anzulegen; zur vorherigen Eintragung des dem Gebäudeeigentum zugrunde liegenden Nutzungsrechts im Grundbuch des belasteten Grundstücks s. Art. 233 § 4 Abs. 1 Satz 2 EGBGB. Bei Nichteintragung des Nutzungsrechts wird dies durch den öffentlichen Glauben des Grundbuchs dann nicht beeinträchtigt, wenn in dem dafür maßgeblichen Zeitpunkt ein Gebäude errichtet ist und der Eintragungsantrag vor dem 1. 1. 2001 gestellt worden ist.

---

1  GBl-DDR I 1990, 158.
2  GBl-DDR I 1982, 443.
3  GBl-DDR I 1990, 133.

Auch das selbständige Gebäudeeigentum nach Art. 233 § 2b EGBGB ist auf Antrag im Grundbuch wie eine Belastung des betroffenen Grundstücks einzutragen.

### 3. Erlöschen des Gebäudeeigentums

Nach Art. 231 § 5 Abs. 3 Satz 1 EGBGB erlischt das Gebäudeeigentum, wenn nach dem 31. 12. 2000 das Eigentum am Grundstück übertragen wird, es sei denn, das Nutzungsrecht oder das selbständige Gebäudeeigentum ist nach Art. 233 § 2b EGBGB im Grundbuch des veräußerten Grundstücks eingetragen oder dem Erwerber ist das nicht eingetragene Recht bekannt (Wertanspruch gegen den Veräußerer, vgl. Art. 231 § 5 Abs. 3 Satz 2 EGBGB). Der Erwerber des Grundstücks erwirbt das Eigentum an diesem mit dem Gebäude als wesentlichen Bestandteil (§ 94 Abs. 1 BGB) vom Veräußerer.      32

Entsprechend dem Vorbehalt in Art. 231 § 5 Abs. 2 Satz 1 EGBGB erlischt nach Art. 233 § 4 Abs. 3 Satz 2 EGBGB bei erfolgreicher Klage auf Aufhebung des Nutzungsrechts (Voraussetzungen: Art. 233 § 4 Abs. 3 Satz 1 bis 3 EGBGB) das Eigentum am Gebäude nach § 288 Abs. 4 und § 292 Abs. 3 ZGB; das Gebäude wird wesentlicher Bestandteil des Grundstücks (Art. 233 § 4 Abs. 3 Satz 5 EGBGB).

Das Erlöschen des Gebäudeeigentums nach Art. 231 § 5 Abs. 3 Satz 1 EGBGB ist u. E. kein der Grunderwerbsteuer unterliegender Vorgang. Das Gebäude ist aus der Sicht des Erwerbers des Grundstücks dessen wesentlicher Bestandteil, also Gegenstand seines Erwerbs auf den der von ihm mit dem Veräußerer abgeschlossene Erwerbsvorgang abzielt. Dafür spricht auch die dem Veräußerer obliegende Wertersatzpflicht gegenüber dem ehemaligen Gebäudeeigentümer. Da die Rechtsfolge des Erlöschens des Gebäudeeigentums erst mit Eigentumseintragung eintritt, fällt das selbständige Eigentum am Gebäude auch nicht für eine logische Sekunde an den Veräußerer. Auch im Fall der erfolgreichen Klage auf Aufhebung des Nutzungsrechts wird kein Tatbestand des § 1 i. V. m. § 2 Abs. 2 Nr. 2 verwirklicht, weil das Grundstück „Gebäudeeigentum" durch die § 94 Abs. 1 BGB entsprechende Zusammenführung mit dem Grundstück nur als Rechtsfolge der Aufhebung des Nutzungsrechts erlischt, also nicht über-, sondern schlicht untergeht.

## IV. Gebäude, die nicht selbständig verkehrsfähig sind

Der Anwendungsbereich von § 2 Abs. 2 beschränkt sich aber nicht nur auf Gebäude, die bürgerlich-rechtlich nicht Bestandteil eines Grundstücks bzw. eines      33

Erbbaurechts sind. Die Vorschrift erfasst auch Gebäude, die bürgerlich-recht-lich dem Grundstückseigentümer gehören,[1] wenn ein Dritter (z. B. Pächter) die wirtschaftliche Möglichkeit hat, das von ihm auf seine Kosten errichtete Gebäude auf eigene Kosten zu verwerten, und sei es nur dadurch, dass aufgrund der vertraglichen Vereinbarungen mit dem Grundstückseigentümer bei Beendigung des Pachtverhältnisses ein Anfallswert zu vergüten ist bzw. erstattet werden soll.[2] Allerdings können Gebäude, die deshalb als Gebäude auf fremdem Boden angesehen werden, weil sie durch den Erbauer (seinen „Rechtsnachfolger") auf eigene Rechnung verwertet werden können, nicht Gegenstand eines Erwerbsvorgangs nach § 1 Abs. 1, sondern nur eines solchen nach § 1 Abs. 2 sein;[3] im Einzelnen wird auf Hofmann, GrEStG, § 1 Rdnr. 82 verwiesen. Die Ansicht von Martin,[4] § 2 Abs. 2 Nr. 2 sei auf Gebäude, die zivilrechtlich sonderrechtsunfähig sind, nicht anzuwenden, wird der grunderwerbsteuerrechtlichen Systematik, die – wenn auch nur ergänzend (vgl. Hofmann, GrEStG, § 1 Rdnr. 76 ff.) – der eigentumslosen Verwertungsbefugnis Gewicht beimisst (§ 1 Abs. 2), nicht gerecht. Die gesetzliche Gewichtung führt notwendig zur grunderwerbsteuerrechtlichen Verselbständigung von Gebäuden aufgrund Auseinanderfallens von Eigentum und Verwertungsbefugnis.

# F. Dinglich gesicherte Sondernutzungsrechte

**Literatur:** *Rossmanith*, Sondernutzungsrechte bei Erwerb von Sondereigentum nach dem WEG und Grunderwerbsteuergesetz, UVR 1991, 143; *Knorn*, Änderungen des GrEStG, insbesondere zur Behandlung von Sondernutzungsrechten, DB 1991, 1489.

34   § 2 Abs. 2 Nr. 3 stellt dinglich gesicherte Sondernutzungsrechte nach § 15 WEG und § 1010 BGB den Grundstücken gleich.

Ein **Sondernutzungsrecht nach dem WEG** liegt vor, wenn einem Wohnungseigentümer ein über § 13 Abs. 2 WEG hinausgehendes (alleiniges) Nutzungs- oder Gebrauchsrecht an Teilen des Gemeinschaftseigentums (bspw. Stellplatz für Kraftfahrzeuge, Garten, Gemeinschaftseigentumsraum) eingeräumt wird und solcherweise der Mitgebrauch der anderen Wohnungseigentümer eingeschränkt wird. Begründet wird ein solches von § 15 WEG angesprochenes Son-

---

1 BFH v. 10. 3. 1970 II R 135/68, BStBl II 1970, 522.
2 Vgl. BFH v. 18. 9. 1974 II R 92/68, BStBl II 1975, 245; v. 29. 7. 1998 I R 71/96, BStBl II 1999, 796; v. 9. 9. 2010 II B 53/10, BFH/NV 2010, 2305.
3 BFH v. 27. 3. 1985 II R 37/83, BStBl II 1985 526.
4 BB 1983, 1982.

dernutzungsrecht entweder im Zuge der Teilungserklärung (§§ 3, 8 WEG) oder durch nachträgliche Vereinbarung (§ 10 Abs. 2 WEG). Es entsteht durch Eintragung im Grundbuch und wird bezüglich seiner positiven und negativen Komponenten zum Inhalt des jeweiligen Sondereigentums, womit es – ohne ein selbständiges dingliches Recht zu sein – dingliche Wirkung erlangt.[1] Zur Übertragung des Sondernutzungsrechts auf einen anderen Wohnungseigentümer derselben Gemeinschaft (einer Übertragung an einen Gemeinschaftsfremden ohne gleichzeitige Übertragung des Wohnungseigentums steht § 6 WEG entgegen) bedarf es zum dinglichen Vollzug nur der Bewilligung des Übertragenden.[2]

Steht im Übrigen ein Grundstück mehreren in **Bruchteilsgemeinschaft** zu, können diese durch Vertrag die **Benutzung des gemeinschaftlichen Eigentums** regeln (§§ 744 bis 746 BGB) und die entsprechende Regelung durch Eintragung im Grundbuch als Belastung (unter Angabe des Berechtigten) auch gegen Sonderrechtsnachfolger wirksam machen (§ 1010 BGB). Auch auf diese Weise kann konstitutiv ein (dinglich gesichertes) Sondernutzungsrecht entstehen.

Die **Verpflichtung zur isolierten Übertragung** dinglich gesicherter Sondernutzungsrechte innerhalb der Gemeinschaft unterliegt der Steuer ebenso wie die zur Übertragung im Zusammenhang mit der Sonderrechtseigentumseinheit auf einen Dritten. Die Übertragung auf einen Dritten, der nicht zur Gemeinschaft der Wohnungseigentümer gehört, ist nach § 6 WEG unwirksam.

Die **Begründung** eines **dinglichen Sondernutzungsrechts** im Zuge der Teilung des Grundstücks durch den Eigentümer nach § 8 WEG kann schon mangels Rechtsträgerwechsels keinen nach § 1 Abs. 1 der Steuer unterliegender Vorgang sein (vgl. auch Hofmann, GrEStG, § 1 Rdnr. 3). Erfolgt die Begründung eines dinglich gesicherten Sondernutzungsrechts im Zuge der Teilung nach § 3 Abs. 1 WEG oder durch nachträgliche Vereinbarung der Wohnungseigentümer (§ 10 Abs. 2, § 15 Abs. 1 WEG) bzw. durch Vereinbarung der Miteigentümer einer Bruchteilsgemeinschaft, so unterliegt die darin liegende Verpflichtung, es zugunsten des Nutzungsberechtigten zur Entstehung zu bringen, parallel der Verpflichtung zur Bestellung eines Erbbaurechts (die Miteigentumsanteile der von der Nutzung Ausgeschlossenen werden zugunsten des Berechtigten belastet) der Grunderwerbsteuer nach § 1 Abs. 1 Nr. 1. Ist allerdings keine Gegenleistung vorhanden, so kann keine Steuer festgesetzt und erhoben werden, weil für derartige Rechte kein Wert festzustellen ist (§ 8 Abs. 2).

---

1 BGH v. 24. 11. 1978 V ZB 11/77, BGHZ 73, 145.
2 BayObLG v. 4. 4. 1985 BReg. 2 Z 50/84, BayObLGZ 1985, 124.

# G. Wirtschaftliche Einheiten und Grundstücksteile

## I. Allgemeines

35  Der Grundsatz der Maßgeblichkeit des bürgerlich-rechtlichen Grundstücksbegriffs wird in § 2 Abs. 3 in zweifacher Hinsicht durchbrochen: Bezieht sich ein Rechtsvorgang auf mehrere zu einer wirtschaftlichen Einheit gehörende Grundstücke, so werden diese als ein Grundstück behandelt. Das hat in erster Linie Bedeutung für die Steuerbefreiung aus § 3 Nr. 1 sowie für die Steuervergünstigung aus § 7, spielt aber auch im Rahmen des § 17 in Bezug auf die Frage, ob gesonderte Feststellung der Besteuerungsgrundlagen durchzuführen ist, sowie für die örtliche Zuständigkeit eine Rolle. Bezieht sich ein Rechtsvorgang auf einen oder mehrere Teile eines Grundstücks, so werden die Teile als Grundstück behandelt.

## II. Mehrere Grundstücke als ein Grundstück

### 1. Wirtschaftliche Einheit

36  Der **Begriff** der **wirtschaftlichen Einheit,** der ein sog. **Typusbegriff** ist,[1] wird nicht nur in **§ 2 Abs. 3 Satz 1,** sondern auch in § 2 BewG verwendet. Da die Zielsetzung des § 2 BewG – die Vorschrift betrifft die Frage nach der Bewertungseinheit – eine andere ist als die des § 2 Abs. 3 Satz 1, der Grundstücke im Zustand rechtsgeschäftlicher Bewegung anspricht, sind unterschiedliche Ergebnisse bei der Prüfung, ob eine wirtschaftliche Einheit vorliegt, nicht zu vermeiden. Die Behandlung des Grundbesitzes bei der Einheitsbewertung ist nicht bindend; die Entscheidung, ob eine wirtschaftliche Einheit vorliegt, ist im Rahmen der Grunderwerbsteuerveranlagung selbständig zu prüfen.[2]

Auch im Grunderwerbsteuerrecht ist für die Zuordnung zum Typus der wirtschaftlichen Einheit die örtliche Gewohnheit, die Zweckbestimmung und die wirtschaftliche Zugehörigkeit maßgebend.[3] Außer den objektiven Merkmalen, wie z. B. dem räumlichen Zusammenhang,[4] ist also dem subjektiven Merkmal

---

1  BFH v. 15. 6. 1983 III R 40/82, BStBl II 1983, 752; v. 23. 1. 1985 II R 35/82, BStBl II 1985, 336.
2  BFH v. 10. 12. 1968 II B 24/68, BFHE 94, 291.
3  § 2 Abs. 1 Satz 4 BewG; vgl. auch BFH v. 28. 2. 1962 II 213/59, HFR 1962, 307.
4  BFH v. 3. 4. 1951 II 7/51 S, BStBl III 1951, 99.

der Zweckbestimmung, die vom Willen des Eigentümers abhängt,[1] ergänzend[2] Raum zu geben, sofern die äußerlichen Merkmale dem nicht entgegenstehen.[3] Letztere sprechen dann für die Zugehörigkeit rechtlich selbständiger Grundstücke, die zu einem einheitlichen Zweck zusammengefasst sind, zu einer wirtschaftlichen Einheit, wenn sich diese äußerlich in einer entsprechenden Gestaltung niederschlägt, durch welche die selbständige Funktion des einzelnen Grundstücks nach der Verkehrsauffassung aufgehoben wird.[4] Die Frage nach der Eigentümeridentität (vgl. § 2 Abs. 2 BewG) ist grunderwerbsteuerrechtlich nicht stets statisch zu sehen. Sie ist statisch gesehen Voraussetzung für die Beantwortung der Frage, ob ein nach § 7 begünstigter Erwerbsvorgang sich auf **ein** Grundstück bezieht, also **ein** Grundstück real geteilt wird.[5] Sie ist aber dynamisch zu sehen, wenn Grundstücke, die Gegenstand eines Rechtsvorgangs (vgl. Rdnr. 35) sind, erst in der Hand des Erwerbers eine wirtschaftliche Einheit bilden sollen.[6]

Sofern Wohnung und Garage sachlich und räumlich eng zusammengehören, kann eine wirtschaftliche Einheit aus dem Sondereigentum an der Wohnung und dem Teileigentum an der Garage bestehen.[7] Mehrere landwirtschaftliche Grundstücke können unabhängig davon, ob sie zu einer bewertungsrechtlichen wirtschaftlichen Einheit gehören, die Merkmale einer wirtschaftlichen Einheit i. S. des § 2 Abs. 3 Satz 1 aufweisen, wenn sie räumlich zusammenhängen oder nahe beisammen liegen und natürlich oder durch besondere Umstände verbunden sowie zu einer gleichen, gleichartigen oder aufeinander abgestimmten Bewirtschaftung geeignet sind.[8]

Andererseits bildet ein größerer zusammenhängender Komplex verschiedener Grundstücke mit aneinander gebauten Mietshäusern, die zu verschiedenen Zeiten errichtet worden sind und deren Be- und Entsorgung vielfältig miteinander verbunden ist, auch dann keine wirtschaftliche Einheit, wenn der Grundstückskomplex gemeinschaftlich verwaltet wird und für alle Mieter eine gemeinschaftliche Tiefgarage vorhanden ist.[9] Das gilt auch, wenn die Miethausbebauung gleichzeitig nach einem einheitlichen Plan mit weitgehend

---

1 BFH v. 15. 10. 1954 III 148/54, BStBl III 1955, 2.
2 Vgl. BFH v. 15. 6. 1983 III R 40/82, BStBl II 1983, 752.
3 BFH v. 19. 5. 2006 II R 17/05, BFH/NV 2006, 2124.
4 BFH v. 15. 10. 2014 II R 14/14, BStBl II 2015, 405.
5 Siehe dazu auch BFH v. 30. 11. 1993 II 27/90, BFH/NV 1994, 504.
6 Ebenso Pahlke, Rz 132, 137.
7 BFH v. 16. 9. 1959 II 94/57, BStBl III 1960, 5.
8 BFH v. 30. 10. 1974 II R 102/70, BStBl II 1975, 270.
9 BFH v. 23. 1. 1985 II R 35/82, BStBl II 1985, 336.

aufeinander abgestimmter oder sogar homogener Ausgestaltung erfolgte, sofern die Gebäude auf rechtlich getrennten Flurstücken errichtet, tatsächlich getrennt eigenständig nutzbar und voneinander unabhängig veräußerbar sind. Denn die gemeinsame Zweckbestimmung der vermögensverwaltenden Vermietung allein vermag die Mietwohnhäuser nicht zu einer wirtschaftlichen Einheit zu verbinden.[1] So bildet auch eine auf mehreren Grundstücken nach einheitlichem Plan errichtete Wohnanlage mit gemeinsamem Innenhof, untereinander verbundenen Ver- und Entsorgungsanlagen, die ein einheitliches Erscheinungsbild aufweist, einheitlich umzäunt ist und der Kinderspielplätze sowie eine Kindertagesstätte zugeordnet sind, dann keine wirtschaftliche Einheit, wenn jeweils einzelne Hauseingänge bestehen und die Anordnung der Baukörper an den einzelnen rechtlich selbständigen Grundstücken ausgerichtet ist. In einem solchen Fall ist nämlich die selbständige Funktion und Nutzbarkeit der einzelnen Grundstücke nicht aufgehoben.[2]

## 2. Notwendigkeit eines Rechtsvorgangs

37   Die **mehreren Grundstücke müssen** nach § 2 Abs. 3 Satz 1 **von einem Rechtsvorgang betroffen sein.** Ein Rechtsvorgang in diesem Sinne kann auch bei Vorliegen mehrerer Verträge gegeben sein, wenn nämlich alle Beteiligte beabsichtigen, eine einheitliche Regelung zu treffen und zwischen den mehreren Verträgen ein enger zeitlicher und sachlicher Zusammenhang besteht.[3]

# III. Teilflächen

38   Teile eines Grundstücks von **§ 2 Abs. 3 Satz 2** können nur reale Teile, also Teilflächen sein, z. B. beim sog. Messungskauf (Kaufvertrag über eine noch zu vermessende Fläche von x qm aus einem Grundstück, dessen Fläche größer als x qm ist). Die Teilfläche muss, soll aus dem Rechtsgeschäft ein Anspruch auf Übereignung (Auflassung) entstehen, hinreichend bestimmt sein.[4] Wird auf einen (amtlichen) Veränderungsnachweis Bezug genommen, so liegt stets eine hinreichende Bestimmtheit der Grenzen und damit der geografischen Lage des Grundstücks vor. Regelmäßig aber reicht es auch aus, wenn die Vertrags-

---

1 So zutreffend unter Hinweis auf BFH v. 3. 8. 2004 II R 40/03, BStBl II 2005, 35; FG Münster v. 20. 10. 2005, EFG 2006, 841; s. auch BFH v. 10. 5. 2006 II R 17/05, BFH/NV 2006, 2124.

2 BFH v. 10. 5. 2006 II R 17/05, BFH/NV 2006, unter Aufhebung von FG Düsseldorf v. 19. 1. 2005, EFG 2005, 1638.

3 BFH v. 16. 9. 1959 II 94/57, BStBl III 1960, 5, zu § 2 Abs. 3 Satz 1.

4 Vgl. BFH v. 20. 4. 1971 II 11/65 U, BStBl II 1971, 751; v. 17. 11. 1990 II R 42/88, BStBl II 1991, 144 sowie BGH v. 16. 3. 1984 V ZR 206/82, BGHZ 90, 323.

partner die Grenzen des künftigen Grundstücks in einer – der notariellen Urkunde als Anlage beigefügten – Skizze eindeutig bezeichnen (vgl. auch Hofmann, GrEStG, § 1 Rdnr. 33). Betrifft der Erwerbsvorgang mehrere Teilflächen aus einem Grundstück, richtet sich bei Erwerberidentität die Beantwortung der Frage, ob diese als mehrere Grundstücke oder als ein Grundstück anzusprechen sind, danach, ob sie i. S. von § 2 Abs. 3 Satz 1 eine wirtschaftliche Einheit bilden (eine eher theoretische Frage, der immerhin für § 3 Nr. 1 Bedeutung zukommen kann). Da die Teilfläche, auf die sich ein Rechtsvorgang bezieht, Grundstück i. S. des Grunderwerbsteuerrechts ist, kann auch eine nur auf eine Teilfläche beschränkte Realteilung die Steuervergünstigung des § 7 genießen (vgl. Hofmann, GrEStG, § 7 Rdnr. 3).

Ideelle Anteile (Miteigentumsanteile) sind nicht Teile des Grundstücks. Miteigentum wird unbeschadet der Regelung in §§ 1008 ff. BGB zivilrechtlich und dementsprechend (vgl. § 2 Abs. 1 Satz 1) grunderwerbsteuerrechtlich als Volleigentum wie Alleineigentum behandelt.[1]

# H. Das Sondereigentum (Wohnungs- und Teileigentum)

**Verwaltungsanweisungen:** Ländererlasse v. 18. 9. 2015, BStBl I 2015, 827.

## I. Begriff und Rechtsgrundlage

Gemäß § 1 Abs. 1 des Gesetzes über das Wohnungseigentum und das Dauerwohnrecht (– WEG –) vom 15. 3. 1951[2] mit späteren Änderungen, kann nach Maßgabe dieses Gesetzes an Wohnungen **Wohnungseigentum,** an nicht zu Wohnzwecken dienenden Räumen eines Gebäudes **Teileigentum** begründet werden. Wohnungseigentum ist das Sondereigentum an einer Wohnung, verbunden mit dem Miteigentumsanteil an dem gemeinschaftlichen Eigentum, zu dem es gehört (§ 1 Abs. 2 WEG); Teileigentum ist das Sondereigentum an den nicht zu Wohnzwecken dienenden Räumen (z. B. Läden, Garagen), wiederum in Verbindung mit dem Miteigentumsanteil an dem gemeinschaftlichen Eigentum, zu dem es gehört (Abweichung vom Grundsatz des § 93 BGB). Sondereigentum und Miteigentum bilden eine **rechtliche Einheit** (§ 6 WEG), wobei das Sondereigentum zum Miteigentumsanteil gehört und nicht umgekehrt.

**39**

---

1 BFH v. 29. 7. 1969 II 94/65, BStBl II 1969, 669; vgl. auch Hofmann, GrEStG, § 1 Rdnr. 29.
2 BGBl I 1951, 175.

Zum Sondereigentum gehören die Wohnung (bzw. die nicht zu Wohnzwecken dienenden Räume) sowie die dazu gehörigen in § 5 Abs. 1 WEG abgegrenzten Bestandteile. Zum gemeinschaftlichen Eigentum (= Miteigentum i. S. von § 1008 BGB) gehören das Grundstück sowie die Teile, Anlagen und Einrichtungen des Gebäudes, die nicht im Sondereigentum oder im Eigentum eines Dritten stehen (§ 1 Abs. 4 WEG), selbst wenn sie sich im Bereich der im Sondereigentum stehenden Räume befinden (§ 5 Abs. 2 WEG).

**Die** aus Sondereigentum und Miteigentum bestehenden **rechtlichen Einheiten** (§ 6 WEG) **sind** – wie Miteigentum (vgl. Hofmann, GrEStG, § 1 Rdnr. 29) – **Grundstücke** i. S. des § 2 Abs. 1 Satz 1.[1] Sich auf sie beziehende Rechtsvorgänge unterliegen der Grunderwerbsteuer auch dann, wenn die Teilungserklärung noch nicht vollzogen ist, das Wohnungsgrundbuch noch nicht angelegt und das Wohnungs- bzw. Teileigentum mangels Gebäudeerrichtung noch nicht entstanden ist.[2]

## II. Begründung von Sondereigentumseinheiten

40 Die Begründung des Wohnungs- bzw. Teileigentums kann auf zweierlei Weise geschehen: (1.) durch Teilung nach § 8 WEG, wobei kein Grundstückswechsel zwischen verschiedenen Rechtsträgern stattfindet und damit kein der Grunderwerbsteuer unterliegender Vorgang vorliegt, und (2.) nach § 3 Abs. 1 WEG durch Vertrag unter den Miteigentümern an einem Grundstück, wobei das Miteigentum in der Weise beschränkt wird, dass jedem der Miteigentümer das Sondereigentum an einer bestimmten Wohnung oder an bestimmten nicht Wohnzwecken dienenden Räumen in einem auf dem Grundstück errichteten oder zu errichtenden Gebäude eingeräumt wird. Hierbei werden Miteigentumsanteile (ggf. künftige) aufgegeben und Alleineigentum erworben. Der der Grunderwerbsteuer unterliegende Tatbestand ist der Erwerb des restlichen Miteigentums hinsichtlich der Sondereigentumseinheit aus der Hand der anderen Miteigentümer. Da sich das Sondereigentum ebenso auf reale Teile des Grundstücks bezieht wie das Flächeneigentum (wenn auch in unterschiedlichen Ebenen), ist **auf den Vertrag nach § 3 Abs. 1 WEG § 7 Abs. 1 anwendbar,** so dass nur ein möglicher Mehrwerterwerb steuerpflichtig ist.[3] Das muss trotz des Umstandes gelten, dass das Grunderwerbsteuergesetz von 1983 das Woh-

---

1 BFH v. 15. 12. 1954 II 114/54 U, BStBl III 1955, 53.
2 BFH v. 30. 7. 1980 II R 19/77, BStBl II 1980, 667.
3 Vgl. BFH v. 30. 7. 1980 II R 19/77, BStBl II 1980, 667.

nungs- und Teileigentum nicht erwähnt, also schlicht ignoriert (das Grunderwerbsteuergesetz 1940 konnte die Frage nicht regeln).

Ist die Aufteilung in bestimmte Wohnungs- bzw. Teileigentumseinheiten unter den Miteigentümern verbindlich vereinbart, so greift **bei einem späteren Tausch** der jeweils zugeordneten Einheiten unter einzelnen Miteigentümern § 7 Abs. 1 selbst dann nicht ein, wenn der Austausch vor dem Entstehen des Sondereigentums nach bürgerlichem Recht erfolgt.[1] Denn der nach § 7 Abs. 1 begünstigte Erwerbsvorgang wird durch die Begründung der jeweiligen Ansprüche auf bestimmte, noch einzutragende Sondereigentumseinheiten verwirklicht, so dass nachfolgende „Tauschverträge" bzw. Verträge über die Abtretung der durch Teilungsvertrag begründeten Ansprüche i. S. von § 1 Abs. 1 Nr. 5 bzw. Nr. 7 nicht mehr der Teilung des Grundstücks unter den Miteigentümern dienen. Haben zwei (oder mehrere) Personen mehrere Eigentumswohnungen je zu Bruchteilen erworben, um diese – im Innenverhältnis – gemeinsam zu verwalten und zu bewirtschaften, so ist die Übertragung der Bruchteile an den einzelnen Sondereigentumseinheiten in der Weise, dass je Alleineigentum an einer oder mehreren Eigentumswohnungen erworben wird, nur unter der Voraussetzung nach § 7 Abs. 1 begünstigt, dass die mehreren Eigentumswohnungen zusammen eine wirtschaftliche Einheit bilden.[2] Das allerdings wird kaum der Fall sein. Zu beachten ist, dass auch jede Erhöhung des Miteigentumsanteils eines Wohnungs- oder Teileigentümers einen steuerbaren Grunderwerb darstellt, und zwar auch dann, wenn die ursprüngliche Teilungserklärung anhand der Bauplanung deswegen geändert werden muss, weil tatsächlich eine geringere Anzahl von Sondereigentumseinheiten geschaffen wurde.[3]

Wird Wohnungs- bzw. Teileigentum an einem Gebäude durch eine **Gesamthandsgemeinschaft nach § 8 WEG** begründet, also durch eine mangels Rechtsträgerwechsels nicht grunderwerbsteuerbare Teilungserklärung des Eigentümers, so sind die Voraussetzungen des § 7 Abs. 2 nur dann erfüllt, wenn die Teilungserklärung und die Übertragung der dabei begründeten Sondereigentumseinheiten aufgrund planmäßiger Durchführung in engem zeitlichen und sachlichen Zusammenhang erfolgen.[4] Die Voraussetzungen des § 7 Abs. 2 liegen nämlich bei Aufteilung eines aus mehreren selbständigen wirtschaftlichen Einheiten bestehenden Grundbesitzes einer Gesamthand in der Weise, dass je-

---

1 BFH v. 12. 10. 1988 II R 6/86, BStBl II 1989, 54.
2 So auch FG Köln v. 4. 10. 1989, EFG 1990, 122.
3 FG München v. 17. 2. 2016, EFG 2016, 741.
4 BFH v. 16. 2. 1994 II R 96/90, BFH/NV 1995, 156.

der gesamthänderisch ein Grundstück oder mehrere Grundstücke erhält, nicht vor.[1]

41  Bei der **Begründung von Wohnungs- oder Teileigentum nach § 66 Abs. 1 Nr. 1 SachenRBerG** ist grunderwerbsteuerrechtlich zu unterscheiden zwischen dem Teilungsvertrag „nach § 3 WEG" über das Gebäude unter den Nutzern (evtl. unter Einbeziehung des selbständige Gebäudeteile nutzenden Grundeigentümers, vgl. § 66 Abs. 2 SachenRBerG), der Teilung des Grundstücks durch dessen Eigentümer nach § 8 WEG und der anschließenden Übertragung der Miteigentumsanteile (von Miteigentumsanteilen) auf die Nutzer. Die Teilung unter den Nutzern, die Miteigentümer des Gebäudes sind (vgl. § 34 Abs. 1, 2 ZGB), ist Realteilung i. S. des § 7 Abs. 1; nur der Mehrerwerb ist steuerpflichtig (vgl. Hofmann, GrEStG, § 7 Rdnr. 4 ff.). Die Teilung des Grundstücks durch den Grundeigentümer nach § 8 WEG unterliegt mangels Rechtsträgerwechsels (s. auch Rdnr. 40) nicht der Grunderwerbsteuer. Steuerpflichtig ist jedoch der jeweilige Kaufvertrag zwischen den künftigen Wohnungs- bzw. Teileigentümern und dem Grundstückseigentümer bezüglich des jeweiligen Miteigentumsanteils (soweit nicht § 3 Nr. 1 eingreift). Zu erheblichen Bedenken gegen die Möglichkeit, selbständiges Gebäudeeigentum aufzuteilen aus zivilrechtlicher Sicht, vgl. Hügel.[2] Dasselbe gilt für Erbbaurechtsbestellungen nach dem Erholungsnutzungsgesetz vom 21. 9. 1994.[3]

## III. Aufhebung der Gemeinschaft

42  Bei Aufhebung der Gemeinschaft bestimmt sich nach § 17 WEG der Anteil der Miteigentümer nach dem Verhältnis der Werte ihrer Wohnungs-(Teil-)Eigentumsrechte zur Zeit der Aufhebung der Gemeinschaft. Hinsichtlich des gemeinschaftlichen Eigentums tritt so lange keine Rechtsänderung ein, als die Bruchteilsberechtigung am Grundstück nicht verändert wird. Der Erwerb des Miteigentums der übrigen Beteiligten an den Sondereigentumseinheiten bewirkt jedoch insoweit einen Rechtsträgerwechsel und unterliegt damit der Grunderwerbsteuer. Unter den Wortlaut der Befreiungsvorschriften der §§ 5 bis 7 ist dieser Vorgang nicht zu subsumieren. Im zeitlichen Geltungsbereich des Grunderwerbsteuergesetzes 1940 und dessen landesrechtlicher „Abkömmlinge" konnte man von einer nachträglich geschaffenen Gesetzeslücke ausgehen. U. E. kann auch für das Grunderwerbsteuergesetz 1983 von einer

---

1  Vgl. dazu BFH v. 23. 1. 1985 II R 35/82, BStBl II 1985, 336.
2  DStZ 1996, 66, m. w. N.
3  BGBl I 1994, 2584.

**Gesetzeslücke** ausgegangen werden, denn die mit den Wohnungs- und Teileigentumseinheiten zusammenhängenden Fragen scheinen nicht in den Gesichtskreis des Gesetzgebers getreten zu sein (unbewusste Gesetzeslücke). Geht man davon aus, dass im Vordergrund der Miteigentumsanteil am Grundstück steht (vgl. §§ 3, 8 WEG), erscheint es erforderlich, die grunderwerbsteuerrechtliche Erheblichkeit der Veränderungen hinsichtlich der bisherigen Sondereigentumsbestandteile dadurch zu minimieren, dass in Umkehrung des Gedankens, der § 7 zugrunde liegt, nur echte Wertverschiebungen grunderwerbsteuerrechtlich erfasst werden.[1] Die Finanzverwaltung sieht das den Rechtsgedanken der § 5 Abs. 1 und § 7 Abs. 1 folgend ebenso.[2]

## IV. Zwangsentziehung von Sondereigentum

Unter bestimmten Voraussetzungen können andere Wohnungs- oder/und 43
Teileigentümer von einem die Veräußerung seines Wohnungs- bzw. Teileigentums verlangen (Entziehung, § 18 WEG). Kommt er diesem Verlangen nicht nach, so kann er durch Urteil zur Veräußerung verpflichtet werden, wobei dieses die für die freiwillige Versteigerung und für die Übertragung der Sondereigentumseinheit auf den Ersteher erforderlichen Erklärungen ersetzt (§ 19 WEG).

Da das Urteil nur einseitige Erklärungen ersetzt, liegt erst bei Erteilung des Zuschlags (§ 57 WEG) ein der Grunderwerbsteuer unterliegender Rechtsvorgang vor, und zwar, weil es sich um eine freiwillige Versteigerung handelt, nicht aus § 1 Abs. 1 Nr. 4, sondern aus § 1 Abs. 1 Nr. 1: der Zuschlag enthält die Annahme des (Kaufvertrags-)Angebots (§ 156 BGB).

## V. Wohnungs- und Teilerbbaurecht

Für das Wohnungs- und Teilerbbaurecht (§ 30 WEG) gelten die Ausführungen 44
in Rdnr. 39 ff. entsprechend.

# J. Dauerwohn- und Dauernutzungsrecht

Das Dauerwohn- bzw. Dauernutzungsrecht ist die dingliche Belastung eines 45
Grundstücks oder Erbbaurechts in der Weise, dass der durch sie Begünstigte berechtigt ist, unter Ausschluss des Eigentümers eine Wohnung bzw. nicht zu

---

1 Ähnlich Boruttau/Viskorf, Rn. 264; Pahlke, Rz 59.
2 Ländererlasse v. 9. 12. 2015, BStBl I 2015, 1029, Tz 1 Abs. 4.

Wohnzwecken dienende Räume zu nutzen (§ 31 WEG). Es ist veräußerlich und vererblich (§ 33 Abs. 1 WEG). Seiner Natur nach gehört es zu den Dienstbarkeiten. Von den persönlich beschränkten Dienstbarkeiten (vgl. insbes. § 1093 BGB) und dem Nießbrauch unterscheidet es sich dadurch, dass es nicht höchstpersönlich ist, von den anderen Dienstbarkeiten dadurch, dass es nicht subjektiv-dinglich ist. Die rechtliche Ausgestaltung des Dauerwohn- bzw. Dauernutzungsrechts lehnt sich in Einzelheiten an das Erbbaurecht an (vgl. z. B. § 33 WEG); allerdings kennt es keinen verdinglichten Anspruch auf Entgelt.

Der Erwerb eines Dauerwohn- bzw. Dauernutzungsrechts ist Rechtskauf; es ist kein den Miet- oder Pachtverhältnissen entsprechendes Nutzungsverhältnis.[1] Es ist kein Grundstück i. S. des bürgerlichen Rechts und mangels Gleichstellung mit einem Grundstück in § 2 Abs. 2 auch **kein Grundstück im grunderwerbsteuerrechtlichen Sinne.** Rechtsvorgänge, die ein Dauerwohn- oder Dauernutzungsrecht betreffen, unterliegen deshalb nicht als solche der Grunderwerbsteuer.

In extremen Einzelfällen mag jedoch der Tatbestand des § 1 Abs. 2 erfüllt sein,[2] wenn das Recht sich z. B. bei einem Einfamilienhaus (Reihenhaus) auf die einzige Wohnung des Gebäudes erstreckt und nach seiner Ausgestaltung der Eigentümer von der Teilhabe an der Substanz des Gebäudes auf Dauer bzw. unbegrenzte Zeit ausgeschlossen ist.

# Zweiter Abschnitt: Steuervergünstigungen

# Vorbemerkungen zu den §§ 3 bis 7

Das Grunderwerbsteuergesetz 1983 kennt keine antragsgebundenen Steuervergünstigungen und auch keine Steuerbefreiungen mit Nachversteuerungsvorbehalt. Es enthält allerdings Steuervergünstigungen, die bei Eintritt bestimmter weiterer Umstände rückwirkend entfallen (§ 4 Nr. 5 Satz 2, § 5 Abs. 3, § 6 Abs. 3 Satz 2 und § 6a Satz 3 und 4). Die „Vergünstigung" des § 16 ist in ein formales Kleid verpackt: die Vorschrift gewährt einen Anspruch auf Nichtfestsetzung der Steuer, Aufhebung bzw. Änderung einer Steuerfestsetzung (vgl. die dortigen Erläuterungen). § 16 steht somit als Vergünstigungsvorschrift eigener Art neben den Änderungsvorschriften der §§ 172 ff. AO.[3] Von ihr ist im Folgenden nicht die Rede.

---

1 BGH v. 9. 7. 1969 V ZR 190/67, BGHZ 52, 243.

2 Ähnlich Boruttau/Viskorf, Rn. 269.

3 Vgl. BFH v. 17. 4. 2002 II B 120/00, BFH/NV 2002, 1170.

Alle in den §§ 3 bis 7 aufgeführten Steuervergünstigungen beziehen sich auf alle Erwerbsvorgänge i. S. des § 1; sie greifen deshalb auch ein, wenn ein Tatbestand des § 1 Abs. 2, 2a, 3 oder 3a verwirklicht ist, sofern nicht die Konstruktion des Erwerbsvorgangs oder der Inhalt der einzelnen Befreiungsvorschrift dem entgegenstehen. So kann z. B. der Erwerb der Verwertungsbefugnis an einem zum Nachlass gehörenden Grundstück nicht der Teilung des Nachlasses dienen und setzt auch § 7 einen nach § 1 Abs. 1, 5 der Steuer unterliegenden Erwerbsvorgang voraus. Wegen möglicher Steuervergünstigungen bei Verwirklichung eines nach § 1 Abs. 2a, 3 oder 3a der Steuer unterliegenden Vorgangs vgl. Hofmann, GrEStG, § 1 Rdnr. 128 ff.,186 ff.

Die Steuervergünstigungen sind sachliche, d. h. die Steuer entfällt ganz bzw. in dem in den §§ 5 bis 7 genannten Umfang für den Erwerber sowohl wie für den Veräußerer. Den unterschiedlichen Formulierungen in §§ 3 und 4 einerseits und in §§ 5 bis 7 andererseits – „von der Besteuerung sind ausgenommen" bzw. „die Steuer (wird) nicht erhoben" – kommt insoweit keine Bedeutung zu.

Die nahezu gänzliche Absage an Befreiungsvorschriften außerhalb des Grunderwerbsteuergesetzes hat sich nicht durchhalten lassen. Hinsichtlich der sich aus anderen Gesetzen ergebenden Grunderwerbsteuerbefreiungen wird auf den Anhang zu § 4 verwiesen.

# § 3 Allgemeine Ausnahmen von der Besteuerung

Von der Besteuerung sind ausgenommen:

1. der Erwerb eines Grundstücks, wenn der für die Berechnung der Steuer maßgebende Wert (§ 8) 2 500 Euro nicht übersteigt;

2. der Grundstückserwerb von Todes wegen und Grundstücksschenkungen unter Lebenden im Sinne des Erbschaftsteuer- und Schenkungsteuergesetzes. Schenkungen unter einer Auflage unterliegen der Besteuerung jedoch hinsichtlich des Werts solcher Auflagen, die bei der Schenkungsteuer abziehbar sind;

3. der Erwerb eines zum Nachlass gehörigen Grundstücks durch Miterben zur Teilung des Nachlasses. Den Miterben steht der überlebende Ehegatte oder Lebenspartner gleich, wenn er mit den Erben des verstorbenen Ehegatten oder Lebenspartners gütergemeinschaftliches Vermögen zu teilen hat oder wenn ihm in Anrechnung auf eine Ausgleichsforderung am Zugewinn des verstorbenen Ehegatten oder Lebenspartners ein zum Nachlass

gehöriges Grundstück übertragen wird. Den Miterben stehen außerdem ihre Ehegatten oder ihre Lebenspartner gleich;

4. der Grundstückserwerb durch den Ehegatten oder den Lebenspartner des Veräußerers;

5. der Grundstückserwerb durch den früheren Ehegatten des Veräußerers im Rahmen der Vermögensauseinandersetzung nach der Scheidung;

5a. der Grundstückserwerb durch den früheren Lebenspartner des Veräußerers im Rahmen der Vermögensauseinandersetzung nach der Aufhebung der Lebenspartnerschaft;

6. der Erwerb eines Grundstücks durch Personen, die mit dem Veräußerer in gerader Linie verwandt sind oder deren Verwandtschaft durch die Annahme als Kind bürgerlich-rechtlich erloschen ist. Den Abkömmlingen stehen die Stiefkinder gleich. Den in den Sätzen 1 und 2 genannten Personen stehen deren Ehegatten oder deren Lebenspartner gleich;

7. der Erwerb eines zum Gesamtgut gehörigen Grundstücks durch Teilnehmer an einer fortgesetzten Gütergemeinschaft zur Teilung des Gesamtguts. Den Teilnehmern an der fortgesetzten Gütergemeinschaft stehen ihre Ehegatten oder ihre Lebenspartner gleich;

8. der Rückerwerb eines Grundstücks durch den Treugeber bei Auflösung des Treuhandverhältnisses. Voraussetzung ist, dass für den Rechtsvorgang, durch den der Treuhänder den Anspruch auf Übereignung des Grundstücks oder das Eigentum an dem Grundstück erlangt hatte, die Steuer entrichtet worden ist. Die Anwendung der Vorschrift des § 16 Abs. 2 bleibt unberührt.

*Anmerkung:*

*§ 3 Nr. 2 wurde durch Art. 7 Nr. 2 JStG 1997 v. 20. 12. 1996 (BGBl I 1996, 2049) neu gefasst. Die Neufassung bewirkt im Ergebnis keine Änderung. Zum zeitlichen Anwendungsbereich s. § 23 Abs. 3. § 3 Nr. 1 wurde durch Art. 13 Nr. 1 Steuer-Euroglättungsg v. 19. 10. 2000 (BGBl I 2000, 1790) geändert. Die Änderung ist am 1. 1. 2002 in Kraft getreten. Die Gleichstellung der Ehegatten mit den Lebenspartnern erfolgte durch Art. 29 JStG 2010 v. 8. 12. 2010 (BGBl I 2010, 1768). Nach § 23 Abs. 9 i. d. F. desselben Gesetzes waren die geänderten Vorschriften erstmals auf Erwerbsvorgänge anzuwenden, die nach dem 31. 12. 2009 verwirklicht wurden. Da diese Regelung vor dem BVerfG keinen Bestand hatte (Beschluss v. 8. 8. 2012 1 BvL 16/11, BGBl I 2012, 1770), ist § 23 Abs. 9 durch das Amtshilfe-RLUmsG v. 26. 6. 2013 (BGBl I 2013, 1809) neu gefasst worden. § 3 Nr. 3 bis 7 i. d. F. des JStG 2010 sind – soweit Steuerbescheide für Erwerbsvorgänge von Lebenspartnern noch nicht bestandskräftig sind – erstmals auf Erwerbsvorgänge*

*anzuwenden, die nach dem 31. 7. 2001 verwirklicht wurden. Die Einbeziehung der leiblichen Verwandten in § 3 Nr. 6 Satz 1 erfolgte ebenfalls durch das JStG 2010.*

## Inhaltsübersicht

# A. Vorbemerkung

## I. Grundsätzliche Beschränkung der personenbezogenen Befreiungen

1     Die **personenbezogenen** – wenngleich sachlichen – **Befreiungen setzen voraus, dass das** die Befreiung begründende **persönliche Verhältnis zwischen demjenigen besteht, der** seiner **grunderwerbsteuerrechtlich erheblichen Position verlustig geht, und demjenigen, der in diese einrückt.** Deutlich wird dies beim Vertrag zugunsten Dritter (§§ 328 ff. BGB): obwohl der Versprechensempfänger Käufer (und damit als Vertragsteil nach § 13 Nr. 1 Steuerschuldner) ist, entsteht der Anspruch auf Übereignung nur in der Person des Dritten. Der Erwerb des Dritten ist steuerfrei, wenn zwischen dem Eigentümer und diesem ein befreiungsbegründendes persönliches Band besteht; auf das Verhältnis des Eigentümers zu dem Versprechensempfänger ist ebenso wenig abzustellen wie auf das des Dritten zum Letztgenannten.

**Bei einem Erwerb nach § 1 Abs. 1 Nr. 4** ist ebenso wie beim Erwerb des Enteignungsbegünstigten auf das Verhältnis zwischen Versteigerungsschuldner bzw. Enteignungsbetroffenem zum Meistbietenden bzw. Erwerber abzustellen. Hinsichtlich der **Zwischengeschäfte** (§ 1 Abs. 1 Nr. 5 bis 7) ist auf das Verhältnis zwischen dem Abtretungsverpflichteten bzw. Abtretenden zum Abtretungsempfänger abzustellen; die Beziehungen zu demjenigen, von dem der Abtretungsverpflichtete bzw. Abtretende seine Rechtsstellung herleitet, sind ebenso ohne Bedeutung für die Frage des Eingreifens der Steuerbefreiung wie diejenigen des Abtretungsempfängers zu diesem.[1] Die **Abtretung der Rechte aus einem Kaufangebot** usw. i. S. des § 1 Abs. 1 Nr. 6 und 7 bewirkt nicht, dass der Abtretungsempfänger einen Übereignungsanspruch gegenüber dem das Angebot abgebenden Veräußerer erwirbt, sondern ermöglicht es dem Abtretungsempfänger, aufgrund Annahme des Angebots einen Anspruch auf Übereignung i. S. von § 1 Abs. 1 Nr. 1 gegen ihn zu erlangen. Maßgebend für das Eingreifen personenbezogener Befreiungsvorschriften für diesen Erwerbsvorgang ist allein das Verhältnis zwischen dem Verkäufer und dem Erwerber, nicht etwa dasjenige zwischen Letzterem und dem Abtretenden. Das Verhältnis zu diesem ist nur für die Befreiung des Erwerbs nach § 1 Abs. 1 Nr. 6 und 7 entscheidend (vgl. Hofmann, GrEStG, § 1 Rdnr. 75 a. E.).

**Scheitert die Anwendung des § 16 Abs. 1** daran, dass der Erwerbsvorgang nicht rückgängig gemacht wird (vgl. Hofmann, GrEStG, § 16 Rdnr. 17 ff.), und verkauft der ursprüngliche Verkäufer das Grundstück nunmehr auf Veranlassung des „Erstkäufers" an einen Dritten, so ist dieser Erwerbsvorgang nur dann steuerfrei, wenn Verkäufer und „Zweitkäufer" zueinander in einem die Befreiung begründenden Verhältnis stehen; auf die Beziehungen zwischen „Erstkäufer" und „Zweitkäufer" kommt es – anders als im Fall der Vertragsübernahme – nicht an[2] (s. dazu Hofmann, GrEStG, § 16 Rdnr. 24).

Erwirbt jemand im **Auftrag** eines anderen (vgl. Hofmann, GrEStG, § 1 Rdnr. 88 ff.) ein Grundstück, so erlangt nur er den Anspruch auf Übereignung; auf die Person des Auftraggebers kommt es für das Eingreifen personenbezogener Befreiungen nicht an. Die dem Auftraggeber gleichzeitig zuwachsende Verwertungsbefugnis (§ 1 Abs. 2) aufgrund Herausgabeanspruchs leitet dieser wiederum nur vom Auftragnehmer ab.[3]

# II. Zusammenschau von Befreiungsvorschriften

Im Zuge der Auslegung von Befreiungsvorschriften kann sich bei wertender Betrachtung eine Steuerbefreiung ergeben, die allein im Wortlaut der jeweiligen Befreiungsvorschriften nicht zum Ausdruck kommt.[4] Der solcherart „aufgedeckte" aus der **Interpolation von zwei Befreiungsvorschriften** gewonnene dritte Befreiungstatbestand ist anzuwenden, wenn sonst die buchstäbliche 2

---

1 Vgl. auch BFH v. 31. 8. 1994 II R 108/91, BFH/NV 1995, 431.
2 BFH v. 22. 9. 2010 II R 33/09, BFH/NV 2011, 304.
3 So auch BFH v. 31. 8. 1994 II R 108/91, BFH/NV 1995, 431.
4 BFH v. 20. 12. 2011 II R 42/10, BFH/NV 2012, 1177.

Anwendung des Steuergesetzes zu einem sinnwidrigen Ergebnis führen würde.[1] Das gilt vor allem dann, wenn sich der tatsächliche Grundstückserwerb als abgekürzter Weg darstellt und der nicht verwirklichte Zwischenerwerb – wäre er nicht unterblieben – gleichfalls steuerbefreit wäre.[2] Nach § 3 Nr. 3 Satz 1 ist der Grundstückerwerb eines Miterben zur Teilung des Nachlasses steuerfrei. In gleicher Weise genießt der Erwerb des Grundstücks durch einen Verwandten des Miterben in gerader Linie usw. Steuerfreiheit, wäre doch der Erwerb des Nachlassgrundstücks von dem Miterben durch ihn nach § 3 Nr. 6 steuerfrei. Ist der Erwerb eines Grundstücks durch einen Teilnehmer an einer fortgesetzten Gütergemeinschaft zur Teilung des Gesamtguts nach § 3 Nr. 7 Satz 1 steuerfrei, so ist aus der Zusammenschau mit § 3 Nr. 6 auch der Erwerb dieses Grundstücks durch einen (oder mehrere) seiner Abkömmlinge usw. steuerfrei. Wenn der Rückerwerb des Grundstücks durch den Treugeber nach Maßgabe des § 3 Nr. 8 Satz 1 steuerfrei ist, so ist aufgrund Zusammenschau dieser Vorschrift mit § 3 Nr. 4 oder 6 auch der unmittelbare Erwerb des Grundstücks durch den Ehegatten, den Lebenspartner oder einen Abkömmling usw. auf entsprechende Weisung des Treugebers steuerfrei.

Die Grenze für die interpolierende Betrachtung zieht § 42 AO: Es darf sich nicht um einen Gestaltungsmissbrauch handeln. So ist zwar die Abfolge Grundstücksübertragung auf die Eltern und von diesen auf Geschwister nur unter dem Gesichtswinkel der Vermeidung der grundsteuerrechtlichen Ergebnisses des im Ergebnis gewollten Grundstückserwerbsvorgang unter Geschwistern, der im Gegensatz zum eingeschlagenen Weg (zwei Mal § 3 Nr. 6 Satz 1) nicht grunderwerbsteuerfrei ist, als Missbrauch i. S. des § 42 AO anzusehen.[3] Andererseits kann die Übertragung von Miteigentum auf später geborene Geschwister dann nach § 3 Nr. 6 i. V. m. § 3 Nr. 2 Satz 1 grunderwerbsteuerfrei erfolgen, wenn sich die älteren Kinder schon bei der schenkweisen Übertragung auf sie durch die Eltern verpflichteten, anteiliges Miteigentum auf später geborene Geschwister zu übertragen.[4] In diesem Fall ist die interpolierende Betrachtung nicht durch § 42 AO ausgeschlossen, denn die anteilige Miteigentumsübertragung auf später geborene Geschwister beruht auf der Intention der Eltern, sowohl den bereits lebenden als auch den künftigen Kindern, im Rahmen der vorweggenommenen Erbfolge ein Grundstück zu glei-

---

1 Vgl. auch FG Berlin v. 31. 8. 2000, EFG 2001, 92, und BFH v. 18. 12. 2002 II R 82/00, BFH/NV 2003, 940, das FG Berlin bestätigend.
2 BFH v. 11. 8. 2014 II B 131/15, BFH/NV 2015, 5, m. w. N.; v. 16. 12. 2015 II R 49/14, BStBl I 2016, 292.
3 BFH v. 30. 11. 1960 II 154/59, BStBl III 1961, 21.
4 BFH v. 16. 12. 2015 II R 49, 14, BStB II 2016, 292.

chen Teilen zu übertragen. So klar liegen die Fälle nicht stets. Hat ein Elternteil den beiden einzigen Kindern im Wege vorweggenommener Erbfolge schenkungshalber unter dem Vorbehalt des lebenslangen Nießbrauchs je einen hälftigen Miteigentumsanteil an einem Grundstück übertragen und überlegt er sich später, die Verhältnisse anderweitig zu ordnen, überträgt schenkweise dem Sohn einen anderen Gegenstand aus seinem Vermögen unter der Verpflichtung „zum Zwecke der Gleichstellung" den zuvor erlangten Grundstücksmiteigentumsanteil seiner Schwester zu übertragen, was auch unter Übernahmen des elterlichen Nießbrauchsrechts geschieht, so ist nach der Entscheidung des BFH vom 11. 8. 2014 II B 131/13[1] zu differenzieren: Soweit die Grundstücksmiteigentumsübertragung anstelle der Zahlung eines Gleichstellungsgelds auf Veranlassung des Elternteils erfolgt, handle es sich um eine Schenkung des Elternteils an die erwerbende Tochter, die nach § 3 Nr. 2 Satz 1 grunderwerbsteuerfrei sei. Bezüglich des von dieser übernommenen Nießbrauchsrechts werde der Tatbestand des § 3 Nr. 2 Satz 2 erfüllt, weil es sich insoweit um eine Auflage handle. Die Anwendung des § 3 Nr. 6 scheide deshalb aus, weil eine interpolierende Betrachtung nicht zu einer Erweiterung des Anwendungsbereichs einer Befreiungsvorschrift über ihren Zweck hinaus führen dürfte. Das aber wäre der Fall, wenn § 3 Nr. 6 ohne jeden Bezug zu einer anderen Befreiungsregelung auf die Übertragung eines Grundstücks unter Geschwistern angewendet werde.[2]

## III. Zurechnung von personenbezogenen Befreiungen auf Gesamthandsgemeinschaften

Der Katalog der in § 3 aufgeführten Ausnahmen von der Besteuerung enthält    3
auch solche sachliche (vgl. Hofmann, GrEStG, Vorbem. vor § 3) Steuerbefreiungen, die an bestimmte zwischen dem Erwerber und dem Veräußerer bestehende Verhältnisse anknüpfen bzw. aus Gründen gewährt werden, die in der Person des Erwerbers liegen. Zur erstgenannten Gruppe gehören z. B. die Verwandten des Veräußerers in gerader Linie, die nur leiblichen Verwandten und die diesen gleichgestellten Personen (§ 3 Nr. 6) sowie die Ehegatten oder Lebenspartner – bzw. unter besonderen Voraussetzungen der frühere Ehegatte oder Lebenspartner – des Veräußerers (§ 3 Nr. 4 bis 5a). Zur zweitgenannten Gruppe gehören z. B. diejenigen, die aufgrund der Erbschaft- und Schenkungsteuer unterliegender Erwerbsvorgänge Grundstückserwerber sind (§ 3 Nr. 2),

---

1  BFH/NV 2015, 5.
2  A. A. FG Düsseldorf v. 1. 7. 2015, EFG 2015, 1629 (Rev.: II R 38/15); kritisch auch Behrens, BB 2015, 168.

sowie die Erwerber, die aufgrund der Rechtspositionen als Miterbe oder aufgrund ähnlicher Position freigestellt sind (§ 3 Nr. 3, 7). Durch die Gleichstellung der Ehegatten sowie der Lebenspartner der Erwerber mit diesen in § 3 Nr. 3, 6 und 7 ist die Gruppe der personenbezogenen Befreiungen erheblich erweitert.

Es würde dem Sinn der Befreiungsvorschriften widersprechen, würde man sie nicht auch auf Gesamthandsgemeinschaften durchschlagen lassen, denn diese sind zwar grunderwerbsteuerrechtlich weitgehend selbständige Rechtsträger, das ihnen zustehende (und verselbständigte) „Sondervermögen" steht jedoch im Eigentum der an ihnen Beteiligten, wenn auch nur gemeinsam mit den anderen in gesamthänderischer Verbundenheit (vgl. Hofmann, GrEStG, § 1 Rdnr. 18). Diese Stellung eines Beteiligten zum Gesamthandsvermögen zieht es nach sich, dass die personenbezogenen Befreiungen quotal auch auf Erwerbsvorgänge durchschlagen, an denen Gesamthandsgemeinschaften – seien sie als selbständige Rechtsträger im grunderwerbsteuerrechtlichen Sinne zu qualifizieren oder nicht (vgl. Hofmann, GrEStG, § 1 Rdnr. 19, 20) – als Veräußerer oder Erwerber beteiligt sind (vgl. schon Hofmann, GrEStG, § 1 Rdnr. 21 ff.). Dies ist von der Rechtsprechung des BFH seit langem anerkannt.[1] Zu beachten ist, dass dabei über die personenbezogene Befreiungsvorschrift lediglich das Tatbestandsmerkmal „Gesamthänder" ersetzt wird, im Übrigen aber die weiteren Voraussetzungen der Begünstigungsvorschrift (§§ 5 ff.) eingehalten werden müssen.[2] Ist die Gesamthandsgemeinschaft als Veräußerin beteiligt, sind allerdings § 6 Abs. 4 bzw. § 7 Abs. 3 zu beachten (s. aber auch Hofmann, GrEStG, § 6 Rdnr. 35).

# B. Die Freigrenze (§ 3 Nr. 1)

4   Nach § 3 Nr. 1 ist der Erwerb eines Grundstücks von der Besteuerung ausgenommen, wenn der für die Berechnung der Steuer nach § 8 maßgebende Wert 2 500 € nicht übersteigt. Es handelt sich **nicht** um einen **Freibetrag, sondern** um eine **Freigrenze** mit der Folge, dass in den Fällen, in denen die steuerpflichtige Bemessungsgrundlage 2 500 € übersteigt, die Steuerpflicht in vollem Umfang eintritt.

Die Freigrenze betrifft den Erwerb jeweils **eines** Grundstückes. Erwirbt jemand durch einen Rechtsvorgang mehrere Grundstücke, hängt die Befreiung davon

---

1 Vgl. z. B. BFH v. 25. 2. 1969 II 142/63, BStBl II 1969, 400; v. 27. 10. 1970 II 72/65, BStBl II 1971, 278; v. 18. 9. 1974 II R 90/68, BStBl II 1975, 360; v. 11. 6. 2008 II R 58/06, BStBl II 2008, 879; v. 20. 12. 2011 II R 42/10, BFH/NV 2012, 1177.
2 BFH v. 26. 3. 2003 II B 202/01, BStBl II 2003, 528; v. 25. 9. 2013 II R 17/14, BStBl II 2014, 268.

ab, ob sich der Erwerb i. S. von § 2 Abs. 3 Satz 1 auf ein Grundstück bezieht. Das ist dann der Fall, wenn die mehreren Grundstücke – von der Erwerberseite her gesehen – als eine wirtschaftliche Einheit und folglich als ein Grundstück anzusehen sind (vgl. Hofmann, GrEStG, § 2 Rdnr. 36, 37). Werden bei freiwilliger Versteigerung (§ 156 BGB) mehrere Grundstücksparzellen getrennt zugeschlagen, so bildet jeder Zuschlag einen besonderen Rechtsvorgang, auch wenn dem Erwerber nacheinander mehrere Parzellen (die in seiner Hand eine wirtschaftliche Einheit bilden) zugeschlagen werden.[1] Entsprechendes gilt für das Meistgebot im Zwangsversteigerungsverfahren beim Einzelaufgebot mehrerer Grundstücke; lediglich ein Grundstück kann jedoch bei Gesamtausgebot (§ 63 ZVG) vorliegen, wenn die zusammen ausgebotenen Grundstücke eine wirtschaftliche Einheit bilden (§ 2 Abs. 3 Satz 1).

**Ideelle Miteigentumsanteile** an einem Grundstück (Bruchteilseigentum) gelten grunderwerbsteuerrechtlich als Grundstücke (vgl. Hofmann, GrEStG, § 1 Rdnr. 29). Jeder Miteigentümer kann über seinen Anteil verfügen (§ 747 Satz 1 BGB). Deshalb ist der Erwerb jedes Miteigentumsanteils in Rücksicht auf § 3 Nr. 1 als ein Erwerb zu betrachten. Das gilt allerdings nur, soweit lediglich Miteigentumsanteile vom Rechtsvorgang betroffen sind. Erwerben mehrere Personen einen Miteigentumsanteil zum Miteigentum nach Bruchteilen, so ist für die Anwendung des § 3 Nr. 1 der Erwerb eines jeden Bruchteils am Bruchteil Erwerb eines Grundstücks.                                                   5

**BEISPIELE:**

  a) A, der Miteigentümer zu $1/_8$ an einem Grundstück ist, verkauft seinen Miteigentumsanteil je zur Hälfte an B und C. Der Kaufpreis beträgt insgesamt 5 000 €. Sowohl der Grundstückserwerb des B als auch der des C sind steuerfrei nach § 3 Nr. 1, weil für jeden dieser beiden Erwerbsvorgänge der Wert der Bemessungsgrundlage nur 2 500 € beträgt.

  b) D und E sind je zur Hälfte Miteigentümer eines Grundstücks. D verkauft seinen Miteigentumsanteil an F um 2 500 €, E seinen Miteigentumsanteil an G um 2 600 €. Der Erwerb des F ist nach § 3 Nr. 1 steuerfrei, nicht dagegen der Erwerb des G.

Geben die gemeinschaftlichen Miteigentümer Erklärungen über das ganze Grundstück ab, verpflichten sie sich zur Übereignung des gemeinschaftlichen Gegenstands im Ganzen (vgl. § 747 Satz 2 BGB), so liegt nur ein Erwerb i. S. von § 3 Nr. 1 vor, wenn nur eine Person den Übereignungsanspruch erlangt.[2] Die Gegenmeinung, zu deren Begründung angeführt wird, jeder Miteigentümer

---

1 BFH v. 7.1.1953 II 169/52, BStBl III 1953, 68.
2 A. A. Boruttau/Meßbacher-Hönsch, Rn. 84 und Pahlke, Rz 20.

verfüge nur über seinen Miteigentumsanteil, wird § 747 Abs. 2 BGB nicht gerecht. Wenn auch alle Gemeinschafter notwendig gemeinschaftlich handeln müssen, so bezieht sich doch das Verfügungsgeschäft auf den gemeinschaftlichen Gegenstand, der entsprechend auch zum Gegenstand des den Tatbestand des § 1 Abs. 1 Nr. 1 erfüllenden Verpflichtungsgeschäfts gemacht ist. Stehen in solchen Fällen den gemeinschaftlich handelnden Miteigentümern mehrere Erwerber unter sich zu ideellen Miteigentumsanteilen gegenüber, so liegen so viele Erwerbsvorgänge vor, wie auf der Erwerberseite Miteigentumsanteile am ganzen Grundstück erworben werden. Der jeweilige Erwerbsvorgang ist dann steuerfrei, wenn die für den Erwerb des Miteigentumsanteils ermittelte Bemessungsgrundlage 2 500 € nicht übersteigt.

**BEISPIELE:** ▶

a) H, I, J und K sind je zu $1/4$ Miteigentümer eines Grundstücks. Sie verkaufen dieses Grundstück gemeinsam an L um 7 500 €. Der Erwerb des L ist wegen Überschreitens der Freigrenze des § 3 Nr. 1 nicht steuerfrei.

b) Abwandlung: H, I, J und K verkaufen das Grundstück gemeinsam an M, N und O zu gleichen Teilen (je $1/3$). Die Erwerbe von M, N und O sind steuerfrei nach § 3 Nr. 1.

c) Die Eheleute L verkaufen ein ihnen je zu hälftigem Miteigentum gehörendes Grundstück in einem Rechtsgeschäft an die Eheleute M, die das Grundstück als Miteigentümer je zur Hälfte erwerben, um 10.000 €. Es liegen nur zwei Erwerbsvorgänge vor. Die Freigrenze des § 3 Nr. 1 ist jeweils überschritten.

Das Nämliche gilt auch beim Erwerb von Grundstücken von im Güterstand der Gütergemeinschaft lebenden Ehegatten oder Lebenspartnern, weil der einzelne Ehegatte bzw. Lebenspartner nach § 1419 Abs. 1 BGB (ggf. i. V. m. § 7 LPartG) nicht über seinen Anteil an einem zum Gesamtgut gehörenden Grundstück verfügen kann.[1] Erwerben in Gütergemeinschaft lebende Ehegatten oder Lebenspartner gemeinsam ein Grundstück zum Gesamtgut, so liegen wegen der grunderwerbsteuerrechtlichen Unselbständigkeit dieser Gesamthandsgemeinschaft zwei Erwerbsvorgänge i. S. von § 3 Nr. 1 vor.[2]

6  Greifen Befreiungsvorschriften nur teilweise ein (z. B. im Bereich der §§ 5 bis 7), so ist der Erwerbsvorgang gänzlich steuerfrei, wenn die Steuer aus einem Betrag von höchstens 2 500 € zu berechnen wäre. Denn die Ausdrucksweise in §§ 5 bis 7, dass die Steuer nicht erhoben werde, bedeutet entsprechende Nichtberechnung der Steuer und damit umfangbegrenzte Steuerbefreiung (vgl. Hofmann, GrEStG, Vorbem. vor § 3). § 3 Nr. 1 kann auch bei einem nach

---

1 So jetzt auch BFH v. 28. 3. 2007 II R 15/06, BFH/NV 2007, 1349.
2 A. A. Boruttau/Meßbacher-Hönsch, Rn. 93.

§ 1 Abs. 2a der Steuer unterliegenden Vorgang in Kombination mit § 3 Nr. 2 ff. sowie mit § 6 Abs. 3 Satz 1 i. V. m. Abs. 1 Bedeutung gewinnen. Das ist dann der Fall, wenn der für die Berechnung der Steuer maßgebende verbleibende Wert für den fiktiven Erwerb eines Grundstücks durch die „neue Personengesellschaft" 2 500 € nicht übersteigt. Da Gegenstand der Besteuerung bei Anteilsvereinigung/Anteilsübertragung (§ 1 Abs. 3) der Erwerb der Herrschaftsmacht über die Grundstücke, die der Gesellschaft, deren Anteile vereinigt bzw. übertragen werden, gehören (vgl. Hofmann, GrEStG, § 1 Rdnr. 135) kann die Freigrenze dann erheblich werden, wenn für einzelne Grundstücke der Grundbesitzwert (§ 8 Abs. 2 Satz 1 Nr. 3) nicht mehr als 2.500 € beträgt. Das gilt für § 1 Abs. 3a. Auch bei teilweiser schenkungshalber Übertragung von Anteilen, die zu einer Anteilsvereinigung i. S. des § 1 Abs. 3 Nr. 1 beiträgt, kann im Einzelfall der verbleibende steuerpflichtige Wert des Grundstückes unter 2.500 € sinken.

# C. Grundstückserwerb von Todes wegen und Grundstücksschenkungen unter Lebenden (§ 3 Nr. 2)

**Literatur:** *Halaczinsky,* Ist eine Doppelbelastung mit Erbschaft- und Grunderwerbsteuer möglich?, ZEV 2003, 97; *G. Hofmann,* Kaufrechtsvermächtnisse, DStZ 2003, 838; *Moench,* Grundstückserwerb aufgrund eines Kaufrechtsvermächtnisses, DStR 2003, 1383; *Everts,* Das Kaufrechtsvermächtnis im Grunderwerbsteuerrecht, DB 2005, 1595; *Bruschke,* Die Behandlung eines Kaufrechtsvermächtnisses bei der Erbschaft- und Schenkungsteuer und bei der Grunderwerbsteuer, UVR 2006, 165; *Heine,* Neue Rechtsprechung des BFH zur Grunderwerbsteuerfreiheit bei Schenkung von Geschäftsanteilen hat weitere Konsequenzen, UVR 2008, 88; *Riedel,* Segen oder Fluch? Das BFH-Urteil vom 7. 11. 2007, II R 28/06, Zerb 2008, 227; *Grewe,* Keine Befreiung von der GrESt bei einem vermächtnisweise angeordneten Vorkaufsrecht, Erbfb 2009, 4; *Gottwald,* Aktuelle Entwicklungen im Grunderwerbsteuerrecht...; MittBayNot 2010, 1; *Behrens,* Wie weit reicht der einheitliche Lebensvorgang dessen Doppelbelastung § 3 Nr. 2 Satz 1 GrEStG verhindern soll?, BB 2015, 2525; *Holler/Schmitt,* Grunderwerbsteuer in Erbfällen und bei Schenkungen, ErbR 2016, 192.

## I. Allgemeines

§ 3 Nr. 2 nimmt von der Besteuerung den Grundstückserwerb von Todes we-    7 gen und die Grundstücksschenkung unter Lebenden i. S. des Erbschaftsteuer- und Schenkungsteuergesetzes aus. Ob ein solcher Erwerb vorliegt, bestimmt sich nach §§ 3 und 7 ErbStG in der jeweils geltenden Fassung (sog. dynamische Verweisung).

§ 3 Nr. 2 **dient der Vermeidung der Doppelbesteuerung.** Deshalb hat das Bundesverfassungsgericht mit Beschluss vom 15. 5. 1984[1] ausgesprochen, dass im Hinblick auf § 25 ErbStG a. F.[2] § 3 Nr. 2 Satz 2 a. F., wonach Schenkungen unter einer Auflage nur insoweit von der Grunderwerbsteuer ausgenommen waren, als der (Einheits-)Wert des Grundstücks den Wert der Auflage übersteigt, verfassungskonform dahin auszulegen sei, dass bei belastet erworbenem Vermögen im Ausmaß der Belastung neben der Schenkungsteuer keine Grunderwerbsteuer zu erheben ist. Dem hatte die Rechtsprechung[3] bereits entsprochen. Die Fassung des § 3 Nr. 2 Satz 2 durch das JStG 1997 begrenzt die Befreiung dahin gehend, dass sie den Wert solcher Auflagen, die bei der Schenkungsteuer abziehbar sind, nicht umfasst. Ob der Erwerb von Todes wegen bzw. die Grundstücksschenkung unter Lebenden Erbschaftsteuer bzw. Schenkungsteuer ausgelöst hat, ist ohne Bedeutung.[4] Zur Anwendung des § 3 Nr. 2 auf Erwerbsvorgänge i. S. des § 1 Abs. 3 s. Hofmann, GrEStG, § 1 Rdnr. 186 ff.

Die Zielrichtung der Vorschrift, nämlich Vermeidung der Doppelbelastung mit Erbschaft- und Grunderwerbsteuer, bedingt es auch, den Vorrang der Erbschaftsteuer zu beachten, wenn der Besteuerung nach dem Erbschaftsteuergesetz eine unwirksame Verfügung von Todes wegen, die als solche ausgeführt wird, im Hinblick auf § 41 Abs. 1 Satz 1 AO zugrunde gelegt wird. Voraussetzung dafür ist nach der Rechtsprechung des BFH,[5] dass eine obgleich unwirksame Anordnung des Erblassers vorliegt, die dieser im Hinblick auf seinen Tod getroffen hat, und dass diese zur Grundlage der von den am Erbfall Beteiligten getroffenen Regelungen gemacht, also „ausgeführt" wurde, um dem Willen des Erblassers zu entsprechen. Dasselbe gilt, soweit das Ergebnis eines ernsthaft gemeinten Vergleichs, der die gütliche Regelung streitiger Erbverhältnisse zum Ziel und seinen letzten Rechtsgrund im Erbrecht hat, der Besteuerung nach dem Erbschaftsteuergesetz zugrunde zu legen ist.[6] Kann aber der Erwerb nicht auf einen erbrechtlichen Rechtsgrund zurückgeführt werden, so unterliegt er nicht nach § 3 Abs. 1 Nr. 1 ErbStG der Erbschaftsteuer.[7] Das ist

1 1 BvR 464/81 u. a., BStBl II 1984, 608.
2 Aufgehoben durch Gesetz v. 24. 12. 2008 (BGBl I 2008, 3013) mit Wirkung ab 1. 1. 2009 (vgl. § 37 Abs. 1 ErbStG); s. auch § 37 Abs. 2 ErbStG.
3 BFH v. 29. 1. 1992 II R 41/89, BStBl II 1992, 40; v. 7. 9. 1994 II R 99/91, BFH/NV 1995, 433.
4 BFH v. 7. 9. 1994 II R 99/91, BFH/NV 1995, 433.
5 Vom 15. 3. 2000 II 15/98, BStBl II 2000, 588; s. auch BFH v. 28. 3. 2007 II R 25/05, BStBl II 2007, 461.
6 Vgl. dazu BFH v. 6. 12. 2000 II R 29/99, BFH/NV 2001, 601, sowie BFH v. 25. 8. 1998 II B 45/98, BFH/NV 1999, 313.
7 So zutreffend BFH v. 4. 5. 2011 II R 34/99, BStBl II 2011, 725, unter Änderung bisheriger Rechtsprechung.

evident für die vergleichsweise zugestandene Abfindung, die der in einem widerrufenen Testament als Alleinerbe eingesetzter Erbprätendent vom rechtswirksam eingesetzten Alleinerben dafür bekommt, dass er dessen Erbenstellung nicht mehr bestreitet.

Ist für ein und denselben Vorgang (ganz oder teilweise deckungsgleich) sowohl Schenkungsteuer als auch Grunderwerbsteuer unanfechtbar festgesetzt, so richtet sich die Änderung bzw. Aufhebung einer der Steuerfestsetzungen nach § 174 AO; die Grunderwerbsteuerfestsetzung muss der Schenkungsteuerfestsetzung weichen.

## II. Grundstückserwerb von Todes wegen

### 1. § 3 ErbStG

Für die Befreiung eines Grundstückserwerbs von Todes wegen nach § 3 Nr. 2 8
Satz 1 ist § 3 ErbStG maßgebend, weil diese Vorschrift die relevanten Vorgänge regelt. § 3 ErbStG i. d. F. ErbStRG vom 24. 12. 2008[1] hat folgenden Wortlaut:

**Erwerb von Todes wegen**

(1) Als Erwerb von Todes wegen gilt

1. der Erwerb durch Erbanfall (§ 1922 des Bürgerlichen Gesetzbuchs), durch Vermächtnis (§§ 2147 ff. des Bürgerlichen Gesetzbuchs) oder aufgrund eines geltend gemachten Pflichtteilsanspruchs (§§ 2303 ff. des Bürgerlichen Gesetzbuchs);

2. der Erwerb durch Schenkung auf den Todesfall (§ 2301 des Bürgerlichen Gesetzbuchs). Als Schenkung auf den Todesfall gilt auch der auf dem Ausscheiden eines Gesellschafters beruhende Übergang des Anteils oder des Teils eines Anteils eines Gesellschafters einer Personengesellschaft oder Kapitalgesellschaft bei dessen Tod auf die anderen Gesellschafter oder die Gesellschaft, soweit der Wert, der sich für seinen Anteil zur Zeit seines Todes nach § 12 ergibt, Abfindungsansprüche Dritter übersteigt. Wird aufgrund einer Regelung im Gesellschaftsvertrag einer Gesellschaft mit beschränkter Haftung der Geschäftsanteil eines Gesellschafters bei dessen Tod eingezogen und übersteigt der sich nach § 12 ergebende Wert seines Anteils zur Zeit seines Todes Abfindungsansprüche Dritter, gilt die insoweit bewirkte

---

1 BGBl I 2008, 3018; spätere Änderungen des Erbschaftsteuer- und Schenkungsteuergesetzes haben § 3 nicht betroffen.

Werterhöhung der Geschäftsanteile der verbleibenden Gesellschafter als Schenkung auf den Todesfall;

3. die sonstigen Erwerbe, auf die die für Vermächtnisse geltenden Vorschriften des bürgerlichen Rechts Anwendung finden;

4. jeder Vermögensvorteil, der aufgrund eines vom Erblasser geschlossenen Vertrages bei dessen Tode von einem Dritten unmittelbar erworben wird.

(2) Als vom Erblasser zugewendet gilt auch

1. der Übergang von Vermögen auf eine vom Erblasser angeordnete Stiftung. Dem steht gleich die vom Erblasser angeordnete Bildung oder Ausstattung einer Vermögensmasse ausländischen Rechts, deren Zweck auf die Bindung von Vermögen gerichtet ist;

2. was jemand infolge Vollziehung einer vom Erblasser angeordneten Auflage oder infolge Erfüllung einer vom Erblasser gesetzten Bedingung erwirbt, es sei denn, dass eine einheitliche Zweckzuwendung vorliegt;

3. was jemand dadurch erlangt, dass bei Genehmigung einer Zuwendung des Erblassers Leistungen an andere Personen angeordnet oder zur Erlangung der Genehmigung freiwillig übernommen werden;

4. was als Abfindung für einen Verzicht auf den entstandenen Pflichtteilsanspruch oder für die Ausschlagung einer Erbschaft, eines Erbersatzanspruchs oder eines Vermächtnisses oder für die Zurückweisung eines Rechts aus einem Vertrag des Erblassers zugunsten Dritter auf den Todesfall oder anstelle eines anderen in Absatz 1 genannten Erwerbs gewährt wird;

5. was als Abfindung für ein aufschiebend bedingtes, betagtes oder befristetes Vermächtnis, für das die Ausschlagungsfrist abgelaufen ist, vor dem Zeitpunkt des Eintritts der Bedingung oder des Ereignisses gewährt wird;

6. was als Entgelt für die Übertragung der Anwartschaft eines Nacherben gewährt wird;

7. was der Vertragserbe oder der Schlusserbe eines gemeinschaftlichen Testaments oder der Vermächtnisnehmer wegen beeinträchtigender Schenkungen des Erblassers (§ 2287 des Bürgerlichen Gesetzbuchs) von dem Beschenkten nach den Vorschriften über die ungerechtfertigte Bereicherung erlangt.

## 2. Erwerb durch Erbanfall

Mit dem Tode einer Person geht deren Vermögen als Ganzes auf eine oder 9
mehrere Personen über (§ 1922 Abs. 1 BGB). Die **Gesamtrechtsnachfolge,** beruhe sie auf Gesetz (§§ 1924 ff. BGB; s. auch § 10 LPartG) oder auf letztwilliger Verfügung des Erblassers (Testament, § 1937 BGB, Erbvertrag, § 1941 BGB), führt zwar in Bezug auf die im Eigentum des Erblassers stehenden Grundstücke zu einem Erwerb, der nach § 1 Abs. 1 Nr. 3 Satz 1 der Steuer unterliegt, ist aber **steuerfrei.** Darüber hinaus erstreckt sich die Steuerfreiheit naturgemäß auch auf die dem Erblasser aus einem von ihm abgeschlossenen Verpflichtungsgeschäft i. S. des § 1 Abs. 1 Nr. 1, 5 oder Abs. 3 Nr. 1 und 3 erwachsenen Ansprüche auf Übereignung bzw. Abtretung oder Übertragung der dort genannten Ansprüche ebenso wie auf den dinglichen Anspruch aus Auflassung (§ 1 Abs. 1 Nr. 2). Auch in die Stellung, als derjenige, der das Meistgebot im Zwangsversteigerungsverfahren abgegeben hat, rückt der Erbe bzw. rücken die Erben ein; Erben treten nämlich in alle dem Erblasser zustehenden und vererblichen Rechtspositionen sowie in Verpflichtungen, die in seiner Person entstanden sind, nach dem Grundsatz des „Vonselbsterwerbs" ein.

Beim Anfall der Erbschaft an mehrere Miterben bleiben **erbschaftsteuerrechtlich verbindliche Teilungsanordnungen**[1] **bei** der **Besteuerung** des einzelnen Miterben **ohne Bedeutung, auch** wenn sich der Erwerb des einzelnen Miterben (wie bspw. bei qualifizierter Nachfolgeklausel) im Wege der **Sonderrechtsnachfolge** vollzieht.[2] Nach BFH vom 1. 4. 1992[3] gilt das auch für den Fall, dass zum (Gesamt)Nachlass ein **Hof** i. S. der **Höfeordnung** gehört. Der Übergang des Hofes auf den Hoferben, der sich im Wege der Sonderrechtsnachfolge vollzieht, ist grunderwerbsteuerfrei (§ 3 Nr. 2, 3). Die Abfindung der weichenden Erben, denen ein Geldanspruch erwächst (vgl. § 12 HöfeO), ist in einem solchen Fall nach Ansicht der Finanzverwaltung[4] auch dann nach § 3 Nr. 3 wegen der Zugehörigkeit des Hofes zum erbengemeinschaftlichen Nachlass steuerfrei, wenn sie zur Abgeltung ihrer Ansprüche Grundstücke erhalten, die als Teil des Nachlasses zum Hof gehört haben.[5] Grundstücksübertragungen zur Abgeltung eines auf Geld gerichteten Abfindungsergänzungsanspruchs sind i. S. des § 13 HöfeO

---

1 § 2048 BGB; zur Abgrenzung von Vorausvermächtnissen, § 2050 BGB, vgl. BGH v. 23. 9. 1981 IVa ZR 185/80, BGHZ 82, 274; v. 14. 3. 1984 IVa ZR 87/82, NJW 1985, 51.
2 BFH v. 10. 11. 1982 II R 85-86/78, BStBl II 1983, 329.
3 II R 21/89, BStBl II 1992, 669.
4 Siehe OFD Hannover v. 25. 5. 1998, StEd 1999, 666.
5 A. A. Boruttau/Meßbacher-Hönsch, Rn. 144, unter Hinweis auf BFH v. 26. 1. 1971 II 86/65: keine Grunderwerbsteuerbefreiung. Pahlke, Rz 127, will den Abfindungserwerb unter § 3 Nr. 4 ErbStG subsumieren und dementsprechend nach § 3 Nr. 2 Satz 1 von der Grunderwerbsteuer befreien.

weder nach § 3 Nr. 2 Satz 1 noch nach § 3 Nr. 3 steuerfrei.[1] Hinsichtlich des hoffreien Vermögens erfolgt die Beerbung nach den allgemeinen Regeln.

Erwerb durch Erbanfall tritt jeweils auch sowohl in der Person des **Vorerben** als auch des **Nacherben** ein. Beide sind gleicherweise Gesamtrechtsnachfolger desselben Erblassers (§ 6 ErbStG hat nur für die Erbschaftsteuer Bedeutung). Dabei ist zu beachten, dass infolge Abtretung der Nacherbenanwartschaft der Abtretungsempfänger Nacherbe wird, der Erwerb also ihm zufällt.

Bei einer nur noch aus zwei Gesellschaftern bestehenden Personengesellschaft kann der Tod des einen zur Anwachsung (§ 738 BGB) des Gesellschaftsvermögens auf den anderen führen und damit hinsichtlich der Grundstücke im Vermögen der Gesellschaft der Tatbestand des § 1 Abs. 1 Nr. 3 Satz 1 verwirklicht werden (vgl. Hofmann, GrEStG, § 1 Rdnr. 56). Diese Rechtsfolge tritt (sofern nicht gesellschaftsvertraglich abbedungen) bei einer OHG (sowie bei einer Partnerschaftsgesellschaft kraft Verweisung in § 9 Abs. 1 PartGG; s. aber auch § 9 Abs. 4 PartGG) und – wenngleich beschränkt auf den Tod eines Komplementärs[2] – bei einer KG kraft Gesetzes ein (§ 131 Abs. 3 Nr. 1 HGB, s. auch § 161 Abs. 2 und § 177 HGB), bei der Gesellschaft des bürgerlichen Rechts nur aufgrund von gesellschaftsvertraglicher Regelung, die von § 727 Abs. 1 BGB abweicht. Ist der überlebende Gesellschafter Erbe oder Miterbe des Verstorbenen, so ist der mit der Anwachsung verbundene und durch den Todesfall veranlasste Grundstückserwerb hinsichtlich seiner vermögensmäßigen Beteiligung am Gesellschaftsvermögen steuerbegünstigt nach § 6 Abs. 2 (unter Beachtung von § 6 Abs. 4) und im Übrigen nach § 3 Nr. 2 Satz 1 steuerbefreit im Hinblick auf § 3 Abs. 1 Nr. 1 ErbStG.[3] Zu derartigen Sonderrechtsnachfolgen durch einen Nichterben vgl. § 3 Abs. 1 Nr. 2 Satz 2 ErbStG und Rdnr. 15. Zum Erwerb aufgrund Erbanfalls durch Testament und Gesellschaftsvertrag s. auch BFH vom 12. 11. 1980.[4]

### 3. Erwerb durch Vermächtnis

10    Durch ein Vermächtnis erhält der Vermächtnisnehmer das Recht, von dem Beschwerten die Leistung des vermachten Gegenstands zu fordern (§ 2174 BGB).

---

1 BFH v. 29. 9. 2015 II R 23/14, BStBl II 2016, 104.
2 Vgl. auch § 177 HGB: Fortsetzung mit den Erben des Kommanditisten soweit keine abweichenden gesellschaftsvertraglichen Vereinbarungen vorliegen.
3 Vgl. schon bisher BFH v. 31. 10. 1963 II 155/60, BStBl III 1963, 579; v. 1. 9. 1965 II 93/62, BStBl III 1965, 670, bei OHG; v. 18. 12. 1963 II 12/60, HFR 1964, 380 bei KG; v. 25. 11. 1964 II 34/62, HFR 1965, 227, bei Gesellschaft bürgerlichen Rechts.
4 II R 1/78, BStBl II 1981, 177.

Der Erwerb des Eigentums an einem vermächtnisweise zugewandten Grundstück bedarf daher – im Gegensatz zum Erwerb kraft Erbanfalls – der Auflassung und Eintragung in das Grundbuch. Ein Vermächtnis ist die Zuwendung eines Vermögensvorteils an einen anderen, ohne diesen als Erben einzusetzen, die auf letztwilliger Verfügung (Testament, § 1939 BGB, Erbvertrag, § 1941 BGB) beruht (zum Vorausvermächtnis s. § 2150 BGB). Ist ein Vermächtnis formunwirksam angeordnet, so ist es dann erbschaftsteuerrechtlich (und damit auch grunderwerbsteuerrechtlich) der Besteuerung zugrunde zu legen, wenn feststeht, dass eine entsprechende Anordnung des Erblassers von Todes wegen vorliegt und dass der Beschwerte dem Begünstigten den diesem zugedachten Vermögensgegenstand (z. B. ein Grundstück) nur überträgt, um dadurch den Willen des Erblassers (trotz des ihm anhaftenden Formmangels) zu vollziehen.[1] Mit dem Vermächtnis beschwert sein können Erben oder Vermächtnisnehmer (§§ 2147, 2148 BGB). Der Erwerb durch Vermächtnis gilt nach § 3 Abs. 1 Nr. 1 ErbStG als Erwerb von Todes wegen. Ist Gegenstand des Vermächtnisses ein Grundstück, so tritt **Steuerfreiheit auch** dann ein, **wenn** das **Grundstück belastet** ist und der Vermächtnisnehmer die Belastungen (und die ihnen im weitesten Sinne „zugrunde liegenden" Verpflichtungen) übernimmt.[2] Der Erwerb durch Vermächtnis ist infolge § 3 Abs. 1 Nr. 1 ErbStG i. V. m. § 3 Nr. 2 Satz 1 **auch** dann befreit, **wenn** der **Vermächtnisnehmer seinerseits** durch Auflagen oder seinerseits durch ein Vermächtnis (vgl. § 2147 BGB) oder in sonstiger Weise (bspw. Verpflichtung zur Zahlung eines mäßigen Aufpreises) **beschwert ist.** Dasselbe gilt für den **Nachvermächtnisnehmer** (§ 2191 BGB). Bei einem **Wahlvermächtnis** (§ 2154 Abs. 1 Satz 1 BGB) gilt der von dem Bedachten gewählte Gegenstand als die von Anfang an geschuldete Leistung (§ 263 Abs. 2 BGB) aufgrund des ausgesetzten Vermächtnisses.[3]

Auch der Erwerb eines Grundstücks aufgrund **Verschaffungsvermächtnisses** 11 (§ 2169 BGB) durch den Vermächtnisnehmer ist steuerfrei. Dabei ist zu unterscheiden, ob das den Gegenstand des Verschaffungsvermächtnisses bildende Grundstück dem Erben gehört oder einem Dritten. Gehört das Grundstück dem Erben, so tritt volle Steuerfreiheit ein. Übereignet eine Personenhandelsgesellschaft ein Grundstück in Erfüllung eines Verschaffungsvermächtnisses, so ist dieser Vorgang gemäß § 3 Nr. 2 i. V. m. § 6 Abs. 2 von der Grunderwerbsteuer ausgenommen, wenn an der Gesellschaft nur der Erblasser, der Erbe

---

1 Vgl. BFH v. 7. 10. 1981 II R 16/80, BStBl II 1982, 28; v. 15. 3. 2000 II R 15/98, BStBl II 2000, 588.
2 Vgl. auch § 2165 BGB; ebenso BFH v. 21. 7. 1993 II R 118/90, BStBl II 1993, 765.
3 Vgl. auch BFH v. 1. 6. 2001 II R 14/00, BStBl II 2001, 725.

und der Vermächtnisnehmer beteiligt waren.[1] Muss das Grundstück erst von einem anderen erworben werden, so unterliegt der Erwerb des Grundstücks durch den mit dem Vermächtnis Beschwerten nach § 1 Abs. 1 Nr. 1 der Steuer, der anschließende Erwerb durch den Vermächtnisnehmer ist steuerfrei. Kauft der Erbe (oder der sonst Vermächtnisbeschwerte) das Grundstück unmittelbar zugunsten des Vermächtnisnehmers (§ 328 BGB) – und wird es diesem vom Grundstückseigentümer aufgelassen – so liegt nur ein der Grunderwerbsteuer unterliegender Erwerbsvorgang vor. Dieser, nämlich der Kauf von dem Dritten, unterliegt der Grunderwerbsteuer; die Auflassung an den Begünstigten ist im Verhältnis zum Dritten nur Vollzug des der Grunderwerbsteuer unterliegenden Vorgangs und im Verhältnis zum Beschwerten Vollzug des Vermächtnisses.[2]

Ist der Erblasser (und damit auch sein Erbe) **aus** einem **anderen Rechtsgrund** (bspw. Treuhandabrede, Herausgabeverpflichtung aus § 667 BGB) **zur Herausgabe eines Grundstücks verpflichtet**, so führt die vermächtnisweise Zuwendung des Grundstücks zugunsten des Anspruchsberechtigten nicht zu einem der Erbschaftsteuer unterliegenden Erwerb „durch Vermächtnis" i. S. des § 3 Abs. 1 Nr. 1 ErbStG, weil sie nur der Verstärkung des ohnehin bestehenden Anspruchs des Dritten dient. Die Erfüllung dieses „Vermächtnisses" durch Auflassung an den aus anderem Rechtsgrund Berechtigten ist nicht nach § 3 Nr. 2 Satz 1 steuerfrei.

Sofern **Gegenstand eines Vermächtnisses** der Anspruch auf Bestellung eines **dinglichen Vorkaufsrechts** an einem Nachlassgrundstück ist, ist der in Ausübung dieses Rechts erfolgende Erwerb des Grundstücks nicht nach § 3 Nr. 2 Satz 1 grunderwerbsteuerfrei.[3] Denn der Erwerb des Vermächtnisbegünstigten von Todes wegen beschränkt sich auf den – nicht der Grunderwerbsteuer unterliegenden – Anspruch auf Bestellung des Vorkaufsrechts.

12 Ist durch Verfügung von Todes wegen jemandem das Recht eingeräumt, ein bestimmtes nachlasszugehöriges Grundstück vom Erben bzw. von den Erben zu einem summen- oder wertmäßig vom Erblasser fixierten Preis zu erwerben, ist ihm also ein Ankaufsrecht eingeräumt, so liegt ein **Kaufrechtsvermächtnis** vor. Dem Kaufrechtsvermächtnis nahe steht ein einem Miterben vom Erblasser eingeräumtes **Übernahmerecht**, im Rahmen der Nachlassteilung einen Nachlassgegenstand teilentgeltlich zu erwerben, sei es durch Teilungsanord-

---

1  BFH v. 13. 3. 1974 II R 52/66, BStBl II 1974, 555; s. auch BFH v. 12. 12. 1979 II R 79/75, BStBl II 1980, 220, bei erweitertem Personenkreis.
2  Ebenso Boruttau/Meßbacher-Hönsch, Rn. 168.
3  BFH v. 8. 10. 2008 II R 15/07, BStBl II 2009, 245.

nung (§ 2028 BGB), oder sei es durch Vorausvermächtnis (§ 2050 BGB) eingeräumt. Der Bundesfinanzhof war zunächst davon ausgegangen, dass erbschaftsteuerrechtlich ein durch den Erbfall begründetes Gestaltungsrecht vorliege, das es dem Bedachten ermögliche, vom Beschwerten den Abschluss eines auf die Begründung eines Eigentumsverschaffungsanspruchs hinsichtlich
eines Nachlassgegenstands gegen Zahlung des festgelegten Preises zu verlangen.[1] In seiner Entscheidung vom 13.8.2008[2] ist er von dieser Auffassung abgerückt. In Übereinstimmung mit der zivilrechtlichen Rechtsprechung[3] sieht er
nunmehr **erbschaftsteuerrechtlich** als Erwerbsgegenstand eines Kaufrechts-
oder Übernahmerechtsvermächtnisses die aufschiebend bedingte **Forderung**
des Begünstigten gemäß § 2174 BGB **auf Übertragung des Gegenstands**, auf
den das Recht gerichtet ist. Aufschiebend bedingt sei die Sachleistungsver-
pflichtung des Beschwerten durch die Erklärung des Begünstigten, er verpflich-
te sich zur Erbringung der vom Erblasser festgelegten Zahlung. Ist **Gegenstand**
eines Kaufrechtsvermächtnisses oder eines (teilentgeltlichen) Übernahmerechts ein **Grundstück**, so ist die **Erfüllung** des Sachleistungsanspruchs **durch**
dessen Auflassung (§ 1 Abs. 1 Nr. 2) grunderwerbsteuerrechtlich **nach § 3 Nr. 2
Satz 1 steuerfrei**. Der vom Begünstigten zu erbringenden Leistung kommt dabei keine Bedeutung zu. Wird jedoch dem Bedachten nur das Recht vermacht,
das Grundstück vom dadurch Beschwerten zum Verkehrswert (gemeinen
Wert) zu kaufen, führt ein solches Kaufrechtsvermächtnis nicht zu einer erbschaftsteuerrechtlich relevanten Bereicherung; es kommt ihm vielmehr nur in-
strumentale Bedeutung zu. Der Grundstückserwerb des derart Begünstigten
ist in einem solchen Falle nicht nach § 3 Nr. 2 Satz 1 grunderwerbsteuerfrei,
kann doch eine Doppelbelastung mit Erbschaft- und Grunderwerbsteuer nicht
eintreten.[4]

Wird ein **Geldvermächtnis durch Übertragung von Grundstücken an Erfüllungs
statt** erfüllt und derart der Vermächtnisanspruch zum Erlöschen gebracht
(§ 364 Abs. 1 BGB), so wird durch die Erfüllungshandlung der Gegenstand des
Vermächtnisses nicht verändert.[5] Gegenstand des Erwerbs von Todes wegen
bleibt das Geldvermächtnis; der Erwerb des Grundstücks ist nicht nach § 3
Nr. 2 Satz 1 von der Grunderwerbsteuer befreit. Steuerbefreiung kann sich

---

1 BFH v. 16.3.1977 II R 11/69, BStBl II 1977, 640; v. 6.6.2001 II R 76/99, BStBl II 2001, 606; v.
 1.8.2001 II R 47/00, BFH/NV 2002, 788.
2 II R 7/07, BStBl II 2008, 982.
3 Vgl. z.B. BGH v. 27.6.2001, NJW 2001, 2883.
4 Gl.A. Boruttau/Meßbacher-Hönsch, Rn.165, und Pahlke, Rz80; offen gelassen in BFH v.
 21.7.1993 II R 118/90, BStBl II 1993, 765; a.A. Gottwald, ZEV 2009, 51.
5 BFH v. 25.10.1995 II R 5/92, BStBl II 1996, 97.

aber aus § 3 Nr. 4 oder Nr. 6 ergeben, wenn zwischen dem mit dem Geldvermächtnis Beschwerten und dem Grundstückserwerber ein entsprechendes
Verhältnis besteht.

## 4. Erwerb aufgrund Pflichtteilsanspruchs

13    Der Pflichtteilsanspruch (§ 2303 BGB) ist ebenso wie der Pflichtteilsergän-
zungsanspruch (§ 2325 BGB) reiner Geldanspruch. Wird ein Grundstück an Erfüllungs statt für den geltend gemachten Pflichtteils- bzw. Pflichtteilsergän-
zungsanspruch hingegeben, wird das ursprüngliche Schuldverhältnis zwar
zum Erlöschen gebracht (§ 364 Abs. 1 BGB), dessen für die Erbschaftsteuer
maßgeblicher Inhalt (Geldanspruch) aber nicht verändert.[1] Anzumerken ist
noch, dass dasjenige, was zur Abfindung für den Verzicht auf den entstandenen, aber noch nicht geltend gemachten Pflichtteilsanspruch gewährt wird,
nach § 3 Abs. 2 Nr. 4 ErbStG als vom Erblasser zugewendet gilt. Wird für einen
solchen Verzicht als Abfindung ein Grundstück gewährt, ist dessen Erwerb
nach § 3 Nr. 2 Satz 1 grunderwerbsteuerfrei (s. auch Rdnr. 16).

## 5. Erwerb durch Schenkung auf den Todesfall

14    Nach § 2301 Abs. 1 BGB finden auf ein Schenkungsversprechen, das unter der
Bedingung erteilt wird, dass der Beschenkte den Schenker überlebt, die Vorschriften über die Verfügungen von Todes wegen Anwendung. **§ 3 Abs. 1 Nr. 2
Satz 1 ErbStG** bezeichnet den Erwerb aufgrund solchen Schenkungsverspre-
chens als Erwerb durch Schenkung auf den Todesfall. Der Tatbestand des § 3
Abs. 1 Nr. 2 Satz 1 ErbStG ist nur dann erfüllt, wenn die Zuwendung zu einer
Bereicherung führt (zu beurteilen nach bürgerlich-rechtlichen Maßstäben) und
wenn die Beteiligten sich über die Unentgeltlichkeit der Zuwendung einig
sind.[2] Ist die zur Bereicherung führende Zuwendung voll unentgeltlich und ist
Gegenstand eines solchen Schenkungsversprechens ein Grundstück, so ist der
Vollzug des Schenkungsversprechens steuerfrei. Vollzieht der Schenker die
Schenkung durch Leistung des zugewendeten Gegenstands, finden nach
§ 2302 Abs. 2 BGB die Vorschriften über die Schenkung unter Lebenden Anwendung. Vollziehung durch den Schenker i. S. dieser Vorschrift liegt auch vor,
wenn er noch zu seinen Lebzeiten alles getan hat, was von seiner Seite zur

---

1 BFH v. 10. 7. 2002 II R 11/01, BStBl II 2002, 775, unter Aufgabe von BFH v. 30. 9. 1981 II R 64/80,
    BStBl II 1982, 76; s. auch BFH v. 7. 10. 1998 II R 52/96, BStBl II 1999, 23.
2 BFH v. 5. 12. 1990 II R 109/86, BStBl II 1991, 181.

Vermögensverschiebung erforderlich ist, so dass diese ohne sein weiteres Zutun eintritt.

Für die teilunentgeltliche Grundstücksschenkung auf den Todesfall müssen die Grundsätze für eine gemischte Schenkung (s. Rdnr. 22) gelten.[1] Unter dieser Prämisse ist davon auszugehen, dass Grunderwerbsteuerbefreiung aus § 3 Nr. 2 nur anteilig zu gewähren ist.[2] Hinsichtlich des entgeltlichen Teils stellt sich die Frage nach der Doppelbelastung mit Erbschaftsteuer und Grunderwerbsteuer nicht.

Nach **§ 3 Abs. 1 Nr. 2 Satz 2 ErbStG** gilt als **Schenkung auf den Todesfall** auch    15
der auf einem Gesellschaftsvertrag beruhende **Übergang des Anteils** oder Teils eines Anteils eines Gesellschafters einer Personengesellschaft oder einer Kapitalgesellschaft bei dessen Tod auf die anderen Gesellschafter, soweit der Wert, der sich für diesen Anteil zur Zeit seines Todes nach § 12 ErbStG ergibt, Abfindungsansprüche Dritter übersteigt, als Schenkung auf den Todesfall.

Grunderwerbsteuerrechtlich erheblich ist ein derartiger „Anteilsübergang" an einer **Personengesellschaft** dann stets, wenn er zur Beendigung der Gesellschaft kraft Anwachsung (vgl. Hofmann, GrEStG, § 1 Rdnr. 56) und damit zum Übergang des Eigentums an den Grundstücken der Personengesellschaft auf den verbliebenen Gesellschafter (§ 1 Abs. 1 Nr. 3 Satz 1) führt, die zum Gesamthandsvermögen gehörten (§ 1 Abs. 2a Satz 6 nimmt bei der Ermittlung des Prozentsatzes den Anteilserwerb von Todes wegen aus). Ist der verbleibende Gesellschafter zugleich Erbe oder Miterbe des anderen Gesellschafters, tritt jedenfalls Grunderwerbsteuerfreiheit ein (vgl. Rdnr. 9). Die in § 3 Abs. 1 Nr. 2 Satz 2 ErbStG genannte Einschränkung kann dazu führen, dass Grunderwerbsteuer ausgelöst wird, wenn der Erwerber nicht ohnehin zu den in § 3 Nr. 4 oder 6 genannten Personen gehört. Denn die Vorschrift fingiert als Schenkung auf den Todesfall den Anteilsübergang aufgrund gesellschaftsvertraglicher Vereinbarung überhaupt nur unter der Voraussetzung, dass der Wert des Anteils (bemessen nach § 12 ErbStG) höher ist als der Abfindungsanspruch. Liegt diese Voraussetzung nicht vor, so liegt kein Erwerb von Todes wegen i. S. des Erbschaftsteuer- und Schenkungsteuergesetzes vor, der zur Befreiung eines Grundstückserwerbs von der Grunderwerbsteuer nach § 3 Nr. 2 Satz 1 führen könnte, denn § 3 Abs. 1 Nr. 2 Satz 2 ErbStG regelt keineswegs nur die Abziehbarkeit der Abfindungsansprüche zur Findung der Bereicherung i. S. des § 10 Abs. 1 Satz 2 ErbStG. Die Vorschrift stellt den Anteilsübergang vielmehr nur

---

1 Gl. A. Rid, DStR 1991, 377.
2 Gl. A. Boruttau/Meßbacher-Hönsch, Rn. 184; Pahlke, Rz 97.

dann (und insoweit) der Schenkung auf den Todesfall im Wege der Fiktion gleich, wenn (und soweit) der Anteilswert Abfindungsansprüche übersteigt. Insofern stellt sich die Frage nach der Vermeidung einer Doppelbelastung mit Erbschaft- und Grunderwerbsteuer nicht. Ist der Wert des übergehenden Anteils größer als die Abfindungsansprüche Dritter, so sind die Voraussetzungen für die Grunderwerbsteuerbefreiung aus § 3 Nr. 2 Satz 1 gegeben, denn insoweit – und nur insoweit – wird Erbschaftsteuer ausgelöst. Salopp ausgedrückt kann man in Anlehnung an die Rechtsfigur der gemischten Schenkung (vgl. dazu Rdnr. 22) von einem „gemischten Anfall von Todes wegen" sprechen, der allerdings auf der Konstruktion der Fiktion des § 3 Abs. 1 Nr. 2 Satz 2 ErbStG beruht. Die Befreiung tritt jedoch nur anteilig nach dem Verhältnis der gemeinen Werte des Gesellschaftsanteils einerseits und der Abfindungsansprüche andererseits ein.[1] Auf den erbschaftsteuerrechtlich maßgebenden Wert kann für die Frage nach dem Umfang der Grunderwerbsteuerbefreiung nicht abgestellt werden.

Der Übergang eines Anteils an einer **Kapitalgesellschaft** auf einen anderen Gesellschafter i. S. von § 3 Abs. 1 Nr. 2 Satz 2 ErbStG ist grunderwerbsteuerrechtlich nur dann erheblich, wenn er zu einer Anteilsvereinigung i. S. des § 1 Abs. 3 führt, und zwar auch dann, wenn der erwerbende Gesellschafter Erbe/Miterbe des infolge Ablebens ausscheidenden Gesellschafters ist.[2] Auch der aufgrund gesellschaftsvertraglicher Regelungen erfolgenden Einziehung des Anteils eines Gesellschafters bei dessen Tod (§ 3 Abs. 1 Nr. 2 Satz 3 ErbStG) kommt grunderwerbsteuerrechtliche Bedeutung nur bei dieser Konstellation zu.

## 6. Sonstige Erwerbe von Todes wegen

16 Nach § 3 Abs. 2 Nr. 4 und 5 ErbStG gilt als vom Erblasser zugewendet und damit als Erwerb von Todes wegen im Sinne des Erbschaftsteuer- und Schenkungsteuergesetzes, was als **Abfindung** für den Verzicht auf den enstandenen aber noch nicht geltend gemachten Pflichtteilsanspruch, für die Ausschlagung einer Erbschaft, eines Erbersatzanspruchs oder eines Vermächtnisses oder als Abfindung für ein aufschiebend bedingtes usw. Vermächtnis gewährt wird. Desgleichen gilt als Erwerb von Todes wegen, was als Entgelt für die Übertragung der Anwartschaft eines Nacherben gewährt wird (§ 3 Abs. 2 Nr. 6 ErbStG). Ist **Abfindungsgegenstand** bzw. Entgelt ein **Grundstück,** so ist dessen Erwerb nach § 3 Nr. 2 Satz 1 **steuerfrei.** Für den Fall, dass der Verzichtende bzw. Aus-

---

1 Ebenso Boruttau/Meßbacher-Hönsch, Rn. 189.
2 Vgl. dazu BFH 23. 5. 2010 II R 21/10, BStBl I 2012, 793, sowie Rdnr 186b zu § 1.

schlagende ein Aufgeld zu leisten hat, unterliegt der Vorgang in dessen Höhe anteilig der Grunderwerbsteuer.[1] Auch die Erfüllung des Herausgabeverlangens nach § 2287 BGB, wenn es in der Übertragung (Auflassung) eines Grundstücks besteht, ist steuerfrei (§ 3 Abs. 2 Nr. 7 ErbStG).

Grunderwerbsteuerfrei ist auch der Übergang von inländischen Grundstücken im Zuge des Übergangs von Vermögen auf eine vom Erblasser angeordnete Stiftung usw. (§ 3 Abs. 2 Nr. 1 ErbStG i. V. m. § 3 Nr. 2 Satz 1).

## III. Grundstücksschenkungen unter Lebenden

### 1. § 7 ErbStG

Die Steuerbefreiung aus § 3 Nr. 2 bezieht sich auf Grundstücksschenkungen 17 unter Lebenden im Sinne des Erbschaftsteuer- und Schenkungsteuergesetzes. Was hierunter fällt, ist § 7 ErbStG i. d. F. des ErbStRG vom 24. 12. 2008,[2] zuletzt geändert durch Art. 11 Nr. 2 des Gesetzes vom 7. 12. 2011[3] zu entnehmen, der folgenden Wortlaut hat:

**Schenkungen unter Lebenden**

(1) Als Schenkungen unter Lebenden gelten

1. jede freigebige Zuwendung unter Lebenden, soweit der Bedachte durch sie auf Kosten des Zuwendenden bereichert wird;

2. was infolge Vollziehung einer von dem Schenker angeordneten Auflage oder infolge Erfüllung einer einem Rechtsgeschäft unter Lebenden beigefügten Bedingung ohne entsprechende Gegenleistung erlangt wird, es sei denn, dass eine einheitliche Zweckzuwendung vorliegt;

3. was jemand dadurch erlangt, dass bei Genehmigung einer Schenkung Leistungen an andere Personen angeordnet oder zur Erlangung der Genehmigung freiwillig übernommen werden;

4. die Bereicherung, die ein Ehegatte oder ein Lebenspartner bei Vereinbarung der Gütergemeinschaft (§ 1415 des Bürgerlichen Gesetzbuchs) erfährt;

5. was als Abfindung für einen Erbverzicht (§§ 2346 und 2352 des Bürgerlichen Gesetzbuchs) gewährt wird;

---

1 Gl. A. Boruttau/Meßbacher-Hönsch, Rn. 204; Pahlke, Rz 66; vgl. – wenngleich in anderem Zusammenhang – auch BFH v. 21. 6. 1989 II R 135/85, BStBl II 1989, 731.

2 BGBl I 2008, 3018.

3 BGBl I 2011, 2592. Durch dieses Gesetz wurde Absatz 8 an § 7 angefügt. Sonstige Änderungen des Erbschaftsteuer- und Schenkungsteuergesetzes haben dessen § 7 nicht berührt.

6. (weggefallen)

7. was ein Vorerbe dem Nacherben mit Rücksicht auf die angeordnete Nacherbschaft vor ihrem Eintritt herausgibt;

8. der Übergang von Vermögen aufgrund eines Stiftungsgeschäfts unter Lebenden. Dem steht gleich die Bildung oder Ausstattung einer Vermögensmasse ausländischen Rechts, deren Zweck auf die Bindung von Vermögen gerichtet ist;

9. was bei Aufhebung einer Stiftung oder bei Auflösung eines Vereins, dessen Zweck auf die Bindung von Vermögen gerichtet ist, erworben wird. Dem steht gleich der Erwerb bei Auflösung einer Vermögensmasse ausländischen Rechts, deren Zweck auf die Bindung von Vermögen gerichtet ist, sowie der Erwerb durch Zwischenberechtigte während des Bestehens der Vermögensmasse. Wie eine Auflösung wird auch der Formwechsel eines rechtsfähigen Vereins, dessen Zweck wesentlich im Interesse einer Familie oder bestimmter Familien auf die Bindung von Vermögen gerichtet ist, in eine Kapitalgesellschaft behandelt;

10. was als Abfindung für aufschiebend bedingt, betagt oder befristet erworbene Ansprüche, soweit es sich nicht um einen Fall des § 3 Abs. 2 Nr. 5 handelt, vor dem Zeitpunkt des Eintritts der Bedingung oder des Ereignisses gewährt wird.

(2) Im Falle des Absatzes 1 Nr. 7 ist der Versteuerung auf Antrag das Verhältnis des Nacherben zum Erblasser zugrunde zu legen. § 6 Abs. 2 Satz 3 bis 5 gilt entsprechend.

(3) Gegenleistungen, die nicht in Geld veranschlagt werden können, werden bei der Feststellung, ob eine Bereicherung vorliegt, nicht berücksichtigt.

(4) Die Steuerpflicht einer Schenkung wird nicht dadurch ausgeschlossen, dass sie zur Belohnung oder unter einer Auflage gemacht oder in die Form eines lästigen Vertrags gekleidet wird.

(5) Ist Gegenstand der Schenkung eine Beteiligung an einer Personengesellschaft, in deren Gesellschaftsvertrag bestimmt ist, dass der neue Gesellschafter bei Auflösung der Gesellschaft oder im Fall eines vorherigen Ausscheidens nur den Buchwert seines Kapitalanteils erhält, werden diese Bestimmungen bei der Feststellung der Bereicherung nicht berücksichtigt. Soweit die Bereicherung den Buchwert des Kapitalanteils übersteigt, gilt sie als auflösend bedingt erworben.

(6) Wird eine Beteiligung an einer Personengesellschaft mit einer Gewinnbeteiligung ausgestattet, die insbesondere der Kapitaleinlage, der Arbeitsoder der sonstigen Leistung des Gesellschafters für die Gesellschaft nicht entspricht oder die einem fremden Dritten üblicherweise nicht eingeräumt würde, gilt das Übermaß an Gewinnbeteiligung als selbständige Schenkung, die mit dem Kapitalwert anzusetzen ist.

(7) Als Schenkung gilt auch der auf dem Ausscheiden eines Gesellschafters beruhende Übergang des Anteils oder des Teils eines Anteils eines Gesellschafters einer Personengesellschaft oder Kapitalgesellschaft auf die anderen Gesellschafter oder die Gesellschaft, soweit der Wert, der sich für seinen Anteil zur Zeit seines Ausscheidens nach § 12 ergibt, den Abfindungsanspruch übersteigt. Wird aufgrund einer Regelung im Gesellschaftsvertrag einer Gesellschaft mit beschränkter Haftung der Geschäftsanteil eines Gesellschafters bei dessen Ausscheiden eingezogen und übersteigt der sich nach § 12 ergebende Wert seines Anteils zur Zeit seines Ausscheidens den Abfindungsanspruch, gilt die insoweit bewirkte Werterhöhung der Anteile der verbleibenden Gesellschafter als Schenkung des ausgeschiedenen Gesellschafters. Bei Übertragungen i. S. des § 10 Abs. 10 gelten die Sätze 1 und 2 sinngemäß.

(8) Als Schenkung gilt auch die Werterhöhung von Anteilen an einer Kapitalgesellschaft, die eine an der Gesellschaft unmittelbar oder mittelbar beteiligte natürliche Person oder Stiftung (Bedachte) durch die Leistung einer anderen Person (Zuwendender) an die Gesellschaft erlangt. Freigebig sind auch Zuwendungen zwischen Kapitalgesellschaften, soweit sie in der Absicht getätigt werden, Gesellschafter zu bereichern und soweit an diesen Gesellschaften nicht unmittelbar oder mittelbar dieselben Gesellschafter zu gleichen Anteilen beteiligt sind. Die Sätze 1 und 2 gelten außer für Kapitalgesellschaften auch für Genossenschaften.

## 2. Grundstückserwerb aufgrund freigebiger Zuwendung i. S. von § 7 Abs. 1 Nr. 1 ErbStG

**Literatur:** *Schneider,* Grunderwerbsteuerpflicht für Schenkungen unter Nießbrauchsvorbehalt, die unter § 25 ErbStG fallen, DB 1979, 34; *Steiger,* Auflagenschenkung im Grunderwerbsteuerrecht, UVR 1991, 203; *Möllinger,* Zur grunderwerbsteuerrechtlichen Behandlung von Grundstücksschenkungen unter Nutzungs- oder Duldungsauflage, UVR 1993, 109; *Geck,* Die Konkurrenz von Schenkungsteuer und Grunderwerbsteuer bei teilentgeltlichen Geschäften, ZEV 1997, 284; *Mack,* Steuerfreiheit eines nach § 1 Abs. 2a GrEStG steuerbaren Gesellschafterwechsels bei schenkweiser Übertragung der Anteile an einer grundbesitzenden Gesellschaft, UVR 2007, 185; *v. Proff zu Irnich,* Anwendung personenbezogener GrESt-Befreiungen bei Anteilseignerwechsel, DB 2007, 2616; *Graessner,* Steuerbefreiung gemäß § 3 Nr. 2 Satz 1 GrEStG auch bei grunderwerbsteuerlicher

Fiktion, DStZ 2007, 357; *Heine*, Grunderwerbsteuerfreiheit bei Schenkung von Geschäftsanteilen, UVR 2008, 186; *Bruschke*, Grunderwerbsteuerfreiheit bei unentgeltlichen Grundstücksübertragungen von juristischen Personen des öffentlichen Rechts ..., UVR 2007, 309; *Ruhwinkel*, Grunderwerbsteuer bei der Schenkung von Gesellschaftsanteilen, DStR 2007, 1755; *Teiche*, Fiktive Grundstückserwerbe und ihre Begünstigung nach § 3 GrEStG, BB 2008, 196; *Bünning*, Die Übertragung von Grundvermögen durch einen Gesellschafter an seine Kapitalgesellschaft unterliegt der Grunderwerbsteuer, aber nicht der Schenkungsteuer, BB 2008, 316; *Gottwald*, Aktuelle Entwicklungen im Grunderwerbsteuerrecht in den Jahren 2007/2008, MittBayNot 2009, 9; *Behrens*, Wie weit reicht der einheitliche Lebensvorgang dessen Doppelbelastung § 3 Nr. 2 Satz 1 GrEStG verhindern soll?, BB 2015, 2525; *Holler/Schmitt*, Grunderwerbsteuer in Erbfällen und bei Schenkungen, ErbR 2016, 192.

### a) Unbelastete Schenkung

18    Als **Schenkung unter Lebenden** gilt nach § 7 Abs. 1 Nr. 1 ErbStG jede freigebige Zuwendung unter Lebenden, **soweit** der Bedachte **durch sie auf Kosten des Zuwendenden bereichert** wird. Das Gesetz sieht offenbar die Schenkung unter Lebenden i. S. des bürgerlichen Rechts (§ 516 BGB), also Zuwendungen, durch die jemand aus seinem Vermögen einen anderen bereichert und bei denen sich beide Teile darüber einig sind, dass die Zuwendung unentgeltlich erfolgt, als Unterfall der freigebigen Zuwendung an. Es erfasst jede freigebige Zuwendung, die objektiv zu einer Bereicherung des Bedachten auf Kosten des Zuwendenden führt und bei der der Zuwendende sich deren Unentgeltlichkeit bewusst ist. Der Umstand, dass für die beiden Steuerarten unterschiedliche Zeitpunkte für die Entstehung der Steuer maßgebend sind, ist dabei ohne rechtliche Relevanz, denn Zeitgleichheit wird nicht vorausgesetzt.[1] Auf einen dezidierten Bereicherungswillen wird dabei nicht abgehoben.[2] Das ist zunächst dahin zu verstehen, dass ein unentgeltliches Geschäft auch dann vorliegt, wenn sich die Beteiligten dessen bewusst sind, dass es ein freigebiger Vorgang ist, ohne dass der Wille des Zuwendenden speziell darauf abzielt, den anderen zu bereichern, also das Bestreiten eines „Bereicherungswillens" das Geschäft nicht zu einem entgeltlichen macht.

Unentgeltlich ist eine Zuwendung dann, wenn sie unabhängig von einer Gegenleistung in der Weise erfolgt, dass sie in dem Verhältnis zwischen dem Zuwendenden und dem Zuwendungsempfänger weder in einem rechtlichen Zusammenhang mit einer Gegenleistung noch in Erfüllung einer Verbindlichkeit vorgenommen wird.[3] Zivilrechtlich sind Leistungen eines Gesellschafters an

---

1  BFH v. 20. 11. 2013 II R 38/12, BStBl II 2014, 479.
2  BFH v. 5. 3. 1980 II R 148/76, BStBl II 1980, 402.
3  BFH v. 1. 6. 1992 II R 108/88, BStBl II 1992, 923.

die Kapitalgesellschaft, die ohne rechtliche Verpflichtung, sondern nur im Hinblick auf die Mitgliedschaft (societas causa) erbracht oder versprochen werden, ebenso wie Leistungen der Kapitalgesellschaft an ihre Gesellschafter, die im Hinblick auf die Mitgliedschaft erfolgen, keine Schenkungen.[1] Im Verhältnis einer Kapitalgesellschaft zu ihren Gesellschaftern gibt es erbschaftsteuerrechtlich neben betrieblich veranlassten Rechtsbeziehungen, offene und verdeckte Gewinnausschüttungen sowie Kapitalrückzahlungen, aber keine freigebigen Zuwendungen.[2] Aufgrund der st. Rspr. des BFH[3] zu § 7 Abs. 1 Nr. 1 ErbStG stellt sich die Frage der Doppelbelastung mit Grunderwerb- und Schenkungsteuer nicht. Erbschaftsteuerrechtlich ist aber für Erwerbe, für die die Steuer nach dem 13. 12. 2011 entsteht (§ 37 Abs. 7 ErbStG) **§ 7 Abs. 8 ErbStG** zu beachten (vgl. dazu Rdnr. 26).

Soweit **Zuwendender** die **öffentliche Hand** ist, schließt eine unentgeltliche Zuwendung, die sie in Wahrnehmung der ihr obliegenden Aufgaben diese erfüllend tätigt, die Freigebigkeit der Zuwendung aus. Davon ist im Regelfall auszugehen, weil die vollziehende Gewalt an Recht und Gesetz gebunden ist (Art. 20 Abs. 3 GG) und damit auch an die jeweils maßgebenden haushaltsrechtlichen Vorschriften. Unter diesen Gesichtspunkten ist der Tatbestand des § 7 Abs. 1 Nr. 1 ErbStG bei derartigen Zuwendungen nicht erfüllt;[4] s. auch BFH v. 29. 3. 2006 II R 15/04[5]: unentgeltliche Übertragung eines Krankenhausgrundstücks durch einen Landkreis auf eine das Krankenhaus betreibende GmbH, deren alleiniger Gesellschafter er ist; BFH v. 29. 3. 2006 II R 68/04:[6] Bestellung eines Erbbaurechts gegen einen symbolischen jährlichen Erbbauzins von einer DM an einem Grundstück mit aufstehendem Senioren- und Pflegeheim für einen Träger der freien Wohlfahrtspflege durch eine Gemeinde; vgl. auch FG Mecklenburg-Vorpommern v. 19. 12. 2007[7] und BFH v. 23. 11. 2013 II R 11/12[8]. Ein Rechtsanspruch des Erwerbers ist nicht erforderlich; ausschlaggebend ist nur die Verknüpfung der Vermögensübertragung mit der Wahrnehmung öffentlicher Aufgaben, die auch im Ermessen des Trä-

---

1 Vgl. z. B. BGH v. 18. 9. 2012 II ZR 50/11, DB 2013, 45.

2 BFH v. 30. 1. 2013 II R 6/12, BStBl II 2013, 930; s. auch BFH v. 27. 8. 2014 II R 44/13, BStBl 2015, 249; BFH v. 2. 9. 2015 II B 146/14, BFH/NV 2015, 1586.

3 BFH v. 30. 1. 2013 II R 6/12, BStBl II 2013, 930; s. auch BFH v. 27. 8. 2014 II R 44/13, BStBl 2015, 249; BFH v. 2. 9. 2015 II B 146/14, BFH/NV 2015, 1586.

4 BFH v. 1. 12. 2004 II R 46/02, BStBl II 2005, 311: unentgeltliche Grundstücksübertragung zwischen Trägern öffentlicher Verwaltung.

5 BStBl II 2006, 557.

6 BStBl II 2006, 632.

7 DStRE 2008, 965.

8 BFH/NV 2014, 579.

gers der öffentlichen Gewalt liegen kann. Überschreitet allerdings die übertragende juristische Person des öffentlichen Rechts den Rahmen ihrer Aufgaben eindeutig, kann die Verwirklichung des § 7 Abs. 1 Nr. 1 ErbStG in Betracht kommen, weil die Schenkung unter Lebenden nicht voraussetzt, dass an ihr nur natürliche Personen als Zuwendender und Bedachter beteiligt sind.[1] Da **Kirchen** bzw. ihre Untergliederungen nicht dem staatlichen Haushaltsrecht unterliegen, lassen sich die zur fehlenden Freigebigkeit bei unentgeltlichen Vermögensübertragungen durch Träger der öffentlichen Gewalt führenden Grundsätze auf Vermögensübertragungen durch diese nicht übertragen.[2]

19      Ist ein Grundstück Gegenstand eines formgültigen (§ 518 Abs. 1 BGB) **Schenkungsversprechens**, so ist der damit nach § 1 Abs. 1 Nr. 1 verwirklichte Vorgang steuerfrei. Das Nämliche gilt für die **bewirkte Schenkung** (§ 518 Abs. 2, § 2103 Abs. 2 BGB). Für die Befreiung aus § 3 Nr. 2 Satz 1 ist es irrelevant, ob tatsächlich Schenkungsteuer entstanden ist; sie gilt auch dann, wenn der Grundstückserwerb nach § 13 ErbStG steuerfrei oder (s. bspw. § 13 Abs. 1 Nr. 2 Buchst. a ErbStG) steuerbegünstigt ist oder der Freibetrag (§ 16 ErbStG) nicht überschritten ist. Ist **Gegenstand einer Schenkung** der **Anspruch auf Übertragung des Eigentums** an einem Grundstück, der dem Schenker aufgrund eines Kaufvertrags zusteht,[3] so ist der gleichzeitig verwirklichte Erwerbsvorgang i. S. des § 1 Abs. 1 Nr. 5 bzw. 7 nach § 3 Nr. 2 von der Grunderwerbsteuer befreit.[4]

Zu beachten ist, dass im Fall der sog. **Kettenschenkung,** bei der jemand als Durchgangs- oder Mittelsperson zwar eine Zuwendung erhält, diese aber entsprechend einer bestehenden Verpflichtung im vollen Umfang an einen Dritten oder an Dritte weitergibt, schenkungsteuerrechtlich **nur eine Zuwendung** aus dem Vermögen des Zuwendenden an den Dritten vorliegt, die Mittelsperson wegen der Weitergabeverpflichtung jedoch nicht bereichert ist und im Hinblick auf die ihr auferlegte Verpflichtung keine Schenkung der Mittelsperson an den Dritten vorliegt.[5] Die Mittelsperson verfügt in derartigen Fällen nicht über eine eigene Entscheidungsmöglichkeit in Bezug auf die Verwendung des Schenkungsgegenstands.[6] Ist Gegenstand einer solchen Kettenschenkung ein Grundstück, so ist keiner der beiden Erwerbsvorgänge, an denen die Mittelsperson beteiligt ist, nach § 3 Nr. 2 Satz 1 von der Grunderwerb-

---

1 Siehe auch BFH v. 13. 4. 2011 II R 45/09, BStBl II 2011, 732.
2 BFH v. 17. 5. 2006 II R 46/06, BStBl II 2006, 720.
3 Vgl. den BFH v. 21. 5. 2001 II R 10/99, BFH/NV 2001, 1404 zugrunde liegenden Sachverhalt.
4 Gl. A. Boruttau/Meßbacher-Hönsch, Rn. 237 a. E.
5 BFH v. 13. 10. 1993 II R 92/91, BStBl II 1994, 128.
6 Vgl. auch BFH v. 10. 3. 2005 II R 54/03, BStBl II 2006, 412.

steuer befreit (Bemessungsgrundlage: § 8 Abs. 2 Satz 1 Nr. 1; im Regelfall liegen allerdings die Voraussetzungen des § 3 Nr. 4 oder 6 vor).

Im Hinblick auf den Zweck des § 3 Nr. 2 Satz 1 (s. Rdnr. 7) ist der dort verwendete Begriff „Grundstücksschenkungen unter Lebenden" **nicht auf isolierte freigebige Zuwendungen** von Grundstücken **beschränkt**. Die Vorschrift ist auch dann anwendbar, wenn der Grundstücksübergang notwendige Folge einer Schenkung ist. So ist der Übergang von Grundstücken aus einem Gesamthandsvermögen infolge Anwachsung (steuerbar nach § 1 Abs. 1 Nr. 3 Satz 1, vgl. dazu Hofmann, GrEStG, § 1 Rdnr. 56) aufgrund Schenkung der Anteile der anderen Gesellschafter nach Maßgabe von § 3 Nr. 2 Satz 1 und § 6 Abs. 2 (unter Beachtung von § 6 Abs. 4) grunderwerbsteuerfrei.[1] Hat der Gesellschafter, dem das Gesamthandsvermögen vollumfänglich anfällt, dafür im Rahmen einer gemischten Schenkung Gegenleistungen zu erbringen, ist entsprechend den Grundsätzen der gemischten Schenkung (s. Rdnr. 22) die Befreiung aus § 3 Nr. 2 Satz 1 nur auf den unentgeltlichen Teil des Erwerbs beschränkt. Auch die nach **§ 1 Abs. 2a Satz 1** der Steuer unterliegende Änderung im Gesellschafterbestand einer grundstücksbesitzenden Personengesellschaft ist insoweit nach § 3 Nr. 2 Satz 1 steuerfrei, als sie auf einer schenkweisen Übertragung von Anteilen am Gesellschaftsvermögen beruht – ungeachtet des Umstands, dass auch eine solche Schenkung (anders als der Anteilserwerb von Todes wegen, vgl. § 1 Abs. 2a Satz 6) zur Erfüllung des Tatbestands beiträgt.[2] Hat der beschenkte „Neugesellschafter" den Anteil am Vermögen der Gesellschaft nicht voll unentgeltlich übertragen erhalten (vgl. bspw. § 10 Abs. 1 Satz 4 ErbStG), so tritt entsprechend den Grundsätzen der gemischten Schenkung (s. Rdnr. 22) nur anteilige Befreiung ein. Die nämlichen Grundsätze gelten für die Anteilsvereinigung (§ 1 Abs. 3 Nrn. 1 und 2). Siehe auch Rdnr. 186b.

Nicht nach § 3 Nr. 2 befreit ist der Erwerb des Grundstücks von dem Dritten durch den „Beschenkten" bei der **mittelbaren Schenkung** eines Grundstücks,[3] sei es, dass der Schenker namens des Beschenkten auf seine – des Schenkers – Kosten erwirbt,[4] sei es, dass der Beschenkte selbst das Grundstück mit Mitteln des Schenkers kauft, die zwischen dem Schenker und dem Beschenkten bestehende Abrede aber dahin geht, dass dem Beschenkten nicht der Geldbetrag zum Kauf eines Grundstücks geschenkt sei, sondern er nur berechtigt sein soll, mit Mitteln des Schenkers, die diesem bis zur Verwendung zur Kaufpreiszah-

20

21

---

1 BFH v. 13. 9. 2006 II R 37/05, BStBl II 2007, 59.
2 BFH v. 12. 10. 2006 II R 79/05, BStBl II 2007, 409.
3 Ebenso Boruttau/Meßbacher-Hönsch, Rn. 236.
4 Siehe § 328 BGB, vgl. dazu BFH v. 28. 7. 1976 II R 71/69, BStBl II 1976, 785.

lung zustehen, ein bestimmtes Grundstück als Geschenk des Schenkers für sich zu kaufen.[1] Denn der Erwerb des Grundstücks von dem Dritten, der nach § 1 Abs. 1 Nr. 1 der Grunderwerbsteuer unterliegt, ist ebenso wenig unentgeltlich wie der gedachte Erwerb des Schenkers von dem Dritten zur schenkweisen Weiterübertragung an den Beschenkten.[2]

**b) „Gemischte Schenkung"**

22 Von einer **gemischten Schenkung** spricht man, wenn einer höherwertigen Leistung eine Leistung von geringerem Wert gegenübersteht und die höherwertige Leistung neben Elementen der Freigebigkeit auch solche eines Austauschvertrags enthält, ohne dass sich die höherwertige Leistung in zwei selbständige Leistungen aufteilen ließe.[3] Die Frage, ob einer freigebigen Zuwendung eine Gegenleistung mit der Folge gegenübersteht, dass eine gemischte Schenkung gegeben ist, bestimmt sich zunächst nach zivilrechtlichen Grundsätzen.[4]

Der Schenkungsteuer unterliegt bei gemischten Schenkungen der unentgeltlich zugewendete Leistungsteil.[5] Ob ein gegenseitiger Vertrag (z. B. Grundstückskaufvertrag) zu einer gemischten Schenkung (gemischt-freigebigen Zuwendung) führt, muss grundsätzlich anhand einer Gegenüberstellung, Bewertung und Saldierung der gesamten im Kaufvertrag begründeten gegenseitigen Leistungspflichten ermittelt werden,[6] wobei von den gemeinen Werten der einzelnen zu erbringenden Leistungen auszugehen ist.[7] Bei der Übernahme von Verbindlichkeiten des Zuwendenden durch den Bedachten ist für die Frage des Vorliegens einer Gegenleistung allein darauf abzustellen, ob der Bedachte im Innenverhältnis zum Zuwendenden diesen von seinen Verbindlichkeiten zu befreien hat; auf das Außenverhältnis zu den Gläubigern des Zuwendenden kommt es nicht an.[8] **Soweit** das **Austauschverhältnis** reicht, liegt **keine Grundstücksschenkung unter Lebenden** i. S. des Erbschaftsteuer- und Schenkungsteuergesetzes vor.[9]

---

1 Vgl. dazu BFH v. 19. 8. 1959 II 259/57 S, BStBl III 1959, 417; v. 17. 4. 1974 II R 4/67, BStBl II 1974, 521; v. 13. 4. 1977 II R 162/71, BStBl II 1977, 663.
2 Siehe auch FG Münster v. 31. 1. 1978 VIII bis IV 1058/74, EFG 1978, 563 und Niedersächsisches FG v. 2. 9. 1991 III 28/91, EFG 1992, 292.
3 BFH v. 21. 10. 1981 II R 176/78, BStBl II 1982, 83.
4 BFH v. 17. 10. 2001 II R 69/99, BStBl II 2002, 165.
5 BFH v. 14. 7. 1982 II R 125/79, BStBl II 1982, 714; v. 12. 4. 1989 II R 37/87, BStBl II 1989, 524, 526.
6 BFH v. 30. 3. 1994 II R 7/92, BStBl II 1994, 580.
7 Vgl. auch BFH v. 14. 7. 1982 II R 125/79, BStBl II 1982, 714.
8 Vgl. BFH v. 19. 10. 2007 II B 107/06, BFH/NV 2008, 573.
9 Vgl. BFH v. 8. 10. 1980 II R 56/79, BStBl II 1981, 74.

## c) Grundstücksschenkung „unter Auflage"

Unbeschadet der grundsätzlichen Befreiung der Grundstücksschenkungen un- 23
ter Lebenden (§ 3 Nr. 2 Satz 1) unterliegen Schenkungen unter einer Auflage jedoch hinsichtlich des Werts solcher Auflagen, die bei der Schenkungsteuer abziehbar sind, nach § 3 Nr. 2 Satz 2 der Grunderwerbsteuer. Ob der Wert der
Auflage tatsächlich bei der Ermittlung der schenkungsteuerrechtlichen Bereicherung abgezogen wurde und in welcher Höhe ist dabei unerheblich, weil
weder einen verfahrensrechtliche noch eine materiell-rechtliche Bindung an
den Wert besteht, mit dem die Auflage bei der Festsetzung der Schenkungsteuer berücksichtigt wurde oder zu berücksichtigen ist.[1] Die Auflagen müssen
bei der Schenkungsteuer aber dem Grunde nach „abziehbar" sein. Soweit das
Abzugsverbot des § 10 Abs. 6 Satz 1 bis 5 ErbStG reicht, ist (Vermeidung der
Doppelbelastung!) für die Erhebung von Grunderwerbsteuer kein Platz. Anderes gilt jedoch dann, wenn § 10 Abs. 6 Satz 6 ErbStG den Abzug von Nutzungs-
rechten dann ausschließt, wenn sich diese als Grundstücksbelastungen bei der
Ermittlung des Grundbesitzwerts für die Erbschaftsteuer ausgewirkt haben.
Denn die Bewertung übertragenen Grundbesitzes nach §§ 176 ff. BewG (s.
§ 12 Abs. 3 ErbStG i. V. m. § 151 Abs. 1 Satz 1 Nr. 1 und § 157 Abs. 3 BewG) spielt
für die Grunderwerbsteuer keine Rolle.[2]

Schenkung unter Auflage (§ 525 BGB) ist **zivilrechtlich** unentgeltliche Zuwendung unter einer Nebenbestimmung dahin gehend, dass der Empfänger zu einer Leistung (einem Tun oder einem Unterlassen) verpflichtet sein soll, die aus
dem (Wert des) Zuwendungsgegenstands zu entnehmen ist (vgl. § 526 BGB).
Auflagenbegünstigter kann der Zuwendende, der Empfänger der Zuwendung
oder ein Dritter sein. Von der gemischten Schenkung unterscheidet sich die
Schenkung unter Auflage dadurch, dass bei ersterer die Leistungspflicht des
Bedachten Entgeltscharakter hat, während bei der zweitgenannten das Forde-
rungsrecht des Schenkers (begrenzt durch § 526 BGB) erst mit der Erfüllung
seiner Leistung entsteht – also nach Übergang des Schenkungsgegenstands in
das Vermögen des Bedachten – und das Geschenk nur nach Maßgabe des
§ 527 BGB herauszugeben ist.

**Grunderwerbsteuerrechtlich** stellt sich die einer Schenkung beigefügte Auf- 24
lage, soweit sie die Bereicherung mindert, anders als im bürgerlichen Recht als
Gegenleistung dar.[3] Die Schenkung unter Auflage wird grundsätzlich – zumin-

---

1 BFH v. 20. 11. 2013 II R 38/12, BStBl II 2014, 479.
2 So zutreffend FG Bremen v. 24. 6. 2015; EFG 2016, 53.
3 Siehe BFH v. 17. 9. 1975 II R 42/70, BStBl II 1976, 126, m. w. N.

dest im Ergebnis – der gemischten Schenkung gleichgestellt. Der Wortlaut des § 3 Nr. 2 Satz 2 berücksichtigt unter Bedachtnahme des Zwecks der Steuerbefreiung (s. Rdnr. 7) § 25 ErbStG in der vor dem 1. 1. 2009 geltenden Fassung. Durch Art. 1 ErbStRG vom 24. 12. 2008[1] ist § 25 ErbStG aufgehoben worden mit der Folge, dass erbschaftsteuerrechtlich der Abzug von Nutzungs- oder Rentenlasten sowie von Verpflichtungen zu sonstigen wiederkehrenden Leistungen keiner Beschränkung mehr unterliegt. Hinsichtlich der für vor dem 1. 1. 2009 verwirklichte Erwerbsvorgänge auch für die Grunderwerbsteuer bedeutsamen Differenzierung zwischen Leistungsauflagen einerseits und Duldungsauflagen andererseits wird auf die Ausführungen in Rdnr. 19 und 20 der 8. Auflage verwiesen. Lediglich Auflagen, die dem Beschenkten selbst zugutekommen, sind bei der Erbschaftsteuer nicht abzugsfähig (§ 10 Abs. 9 ErbStG) und dementsprechend bei der Grunderwerbsteuer anzusetzen.

25    Die **Auflage** kann in **jeder Art von Leistung** bestehen. Neben der Übernahme auf dem Grundstück ruhender Belastungen, wie Hypotheken, Grund- oder Rentenschulden, Nießbrauch, Wohnungsrecht, Altenteilslasten, kommt die Neubegründung (Vorbehaltsnießbrauch) solcher Lasten ebenso in Betracht wie die Verpflichtung zur Zahlung von Gleichstellungsgeldern, Versorgungsrenten sowie zur Erbringung anderer wiederkehrender Leistungen. Die Leistung, die dem Bedachten auferlegt wird, muss sich bereicherungsmindernd auswirken. Das ist bspw. nicht der Fall, wenn Grundpfandrechte nur im Außenverhältnis zu den Gläubigern übernommen werden, im Innenverhältnis zwischen Schenker und Bedachtem jedoch ein Rückgriffsrecht des Bedachten besteht, deren Realisierung im Bereich des Möglichen liegt.

## 3.   Sonst als Schenkung unter Lebenden geltende Vorgänge

26    Als Schenkung unter Lebenden gilt u. a. dasjenige, was als **Abfindung** für einen **Erbverzicht** oder für sonst aufschiebend bedingt, betagt oder befristet erworbene Ansprüche gewährt wird (§ 7 Abs. 1 Nr. 5, 10 ErbStG), sowie dasjenige, was ein Vorerbe dem Nacherben mit Rücksicht auf die angeordnete Nacherbschaft herausgibt (§ 7 Abs. 1 Nr. 7 ErbStG). Ist ein Grundstück Abfindungsgegenstand bzw. wird es vorzeitig auf den Nacherben übertragen, so ist dieser Vorgang nach § 3 Nr. 2 steuerfrei. Auch Vermögensübergänge i. S. des § 7 Abs. 1 Nrn. 8 und 9 ErbStG sind – ist Gegenstand ein Grundstück – nach § 3 Nr. 2 steuerbefreit. Hinsichtlich der nach § 7 Abs. 7 ErbStG als Schenkung gel-

---

1 BGBl I 2008, 3018.

tenden Anteilsübergänge aufgrund gesellschaftsvertraglicher Vereinbarungen gelten die Ausführungen in Rdnr. 15 entsprechend.

Nach § 7 Abs. 8 Satz 1 ErbStG[1] gilt als Schenkung auch die Werterhöhung von Anteilen an einer Kapitalgesellschaft,[2] die ein Bedachter, d. h. eine an dieser unmittelbar oder mittelbar beteiligte natürliche Person oder Stiftung, durch die Leistung einer anderen Person (Zuwendender) an die Kapitalgesellschaft erlangt. Diese Vorschrift entzieht der an das Zivilrecht[3] anknüpfenden Rechtsprechung des BFH,[4] wonach Leistungen eines Gesellschafters trotz mittelbarer Vermögensmehrung bei den Mitgesellschaftern wegen des kausalen Zusammenhangs mit dem Gemeinschaftszweck keine freigebigen Zuwendungen darstellen, den Boden. Die unentgeltliche Hingabe eines Grundstücks an die Kapitalgesellschaft bzw. die unentgeltliche Bestellung eines Erbbaurechts an einem dem Zuwendenden gehörenden Grundstück zugunsten der Kapitalgesellschaft ist damit nach § 3 Nr. 2 Satz 1 letztlich zur Vermeidung der Doppelbelastung mit Grunderwerb- und Schenkungsteuer grunderwerbsteuerfrei.[5] Soweit bei einer Kapitalerhöhung einer GmbH die Einlage auf den oder die neuen Geschäftsanteile durch Hingabe eines Grundstücks erbracht wird, dessen Wert den der neuen Stammeinlage(n) übersteigt, liegt eine gemischte freigebige Zuwendung (vgl. Rdnr. 22) vor.[6] § 7 Abs. 8 Satz 2 ErbStG betrifft Sonderfälle der Zuwendung zwischen Kapitalgesellschaften.[7] Ist Zuwendungsgegenstand ein Grundstück, greift § 3 Nr. 2 Satz 1 ein.

# D. Erwerb von Grundstücken aus einem Nachlass (§ 3 Nr. 3)

**Literatur:** *Möllinger,* Zur grunderwerbsteuerrechtlichen Übertragung von inländischen Grundbesitz umfassenden Erbanteilen unter Miterben, DVR 1978, 99.

---

1  Angefügt durch Art. 11 des Gesetzes v. 7. 12. 2011, BGBl I 2011, 2592; zum zeitlichen Anwendungsbereich s. § 37 Abs. 7 ErbStG.

2  Oder einer Genossenschaft, § 7 Abs. 8 Satz 3 ErbStG.

3  Vgl. z. B. BGH v. 18. 9. 2012 II ZR 50/11, DB 2013, 45, m. w. N.

4  Vgl. BFH 25. 10. 1995 II R 67/93, BStBl II 1996, 168; v. 9. 12. 2009 II R 28/08, BStBl II 2010, 566 (zur Schenkungsteuer) und v. 17. 10. 2007 II R 67/05, BStBl II 2008, 381 (zu § 3 Nr. 2 GrEStG).

5  Ebenso Pahlke, Rz 165.

6  Zur Steuerbegünstigung von Erwerbsvorgängen auf gesellschaftsvertraglicher Grundlage, die nach dem 6. 6. 2013 verwirklicht werden, s. § 6a, dessen Reichweite insoweit aber beschränkt ist (vgl. Hofmann, GrEStG, § 6a Rdnr. 31).

7  Oder Genossenschaften, § 7 Abs. 8 Satz 3 ErbStG.

# I. Der Erwerb eines Nachlassgrundstücks durch einen Miterben, seinen Ehegatten oder seinen Lebenspartner zur Teilung des Nachlasses

27 § 3 Nr. 3 Satz 1 nimmt von der Besteuerung den Erwerb eines zum Nachlass gehörenden Grundstücks durch einen Miterben zur Teilung des Nachlasses aus. § 3 Nr. 3 Satz 3 stellt den Miterben deren Ehegatten sowie deren Lebenspartner gleich.

Die Befreiung greift nur ein, soweit ein Grundstück noch zu einem **ungeteilten Nachlass** gehört. Sie soll die Teilung des gemeinschaftlichen Vermögens der Erbengemeinschaft (§ 2032 Abs. 1 BGB) als einer Zufallsgemeinschaft erleichtern.[1] Zum Nachlass gehört ein Grundstück i. S. von § 3 Nr. 3 (nicht aber erb- bzw. erbschaftsteuerrechtlich, s. hierzu BFH vom 15. 10. 1997[2]) schon dann, wenn es z. B. aufgrund eines nach § 1 Abs. 1 verwirklichten Rechtsvorganges dem Erblasser grunderwerbsteuerrechtlich zuzurechnen war. Das ist nicht nur der Fall, wenn für den Erblasser aufgrund eines Verpflichtungsgeschäfts ein Anspruch auf Übereignung begründet wurde (§ 1 Abs. 1 Nr. 1), sondern auch dann, wenn er das Meistgebot abgegeben hatte (§ 1 Abs. 1 Nr. 4) oder den Tatbestand des § 1 Abs. 1 Nr. 5 oder Nr. 7 als Erwerber verwirklicht hat. Dasselbe gilt, wenn ein Grundstück auf den Erblasser aufgelassen wurde, ohne dass es der rechtsgeschäftlichen Begründung eines Übereignungsanspruchs bedurfte (§ 1 Abs. 1 Nr. 2; vgl. dazu Hofmann, GrEStG, § 1 Rdnr. 42 f.).

Ein **Grundstück gehört auch dann zum Nachlass,** wenn es aufgrund eines zum Nachlass gehörenden Rechts, als Ersatz für die Entziehung eines Nachlassgegenstandes oder durch ein Rechtsgeschäft erworben ist, das sich auf den Nachlass bezieht.[3] Kein i. S. von § 2041 BGB auf den Nachlass sich beziehendes Rechtsgeschäft liegt aber vor, wenn ein Grundstück mit Mitteln, die aus dem Verkauf eines einem Miterben zugewiesenen Grundstücks stammen, erworben wird,[4] wie denn generell außerhalb des Bereichs des § 2041 BGB von der Erbengemeinschaft erworbene Grundstücke nicht i. S. des § 3 Nr. 3 Satz 1 zum Nachlass gehören, ihr Erwerb im Zuge der Auseinandersetzung der Erbengemeinschaft also nicht nach § 3 Nr. 3 Satz 1 (wohl aber ggf. nach § 6 Abs. 1 oder 2, § 7 Abs. 2) begünstigt ist. Auch der Erwerb durch die Erbengemeinschaft zum Nachlass wird nicht von § 3 Nr. 3 Satz 1 erfasst. Zum gemeinschaft-

---

1 BFH v. 15. 12. 1972 II R 123/66, BStBl II 1973, 363.
2 II R 68/95, BStBl II 1997, 820.
3 Surrogation, § 2041 Satz 1 BGB; vgl. BFH v. 10. 11. 1970 II 117/65, BStBl II 1971, 251.
4 BFH v. 18. 7. 1973 II 165/65, BStBl II 1973, 829.

lichen Vermögen der Erbengemeinschaft gehört weiter, was vom Erbschafts-besitzer herauszugeben ist (§§ 2018 ff. BGB). Andererseits gehört ein **Grund-stück nicht mehr zum Nachlass,** wenn die Miterben eine erste Regelung unter völliger Nachlassteilung nur als eine vorläufige Maßnahme angesehen haben, von Anfang an die Absicht hatten, durch spätere Vereinbarungen die Eigen-tumsverhältnisse anders zu gestalten.[1]

Die Befreiung hat **weiter** zur **Voraussetzung,** dass der Grundstückserwerb der **Teilung des Nachlasses** durch Auseinandersetzung (§ 2042 BGB) **dient.** Sie ist nicht davon abhängig, dass der Nachlass vollständig geteilt wird.[2] Deshalb ist auch der Erwerb eines Anteils an der Erbengemeinschaft durch einen Miterben (vgl. Hofmann, GrEStG, § 1 Rdnr. 57), der die Teilung erleichtert, begünstigt. Die Auseinandersetzung ist vollzogen, wenn die Nachlassgrundstücke entwe-der dadurch in das Alleineigentum eines Miterben übergegangen sind, dass er alle Erbteile der übrigen Miterben erworben hat oder ein Miterbe Alleineigen-tum bzw. mehrere Miterben Bruchteilseigentum (durch Eintragung als neue Eigentümer im Grundbuch) erworben haben und die Erbengemeinschaft auf-gelöst ist.[3] Ein Erwerb zur Teilung des Nachlasses kann auch darin liegen, dass im Rahmen eines als „Erbteilungsvertrags" bezeichneten einheitlichen Ge-samtvertrags die anderen Miterben ihre Erbanteile auf einen Miterben über-tragen und dieser dafür den „weichenden" Miterben ein (noch zu vermessen-des) Teilgrundstück aus den zum Nachlass gehörenden Grundstücken über-trägt.[4]

Wird an einem Nachlassgrundstück durch die Erbengemeinschaft Wohnungs-und/oder Teileigentum nach §§ 2, 8 WEG begründet, führt das nicht zur Tei-lung des Nachlasses (abgesehen davon, dass es an einem Rechtsträgerwechsel fehlt); diese erfolgt vielmehr erst durch die Übertragung der Miteigentums-anteile verbunden mit den Sondereigentumseinheiten durch die Erbengemein-schaft auf die Miterben. Räumen sich Miterben aufgrund eines einheitlichen Entschlusses zur Teilung eines ihnen im Erbwege angefallenen Grundstücks in einem einheitlichen Vertrag zunächst Miteigentumsanteile an diesem und un-mittelbar danach Sondereigentum nach § 3 WEG ein, so ergreift die Steuerbe-freiung aus § 3 Nr. 3 Satz 1 auch den Erwerb der Sondereigentumseinheiten.[5] Zur Anwendung von § 3 Nr. 3 Satz 1 beim Übergang eines Grundstücks von ei-

28

---

1 Ständige Rechtsprechung; s. zuletzt BFH v. 7. 2. 2001 II R 5/99, BFH/NV 2001, 938.
2 BFH v. 27. 6. 1967 II 50/64, BFHE 89, 573.
3 BFH v. 10. 11. 1970 II 117/65, BStBl II 1971, 251.
4 BFH v. 15. 12. 1972 II R 123/66, BStBl II 1973, 363.
5 Vgl. Sächsisches FG v. 15. 3. 2003, EFG 2003, 1567.

ner Erbengemeinschaft auf eine Personengesellschaft s. Hofmann,GrEStG, § 6 Rdnr. 36 a. E.

29 Zwar stellt die Vorschrift dem Wortlaut nach nur auf den Erwerb von zum Nachlass gehörenden Grundstücken ab, doch ist sie dem Grunde nach auf **alle Rechtsvorgänge anwendbar,** die einen der Tatbestände des **§ 1 Abs. 1 bis 3a** erfüllen; wenn sie ihrer Art nach den Voraussetzungen des § 3 Nr. 3 Satz 1 entsprechen. So ist der Erwerb eines gegenüber dem Auftragnehmer im Erbweg auf die Erbengemeinschaft übergegangenen, auf ein Grundstück bezogenen Herausgabeanspruchs (§ 667 BGB) durch einen der Miterben (Rechtsposition i. S. des § 1 Abs. 2) im Zuge der Teilung des Nachlasses ebenso nach § 3 Nr. 3 Satz 1 grunderwerbsteuerfrei wie auch die § 1 Abs. 3 Nr. 4 erfüllende Abtretung (bzw. ein entsprechendes Verpflichtungsgeschäft i. S. des § 1 Abs. 3 Nr. 3) von mindestens 95 % der Anteile an einer Gesellschaft mit Grundbesitz, die im Erbwege auf die die Erbengemeinschaft bildenden Miterben übergegangen sind, weil sie in der Hand des Erblassers vereinigt gewesen waren (vgl. dazu sowie zur Anwendbarkeit der Befreiungsvorschrift bei Erwerbsvorgängen i. S. von § 1 Abs. 3 Nr. 1 und 2 schon Hofmann, GrEStG, § 1 Rdnr. 186 ff.). Werden zur Teilung des Nachlasses alle die unmittelbaren sowie die durch Kapitalgesellschaften vermittelten mittelbaren Beteiligungen des Erblassers am Kapital einer Kapitalgesellschaft aufgrund derer er eine wirtschaftliche Beteiligung i. H. von mindestens 95 % an einer grundbesitzenden Gesellschaft i. S. des § 1 Abs. 3a innehatte, einem der Miterben übertragen, ist der damit verbundene fiktive Erwerb der Grundstücke – der Erwerbsvorgang i. S. des § 1 Abs. 3a – ebenfalls nach § 3 Nr. 3 Satz 1 steuerfrei. Soweit die wirtschaftliche Beteiligung durch Personengesellschaften – und seien es auch doppelstöckige Personengesellschaften – vermittelt wird, ist zu beachten, dass für den Fall, dass nicht von § 131 Abs. 3 Nr. 1 bzw. von § 177 HGB oder von § 727 Abs. 1 BGB abweichende Vereinbarungen getroffen wurden, die Gesellschaft (OHG, KG oder Gesellschaft bürgerlichen Rechts) mit den Erben fortgesetzt wird. Da die Erbengemeinschaft als solche nicht Gesellschafterin sein kann, wird jeder Miterbe entsprechend seiner Erbquote abweichend von § 1922 BGB Gesellschafter, und zwar kraft Einzelrechtsnachfolge,[1] so dass es insoweit also keiner Nachlassteilung bedarf. Waren an einer Personengesellschaft nur der Erblasser und ein Miterbe als Gesellschafter beteiligt und gesellschaftsvertraglich die Fortsetzung der Gesellschaft nach dem Tode eines Gesellschafters ausgeschlossen, so wächst aus den vorgenannten Gründen das Vermögen der Gesellschaft

1 BGH v. 9.11.1998 II ZR 213/97, NJW 1999, 571, aufbauend auf BGH v. 22.11.1956 II ZR 222/55, BGHZ 22, 186.

dem überlebenden Gesellschafter nach dem Tode des anderen nach § 738 BGB an. Auch in einem solchen Fall ist Nachlassteilung bzgl. des Gesellschaftsanteils des verstorbenen Gesellschafters begrifflich ausgeschlossen.

War der Erblasser zu weniger als 95 % unmittelbar oder mittelbar an einer Kapitalgesellschaft beteiligt und werden im Wege der Auseinandersetzung des Nachlasses einem Miterben, der bereits die weiteren Anteile an der Kapitalgesellschaft unmittelbar oder mittelbar hält, die vom Erblasser stammenden Anteile zugewiesen, so tritt Anteilsvereinigung i. S. des § 1 Abs. 3 Nr. 1 ein. Die Anteilsvereinigung ist nicht nach § 3 Nr. 3 von der Grunderwerbsteuer befreit, weil § 1 Abs. 3 Nr. 1 den Grundstückserwerb von der Gesellschaft fingiert, diese aber nicht in den Nachlass fiel.[1]

Naturgemäß kann die bloße Einräumung der Verwertungsbefugnis i. S. des § 1 Abs. 2 zu Gunsten eines Miterben nicht der Teilung des Nachlasses dienen.

Auf Teilakte eines Erwerbsvorgangs nach § 1 Abs. 2a ist die Vorschrift jedoch nicht anwendbar. Ist im Gesellschaftsvertrag einer OHG vereinbart, dass der Tod eines Gesellschafters abweichend von § 131 Abs. 3 Satz 1 Nr. 1 HGB nicht sein Ausscheiden zur Folge hat, wird die Gesellschaft grundsätzlich mit dessen Erben fortgesetzt (vgl. auch § 139 HGB). Bei mehreren Erben geht der Anteil mit dem Tod des Gesellschafters unmittelbar auf diese als Einzelrechtsnachfolger derart über, dass abweichend von § 1922 BGB jeder Miterbe entsprechend seiner Erbquote Gesellschafter wird, denn die Erbengemeinschaft als solche kann nicht Gesellschafterin einer OHG sein. Hinsichtlich der Rechtsnachfolge in den Anteil des persönlich haftenden Gesellschafters einer KG gilt dasselbe (§ 161 Abs. 2 i. V. m. § 131 Abs. 3 Satz 1 Nr. 1 HGB). Auch für die Rechtsnachfolge mehrerer Miterben in den Kommanditanteil des Erblassers (vgl. § 177 HGB) sowie für die Nachfolge kraft Erbrechts in einen Anteil eines Gesellschafters einer Gesellschaft bürgerlichen Rechts, wenn abweichend von § 727 Abs. 1 BGB der Gesellschaftsvertrag die Fortsetzung mit dessen Erben vorsieht, gilt das Nämliche. In all diesen Fällen wird die Beteiligung aus dem gesamthänderisch gebundenen Nachlass ausgegliedert, wenn auch mit Ausnahme der aus ihr abzuleitenden übertragbaren Vermögensrechte, insbesondere des Anspruchs auf das künftige Auseinandersetzungsguthaben.[2] Die dingliche Nachfolge in das Gesamthandsvermögen ist **quotale Sondererbfolge**[3] des einzelnen Miterben mit der Folge, dass der Anteil des Erblassers am Vermögen der Ge-

30

---

1 BFH v. 25. 11. 2015 II R 35/14, BStBl II 2016, 234.
2 BGH v. 3. 7. 1989 II ZB 1/89, BGHZ 108, 187; v. 9. 11. 1989 II ZR 231/97, NJW 1999, 571.
3 Vgl. BGH v. 9. 11. 1998 II ZR 213/97, a. a. O. u. v. 22. 11. 1956 II ZR 222/55, a. a. O., (FN 1).

samthand als solcher keiner Auseinandersetzung bedarf. Der Übergang des Gesellschaftsanteils quotal auf die Miterben in Sonderrechtsnachfolge bleibt im Bereich des § 1 Abs. 2a bei der Ermittlung des Prozentsatzes unberücksichtigt (§ 1 Abs. 2a Satz 6).

31 In **persönlicher Hinsicht** hat die Befreiung nach § 3 Nr. 3 zur Voraussetzung, dass der Grundstückserwerber **Miterbe, Ehegatte oder Lebenspartner eines Miterben** ist. Miterbe ist nur derjenige, der kraft Erbfalles am Nachlassvermögen beteiligt ist. Miterbe ist damit in erster Linie derjenige, der als einer der Erben des Erblassers Teilnehmer an der Erbengemeinschaft (§ 2032 Abs. 1 BGB) ist. Weiter ist Miterbe derjenige, der infolge Todesfalls eines ursprünglichen Miterben an dem gemeinschaftlichen Vermögen teilhat, also der Miterbeserbe oder die Miterbeserben. Desgleichen wird Miterbe der Nacherbe eines ursprünglichen Miterben mit Eintritt des Nacherbfalls. Diesen Personen werden durch § 3 Nr. 3 Satz 3 jeweils ihre Ehegatten sowie ihre Lebenspartner gleichgestellt. Voraussetzung der Befreiung eines Erwerbs durch den Ehegatten oder des Lebenspartners eines Miterben im Zuge der Teilung des Nachlasses (§ 3 Nr. 3 Satz 1 und 3) ist, dass einerseits die Ehe bzw. Lebenspartnerschaft noch besteht und andererseits der Ehegatte bzw. der Lebenspartner noch als Miterbe Mitglied der Erbengemeinschaft ist.

32 **Nicht Miterbe** ist der **Erbteilskäufer,** obwohl er Teilnehmer an der Erbengemeinschaft wird. Das hat zur Folge, dass der im Zuge der Auseinandersetzung der Erbengemeinschaft durch einen Erbteilskäufer erfolgende Grundstückserwerb nicht nach § 3 Nr. 3 Satz 1 steuerfrei ist.[1] Auch durch Schenkung eines Erbteils wird der Beschenkte nicht Miterbe.[2] Hat ein Erbe die Erbschaft ausgeschlagen, gilt der Anfall an ihn als nicht erfolgt (§ 1953 Abs. 1 BGB). Er wird auch nicht dadurch zum Miterben, dass er später einen Erbanteil erwirbt.[3] Für den Grundstückserwerb durch den Erbteilskäufer, der nicht Miterbe ist, kommt ggf. Steuervergünstigung aus §§ 6, 7 Abs. 2 in Betracht (beachte aber § 6 Abs. 4, § 7 Abs. 3).

33 Zufolge der Kombination der Steuervergünstigungen aus § 3 Nr. 3 und Nr. 6 ist auch der Erwerb eines zum Nachlass gehörenden Grundstücks durch eine Person, die mit einem Miterben in gerader Linie verwandt bzw. deren Verwandtschaft mit einem Miterben durch die Aufnahme als Kind bürgerlich-rechtlich erloschen ist oder diesen gleichgestellt ist, steuerfrei.

---

1 BFH v. 15. 12. 1965 II 172/62, HFR 1966, 176.
2 BFH v. 22. 9. 1976 II S 6/75, BStBl II 1977, 13.
3 BFH v. 10. 6. 1964 II 30/61, BStBl III 1964, 486.

## II. Erwerb durch den überlebenden Ehegatten oder Lebenspartner

### 1. Teilung gütergemeinschaftlichen Vermögens

§ 3 Nr. 3 Satz 2 stellt den Miterben den überlebenden Ehegatten sowie den überlebenden Lebenspartner gleich, wenn er mit den Erben des verstorbenen Ehegatten gütergemeinschaftliches Vermögen zu teilen hat. Das ist der Fall, wenn die Eheleute bzw. Lebenspartner im Güterstand der Gütergemeinschaft gelebt und nicht fortgesetzte Gütergemeinschaft (§ 1483 BGB ggf. i. V. m. § 7 LPartG) vereinbart hatten oder im letzteren Fall der überlebende Ehegatte bzw. Lebenspartner die Fortsetzung abgelehnt hat (§ 1484 BGB ggf. i. V. m. § 7 LPartG), folglich der Anteil des verstorbenen Ehegatten oder des verstorbenen Lebenspartners am Gesamtgut zum Nachlass gehört (§ 1484 Abs. 2 i. V. m. § 1482 Satz 1 BGB; ggf. i. V. m. § 7 LPartG) und der überlebende Ehegatte bzw. der überlebende Lebenspartner nicht Alleinerbe des verstorbenen ist. In solchen Fällen endet die Gütergemeinschaft; das Gesamtgut ist entsprechend §§ 1474 ff. BGB (ggf. i. V. m. § 7 LPartG) auseinander zu setzen. Der Grundstückserwerb des überlebenden Ehegatten oder des überlebenden Lebenspartners im Zuge dieser Auseinandersetzung des Gesamtgutes ist steuerfrei. | 34

Gilt für eine vor dem 3. 10. 1990 im Beitrittsgebiet geschlossene Ehe aufgrund Erklärung nach Art. 234 § 4 Abs. 2 Satz 1 EGBGB **der (ehemalige) gesetzliche Güterstand der Eigentums- und Vermögensgemeinschaft** des Familiengesetzbuchs der DDR **fort,** so finden **seit dem 25. 12. 1993**[1] auf das bestehende und künftige gemeinschaftliche Eigentum die Vorschriften über das (durch beide Ehegatten verwaltete) Gesamtgut der Gütergemeinschaft entsprechende Anwendung (Art. 234 § 4a Abs. 2 Satz 1 EGBGB). Wird eine solche Ehe durch den Tod aufgelöst, so gehört der Anteil des verstorbenen Ehegatten am gemeinschaftlichen Eigentum entsprechend § 1482 Satz 1 BGB zum Nachlass (nur bei Auflösung der Ehe durch Scheidung gilt die Verweisung des Art. 234 § 4a Abs. 2 Satz 2 EGBGB auf Art. 234 § 4 EGBGB). Der überlebende Ehegatte (sofern er nicht Alleinerbe ist) und die Erben des vorverstorbenen haben sich nach §§ 1471 bis 1481 BGB auseinander zu setzen. Ist der überlebende Ehegatte nicht Miterbe, sind Grundstückserwerbe durch ihn im Zuge der Teilung nach § 3 Nr. 3 Satz 2 grunderwerbsteuerfrei. | 35

---

1 Art. 14 Nr. 4 i. V. m. Art. 20 RegisterverfahrensbeschleunigungsG v. 20. 12. 1993, BGBl I 1993, 2182, 2215.

Zur entsprechenden Anwendung der Vorschrift, wenn der überlebende Ehegatte vor dem 25.12.1993 Gesamteigentum zu teilen hatte (§ 42 Abs. 3 ZGB i.V.m. §§ 13, 39 FGB, s. auch § 15 ZGB), wird auf Hofmann, GrEStG, § 3 Rdnr. 23 der 6. Auflage verwiesen.

## 2. Grundstücksübertragung in Anrechnung auf die Zugewinnausgleichsforderung

36 Wenn Ehegatten nicht durch Ehevertrag bzw. die Lebenspartner nicht durch Lebenspartnervertrag etwas anderes vereinbaren, so leben sie im Güterstand der Zugewinngemeinschaft (§ 1363 Abs. 1 BGB, § 7 LPartG).[1] Dabei wird weder das Vermögen des Mannes noch das der Frau bzw. das jeweilige Vermögen der Lebenspartner bei Eintritt des Güterstandes gemeinschaftliches Vermögen noch wird gemeinschaftliches Vermögen dasjenige, was der einzelne Ehegatte oder Lebenspartner während des Güterstandes erwirbt (§ 1363 Abs. 2 Satz 1 BGB, § 7 LPartG i.V.m. § 1363 Abs. 2 Satz 1 BGB). Jedoch ist der Zugewinn, den die Ehegatten in der Ehe bzw. die Lebenspartner in der Lebenspartnerschaft erzielen, auszugleichen, wenn die Ehe bzw. die Lebenspartnerschaft endet (§ 1363 Abs. 2 Satz 2 BGB ggf. i.V.m. § 7 LPartG). Grundsätzlich erfolgt der Zugewinnausgleich im Todesfall durch Erhöhung des gesetzlichen Erbteils (§ 1371 Abs. 1 BGB; § 7 LPartG i.V.m. § 1371 Abs. 1 BGB), und zwar ohne Rücksicht auf erzielten Zugewinn. Wird der überlebende Ehegatte oder Lebenspartner nicht Erbe und auch nicht Vermächtnisnehmer, so kann er Ausgleich des Zugewinns nach §§ 1373 bis 1383, 1390 BGB verlangen (§ 1371 Abs. 2 BGB). Die nämliche Rechtslage tritt ein, wenn der überlebende Ehegatte bzw. der überlebende Lebenspartner die Erbschaft oder das Vermächtnis ausschlägt (§ 1371 Abs. 2 BGB), denn der Anfall der Erbschaft oder des Vermächtnisses gelten dann als nicht erfolgt (§ 1953 Abs. 1 BGB bzw. § 2180 Abs. 3 i.V.m. § 1953 Abs. 1 BGB). Zugewinn ist der Betrag, um den das Endvermögen eines Ehegatten bzw. Lebenspartners das Anfangsvermögen dieses Ehegatten bzw. Lebenspartners übersteigt (§§ 1373 ff. BGB). Übersteigt der Zugewinn des einen Ehegatten bzw. Lebenspartners den Zugewinn des anderen, so steht die Hälfte des Überschusses dem anderen Ehegatten bzw. Lebenspartner als Ausgleichsforderung zu (§ 1378 BGB). Diese Forderung ist Geldforderung.

§ 3 Nr. 3 Satz 2 befreit die Übertragung eines zum Nachlass des verstorbenen Ehegatten oder Lebenspartners gehörenden Grundstücks in Anrechnung auf

---

1 Hinsichtlich der Geltung des gesetzlichen Güterstands der Zugewinngemeinschaft für vor dem 3.10.1990 geschlossene Ehen im Beitrittsgebiet vgl. Art. 234 § 4 Abs. 1 EGBGB.

eine derartige Ausgleichsforderung. Unter „in Anrechnung" ist hierbei ganz oder teilweise „an Erfüllungs statt" (§ 364 BGB) zu verstehen.

# E. Grundstückserwerbe unter Ehegatten oder Lebenspartnern (§ 3 Nr. 4)

§ 3 Nr. 4 nimmt allgemein den Grundstückserwerb durch den Ehegatten oder den Lebenspartner des Veräußerers von der Grunderwerbsteuer aus, und zwar ohne Rücksicht auf den Güterstand. Die Befreiung gilt auch für den Miterwerb beim rechtsgeschäftlichen Grundstückserwerb eines in Gütergemeinschaft lebenden Ehegatten oder Lebenspartners infolge § 1416 Abs. 2, Abs. 1 Satz 2 BGB (ggf. i. V. m. § 7 LPartG).[1] Sie greift auch beim Ehegattenmiterwerb im Rahmen des fortgeführten Güterstands der Eigentums- und Vermögensgemeinschaft nach dem FGB der ehemaligen DDR (s. Art. 234 § 4a Abs. 2 Satz 1 EGBGB). Voraussetzung ist allein das Bestehen einer Ehe bzw. einer Lebenspartnerschaft zwischen dem Veräußerer und dem Erwerber im Zeitpunkt des Erwerbs. Auf den Rechtsgrund des Erwerbs sowie darauf, ob dieser entgeltlich und unentgeltlich erfolgt, kommt es nicht an. Die Ehe muss wirksam geschlossen sein und noch bestehen. Durch das Eheschließungsrechtsgesetz vom 4. 5. 1998[2] wurden sowohl die Eheschließung als auch die Aufhebung der Ehe mit Wirkung ab 1. 7. 1998 (vgl. auch Art. 226 EGBGB) teilweise neu geregelt. Zum früheren Rechtszustand wird auf Hofmann, GrEStG, § 3 Rdnr. 25 der 6. Auflage verwiesen. Desgleichen muss die Lebenspartnerschaft wirksam begründet worden sein und noch bestehen (§§ 1 und 15 LPartG).

Die Form der Eheschließung im Inland bestimmt sich grundsätzlich nach deutschem Recht (Art. 13 Abs. 3 Satz 1 EGBGB; Ausnahme für Eheschließung von Verlobten, die beide nicht die deutsche Staatsangehörigkeit besitzen: Art. 13 Abs. 3 Satz 2 EGBGB). Die Ehe wird im Inland nur dadurch geschlossen, dass die Eheschließenden vor dem Standesbeamten persönlich und bei gleichzeitiger Anwesenheit (§ 1311 Satz 1 BGB) erklären, die Ehe miteinander eingehen zu wollen (§ 1310 Abs. 1 Satz 1 BGB). Die Ehe bleibt bis zur Auflösung bestehen. Aufgelöst wird die Ehe außer durch den Tod eines Ehegatten mit Rechtskraft des Urteils über die Aufhebung oder die Scheidung der Ehe (§§ 1313, 1564 BGB) und weiter mit Schließung einer neuen Ehe, wenn der andere Ehegatte für tot erklärt worden ist (§ 1319 BGB). Zur Begründung und Auflösung

1 Ebenso Boruttau/Meßbacher-Hönsch, Rn. 381.
2 BGBl I 1998, 833.

(Aufhebung) der Lebenspartnerschaft vgl. Art. 17 EGBGB sowie §§ 1 und 15 LPartG.

**Nicht** begünstigt sind Grundstückserwerbe durch Verlobte[1] sowie zwischen Personen, unter denen eine bloße **Lebensgemeinschaft** besteht.[2]

# F. Grundstückserwerb als Scheidungsfolge (§ 3 Nr. 5) sowie als Folge der Aufhebung einer Lebenspartnerschaft (§ 3 Nr. 5a)

## I. § 3 Nummer 5

38 Nach **§ 3 Nr. 5** ist allgemein der **Grundstückserwerb** durch den **früheren Ehegatten** des Veräußerers – nicht aber von dessen Gesamtrechtsnachfolger[3] – **im Rahmen der Vermögensauseinandersetzung nach** der **Scheidung** begünstigt. Die Steuerbegünstigung muss auch für die Vermögensauseinandersetzung nach Aufhebung der Ehe (§ 1313 BGB) gelten, soweit sich die Folgen der Eheaufhebung nach § 1318 BGB nach den Vorschriften über die Scheidung richten. Da eine güterrechtliche Vermögensauseinandersetzung nur bei Ehegatten stattfindet, die im Güterstand der Gütergemeinschaft gelebt haben (§§ 1471 ff., 1478 BGB) bzw. kraft Option im bisherigen gesetzlichen Güterstand der Eigentums- und Vermögensgemeinschaft des Familiengesetzbuchs der DDR (Art. 234 §§ 4, 4a Abs. 2 Satz 2 EGBGB sowie § 42 Abs. 3 ZGB i.V. m. §§ 13, 39 FGB), ist davon auszugehen, dass der Begriff „Vermögensauseinandersetzung nach der Scheidung" die **Regelungen hinsichtlich sämtlicher vermögensrechtlichen Beziehungen** der geschiedenen Ehegatten umfasst. Diese beschränken sich nicht auf die güterrechtlichen Auseinandersetzungen, sondern umfassen allgemein alle vermögensrechtlichen Folgen der Scheidung einschließlich der Auseinandersetzung von Bruchteilsgemeinschaften der Ehegatten[4] sowie des **Versorgungsausgleichs** (§§ 1587 ff. BGB) und der **nachehelichen Unterhaltsansprüche** (§§ 1569 ff. BGB). Im Ergebnis ist jede Vermögensauseinandersetzung, die ihre Ursache in der Scheidung hat, begünstigt, wobei

---

1 BFH v. 11. 10. 2002 II B 193/01, BFH/NV 2003, 201.
2 BFH v. 25. 4. 2001 II R 72/00, BStBl II 2001, 610; v. 14. 10. 2008 II B 65/05, BFH/NV 2009, 214.
3 Siehe BFH v. 23. 3. 2011 II R 33/09, BStBl II 2011, 980.
4 Vgl. BFH v. 23. 3. 2011 II R 33/09, BStBl II 2011, 980.

sich die Vermögensauseinandersetzung auf die Regelung sämtlicher vermögensrechtlicher Beziehungen der Ehegatten erstreckt.[1]

Unabhängig vom Güterstand, in dem die Eheleute lebten, sind Grundstücksübertragungen zur Abfindung von Unterhaltsansprüchen ebenso nach § 3 Nr. 5 steuerfrei wie die im Zusammenhang mit der Scheidung vereinbarte Übertragung von Grundbesitz als Ersatz für den gesetzlichen Versorgungsausgleich (vgl. § 1587o BGB).

Lebten die Ehegatten im gesetzlichen **Güterstand der Zugewinngemeinschaft,** so ist die **Übertragung** eines **Grundstückes in Anrechnung** auf die **Ausgleichsforderung** (§ 1378 Abs. 1 BGB; s. auch § 1383 BGB) nach § 3 Nr. 5 steuerfrei (vgl. auch § 3 Nr. 3 Satz 2). Wird in die Auseinandersetzung nach Beendigung der Gütergemeinschaft ein Grundstück einbezogen, das als **Vorbehaltsgut** im Alleineigentum eines Ehegatten stand, ist der Erwerb ebenso steuerfrei wie der Erwerb zum Gesamtgut gehörenden Grundbesitzes. Auch die Auseinandersetzung hinsichtlich im Miteigentum der Eheleute, die im Güterstand der **Gütertrennung** lebten, stehender Grundstücke ist als Scheidungsfolgenerwerb nach § 3 Nr. 5 steuerfrei.

Die Vorschrift sieht **keine zeitliche Befristung** vor, sondern verlangt einen **sachlichen Zusammenhang:** der Grundstückserwerb muss sich im Rahmen der Vermögensauseinandersetzung nach der Scheidung vollziehen. Haben Eheleute in Gesellschaft bürgerlichen Rechts ein Grundstück und vereinbaren sie im zeitlichen Zusammenhang mit der Scheidung der Ehe die Fortsetzung der Gesellschaft auch für die Zeit nach der Scheidung, so erfolgt ein Grundstückserwerb infolge eines vereinbarten Übernahmerechts nicht mehr im Rahmen der Vermögensauseinandersetzung nach der Scheidung. Erfolgt jedoch die Fortsetzung des Gesellschaftsverhältnisses über die Scheidung hinaus nur zu dem Zweck, insoweit die Vermögensauseinandersetzung aufzuschieben, weil einerseits dem einen Ehegatten das Grundstück erhalten bleiben soll, dieser andererseits aber zur Erfüllung von Abschichtungsansprüchen (noch) nicht in der Lage ist, so ist auch die entgeltliche Übertragung des Anteils des anderen Ehegatten als nach § 3 Nr. 5 steuerfrei anzusehen.[2]

---

1 BFH 23. 3. 2011 II R 33/09, BStBl II 2011, 980; vgl. auch Hessisches FG v. 10. 5. 2012, EFG 2012, 1874.
2 FG Hamburg v. 13. 4. 1989, EFG 1990, 188; zu einem Fall der Verneinung des Zusammenhangs mit der Scheidung s. FG Berlin-Brandenburg v. 26. 7. 2015 – K 4012/13, juris.

## II. § 3 Nummer 5a

38a Nach § 3 Nr. 5a ist der Grundstückserwerb durch den **früheren Lebenspartner** des Veräußerers im **Rahmen der Vermögensauseinandersetzung nach Aufhebung der Lebenspartnerschaft** steuerfrei. Die Steuerbefreiung entspricht nach Art und Umfang derjenigen des § 3 Nr. 5. Die Ausführungen in Rdnr. 38 gelten entsprechend.

# G. Grundstückserwerb durch Verwandte, lediglich „leibliche" Verwandte und gleichgestellte Personen (§ 3 Nr. 6)

**Literatur:** *Sosnitza,* Grunderwerbsteuerbefreiung nach § 3 Nr. 6 GrEStG, wenn das Grundstück nur über eine Mittelsperson erlangt werden kann, UVR 1991, 334.

## I. Erwerb durch Verwandte in gerader Linie

39 **§ 3 Nr. 6 Satz 1** befreit den Erwerb eines Grundstücks durch Personen, die mit dem **Veräußerer** in gerader Linie verwandt sind. Nach § 1589 Satz 1 BGB sind Personen, die eine von der anderen abstammen, in gerader Linie miteinander verwandt. **Befreit** ist folglich der **Erwerb** durch Kinder, Enkel usw. ebenso wie durch **Eltern, Großeltern** usw. des Veräußerers. Ob die Verwandtschaft auf ehelicher oder unehelicher Geburt beruht, ist ohne Bedeutung. Die Verwandtschaft erlischt nach Maßgabe von §§ 1755, 1756 BGB durch die Annahme eines Minderjährigen als Kind. Das Kind erlangt durch die Annahme entweder die rechtliche Stellung eines gemeinschaftlichen ehelichen Kindes des annehmenden Ehepaars bzw. bei Annahme eines Kindes des anderen Ehegatten durch den Ehegatten (§ 1754 Abs. 1 BGB), sonst die rechtliche Stellung eines ehelichen Kindes des Annehmenden (§ 1754 Abs. 2 BGB). Das Nämliche gilt in Bezug auf die Annahme eines Kindes des Lebenspartners durch den anderen Lebenspartner (vgl. § 9 Abs. 6 und 7 LPartG; s. dazu auch BVerfG v. 19. 2. 2013 1 BvL 1/11, 1 BvR 3247/09).[1] Damit tritt das angenommene minderjährige Kind an dieselbe Stelle, wie wenn es von dem Annehmenden bzw. den Annehmenden abstammte. Für die Annahme als Kind im Beitrittsgebiet vor dem 3. 10. 1990 vgl. Art. 234 § 13 Abs. 1 EGBGB und § 73 FGB. Zur abweichenden Wirkung der Annahme als Kind bei der Adoption Volljähriger vgl. §§ 1770, 1772 BGB.

---

1 BGBl I 2013, 122.

Wird im allseitigen Einverständnis ein Erwerbsvorgang unter Geschwistern 40
durch Zwischenschaltung des Erwerbs des Grundstücks durch einen Elternteil
gestaltet, so zielt diese Gestaltung auf die Erlangung der Steuerbefreiung aus
§ 3 Nr. 6 ab. Nach § 42 AO kann durch Missbrauch von Gestaltungsmöglichkeiten des Rechts das Steuergesetz nicht umgangen werden und entsteht bei
Vorliegen eines Missbrauchs der Steueranspruch so, wie er bei einer den wirtschaftlichen Vorgängen angemessenen Gestaltung entsteht. Dabei ist es
gleichgültig, ob ein belastendes Steuergesetz vermieden oder ob die unangemessene Gestaltung für die Verwirklichung des Tatbestands einer begünstigenden Gesetzesvorschrift gewählt wird.[1] Unter dieser Sicht ist die Wahl zweier dem Wortlaut nach befreiter Erwerbe als „Umweg" nach § 42 AO in der
Weise unbeachtlich, dass die Steuer so entsteht, wie sie bei einem Grundstücksgeschäft unter den Geschwistern entstehen würde.[2]

## II. Erwerb durch lediglich „leibliche" Verwandte

§ 1755 Abs. 1 BGB bestimmt, dass mit der Annahme eines Minderjährigen als 41
Kind dessen Verwandtschaftsverhältnis sowie das seiner leiblichen Abkömmlinge zu den bisherigen Verwandten erlischt (Einschränkung vgl. § 1755 Abs. 2,
§ 1756 BGB; beachte auch Art. 224 § 13 Abs. 1 Satz 1 EGBGB und § 73 FGB; zur
Erstreckung auf die Annahme Volljähriger als Kind vgl. § 1772 BGB). § 3 Nr. 6
Satz 1 in der für Erwerbsvorgänge, die vor dem 1. 1. 2010 verwirklicht wurden
geltenden Fassung hatte der nur noch „leiblichen" Verwandtschaft nach dem
bürgerlich-rechtlichen Erlöschen der Verwandtschaft durch die Annahme als
Kind im Gegensatz zu anderen Steuergesetzen[3] nicht Rechnung getragen.
Durch Art. 29 Nr. 1 JStG 2010[4] wurde die Steuerbefreiung aus § 3 Nr. 6 Satz 1
auf diejenigen Personen erstreckt, deren Verwandtschaft zum Veräußerer
durch die Annahme als Kind bürgerlich-rechtlich erloschen ist. Die Steuerbefreiung gilt für alle derartigen Erwerbsvorgänge, die nach dem 31. 12. 2009
verwirklicht werden.[5] Die Ausführungen unter Rdnr. 39 gelten entsprechend.

---

1 Vgl. BFH v. 31. 7. 1984 IX R 3/79, BStBl II 1985, 33.
2 So auch FG Münster v. 11. 6. 1990, EFG 1991, 346; s. auch Vorbem. Rdnr. 2.
3 Vgl. z. B. § 15 Abs. 1a ErbStG i. d. F. des Gesetzes v. 18. 8. 1980 (BGBl I 1980, 581).
4 Vom 8. 12. 2010, BGBl I 2010, 1768.
5 § 23 Abs. 9 i. d. F. Art. 29 JStG. Zur Verwirklichung eines Erwerbsvorgangs s. Hofmann, GrEStG,
§ 23 Rdnr. 1 f.

## III. Erwerb durch Stiefkinder

42 **§ 3 Nr. 6 Satz 2** stellt den Abkömmlingen die Stiefkinder gleich. Diese Bezeichnung ist dem bürgerlichen Recht fremd. Nach § 1590 BGB sind die Verwandten eines Ehegatten mit dem anderen Ehegatten verschwägert. Trotzdem ist davon auszugehen, dass es sich um das **Kind eines der Ehegatten, das nicht gemeinschaftliches Kind ist** (vgl. § 1444 Abs. 2, § 1466 BGB), handelt (vgl. auch § 1371 Abs. 4 BGB). Die Eigenschaft als Stiefkind wird durch die Beendigung der das Stiefkindverhältnis begründenden Ehe – sei es durch Tod des Ehegatten, von dem das Kind abstammt, sei es durch Scheidung – nicht berührt.[1] Kinder eines Lebenspartners sind grunderwerbsteuerrechtlich Stiefkinder des anderen Lebenspartners; bürgerlich-rechtlich gelten die Verwandten eines Lebenspartners als mit dem anderen Lebenspartner verschwägert (§ 11 Abs. 2 Satz 1 LPartG) und überdauert diese Fiktion die Auflösung der Lebenspartnerschaft (§ 11 Abs. 2 Satz 3 LPartG). Die Rechtslage des Kindes eines Lebenspartners entspricht genau derjenigen, wie sie der gesetzlich angeordneten Interpolation in § 3 Nr. 6 Satz 2 zugrunde liegt.[2]

Nicht als Stiefkinder sind Kinder anzusprechen, die aus einer zweiten, nach Auflösung der ersten Ehe geschlossenen Ehe stammen, im Verhältnis zu dem ersten Ehegatten. Das gilt auch hinsichtlich solcher nichtehelichen Kinder, die längst (beachte §§ 1591, 1592 BGB) nach Auflösung der Ehe geboren sind, im Verhältnis zum (anderen) ehemaligen Ehegatten.

Das Gesetz stellt Stiefkinder verbal nicht schlechthin in die Reihe der Verwandten in gerader Linie bzw. den Personen, deren Verwandtschaft zum Veräußerer durch die Annahme als Kind bürgerlich-rechtlich erloschen ist, doch bewirkt die Gleichstellung mit den Abkömmlingen, dass auch der Erwerb des Abkömmlings eines Stiefkindes steuerfrei ist.[3] Die Gleichstellung der Stiefkinder mit den Abkömmlingen führt auch zur Steuerfreiheit des Erwerbs durch den Stiefvater oder die Stiefmutter. Genügt die Gleichstellung des Stiefkindes mit den Abkömmlingen für die Befreiung eines Grundstückserwerbs des Abkömmlings des Stiefkindes, so müsste das Stiefkindschaftsverhältnis folglich auch sich auf die Personen erstrecken, die mit den „Stiefeltern" in gerader Linie verwandt sind.[4]

---

1 BFH v. 19. 4. 1989 II R 27/86, BStBl II 1989, 627.
2 Ebenso Boruttau/Meßbacher-Hönsch, Rn. 420
3 BFH v. 7. 7. 1965 II 123/62, BStBl III 1965, 513.
4 Ebenso Boruttau/Meßbacher-Hönsch, Rn. 419 und Pahlke, Rz 247.

## IV. Erwerb durch Ehegatten oder Lebenspartner der Verwandten, bloß „leiblich" Verwandten und der Stiefkinder

**§ 3 Nr. 6 Satz 3** erstreckt die Steuerbefreiung der Verwandten in gerader Linie    43
sowie der Personen, deren Verwandtschaft zum Veräußerer durch die Annahme als Kind bürgerlich-rechtlich erloschen ist, und der Stiefkinder ausdrücklich
auch auf deren Ehegatten bzw. Lebenspartner. Im Hinblick auf die uneingeschränkte Gleichstellung der Ehegatten sowie der Lebenspartner der in § 3
Nr. 6 Sätze 1 und 2 Genannten sind Grundstücksübertragungen zwischen
Schwiegereltern und Schwiegerkindern bzw. Stiefvater/Stiefmutter und Ehegatten oder Lebenspartner der Stiefkinder und jeweils umgekehrt steuerfrei.
Die Befreiung ist davon abhängig, dass die Ehe bzw. Lebenspartnerschaft zwischen dem Erwerber und den in § 3 Nr. 6 Sätze 1 und 2 genannten Personen
fortbesteht.[1] Die gegenteilige Auffassung der Vorauflage wird aufgegeben. Infolge der Zurechnung personenbezogener Steuervergünstigungen auf Gesamthandsgemeinschaften (vgl. Rdnr. 3) ist so beispielsweise steuerfrei der Erwerb eines Grundstückes durch eine OHG, deren Gesellschafter alle Ehegatten
der Enkelkinder des Veräußerers sind.

# H. Grundstückserwerb bei fortgesetzter Gütergemeinschaft (§ 3 Nr. 7)

Ehegatten können durch Ehevertrag vereinbaren, dass die Gütergemeinschaft    44
nach dem Tode eines Ehegatten zwischen dem überlebenden Ehegatten und
den gemeinschaftlichen Abkömmlingen fortgesetzt wird (§ 1483 Abs. 1 Satz 1
BGB). Die Gütergemeinschaft wird dann mit den gemeinschaftlichen Abkömmlingen fortgesetzt, die bei gesetzlicher Erbfolge als Erben berufen sind
(§ 1483 Abs. 1 Satz 2 BGB). Auch Lebenspartnerinnen bzw. Lebenspartner können ihre güterrechtlichen Verhältnis durch Lebenspartnerschaftsvertrag regeln
(§ 7 Satz 1 LPartG); §§ 1409 bis 1563 BGB gelten entsprechend (§ 7 Satz 2
LPartG). Haben die Lebenspartner den Güterstand der Gütergemeinschaft
(§§ 1415 ff. BGB) und fortgesetzte Gütergemeinschaft (§§ 1483 ff. BGB) vereinbart, so besteht nach dem Tod eines von ihnen die fortgesetzte Gütergemeinschaft zwischen dem überlebenden Lebenspartner und den aufgrund Adoption
gemeinschaftlichen Abkömmlingen (§ 9 Abs. 7 LPartG i.V.m. § 1754 Abs. 1
BGB). Der Anteil des verstorbenen Ehegatten bzw. Lebenspartners gehört in

---

1 So Boruttau/Meßbacher-Hönsch, Rn. 424, und wohl auch Pahlke, Rz 251.

solchen Fällen nicht zu seinem Nachlass (§ 1483 Abs. 1 Satz 3 BGB). Teilnehmer an der fortgesetzten Gütergemeinschaft wird im Falle des Todes eines anteilsberechtigten Abkömmlings auch dessen Abkömmling (§ 1490 BGB ggf. i. V. m. § 7 LPartG). § 3 Nr. 7 befreit den Erwerb eines zum Gesamtgut (§ 1485 BGB) gehörenden Grundstücks durch Teilnehmer an der fortgesetzten Gütergemeinschaft (überlebender Ehegatte bzw. Lebenspartner, gemeinschaftliche Abkömmlinge, Nachrücker) oder deren Ehegatten sowie deren Lebenspartner dann, wenn er zur Teilung des Gesamtguts erfolgt. Das setzt voraus, dass die fortgesetzte Gütergemeinschaft aufgehoben wird (§§ 1492, 1495, 1496 BGB ggf. i. V. m. § 7 LPartG) oder geendet hat (§§ 1493, 1494 BGB ggf. i. V. m. § 7 LPartG).

§ 3 Nr. 7 Satz 2 beschränkt die Einbeziehung der Ehegatten nicht auf diejenigen der Abkömmlinge, sondern erstreckt sie auch auf den neuen Ehegatten des überlebenden Ehepartners sowie auf dessen neuen Lebenspartner. Denn die Wiederverheiratung bzw. die Eingehung einer neuen Lebenspartnerschaft führt zur Beendigung der fortgesetzten Gütergemeinschaft (§ 1493 Abs. 1 BGB ggf. i. V. m. § 7 LPartG) und zwingt deshalb zur Auseinandersetzung über das Gesamtgut (§ 1497 BGB).

Voraussetzung für die Befreiung ist neben den erwähnten persönlichen Relationen des Erwerbers, dass das Grundstück zum Gesamtgut der fortgesetzten Gütergemeinschaft gehört: Das Gesamtgut der fortgesetzten Gütergemeinschaft besteht aus dem ehelichen bzw. lebenspartnerschaftlichen Gesamtgut, soweit es nicht nach § 1483 Abs. 2 BGB einem (mangels gemeinschaftlicher Abkunft) nicht anteilsberechtigten Abkömmling zufällt, das bedeutet in Bezug auf Grundstücke, soweit es ihm nicht im Zuge der Auseinandersetzung übertragen wurde (steuerfrei nach § 3 Nr. 3 Satz 1), und aus dem Vermögen, das der überlebende Ehegatte oder Lebenspartner aus dem Nachlass des vorverstorbenen Ehegatten bzw. Lebenspartner (Sondergut, § 1417 BGB, und Vorbehaltsgut, § 1418 BGB) oder nach dem Eintritt der fortgesetzten Gütergemeinschaft erwirbt (§ 1485 Abs. 1 BGB ggf. i. V. m. § 7 LPartG). Der Erwerb des überlebenden Ehegatten oder überlebenden Lebenspartners zum Gesamtgut ist nicht nach § 3 Nr. 7 steuerfrei.

Hinsichtlich der Anwendbarkeit der Vorschrift auf Erwerbsvorgänge nach § 1 Abs. 2 sowie § 1 Abs. 3 Nr. 3 und 4 gelten die Ausführungen in Rdnr. 27 ff. entsprechend.

# J. Rückerwerb eines Grundstücks durch den Treugeber (§ 3 Nr. 8)

Unter der Voraussetzung, dass für den Rechtsvorgang, durch den der Treuhän-     45
der den Anspruch auf Übereignung des Grundstücks gegen den Treugeber
oder das Grundstück vom Treugeber erlangt hat, die Steuer entrichtet (also
nicht nur berechnet, vgl. die abweichende Formulierung in § 1 Abs. 6 Satz 2
und Hofmann, GrEStG, § 1 Rdnr. 200) worden ist, befreit § 3 Nr. 8 den Rückerwerb eines Grundstücks durch den Treugeber bei Auflösung eines Treuhandverhältnisses. Das Gesetz verwendet hier eine Bezeichnung, die zumindest
nicht den Kern der Sache trifft; es lässt eine Definition der Begriffe „Treugeber"
und „Treuhänder" vermissen. Was auch immer darunter zu verstehen sein
mag, gemeint ist folgender Vorgang: A überträgt ein Grundstück auf B mit der
weiteren Abrede, dass dieser über das Grundstück nur nach Weisung des A
verfügen darf (vgl. Hofmann, GrEStG, § 1 Rdnr. 87). Weist A den B zur „Rückübertragung" auf sich an, ist dieser Vorgang jedenfalls durch § 3 Nr. 8 von der
Besteuerung nach dem Grunderwerbsteuergesetz ausgenommen.

Die Befreiung ist entsprechend anzuwenden, wenn mindestens 95 % der Anteile an einer Gesellschaft mit Grundbesitz treuhänderisch übertragen wurden
(§ 1 Abs. 3 Nr. 3 oder 4) und der Treugeber die vereinigten Anteile zurückerwirbt, denn § 1 Abs. 3 stellt die Übertragung von mindestens 95 % der Anteile an einer grundstücksbesitzenden Gesellschaft einer Grundstücksübertragung gleich. Voraussetzung ist, dass sich der Grundstücksbestand der Gesellschaft zwischen der Übertragung dieser Anteile auf den Treuhänder und deren
Rückerwerb nicht verändert hat. Denn ein nach § 1 Abs. 3 der Steuer unterliegender Vorgang wird in Bezug auf das einzelne zum Vermögen der Gesellschaft gehörende inländische Grundstück besteuert (s. Hofmann, GrEStG, § 1
Rdnr. 135). Hat die Kapitalgesellschaft seit der Verwirklichung des Tatbestands
des § 1 Abs. 3 Nr. 3 oder Nr. 4 weitere Grundstücke erworben, so ist für den Erwerb der Herrschaftsmacht über diese Grundstücke jedenfalls die Voraussetzung des § 3 Nr. 8 Satz 2 nicht erfüllt. Das gilt auch dann, wenn die Kapitalgesellschaft die Grundstücke vom Treugeber des Treuhändergesellschafters erworben hat. Hier fehlt es an der Identität des Grundstückserwerbers mit dem
Treuhänder.[1] Soweit Grundstücke, hinsichtlich derer der Erwerb der Anteile
durch den Treuhänder vom Treugeber den Tatbestand des § 1 Abs. 3 Nr. 3 oder
Nr. 4 erfüllte, im Zeitpunkt der Rückübertragung der Anteile auf den Treugeber
nicht mehr zum Vermögen der Kapitalgesellschaft gehören, kann zwar von ei-

---

1 Vgl. auch FG Düsseldorf v. 14. 3. 2006, EFG 2006, 839.

nem Rückerwerb nicht die Rede sein; insoweit würde die Befreiung aber auch ins Leere laufen.

Nicht unter die Befreiungsvorschrift zu subsumieren ist die Auflassung des kraft Auftrags „treuhänderisch" für den Auftraggeber erworbenen Grundstücks in Erfüllung des Herausgabeanspruchs an diesen;[1] hier liegt ein erstmaliger Eigentumserwerb durch den Treugeber vor, nicht aber ein Rückerwerb.

Obwohl § 3 Nr. 8 nur den Rückerwerb eines Grundstücks durch den „Treugeber" bei Auflösung des „Treuhandverhältnisses" anspricht, ist u. E. davon auszugehen, dass unter Erfüllung der übrigen Tatbestandsmerkmale auch Steuerfreiheit eintritt, wenn der „Treugeber" den „Treuhänder" anweist, das Grundstück in Erfüllung der Rückübereignungsverpflichtung unmittelbar an eine Person zu übertragen, die aufgrund ihrer verwandtschaftlichen oder sonstigen Beziehung zum, „Treugeber" von diesem das Grundstück steuerfrei (§ 3 Nr. 4 und 6) erwerben könnte.[2]

Der in § 3 Nr. 8 Satz 3 zugunsten von § 16 Abs. 2 gemachte Vorbehalt bedeutet, dass kraft Erfüllung der dort genannten Voraussetzungen (vgl. Hofmann, GrEStG, § 16 Rdnr. 37 ff.) die Steuer für den Rückerwerb des Eigentums durch den „Treugeber" nicht festgesetzt wird und die Steuer für den Erwerb des „Treuhänders" entweder nicht festgesetzt oder die Steuerfestsetzung wieder aufgehoben wird.

# § 4 Besondere Ausnahmen von der Besteuerung

Von der Besteuerung sind ausgenommen:

1. der Erwerb eines Grundstücks durch eine juristische Person des öffentlichen Rechts, wenn das Grundstück aus Anlass des Übergangs von öffentlich-rechtlichen Aufgaben oder aus Anlass von Grenzänderungen von der einen auf die andere juristische Person übergeht und nicht überwiegend einem Betrieb gewerblicher Art dient;

2. der Erwerb eines Grundstücks durch einen ausländischen Staat, wenn das Grundstück für die Zwecke von Botschaften, Gesandtschaften oder Konsulaten dieses Staates bestimmt ist und Gegenseitigkeit gewährt wird;

---

1 Ebenso FG Köln v. 21. 4. 1988, EFG 1988, 647.
2 So wohl auch Boruttau/Meßbacher-Hönsch, Rn. 480.

3. der Erwerb eines Grundstücks durch einen ausländischen Staat oder eine ausländische kulturelle Einrichtung, wenn das Grundstück für kulturelle Zwecke bestimmt ist und Gegenseitigkeit gewährt wird;

4. der Übergang von Grundstücken gemäß § 1 Absatz 1 Nummer 3 und von Gesellschaftsanteilen gemäß § 1 Absatz 3 Nummer 2 und 4 als unmittelbare Rechtsfolge eines Zusammenschlusses kommunaler Gebietskörperschaften, der durch Vereinbarung der beteiligten Gebietskörperschaften mit Zustimmung der nach Landesrecht zuständigen Stelle oder durch Gesetz zustande kommt, sowie Rechtsgeschäfte über Grundstücke gemäß § 1 Absatz 1 Nummer 1 und über Gesellschaftsanteile gemäß § 1 Absatz 3 Nummer 1 und 3 aus Anlass der Aufhebung der Kreisfreiheit einer Gemeinde;

5. der Erwerb eines Grundstücks von einer juristischen Person des öffentlichen Rechts sowie der Rückerwerb des Grundstücks durch die juristische Person des öffentlichen Rechts, wenn das Grundstück im Rahmen einer Öffentlich Privaten Partnerschaft für einen öffentlichen Dienst oder Gebrauch im Sinne des § 3 Abs. 2 des Grundsteuergesetzes benutzt wird und zwischen dem Erwerber und der juristischen Person des öffentlichen Rechts die Rückübertragung des Grundstücks am Ende des Vertragszeitraums vereinbart worden ist. Die Ausnahme von der Besteuerung entfällt mit Wirkung für die Vergangenheit, wenn die juristische Person des öffentlichen Rechts auf die Rückübertragung des Grundstücks verzichtet oder das Grundstück nicht mehr für einen öffentlichen Dienst oder Gebrauch genutzt wird.

*Anmerkung:*

*Die ursprüngliche Fassung beschränkte sich auf die Nummern 1 bis 3. Während die Nummern 2 und 3 von Änderungen verschont blieben, beruht die nunmehrige Fassung von § 4 Nr. 1 auf Art. 15 Nr. 4 StEntlG 1999/2000/2002 vom 24. 3. 1999.[1] Sie ist nach § 23 Abs. 5 (angefügt durch Art. 15 Nr. 11 Buchst. b desselben Gesetzes) erstmals auf Erwerbsvorgänge anzuwenden, die nach dem 31. 12. 1997 verwirklicht werden; ihr kommt also Rückwirkung zu. § 4 Nr. 4 wurde durch Art. 26 Nr. 2 AmtshilfeRLUmsG 26. 6. 2013[2] neu gefasst. Die Neufassung ist erstmals auf Erwerbsvorgänge anzuwenden, die nach dem 6. 6. 2013 verwirklicht werden (§ 23 Abs. 11). § 4 Nr. 5 bis 8, die durch Zeitablauf gegenstandslos geworden waren, wurden durch dasselbe Gesetz aufgehoben; zugleich*

---

1 BGBl I 1999, 402.
2 BGBl I 2013, 1809.

*erhielt die bisherige Nummer 9, die durch Art. 5 Nr. 2 des Gesetzes zur Beschleunigung der Umsetzung von Öffentlich Privaten Partnerschaften…vom 1. 9. 2005[1], das am 8. 9. 2005 in Kraft getreten ist, angefügt wurde, die Nummer 5.*

**Weitere besondere Ausnahmen von der Grunderwerbsteuer sind im Anhang zu § 4 aufgeführt und – soweit erforderlich – erläutert.**

## Inhaltsübersicht        Rdnr.

---

1 BGBl I 2005, 2676.

# A. Erwerbsvorgänge zwischen juristischen Personen des öffentlichen Rechts

## I. Allgemeines

Die Steuerbefreiung nach § 4 Nr. 1 erstreckt sich in **subjektiver Hinsicht** auf alle **juristischen Personen** des **öffentlichen Rechts** als Veräußerer und Erwerber[1] und wird **objektiv** dadurch eingeschränkt, dass das Grundstück nicht überwiegend einem von der juristischen Person des öffentlichen Rechts unterhaltenen Betrieb gewerblicher Art dienen darf. Dieser Einschränkung bedurfte es aus Gründen der Wettbewerbsneutralität.    1

## II. Juristische Personen des öffentlichen Rechts

Unter einer **juristischen Person** des **öffentlichen Rechts**, für die eine gesetzliche Definition fehlt, ist ein rechtsfähiges Gebilde zu verstehen, das seine Rechtsfähigkeit sowohl wie seine Gestaltung aus dem öffentlichen Recht des Bundes oder eines Bundeslandes herleitet.[2] Zu ihnen zählen neben den Gebietskörperschaften (Gemeinden, Kreise, Länder, Bund) die kraft öffentlichen Rechts mit eigener Rechtspersönlichkeit ausgestatteten Personal- oder Vereinskörperschaften (Berufskammern, wie z. B. die Ärzte-, Anwalts- und Steuerberaterkammern, die Handels-, Handwerks-, Industrie- und Landwirtschaftskammern), die Verbandskörperschaften (z. B. gemeindliche Zweckverbände, Wasser- und Bodenverbände), die Anstalten (z. B. Bundesbank, Landeszentralbanken, öffentliche Sparkassen, Rundfunkanstalten) sowie Zweckvermögen und Stiftungen. Zu den juristischen Personen des öffentlichen Rechts gehören auch die Religionsgemeinschaften[3] sowie die jüdischen Kultusgemeinschaften und andere Religionsgesellschaften, die in den einzelnen Ländern als juristische Personen des öffentlichen Rechts anerkannt sind. Sofern sich die Eigenschaft als juristische Person des öffentlichen Rechts nicht aus einem Hoheitsakt (Gesetz, Verordnung oder Verwaltungsakt) ergibt, kann sich diese Eigenschaft aus der geschichtlichen Entwicklung, aus Verwaltungsübung oder aus allgemeinen Rechtsgrundsätzen herleiten lassen.[4]    2

---

1 Siehe dazu FG Nürnberg v. 16.10.2014, EFG 2015, 148 und Hessisches FG v. 21.1.2015, EFG 2015, 883 (Rev.: II R 12/15).
2 Vgl. dazu BFH v. 1.3.1951 I 58/50, BStBl III 1951, 220.
3 Katholische und evangelische Kirche, vgl. Art. 140 GG i.V.m. Art. 137 WRV; s. auch BFH v. 16.5.1975 III R 54/74, BStBl II 1975, 746.
4 Vgl. dazu BFH v. 5.9.1958 III 179/57, BStBl III 1958, 478.

## III. Begünstigte Erwerbsvorgänge

3 Der Erwerb von Grundstücken (unter Ausschluss solcher, die überwiegend einem Betrieb gewerblicher Art dienen, s. dazu Rdnr. 4) durch juristische Personen des öffentlichen Rechts (s. Rdnr. 2), gleichgültig ob er auf Gesetz oder Rechtsgeschäft beruht,[1] ist steuerfrei, wenn er erfolgt

(1) unmittelbar aus Anlass des Übergangs von Aufgaben. Es muss sich dabei um öffentlich-rechtliche Aufgaben handeln, die einer Körperschaft eigen oder ihr zugewiesen sind, und die nunmehr entweder infolge organisatorischer Änderung auf die erwerbende Körperschaft des öffentlichen Rechts übergeht oder aufgrund Aufgabe von deren Erfüllung durch einen Ersatzträger wegen ihrer subsidiären Verpflichtung zu einer von ihr selbst zu erfüllenden Pflichtaufgabe wurde.[2] Der Grundstückserwerb muss sich zwischen denjenigen vollziehen, die vordem und nunmehr die öffentliche Aufgabe wahrnehmen.[3]

Kein Fall des Übergangs von Aufgaben ist Anlass der Übertragung eines Grundstücks, wenn eine Gemeinde ein gemeindliches Schulgrundstück an eine Religionsgemeinschaft veräußert, die auf diesem Grundstück[4] eine Privatschule betreibt.[5] Desgleichen sind die Befreiungsvoraussetzungen nicht erfüllt, wenn öffentlich-rechtliche Körperschaften, die Krankenhäuser betreiben, aus Rationalisierungsgründen vereinbaren, dass jedes der Krankenhäuser sich auf bestimmte unterschiedliche Fachrichtungen beschränkt; die öffentlich-rechtlichen Körperschaften behalten nämlich ihre Aufgaben, nur ihre Tätigkeiten werden aufeinander abgestimmt.[6] Entgegen FG Hamburg v. 5.11.2009[7] gehen beim Verkauf eines Kirchengrundstücks durch eine christliche Kirche auf eine andere christliche Kirche, die beide Körperschaften des öffentlichen Rechts sind, keine öffentlich-rechtlichen Aufgaben i. S. des § 4 Nr. 1 über.[8]

(2) unmittelbar aus Anlass von Grenzänderungen, beispielsweise im Zuge einer Gebietsreform. Hierbei ist die Art der Nutzung des Grundstücks für die Steuerbefreiung ohne Bedeutung.

---

1 Vgl. BFH v. 17. 3. 1989 II R 98/86, BFH/NV 1990, 263.
2 Vgl. FG München v. 3. 4. 2004, EFG 2005, 63.
3 Vgl. FG Baden-Württemberg v. 28. 2. 2007, EFG 2007, 951.
4 Notwendigerweise, vgl. BFH v. 16. 5. 1975 II R 54/74, BStBl II 1978, 746.
5 BFH v. 13. 7. 1966 II 140/63, BFHE 86, 693.
6 BFH v. 17. 3. 1989 II R 98/86, BFH/NV 1990, 263.
7 EFG 2010, 1154.
8 So zutreffend auch BFH v. 1. 9. 2011 II R 16/10, BStBl II 2012, 148.

## IV. Nichtbegünstigung der überwiegend einem Betrieb gewerblicher Art dienenden Grundstücke

Von der Befreiung ausgenommen sind nach § 4 Nr. 1 letzter Satzteil Grundstü-    4
cke, die überwiegend einem Betrieb gewerblicher Art dienen. Beschränken sich
die Aktivitäten einer juristischen Person des öffentlichen Rechts nicht auf die
Wahrnehmung staatlicher oder anderer öffentlich-rechtlicher Zwecke, auf die
Ausübung der öffentlichen Gewalt, sondern erstrecken sie sich auch auf wirtschaftliche Betätigungen, so tritt sie insoweit in Wettbewerb zu der privaten
Wirtschaft. Schon um Wettbewerbsverzerrungen zu vermeiden, war es notwendig, Grundstücke, die überwiegend der wirtschaftlichen Betätigung dienen, von der Befreiung auszunehmen.[1]

Mangels eigenständiger grunderwerbsteuerrechtlicher Definition der **Betriebe
gewerblicher Art** sind in Anlehnung an § 4 Abs. 1 KStG darunter Einrichtungen
zu verstehen, die einer nachhaltigen wirtschaftlichen Tätigkeit zur Erzielung
von Einnahmen dienen und die sich innerhalb der Gesamtbetätigung der juristischen Person wirtschaftlich herausheben. Gewinnerzielungsabsicht der juristischen Person des öffentlichen Rechts ist ebenso wenig erforderlich wie deren
Beteiligung am allgemeinen wirtschaftlichen Verkehr. Da § 4 Nr. 1 nicht auf
§ 4 Abs. 1 KStG zur Begriffsbestimmung des Betriebs gewerblicher Art verweist, sind unter dem Gesichtspunkt der erforderlichen Wettbewerbsneutralität auch die Grundstücke, die land- und forstwirtschaftlichen Eigenbetrieben
(z. B. einem Weingut, einem Forstbetrieb usw.) der juristischen Person des öffentlichen Rechts dienen, von der Befreiung ausgenommen.[2] Der Begriff der
**Einrichtung** in dem genannten Sinne erfordert keine Verselbständigung der
wirtschaftlichen Betätigung, keine vermögensmäßige Trennung des ihr gewidmeten Vermögens und nicht eine besondere Buchführung, sondern bestimmt
sich nach der funktionellen Einheit der wirtschaftlichen Betätigung, die mit
der öffentlichen Aufgabe der juristischen Person des öffentlichen Rechts nichts
zu tun hat, die sich von deren sonstiger Tätigkeit abhebt.[3]

Zu den Betrieben gewerblicher Art gehören **stets Betriebe,** die der Versorgung
der Bevölkerung mit Wasser, Gas, Elektrizität oder Wärme, dem öffentlichen
Verkehr oder dem Hafenbetrieb dienen (vgl. § 4 Abs. 3 KStG). **Nicht** zu den Betrieben gewerblicher Art gehören **Hoheitsbetriebe,** also solche Betriebe, die
überwiegend der Ausübung der öffentlichen Gewalt dienen (vgl. § 4 Abs. 5

---

1 Vgl. dazu auch BFH v. 22. 6. 2006 II B 122/05, BFH/NV 2006, 1882.
2 A. A. Boruttau/Viskorf, Rn. 23; Pahlke, Rz 18.
3 Vgl. dazu BFH v. 13. 3. 1974 I R 7/17, BStBl II 1974, 391; s. auch R 6 KStR.

KStG). Ausübung öffentlicher Gewalt ist eine Tätigkeit, die der juristischen Person des öffentlichen Rechts eigentümlich und vorbehalten ist und für die kennzeichnend ist, dass mit ihr öffentliche Aufgaben erfüllt werden, die aus der Staatsgewalt abgeleitet sind und öffentlichen Zwecken dienen.[1] Allein die gesetzliche Zuweisung von Aufgaben reicht nicht für die Annahme, die juristische Person des öffentlichen Rechts übe mit den von ihr kraft Zuweisung entfalteten Tätigkeiten öffentliche Gewalt aus,[2] weil eine Tätigkeit, die auch von Privatpersonen erfüllt werden könnte, auch wenn sie dem Grundsatz nach eine öffentlich-rechtliche Tätigkeit ist, nicht der juristischen Person des öffentlichen Rechts vorbehalten und ihr eigentümlich ist.[3] Zu Abgrenzungsfragen und sonstigen weiteren Einzelheiten wird auf die einschlägige Kommentarliteratur zu § 4 KStG verwiesen.

5   Wann ein **Grundstück überwiegend** einem Betrieb gewerblicher Art dient, kann nur von Fall zu Fall beantwortet werden. Am klarsten ist die Antwort dann zu finden, wenn ein Grundstück ganz einem Betrieb gewerblicher Art i. S. des § 4 Abs. 3 KStG einer Körperschaft des öffentlichen Rechts dient. Bei „gemischter" Nutzung bietet sich eine Aufteilung nach dem räumlichen Umfang, in dem das Grundstück für Betriebe gewerblicher Art im Verhältnis zu dem seiner Nutzung im Übrigen dient, an, um die Nutzung zu quantifizieren, also die überwiegende Nutzung festzustellen.[4]

# B. Grundstückserwerbe ausländischer Staaten

6   § 4 Nr. 2 und 3 befreien den Erwerb von Grundstücken durch ausländische Staaten unter dem Vorbehalt der Gewährung von Gegenseitigkeit dann, wenn das Grundstück für die Zwecke von Botschaften, Gesandtschaften oder Konsulaten des erwerbenden Staates oder wenn es für kulturelle Zwecke bestimmt ist. Zu dem letztgenannten Zweck ist (ebenfalls unter Gegenseitigkeitsvorbehalt) auch der Erwerb eines Grundstücks durch eine ausländische kulturelle Einrichtung befreit. Ein im Inland eingetragener Verein erfüllt die subjektiven Voraussetzungen nicht.[5]

Zu den nach § 4 Nr. 2 begünstigten Erwerben zählen auch Grundstückserwerbe durch ausländische Staaten für Wohnzwecke des Personals seiner diploma-

---

1  Vgl. BFH v. 21. 11. 1967 I 274/64, BStBl II 1968, 218.
2  BFH v. 30. 6. 1988 V R 79/84, BStBl II 1988, 910.
3  Vgl. auch BFH v. 4. 2. 1976 I R 200/73, BStBl II 1976, 355.
4  Ebenso Boruttau/Viskorf, Rn. 29; Pahlke, Rz 20.
5  Ebenso FG Köln v. 31. 5. 1989 11 K 1026/87, EFG 1989, 647.

tischen Missionen und seiner konsularischen Vertretungen.[1] Die Befreiung ist bereits zu gewähren, wenn bei Erwerb des Grundstücks die Absicht der Verwendung zu den nach § 4 Nr. 2 und 3 begünstigten Zwecken besteht, sofern nicht deren Verwirklichung von vornherein offenbar nicht möglich ist;[2] ein Nachversteuerungsvorbehalt ist nicht vorgesehen.

Der Gegenseitigkeitsvorbehalt bedeutet, dass die Befreiung nur dann gewährt wird, wenn der andere Staat seinerseits der Bundesrepublik Freiheit von der Grunderwerbsteuer sachlich entsprechenden Abgaben beim Erwerb von Grundstücken zu denselben Zwecken zugesteht. Wie bisher genügt auch faktische Gewährung der Gegenseitigkeit.[3] Die Gewährung der Gegenseitigkeit ist durch das Auswärtige Amt über die Auslandsvertretungen zu klären. Die Gegenseitigkeit ist für jeden einzelnen Erwerbsvorgang zu prüfen.[4] Die Finanzverwaltung[5] begünstigt auch den Grundstückserwerb durch überstaatliche kulturelle Einrichtungen.

Grunderwerbsteuervergünstigungen, die auf völkerrechtlichen Verträgen, die nach Art. 59 Abs. 2 GG innerstaatliches Recht geworden sind, beruhen, sind trotz Aufhebung des § 24 GrEStG 1983 durch Art. 7 Nr. 13 JStG 1997 vom 20. 12. 1996[6] weiter zu gewähren (vgl. auch § 2 AO).

# C. Steuerbefreiung nach § 4 Nr. 4

## I. Allgemeines

Die Vorschrift beruht auf einer Initiative des Bundesrates. Sie enthält **zwei Re-**    7
**gelungskreise**, nämlich zum einem für bestimmte Erwerbsvorgänge, die unmittelbare Rechtsfolge des Zusammenschlusses kommunaler Gebietskörperschaften sind (1. Alternative), und zum anderen für bestimmte Erwerbsvorgänge aus Anlass der Aufhebung der Kreisfreiheit einer Gemeinde (2. Alternative). Sofern die nach § 4 Nr. 4 von der Grunderwerbsteuer ausgenommenen (befreiten) Erwerbsvorgänge gleichzeitig aus Anlass des Übergangs öffentlichrechtlicher Aufgaben erfolgen, besteht – soweit das Grundstück nicht einem Betrieb gewerblicher Art dient – Gesetzeskonkurrenz zu § 4 Nr. 1.

---

1 Vgl. FM Niedersachsen v. 29. 6. 1984, StEK GrEStG 1983 § 4 Nr. 1, und v. 10. 12. 1997, DStR 1998, 608.
2 Vgl. BFH v. 31. 3. 1982 II R 155/79, BStBl II 1982, 421.
3 Vgl. FM Niedersachsen v. 10. 12. 1997, DStR 1998, 608.
4 FM Baden-Württemberg v. 14. 10. 1997, DStR 1997, 1769.
5 Vgl. FM Niedersachsen v. 21. 12. 1982, BStBl I 1981, 968.
6 BGBl I 1997, 2049.

8   Die **Steuerbefreiung** stellt lediglich darauf ab, aus welchem Grund die in ihr erwähnten Erwerbsvorgänge verwirklicht werden. Sie **greift auch ein, wenn das Grundstück**, an dem das Eigentum übergegangen ist bzw. das Gegenstand eines, den Anspruch auf Übereignung begründenden schuldrechtlichen Rechtsgeschäfts ist, **ausschließlich oder überwiegend** einem **Betrieb gewerblicher Art dient.** Sie wird darüber hinaus auch für Erwerbsvorgänge i. S. des § 1 Abs. 3 gewährt. U. E. ist die Steuerbefreiung deshalb, weil sie **nicht wettbewerbsneutral** ist, sondern insoweit auch geeignet ist, nicht nur Art. 3 Abs. 1 GG zu verletzen, sondern auch das durch Art. 2 Abs. 1 GG gewährte Recht auf freien Wettbewerb berührt, **verfassungsrechtlich** äußerst **bedenklich.**

Neben den verfassungsrechtlichen Bedenken gegen die Steuerbefreiung aus § 4 Nr. 4 bestehen auch **europarechtliche Bedenken.** Sie könnte eine nach Art. 107 Abs. 1 des Vertrages über die Arbeitsweise der Europäischen Union **(verbotene) Beihilfe** darstellen.

## II. Steuerbefreite Erwerbsvorgänge

### 1. Erwerbsvorgänge als unmittelbare Rechtsfolge des Zusammenschlusses kommunaler Gebietskörperschaften

9   In **subjektiver Hinsicht** befreit die 1. Alternative des § 4 Nr. 4 den Übergang von Grundstücken und von Anteilen an grundstücksbesitzenden Gesellschaften unter **kommunalen Gebietskörperschaften.** Kommunale Gebietskörperschaften sind die Gemeinden sowie die Landkreise, bei dreistufigem Aufbau – wie in Bayern – die Bezirke oder Landschaftsverbände usw. In **objektiver Hinsicht** beschränkt sich die Steuerbefreiung auf den Übergang des Eigentums an Grundstücken i. S. des § 1 Abs. 1 Nr. 3 Satz 1, sowie den Übergang von Anteilen an grundbesitzenden Gesellschaften, der zur Anteilsvereinigung i. S. des § 1 Abs. 3 Nr. 2 bzw. -übertragung i. S. des § 1 Abs. 3 Nr. 4 führt, wenn diese Vorgänge **unmittelbare Rechtsfolge** des **Zusammenschlusses von Gebietskörperschaften** sind. Der Zusammenschluss der kommunalen Gebietskörperschaften kann entweder durch Vereinbarung der beteiligten Gebietskörperschaften, die der Zustimmung der nach Landesrecht zuständigen Stelle bedarf, oder durch Gesetz zustande kommen. Ohne Bedeutung für die Steuerbefreiung ist dabei, ob die Grundstücke zum Verwaltungsvermögen oder ob sie sowie die Gesellschaftsanteile zum Finanzvermögen gehören, wozu stets die Gesellschaftsanteile zu rechnen sind. Weiterhin ist irrelevant, ob das Grundstück, an dem

das Eigentum übergeht, ausschließlich oder überwiegend einem Betrieb gewerblicher Art dient.[1]

## 2. Erwerbsvorgänge aus Anlass der Aufhebung der Kreisfreiheit einer Gemeinde

Wird die Kreisfreiheit einer Gemeinde durch Organisationsakt, der auf Gesetz         10
oder kraft entsprechender gesetzlicher Ermächtigung auf Rechtsverordnung
beruht, aufgehoben, so sind nach der 2. Alternative des § 4 Nr. 4 schuldrechtliche Rechtsgeschäfte über Grundstücke i. S. des § 1 Abs. 1 Nr. 1 und über Gesellschaftsanteile i. S. des § 1 Abs. 3 Nr. 1 und 3, die **aus Anlass der Aufhebung
der Kreisfreiheit** einer Gemeinde von dieser Gemeinde abgeschlossen werden,
von der Grunderwerbsteuer befreit. Zwischen dem Abschluss der steuerbaren
obligatorischen Rechtsgeschäfte und der Aufhebung der Kreisfreiheit der Gemeinde muss ein **unmittelbarer ursächlicher Zusammenhang** bestehen. Ein
enger zeitlicher Zusammenhang ist nicht zwingend gefordert, doch wird die
Darlegung des unmittelbaren Zusammenhangs mit der Aufhebung der Kreisfreiheit durch die Gemeinde, die dafür die Feststellungslast trifft, umso schwe-
rer sein, je größer der zeitliche Abstand zwischen dem Vertragsabschluss und
der Aufhebung der Kreisfreiheit ist.

Die Norm stellt nicht ab auf die Person des Erwerbers des Grundstücks oder
der Gesellschaftsanteile. So könnte ein Grundstück, das allein der Erfüllung
von Aufgaben der Auftragsverwaltung, denen die Gemeinde in ihrer Eigenschaft als kreisfreie Gemeinde nachzukommen hatte, diente, nach dem wörtli-
chen Inhalt des § 4 Nr. 4 auch durch die Gemeinde an einen x-beliebigen Dritten verkauft werden.

# D. Grundstücksübertragungen im Rahmen einer Öffentlich Privaten Partnerschaft

Literatur: *Drosdzol,* Steuerrechtsänderungen durch das ÖPP-Beschleunigungsgesetz, UVR
2006, 21; *Peppersack,* Grunderwerbsteuer bei Public Private Partnerships (PPP), BB 2008,
640.

# I. Vorbemerkung

Das durch die Finanznot gesteigerte Interesse der öffentlichen Hand an alter-         11
nativen Finanzierungskonzepten hat dazu geführt, dass verstärkt auf die

---

1 Siehe schon Rdnr. 8. Zum Betrieb gewerblicher Art vgl. Rdnr. 4.

Durchführung von sog. „Public Private Partnerships" (PPP), verdeutscht: „Öffentlich Private Partnerschaften" (ÖPP) zurückgegriffen wird, um die vorhandenen Haushaltsmittel resourcenschonender und zugleich effizienter einzusetzen. Typischerweise verpflichtet sich im Rahmen einer ÖPP ein privater Unternehmer gegenüber der öffentlichen Hand dazu, bestimmte Investitionen durchzuführen und das Investitionsobjekt über einen gewissen Zeitraum zu betreiben und zu erhalten.[1] § 4 Nr. 5 betrifft nur einen Ausschnitt aus der Vielfalt der ÖPP-Modelle; die Vorschrift befreit bspw. nicht den Grundstückserwerb durch einen privaten Kooperationspartner auf dem Grundstücksmarkt für Zwecke einer ÖPP.

## II. Die Voraussetzungen für die Steuerbefreiung

### 1. Allgemeines

12  § 4 Nr. 5 knüpft die Steuerbefreiung an drei Voraussetzungen:

(1) Das Grundstück muss dem privaten Unternehmer von der juristischen Person des öffentlichen Rechts zu Beginn des Vertragszeitraums übertragen werden.

(2) Während des Vertragszeitraums hat der private Unternehmer im Rahmen einer ÖPP der juristischen Person des öffentlichen Rechts das Grundstück zur Nutzung für einen öffentlichen Dienst oder Gebrauch i. S. des § 3 Abs. 2 GrStG zu überlassen.

(3) Zwischen dem Erwerber und der juristischen Person des öffentlichen Rechts muss die Rückübertragung des Grundstücks am Ende des Kooperationszeitraums vereinbart worden sein.

Unter diesen Voraussetzungen sind sowohl der Grundstückserwerb als auch der Rückerwerb steuerfrei. Dabei setzt die Befreiung des Rückerwerbs nicht voraus, dass der Kooperationspartner das Grundstück schon vor Inkrafttreten des ÖPP-Gesetzes, also vor dem 8. 9. 2005 steuerfrei erhalten hat.

### 2. Grundstückserwerb von einer juristischen Person des öffentlichen Rechts im Rahmen einer ÖPP

13  Der erwerbende Kooperationspartner muss nach dem Grundbild der ÖPP eine juristische Person des Privatrechts, eine Personengesellschaft oder eine natürliche Person sein. Eine Beteiligung der juristischen Person des öffentlichen

---

1  Vgl. Drosdzol, UVR 2006, 21.

Rechts an dem erwerbenden privaten Kooperationspartner ist in diesem Zusammenhang unerheblich. Zur juristischen Person des öffentlichen Rechts vgl. Rdnr. 2.

Obwohl die Befreiung voraussetzt, dass das Grundstück im Rahmen der ÖPP für einen öffentlichen Dienst oder Gebrauch i. S. von § 3 Abs. 2 GrStG genutzt wird, muss es im Zeitpunkt des Erwerbs durch den privaten Kooperationspartner noch nicht für derartige Zwecke genutzt werden. Denn es entspricht gerade dem Finanzierungszweck einer ÖPP, dass das Grundstück zunächst vom privaten Kooperationspartner hergerichtet (z. B. Straßenbau, Flughafenbau oder -ausbau) bzw. durch ihn bebaut wird (z. B. Schulbauten). Zur Frage, ob auch die Bestellung eines Erbbaurechts unter den weiteren Voraussetzungen ein befreiter Erwerbsvorgang sein kann, s. unten Rdnr. 18.

## 3. Nutzung des Grundstücks für einen öffentlichen Dienst oder Gebrauch

Nach § 3 Abs. 2 GrStG ist öffentlicher Dienst oder Gebrauch die hoheitliche Tätigkeit oder der bestimmungsgemäße Gebrauch durch die Allgemeinheit, wobei letzterenfalls nicht ein Entgelt in der Absicht, Gewinn zu erzielen, gefordert werden darf.    14

„Hoheitliche Tätigkeit" bedeutet Erfüllung von Hoheitsaufgaben, also von solchen Aufgaben, die der juristischen Person des öffentlichen Rechts eigentümlich und ihr vorbehalten sind. Grundstücke, die für Zwecke von Gebietskörperschaften, Gerichten oder Anstalten des öffentlichen Rechts, für Zwecke der Bundeswehr, des polizeilichen oder sonstigen Schutzdienstes oder für Zwecke eines Hoheitsbetriebs genutzt werden, dienen der Erfüllung öffentlicher Aufgaben. „Bestimmungsgemäßer Gebrauch durch die Allgemeinheit" ist dann gegeben, wenn der Personenkreis, dem die Benutzung vorbehalten ist, als Öffentlichkeit angesehen werden kann, also weder fest umgrenzt noch auf die Dauer klein ist. Grundsätzlich muss die Benutzung des Grundstücks durch Satzung, Benutzungsordnung, Widmung usw. festgelegt sein. Zu erwähnen sind bspw. Straßen, Grünanlagen, Schulen u. Ä.

## 4. Vereinbarung der Rückübertragung

Da die Steuerbefreiung aus § 4 Nr. 5 Satz 1 davon abhängig ist, dass die Rückübertragung des Grundstücks am Ende der Vertragszeit vereinbart ist, muss die derartige Vereinbarung ausdrücklich und unbedingt getroffen worden sein. Die Einräumung einer bloßen Option zugunsten der juristischen Person des öffentlichen Rechts genügt dem nicht.    15

# III. Rückwirkender Wegfall der Befreiung

16   Nach § 4 Nr. 5 Satz 2 entfällt die Steuerbefreiung mit Wirkung für die Vergangenheit, wenn entweder die juristische Person des öffentlichen Rechts auf die Rückübertragung des Grundstücks verzichtet oder das Grundstück nicht mehr für einen öffentlichen Dienst oder Gebrauch genutzt wird. Der Verzicht auf den Rückerwerb muss, weil er den diesbezüglichen Vereinbarungen widerspricht, ausdrücklich erklärt werden; eine etwa eingetragene Auflassungsvormerkung zugunsten der juristischen Person des öffentlichen Rechts muss zur Löschung gebracht werden. Grundsätzlich ist davon auszugehen, dass der private Kooperationspartner die Verzichtserklärung auch angenommen haben muss, denn in ihr liegt zivilrechtlich ein Antrag auf Aufhebung der Vertragsklauseln betreffend die Rückübertragung. Bezieht sich der Verzicht nur auf einen Grundstücksteil, der selbständig abtrennbar ist, oder auf nur ein Grundstück einer mehrere Grundstücke umfassenden wirtschaftlichen Einheit, so kann die Befreiung nicht vollumfänglich rückwirkend entfallen. Dasselbe muss gelten, wenn nur ein abtrennbarer Grundstücksteil usw. nicht mehr für den öffentlichen Dienst oder Gebrauch genutzt wird.

17   **Verfahrensrechtlich** führt der Eintritt der in § 4 Nr. 5 Satz 2 genannten rückwirkenden Ereignisse zum Erlass eines Grunderwerbsteuerbescheids bzw. zur Aufhebung eines Freistellungsbescheids unter gleichzeitiger Steuerfestsetzung nach § 175 Abs. 1 Satz 1 Nr. 2 AO. Die Festsetzungsfrist hierfür beginnt mit Ablauf des Kalenderjahrs, in dem das rückwirkende Ereignis eingetreten ist (§ 175 Abs. 1 Satz 2 AO). Es handelt sich um eine Anlaufhemmung.

Flankiert wird die Regelung in § 4 Nr. 5 Satz 2 durch die den Vertragsbeteiligten in § 19 Abs. 2 Nr. 5 auferlegte Anzeigepflicht.

# IV. Befreiung nach § 4 Nr. 5 auch für Erbbaurechtsvorgänge?

18   Nach § 2 Abs. 2 Nr. 1 stehen Erbbaurechte den Grundstücken gleich. Ihre Bestellung sowie die Verpflichtung zu ihrer Übertragung (auch bezüglich eines Eigentümererbbaurechts) unterliegen der Grunderwerbsteuer nach § 1 Abs. 1 Nr. 1 (vgl. Hofmann, GrEStG, § 2 Rdnr. 21 ff.). Dem (nur vor seinem Ablauf verlängerbaren) Erbbaurecht ist jedoch eigentümlich, dass es mit Ablauf der Zeit, für die es bestellt wird, erlischt (§ 27 ErbbauRG), so dass bei auf Laufzeit des ÖPP-Vertrags befristetem Erbbaurecht die tatbestandliche Voraussetzung der Rückübertragung nicht vorliegen kann. U. E. ist trotz dieser Besonderheit des Erbbaurechts auch für dessen Bestellung durch die juristische Person des öf-

fentlichen Rechts zugunsten des privaten Kooperationspartners die Steuerbefreiung zu gewähren, werden doch mit dem Erlöschen des Erbbaurechts durch Zeitablauf dessen Bestandteile zu Bestandteilen des (bislang belasteten) Grundstücks (§ 12 Abs. 3 ErbbauRG). Im Ergebnis ist die juristische Person des öffentlichen Rechts dabei genauso gestellt, wie wenn sie ein Grundstück i. S. des bürgerlichen Rechts zurück übertragen erhält.

# Anhang zu § 4: Sonstige Ausnahmen von der Besteuerung kraft Gesetzes

# A. Im Zusammenhang mit der Herstellung der Einheit Deutschlands stehende Befreiungsvorschriften

## I. Landwirtschaftsanpassungsgesetz

Das **Landwirtschaftsanpassungsgesetz** – LwAnpG – vom 29. 6. 1990,[1] das na-   1
hezu unverändert nach Anl. II Kap. VI Sachgebiet A Abschn. II Nr. 1 des Eini-

---

1 GBl-DDR I 1990, 642.

gungsV in Kraft blieb, i. d. F. der Bekanntmachung vom 3. 7. 1991[1] mit späteren Änderungen **enthält in § 67 Abs. 1** eine (unangetastet gebliebene) **Befreiungsvorschrift.** Danach sind die zur Durchführung des Gesetzes vorgenommenen Handlungen einschließlich der Auseinandersetzung einer landwirtschaftlichen Produktionsgenossenschaft – LPG – nach Kündigung der Mitgliedschaft frei von Gebühren, Steuern, Kosten und Abgaben. Die auch für die Grunderwerbsteuer geltende Befreiung betrifft neben der erwähnten **Auseinandersetzung bei Ausscheiden** eines Mitglieds aus einer LPG (§§ 43 ff. LwAnpG) – auch **bei Auflösung einer LPG** (§§ 41 f. LwAnpG; zur Auflösung kraft Gesetzes bei nicht vor dem 31. 12. 1991 erfolgter Umwandlung einer LPG s. § 69 Abs. 3 LwAnpG) – auch die **Neuordnung der Eigentumsverhältnisse** (Voraussetzungen: § 53 Abs. 1 und 2 LwAnpG) durch freiwilligen Landtausch (§§ 54 ff. LwAnpG) oder im Zuge eines Bodenneuordnungsverfahrens unter der Leitung der Flurneuordnungsbehörde.[2] Die Begünstigung erstreckte sich auch auf die Teilung einer LPG sowie den Zusammenschluss mehrerer LPG (§§ 4 ff. LwAnpG).

2    Nach **§ 67 Abs. 2 LwAnpG** ist die Steuerfreiheit von der zuständigen Behörde ohne Nachprüfung anzuerkennen, wenn die zuständige Landwirtschaftsbehörde (bzw. die zuständige Flurneuordnungsbehörde in den Fällen der §§ 54, 56 und 64 LwAnpG) bestätigt, dass eine Handlung der Durchführung des Gesetzes dient.

## II. Vermögensgesetz

### 1. Allgemeines

3    Das **Vermögensgesetz** (VermG) ist als Gesetz zur Regelung offener Vermögensfragen noch als Gesetz der Volkskammer der ehemaligen DDR verabschiedet worden (**Grundlage:** Gemeinsame Erklärung der Regierungen der Bundesrepublik Deutschland und der Deutschen Demokratischen Republik … = Anlage III des EinigungsV; vgl. auch Art. 41 EinigungsV) und als Teil des Einigungsvertrages in Kraft getreten. Es hat inzwischen zahlreiche Änderungen erfahren. Zurzeit gilt es i. d. F. der Bekanntmachung vom 9. 2. 2005.[3] Es **regelt** die **vermögensrechtlichen Ansprüche** an Vermögenswerten, die Maßnahmen i. S. des § 1 VermG unterlagen, wobei grundsätzlich das Prinzip „**Rückgabe vor Entschädigung**" gilt (§§ 3, 6 VermG), das seinerseits durch das schon von Art. 41 Abs. 2 EinigungsV vorgegebene Prinzip „**Investition vor Rückgabe**" (vgl. nun

---

1   BGBl I 1991, 1408.

2   §§ 56 ff. LwAnpG; bezüglich Dritter vgl. FM Sachsen-Anhalt v. 9. 6. 1998, StEd 1998, 478.

3   BGBl I 2005, 205, zuletzt geändert durch Gesetz v. 1. 10. 2013, BGBl I 2013, 3719.

das Investitionsvorranggesetz – InVorG) durchbrochen ist. Die in §§ 11 ff. VermG getroffenen Regelungen zur grundsätzlichen Aufhebung der staatlichen Verwaltung sind grunderwerbsteuerrechtlich ohne Relevanz.

**Zu den** in § 2 Abs. 2 VermG aufgeführten **Vermögenswerten,** deren Rückgabe grunderwerbsteuerrechtlich von Bedeutung sein kann, **gehören** (bebaute und unbebaute) **Grundstücke,** (rechtlich selbständige) **Gebäude** und **Baulichkeiten,** das **Erbbaurecht** als dingliches Recht am Grundstück und ggf. dingliche Rechte an Gebäuden sowie unter Einbeziehung von § 6 VermG **Eigentum bzw. Beteiligungsrechte an Unternehmen** mit Sitz in der ehemaligen DDR sowie innerhalb der ehemaligen DDR belegene Betriebstätten und Zweigniederlassungen bei Unternehmenssitz außerhalb dieses Gebiets. **Berechtigte** i. S. des Vermögensgesetzes sind primär natürliche und juristische Personen sowie Personenhandelsgesellschaften, deren Vermögenswerte von Maßnahmen gemäß § 1 VermG betroffen sind, sowie deren Rechtsnachfolger (§ 2 Abs. 1 Satz 1 VermG; vgl. im Übrigen § 2 Abs. 1 Satz 2 ff. VermG). Vermögenswerte, die Maßnahmen i. S. des § 1 VermG unterlagen und in Volkseigentum überführt oder an Dritte veräußert wurden, sind nach § 3 Abs. 1 Satz 1 VermG auf Antrag an die Berechtigten zurück zu übertragen, soweit das nicht nach dem Vermögensgesetz ausgeschlossen ist (s. §§ 4, 5 VermG; s. dazu auch § 11 Abs. 2 InVorG).

Das **Rückübertragungsverfahren** wird durch den entsprechenden Antrag (§ 30 VermG; Ausschlussfrist s. § 30a VermG) beim zuständigen Amt (§§ 22 ff., 35 VermG) eingeleitet (§ 30 VermG). Die Behörde ermittelt nach § 31 Abs. 1 Satz 1 VermG den Sachverhalt unter Mitwirkung des Antragstellers von Amts wegen. Wegen der Hinzuziehung des betroffenen Rechtsträgers usw. s. § 31 Abs. 2 und 3 VermG. Zur Entscheidung der Behörde, die nach § 31 Abs. 5 Satz 1 VermG in jedem Stadium des Verfahrens auf eine gütliche Einigung zwischen dem Berechtigten und dem Verfügungsberechtigten hinzuwirken hat, kommt es nur, wenn diese nicht – auch nicht im Wege des Vergleichs (§ 31 Abs. 1a VermG) – zustande kommt (§ 30 Abs. 1 Satz 2 VermG). Kommt es zu gütlicher Einigung, so erlässt die Behörde auf Antrag einen der Einigung entsprechenden Bescheid (§ 31 Abs. 5 Satz 3 VermG). In sonstigen Fällen entscheidet die Behörde (Zwischenstadium: § 32 VermG) durch schriftlichen Bescheid (§ 33 Abs. 4 und 5 VermG). **Mit der Unanfechtbarkeit der Entscheidung über die Rückübertragung von Eigentumsrechten** oder sonstigen dinglichen Rechten **gehen diese** bei Erfüllung der weiter in § 34 Abs. 1 VermG genannten Voraussetzungen **auf den Berechtigten über.** Bei der Rückübertragung von Eigentums- und sonstigen dinglichen Rechten ersucht die Behörde das Grundbuchamt um die erforderliche Berichtigung des Grundbuchs (§ 34 Abs. 2 Satz 1).

### 2. Abtretung des Restitutionsanspruchs

4 Die Abtretung auch eines auf Rückübertragung eines Grundstücks i.S. des § 2 gerichteten Restitutionsanspruchs sowie die Verpflichtung hierzu unterliegt nicht der Grunderwerbsteuer (vgl. Hofmann, GrEStG, § 1 Rdnr. 69, 70).

### 3. Grunderwerbsteuerbefreiung

5 Der Erwerb von Grundstücken i.S. des § 2 durch den unanfechtbar gewordenen Restitutionsbescheid, der außerhalb des Grundbuchs erfolgt, unterliegt der Grunderwerbsteuer nach § 1 Abs. 1 Nr. 3 Satz 1. **§ 34 Abs. 3 VermG** enthält jedoch eine **Grunderwerbsteuerbefreiung**, die nach § 34 Abs. 4 VermG auch bei der Rückgabe von Unternehmen und deren Entflechtung anzuwenden ist. Die Grunderwerbsteuerbefreiung ist **nicht allein beschränkt** auf **Erwerbsvorgänge**, die nach **§ 1 Abs. 1 Nr. 3** der Steuer unterliegen. Auch Grundstücksübertragungen, die aufgrund einer während eines anhängigen Verfahrens nach dem Vermögensgesetz erzielten gütlichen Einigung rechtsgeschäftlich erfolgen, sind nach § 34 Abs. 3 VermG begünstigungsfähig.[1]

## III. Das Bodensonderungsgesetz

6 Das Bodensonderungsgesetz (BoSoG) vom 30.12.1993[2] ordnet in § 17 Satz 5 die sinngemäße Anwendung von § 108 Abs. 1 und 2 FlurbG an. Obwohl § 108 Abs. 3 FlurbG von der Befreiung von bundesgesetzlich geregelten Gebühren, Steuern und Abgaben nach § 108 Abs. 1 FlurbG ausdrücklich die Grunderwerbsteuer ausnimmt (hier gilt § 1 Abs. 1 Nr. 3 Satz 2 Buchst. a), ist die Finanzverwaltung der Auffassung, Vorgänge i.S. von § 1 Abs. 1 Nr. 3 BoSoG (ergänzende Bodenordnung) und i.S. von § 1 Abs. 1 Nr. 4 BoSoG (komplexe Bodenordnung) seien von der Grunderwerbsteuer befreit.[3] Allgemein zum BoSoG vgl. Spieß.[4]

# B. Sonstige spezialgesetzliche Befreiungen

## I. EURATOM

7 Insoweit wird auf die Erläuterungen in Hofmann, GrEStG, Anh. Zu § 4 Rdnr. 7 der 9. Aufl. verwiesen.

---

1 BFH v. 19.10.1994 II R 37/94, BStBl II 1995, 205; v. 23.4.2005 II R 66/03, BFH/NV 2005, 2052.
2 BGBl I 1993, 2182, mit späteren Änderungen.
3 Vgl. dazu FM Sachsen v. 17.12.1998, UVR 1999, 263.
4 Grundstücksneuordnung nach dem Bodensonderungsgesetz, NJW 1998, 2553.

## II. Eisenbahnneuordnung

Das Gesetz zur Neuordnung des Eisenbahnwesens – ENeuOG – vom     8
21.12.1993[1] mit späteren Änderungen enthält Steuerbefreiungen, die zum
1.1.1994 in Kraft getreten sind.

Werden **rechtlich unselbständige Sozialeinrichtungen** der bisherigen Bundes-
eisenbahnen nach Inkrafttreten des ENeuOG rechtlich **verselbständigt,** so sind
diese von der Zahlung von Steuern und Gebühren aus Anlass der Änderung
der Rechtsform einschließlich der Kosten für notwendige Eigentumsübertra-
gungen nach Art. 1 § 15 Abs. 5 ENeuOG befreit.

Der **Übergang** bzw. die **Übertragung von Liegenschaften, die bahnnotwendig**
sind, bzw. von solchen Liegenschaften, die nicht unmittelbar bahnnotwendig
sind, insoweit als die Bahnnotwendigkeit nachgewiesen ist (Art. 1 § 20 Abs. 1,
2, §§ 21 bis 24 ENeuOG), ist nach Art. 2 § 11 Abs. 2 ENeuOG **von der Grunderwerbsteuer** befreit. In gleicher Weise ist der Grundstücksübergang auf
Aktiengesellschaften, die im Wege der Ausgliederung nach Art. 2 § 2 Abs. 1
ENeuOG errichtet werden, steuerfrei.

Die Grunderwerbsteuerbefreiung aus Art. 2 § 11 Abs. 2 ENeuOG gilt nach Art. 1
§ 6 Abs. 7 ENeuOG **entsprechend für** die **Übertragung von für** den **Schienen-
personennahverkehr notwendigen Liegenschaften** durch die Deutsche Bahn
AG auf Verlangen einer Gebietskörperschaft oder eines Zusammenschlusses
von Gebietskörperschaften im Zusammenhang mit der Regionalisierung des
öffentlichen Personennahverkehrs (Art. 4 ENeuOG – Regionalisierungsgesetz)
nach Art. 1 § 26 Abs. 1 ENeuOG sowie für etwa erforderlich werdende Rück-
übertragungen (vgl. Art. 1 § 26 Abs. 4 ENeuOG).

Soweit nicht für den Eisenbahnverkehr benötigte Grundstücke veräußert werden, greift keine Befreiung ein.[2]

Das als Art. 5 des ENeuOG verkündete **Allgemeine Eisenbahngesetz** (AEG) wur-     9
de durch das Dritte Gesetz zur Änderung eisenbahnrechtlicher Vorschriften v.
27.4.2005[3] geändert. Die Änderung diente der Umsetzung von Richtlinien des
Europäischen Parlaments und des Rats.[4] Nach § 9a Abs. 1 Satz 1 AEG (s, auch
§ 8 Abs. 3 AEG) i. d. F. des o. g. Gesetzes müssen öffentliche Betreiber der Schienenwege rechtlich, organisatorisch und in ihren Entscheidungen unabhängig

---

1 BGBl I 1993, 2378.
2 Vgl. auch Finbeh Hamburg v. 20.1.1999, UVR 1999, 263.
3 BGBl I 2005, 1138.
4 Vgl. Fußnote BGBl I 2005, 1138.

von Eisenbahnverkehrsunternehmen sein, soweit Entscheidungen über die Zuweisung von Zugtrassen und über Wegeentgelte betroffen sind. Zur Erreichung dieses Ziels sind nach § 9 Abs. 1 Satz 2 Nr. 1 AEG aus Eisenbahnen, die sowohl Eisenbahnverkehrsunternehmen als auch Betreiber der Schienenwege sind, beide Bereiche jeweils auf eine oder mehrere Gesellschaften auszugliedern. Um steuerliche Nachteile für die dadurch betroffenen Eisenbahnunternehmen zu vermeiden, sind Rechtsvorgänge i. S. des Grunderwerbsteuergesetzes, die sich aus der Durchführung der §§ 8 bis 9a AEG n. F. ergeben, nach § 9b AEG i. d. F. des o. g. Gesetzes von der Grunderwerbsteuer befreit. Das Gesetz ist am 1. 4. 2005 in Kraft getreten.

# III. Postneuordnung

10     Auch das Gesetz zur Neuordnung des Postwesens und der Telekommunikation (PTNeuOG) vom 14. 9. 1994,[1] das zum 1. 1. 1995 in Kraft getreten ist (Art. 15 PTNeuOG), enthält Steuerbefreiungsvorschriften.

Der **Übergang von Vermögen** im **Wege der Rechtsnachfolge** des Sondervermögens Bundespost **auf** die durch Umwandlung entstehenden Aktiengesellschaften (**Deutsche Post AG, Deutsche Postbank AG** und **Deutsche Telekom AG**) entsprechend Art. 3 (= Gesetz zur Umwandlung der Unternehmen der Deutschen Bundespost in die Rechtsform der Aktiengesellschaft (Postumwandlungsgesetz – PostUmwG)) §§ 1 ff. PTNeuOG ist nach Art. 3 § 10 Abs. 1 PTNeuOG steuerfrei.

Nach Art. 2 § 1 PTNeuOG (= Gesetz über die Träger der gesetzlichen Sozialversicherung im Bereich der früheren Deutschen Bundespost – PostsozialversicherungsorganisationsG) errichtet die Bundesrepublik Deutschland eine rechtlich selbständige **Unfallkasse Post und Telekom,** auf die die zur Wahrnehmung ihrer Aufgaben benötigten Vermögensgegenstände nach Maßgabe des Art. 2 § 3 PTNeuOG zu übertragen sind. Art. 2 § 6 Satz 1 PTNeuOG **befreit** die Unfallkasse Post und Telekom **von Steuerpflichten** und Abgaben, die **aus Anlass ihrer Errichtung** entstehen.

Die zur Wahrnehmung der sich aus dem Bundesanstalt Post-Gesetz (Art. 1 PTNeuOG) ergebenden Aufgaben (Art. 1 § 3 PTNeuOG) von der Bundesrepublik errichtete **Bundesanstalt Post und Telekommunikation Deutsche Bundespost,** eine rechtsfähige Anstalt des öffentlichen Rechts (Art. 1 § 1 PTNeuOG), ist

---

1 BGBl I 1994, 2325 (ber. BGBl I 1996, 103).

nach Art. 1 § 30 PTNeuOG von Abgaben, die bei ihrer Errichtung entstehen, befreit.

Schließlich ist die nach Art. 11 § 1 PTNeuOG (= Gesetz zur Errichtung einer **Museumsstiftung Post und Telekommunikation**) errichtete rechtsfähige Stiftung des öffentlichen Rechts nach Art. 11 § 15 Satz 1 PTNeuOG von Steuerpflichten, die aus Anlass ihrer Errichtung entstehen, befreit (zur Vermögensübertragung vgl. Art. 11 § 3 PTNeuOG).

# IV. Energiewirtschaftsgesetz

Das Zweite Gesetz zur Neuregelung des Energiewirtschaftsrechts vom    11
7. 7. 2005[1] enthält in seinem Art. 1 das Gesetz über die Elektrizitäts- und Gasversorgung (Energiewirtschaftsgesetz – EnWG, zuletzt geändert durch Gesetz v. 19. 2. 2016[2]), das in Umsetzung von Richtlinien des Europäischen Parlaments und des Rats[3] Vorgaben für die Regulierung und Entflechtung von Elektrizitäts- und Gasversorgungsnetzen gibt. Nach § 6 Abs. 3 Satz 1 EnWG sind Erwerbsvorgänge i. S. des § 1 GrEStG, die sich für Verteilernetzbetreiber, Transportnetzbetreiber oder Betreiber von Speicheranlagen aus der rechtlichen oder operationellen Entflechtung nach § 7 Abs. 1 und den §§ 7a bis 10e EnWG ergeben, von der Grunderwerbsteuer befreit. Nach § 6 Abs. 4 EnWG gilt die Steuerbefreiung nicht für diejenigen Unternehmen, die eine rechtliche Entflechtung auf freiwilliger Grundlage vereinbaren. Zum Zeitfenster vgl. § 6 Abs. 3 Satz 2 i. V. m. Abs. 2 Satz 4 i. V. m. § 118 Abs. 2 i. d. F. des EnWGÄndG vom 21. 2. 2013[4] EnWG.

# V. Finanzmarktstabilisierungsgesetz

**Literatur:** *Rodewald*, Die steuerlichen Auswirkungen des Finanzmarktstabilisierungsgesetzes, BB 2009, 356.

Im Finanzmarktstabilisierungsgesetz vom 17. 10. 2008[5] sind in erster Linie für    12
den mit diesem errichteten Fonds grunderwerbsteuerrechtliche Regelungen getroffen worden: Nach § 14 Abs. 4 Satz 1 dieses Gesetzes sind die zur Wahrnehmung der dem Fonds zugewiesenen Aufgaben als Erwerber vorgenommenen Rechtsakte ebenso wie dessen Erwerbe als Enteignungsbegünstigter von

---

1 BGBl I 2005, 1970; in Kraft getreten am 13. 7. 2005.
2 BGBl I 2016, 294.
3 Vgl. die Fußnote in BGBl I 2005, 1970.
4 BGBl I 2013, 346.
5 BGBl I 2008, 1982, zuletzt geändert durch Gesetz v. 28. 8. 2013, BGBl I 2013, 3395.

der Grunderwerbsteuer befreit. § 14 Abs. 4 Satz 2 des Gesetzes enthält eine § 1 Abs. 2a Satz 2 GrEStG nachgebildete Regelung: Erwerbe von Anteilen am Gesellschaftsvermögen einer grundbesitzenden Personengesellschaft durch den Fonds bleiben bei der Ermittlung des Vomhundertsatzes außer Betracht.

# VI. Kapitalanlagegesetzbuch

13   In das Kapitalanlagegesetzbuch wurde durch Gesetz vom 21.12.2015[1] mit Wirkung vom 31.12.2015 § 100a eingefügt. Die sich aus dem Übergang eines Immobilien-Sondervermögens auf die Verwahrstelle nach § 100 Abs. 1 Nr. 1 KAGB ergebenden Erwerbsvorgänge i. S. des § 1 sind dann von der Grunderwerbsteuer befreit, wenn sie fristgerecht und vollständig i. S. der §§ 18 bis 20 angezeigt werden. Das gilt jedoch nur dann, wenn der Übergang nach § 100 Abs. 1 Nr. 1 KAGB erfolgt, weil das Recht der AIF-Verwaltungsgesellschaft zur Verwaltung des Immobilien-Sondervermögens entweder nach § 99 Abs. 1 KAGB aufgrund der Kündigung des Verwaltungsrechts während der Aussetzung der Rücknahme nach § 257 KAGB oder nach § 257 Abs. 4 KAGB erloschen ist und das Sondervermögen dementsprechend gemäß § 100 Abs. 2 KAGB abgewickelt und an die Anleger verteilt wird. Die Grunderwerbsteuerbefreiung ist in zweifacher Weise auflösend bedingt: Einmal dadurch, dass die Gegenstände des Sondervermögens nicht innerhalb von drei Jahren durch einen grunderwerbsteuerbaren Erwerbsvorgang veräußert oder übertragen werden, weshalb die Verwahrstelle innerhalb von zwei Wochen nach Ablauf dieser Frist den Verbleib der Gegenstände, des auf sie übergegangenen Sondervermögens, dem zuständigen Finanzamt nachzuweisen hat und zum andern dadurch, dass die vorgenannte Nachweispflicht erfüllt wird.

Zu Übergangsfällen nach dem alten Investmentgesetz vgl. § 357 KAGB.

Die Befreiung ist deshalb gerechtfertigt, weil der Übergang des Eigentums an den Gegenständen des Immobilien-Sondervermögens auf die Verwahrstelle lediglich dessen ordnungsgemäßer Abwicklung dient und die Abwicklung erneut der Grunderwerbsteuer unterliegt.

---

1  BGBl I 2015, 2531.

# Gemeinsame Vorbemerkungen zu den §§ 5, 6 und 7

Da auch die Gesamthandsgemeinschaften selbständige Rechtsträger im Sinne    1
des Grunderwerbsteuerrechts sein können (vgl. Hofmann, GrEStG, § 1
Rdnr. 18 ff.), unterliegen auch diejenigen Erwerbsvorgänge der Steuer, die zwischen einer Gesamthandsgemeinschaft und den an ihr Beteiligten bzw. die
zwischen Gesamthandsgemeinschaften auch gleicher Beteiligungsverhältnisse verwirklicht werden. Die volle Besteuerung solcher Vorgänge würde den
Umstand außer Acht lassen, dass bei Gesamthandsgemeinschaften – anders
als bei Kapitalgesellschaften – keine Verselbständigung des Gesellschaftsvermögens in der Hand der Personengesellschaft eintritt, weil jeder Gesellschafter allein kraft seines Mitgliedschaftsrechts (seiner Gesellschafterstellung) sachenrechtlich am Gesamthandsvermögen beteiligt ist, wenn auch in jeweils
gesamthänderischer Verbundenheit mit den anderen Beteiligten. §§ 5, 6 und 7
Abs. 2 tragen diesen Besonderheiten dadurch Rechnung, dass sie den Grundstückswechsel insoweit von der Steuer befreien, als es der Beteiligung des veräußernden oder erwerbenden Gesamthänders an der Gesamthand (ihrem Vermögen) entspricht, als also die Teilhabe am Wert des Grundstücks unberührt
bleibt. Dabei wird im Wege einer **eigenständigen grunderwerbsteuerrechtlichen Zurechnungsregelung nur der „Mehrerwerb"** beim Grundstücksübergang **erfasst** und solcherart die Folgerung daraus gezogen, dass die Änderung
in der Rechtszuständigkeit des Grundstücks im Übrigen wirtschaftlich zu keiner Veränderung führt.

Derselbe Rechtsgedanke liegt auch der Steuervergünstigung für den Übergang    2
eines Grundstücks von einer Gesamthandsgemeinschaft auf eine andere (§ 6
Abs. 3) zugrunde. Bei Anwendung dieser Vergünstigungsvorschriften ist zu beachten, dass **§ 6 Abs. 3** in konsequenter Verfolgung der besonderen grunderwerbsteuerrechtlichen Zurechnungsregelungen in §§ 5, 6, 7 Abs. 2, 3 **stets
den Durchgriff** auf die an dem Vermögen einer Gesamthand Beteiligten **fordert**. Ist beispielsweise eine Personengesellschaft (I) selbst Gesellschafterin einer anderen Personengesellschaft (II), so ist durch diese unmittelbare Beteiligung der Gesamthand I an der Gesamthand II durchzugreifen und allein auf
die durch die Gesamthand I vermittelte Beteiligung der an ihrem Vermögen
Berechtigten am Vermögen der Gesamthand II abzustellen[1] (vgl. auch Hofmann, GrEStG, § 6 Rdnr. 3).

---

1  Siehe zuletzt BFH v. 17. 12. 2014 II R 24/13, BStBl II 2015, 504.

3   § 7 Abs. 1 liegt ein vergleichbarer Rechtsgedanke zugrunde: die Umwandlung ideeller (Bruchteils)Berechtigung in reale Berechtigungen an Teilen des Gegenstands der Bruchteilsberechtigung wird nur insoweit besteuert, als der Einzelne mehr erwirbt, als es dem Wert seines Miteigentumsanteils entspricht. Auch hier findet eine spezielle Gesamtschau statt, denn die Realteilung wird als einheitlicher Erwerbsvorgang behandelt (vgl. Hofmann, GrEStG, § 7 Rdnr. 4).

4   Soweit in den §§ 5 und 6 der Übergang des Grundstücks angesprochen ist, kann dieser Vorgang sowohl auf einem nach Absatz 1 als auch auf einem des Absatz 2 des § 1 der Grunderwerbsteuer unterliegendem Tatbestand beruhen. § 7 ist seinem Gehalt nach auf Erwerbsvorgänge i. S. von § 1 Abs. 1 zugeschnitten. Zur Anwendbarkeit der §§ 5 und 6 auf die Anteilsvereinigung i. S. von § 1 Abs. 3 vgl. Hofmann, GrEStG, zu § 1 Rdnr. 184, 196, § 5 Rdnr. 39 und § 6 Rdnr. 38. Zur Bedeutung des § 6 Abs. 3 für Veränderungen im Gesellschafterbestand einer grundstücksbesitzenden Personengesellschaft (§ 1 Abs. 2a) s. Hofmann, GrEStG, § 6 Rdnr. 13 ff.

# § 5 Übergang auf eine Gesamthand

(1) Geht ein Grundstück von mehreren Miteigentümern auf eine Gesamthand (Gemeinschaft zur gesamten Hand) über, so wird die Steuer nicht erhoben, soweit der Anteil des einzelnen am Vermögen der Gesamthand Beteiligten seinem Bruchteil am Grundstück entspricht.

(2) Geht ein Grundstück von einem Alleineigentümer auf eine Gesamthand über, so wird die Steuer in Höhe des Anteils nicht erhoben, zu dem der Veräußerer am Vermögen der Gesamthand beteiligt ist.

(3) Die Absätze 1 und 2 sind insoweit nicht anzuwenden, als sich der Anteil des Veräußerers am Vermögen der Gesamthand innerhalb von fünf Jahren nach dem Übergang des Grundstücks auf die Gesamthand vermindert.

*Anmerkung:*

*Absatz 3 wurde durch Art. 15 Nr. 3 StEntlG 1999/2000/2002 v. 24. 3. 1999 (BGBl I 1999, 402) angefügt; zum zeitlichen Anwendungsbereich s. § 23 Abs. 6 Satz 2.*

**Literatur:** *Dörfelt,* Die Gesellschaft bürgerlichen Rechts als Instrument zur Erleichterung des Grundstücksverkehrs, DB 1979, 1153; *Gehlen,* Zur Frage des Gestaltungsmissbrauchs bei der Einbringung eines Grundstücks in eine neu gegründete Personengesellschaft mit anschließender Weiterveräußerung des Gesellschaftsanteils an einen Dritten, DB 1979, 1199; *Jakob,* Gesellschafterwechsel und Gestaltungsmissbrauch im Grunderwerbsteuerrecht, DB 1984, 1424; *Schmitz,* Die Grunderwerbsteuer bei der Grundstückseinbringung in eine Gesamthand, DVR 1984, 134; *Meilicke,* Richterliche Grunderwerbsteuertatbestände und Gesamthand, StVj 1989, 182; *Rossmanith,* Grunderwerbsteuer bei Zusammentreffen von Grundstückseinbringung und Gesellschaftertausch, DStR 1989, 417; *Siepmann,* Die Grunderwerbsteuerbefreiung gemäß § 5 Abs. 2 GrEStG bei der Grundstückseinbringung in eine Gesamthand und die Grenzen, „Missbräuche" zu verhindern, UVR 1991, 105; *Viskorf,* Die Gesamthandsgemeinschaft als grunderwerbsteuerrechtlich vorteilhaftes Instrument der Mobilisierung von Grundstücken, DStR 1994, 1; *Kroschewski,* Grunderwerbsteuer bei der GmbH & Co. KG, GmbHR 2003, 757; *Behrens,* Anwendung von § 5 Abs. 3 GrEStG trotz Fehlens einer objektiven Vermeidungsmöglichkeit?, DStR 2016, 518.

**Verwaltungsanweisungen:** Ländererlasse v. 9. 12. 2015, BStBl I 2015, 1029.

# A. Allgemeines

## I. Gesamthand i. S. des § 5

1   Als Gesamthandsgemeinschaften kommen für den Bereich des § 5 in Betracht die **Personenhandelsgesellschaften** (OHG und KG), die **Partnerschaftsgesellschaft,** die EWIV, die **Gesellschaft bürgerlichen Rechts** und die **Erbengemeinschaft.** Letztere nicht nur insoweit, als sie ein Grundstück von einem Miterben oder mehreren (bruchteilsberechtigten) Miterben erwirbt, sondern auch – bei Veränderung der Zusammensetzung durch Erbteilskauf (§§ 2033 ff. BGB) – als sie ein Grundstück vom Erbteilskäufer erwirbt. Denn der Erbteilskäufer wird Mitglied der Erbengemeinschaft und damit Gesamthänder, wenn auch nicht Miterbe (vgl. Hofmann, GrEStG, § 3 Rdnr. 32). Auch die **fortgesetzte Gütergemeinschaft** (s. hierzu Hofmann, GrEStG, § 3 Rdnr. 44) ist Gesamthandsgemeinschaft auch i. S. des § 5.[1] Denn der dieser Vorschrift zugrunde liegende Rechtsgedanke (Hofmann, GrEStG, vor § 5 Rdnr. 1) muss auch dieser Gesamt-

---

1 Vgl. BFH v. 17. 7. 1975 II R 141/74, BStBl II 1976, 159, 162.

handsgemeinschaft zugutekommen. Beim Erwerb eines Grundstücks zum Gesamtgut der fortgesetzten Gütergemeinschaft aus der Hand eines oder mehrerer Abkömmlinge (Teilhaber) tritt – bezogen auf den Veräußerer – wirtschaftlich – soweit dieser über seine Teilnehmereigenschaft an ihm berechtigt ist – keine Veränderung hinsichtlich der Teilhabe am Grundstück(swert) ein.

Die Begünstigung gilt auch für ausländische Gesellschaften, sofern es sich um Gesamthandsgemeinschaften handelt.[1]

**Keine Gesamthandsgemeinschaft** i. S. des § 5 ist die **stille Gesellschaft,** und sei 2 sie noch so **atypisch** ausgestaltet, denn die Einlage des stillen Gesellschafters geht stets in das Vermögen des Kaufmanns über (§ 230 Abs. 1 HGB). Die Ansprüche des „Stillen" sind stets nur solche schuldrechtlicher und nicht etwa dinglicher Art.[2] Dasselbe gilt für Unterbeteiligungen. Die ertragsteuerrechtliche Qualifikation als Mitunternehmer bleibt grunderwerbsteuerrechtlich unbeachtlich.

Auch die **KGaA** ist **keine Gesamthand,** sondern Kapitalgesellschaft mit eigener Rechtspersönlichkeit (§§ 278 ff. AktG), deren Vermögen keiner gesamthänderischen Bindung unterliegt. Ihre persönlich haftenden Gesellschafter sind nicht dinglich an dem Vermögen der KGaA beteiligt; sie haben lediglich einen bedingten schuldrechtlichen Auseinandersetzungsanspruch. Das gesamte Vermögen der KGaA ist sachenrechtlich allein ihr Vermögen.[3] Auf sie ist – wie auf alle Kapitalgesellschaften – § 5 eben so wenig wie § 6 anwendbar, weil deren Gesellschafter nur an ihnen selbst, nicht aber an deren Vermögen beteiligt sind.[4] Soweit allerdings eine Kapitalgesellschaft ihrerseits am Vermögen einer Gesamthand beteiligt, also selbst Gesamthänderin ist, sind für Grundstücksübergänge zwischen ihr und der Gesamthand die §§ 5 und 6 anwendbar. Ist umgekehrt eine Personengesellschaft Alleingesellschafterin einer Kapitalgesellschaft, so begründet diese Stellung keine gesamthänderische Mitberechtigung an den im Alleineigentum der Kapitalgesellschaft stehenden Grundstücken, und zwar auch dann nicht, wenn der Erwerb der Anteile der Kapitalgesellschaft seinerseits der Besteuerung nach § 1 Abs. 3 unterlegen hat.[5]

Ohne Bedeutung für die Anwendbarkeit des § 5 ist, ob das Grundstück auf 3 eine schon bestehende Gesamthandsgemeinschaft übergeht oder ob der

---

1 Siehe auch Erlass FM Baden-Württemberg v. 30. 10. 2008, DStR 2008, 2267.
2 BFH v. 11. 12. 1974 II R 170/73, BStBl II 1975, 363; v. 30. 11. 1983 II R 131/81, BStBl II 1984, 160.
3 Vgl. auch BFH v. 27. 4. 2005 II B 76/04, BFH/NV 2005, 1627.
4 Siehe dazu BFH v. 9. 4. 2008 II R 32/06, BFH/NV 2008, 1526.
5 Vgl. auch BFH v. 18. 3. 2005 II R 21/03, BFH/NV 2005, 1867.

Grundstücksübergang sich anlässlich der Gründung einer Personengesellschaft bzw. anlässlich des Eintritts des Veräußerers in eine Personengesellschaft vollzieht oder das Grundstück im Wege der Ausgliederung aus dem Unternehmen eines Einzelkaufmanns kraft Gesetzes auf eine bereits bestehende Personenhandelsgesellschaft (§ 123 Abs. 3 Nr. 1, § 124 Abs. 1, § 152, §§ 130, 131 Abs. 1 Nr. 1, Nr. 3 Satz 3 UmwG) bzw. sonst im Wege der Ausgliederung auf eine Personengesellschaft übergeht (§ 123 Abs. 3, § 124 Abs. 1, §§ 125 ff. UmwG). Zur möglichen weitergehenden Begünstigung solcher Vorgänge, wenn Gegenstand der Einbringung schuldrechtlich begründete Ansprüche i. S. des § 1 Abs. 3 Nr. 1 und 3 oder Anteile an grundbesitzenden Gesellschaften (s. § 1 Abs. 3 Nr. 2 und 4) sind und der Erwerbsvorgang nach dem 6. 6. 2013 verwirklicht wird (§ 23 Abs. 11), vgl. § 6a Satz 1 sowie Hofmann, GrEStG, § 6a Rdnr. 31.

**Dagegen sind** Verschmelzungs-, Aufspaltungs- und Abspaltungsvorgänge, an denen als übertragender Rechtsträger Kapitalgesellschaften oder eingetragene Genossenschaften beteiligt sind, während übernehmender Rechtsträger eine OHG oder KG ist, **nicht** nach § 5 Abs. 2 **begünstigt.**[1] Es werden nämlich zwar die Anteilsinhaber des übertragenden Rechtsträgers Anteilsinhaber des übernehmenden Rechtsträgers, jedoch gilt dies nicht für Anteile am übertragenden Rechtsträger, deren Anteilsinhaber der übernehmende Rechtsträger war, sowie für solche Anteile, die der übertragende Rechtsträger als eigene innehatte (§ 20 Abs. 1 Nr. 3 Satz 1, § 131 Abs. 1 Nr. 3 Satz 1 UmwG). Daraus folgt zwingend, dass am Gesamthandsvermögen der übernehmenden Personenhandelsgesellschaft der übertragende Rechtsträger nicht beteiligt ist.

## II. Beteiligte an einem nach § 5 begünstigten Erwerbsvorgang

4    Der Gesamthand (vgl. Rdnr. 1 bis 3) auf der **Erwerberseite** muss ein Miteigentümer (§ 5 Abs. 1) oder Alleineigentümer (§ 5 Abs. 2) eines Grundstücks auf der **Veräußererseite** gegenüber stehen, der seinerseits an der erwerbenden Gesamthand beteiligt ist. **Miteigentümer** oder **Alleineigentümer** können **alle natürlichen** oder **juristischen Personen** sein, **nicht** jedoch **Gesamthandsgemeinschaften,** auch wenn ihnen grunderwerbsteuerrechtlich Rechtsträgereigenschaft zukommt (vgl. Hofmann, GrEStG, § 1 Rdnr. 18 ff.). Sind diese nämlich Mit- oder Alleineigentümer, so liegt ein Grundstücksübergang zwischen zwei Gesamthandsgemeinschaften vor, auf den **ausschließlich § 6 Abs. 3** anzuwen-

---

1  Zur möglichen Begünstigung solcher Vorgänge im Konzern vgl. § 6a.

den, also auf die Deckungsgleiche der vermögensmäßigen Beteiligung der jeweils an den Gesamthandsgemeinschaften Beteiligten abzustellen ist.[1]

# B. Die Konstruktion der Steuervergünstigung

## I. Die Gesamtschau in § 5 Abs. 1

Nach § 5 Abs. 1 wird beim Übergang eines Grundstücks von mehreren Miteigentümern auf eine Gesamthand die Steuer insoweit nicht erhoben, soweit der Anteil des Einzelnen am Vermögen der Gesamthand Beteiligten seinem Bruchteil am Grundstück entspricht. Das Gesetz behandelt den Vorgang auch dann als einen einheitlichen, wenn die Bruchteilseigentümer ihre Miteigentumsanteile auf die erwerbende Gesamthand übertragen. Für die Vergünstigung ist zwar das Ausmaß der Deckungsgleiche von Grundstücksbruchteil und „Gesamthandsanteil" maßgebend; die Steuervergünstigung setzt aber weder voraus, dass alle Gesamthänder auch Grundstückseigentümer sind, noch dass alle Grundstücksmiteigentümer Gesamthänder sind.

**BEISPIELE:**

a) A und B sind Miteigentümer eines Grundstücks je zur ideellen Hälfte und übertragen dieses Grundstück auf eine unter ihnen bestehende OHG, an der sie zu gleichen Teilen beteiligt sind. Die Steuer bleibt unerhoben.

b) C und D sind Miteigentümer eines Grundstücks je zur ideellen Hälfte. Sie übertragen das Grundstück auf eine OHG, an der sie und E zu je einem Drittel beteiligt sind. Die Steuer bleibt zu $^2/_3$ unerhoben.

c) F, G und H sind Miteigentümer eines Grundstücks zu je $^1/_3$. Sie übertragen das Grundstück auf eine OHG, an der G und H je zu $^1/_2$ beteiligt sind. Die Steuer bleibt zu $^2/_3$ unerhoben.

## II. Der Grundstücksübergang vom Alleineigentümer auf die Gesamthand

§ 5 Abs. 2 befreit den Übergang des Grundstücks von einem Alleineigentümer auf eine Gesamthand im Ausmaß seiner Beteiligung am gesamthänderisch gebundenen Vermögen. Die Vorschrift greift auch dann ein, wenn der an der Gesamthand Beteiligte nur einen Miteigentumsanteil an einem Grundstück einbringt, weil der Miteigentumsanteil grunderwerbsteuerrechtlich als Grundstück anzusehen ist (vgl. Hofmann, GrEStG, § 1 Rdnr. 29). **Kein Anwendungsfall**

5

6

---

1 Vgl. BFH v. 24. 9. 1985 II R 65/83, BStBl II 1985, 714; s. dazu Hofmann, GrEStG, § 6 Rdnr. 3.

des § 5 Abs. 2 liegt vor, **wenn** eine **unmittelbar** an einer anderen Gesamthand beteiligte Gesamthandsgemeinschaft **ein Grundstück** in die erstere **einbringt;** hier liegt **stets** ein Anwendungsfall des **§ 6 Abs. 3** vor (vgl. Hofmann, GrEStG, vor § 5 Rdnr. 2 und § 6 Rdnr. 3).

# C.  Die Beteiligung am Vermögen

## I.  Anteil am Vermögen

7   Die Steuer wird nach § 5 in dem Ausmaß nicht erhoben, in dem entweder die Beteiligungsquote als Bruchteilseigentümer und über die Berechtigung am Gesamthandsvermögen am Grundstück deckungsgleich sind (Absatz 1) oder der Veräußerer am Vermögen der Gesamthand beteiligt ist (Absatz 2). Das Gesetz hebt somit allein auf die Beteiligung am Vermögen ab und nicht auf eine etwa abweichende Auseinandersetzungsquote oder auf die Beteiligung am Gewinn oder Verlust der Gesamthand.

Einen **Anteil am Vermögen** der Gesamthand kann **nur** derjenige innehaben, dem eine **unmittelbare dingliche Mitberechtigung** am Gesamthandsvermögen zusteht (zur Besonderheit der doppelstöckigen Gesamthandsgemeinschaften s. Hofmann, GrEStG, vor § 5 Rdnr. 2, § 6 Rdnr. 2 und 3). Keine dingliche Mitberechtigung am Gesamthandsvermögen hat ein (auch atypisch) still Beteiligter, weil die Einlage des stillen Gesellschafters in das Vermögen des Kaufmanns übergeht.[1] Auch eine Unterbeteiligung am Anteil eines Gesellschafters vermittelt keine vermögensmäßige Beteiligung an der Gesamthand selbst. Weiter muss **unbeachtet** bleiben, dass ein **Gesellschafter** seinen Anteil **nur treuhänderisch** für einen anderen hält, weil die grunderwerbsteuerrechtliche Zurechnung eine andere ist als die des § 39 AO.[2] Zivilrechtlich ist der Treuhänder allein Gesellschafter mit allen sich aus dem Gesellschaftsvertrag ergebenden Rechten und Pflichten, gleichgültig, ob das Treuhandverhältnis offen oder verdeckt ist, für die anderen Gesellschafter erkennbar (und von ihnen gebilligt) oder für sie unerkennbar ist.[3] Das ist auch grunderwerbsteuerrechtlich maßgebend; allein der Treuhänder ist als Gesamthänder an der Gesellschaft betei-

---

1  § 230 Abs. 1 HGB; vgl. BFH v. 30. 11. 1983 II R 131/81, BStBl II 1984, 160.
2  Vgl. BFH v. 23. 10. 1974 II R 87/73, BStBl II 1975, 152; v. 16. 12. 1988 II B 134/88, BFH/NV 1990, 59.
3  BGH v. 18. 10. 1962 II ZR 12/61, WM 1962, 1353.

ligt;[1] zwischen ihm und dem Treugeber bestehen nur schuldrechtliche Beziehungen.

**BEISPIELE:**

a) Eine GbR erwirbt ein Grundstück von X. Gesellschafter der GbR sind Y und Z, wobei Z seinen Anteil treuhänderisch für X hält. X ist am Vermögen der GbR nicht beteiligt.

b) Die A-OHG erwirbt ein Grundstück von U. Dieser ist Unterbeteiligter des Gesellschafters H und damit am Vermögen der A-OHG nicht beteiligt.

Bei einer GmbH & Co. KG, deren einzigem Kommanditisten auch alle Anteile an der GmbH gehören, kann nicht deswegen der Anteil der GmbH am Vermögen der KG unberücksichtigt bleiben; denn die die der juristischen Person zukommende Berechtigung an dem gesamthänderisch gebundenen Vermögen ist unmittelbar nur deren eigene.

Trotz der mit der Gesellschafterstellung untrennbar verbundenen dinglichen 8 Mitberechtigung an dem Gesamthandsvermögen einer Personengesellschaft ist demjenigen kein Anteil am Vermögen i. S. von § 5 zuzurechnen, dem im Innenverhältnis kraft zivilrechtlich wirksamer Vereinbarung kein Anteil an Gesellschaftsgrundstücken gehören soll,[2] denn für das Ausmaß der Beteiligung der einzelnen Gesamthänder am Gesamthandsvermögen sind die (handels-)rechtlich zulässig unter den Gesellschaftern getroffenen Vereinbarungen sowie deren tatsächliche Durchführung über die Vermögensbeteiligung maßgebend.[3]

Dementsprechend kann die Vergünstigung aus § 5 nicht zum Zuge kommen, wenn der das Grundstück übertragende Gesamthänder trotz seiner formalen Beteiligung (dinglichen Mitberechtigung) am Vermögen der Gesamthand durch gesellschaftsvertragliche Abreden im Ergebnis wirtschaftlich so gestellt ist, als sei er während der Dauer seiner Beteiligung an der Gesellschaft und bei deren Beendigung nicht anteilig an den Wertänderungen des Grundstücks beteiligt.[4] Das ist bspw. der Fall, wenn mit Rücksicht auf ein in Zukunft geplantes Ausscheiden aus der Gesellschaft ihm weder eine Beteiligung am Gewinn oder

1 Siehe auch BFH v. 8. 8. 2000 II B 134/99, BFH/NV 2001, 66; v. 28. 9. 2004 II B 162/03, BFH/NV 2005, 72; v. 12. 11. 2004 II B 5/04, BFH/NV 2005, 381.
2 Vgl. BFH v. 31. 5. 1972 II R 9/66, BStBl II 1972, 833.
3 BFH v. 9. 11. 1988 II R 188/84, BStBl II 1989, 201.
4 BFH v. 16. 1. 1991 II R 38/87, BStBl II 1991, 374.

Verlust noch an den stillen Reserven zusteht und er lediglich einen Anspruch auf Auszahlung seiner der Höhe nach fixierten Beteiligung haben soll.[1]

## II. Ermittlung der Beteiligungsquote

### 1. Maßgeblicher Zeitpunkt

9   Die Beteiligung am Vermögen der erwerbenden Gesamthand muss auf den Zeitpunkt festgestellt werden, in dem der steuerpflichtige Tatbestand verwirklicht wird (vgl. Hofmann, GrEStG, § 23 Rdnr. 1 ff.)[2], die Steuer also nach § 38 AO entsteht.[3] Der wirksame Abschluss des Verpflichtungsgeschäfts (s. Hofmann, GrEStG, § 23 Rdnr. 4) ist auch dann maßgeblich, wenn es aufschiebend bedingt (Ausnahme: Potestativbedingung) ist oder einer nicht seine Wirksamkeit berührenden Genehmigung bedarf, die Steuer nach § 14 also erst später entsteht.[4]

### 2. „Feste" Beteiligungen

10   Die Beteiligungsquote steht (relativ) fest bei der Erbengemeinschaft. Sie wird bestimmt durch die Auseinandersetzungsanteile und folgt grundsätzlich dem Zivilrecht (gesetzlicher Erbteil, entsprechender Erbteil kraft letztwilliger Verfügung). Durch eine Teilungsanordnung (§ 2048 BGB) ändert sie sich nicht, weil diese nur schuldrechtliche Wirkungen erzeugt. Eine Veränderung der Beteiligung am Vermögen der Erbengemeinschaft kann sich jedoch aufgrund Ausgleichungspflicht (§§ 2050 ff. BGB) ergeben.[5]

**BEISPIEL:** ▶ Die Geschwister S und T sind zu gleichen Teilen gesetzliche Erben ihres Vaters. Der Reinwert des Nachlasses beträgt 1 Mio. €. S hat einen Vorempfang i. H. v. 200.000 € auszugleichen. Für die Auseinandersetzung unter Berücksichtigung der Ausgleichung erhöht sich der Nachlass um 200.000 € auf 1,2 Mio. €. Davon erhält T 600.000 € und S (600.000 ./. 200.000 =) 400.000 €. S ist also zu 40 % und T zu 60 % am Vermögen der unter ihnen bestehenden Erbengemeinschaft beteiligt.

11   Im Übrigen kann die Beteiligungsquote – verstanden als ein rechnerischer verhältnismäßiger Anteil des Gesamthänders an dem Reinvermögen der Gesamt-

1 BFH v. 9.11.1988 II R 188/84, BStBl II 1989, 201; v. 12.6.1995 II R 57/94, BFH/NV 1997, 199, m.w.N.
2 So auch Ländererlasse v. 9.12.2015, BStBl I 2015, 1029, Tz 4.
3 Vgl. BFH v. 14.3.1979 II R 73/75, BStBl II 1981, 225.
4 Vgl. BFH v. 30.7.1980 II R 19/77, BStBl II 1980, 667; v. 10.2.1982 II R 152/80, BStBl II 1982, 481.
5 Vgl. BFH v. 15.12.1965 II 172/62, HFR 1966, 176.

hand zum Stichtag[1] – dann noch ohne größeren Aufwand festgestellt werden, wenn die Gesellschafter im Gesellschaftsvertrag abweichend von §§ 120, 121 HGB vereinbaren, dass ihr Beteiligungsverhältnis untereinander durch unveränderliche (sog. feste) Kapitalanteile, feste Anteilsquoten oder „Bruchteile" bestimmt sein soll. Der Anteil am Vermögen der Gesamthand bestimmt sich dann nach dieser Vereinbarung, wenn sie handelsrechtlich wirksam (und ernstlich gewollt) ist.[2] Soweit Sondervereinbarungen getroffen wurden (s. Rdnr. 8), sind diese maßgebend. Denn die Vereinbarung, dass ein Gesellschafter trotz seiner dinglichen Mitberechtigung am Gesamthandsvermögen vermögensmäßig an diesem nicht beteiligt ist (häufig bzgl. der Komplementär-GmbH bei einer GmbH & Co. KG), ist ebenso möglich und beachtlich wie eine Vereinbarung darüber, dass seine vermögensmäßige Beteiligung in Bezug auf einzelne, zum Vermögen der Gesamthand gehörende Gegenstände (Grundstücke), abweichend von dem allgemein gültigen Beteiligungsverhältnis festgelegt wird.

## 3. „Variable" Beteiligungen

Ist die Vermögensbeteiligung nicht unabänderlich starr festgelegt, so muss das Vermögen der Gesamthand sowie der verhältnismäßige Anteil des einzelnen daran Berechtigten unter Zugrundelegung der gemeinen Werte (§ 9 BewG) bzw. der Teilwerte (§ 10 BewG) ermittelt werden. Das bedarf grundsätzlich einer besonderen Vermögensaufstellung zum Stichtag, aus welcher das Reinvermögen der Gesellschaft sowie der verhältnismäßige Anteil des Gesellschafters zu errechnen sind.[3] Da die Kapitalkonten vom Stichtag (vgl. Rdnr. 9) meist nicht der Relation des Werts des einzelnen Mitgliedschaftsrechts in Bezug auf das Vermögen entsprechen, müssen sie so verändert werden, dass sie das nach den gesellschaftsvertraglichen Regelungen auf den einzelnen Gesellschafter quotal entfallende tatsächliche Gesellschaftsvermögen wiedergeben. Das bedingt die Berichtigung der Kapitalkonten der Handelsbilanz durch Zurechnung des durch Aufdeckung der stillen Reserven offenbar gewordenen Mehrvermögens (unter Berücksichtigung des Firmenwerts) entsprechend dem Gewinnverteilungsschlüssel.[4] Zur Ermittlung der Beteiligungsquote sind die

12

---

1 Vgl. dazu BFH v. 3. 3. 1993 II R 4/90, BFH/NV 1993, 494.
2 BFH v. 31. 5. 1972 II R 9/66, BStBl II 1972, 833.
3 BFH v. 31. 5. 1972 II R 9/66, BStBl II 1972, 833.
4 BFH v. 31. 5. 1972 II R 9/66, BStBl II 1972, 833; vgl. dazu auch das zur Aufteilung des Einheitswerts des Betriebsvermögens ergangene Urteil des BFH v. 24. 7. 1981 II R 49/79, BStBl II 1982, 2, sowie BFH v. 11. 3. 1992 II R 157/87, BStBl II 1992, 543, und v. 3. 11. 1993 II R 96/91, BStBl II 1994, 88.

derart „berichtigten" Kapitalkonten zueinander ins Verhältnis zu setzen. Das Abstellen auf das Reinvermögen ist deshalb erforderlich, weil die Höhe der Summe der Kapitalanteile nicht das Vermögen der Gesamthand nach gemeinen Werten (§ 9 BewG) bzw. Teilwerten (§ 10 BewG) ausweist, bei Auflösung stiller Reserven sich folglich ein „negativer" Kapitalanteil in einen positiven verwandeln kann. Selbst wenn sich dabei ergeben sollte, dass die Gesellschaft überschuldet ist, ändert das nichts an der Tatsache, dass die Gesamthänder am (Aktiv)Vermögen beteiligt sind.[1] Sind alle (berichtigten) Kapitalkonten wegen Überschuldung der Gesellschaft negativ, wird der reziproke Wert der Vermögensanteile zugrunde gelegt werden müssen.[2]

# D. Unanwendbarkeit bzw. Versagung der Vergünstigung wegen Verminderung der vermögensmäßigen Beteiligung (§ 5 Abs. 3)

**Literatur:** *Stoschek*, Neuregelungen bei Grunderwerbsbesteuerung von Beteiligungskäufen und Umwandlungen, ZfIR 1999, 487, 490; *Gottwald*, Verstärkte Grunderwerbsteuerbelastungen bei Unternehmensumstrukturierungen, BB 2000, 69, 74; *G. Hofmann*, Grunderwerbsteuervergünstigung bei Übergang eines Grundstücks von einem Gesamthänder auf die Gesamthand, BB 2000, 2605; *Viskorf*, Der nachträgliche Verlust der Steuervergünstigung nach § 5 GrEStG: Die Voraussetzungen des neuen § 5 Abs. 3 GrEStG, DStR 2001, 1101; *Behrens/Schmitt*, Anteilsverminderung nach Schenkung vor Ablauf der Fünfjahresfrist kein Missbrauchstatbestand, DB 2010, 292; *Schanko*, Zur Anwendung der §§ 5 Abs. 3 und 6 Abs. 3 Satz 2 GrEStG, UVR 2013, 12; *Behrens*, Anwendung von § 5 Abs. 3 GrEStG trotz Fehlens einer objektiven Vermeidungsmöglichkeit?, DStR 2016, 518.

## I. Allgemeines

### 1. ratio legis

13    Nach § 5 Abs. 3 sind die Absätze 1 und 2 insoweit nicht anzuwenden, als sich der Anteil des Veräußerers am Vermögen der Gesamthand innerhalb von fünf Jahren nach dem Übergang des Grundstücks auf die Gesamthand vermindert. Die Vorschrift ist erstmals auf Erwerbsvorgänge anzuwenden, die **nach dem 31. 12. 1999** verwirklicht werden (§ 23 Abs. 6 Satz 2; zur Verwirklichung eines Erwerbsvorgangs vgl. Hofmann, GrEStG, § 23 Rdnr. 1 ff.). Sie ist durch Art. 15

---

1 BFH v. 10. 2. 1982 II R 152/80, BStBl II 1982, 481; s. dort auch zum Sonderproblem des negativen Werts von Kommanditanteilen.

2 Sosnitza, DVR 1973, 149; Hessisches FG v. 2. 12. 1990, EFG 1991, 343.

Nr. 2 StEntlG 1999/2000/2002 vom 24. 3. 1999[1] eingefügt worden, **weil § 5,** wie die Vielzahl der Urteile[2] zeige, **„ein erhebliches Steuervermeidungspotenzial" beinhalte.**[3] Die fünfjährige Mindestbehaltensfrist „zur Vermeidung von Steuerausfällen" (ebenda) folgt dem Vorbild des § 6 Abs. 4.

Mit der Einfügung von § 5 Abs. 3 ist tatsächlich der Anwendungsbereich von § 5 Abs. 1 und 2 erheblich eingeschränkt und mittelbar auch (außer durch § 1 Abs. 2a) der Bereich des grunderwerbsteuerrechtlich irrelevanten Wechsels im Personenstand einer Gesamthand (vgl. dazu Hofmann, GrEStG, § 1 Rdnr. 24) für die auf den Erwerbsvorgang folgenden fünf Jahre eingegrenzt. Grundsätzlich (s. aber Rdnr. 18 sowie 21 bis 23) bleibt nur das Ausscheiden der anderen Mitgesamthänder bzw. die Übertragung von deren Anteilen auf einen Dritten während dieses Zeitraums ohne grunderwerbsteuerrechtliche Folgen. Da § 5 Abs. 3 jedenfalls dann zum Zuge kommt, wenn zu irgendeinem Zeitpunkt innerhalb der Fünfjahresfrist eine Umstrukturierungsmaßnahme zu einer Verminderung des Anteils des Veräußerers am Vermögen der Gesamthand führt oder zum Wegfall seiner gesamthänderischen Beteiligung, inhibiert die Vorschrift wirtschaftlich als notwendig erkannte Maßnahmen.[4]

§ 5 Abs. 3 zielt seinem **Sinn und Zweck** nach darauf ab, Gestaltungen entgegenzuwirken, in denen eine nach § 5 Abs. 1 oder 2 begünstigte Einbringung in oder eine Veräußerung eines Grundstücks an eine Gesamthand kombiniert mit einem grundsätzlich steuerfreien Wechsel (s. aber auch § 1 Abs. 2a Satz 1) im Personenstand einer Gesamthand oder mit der steuerfreien Aufgabe der Teilhabe am Wert dieses Grundstücks Dritte über deren gesamthänderische Mitberechtigung an die diesem Grundstück wertmäßig beteiligt werden. Deshalb **bedarf** die Vorschrift einer ihrer Zielrichtung gemäßen **einschränkenden Auslegung.**[5] Da § 5 Abs. 3 auf **Eingrenzung des Steuervermeidungspotenzials** gerichtet ist, **setzt** die Vorschrift – vergleichbar der des § 6 Abs. 4 – die **abstrakte** (objektive) **Möglichkeit der Steuervermeidung voraus.** Diese ist nicht gegeben, wenn der Rechtsvorgang, durch den der einbringende bzw. veräußernde Gesamthänder seinen Anteil am Vermögen der Gesamthand und damit seine wertmäßige Teilhabe an dem in die Gesamthand eingebrachten bzw. an diese

**14**

---

1 BGBl I 1999, 402.
2 Ihnen kommt für Erwerbsvorgänge, die nach dem 1. 1. 2000 verwirklicht werden, keine Bedeutung mehr zu.
3 BT-Drucks. 14/265, 204.
4 Die Begünstigung nach § 6a erstreckt sich nicht auf Folgewirkungen, vgl. Hofmann, GrEStG, § 6a Rdnr. 6a. E.
5 So schon Viskorf, DStR 2001, 1101, 1104; s. nun auch BFH v. 7. 10. 2009 II R 58/08, BStBl II 2010, 302.

veräußerten Grundstück (vgl. Rdnr. 15) verliert bzw. vermindert, grunderwerbsteuerbar ist.

## 2. Grundstücksbezogenheit der Vorschrift

15   § 5 Abs. 3 versagt dem reinen **Wortlaut** nach die Steuervergünstigung aus § 5
Abs. 1 bzw. Abs. 2, wenn bloß tatsächlich innerhalb von fünf Jahren nach dem
Übergang des Grundstücks auf die Gesamthand (zur Berechnung der Frist s.
Rdnr. 33) sich der Anteil des Veräußerers am Vermögen der Gesamthand vermindert. Die Vorschrift ist insoweit **nicht präzise** gefasst, als sie einmal nicht
darauf abstellt, ob im Zeitpunkt der Verminderung des Anteils des Veräußerers am Vermögen der erwerbenden Gesamthand das Grundstück noch zu deren Vermögen gehört und zum anderen nicht auf die Teilhabe des veräußernden Gesamthänders am erworbenen Grundstück bzw. dessen Wert. Denn ersichtlich kann die **Vergünstigung dann nicht rückwirkend versagt** werden,
**wenn** das begünstigt erworbene **Grundstück vor** der **Verminderung** des **Anteils** des Veräußerers am Vermögen der Gesamthand dieser nicht mehr grunderwerbsteuerrechtlich zugerechnet werden kann, weil sie es bereits an einen
Dritten **verkauft** hat.

> **BEISPIEL:** ► A, B und C sind am Vermögen der A-OHG zu je ein Drittel beteiligt. Im Januar
> 01 bringt A ein Grundstück in die A-OHG ein. Im Mai 05 verkauft diese das von A
> eingebrachte Grundstück an einen Dritten. Im September 05 überträgt A seinen Ge-
> sellschaftsanteil mit Zustimmung der Mitgesellschafter auf D.
>
> Zwar hat sich der Anteil des A am Vermögen der Gesamthand innerhalb von fünf
> Jahren nach Grundstücksübertragung vermindert, am Wert des von ihm eingebrach-
> ten Grundstücks hat er jedoch während dessen Zugehörigkeit zum Gesamthandsver-
> mögen unvermindert partizipiert.

Auch kann eine Verminderung der verhältnismäßigen Beteiligung des Veräußerers an der grundstückserwerbenden Gesamthand, von der seine wertmäßige Teilhabe am Wert des von ihm veräußerten Grundstücks unberührt
bleibt, nicht zur rückwirkenden Versagung der Vergünstigung führen. Ist nämlich der das Grundstück in die Gesellschaft einbringende (es an sie veräußernde) Gesellschafter im Zeitpunkt dieses Erwerbsvorgangs durch gesellschaftsvertragliche Abreden wirtschaftlich so gestellt, als sei er während der Dauer
seiner Beteiligung an der Gesellschaft und bei deren Beendigung nicht anteilig
an den Wertveränderungen des Grundstücks beteiligt (s. Rdnr. 8), ist der Eintritt eines seine Wertteilhabe am Grundstück beschneidenden späteren Ereignisses schon logisch ausgeschlossen.

**BEISPIELE:** a) Am Vermögen der A & Co. OHG sind A, B und C zu je 1/3 beteiligt. Im Gesellschaftsvertrag ist vereinbart, dass C an etwa der Gesellschaft gehörenden Grundstücken deren Wert nach während der Dauer der Gesellschaft und bei seinem Ausscheiden aus dieser nicht beteiligt sein soll. C veräußert an die OHG am 19. 3. 2007 ein Grundstück. Am 1. 4. 2009 scheidet C aus der OHG aus.

Da C zu keiner Zeit über seine Gesellschafterstellung am Wert des Grundstücks teilhatte, lagen schon die Voraussetzungen des § 5 Abs. 2 nicht vor, geschweige denn die des § 5 Abs. 3.

b) Am Vermögen der D-GmbH & Co. KG (KG) ist deren einziger Kommanditist D zu 100 % beteiligt. D veräußert im Jahre 01 ein Grundstück an die KG. Im Jahre 03 tritt E als weiterer Kommanditist der KG bei; er erhält eine vermögensmäßige Beteiligung von 35 % Gleichzeitig wird bei der Aufnahme des E in die KG unter den Gesellschaftern vereinbart, dass D hinsichtlich des Werts des von ihm in Jahre 01 übertragenen Grundstücks allein berechtigt ist.

Die gesellschaftsrechtlich zulässige Vereinbarung, dass D allein wertmäßig in Bezug auf das von ihm stammende Grundstück beteiligt sein soll, schließt es aus, § 5 Abs. 3 anzuwenden. Die wertmäßige Beteiligung des E am übrigen Gesamthandsvermögen ist in diesem Zusammenhang unerheblich.

Festzuhalten bleibt, dass **ungeschriebene Voraussetzung für** das Eingreifen von **§ 5 Abs. 3** ist, dass die Verminderung der wertmäßigen Beteiligung des Veräußerers am Vermögen der Gesamthand eine **Verminderung** seiner (wirtschaftlichen) **Teilhabe am Wert des** durch die Gesamthand aus seiner Hand erworbenen **Grundstücks** beinhaltet.[1]

# II. Verminderung des Anteils des Veräußerers am Gesamthandsvermögen

## 1. Allgemeines

Voraussetzung für § 5 Abs. 3 ist, dass sich der **Anteil des Veräußerers,** das ist     **16** derjenige, der das Grundstück entweder auf gesellschaftsvertraglicher Grundlage in die Gesamthand eingebracht oder es an diese veräußert hat, **am Vermögen der Gesamthand gegenüber** seiner **Beteiligung,** die **beim Grundstückserwerb** für den Umfang der Vergünstigung **maßgebend** war (s. dazu Rdnr. 7 sowie Rdnr. 11 und 12), **vermindert** hat und dies auch zu einer Verminderung seiner Wertteilhabe am Grundstück führt (s. Rdnr. 15). Die **Verminderung der vermögensmäßigen Beteiligung** kann **verursacht** worden sein

---

1 Gl. A. G. Hofmann, BB 2000, 2605.

▶ durch (ganze oder teilweise) Übertragung des Anteils des Gesellschafters auf einen Dritten (s. dazu Rdnr. 19 f.),

▶ durch Ausscheiden des Gesellschafters (s. dazu Rdnr. 22 f.),

▶ durch Beitritt neuer Gesellschafter (s. dazu Rdnr. 25),

▶ durch Vereinbarung mit den Mitgesellschaftern (vgl. dazu Rdnr. 26),

▶ durch Veränderung variabler Kapitalkonten (s. dazu Rdnr. 27),

▶ durch Umwandlung des Veräußerers (s. dazu Rdnr. 28) und schließlich auch

▶ durch Umwandlung der erwerbenden Gesamthand (vgl. dazu Rdnr. 30 ff.).

17    **Kein Fall der Verminderung** der vermögensmäßigen Beteiligung des Veräußerers liegt vor, wenn im Gesellschaftsvertrag **für den Fall des Todes** eines Gesellschafters abweichend von § 131 Abs. 3 Nr. 1 HGB bzw. § 727 Abs. 1 BGB die **Fortsetzung mit den Erben** vereinbart ist (zur Fortsetzung beim Tode eines Kommanditisten, s. § 177 HGB). In diesem Fall geht der Anteil des Gesellschafters auf den oder die Erben im Wege der Sonderrechtsnachfolge über (s. dazu Hofmann, GrEStG, § 3 Rdnr. 30), seine vermögensmäßige Beteiligung setzt sich unvermindert in deren Person fort. Dieser ungebrochenen Rechtsnachfolge aufgrund Erbfalls trägt das Grunderwerbsteuergesetz schon stets in § 6 Abs. 4 und seit 1. 1. 1997 auch in § 1 Abs. 2a Rechnung. Gerade aus der Zusammenschau von § 1 Abs. 2a Satz 6 und Satz 7 wird offenbar, dass der Gesetzgeber entweder stillschweigend davon ausgegangen ist, dass der Übergang der gesamthänderischen Vermögensbeteiligung auf einen oder mehrere Erben nicht einer Verminderung des Anteils des verstorbenen Gesellschafters am Vermögen der Gesamthand i. S. des § 5 Abs. 3 gleichkommt, oder er hat es schlicht übersehen, aus § 5 Abs. 3 den allein durch Todesfall veranlassten Übergang der vermögensmäßigen Beteiligung auf den oder die Erben im Wege der Sonderrechtsnachfolge auszuklammern. Schließlich gehört der Tod eines Gesellschafters nicht zu den Gestaltungsmitteln, die eingesetzt werden, um das Steuervermeidungspotenzial, das mit der Vorschrift des § 5 Abs. 3 eingeschränkt werden soll, auszuschöpfen.

Die **Auflösung der Gesellschaft** durch den Tod des einbringenden Gesellschafters (§ 727 Abs. 1 BGB; von § 131 Abs. 3 Nr. 1 bzw. § 177 HGB abweichende Vereinbarung) führt ebenfalls nicht zum Wegfall der Steuervergünstigung nach § 5 Abs. 3. Die Gesellschaft besteht – wenn auch als Abwicklungsgesellschaft – bis zum Ende der Auseinandersetzung fort, in deren Zuge sich in der Person des oder der Erben die Teilhabe am Grundstückswert realisiert.

Die objektive Möglichkeit der Steuervermeidung (s. Rdnr. 14) scheidet nach der 18
Entscheidung des BFH vom 7. 10. 2009 II R 58/08[1] auch dann aus, wenn der
Gesamthänder, der ein Grundstück in die Gesamthand eingebracht bzw. an
diese veräußert hat, seinen Anteil schenkweise überträgt. Dieser Entscheidung
ist dann zuzustimmen, wenn die Anteilsübertragung im Wege einer reinen
Schenkung erfolgt. Ist die Anteilsübertragung jedoch Gegenstand einer gemischten Schenkung (s. Hofmann, GrEStG, § 3 Rdnr. 22), so kann das nicht gelten, soweit das Austauschverhältnis reicht.[2] Vergleichbares muss für die
Schenkung unter Auflage gelten.

## 2. Verminderung der vermögensmäßigen Beteiligung durch ganze oder teilweise Übertragung des Anteils auf einen anderen

Entäußert sich der Veräußerer seiner vermögensrechtlichen Mitberechtigung 19
ganz oder teilweise **durch Übertragung** seines Anteils (Mitgliedschaftsrechts)
auf einen Dritten (s. aber auch Rdnr. 18), so führt das **notwendig** zum Wegfall
bzw. zur **Verminderung** seiner vermögensmäßigen Beteiligung. Verminderung
der vermögensmäßigen Beteiligung am Gesellschaftsvermögen tritt auch bei
Einbringung des Anteils des Veräußerers in eine Kapitalgesellschaft ein, deren
Alleingesellschafter er ist, weil der Gesellschafter einer Kapitalgesellschaft
nicht dinglich an einem zum Vermögen der Gesellschaft gehörenden Grundstück mitberechtigt ist.[3] **Auch** mit der Übertragung des Anteils **auf** einen **Treuhänder** „vermindert" sich der Anteil des Veräußerers am Vermögen der Gesamthand, weil er seine gesamthänderische (dingliche) Vermögensbeteiligung
damit notwendig aufgibt. Der „Treuhänder" vermittelt ihm diese nicht; er handelt vielmehr nur für Rechnung des Treugebers aufgrund schuldrechtlicher
Verpflichtung.[4] Schuldrechtliche Ansprüche gegen den Treuhänder oder aufgrund besonderer Vereinbarungen gegen den „nachrückenden" Gesellschafter
(Unterbeteiligung, stille Beteiligung) vermitteln keinen in der dinglichen Mitberechtigung wurzelnden Anteil am Vermögen der Gesamthand (vgl. schon
Rdnr. 7).

War der Einbringende bzw. Veräußerer im Zeitpunkt des Übergangs des 20
Grundstücks zu 95 % oder mehr am Vermögen der Gesamthand beteiligt, so

---

1 BStBl II 2010, 302; s. dazu auch Behrens/Schmitt, DB 2010, 292.
2 Ebenso Pahlke, Rz 77.
3 BFH v. 17. 12. 2014 II R 24/13, BStBl II 2015, 504.
4 Vgl. BGH v. 18. 10. 1962 II ZR 12/61, WM 1962, 1353; s. auch BFH v. 16. 12. 1988 II B 134/88,
 BFH/NV 1990, 59; v. 8. 8. 2000 II B 134/99, BFH/NV 2001, 66.

wird durch die Übertragung seines Anteils innerhalb der Fünfjahresfrist (s. Rdnr. 33) auf einen (oder gleichzeitig auf mehrere) Dritte der Tatbestand des § 1 Abs. 2a erfüllt. Dasselbe gilt, wenn die mehreren Miteigentümer, von denen das Grundstück nach § 5 Abs. 1 begünstigungsfähig durch die Gesamthand erworben wurde, gleichzeitig zusammen sich ihrer vermögensrechtlichen Mitberechtigung innerhalb der Fünfjahresfrist derart entäußerten, dass mindestens 95 % der Anteile am Gesellschaftsvermögen auf einen bislang gesellschaftsfremden Dritten übergehen. Da in solchen Fällen die von § 5 Abs. 3 vorausgesetzte abstrakte Möglichkeit der Steuervermeidung durch steuerfreien Wechsel im Personenstand der Gesellschaft im Hinblick auf § 1 Abs. 2a nicht besteht, muss es bei der Belassung der Steuervergünstigung aus § 5 Abs. 1 und 2 verbleiben. Das gilt auch dann, wenn die für den Erwerbsvorgang nach § 1 Abs. 2a Satz 1 maßgebende Bemessungsgrundlage (s. § 8 Abs. 2 Satz 1 Nr. 3) niedriger ist, als diejenige, aus der die Steuer wegen der Unanwendbarkeit von § 5 Abs. 1 oder 2 festzusetzen wäre. Entscheidend ist allein, dass der zur Verminderung der vermögensmäßigen Beteiligung führende Vorgang selbst der Grunderwerbsteuer unterliegt.

In allen anderen Fällen der Verminderung des Anteils des Veräußerers am Vermögen der Gesamthand durch ganze oder teilweise Übertragung des Gesellschaftsanteils (der sachenrechtlichen Mitberechtigung am Vermögen) auf einen gesellschaftsfremden Dritten oder auf einen Mitgesellschafter innerhalb der Fünfjahresfrist ist der Tatbestand des § 5 Abs. 3 erfüllt. Sofern die Übertragung des Gesellschaftsanteils, die Verminderung des Anteils des Veräußerers am Vermögen der Gesamthand, Teilstück eines nach § 1 Abs. 2a der Steuer unterliegenden Tatbestands hinsichtlich des in die Gesellschaft eingebrachten bzw. an die Gesellschaft veräußerten Grundstücks ist, hat es mit der Anrechnung der Steuer nach § 1 Abs. 2a Satz 7 sein Bewenden.

21   **Zur Versagung** der Steuervergünstigung nach § 5 Abs. 1 oder 2 kann die ganze oder teilweise Übertragung der Gesellschafterstellung **jedoch dann nicht** führen, wenn diese auf eine Person übertragen wird, deren Erwerb – beträfe er ein Grundstück – nach § 3 Nr. 4 bzw. Nr. 6 steuerfrei wäre. Wäre nämlich statt des Altgesellschafters der „Neugesellschafter" bereits im Zeitpunkt des Grundstücksübergangs an der Gesamthand beteiligt gewesen, wäre der Erwerb durch die Gesamthand im nämlichen Ausmaß steuerfrei gewesen.[1] Im Übrigen müssen die nämlichen Erwägungen Platz greifen, die zur Einschränkung der Sperrwirkung des § 6 Abs. 4 führen (s. Hofmann, GrEStG, § 6 Rdnr. 36; all-

---

1 Vgl. schon BFH v. 25. 2. 1969 II 142/63, BStBl II 1969, 400.

gemein § 3 Rdnr. 3 und Rdnr. 37). Zu beachten ist, dass § 3 Nr. 4 bzw. Nr. 6 bei der Übertragung der Gesellschafterstellung nicht unmittelbar zur Anwendung kommen, der der Steuerbefreiungen zugrunde liegende Rechtsgedanke vielmehr nur dazu führt, dass die Übertragung der Gesellschafterstellung auf die „neuen" Anteilsinhaber aus der Sicht des § 5 Abs. 3 als nicht schädlich angesehen wird, sondern quasi als Fortsetzung der vermögensmäßigen Beteiligung des Veräußerers. Die „neuen" Anteilsinhaber müssen deshalb innerhalb der Frist des § 5 Abs. 3 ihren (ihre) Anteile am Vermögen der Gesamthand ungemindert weiter behalten.[1]

### 3. Ausscheiden des Gesellschafters

Der Gesellschafter einer OHG sowie der persönlich haftende Gesellschafter einer KG scheidet, soweit nichts anderes vereinbart ist, aus den in § 131 Abs. 3 Satz 1 HGB aufgeführten Gründen aus der OHG bzw. KG aus (zum Zeitpunkt s. § 131 Abs. 3 Satz 2 HGB). Gleiches gilt für den Gesellschafter einer GbR, wenn gesellschaftsvertraglich bestimmt ist, dass für den Fall der Kündigung durch einen Gesellschafter (bzw. im Falle des § 725 BGB) oder für den Fall des Todes eines Gesellschafters die Gesellschaft nicht aufgelöst, sondern fortgesetzt wird (vgl. § 727 Abs. 1 BGB). In solchen Fällen wächst der Anteil des ausscheidenden Gesellschafters den übrigen Gesellschaftern zu (**Anwachsung** § 738 BGB, bzw. § 105 Abs. 3, § 161 Abs. 2 HGB i. V. m. § 738 BGB). Die **Beteiligung** des **Ausscheidenden am Gesamthandsvermögen geht** als solche **unter;** an ihre Stelle tritt der schuldrechtliche **Auseinandersetzungsanspruch** (Abfindungs- bzw. Abschichtungsanspruch). Der Verlust der gesamthänderischen Mitberechtigung ist gesetzliche Folge des Verlusts der Mitgliedschaft. Ohne Bedeutung ist dabei, ob der Ausgeschiedene noch typisch oder atypisch still Beteiligter bleibt oder im Zuge seines Ausscheidens wird, weil diese Art der Beteiligung keine dingliche Mitberechtigung am Gesamthandsvermögen vermittelt, sondern nur schuldrechtliche Ansprüche erzeugt (s. auch Rdnr. 7 und 19).

U. E. bedarf § 5 Abs. 3 **insofern** einer **einschränkenden Auslegung,** als das Ausscheiden des Veräußerers auf dessen Tod beruht und der Abschichtungsanspruch folglich in seinen Nachlass fällt. Denn der Verlust der Mitgliedschaft und der damit verbundene Untergang seiner gesamthänderischen Mitberechtigung ist auf höhere Gewalt zurückzuführen, also auf einen Umstand, der außerhalb der Zielrichtung des § 5 Abs. 3 liegt (vgl. schon Rdnr. 17). Im Übrigen

22

---

1 Vgl. dazu auch BFH v. 26. 2. 2003 II B 202/01, BStBl II 2003, 528; v. 25. 9. 2013 II R 17/12, BStBl II 2014, 268.

kommt die Versagung der Begünstigung dann und insoweit nicht in Betracht, als zwischen dem verstorbenen Gesellschafter und anwachsungsbegünstigten verbleibenden Gesellschaftern persönliche Beziehungen i. S. von § 3 Nr. 4 oder Nr. 6 bestehen (vgl. schon Rdnr. 21).

23 **Führt das Ausscheiden** des Gesellschafters aus einer nur zweigliedrigen Personengesellschaft zur liquidationslosen Vollbeendigung der Gesellschaft **zu deren Erlöschen** deshalb, weil das Gesamthandsvermögen dem „verbleibenden" Gesellschafter im Wege der Anwachsung anfällt, so wird (auch) hinsichtlich des vom ausscheidenden Gesellschafter in den letzten fünf Jahren erworbenen Grundstücks **ein** nach § 1 Abs. 1 Nr. 3 Satz 1 **der Steuer unterliegender Vorgang** erfüllt (vgl. Hofmann, GrEStG, § 1 Rdnr. 56). Mangels Vorliegens der abstrakten (objektiven) Möglichkeit des Steuervermeidens kann in solchen Fällen die Vergünstigung aus § 5 Abs. 1 oder 2 nicht nach § 5 Abs. 3 (rückwirkend) versagt werden, weil das Ausscheiden des Grundstücks aus dem grunderwerbsteuerrechtlichen Zurechnungsbereich des Gesamthänders selbst einen der Grunderwerbsteuer unterliegenden Tatbestand erfüllt. Deshalb ist im Fall des anwachsungsbedingten Übergangs des Vermögens zufolge Erlöschens der Personengesellschaft auf den „verbleibenden" Gesellschafter, der in Bezug auf das vom ausscheidenden Gesellschafter an die Gesamthand veräußerte Grundstück nach § 1 Abs. 1 Nr. 3 Satz 1 der Steuer unterliegt, die Steuervergünstigung aus § 5 Abs. 1 oder 2 anzuwenden und nicht nach § 5 Abs. 3 nicht anzuwenden. Dabei ist es unerheblich, ob und in welchem Umfang der nach § 1 Abs. 1 Nr. 3 Satz 1 steuerbare Vorgang nach § 6 Abs. 2 steuerbegünstigt ist oder ob der Eigentumsübergang kraft Anwachsung (§ 738 BGB) Folge einer schenkweisen Hingabe der Anteile der ehemaligen Mitgesellschafter ist.[1]

24 Ist die Personengesellschaft, auf die das Grundstück aus der Hand eines Gesamthänders überging, eine GmbH & Co. KG, so führt das Ausscheiden des Veräußerers auch dann nicht zum Erlöschen der Gesellschaft, wenn gleichzeitig der Ausscheidende seinen Anteil an der persönlich haftenden Gesellschafterin, der GmbH, auf den verbleibenden Kommanditisten überträgt. Wird der verbleibende Kommanditist durch die Übertragung des GmbH-Anteils Alleingesellschafter der GmbH, an der er zuvor zu weniger als 95 % beteiligt war, so wird der Tatbestand des § 1 Abs. 3 Nr. 2 erfüllt, und zwar in Form der teilweise mittelbaren (GmbH-Anteile) und teilweise unmittelbaren (Kommanditistenstellung) Vereinigung aller Anteile an der GmbH & Co. KG.[2] Da der Tatbestand

---

1 Siehe dazu auch BFH v. 13. 9. 2006 II R 37/05, BStBl II 2007, 59; ebenso Ländererlasse v. 9. 12. 2015, BStBl I 2015, 1029, Tz 7.6.
2 So jetzt auch BFH v. 20. 1. 2016 II R 29/14, BFH/NV 2016, 480.

des § 1 Abs. 3 nicht allein durch die Verminderung (Aufgabe) des Anteils des Veräußerers am Gesellschaftsvermögen erfüllt wird, sondern erst im Zusammenwirken mit der Verpflichtung zur Übertragung des GmbH-Anteils bzw. mit dessen Übertragung, ist der Tatbestand des § 5 Abs. 3 dann erfüllt, wenn die Gesamthand vor weniger als fünf Jahren das Grundstück erworben hatte.[1]

**BEISPIEL:** ► Am Vermögen der X-GmbH & Co. KG (KG) sind A und B als Kommanditisten seit deren Gründung je hälftig beteiligt. Die Komplementär-GmbH ist am Vermögen der KG nicht beteiligt. Auch an ihr sind A und B zu je 50 % beteiligt. Im Jahr 01 hat A ein Grundstück an die KG veräußert. Im Jahr 04 vereinbaren die Gesellschafter der KG, dass A mit sofortiger Wirkung aus der KG ausscheidet. Gleichzeitig verpflichtet sich A gegenüber B diesem seinen Anteil an der X-GmbH zu übertragen.

Zur Anteilsvereinigung führt nicht allein das Ausscheiden des A, sondern erst dieses im Zusammenwirken mit der Vereinbarung, dass dieser sich verpflichtet, seinen Anteil an der X-GmbH auf B zu übertragen.

Denn nur dann, wenn der Rechtsvorgang, durch den sich der Anteil des grundstücksveräußernden Gesamthänders am Vermögen der Gesamthand vermindert bzw. er diesen verliert für sich gesehen der Steuer unterliegt, scheidet die abstrakte (objektive) Möglichkeit der Steuervermeidung aus, die § 5 Abs. 3 voraussetzt (s. Rdnr. 14).

Anders ist es, wenn der verbleibende von zwei Kommanditisten Alleingesellschafter der Komplementär-GmbH ist, weil das Ausscheiden des anderen Kommanditisten, der vor weniger als fünf Jahren ein Grundstück in die GmbH & Co. KG einbrachte bzw. an diese veräußerte, schon für sich gesehen eine teils mittelbare teils unmittelbare Anteilsvereinigung i. S. des § 1 Abs. 3 Nr. 2 bewirkt.[2]

## 4. Beitritt neuer Gesellschafter

Der Beitritt weiterer Gesellschafter führt notwendig dazu, dass sich die verhältnismäßige Beteiligung der Altgesellschafter am Vermögen der Gesamthand verringert und damit die tatbestandsmäßigen Voraussetzungen von § 5 Abs. 3 erfüllt sind.                    25

---

1 Vgl. auch BFH v. 20. 12. 2000 II R 26/99, BFH/NV 2001, 1040.
2 So Boruttau/Viskorf, Rn. 111.

## 5. Verminderung der vermögensmäßigen Beteiligung durch Vereinbarung mit den Mitgesellschaftern

26  Ist der Veräußerer bereits im Zeitpunkt der Einbringung des Grundstücks in die Gesamthand bzw. vor dessen Veräußerung an die Gesamthand im Innenverhältnis wirtschaftlich so gestellt, dass er an dem Grundstück(swert) wirtschaftlich nicht beteiligt ist (vgl. Rdnr. 8), so kann die Steuervergünstigung nach § 5 Abs. 1 oder 2 nicht gewährt werden. Werden derartige Vereinbarungen später getroffen, vermindert sich also die vermögensmäßige Beteiligung des Veräußerers ohnehin relativ, in Bezug auf das von ihm durch die Gesellschaft erworbene Grundstück absolut, so sind die tatbestandsmäßigen Voraussetzungen des § 5 Abs. 3 voll erfüllt. Betreffen derartige Vereinbarungen das Verhältnis an allen zum Gesellschaftsvermögen gehörenden Gegenständen und wird dadurch die verhältnismäßige Beteiligung des Veräußerers gemindert, so ist dementsprechend ebenfalls die Vergünstigung zu versagen.

## 6. Verminderung durch Veränderung variabler Kapitalkonten

27  Haben die Gesellschafter nicht gesellschaftsrechtliche Abreden dahin gehend getroffen, dass ihr Beteiligungsverhältnis untereinander durch festliegende Quoten bestimmt sein soll, ist die vermögensmäßige Beteiligung jedes Gesellschafters stetigen Schwankungen unterworfen. Das kann nämlich dazu führen, dass die verhältnismäßige vermögensmäßige Beteiligung des Veräußerers, die sich während eines Rechnungsjahres vermindert hat, am Ende des folgenden Rechnungsjahres derjenigen wieder gleich kommt, die im Zeitpunkt des Erwerbsvorgangs bestand, oder diese sogar übersteigt. Die Einbeziehung derartiger gesellschaftsvertragsimmanenter Entwicklungen in den Anwendungsbereich des § 5 Abs. 3 ist zwar durch den Wortlaut der Vorschrift nicht ausgeschlossen; es **entspricht** aber u. E. **nicht dem Regelungszweck**, derartige **variable** mögliche **Verminderungen** der Beteiligung des Veräußerers am Vermögen der Gesamthand zur Versagung der Steuervergünstigung nach § 5 Abs. 1 und 2 führen zu lassen.[1] Es muss hier das Nämliche gelten wie für § 6 Abs. 4 Satz 1, der die Änderungen im prozentualen Beteiligungsverhältnis, die durch Zuschreiben von Gewinnen oder durch Abschreiben von Verlusten und Entnahmen eintreten, grundsätzlich unberücksichtigt lässt.[2]

---

1 A. A. für Extremfälle Viskorf, DStR 1999, 1901.
2 Vgl. BFH v. 25. 2. 1969 II 142/63, BStBl II 1969, 400.

## 7. Umwandlung des Veräußerers

Hat eine **Kapitalgesellschaft,** die am Vermögen einer Gesamthand beteiligt ist, in diese ein Grundstück eingebracht oder an diese ein Grundstück veräußert, so kommt der Übergang ihres Vermögens im Wege der **Verschmelzung** (§§ 2 ff. UmwG) oder **Aufspaltung** (§ 123 Abs. 1 UmwG) der Übertragung der Gesellschafterstellung auf einen Dritten (vgl. Rdnr. 19) gleich.[1] Sie ist nach Eintragung der Verschmelzung (§ 20 UmwG) oder der Aufspaltung (§ 131 UmwG) in das maßgebliche Register an der Gesamthand nicht mehr beteiligt. Dasselbe gilt bei **Abspaltung** oder **Ausgliederung** aus ihrem Vermögen, wenn das Mitgliedschaftsrecht (der Anteil) an der Gesamthand, die das Grundstück erworben hat, zum abgespaltenen oder ausgegliederten Teil des Vermögens gehört (vgl. § 123 Abs. 2 und 3, § 126 Abs. 1 Nr. 2 und Nr. 9, § 130 UmwG).

28

Die (homogene) **formwechselnde Umwandlung** der veräußernden **Kapitalgesellschaft in** eine **Kapitalgesellschaft anderer Rechtsform** (zur Wirkung der Eintragung der Rechtsform in das Register s. § 202 UmwG) **verändert** das Quantum der vermögensmäßigen Beteiligung des fortbestehenden Rechtsträgers **nicht.** Wird **jedoch** eine veräußernde oder einbringende **Kapitalgesellschaft formwechselnd in** eine **Gesellschaft des bürgerlichen Rechts,** eine **Personenhandels-** oder **Partnerschaftsgesellschaft** umgewandelt (s. dazu § 191 Abs. 1 Nr. 2, Abs. 2 Nr. 1 und Nr. 2 UmwG), liegt jedenfalls hinsichtlich der im Eigentum der Kapitalgesellschaft selbst stehenden Grundstücke kein Rechtsträgerwechsel vor (vgl. Hofmann, GrEStG, § 1 Rdnr. 12), weil zivilrechtlich der formwechselnde Rechtsträger in der im Umwandlungsbeschluss bestimmten Rechtsform weiter besteht (§ 202 Abs. 1 Nr. 1 UmwG). Die mit einem sog. kreuzenden (heterogenen) Formwechsel verbundene Diskontinuität der Verfassung des fortbestehenden Rechtsträgers, also der Umstand, dass sich die Qualität der Beteiligung an dem ohne Rechtsträgerwechsel übergegangenen Vermögen ändert, weil nunmehr die Gesellschafter in ihrer gesamthänderischen Verbundenheit an diesem beteiligt sind, führt dazu, dass der Rechtsträger, trotz der nur formwechselnden Umwandlung, nicht mehr ungebrochen am Vermögen der Gesamthand beteiligt ist.[2] Denn in grunderwerbsteuerrechtlicher Sicht wird nicht die aus dem Formwechsel hervorgegangene Gesellschaft mit Gesamthandsvermögen als Beteiligte an einer Gesamthand i. S. des § 5 angesehen, sondern auf die an deren Vermögen Beteiligten abgestellt (vgl.

---

1 Vgl. BFH v. 25. 6. 2003 II R 20/02, BStBl II 2004, 193.
2 Ebenso Boruttau/Viskorf, Rn. 94 ff.; Pahlke, Rz 111.

Hofmann, GrEStG, § 6 Rdnr. 3 und Rdnr. 4). Diese sind mit dem neuen Rechts-träger kraft formwechselnder Umwandlung nicht identisch.

Diese spezifisch grunderwerbsteuerrechtliche Sichtweise, die der zivilrecht-lichen Stellung einer Personengesellschaft als Gesellschafterin einer Gesell-schaft mit Gesamthandsvermögen nicht folgt, führt dazu, dass auch der Form-wechsel einer Kapitalgesellschaft in eine Personengesellschaft, der selbst der Grunderwerbsteuer nicht unterliegt, die Rechtsfolge des § 5 Abs. 3 auslöst.[1] Dasselbe gilt bei doppelstöckigen Personengesellschaften, wenn die ver-äußernde Personengesellschaft (heterogen) in eine Kapitalgesellschaft umge-wandelt wird.[2]

## 8. Veränderungen auf der Gesellschafterebene des Veräußerers

29   Ist **Veräußerer** des Grundstücks eine am Vermögen der erwerbenden Gesamt-hand als Gesellschafterin beteiligte **Personengesellschaft**, ist der Vorgang nicht nach § 5 Abs. 1 oder 2, sondern ausschließlich nach § 6 Abs. 3 Satz 1 i. V. m. Abs. 1 begünstigt (vgl. Hofmann, GrEStG, § 6 Rdnr. 3; s. auch Hofmann, GrEStG, § 6 Rdnr. 20). Ist **Veräußerer** eine am Vermögen der erwerbenden Ge-samthand beteiligte **Kapitalgesellschaft**, so lässt ein die Anteile an ihr betref-fender Rechtsvorgang ihren Anteil am Vermögen der Gesamthand unberührt. Denn diese dinglich fundierte Position steht nur der Kapitalgesellschaft selbst als juristischer Person zu und keinesfalls ihren Gesellschaftern (vgl. auch Hof-mann, GrEStG, § 6 Rdnr. 21).

## 9. Einfluss von Umwandlungsvorgängen betreffend die erwerbende Gesamthand auf die vermögensmäßige Beteiligung des Veräußerers

30   Ist die Gesamthand, in die das Grundstück durch den Veräußerer eingebracht wurde bzw. an die er es veräußert hat, eine Personenhandelsgesellschaft (**OHG** oder **KG**) oder eine **Partnerschaft** i. S. des PartGG, so kann sie als übertragender bzw. formwechselnder Rechtsträger an einem Umwandlungsvorgang i. S. des § 1 Abs. 1 Nr. 1 oder Nr. 2 UmwG beteiligt sein (§ 3 Nr. 1, § 124 UmwG). Geht ihr Vermögen innerhalb der Fünfjahresfrist im Wege der **Verschmelzung auf eine Kapitalgesellschaft** oder eine eingetragene Genossenschaft (§ 1 Abs. 1 Nr. 1, §§ 2 ff. UmwG) oder im Weg der **Aufspaltung auf** zwei oder mehrere **Ka**-

---

1  So auch Boruttau/Viskorf, Rn. 95c; a. A. Kroschewski, GmbHR 2003, 757, 759.
2  Ebenso Boruttau/Viskorf, Rn. 91.

pitalgesellschaften bzw. eingetragene Genossenschaften (§ 1 Abs. 1 Nr. 2, § 123 Abs. 1, §§ 124 ff. UmwG) über, so endet zwar die gesamthänderische Bindung des Vermögens der Gesellschafter des sich umwandelnden Rechtsträgers und notwendig auch die sachenrechtliche Beteiligung der Gesamthänder am Vermögen der Gesellschaft. Da der damit verbundene Rechtsträgerwechsel aber der Grunderwerbsteuer nach § 1 Abs. 1 Nr. 3 Satz 1 (unbeschadet einer etwaigen Vergünstigung aus § 6a bei Konzernzugehörigkeit) unterliegt (vgl. Hofmann, GrEStG, § 1 Rdnr. 49 ff.), führt eine derartige Verschmelzung bzw. Aufspaltung aus den in Rdnr. 23 ausgeführten Gründen nicht zur Anwendung des § 5 Abs. 3. Dasselbe gilt für Abspaltungsvorgänge (§ 1 Abs. 1 Nr. 2, § 123 Abs. 2, §§ 124 ff. UmwG) unter Beteiligung einer oder mehrerer Kapitalgesellschaften unter der Voraussetzung, dass das eingebrachte bzw. veräußerte Grundstück, für das die Vergünstigung nach § 5 Abs. 1 oder 2 in Frage steht, zu dem abgespalteten Vermögen gehört.

Auch die **Verschmelzung auf eine andere Personengesellschaft** oder eine Part-    31
nerschaftsgesellschaft (§ 1 Abs. 1 Nr. 1, §§ 2 ff. UmwG) sowie Spaltungsvorgänge (§ 1 Abs. 1 Nr. 2, §§ 123 ff. UmwG), an denen als übernehmende oder neue Rechtsträger eine (andere) **Personengesellschaft** oder Partnerschaftsgesellschaft oder mehrere (andere) Personengesellschaften oder Partnerschaftsgesellschaften beteiligt sind, führt dazu, dass der Veräußerer seinen Anteil am Vermögen der verschmolzenen bzw. aufgespaltenen Gesamthand verliert bzw. seine wertmäßige Teilhabe an dem Grundstück, für das die Begünstigung nach § 5 Abs. 1 oder 2 in Frage steht, nicht mehr fortbesteht, wenn es zum abgespalteten Vermögen gehört. Da jedoch der Übergang des Eigentums an dem Grundstück (vgl. § 20 Abs. 1 Nr. 1, § 131 Abs. 1 Nr. 1, § 135 Abs. 1 UmwG) als Rechtsträgerwechsel (vgl. Hofmann, GrEStG, § 1 Rdnr. 22) nach § 1 Abs. 1 Nr. 3 Satz 1 der Grunderwerbsteuer unterliegt, kommt § 5 Abs. 3 nicht zur Anwendung (vgl. Rdnr. 14). Zur eventuellen Begünstigung solcher Vorgänge vgl. Hofmann, GrEStG, § 6 Rdnr. 6 sowie § 6a.

Der **Formwechsel** (§ 1 Abs. 1 Nr. 4, §§ 190 ff. UmwG) ist – weil an ihm nur ein    32
Rechtsträger beteiligt ist (vgl. § 202 Abs. 1 Nr. 1 UmwG) – als solcher nicht grunderwerbsteuerbar (vgl. Hofmann, GrEStG, § 1 Rdnr. 10). Für Personenhandelsgesellschaften (OHG, KG) sowie für Partnerschaftsgesellschaften besteht nur die Möglichkeit des Formwechsels in eine Kapitalgesellschaft bzw. eine eingetragene Genossenschaft (§ 214 Abs. 1, § 225a UmwG). Bei diesen Gesamthandsgesellschaften kommt also nur ein sog. kreuzender oder heterogener Formwechsel in Betracht. Bei einem solchen Formwechsel ändert sich trotz fortbestehender Identität des Rechtsträgers die rechtliche Qualität der Beteiligung der Gesellschafter; sie sind an dem fortbestehenden Rechtsträger

(§ 202 Abs. 1 Nr. 1 UmwG) infolge des Formwechsels nach den für die neue Rechtsform geltenden Vorschriften beteiligt (§ 202 Abs. 1 Nr. 2 Satz 1 UmwG). Der Formwechsel bewirkt damit zwingend, dass die bisherige gesamthänderische (dingliche) Mitberechtigung der Gesellschafter am Gesellschaftsvermögen des formwechselnden Rechtsträgers untergeht; die Kapitalgesellschaft bzw. die eingetragene Genossenschaft wird Eigentümerin der sich im Vermögen der formwechselnden Gesellschaft befindenden Grundstücke. Erfolgt der Formwechsel innerhalb der Fünfjahresfrist (vgl. Rdnr. 33), so ist deshalb § 5 Abs. 3 anwendbar.[1]

## III. Fünfjahresfrist

33   Nach § 5 Abs. 3 ist die Vergünstigung aus § 5 Abs. 1 und 2 wegen Verminderung des Anteils des Veräußerers am Vermögen der Gesamthand zu versagen, wenn diese innerhalb von fünf Jahren nach dem Übergang des Grundstücks auf die Gesamthand erfolgt. Unter „Übergang" des Grundstücks ist nicht der Eigentumswechsel zu verstehen, sondern – in Übereinstimmung mit dem Wortlaut von § 5 Abs. 1 und 2 – der Zeitpunkt der Entstehung der Steuer für den Erwerbsvorgang, an dem die Gesamthand als Erwerberin beteiligt war. Auf die Entstehung der Steuer ist in diesem Fall deshalb abzuheben, weil für einen Vorgang, der noch nicht steuerpflichtig sein kann, keine Steuervergünstigung zu gewähren oder zu versagen ist. Es handelt sich um eine Frist von exakt fünf Jahren. Die Fristberechnung richtet sich nach §§ 186 ff. BGB (§ 108 AO).

## IV. Rechtsfolgen der Verminderung der vermögensmäßigen Beteiligung des Veräußerers

34   Vermindert sich innerhalb der Fünfjahresfrist der Anteil des Veräußerers am Vermögen der Gesamthand, so ist die Steuervergünstigung zu versagen (§ 5 Abs. 3). Die Vorschrift ist nicht als Nacherhebungsvorschrift konzipiert. Die Verminderung der Beteiligung des Veräußerers am Vermögen der Gesamthand wirkt vielmehr auf den Zeitpunkt der Entstehung der Steuer für das Ausmaß, in dem die Steuerbegünstigung in Betracht kommt, zurück. Der **Erfüllung** der tatbestandsmäßigen **Voraussetzung** des **§ 5 Abs. 3** kommt damit steuerliche Wirkung für die Vergangenheit zu. Die Verminderung der vermögens-

---

1 BFH v. 25. 9. 2013 II R 2/12, BStBl II 2014, 329 und II R 17/12, BStBl II 2014, 268 ist gleich BB 2014, 419, m. Anm. Behrens; ebenso Boruttau/Viskorf, Rn. 97; vgl. auch BFH v. 18. 12. 2002 II R 13/01, BStBl II 2003, 358.

mäßigen Beteiligung des Veräußerers an der Gesamthand hat somit die **Qualität** eines **rückwirkenden Ereignisses** i. S. von § 175 Abs. 1 Satz 1 Nr. 2, Abs. 2 Satz 1 AO. Die in § 175 Abs. 1 Satz 1 Nr. 2 AO an den Eintritt eines rückwirkenden Ereignisses geknüpfte Rechtsfolge verlangt zwingend den Erlass eines oder die Änderung des ergangenen Steuerbescheids bzw. die Aufhebung eines ergangenen Freistellungsbescheids (vgl. § 155 Abs. 1 Satz 3 AO). Dies ist nur innerhalb der dafür maßgeblichen Festsetzungsfrist möglich (§ 169 Abs. 1 Satz 1 AO).

## V. Festsetzungsfrist

Nach § 175 Abs. 1 Satz 2 AO **beginnt die Festsetzungsfrist** in den Fällen des 35 § 175 Abs. 1 Satz 1 Nr. 2 AO **mit Ablauf des Kalenderjahrs, in dem das Ereignis eintritt**, also sich der Anteil des Veräußerers am Vermögen der Gesamthand mindert. Die Festsetzungsfrist ist bei verspäteter Erfüllung oder Nichterfüllung der Anzeigepflicht nach § 19 Abs. 2 Nr. 4 (s. Rdnr. 36) nach § 170 Abs. 2 Satz 1 AO bis zum Ablauf von drei Kalenderjahren gehemmt.

Hinzuweisen ist noch darauf, dass die einmal eingetretene Verminderung der vermögensmäßigen Beteiligung des Veräußerers bzw. Einbringenden nicht mehr bezogen auf den Zeitpunkt ihres Eintritts rückgängig gemacht werden kann; § 16 ist weder unmittelbar noch entsprechend anwendbar.[1]

## VI. Anzeigepflicht

Nach **§ 19 Abs. 2 Nr. 4** haben die Steuerschuldner (Veräußerer und erwerbende 36 Gesamthand) Änderungen im Gesellschafterbestand einer Gesamthand bei Gewährung der Steuervergünstigung nach § 5 Abs. 1 und 2 anzuzeigen. Vgl. dazu Hofmann, GrEStG, § 19 Rdnr. 8.

# E. Randfragen

## I. § 5 und Befreiungsvorschriften

### 1. Anwendung von Befreiungsvorschriften

Die Qualifizierung von Gesamthandsgemeinschaften als grunderwerbsteuerrechtlich selbständige Rechtsträger schließt es nicht aus, unter Berücksichtigung der Besonderheit der Vermögensbindung auch personenbezogene Rela-  37

---

1 Siehe Hofmann, GrEStG, § 16 Rdnr. 6.

tionen von grunderwerbsteuerrechtlicher Relevanz der Gesamthand quotal zu-zurechnen. Die quotale Zurechnung persönlicher Eigenschaften der Gesamt-händer auf die Gesamthand bewirkt letztlich, dass das Nichtbeteiligtsein des Veräußerers an dieser, wegen des zwischen ihm und einem Gesamthänder, der das Grundstück nach § 3 Nr. 4 oder Nr. 6 steuerfrei vom Veräußerer erwer-ben könnte, bestehenden persönlichen Verhältnisses, der Gewährung der Be-günstigung des Erwerbs durch die Gesamthand nach § 5 Abs. 1 oder 2 nicht entgegensteht. So ist beispielsweise der Übergang eines Grundstücks von ei-nem Alleineigentümer auf eine Gesamthand, an der nicht er, aber nur Per-sonen beteiligt sind, die nach § 3 Nr. 4 oder/und Nr. 6 von ihm steuerfrei er-werben könnten, von der Grunderwerbsteuer ausgenommen.[1] Vgl. dazu be-reits Hofmann, GrEStG, § 3 Rdnr. 3. Zur Bedeutung der Befreiungsvorschriften bei Verminderung des Anteils des Veräußerers am Vermögen der Gesamthand zugunsten einer Person, die vom Veräußerer ein Grundstück nach § 3 Nr. 4 oder Nr. 6 steuerfrei erwerben könnte, vgl. Rdnr. 21.

## 2. § 5 Abs. 3 bei nach § 5 Abs. 1 oder 2 i. V. m. § 3 Nr. 4 oder Nr. 6 begünstigten Erwerben der Gesamthand

**38**    Ist der Erwerb durch die Gesamthand wegen quotaler Zurechnung persönli-cher Eigenschaften der Gesamthänder auf diese begünstigungsfähig (vgl. Rdnr. 37), wird nur das von § 5 Abs. 1 oder 2 vorausgesetzte Tatbestandsmerk-mal „Gesamthänder" durch § 3 Nr. 4 bzw. Nr. 6 ersetzt. Derjenige Gesamthän-der, zu dem die zurechnungsfähige persönliche Eigenschaft besteht, muss je-doch die übrigen Voraussetzungen der Vergünstigungsnorm erfüllen, also sei-ne Stellung als Gesamthänder (Gesellschafter) auch unverändert beibehalten.[2] Er ist derjenige, dem die Stellung als „Veräußerer" zukommt; vermindert sich sein Anteil am Vermögen der Gesamthand innerhalb von fünf Jahren, so ist grundsätzlich der Tatbestand des § 5 Abs. 3 erfüllt (vgl. im Übrigen Rdnr. 18, 20).

# II. Grenzen der Steuervergünstigung aus § 5 bei Anteilsvereinigungen

**Literatur:** *Mies/Greiner*, Die Anwendbarkeit der Vergünstigungsvorschriften der §§ 5 und 6 GrEStG auf die Tatbestände des § 1 Abs. 3 GrEStG, DStR 2008, 1319.

---

1 Siehe BFH v. 18. 9. 1974 II R 90/68, BStBl II 1975, 360.
2 Vgl. dazu BFH v. 26. 2. 2003 II B 202/01, BStBl II 2003, 528.

Die Steuervergünstigung des § 5 greift **auch** dann ein, wenn auf die Gesamt-   39
hand nicht ein Grundstück, sondern **mindestens 95 % der Anteile** einer Gesellschaft, zu deren Vermögen Grundstücke gehören, übergehen, weil das Gesetz
einen derartigen Anteilsübergang dem Grundstücksübergang gleichstellt.[1,2] Ist
der Tatbestand der Anteilsvereinigung durch Konzentration der Anteile in der
Hand mehrerer organschaftlich verbundener Kapitalgesellschaften erfüllt,
kann u. E. selbst eine Einbringung von mindestens 95 % der Anteile an der
grundstücksbesitzenden Gesellschaft durch die Anteilsinhaber in eine aus diesen bestehende Gesamthand nicht zu einer entsprechenden Vergünstigung
führen, weil die Anteile an der grundstücksbesitzenden Gesellschaft selbst
nicht Grundstücken gleichgestellt sind und jede einbringende Organgesellschaft (ungeachtet der vorhergehenden Erfüllung des Tatbestands der Anteilsvereinigung i. S. des § 1 Abs. 3 dank der organkreisbezogenen Sonderzurech-
nung) nur jeweils einen oder mehrere Anteile auf die Gesamthand überträgt.

Übertragen die mehreren Gesamthänder auf die Gesamthand, die unter ihnen
besteht, alle Anteile bzw. 95 % der Anteile an einer Kapitalgesellschaft, zu deren Vermögen Grundstücke gehören, so tritt zwar in der Person der Gesamthand Anteilsvereinigung i. S. § 1 Abs. 3 Nr. 1 oder Nr. 2 ein. Dieser Vorgang ist –
mangels Gleichstellung der Anteile an einer grundstücksbesitzenden Gesellschaft mit den Grundstücken bzw. mit Grundstücksmiteigentumsanteilen[3] –
nicht in entsprechender Anwendung von § 5 Abs. 1 steuerbegünstigt.[4]

## III. Aufeinanderfolge von Tatbeständen und § 5

Überträgt ein an einer Gesamthand Beteiligter die Verwertungsbefugnis an ei-   40
nem Grundstück auf diese (§ 1 Abs. 2), so ist der Übergang der Verwertungsbefugnis dem Übergang eines Grundstücks i. S. von § 5 gleichgestellt mit der
Folge, dass entsprechend seiner Beteiligungsquote am gesamthänderisch gebundenen Vermögen Grunderwerbsteuer nicht erhoben wird. Geht das Grundstück selbst auf die Gesamthandsgemeinschaft aufgrund eines nach § 1 Abs. 1
der Grunderwerbsteuer unterliegenden Vorgangs über, so ist dieser Vorgang
der Steuer unterworfen (§ 1 Abs. 6 Satz 1). Ist die Steuer für den Erwerb der
Verwertungsbefugnis durch die Gesamthand – wenngleich unter Berücksichti-

---

1  § 1 Abs. 3 Nr. 3 und 4; so auch BFH v. 16. 1. 2002 II R 52/00, BFH/NV 2002, 1053; vgl. auch Hofmann, GrEStG, § 1 Rdnr. 183, 184.

2  Zur Begünstigung der Einbringung vereinigter Anteile nach § 6a Satz 1, s. Hofmann, GrEStG, § 6a
   Rdnr. 31.

3  Vgl. BFH v. 31. 3. 1982 II R 92/81, BStBl II 1982, 414.

4  BFH v. 2. 4. 2008 II R 53/06, BStBl II 2009, 544.

gung des § 5 Abs. 2 – berechnet worden und haben sich die prozentualen Beteiligungsverhältnisse nicht geändert, ist der zweite Vorgang entsprechend von der Grunderwerbsteuer befreit, und es wird die Steuer im Ergebnis nach Maßgabe von § 1 Abs. 6 Satz 2 nur aus der Differenzbemessungsgrundlage erhoben. Ist der Grundstückseigentümer inzwischen nicht mehr an der Gesamthand beteiligt, so tritt er der Gesamthand als fremder Dritter gegenüber; der zweite Erwerbsvorgang ist dementsprechend nicht begünstigt. Da aber das Ausscheiden des nunmehrigen Veräußerers an der Erwerberidentität des Rechtsträgers, nämlich der Gesamthand als Erwerberin (vgl. Hofmann, GrEStG, § 1 Rdnr. 188) nichts ändert, ist Differenzbesteuerung nicht ausgeschlossen.[1] Ist für den zeitlich früheren Erwerb der Verwertungsbefugnis (§ 1 Abs. 2) durch die Gesamthand keine Steuer berechnet worden, etwa weil der Rechtsvorgang entgegen § 19 Abs. 1 Nr. 1 nicht angezeigt wurde, kommt Differenzbesteuerung nicht in Frage (s. Hofmann, GrEStG, § 1 Rdnr. 188).

**BEISPIELE:**

a) An einer OHG sind B zu 40 %, C zu 30 % und D zu 30 % beteiligt. B bringt im Jahr 01 in die OHG ein in seinem Alleineigentum stehendes Grundstück dem Werte nach (quoad sortem) ein. Diese Einbringung erfüllt den Tatbestand des § 1 Abs. 2; sie wird nicht angezeigt. Verkauft B nach seinem Ausscheiden aus der OHG im Mai 08 dieses Grundstück an die OHG um 250.000 €, so ist die Steuer aus 250.000 € festzusetzen.

b) An einer GbR sind seit ihrer Gründung E, F, und G zu je 1/3 beteiligt. E bringt im Jahr 01 als Einlage ein in seinem Alleineigentum stehendes Grundstück dem Werte nach in die GbR ein. Der nach § 1 Abs. 2 der Steuer unterliegende Vorgang wird nicht angezeigt. Nach seinem Ausscheiden im Januar 04 verkauft E dieses Grundstück an die GbR um 120.000 €.

Da die Festsetzungsfrist für den im Jahr 01 verwirklichten Erwerbsvorgang noch nicht abgelaufen ist, ist zunächst die Steuer für diesen i. H. v. 2/3 des Grundbesitzwerts (§ 8 Abs. 2 Satz 1 Nr. 3 2) von 90.000 € festzusetzen (Bemessungsgrundlage: 60.000 €). Diese Steuerfestsetzung ist wegen seines Ausscheidens nach § 175 Abs. 1 Satz 1 Nr. 2 AO dahin gehend zu ändern, dass die Steuer aus 90.000 € zu bemessen ist. Für den nach § 1 Abs. 1 Nr. 1 steuerbaren Vorgang im Januar 04 wird die Steuer nach § 1 Abs. 6 Satz 2 nur aus (120.000 € ./. 90.000 € =) 30.000 € erhoben.

# § 6 Übergang von einer Gesamthand

(1) Geht ein Grundstück von einer Gesamthand in das Miteigentum mehrerer an der Gesamthand beteiligter Personen über, so wird die Steuer nicht erho-

---

[1] A. A. Boruttau/Viskorf, Rn. 122; sowie Pahlke, Rz 129.

ben, soweit der Bruchteil, den der einzelne Erwerber erhält, dem Anteil entspricht, zu dem er am Vermögen der Gesamthand beteiligt ist. Wird ein Grundstück bei der Auflösung der Gesamthand übertragen, so ist die Auseinandersetzungsquote maßgebend, wenn die Beteiligten für den Fall der Auflösung der Gesamthand eine vom Beteiligungsverhältnis abweichende Auseinandersetzungsquote vereinbart haben.

(2) Geht ein Grundstück von einer Gesamthand in das Alleineigentum einer an der Gesamthand beteiligten Person über, so wird die Steuer in Höhe des Anteils nicht erhoben, zu dem der Erwerber am Vermögen der Gesamthand beteiligt ist. Geht ein Grundstück bei der Auflösung der Gesamthand in das Alleineigentum eines Gesamthänders über, so gilt Absatz 1 Satz 2 entsprechend.

(3) Die Vorschriften des Absatzes 1 gelten entsprechend beim Übergang eines Grundstücks von einer Gesamthand auf eine andere Gesamthand. Absatz 1 ist insoweit nicht entsprechend anzuwenden, als sich der Anteil des Gesamthänders am Vermögen der erwerbenden Gesamthand innerhalb von fünf Jahren nach dem Übergang des Grundstücks von der einen auf die andere Gesamthand vermindert.

(4) Die Vorschriften der Absätze 1 bis 3 gelten insoweit nicht, als ein Gesamthänder – im Fall der Erbfolge sein Rechtsvorgänger – innerhalb von fünf Jahren vor dem Erwerbsvorgang seinen Anteil an der Gesamthand durch Rechtsgeschäft unter Lebenden erworben hat. Die Vorschriften der Absätze 1 bis 3 gelten außerdem insoweit nicht, als die vom Beteiligungsverhältnis abweichende Auseinandersetzungsquote innerhalb der letzten fünf Jahre vor der Auflösung der Gesamthand vereinbart worden ist.

*Anmerkung:*

*Durch Art. 13 Nr. 3 StÄndG 2001 v. 20.12.2001 (BGBl I 2001, 3794) wurde Satz 2 in § 6 Abs. 3 eingefügt. Die Vorschrift ist erstmals auf Erwerbsvorgänge anzuwenden, die nach dem 31.12.2001 verwirklicht werden (§ 23 Abs. 7 Satz 1).*

## Inhaltsübersicht

**Literatur:** *Dörfelt,* Die Gesellschaft bürgerlichen Rechts als Instrument zur Erleichterung des Grundstücksverkehrs, DB 1979, 1153; *Stahl,* Grunderwerbsteuerpflichtige Anteilsvereinigung und Steuerbefreiung bei der Einmann-GmbH & Co. KG, StuW 1979, 237; *Felix,* Grunderwerbsteuerfragen bei Erwerb aller Beteiligungen einer grundstücksbesitzenden Personengesellschaft durch eine Personenschwestergesellschaft, DStZ 1983, 463; *Weilbach,* § 1 Abs. 2a GrEStG geändert: Folgen für die Praxis, UVR 2000, 256; *Kroschewski,* Grunderwerbsteuer bei der GmbH & Co. KG, GmbHR 2003, 757; *Behrens/Schmitt,* Formwechsel und § 6 Abs. 4 Satz 1 GrEStG, UVR 2004, 270; *dies.,* Zur Auslegung des Begriffs „Anteil am Gesellschaftsvermögen"..., UVR 2005, 378; *Heine,* Die Steuerbefreiung des § 6 Abs. 3 GrEStG bei fingiertem Grundstückserwerb..., INF 2005, 63; *Fuhrmann/Demuth,* Zur Grunderwerbsteuerbefreiung nach § 6 Abs. 3 GrEStG bei Änderung des Gesellschafterbestandes gemäß § 1 Abs. 2a GrEStG, UVR 2006, 25; *Stoschek/Mies,* Anteilsübertragung gemäß § 1 Abs. 2a GrEStG und Befreiungsvorschriften bei sukzessivem Rückerwerb, DStR 2006, 221; *Stegemann,* Grunderwerbsteuerrechtliche Zweifelsfragen an der Schnittstelle von § 1 Abs. 2a und §§ 5, 6 GrEStG, Ubg 2009, 194; *Görgen,* Zurechnung von Beteiligungsanteilen bei Personengesellschaften i. R. d. § 6 Abs. 3 Satz 1 i. V. m. Abs. 1 GrEStG ...., UVR 2015, 120; *Behrens*, Zur Reichweite der teleologischen Reduktion des § 6 Abs. 4 GrEStG, BB 2016, 340.

**Verwaltungsanweisungen:** Ländererlasse v. 9. 12. 2015, BStBl I 2015, 1029.

# A. Vorbemerkung

## I. Gesamthand i. S. des § 6

Die Begünstigung des Erwerbs von Grundstücken aus der Hand der Gesamt-   1
hand durch Gesamthänder in § 6 Abs. 1 und 2 entspricht mit umgekehrtem
Vorzeichen der des § 5. § 6 Abs. 3 Satz 1 i. V. mit Abs. 1 zieht die Konsequenz
aus der vermögensrechtlichen Situation der grunderwerbsteuerrechtlich selbständigen Rechtsträger und erreicht dasselbe Ergebnis in grunderwerbsteuerrechtlicher Hinsicht, wie es einträte, wenn die Gesamthänder das Grundstück
zunächst aus der (veräußernden) Gesamthand entsprechend ihren vermögensmäßigen Beteiligungen an dieser zu Miteigentum entnähmen (steuerfrei nach
§ 6 Abs. 1 unter Berücksichtigung von § 6 Abs. 4) und anschließend in die (erwerbende) Gesamthand einbrächten (steuerfrei nach Maßgabe des § 5 Abs. 1).
Hinsichtlich des Kreises der Gesamthandsgemeinschaften, die als Grundstücksveräußerer von der Vorschrift betroffen sind, vgl. Hofmann, GrEStG, § 5
Rdnr. 1 ff.. Das Grundstück muss im Gesamthandseigentum stehen, d. h. als Eigentümer muss entweder die Firma einer OHG oder KG (§ 124 HGB i. V. m.
§ 161 HGB) bzw. der Name der Partnerschaft (§ 7 Abs. 2 PartGG i. V. m. § 124
HGB) im Grundbuch eingetragen sein oder die Gesellschaft bürgerlichen
Rechts sowie deren Gesellschafter (vgl. § 47 GBO). Sind mehrere Personen als
Bruchteilseigentümer eingetragen, ist der „Übergang" des Grundstücks auf
eine der Personen auch dann nicht als Übergang eines Grundstücks „von einer
Gesamthand" i. S. der Vorschrift anzusehen, wenn zwischen den Personen eine
Innengesellschaft besteht.[1]

Wie es für die Steuervergünstigung aus § 5 ohne Bedeutung ist, ob sich der
Übergang des Grundstücks auf eine bestehende Gesamthand vollzieht oder
anlässlich der Gründung einer Personengesellschaft, so ist es für die Steuervergünstigung aus § 6 ohne Bedeutung, ob die Gesamthandsgemeinschaft als
solche fortbesteht oder ob der Grundstücksübergang anlässlich ihrer Auflösung oder gelegentlich ihrer Beendigung (vgl. § 738 BGB und Hofmann,
GrEStG, § 1 Rdnr. 56) erfolgt. Ebenfalls bedeutungslos ist es, ob der Erwerber

---

[1] Vgl. auch FG Köln v. 4. 10. 1989, EFG 1990, 122.

Gesamthänder bleibt oder aus der Gesamthandsgemeinschaft ausscheidet. Wegen der Frage, ob die Dauer des Bestehens der Gesamthand von Bedeutung ist, vgl. Rdnr. 29.

## II. Begünstigte Erwerber

2  Wegen der Frage, wer an dem Vermögen der veräußernden Gesamthand i. S. der Vorschrift beteiligt ist, wird auf Hofmann, GrEStG § 5 Rdnr. 7 verwiesen. Auch § 6 Abs. 1 und 2 – mit Ausnahme des Sonderfalls der über eine weitere Gesamthand vermittelten Beteiligung (s. dazu Rdnr. 3) – setzen eine unmittelbare dingliche Beteiligung am Gesellschaftsvermögen voraus.[1] So ist der Erwerb eines Grundstücks von einer Gesamthand durch einen Treugeberkommanditisten dann nicht nach § 6 Abs. 2 begünstigt, wenn Treuhänder eine andere Person oder eine Kapitalgesellschaft ist.[2] Scheidet ein Gesellschafter aus einer Gesamthand, die im Übrigen fortgeführt wird (§§ 736, 738 BGB, § 138 HGB), aus und erhält er zur Befriedigung seiner Abschichtungsansprüche ein Grundstück, kommt die Steuervergünstigung trotz des mit dem Ausscheiden verbundenen Untergangs seiner Berechtigung am gesamthänderisch gebundenen Vermögen zum Zuge.

## III. Sonderrolle des § 6 Abs. 3

3  Für **Grundstücksübergänge** zwischen zwei **Gesamthandsgemeinschaften** gilt **ausschließlich § 6 Abs. 3 Satz 1 i. V. m. Abs. 1**, wonach dabei für das Ausmaß der Steuervergünstigung der Umfang maßgebend ist, in dem die prozentuale Berechtigung der Beteiligten am gesamthänderisch gebundenen Vermögen in beiden Gesamthandsgemeinschaften deckungsgleich ist, die Höhe der Beteiligung einer Gesamthand an der erwerbenden Gesamthand (im Fall des § 5, vgl. Hofmann, GrEStG, § 5 Rdnr. 4) bzw. der veräußernden Gesamthand (im Falle des § 6 Abs. 1 und 2) folglich irrelevant ist.[3]

Dieser Grundsatz gilt **auch** für **doppelstöckige Gesamthandsgemeinschaften.** Unter dieser Bezeichnung ist die unmittelbare Beteiligung einer Gesamthandsgemeinschaft an einer anderen zu verstehen. Denn die Personenhandelsgesellschaften sowie die Partnerschaftsgesellschaft können ihrerseits Gesellschafter einer Personenhandelsgesellschaft oder einer Gesellschaft bürgerlichen Rechts sein. Desgleichen kann eine (Außen-)Gesellschaft bürgerlichen

---

1  Vgl. BFH v. 8. 8. 2000 II B 134/99, BFH/NV 2001, 66.
2  FG Düsseldorf v. 11. 6. 2001, EFG 2001, 1160.
3  Vgl. BFH v. 24. 9. 1985 II R 65/83, BStBl II 1985, 714.

Rechts sowohl Gesellschafterin einer anderen Gesellschaft bürgerlichen Rechts sein[1] als auch Kommanditistin einer KG.[2] **Liegt eine solche unmittelbare Beteiligung einer Gesamthandsgemeinschaft an einer anderen Gesamthandsgemeinschaft vor, so werden die Vorschriften der §§ 5, 6 Abs. 1 und 2 von § 6 Abs. 3 derogiert** sowie **§ 7 Abs. 2 durch § 6 Abs. 3 modifiziert.** Denn der § 6 Abs. 3 zugrunde liegende Rechtsgedanke verbietet es, die Gesamthand als solche als Zurechnungssubjekt im Bereich der §§ 5, 6 und 7 anzusehen. Die diesen Steuervergünstigungen zugrunde liegende besondere grunderwerbsteuerrechtliche Zurechnung verlangt **zwingend** stets den **Rückgriff auf die am Vermögen einer Gesamthand Beteiligten.** Aus diesem Grund kann dieser Rückgriff bei unmittelbarer Beteiligung einer Gesamthand an einer anderen Gesamthand nicht unterbleiben.[3]

**BEISPIEL:** Die R-KG gründet im Jahr 04 zusammen mit einem Dritten, der nicht ihr Gesellschafter ist, eine OHG, die S-OHG (Beteiligung je $^1/_2$). Sie verpflichtet sich im Gesellschaftsvertrag in die S-OHG ein ihr, der R-KG, gehörendes Grundstück einzubringen, das schon über ein Jahrzehnt zu ihrem Vermögen gehört. Gesellschafter der R-KG waren zunächst A und B zu je $^1/_4$ sowie C zu $^1/_2$. Im Jahre 02 hat C seinen Anteil an der R-KG auf D übertragen. Für den Einbringungsvorgang bleibt nicht nach § 5 Abs. 2 die Steuer zur Hälfte unerhoben, sondern nach § 6 Abs. 3 Satz 1 i.V. m. Abs. 1 und Abs. 4 nur in Höhe von 2 x $^1/_8$ = $^1/_4$.

# IV. Abgrenzung der begünstigungsfähigen Erwerbsvorgänge

Die Steuervergünstigung beschränkt sich nicht auf Erwerbsvorgänge, die nach § 1 Abs. 1 der Grunderwerbsteuer unterliegen, sondern ergreift in gleicher Weise Rechtsvorgänge, die nach § 1 Abs. 2 der Steuer unterworfen sind. Zur Aufeinanderfolge von Tatbeständen vgl. die entsprechend geltenden Ausführungen in Hofmann, GrEStG, § 5 Rdnr. 40.    4

§ 6 Abs. 3 ist auch (und zwar ausschließlich) im Bereich des § 1 Abs. 2a jedenfalls bei unmittelbarer Änderung des Gesellschafterbestands entsprechend anzuwenden, nämlich insoweit als neben den „Neugesellschaftern" auch Altge-

---

1 Siehe dazu BGH v. 2. 10. 1997 II ZR 249/96, NJW 1998, 376.
2 Siehe dazu BGH v. 16. 7. 2001 II ZB 23/00, BB 2001, 1966.
3 So inzwischen auch BFH v. 27. 4. 2005 II R 61/03, BStBl II 2005, 649; v. 29. 2. 2012 II R 57/09, BStBl II 2012, 917; v. 3. 6. 2014 II R 1/13, BStBl II 2014, 855; v. 17. 12. 2014 II R 24/13, BStBl II 2015, 504.

sellschafter an der fiktiv erwerbenden „neuen Personengesellschaft" beteiligt sind.[1]

Zur entsprechenden Anwendung des § 6 Abs. 3 Satz 1 i.V. m. Abs. 1 bei mittelbaren Veränderungen im Personenstand einer Gesamthand s. Rdnr. 13 ff.

Im Bereich des Ergänzungstatbestandes des § 1 Abs. 3 beschränkt sich der Anwendungsbereich des § 6 auf den Erwerb (den Übergang) der im tatbestandsmäßigen Quantum vereinigten Anteile einer Kapitalgesellschaft, zu deren Vermögen Grundstücke gehören, durch (auf) eine an der Gesamthand beteiligte natürliche oder juristische Person (§ 6 Abs. 2) sowie auf den Übergang der vereinigten Anteile auf eine andere Gesamthand (§ 6 Abs. 3 Satz 1 i.V. m. Abs. 1). Hinsichtlich des weiteren Ergänzungstatbestands des § 1 Abs. 3a ist der Anwendungsbereich auf den Erwerb (den Übergang) der wirtschaftlichen Beteiligung als Ganzes beschränkt.

5 Die mehreren Anteilsinhaber eines Organkreises bilden untereinander nicht eine Gesamthand. Deshalb ist § 6 Abs. 1 auch dann nicht anwendbar, wenn zwei konzernmäßig verbundene Aktiengesellschaften (A und B) an einer AG (C) beteiligt sind, zu deren Vermögen ein Grundstück gehört und sich aufgrund eines der Steuer nach § 1 Abs. 3 Nr. 1 oder 2 unterliegenden Rechtsvorgangs mindestens 95 % der Anteile der Gesellschaft C in der Hand der A oder der B vereinigen.[2] Das gilt auch dann, wenn zwischen der A und der B ein Beherrschungsvertrag (§ 291 AktG) besteht oder die B in die A eingegliedert (§ 319 AktG) ist, weil diese konzernrechtlichen Sonderformen nicht zur Bildung gemeinschaftlichen Vermögens führen (vgl. §§ 15 ff. AktG).

# V. Begünstigungsfähige Vorgänge nach dem Umwandlungsgesetz

6 Auch für Vorgänge nach dem Umwandlungsgesetz kann die Begünstigungsvorschrift von Bedeutung sein, weil **seit** dem **1. 1. 1995** auch die **Personenhandelsgesellschaften** (OHG und KG) und infolge der Änderung des UmwG durch G 22. 7. 1998[3] auch die **Partnerschaftsgesellschaften verschmelzungsfähige** (§ 3 Abs. 1 UmwG) und **spaltungsfähige** (§ 124 Abs. 1 i.V. m. § 3 Abs. 1 UmwG) **Rechtsträger** sind.

---

1 Vgl. auch BFH v. 27. 4. 2005 II R 51/03, BStBl II 2005, 649; v. 29. 8. 2012 II R 57/09, BStBl II 2012, 917.
2 Vgl. BFH v. 29. 5. 1974 II 53/64, BStBl II 1974, 697.
3 BGBl I 1998, 1878.

Wird eine **Personenhandels-** oder **Partnerschaftsgesellschaft** im Wege der Aufnahme durch Übertragung ihres Vermögens als Ganzes **auf** eine bestehende **Personenhandelsgesellschaft** bzw. werden zwei (oder mehrere) solche Gesellschaften im Wege der Neugründung durch Übertragung jeweils ihres Vermögens als Ganzes auf eine von ihnen dadurch gegründete solche Gesellschaft jeweils gegen Gewährung von Anteilen an der übernehmenden bzw. an der neu gegründeten Gesellschaft an die Mitglieder der übertragenden **verschmolzen** (§ 1 Abs. 1 Nr. 1, §§ 2, 39 ff. UmwG), **so** ist der damit verbundene **Übergang des Eigentums an Grundstücken** (§ 1 Abs. 1 Nr. 3 Satz 1, § 20 Abs. 1 Nr. 1 UmwG) im Ausmaß der Deckungsgleiche der jeweiligen Vermögensbeteiligung der Gesamthänder **nach § 6 Abs. 3 Satz 1 i. V. m. Abs. 1** (vorbehaltlich § 6 Abs. 4) **begünstigt.**[1]

**BEISPIEL:** Die A & B-OHG, an der A zu 30 %, B zu 50 % und C zu 20 % beteiligt sind, erwarb im Jahr 03 ein Grundstück. Zu Beginn des Jahres 09 wird sie im Wege der Aufnahme auf die bestehende X-OHG verschmolzen. Nach der Eintragung der Verschmelzung im Handelsregister sind an der X-OHG A zu 15 %, B zu 25 %, C zu 10 % sowie deren bisherige Gesellschafter X und Y zu je 25 % beteiligt.

Der Übergang des Grundstücks von der A & B-OHG auf die X-OHG (§ 20 Abs. 1 Nr. 1 UmwG; steuerbar nach § 1 Abs. 1 Nr. 3 Satz 1) ist im Ausmaß der Deckungsgleiche der Beteiligungen von A, B und C, also i. H. v. (15 %+ 25 % + 10 % =) 50% nach § 6 Abs. 3 Satz 1 i. V. m. Abs. 1 begünstigt.

Desgleichen ist der Übergang von Grundstücken (§ 1 Abs. 1 Nr. 2 i. V. m. § 131 Abs. 1 Nr. 1 UmwG) bei der Aufspaltung einer solchen Gesellschaft sowie bei Abspaltung eines Teils des Vermögens einer OHG oder KG usw. auf bestehende bzw. neu gegründete solche Gesellschaften gegen Gewährung von Anteilen an die Mitglieder der übertragenden Personengesellschaft nach § 6 Abs. 3 Satz 1 i. V. m. Abs. 1 (vorbehaltlich § 6 Abs. 4) begünstigt (§ 1 Abs. 1 Nr. 2, § 123 Abs. 1 und 2 UmwG). Nach derselben Vorschrift begünstigungsfähig ist auch die Ausgliederung von Vermögensteilen einer Personenhandels- oder Partnerschaftsgesellschaft auf bestehende oder neu gegründete solche Gesellschaften (§ 1 Abs. 1 Nr. 2, § 123 Abs. 3, § 131 Abs. 1 Nr. 3 Satz 3 UmwG).

**BEISPIEL:** Die Gebrüder M-OHG, an deren Vermögen zu je 50 % M sowie die N GmbH & Co. KG (N), an deren Vermögen nur die Kommanditisten O und P je zur Hälfte beteiligt sind, gliedern aus ihrem Vermögen den seit vielen Jahren gehaltenen Grundbesitz zu dessen Übertragung als Gesamtheit auf die Q GmbH & Co. KG (Q) aus, an deren Vermögen M zu 80 % und P zu 20 % beteiligt ist. Nach der Eintragung der Ausglie-

---

1 Zur weitergehenden Begünstigung solcher Vorgänge im Konzernverbund s. § 6a.

derung in das zuständige Handelsregister sind am Vermögen der Q der M zu 60 %, der P zu 16 % sowie die N zu 34 % beteiligt.

Der Übergang des Grundstücks auf die Q (§§ 125, 131 Abs. 1 Nr. 1 UmwG; steuerbar nach § 1 Abs. 1 Nr. 3 Satz 1) ist im Ausmaß der Deckungsgleiche der Beteiligung des M, also zu 50 % sowie im Ausmaß der durch die N vermittelten Beteiligung des O, also zu 17 % sowie schließlich bezüglich des P, der an der Q zu 15 % zuzüglich 17 % über die N, an der Gebrüder M-OHG jedoch (über die N) nur zu 25 % beteiligt war, also insgesamt zu 92 % nach § 6 Abs. 3 Satz 1 i. V. m. Abs. 1 begünstigt.

# B. Grundstücksübergang von der Gesamthand auf Mit- oder Alleineigentümer

## I. Allgemeines zu § 6 Abs. 1 und 2

7    § 6 Abs. 1 begünstigt den **Übergang eines Grundstücks** im dort genannten, durch § 6 Abs. 4 eingeschränkten (vgl. Rdnr. 23 ff.) Umfang **in das Miteigentum** mehrerer an der Gesamthand beteiligter natürlicher oder juristischer Personen. Wennleich die Vorschrift ihrem Wortlaut nach nur für den Fall gilt, dass sämtliche zu Miteigentum erwerbende Personen an der Gesamthand beteiligt sind, ist sie ihrem Sinn nach auch **entsprechend anwendbar, wenn nur einer der** erwerbenden **Miteigentümer auch Gesamthänder** ist.[1] Denn der Sinn der Vorschrift liegt darin, einem Grundstückserwerber insoweit Steuerfreiheit zu gewähren, als er bereits im Rahmen seiner gesamthänderischen Berechtigung an den der Gesamthand gewidmeten Gegenständen am Wert des erworbenen Grundstücks wirtschaftlich beteiligt war (vgl. Hofmann, GrEStG, vor § 5 Rdnr. 1).

§ 6 Abs. 1 legt der Steuervergünstigung ebenso eine **Gesamtschau** zugrunde wie § 5 Abs. 1 (vgl. Hofmann, GrEStG, § 5 Rdnr. 6). Deshalb ist der Erwerb auch nur eines Miteigentumsanteils in dem Umfang steuerfrei, zu welchem der Erwerber vorher im Wege seiner gesamthänderischen Mitberechtigung am ganzen Grundstück beteiligt war,[2] wenn die übrigen Miteigentumsanteile von Fremden erworben werden.

8    Der **Übergang** eines Grundstücks aus dem gesamthänderisch gebundenen Vermögen **in das Alleineigentum** einer an der Gesamthand beteiligten natürli-

---

1   BFH v. 21. 11. 1979 II R 96/76, BStBl II 1980, 217.
2   BFH v. 21. 11. 1979 II R 96/76, BStBl II 1980, 217, a. E.

chen oder juristischen Person wird in dem dort bezeichneten (durch § 6 Abs. 4 eingeschränkten, vgl. Rdnr. 23 ff.) Umfang durch **§ 6 Abs. 2** begünstigt. Die Steuervergünstigung greift **auch** dann ein, **wenn** infolge vereinbarter Übernahme des Geschäfts ohne Liquidation mit Aktiven und Passiven in einer zweigliedrigen Gesellschaft das Vermögen dem Übernehmer anwächst oder wenn infolge Übernahme aller Gesellschaftsanteile durch einen Gesellschafter die Gesellschaft untergeht und ihm das gesamthänderisch gebundene **Vermögen anwächst** (sog. Rechtsnachfolge in ein Sondervermögen, vgl. Hofmann, GrEStG, § 1 Rdnr. 24, 56). Ist der Übernehmer („verbleibende Gesellschafter") seinerseits eine Personenhandelsgesellschaft, bewirkt die Übernahme das Anwachsen des der untergehenden Gesellschaft gewidmeten Sondervermögens zu dem ihr gewidmeten Vermögen, so dass sich die gesamthänderische Berechtigung der an ihr Beteiligten nunmehr unmittelbar auf die anwachsenden Vermögensgegenstände bezieht, während sie bislang nur mittelbar über die Gesellschafterstellung „ihrer" Personengesellschaft an der untergehenden Gesellschaft beteiligt waren. Es handelt sich in einem derartigen Fall stets nur um einen nach § 6 Abs. 3 Satz 1 i.V. m. Abs. 1 der Steuervergünstigung zugänglichen Vorgang, weil die **Gesamthandsgemeinschaft nicht Subjekt der grunderwerbsteuerrechtlichen Zurechnungsregeln** der §§ 5 ff. ist (vgl. Hofmann, GrEStG, vor § 5 Rdnr. 1 und Rdnr. 3).

## II. Umfang der Vergünstigung

### 1. Grundsatz

§ 6 Abs. 1 Satz 1 und Abs. 2 Satz 1 **beschränken** die Vergünstigung im Falle des    9 Fortbestehens der Gesamthand **auf das Ausmaß der Deckungsgleiche** zwischen erworbenem Bruchteil und Anteilhabe am Gesamthandsvermögen bzw. auf das Ausmaß der verhältnismäßigen Beteiligung des Alleineigentumerwerbers am Vermögen der Gesamthand.[1] Das setzt allerdings voraus, dass die Gesamthandsberechtigung vor dem Grundstückserwerb durch den Gesamthänder zu Allein- oder Miteigentum bestand. Fallen der Erwerb einer Gesamthandsberechtigung und ein Grundstückserwerb von der Gesamthand in einem Rechtsakt zusammen, kann Steuervergünstigung nach § 6 nicht gewährt werden.[2] Für den Fall des Grundstücksübergangs bei Auflösung der Gesamthand ist eine etwa vom Beteiligungsverhältnis abweichend vereinbarte

---

1 BFH v. 31. 5. 1972 II R 9/66, BStBl II 1972, 833; v. 3. 3. 1993 II R 4/90, BFH/NV 1993, 494.
2 Vgl. BFH v. 25. 3. 1992 II R 46/89, BStBl II 1992, 680; vgl. dazu auch Hofmann, GrEStG, § 1 Rdnr. 26 ff..

**Auseinandersetzungsquote** für den Umfang der Steuervergünstigung maßgebend (§ 6 Abs. 1 Satz 2, Abs. 2 Satz 2).

Allgemein steht die Steuervergünstigung unter dem Vorbehalt der Einschränkung durch § 6 Abs. 4 (vgl. Rdnr. 22 ff.).

## 2. Bei fortbestehender Gesamthand

10 Zur Ermittlung der Beteiligung am Vermögen vgl. die hier sinngemäß geltenden Ausführungen in Hofmann, GrEStG, § 5 Rdnr. 10 ff. sowie die grundlegenden Ausführungen in BFH vom 31. 5. 1972.[1] Den Gesellschaftern einer Personengesellschaft stehen auch dann Vermögensanteile i. S. von § 6 an der Gesamthand zu, wenn die Personengesellschaft überschuldet ist und die Anteile aller Gesellschafter negativ sind.[2] Dabei ist bei der Ermittlung des Anteils des Einzelnen am Vermögen der Gesamthand davon auszugehen, dass die Höhe der Berechtigung im umgekehrten Verhältnis zur Höhe des Anteils am negativen Kapital ist, dass also der Beteiligung desjenigen, der den geringsten Anteil am negativen Kapital hat, die größte Gesamthandsbeteiligung zukommt. Der Grundgedanke des Fortbestands der Berechtigung am Wert des Grundstücks schließt es aus, ein Darlehen des Gesamthänders an die Gesamthand bei der Ermittlung seines Anteils am Vermögen der Gesamthand zu berücksichtigen.[3]

**Stichtag** für die Ermittlung des Vermögens der Gesamthandsgemeinschaft und der prozentualen Beteiligung des Gesamthänders daran ist – wie im Bereich des § 5 (vgl. Hofmann, GrEStG § 5 Rdnr. 9) – **der Tag, an dem der der Steuer unterliegende Erwerbsvorgang** (unbeschadet etwaiger späterer Entstehung der Steuer, vgl. § 14) **verwirklicht wird** (vgl. Hofmann, GrEStG, § 23 Rdnr. 1 ff.). Deshalb ist bei einem ausscheidenden Gesamthänder, auf den in Anrechnung auf seinen Abschichtungsanspruch ein Grundstück übergeht, auf seine davor bestehende Beteiligung auch dann für das Ausmaß der Befreiung abzustellen, wenn die Steuer erst nach seinem Ausscheiden entsteht. Das folgt aus dem Zweck der Steuervergünstigung.[4] Einer etwa vereinbarten „Rückwirkung" des Ausscheidens kommt keine Bedeutung zu; sie bewirkt nur schuldrechtlich, dass die Beteiligten sich so stellen wollen, als wäre der Ausscheidende bereits

---

1 II R 9/66, BStBl II 1972, 833.
2 BFH v. 10. 2. 1982 II R 152/80, BStBl II 1982, 481.
3 Vgl. FG München v. 11. 3. 1971, EFG 1971, 456.
4 Gl. A. Boruttau/Viskorf, Rn. 15; Pahlke, Rz 28; aus BFH v. 14. 3. 1979 II R 73/75, BStBl II 1981, 225, ergibt sich nichts Gegenteiliges.

früher ausgeschieden, bewirkt aber keine Veränderung seiner dinglichen gesamthänderischen Berechtigung.[1]

Erfolgt der **Erwerb im Zusammenhang mit** dem **Ausscheiden** des erwerbenden Gesellschafters und **ist für** den Fall des **Ausscheidens** eines Gesellschafters eine vom Beteiligungsverhältnis **abweichende Abschichtungsquote** vereinbart, so ist **diese** für das Vermögensanteilsverhältnis **maßgebend,** weil eine derartige Vereinbarung derjenigen für die Auflösung der Gesellschaft gleichzustellen ist.[2]

## 3. Bei Auflösung der Gesamthand

Sieht der Gesellschaftsvertrag eine vom Beteiligungsverhältnis abweichende  11 **Auseinandersetzungsquote** vor, so ist diese **maßgebend,** wenn das Grundstück **bei Auflösung** der Gesamthand übergeht. Da die Auflösung der Gesellschaft zunächst nur den Übergang von der werbenden Gesellschaft zur Abwicklungsgesellschaft bewirkt und erst die Abwicklung und Auseinandersetzung zur Vollbeendigung führt, sind unter § 6 Abs. 1 Satz 2 und Abs. 2 Satz 2 alle Erwerbsvorgänge zwischen der Gesamthand und den Gesamthändern zu subsumieren, die zwischen der Auflösung der Gesamthandsgemeinschaft und deren Vollbeendigung verwirklicht werden. § 6 Abs. 1 Satz 2 und Abs. 2 Satz 2 beschränken die Maßgeblichkeit der abweichenden Auseinandersetzungsquote auf den Auflösungsfall. Beim Grundstücksübergang im Zuge der Auflösung der Gesamthand richtet sich der Umfang der Steuervergünstigung auch dann nach der Auseinandersetzungsquote, wenn sich die Beteiligungsverhältnisse während des Bestehens der Gesellschaft verändert haben. Soweit § 6 Abs. 4 Satz 2 eingreift (vgl. Rdnr. 22 ff.), ist es ohne Bedeutung, in welchem Zusammenhang die Auseinandersetzungsquote vereinbart wurde, ob also bereits im Gründungsvertrag für den Fall der Auflösung Vereinbarungen getroffen worden waren oder in einem ergänzenden Vertrag bzw. ob der Gesellschaftsvertrag diesbezüglich geändert wurde. Die Auseinandersetzungsquote ist beim Grundstücksübergang anlässlich der Auflösung (Beendigung) der Gesellschaft auch dann maßgebend, wenn sie ggf. erheblich von der Beteiligungsquote abweicht und dies zu Lasten des Erwerbers geht.

---

1 Siehe auch BFH v. 11.12.1974 II R 30/69, BStBl II 1975, 417.
2 BFH v. 31.5.1972 II R 9/66, BStBl II 1972, 833; v. 3.3.1993 II R 4/90, BFH/NV 1993, 494.

# C. Übergang eines Grundstücks von einer Gesamthand auf eine andere (§ 6 Abs. 3)

## I. Die Begünstigung nach § 6 Abs. 3 Satz 1 i.V. m. § 6 Abs. 1

12   Würden die mehreren Beteiligten an einer Gesamthand ein Grundstück von dieser entsprechend ihren Vermögensrechten zu Miteigentum übernehmen und anschließend die Miteigentumsanteile an dem Grundstück in eine andere unter ihnen im gleichen prozentualen Anteilsverhältnis bestehende Gesellschaft einbringen, so wäre der erste Vorgang steuerfrei nach § 6 Abs. 1 (vorbehaltlich § 6 Abs. 4), der nachfolgende Vorgang steuerfrei nach Maßgabe des § 5 Abs. 1. § 6 Abs. 3 Satz 1, wonach für den Übergang eines Grundstücks von einer Gesamthand auf eine andere § 6 Abs. 1 entsprechend gilt, führt zum nämlichen Ergebnis: **Steuerfreiheit** tritt in dem **Umfang** ein, in dem die **prozentuale Berechtigung** der Beteiligten am gesamthänderisch gebundenen Vermögen **in beiden Gesamthandsgemeinschaften deckungsgleich ist** (vgl. auch Rdnr. 3; s. dort auch zur doppelstöckigen Gesamthand).

**BEISPIEL:** ▶ Grundstücksübergang zwischen einer OHG und einer KG. An der OHG sind A, B und C je zu $^1/_3$ beteiligt, an der KG sind A, B, X und Y je zu $^1/_4$ beteiligt. C ist nicht beteiligt. Der Vorgang ist im Ausmaß von $2 \times ^1/_4$ steuerfrei.

13   Wie schon in Rdnr. 4 ausgeführt, hat § 6 Abs. 3 Satz 1 i.V. m. Abs. 1 auch Bedeutung für Erwerbsvorgänge i.S. des § 1 Abs. 2a Satz 1, weil in jener Vorschrift ein auf die Übereignung eines Grundstücks von einer („alten") auf eine „neue" Personengesellschaft gerichtetes Rechtsgeschäft fingiert wird. Allerdings kommt nur eine entsprechende Anwendung des § 6 Abs. 3 Satz 1 i.V. m. Abs. 1 in Betracht, weil § 1 Abs. 2a Satz 1 nur ein Fiktionstatbestand und damit unter Berücksichtigung seiner Eigengesetzlichkeiten einer unmittelbaren Anwendung der Vergünstigungsvorschrift nicht zugänglich ist. Im Ergebnis hat dies zur Folge, dass die Vergünstigung aus § 6 Abs. 3 Satz 1 i.V. m. Abs. 1 jedenfalls bei einer unmittelbaren Änderung des Gesellschafterbestands einer grundstücksbesitzenden Personengesellschaft im Ausmaß der fortdauernden Beteiligung von Altgesellschaftern (s. dazu Hofmann, GrEStG, § 1 Rdnr. 115) zu gewähren ist. § 1 Abs. 3a ist zu beachten.

**BEISPIEL:** ▶ Am Vermögen der A-OHG, die im Jahre 09 ein Grundstück erwarb, sind seit ihrer Gründung im letzten Jahrhundert A zu 55 %, B zu 40 % und C zu 5 % beteiligt.

Im Jahr 11 überträgt A seinen Anteil mit Zustimmung der übrigen Gesellschafter auf D und im Jahr 12 B seinen Anteil auf E.

Der Tatbestand des § 1 Abs. 2a Satz 1 ist erfüllt, weil sich innerhalb von fünf Jahren der Gesellschafterbestand der Personengesellschaft dergestalt geändert hat, dass mindestens 95 % der Anteile am Gesellschaftsvermögen auf neue Gesellschafter übergingen. In Höhe der unveränderten unmittelbaren Beteiligung des C (5 %), besteht zwischen der „alten" A-OHG und der „neuen" A-OHG Gesellschafteridentität, so dass die Begünstigung aus § 6 Abs. 3 Satz 1 i. V. m. Abs. 1 zu gewähren ist.[1]

Für die entsprechende Anwendung des § 6 Abs. 3 Satz 1 i. V. m. § 6 Abs. 1 Satz 1 auf fingierte Grundstücksübereignungen nach § 1 Abs. 2a Satz 1 ist maßgeblich der jeweilige Gesellschafterbestand **vor Beginn** und **nach Beendigung des tatbestandsmäßigen Anteilsübergangs**. Ist der fingierte Grundstücksübergang auf eine gleichfalls fingierte „neue Personengesellschaft" erst das Ergebnis einer Summe von Teilakten, kommt diesen für die Anwendung des § 6 Abs. 3 Satz 1 i. V. m. Abs. 1 keine Bedeutung zu. Die Steuervergünstigung ist daher auch zu gewähren, wenn im Rahmen eines sich über **mehrere Teilschritte** erstreckenden Anteilsübergangs von mindestens 95 % der Anteile am Gesellschaftsvermögen ein Gesellschafter zunächst aus der Personengesellschaft ausscheidet und vor oder mit Erreichen der Grenze von 95 % entweder wieder einen Anteil an der Gesellschaft erwirbt oder als Gesellschafter an einer Personengesellschaft beteiligt ist, die ihrerseits einen solchen Anteil erwirbt.[2]

Wird ein Mitgliedschaftsrecht mit der ihm anhaftenden dinglich radizierten    14
Beteiligung an der Gesamthand im Wege der Schenkung[3] oder auf eine Person übertragen, zwischen der und dem Übertragenden ein die Steuerbefreiung nach § 3 Nr. 4 oder Nr. 6 begründendes Verhältnis besteht, trägt diese Veränderung im Gesellschafterbestand der Personengesellschaft zwar zur Erfüllung des Tatbestands des § 1 Abs. 2a Satz 1 bei, bleibt aber steuerfrei.

**BEISPIEL:** A, B und C sind Gesellschafter einer OHG. A überträgt seinen Anteil von 85 % auf seinen Sohn D, B überträgt seinen Anteil von 11 % auf den ihn fremden E. Auf die Übertragung des Anteils von A auf D, die zusammen mit der Anteilsübertragung von B auf E einen Grundstücksübergang nach § 1 Abs. 2a Satz 1 GrEStG auslöst, ist § 3 Nr. 6 GrEStG anzuwenden. Zu besteuern sind nur 11 % der Bemessungsgrundlage für

---

1 BFH v. 29. 2. 2912 II R 57/09, BStBl II 2013, 97.
2 BFH v. 27. 4. 2005 II R 61/03, BStBl II 2005, 649.
3 Steuerfrei nach § 3 Nr. 2 Satz 1; s. dazu BFH v. 12. 10. 2006 II R 79/05, BStBl II 2007, 409.

die Übertragung des B auf E, weil für die nach wie vor bei C verbleibenden 4 % § 6 Abs. 3 GrEStG anzuwenden ist.

Zur Wirkung der Steuervergünstigung nach § 6 Abs. 3 Satz 1 i.V. m. § 3 Nr. 4 bzw. 6 bei unmittelbarem Anteilserwerb durch eine weitere Personengesellschaft s. Hofmann, GrEStG, § 1 Rdnr. 130.

15    Die **entsprechende Anwendung** von **§ 6 Abs. 3 Satz 1 i.V. m. Abs. 1** darf aber **nicht** so weit gehen, dass **§ 1 Abs. 2a Satz 1 weitgehend ins Leere geht.** Denn eine der Reichweite des in § 1 Abs. 2a Satz 1 fingierten, auf Übertragung eines Grundstücks auf eine neue Personengesellschaft gerichteten Rechtsvorgangs nicht Rechnung tragende Anwendung von § 6 Abs. 3 Satz 1 i.V. m. Abs. 1 würde dem Kunstgebilde „neue Personengesellschaft" nicht entsprechen. Würde man nur auf die unmittelbare Beteiligung der „Mitglieder" dieser „neuen Personengesellschaft" abstellen, würden alle mittelbaren Änderungen im Gesellschafterbestand, die § 1 Abs. 2a ausdrücklich als steuerbar erfasst, durch die „gegenläufige" Begünstigung aus § 6 Abs. 3 Satz 1 i.V. m. Abs. 1 wieder neutralisiert. Deswegen müssen bei der entsprechenden Anwendung von § 6 Abs. 3 Satz 1 i.V. m. Abs. 1 alle mittelbaren Änderungen, die sich z. B. aus weitreichenden Änderungen im Gesellschafterbereich von unmittelbar an der Personengesellschaft beteiligten Kapitalgesellschaften ergeben, dazu führen, diese Kapitalgesellschaften als nicht mehr auch am Vermögen der „neuen" Personengesellschaft beteiligt angesehen werden.[1]

**BEISPIEL:** Am Vermögen der X-OHG, die im Jahr 06 ein Grundstück erworben hat, sind seit ihrer Gründung im Jahr 01 die Y-GmbH zu 4 % und die Z-GmbH zu 96 % beteiligt. Die Alleingesellschafterin der Z-GmbH überträgt im Jahr 09 ihre gesamten Anteile an dieser auf Q.

Der Tatbestand des § 1 Abs. 2a Satz 1 ist dadurch erfüllt. Für die Frage, inwieweit § 6 Abs. 3 Satz 1 i.V. m. Abs. 1 auf diesen Erwerbsvorgang anwendbar ist, ist die Z-GmbH, obwohl nach wie vor an der X-OHG unmittelbar beteiligt, als an der „neuen Personengesellschaft" nicht (mehr) beteiligt anzusehen, so dass die Vergünstigung nur i. H. von 4 % (Anteil der Y-GmbH, deren Gesellschafterbestand sich nicht geändert hat) zu gewähren ist.

16    Die bei mittelbarem Anteilsübergang durch Änderungen auf der Beteiligtenebene einer unmittelbar an der grundstücksbesitzenden Personengesellschaft beteiligten Kapitalgesellschaft notwendige Sicht durch die Kapitalgesellschaft

---

1 Im Ergebnis ebenso Boruttau/Viskorf, Rn. 45; vgl. auch BFH v. 29. 2. 2012 II R 57/09, BStBl II 2012, 917. Beachte aber auch BFH v. 24. 4. 2013 II R 17/10, BStBl II 2013, 833.

hindurch auf die „zweite Ebene" (s. Rdnr. 15) muss aber auch dann gelten, wenn ein Gesellschafter der grundstücksbesitzenden Personengesellschaft die Beteiligungskette durch Zwischenschieben einer weiteren Personengesellschaft verlängert, an deren Vermögen er zu 100 % beteiligt ist.

**BEISPIEL:** Am Vermögen der grundstücksbesitzenden A-GbR sind die A-GmbH und die B-GmbH je hälftig beteiligt. Alle Anteile an der B-GmbH hält die A-GmbH. Drei Jahre nachdem die A-GbR Grundbesitz erworben hat, gliedert die A-GmbH die A-GbR einschließlich der Anteile an der B-GmbH aus ihrem Vermögen aus zur Übertragung als Gesamtheit auf einen bestehenden Rechtsträger, die A Grundbesitz GmbH & Co. KG, gegen Gewährung von Gesellschaftsrechten an dieser. Am Vermögen des übernehmenden Rechtsträgers ist als Kommanditistin die A-GmbH allein beteiligt; die Komplementär-GmbH, deren einzigen Geschäftsanteil ebenfalls die A-GmbH hält, ist am Vermögen der A Grundbesitz GmbH & Co. KG nicht beteiligt.

Der Tatbestand des § 1 Abs. 2a Satz 1 ist erfüllt, weil das Mitgliedschaftsrecht einschließlich der ihm anhaftenden Vermögensbeteiligung der A-GmbH an der A-GbR sowie alle Geschäftsanteile der B-GmbH mit der Eintragung der Ausgliederung im Register des Sitzes der A-GmbH auf die A Grundbesitz GmbH & Co. KG übergegangen sind (§ 131 Abs. 1 Nr. 1 Satz 1 UmwG; zur möglichen Steuervergünstigung s. § 6a). In Höhe der deckungsgleichen vermögensmäßigen Beteiligung der A-GmbH sowohl an der A-GbR als auch an der A Grundbesitz GmbH & Co. KG, nämlich in Höhe von 50 %, ist der Vorgang nach § 6 Abs. 3 Satz 1 i. V. m. Abs. 1 steuerbegünstigt (vgl. Hofmann, GrEStG, § 1 Rdnr. 130). Gebietet die entsprechende Anwendung von § 6 Abs. 3 Satz 1 i. V. m. Abs. 1 auf einen nach § 1 Abs. 2a Satz 1 der Steuer unterliegenden Vorgang, soweit es sich um mittelbare Änderungen im Gesellschafterbestand handelt, den Blick auf die „zweite Ebene", nämlich darauf, wer an der Kapitalgesellschaft beteiligt ist (s. Rdnr. 15), so muss beim Übergang der Anteile einer solchen Kapitalgesellschaft auf eine Personengesellschaft auch der Blick darauf zulässig sein, wer als deren Gesamthänder an deren Vermögen beteiligt ist.[1] Die Annahme, die Personengesellschaft sei in Bezug auf die Frage, in welchem Umfang ein nach § 1 Abs. 2a Satz 1 steuerbarer Vorgang nach § 6 Abs. 3 Satz 1 i. V. m. Abs. 1 begünstigungsfähig ist, nicht transparent, verbietet sich deshalb, weil § 1 Abs. 2a Satz 1 infolge der Berücksichtigung mittelbarer Änderungen des Gesellschaftsbestands sogar Kapitalgesellschaften als in seinem Anwendungsbereich transparent betrachtet. Der Logik der dadurch aufgezwungenen Betrachtung entspricht es, die zwischengeschobene Personengesellschaft in Bezug auf die Frage, wer hinter einer Kapitalgesellschaft steht, deren Anteile

---

1 A. A. FG Münster v. 28. 11. 2012, BB 2013, 85.

eine Personengesellschaft hält, beiseite zu schieben und insoweit auf denjenigen abzustellen, der am Vermögen der zwischengeschobenen Personengesellschaft beteiligt ist.[1] Denn dessen gesamthänderische Beteiligung erstreckt sich auch auf die Beteiligung der Kapitalgesellschaft, deren Anteile die Personengesellschaft innehat. Dieses Ergebnis entspricht auch den Intentionen des Gesetzgebers. Mit der Einfügung des § 1 Abs. 2a sollte das Steuervermeidungspotenzial des steuerfreien Wechsels im Personenstand von Gesamthandsgemeinschaften eingeschränkt und der steuerfreien Überleitung eines zum Gesamthandsvermögen gehörenden Grundstücks auf eine andere Personengruppe ein Riegel vorgeschoben werden. Gestaltungen, die im Ergebnis keine grunderwerbsteuerrechtliche Zuordnung auf andere Personen herbeiführen, lagen nicht in der Zielrichtung des Gesetzgebers. Wenngleich § 1 Abs. 2a Satz 1 unabhängig davon anzuwenden ist, ob die Absicht einer missbräuchlichen Steuervermeidung hinter der Änderung des Gesellschaftsbestands steht, ist es zulässig, in Anwendung der grunderwerbsteuerrechtlichen Steuerbefreiungen und Steuerbegünstigungen der eigentlichen Intention des Gesetzgebers nahe zu kommen.

Hinsichtlich der Ermittlung der für die Steuerbefreiung maßgeblichen Anteile vgl. Hofmann, GrEStG, § 5 Rdnr. 7 ff. Zu Fragen doppelstöckiger Gesamthandsgemeinschaften (die Gesellschaft, auf die das Grundstück übergeht, ist ihrerseits Gesellschafterin der übertragenden Gesellschaft) s. Hofmann, GrEStG, vor § 5 Rdnr. 1, § 5 Rdnr. 7 ff. sowie Rdnr. 3.

## II. Versagung der Vergünstigung aus § 6 Abs. 3 Satz 1 i. V. m. Abs. 1 wegen anschließender Minderung des Anteils des Gesamthänders am Vermögen der erwerbenden Gesamthand

17–18    *(Einstweilen frei)*

19    Nach **§ 6 Abs. 3 Satz 2**, angefügt durch das JStG 2001 (zum zeitlichen Geltungsbereich s. § 23 Abs. 7 Satz 1) gilt § 6 Abs. 3 Satz 1 i. V. m. Abs. 1 insoweit nicht, als sich der Anteil des Gesamthänders am Vermögen der erwerbenden Gesamthand innerhalb von fünf Jahren nach dem Übergang des Grundstücks von der einen auf die andere Gesamthand vermindert. Da die **Vorschrift § 5 Abs. 3 entspricht**, wird auf die Ausführungen in Hofmann, GrEStG, § 5 Rdnr. 17

---

1 Instruktiv: BFH v. 29. 2. 2012 II R 57/09, BStBl 2012, 917.

bis 34 Bezug genommen. Bezüglich der **Festsetzungsfrist** für die erstmalige Steuerfestsetzung, die Änderung der Steuerfestsetzung usw. gilt ausschließlich § 175 Abs. 1 Satz 2 AO.

Zu beachten ist, dass **bei doppelstöckigen Gesamthandsgemeinschaften** (vgl.        20
Rdnr. 3) die Minderung des Anteils am Vermögen der Gesamthand, die ihrerseits unmittelbar an der erwerbenden Gesamthand beteiligt ist, durch deren Gesamthänder innerhalb der Fünfjahresfrist nach § 6 Abs. 3 Satz 2 ebenso zur Unanwendbarkeit von § 6 Abs. 3 Satz 1 i.V.m. Abs. 1 führt, wie die Minderung des Anteils dessen, der unmittelbar an der erwerbenden Gesamthand beteiligt ist.[1]

**BEISPIEL:** ▸ Die A-OHG, an deren Vermögen A, B, C und D seit ihrer Gründung im Januar 04 zu gleichen Teilen, also zu je $1/4$ beteiligt sind, hat im März 09 ein ihr schon seit der Gründung gehörendes Grundstück an die X-OHG veräußert. Am Vermögen der erwerbenden X-OHG sind Y und Z mit je 10 % und die A-OHG mit 80 % beteiligt. Dieser Erwerbsvorgang ist zunächst i. H. der Deckungsgleiche der Vermögensbeteiligung der vier Gesellschafter der A-OHG an den beiden am Erwerbsvorgang beteiligten Gesamthandsgemeinschaften i. H. von 4 x $1/4$ von 80 %, also insgesamt von 4 x 20 % begünstigt. Scheidet einer der Gesellschafter der A-OHG im Jahr 13 aus dieser aus, so ist die Begünstigung nach § 6 Abs. 3 Satz 2 für den Erwerbsvorgang i. H. von 20 % rückwirkend zu versagen. Die ursprüngliche Steuerfestsetzung ist zu korrigieren.

Dasselbe gilt, wenn die A-OHG innerhalb der Fünfjahresfrist formwechselnd in eine GmbH umgewandelt wird, weil sich die ursprüngliche gesamthänderische Mitberechtigung ihrer Gesellschafter dann nicht fortsetzt (vgl. Hofmann, GrEStG, § 5 Rdnr. 32).

Ist am Vermögen der veräußernden sowie der erwerbenden Gesamthand je        21
dieselbe Kapitalgesellschaft beteiligt und der Erwerb durch die Gesamthand nach § 6 Abs. 3 Satz 1 i.V.m. Abs. 1 begünstigt, so ist die Begünstigung nicht deshalb nach § 6 Abs. 3 Satz 2 zu versagen, weil alle Anteile an der Kapitalgesellschaft auf einen anderen übergehen.

**BEISPIEL:** ▸ Am Vermögen der Q-OHG sind Q, R und S sowie die T-GmbH seit deren Gründung zu gleichen Anteilen beteiligt. Die Q-OHG veräußert im Jahr 01 ein ihr seit mehr als einem Jahrzehnt gehörendes Grundstück an die U-KG. Am Vermögen dieser KG sind U als persönlich haftende Gesellschafterin mit 10 % und als Kommanditisten V und W mit je 25 % sowie R und die T-GmbH mit je 20 % beteiligt. Der Erwerbsvorgang ist zunächst nach § 6 Abs. 3 Satz 1 i.V.m. Abs. 1 im Ausmaß der Deckungsgleiche der Beteiligungen des R sowie der T-GmbH, also i. H. von 2 x 20 % begünstigt. Im Jahr 04 überträgt R seinen Gesellschaftsanteil an der U-KG mit Zustimmung der übrigen Gesellschafter auf X. Nahezu gleichzeitig gehen alle Anteile an der selbst

---

1 BFH v. 17. 12. 2014 II R 24/13, BStBl II 2015, 504.

grundbesitzenden T-GmbH im Wege der Verschmelzung ihrer Alleingesellschafterin auf die M-GmbH auf diese über.

Wegen des Wegfalls der vermögensmäßigen Beteiligung des R durch Übertragung seiner sachenrechtlichen Mitberechtigung an der U-KG auf X, ist die Vergünstigung insoweit (rückwirkend) nach § 6 Abs. 3 Satz 2 zu versagen, also i. H. von 20 %. Der Übergang aller Anteile an der T-GmbH ist zwar ein nach § 1 Abs. 3 Nr. 4 der Steuer unterliegender Vorgang. Dieser betrifft jedoch weder ihren Anteil an der U-KG noch verändert sich ihre gesamthänderische Mitberechtigung am Vermögen der U-KG (vgl. auch Hofmann, GrEStG, § 5 Rdnr. 29).

# D.  Die Sperrfristen des § 6

## I.  Berechnung der Fünfjahresfrist

22  Die Fünfjahresfrist des **§ 6 Abs. 4 Satz 1** beginnt mit der Verwirklichung des für die Steuervergünstigung in Frage stehenden Erwerbsvorgangs und ist von diesem aus zurückzurechnen. Denn der Ausschlusstatbestand knüpft an ein zeitlich dem Übergang des Grundstücks von der Gesamthand auf den Erwerber (die erwerbende Gesamthand im Falle des § 6 Abs. 3 Satz 1) vorangehendes Ereignis an, welches innerhalb der Frist von fünf Jahren vor der Verwirklichung des Erwerbsvorgangs liegt.[1] Hat der Gesamthänder innerhalb der zurückgerechneten Frist seinen Anteil an der veräußernden Gesamthand durch Rechtsgeschäft unter Lebenden wirksam erworben, so ist die Begünstigung aus § 6 Abs. 1 bis 3 dem Grundsatz nach ausgeschlossen (vgl. aber Rdnr. 28 ff.). Ist der Anteil im Erbwege auf eine Person oder auf mehrere Personen übergegangen, ist darauf abzuheben, ob der Erblasser den vererbten Anteil innerhalb oder außerhalb der zurückgerechneten Frist wirksam erworben hat. Die Fünfjahresfrist des **§ 6 Abs. 4 Satz 2** ist entsprechend zurückzurechnen. Bei fingierten Erwerbsvorgängen nach § 1 Abs. 2a Satz 1 ist – vollziehen sie sich in Teilakten – die Fünfjahresfrist auf den ersten vollzogenen Teilakt des fingierten Grundstückserwerbs zurückzurechnen.[2]

Im Falle der doppelstöckigen Gesamthandsgemeinschaft (s. Rdnr. 3) ist darauf abzustellen, ob der wirksame Erwerb des Anteils an der als Gesellschafterin beteiligten Gesellschaft innerhalb oder außerhalb der zurückberechneten Frist liegt. Zeiträume, in denen der erwerbende Gesamthänder (der an der erwerbenden Gesamthand Beteiligte) an der grundstücksübertragenden Gesamthand unmittelbar bzw. über seine Beteiligung an einer unmittelbar beteiligten

---

1  BFH v. 6. 6. 2001 II R 56/00, BStBl II 2002, 96.
2  BFH v. 27. 4. 2005 II R 61/03, BStBl II 2005, 649.

Gesamthand mittelbar beteiligt war, sind zusammenzurechnen.[1] Gibt ein Gesamthänder eine bestehende Mitberechtigung auf und erlangt er sie erst später wieder, ist darauf abzustellen, ob der Wiedererwerb innerhalb oder außerhalb der zurückgerechneten Frist liegt.[2]

Hat der erwerbende Gesamthänder seine gesamthänderische Mitberechtigung an der veräußernden Gesamthand (und damit an dem Grundstück) innerhalb der Frist als Folge eines Formwechsels einer GmbH (AG) in die Gesamthand erworben, wofür die Eintragung der Umwandlung in das Handelsregister maßgebend ist, kann dem Gesamthänder die Zeit seiner Beteiligung
an der GmbH (AG) auch nicht fiktiv als Beteiligung an der späteren Gesamthand angerechnet werden.[3] Dasselbe gilt für die Übertragung eines Grundstücks nach formwechselnder Umwandlung einer GmbH (AG) in eine Personengesellschaft auf eine gesellschafteridentische weitere Personengesellschaft, wenn die Eintragung der Umwandlung im Handelsregister weniger als
fünf Jahre vor der Verwirklichung des Erwerbsvorgangs erfolgte.[4] Siehe dazu
auch Rdnr. 24.

## II.  Zweck der Vorschrift

Nach § 6 Abs. 4 Satz 1 wird die Steuervergünstigung aus § 6 Abs. 1 bis 3 inso-          23
weit nicht gewährt, als ein Gesamthänder (im Fall der Erbfolge sein Rechtsvorgänger) innerhalb von fünf Jahren vor dem Erwerbsvorgang seinen Anteil an
der Gesamthand durch Rechtsgeschäft unter Lebenden erworben hat. § 6
Abs. 4 Satz 2 lässt die vom Beteiligungsverhältnis abweichende Auseinandersetzungsquote insoweit nicht zum Zuge kommen, als diese innerhalb der letzten fünf Jahre vor der Auflösung der Gesellschaft vereinbart worden ist. Diese
Einschränkung bezweckt, **objektiven Steuerumgehungen** vorzubeugen, die
sich aus der Kombination eines nicht der Grunderwerbsteuer unterliegenden
Wechsels im Personenstand einer Gesamthand (s. nun aber § 1 Abs. 2a) oder
sonstigen Beteiligungsveränderungen und der anschließenden (nach § 6 Abs. 1

---

1  BFH v. 24. 9. 1985 II R 65/83, BStBl II 1985, 714.
2  BFH v. 18. 5. 1994 II R 119/90, BFH/NV 1995, 267.
3  Siehe BFH v. 19. 3. 2003 II B 96/02, BFH/NV 2003, 1090.
4  BFH v. 4. 4. 2001 II R 57/98, BStBl II 2001, 587.

bis 3 grunderwerbsteuerbegünstigten) Übernahme von Grundstücken aus dem Vermögen der Gesamthand ergeben könnten.[1] Ob (subjektiv) im Einzelfall eine Steuerumgehung beabsichtigt war, ist nicht entscheidend.[2] § 6 Abs. 4 Satz 1 löst nur die Steuerfreiheit der auf Rechtsgeschäft beruhenden Rechtsübergänge innerhalb der Gesamthand auf, soweit diese innerhalb der Fünfjahresfrist liegen,[3] während er die Änderungen im prozentualen Beteiligungsverhältnis, die durch Zuschreiben von Gewinnen oder durch Abschreiben von Verlusten und Entnahmen eintreten, grundsätzlich unberücksichtigt lässt,[4] es sei denn, die Grundlagen dafür (Gewinn- und Verlustverteilungsschlüssel) wären in den vorausgegangenen fünf Jahren einvernehmlich geändert worden. Im letzteren Fall liegt wieder eine rechtsgeschäftliche Änderung der Beteiligung vor und nicht nur eine einseitig vom Gesellschafter bewirkte, zu der er kraft Gesetzes oder ursprünglichen Gesellschaftsvertrages befugt ist.

24 Auch der Erwerb von Anteilen bzw. Änderungen im Beteiligungsverhältnis, die sich aufgrund von **Rechtsvorgängen nach** dem **UmwG** ergeben, vollzieht sich i. S. des § 6 Abs. 4 Satz 1 „durch Rechtsgeschäft", denn zur Erfüllung dieses Tatbestandsmerkmals reicht es aus, dass rechtsgeschäftliches Handeln dazu führt, dass es zu einem Rechtsübergang (Anteilserwerb) kommt. Ob sich der Rechtsübergang zivilrechtlich durch Rechtsgeschäft oder kraft Gesetzes vollzieht, ist, hat er eine rechtsgeschäftliche Grundlage, ohne Bedeutung.[5] Dem Umstand, dass aufgrund eines Umwandlungsvorgangs wegen des Erlöschens des übertragenden Rechtsträgers Gesamtrechtsnachfolge (Verschmelzung) bzw. Teilrechtsnachfolge (Aufspaltung) eintritt, kommt in diesem Fall keine Bedeutung zu.[6] Auch der Erwerb einer neuen Beteiligung einer Personenhandelsgesellschaft, einer Partnerschaftsgesellschaft oder einer Gesellschaft des bürgerlichen Rechts **im Zuge des Formwechsels** einer **Kapitalgesellschaft** erfolgt „durch Rechtsgeschäft". Der Umwandlungsbeschluss der Gesellschafterversammlung bzw. der Hauptversammlung führt als rechtsgeschäftliches Handeln der Gesellschafter der GmbH bzw. der AG dazu, dass mit der Eintragung

---

1 BFH v. 27. 6. 1967 II 50/64, BFHE 89, 573; v. 18. 5. 1994 II R 119/90, BFH/NV 1995, 267; v. 29. 1. 1997 II R 15/96, BStBl II 1997, 296.
2 BFH v. 14. 6. 1973 II R 37/72, BStBl II 1973, 802; v. 11. 12. 2002 II R 31/01, BStBl II 2003, 319.
3 Vgl. dazu auch BFH v. 18. 5. 1994 II R 119/90, BFH/NV 1995, 267.
4 BFH v. 25. 2. 1969 II 142/63, BStBl II 1969, 400; a. A. Boruttau/Viskorf, Rn. 88, jedenfalls für Extremfälle.
5 BFH v. 29. 1. 1997 II R 15/96, BStBl II 1997, 296.
6 BFH v. 29. 1. 1997 II R 15/96, BStBl II 1997, 296.

der Umwandlung die Anteilsinhaber der GmbH bzw. AG nach § 202 Abs. 1 Nr. 2 Satz 1 UmwG an der Personengesellschaft beteiligt werden.[1]

Der in § 6 Abs. 4 Satz 1 verwendete, dem Zivilrecht entlehnte Begriff „Rechts-  25 geschäft unter Lebenden" umfasst alle Arten der Rechtsgeschäfte, soweit es sich nicht um solche von Todes wegen (bspw. Testament, Erbvertrag) handelt. Er ist nicht auf mehrseitige Rechtsgeschäfte beschränkt, sondern erfasst auch diejenigen **einseitigen Rechtsgeschäfte**, die auf den Eintritt eines bestimmten Erfolgs gerichtet sind. Scheidet ein Gesellschafter aus einer Personengesellschaft durch Kündigung aus (s. § 131 Abs. 3 Satz 1 Nr. 3 Satz 2 HGB, Fortsetzungsklausel bei einer Gesellschaft bürgerlichen Rechts, vgl. § 736 BGB), so geht zufolge dieses einseitigen Rechtsgeschäfts sein Anteil am Gesellschaftsvermögen im Wege der Anwachsung (§ 738 BGB) auf die übrigen Gesellschafter über. Diese erwerben i. S. des § 6 Abs. 4 Satz 1 den Anteil des ausscheidenden Gesellschafters durch Rechtsgeschäft unter Lebenden.[2]

In gleicher Weise erklärt **§ 6 Abs. 4 Satz 2** eine abweichend vom Beteiligungs-  26 verhältnis vereinbarte **Auseinandersetzungsquote** für unbeachtlich, wenn die Vereinbarung, d. h. die dafür erforderliche (gesellschafts-)vertragliche Regelung, weniger als fünf Jahre zurückliegt. Das hat jedoch weder zur Folge, dass die Steuerbefreiung überhaupt entfällt, noch die Folge, dass stets auf die prozentuale Beteiligung am Vermögen der Gesamthand zurückzugreifen ist: war schon früher eine abweichende Auseinandersetzungsquote vereinbart worden, so bleibt diese – ist die Vereinbarung mehr als fünf Jahre vor der Auflösung getroffen worden – maßgeblich für das Ausmaß der Steuerbefreiung bei Auflösung.

## III.  Die Sperrfrist bei § 6 Abs. 3

Für die Befreiung aus § 6 Abs. 3 Satz 1 i.V. m. Abs. 1 ist ohne Bedeutung, ob  27 oder wann sich die Anteilsverhältnisse an der erwerbenden Gesamthand verändert haben.

Da bei Erwerben durch eine Gesamthand, die an einer anderen Gesamthand unmittelbar beteiligt ist, zwingend stets der Rückgriff auf die am Vermögen der Gesamthandsgemeinschaften Beteiligten zu erfolgen hat (vgl. Rdnr. 3) ist im Bereich von § 6 Abs. 4 und § 7 Abs. 3 der Zeitraum, während dessen eine Gesamthand als Gesellschafterin einer anderen Gesamthand beteiligt war,

---

1 Vgl. BFH v. 4. 4. 2001 II R 57/98, BStBl II 2001, 587; v. 19. 3. 2003 II B 96/02, BFH/NV 2003, 1090.
2 Vgl. BFH v. 14. 12. 2002 II R 31/01, BStBl II 2003, 319.

selbst ohne Bedeutung. Es ist allein auf den Zeitraum abzustellen, in welchem die an der erwerbenden Gesamthand Beteiligten an der grundstücksübertragenden Gesamthand beteiligt waren, bzw. – bei doppelstöckigen Gesamthandsgemeinschaften (s. Rdnr. 3) – auf den Zeitraum, in welchem die an der erwerbenden Gesamthand Beteiligten an der Gesellschaft beteiligt waren, die ihrerseits an der grundstücksübertragenden Gesamthand unmittelbar beteiligt ist.[1]

**BEISPIELE:**

a) Am Vermögen der X-KG sind A, B, C und die Y-OHG je zu $^1/_4$ beteiligt. Gesellschafter der Y-OHG sind D und E, und zwar unverändert seit deren Gründung zu gleichen Teilen. Die Y-OHG, die seit 01 an der X-KG beteiligt ist, erwirbt 07 von dieser ein Grundstück. Der Vorgang ist in Höhe von 2 x $^1/_8$ (= mittelbare Beteiligung des D und des E an der X-KG) nach § 6 Abs. 3 Satz 1 i.V. m. Abs. 1 steuerfrei.

b) Am Vermögen der F-KG sind D und E, sowie A und die Y-OHG zu je $^1/_4$ beteiligt. Gesellschafter der Y-OHG sind – wie im vorhergehenden Beispiel – D und E zu je $^1/_2$. Die Y-OHG, die ebenso wie D und E seit 01 an der F-KG beteiligt ist, erwirbt 08 von dieser ein Grundstück. Der Erwerb ist in Höhe von 2 × $^1/_4$ zuzüglich 2 × $^1/_8$ = $^3/_4$ nach § 6 Abs. 3 Satz 1 i.V. m. Abs. 1 von der Steuer befreit.

c) Die H-KG ist seit dem Jahr 10 an der J-KG (gegründet 03) als Kommanditistin zu $^1/_3$ beteiligt. Sie hat diese Beteiligung von ihren Gesellschaftern N und M erworben, die an der J-KG seit deren Gründung zu je $^1/_6$ beteiligt waren. Diese sind zu gleichen Teilen die Gesellschafter der H-KG. Der Erwerb eines Grundstücks durch die H-KG von der J-KG im Jahre 12 ist nach § 6 Abs. 3 Satz 1 i.V. m. Abs. 1 zu $^1/_3$ steuerfrei. § 6 Abs. 4 Satz 1 greift nicht ein, weil allein auf die Dauer der (unmittelbaren und mittelbaren) Beteiligung des N und des M an der J abzustellen ist.

d) Die O-KG ist an der P-OHG seit deren Gründung im Jahre 03 zu $^1/_2$ beteiligt. Seit dieser Zeit haben sich Veränderungen im Personenstand der O-KG durch Rechtsgeschäft unter Lebenden ergeben; von deren ursprünglichen Gesellschaftern ist nur Q (Beteiligung: $^1/_4$) noch übrig geblieben. Die O-KG erwirbt 12 ein Grundstück der P-OHG. Obwohl die O-KG seit mehr als fünf Jahren am Vermögen der P-OHG beteiligt ist, ist der Vorgang im Hinblick auf den Wechsel im Personenstand der O-KG nach § 6 Abs. 3 Satz 1 i.V. m. Abs. 1 nur zu $^1/_8$ steuerfrei.

# IV. Einschränkungen der Sperrwirkung

## 1. Allgemeine Einschränkungen

28    **Auf die Verweildauer des Grundstücks,** also den Zeitraum, in dem es zum gesamthänderisch gebundenen Sondervermögen gehört, **kommt es für** die **Steu-**

---

1 BFH v. 24. 9. 1985 II R 65/83, BStBl II 1985, 714.

ervergünstigung nicht an.[1] Das entspricht auch dem Sinn der Steuervergünstigung. Denn wenn die Vergünstigung eingreift bezüglich eines Grundstückes, das schon zum Gesamthandsvermögen gehörte, als der Gesellschafter (vor mehr als fünf Jahren) in die Gesellschaft eintrat, ist sie umso mehr gerechtfertigt, wenn das Grundstück erst Gesamthandsvermögen nach seinem Eintritt wurde, allerdings unter der Einschränkung, dass nicht zeitlich danach in Bezug auf die Beteiligung am Vermögen der Gesamthand kraft Rechtsgeschäfts Veränderungen eingetreten sind. Wertveränderungen, die das Grundstück seit seinem Erwerb erfahren hat (bspw. durch Bebauung), sind für die Befreiung irrelevant.[2]

Aus einer ähnlichen Überlegung kann die **Sperrfrist für** den **Erbteilskäufer keine Bedeutung** haben, denn der Erwerb des Erbteils unterliegt in Bezug auf im Nachlass enthaltene Grundstücke der Steuer aus § 1 Abs. 1 Nr. 3 (vgl. Hofmann, GrEStG, § 1 Rdnr. 28, 57); insoweit hat sich der Erbteilskäufer also die Steuervergünstigung aus § 6 bereits (grunderwerbsteuerrechtlich gesehen) „verdient". Soweit der Erwerb des Anteils an einer Gesellschaft wegen des mit ihm verknüpften Grundstücks (vgl. Hofmann, GrEStG, § 1 Rdnr. 26 f.) der Grunderwerbsteuer unterliegt, kann die Sperrfrist aus der nämlichen Überlegung keine Wirkungen zeitigen.[3]

§ 6 Abs. 4 legt den Schluss nahe, die Gesamthand selbst müsse schon mindestens fünf Jahre bestanden haben, bevor das Grundstück übergeht. Aus der Erwägung jedoch, die den Steuervergünstigungen des § 6 Abs. 1 bis 3 zugrunde liegt (Fortsetzung der „Teilhabe" am Grundstück in rechtlich anderer Form), folgt jedoch, dass die **Steuervergünstigung** trotz § 6 Abs. 4 **nicht** schon deshalb **zu versagen** ist, weil die veräußernde **Gesamthand noch keine fünf Jahre** vor dem Erwerbsvorgang **bestanden hat, vorausgesetzt,** dass die Beteiligungsverhältnisse an der veräußernden Gesamthand seit dem Erwerb des Grundstücks durch diese unverändert geblieben sind.[4] In einem solchen Fall ist die Sperrfrist bedeutungslos,[5] weil abstrakt keine Steuer zu vermeiden ist; denn insoweit hat der Übergang des Grundstücks in den grunderwerbsteuerrechtlichen Zurechnungsbereich des Gesellschafters schon beim Erwerb des Grundstücks durch die Gesellschaft der Grunderwerbsteuer unterlegen.[6] Dabei spielt es kei-

29

---

1 BFH v. 11. 11. 1953 II 167/53 S, BStBl III 1953, 372.
2 BFH v. 6. 3. 1991 II R 133/87, BStBl II 1991, 532.
3 Zur Notwendigkeit der Auseinandersetzung und Auflassung auch bei der Übertragung der Erbteile an Fremde je zum Miteigentum s. BGH v. 22. 10. 2015 V ZB 126/14, WM 2015, 528.
4 BFH v. 25. 2. 1969 II 142/63, BStBl II 1969, 400.
5 BFH v. 14. 6. 1973 II R 37/72, BStBl II 1973, 802.
6 BFH v. 18. 5. 1994 II R 119/90, BFH/NV 1995, 267.

ne Rolle, ob der Erwerb durch die Gesamthand steuerpflichtig oder steuerfrei war.[1] Dasselbe gilt, wenn dem Erwerb durch den einzelnen Gesamthänder bzw. der Gesamthand ein der Steuer unterliegender Vorgang i. S. des § 1 Abs. 2a vorausgegangen ist, das Grundstück also während seiner Stellung als Gesamthänder durch einen steuerbaren fiktiven Übergang von der „neuen Personengesellschaft" erworben wurde.

30    Hat sich die vermögensmäßige Beteiligung eines grundstückserwerbenden Gesamthänders seit dem Erwerb des Grundstücks aufgrund rechtsgeschäftlicher Vereinbarung erhöht und liegt dieser Vorgang innerhalb des Fünfjahreszeitraums vor dem Erwerb des Grundstücks durch ihn, kann die Sperrfrist hier in Bezug auf die „Anteilserhöhung" relevant sein[2] und ist die Begünstigung deshalb auch insoweit zu versagen, als etwa nach diesem Vorgang das Grundstück durch tatsächliche Veränderungen (z. B. Bebauung) eine Wertsteigerung erfahren hat.[3]

31    Auch ein Grundstück, das auf die Gesamthand im Zuge der **Verschmelzung** oder **Spaltung** von einer **Kapitalgesellschaft** übergegangen ist (grunderwerbsteuerbar nach § 1 Abs. 1 Nr. 3 Satz 1), kann der zu diesem Zeitpunkt an der Gesamthand Beteiligte – unveränderte Beteiligung vorausgesetzt – auch dann von der Gesamthand begünstigt erwerben, wenn der Eigentumsübergang auf die Gesamthand noch keine fünf Jahre zurückliegt. Ist das Grundstück, das der Gesamthänder erwirbt, durch **Verschmelzung** oder **Spaltung** einer **Personengesellschaft** (grunderwerbsteuerbar nach § 1 Abs. 1 Nr. 3 Satz 1) auf die Gesamthand übergegangen, ist eine etwa dadurch eingetretene Veränderung (Erhöhung) seiner Beteiligung zu beachten. Im Übrigen gilt dasselbe.

Ist jedoch die Gesamthandsgemeinschaft aus einer formwechselnden Umwandlung einer Kapitalgesellschaft (§ 1 Abs. 1 Nr. 4, §§ 191, 226 ff. UmwG) hervorgegangen, gilt § 6 Abs. 4 insoweit wieder, als das Grundstück im Zeitpunkt des Formwechsels bereits zum Gesellschaftsvermögen gehörte (vgl. Rdnr. 24).

32    Ist eine Kapitalgesellschaft an einer grundstücksbesitzenden Gesamthand beteiligt, führt ihr Formwechsel in eine Personenhandelsgesellschaft nicht dazu, dass die Zeit ihrer Beteiligung an der Gesamthand mit der Zeit zusammenzurechnen ist, in der die an der Personenhandelsgesellschaft Beteiligten vermittels ihrer gesamthänderischen Beteiligung an dieser an der grundstücksbesitzenden Gesamthand beteiligt sind. Denn ungeachtet des grunderwerb-

---

1   BFH v. 28. 1. 1981 II R 146/75, BStBl II 1981, 484.
2   BFH v. 18. 5. 1994 II R 119/90, BFH/NV 1995, 267.
3   Vgl. BFH v. 16. 7. 1997 II R 27/95, BStBl II 1997, 663.

steuerrechtlich irrelevanten Formwechsels sowie ungeachtet des Weiterbestehens der Kapitalgesellschaft in der Form der Personenhandelsgesellschaft waren deren Gesellschafter vor dem Formwechsel an der grundstücksbesitzenden Gesamthand nicht i. S. der besonderen grunderwerbsteuerrechtlichen Zuordnung beteiligt.[1] Für den Erwerb eines Grundstücks von der grundstücksbesitzenden Gesamthand, das im Zeitpunkt des Formwechsels des Gesamthänders zu ihrem Vermögen gehörte, ist deshalb die Sperrfrist, die wegen der eigenständigen Zurechnung der Grundstücke bei doppelstöckigen Gesamthandsgemeinschaften mit der Eintragung des Formwechsels (§ 202 UmwG) begann, zu beachten.

**BEISPIEL;** Die D-GmbH, die am 1. 3. 08 von E dessen hälftige Beteiligung an der G-GbR erworben hatte, wurde zum 1. 3. 11 formwechselnd in die D-OHG umgewandelt. Am 1. 7. 13 erwirbt die D-OHG von der G-GbR ein Grundstück.

Da durch die Eintragung des Formwechsels im zuständigen Register das Grundstück aus dem (mittelbaren) Zurechnungsbereich der D-GmbH ausgeschieden und in den grunderwerbsteuerrechtlich (mittelbaren) Zurechnungsbereich der Gesellschafter der D-OHG (doppelstöckige Gesamthand, vgl. Rdnr. 3) getreten ist und dieser Zurechnungswechsel weniger als fünf Jahre zurückliegt, steht § 6 Abs. 4 einer Befreiung nach § 6 Abs. 3 Satz 1 i. V. m. Abs. 1 Satz 1 entgegen; § 6 Abs. 2 ist nicht einschlägig, weil ein Grundstücksübergang zwischen Gesamthandsgemeinschaften vorliegt.

Das gilt selbstverständlich auch für den Grundstückerwerb durch einen Beteiligten an der Personenhandelsgesellschaft aus dem Grundstücksbestand der Gesamthand.

Der grunderwerbsteuerrechtliche Zurechnungsbereich wird nicht im vorgenannten Sinne berührt, wenn der Gesamthänder seine Rechtsstellung von einer Kapitalgesellschaft ableitet, deren Anteile er in seiner Hand vereinigte. Denn deren gesamthänderische Berechtigung an dem Grundbesitz der Gesamthand führt nicht dazu, dass i. S. des § 1 Abs. 3 zu ihrem Vermögen Grundbesitz gehört.[2] Sie ist nur ihrerseits Mitglied einer Gesamthand, zu deren Vermögen Grundbesitz gehört. Insoweit stellt sich auch keine Frage des § 1 Abs. 6.    33

Eine **Anteilsverschiebung** ist **trotz § 6 Abs. 4 Satz 1 unbeachtlich, wenn** sie zwar noch nicht fünf Jahre zurückliegt, das **Grundstück** aber **erst nach der Veränderung** des prozentualen Beteiligungsverhältnisses durch die Gesellschaft **erworben wurde** und dieses geänderte Beteiligungsverhältnis beim Erwerb durch den oder die an der Gesamthand Beteiligten noch besteht. Auch in die-    34

---

1 So auch FG Hamburg v. 1. 10. 1998, EFG 1999, 135, bestätigt durch BFH v. 4. 4. 2001 II R 57/98, BStBl II 2001, 587.
2 BFH v. 30. 10. 1996 II R 72/94, BStBl II 1997, 87, 89.

sem Fall bleibt primär beachtlich, dass schon der Erwerb des Grundstücks durch die Gesamthand ein der Grunderwerbsteuer unterliegender Vorgang war und dass sich durch den Übergang eines Grundstücks auf einen Gesamthänder, der zu dieser Zeit an der Gesamthand beteiligt war, nur die Qualität, nicht aber das Quantum der Beteiligung am Grundstück geändert hat. Denn § 6 Abs. 4 Satz 1 kann insoweit **keine steuerbegründende Bedeutung** zukommen.

Allerdings darf nicht übersehen werden, dass § 6 Abs. 4 Satz 2 in diesen Fällen unberührt bleibt.

## 2. Spezielle Einschränkungen unter der Hypothese, dass ein dem Anteilserwerb entsprechender Grundstückserwerb steuerfrei wäre

35    § 6 Abs. 4 Satz 1 will nur die Steuerfreiheit der auf Rechtsgeschäft beruhenden Rechtsübergänge innerhalb der Gesamthand auflösen, soweit diese innerhalb der Fünfjahresfrist liegen. Die Vorschrift soll aber nicht darüber hinaus Vorgänge der Steuer unterwerfen, die ohnehin durch besondere Befreiungsvorschriften der Besteuerung entzogen wären.[1] Deshalb ist **§ 6 Abs. 4 Satz 1 dann unanwendbar, wenn** ein dem rechtsgeschäftlichen Erwerb der Anteile **entsprechender Erwerb** ideeller Bruchteile an einem **Grundstück** nach den allgemeinen Vorschriften **ausgenommen** wäre.[2]

Aus diesem Grunde kann z. B. trotz § 6 Abs. 4 Satz 1 in sinngemäßer Anwendung von § 3 Nr. 4 bzw. Nr. 6 der erst weniger als fünf Jahre zurückliegende Erwerb des Anteils an der Gesamthand dann unbeachtet bleiben, wenn der Anteil von einem Verwandten in gerader Linie oder vom Ehegatten des Anteilserwerbers stammt. Dabei ist es ohne Bedeutung, ob insoweit eine „Anteilsübertragung" vorliegt, weil auch bei Eintritt des Anteilserwerbers in eine Gesellschaft „Anteilserwerb" durch Abwachsung und Anwachsung eintreten kann.[3] Da aber in solchen Fällen die Befreiung aus § 3 nicht unmittelbar, sondern nur mittelbar über § 6 anwendbar ist, gelten die Befreiungsvorschriften nur nach Maßgabe von § 6 Abs. 4 Satz 1.[4]

---

1 BFH v. 27. 6. 1967 II 50/64, BFHE 89, 573.
2 St. Rspr., vgl. BFH v. 10. 2. 1982 II R 152/80, BStBl II 1982, 481, m. w. N.
3 Vgl. BFH v. 10. 2. 1982 II R 152/80, BStBl II 1982, 481.
4 BFH v. 25. 9. 2013 II R 17/12, BStBl II 2014, 268.

**BEISPIELE:**

a) B tritt 01 in eine OHG ein, zu deren Vermögen ein Grundstück gehört. 03 „überträgt" B mit Zustimmung der anderen Gesellschafter seinen Gesellschaftsanteil an seinen Sohn X. X erwirbt 05 das Grundstück von der OHG, das schon im Zeitpunkt des Eintritts des B zu deren Vermögen gehörte. Die Befreiung aus § 6 Abs. 2 kann nicht eingreifen, weil sie auch B nicht zustehen würde.

b) Der gleiche Fall wie unter a, nur dass X ein Grundstück erwirbt, das die OHG ihrerseits erst nach dem Eintritt des B erworben hat. Der Erwerb durch X ist hier insoweit steuerfrei nach § 6 Abs. 2, als B am Vermögen der OHG beteiligt war.

Zur quotalen Zurechnung von personenbezogenen Eigenschaften auf Gesamthandsgemeinschaften und deren Auswirkung im Bereich des § 6 vgl. Rdnr. 36.

# E. Randfragen

**Literatur:** *Mies/Greiner*, Die Anwendbarkeit der §§ 5 und 6 GrEStG auf die Tatbestände des § 1 Abs. 3 GrEStG, DStR 2008, 1319.

## I. Quotale Zurechnung von personenbezogenen (sachlichen) Steuerbefreiungen

Die Rechtsnatur der Personengesellschaft respektive die spezielle Art der Vermögensbindung bei Gesamthandsgemeinschaften rechtfertigt es, persönliche Eigenschaften der Gesellschafter im Grundstücksverkehr mit der Gesellschaft – also mit der Gesamtheit der Gesellschafter – zu berücksichtigen (vgl. Hofmann, GrEStG, § 3 Rdnr. 3). Der **vermögensrechtlichen Natur des gesamthänderisch gebundenen Sondervermögens folgt** die **quotale Zurechnung** von Eigenschaften von dessen Trägern. So ist beispielsweise § 3 Nr. 6 Satz 1 auch anwendbar, wenn jemand ein Grundstück oder einen Grundstücksmiteigentumsanteil von einer Personengesellschaft erwirbt, an welcher eine mit ihm in gerader Linie verwandte Person oder ein nur „leibliches" Kind beteiligt ist, und zwar in demselben Umfang, in dem dieser Beteiligte das Grundstück steuerfrei erwerben könnte.[1]

Erwerben der an der Gesamthand Beteiligte und eine Person, die zu ihm in einem Verhältnis der in § 3 Nr. 4 oder Nr. 6 bezeichneten Art steht, als Miteigentümer von der Gesamthand ein Grundstück, kommt eine Befreiung des Miterwerbers wegen der quotalen Zurechnung von Befreiungsvorschriften nur in

36

---

1 BFH v. 25. 2. 1969 II 142/63, BStBl II 1969, 400; v. 20. 12. 1972 II R 84/67, BStBl II 1973, 365; v. 4. 6. 1975 II R 87/66, BStBl II 1975, 887; v. 21. 11. 1979 II R 96/76, BStBl II 1980, 217.

Betracht, soweit sie nicht durch den Erwerb des Beteiligten verbraucht ist. Erwerben beide bspw. hälftiges Miteigentum an dem Grundstück, war aber der Gesellschafter nur zu einem Drittel an der Gesamthand beteiligt, kann dem anderen Erwerber die Steuerbefreiung nach § 6 Abs. 1 Satz 1 i.V.m. § 3 Nr. 4 oder Nr. 6 nicht gewährt werden, weil die ursprüngliche vermögensmäßige Beteiligung des Gesellschafters in dessen Miteigentum fortbesteht.[1]

Im Bereich des § 6 Abs. 3 Satz 1 i.V.m. Abs. 1 ist der Erwerb durch die Gesamthand in dem Ausmaß steuerfrei, wie persönliche, eine Befreiung begründende Beziehungen zwischen ihren Gesamthändern und den Beteiligten an der veräußernden Gesamthand bestehen.

**BEISPIEL:** ▶ Am Vermögen der V-OHG, der seit ihrer Gründung im Jahre 01 ein Grundstück gehört, sind seit jeher V und X je zur Hälfte beteiligt. Im Jahre 07 veräußert die V-OHG ihr Grundstück an die S-KG, an deren Vermögen der S als persönlich haftender Gesellschafter zu $1/4$ und die Kommanditisten A, B und C ebenfalls zu je $1/4$ beteiligt sind. S ist der Sohn des V.
Der Erwerb durch die S-KG ist i.H. von $1/4$ nach § 6 Abs. 3 Satz 1 i.V.m. Abs. 1 im Hinblick auf § 3 Nr. 6 begünstigt; die Steuer wird also nur i.H. von 75 % aus der Gegenleistung erhoben.

Dem Grundgedanken der Vorschrift entsprechend ist der Übergang eines Grundstücks von einer Erbengemeinschaft auf eine Personengesellschaft bei Teilung des Nachlasses zu dem Anteil begünstigt (§ 3 Nr. 3 i.V.m. § 6 Abs. 3 Satz 1 i.V.m. Abs. 1), zu dem Miterben an der erwerbenden Gesamthand beteiligt sind.[2]

## II. Aufeinanderfolge von Tatbeständen

37 Die Ausführungen in Hofmann, GrEStG, § 5 Rdnr. 40 gelten entsprechend.

## III. Entsprechende Anwendung bei mittelbarer Anteilsvereinigung?

38 Schrumpft eine Personengesellschaft, an der eine juristische Person als Gesellschafterin beteiligt ist, beispielsweise eine GmbH & Co. KG, zu einer **Einmann-GmbH & Co. KG,** weil der Alleingesellschafter der Komplementär-GmbH infolge Ausscheidens aller übrigen Gesellschafter als einziger Kommanditist übrig bleibt, so führt die Anwachsung der Anteile der ausscheidenden Gesellschafter

---

1 BFH v. 11. 6. 2008 II R 58/06, BStBl II 2008, 879.
2 Vgl. BFH v. 27. 10. 1970 II 72/65, BStBl II 1971, 278.

(§ 738 BGB) dazu, dass – sofern sich Grundstücke bzw. mindestens 95 % der Anteile einer Gesellschaft mit Grundbesitz im Vermögen der KG befinden oder die KG eine wirtschaftliche Beteiligung i. S. des § 1 Abs. 3a innehatte – eine teils unmittelbare, teils mittelbare Anteilsvereinigung (§ 1 Abs. 3 Nr. 2) eintritt. Eine derartige Anteilsvereinigung muss in sinngemäßer Anwendung von § 6 Abs. 2 Satz 1, Abs. 4 in gleicher Weise begünstigt sein, wie der Erwerb eines Grundstücks von der KG durch den Einheitsgesellschafter, d. h. im Ausmaß seiner davor bestehenden Beteiligung am Vermögen der KG. Denn die Anteilsvereinigung ist fiktiver Grundstückserwerb.[1]

# § 6a Steuervergünstigung bei Umstrukturierungen im Konzern

Für einen nach § 1 Absatz 1 Nummer 3 Satz 1, Absatz 2, 2a, 3 oder Absatz 3a steuerbaren Rechtsvorgang aufgrund einer Umwandlung im Sinne des § 1 Absatz 1 Nummer 1 bis 3 des Umwandlungsgesetzes, einer Einbringung oder eines anderen Erwerbsvorgangs auf gesellschaftsvertraglicher Grundlage wird die Steuer nicht erhoben. Satz 1 gilt auch für entsprechende Umwandlungen, Einbringungen sowie andere Erwerbsvorgänge auf gesellschaftsvertraglicher Grundlage auf Grund des Rechts eines Mitgliedstaates der Europäischen Union oder eines Staats, auf den das Abkommen über den Europäischen Wirtschaftsraum Anwendung findet. Satz 1 gilt nur, wenn an dem dort genannten Rechtsvorgang ausschließlich ein herrschendes Unternehmen und ein oder mehrere von diesem herrschenden Unternehmen abhängige Gesellschaften oder mehrere von einem herrschenden Unternehmen abhängige Gesellschaften beteiligt sind. Im Sinne von Satz 3 abhängig ist eine Gesellschaft, an deren Kapital oder Gesellschaftsvermögen das herrschende Unternehmen innerhalb von fünf Jahren vor dem Rechtsvorgang und fünf Jahren nach dem Rechtsvorgang unmittelbar oder mittelbar oder teils unmittelbar, teils mittelbar zu mindestens 95 vom Hundert ununterbrochen beteiligt ist.

*Anmerkung:*

*§ 6a wurde eingefügt durch Art. 7 WachstumsbeschleunigungsG v. 22. 12. 2009 (BGBl I 2009, 3950) mit Wirkung für nach dem 31. 12. 2009 verwirklichte Erwerbsvorgänge (s. § 23 Abs. 8 Satz 1). Durch Art. 12 OGAW-IV-UmsG v. 22. 6. 2011 wurden im Ergebnis nur in Satz 4 die Worte „oder Gesellschaftsvermögen" mit Wirkung zum selben Zeitpunkt (s. § 23 Abs. 10) eingefügt. Satz 1*

---

1 Siehe auch BFH v. 12. 3. 2014 II R 51/12, BFHE 245, 381 = BFH/NV 2014, 1315.

*wurde durch Art. 26 Nr. 3 AmtshilfeRLUmsG v. 26. 6. 2013 (BGBl I 2013, 1809) mit Wirkung für Erwerbsvorgänge, die nach dem 6. 6. 2013 verwirklicht werden (s. § 23 Abs. 11) neu gefasst. Die ursprünglich nur für Erwerbsvorgänge der in den Eingangsworten der Vorschrift genannten Art (erweitert um § 1 Abs. 3a), die aufgrund einer Umwandlung i. S. des § 1 Abs. 1 Nr. 1 bis 3 UmwG verwirklicht werden, beschränkte Steuerbegünstigung wurde auf Einbringungen und andere Erwerbsvorgänge auf gesellschaftsvertraglicher Grundlage erstreckt.*

*Durch Art. 14 Nr. 1 Gesetz zur Anpassung des nationalen Steuerrechts an den Beitritt Kroatiens zur EU und zur Änderung weiterer steuerrechtlicher Vorschriften v. 25. 7. 2015 (BGBl I 2015, 1266) erhielt die Vorschrift mit Wirkung ab 6. 6. 2013 (§ 23 Abs. 12) ihre jetzige Fassung.*

## Inhaltsübersicht                                                       Rdnr.

**Literatur:** *Stadler/Schaflitzl,* Geplante „Konzernklausel" bei der Grunderwerbsteuer, DB 2009, 2631; *Wischott/Schönweiß,* Wachstumsbeschleunigungsgesetz – Einführung einer Grunderwerbsteuerbefreiung für Umwandlungsvorgänge, DStR 2009, 2638; *Scheune-mann/Dennisen/Behrens,* Steuerliche Änderungen durch das Wachstumsbeschleuni-gungsgesetz, BB 2010, 23; *Neitz/Lange,* Grunderwerbsteuer bei Umwandlungen – Neue Impulse durch das Wachstumsbeschleunigungsgesetz –, Ubg 2010, 13; *Mensching/Ty-arks,* Grunderwerbsteuerliche Einführung einer Konzernklausel durch das Wachstums-beschleunigungsgesetz, BB 2010, 88; *Heine,* Erleichterungen bei der GrESt für Umstruk-turierungen: Gut gemeint, aber..., UVR 2010, 81; *ders.,* Grunderwerbsteuer bei Um-wandlungsvorgängen, UVR 2010, 249; *Mihm,* Änderung des Unternehmensteuerrechts durch das Wachstumsbeschleunigungsgesetz, Steuer-Consultant 2010, 16; *Behrens,* Die grunderwerbsteuerliche Konzernklausel für übertragende Umwandlungen, AG 2010, 119; *Klass/Lay,* Das neue grunderwerbsteuerliche Umwandlungsprivileg für Konzerne, ZfIR 2010, 157; *Pahlke,* Grunderwerbsteuervergünstigung für Rechtsvorgänge im Kon-zern – Der neue § 6a GrEStG, MittBayNot 2010, 169; *Wälzholz,* Grunderwerbsteuer-neutrale Umwandlungen i.d.F. des WBeschG, GmbH-StB 2010, 108; *Dettmeier/Geibel,* Die neue Grunderwerbsteuerbefreiung für Umstrukturierungen inner-halb eines Konzerns, NWB 2010, 585; *Schmitt-Homann,* Grunderwerbsteuer: Die 95%-Grenze – „Durchrechnung" oder „Alles-oder-Nichtsbetrachtung" zur Ermittlung der Beteiligungshöhe?, BB 2010, 2276; *Schaflitzl/Götz,* Erlass zur Anwendung der Konzern-klausel i. S. von § 6a GrEStG – geklärte und offene Fragen, DB 2011, 374; *Wagner/Köhler,* Steuervergünstigung bei Umstrukturierungen im Konzern nach § 6a GrEStG – Planungs-sicherheit durch koordinierten Ländererlass vom 1.12.2010?, BB 2011, 286; *Klass/Möller,* Umwandlungsprivileg für Konzerne – koordinierte Ländererlasse vom 1.12.2010, BB 2011, 407; *Lüdicke/Schnitger,* Ausweitung des § 6a GrEStG auf Umwandlung in DBA-Drittstaaten, DStR 2011, 1005; *Neitz-Hackstein/Lange,* Anwendung der grunderwerb-steuerlichen Konzernklausel – Beratungs- und Gestaltungshinweise zu dem gleichlau-tenden Ländererlass vom 1.12.2010, GmbHR 2011, 122; *Wischott/Adrian/Schönweiß,* Anmerkungen zum Anwendungserlass zu § 6a GrEStG vom 1.12.2010, DStR 2011, 497; *Behrens/Bock,* Steuervergünstigung bei Umstrukturierungen im Konzern nach § 6a GrEStG, NWB 2011, 615; *Schanko,* Zur Anwendung des § 6a GrEStG, Ubg 2011, 73; *dies.,*

Zur Anwendung des § 6a GrEStG, UVR 2011, 49; *dies.*, Der Umfang des grunderwerbsteuerlichen Verbundes i. S. des § 6a GrEStG, UVR 2011, 151; *Haag*, Auslegungsfragen von § 6a GrEStG, BB 2011, 1047, 1119; *Behrens*, BB 2011, 2747; *Gottwald*, Grunderwerbsteuerfreie Umwandlungsvorgänge im Konzern, § 6a GrEStG, DNotZ 2012, 99; *Behrens*, § 6a GrEStG – Anmerkung zu den gleichlautenden Ländererlassen vom 19.6.2013, DStR 2012, 2169; *Schanko*, Umstrukturierungen im Konzern im Anwendungsbereich des § 6a GrEStG, K 2013, 122; *Fleischer*, Neue Hürden für den RETT-Blocker und Erweiterung der Konzernklausel, Stbg 2013, 401; *Wischott/Keller/Graessner*, Die grunderwerbsteuerliche Konzernklausel in der Sackgasse?, NWB 2013, 780; *dies.*, Erweiterung der grunderwerbsteuerlichen Konzernklausel, NWB 2013, 3460; *Wacker/Lieber*, Änderungen bei der GrESt-Vermeidung von RETT-Blockern und Erweiterung von § 6a GrEStG, DB 2013, 1387; *dies.*, GrESt bei share deals, DB 2013, 2295; *Karla/Figatowski*, Die Konzernklausel bei der Grunderwerbsteuer: Zur Auslegung der Vorbehaltensfrist bei Neugründungen von Gesellschaften, UVR 2014, 349; *dies.*, Grunderwerbsteuer bei grenzüberschreitenden Umstrukturierungen im Konzern?, Ubg 2014, 439; *dies.*, Der unternehmerische Bereich der grunderwerbsteuerlichen Konzernklausel, DB 2016, 731; *Grassner/Hütig*, Formwechsel in eine Kapitalgesellschaft unter besonderer Berücksichtigung von GrESt, DB 2014, 2415; *Arnold*, Umstrukturierung inländischer Konzerne unter Beachtung der GrESt, GrEStG, 2015; *Mörwald/Brühl*, Offene Fragen bei § 6a GrEStG, K 2015, 430; *dies.*, Brennpunkt § 6a GrEStG: Neueste Entwicklungen und Anmerkungen zu möglichem EU-Beihilfecharakter, K 2016, 68; *Graessner/Franzen*, Praktische Fragestellungen zur grunderwerbsteuerlichen Konzernklausel des § 6a GrEStG bei Einbringungsfällen mit Auslandberührung, Ubg 2016, 1; *Stangl/Brühl*, Der Begriff des herrschenden Unternehmens in § 6a GrEStG – erste Zweifel der Gerichte am koordinierten Länderlass v. 19.6.2012, DStR 2016, 24; *Schmid*, DStR 2016, 127; *Behrens*, Konzerninterne Abspaltung zur Neugründung auf eine Schwestergesellschaft und § 6a GrEStG, UVR 2016, 60; *ders.*, Zumindest bei richtiger Auslegung ist § 6a GrEStG keine Beihilfe i. S. v. Art. 107 Abs. 1 AEUV, DStR 2016, 785.

**Verwaltungsanweisungen:** Gleich lautende Erlasse der obersten Finanzbehörden der Länder: Anwendung des § 6a GrEStG v. 19.6.2012, BStBl I 2012, 662 (vorangehend; gleich lautende Erlasse zum selben Thema v. 1.12.2010, BStBl I 2010, 1321) sowie ergänzende Erlasse v. 22.6.2011, BStBl I 2011, 673, und v. 9.10.2013, BStBl I 2013, 1335.

# A. Vorbemerkung

## I. Vorgeschichte

1 Den Forderungen der Wirtschaft, konzerninterne Umstrukturierungsmaßnahmen von der Grunderwerbsteuer zu befreien, sollte erstmals durch den Entwurf eines Gesetzes zur Fortentwicklung des Unternehmenssteuerrechts[1] Rechnung getragen werden. Dort war die Anfügung eines Absatzes 7 an § 1 vorgesehen, der folgenden Wortlaut haben sollte:

---

[1] BT-Drucks. 14/6882, 44 f.

„(7) Sind an einem Rechtsvorgang im Sinne der Absätze 1 bis 3 nur solche Unternehmen beteiligt, zwischen denen schon zuvor ein Konzern entstanden war, gilt dies nicht als Erwerb eines Grundstücks im Sinne dieses Gesetzes, falls das Grundstück nicht anschließend innerhalb von fünf Jahren mit dem grundbesitzenden Unternehmen aus dem Konzern ausscheidet."

Dieser Gesetzesvorschlag, der Konzerne als eine wirtschaftliche Einheit behandeln wollte, ist im Bundesrat auf erheblichen Widerstand gestoßen; er hat den Vermittlungsausschuss nicht passieren können.

Gescheitert ist auch der Gesetzesantrag des Landes Hessen vom 11. 2. 2005[1] mit dem die Anfügung folgenden Absatzes 7 an § 1 angestrebt wurde:

„Ein Rechtsvorgang nach den Absätzen 1 bis 3 unterliegt nicht der Steuer, wenn es sich um einen Rechtsvorgang des Umwandlungsgesetzes oder um eine Einbringung handelt, für den die §§ 20 und 24 des Umwandlungssteuergesetzes Anwendung findet, wenn an diesem Rechtsvorgang ausschließlich ein herrschendes Unternehmen und eine oder mehrere abhängige Gesellschaften beteiligt sind. Als abhängig gilt eine Gesellschaft, wenn das herrschende Unternehmen innerhalb der letzten zwölf Monate vor dem Rechtsvorgang nach den Absätzen 1 bis 3 unmittelbar oder mittelbar zu mindestens 95 vom Hundert an dem Kapital der Gesellschaft beteiligt war. Satz 1 ist nicht anzuwenden, wenn durch den Rechtsvorgang die Veräußerung an einen außenstehenden Erwerber vollzogen wird oder die Voraussetzungen für eine Veräußerung geschaffen werden. Davon ist auszugehen, wenn innerhalb von fünf Jahren ein neuer Rechtsvorgang nach den Absätzen 1 bis 3 stattfindet, ohne dass die Voraussetzungen des Satzes 1 vorliegen."

## II. Entstehungsgeschichte; Wegfall des Grundstücksbezugs

Die ursprüngliche Fassung des § 6a, wie sie vom Bundeskabinett verabschiedet 2 wurde, sah noch eine grundstücksbezogene Vorbehaltes- und Nachbehaltensfrist vor. Sie stieß auf erhebliche Kritik. Daraufhin beschloss die Bundesregierung in Übereinstimmung mit den Koalitionsfraktionen sowie den Ländern die schließlich zum Gesetz gewordene Fassung. In § 6a Satz 4 in der Fassung des Wachstumsbeschleunigungsgesetzes war nur die unmittelbare oder mittelbare oder teils unmittelbare, teils mittelbare Beteiligung des herrschenden Unternehmens am Kapital der Gesellschaft genannt, um diese als abhängig zu

---

1 BR-Drucks. 104/05.

charakterisieren. Das schloss vom Wortlaut her (wohl ungewollt) Personengesellschaften vom Kreis der abhängigen Gesellschaften aus. Die daraus resultie-
renden Zweifel wurden durch die Änderung des Satzes 4 durch das OWAG-IV-
UmsG vom 22. 6. 2011 rückwirkend (vgl. § 23 Abs. 10) beseitigt.

3  Durch den Verzicht auf jeglichen Grundstücksbezug wird der **Lenkungscharak-
ter der** Vorschrift deutlich: Ihr Ziel besteht allein darin, unter bestimmten Bedingungen konzerninterne Umstrukturierungsmaßnahmen durch die Gewährung der Grunderwerbsteuerbefreiung zu erleichtern. Von dem einstmals verfolgten Gedanken, einen aus mehreren Rechtsträgern bestehenden Konzern
grunderwerbsteuerrechtlich – entgegen der dem Gesetz innewohnenden Systematik, jeden Rechtsträgerwechsel an Grundstücken zu erfassen[1] – als wirtschaftliche Einheit zu betrachten, ist damit Abstand genommen.

## III. Weitere Entwicklung

4  Die Neufassung des Satzes 1 des § 6a durch Art. 26 Nr. 3 AmtshilfeRLUmsG[2] erstreckte für Erwerbsvorgänge, die nach dem 6. 6. 2013 (s. § 23 Abs. 11) verwirklicht werden, die Begünstigung auf „Einbringungen" sowie „andere Erwerbsvorgänge auf gesellschaftsvertraglicher Grundlage". Dabei blieben die Sätze 3
und 4 unangetastet. Diese – wohl ungewollte – Ungereimtheit wurde durch
Art. 14 Nr. 1 Gesetz zur Anpassung des nationalen Steuerrechts an den Beitritt
Kroatiens zur EU und zur Änderung weiterer steuerrechtlicher Vorschriften,[3]
wodurch die Sätze 1 bis 3 ihre jetzige Fassung erhielten, korrigiert, und zwar
mit Wirkung für Erwerbsvorgänge, die nach dem 6. 6. 2013 verwirklicht wurden bzw. werden (§ 23 Abs. 12).

## IV. Aufbau der Erläuterungen

5  Die Erläuterungen beschäftigen sich zunächst mit Erwerbsvorgängen, die aufgrund deutschen Umwandlungsrechts verwirklicht werden (Rdnr. 6 ff.), dann
mit solchen, die auf entsprechender Umwandlungen aufgrund des Rechts anderer Staaten (EU und EWR) verwirklicht werden (Rdnr. 24) und schließlich mit
begünstigten Erwerbsvorgängen aufgrund Einbringungen oder anderer gesellschaftsvertraglicher Grundlagen (Rdnr. 29). Denn die Erweiterung des Kreises

---

1  Vgl. Hofmann, GrEStG, § 1 Rdnr. 2.
2  Vom 22. 6. 2013, BGBl I 2013, 1809.
3  Vom 25. 7. 2015, BGBl I 2015, 1266.

der begünstigten Erwerbsvorgänge auf Einbringungen und solche auf anderer gesellschaftsvertraglicher Grundlage, steht beziehungslos zu den begünstigen Umwandlungsvorgängen.[1].

## B. Begünstigung von Erwerbsvorgängen aufgrund Umwandlungen nach § 1 Abs. 1 Nr. 1 bis 3 UmwG

### I. Allgemeines

Die Steuervergünstigung wird unter der subjektiven Voraussetzung von Satz 3 sowie unter Einhaltung der Vorbehaltensfrist des Satzes 4 für Erwerbsvorgänge i. S. von § 1 Abs. 1 Nr. 3 Satz 1, § 1 Abs. 2, 2a, 3 und Abs. 3a gewährt, die durch eine Umwandlung i. S. des § 1 Abs. 1 Nr. 1 bis 3 UmwG verwirklicht werden **(Satz 1 erste Alternative)**. Das sind **Verschmelzungen** (§ 1 Abs. 1 Nr. 1 i. V. m. §§ 2 bis 122 UmwG), **Spaltungen**, nämlich Auf- und Abspaltungen sowie Ausgliederungen (§ 1 Abs. 1 Nr. 2 i. V. m. §§ 123 bis 173 UmwG) und **Vermögensübertragungen** (§ 1 Abs. 1 Nr. 3 i. V. m. §§ 174 bis 189 UmwG). Sie ergreift auch die genannten grunderwerbsteuerbaren Erwerbsvorgänge, die sich aufgrund einer in einem anderen Bundesgesetz oder einem Landesgesetz ausdrücklich vorgesehenen Umwandlung verwirklichen (§ 1 Abs. 2 UmwG), weil auch in solchen Fällen sich die Umwandlung nach § 1 Abs. 1 Nr. 1 bis 3 UmwG vollzieht. Außerdem erfasst sie auch Umwandlungen i. S. von §§ 122a ff. UmwG.

6

Da formwechselnde Umwandlungen (§ 1 Abs. 1 Nr. 4 i. V. m. §§ 190 bis 304 UmwG) nicht zu einem Rechtsträgerwechsel führen (vgl. Hofmann, GrEStG, § 1 Rdnr. 9, 10), ist für sie auch keine Vergünstigung vorgesehen.

Etwaige Folgen von Umwandlungsvorgängen gemäß § 5 Abs. 3 (vgl. dazu Hofmann, GrEStG, § 5 Rdnr. 28, 30 bis 35) oder § 6 Abs. 3 Satz 2 (vgl. dazu Hofmann, GrEStG, § 6 Rdnr. 19 ff.) werden nicht von der Begünstigung nach § 6a Satz 1 erste Alternative erfasst. Diese beiden Missbrauchsverhinderungsvorschriften betreffen ausschließlich Erwerbsvorgänge, die losgelöst von einem nach § 6a begünstigungsfähigen steuerbaren Rechtsvorgang verwirklicht wurden.

---

1 A. A. Pahlke, Rz 31 f.: Begünstigung nur wenn der Tatbestandserfüllung ein Umwandlungsvorgang zugrunde liegt.

## II. Die einzelnen Rechtsvorgänge

7   Die Begünstigung nach Satz 1 erste Alternative wird für bestimmte, **abschließend aufgezählte** der Grunderwerbsteuer unterliegende **Erwerbsvorgänge** gewährt, die kausal mit einer Umwandlung i. S. des § 1 Abs. 1 Nr. 1 bis 3 UmwG verknüpft sind, also darin ihre Ursache haben. Sie wird unter der Voraussetzung des Satzes 3 sowie unter Einhaltung der Vorbehaltensfrist das Satzes 4 nicht nur in vollem Umfang für jeglichen **Übergang des Eigentums an Grundstücken** i. S. des § 1 Abs. 1 Nr. 3 Satz 1 infolge einer Verschmelzung, einer Auf- oder Abspaltung bzw. einer Ausgliederung oder einer Vermögensübertragung (s. dazu Hofmann, GrEStG, § 1 Rdnr. 48 bis 55) gewährt, sondern auch für die mit derartigen Vorgängen verbundenen **Anteilsvereinigungen i. S. des § 1 Abs. 3 Nr. 2** sowie **Anteilsübertragungen i. S. des § 1 Abs. 3 Nr. 4** (s. dazu Hofmann, GrEStG, § 1 Rdnr. 136). Soweit umwandlungsbedingt infolge des Übergangs eines Anteils an einer Personengesellschaft diese durch Anwachsung des Vermögens (s. § 738 BGB sowie § 105 Abs. 3 HGB i. V. m. § 738 BGB bzw. § 162 Abs. 2 HGB i. V. m. § 105 Abs. 3 HGB und § 738 BGB) voll beendigt wird (vgl. Hofmann, GrEStG, § 1 Rdnr. 56), sind derartige Erwerbsvorgänge ebenfalls nach Satz 1 erste Alternative begünstigt.[1] Darüber hinaus erfasst die Steuerbegünstigung auch den Übergang der **Verwertungsbefugnis i. S. des § 1 Abs. 2** vom übertragenden auf den übernehmenden Rechtsträger. Schließlich wird auch der kausal auf eine Umwandlung zurückzuführende unmittelbare oder mittelbare Übergang von Anteilen, der dazu führt, dass der Tatbestand des **§ 1 Abs. 3a** erfüllt wird, von der Steuerbegünstigung vollumfänglich erfasst.

Wenn nach dem Wortlaut der Vorschrift auch für aufgrund Umwandlung verwirklichte Rechtsvorgänge i. S. von **§ 1 Abs. 3 Nr. 1 und 3** die Steuer nicht erhoben wird, so geht die Begünstigung ins Leere, weil durch einen Umwandlungsvorgang die Verwirklichung dieser Tatbestände, die die schuldrechtliche Begründung eines Anspruchs auf Anteilsübertragung betreffen, nicht erfüllt werden können. Zwar gehen auch derartige Ansprüche, die ihren Grund in einem obligatorischen Rechtsgeschäft haben, mit der Eintragung in das zuständige Register auf den jeweils übernehmenden Rechtsträger über, doch wird dadurch kein der Grunderwerbsteuer unterliegender Tatbestand verwirklicht.[2]

8   Soweit durch einen Umwandlungsvorgang i. S. des § 1 Abs. 1 Nr. 1 bis 3 UmwG der Tatbestand des **§ 1 Abs. 2a** Satz 1 erfüllt wird, **beschränkt** sich die Vergüns-

---

1 Gl. A. Boruttau/Viskorf, Rn. 28 f.; s. auch Ländererlasse v. 19. 6. 2012, BStBl I 2012, 662; zweifelnd Pahlke, Rz 15.
2 Siehe auch Hofmann, GrEStG, § 1 Rdnr. 136.

tigung **auf** den **Umfang** der **Beteiligung** des übertragenden Rechtsträgers am Vermögen der grundstücksbesitzenden Personengesellschaft. Sie ist jedoch **auch dann zu gewähren,** wenn der Tatbestand des § 1 Abs. 2a erst durch einen weiteren Wechsel im Personenstand einer solchen Gesellschaft erfüllt wird, und zwar soweit ein begünstigungsfähiger Umwandlungsvorgang zur Erfüllung des Tatbestands beigetragen hat.[1, 2] Nebenbei sei noch angemerkt, dass die Steuervergünstigung nicht voraussetzt, dass die Personengesellschaft, deren Gesellschafterbestand sich (auch) durch einen Umwandlungsvorgang verändert hat, selbst zu dem Verbund i. S. der Sätze 3 und 4 gehört.

## III. Subjektive Voraussetzungen

### 1. Grundsatz

In subjektiver Hinsicht ist die Begünstigung für die auf **Umwandlungen** i. S. des § 1 Abs. 1 Nr. 1 bis 3 UmwG verwirklichten genannten Erwerbsvorgänge davon abhängig, dass an dem Umwandlungsvorgang **ausschließlich ein herrschendes Unternehmen und** eine oder mehrere **von diesem herrschenden Unternehmen abhängige Gesellschaften** oder **mehrere** von einem herrschenden Unternehmen **abhängige Gesellschaften beteiligt** sind (Satz 3). An einem Umwandlungsvorgang sind nur diejenigen Rechtsträger beteiligt, deren Vermögen unmittelbar von der Gesamtrechtsnachfolge bzw. partiellen Gesamtrechtsnachfolge berührt wird. 9

### 2. Begrifflichkeiten

Der Begriff der „abhängigen Gesellschaft" erfährt in **Satz 4** eine **Legaldefinition.** Auf diese Weise ist ein **eigenständiger grunderwerbsteuerrechtlicher Konzernbegriff** geschaffen worden, der nicht auf §§ 15 ff. AktG zurückgreift. Der für § 6a maßgebliche Abhängigkeitsbegriff ist nicht identisch mit dem des § 1 Abs. 4 Nr. 2. Er wird nicht wie der letztgenannte von Eingliederungsmerkmalen geprägt, sondern allein durch die notwendige (Mindest)Beteiligungshöhe von 95 % unmittelbar oder mittelbar oder teils unmittelbar, teils mittelbar am Kapital oder Gesellschaftsvermögen, flankiert durch ein zeitliches Moment, wäh- 10

---

1 So offenbar auch Ländererlasse v. 19. 6. 2012, BStBl I 2012, 662, zu Tz 3 Abs. 2; Pahlke, Rz 18.
2 Nicht beizupflichten ist Boruttau/Viskorf, Rn. 31, wonach nur eine an § 1 Abs. 2a Satz 2 sich orientierende Lösung sachgerecht sei. Es wird dabei nämlich übersehen, dass zwar Verschmelzungen, Aufspaltungen und vollständige Vermögensübertragungen zum Erlöschen des übertragenden Rechtsträgers führen, nicht aber Abspaltungen und Ausgliederungen.

renddessen diese bestehen muss, nämlich fünf Jahre vor sowohl wie nach dem begünstigten Rechtsvorgang.

## 3. Das herrschende Unternehmen

### a) Allgemeines

11 Das Gesetz enthält zwar in § 6a Satz 4 eine Definition der abhängigen Gesellschaften, es lässt jedoch eine gesetzliche Begriffsbestimmung des herrschenden Unternehmens vermissen. Die Finanzverwaltung[1] geht ohne weitere Begründung davon aus, das herrschende Unternehmen müsse Unternehmer im umsatzsteuerrechtlichen Sinn sein.[2] Der Bundesfinanzhof äußert in seinem Beschluss v. 25. 11. 2015,[3] aus Verschonungszweck und Zielrichtung der Vorschrift ergäben sich Zweifel an der Maßgeblichkeit des umsatzsteuerrechtlichen Unternehmerbegriffs. Das vom Gesetzgeber verfolgte Ziel, Umstrukturierungen von Unternehmen zu erleichtern und Wachstumshemmnisse zu beseitigen, rechtfertige die Unterscheidung bspw. die Verschmelzung zweier Tochtergesellschaften, deren Alleingesellschafter kein Unternehmer sei, von einer Verschmelzung zweier Tochtergesellschaften, deren Alleingesellschafter Unternehmer im umsatzsteuerrechtlichen Sinn ist, in Bezug auf die Begünstigung nicht. Das Niedersächsische FG[4] ist der Auffassung, allein nach der Kapitalbeteiligung bestimme sich, ob ein Unternehmen „herrschendes" i. S. des § 6a ist; das Unternehmen müsse nicht Unternehmer sein. Knüpfe nämlich § 6a für die Frage, wann eine Gesellschaft von einem herrschenden Unternehmen abhängig ist, an die Kapitalbeteiligung des herrschenden Unternehmens an ihr und deren Dauer an, so liegt folglich ein herrschendes Unternehmen i. S. des § 6a vor, wenn von ihm eine oder mehrere Gesellschaften i. S. des § 6a Satz 4 abhängig sind.[5]

U. E. besteht kein Anlass, für die Auslegung des Begriffs (herrschendes) „Unternehmen" auf den umsatzsteuerrechtlichen Begriff des (herrschende) „Unternehmers" zurückzugreifen.[6] Bedenkt man den gesetzgeberischen Impetus einerseits Umstrukturierungen von Unternehmen zur Beseitigung von Wachs-

---

1 Ländererlasse v. 19. 10. 2012, BStBl II 2012, 662.
2 Ebenso Pahlke, Rz 43 f.; Boruttau/Viskorf, Rn. 51 ff.; ähnlich FG Hamburg v. 26. 11. 2013, EFG 2014, 570; FG Münster v. 15. 11. 2013, EFG 2014, 306 (Rev.: II R 50/13); a. A. u. a. Behrens, Ubg 2010, 845; ders., DStR 2012, 2149; Schaflitzl/Götz, DB 2011, 374.
3 II R 63/14, BStBl II 2016, 170.
4 Urteil v. 9. 7. 2014, EG 2015, 1739 (Rev.: II R 63/14).
5 Zustimmend Stangl/Brühl, DStR 2016, 24.
6 Die in der 10. Aufl. vertretene Auffassung wird aufgegeben.

tumshemmnissen zu begünstigen, andererseits die Begünstigung um Mitnahmeeffekte zu verhindern, auf Konzernsachverhalte zu beschränken,[1] die in § 6a Satz 3 und 4 deutlich wird,[2] kann (herrschendes) Unternehmen[3] nicht (einschränkend) als (herrschendes) „unternehmerisches Unternehmen" verstanden werden. Dies gilt umso mehr, als § 6a Satz 2 auch entsprechende Umwandlungen aufgrund des Rechts eines Staats, auf den das Abkommen des EWR Anwendung findet, begünstigt und damit herrschende Unternehmen anspricht, die nicht im europäischen Mehrwertsteuersystem integriert sind, in denen sich vom umsatzsteuerrechtlichen Unternehmerbegriff i. S. des § 2 UStG abweichende Rechtsbegriffe gebildet haben können. Da § 6a in Satz 1 schlechthin alle Umwandlungsvorgänge des Umwandlungsgesetzes – mit Ausnahme der formwechselnden Umwandlung – anspricht, ist vielmehr davon auszugehen, dass damit alle umwandlungsfähigen Rechtsträger als Unternehmen bezeichnet sind. Zum herrschenden Unternehmen wird es dadurch, dass es eine oder mehrere i. S. des § 6a Satz 4 abhängige Gesellschaften beherrscht.

**b) Bestimmung des herrschenden Unternehmens**

Die Bestimmung des herrschenden Unternehmens im Zeitpunkt des begüns-  12
tigungsfähigen grunderwerbsteuerbare Erwerbsvorgänge verwirklichenden Umwandlungsvorgangs ist deshalb von essentieller Bedeutung, weil dieses innerhalb der Vor- und Nachbehaltensfristen von je fünf Jahren (Satz 4) die Mindestbeteiligungsquote einzuhalten hat. Zwar enthält das Gesetz in Satz 4 eine Legaldefinition der i. S. von Satz 3 abhängigen Gesellschaften, die auch ohne Mitwirkung des herrschenden Unternehmens die subjektiven Voraussetzungen für einen begünstigungsfähigen umwandlungsbedingten Erwerbsvorgang erfüllen können, doch schweigt es sich darüber aus, ob bei **mehrstufigen Beteiligungsketten** das herrschende Unternehmen stets nur die Konzernspitze sein kann[4] oder ob auch eine von diesem abhängige Gesellschaft (Stichwort: „Konzern im Konzern") herrschendes Unternehmen sein kann.[5] Denn diesen gegenüber sind die in den nachfolgenden Stufen angesiedelten Gesellschaften – die Mindestbeteiligungshöhe sowie die Einhaltung der Vorbehaltensfrist vorausgesetzt – als abhängige Gesellschaften anzusehen. U. E. lässt sich dem Ge-

---

1 Vgl. BT-Drucks. 17/147, 10.
2 Vgl. auch die Überschrift des § 6a.
3 Ein Begriff, der auch im AktG nicht definiert ist, sondern als verständlich vorausgesetzt wird.
4 So Pahlke, Rz 18.
5 So Boruttau/Viskorf, Rn. 53; ebenso Schaflitzl/Stadler, BB 2010, 1185, 1188, und Neitz/Lange, Ubg 2010, 17, 21.

setz nicht, jedenfalls nicht zwingend, entnehmen, dass eine gegenüber einer Obergesellschaft abhängige Gesellschaft nicht selbst auch als ein „herrschendes Unternehmen" i. S. des Satzes 3 anzusehen sein kann.

12a Ungeachtet dessen ist u. E. aus dem Gesamtinhalt des § 6a zu schließen, dass sowohl die Gründung einer ersten Tochtergesellschaft im Wege der Spaltung i. S. des § 123 Abs. 2 Nr. 2 UmwG bzw. der Ausgliederung zur Neugründung i. S. des § 123 Abs. 3 Nr. 2 UmwG als auch die Zurückführung auf das herrschende Unternehmen durch Verschmelzung der letzten noch verbliebenen abhängigen Gesellschaft auf das herrschende Unternehmen als übernehmender Rechtsträger (§ 2 Nr. 2 UmwG), die dadurch erlischt, nicht begünstigt ist.[1] Denn die Vorschrift geht offensichtlich von einem bereits bestehenbleibenden und auch weiter bestehenden Konzern aus (vgl. § 6a Satz 4; s. auch die Wortwahl in § 19 Abs. 1 Nr. 4a). Soweit aus den Ländererlassen[2] die Aussage zu entnehmen ist, alle Umwandlungsvorgänge zur Neugründung mit direkter Beteiligung des herrschenden Unternehmens seien ebenso wenig begünstigt, wie Verschmelzungen auf das herrschende Unternehmen, ist dem nicht beizupflichten. Sofern noch andere abhängige Gesellschaften bestehen bleiben, ist die Beteiligung des herrschenden Unternehmens an einem Umwandlungsvorgang nach dem Wortlaut des Gesetzes nicht ausgeschlossen. Nicht anwendbar ist § 6a nur dann, wenn der Umwandlungsvorgang zur Entstehung einer ersten und einzigen Tochtergesellschaft führt bzw. zum Erlöschen der einzigen letzten Tochtergesellschaft.

13 Die **Finanzverwaltung** hat zur Bestimmung des herrschenden Unternehmens ausgehend vom jeweiligen Umwandlungsvorgang den Begriff „Verbund" kreiert.[3] Sie geht davon aus, dass herrschendes Unternehmen der oberste Rechtsträger ist, der die Voraussetzungen des Satzes 4 erfüllt und Unternehmer ist. Zu dessen Bestimmung sei zunächst von unten nach oben der oberste Rechtsträger zu finden, der ausgehend von den am Umwandlungsvorgang beteiligten Gesellschaften die Mindestbeteiligungshöhe an diesen erfüllt. Anschließend sei beginnend bei diesem Rechtsträger von oben nach unten zu prüfen, welchem der Rechtsträger als obersten Unternehmereigenschaft zukomme. Sei das der zunächst ermittelte Rechtsträger, so sei dieser das herrschende Unternehmen, andernfalls sei die Prüfung nach unten fortzusetzen, bis das herrschende Unternehmen gefunden sei.

---

1 A. A. FG Berlin-Brandenburg v. 1. 10. 2015, GmbHR 2016, 443.
2 Vom 19. 6. 2012, BStBl I 2012, 662, Tz 2.
3 Ländererlasse v. 19. 10. 2012, BStBl I 2012, 662, Tz 2.2. Abs. 4 ff.

**BEISPIEL 1 (IN ANLEHNUNG AN DIE ERLASSE VOM 19. 6. 2012):** ► Die M-GmbH, die nicht unternehmerisch tätig ist, ist seit mehr als fünf Jahren zu 95 % an der unternehmerisch tätigen T-GmbH beteiligt, die ihrerseits ebenso lange zu 90 % an der E-GmbH, die nicht Unternehmer ist, beteiligt ist. Diese hält seit mehr als fünf Jahren alle Anteile der unternehmerisch tätigen U-GmbH, die ihrerseits ebenfalls seit mehr als fünf Jahren zu je 100 % an den unternehmerisch tätigen Y-GmbH und Z-GmbH beteiligt ist. Diese beiden Gesellschaften, zu deren Vermögen jeweils Grundstücke gehören, werden verschmolzen.

Nach dem Prüfungsschema der Finanzverwaltung erreicht (von unten nach oben gesehen) zunächst die E-GmbH die Mindestbeteiligungshöhe. Da diese jedoch nicht Unternehmer ist, kommt als herrschendes Unternehmen i. S. des § 6a nur die U-GmbH in Betracht.

**BEISPIEL 2 (IN ANLEHNUNG AN DIE ERLASSE VOM 19. 6. 2012):** ► Die M-GmbH, eine reine Finanzholding, ist an ihren beiden Töchtern, T1-GmbH und T2-GmbH, die beide Unternehmer sind, zu je 95 % beteiligt. Die T1-GmbH ist an der E1-GmbH zu 94 %, diese wiederum zu je 95 % an der U1- und der U2-GmbH beteiligt. Die T2-GmbH ist ihrerseits zu je 95 % an der E2- und der E3-GmbH beteiligt. Diese beiden halten je 50 % der Anteile der U3-GmbH, die E3-GmbH zusätzlich 95 % an der U4-GmbH. Die Beteiligungsstruktur besteht seit mehr als fünf Jahren. Die U1-GmbH und die U2-GmbH werden ebenso wie die U3-GmbH und die U4-GmbH miteinander verschmolzen.

Nach dem Prüfungsschema der Finanzverwaltung ist bei der Verschmelzung der U1- mit der U2-GmbH die E1-GmbH herrschendes Unternehmen, bei der Verschmelzung der anderen beiden Gesellschaften die T2-GmbH. Diese beiden Gesellschaften sind danach jeweils die obersten Rechtsträger, die die Voraussetzungen der Sätze 3 und 4 erfüllen.

Dem „Verbund", der allein vom konkreten Umwandlungsvorgang her begriffen wird, ist eine gewisse Enge zu attestieren. Aus dem Gesetzeswortlaut ist er nicht zu extrahieren.[1] Er eliminiert die „Konzernspitze". Es ist mit dem Gesetz nicht vereinbar, einen Erwerbsvorgang, der aufgrund Verschmelzung der Urenkelgesellschaft der Tochtergesellschaft 1 als übertragenden Rechtsträger und der Enkelin der Tochtergesellschaft 2 als übernehmenden Rechtsträger verwirklicht wird, nicht zu begünstigen (die qualifizierte Beteiligung am Kapital bzw. am Vermögen aller Gesellschaften vorausgesetzt). Dasselbe gilt von einem Erwerbsvorgang, der auf die Verschmelzung einer von mehreren Tochtergesellschaften, an denen die qualifizierte Beteiligung am Kapital bzw. am Vermögen der Gesellschaften besteht, auf das herrschende Unternehmen zurückzuführen ist. Nach Ansicht der Finanzverwaltung werden die dabei verwirklichten Erwerbsvorgänge nicht begünstigt, weil die nebengeordneten Tochtergesellschaften nicht zum „Verbund" gehören und der einzelne „Ver-

---

1 A. A. Pahlke, Rz 38: „sachgerechte Auslegung".

bund", bestehend aus dem herrschenden Unternehmen und der einen abhängigen Tochtergesellschaft, untergehe.

## 4. Die qualifizierte Beteiligung

14 Soweit § 6a Satz 4 die **Beteiligung am Kapital** anspricht, wird auf den Anteil des herrschenden Unternehmens am Stammkapital einer GmbH sowie am Grundkapital einer AG abgehoben. Eigene Anteile sowie die wechselseitige Beteiligung einer zu 100 % bzw. 95 % beherrschen Gesellschaft am Nennkapital bleiben, wie im Bereich der Anteilsvereinigung[1] bzw.-übertragung, unberücksichtigt. Rechtspositionen, wie stille Beteiligungen und beteiligungsähnliche Rechte, sind nicht Beteiligung am Kapital oder am Vermögen i.S. des § 6a Satz 4. Soweit bei Personengesellschaften auf die **Beteiligung am Gesellschaftsvermögen** abgehoben wird, stellt die Vorschrift auf den wertmäßigen Anteil ab. Insofern besteht eine Parallele zum „Anteil am Vermögen" der Gesamthand i. S. des § 5 Abs. 1 und 2, § 6 Abs. 1 bis 3. Auf die dortigen Erläuterungen (insbesondere Hofmann, GrEStG, § 5 Rdnr. 3 ff.) wird Bezug genommen.

Die Beteiligung am Kapital bzw. am Gesellschaftsvermögen ist eine **unmittelbare**, wenn sie zivilrechtlich dem herrschenden Unternehmen zugeordnet ist. Eine **mittelbare** Beteiligung des herrschenden Unternehmens am Kapital bzw. am Gesellschaftsvermögen besteht dann, wenn dieses die Beteiligung über zwischengeschaltete Gesellschaften hält, an denen es selbst wiederum über eine unmittelbare oder mittelbare oder teils unmittelbare, teils mittelbare Beteiligung von mindestens 95 % verfügt. Das Gesetz schweigt anscheinend zur Berechnung der Beteiligungshöhe von 95 % bei zwischengeschalteten Gesellschaften. Es lässt sich aber aus § 6a Satz 4 entnehmen, dass diese bei mehrstufigen mittelbaren Beteiligungen auf jeder Beteiligungsstufe erreicht werden muss. Der an vermittelnden Zwischengliedern bestehende Beteiligungsumfang kann folglich keine andere Beteiligungshöhe verlangen, als sie für die unmittelbare Beteiligung am Kapital oder am Gesellschaftsvermögen gefordert wird. Dies gilt trotz der Einbeziehung des § 1 Abs. 3a, dessen Satz 3 die sog. Durchrechnungsmethode zur Ermittlung der mittelbaren Beteiligung vorschreibt.[2] Die qualifizierte Beteiligung am Kapital oder am Gesellschaftsvermögen muss während der Zeiträume des § 6a Satz 4 **ununterbrochen** bestehen. Auch ein nur zeitweiliges Absinken der Beteiligungsquote von 95 % we-

---

1 § 1 Abs. 3; vgl. Hofmann, GrEStG, § 1 Rdnr. 144 f.
2 Zweifelnd Pahlke Rz 53.

gen der wenn auch nur zeitweiligen Beteiligung eines Dritten zu mehr als 5 %, ist schädlich.

Nach § 6a Satz 4 muss das herrschende Unternehmen, um eine Gesellschaft  15
als abhängige Gesellschaft i. S. des § 6a Satz 3 zu qualifizieren, an deren Kapital oder deren Gesellschaftsvermögen innerhalb von fünf Jahren vor dem Rechtsvorgang und fünf Jahre nach dem Rechtsvorgang unmittelbar oder mittelbar oder teils unmittelbar, teils mittelbar, ununterbrochen zu mindestens 95 % beteiligt sein. Die Fristen sind ausgehend vom Zeitpunkt der Entstehung der Steuer – wäre der Erwerbsvorgang nicht begünstigt – nach rückwärts bzw. vorwärts zu berechnen.[1] Die sog. Vorbehaltens- und Nachbehaltensfrist gehören nach der Gesetzesbegründung[2] zu den „flankierenden Eingrenzungen", die „im Interesse einer zielgenauen Begünstigung" einen „ungewollten Mitnahmeeffekt" ausschließen sollen. Die Bedeutung der Fristen des § 6a Satz 4 erschöpft sich in der Beschreibung des Rahmens für die als förderungswürdig anerkannte Begünstigung.[3] Sie sind deshalb nicht als „Missbrauchsfristen" anzusprechen, wie das das FG Düsseldorf in seinen Entscheidungen vom 7. 5. 2014[4] und 4. 11. 2015[5] annimmt,[6] wobei es eine Parallele zu § 6 Abs. 4 Satz 1 zieht. Sie sind notwendiges Korrelat zum fehlenden Grundstücksbezug der Vorschrift.

Der Zeitpunkt der virtuellen Entstehung der Steuer ist auch dann maßgebend, wenn der Umwandlungsvorgang zur Erfüllung des Tatbestands des § 1 Abs. 2a Satz 1 nicht als letzter Gesellschafterwechsel beigetragen hat.

## 5. Vorbehaltens- und Nachbehaltensfrist und das Reglement des Umwandlungsgesetzes

Nimmt man § 6a beim bloßen Wortlaut, so sind alle durch Verschmelzung,  16
Vermögensvollübertragung und Aufspaltung verwirklichten Erwerbsvorgänge ebenso aus der Begünstigung ausgeschlossen, wie alle diejenigen Erwerbsvorgänge, die durch Umwandlungsakte zur Neugründung eines durch diese ge-

---

1 Zur Fristberechnung s. § 108 AO i.V. m. §§ 186 ff. BGB.
2 Vgl. BT-Drucks. 17/147, 10.
3 Ebenso Pahlke, Rz 5 und Rz 59.
4 EFG 2014, 1424.
5 GmbHR 2016, 136 (Rev.: II R 56/15).
6 Wie FG Düsseldorf: Wischott/Schönweiß, DStR 2009, 2638, 2642 ff.; Schaflitzl/Stadler, DB 2010, 185; Behrens, AG 2010, 119; ders., DStR 2012, 2149.

gründete Rechtsträgers führen.[1] Denn mit der Eintragung der Verschmelzung im Register des aufnehmenden Rechtsträgers geht nicht nur das Vermögen einschließlich der Verbindlichkeiten des übertragenden Rechtsträgers auf jenen über, sondern erlischt auch der übertragende Rechtsträger (§ 20 UmwG). Dasselbe gilt bei Aufspaltungen (§ 1 Abs. 1 Nr. 2 i.V.m. § 123 Abs. 1, § 131 Abs. 1 Nr. 2 UmwG) und bei der Vermögensvollübertragung (§ 1 Abs. 1 Nr. 3 i.V.m. § 174 Abs. 1 Nr. 1 und § 176 Abs. 3 Satz 2 UmwG), soweit diese nicht wie Aufspaltungen zu behandeln sind. Dieses Ergebnis widerspricht eindeutig des im Gesetzestext des § 6a zum Ausdruck gekommenen Willen des Gesetzes (und dem Willen des Gesetzgebers). Denn § 6a Satz 1 begünstigt durch die Beschreibung des dem begünstigten Erwerbsvorgangs zugrunde liegenden Rechtsvorgangs sowohl die Verschmelzung als auch alle Varianten der Spaltung und der Vermögensübertragung. Es wäre gewagt anzunehmen, dass das Reglement der den begünstigungsfähigen Erwerbsvorgängen zugrunde liegenden Umwandlungsvorgänge dem Gesetzgeber nicht bekannt gewesen wäre. Auch ist nicht davon auszugehen, dass der Gesetzgeber sehenden Auges das in § 6a Satz 1, 1. Alternative als begünstigungsfähig Beschriebene in § 6a Satz 4 wieder größtenteils zurücknimmt. § 6a Satz 4 dient so verstanden dem Ausschluss konzernfremder Gesellschaften während der in ihm genannten Vorbehalts- und Nachbehaltensfrist. So ist die Begünstigung eines Erwerbsvorgangs durch § 6a Satz 4 ausgeschlossen, der auf einer Umwandlung beruht, an dem eine Gesellschaft beteiligt ist, an deren Kapital oder deren Gesellschaftsvermögen das herrschende Unternehmen die unmittelbare oder mittelbare oder teils unmittelbare, teils mittelbare Beteiligung in Höhe von 95 % erst innerhalb der Vorbehaltensfrist von dritter (konzernfremder) Seite erworben hat. Dasselbe gilt mit umgekehrten Vorzeichen, dass entweder die übernehmende Gesellschaft oder eine die mittelbare Beteiligung vermittelnde Gesellschaft innerhalb der Nachbehaltensfrist durch Eindringen von fremden Dritten deshalb nicht mehr als abhängige Gesellschaft i.S. des § 6a Satz 4 anzusprechen ist, weil die Beteiligungshöhe von 95 % unterschritten wird.

16a   Aus der Erkenntnis, dass § 6a Satz 4 nicht der Begünstigung eines auf einer Umwandlung beruhenden Erwerbsvorgangs entgegensteht, wenn Erwerberin ein durch den Umwandlungsvorgang neu gegründeter Rechtsträger ist und auch dann nicht die Begünstigung ausschließt, wenn der übertagende Rechtsträger infolge der Umwandlung erlischt, ist § 6a Satz 4 wie folgt zu lesen: „Im Sinne von Satz 3 abhängig ist eine Gesellschaft an deren Kapital oder deren

---

1 Vgl. § 1 Abs. 1 Nr. 1 i.V.m. § 2 Nr. 2 UmwG, § 1 Abs. 1 Nr. 2 i.V.m. § 123 Abs. 1 Nr. 2, Abs. 2 Nr. 2, Abs. 3 Nr. 2 UmwG sowie § 1 Abs. 1 Nr. 3 i.V.m. § 179 Abs. 1 UmwG.

Gesellschaftsvermögen das herrschende Unternehmen innerhalb von fünf Jahren vor dem Rechtsvorgang und fünf Jahre nach dem Rechtsvorgang unmittelbar oder mittelbar oder teils unmittelbar, teils mittelbar zu mindestens 95 % ununterbrochen beteiligt war, soweit nicht das Umwandlungsrecht das Erlöschen eines Rechtsträgers oder die Neugründung eines Rechtsträgers bedingt, an dem die 95%ige Beteiligung besteht."

### a) Einzelheiten zur Vorbehaltensfrist

Unter der Prämisse der Ausführungen in Rdnr. 16, 16a ist bei solchen Umwandlungen, die zur Neugründung eines oder mehrerer Rechtsträger geführt haben (§ 20 Nr. 2, § 123 Abs. 1 Nr. 2, Abs. 2 Nr. 2, Abs. 3 Nr. 2 UmwG), die Einhaltung der Vorbehaltensfrist nur vom übertragenden Rechtsträger zu fordern, weil Unmögliches zu verlangen mit der Intention des Gesetzgebers und auch des Gesetzes nicht vereinbar ist. U. E. entspricht es aber auch dem mit § 6a verfolgten Ziel, die Begünstigung nur Gesellschaften zu gewähren, die in einem bestehenden, gefestigten Konzern eingebunden sind, Umwandlungen zur Neugründung auch dann zu gewähren, wenn der übertragende Rechtsträger seinerseits durch einen nach § 6a begünstigungsfähigen Vorgang aus einer abhängigen Gesellschaft entstanden ist. In einem solchen Fall sind die „Vorbehaltenszeiten" der beiden Gesellschaften zusammenzurechnen.[1] Der Erwerb einer Beteiligung am Kapital oder am Gesellschaftsvermögen von dritter (konzernfremder) Seite, der aus der Sicht des Umwandlungsstichtags noch weniger als fünf Jahre zurückliegt, ist jedenfalls vorbehaltsfristschädlich. Dasselbe gilt von einer – und sei es auch nur kurzfristig – die Beteiligung des herrschenden Unternehmens unter 95 % senkende Beteiligung eines (konzernfremden) Dritte während der Vorbehaltenszeit.

17

### b) Einzelheiten zur Nachbehaltensfrist

Aus den nämlichen Überlegungen heraus kann die Einhaltung der Nachbehaltensfrist dann nicht gefordert werden, wenn der übertragende Rechtsträger umwandlungsbedingt erlischt.[2] Im Übrigen muss das Erlöschen eines am einem Umwandlungsvorgang beteiligten Rechtsträgers u. E. dann als unschädlich angesehen werden, wenn es infolge eines weiteren (nachfolgenden) Umwandlungsvorgangs eintritt, allerdings unter der Voraussetzung, dass die auf-

17a

---

1 Ähnlich Ländererlasse v. 19. 6. 2012; BStBl I 2012, 662, Tz 4 Nr. 2 für sog. verbundsgeborene Gesellschaften.

2 Vgl. für Verschmelzungen § 20 Abs. 1 Nr. 2 UmwG, für die Aufspaltung § 131 Abs. 1 Nr. 2 UmwG, für Vermögensübertagungen § 176 Abs. 3 Satz 2, § 178 Abs. 2 UmwG.

oder übernehmenden Gesellschaften ihrerseits die für den vorhergehenden Rechtsvorgang vorgegebene Nachbehaltensfrist für den untergegangenen Rechtsträger fortführen. Die Nachbehaltensfrist ist jedoch nicht eingehalten, wenn ein (konzern)fremder Dritter eine Beteiligung an neu gegründeten Rechtsträgern erwirbt, die dazu führt, dass die Fremdbeteiligung das Ausmaß von 5 % übersteigt. Sind bei einer Auf- oder Abspaltung bzw. Ausgliederung (§ 123 UmwG) mehrere bestehende oder neu gegründete Rechtsträger so kann das Eindringen eines (konzernfremden) Dritten in eine der beiden oder in mehrere Gesellschaften nur in Bezug auf die von diesen verwirklichten Erwerbsvorgänge zum Wegfall der Begünstigung führen. Ein solches Ereignis führt nicht dazu, dass auch die anderen an dem Umwandlungsvorgang als auf- oder übernehmenden Rechtsträger Beteiligten der Begünstigung verlustig gehen. Auch eine innerhalb der Nachbehaltensfrist erfolgende Auflösung der übernehmenden oder aufnehmenden Gesellschaft unter Auskehrung ihres Vermögens stellt stets einen Verstoß gegen die Nachbehaltensfrist dar, und zwar auch dann, wenn das Vermögen der aufgelösten Gesellschaft ihrer Alleingesellschafterin zufließt. Denn § 6a begrenzt die Begünstigung über die Beteiligung des herrschenden Unternehmens – sei sie unmittelbar oder mittelbar oder teils unmittelbar, teils mittelbar.

18   Das Schicksal des Erwerbsgegenstands des der Grunderwerbsteuer unterliegenden aber begünstigten Umwandlungsvorgangs (z. B. Grundstück, vereinigte Anteile) während der Nachbehaltensfrist ist dagegen ebenso unerheblich wie die Veräußerung der Beteiligung an denjenigen Gesellschaften, die den übertragenden bzw. übernehmenden Rechtsträgern nachgeordnet sind. Jenen kommt nämlich nicht die Eigenschaft zu, Beteiligte an dem Umwandlungsvorgang zu sein, sie sind selbst nur Gegenstand des durch ihn verwirklichten grunderwerbsteuerbaren Erwerbsvorgangs.

Unerheblich ist, ob der Rechtsvorgang, durch den die Nachbehaltensfrist verletzt wird, selbst der Grunderwerbsteuer unterliegt. Denn Satz 4 konkretisiert nur den Begriff der abhängigen Gesellschaft, der die subjektiven Voraussetzungen der Begünstigung bestimmt.[1]

---

1  Ebenso Pahlke, Rz 59.

# IV. Folgen der Nichteinhaltung der Nachbehaltensfrist; Verfahrensrechtliches

## 1. Folgen der Nichteinhaltung der Nachbehaltensfrist

Während die Nichteinhaltung der Vorbehaltensfrist die Begünstigung ausschließt, führt die Verletzung der Nachbehaltensfrist zum Wegfall der Steuerbegünstigung mit Wirkung für die Vergangenheit. Sie stellt ein **rückwirkendes Ereignis** i. S. von § 175 Abs. 2 Satz 1 AO dar. Die Grunderwerbsteuer ist dementsprechend nach § 175 Abs. 1 Satz 1 Nr. 2 AO festzusetzen; ein etwa ergangener Freistellungsbescheid ist nach § 175 Abs. 1 Satz 1 Nr. 2 i.V. m. § 155 AO zu ändern. Für die **Ermittlung der Bemessungsgrundlage** sind die Verhältnisse im Zeitpunkt der Entstehung der Steuer aus § 1 Abs. 1 Nr. 3 Satz 1, Abs. 2, 2a, 3 Nr. 2 und 4 sowie Abs. 3a ebenso maßgebend wie für die Höhe des **Steuersatzes,** weil es sich nicht um eine Nacherhebung der Steuer im rechtstechnischen Sinn handelt. Die Steuer ist so festzusetzen wie sie festzusetzen gewesen wäre, wenn die Begünstigung aus § 6a nicht zu gewähren gewesen wäre. Ob dem oder den übernehmenden Rechtsträgern das Grundstück usw. noch gehört, ist ohne Bedeutung (s. Rdnr. 18). Die **Steuerschuldnerschaft** ergibt sich aus § 13 Nr. 2, 5 Buchst. a, 6 und 7 je nach der Art des (vormals steuerbegünstigten) Erwerbsvorgangs. Ist der übernehmende Rechtsträger, der nach § 13 Nr. 2 oder Nr. 5 Buchst. a Steuerschuldner wäre, ohne schädliche Auswirkung auf die Begünstigung durch einen weiteren Umwandlungsvorgang im Verbund während des Nachbehaltenszeitraums erloschen (s. Rdnr. 17), ist die Steuerschuld auf dessen Gesamtrechtsnachfolger (bei Aufspaltung ggf. anteilig auf die partiellen Gesamtrechtsnachfolger) übergegangen (§ 45 Abs. 1 Satz 1 AO). 19

Die **Festsetzungsfrist** beginnt nach § 175 Abs. 1 Satz 2 AO mit Ablauf des Kalenderjahrs, in dem die Nachbehaltensfrist verletzt wird.

## 2. Anzeigepflicht

In den Fällen der Nichteinhaltung der Nachbehaltensfrist besteht eine Anzeigepflicht der Beteiligten nach § 19 Abs. 2 Nr. 4a. Wegen der Einzelheiten der Anzeige wird auf Hofmann, GrEStG, § 19 Rdnr. 10, 13 ff. Bezug genommen. 20

## 3. Sonstiges

### a) Verhältnis zu §§ 5 und 6 sowie zu § 3 Nr. 1

§ 6a derogiert nicht die Steuervergünstigungen der §§ 5 und 6. Ist die Steuerbegünstigung aus § 6a wegen der Verletzung der Nachbehaltensfrist wegge- 21 fallen, können im Rahmen der Steuerfestsetzung §§ 5 oder 6 angewendet werden, soweit deren Voraussetzungen vorliegen. Übersteigt der für die Steuer maßgebende Wert (§ 8 Abs. 2 Satz 1) im Einzelfall nicht 2 500 Euro, so ist § 3 Nr. 1 (ggf. neben §§ 5 oder 6) anzuwenden.

**b) Rückgängigmachung des die Nachbehaltensfrist verletzenden Ereignisses**

22 Wird lediglich das die Nachbehaltensfrist verletzende Ereignis rückgängig gemacht, während der steuerbare Vorgang, der Umwandlungsvorgang, selbst unberührt bleibt, kommt eine analoge Anwendung von § 16 nicht in Betracht.[1]

23 *(Einstweilen frei)*

.

# C. Begünstigung entsprechender Umwandlungen (§ 6a Satz 2)

## I. Grundsätzliches

### 1. Innerstaatliche (gesellschaftsrechtliche) Vorgaben

24 Das Umwandlungsgesetz gilt nach dessen § 1 Abs. 1 nur für Rechtsträger mit Sitz im Inland. Es trifft in seinem 10. Abschnitt des Zweiten Teils („Besondere Vorschriften") in §§ 122a ff. auch Regelungen zur **grenzüberschreitenden Umwandlung**, zu der als übertragende, übernehmende oder neue Gesellschaften nur Kapitalgesellschaften i. S. des Art. 2 Nr. 1 der Richtlinie 2005/56 des Europäischen Parlaments und des Rates vom 25. 10. 2005 über die Verschmelzung von Kapitalgesellschaften aus verschiedenen Mitgliedstaaten[2] beteiligt sein können, die nach dem Recht eines Mitgliedstaats der EU oder eines anderen Vertragsstaats des Abkommens über den Europäischen Wirtschaftsraum (EWR) gegründet worden sind und ihren satzungsgemäßen Sitz, ihre Hauptverwaltung oder ihre Hauptniederlassung in einem Mitgliedstaat der EU oder einem Vertragsstaat des EWR-Abkommens haben. Werden aufgrund einer solchen Verschmelzung die Tatbestände des § 1 Abs. 1 Nr. 3 Satz 1, Abs. 2, 2a, 3 Nr. 2 oder 4 oder des Abs. 3a erfüllt, ist die Steuervergünstigung unter Beachtung der subjektiven Voraussetzungen (s. Rdnr. 9 ff.) zu gewähren. § 6a bean-

---

1 Vgl. Hofmann, GrEStG, § 16 Rdnr. 6; s. auch BFH v. 29. 9. 2005 II R 36/04, BStBl II 2006, 43.
2 ABl. EU Nr. L 310, 1.

sprucht notwendig auch Geltung für Umwandlungen i. S. von Art. 17 Abs. 1, Abs. 2 Satz 1 der VO (EG) 2157/2001[1] i. V. m: Art. 3 Abs. 1 der Richtlinie 78/855/EWG des Rates:[2,3]

## 2. Erstreckung der Begünstigung auf Umwandlungen aufgrund des Rechts anderer Staaten (§ 6a Satz 2)

§ 6a Satz 2 erstreckt wohl zur Vermeidung europarechtlicher Bedenken die    25
Steuervergünstigung für nach § 1 Abs. 1 Nr. 3 Satz 1, Abs. 2, 2a, 3 und Abs. 3a steuerbare Rechtsvorgänge auch auf solche, die aufgrund § 1 Abs. 1 Nr. 1 bis 3 UmwG **entsprechender Umwandlungen nach** dem **Recht** eines **Mitgliedstaats der EU** oder eines Staats, auf den das Abkommen über den Europäischen Wirtschaftsraum **(EWR)** Anwendung findet, verwirklicht werden. Eine Umwandlung aufgrund fremden Rechts kann nur dann als „**entsprechende Umwandlung**" angesehen werden, wenn diese dem Umwandlungsgesetz vergleichbare rechtstechnische Regelungen enthält. Das ist dann zu bejahen, wenn das ausländische Recht die rechtstechnisch vereinfachte Möglichkeit vorsieht, eine Sachgesamtheit im Wege der Gesamtrechtsnachfolge oder der partiellen Gesamtrechtsnachfolge[4] gegen Anteilsgewährung durch nur einen Rechtsakt, nämlich die Eintragung der Verschmelzung, Spaltung oder Vermögensübertragung im jeweils zuständigen Register, übergehen zu lassen. Die gleich lautenden Ländererlasse[5] gehen – ohne den Vermögensübergang bewirkenden Rechtsakt zu erwähnen – unter Tz 3.2 Abs. 2 davon aus, dass eine entsprechende Verschmelzung dann vorliege, wenn im Wege der Gesamtrechtsnachfolge Anteile an die Anteilsinhaber des oder der übertragenden Rechtsträger gewährt werden, eine entsprechende Auf- oder Abspaltung dann, wenn im Wege der partiellen Gesamtrechtsnachfolge Anteile der übernehmenden Rechtsträger an die Anteilsinhaber des übertragenden Rechtsträgers gewährt werden und eine entsprechende Ausgliederung dann, wenn im Wege der partiellen Gesamtrechtsnachfolge Teile des Vermögens eines Rechtsträgers auf übernehmende Rechtsträger übertragen und Anteile an diesen gewährt werden.

---

1 ABl. Nr. L 294, 1.
2 ABl. Nr. L 295, 36.
3 So auch Ländererlasse v. 19. 6. 2012, BStBl I 2012, 662; gl. A. Boruttau/Viskorf, Rn. 23.
4 Entgegen Boruttau/Viskorf, Rn. 23, kennt das Umwandlungsgesetz – anders als das Umwandlungssteuergesetz – keine Einzelrechtsnachfolge.
5 Vom 19. 6. 2012, BStBl I 2012, 662.

26   Die Steuerbegünstigung aus § 6a wird nach dem Wortlaut der Vorschrift dann nicht gewährt, wenn Erwerbsvorgänge i. S. des § 1 Abs. 1 Nr. 3 Satz 1, Abs. 2, 2a, 3 sowie Abs. 3a durch Umwandlungen nach dem **Recht eines Drittstaates** verwirklicht werden, dessen Umwandlungsrecht – würde es sich um einen EU-Mitgliedstaat bzw. einen Staat, auf den das EWR-Abkommen Anwendung findet – als „entsprechende Umwandlung" anzusprechen wäre. Das ist jedenfalls dann nicht unproblematisch, wenn zwischen diesen Staaten und der Bundesrepublik ein Doppelbesteuerungsabkommen besteht, dessen Diskriminierungsklausel Art. 24 OECD-Musterabkommen entspricht.[1]

## II. Voraussetzungen der Steuerbegünstigung von Rechtsvorgängen aufgrund entsprechender Umwandlungen

27   Die subjektiven Voraussetzungen für die Begünstigung sind die Nämlichen wie sie für die Begünstigung von Erwerbsvorgängen i. S. des § 1 Abs. 1 Nr. 3 Satz 1, Abs. 2, 2a, 3 und Abs. 3a aufgrund Umwandlungen nach § 1 Abs. 1 Nr. 1 bis 3 UmwG gelten. Auch dafür ist der Kreis der möglichen beteiligten Rechtsträger abschließend – „ausschließlich" – auf ein herrschendes und eine oder mehrere von diesem abhängige Gesellschaften beschränkt. Im Übrigen gelten die Ausführungen in Rdnr. 7 bis 22 entsprechend.

# D. Begünstigung von Einbringungen und anderen Erwerbsvorgängen auf gesellschaftsvertraglicher Grundlage

## I. Allgemeines

28   Mit Wirkung für Erwerbsvorgänge, die nach dem 6. 6. 2013 verwirklicht werden, wurde die Begünstigung in § 6a Satz 1 auf Einbringungen und andere Erwerbsvorgänge auf gesellschaftsvertraglicher Grundlage erstreckt.[2] § 6a Satz 3 wurde nicht angepasst. Mit Art. 14 Nr. 1 Gesetz zur Anpassung des nationalen Steuerrechts an den Beitritt Kroatien zur EU und zur Änderung weiterer steuerlichen Vorschriften[3] erhielt § 6a Satz 1 seine jetzige Fassung. In § 6a Satz 2 wurden die Worte „Einbringungen und andere Erwerbsvorgänge auf gesell-

---

1   Im Einzelnen vgl. Lüdicke/Schnitger, DStR 2011, 1005.
2   Art. 26 Nr. 3 AmtshilfeRLUmsG v. 26. 6. 2013, BGBl I 2013, 1809; s. auch § 23 Abs. 11.
3   Vom 25. 3. 2015, BGBl I 2015, 1266.

schaftsvertraglicher Grundlage" eingefügt. § 6a Satz 3 bekam seine jetzige Fassung. Sowohl die Erweiterung (§ 6a Satz 2) als auch die Einschränkung (§ 6a Satz 3) der Begünstigung sind nach § 23 Abs. 12 auf Erwerbsvorgänge anzuwenden, die nach dem 6. 6. 2013 verwirklicht werden, weil dem Gesetz insoweit klarstellender Charakter zukomme. Die Finanzverwaltung ist in den Ländererlassen vom 9. 10. 2013[1] schon vor der Gesetzesänderung davon ausgegangen, dass die Voraussetzungen des § 6a Satz 3 sowie des Satzes 4 auch bei Einbringungen und anderen Erwerbsvorgängen auf gesellschaftsvertraglicher Grundlage Geltung beanspruchen.

Soweit Einbringungen und andere Erwerbsvorgänge auf gesellschaftsvertraglicher Grundlage durch Personengesellschaften als Erwerber vorliegen, tritt sie neben die Begünstigungen aus § 5 Abs. 1 und 2 sowie § 6 Abs. 3 Satz 1 i. V. m. Abs. 1 und auch § 7 Abs. 2, ohne den Einschränkungen dieser Begünstigungen (vgl. § 5 Abs. 3 und § 6 Abs. 3 Satz 2, Abs. 4 Satz 1, § 7 Abs. 3) zu unterliegen und nicht nur beschränkt auf die Beteiligung des Veräußerers am Vermögen der Gesamthand. Soweit bei anderen Erwerbsvorgängen auf gesellschaftsvertraglicher Grundlage die Personengesellschaft Veräußerin ist, übersteigt die Begünstigung diejenige aus § 6 Abs. 1 oder 2, und zwar ohne die für diese geltenden Einschränkungen (s. § 6 Abs. 4).

## II. Erwerbsvorgänge auf gesellschaftsvertraglicher Grundlage

### 1. Begriffliches

Zu den Begriffen „Einbringung" sowie „anderen Erwerbsvorgängen auf gesellschaftsvertraglicher Grundlage" vgl. Hofmann, GrEStG, § 8 Rdnr. 41 bis 44. „Entsprechende" Einbringungen sowie andere Erwerbsvorgänge auf gesellschaftsvertraglicher Grundlage aufgrund des Rechts eines Mitgliedstaats der EU oder eines Staats, auf den das Abkommen des EWR Anwendung findet i. S. des § 6a Satz 2 sind solche, durch die die Gesellschafterstellung des an einem solchen Erwerbsvorgang beteiligten Gesellschafters in rechtlicher Hinsicht verändert oder berührt wird.[2]

29

---

1 BStBl I 2013, 1375.
2 Vgl. BFH v. 16. 2. 2011 II R 48/08, BStBl II 2012, 295.

## 2. Anwendungsbereich der 2. und 3. Alternative von § 6a Satz 1 und 2

30 Da Rechtsvorgänge, die bestimmte schuldrechtliche Verträge der Grunderwerbsteuer unterwerfen, wie § 1 Abs. 1 Nr. 1, 5 sowie solche, die rechtsgeschäftliche Verfügungen erfassen, wie § 1 Abs. 1 Nr. 7, nicht begünstigt sind, ist der **Anwendungsbereich verhältnismäßig schmal.**

31 Denn **Einbringungen von Grundstücken i. S.** des § 2 beruhen zwar regelmäßig auf gesellschaftsvertraglicher Grundlage, doch **sind sie nach § 1 Abs. 1 Nr. 1 grunderwerbsteuerbar**; ihnen voraus geht nämlich die entsprechende Verpflichtung zur Übereignung bzw. Übertragung der Sacheinlage (s. § 27 AktG, § 5 Abs. 4 GmbHG) bzw. des Sachbeitrags (§ 706 BGB). Sie sind **nicht nach § 6a Satz 1 begünstigt.** Soll Gegenstand einer Sacheinlage bzw. eines Sachbeitrags nach den gesellschaftsvertraglichen Vereinbarungen ein Anspruch auf Abtretung eines Übereignungsanspruchs sein, so ist diese Vereinbarung nach § 1 Abs. 1 Nr. 5 grunderwerbsteuerbar und damit von der Begünstigung nicht erfasst. Ist nach den gesellschaftsvertraglichen Vereinbarungen ein Grundstück dem Werte nach derart in eine Gesellschaft einzubringen, dass diese es nicht nur besitzen und benutzen soll und die Lasten zu tragen hat, sondern dass auch die Wertsteigerungen bzw. Wertminderungen der Gesellschaft und nur vermittels des Gesellschaftsverhältnisses den einzelnen Gesellschaftern zugutekommen, ist dadurch der Tatbestand des **§ 1 Abs. 2** erfüllt[1] und der Vorgang nach § 6a Satz 1 **begünstigt.** Ebenfalls **begünstig** ist eine gesellschaftsvertraglich begründete Einlage- bzw. Beitragsverpflichtung zur Übertragung von unmittelbar oder mittelbar mindestens 95 % der Anteile einer Gesellschaft, zu deren Vermögen ein inländisches Grundstück gehört. Sie erfüllt den Tatbestand des **§ 1 Abs. 3 Nr. 3,** und zwar in Bezug auf diejenigen Grundstücke, die der Gesellschaft, auf deren Anteile sich die Sacheinlage bzw. -beitragsverpflichtung bezieht, im Zeitpunkt des Abschlusses des Vertrags gehören. Wird die Einbringungsverpflichtung erfüllt und hat die Gesellschaft, deren Anteile davon betroffen sind, zwischen Vertragsabschluss und Erfüllung der Einbringungsverpflichtung erstmals ein Grundstück erworben oder weitere Grundstücke hinzuerworben, so wird in Bezug auf diese der ebenfalls begünstigte Tatbestand des **§ 1 Abs. 3 Nr. 4** verwirklicht.[2] Bezieht sich die Einbringungsverpflichtung nur auf weniger als 95 % der Anteile einer grundbesitzenden Gesellschaft, so kann dieses Verpflichtungsgeschäft entweder dann den Tatbestand

---

1 Siehe auch Hofmann, GrEStG, § 1 Rdnr. 81.
2 Vgl. Hofmann, GrEStG, § 1 Rdnr. 139.

des **§ 1 Abs. 3 Nr. 1** erfüllen, wenn sich Mitgründer der Kapitalgesellschaft oder Mitgesellschafter der Personengesellschaft ebenfalls zur Einbringung von Anteilen dieser Gesellschaft verpflichten und dadurch insgesamt unmittelbar oder mittelbar 95 % der Anteile auf die Gesellschaft übertragen werden sollen[1] oder im Falle der entsprechenden Einbringungsverpflichtung im Zuge einer Kapitalerhöhung, wenn die Gesellschaft bereits selbst so viele der Anteile der grundstücksbesitzenden Gesellschaft innehat, dass Anteilsvereinigung eintritt. Hinsichtlich solcher Grundstücke, die die Gesellschaft, auf deren Anteile sich die Einbringungsverpflichtung bezieht, zwischen Einbringungsverpflichtung und Abtretung der Anteile erstmals erworben oder hinzuerworben hat, wird der ebenfalls nach § 6a Satz 1 begünstigte Tatbestand des **§ 1 Abs. 3 Nr. 2** verwirklicht.[2]

Da die Übertragung des Eigentums an einem Grundstück im Zuge der **Auflösung einer Kapitalgesellschaft** aufgrund entsprechenden Beschlusses der Hauptversammlung bzw. der Gesellschafterversammlung zumindest dessen Auflassung an den Berechtigten bedarf, ist die Verwirklichung des Tatbestands des § 1 Abs. 1 Nr. 3 Satz 1 ausgeschlossen. Wird im Zuge der **Auseinandersetzung einer Personengesellschaft** aufgrund entsprechender Vereinbarung der Gesellschafter über diese (vgl. § 731 BGB sowie § 105 Abs. 3 HGB i.V.m. § 731 BGB bzw. § 161 Abs. 2 HGB i.V.m. § 105 Abs. 2 HGB und § 731 BGB) ein Grundstück (Miteigentumsanteil an einem Grundstück) i.S. des § 2 auf einen (oder mehrere) von ihnen übertragen, ist entweder aufgrund dieser Vereinbarung zu dessen (oder deren) Gunsten ein schuldrechtlicher Übereignungsanspruch begründet worden oder es bedarf zumindest der Auflassung (grunderwerbsteuerbar nach § 1 Abs. 1 Nr. 2). Die **Verwirklichung** des Tatbestands des **§ 1 Abs. 1 Nr. 3 Satz 1** ist damit **ausgeschlossen**.[3] Die Steuerbegünstigung aus § 6a Satz 1 zweite Alternative kommt aber dann in Betracht, wenn aus einer zweigliedrigen Personengesellschaft einer der Gesellschafter ausscheidet und gesellschaftsvertraglich bestimmt ist, dass dem Ausscheidenden nur ein Abschichtungsanspruch zusteht, das Vermögen der Personengesellschaft folglich dem anderen nach § 738 BGB anwächst. Denn die **Anwachsung** führt in Bezug auf ein Grundstück zu einem nach § 1 Abs. 1 Nr. 3 Satz 1 grunderwerbsteuerbaren Erwerb und in Bezug auf zu mindestens zu 95 % vereinigter Anteile einer Gesellschaft, zu deren Vermögen ein inländisches Grundstück gehört, zur Verwirklichung des Tatbestands des § 1 Abs. 3 Nr. 4. Ob es in solchen Fällen zu ei-

32

---

1 Siehe Hofmann, GrEStG, § 1 Rdnr. 138 sowie BFH v. 15. 12. 2006 II B 26/06, BFH/NV 2007, 500.

2 Vgl. Hofmann, GrEStG, § 1 Rdnr. 139.

3 Es verbleibt aber die Begünstigung aus § 6 Abs. 1 oder 2 unter der Voraussetzung des § 6 Abs. 4.

ner Anteilsvereinigung kommt, ist Sachverhaltsfrage des Einzelfalls. Scheidet aus einer OHG der vorletzte Gesellschafter mangels abweichender gesellschaftsvertraglicher Vereinbarungen aus den in § 131 Abs. 3 Nr. 1 bis 4 HGB genannten Gründen aus, kommt es zwar auch zur Anwachsung, diese erfolgt aber nicht auf gesellschaftsvertraglicher, sondern auf gesetzlicher Grundlage.

33   Ob die dem Grunde nach begünstigten Tatbestände des § 1 Abs. 2a und 3a bei Einbringungen oder im Zuge der Auflösung einer Kapitalgesellschaft bei Verzicht auf die Umsetzung des Vermögens der Gesellschaft in Geld (s. § 268 Abs. 1, § 271 AktG, §§ 70, 72 GmbHG) bzw. bei der Auseinandersetzung einer Personengesellschaft in Natur (§ 731 BGB, § 105 Abs. 3 HGB i. V. m. § 713 BGB bzw. § 161 Abs. 2 HGB i. V. m. § 105 Abs. 3 HGB und § 731 BGB) verwirklicht werden, ist ebenso eine Frage des Einzelfalls wie deren Verwirklichung durch Einbringung.

34   Die Begünstigung ist in subjektiver Hinsicht in gleicher Weise beschränkt, wie dies für Erwerbsvorgänge aufgrund einer Umwandlung gilt. Die Ausführungen in Rdnr. 11 ff. gelten entsprechend. An solchen Erwerbsvorgängen beteiligt sind der Einbringende bzw. der sonst auf gesellschaftsvertraglicher Grundlage Leistende und die erwerbende Gesellschaft. Die Vorbehaltens- und Nachbehaltensfrist müssen eingehalten werden, vgl. dazu Rdnr. 16 ff.

# E.  Beihilfecharakter?

35   Die vom Bundesfinanzhof in seinen Beschlüssen vom 25. 11. 2015[1] angesprochene Frage, ob die Steuervergünstigung nach § 6a eine mit dem Binnenmarkt unvereinbare Beihilfe i. S. von Art. 107 Abs. 1 AEUV darstellt, hat die Europäische Kommission zu entscheiden.[2] Auf Vorlage des Bundesfinanzhofs nach Art. 267 Abs. 1 und 3 AEUV entscheidet der Europäische Gerichtshof.

# § 7  Umwandlung von gemeinschaftlichem Eigentum in Flächeneigentum

(1) Wird ein Grundstück, das mehreren Miteigentümern gehört, von den Miteigentümern flächenweise geteilt, so wird die Steuer nicht erhoben, soweit

---

1  II R 50/13, BFH/NV 2016, 236, II R 36/14, BFH/NV 2016, 239, II R 62/14, BStBl II 2016, 167, und II R 63/14, BStBl II 2016, 170.
2  Siehe Art. 108 AEUV; keine Notifizierung erfolgt.

der Wert des Teilgrundstücks, das der einzelne Erwerber erhält, dem Bruchteil entspricht, zu dem er am gesamten zu verteilenden Grundstück beteiligt ist.

(2) Wird ein Grundstück, das einer Gesamthand gehört, von den an der Gesamthand beteiligten Personen flächenweise geteilt, so wird die Steuer nicht erhoben, soweit der Wert des Teilgrundstücks, das der einzelne Erwerber erhält, dem Anteil entspricht, zu dem er am Vermögen der Gesamthand beteiligt ist. Wird ein Grundstück bei der Auflösung der Gesamthand flächenweise geteilt, so ist die Auseinandersetzungsquote maßgebend, wenn die Beteiligten für den Fall der Auflösung der Gesamthand eine vom Beteiligungsverhältnis abweichende Auseinandersetzungsquote vereinbart haben.

(3) Die Vorschriften des Absatzes 2 gelten insoweit nicht, als ein Gesamthänder – im Fall der Erbfolge sein Rechtsvorgänger – seinen Anteil an der Gesamthand innerhalb von fünf Jahren vor der Umwandlung durch Rechtsgeschäft unter Lebenden erworben hat. Die Vorschrift des Absatzes 2 Satz 2 gilt außerdem insoweit nicht, als die vom Beteiligungsverhältnis abweichende Auseinandersetzungsquote innerhalb der letzten fünf Jahre vor der Auflösung der Gesamthand vereinbart worden ist.

## Inhaltsübersicht

# A. Allgemeines

## I. Zweck der Vorschrift

1  Nach der dem Grunderwerbsteuergesetz innewohnenden Systematik ist die flächenmäßige Aufteilung eines Grundstücks, das mehreren Personen gehört, in Einzelgrundstücke unter Veränderung der Art der dinglichen Berechtigung ein eigenständiger Erwerbsvorgang.[1] Denn der Teilungsvertrag ist seiner Natur nach ein Tauschvertrag.

§ 7 liegt der nämliche Gedanke zugrunde, der auch für die Steuervergünstigungen aus §§ 5 und 6 leitend ist: Soweit sich nur die Qualität, aber nicht das Quantum der bezüglich eines Grundstücks bestehenden Berechtigung ändert, soll eine Steuer nicht erhoben werden. Die Vorschrift ergänzt § 6, und zwar in der Weise, dass in Absatz 1 dem Gedanken der Steuerpflicht nur des Mehrerwerbs auch bei der (ganzen und teilweisen, vgl. Rdnr. 6) Auflösung von Bruchteilseigentum Raum gegeben wird, und in Absatz 2 (unter Einschränkung durch Absatz 3) der Fall der Umwandlung von Gesamthandseigentum in Flächeneigentum begünstigt wird (s. Rdnr. 12).

Zur **Anwendbarkeit** auf Vorgänge nach dem **Wohnungseigentumsgesetz** vgl. Hofmann, GrEStG, § 2 Rdnr. 40 bis 42. Zum notwendigen engen sachlichen und zeitlichen Zusammenhang bei Teilung nach § 8 WEG durch mehrere Miteigentümer für die Anwendung von § 7 Abs. 1 (und 2) s. BFH v. 16. 2. 1994;[2] vgl. auch Rdnr. 5.

Die Begünstigung greift allein bei flächenweiser Teilung (Realteilung) eines Grundstücks. Sie ergreift folglich nicht den Fall, dass im Zuge einer Auseinandersetzung einer zweigliedrigen Bruchteils- oder Gesamthandsgemeinschaft einem der beiden Beteiligten ein Erbbaurecht an dem Grundstück eingeräumt wird, während der andere das Alleineigentum am (durch das Erbbaurecht belasteten) Grundstück erhält, denn das Erbbaurecht ist, im Gegensatz zum Sondereigentum bei der Begründung von Wohnungs- bzw. Teileigentum nach dem WEG, kein reales Flächeneigentum, sondern lediglich ein grundstücksgleiches Recht, dessen Gleichstellung in § 2 Abs. 2 Nr. 1 im Zusammenhang mit § 7 ohne Relevanz ist.[3]

---

1  BFH v. 24. 7. 1974 II R 85/67, BStBl II 1975, 148.
2  II R 96/90, BFH/NV 1995, 156.
3  Vgl. dazu auch FM Baden-Württemberg v. 21. 8. 1996, DB 1996, 1799.

## II. Teilbare Grundstücke

§ 7 setzt voraus, dass ein Grundstück mehreren Miteigentümern (Absatz 1)   2
bzw. einer Gesamthandsgemeinschaft (Absatz 2) gehört. Diese Voraussetzung
ist nicht nur erfüllt, wenn die mehreren Miteigentümer zu ideellen Bruchteilen, eine OHG, KG oder eine Gesellschaft bürgerlichen Rechts als Eigentümer
im Grundbuch eingetragen sind; § 7 greift vielmehr schon dann ein, wenn hinsichtlich des Grundstücks ein der Grunderwerbsteuer unterliegender Erwerbsvorgang verwirklicht worden und es deshalb den Miteigentümern bzw. einer
Gesamthand grunderwerbsteuerrechtlich zuzuordnen ist (vgl. zur ähnlichen
Fragestellung im Bereich des § 1 Abs. 3 Hofmann, GrEStG, § 1 Rdnr. 148).

Die Steuervergünstigung des § 7 ist stets auf **ein** Grundstück i. S. des § 2 bezo-   3
gen.[1] Nach **§ 2 Abs. 3 Satz 1** werden grunderwerbsteuerrechtlich mehrere
Grundstücke als nur ein Grundstück behandelt, wenn diese mehreren Grundstücke zu einer wirtschaftlichen Einheit gehören und sich ein Rechtsvorgang
auf sie bezieht (s. dazu Hofmann, GrEStG, § 2 Rdnr. 36). Deshalb ist die Steuervergünstigung aus § 7 auch dann anwendbar, wenn die Realteilung mehrere
Grundstücke erfasst, die vor Abschluss des Auseinandersetzungs- oder Tei-
lungsvertrags zu einer wirtschaftlichen Einheit gehören, und jeder der an den
mehreren Grundstücken notwendig gleichmäßig Beteiligte z. B. Alleineigentum an einem dieser mehreren Grundstücke erwirbt.[2] In ähnlicher Weise behandelt **§ 2 Abs. 3 Satz 2** einen oder mehrere Teile eines Grundstücks als ein
Grundstück, wenn sich ein Rechtsvorgang auf diese bezieht (s. dazu auch Hofmann, GrEStG, § 2 Rdnr. 38). Umfasst ein Grundstück i. S. des bürgerlichen
Rechts mehrere wirtschaftliche Einheiten, so folgt daraus, dass auch der Erwerb einzelner wirtschaftlicher Einheiten durch einen Bruchteilseigentümer
an der größeren wirtschaftlichen Einheit nach § 7 begünstigt ist.[3]

# B. Realteilung eines in Miteigentum stehenden Grundstücks

## I. Gesamtschau des § 7 Abs. 1

Wird ein Grundstück, das in Miteigentum mehrerer zu ideellen Bruchteilen   4
steht, in der Weise flächenweise unter ihnen aufgeteilt, dass jedem ehemali-

---

1 BFH v. 23. 1. 1985 II R 35/82, BStBl II 1985, 336.
2 BFH v. 10. 12. 1968 II B 24/68, BFHE 94, 291; v. 30. 11. 1993 II R 27/90, BFH/NV 1994, 504.
3 Ebenso Boruttau/Viskorf, Rn. 20.

gen Miteigentümer eine reale Teilfläche zu Alleineigentum zugeteilt wird, würde ein solcher Vorgang nach der Grundregel des § 1 Abs. 5 als mehrere Tauschvorgänge zu betrachten sein, Tauschvorgänge nämlich, wodurch jeder seine Miteigentumsanteile an den Teilflächen, die den anderen zugewiesen werden, gegen die Miteigentumsanteile, die den anderen an der ihm zugewiesenen Teilfläche zustehen, tauschweise hingibt. § 7 Abs. 1 behandelt den Teilungstauschvertrag abweichend von § 1 Abs. 5 als **einheitlichen Erwerbsvorgang**. Die Steuer wird bei flächenweiser Teilung eines mehreren Miteigentümern gehörenden Grundstücks insoweit nicht erhoben, als der Wert des Teilgrundstücks, das der einzelne Erwerber erhält, dem Bruchteil entspricht, zu dem er am gesamten zu verteilenden Grundstück beteiligt war.

5 **Zivilrechtlich erfordert** die **flächenmäßige Aufteilung** eines Grundstücks im Rechtssinn notwendig **zwei Rechtsakte**. In der ersten Stufe wird das Grundstück in mehrere selbständige Grundstücke im Rechtssinn geteilt. Diese Teilung erfolgt durch die entsprechende sachenrechtliche Erklärung des Eigentümers gegenüber dem Grundbuchamt flankiert vom entsprechenden Eintragungsantrag und der hierzu erforderlichen Eintragungsbewilligung. Auf dieser Stufe wird, und zwar auch dann, wenn die Teilung durch entsprechende Eintragung in das Grundbuch bewirkt ist, mangels Rechtsträgerwechsels, denn das Miteigentum setzt sich zunächst an den neu gebildeten Grundstücken fort, kein grunderwerbsteuerrechtlich erheblicher Tatbestand erfüllt. In der zweiten Stufe sind die Miteigentumsanteile an den neu gebildeten notwendigerweise flächenmäßig kleineren Grundstücken – den „Teilgrundstücken" – so zu übertragen, dass jeder der gemeinschaftlich nach Bruchteilen Beteiligte alle Anteile an dem Grundstück erhält, das ihm zu Alleineigentum (s. aber auch Rdnr. 6) zugedacht ist. Auf dieser Stufe vollzieht sich der der Grunderwerbsteuer unterliegende Erwerb, der nach Maßgabe von § 7 Abs. 1 begünstigt ist. Für das Eingreifen der Begünstigung ist es nicht erforderlich, dass bei Verwirklichung der ersten Stufe bereits genau feststeht, welches der zu bildenden Grundstücke welcher Miteigentümer erhält; insoweit reicht die allgemeine Absicht der Aufteilung dieser Grundstücke auf die Miteigentümer aus, zumal bis zur erfolgten Vermessung Unsicherheiten bestehen.[1]

Da die Vorschrift erkennbar nicht eingreift, wenn Miteigentümer mehrerer rechtlich und wirtschaftlich selbständiger Grundstücke durch Tausch von Miteigentumsanteilen jeweils Alleineigentum begründen, müssen die zivilrechtlich zur Aufteilung erforderlichen Rechtsakte aufgrund planmäßiger Durchfüh-

---

1 BFH v. 16.12.1994 II R 96/90, BFH/NV 1995, 156.

rung des Entschlusses zur Aufteilung in engem zeitlichen und sachlichen Zusammenhang erfolgen;[1] ein unmittelbares Aufeinanderfolgen ist nicht erforderlich; äußere Umstände, die zur Verzögerung der Umsetzung des Plans führen, sind zu berücksichtigen.[2]

## II. Keine Beschränkung auf Erwerb in Alleineigentum

Aus der Verwendung der Worte „flächenweise Teilung" und „Teilgrundstück"  6
in § 7 Abs. 1 folgt nicht, dass der „einzelne Erwerber" Alleineigentum an der
ihm zugeteilten Fläche erwerben muss, denn auch Miteigentum wird unbeschadet der Regelung in §§ 1008 ff. BGB bürgerlich-rechtlich und folglich auch
grunderwerbsteuerrechtlich (§ 2 Abs. 1 Satz 1) als Volleigentum wie Alleineigentum behandelt. Wird ein mehreren Miteigentümern gehörendes Grundstück unter Auflösung der unter ihnen allen bestehenden Bruchteilsgemeinschaft in der Weise geteilt, dass an einzelnen Teilflächen wiederum Miteigentum – wenn auch nur unter Beteiligung je eines Teiles der ursprünglichen Miteigentümer – begründet wird, so ist dieser Vorgang nach § 7 Abs. 1 steuerbegünstigt. Wird ein vier Miteigentümern zu gleichen Teilen gehörendes Grundstück unter Auflösung dieser Bruchteilsgemeinschaft derart geteilt, dass je zwei Miteigentümer je eine (wertgleiche) Grundstückshälfte erhalten, so ist dieser Vorgang nach § 7 Abs. 1 in vollem Umfang steuerfrei.[3]

Wird ein Grundstück im Rechtssinn zunächst in eine Vielzahl von Grundstücken im Rechtssinn aufgeteilt, so steht der Umstand, dass nicht alle durch die Teilung entstandenen Grundstücke zu Alleineigentum übertragen werden, vielmehr ein Restbestand im Miteigentum der ursprünglichen Bruchteilsgemeinschaft verbleibt, der Begünstigung der jeweils zu Alleineigentum zugewiesenen Grundstücke nicht entgegen.[4]

## III. Unschädlichkeit von Abverkäufen im Zuge der Realteilung

Liegt ein einheitlicher Entschluss zur Teilung des gesamten Grundstücks vor,  7
steht der Begünstigung aus § 7 Abs. 1 für Teilgrundstücke erwerbende (ehemalige) Miteigentümer nicht entgegen, dass ein Teilgrundstück bzw. mehrere

---

1 BFH v. 8. 8. 1990 II R 20/88, BStBl II 1990, 922.
2 FG Düsseldorf v. 11. 3. 2009, EFG 2009, 1329; vgl. auch BFH v. 22. 6. 2012 II B 45/11, BFH/NV 2012, 1827.
3 BFH v. 29. 7. 1969 II 94/65, BStBl II 1969, 669.
4 BFH v. 8. 8. 1990 II R 20/88, BStBl II 1990, 922.

Teilgrundstücke nicht unmittelbar an einen an der Bruchteilsgemeinschaft Beteiligten fallen, sondern zu dessen Gunsten veräußert werden.[1] Unberührt von der Grunderwerbsteuerbefreiung bleibt aber das insoweit zugrunde liegende grunderwerbsteuerrechtliche Valutaverhältnis.

## IV. Umfang und Berechnung der Steuervergünstigung

8    Der Grundstückserwerb im Zuge der Realteilung unter Miteigentümern ist in dem Umfang befreit, in dem der Wert des Teilgrundstücks, das der einzelne Erwerber erhält, dem Bruchteil entspricht, zu dem er am insgesamt zu teilenden Grundstück beteiligt war. **Auszugehen** ist **von** den **gemeinen Werten**,[2] denn es entspricht dem Sinn der Vorschrift, den Grundstückstausch bei der Realteilung im Ausmaß der bisherigen Berechtigung zu begünstigen, auf den gemeinen Wert des erworbenen Grundstücks abzuheben, weil die Bemessungsgrundlage der gemeine Wert des hingegebenen Grundstücks (ggf. zuzüglich von Aufzahlungen) ist (vgl. § 9 Abs. 1 Nr. 2 und Hofmann, GrEStG, § 9 Rdnr. 32).

Für die Ermittlung des steuerfreien Teils ist grundsätzlich zunächst die Steuer aus der Bemessungsgrundlage (= Wert der Gegenleistung, § 8 Abs. 1) zu berechnen und von der errechneten Steuer derjenige Teilsteuerbetrag, der wegen der Befreiung unerhoben bleibt, abzusetzen.[3] Für die nicht zu erhebende Steuer x gilt die **Formel**

$$\frac{X}{\text{volle Steuer}} = \frac{\text{Wert des Bruchteils}}{\text{Wert des Teilgrundstücks.}}$$

**BEISPIELE:** ▶

a) A und B sind Miteigentümer zu je $1/2$ eines Grundstücks im Rechtssinn. Das Grundstück wird in zwei gleichwertige Flächen aufgeteilt, an denen A bzw. B Alleineigentum erhalten sollen.

Da die Werte der Teilgrundstücke, die A und B erhalten, dem Wert ihrer Bruchteilsberechtigung am aufgeteilten Grundstück entspricht, wird keine Steuer erhoben.

b) C und D sind je hälftig Miteigentümer eines Grundstücks. Der gemeine Wert dieses Grundstücks beläuft sich auf 190 000 €. Das Grundstück wird in der Weise geteilt, dass C eine Teilfläche im gemeinen Wert von 110 000 € und B eine im Wert von 80 000 € erhält. C übernimmt zum Ausgleich für den Mehrerwerb eine

---

1 Vgl. BFH v. 13. 12. 1978 II R 92/76, BStBl II 1979, 343; v. 4. 7. 1979 II R 59/74, BStBl II 1979, 681.
2 § 9 BewG, vgl. schon BFH v. 2. 7. 1951 II 21/51 S, BStBl III 1951, 154.
3 BFH v. 24. 11. 1954 II 73/54, BStBl III 1955, 11.

auf dem Grundstück lastende Hypothek samt der zugrunde liegenden Schuld i. H. von 28 000 €.

Die Gesamtgegenleistung des C besteht aus der Aufgabe des hälftigen Miteigentums und in der Befreiung des D von der hälftigen Last (s. § 420 BGB). Sie beträgt also (95 000 € + 14 000 € =) 109 000 €. Die Steuer daraus würde sich in Bayern oder Sachsen (s. Hofmann, GrEStG, § 11 Rdnr. 1) auf 3,5 % aus 109 000 € = 3 815 € belaufen. Da C am ganzen Grundstück mit 95 000 € beteiligt war und einen Wert von 110 000 € (Wert seiner Teilfläche) erhielt, bleibt die Steuer i. H. von x = [(95 000 € × 3 815 €): 110 000 €] 3 294, 75 € unerhoben. Die Steuer ist auf 520 € (vgl. § 11 Abs. 2) festzusetzen.

Für den Erwerb des D, der nur eine Teilfläche erhalten hat, deren Wert den Wert des Bruchteils, zu dem er am aufgeteilten Grundstück beteiligt war, unterschreitet, wird keine Steuer erhoben.

Werden mehrere Grundstücke, die nicht eine wirtschaftliche Einheit bilden, unter Miteigentümern flächenweise geteilt, so ist die Frage, in welchem Umfang Grunderwerbsteuer mit Rücksicht auf § 7 Abs. 1 nicht erhoben wird, für jedes Grundstück gesondert zu prüfen.[1]　　　　9

# C. Flächenweise Aufteilung des Grundstücks einer Gesamthand

## I. Allgemeines

§ 7 Abs. 2 ergänzt die Regelung des § 6. Wird ein Grundstück, das einer Ge-　　10 samthand gehört (vgl. Hofmann, GrEStG, § 6 Rdnr. 1 und Rdnr. 2, 3) von den an der Gesamthand beteiligten Personen (s. Hofmann, GrEStG, § 5 Rdnr. 7 ff.) flächenweise geteilt, so wird die Steuer nicht erhoben, soweit der Wert des Teilgrundstücks, das der einzelne Erwerber erhält, dem verhältnismäßigen Anteil entspricht, zu dem er am Vermögen der Gesamthand beteiligt ist (§ 7 Abs. 2 Satz 1). Erfolgt die flächenweise Teilung im Zuge der Auflösung der Gesamthand, so ist eine etwa vom Beteiligungsverhältnis abweichend vereinbarte Auseinandersetzungsquote für den Umfang der Steuerbefreiung maßgebend (§ 7 Abs. 2 Satz 2). § 7 Abs. 3 enthält eine § 6 Abs. 4 entsprechende Sperrfrist (vgl. dazu Hofmann, GrEStG, § 6 Rdnr. 22 ff.).

Ist eine Gesamthand, z. B. eine OHG, ihrerseits Gesellschafterin einer Gesellschaft mit Gesamthandsvermögen, so gebietet es die besondere grunderwerbsteuerrechtliche Zuordnung, wie sie in § 5 und § 6 (insbesondere in dessen

---

1 BFH v. 5. 12. 1956 II 69/56, BStBl III 1957, 69.

Abs. 3) zum Ausdruck kommt, darauf abzustellen, wem das Vermögen der beteiligten übertragenden und erwerbenden Gesamthand nach Maßgabe des Grunderwerbsteuergesetzes zuzurechnen ist (vgl. Hofmann, GrEStG, vor § 5 Rdnr. 1, § 6 Rdnr. 3). Das hat insbesondere im Bereich der Sperrfrist des § 7 Abs. 3 Bedeutung (s. dazu Hofmann, GrEStG, § 6 Rdnr. 27).

Für den Umfang der Steuervergünstigung gelten die Ausführungen in Hofmann, GrEStG, § 6 Rdnr. 9 ff. und in Rdnr. 2, 3, 8 und 9 entsprechend. Ergänzend ist darauf hinzuweisen, dass die Zugehörigkeit mehrerer Grundstücke zum „Betriebsvermögen" der Gesamthand nicht per se dazu führt, dass sie eine wirtschaftliche Einheit bilden.[1] Da sich § 7 Abs. 2 auf **ein** Grundstück i. S. des § 2 bezieht, das flächenmäßig geteilt wird, ist die Vorschrift nicht anwendbar, wenn der gesamte (nicht eine wirtschaftliche Einheit i. S. des § 2 Abs. 3 Satz 1 bildende) Grundbesitz einer Gesamthand in der Weise geteilt wird, dass jeder Gesellschafter jeweils ein gleichwertiges Grundstück erhält;[2] in einem solchen Fall bleibt es bei der Begünstigung aus § 6 Abs. 2.

## II. Einzelfragen

### 1. Erstreckung auf Auseinandersetzung mit Abverkauf

11 Die Vergünstigung des § 7 Abs. 2 kann auch eingreifen, wenn jeder der an der Gesamthand beteiligten Personen ein Anspruch auf einen entsprechenden Teil des Grundstücks eingeräumt wird und anschließend einer oder einige von ihnen den zugesprochenen Grundstücksanteil in Natur erhalten, die anderen aber im Zuge der Teilung den ihnen zugesprochenen Grundstücksanteil durch die Gesamthand (im Innenverhältnis zu ihren Gunsten) veräußern lassen.[3] Voraussetzung dafür ist, dass ein einheitlicher Entschluss zur entsprechenden Teilung des gesamten Grundstücks i. S. von § 2 Abs. 3 vorliegt.[4]

### 2. Erstreckung auf Teilauseinandersetzung

12 Scheidet ein Gesellschafter aus einer Personengesellschaft aus, so wächst sein Anteil den verbleibenden Gesellschaftern an (§ 738 BGB). Erhält der ausscheidende Gesellschafter als Abfindung u. a. eine Teilfläche eines Grundstückes der Gesellschaft, das im Übrigen im gesamthänderischen Eigentum der übrigen

---

1 BFH v. 3. 4. 1951 II 7/51, BStBl III 1951, 99.
2 BFH v. 23. 1. 1985 II R 35/80, BStBl II 1985, 366; v. 27. 1. 2001 II B 20/01, BFH/NV 2002, 70; s. auch BFH v. 10. 5. 2006 II R 17/05, BFH/NV 2006, 2124.
3 BFH v. 13. 12. 1978 II R 92/76, BStBl II 1979, 343.
4 Ebenso BFH v. 4. 7. 1979 II R 59/74, BStBl II 1979, 681.

Gesellschafter verbleibt, so ist die Grundstücks(teil)übertragung auf den ausscheidenden Gesellschafter insoweit nach § 7 Abs. 2 (vorbehaltlich § 7 Abs. 3) steuerfrei, als der (gemeine) Wert dieses Teilgrundstücks dem Anteil entspricht, zu dem er am Vermögen der Gesamthand beteiligt war.[1] Der Erwerb der verbleibenden Gesellschafter durch Anwachsung (§ 738 Abs. 1 Satz 1 BGB), der bei einer Gesellschaft des bürgerlichen Rechts eine Berichtigung des Grundbuchs nach sich ziehen müsste (vgl. § 47 Abs. 2 GBO), ist als bloßer Wechsel im Personenstand einer Gesamthand steuerfrei.

## 3. Grundstücksabfindung bei Beendigung einer zweigliedrigen Personengesellschaft

Scheidet ein Gesellschafter aus einer zweigliedrigen Personengesellschaft aufgrund vertraglicher Vereinbarungen mit der Maßgabe aus, dass er zur Abfindung einen flächenmäßigen Anteil an dem Gesellschaftsgrundstück erhält, so werden gleichzeitig zwei der Grunderwerbsteuer unterliegende Vorgänge erfüllt: Die Übertragung des flächenmäßigen Anteils an den Ausscheidenden aufgrund Vertrags mit dem Mitgesellschafter nach § 1 Abs. 1 Nr. 1 sowie der Übergang des Eigentums an der Restfläche (s. auch § 2 Abs. 3 Satz 2) auf den „verbleibenden" Gesellschafter infolge Anwachsens des Gesellschaftsvermögens nach § 738 Abs. 1 Satz 1 BGB nach § 1 Abs. 1 Nr. 3 Satz 1. Beide Erwerbsvorgänge sind nach § 7 Abs. 2 insoweit steuerfrei als der gemeine Wert der beiden (Teil)Grundstücke dem verhältnismäßigen Anteil entspricht, zu dem die jeweiligen Erwerber am Vermögen der Gesamthand beteiligt waren.[2] · 13

Wurde eine derartige Vereinbarung nach dem 6. 6. 2013 vollzogen, so kann der Anwachsungserwerb des „verbleibenden Gesellschafters" in vollem Umfang als auf gesellschaftsvertraglicher Grundlage beruhend nach § 6a Satz 1 steuerbegünstigt sein (vgl. § 23 Abs. 11 und Hofmann, GrEStG, § 6a Rdnr. 32).

## 4. Zellteilung

Ebenso wie bei Realteilung eines in Miteigentum stehenden Grundstücks § 7 Abs. 1 auch dann eingreift, wenn nach flächenweiser Teilung des Grundstücks an den Teilflächen wiederum Miteigentum – wenn auch nur unter Beteiligung je eines Teils der ursprünglichen Miteigentümer – begründet wird, steht der Anwendung von § 7 Abs. 2 nicht entgegen, dass die Teilflächen wieder je an aus jeweils einem Teil der Gesellschafter bestehenden Gesamthandsgemein- · 14

---

1 BFH v. 27. 4. 1977 II R 134/75, BStBl II 1977, 677.
2 Vgl. auch BFH v. 27. 4. 1977 II R 134/75, BStBl II 1977, 677.

schaften übergehen. Gehört z. B. ein Grundstück vier Personen in einer GbR, so ist § 7 Abs. 2 auch dann anwendbar, wenn die Gesellschafter jeweils zwei zweigliedrige Gesellschaften bürgerlichen Rechts gebildet haben und das der viergliedrigen GbR gehörende Grundstück flächenmäßig geteilt auf die beiden zweigliedrigen Gesellschaften bürgerlichen Rechts übertragen wird.[1]

### 5. Anwendung von Befreiungsvorschriften

15 Auch § 7 Abs. 1 ermöglicht in Zusammenschau mit den (sachlichen) personenbezogenen Befreiungsvorschriften von § 3 eine weitergehende Begünstigung: In demselben Umfang, in dem der Erwerb des Teilgrundstücks durch einen Miteigentümer begünstigt ist, ist der unmittelbare Erwerb durch dessen Ehegatten bzw. Lebenspartner (s. § 3 Nr. 4) bzw. dessen Verwandten in gerader Linie bzw. eines bloß „leiblichen" Kindes sowie dessen Stiefkinder und deren Ehegatten oder Lebenspartnern (s. § 3 Nr. 6) im Zuge der flächenweisen Teilung begünstigt (vgl. auch Hofmann, GrEStG, § 3 Rdnr. 2). Für § 7 Abs. 2 gelten die Ausführungen in Hofmann, GrEStG, § 6 Rdnr. 35 (s. auch Hofmann, GrEStG, § 3 Rdnr. 3) entsprechend.

## III. Sperrfrist des § 7 Abs. 3

16 Die in § 7 Abs. 3 normierte Sperrfrist für die Begünstigung der Realteilung eines Gesamthandsgrundstücks entspricht inhaltlich voll der des § 6 Abs. 4. Auf die Erläuterungen dazu (Hofmann, GrEStG, § 6 Rdnr. 22 ff.) wird Bezug genommen.

## IV. Freiwillige Baulandumlegung

17 Da einerseits auf die Anordnung oder Durchführung einer Umlegung nach § 46 Abs. 3 BauGB kein Rechtsanspruch besteht, andererseits aber das Bedürfnis zu einer Neuordnung von Grundstücken in einem Gebiet auch außerhalb des förmlichen Umlegungsverfahrens (bzw. zu dessen Vermeidung) besteht, hat sich, ist doch die freiwillige Baulandumlegung nicht von der Steuerbefreiung aus § 1 Abs. 1 Nr. 3 Satz 2 Buchst. b erfasst, folgende Übung ergeben: Die Umlegungsteilnehmer übertragen die nach ihrer Vorstellung in die Neuordnung einzubeziehenden Grundstücke auf eine von ihnen gegründete Gesellschaft bürgerlichen Rechts (als Umlegungsgemeinschaft). Nach Durchführung der Umlegung werden die neu gebildeten Grundstücke von der Umlegungs-

---

1 BFH v. 27. 4. 1977 II R 134/75, BStBl II 1977, 677.

gemeinschaft zurück übertragen. Die Einbringung in die Gesellschaft bürgerlichen Rechts, die Umlegungsgemeinschaft, ist regelmäßig nach § 5 Abs. 2 in dem Umfang begünstigt, in dem der Einbringende an deren Vermögen beteiligt ist, der dem Wert des eingebrachten Grundstücks im Verhältnis zum Wert aller durch die Gesellschafter eingebrachten Grundstücke entspricht, also in Höhe seiner „Beteiligungsquote". Besteht zwischen den einzelnen Grundstücken ein räumlicher Zusammenhang, so bilden sie nach Einbringung ein Grundstück i. S. von § 2 Abs. 3 Satz 1. Für die Übertragung der neu gebildeten Grundstücke auf den einzelnen Teilnehmer ist deshalb Raum für die Anwendung von § 7 Abs. 2. Zu einzelnen Beispielen und hinsichtlich des Umfangs der Steuerbefreiung sowie zu § 16 Abs. 2 Nr. 1 in diesem Zusammenhang s. FM Saarland vom 9. 4. 1998.[1] § 5 Abs. 3 dürfte die Begünstigung der Einbringung jedenfalls dann nicht auflösen, wenn die neu gebildeten Grundstücke im Zuge der Liquidation der Gesellschaft auf die einzelnen Gesellschafter (Umlegungsteilnehmer) übertragen werden. Bemessungsgrundlage ist gemäß § 8 Abs. 2 Nr. 2 der Grundbesitzwert.

# Dritter Abschnitt: Bemessungsgrundlage

# § 8 Grundsatz

(1) Die Steuer bemisst sich nach dem Wert der Gegenleistung.

(2) Die Steuer wird nach den Grundbesitzwerten im Sinne des § 151 Absatz 1 Satz 1 Nummer 1 in Verbindung mit § 157 Absatz 1 bis 3 des Bewertungsgesetzes bemessen:

1. wenn eine Gegenleistung nicht vorhanden oder nicht zu ermitteln ist;

2. bei Umwandlungen auf Grund eines Bundes- oder Landesgesetzes, bei Einbringungen sowie bei anderen Erwerbsvorgängen auf gesellschaftsvertraglicher Grundlage;

3. in den Fällen des § 1 Absatz 2a, 3 und 3a.

Erstreckt sich der Erwerbsvorgang auf ein noch zu errichtendes Gebäude oder beruht die Änderung des Gesellschafterbestandes im Sinne des § 1 Abs. 2a auf einem vorgefassten Plan zur Bebauung eines Grundstücks, ist der Wert des Grundstücks abweichend von § 157 Absatz 1 Satz 1 des Bewertungsgesetzes

---

1 DStR 1998, 1218.

nach den tatsächlichen Verhältnissen im Zeitpunkt der Fertigstellung des Gebäudes maßgebend.

*Anmerkung:*

*§ 8 Abs. 2 Satz 1 erhielt durch Art. 15 StEntlG 1999/2000/2002 v. 24. 3. 1999 (BGBl I 1999, 402) eine neue Fassung. Gleichzeitig wurde § 8 Abs. 2 Satz 2 angefügt. Durch Art. JStG 2007 v. 13. 12. 2006 (BGBl I 2006, 2878) wurden §§ 138, 145, 146, 148 und 149 des BewG i. d. F. JStG 1997 (= BewG a. F.) geändert und § 148a BewG angefügt sowie in §§ 151 ff. BewG Vorschriften u. a. über die gesonderte Feststellung von Grundbesitzwerten geschaffen. Diese Vorschriften (= BewG n. F.) sind erstmals für Besteuerungszeitpunkte nach dem 31. 12. 2006 anzuwenden. Die Ersetzung der Angabe „§ 138 Abs. 2 und 3" durch „§ 138 Abs. 2 bis 4" (BewG) erfolgte durch Art. 10 JStG 2008 v. 20. 12. 2007 (BGBl I 2007, 3150), der zum 1. 1. 2007 in Kraft trat. § 8 Abs. 2 Satz 1 Nr. 3 wurde durch Art. 26 Nr. 4 im Hinblick auf die Einfügung von Absatz 3a in § 1 durch dasselbe Gesetz neu gefasst.*

*Nach der Entscheidung des BVerfG v. 23. 6. 2015 – 1 BvL 13/11, 1 BvL 14/11[1] – war die Bemessungsgrundlage i. S. von § 8 Abs. 2 Satz 2 i. V. m. § 138 Abs. 2 bis 4 BewG schon für die Zeit ab 1. 1. 2009 unvereinbar mit dem Gleichheitssatz des Grundgesetzes. Der Gesetzgeber hat darauf mit der jetzigen auf dem StÄndG 2015 v. 2. 11. 2015[2] beruhenden Fassung des § 8 Abs. 2 reagiert. Zum zeitlichen Anwendungsbereich s. § 23 Abs. 14 (Erwerbsvorgänge nach dem 31. 12. 2008).*

---

1 BStBl II 2015, 871.
2 BGBl I 2015, 1834.

**Literatur:** *Martin*, Ermittlung und Bewertung der grunderwerbsteuerlichen Gegenleistung bei zinslos gestundetem Kaufpreis, DB 1980, 1414; *Möllinger*, Der Wert der grunderwerbsteuerrechtlichen Gegenleistung bei zinslos befristet gestundetem Kaufpreis, DStR 1980, 282; *ders.*, Zur grunderwerbsteuerrechtlichen Behandlung von Grundstücksgeschäften mit aufschiebend bedingter Gegenleistung, DVR 1981, 103; *ders.*, Zur Ermittlung und Bewertung der grunderwerbsteuerrechtlichen Gegenleistung bei zinslos gestundetem Kaufpreis, DB 1981, 661; *ders.*, Die Besteuerungsgrundlage nach dem Grunderwerbsteuergesetz bei entgeltlich vereinbartem Übergang eines Grundstücks vom Treugeber auf den Treuhänder, DVR 1982, 69; *ders.*, Zwei Jahre bundeseinheitliches Grunderwerbsteuerrecht, DVR 1985, 18; *Teiche*, „Symbolische Kaufpreise" als Bemessungsgrundlage der Grunderwerbsteuer, UVR 2005, 115; *Gottwald*, Mögliche Verfassungswidrigkeit der in den Fällen des § 8 Abs. 2 GrEStG als Bemessungsgrundlage anzusetzenden Grundbesitzwerte, DStR 2009, 1947; *Engers/Schwäbe*, Urteil des BVerfG zur Ersatzbemessungsgrundlage bei der Grunderwerbsteuer …, BB 2015, 2465; *Loose*, Neuregelung der Ersatzbemessungsgrundlage bei der GrESt (§ 8 Abs. 2 GrEStG), DB 2016, 75.

# A. Vorbemerkung

Durch Beschluss vom 23. 6. 2015[1] – 1 BvL 13/11, 1 BvL 14/11 – hat das Bundesverfassungsgericht § 8 Abs. 2 i. V. m. § 138 Abs. 2 bis 4 BewG für unvereinbar mit dem Gleichheitssatz des Grundgesetzes (Art. 3 Abs. 1 GG) erklärt. Schaffe der Gesetzgeber für die Bemessung einer Steuer neben einem Regelbemessungsmaßstab einen Ersatzmaßstab, so müsse dieser dem Grundsatz der Lastengleichheit, der sich aus Art. 3 Abs. 1 GG ergebe, genügen. Es müssten auch beim Ersatzmaßstab für die Bemessungsgrundlage solche Ergebnisse erzielt werden, die denen der Regelbemessungsgrundlage weitegehend angenähert sind, weil eine gleichmäßige Belastung der Steuerpflichtigen verlange, dass für die von einer Steuer erfassten Wirtschaftsgüter eine Bemessungsgrundlage gefunden werde, die deren Wert in deren Relation realitätsgerecht abbildet. Daher genügen die Bewertungsvorschriften für das Grundvermögen (§ 138 Abs. 3 i. V. m. §§ 139, 145 bis 150 BewG) in allen Teilbereichen nicht den Vorgaben des Gleichheitssatzes. Das Gericht hat zur Begründung weitgehend auf seine zur Erbschaftsteuer ergangene Entscheidung vom 1. 11. 2006 - 2 BvL 10/02[2] Bezug genommen. Es hat die Fortgeltung des § 8 Abs. 2 – entgegen seinen üblichen Gepflogenheiten – nicht für einen zukünftigen Zeitpunkt ausgesprochen, sondern nur bis zum 31. 12. 2008. Das BVerfG geht davon aus, dass sowohl dem Gesetzgeber als auch der Verwaltung und den Steuerpflichtigen nach seinem Beschluss zur Erbschaftsteuer hätte klar sein müssen, dass die Bewertung nach §§ 138 ff. BewG zu erheblichen Ungleichheiten führte und dass das mit großer Wahrscheinlichkeit auch für die grunderwerbsteuerrechtliche Bemessungsgrundlage gelte.

Mit dem StÄndG 2015[3] wurden rückwirkend für alle Erwerbsvorgänge die nach dem 31. 12. 2008 verwirklicht werden (s. § 23 Abs. 14 Satz 1) diejenige Grundbesitzbewertungsregeln, wie sie seit dem 1. 1. 2009 für die Bemessung der Erbschafsteuer gelten (§ 157 Abs. 1 bis 3 BewG) für die Ersatzbemessungsgrundlage für anwendbar erklärt. Zu den damit in Verbindung stehenden verfahrensrechtlichen Fragen s. Hofmann, GrEStG, § 23 Rdnr. 26 f.

Hinsichtlich der bislang angewendeten Vorschriften des Bewertungsgesetzes wird auf die Erläuterungen der 10. Aufl. verwiesen.

Zur derzeitigen Fassung vgl. die Anmerkung anschließend an den Gesetzestext.

1

---

1 BStBl II 2015, 871.
2 BVerfGE 117, 1.
3 Vom 2. 11. 2015, BGBl I 2015, 1834.

# B. Der Wert der Gegenleistung als Bemessungsgrundlage (§ 8 Abs. 1)

Literatur: *Heine*, Die Gegenleistung bei der Grunderwerbsteuer und die Bewertung nach den allgemeinen Vorschriften des Bewertungsgesetzes, UVR 2000, 206.

## I. Die Gegenleistung

### 1. Begriff

#### a) Die Eigenständigkeit des grunderwerbsteuerrechtlichen Gegenleistungsbegriffs

2     Das Grunderwerbsteuergesetz 1940, auf dem das nunmehrige Gesetz aufbaut, hat zwar an den für das bürgerliche Recht maßgebenden Begriff der Gegenleistung angeknüpft.[1] Es hat aber diesen zivilrechtlichen Begriff der Gegenleistung der grunderwerbsteuerrechtlichen Gegenleistung nicht zugrunde gelegt, sondern einen eigenständigen Gegenleistungsbegriff entwickelt. Durch die Verwendung der Worte „als Gegenleistung gelten" in § 9 Abs. 1 wird nicht etwa eine auf den jeweiligen Anwendungsbereich beschränkte Fiktion aufgestellt; es handelt sich vielmehr um auf bestimmte Erwerbsvorgänge bezogene Gegenleistungsbeschreibungen, aus denen sich die Definition eines eigenständigen grunderwerbsteuerrechtlichen Gegenleistungsbegriffs extrahieren lassen könnte, aus denen sich jedenfalls mit Sicherheit ergibt, dass er teils über den des Zivilrechts hinausgeht, teils hinter ihm zurückbleibt.[2] Dieser grunderwerbsteuerrechtliche Gegenleistungsbegriff setzt kein synallagmatisches Austauschverhältnis voraus.[3] Eine allgemein gültige Definition dessen, was grunderwerbsteuerrechtlich Gegenleistung ist, enthält das Gesetz allerdings nicht. § 9 beschränkt sich in Absatz 1 lediglich darauf, die Gegenleistung für die wichtigsten Erwerbsvorgänge genauer zu umschreiben und bestimmt in Absatz 2, dass „auch" zur Gegenleistung die dort aufgeführten „Leistungen" gehören. Diese Aufzählung lässt keineswegs den Schluss zu, in anderen als den aufgezeigten Fällen sei keine Gegenleistung vorhanden; **die in § 9 zum Ausdruck kommenden Wertungen und Beziehungen zum Erwerbsvorgang**

---

1 Vgl. amtliche Gesetzesbegründung, RStBl 1940, 387, 405.
2 Vgl. BFH v. 17. 9. 1975 II R 42/70, BStBl II 1976, 126; v. 16. 2. 1977 II R 89/74, BStBl II 1977, 671; v. 18. 7. 1979 II R 59/73, BStBl II 1979, 683.
3 BFH v. 23. 4. 1980 II R 84/76, BStBl II 1980, 595.

sind vielmehr auch **auf alle Erwerbsvorgänge** (mit Ausnahme der in § 8 Abs. 2 genannten) **zu übertragen,** die in der Aufzählung nicht enthalten sind.[1]

**b) Ursächliche Verknüpfung zwischen Leistung und Erwerbsvorgang**

Ausgehend vom Gegenleistungsbegriff des bürgerlichen Rechts (vgl. z. B. §§ 316, 320 BGB; eine Definition gibt es im Bürgerlichen Gesetzbuch nicht), ist als **Gegenleistung im grunderwerbsteuerrechtlichen Sinne jede Leistung zu verstehen, die der Veräußerer als Entgelt für die Veräußerung** des Grundstücks **empfängt oder der Erwerber** als Entgelt für das Grundstück **gewährt.**[2] Dabei ist es für den Umfang des grunderwerbsteuerrechtlichen Gegenleistungsbegriffs unerheblich, ob der Veräußerer die Leistung aufgrund Verpflichtung des Erwerbers zu fordern berechtigt ist oder aufgrund Verpflichtung eines Dritten (§ 9 Abs. 2 Nr. 4). Ebenso ist es unerheblich, ob sich der Erwerber dem Veräußerer oder einem Dritten gegenüber zur Leistung verpflichtet hat (§ 9 Abs. 2 Nr. 3).

Da der Grunderwerbsteuer nicht nur Erwerbsvorgänge unterworfen sind, denen ein Rechtsgeschäft zugrunde liegt, sondern auch solche, die sich kraft Gesetzes vollziehen, ist **entscheidend** für die Frage, was Gegenleistung darstellt, die **objektive Sach- und Rechtslage,** nicht aber die Frage, ob die Parteien eine Leistung vertraglich vereinbart haben oder nicht. Das ergibt sich schon aus § 8 Abs. 2 Satz 1 Nr. 1, wonach Bemessungsgrundlage der Grundbesitzwert i. S. von § 157 Abs. 1 bis 3 BewG (nur dann) ist, wenn eine Gegenleistung „nicht vorhanden" oder nicht zu ermitteln ist, also objektiv fehlt. Zur **Bejahung des Vorliegens einer (Gegen-)Leistung ist** somit ein **gegenseitiger Vertrag** i. S. des bürgerlichen Rechts (§§ 320 ff. BGB) mit wechselseitigen, einander bedingenden und ausgleichenden Verpflichtungen **nicht erforderlich.**[3] Das ist eindeutig in den Fällen des § 1 Abs. 1 Nr. 4. Allein maßgeblich ist die kausale (ursächliche) Verknüpfung der Gewährung oder Leistung aufseiten des Erwerbers bzw. des Empfangs der Leistung aufseiten des Veräußerers mit dem Erwerbsvorgang i. S. des § 1 Abs. 1 oder 2.[4]

Die **entscheidenden Fragen** lauten deshalb: „**Mussten die Leistungen für den Erwerb des Grundstücks erbracht werden?"** bzw. „**Wurden die Leistungen wegen der Veräußerung des Grundstücks empfangen?"**

---

1 Vgl. BFH v. 25. 7. 1979 II R 55/76, BStBl II 1979, 692; v. 5. 11. 1980 II R 28/75, BStBl II 1981, 174.
2 Ständige Rechtsprechung, vgl. z. B. BFH v. 5. 11. 1980 II R 28/75, BStBl II 1981, 174; v. 6. 12. 1989 II R 95/86, BStBl II 1990, 186; v. 25. 11. 1992 II R 67/89, BStBl II 1993, 308.
3 BFH v. 16. 4. 1958 II 128/57 U, BStBl III 1958, 280.
4 BFH v. 6. 12. 1989 II R 95/86, BStBl II 1990, 186.

Diese Fragen gelten gleichermaßen für den rechtsgeschäftlichen Erwerb, wie sie auch für den nicht auf Rechtsgeschäft beruhenden Erwerbsvorgang Bedeutung haben. Sie begrenzen den Umfang der Gegenleistung[1] ebenso wie sie dazu dienen, aus etwaigen rechtsgeschäftlichen Vereinbarungen über einen Kaufpreis dasjenige herauszuschälen, was nach dem Inhalt der Vereinbarungen der Käufer als Kaufpreis zu erbringen hat.[2] Nicht **entscheidend ist**, was die Vertragsschließenden als Gegenleistung für das Grundstück bezeichnen, sondern **zu welchen Leistungen der Erwerber um des Erwerbs des Grundstücks willen sich verpflichtet hat**.[3]

4    Aus der Notwendigkeit der kausalen Verknüpfung der Leistung mit dem der Grunderwerbsteuer unterliegenden Erwerbsvorgang als für ihn erbracht bzw. empfangen ergibt sich, dass Leistungen, die nur aus Anlass des Erwerbsvorgangs erbracht werden, bei denen dieser nur das Motiv darstellt, nicht Gegenleistung sein bzw. nicht zur Gegenleistung gehören können. So rechnet eine Aufwendung nicht zur Gegenleistung, die aus Anlass des glücklichen Vertragsabschlusses einem Dritten z. B. in Form einer Spende, einer freigebigen Zuwendung gemacht wird. Auch können Leistungen, die (allenfalls) Motiv für die Vereinbarung eines dem Käufer günstigen Kaufpreises, nicht aber Inhalt der rechtsgeschäftlichen Preisvereinbarung darstellen, nicht dem grunderwerbsteuerrechtlichen Gegenleistungsbegriff untergeordnet werden.[4]

Aus ähnlichen Erwägungen können der Gegenleistung grundsätzlich **Vertragsstrafen** (§§ 339 ff. BGB) nicht hinzugerechnet werden; sie sichern allein die Erfüllung der Hauptverpflichtung und stehen deshalb nicht in kausaler Verknüpfung mit dem Erwerbsvorgang.

### c)  Eigennützige Erwerberleistungen

5    Dem grunderwerbsteuerrechtlichen Gegenleistungsbegriff können **nur** solche **Leistungen** unterfallen, **die dem Veräußerer** (oder einem Dritten) **zugutekommen, nicht** aber solche, **die dem Erwerber selbst nützen**.[5] Hat eine vom Erwerber übernommene Verpflichtung die ihm zugutekommende Verbesserung des Grundstücks zum Gegenstand, so ist der Wert der Verbesserung dann nicht Teil der Gegenleistung, wenn das Grundstück ohne die Verbesserung Gegen-

---

1  Vgl. BFH v. 23. 4. 1980 II R 84/76, BStBl II 1980, 595.
2  BFH v. 26. 4. 1972 II R 188/71, BFHE 106, 236; v. 1. 10. 1975 II R 84/70, BStBl II 1976, 128; v. 3. 8. 1988 II R 210/85, BStBl II 1988, 900.
3  BFH v. 16. 2. 1994 II R 114/90, BFH/NV 1995, 65.
4  BFH v. 10. 6. 1969 II 172/64, BStBl II 1969, 668.
5  Vgl. BFH v. 19. 11. 1968 II R 16/68, BStBl II 1969, 90.

stand des Verpflichtungsgeschäfts ist. Das gilt bspw. dann, wenn sich der Erwerber zur Aufforstung des Erwerbsgrundstücks verpflichtet, wobei der Ertrag der Aufforstung ihm zugutekommt[1] oder auch, wenn sich der Erwerber zur Renovierung, zum Wiederaufbau (oder überhaupt zur Errichtung) eines Gebäudes verpflichtet, das er selbst nutzen wird.[2] Schließlich gehören auch Aufwendungen, die der Erwerber selbst zu tragen hat (s. z. B. § 448 Abs. 2 BGB), nicht zur Gegenleistung.[3]

Begründet das Verpflichtungsgeschäft nicht einen Anspruch auf Übereignung eines Grundstücks, sondern zielt es ab auf die **Bestellung eines befristeten Erbbaurechts,** so gilt hinsichtlich der vom (künftigen) Erbbauberechtigten eingegangenen Verpflichtungen **sorgfältig zu unterscheiden,** ob sie nur ihm selbst zugutekommen[4] oder ob **Bau- bzw. Restaurierungsmaßnahmen,** hinsichtlich derer er eine Verpflichtung gegenüber dem Besteller eingegangen ist, **nicht auch letztendlich dem Besteller (Grundstückseigentümer) zugekommen sollen.** Verpflichtet sich der Erbbauberechtigte in einem Erbbaurechtsbestellungsvertrag zur Errichtung eines bestimmten, vom Besteller vorgegebenen Gebäudes auf dem Erbbaurechtsgrundstück sowie zu dessen ordnungsgemäßer Unterhaltung über die Gesamtlaufzeit des Erbbaurechts, so kommen die Verwendungen auf das Erbbaugrundstück dem Erbbauberechtigten dann dauerhaft zugute, wenn er bei Erlöschen des Erbbaurechts vom Grundstückseigentümer eine dem Verkehrswert des Gebäudes entsprechende Entschädigung erhält.[5] Verpflichtet sich jedoch der (künftige) Erbbauberechtigte zur Errichtung eines Gebäudes nach den Plänen des Erbbaurechtsbestellers oder unter Abstimmung der Pläne mit diesem, ist zugleich als Inhalt des Erbbaurechts die weitere Instandhaltung des Gebäudes durch den Erbbauberechtigten vereinbart worden (§ 2 Nr. 1 ErbbauRG) und soll bei Erlöschen des befristeten Erbbaurechts das Bauwerk entschädigungslos auf den Grundstückseigentümer übergehen, so ist es evident, dass die Gebäudeerstellung nicht nur dem (künftigen) Erbbauberechtigten als Erwerber zugekommen soll. Die mit der Herstellung des Gebäudes verbundenen Kosten gehören mit dem geschätzten Zeitwert, mit dem es an den Grundstückseigentümer fällt, zur Gegenleistung. Ähnliches gilt, wenn dem (künftigen) Erbbauberechtigten die Verpflichtung auferlegt

6

---

1 RFH v. 23. 9. 1931 II A 372/31, RStBl 1931, 853.
2 RFH v. 23. 8. 1949 II 10/49, BFHE 54, 392; Niedersächsisches FG v. 16. 8. 1990, EFG 1991, 275.
3 Vgl. auch BFH v. 14. 10. 1981 II R 23/80, BStBl II 1982, 138.
4 Das ist bspw. der Fall, wenn der Erbbaurechtsbesteller verpflichtet ist, den Mehrwert des Gebäudes beim Heimfall oder Erlöschen des Erbbaurechts zu vergüten; vgl. BFH v. 17. 5. 2006 II R 46/04, BStBl II 2006, 720.
5 BFH v. 23. 10. 2002 II R 81/00, BStBl II 2003, 199.

wird, ein schon vorhandenes Gebäude nach den Vorstellungen des Bestellers und dessen Maßgaben zu restaurieren, es instand zu halten und erforderliche Ausbesserungs- und Erneuerungsarbeiten vorzunehmen, wenn das Gebäude also in dem vom Erbbaurechtsbesteller gewünschten (restaurierten) Zustand erhalten bleiben und bei Erlöschen des Erbbaurechts in diesem Zustand wieder auf den Grundstückseigentümer übergehen soll.[1] Auch hier gehören die entsprechenden Aufwendungen, deren „bleibender" Wert zu schätzen ist, zur Gegenleistung, weil sie offensichtlich nicht nur dem Erwerber (künftigem Erbbauberechtigten) zugutekommen sollen, sondern – auch – dem Veräußerer (Erbbaurechtbesteller).

Diese Grundsätze gelten allerdings nur dann, wenn Gegenstand des Erwerbsvorgangs die Bestellung eines Erbbaurechts an einem unbebauten bzw. lediglich mit einem restaurierungs- oder sanierungsbedürftigen Gebäude bebauten Grundstück ist. Ist jedoch Gegenstand des Erwerbsvorgangs die Bestellung des Erbbaurechts an einem Grundstück mit vom Veräußerer oder einem mit diesem zusammenwirkenden Dritten (vgl. Rdnr. 9 ff.) noch herzustellenden Gebäude, also im Ergebnis an einem bebauten Grundstück, sind die durch die Errichtung des Gebäudes dem Erwerber entstehenden Aufwendungen in voller Höhe Bestandteil der Gegenleistung.[2]

## 2. Grundstückszustand und Gegenleistung

### a) Allgemeines

7  Entscheidend für die Besteuerung und damit **für die Findung der zutreffenden Bemessungsgrundlage** ist **grundsätzlich** nicht, in welchem Zustand sich das Grundstück im Zeitpunkt der Verwirklichung des Erwerbsvorgangs (s. Hofmann, GrEStG, § 23 Rdnr. 1 ff.) befindet, sondern **in welchem Zustand das Grundstück erworben werden soll,**[3] d. h. **in welchem tatsächlichen Zustand das Grundstück Gegenstand des Erwerbsvorgangs ist.**[4] Diese Aussage bedarf zunächst einer **Einschränkung:** Es liegt nicht in der Willensmacht der Beteilig-

---

1 Vgl. BFH v. 6. 12. 1995 II R 46/93, UVR 1996, 116, mit Anm. Viskorf.
2 BFH v. 24. 4. 2013 II R 53/10, BStBl II 2013, 755; FG Köln v. 10. 3. 2010, EFG 2010, 1314; ebenso Boruttau/Loose, Rn. 532 zu § 9.
3 So schon RFH v. 29. 7. 1943 II 196/41, RFHE 53, 264; BFH v. 15. 12. 1954 II 14/54 U, BStBl III 1955, 531.
4 Vgl. z. B. BFH v. 11. 3. 1981 II R 77/78, BStBl II 1981, 537; v. 24. 1. 1990 II R 94/87, BStBl II 1990, 590; v. 27. 10. 1999 II R 17/99, BStBl II 2000, 34; v. 27. 10. 2004 II R 12/03, BStBl II 2005, 229.

ten, ein Grundstück in einem Zustand zum Gegenstand des Erwerbsvorgangs zu machen, den es nicht mehr hat und auch nicht mehr erhalten soll.[1] So erfasst ein Grundstückskaufvertrag grunderwerbsteuerrechtlich diejenige anteilige Bausubstanz eines zu errichtenden Gebäudes, die im Zeitpunkt der bürgerlich-rechtlichen Wirksamkeit des Kaufvertrags bereits vorhanden ist;[2] dies gilt zumindest dann, wenn die Bausubstanz der Sphäre des Verkäufers zuzurechnen ist, sei es, dass er selbst Auftraggeber der Bauarbeiten war, sei es, dass er einem anderen (z. B. einem „Baubetreuer") gestattet hat, mit der Errichtung eines Bauwerks für noch zu werbende Bauherren zu beginnen. Etwas anderes muss dann gelten, wenn der zum Verkauf des Grundstücks an einen bestimmten Käufer entschlossene Verkäufer diesem – aus welchen Gründen auch immer – vorab gestattet hat, den Grundstückszustand zu verändern.[3]

Meist wird der **Wille der Beteiligten** sich auf den augenblicklichen Zustand des Grundstücks erstrecken.[4] Stimmen jedoch der tatsächliche Grundstückszustand im Zeitpunkt des Erwerbsvorgangs und der Zustand, in dem es zum Gegenstand des Erwerbs gemacht wird, nicht überein, so ist für die Besteuerung allein der Letztere maßgebend. Dabei ist es gleichgültig, ob der Veräußerer nach Vertragsschluss noch den Grundstückszustand zu ändern berechtigt (er darf z. B. aufstehende Ernte noch einbringen, aufstehenden Wald noch einschlagen) oder verpflichtet ist (er hat z. B. ein aufstehendes Bauwerk noch abzureißen, ein begonnenes Bauvorhaben noch zu vollenden), weil **Gegenstand der auf die Grundstücksübereignung abzielenden Vereinbarungen das Grundstück auch in einem künftigen Zustand sein kann,** in den es erst noch zu versetzen ist.[5]

Allerdings muss der Wille der Vertragsparteien der **Macht des von Rechts wegen Unmöglichen** weichen. So kann der auf den Erwerb einer Eigentumswohnung, einer Teileigentumseinheit oder das Miteigentum abzielende Vertrag nicht in einen – der Grunderwerbsteuer unterliegenden – Kauf des Anteils am unbebauten Grundstück und einen – nicht der Grunderwerbsteuer unterliegenden – Vertrag über die Herstellung bzw. die Errichtung der Eigentumswohnung, der Teileigentumseinheit oder eines dem Erwerber zur Benutzung (vgl.

8

---

1 So auch BFH v. 17. 9. 1997 II R 24/95, BStBl II 1997, 776; v. 15. 3. 2001 II R 39/99, BStBl II 2002, 93.

2 BFH v. 8. 3. 1978 II R 131/76, BStBl II 1978, 653.

3 Gl. A. Pahlke, Rz 6 zu § 9.

4 Vgl. BFH v. 29. 9. 1970 II R 13/70, BStBl II 1971, 107.

5 Vgl. u. a. BFH v. 5. 2. 1992 II R 110/88, BStBl II 1992, 357.

§ 745 Abs. 2, § 1010 Abs. 1 BGB) zugewiesenen Gebäudeteils zerlegt werden.[1] Denn eine Eigentumswohnung, eine Teileigentumseinheit oder ein Miteigentumsanteil an einem Gebäude kann auf einem unbebauten Grundstück nicht für sich allein, sondern nur durch die Errichtung des Gebäudes „hergestellt" (und überhaupt nicht „errichtet") werden. Die Herstellung des Gebäudes ist vielmehr (unabdingbare) Voraussetzung dafür, dass der Verkäufer seiner Verpflichtung zur Verschaffung des Wohnungs- bzw. Teileigentums bzw. des Miteigentumsanteils nachkommen kann; sie ist aber selbst nicht Gegenstand der Verpflichtung. Gegenstand des Erwerbsvorgangs ist zwangsläufig die Eigentumswohnung, die Teileigentumseinheit oder der Miteigentumsanteil nach der Fertigstellung. In die Bemessungsgrundlage für die Grunderwerbsteuer sind damit auch die „Baukosten" einzubeziehen. Das gilt entsprechend für den Erwerb eines Miteigentumsanteils an einem Grundstück verbunden mit dem Sondereigentum an einer Wohnung bzw. an nicht zu Wohnzwecken dienenden Räumen, wenn das Gebäude sich noch im Rohbauzustand befindet, also die in das Gemeinschaftseigentum aller Miteigentümer nach § 5 Abs. 2 WEG fallenden Gebäudeteile und -einrichtungen noch nicht fertig gestellt sind.[2]

## b) Grundstück mit noch zu errichtendem Gebäude als Gegenstand des Erwerbsvorgangs

**Literatur:** Zur älteren Literatur wird auf die Nachweise vor Rdnr. 41 zu § 1 der 5. Auflage Bezug genommen. *Schmidt-Liebig,* Bauherrenmodell, StuW 1986, 128; *ders.,* Der Beschluss des Bundesfinanzhofs vom 18. 9. 1985 und die steuerliche Einordnung von Bauherren- und anderen Vertragsbündelmodellen, BB 1986, 774; *Jehner,* Zum Verständnis des BFH-Beschlusses des II. Senats vom 18. 9. 1985, DStR 1986, 468; *ders.,* Zur Rechtswidrigkeit der Grunderwerbsteuerfestsetzung bei Bauherrenmodellen und Fertighäusern – einige tröstliche Erläuterungen für Steuerberater und Studenten, DStR 1988, 51; *ders.,* Die allgemein konkrete Interpretation von Steuernormen – oder: Als die Grundstücke laufen lernten, DStR 1989, 169; *ders.,* Bauherrenmodell und Grunderwerbsteuer: Die zivilrechtlichen Vorfragen/Steuerrechtliche Erwägungen, DStR 1989, 600, 625; *Brych,* Bauträgerkauf: Vom Generalunternehmer- zum Mehrwertsteuermodell?, NJW 1990, 545; *Jehner,* Zum Begriff der Fairness im Steuerrecht und zum wirtschaftlichen Ergebnis als Gegenstand der Grunderwerbsteuer, DStR 1992, 485; *Fleischmann/Meyer-Scharenberg,* Grunderwerbsteuer bei Fertig- und Reihenhausbau, DStR 1992, 525; *Siepmann,* Die neuere Rechtsprechung des BFH im Grunderwerbsteuerrecht zum Gegenstand des Erwerbsvorgangs, UVR 1992, 13; *Bruschke,* Erwerb im Bauherrnmodell durch eine auf der Initiatorenseite beteiligte Person, UVR 1994, 326; *ders.,* Einheitlicher Leistungsgegenstand durch faktische Verknüpfung von Verträgen im Grunderwerbsteuerrecht, UVR 1997, 359; *Mack,*

---

1 BFH v. 4. 9. 1974 II R 112/69, BStBl II 1975, 89; v. 4. 9. 1974 II R 119/73, BStBl II 1975, 91; v. 27. 10. 1982 II R 102/81, BStBl II 1983, 55.
2 BFH v. 20. 10. 2004 II R 49/02, BFH/NV 2005, 911.

Überblick über den aktuellen Stand der Rechtsprechung und der Verwaltungsauffassung zum einheitlichen Erwerbsgegenstand bei der GrESt, UVR 2008, 148; *Rutemöller*, Mehrfachbelastung mit Grunderwerb- und Umsatzsteuer im Lichte der Rechtsprechung zum einheitlichen Leistungsgegenstand, BB 2013, 983; *Schütge*, Einheitlicher Erwerbsgegenstand im Grunderwerbsteuerrecht, BB 2013, 546; *Rutemöller*, Aktuelle Rechtsprechung des BFH zur Rechtsfigur des einheitlichen Erwerbsgegenstands im Grunderwerbsteuerrecht, DStZ 2015, 778.

**Verwaltungsanweisungen:** OFD Rheinland v. 20. 4. 2009-S 4521–106-St 235, juris; OFD Magdeburg v. 23. 10. 2012-S 4521-143-S 271, juris.

Der für den Umfang der Gegenleistung i. S. des § 9 Abs. 1 Nr. 1 maßgebliche    **9**
Gegenstand des Erwerbsvorgangs wird durch das den Tatbestand des § 1 Abs. 1 Nr. 1 erfüllende Verpflichtungsgeschäft sowie durch das von den Parteien gewollte wirtschaftliche Ergebnis bestimmt, auf das dieses abzielt, also letztlich dadurch, in welchem Zustand das Grundstück (das Erbbaurecht[1]) zum Gegenstand des Erwerbsvorgangs gemacht wird. Stets setzt die **Annahme** eines einheitlichen **Erwerbsgegenstands „bebautes Grundstück"** voraus, dass entweder der **Veräußerer** selbst **oder** ein mit ihm **zusammenwirkender Dritter** dem Erwerber gegenüber **verpflichtet** ist, den tatsächlichen **Grundstückszustand zu verändern,** also das Grundstück zukünftig in einen bebauten Zustand zu versetzen.[2] Umfangreiche Vorplanungen des Veräußerers reichen für sich allein nicht aus, um von einem einheitlichen Erwerbsgegenstand „bebautes Grundstück" auszugehen.; Die auf der Veräußererseite handelnden Personen müssen nämlich stets auch verpflichtet sein, den körperlichen Zustand des Grundstücks zu verändern.[3]

Ob als Gegenstand eines Erwerbsvorgangs das zukünftige bebaute Grundstück anzusehen ist, kann aus dem tatbestandserfüllenden Rechtsgeschäft selbst zu entnehmen sein. Ergeben sich sowohl die Verpflichtung zur Übereignung des Grundstücks als auch diejenige zur Errichtung des Gebäudes aus **einem Vertrag**, so ist regelmäßig Gegenstand des Erwerbsvorgangs das Grundstück im bebauten Zustand.[4]

Wenn sich die **Verpflichtung zur Übereignung des Grundstücks und zur Errichtung eines Gebäudes darauf zwar aus** zwei oder **mehreren an sich selbständigen Verträgen ergibt,** ist grunderwerbsteuerrechtlich Gegenstand des Er-

---

1 BFH v. 24. 4. 2013 II R 53/10, BStBl II 2013, 755.
2 BFH v. 27. 10. 2004 II R 12/03, BStBl II 2005, 220, betreffend den Erwerb eines Grundstücks und eines Hausbausatzes zur Eigenmontage.
3 BFH v. 27. 11. 2013 II R 56/12, BStBl II 2014, 534.
4 Vgl. u. a. schon BFH v. 9. 6. 1970 II 39/65, BStBl II 1970, 749: Grundstück mit Kaufeigenheim; v. 13. 4. 1983 II R 53/81, BStBl II 1983, 606: Kauf mit Fertigstellungsverpflichtung.

werbsvorgangs das Grundstück in bebautem Zustand, sofern diese Verträge aufgrund ihres rechtlichen Zusammenhangs als **einheitlicher Vertrag** anzusehen sind.[1] Dabei kann die (zivilrechtliche) Verbindung der Verträge zu einem einheitlichen, auf einen einheitlichen Leistungsgegenstand gerichteten Vertragswerk sich daraus ergeben, dass sie in ihrer **Gültigkeit ausdrücklich voneinander abhängig gemacht** werden.[2] Auch ohne eine solche ausdrückliche Bestandsverknüpfung besteht ein rechtlicher Zusammenhang zwischen den Verträgen aber auch dann, wenn die Vereinbarungen nach dem Willen der Parteien derart voneinander abhängig sind, dass sie **miteinander „stehen und fallen"** sollen. Dabei kann ein einheitliches Vertragswerk auch dann vorliegen, wenn nur einer der Vertragspartner einen solchen Einheitswillen erkennen lässt und die andere Partei ihn anerkennt oder zumindest hinnimmt.[3]

10    Abgesehen von dem Fall der rechtlichen Bestandsverknüpfung durch den Willen der Parteien ist **Gegenstand des Erwerbsvorgangs das Grundstück in bebautem Zustand aber auch, wenn zwischen** dem den **Tatbestand des § 1 Abs. 1 Nr. 1 erfüllenden Verpflichtungsgeschäft und den weiteren Vereinbarungen ein so enger objektiver sachlicher Zusammenhang besteht,** dass der Erwerber bei objektiver Betrachtungsweise als **einheitlichen Erwerbs- oder Leistungsgegenstand** das bebaute Grundstück erhält. Das Vorliegen mehrerer Verträge, eines „Vertragsbündels"[4] oder eines „Vertragsgeflechts"[5] steht der Annahme eines sachlich einheitlichen (auf einen einheitlichen Leistungsgegenstand gerichteten) Vertragswerks dann nicht entgegen, wenn die Vertragsparteien trotz dieser mehreren Verträge **eine dem Gegenstand nach einheitliche Regelung** beabsichtigen. Maßgeblich ist nicht dasjenige, was nach dem (buchstäblichen) Wortlaut der Vereinbarungen deren Ziel in seiner rechtlichen Einordnung sein soll (die „Benennung"), sondern die rechtliche Subsumtion dessen, was mit dem Willen der Vertragsparteien als tatsächlicher Sachverhaltsablauf nach außen in Erscheinung tritt.[6] Denn es können nur diejenigen Erklärungen gewürdigt werden, denen objektive Rechtswirkung zukommen könnte, es ist der objektive, verwirklichungsfähige Wille der Vertragsbeteiligten zu erforschen, um derart eingrenzen zu können, was sie mit Rechtsfolgewillen und

---

1  Vgl. z.B. BFH v. 4.3.1983 II R 6/82, BStBl II 1983, 609; v. 24.1.1990 II R 94/87, BStBl II 1990, 590.

2  Vgl. BGH v. 24.11.1983 VII ZR 34/83, NJW 1984, 869.

3  BFH v. 21.12.1981 II R 124/79, BStBl II 1982, 330; v. 23.6.1982 II R 155/80, BStBl II 1982, 741; vgl. auch BGH v. 24.11.1983 VII ZR 34/83, NJW 1984, 869.

4  BFH v. 23.6.1982 II R 155/80, BStBl II 1982, 741.

5  BFH v. 18.9.1985 II B 24-29/85, BStBl II 1985, 627.

6  Vgl. auch FG München v. 23.7.2014, EFG 2015, 64.

Rechtswirkung erklärt haben.[1] Der Gegenstand des Erwerbs wird auch nicht etwa durch den Vertragstyp bestimmt, dem die Beteiligten getroffene Vereinbarungen zuordnen, sondern durch den Erfolg, das von den Beteiligten gewollte (wirtschaftliche) Ergebnis, das durch die zivilrechtliche Gestaltung bewirkt wird,[2] **zumal es nicht im Belieben der Steuerpflichtigen steht, ein objektiv zusammengehörendes Rechtsgeschäft mit steuerrechtlicher Wirkung** in mehrere Einzelgeschäfte **aufzuteilen.**[3] Die **Beteiligten** können zwar einen Sachverhalt vertraglich gestalten, aber sie **können nicht die steuerrechtlichen Folgen bestimmen,** die das Steuergesetz an die vorgegebene Gestaltung knüpft.[4]

Der **objektive enge sachliche Zusammenhang** zwischen einem Grundstückskaufvertrag und den zur Errichtung eines Gebäudes abgeschlossenen Verträgen, durch den als Gegenstand des Erwerbsvorgangs das Grundstück in bebautem Zustand bestimmt wird, ist in folgenden Grundkonstellationen **zu bejahen:**    11

▶ **Wenn der Erwerber** zum Zeitpunkt des Abschlusses des Grundstückskaufvertrags **in seiner Entscheidung über** das „Ob" und „Wie" einer **Bebauung** gegenüber der Veräußererseits **nicht mehr frei** war und deshalb feststand, dass er das Grundstück nur in einem bestimmten, nämlich bebauten Zustand erhalten würde, so ist der objektiv enge sachliche Zusammenhang gegeben.[5] Eine derartige Bindung gegenüber der Veräußererseite liegt dann vor, wenn mit dieser die die Bebauung betreffenden Verträge vor dem Abschluss oder vor dem Wirksamwerden des den Tatbestand des § 1 Abs. 1 Nr. 1 erfüllenden Verpflichtungsgeschäft abgeschlossen werden.[6] Er kann sich auch aus sonstigen vorherigen Absprachen mit der Veräußererseite oder aus faktischen Zwängen ergeben, soweit diese bei Abschluss oder Wirksamwerden des Verpflichtungsgeschäfts bereits vorhanden waren.[7]

▶ Ein enger sachlicher Zusammenhang zwischen Grundstückskauf- und Bebauungsvertrag wird im Übrigen dann indiziert, wenn dem Erwerber auf-    12

---

1 BFH v. 18.9.1985 II B 24-29/85, BStBl II 1985, 627.
2 Vgl. BVerfG v. 27.12.1991 2 BvR 72/90, BStBl II 1992, 212.
3 BFH v. 5.2.1992 II R 110/88, BStBl II 1992, 357.
4 BVerfG v. 27.12.1991 2 BvR 72/90, BStBl II 1992, 212.
5 BFH v. 8.2.1995 II R 19/92, BFH/NV 1995, 823; v. 21.9.2005 II R 49/02, BStBl II 2006, 269; v. 28.3.2012 II R 57/10, BStBl II 2012, 920; v. 3.3.2015 II R 9/14, BFH/NV 2015, 1270.
6 BFH v. 7.9.1994 II R 106/91, BFH/NV 1995, 434; v. 27.10.1999 II R 17/99, BStBl II 2000, 34; v. 2.4.2009 II B 157/08, BFH/NV 2009, 1046, m.w.N.
7 BFH v. 6.3.1991 II R 133/87, BStBl II 1991, 532; v. 10.8.1994 II R 33/91, BFH/NV 1995, 337; v. 15.3.2000 II R 24/98, BFH/NV 2000, 1240.

grund einer in bautechnischer Hinsicht konkreten und bis (annähernd) zur Baureife gediehenen **Vorplanung** ein **bestimmtes Gebäude auf** einem **bestimmten Grundstück** zu einem im wesentlichen **feststehenden Preis angeboten** wird **und** er dieses **Angebot als einheitliches annimmt,**[1] und zwar auch dann, wenn das Angebot nach Abschluss des Kaufvertrags unwesentlich geändert wird.[2] Dabei setzt ein einheitliches Angebot nicht voraus, dass es in einem Schriftstück und zu einem einheitlichen Gesamtpreis unterbreitet wird.[3] Der zeitliche Zusammenhang ist nach den Umständen des Einzelfalls zu beurteilen.[4] Gegeben ist ein derartiger enger objektiv sachlicher Zusammenhang zwischen dem Verpflichtungsgeschäft, das den Tatbestand des § 1 Abs. 1 Nr. 1 erfüllt, und einem Bauerrichtungsvertrag, der mit einem Dritten abgeschlossen wird, wenn der Grundstücksverkäufer neben der Verschaffung des Eigentums am Grundstück gleichzeitig auch dessen bis ins Einzelne von ihm geplante Bebauung zu einem Festpreis anbietet und dem Erwerber gegenüber die Fertigstellung des Projekts zu feststehenden Konditionen entsprechend den vorformulierten Verträgen garantiert. In einem solchen Fall bedarf es keines Zusammenwirkens der zivilrechtlich zur Übereignung und Bebauung verpflichteten mehreren Personen, weil sich der Grundstücksverkäufer dabei zur Erfüllung seiner Garantieerklärung des Bauunternehmers bedient und der Erwerber das vom Grundstücksverkäufer vorbereitete Vertrags- und Bebauungskonzept hinnimmt.[5]

13 Die durch die Annahme eines derart einheitlichen Angebots ausgelöste Indizwirkung für das Vorliegen eines engen sachlichen Zusammenhangs zwischen Kauf- und Bauvertrag gilt auch dann, wenn auf der **Veräußererseite mehrere Personen** als Vertragspartner auftreten. Denn die Abgabe eines einheitlichen Angebots durch eine von mehreren auf der Veräußererseite stehenden Personen ist kaum denkbar, ohne dass dem eine Abstimmung mit den übrigen Personen zugrunde liegt oder das Grundstück dem Handelnden vom Eigentümer „an die Hand gegeben" worden ist.[6] Es ist nicht ausschlaggebend, dass der Grundstücksübereignungsanspruch und der Anspruch auf Errichtung des Gebäudes sich zivilrechtlich gegen verschiedene Personen richten, sondern entscheidend, dass (auch) der den Grundstücksübereignungsanspruch begrün-

1 BFH v. 15. 3. 2000 II R 34/98, BFH/NV 2000, 1240; v. 21. 9. 2005 II R 49/02, BStBl II 2006, 269.
2 BFH v. 28. 3. 2012 II R 57/10 BStBl II 2012, 920.
3 BFH v. 29. 7. 2009 II R 58/07, BFH/NV 2010, 63; v. 19. 3. 2010 II B 130/09, BFH/NV 2010, 1059.
4 BFH v. 28. 3. 2012 II R 57/10, BStBl II 2012, 920.
5 BFH v. 30. 4. 2003 II R 29/01, BFH/NV 2003, 1446.
6 BFH v. 21. 9. 2005 II R 49/04, BStBl II 2006, 269; v. 26. 2. 2014 II R 54/12, BFH/NV 2014, 1403.

dende Vertrag in ein Vertragsgeflecht einbezogen ist, das unter Berücksichtigung aller Umstände darauf gerichtet ist, dem Erwerber als einheitlichen Leistungsgegenstand das Grundstück in bebautem Zustand zu verschaffen.[1] In jedem Fall, in dem auf der Veräußererseite mehrere Personen auftreten, ist für den objektiven engen sachlichen Zusammenhang zwischen den Verträgen erforderlich, dass die auf der Veräußererseite auftretenden Personen aufgrund **Abreden**, die nicht speziell darauf gerichtet seien müssen, dem konkreten Erwerber ein bestimmtes Grundstück in bebautem Zustand zu verschaffen,[2] **bei der Veräußerung zusammenarbeiten** oder **durch abgestimmtes Verhalten auf den Abschluss sowohl** des **Grundstückskaufvertrags als auch** der **Verträge, die der Bebauung des Grundstücks dienen,** hinwirken.[3] Wenn der BFH in seiner älteren **Rechtsprechung** gefordert hat, das **Zusammenwirken** auf der Veräußererseite, das darauf gerichtet ist, dem Erwerber das Grundstück mit noch durchzuführender Bebauung durch Abschluss aller Verträge zu verschaffen, müsse **für den Erwerber objektiv erkennbar** sein,[4] so ist er jedoch **in jüngster Zeit davon abgerückt.**[5] Es könne dann nicht auf die subjektiven Vorstellungen des Erwerbers, der das Gesamtpaket, das ihm angeboten wird, annimmt, ohne es als einheitlich Gewolltes zu erkennen, ankommen, **wenn das objektiv vorliegende Zusammenwirken** auf der Veräußererseite, gerichtet auf den Abschluss aller Verträge, also darauf, dem Erwerber das Grundstück in bebautem Zustand zu verschaffen, **anhand äußerer objektiver Merkmale festgestellt wird.** Dieser Auffassung ist vollinhaltlich zuzustimmen, denn für die Besteuerung kann nur auf den tatsächlichen Geschehensablauf abgestellt werden und nicht auf die subjektiven Erkenntnisse des Erwerbers. Diese wirken sich nur dann aus, wenn die Frage nach der Verletzung der Anzeigepflicht, die ihm nach § 19 Abs. 2 Nr. 1 (s. dazu Hofmann, GrEStG, § 19 Rdnr. 7 sowie Rdnr. 18 a. E.) obliegt, zu beurteilen ist.

Einer schriftlichen Fixierung der Abreden zwischen den auf der Veräußererseite auftretenden Personen bedarf es nicht.[6] Ausreichend ist ein abredegemäßes tatsächliches Zusammenwirken.[7] Ein derartiges Zusammenwirken ist auch

---

1 BFH v. 29. 6. 1988 II R 258/85, BStBl II 1988, 898; v. 13. 8. 2003 II R 52/01, BFH/NV 2004, 663; v. 21. 9. 2005 II R 49/04, BStBl II 2005, 269.

2 BFH v. 4. 9. 1996 II R 77/94, BFH/NV 1997, 260; v. 12. 3. 1997 II R 84/94, BFH/NV 1997, 706.

3 Vgl. BFH v. 17. 9. 1997 II R 24/95, BStBl II 1997, 776, m. w. N.; v. 13. 8. 2003 II R 52/01, BFH/NV 2004, 663, m. w. N.

4 Siehe z. B. BFH v. 11. 5. 1994 II R 62/91, BFH/NV 1994, 903; v. 28. 10. 1998 II R 36/96, BFH/NV 1999, 667; v. 27. 3. 1999 II R 3/97, BFH/NV 2000, 883.

5 Urteil v. 19. 6. 2013 II R 3/12, BStBl II 2013, 965; s. auch Pahlke, Rz 31 zu § 9.

6 BFH v. 30. 4. 2003 II R 29/01, BFH/NV 2003, 1446, m. w. N.

7 BFH v. 21. 9. 2005 II R 49/04, BStBl II 2006, 269.

dann gegeben, wenn der im Übrigen passive Grundstückseigentümer dem weiteren Vertragspartner des Erwerbers, der das Baukonzept entwickelt (Projektentwickler, Bauunternehmer usw.) und sich dem Erwerber gegenüber zur Bebauung nach Maßgabe des Konzepts verpflichtet hat, das Grundstück „an die Hand" gibt.[1] Der bloße Nachweis einer Kaufgelegenheit oder der Hinweis auf einen Bauunternehmer oder einen Generalübernehmer reicht nicht aus.[2] Jedoch genügt es, wenn die Einbindung des Grundstückseigentümers über einen von ihm als Mittelsperson eingeschalteten Dritten herbeigeführt wird.[3] Zu den sich vorher[4] abstimmenden Vertragspartnern braucht der Bauunternehmer, der das Gebäude tatsächlich errichtet, nicht zu gehören,[5] wie denn allgemein bei Bindung an ein von der Veräußererseite projektiertes Bebauungskonzept bei Abschluss des Grundstücksgeschäfts noch nicht feststehen muss, wem der einzelne Bauauftrag zu erteilen ist.[6] Von einem **objektiv abgestimmten Verhalten** der mehreren Personen auf der Veräußererseite ist auszugehen, wenn diese personell, wirtschaftlich oder gesellschaftsrechtlich eng untereinander verbunden sind und tatsächlich einvernehmlich darauf hinwirken, dem Erwerber als einheitlichen Leistungsgegenstand das Grundstück in bebautem Zustand zu verschaffen.[7] Dieses Zusammenwirken erfordert kein bestimmtes Maß an kapitalmäßiger Verflechtung der auf der Veräußererseite beteiligten Gesellschaften,[8] wenngleich bei Gesellschafteridentität der grundstücksveräußernden Gesellschaft und des Bauunternehmens ohne weiteres davon auszugehen ist, dass Erwerbsgegenstand das Grundstück in bebautem Zustand ist. Hinzuweisen ist aber darauf, dass bei einer Personenmehrheit auf der Veräußererseite ein einheitlicher Erwerbsgegenstand nicht schon deshalb vorliegt, weil der Erwerber schon vor Abschluss des das Grundstück betreffenden Verpflichtungsgeschäfts einen Gebäudeerrichtungsvertrag abgeschlossen hat. Die Bindung an die Bebauung muss nämlich gegenüber der aus mehreren Personen bestehenden Veräußererseite bestehen, was ein Zusammenwirken von Grundstückseigentümer und Bauunternehmen etc. bei Abschluss der Verträge voraussetzt.[9]

---

1 BFH v. 26. 2. 2014 II R 54/12, BFH/NV 2014, 1403.
2 BFH v. 2. 3. 2006 II R 47/04, BFH/NV 2006, 1509.
3 BFH v. 26. 2. 2014 II R 54/12, BFH/NV 2014, 1403.
4 BFH v. 9. 2. 2011 II B 50/10, BFH/NV 2011, 846.
5 BFH v. 28. 10. 1998 II R 36/96, BFH/NV 1999, 667.
6 BFH v. 11. 5. 1994 II R 62/91, BFH/NV 1994, 901; v. 4. 9. 1996 II R 62/94, BFH/NV 1997, 308.
7 BFH v. 6. 12. 1989 II R 27/87, BFH/NV 1991, 344, und II R 145/87, BFH/NV 1991, 345; v. 28. 7. 1993 II R 66/90, BFH/NV 1994, 33.
8 BFH v. 7. 10. 2005 II B 75/04, BFH/NV 2006, 366.
9 BFH v. 2. 3. 2006 II R 39/04, BFH/NV 2006, 1880.

Das abgestimmte Verhalten unterschiedlicher Vertragsparteien auf der Veräußererseite kann auch über den das Grundstücksgeschäft vermittelnden Makler herbeigeführt werden, wenn dieser mit dem Grundstücksveräußerer einen Maklervertrag abgeschlossen hat sowie für das Bauunternehmen (Fertighausunternehmen) gegen Provision tätig und beides objektiv feststellbar ist.[1] Tritt der Grundstücksverkäufer dem Erwerber gegenüber gleichzeitig auch als Vertreter des Fertighauslieferanten auf, kommt es auf das Vorliegen konkreter Absprachen zwischen ihm und diesem nicht an, denn er ist jedenfalls in der Lage dem Erwerber ein konkretes Angebot hinsichtlich des Grundstücks in bebautem Zustand zu machen und hat erkennbar eigenes wirtschaftliches Interesse am Abschluss aller Verträge.[2]

Unerheblich ist, ob die bis (annähernd) zur Baureife gediehene Vorplanung inhaltlich maßgeblich von der Erwerberseite mit beeinflusst oder sogar veranlasst worden ist.[3] Für die entscheidende Frage, ob der Abschluss des Grundstückskaufvertrags an die Beauftragung eines bestimmten Bauunternehmers oder Generalübernehmers gebunden ist, macht es nämlich keinen Unterschied, ob der Erwerber das einheitliche Angebot der Veräußererseite unverändert übernimmt oder ob er der Veräußererseite konkrete Vorgaben macht, die zur Grundlage für das einheitlich vom Erwerber akzeptierte Angebot über den Erwerb von Grundstück und Gebäude werden.[4] Eine entsprechende Indizwirkung besteht auch, wenn eine mit dem Veräußerer personell, wirtschaftlich oder gesellschaftsrechtlich eng verbundene Person vor Abschluss oder Wirksamwerden des Grundstückskaufvertrags aufgrund einer in bautechnischer und finanzieller Hinsicht konkreten und bis (annähernd) zur Baureife gebrachten Vorplanung dem Erwerber die Errichtung eines bestimmten Gebäudes auf einem vom Veräußerer zum Verkauf angebotenen Grundstück zu einem im Wesentlichen feststehenden Preis anbietet und der Erwerber sowohl dieses Angebot annimmt als auch das Angebot zum Grundstückskaufvertrag.[5] 14

Der **enge sachliche Zusammenhang zwischen Grundstückskaufvertrag und Bauvertrag** wird nicht **dadurch ausgeschlossen**, dass der **Bauvertrag** (bzw. die zur Bebauung führenden Verträge) zeitlich erst **nach** dem **Grundstückskaufvertrag** abgeschlossen wird und der Erwerber rechtlich und auch tatsächlich in 15

---

1 BFH v. 27.10.1999 II R 3/97, BFH/NV 2000, 883.

2 So auch BFH v. 27.7.1994 II R 47/91, BFH/NV 1995, 259; v. 23.8.1995 II R 93/92, BFH/NV 1996, 354.

3 BFH v. 21.9.2005 II R 49/04, BStBl II 2006, 269; v. 26.2.2014 II R 54/12, BFH/NV 2014, 1403.

4 BFH v. 21.9.2005 II R 49/04, BStBl II 2006, 269; v. 3.8.2006 II B 153/05, BFH/NV 2006, 2129; v. 2.4.2009 II B 257/08, BFH/NV 2009, 1046, m.w.N.

5 BFH v. 2.3.2006 II R 47/04, BFH/NV 2006, 1509.

der Lage gewesen wäre, sich für eine andere, und sei es auch wesentlich vom Angebot abweichende Bebauung zu entscheiden (etwa auch entsprechende Angebote eingeholt hat) oder ein anderes, mit dem Veräußerer nicht verbundenes Unternehmen mit der Bebauung zu beauftragen. Entscheidend ist der tatsächlich verwirklichte Geschehensablauf; auf die Intention des Erwerbers kommt es dagegen nicht an.[1] Grundsätzlich ist maßgebender Beurteilungszeitpunkt dafür, ob grunderwerbsteuerrechtlich Gegenstand des Erwerbsvorgangs das Grundstück in bebautem Zustand ist, der Zeitpunkt des Abschlusses des Grundstückskaufvertrags.[2] Da es aber nicht darauf ankomme, ob der Erwerber tatsächlich und rechtlich in der Lage gewesen wäre, ein anderes Unternehmen mit der Bebauung zu beauftragen oder sich zu einer wesentlich abweichenden Bebauung zu entschließen, soll der für die Annahme eines einheitlichen, aus Grundstück und Gebäude bestehenden Erwerbsgegenstand erforderliche objektive sachliche Zusammenhang zwischen Grundstückskauf- und Bauvertrag auch dann zustande kommen, wenn der Erwerber zunächst mit einem von ihm frei gewählten Unternehmer einen Bauvertrag abgeschlossen hat, dieser aber nicht durchgeführt wird und der Erwerber das ihm vor Abschluss des Grundstückskaufvertrags vom Veräußerer gemachte Angebot für die Bebauung (und sei es auch nach Kaufvertragsabschluss) annimmt und das Gebäude tatsächlich durch diesen errichten lässt.[3] Zwar nimmt der Erwerber auch hier im Ergebnis den vorbereiteten Geschehensablauf hin, doch kann davon zumindest dann nicht ausgegangen werden, wenn der zunächst vom Erwerber abgeschlossene Bauvertrag erst nach Abschluss des Grundstückskaufvertrags scheitert und der Erwerber sich deshalb dazu entschließt, das Angebot der Veräußererseite doch anzunehmen.

16   Der **objektive enge sachliche Zusammenhang** zwischen mehreren Verträgen kann sich **auch** daraus ergeben, dass der **Erwerber**, dem untereinander verbundene oder zusammenwirkende bzw. sich abgestimmt verhaltende Vertragspartner gegenüberstehen, **sich bereits vor Abschluss des Grundstückskaufvertrags** hinsichtlich der zur Errichtung des Gebäudes erforderlichen zivilrechtlichen Verträge **gebunden** hat, und sei das auch dadurch geschehen, dass er mit einem „Treuhänder", der seinerseits den Zugang zum Grundstück reguliert, einen Treuhandvertrag oder einen Geschäftsbesorgungsvertrag abge-

---

1 BFH v. 23.11.1994 II R 53/94, BStBl II 1995, 331; v. 2.6.2006 II R 47/04, BFH/NV 2006, 1509; v. 27.8.2006 II R 42/04, BFH/NV 2007, 760.

2 BFH v. 6.3.1991 II R 133/87, BStBl II 1991, 532; v. 7.10.2005 II B 75/04, BFH/NV 2006, 366.

3 BFH v. 23.8.2007 II B 3/07, BFH/NV 2007, 2348.

schlossen hat, der diesen zum Abschluss aller erforderlichen Verträge ermächtigt,[1] oder dass er den beim Erwerb im Bauherrenmodell geforderten Basisvertrag abgeschlossen hat.[2]

▶ Von diesen Grundsätzen ist auch bei der Bestellung eines Erbbaurechts auszugehen, sofern eine Gebäudeherstellungspflicht der Veräußererseite (Erbbaurechtsbesteller und ggf. mit ihm verbundene Dritte) besteht.[3] Auch beim Erwerb bebauter Grundstücke ist von diesen Grundätzen auszugehen, bei denen es lediglich darum geht, ob das Grundstück in bereits saniertem, renoviertem, modernisiertem oder ausgebautem Zustand Gegenstand des Erwerbsvorgangs ist.[4] Sie gelten auch beim Erwerb der Verwertungsbefugnis i. S. des § 1 Abs. 2.[5] **17**

**Nicht von einem einheitlichen Leistungsgegenstand „bebautes Grundstück" ist** auszugehen, **wenn die Erwerberseite selbst initiativ** wird[6] oder **wenn es an einem Zusammenwirken „auf der Veräußererseite"** fehlt.[7] Auch kann allein aus dem Umstand, dass sich der Erwerber eines im Zustand der Bebauung befindlichen Grundstücks gegenüber dem Grundstücksverkäufer verpflichtet, an dessen Stelle in einen bestehenden Vertrag mit einem Dritten (Generalunternehmer) über die Errichtung des Bauvorhabens einzutreten, nicht gefolgert werden, er erwerbe ein Grundstück in bebautem Zustand.[8] Den zwischen Grundstücksveräußerer und Erwerber vereinbarten „Vertragseintritt" mag zwar der Generalunternehmer hinnehmen, doch fehlt es an einem zielgerichteten Zusammenwirken des Grundstücksverkäufers und des Gebäudeerrichters, das darauf gerichtet ist, dem Erwerber das Grundstück in fertig aus- **18**

---

1 Sog. Bauherrenmodell mit vorgeschalteter Treuhand, vgl. z. B. BFH v. 24. 1. 1990 II R 94/87, BStBl II 1990, 590; v. 30. 3. 1990 II R 86/85, BFH/NV 1991, 838; v. 28. 7. 1993 II R 66/90, BFH/NV 1994, 339; v. 8. 2. 1995 II R 19/92, BFH/NV 1995, 823; vgl. auch BFH v. 28. 10. 1998 II R 36/96, BFH/NV 1999, 667.

2 BFH v. 11. 11. 1992 II R 117/89, BStBl II 1993, 163, s. auch dort zur Einbindung desjenigen, der in diesem „Modell" die auf der Veräußererseite stehenden Gesellschaften rechtlich und/oder faktisch beherrscht.

3 BFH v. 24. 4. 2013 II R 53/10, BStBl II 2013, 755.

4 BFH v. 10. 8. 1994 II R 33/91, BFH/NV 1995, 337; v. 7. 9. 1994 II R 106/91, BFH/NV 1995, 434; v. 23. 2. 2005 II B 24/04, BFH/NV 2005, 1140; v. 23. 8. 2006 II R 43/04, BFH/NV 2007, 99.

5 BFH v. 4. 9. 1996 II R 92/94, BFH/NV 1997, 308, m. w. N.; s. auch BFH v. 11. 11. 1998 II B 18/98, BFH/NV 1999, 669.

6 BFH v. 9. 8. 1989 II B 73/89 und II B 74/89, BFH/NV 1990, 594, 959; v. 13. 6. 1989 II R 28/87, BStBl II 1989, 986.

7 BFH v. 25. 11. 1992 II R 67/89, BStBl II 1993, 308, betreffend die Zuweisung eines Grundstücks im Umlegungsverfahren, das aus Grundstücken verschiedener als Eigentümer an diesem Verfahren Beteiligter gebildet wurde, an einen Dritten.

8 BFH v. 2. 9. 1993 II B 71/93, BStBl II 1994, 48; v. 17. 9. 1997 II R 24/95, BStBl II 1997, 776.

gebautem Zustand zu verschaffen; insofern wird der Erwerber, wenngleich dem Veräußerer – aber nur diesem – zum Vertragsabschluss verpflichtet, selbst initiativ in Bezug auf das Bauvorhaben. Die dem Veräußerer allein gegenüber eingegangene Verpflichtung zum Eintritt in den Generalübernehmervertrag beinhaltet lediglich eine Verpflichtung gegenüber dem Veräußerer, auf dem Grundstück ein Gebäude zu errichten, das der Erwerber selbst nutzen wird. Eine derartige Verpflichtung ist eigennützige Erwerberleistung (vgl. Rdnr. 5), die keine Gegenleistung für den Grundstückserwerb darstellt.[1]

18a    Der **BFH hat mit Urteil vom 27. 9. 2012 II R 7/12,**[2] mit dem er das Urteil des Niedersächsischen FG vom 26. 8. 2011[3] aufhob, **seine bisherige Rechtsprechung** zum einheitlichen Erwerbsgegenstand **bestätigt.** Weder unionsrechtliche noch verfassungsrechtliche Bedenken gegen diese bestünden aus seiner Sicht nicht. Auch sieht er keinen Widerspruch zur Rechtsprechung der Umsatzsteuersenate. Die gegen diese BFH-Entscheidung gerichtete **Verfassungsbeschwerde** hat das BVerfG **nicht angenommen.**[4] Das Niedersächsische FG hat mit Urteil vom 20. 3. 2013[5] der Auffassung des BFH eine Absage erteilt und angeregt, der zuständige II. Senat möge die Rechtssache dem Großen Senat des BFH zur Sicherung einer einheitlichen Rechtsprechung vorlegen, damit das Verfahrensgrundrecht der Kläger auf den gesetzlichen Richter nicht verletzt werde. Der BFH teilte die rechtlichen Bedenken des Niedersächsischen FG nicht.[6]

## c) Erschlossenes oder unerschlossenes Grundstück als Gegenstand des Erwerbsvorgangs

**Literatur:** *Grziwotz,* Öffentlich- und zivilrechtliche Regelungen über Erschließungskosten als Vorgaben für die Grunderwerbsteuer, DStR 1994, 1014; *ders.,* Urteilsanmerkung, ZfIR 2001, 775; *Bruschke,* Erschließungskosten als Teil der grunderwerbsteuerrechtlichen Gegenleistung, UVR 2002, 281; *Baumann,* Grunderwerbsteuerliche Behandlung von Erschließungskosten und anderen Anliegerbeiträgen, UVR 2004, 64; *Grziwotz/Gottwald,* Erschließungskosten und Grunderwerbsteuer, UVR 2005, 13.

**Verwaltungsanweisungen:** Ländererlasse v. 16. 9. 2015, BStBl I 2015, 823.

19    Ist ein **Grundstück** im Zeitpunkt der Verwirklichung des Erwerbsvorgangs (s. Hofmann, GrEStG, § 23 Rdnr. 1 ff.; vgl. auch Rdnr. 27) bereits **tatsächlich er-**

---

1 BFH v. 16. 1. 2002 II R 16/00, BStBl II 2002, 431; v. 22. 5. 2002 II R 1/00, BFH/NV 2002, 1493.
2 BStBl II 2013, 86.
3 EFG 2012, 730.
4 BVerfG v. 20. 5. 2013 – 1 BvR 2766/12, juris-erledigt NWB DokID: PAAAE-34286.
5 BB 2013, 1750.
6 Urteil v. 4. 12. 2014 II R 22/13, BFH/NV 2015, 521.

**schlossen**, d. h., sind die öffentlichen Erschließungsanlagen i. S. des BauGB, wozu im Wesentlichen die Verkehrs- und Grünanlagen sowie die Anlagen zur Ableitung von Abwässern und zur Versorgung mit Elektrizität, Gas, Wärme und Wasser gehören (vgl. § 127 Abs. 1 und 4 BauGB), endgültig fertig gestellt, nicht aber die auf dem Grundstück selbst notwendigen Anschlüsse dafür, kann Gegenstand der vertraglichen Übereignungspflicht nur das erschlossene Grundstück sein (vgl. Rdnr. 10). In einem solchen Fall ist sowohl der auf die Erschließung entfallende Kaufpreisteil als auch ein neben dem Kaufpreis für das Grundstück gesondert ausgewiesener Betrag, mit dem die bereits vorhandene Erschließung des Grundstücks abgegolten werden soll, Entgelt für den Grundstückserwerb.[1] Zur Frage des Umfangs der Gegenleistung, wenn das Grundstück zwar tatsächlich erschlossen, der Erwerber aber nicht zu Leistungen an den Veräußerer zur Abgeltung von durch diesen bereits erbrachten Leistungen auf die Erschließung verpflichtet ist, vgl. Hofmann, GrEStG, § 9 Rdnr. 15 ff.

Ist das **Grundstück** im Zeitpunkt des Abschlusses des die Übereignungspflicht 20 des Veräußerers begründenden Rechtsgeschäfts **noch nicht** im o. a. Sinn **erschlossen**, ist das **Grundstück im erschlossenen Zustand nur dann** Gegenstand des Erwerbsvorgangs, **wenn** sich der **Veräußerer verpflichtet**, das Grundstück in erschlossenem Zustand zu verschaffen. In diesem Fall ist der auf die Erschließung entfallende Teil des Kaufpreises Entgelt für den Grundstückserwerb.[2] Wird das Grundstück jedoch in seinem **tatsächlichen – unerschlossenen – Zustand** zum Gegenstand der Übereignungspflicht gemacht und **übernimmt der Erwerber gleichzeitig** mit dem Abschluss des Kaufvertrags **gegenüber der Gemeinde oder** einem von ihr nach § 124 Abs. 1 BauGB **beauftragten Erschließungsträger** die Verpflichtung, für die zukünftige Erschließung einen bestimmten Betrag zu zahlen, so ist die eingegangene **Zahlungsverpflichtung kein Entgelt** für den Grundstückserwerb.[3] Dasselbe gilt, wenn Verkäufer und nach § 124 Abs. 1 BauGB beauftragter Erschließungsträger identisch sind, weil der Erschließungsträger nur der Gemeinde gegenüber, nicht aber im Verhältnis zum (künftigen) Grundstückseigentümer zur Erschließung verpflichtet ist.[4] Ein rechtlicher oder objektiv sachlicher Zusammenhang zwischen dem Grundstückskaufvertrag und dem Vertrag über die Entrichtung von Erschließungskosten i. S. der von der Rechtsprechung zum Erwerb eines Grundstücks im zukünftig bebauten Zustand (vgl. Rdnr. 9 bis 17) entwickelten Grundsätze schei-

---

1 BFH v. 15. 3. 2001 II R 39/99, BStBl II 2002, 93.
2 BFH v. 9. 5. 1979 II R 56/74, BStBl II 1979, 577; v. 15. 3. 2001 II R 39/99, BStBl II 2002, 93.
3 BFH v. 15. 3. 2001 II R 39/99, BStBl II 2002, 93.
4 Vgl. BFH v. 9. 5. 1979 II R 56/74, BStBl II 1979, 577.

det wegen des sich aus der öffentlichen Erschließungslast der Gemeinde ergebenden besonderen Charakters der Grundstückserschließung aus.[1]

21  Die **Erschließung**, auf die kein Rechtsanspruch besteht (§ 123 Abs. 3 BauGB), ist nach § 123 Abs. 1 BauGB **Aufgabe der Gemeinde**. Ob, wann und wie eine Erschließung vorgenommen wird, liegt in ihrem pflichtgemäßen, kommunalpolitischen Interessen berücksichtigenden Ermessen. Mit der Errichtung der Erschließungsanlagen erfüllt die Gemeinde eine allgemeine öffentliche Aufgabe; sie erbringt nicht etwa eine Leistung an diejenigen Grundstückseigentümer, deren Grundstücke durch diese Maßnahme erschlossen werden. Entschließt sich die Gemeinde zur Erschließung und überträgt sie deren Durchführung durch öffentlich-rechtlichen Vertrag auf einen Dritten (§ 124 BauGB), so gilt nichts anderes. Der Vertrag wirkt nicht zugunsten der Eigentümer der zu erschließenden Grundstücke, sondern entfaltet seine Wirkungen nur zwischen der Gemeinde und dem beauftragten Erschließungsträger in der Weise, dass dieser nur der Gemeinde gegenüber zur Herstellung der Erschließung verpflichtet ist. Am öffentlichen Charakter der Erschließung ändert sich nichts. Das gilt auch insoweit, als der Erschließungsträger im Rahmen der von ihm durchzuführenden Abwicklung privatrechtliche Vereinbarungen mit Grundstückserwerbern trifft, weil er anderweitig Aufwendungsersatz nicht erhalten kann.[2] Die rechtliche Wirkung der Vereinbarung erschöpft sich in der Regelung über die Kostenbeteiligung; sie macht die Erschließung nicht zu einer Leistung an den Zahlungsverpflichteten.[3]

## 3.  Gesamtgegenleistung für Grundstück und nicht grunderwerbsteuerpflichtige Gegenstände

**Literatur:** *Schelnberger*, Unterliegt bei Erwerb einer Eigentumswohnung der auf den Käufer übergehende Anteil an der Instandhaltungsrücklage der Wohnungseigentümergemeinschaft der Grunderwerbsteuer?, DVR 1987, 84; *Möllinger*, Grunderwerbsteuerrechtliche Aufteilung der Gesamtleistung beim Erwerb eines Erbbaugrundstücks durch einen anderen als den Erbbauberechtigten, UVR 1991, 271.

### a)  Allgemeines

22  Da sich die Steuer nur nach dem Wert der für das Grundstück (§ 2) hingegebenen Gegenleistung bemessen kann (vgl. Rdnr. 4), ist sie in all denjenigen Fällen,

---

1  BFH v. 15. 3. 2001 II R 39/99, BStBl II 2002, 93.
2  Vgl. dazu BGH v. 8. 11. 1973 VII ZR 246/72, BGHZ 61, 359; s. auch BVerwG v. 22. 8. 1975 4 C 7.73, BVerwGE 49, 125.
3  Siehe auch BFH v. 21. 3. 2007 II R 67/05, BStBl II 2007, 614.

in denen außer dem Grundstück auch andere Gegenstände, die zivilrechtlich oder grunderwerbsteuerrechtlich (vgl. § 2 Abs. 1 Satz 2) nicht dessen Bestandteil sind, erworben werden, aufzuteilen. Die **Aufteilung** ist stets erforderlich bei einem ein **Handelsgeschäft im Ganzen,** einen landwirtschaftlichen Hof im Ganzen betreffenden Vorgängen, häufig beim Erwerb von Fabrikgrundstücken, beim **Erbteilskauf** sowie in allen Fällen, in denen ein Gesamtengelt für unterschiedliche Gegenstände (z. B. **Grundstück mit Inventar)** erbracht wird. Auch wenn im Zuge der vereinbarten Übernahme eines gesamten Unternehmens als Teil der Vereinbarung ein Erbbaurecht bestellt wird (anstatt der Übertragung des Grundstücks), so ist die Gesamtgegenleistung wie für einen Erwerb eines Unternehmens im Ganzen (einschließlich des Grundstücks) aufzuteilen.[1] Die Aufteilung erweist sich auch **beim Erwerb** des **mit einem Erbbaurecht belasteten Grundstücks** erforderlich (vgl. Hofmann, GrEStG, § 2 Rdnr. 14). Die Finanzverwaltung lässt es aus Vereinfachungsgründen zu, die Gesamtgegenleistung um den Kapitalwert des Rechts auf Erbbauzins zu kürzen.[2]

Aufteilung der Gesamtgegenleistung ist ferner stets dann erforderlich, wenn mit dem Grundstückserwerb verbundene Vermögenspositionen erworben werden, die i. S. der Ausführungen in Hofmann, GrEStG, § 2 Rdnr. 13 nicht unter den grunderwerbsteuerrechtlichen Grundstücksbegriff subsumiert werden können (z. B. Anspruch auf Brandentschädigung).

Werden zusammen mit dem Grundstück für dieses erarbeitete Planungsunterlagen erworben, die nicht dazu dienen, das Grundstück in den tatsächlichen künftigen Zustand zu versetzen, in dem es von den Vertragschließenden zum Gegenstand des Erwerbsvorgangs gemacht wurde, so liegt – weil Baupläne als solche nicht unter den Grundstücksbegriff des § 2 fallen[3] – eine **selbständige Nebenleistung** vor. Ist für Grundstück und Planungsunterlagen ein Gesamtkaufpreis vereinbart, so ist dessen Aufteilung geboten. Dasselbe muss gelten, wenn wegen Unausgewogenheit von Leistung und Gegenleistung angenommen werden muss, ein Teil des gesondert ausgewiesenen Aufwands für den Erwerb der Bauplanung stelle eine verdeckte Gegenleistung für den Grundstückserwerb dar.

Oft ist die Aufteilung der Gegenleistung auch beim Erwerb im Zwangsversteigerungsverfahren notwendig.[4] Nach § 20 Abs. 2 ZVG umfasst die Beschlagnah-

---

1 BFH v. 13. 5. 1993 II R 83/89, BFH/NV 1994, 574.
2 Finbeh Hamburg v. 28. 2. 2002, DStZ 2002, 268, Tz 6.
3 Siehe BFH v. 9. 11. 1999 II R 54/98, BStBl II 2000, 143; vgl. auch BFH v. 24. 2. 2000 V R 89/98, BStBl II 2000, 278.
4 Vgl. dazu BFH v. 14. 11. 1967 II 37/64, BFHE 91, 58.

me in der Zwangsversteigerung auch diejenigen Gegenstände, auf die sich die Hypothek erstreckt, also beispielsweise dem Versteigerungsschuldner gehörendes Zubehör (§ 1120 BGB) sowie auf eine Versicherungsforderung (§ 1127 BGB). Soweit die Beschlagnahme dieser Gegenstände noch wirksam ist, erstreckt sich die Versteigerung auch auf sie (§ 55 Abs. 1 ZVG) mit der Folge, dass der auf das Meistgebot hin folgende Grundstückserwerb durch Zuschlag (§ 90 Abs. 1 ZVG) auch den Erwerb dieser Gegenstände mit umfasst (§ 90 Abs. 2 ZVG).[1] Siehe auch Hofmann, GrEStG, § 2 Rdnr. 13a, betr. Instandhaltungsrücklage nach dem WEG.

### b) Maßgeblichkeit des Vertragswillens

23   Häufig werden gesonderte Kaufverträge über ein Grundstück einerseits und nicht grunderwerbsteuerpflichtige Gegenstände andererseits (z. B. Inventar) abgeschlossen, oder es wird eine aus Einzelkauf- oder -übernahmepreisen sich lediglich durch Addition ergebende Summe ausgewiesen. Soweit es sich um ernst gemeinte Einzelvereinbarungen bzw. beim Kauf einer Sachgesamtheit Einzelpreisvereinbarungen handelt, kann von einer Gesamtgegenleistung nicht gesprochen werden, denn auch die Addition einzeln vereinbarter Entgelte kann mit der Vereinbarung einer Gesamtgegenleistung nicht identifiziert werden. Unter der Voraussetzung, dass die Vertragsparteien auch alle aus der Vereinbarung von Einzelverträgen sich ergebenden bürgerlich-rechtlichen Konsequenzen auf sich nehmen und nicht Folgen aus der Vereinbarung eines Gesamtkaufpreises ziehen, sind die Einzelpreise – vorbehaltlich § 42 AO – für die Besteuerung maßgebend.[2] Der Annahme eines einheitlichen Kaufs mehrerer Sachen zu einer Gesamtgegenleistung steht nicht entgegen, dass über den Verkauf mehrere Vertragsurkunden errichtet werden, wenn aufgrund der in diesen Verträgen getroffenen Preisvereinbarungen eine Zuordnung der Preise zu einzelnen verkauften Sachen nicht möglich und auch nicht ernstlich gewollt ist, und zwar unter Einbeziehung des § 9 Abs. 2 Nr. 4 auch dann nicht, wenn nicht an jedem der abgeschlossenen (sich ergänzenden) Rechtsgeschäfte jeweils dieselben Parteien beteiligt sind.[3]

Sind die von den Parteien kalkulierten Wertansätze (Preisansätze) für Grundstück einschließlich Gebäude einerseits und beispielsweise Inventar andererseits nur Motiv oder Geschäftsgrundlage des vereinbarten Preises, liegt selbst

---

1 Ebenso Boruttau/Loose, Rn 384, 396 f. zu § 9 und Pahlke, Rz 105 f. zur § 9.
2 Vgl. auch BFH v. 17. 6. 1998 II R 35/96, BFH/NV 1998, 1527.
3 BFH v. 15. 2. 1989 II R 4/86, BFH/NV 1990, 392; vgl. auch BFH v. 18. 9. 1985 II R 168/82, BFH/NV 1986, 698.

dann, wenn beide Seiten von denselben Ansätzen ausgegangen sind, eine Gesamtgegenleistung vor, die nach den objektiven Werten der Gegenstände des Erwerbsgeschäfts auf das Grundstück einerseits und die nicht der Grunderwerbsteuer unterliegenden Gegenstände andererseits aufzuteilen ist.[1] So drückt auch der Buchwert eines Grundstücks nicht allein deshalb die Gegenleistung für das Grundstück aus, weil der Erwerber ein Unternehmen „zu Buchwerten" gekauft hat.[2]

**c) Aufteilung der Gesamtgegenleistung**

Liegt eine Gesamtgegenleistung vor, die Entgelt sowohl für das Grundstück     24
i. S. des § 2 als auch für nicht der Grunderwerbsteuer unterliegende Gegenstände ist, so ist diese aufzuteilen. Die **Aufteilung** ist nach der sog. **Boruttau'schen Formel**

$$\frac{\text{Gesamtpreis} \times \text{gemeiner Wert des Grundstücks}}{\text{gemeiner Wert der sonstigen Gegenstände} + \text{gemeiner Wert des Grundstücks}}$$

vorzunehmen.[3] Dabei wird die (eventuell missbräuchliche) Subjektivität der getroffenen Vereinbarungen durch Anlegung des objektiven Maßstabs des gemeinen Werts (§ 9 BewG) neutralisiert. Ziel der Verhältnisrechnung ist die in der Gesamtgegenleistung enthaltenen Aufschläge bzw. Nachlässe gegenüber der objektiven Bezugsgröße gemeiner Wert des Gesamterwerbs und der Einzelgegenstände anteilig auf die zusammen erworbenen Gegenstände zu verteilen. Zur Verdeutlichung folgende

**BEISPIELE:** ▶ X erwirbt von Y ein Grundstück (gemeiner Wert: 120 000 €) zusammen mit Einrichtungsgegenständen (gemeiner Wert: 36 000 €) zum Gesamtpreis von

a) 130 000 €: die Bemessungsgrundlage für die Grunderwerbsteuer beträgt

$$\frac{130\,000\,€ \times 120\,000\,€}{36\,000\,€ + 120\,000\,€} = 100\,000\,€$$

b) 195 000 €: die Bemessungsgrundlage für die Grunderwerbsteuer beträgt

$$\frac{195\,000\,€ \times 120\,000\,€}{36\,000\,€ + 120\,000\,€} = 150\,000\,€$$

---

1 BFH v. 19. 12. 1967 II R 41/67, BStBl II 1968, 349.
2 BFH v. 8. 10. 1975 II R 129/70, BStBl II 1976, 195.
3 BFH v. 20. 2. 1968 II 150/64, BFHE 91, 494; v. 17. 6. 1998 II R 35/96, BFH/NV 1998, 1527.

Bei der für diese Aufteilung erforderlichen Verkehrswertermittlung der Grundstücke sowohl wie der übrigen miterworbenen Gegenstände sind Geschäfts- bzw. Firmenwerte grundsätzlich soweit zu berücksichtigen, als sie mit diesen zusammenhängen und einen bestimmten immateriellen Wert abgelten;[1] ist eine Zuordnung nicht möglich und ist auch nicht feststellbar, dass ein bestimmter immaterieller Wert, bspw. besondere Gewinnerwartungen abgegolten wird, ist auch insoweit die Leistung im nämlichen Verhältnis aufzuteilen.[2]

Allerdings sind nicht stets die gemeinen Werte maßgebend. Führt der Käufer eines Unternehmens dieses fort, so ist die Verhältnisrechnung unter Berücksichtigung der Teilwerte (§ 10 BewG) aufzustellen.[3]

25    Ist eine Gesamtgegenleistung zu erbringen, so ist nur in Ausnahmefällen nicht die Verhältnisrechnung (Boruttau'sche Formel) aufzustellen, sondern die auf das Grundstück anteilig entfallende Gegenleistung durch Subtraktion zu ermitteln. Das gilt beispielsweise dann, wenn eine Versicherungsforderung, die zunächst (aufschiebend bedingt durch den Wiederaufbau) dem Veräußerer zustand, entweder mit erworben wird oder (als Grundstücksbestandteil) übergeht und der Erwerber sich verpflichtet, den Versicherungsbetrag (nach Eingang bei ihm) an den Veräußerer abzuführen: der Geldbetrag ist von der (Gesamtgegenleistung) abzusetzen, denn er entspricht dem Wert (§ 9 BewG) der erworbenen Forderung.[4] In gleicher Weise ist beim Erwerb eines erbbaurechtsbelasteten Grundstücks die auf das Grundstück allein entfallende Gegenleistung (s. § 2 Abs. 1 Satz 2 Nr. 3) durch Abzug des Kapitalwerts des Rechts auf den Erbbauzins vom Gesamtaufwand des Erwerbers zu berechnen.[5] Zur Frage der Berücksichtigung der Instandhaltungsrücklage (WEG) s. Hofmann, GrEStG, § 2 Rdnr. 13a und zu § 9 Rdnr. 39.

Ausdrücklich gebieten § 9 Abs. 1 Nr. 5 Satz 3, Nr. 6 Satz 2 die Absetzung von Leistungen.

## 4. Inhalt der Gegenleistung

26    Der Inhalt der Gegenleistung kann in jeder denkbaren Leistung bestehen; insbesondere in Geld-, Sach- oder Dienstleistungen. Bereits vor Abschluss des Er-

---

1 BFH v. 31. 10. 1973 II R 79/66, BStBl II 1974, 250.
2 Vgl. auch BFH v. 19. 6. 1998 II R 35/96, BFH/NV 1998, 1527.
3 BFH v. 8. 10. 1975 II R 129/70, BStBl II 1976, 195; v. 13. 5. 1993 II R 83/89, BFH/NV 1994, 574; zur Verteilung des Minderwertes vgl. BFH v. 11. 12. 1974 II R 30/69, BStBl II 1975, 417.
4 Vgl. auch BFH v. 9. 10. 1991 II R 20/89, BStBl II 1992, 152.
5 BFH v. 6. 5. 2015 II R 8/14, BStBl II 2015, 853, entgegen BFH v. 12. 4. 2000 II B 133/99, BStBl II 2000, 439; s. Hofmann, GrEStG, § 9 Rdnr. 13. .

werbsgeschäfts erbrachte Leistungen (z. B. Dienstleistungen) können nur dann der Gegenleistung zugeordnet werden, wenn sich der Empfänger der Leistung verpflichtet hat, als (ggf. zusätzliche) Vergütung ein Grundstück billiger zu überlassen. Grundsätzlich tangiert die „Anrechnung" von Vorwegleistungen den Inhalt (und Umfang) der Gegenleistung nicht. So hatte in dem BFH vom 3. 12. 1975[1] zugrunde liegenden Fall der Grundeigentümer ein Fabrikgebäude im Interesse und entsprechend den Angaben eines anderen errichtet und diesem nicht nur ein Ankaufsrecht auf 15 Jahre eingeräumt, sondern das Grundstück auch verpachtet. Die Vereinbarung, dass im – später eingetretenen – Verkaufsfall der erwerbende Pächter dem Verkäufer die Gebäudeherstellungskosten unter Anrechnung der erbrachten Pachtleistungen zu vergüten hatte, führte nicht dazu, dass sich die Gegenleistung um diese Pachtzahlungen minderte. Zu Vorleistungen vgl. Hofmann, GrEStG, § 9 Rdnr. 29.

**Künftige Leistungen** des Erwerbers können nur dann Teil der Gegenleistung sein, wenn der Erwerber sich zu ihnen wegen des Kaufs des Grundstücks verpflichtet hat oder sie zur „Aufbesserung" des Kaufpreises erbringt.[2]

Auch aufschiebend **bedingt geschuldete Leistungen,** also Leistungspflichten, deren Eintritt ungewiss ist, gehören zur Gegenleistung (Beispiel: die Abrede, dass bei Erzielung eines bestimmten Erlöses im Falle eines Weiterverkaufs des Grundstücks binnen bestimmter Frist der Kaufpreis um einen Anteil an diesem Erlös sich erhöhen soll, oder die Abrede, dass ein Gesellschafter wegen eines Grundstückserwerbs von der Gesellschaft auf einen Teil eines etwa eines Tages eintretenden Liquidationserlöses verzichtet). Die Steuer entsteht erst (und nur) mit Eintritt der aufschiebenden Bedingung (vgl. den in § 14 Nr. 1 zum Ausdruck gelangenden Rechtsgedanken). Siehe im Übrigen dazu Hofmann, GrEStG, § 9 Rdnr. 77 und BFH vom 22. 11. 1995.[3]

Nicht um bedingt geschuldete zukünftige Gegenleistungsteile handelt es sich bei der Vereinbarung von Wertsicherungsklauseln.[4] Denn aus der Sicht des Stichtags verpflichten sich die Vertragsteile, nur Leistungen gleichbleibenden Werts zu erbringen. Deshalb rechtfertigt auch die Vereinbarung einer auf ein Beamtengehalt bezogenen Wertsicherungsklausel beim Kauf gegen Leibrente nicht die Hinzuschätzung eines Zuschlags zur Gegenleistung.[5] Dasselbe gilt

---

1  II R 122/70, BStBl II 1976, 299.
2  BFH v. 10. 6. 1969 II 172/64, BStBl II 1969, 668.
3  II R 26/92, BStBl II 1996, 162.
4  BFH v. 14. 11. 1967 II 166/63, BStBl II 1968, 43.
5  BFH v. 14. 11. 1967 II R 27/67, BStBl II 1968, 45.

hinsichtlich der Bildung des Kapitalwerts der Erbbauzinsverpflichtung bei vor-
behaltener Anpassung (§ 9a ErbbauRG).

## II. Die Bewertung der Gegenleistung

### 1. Stichtag der Wertermittlung

27   Fundamentaler Ausgangspunkt für die Findung des Werts der (grunderwerbsteuerrechtlichen) Gegenleistung ist wie für jede Bewertung die Fixierung auf
einen bestimmten Zeitpunkt, nämlich den **Bewertungsstichtag.** Die Bestimmung des Bewertungsstichtags ist von entscheidendem Einfluss auf die Wertermittlung und damit auf die Höhe der kraft Gesetzes entstandenen Steuer.
Sie ist dann unproblematisch, wenn der Zeitpunkt der Entstehung der Steuer
mit dem Zeitpunkt der bürgerlich-rechtlichen Wirksamkeit des Erwerbsvorgangs zusammenfällt. Denn in diesem (letztgenannten) Zeitpunkt wird die
durch den Erwerber eingegangene Leistungsverpflichtung zur Leistungspflicht.

Die Verlegung der Entstehung der Steuer auf einen Zeitpunkt, der nach der
Verwirklichung des Erwerbsvorgangs (vgl. dazu Hofmann, GrEStG, § 23
Rdnr. 1 ff.) liegt, durch § 14 Nr. 2 auf den Zeitpunkt der Genehmigung eines genehmigungsbedürftigen Erwerbsvorgangs auch in den Fällen, in denen die Genehmigung gemäß § 184 Abs. 1 BGB zurückwirkt (und das gilt grundsätzlich
auch für die kraft öffentlichen Rechts erforderlichen Genehmigungen), hat
rein praktische Gründe. Dasselbe gilt für die Regelung in § 14 Nr. 1. Durch dieses Hinausschieben der Entstehung der Steuer sollte vermieden werden, dass
die Versagung einer erforderlichen Genehmigung Konsequenzen für die Steuerfestsetzung hat. Eine derartige Regelung ist **kein geeigneter Ansatzpunkt** für
den Bewertungsstichtag.[1] Maßgeblich kann vernünftigerweise nur der Zeitpunkt sein, in dem die Leistungspflicht unter den Beteiligten verbindlich wird.
Das ist der Zeitpunkt, in dem der Erwerbsvorgang i. S. der Ausführungen in
Hofmann, GrEStG, § 23 Rdnr. 1 ff. verwirklicht wird.[2] Denn auf diesen Zeitpunkt
ist die Leistungspflicht des Erwerbers bezogen. Das wird ganz deutlich, wenn
die Vertragsparteien ein Grundstück im Zustand der Bebauung wirklich als solches zum Gegenstand des Erwerbsvorganges gemacht haben: der Umfang der
durch das Grundstücksgeschäft ausgelösten Leistungspflicht des Erwerbers
kann sich nicht dadurch verändern, dass sich bis zur Entstehung der Steuer die
Bausubstanz erhöht. Als **Bewertungsstichtag** ist **der Tag** anzusehen, **an dem**

---

1 Vgl. aber BFH v. 19. 4. 1950 II 16/50, BFHE 54, 464.
2 Ebenso Pahlke, Rz 42.

entweder gemäß § 38 AO die Steuer entstanden ist oder an dem sie – gäbe es die abweichende Regelung in § 14 nicht – **entstanden wäre**.[1]

Dem entspricht es, dass bei nachträglicher Erhöhung der Gegenleistung (vgl. § 9 Abs. 2 Nr. 1) als Bewertungsstichtag nur der des Wirksamwerdens der darauf abzielenden Vereinbarungen in Betracht kommt. Es widerspricht dieser Fixierung des Bewertungsstichtags nicht, dass vom Eintritt eines ungewissen zukünftigen Ereignisses abhängige künftige Gegenleistungsteile erst mit dem Eintritt der Bedingung für diese eine zusätzliche Steuer entsteht (vgl. Hofmann, GrEStG, § 9 Rdnr. 77).

## 2.  Die für die Bewertung der Gegenleistung maßgeblichen Vorschriften

### a)  Allgemeines

Nach § 1 Abs. 1 BewG gelten die allgemeinen Bewertungsvorschriften der §§ 2    28
bis 16 BewG für alle öffentlich-rechtlichen Abgaben, die durch Bundesgesetz geregelt sind, soweit sie durch Bundes- oder Landesfinanzverwaltungsbehörden verwaltet werden; sie gelten jedoch nach § 1 Abs. 2 BewG nicht, soweit im Zweiten Teil des Bewertungsgesetzes besondere Bewertungsvorschriften enthalten sind. So gilt § 16 BewG (Begrenzung des Jahreswerts von Nutzungen) kraft ausdrücklicher Regelung in § 17 Abs. 3 Satz 2 BewG nicht für die Grunderwerbsteuer.

### b)  Bewertungsgrundsatz: gemeiner Wert (§ 9 BewG)

§ 9 Abs. 1 BewG enthält den Bewertungsgrundsatz der Wertbemessung nach    29
dem **gemeinen Wert,** der für alle Wirtschaftsgüter gilt, für die andere Vorschriften einen Bewertungsmaßstab nicht ausdrücklich anordnen. § 9 Abs. 2 BewG definiert den gemeinen Wert als durch den Preis bestimmt, der im gewöhnlichen Geschäftsverkehr nach der Beschaffenheit des Wirtschaftsguts bei einer Veräußerung zu erzielen wäre, wobei alle Umstände, die den Preis beeinflussen (unter Ausschluss der ungewöhnlichen oder persönlichen Verhältnisse), zu berücksichtigen sind. In grunderwerbsteuerrechtlicher Hinsicht kommt diesem Bewertungsgrundsatz insbesondere bei Tauschverträgen Bedeutung zu sowie bei der Bewertung nicht in Geld ausgedrückter zusätzlich vereinbarter Leistungen, wie Dienstleistungen, Betriebsverlegungsverpflichtungen[2] u. Ä.

---

1 Ebenso Boruttau/Loose, Rn. 23 zu § 9.
2 Hierzu vgl. BFH v. 27. 6. 1968 II 112/64, BStBl II 1968, 690.

Zur Bedeutung des gemeinen Werts für die Aufteilung einer Gesamtgegenleistung vgl. Rdnr. 24. Zum gemeinen Wert als Korrekturmaßstab vgl. § 11 Abs. 3, § 13 Abs. 3, § 14 Abs. 4 BewG.

### c) Der Teilwert (§ 10 BewG)

30  **Wirtschaftsgüter,** die **einem Unternehmen dienen,** sind nach § 10 Satz 1 BewG regelmäßig mit dem Teilwert anzusetzen. Teilwert ist der Betrag, den ein Erwerber des ganzen Unternehmens unter der Prämisse der Fortführung des Unternehmens im Rahmen des Gesamtkaufpreises für das einzelne Wirtschaftsgut ansetzen würde (§ 10 Sätze 2 und 3 BewG). Vom Teilwert eines Grundstücks ist bei der Verteilung einer Gesamtgegenleistung (vgl. Rdnr. 24) immer dann auszugehen, wenn das Grundstück einem übertragenen lebenden Handelsgeschäft dient.

### d) Der Wert von Wertpapieren und Anteilen (§ 11 BewG)

31  **Börsengängige Wertpapiere** – seien es Forderungspapiere wie z. B. öffentliche Anleihen, Industrieobligationen, Wandel- oder Gewinnschuldverschreibungen u. a. mehr oder Mitgliedschaftspapiere wie Aktien, Kuxe, Investmentzertifikate – sowie Schuldbuchforderungen sind – soweit sie am Stichtag (vgl. Rdnr. 27) an einer deutschen Börse zum regulierten Markt zugelassen oder in den Freiverkehr einbezogen sind – mit dem niedrigsten am Stichtag notierten Kurs anzusetzen (§ 11 Abs. 1 Sätze 1 und 3 BewG). Liegt am Stichtag keine Notierung vor, so ist der letzte innerhalb von 30 Tagen vor dem Stichtag notierte Kurs maßgebend (§ 11 Abs. 1 Satz 2 BewG). Zur Anhebung auf den gemeinen Wert beispielsweise bei beherrschendem Einfluss vgl. § 11 Abs. 3 BewG.

Anteile an Kapitalgesellschaften, für die **kein Kurswert** aufgrund des § 11 Abs. 1 BewG anzusetzen ist, sind mit dem gemeinen Wert anzusetzen (§ 11 Abs. 2 Satz 1 BewG). Kann dieser nicht aus Verkäufen, die weniger als ein Jahr zurückliegen, abgeleitet werden, so war er **für Bewertungsstichtage vor** dem **1. 1. 2009** unter Berücksichtigung des Vermögens und der Ertragsaussichten zu schätzen (§ 11 Abs. 2 Satz 2 BewG a. F.). Für die Ermittlung des Vermögenswerts im Zuge einer erforderlichen Schätzung bestanden seit dem 1. 1. 1997 keine Ansatzregeln mehr. Er war – anders als nach § 12 Abs. 2 Satz 1 ErbStG a. F. – mit dem gemeinen Wert einzubeziehen, wobei allerdings zur Vermeidung von Doppelerfassungen der Geschäfts- oder Firmenwert sowie die Werte von firmenwertähnlichen Wirtschaftsgütern in Anlehnung an § 12 Abs. 2 Satz 2 ErbStG a. F. bei der Ermittlung des Vermögenswerts außer Ansatz gelassen werden müssen.

**§ 11 Abs. 2 BewG** hat mit Ausnahme des Satzes 1 durch Art. 2 ErbStRG vom 24. 12. 2008[1] für **Bewertungsstichtage nach dem 31. 12. 2008** (vgl. § 205 Abs. 1 BewG i. d. F. Art. 2 ErbStRG) eine **grundlegende Änderung** erfahren. Sofern der gemeine Wert von nicht notierten Anteilen an Kapitalgesellschaften nicht aus Verkäufen unter fremden Dritten, die weniger als ein Jahr zurückliegen, abgeleitet werden kann, ist er unter Berücksichtigung der Ertragsaussichten der Kapitalgesellschaft oder einer anderen anerkannten, auch im gewöhnlichen Geschäftsverkehr für nichtsteuerliche Zwecke üblichen Methode zu ermitteln, wobei diejenige Methode anzuwenden ist, die ein Erwerber der Kaufpreisbemessung zugrunde legen würde. Der Substanzwert der Gesellschaft darf jedoch nicht unterschritten werden. In §§ 199 bis 203 BewG i. d. F. Art. 2 ErbStRG wird ein vereinfachtes Ertragswertverfahren angeboten.

Anteilsscheine und Aktien, die Rechte an einem Investmentvermögen i. S. des KAGB verbriefen sind mit dem Rücknahmepreis anzusetzen (§ 11 Abs. 4 BewG).

### e) Die Bewertung von Kapitalforderungen und von Schulden (§ 12 BewG)

Auf Kapital lautende **Forderungen,** die nicht in § 11 BewG bezeichnet sind, sowie die **Schulden** sind nach § 12 Abs. 1 BewG mit dem **Nennwert** anzusetzen, soweit nicht besondere Umstände einen höheren oder geringeren Wert begründen. Ein derartiger besonderer Umstand kann in der besonders hohen oder besonders geringen Verzinslichkeit bzw. in deren Unverzinslichkeit zu sehen sein.

32

Dabei ist nicht auf die Verhältnisse am Kapitalmarkt abzustellen, sondern auf die Relation des Zinssatzes zu dem den allgemeinen Bewertungsvorschriften zugrunde liegenden Zinssatz von 5,5 % jährlich (vgl. § 12 Abs. 3). Schon deshalb ist bei von vornherein vereinbarter Stundung eines Kaufpreisteils gegen Zahlung von 4 % Zinsen jährlich der Kaufpreis mit dem Nennwert anzusetzen.[2]

Übernimmt der Käufer eines ganz oder teilweise mit öffentlichen zinsverbilligten Mitteln finanzierten Mietwohngrundstücks die entsprechende Darlehensverbindlichkeit des Verkäufers, so rechtfertigt das nicht eine vom Nennwert abweichende Bewertung, weil die Zinsvergünstigung keinen für den Grundstückseigentümer bestimmten Vorteil darstellt, der Vorteil vielmehr an die Mieter in Form von preisgünstigen Mieten weitergegeben werden muss.[3]

---

1 BGBl I 2008, 3018.
2 So im Ergebnis auch BFH v. 8. 3. 1989 II R 37/86, BStBl II 1989, 576.
3 BFH v. 24. 3. 1981 II R 118/78, BStBl II 1981, 487; v. 26. 10. 1994 II R 2/92, BFH/NV 1995, 638.

Nach § 12 Abs. 3 BewG ist der Wert **unverzinslicher Forderungen und Schulden,** deren Laufzeit mehr als ein Jahr beträgt[1] und die zu einem bestimmten Zeitpunkt fällig sind, der Betrag, der vom Nennwert nach Abzug von Zwischenzinsen bei Zugrundelegung eines Zinssatzes von 5,5 % verbleibt.[2] In dieser Weise ist auch eine über den Barkaufpreis hinaus übernommene Hypothek für ein unverzinsliches Darlehen zu bewerten.[3] **Voraussetzung** für die Annahme, der **Kaufpreis** (s. Hofmann, GrEStG, § 9 Rdnr. 3) ist nach Maßgabe des § 12 Abs. 3 BewG **abzuzinsen,** ist die Feststellung, dass der Fälligkeitsvereinbarung ein **kreditives Element** innewohnt. Wird die Gegenleistung erst fällig Zug um Zug mit der Erfüllungshandlung des Veräußerers, ist also keine von §§ 320, 322 BGB abweichende Fälligkeitsbestimmung getroffen, so kommt Abzinsung nicht in Betracht.[4] Der Verkäufer hat seine Verpflichtung aus dem Kaufvertrag erfüllt, wenn er dem Käufer Besitz, Nutzungen und Lasten des verkauften Grundstücks übertragen hat (vgl. § 446 BGB). Erst unter Zugrundelegung dieses Zeitpunkts kann bei zinsloser weiterer Hinausschiebung der Fälligkeit des Kaufpreises (eines Kaufpreisteilbetrags) Abzinsung nach Maßgabe des § 12 Abs. 3 BewG in Betracht kommen.

Dasselbe gilt, wenn Kaufpreisraten nach Maßgabe von § 3 Makler- und BauträgervO (MaBV) fällig gestellt werden.[5] Denn § 12 Abs. 3 BewG ist nur ein Anwendungsfall von § 12 Abs. 1 BewG.[6] Die Nichtabdingung gesetzlicher Vorschriften dispositiver Art, die Grundregeln über die Fälligkeit der jeweiligen Leistungen beinhalten, ist für die Frage nach dem Wert der Kaufpreisforderung kein besonderer Umstand, der einen niedrigeren Wert begründen könnte. Zur Frage der Bewertung eines Preisnachlasses bei grundsätzlicher Geltung der MaBV s. BFH vom 25. 4. 2002;[7] vgl. FG Berlin vom 30. 3. 2000.[8]

**Verzinslich** ist eine Schuld **nur dann,** wenn die Zinsen in Form von selbständigen Nebenleistungen entstehen (vgl. §§ 246, 288 BGB). Besteht der vereinbarte Kaufpreis in wiederkehrenden Ratenzahlungen (sind diese also nicht Zahlungsmodalität des ziffernmäßig festgelegten Kaufpreises), so sind die Raten abzuzinsen, selbst wenn bei ihrer Berechnung Zinsanteile berücksichtigt wur-

---

1 Vgl. dazu BFH v. 10. 10. 1984 II R 182/82, BStBl II 1985, 105.
2 Vgl. Anhang 10 Tabelle 1 ErbStR v. 17. 3. 2003, BStBl I SonderNr. 1/2003, 2.
3 BFH v. 9. 5. 1967 II R 118/66, BStBl III 1967, 427.
4 BFH v. 12. 10. 1994 II R 4/91, BStBl II 1995, 69.
5 BFH v. 18. 1. 1988 II R 103/85, BStBl II 1989, 467.
6 BFH v. 7. 10. 1980 III R 52/79, BStBl II 1981, 247.
7 II R 97/00, BFH/NV 2002, 1612.
8 EFG 2000, 1027.

den.[1] Obwohl Kapitalforderungen grundsätzlich nach § 12 Abs. 1 BewG mit dem Nennbetrag anzusetzen sind, ist ein Abzug von Zwischenzinsen auch dann zulässig, wenn ein ziffernmäßig genau bestimmter Kaufpreis längerfristig in Raten getilgt werden soll.[2]

Ansatzpunkt der **Bewertung unter dem Nennwert** ist der Vorbehalt der Berücksichtigung besonderer Umstände in § 12 Abs. 1 BewG.[3] Ist eine unverzinslich gestundete Kaufpreisforderung in monatlichen Raten zu entrichten, so ist sie jedenfalls dann mit ihrem abgezinsten Wert anzusetzen, wenn ihre Laufzeit unter Berücksichtigung der gesamten Tilgungszeit nicht nur von kurzer Dauer ist. Von einer kürzeren Laufzeit kann dann nicht gesprochen werden, wenn die letzte Rate erst mehr als drei Jahre nach Abschluss des Kaufvertrages fällig wird. Das gilt auch dann, wenn die erste Rate bereits nach einigen Monaten fällig ist.[4] Abzinsung kommt für einen Kaufpreisteilbetrag in Frage, der ohne Beilegung von Zinsen 30 Monate nach Vertragsabschluss fällig wird.[5] Bei der Abzinsung von zinslos gestundeten Kaufpreisraten, die längerfristig gestundet sind, kann nicht etwa deshalb, weil eine Stundung von nur weniger als einem Jahr nicht zum Ansatz unter dem Nennwert führt, eine um ein Jahr verkürzte Laufzeit angesetzt werden.[6]

### f) Der Kapitalwert wiederkehrender oder lebenslänglicher Nutzungen und Leistungen (§§ 13, 14 BewG)

Der Wert von Nutzungen und Leistungen, die auf bestimmte Zeit beschränkt sind, ist nach § 13 Abs. 1 Satz 1 BewG mit dem aus Anlage 9a zum Bewertungsgesetz zu entnehmenden Vielfachen des Jahreswerts anzusetzen; bei Abhängigkeit vom Leben einer Person darf der nach § 14 BewG zu ermittelnde Kapitalwert nicht überschritten werden. 33

Immerwährende Nutzungen oder Leistungen (z. B. der Erwerber verpflichtet sich, einen Fußballverein während der Dauer seines Bestehens ein bestimmtes Grundstück nutzen zu lassen) sind mit dem 18,6fachen, Leistungen und Nutzungen von unbestimmter Dauer (z. B. Einräumung eines Wohnrechts für die Dauer des ledigen Stands einer Landwirtstochter) mit dem 9,3fachen des Jahreswerts zu bemessen (§ 13 Abs. 2 BewG).

---

1 BFH v. 1. 7. 1981 II R 72/78, BStBl II 1981, 685.
2 BFH v. 9. 9. 1959 II 55/58, BStBl III 1960, 200.
3 BFH v. 22. 11. 1962 II 175/60, BStBl III 1963, 46.
4 BFH v. 31. 3. 1976 II R 72/72, BStBl II 1976, 545.
5 FG Schleswig-Holstein v. 20. 8. 1970, EFG 1970, 624.
6 FG Nürnberg v. 18. 11. 1969, EFG 1970, 135.

Der Kapitalwert einer Erbbauzinsverpflichtung, die kraft Fiktion in § 9 Abs. 2 Nr. 2 Satz 3 nicht als dauernde Last gilt, ist nach § 13 Abs. 1 BewG zu bewerten. Der Kapitalwert wird nicht durch den gemeinen Wert des Grundstücks begrenzt;[1] denn § 13 Abs. 3 BewG betrifft nur den gemeinen Wert der Erbbauzinsverpflichtung (bzw. -forderung). Eine andere Frage ist, ob nicht der gemeine Wert der gesamten Leistungen etwa deshalb geringer ist, weil der Erbbauzins unter Zugrundelegung eines weit vom Zinsfuß des Bewertungsgesetzes (5,5 %) abweichenden Zinsfußes vereinbart wurde. BFH vom 16. 11. 1986[2] hat dies unter Hinweis auf allgemeine Grundsätze der Vorausberechenbarkeit, der Verwaltungsvereinfachung und des Interesses an der gleichmäßigen Anwendung der Steuergesetze verneint.

Zum Vervielfältiger bei Ermittlung des Kapitalwerts von **lebenslänglichen Nutzungen oder Leistungen** für Bewertungsstichtage **vor dem 1. 1. 2009** vgl. § 14 Abs. 1 BewG und Anlage 9 zum Bewertungsgesetz (unterschiedlicher Vervielfältiger je nach Alter und Geschlecht des Berechtigten bzw. Verpflichteten). Für Bewertungsstichtage **nach dem 31. 12. 2008** gilt § 14 Abs. 1 BewG i. d. F. Art. 2 ErbStRG vom 24. 12. 2008,[3] wonach der Vervielfältiger ab dem 1. 1. eines Jahres nach ihrer Veröffentlichung durch das Statistische Bundesamt an der Sterbetafel auszurichten ist.[4] Hängt die Nutzung oder Leistung von der Lebenszeit mehrerer Personen ab, so ist das Lebensalter und das Geschlecht derjenigen Person maßgebend, für die sich der höchste Vervielfältiger ergibt, wenn das Recht mit dem Tod des zuletzt Sterbenden erlischt, und das Lebensalter und Geschlecht derjenigen Person maßgebend, für die sich der niedrigste Vervielfältiger ergibt, wenn das Recht mit dem Tode des zuerst Sterbenden erlischt (§ 14 Abs. 3 BewG). Steht eine lebenslängliche Rente mehreren Miteigentümern gemeinsam zu, so ist sie nicht entsprechend den Miteigentumsanteilen der Verkäufer aufzuteilen und nach deren jeweiligem Lebensalter usw. zu kapitalisieren.[5]

§ 14 Abs. 2 BewG gewährt unter den dort genannten Voraussetzungen einen Anspruch auf Änderung des Grunderwerbsteuerbescheids (vgl. Hofmann, GrEStG, vor § 15 Rdnr. 13).

---

1 BFH v. 9. 8. 1978 II R 164/73, BStBl II 1978, 678.
2 II R 18/84, BStBl II 1987, 271.
3 BGBl I 2008, 3018.
4 Zinssatz: 5,5 %; vgl. dazu BMF v. 26. 10. 2012, BStBl I 2012, 950.
5 BFH v. 26. 11. 1980 II R 125/78, BStBl II 1981, 284.

### g)  Die Bemessung des Jahreswerts (§ 15 BewG)

Nach § 15 Abs. 1 BewG ist der Jahreswert der Nutzung einer Geldsumme,     34
wenn kein anderer Wert feststeht, mit 5,5 % anzunehmen. Dieser Zinsfuß ist
auch maßgeblich zur Findung des Kapitalwerts der in der Verpflichtung zur
Hingabe eines zinsverbilligten Darlehens bestehenden Gegenleistung, denn
der Jahreswert nach § 15 Abs. 1 BewG wird weder durch abweichende Wertvorstellungen der am Rechtsgeschäft Beteiligten noch durch einen abweichenden Marktpreis (Marktzins) ausgeschlossen.[1] Der Jahreswert von nicht in Geld
bestehenden Nutzungen oder Leistungen (Wohnung, Kost, Waren, Sachbezü-
ge) ist unter Zugrundelegung der üblichen Mittelpreise des Verbrauchsorts anzusetzen (§ 15 Abs. 2 BewG). Bei in der Höhe schwankenden Nutzungen oder
Leistungen (z. B. ein Gewinnbezugsrecht) ist Jahreswert der Betrag, der in Zukunft im Durchschnitt der Jahre erreicht werden wird (§ 15 Abs. 3 BewG).

§ 16 BewG (Begrenzung des Jahreswerts von Nutzungen) findet bei der Grunderwerbsteuer keine Anwendung (§ 1 Abs. 2 i. V. m. § 17 Abs. 3 Satz 2 BewG).[2]

# C.  Der Grundbesitzwert i. S. des § 151 Abs. 1 Satz 1 Nr. 1 i. V. m. § 157 Abs. 1 bis 3 BewG als Bemessungsgrundlage

## I.  Voraussetzungen

### 1.  Eine Gegenleistung ist nicht vorhanden

Grundsätzlich ist der Steuerberechnung als Bemessungsgrundlage der Wert      35
der Gegenleistung zugrunde zu legen. Ist jedoch eine Gegenleistung nicht vorhanden (**§ 8 Abs. 2 Nr. 1 erste Alternative**), oder nicht zu ermitteln (s. Rdnr. 37),
so bietet sich nur der Wert des Grundstücks – der Grundbesitzwert i. S. des
§ 151 Abs. 1 Satz 1 Nr. 1 i. V. m. § 157 Abs. 1 bis 3 BewG – als Besteuerungsgrundlage an. In allen anderen Fällen – ausgenommen den in § 8 Abs. 2 Satz 1
Nr. 2 und 3 bezeichneten – ist die Steuer nach dem Wert der Gegenleistung zu
bemessen, selbst wenn diese erheblich hinter dem tatsächlichen Wert des
Grundstücks oder gar dem Grundbesitzwert des zum Gegenstand des Er-

---

1  Vgl. auch BFH v. 17. 4. 1991 II R 119/89, BStBl II 1991, 586.
2  Vgl. auch BFH v. 2. 12. 1971 II 82/65, BStBl II 1972, 473.

werbsvorgangs gemachten Grundstücks zurückbleibt;[1] § 8 Abs. 2 Satz 1 Nr. 1 ist **nicht als Mindestbemessungsgrundlage** zu verstehen.

Die größte Gruppe der der Steuer unterliegenden Erwerbe, bei denen eine Gegenleistung nicht vorhanden ist, nämlich die Grundstückserwerbe von Todes wegen oder aufgrund Schenkung unter Lebenden i. S. des Erbschaftsteuer- und Schenkungsteuergesetzes, sind gemäß § 3 Nr. 2 von der Besteuerung ausgenommen.

Eindeutig ist eine Gegenleistung nicht vorhanden, wenn das Grundstück als Lotteriegewinn erworben ist: der Preis des Loses ist für dieses und nicht für das Grundstück erbracht. Am Vorhandensein einer Gegenleistung mangelt es beim Anfall eines Grundstückes an die in der Satzung bestimmten Personen anlässlich der Auflösung eines Vereins gemäß § 45 BGB ebenso wie bei der **Sicherungsübereignung** von Gebäuden, die als Scheinbestandteile (§ 95 BGB) dem Mobiliarsachenrecht unterliegen (s. auch Hofmann, GrEStG, § 9 Rdnr. 65). Desgleichen fehlt es an einer Gegenleistung, wenn Grundstücke infolge einer im Erschließungsvertrag (§ 124 Abs. 1 BauGB) eingegangenen Verpflichtung nach Fertigstellung der Erschließungsanlagen unentgeltlich auf die Gemeinde übertragen werden. Die Finanzverwaltung geht davon aus, dass der Grundstückswert in solchen Fällen grundsätzlich mit Null DM/€ anzusetzen ist;[2] dasselbe gilt bei Grundstücksübertragungen nach dem Eisenbahnkreuzungsgesetz.[3] Schließlich fehlte es dann an einer Gegenleistung, wenn die Leistung des Erwerbers bei vor dem 1. 1. 2002 abgeschlossenen Verpflichtungsgeschäften lediglich in der Übernahme von nach § 9 Abs. 2 Nr. 2 Satz 2 nicht zur Gegenleistung gehörenden dauernden Lasten bestand.[4]

Nicht als Gegenleistung i. S. des § 8 Abs. 1 anzusehen ist ein **symbolischer Kaufpreis** von bspw. 1 €. Ein derartiger „symbolischer Kaufpreis" ist anzunehmen, wenn der Kaufpreis in einem so krassen Missverhältnis zum Wert des Grundstücks steht, dass er sich dazu in keine Relation bringen lässt und daher nicht ernsthaft vereinbart ist.[5] Von einem „symbolischen Kaufpreis" kann allerdings auch bei einem Preis von nur 1 € dann nicht ausgegangen werden, wenn dieser Preis in einer bestimmten Relation zum Wert des Grundstücks

---

1 BFH v. 27. 2. 1952 II 129/51 U, BStBl III 1952, 98; v. 26. 2. 2003 II B 54/02, BStBl II 2003, 483; vgl. auch FG Hamburg v. 25. 6. 1984, EFG 1985, 80.
2 Vgl. FM Baden-Württemberg v. 27. 4. 1998, DB 1998, 961.
3 Vgl. FM Baden-Württemberg v. 9. 6. 1998, DB 1998, 1308.
4 BFH v. 27. 2. 1952 II 129/51, BStBl III 1952, 98; v. 4. 7. 1984 II R 159/81, BStBl II 1984, 627; s. dazu auch Hofmann, GrEStG, § 9 Rdnr. 80 der 9. Aufl.
5 BFH v. 7. 12. 1994 II R 9/92, BStBl II 1995, 268; v. 6. 12. 1995 II R 46/93, BFH/NV 1996, 578; v. 5. 1. 2007 II B 31/06, BFH/NV 2007, 972; s. auch FG Brandenburg v. 10. 5. 2005, EFG 2005, 1957.

steht und ernsthaft vereinbart worden ist[1], und zwar ungeachtet dessen, dass die Vertragsparteien angesichts ihrer gemeinsamen Vorstellungen vom Wert des kaufgegenständlichen Grundstücks anstelle eines Kaufpreises von 1 € auch 0 € hätten vereinbaren können.[2]

Nicht vorhanden ist eine Gegenleistung schließlich auch, wenn bei unbedingt entstandenem Übereignungsanspruch sich zwar der Erwerber zu Gegenleistungen verpflichtet, diese Verpflichtung aber dem Grunde nach[3] insgesamt erst wirksam werden soll mit dem Eintritt eines künftigen unbestimmten Ereignisses, also eine **insgesamt aufschiebend bedingte Gegenleistung** vorliegt. Die Steuer ist zwar in einem solchen Fall entstanden und nach § 8 Abs. 2 Satz 1 Nr. 1 zu bemessen; die Verpflichtung, überhaupt eine Gegenleistung zu erbringen ist aber noch nicht eingetreten. Tritt die die Verpflichtung zur Gegenleistung auslösende Bedingung ein (Anzeigepflicht: § 19 Abs. 2 Nr. 1 !), womit diese zivilrechtlich wirksam wird, entsteht dadurch erneut Grunderwerbsteuer, die nunmehr nach dem Wert der Gegenleistung zu bemessen ist. Bei zwischenzeitlicher Erhöhung des Steuersatzes für die Grunderwerbsteuer ist zu prüfen, ob sich die Parteien des Erwerbsvorgangs hinsichtlich der Gegenleistung nach Inhalt der Bedingung und Leistungskomponenten bereits verbindlich geeinigt haben. In diesem Fall ist der bei Verwirklichung des Erwerbsvorgangs (s. dazu Hofmann, GrEStG, § 23 Rdnr. 1) maßgebende Steuersatz anzuwenden. Der ursprüngliche Bescheid ist auf Antrag (Frist: § 174 Abs. 1 Satz 3 i.V.m. Satz 2 AO) nach § 174 Abs. 1 AO aufzuheben.

Bei der **Abtretung der Rechte aus einem Kaufangebot** bzw. der Verpflichtung **36** zur Abtretung dieses Rechts (§ 1 Abs. 1 Nr. 6 und 7) ist Besteuerungsgrundlage weder das Entgelt für die Abtretung[4] noch die Gegenleistung für den aufgrund der Abtretung zustande gekommenen Kaufvertrag.[5] Besteuerungsgrundlage ist demgemäß, weil der Dritte keine Gegenleistung i.S. des § 9 an den Abtretenden erbringt, der Grundbesitzwert des Grundstücks, auf das sich das Kaufangebot bezieht.[6] Aus dem einseitigen Kaufangebot folgt für den Adressaten keine Verpflichtung; dementsprechend kann sie auch nicht von einem Dritten

1 So auch BFH v. 2.11.2010 II R 61/11, BFH/NV 2011, 308.
2 BFH v. 12.7.2006 II R 65/04, BFH/NV 2006, 2128; so auch FG Mecklenburg-Vorpommern v. 3.6.1998, EFG 1998, 1352.
3 Nicht jedoch lediglich die Fälligkeit der Gegenleistung, s. dazu BFH v. 22.1.1997 II R 23/96, BFH/NV 1997, 705.
4 So unzutreffend Steiger, UVR 2004, 131. 132.
5 BFH v. 6.5.1969 II 131/64, BStBl II 1969, 595.
6 BFH v. 31.5.1972 II R 162/66, BStBl II 1972, 828; v. 11.6.2008 II R 57/06, BFH/NV 2008, 2059, m.w.N.

übernommen werden.[1] Auch bei (uneigennützig) treuhänderischer Übertragung eines Grundstücks ist keine Gegenleistung vorhanden.[2]

Zu § 8 Abs. 2 Satz 2 s. Rdnr. 50, 51.

## 2. Eine Gegenleistung ist nicht zu ermitteln

37   Als Besteuerungsgrundlage kommt der Grundbesitzwert – außer im Fall des Nichtvorhandenseins einer Gegenleistung – als letzte Möglichkeit nur in Betracht, wenn die Gegenleistung als solche nicht zu ermitteln ist (**§ 8 Abs. 2 Satz 1 Nr. 1 zweite Alternative**), nicht aber, wenn die vorhandene Gegenleistung der Art nach bestimmbar ist.[3] Ist die Gegenleistung feststellbar, aber ihr Wert nicht zu ermitteln, so muss der Wert der Gegenleistung geschätzt werden. Bloße, wenn auch erhebliche Schwierigkeiten bei der Ermittlung der Gegenleistung oder ihres Werts bzw. seiner Schätzung berechtigen nicht zum Ansatz des Grundstückswerts.[4] Allerdings muss auch bei Unmöglichkeit der Schätzung des Werts der Gegenleistung der Wert des Grundstücks gemäß § 8 Abs. 2 Satz 1 Nr. 1 der Steuerberechnung zugrunde gelegt werden.[5]

Kein Fall des § 8 Abs. 2 Satz 1 Nr. 1 liegt vor, wenn die Gegenleistung gemäß §§ 316 oder 319 BGB durch einen Vertragspartner oder einen Dritten bestimmt werden soll.

## 3. Umwandlungsvorgänge (§ 8 Abs. 2 Satz 1 Nr. 2 erste Alternative)

38   Für Erwerbsvorgänge i. S. des § 1 Abs. 1 Nr. 3, die durch Umwandlungen, sei es aufgrund eines **Bundes- oder Landesgesetzes** verwirklicht wurden oder werden, ist die Grunderwerbsteuer allgemein nach den Grundbesitzwerten zu bemessen. Es ist der stichtagsbezogene Wert für alle im Zuge des Vermögensübergangs zufolge Eintragung in das jeweils maßgebende Register (vgl. § 20 Abs. 1, § 131 Abs. 1, § 176 Abs. 3 sowie § 177 Abs. 2 Satz 1 i. V. m. § 176 Abs. 3 UmwG) übergehenden Grundstücke anzusetzen. Dabei ist zu beachten, dass der Vermögensübergang aufgrund Eintragung im zuständigen Register rein zivilrechtlich ausgelegt ist, d. h. er umfasst bei Umwandlung durch Verschmel-

---

1 Vgl. Hofmann, GrEStG, § 9 a. E. Rdnr. 54
2 Anders beim Grundstücksbeschaffungsauftrag, vgl. BFH v. 24. 11. 1970 II 76/65, BStBl II 1971, 309.
3 BFH v. 23. 11. 1972 II R 95/66, BStBl II 1973, 368.
4 BFH v. 8. 2. 1978 II R 48/73, BStBl II 1978, 320.
5 BFH v. 16. 6. 1965 II 42/64, HFR 1965, 561.

zung und Vermögensvollübertragung alle Grundstücke, die im Eigentum des übertragenden Rechtsträgers stehen.[1] Auf die z. B. bei der Anteilsvereinigung maßgebliche grunderwerbsteuerrechtliche Zuordnung (vgl. Hofmann, GrEStG, § 1 Rdnr. 148) kann nicht abgestellt werden.[2] Bei Umwandlung durch Spaltung und Ausgliederung einschließlich der ihnen entsprechenden Vermögensübertragungen (§ 174 Abs. 2 UmwG) gilt dies für die im entsprechenden Vertrag (vgl. insbesondere § 126 Abs. 1 Nr. 9 UmwG) aufgelisteten Grundstücke. Zu § 8 Abs. 2 Satz 2 s. Rdnr. 50.

Die Bemessung der Grunderwerbsteuer nach § 8 Abs. 2 Satz 1 Nr. 2 erste Alternative aus den Grundbesitzwerten i. S. des § 151 Abs. 1 Satz 1 Nr. 1 i. V. m. § 157 Abs. 1 bis 3 BewG, führt dann zu einem unbefriedigenden Ergebnis, wenn das Eigentum an einem Grundstück mit der Eintragung in das maßgebliche Register (vgl. Rdnr. 38) auf den aufnehmenden bzw. neugegründeten Rechtsträger übergeht, hinsichtlich dessen der sich umwandelnde Rechtsträger als Veräußerer an einem Erwerbsvorgang i. S. des § 1 Abs. 1 Nr. 1 beteiligt war und der ggf. genehmigt ist, dessen Grundbuchvollzug aber noch aussteht.  **39**

**BEISPIEL:** ► Die X-GmbH ist Eigentümerin eines Grundstücks, das sie formgerecht am 9. 1. 2016 an Y verkauft. Am 18. 3. 2016 wird beschlossen, die X-GmbH auf ihre Alleingesellschafterin, die Z-GmbH, zu verschmelzen. Die Verschmelzung wird am 27. 5. 2016 in das Register des Sitzes der Z-GmbH eingetragen. Erst am 3. 6. 2016 wird Y als neuer Eigentümer in das Grundbuch eingetragen.

Bezüglich dieses Grundstücks wird in einander sich nicht ausschließender Weise einmal der Tatbestand des § 1 Abs. 1 Nr. 1 und zum anderen der des § 1 Abs. 1 Nr. 3 Satz 1 erfüllt.

Die Möglichkeit, den Wert eines solchen Grundstücks außer Ansatz zu lassen, ist de lege lata ausgeschlossen; der Wortlaut des § 8 Abs. 2 Satz 1 Nr. 2 ist insoweit eindeutig. U. E. kommt Nichtfestsetzung bzw. Nichterhebung der Grunderwerbsteuer aus sachlichen Billigkeitsgründen in Betracht.[3]

Mit dem Übergang des Eigentums an den Grundstücken, der nach § 1 Abs. 1 Nr. 3 der Steuer unterliegt, sind aber noch nicht alle grunderwerbsteuerrechtlich erheblichen Erwerbsvorgänge, die sich mit der Eintragung in das zuständige Register verwirklichen, erfasst. Denkbar ist Tatbestandserfüllung von § 1 Abs. 3 Nr. 2 oder Nr. 4 infolge oder durch den Übergang von Anteilen an einer grundbesitzenden Gesellschaft. Auch insoweit ist die Feststellung von Grund-  **40**

---

1  Vgl. BFH v. 16. 2. 1994 II R 125/90, BStBl II 1994, 866.
2  Siehe auch BFH v. 20. 12. 2000 II B 53/00, BFH/NV 2001, 817; a. A. Weilbach, Rz 41 zu § 1.
3  So auch koordinierte Länderlasse, s. FM Bayern v. 7. 10. 2003, Handbuch Rz. 64 zu § 1.

besitzwerten auf den Stichtag der Eintragung des jeweiligen Umwandlungsvorgangs erforderlich, da die Tatbestände doch gleichzeitig durch oder aufgrund des Umwandlungsvorgangs erfüllt werden. Ähnliches gilt im Bereich
des § 1 Abs. 3a.

### 4. Einbringungen (§ 8 Abs. 2 Satz 1 Nr. 2 zweite Alternative)

41  Einbringung ist die Übertragung von Vermögensgegenständen auf Kapital-
oder Personengesellschaften, sei es zur Erfüllung einer Sacheinlageverpflich-
tung (s. bspw. § 27 AktG, § 5 GmbHG) oder zur Erfüllung der Beitragspflicht
bei Personengesellschaften (§ 706 BGB). § 8 Abs. 2 Satz 1 Nr. 2 zweite Alternative[1] betrifft nur Einbringungsvorgänge, die nicht unter das Umwandlungsgesetz fallen, diese jedoch immer dann, wenn ein Grundstück i. S. von § 2 übertragen wird. Der Ansatz des Grundbesitzwerts ist zwingend.[2] Zu § 8 Abs. 2
Satz 2 s. Rdnr. 50.

### 5. Andere Erwerbsvorgänge auf gesellschaftsvertraglicher Grundlage (§ 8 Abs. 2 Satz 1 Nr. 2 dritte Alternative)

42  Während bei Einbringungen Erwerberin stets nur die Kapital- oder Personengesellschaft sein kann, umfassen die „anderen Erwerbsvorgänge auf gesellschaftsvertraglicher Grundlage" auch Grundstückserwerbe der Gesellschafter
von der Kapital- oder Personengesellschaft, soweit sie auf gesellschaftsvertraglicher Basis beruhen. Bei **Kaufverträgen** u. Ä. zwischen Gesellschaften und
deren Gesellschaftern ist dies nicht der Fall, und zwar auch dann nicht, wenn
die Gegenleistung den tatsächlichen Wert des Grundstücks unterschreitet.[3]
Ein **Erwerbsvorgang auf gesellschaftsvertraglicher Grundlage** liegt nur dann
vor, wenn sich infolge des Erwerbsvorgangs die Gesellschafterstellung des beteiligten Gesellschafters in rechtlicher Hinsicht verändert;[4] sei es, dass dem
Gesellschafter für die Übertragung des Grundstücks auf die Gesellschaft eine
höhere Beteiligung eingeräumt wird [z. B. bei **Kapitalerhöhung** unter Sacheinlage, vgl. § 138 AktG, § 56 GmbHG, dass er eine **höhere Beteiligungsquote** am
Vermögen einer Gesamthand erhält („Aufstockung")], oder sich wegen der
Übertragung des Grundstücks durch die Gesellschaft auf den Gesellschafter
dessen **Beteiligung** an der Gesellschaft **vermindert**.

---

1  Vgl. Art. 7 Nr. 6 JStG 1997 v. 20. 12. 1996, BGBl I 1996, 2049.
2  BFH v. 25. 9. 2013 II R 2/12, BStBl II 2014, 329.
3  BFH v. 26. 2. 2003 II B 54/02, BStBl II 2003, 483; vgl. Hofmann, GrEStG, § 9 Rdnr. 5.
4  Ebenso Boruttau/Viskorf, Rn. 75; vgl. BFH v. 26. 2. 2003 II B 54/02, BStBl II 2003, 483; v.
16. 2. 2011 II R 48/08, BStBl II 2012, 295.

Auch beim Übergang eines Grundstücks im Zuge der **Auflösung einer Kapital-** 43
**gesellschaft** liegt ein Erwerbsvorgang auf gesellschaftsvertraglicher Grundlage
vor. Verzichten Abwickler (bei einer AG) bzw. Liquidatoren (bei einer GmbH)
entsprechend einem Beschluss der Hauptversammlung bzw. der Gesellschafter auf die Umsetzung des Vermögens der Gesellschaft in Geld (s. § 268 Abs. 1
AktG, § 70 GmbHG) und übertragen im Rahmen der Vermögensverteilung
(§ 271 AktG, § 72 GmbHG) ein Gesellschaftsgrundstück auf einen oder mehrere Gesellschafter, beruht der Erwerbsvorgang auf gesellschaftsvertraglicher
Grundlage. Dasselbe gilt, wenn die Gesellschafter einer **Personengesellschaft**
eine entsprechende Vereinbarung über die Auseinandersetzung (§ 731 BGB,
§ 158 HGB bzw. § 161 Abs. 2 i.V.m. § 158 HGB) getroffen haben und diese die
Grundlage für den Erwerbsvorgang bildet. Wird allerdings im Zusammenhang
mit der Auflösung einer Personengesellschaft das Gesamthandsvermögen auf
eine andere Personengesellschaft übertragen, beruht deren Erwerb nicht auf
gesellschaftsvertraglicher Grundlage, und zwar auch dann nicht, wenn an beiden Gesellschaften dieselben Gesellschafter beteiligt sind.[1]

Auch der auf **Anwachsung** (§ 738 BGB) beruhende Übergang des Eigentums an 44
einem Grundstück zufolge Ausscheidens (vgl. § 131 Abs. 3 HGB) eines von nur
zwei Gesellschaftern einer Personengesellschaft (s. Hofmann, GrEStG, § 1
Rdnr. 56) beruht **auf gesellschaftsvertraglicher Grundlage** i.S. des § 8 Abs. 2
Satz 1 Nr. 2. Auch dann, wenn die Gesellschafter einer Personengesellschaft bis
auf einen gleichzeitig ausscheiden, diesem also gemäß § 738 BGB das Gesellschaftsvermögen anwächst, beruht der nach § 1 Abs. 1 Nr. 3 Satz 1 der Steuer
unterliegende Erwerbsvorgang auf gesellschaftsvertraglicher Grundlage, denn
die Anwachsung ist notwendige Folge des bislang unter den Gesellschaftern
bestehenden Gesellschaftsverhältnisses.[2] Dasselbe dürfte gelten, wenn alle
anderen Gesellschafter statt auszuscheiden, ihre Gesellschaftsanteile auf einen einzigen („verbleibenden") Gesellschafter übertragen oder, für den Fall,
dass nur zwei Kapitalgesellschaften an der Personengesellschaft beteiligt sind,
die eine auf die andere verschmolzen wird.[3]

Tritt **Anwachsung infolge Erwerb aller Anteile** an einer Personengesellschaft
**durch** einen Dritten, **einen Nichtgesellschafter,** ein,[4] so kann, soweit auch das
Eigentum an einem Grundstück übergeht, **nicht** von einem Erwerb **auf gesell-**
**schaftsvertraglicher Grundlage** ausgegangen werden. Zwar beruht die An-

---

1 BFH v. 16. 2. 2011 II R 48/09, BStBl II 2012, 295.
2 BFH v. 13. 9. 2006 II R 37/05, BStBl II 2007, 59.
3 Gl. A. Boruttau/Viskorf, Rn. 77.
4 Vgl. dazu BFH v. 13. 9. 1995 II R 80/92, BStBl II 1995, 903.

wachsung darauf, dass Gesellschaftsanteile gleichzeitig übertragen werden und hat so gesehen gesellschaftsrechtliche Wurzeln (§ 738 BGB), doch hat der Erwerbsvorgang keine gesellschaftsvertragliche Grundlage, denn er ist auf den (wenn auch liquidationslosen) Untergang der Gesellschaft gerichtet.[1] Am Gesellschaftsverhältnis war der Dritte zu keiner Zeit beteiligt; er stand nie in gesellschaftsvertraglicher Beziehung zu den vormaligen Gesellschaftern. In einem solchen Fall bleibt es bei der Grundregel des § 8 Abs. 1: Bemessungsgrundlage ist der Wert der anteilig auf das oder die Grundstücke entfallenden Gegenleistung für den Erwerb der Gesellschaftsrechte (vgl. Hofmann, GrEStG, § 9 Rdnr. 4 und 5).

45   Kein Erwerbsvorgang auf gesellschaftsvertraglicher Grundlage i. S. von § 8 Abs. 2 Satz 1 Nr. 2 liegt vor, wenn der stille Gesellschafter als Vermögenseinlage ein Grundstück auf den Inhaber des Handelsgeschäfts überträgt bzw. im Zuge der Auseinandersetzung unter Verzicht auf sein Auseinandersetzungsguthaben oder in Anrechnung auf dieses ein Grundstück übertragen erhält. Denn die stille Gesellschaft als solche hat kein ihr zustehendes Gesellschaftsvermögen.[2] Einziger Vermögensinhaber ist der Inhaber des Handelsgeschäfts (vgl. § 230 HGB), gegen den sich die ausschließlich schuldrechtlichen Ansprüche des Stillen allein richten.[3]

## 6. „Übereignung eines Grundstücks auf eine neue Personengesellschaft" (§ 8 Abs. 2 Satz 1 Nr. 3 erste Alternative)

46   Für die den Übergang eines Grundstücks auf eine neue Personengesellschaft fingierenden Erwerbsvorgänge nach § 1 Abs. 2a ist die Steuer nach dem Grundbesitzwert zu bemessen. Zu beachten ist dabei, dass § 1 Abs. 2a eine zeitliche Streckung (Fünfjahreszeitraum) vorsieht, der Grundstücksübergang also nur insoweit fingiert wird, als das Grundstück vom Beginn bis zum Ende des Zeitraums von längstens fünf Jahren ununterbrochen zum Vermögen der Personengesellschaft gehört (s. dazu Hofmann, GrEStG, § 1 Rdnr. 96). Zu § 8 Abs. 2 Satz 2 s. Rdnr. 51. Soweit der Tatbestand durch Erbfall und Schenkung (§ 3 Nr. 2 Satz 1) verwirklicht wird oder sonstige Steuervergünstigungen eingreifen ist der anteilige Grundbesitzwert als Bemessungsgrundlage anzusetzen.[4]

---

1 Weshalb auch keine Anteilsvereinigung vorliegt; vgl. BFH v. 5. 11. 2002 II R 86/00, BFH/NV 2003, 344.
2 Ebenso Boruttau/Viskorf, Rn. 85.
3 Vgl. FG Schleswig-Holstein v. 13. 3. 2002, EFG 2002, 535.
4 Gl. A. Pahlke, Rz 68.

## 7. Anteilsvereinigung und Anteilsübergang (§ 8 Abs. 2 Satz 1 Nr. 3 zweite Alternative)

Für Erwerbsvorgänge nach § 1 Abs. 3 ist die Steuer von den Grundbesitzwerten zu bemessen.   47

Da die Vereinigung von mindestens 95 % der Anteile einer grundstücksbesitzenden Gesellschaft (§ 1 Abs. 3 Nr. 1 und 2) unabhängig davon der Steuer unterliegt, ob der Erwerber des „letzten" Anteils bereits seit Gründung oder seit der Zeit vor Grundstückserwerb durch die Gesellschaft Gesellschaftsanteile innehatte, und zudem eine etwa für den die Steuer auslösenden Anteilserwerb zu erbringende Gegenleistung nur diesen betrifft, kann diese nicht zur Grundlage der Bemessung einer Steuer gemacht werden, die als Ersatztatbestand den wirtschaftlichen Erwerb des ganzen Grundbesitzes der Gesellschaft erfasst. In den Fällen des § 1 Abs. 3 Nr. 3 und 4 verbietet sich die verhältnismäßige Zugrundelegung einer etwa für mindestens 95 % der Anteile erbrachten Gegenleistung nicht nur aus praktischen Schwierigkeiten des Gesetzesvollzugs, sondern auch deshalb, weil im Regelfall der Preisbemessung für den Erwerb der Anteile auch wirtschaftliche Erwartungen zugrunde liegen. Auch hier ist der Grundbesitzwert jeweils für das ganze Grundstück festzustellen. Ist der Erwerbsvorgang – ggf. teilweise – nach § 3 Nr. 2 Satz 1 oder § 6 begünstigt (s. Hofmann, GrEStG, § 1 Rdnr. 186 ff.), dann ist der anteilige Grundbesitzwert anzusetzen.

Zu § 8 Abs. 2 Satz 2 s. Rdnr. 49 ff.

## 8. Innehaben einer wirtschaftlichen Beteiligung von mindestens 95 % (§ 8 Abs. 2 Satz 1 Nr. 3 dritte Alternative)

Sofern der Ergänzungstatbestand des § 1 Abs. 3a erfüllt ist, ist Bemessungsgrundlage der Steuer der Grundbesitzwert aller zum Vermögen der Gesellschaft, an der die wirtschaftliche Beteiligung innegehabt wird, gehörenden Grundstücke, und zwar jeweils der ganze Grundbesitzwert. Einer etwaigen Steuerbefreiung ist durch Kürzung des festgestellten Grundbesitzwerts entsprechend dem Ausmaß der Befreiung Rechnung zu tragen.   48

## 9. § 8 Abs. 2 Satz 2

In **zeitlicher Hinsicht** gilt die Vorschrift für alle nach dem 31.3.1999 verwirklichten, von § 8 Abs. 2 Satz 1 erfassten, Erwerbsvorgänge mit Ausnahme solcher Umwandlungen, die nicht auf dem UmwG, sondern auf anderen Bundes- oder Landesgesetzen beruhen. Für diese gilt sie erst dann, wenn der Erwerbs-   49 vorgang nach dem 31.12.1999 verwirklicht wurde oder wird (§ 23 Abs. 6 Satz 1 und 2).

Abweichend vom § 157 Abs. 1 Satz 1 BewG ist der Wert des Grundstücks nach den tatsächlichen Verhältnissen im Zeitpunkt der Fertigstellung des Gebäudes maßgebend, wenn

▶ entweder ein Erwerbsvorgang, für den die Steuer nicht aus dem Wert der Gegenleistung zu bemessen ist, sich auf ein noch zu errichtendes Gebäude erstreckt

▶ oder die Änderung des Gesellschafterbestands i. S. des § 1 Abs. 2a auf einem vorgefassten Plan zur Bebauung eines Grundstücks beruht.

Die Vorschrift stellt eine – auf die in § 8 Abs. 2 Satz 1 genannten Erwerbsvorgänge beschränkte – Anerkennung der von der Rechtsprechung entwickelten Grundsätze zu dem für den Umfang der Gegenleistung maßgebenden Gegenstand des Erwerbsvorgangs (vgl. Rdnr. 7 ff.) dar.

50    Der Erwerbsvorgang **erstreckt** sich „**auf ein noch zu errichtendes Gebäude**" dann, wenn in den Fällen des § 8 Abs. 2 Satz 1 Nr. 3 ein bereits der Personen- oder Kapitalgesellschaft gehörendes, d. h. ihr grunderwerbsteuerrechtlich zuzurechnendes (vgl. Hofmann, GrEStG, § Rdnr. 1481) Grundstück von dieser in einem künftigen (bebauten) Zustand (vgl. Rdnr. 7 ff.) erworben wurde. Gleiches dürfte für Einbringungen und andere Erwerbsvorgänge auf gesellschaftsvertraglicher Grundlage gelten, wenn nämlich das Grundstück, das Gegenstand eines solchen Erwerbsvorgangs ist, seinerseits von der Veräußererseite (Gesellschafter oder Gesellschaft) als „bebautes Grundstück" erworben wurde, es sei denn, es werde nur in teilbebautem Zustand zum Gegenstand des Erwerbsvorgangs gemacht (vgl. Rdnr. 18). Bei Umwandlungen kann § 8 Abs. 2 Satz 2 nur dann anwendbar sein, wenn der übertragende Rechtsträger bereits Eigentum an dem Grundstück erlangt hat (bzw. als Erbbauberechtigter im Erbbaugrundbuch eingetragen ist), das im bebauten Zustand von ihm gekauft worden war (vgl. Rdnr. 40).

Ist i. S. des § 8 Abs. 2 Satz 1 Nr. 1 zweite Alternative keine Gegenleistung zu ermitteln, dürfte sich ohnehin der Erwerbsvorgang nicht „auf ein noch zu errichtendes Gebäude" erstrecken (Vorrang der Schätzung, vgl. Rdnr. 37). Ist keine Gegenleistung vorhanden, wurde bspw. nur ein „symbolischer" Kaufpreis vereinbart (vgl. Rdnr. 35), so gelten die nämlichen Grundsätze. Bei der Abtretung der Rechte aus einem Kaufangebot wird sich dieser Erwerbsvorgang in aller Regel[1] auf das unbebaute Grundstück beziehen. Daran ändert sich auch dann nichts, wenn dieses schließlich beim Käufer als bebautes Grundstück ankommt, der Angebotsempfänger seine Stellung also zum Abschluss weiterer Verträge durch diesen, die auf die Bebauung gerichtet sind, ausgenützt hat.[2]

Auf einem **vorgefassten Plan zur Bebauung des Grundstücks** beruht die Änderung des Gesellschafterbestands i. S. des § 1 Abs. 2a bspw. dann, wenn einer Gesellschaft (GbR), die zum Zwecke der Errichtung eines Gebäudes auf einem bestimmten Grundstück gegründet ist, nach dem **Grundstückserwerb**[3] weitere Gesellschafter beitreten, bis das zur Erreichung des Gesellschaftszwecks festgelegte Kapital durch die von diesen geleisteten Beiträge erreicht ist.   51

## II. Grundbesitzwerte i. S. des § 157 Abs. 1 bis 3 BewG

### 1. Allgemeines

Durch das StÄndG 2015 vom 2. 11. 2015[4] wurden **rückwirkend für alle Erwerbsvorgänge**, die **nach dem 31. 12. 2008** verwirklicht wurden oder werden (s. § 23 Abs. 14 Satz 1) diejenigen Grundbesitzbewertungsregeln (**§ 157 Abs. 1 bis 3 BewG**) in Bezug genommen, die ab dem 1. 1. 2009 zunächst nur für die Bemessung der Erbschaft- und Schenkungsteuer galten. Für die Zeit davor sind die §§ 138 ff. BewG i. d. F. JStG 2007[5] vom 13. 12. 2006, die ohnehin nur noch für die Grunderwerbsteuer von Bedeutung waren, weiter anzuwenden.   52

### 2. Grundbesitzwerte i. S. des § 157 Abs. 2 BewG

#### a) Begriff und Umfang des land- und forstwirtschaftlichen Vermögens

Zum land- und forstwirtschaftlichen Vermögen gehören nach § 158 Abs. 1 Satz 2 BewG alle Wirtschaftsgüter, die einem Betrieb der Land- und Forstwirtschaft, also der planmäßigen Nutzung der natürlichen Kräfte des Bodes zur Erzeugung von Pflanzen und Tieren sowie durch selbst gewonnene Erzeugnisse (vgl. § 158 Abs. 1 Satz 1 BewG) auf Dauer zu dienen bestimmt sind. Zu den   53

---

1 Vgl. die den BFH-Urteilen v. 16. 4. 1980 II R 141/77, BStBl II 1980, 525, v. 16. 12. 1981 II R 109/80, BStBl II 1982, 269 und v. 3. 3. 1993 II R 89/89, BStBl II 1993, 453, zugrunde liegende Sachverhalte.

2 A. A. Pahlke, Rz 57.

3 Vgl. aber Ländererlasse v. 18. 2. 2014 BStBl I 2014, 561, unter Tz 3 Beispiel 3.6..

4 BGBl I 2015, 1834.

5 BGBl I 2006, 2878.

Wirtschaftsgütern, die der wirtschaftlichen Einheit Land- und Forstwirtschaft (s. § 158 Abs. 2 Satz 1 BewG) zu dienen bestimmt sind, gehören nach § 158 Abs. 3 Satz 1 BewG neben dem Grund und Boden, die Wirtschaftsgebäude, die stehenden Betriebsmittel (landwirtschaftliche Maschinen, Zuchtvieh, Legehennen, Milchkühe usw.) und ein normaler, d. h. zur gesicherten Fortführung des Betriebs erforderlicher Bestand an umlaufenden Betriebsmitteln (Tierfutter, Saatgut, Dünger usw., zum Verkauf bestimmte Erzeugnisse wie Getreide, sonstige Feldfrüchte, Mastvieh); nicht dazu gehören die in § 158 Abs. 4 BewG aufgeführten Wirtschaftsgüter. Soweit Verbindlichkeiten nicht im unmittelbaren wirtschaftlichen Zusammenhang mit den in § 158 Abs. 4 BewG aufgeführten Wirtschaftsgütern stehen gehören auch sie zum land- und forstwirtschaftlichen Vermögen (§ 158 Abs. 5 BewG).

**b) Grundzüge der Wertermittlung**

54    Der Betrieb der Land- und Forstwirtschaft umfasst den Wirtschaftsteil, die Betriebswohnungen und den Wohnteil (§ 160 Abs. 1 BewG). Zur Bewertung des Wirtschaftsteils s. § 162 Abs. 1, §§ 163 ff. BewG. Zur Bewertung der Betriebswohnungen (Begriff: § 160 Abs. 8 BewG) und des Wohnteils (Begriff: § 160 Abs. 9 BewG) s. § 167 BewG.

Der Grundbesitzwert des Betriebs der Land- und Forstwirtschaft setzt sich zusammen aus dem Wert des Wirtschaftsteils, dem Wert der Betriebswohnungen sowie dem des Wohnteils, Letztere je abzüglich damit in unmittelbarem Zusammenhang stehende Verbindlichkeiten (§ 168 Abs. 1 BewG). Ansatz eines niedrigeren gemeinen Werts ist auf entsprechendem Nachweis für alle drei der zusammengezählten Werte möglich (§ 165 Abs. 3; § 167 Abs. 4 BewG).

### 3. Grundbesitzwerte i. S. des § 157 Abs. 3 BewG

#### a) Umfang des Grundbesitzwerts

55    Zum Grundvermögen gehören (1) der Grund und Boden, die Gebäude, die sonstigen Bestandteile und das Zubehör, (2) das Erbbaurecht (3) das Wohnungs- und Teileigentum sowie das Wohnungs- und Teilerbbaurecht nach dem WEG (§ 176 Abs. 2 BewG). Nicht in das Grundvermögen einzubeziehen sind die Bodenschätze sowie die Betriebsvorrichtungen i. S. des § 176 Abs. 2 Nr. 2 BewG. Letzteres entspricht § 2 Abs. 1 Satz 2 Nr. 1. Den Bewertungen ist nach § 177 BewG der gemeine Wert zugrunde zu legen.

## b)  Grundzüge der Wertermittlung

Nach § 157 Abs. 1 Satz 1 BewG sind die Grundbesitzwerte unter Berücksichtigung der tatsächlichen Verhältnisse und der Wertverhältnisse zum Bewertungsstichtag festzustellen. Bewertungsstichtag ist der Tag der Entstehung der Steuer, sei es nach § 38 AO oder nach § 14. Zum Ansatz des niedrigeren gemeinen Werts aufgrund entsprechenden Nachweises s. § 198 BewG.    56

### aa)  Unbebaute Grundstücke

Der Wert unbebauter Grundstücke i. S. des § 178 BewG bestimmt sich nach ihrer Fläche und den Bodenrichtwerten i. S. des § 196 BauGB (§ 179 Satz 1 BewG). Die Bodenrichtwerte sind von den Gutachterausschüssen nach dem BauGB zu ermitteln. Zu Einzelheiten s. § 179 BewG.    57

### bb)  Bebaute Grundstücke

Der Wert bebauter Grundstücke ist nach dem Vergleichswertverfahren, dem Ertragswertverfahren oder dem Sachwertverfahren zu ermitteln (§ 182 Abs. 1 BewG). Dabei ist das Vergleichswertverfahren grundsätzlich für Wohnungs- und Teileigentum (Begriff: § 181 Abs. 4 und 5 BewG) sowie für Ein- und Zweifamilienhäuser (Begriff: § 181 Abs. 2 BewG) anzuwenden (§ 182 Abs. 2 BewG). Im Ertragswertverfahren sind Mietwohngrundstücke (Begriff: § 181 Abs. 3 BewG), Geschäftsgrundstücke (Begriff: § 181 Abs. 6 BewG) und gemischt genutzte Grundstücke (Begriff: § 181 Abs. 7 BewG) zu bewerten, für die sich auf dem örtlichen Grundstücksmarkt eine übliche Miete ermitteln lässt (§ 182 Abs. 3 BewG). Liegt für Ein- oder Zweifamilienhäuser sowie Wohnungs- und Teileigentum kein Vergleichswert vor, so ist der Wert ebenso im Sachwertverfahren zu ermitteln, wie für Geschäftsgrundstücke und gemischt genutzte Grundstücke, für die sich keine ortsübliche Vergleichsmiete feststellen lässt, und schließlich für sonstige bebaute Grundstücke (Begriff: § 181 Abs. 8 BewG); zu allem s. § 182 Abs. 4 BewG.    58

### (1)  Vergleichswertverfahren (§ 183 BewG)

Bei Anwendung des Vergleichswertverfahrens sind Kaufpreise von Grundstücken heranzuziehen, die hinsichtlich der wertbestimmenden Faktoren mit dem zu bewertenden Grundstück hinreichend übereinstimmen. Grundlage sollen im Wesentlichen die von den Gutachterausschüssen i. S. der §§ 192 ff. BauGB mitgeteilten Vergleichspreise sein.    58a

### (2) Ertragswertverfahren (§§ 184 bis 188 BewG)

58b  Bei diesem Verfahren ist der Wert der Gebäude, der Gebäudeertragswert, getrennt vom Wert des Grund und Bodens anzusetzen. Letzterer ist wie für unbebaute Grundstücke zu ermitteln. Die Summe aus Gebäudeertragswert (bei dessen Ermittlung vom Reinertrag des Grundstücks, vermindert um den Betrag, der sich durch angemessene Verzinsung des Bodenwerts ergibt, auszugehen ist (§§ 185 ff. BewG) und Bodenwert, ergeben den Ertragswert des Grundstücks (§ 185 Abs. 3 Sätze 1 und 3 BewG). Mindestens ist der Bodenwert anzusetzen (§ 184 Abs. 3 Satz 2 BewG).

### (3) Sachwertverfahren (§§ 189 bis 191 BewG)

58c  Auch bei Anwendung des Sachwertverfahrens ist der Wert der Gebäude (Gebäudesachwert) getrennt vom Bodenwert, der wie bei unbebauten Grundstücken anzusetzen ist, zu ermitteln (§ 189 Abs. 1 und 2 BewG). Zur Ermittlung des Gebäudesachwerts ausgehend von den Regelherstellungskosten s. § 190 BewG. Die Summe aus beiden Werten ergibt den vorläufigen Gebäudesachwert (§ 189 Abs. 3 Satz 1 BewG), welcher zur Anpassung an den gemeinen Wert mit einer Wertzahl nach § 191 BewG zu multiplizieren ist.

### cc) Sonderfälle

### (1) Erbbaurechtsfälle

59  Ist ein Grundstück mit einem Erbbaurecht belastet, ist der Wert zweier wirtschaftlicher Einheiten zu ermitteln, nämlich der des Erbbaurechts und der des belasteten Grundstücks (§ 192 Satz 1 BewG). Mit der Bewertung der beiden wirtschaftlichen Einheiten ist einerseits die Verpflichtung zur Zahlung des Erbbauzinses und andererseits das Recht auf den Erbbauzins abgegolten (§ 192 Satz 2 BewG). Der Wert des Erbbaurechts ist im Vergleichswertverfahren zu ermitteln (§ 193 Abs. 1 BewG); mangels Vorliegens von Vergleichskaufpreisen oder aus Kaufpreislisten abgeleiteter Vergleichsfaktoren setzt sich der Wert des Erbbaurechts aus einem Bodenwertanteil (zur Ermittlung s. § 193 Abs. 3, 4 BewG) und einem Gebäudewertanteil (s. § 193 Abs. 5 BewG) zusammen.

Auch der Wert des Erbbaugrundstücks ist – soweit Vergleichskaufpreise oder aus Kaufpreislisten abgeleitete Vergleichsfaktoren vorliegen – im Vergleichswertverfahren zu ermitteln (§ 194 Abs. 1 BewG), im Übrigen bildet der Bodenwertanteil (§ 195 Abs. 3 BewG), der bei ganzer oder teilweiser Nichtentschädigung des Werts des Gebäudes bei Beendigung des Erbbaurechts um einen Gebäudewertanteil zu erhöhen ist (§194 Abs.2 BewG), den Wert des Erbbaugrundstücks.

**(2) Gebäude auf fremden Grund und Boden**

Auch bei Gebäuden auf fremdem Grund (s. Hofmann, GrEStG, §2 Rdnr.28ff.) werden die wirtschaftliche Einheit Gebäude und die wirtschaftliche Einheit des belasteten Grundstücks gesondert ermittelt (§195 Abs.1 BewG). Im Einzelnen vgl. §195 Abs.2 und 3 BewG. **59a**

**dd) Grundstücke im Zustand der Bebauung**

Ist mit den Bauarbeiten schon begonnen worden, sind aber Gebäude und Gebäudeteile noch nicht bezugsfertig (s. dazu §178 Abs.1 Satz 2 und 3 BewG), so handelt es sich um ein Grundstück im Zustand der Bebauung. Dieser Zustand beginnt mit den Abgrabungen oder der Einbringung von Baustoffen zur planmäßigen Gebäudeerrichtung (§196 Abs.1 BewG). Zur Findung des Grundbesitzwerts sind dem Wert des bislang unbebauten oder bereits teilbebauten Grundstücks, die bereits am Bewertungsstichtag entstandenen Herstellungskosten für die Gebäude oder Gebäudeteile, hinzuzurechnen (§196 Abs.2 BewG). **60**

## 4. Folgerungen aus dem Umfang der Grundbesitzwerte i. S. der §157 Abs.2 und 34 BewG?

Es ist evident, dass der Grundbesitzwert für die wirtschaftlichen Einheiten des land- und forstwirtschaftlichen Vermögens und für Betriebsgrundstücke i.S. des §99 Abs.1 Nr.2 BewG (§157 Abs.2 i.V.m. §§158ff. BewG) Gegenstände und Rechte miterfasst, deren Erwerb nicht der Grunderwerbsteuer unterliegt. Abgesehen von den Grundbesitzwerten für die unbebauten Grundstücke erstreckt sich auch der Grundbesitzwert für die wirtschaftlichen Einheiten des Grundvermögens sowie für Betriebsgrundstücke i.S. des §99 Abs.1 Nr.1 BewG (§157 Abs.3 i.V.m. §§176 bis 198 BewG) auf Gegenstände (Zubehör), deren Erwerb grunderwerbsteuerrechtlich nicht relevant ist. Denn der Grundstücksbegriff des §2 ist bürgerlich-rechtlich vorgeprägt. Trotzdem ist aufgrund ausdrücklichen Gesetzesbefehls, der seinerseits nur die Vorgegebenheiten des Bewertungsgesetzes berücksichtigt, es nicht möglich, einen „bereinigten" Grundbesitz- bzw. Grundstückswert der Steuerbemessung zugrunde zu legen.[1] **61**

---

1 A.A. für Betriebe der Land- und Forstwirtschaft möglicherweise Pahlke, Rz 82 a.E.

## 5. Verfahrensrechtliches

**Literatur:** *R. Hofmann*, Bedarfsbewertung und Grunderwerbsteuer – Merkwürdigkeiten einer Zwangsehe, Festschrift Kruse, 2001, S. 433.

### a) Grundsätzliches

62  Nach **§ 151 Abs. 1 Satz 1 Nr. 1 i. V. m. Abs. 5 Satz 1 BewG** sind die Grundbesitzwerte (§ 157 Abs. 1 bis 3 BewG) gesondert festzustellen, wenn sie für die Besteuerung nach dem Grunderwerbsteuergesetz von Bedeutung sind. Die Entscheidung darüber, ob diese Voraussetzung vorliegt, obliegt nach § 151 Abs. 5 Satz 2, Abs. 1 Satz 2 BewG dem für die Festsetzung der Grunderwerbsteuer zuständigen Finanzamt. Im Hinblick auf die in § 153 Abs. 1 und 2 BewG vorgesehene Erklärungspflicht zur gesonderten Feststellung (s. auch § 153 Abs. 4 Satz 2 BewG) hat dieses Finanzamt, wenn es das Feststellungsfinanzamt zur Grundbesitzwertfeststellung auffordert, diesem auch die Namen derjenigen mitzuteilen, die nach § 153 BewG als Inhaltsadressat in Betracht kommen. Die Begründung einer Zuständigkeit derjenigen Finanzbehörde, die für die gesonderte Feststellung der Besteuerungsgrundlagen nach § 17 Abs. 2 und 3 zuständig ist, erübrigt sich im Hinblick auf § 17 Abs. 3a. Feststellungen über Art und Zurechnung der wirtschaftlichen Einheit sind im Grundbesitzfeststellungsbescheid für Grunderwerbsteuerzwecke nicht zu treffen (§ 151 Abs. 5 Satz 3 BewG). Zur örtlichen Zuständigkeit für die gesonderte Feststellung von Grundbesitzwerten s. § 152 Nr. 1 BewG.

Das Feststellungsfinanzamt kann von jedem, für dessen Besteuerung die gesonderte Feststellung des Grundbesitzwerts von Bedeutung ist, die Abgabe einer (eigenhändig zu unterschreibenden, vgl. § 153 Abs. 4 Satz 2 BewG) **Feststellungserklärung** unter Setzung einer Frist von mindestens einem Monat verlangen (§ 153 Abs. 1 BewG). Ist – wie stets in den Fällen des § 8 Abs. 2 Satz 1 Nr. 3 – eine Personen- oder Kapitalgesellschaft Eigentümerin des Feststellungsgegenstands (des Grundstücks), kann das Feststellungsfinanzamt nach § 153 Abs. 2 Satz 1 BewG auch von der Gesellschaft die Abgabe einer Feststellungserklärung verlangen. Zur Beteiligtenstellung im Feststellungsverfahren s. § 154 Abs. 1 BewG.

**Beteiligte am Feststellungsverfahren,** betreffend die Grundbesitzwerte für die Grunderwerbsteuer, sind nach § 151 Abs. 1 Nr. 3 BewG diejenigen, die die Steuer als Schuldner oder Gesamtschuldner schulden und für deren Festsetzung die Feststellung von Bedeutung ist (§ 154 Abs. 1 Satz 1 Nr. 3 BewG). Bei Gesamtschuldnerschaft ist die Feststellung einheitlich vorzunehmen (§ 154 Abs. 1 Satz 2 i. V. m. § 179 Abs. 2 Satz 2 AO). Weiter haben Beteiligungsfähigkeit diejenigen Personen- oder Kapitalgesellschaften, von denen das Finanzamt eine Feststellungserklärung angefordert hat. Wenngleich diesen Gesellschaften gegenüber als Beteiligten der Bescheid über die gesonderte und einheitliche Feststellung des Grundbesitzwerts bekannt zu geben ist und ihnen nach § 155 Satz 1 BewG Rechtsbehelfsbefugnis zusteht, ist ein von ihnen eingelegter Rechtsbehelf mangels der Möglichkeit geltend zu machen, durch diesen beschwert (§ 350 AO) bzw. in ihren Rechten verletzt zu sein (§ 40 Abs. 2 FGO), unzulässig.

Soweit Gesamtschuldnerschaft (vgl. Hofmann, GrEStG, § 13 Rdnr. 22) für die Grunderwerbsteuer besteht, ist die Feststellung des Grundbesitzwerts gesondert und einheitlich vorzunehmen. Daraus folgt zum einen, dass die Gesamtschuldner im Bescheid aufzuführen sind und zum anderen, dass er auch jeden einzelnen Gesamtschuldner gegenüber – um Wirksamkeit entfalten zu können – bekannt gegeben werden muss (§ 181 Abs. 1 Satz 1; § 122 Abs. 1 Satz 1 AO).

Nicht voll nachvollziehbar ist die in **§ 151 Abs. 3 BewG** getroffene Regelung, die nach der Gesetzesbegründung[1] der Verwaltungsvereinfachung dienen und Wertermittlungen mit erheblichem Erklärungsaufwand der Steuerpflichtigen ersparen soll. Nach § 151 Abs. 3 Satz 1 BewG sind gesondert festgestellte Grundbesitzwerte einer innerhalb einer Jahresfrist folgenden Feststellung für dieselbe wirtschaftliche Einheit unverändert zugrunde zu legen, wenn sich die für die erste Bewertung maßgeblichen Stichtagsverhältnisse nicht wesentlich geändert haben. Da die Vorschrift nur vorsieht, dass der einmal festgestellte Grundbesitzwert einer nachfolgenden Feststellung zugrunde zu legen ist, spricht sie der auf den ersten Feststellungszeitpunkt getroffenen Feststellung keine Dauerwirkung zu, wie sie ehedem den Einheitswerten zukam. Die für die gesonderte Feststellung des Grundbesitzwerts zuständige Finanzbehörde muss vor Erlass des weiteren Feststellungsbescheids zweierlei prüfen: zum einen, ob der Feststellungszeitpunkt innerhalb der Jahresfrist gerechnet von dem für die vorhergehende Grundbesitzwertfeststellung maßgeblichen Besteuerungszeitpunkt liegt und zum anderen, ob sich die für die erste Bewertung maßgeblichen Stichtagsverhältnisse wesentlich geändert haben. Was das Gesetz unter einer wesentlichen Änderung versteht, ist § 151 Abs. 3 Satz 1 BewG nicht zu entnehmen. Aus der Sicht des Feststellungsbetroffenen ist zumindest jede Änderung der tatsächlichen Verhältnisse und der Stichtagsver-

---

1 BT-Drucks. 16/2712.

hältnisse (vgl. § 157 Abs. 1 BewG), die zur Feststellung eines niedrigeren Grundbesitzwerts führt, wesentlich.

Nach **§ 151 Abs. 3 Satz 2 BewG** kann der Erklärungspflichtige eine von dem Wert i. S. des § 151 Abs. 3 Satz 1 BewG abweichende Feststellung des Grundbesitzwerts nach den Verhältnissen im Besteuerungszeitpunkt durch Abgabe einer Feststellungserklärung verlangen. Da keine gesetzliche Verpflichtung zur Abgabe einer Feststellungserklärung besteht, die Erklärungspflicht erst aufgrund entsprechenden Verlangens des Feststellungsfinanzamts nach § 153 Abs. 1 BewG besteht, geht die Vorschrift im Vorfeld des Erlasses eines Bescheids über die gesonderte Feststellung des Grundbesitzwerts ihrem Wortlaut nach ins Leere, sofern nicht die zuständige Finanzbehörde vor Erlass des Feststellungsbescheids rechtliches Gehör gewährt (§ 91 Abs. 1 AO), wozu sie u. E. wegen der Verengung ihres Ermessensspielraums verpflichtet ist. Gibt derjenige oder geben diejenigen, für deren Besteuerung nach dem Grunderwerbsteuergesetz der Grundbesitzwert von Bedeutung ist, von sich aus eine Feststellungserklärung ab, muss diese als entsprechender Antrag gewertet werden. Im Übrigen kann sich das Begehren einer abweichenden Feststellung des oder der Betroffenen erst im Rechtsbehelfsverfahren auswirken.

**b) Feststellungsgegenstand, Bekanntgabe des Feststellungsbescheids, Feststellungsfrist**

63 Ist die Feststellung des Grundbesitzwerts für die Grunderwerbsteuer von Bedeutung, so hat sich der **Feststellungsgegenstand** nach dem **Gegenstand des Erwerbsvorgangs** zu richten (s. auch § 8 Abs. 2 Satz 2). Ist die Feststellung des Grundbesitzwerts für einen ideellen Miteigentumsanteil an einem Grundstück erforderlich, so ist dieser Gegenstand der Feststellung. Denn soweit § 157 Abs. 2 und 3 BewG den Begriff der wirtschaftlichen Einheit verwendet, kann dieser nicht losgelöst vom Erwerbsgegenstand i. S. des Grunderwerbsteuergesetzes ausgefüllt werden.[1]

Der Bescheid über die gesonderte Feststellung des Grundbesitzwerts ist den Beteiligten – bei gesonderter und einheitlicher Feststellung (s. § 154 Abs. 1 Satz 2 BewG) jedem der Gesamtschuldner für sich – bekannt zu geben (§ 153 Abs. 5 BewG i. V. m. § 181 Abs. 1, § 155 Abs. 1 Satz 1 und 2, § 122 Abs. 1 AO). Zur Rechtsbehelfsbefugnis s. § 155 Satz 1 BewG. Ficht nur einer der beiden Feststellungsbeteiligten den Bescheid über die gesonderte und einheitliche Feststellung an, so ist der andere zum Einspruchsverfahren notwendig hin-

---

1 Vgl. BFH v. 18. 8. 2004 II R 22/04, BStBl II 2005, 19.

zuzuziehen (§ 360 Abs. 2 AO) bzw. zum Klageverfahren beizuladen (§ 60 Abs. 3 Satz 1 FGO). Die Rechtsbehelfsbefugnis ist nicht nach § 351 AO bzw. § 48 FGO eingeschränkt.

Der Erlass eines Bescheids über die gesonderte Feststellung von Grundbesitzwerten ist nach § 181 Abs. 1, § 169 Abs. 1 AO nicht mehr zulässig, wenn die **Feststellungsfrist** (§ 181 Abs. 1 i.V. m. § 169 Abs. 2 Satz 1 Nr. 2, Satz 2 AO) abgelaufen ist. Diese ist unabhängig von der Festsetzungsfrist für die Grunderwerbsteuer (= Folgesteuer)[1] zu ermitteln.[2] Die Feststellungsfrist beginnt nach § 181 Abs. 1, § 170 Abs. 1 AO mit Ablauf des Kalenderjahrs, in dem der Besteuerungszeitpunkt für den Erwerbsvorgang liegt, für dessen Besteuerung der Grundbesitzwert festzustellen ist. Der Beginn der Festsetzungsfrist für die Folgesteuer ist dabei ohne Bedeutung.[3] Hat die nach § 157 Nr. 1 BewG zur Feststellung des Grundbesitzwerts zuständige Finanzbehörde nach § 153 Abs. 1 vom Steuerpflichtigen eine Feststellungserklärung angefordert, führt dies nach § 181 Abs. 1 AO i.V. m. § 153 Abs. 5 BewG zu einer Anlaufhemmung der Feststellungsfrist. Sie beginnt dann mit Ablauf des Kalenderjahrs, in dem die Feststellungserklärung eingereicht wird, spätestens jedoch mit Ablauf des dritten Kalenderjahrs, das auf das Kalenderjahr des Besteuerungszeitpunkts folgt (§ 153 Abs. 5 BewG i.V. m. § 181 Abs. 1 Satz 1 und § 170 Abs. 2 Satz 1 Nr. 1 AO). Es reicht aus, wenn die Finanzbehörde die Feststellungserklärung innerhalb der Feststellungsfrist verlangt, denn die Aufforderung zur Abgabe einer Erklärung verpflichtet den Steuerpflichtigen nach § 181 Abs. 1 Satz 1 i.V. m. § 149 Abs. 1 Satz 2 AO und § 153 Abs. 5 BewG zur Abgabe der Erklärung. Verlangt das Lagefinanzamt die Abgabe einer Feststellungserklärung erst nach Ablauf der regulären Feststellungsfrist (§ 181 Abs. 1, § 169 Abs. 2 AO) bzw. geht die Aufforderung zur Erklärungsabgabe erst danach zu, kann dadurch der Ablauf der Feststellungsfrist nicht mehr gehemmt werden.[4] Geht die Aufforderung zur Abgabe einer Feststellungserklärung nach Ablauf des dritten Kalenderjahrs nach Ablauf desjenigen Kalenderjahrs zu, in dem der Feststellungszeitpunkt liegt, ist die Anlaufhemmung auf drei Jahre begrenzt.[5]

Ein Feststellungsbescheid, der **nach Ablauf der Feststellungsfrist bekannt gegeben** wird, ist zwar rechtswidrig, jedoch **nicht nichtig**.[6] Ist er wirksam und da-

---

1 Siehe dazu Hofmann, GrEStG, vor § 15 Rdnr. 18.
2 BFH v. 12. 7. 2005 II R 10/04, BFH/NV 2006, 228; v. 17. 4. 2013 II R 59/11, BStBl II 2014, 663.
3 Die Feststellungsfrist wird insbesondere nicht durch Nichtanzeige des grunderwerbsteuerrechtlichen Erwerbsvorgangs gehemmt (FG Berlin-Brandenburg 28. 5. 2015, EFG 2015, 1419).
4 Vgl. BFH v. 18. 10. 2000 II R 50/98, BStBl II 2001, 14.
5 Vgl. BFH v. 18. 10. 2000 II R 50/98, BStBl II 2001, 14.
6 BFH v. 7. 2. 2006 II B 129/05, BFH/NV 2006, 1616, m. w. N.

mit bindend geworden (vgl. Rdnr. 64), **löst** er die **Ablaufhemmung für den Folgebescheid** nach § 181 Abs. 1 i.V.m. § 171 Abs. 10 AO **aus**. Wird der Feststellungsbescheid auf Anfechtung hin geändert oder aufgehoben, so ist der Folgebescheid nach § 175 Abs. 1 Satz 1 Nr. 1 i.V.m. § 181 AO (s. auch § 153 Abs. 5 BewG) zu ändern oder aufzuheben.

Nach **§ 181 Abs. 5 Satz 1 AO** (s. auch § 153 Abs. 5 BewG) kann eine gesonderte Feststellung des Grundbesitzwerts für Grunderwerbsteuerzwecke auch nach Ablauf der für sie geltenden Feststellungsfrist erfolgen, wenn die Festsetzungsfrist für die Grunderwerbsteuer (vgl. Hofmann, GrEStG, vor § 15 Rdnr. 18) noch nicht abgelaufen ist, wobei § 171 Abs. 10 AO außer Betracht bleibt. In diesem Fall ist in dem Feststellungsbescheid darauf hinzuweisen, dass die getroffenen Feststellungen nur für die Festsetzung der Grunderwerbsteuer, für die die Festsetzungsfrist noch nicht abgelaufen ist, von Bedeutung ist (§ 181 Abs. 5 Satz 2 AO). Ist dieser Hinweis im Feststellungsbescheid unterblieben, so kann der fehlende Hinweis in der Einspruchsentscheidung nachgeholt werden, sofern die Festsetzungsfrist für die Grunderwerbsteuer bei deren Ergehen (d. h. im Zeitpunkt ihrer Bekanntgabe, vgl. §§ 366, 122 AO) noch nicht abgelaufen war.[1]

#### c) Bindungswirkung des Bescheids über die gesonderte Feststellung des Grundbesitzwerts

64 Der Bescheid, mit dem der Grundbesitzwert gesondert festgestellt wird, ist **Grundlagenbescheid** (§ 171 Abs. 10 AO), der **für den Grunderwerbsteuerbescheid bindend** ist (§ 182 Abs. 1 Satz 1 AO), weil er die Besteuerungsgrundlage für diese in den Fällen des § 8 Abs. 2 feststellt. Einwendungen gegen ihn können nur durch dessen Anfechtung, nicht aber durch Anfechtung des Grunderwerbsteuerbescheids geltend gemacht werden (§ 351 Abs. 2 AO, § 42 FGO).

Zu beachten ist, dass die für die Grunderwerbsteuerfestsetzung nach § 17 Abs. 1 zuständige Finanzbehörde nach § 155 Abs. 2 AO einen Steuerbescheid auch dann erteilen kann, wenn der Bescheid über die Feststellung des Grundbesitzwerts noch nicht ergangen ist. Die Besteuerungsgrundlagen kann sie dann nach § 162 Abs. 5 AO schätzen. Nach Ergehen des Grundlagenbescheids ist der Grunderwerbsteuerbescheid, auch wenn der Grundlagenbescheid noch nicht unanfechtbar ist (vgl. § 182 Abs. 1 Satz 1 AO), nach § 175 Abs. 1 Satz 1 Nr. 1 AO anzupassen.

---

1 BFH v. 12. 7. 2005 II R 10/04, BFH/NV 2006, 228.

# §9 Gegenleistung

(1) Als Gegenleistung gelten

1. bei einem Kauf:

der Kaufpreis einschließlich der vom Käufer übernommenen sonstigen Leistungen und der dem Verkäufer vorbehaltenen Nutzungen;

2. bei einem Tausch:

die Tauschleistung des anderen Vertragsteils einschließlich einer vereinbarten zusätzlichen Leistung;

3. bei einer Leistung an Erfüllungs statt:

der Wert, zu dem die Leistung an Erfüllungs statt angenommen wird;

4. beim Meistgebot im Zwangsversteigerungsverfahren:

das Meistgebot einschließlich der Rechte, die nach den Versteigerungsbedingungen bestehen bleiben;

5. bei der Abtretung der Rechte aus dem Meistgebot:

die Übernahme der Verpflichtung aus dem Meistgebot. Zusätzliche Leistungen, zu denen sich der Erwerber gegenüber dem Meistbietenden verpflichtet, sind dem Meistgebot hinzuzurechnen. Leistungen, die der Meistbietende dem Erwerber gegenüber übernimmt, sind abzusetzen;

6. bei der Abtretung des Übereignungsanspruchs:

die Übernahme der Verpflichtung aus dem Rechtsgeschäft, das den Übereignungsanspruch begründet hat, einschließlich der besonderen Leistungen, zu denen sich der Übernehmer dem Abtretenden gegenüber verpflichtet. Leistungen, die der Abtretende dem Übernehmer gegenüber übernimmt, sind abzusetzen;

7. bei der Enteignung:

die Entschädigung. Wird ein Grundstück enteignet, das zusammen mit anderen Grundstücken eine wirtschaftliche Einheit bildet, so gehört die besondere Entschädigung für eine Wertminderung der nicht enteigneten Grundstücke nicht zur Gegenleistung; dies gilt auch dann, wenn ein Grundstück zur Vermeidung der Enteignung freiwillig veräußert wird.

(2) Zur Gegenleistung gehören auch

1. Leistungen, die der Erwerber des Grundstücks dem Veräußerer neben der beim Erwerbsvorgang vereinbarten Gegenleistung zusätzlich gewährt;

2. die Belastungen, die auf dem Grundstück ruhen, soweit sie auf den Erwerber kraft Gesetzes übergehen. Zur Gegenleistung gehören jedoch nicht die auf dem Grundstück ruhenden dauernden Lasten. Der Erbbauzins gilt nicht als dauernde Last;

3. Leistungen, die der Erwerber des Grundstücks anderen Personen als dem Veräußerer als Gegenleistung dafür gewährt, dass sie auf den Erwerb des Grundstücks verzichten;

4. Leistungen, die ein anderer als der Erwerber des Grundstücks dem Veräußerer als Gegenleistung dafür gewährt, dass der Veräußerer dem Erwerber das Grundstück überlässt.

(3) Die Grunderwerbsteuer, die für den zu besteuernden Erwerbsvorgang zu entrichten ist, wird der Gegenleistung weder hinzugerechnet noch von ihr abgezogen.

**Literatur:** *Körenzig,* Die steuerpflichtige Gegenleistung i. S. des Grunderwerbsteuergesetzes, DVR 1976, 18, 66, 114; *Martin,* Ermittlung und Bewertung der grunderwerbsteuerlichen Gegenleistung bei zinslos gestundetem Kaufpreis, DB 1980, 1414; *Möllinger,* Der Wert der grunderwerbsteuerrechtlichen Gegenleistung bei zinslos befristet gestundetem Kaufpreis, DStR 1980, 282; *ders.,* Zur Ermittlung und Bewertung der grunderwerbsteuerrechtlichen Gegenleistung bei zinslos gestundetem Kaufpreis, DB 1981, 661; *Reinisch,* Minderung der Grunderwerbsteuer durch Eigenleistung, DB 1981, 1802; *Oswald,* Eigenleistungen des Grundstückserwerbs bei der Grunderwerbsteuer, DVR 1984, 102; *Klenk,* Grundstücksentschädigung für Umsätze, die unter das Grunderwerbsteuergesetz fallen, DVR 1985, 2; *Möllinger,* Zwei Jahre bundeseinheitliches Grunderwerbsteuerrecht, DVR 1985, 18; *Heine,* Die Gegenleistung bei der Grunderwerbsteuer und die Bewertung nach den allgemeinen Vorschriften des Bewertungsgesetzes, UVR 2000, 209; *Mathäus/ Stock,* Erbbaurechttransaktionen in der Grunderwerbsteuer – neue Erkenntnisse durch den BFH?, DStR 2015, 2752; *Behrens,* Grunderwerbsteuer beim Kauf von Erbbaurecht und damit belastetem Grundstück, BB 2015, 1890.

# A. Vorbemerkung

Zum grunderwerbsteuerrechtlichen Gegenleistungsbegriff vgl. vorweg Hof-  1
mann, GrEStG, § 8 Rdnr. 2 ff. Zur Maßgeblichkeit des Zustands des Grundstücks, in dem es zum Gegenstand des Erwerbsvorgangs gemacht wird, für die
Findung der grunderwerbsteuerrechtlichen Bemessungsgrundlage wird auf
Hofmann, GrEStG, § 8 Rdnr. 7 ff. verwiesen.

# B. Der Kauf

## I. Wesen

Der Kauf wird als das häufigste der Steuer unterliegende Verpflichtungs-  2
geschäft in § 1 Abs. 1 Nr. 1 besonders herausgestellt. Durch den Kaufvertrag
wird der Verkäufer einer Sache verpflichtet, dem Käufer die Sache zu übergeben und das Eigentum an der Sache zu verschaffen (§ 433 Abs. 1 Satz 1 BGB).
Der Verkäufer ist verpflichtet, die Sache frei von Sach- und Rechtsmängeln
(§§ 434, 435 BGB) zu verschaffen (§ 433 Abs. 1 Satz 2 BGB). Ist Gegenstand des
Kaufvertrages ein Recht (z. B. Erbbaurecht), so ist der Verkäufer verpflichtet,
dem Käufer das Recht zu verschaffen und, wenn das Recht zum Besitz einer
Sache berechtigt, die Sache zu übergeben (§ 453 Abs. 1 i. V. m. § 433 Abs. 1
Satz 1 BGB). Der Käufer seinerseits ist verpflichtet, dem Verkäufer den verein-
barten Kaufpreis zu zahlen und die gekaufte Sache abzunehmen (§ 433 Abs. 2
BGB).

**Kauf** ist also **Austausch von Rechten oder Sachen gegen Geld** unter Begründung eines Schuldverhältnisses durch Rechtsgeschäft und damit Vertrag
(§ 311 BGB). Ist eine ausdrückliche Bestimmung des Kaufpreises unterblieben,
so liegt ein Kaufvertrag schon dann vor, wenn der Kaufpreis bestimmbar ist,
wenn also die Einigung der Vertragsparteien über die Bemessungsgrundlage
für den Kaufpreis so weit gediehen ist, dass der Preis objektiv ermittelt werden
kann.[1] Andernfalls gilt der Vertrag gemäß § 154 Abs. 1 BGB im Zweifel als
nicht geschlossen. Möglich ist es, die Bestimmung des Preises einer Vertragspartei oder einem Dritten zu überlassen (§§ 315 ff. BGB).

Mangelt es dem Kaufvertrag an der vorgeschriebenen Form (§ 311b Abs. 1
Satz 1 BGB) und ist er deshalb nichtig (§ 125 BGB), unterliegt er der Grund-

---

1 BFH v. 23. 3. 2011 II R 33/09, BStBl II 2011, 980; s. auch FG Münster v. 14. 12. 2006, EFG 2007, 1040.

erwerbsteuer nach Maßgabe des § 1 Abs. 2.[1] Ist die Beurkundung nur hinsichtlich von Teilen unterblieben, ist bspw. nur ein Teil des Kaufpreises beurkundet, so ist der ganze Vertrag zwar nichtig, wird aber seinem ganzen Inhalt nach gültig, wenn die Auflassung und die Eintragung im Grundbuch erfolgen (§ 311b Abs. 1 Satz 2 BGB). Ein derartiges infolge unvollständiger Beurkundung nichtiges Rechtsgeschäft ist der Steuer nach § 1 Abs. 1 Nr. 1 i. V. m. § 41 Abs. 1 AO unterworfen.[2]

Nicht notwendig muss ein Kaufvertrag, aus dem die Gegenleistung zu entnehmen ist, zu einem Anspruch auf Übereignung eines Grundstückes führen. Der Art des gekauften Gegenstands gemäß kann er trotzdem – abgesehen von den oben erwähnten Sonderfällen der Formnichtigkeit – selbst Grunderwerbsteuer auslösen, oder es kann durch seinen Vollzug Grunderwerbsteuer entstehen. So löst die Übertragung des gekauften Erbteils Grunderwerbsteuer nach § 1 Abs. 1 Nr. 3 Satz 1 aus (s. hierzu Hofmann, GrEStG, § 1 Rdnr. 33 und 57) und löst der Kauf eines mit einem Grundstück verbundenen Gesellschaftsanteils i. S. der Ausführungen in Hofmann, GrEStG, § 1 Rdnr. 26 und 27 Grunderwerbsteuer aus § 1 Abs. 1 Nr. 1 i. V. m. § 42 AO aus.[3]

Als **Gegenleistung** für den **Kauf** eines Grundstücks **gelten nach § 9 Abs. 1 Nr. 1** der (eigentliche) Kaufpreis, die vom Käufer übernommenen Leistungen und die dem Verkäufer vorbehaltenen Nutzungen. Zu ihr gehören weiter etwa § 9 Abs. 2 unterfallende Leistungen.

## II. Der Kaufpreis

3   Der Kaufpreis **muss in Geld bestehen** (§ 433 Abs. 2 BGB), d. h. er muss grundsätzlich auf einen Geldbetrag lauten. Ist er nicht zahlenmäßig festgelegt, so muss er nach objektiven Kriterien bestimmbar sein.[4] Nicht erforderlich ist, dass er auch in Geld belegt wird; seine Tilgung in Geld ist nicht erforderlich. So kann die vereinbarte Kaufpreis(geld)schuld ganz oder teilweise durch Hingabe eines Gegenstands an Erfüllungs statt (§ 364 BGB) getilgt oder durch (Dienst-)Leistungen „abgearbeitet" werden. Auch die Verrentung des Kaufpreises ist möglich. Entscheidend ist auch hier nicht, wie die Vertragsparteien die zu erbringende Leistung benannt haben, sondern zu welchen Leistungen sich

---

1 BFH v. 17. 12. 1975 II R 35/69, BStBl II 1976, 465; s. auch Hofmann, GrEStG, § 1 Rdnr. 32 und Rdnr. 66 ff.
2 BFH v. 19. 7. 1989 II R 83/85, BStBl II 1989, 989; s. näher dazu in Hofmann, GrEStG, § 1 Rdnr. 32.
3 Vgl. BFH v. 1. 12. 2004 II R 23/02, BFH/NV 2005, 721, und v. 29. 5. 2011 II B133/10, BFH/NV 2011, 1539, je m. w. N.
4 BFH v. 30. 3. 2009 II R 1/08, BFH/NV 2009, 1666.

der Erwerber tatsächlich verpflichtet hat.[1] Ist der benannte Kaufpreis nur eine Rechnungsgröße, ermittelt durch Kapitalisierung einer Rentenforderung, so ist die tatsächlich geschuldete Leistung nicht der genannte Preis, sondern nur die Rentenleistung, deren Wert – unabhängig von den wertbildenden Faktoren, von denen die Parteien bei der „Preiskalkulation" ausgegangen sind – nach §§ 13, 14 BewG (s. Hofmann, GrEStG, § 8 Rdnr. 33 f.) zu ermitteln ist. Dies gilt auch dann, wenn die Parteien in der Rente nur den Ausdruck einer Rentenzahlung des gedachten „Kaufpreises" sehen wollen.[2] Wegen der Abzinsung bei zinsloser Stundung vgl. Hofmann, GrEStG, § 8 Rdnr. 32.

Verblüffend ist die Aussage in BFH vom 8. 3. 1989,[3] für den Fall, dass als **Kaufpreis** ein **Geldbetrag in** (damals) **deutscher Währung** bestimmt sei, grundsätzlich auch der bei der Grunderwerbsteuer als Gegenleistung anzusetzende Betrag festgelegt sei. Ein Zugreifen auf den allgemeinen Teil des Bewertungsgesetzes sei deshalb nicht erforderlich, weil **nicht** etwa eine Forderung **zu bewerten,** sondern lediglich der vereinbarte Kaufpreis als Besteuerungsgrundlage anzusetzen sei. Dieser Entscheidung ist nicht beizupflichten, denn § 9 Abs. 1 Nr. 1 bestimmt für den Fall des Kaufs lediglich, dass (u. a.) der Kaufpreis als Gegenleistung gilt, sagt aber nichts aus über dessen Wert, derogiert insbesondere nicht den aus § 8 Abs. 1 abzuleitenden Obersatz, dass sich die Steuer nach dem Wert der Gegenleistung bestimmt.[4] Für die Wertzumessung ist nach § 1 Abs. 1 BewG stets auf die allgemeinen Bewertungsvorschriften abzustellen. Aus diesem Grunde kann in der im Kaufvertrag gleichzeitig getroffenen Vereinbarung, der Kaufpreis werde ganz oder teilweise längerfristig zinslos gestundet, nicht eine „verdeckte Kaufpreisminderung" gesehen werden. **Für die Bewertung** des **Kaufpreises,** einer Geldforderung aus der Sicht des Verkäufers (bzw. einer Geldschuld aus der Sicht des Käufers), **ist** daher **stets auf § 12 BewG zurückzugreifen.**[5] Auf Hofmann, GrEStG, § 8 Rdnr. 32 wird verwiesen.

Eine **Abgrenzung nach dem wirklichen Inhalt** der Preisvereinbarung ist auch erforderlich, wenn der genannte „Kaufpreis" nur das Ergebnis einer Zusammenrechnung der Valutastände der einzelnen grundpfandrechtlich gesicherten Darlehensstände ist, also keine Geldforderung in der als „Kaufpreis" aus- 4

---

1 BFH v. 26. 4. 1972 II R 188/71, BFHE 106, 236; v. 1. 10. 1975 II R 84/70, BStBl II 1976, 128.
2 BFH v. 14. 11. 1967 II 93/63, BFHE 91, 130.
3 II R 37/86, BStBl II 1989, 567.
4 Ebenso Boruttau/Loose, Rn. 219.
5 St. Rspr.; vgl. BFH v. 21. 11. 2000 II B 45/99, BFH/NV 2001, 642.

gewiesenen Höhe entstanden ist,[1] oder wenn „in Anrechnung auf den Kaufpreis" Schulden, insbesondere Hypothekenschulden, übernommen werden.[2]
Erfolgt die Schuldübernahme wirklich nur an Erfüllungs statt, erlischt der
Kaufpreisanspruch des Verkäufers somit nur in Höhe der Schuldübernahme
(§ 364 Abs. 1 BGB) und kann der Verkäufer im Übrigen den vollen Restkauf-
preis fordern, so ist der Kaufpreis unabhängig vom Bestand der übernommenen Schuld der Besteuerung zugrunde zu legen; es liegt hier lediglich eine vorweg vereinbarte Tilgungsmodalität vor. Ist jedoch die Übernahme z. B. einer
Hypothek (zum Erfordernis ausdrücklicher Parteivereinbarung vgl. § 442 Abs. 2
BGB) in Wirklichkeit eine selbständige Leistung und der als „Kaufpreis" ausgewiesene Barbetrag nur das Ergebnis einer Addition ausbedungener Einzel-
leistungen, so ist aus der Summe der Leistungen nur der eigentliche Kaufpreis
herauszulösen und die Hypothekenübernahme mit dem wirklichen Wert der
Schuld gesondert (als sonstige Erwerberleistung) anzusetzen,[3] d. h. bei unverzinslicher oder gering verzinslicher Hypothekenschuld ggf. eine Abzinsung vorzunehmen.[4] Möglich ist schließlich auch, dass eine Schuld des Verkäufers,
auch wenn für sie ein Grundpfandrecht bestellt ist, lediglich erfüllungshalber
übernommen wird (vgl. § 364 Abs. 2 BGB); in diesem Fall verbleibt es stets
beim vereinbarten Kaufpreis als Gegenleistung.

Eine bloße Rechnungsgröße stellt der für ein noch schlüsselfertig zu errichtendes Haus vereinbarte Kaufpreis dann dar, wenn dieser sich aufgrund von **Eigenleistungen** des Käufers mindern soll; denn diese werden nicht an Erfüllungs statt, sondern eigennützig in Erfüllung einer Nebenpflicht erbracht.[5] Ist
Gegenstand des Erwerbsvorgangs das Grundstück in (mit einem Fertighaus)
bebautem Zustand (vgl. dazu Hofmann, GrEStG, § 8 Rdnr. 9 ff.), hat aber der
Erwerber z. B. bezüglich des Kellerausbaues freie Hand behalten, so sind die
Aufwendungen für den Keller wie Eigenleistungen nicht in die Bemessungsgrundlage einzubeziehen.[6] Auf den **Umfang** der **Eigenleistungen kommt es
nicht an.**[7]

5    Der Kaufpreis ist auch dann seinem Werte nach (§ 8 Abs. 1) Bemessungsgrundlage, wenn er ungewöhnlich niedrig ist, d. h. unter dem Wert des Grundstücks

---

1  BFH v. 26. 10. 1994 II R 2/92, BFH/NV 1995, 638.
2  BFH v. 1. 10. 1975 II R 84/70, BStBl II 1976, 128.
3  BFH v. 26. 10. 1994 II R 2/92, BFH/NV 1995, 638.
4  BFH v. 26. 4. 1972 II R 188/71, BFHE 106, 236; s. aber auch Hofmann, GrEStG, § 8 Rdnr. 32.
5  BFH v. 1. 12. 1982 II R 58/81, BStBl II 1983, 336.
6  BFH v. 18. 10. 1989 II R 143/87, BStBl II 1990, 183.
7  BFH v. 18. 7. 1990 II R 41/88, BStBl II 1990, 921.

liegt,[1] oder den Verkehrswert des Grundstücks übersteigt.[2] Beim Verkauf eines Grundstücks durch eine Kapitalgesellschaft an einen ihrer Gesellschafter liegt in Höhe der körperschaftsteuerrechtlich als verdeckte Gewinnausschüttung behandelten Differenz zwischen Kaufpreis und Grundstückswert keine Gegenleistung des kaufenden Gesellschafters an die Kapitalgesellschaft[3] vor.[4] Entgegen der Auffassung des FG Düsseldorf 28. 2. 2002[5] handelt es sich bei einem derartigen Vertrag nicht um einen Erwerbsvorgang auf gesellschaftsvertraglicher Grundlage i. S. von § 8 Abs. 2 Satz 1 Nr. 2 (vgl. Hofmann, GrEStG, § 8 Rdnr. 42). Erwirbt der Gesellschafter einer Personengesellschaft von dieser ein Grundstück **zum „Buchwert"**, so ist der vereinbarte Preis (zuzüglich etwaiger weiterer Leistungen), selbst wenn er weit unter dem Verkehrswert des Grundstücks liegt, der Berechnung der Grunderwerbsteuer zugrunde zu legen. Denn allein die bewusste Hinnahme der Schmälerung des „inneren" Werts des Gesellschaftsrechts unter unveränderter Beibehaltung der Gesellschafterstellung kann als solche nicht Gegenleistung im grunderwerbsteuerrechtlichen Sinne sein.[6] Zum Verkauf von Grundstücken durch eine Personengesellschaft zu Unterpreis bei besonderer Konstellation vgl. BFH vom 5. 11. 1980.[7]

Wird ein Miteigentumsanteil an einem bebauten (teilbebauten) Grundstück demjenigen verkauft (häufig als Übertragung bezeichnet), der sich an der Finanzierung des Bauvorhabens beteiligt hat, bemessen die Vertragsteile den Kaufpreis für diesen meist lediglich nach dem tatsächlichen Wert des Miteigentumsanteils am unbebauten Grundstück. Diesem ist **nicht** etwa ein angenommener **Verzicht** auf einen gedachten **Aufwendungsersatzanspruch** nach § 951 i. V. m. § 812 **BGB** hinzuzurechnen, weil ein solcher Bereicherungsanspruch deshalb nicht zur Entstehung gelangt, weil sich mit der Übertragung des Miteigentumsanteils die mit der Beteiligung an der Finanzierung des Bauvorhabens verbundenen Erwartungen künftigen entsprechenden Erwerbs realisiert haben.[8]

---

1 Vgl. BFH v. 10. 6. 1969 II 172/64, BStBl II 1969, 668; v. 26. 2. 2003 II B 54/02, BStBl II 2003, 483.
2 BFH v. 9. 11. 1955 II 255/55, BStBl III 1955, 380.
3 Insbesondere kein Forderungsverzicht; vgl. BFH v. 26. 2. 1976 V R 167/70, BStBl II 1976, 443.
4 BFH v. 26. 10. 1977 II R 115/69, BStBl II 1978, 201; s. aber bei „Bevorzugung" nur eines Gesellschafters BGH v. 15. 5. 1972 II ZR 70/71, BB 1972, 894.
5 EFG 2002, 783.
6 BFH v. 6. 12. 1989 II R 95/86, BStBl II 1990, 186; s. auch BFH v. 5. 3. 1997 II R 81/94, BFH/NV 1997, 613.
7 II R 28/75, BStBl II 1981, 174: zur Gegenleistung gehört auch der Verzicht anderer Gesellschafter, denen der Mehrwert zustehen würde.
8 Vgl. BFH v. 11. 12. 1996 X R 262/93, BStBl II 1998, 100 m. N. aus der Rechtsprechung des BGH; vgl. auch Heine, UVR 1998, 387.

6   Das spätere Schicksal des Kaufpreises ist für die Besteuerung nur insoweit von Bedeutung, als es zu einer nach § 16 Abs. 3 zu berücksichtigenden Herabsetzung kommt. So ist es unbeachtlich, auf welchem Wege die Kaufpreisschuld zum Erlöschen gebracht wird (sofern es sich nicht um einen als Herabsetzung anzusprechenden „Erlass" handelt; vgl. Hofmann, GrEStG, § 16 Rdnr. 50). Um eine nachträgliche Herabsetzung des Kaufpreises i. S. von § 16 Abs. 3 handelt es sich auch bei späterer Vereinbarung von Eigenleistungen[1] oder nachträglicher längerfristiger Stundung (s. Hofmann, GrEStG, § 16 Rdnr. 50).

## III. Die vom Käufer übernommenen sonstigen Leistungen

### 1. Übernahme von Leistungen, die an sich dem Verkäufer obliegen, durch den Käufer

7   Die Kosten der Übergabe der verkauften Sache hat nach § 448 Abs. 1 BGB der Verkäufer zu tragen. Hierunter fallen in erster Linie die Kosten der Vermessung und Vermarkung des Grundstücks sowie die Beschaffung von Katastermaterial. Verpflichtet sich der Käufer zur Übernahme derartiger Leistungen oder zur Tragung von Löschungskosten, die dem Verkäufer zur Last fallen (§ 433 Abs. 1 Satz 2, §§ 435, 442 Abs. 2 BGB), so ist die Leistungsübernahme Teil der Gegenleistung.[2] Dasselbe gilt, wenn sich der Käufer einer Eigentumswohnung oder einer Teileigentumseinheit verpflichtet, die dem Verkäufer aufgrund der Teilungserklärung (§ 8 WEG) entstandenen Kosten zu ersetzen. Teil der Gegenleistung ist auch die Übernahme der vom Verkäufer einem Makler für die Verkaufsvermittlung geschuldeten Provision.[3]

Aus Gründen der **Verwaltungsvereinfachung** lässt die Finanzverwaltung[4] es zu, den Wert der sonstigen Leistungen bei der Ermittlung des Werts der Gegenleistung außer Ansatz zu lassen, wenn nur wegen des Werts der übernommenen Übergabe- oder Löschungskosten Ermittlungen durchzuführen wären; dies gilt unter der Voraussetzung, dass deren Wert nicht mehr als 2 500 € beträgt. Erweisen sich aber Ermittlungen zur Erledigung des Steuerfalls aus anderen Gründen als erforderlich, so sind auch Feststellungen wegen des Werts

---

1  BFH v. 1. 12. 1982 II R 58/81, BStBl II 1983, 336.
2  BFH v. 21. 11. 1974 II R 61/71, BStBl II 1975, 362; v. 21. 12. 1977 II R 47/73, BStBl II 1978, 318; v. 23. 8. 1995 II R 93/92, BFH/NV 1996, 354.
3  Vgl. auch BFH v. 14. 10. 1981 II R 23/80, BStBl II 1982, 138; FG Brandenburg v. 19. 5. 2005, EFG 2006, 1716.
4  Vgl. FM Baden-Württemberg v. 21. 2. 2003, DStR 2003, 739.

der „sonstigen Leistungen" (oder kurzfristig vorbehaltenen Nutzungen) zu treffen.[1] Diese Anordnung mit einer steuerlichen Auswirkung bis zu 87 € ist nicht mit dem Grundsatz der Gleichmäßigkeit der Besteuerung auch im Vollzug in Einklang zu bringen; eine rechtliche Grundlage dafür besteht nicht.[2]

Die ausdrückliche Erwähnung der dem Käufer ohnehin obliegenden Verpflichtung, für die Kosten der Beurkundung, der Auflassung und der Eintragung usw. (vgl. § 448 Abs. 2 BGB) aufzukommen, ordnet diese Kosten nicht der Gegenleistung zu. Dasselbe gilt für die Begleichung eigener Schulden (Vermittlungsprovision) an einen Grundstücksmakler.[3] Verpflichtet sich allerdings der Veräußerer dem Käufer gegenüber zur Erstattung der Erwerbsnebenkosten, die diesen treffen, an den Erwerber, so mindert sich dessen Gegenleistung um den Betrag der zu erstattenden Kosten mit Ausnahme der Grunderwerbsteuer (s. § 9 Abs. 3).[4]

Befreit der Käufer den Verkäufer aufgrund vertraglicher Verpflichtung von der Zahlung rückständiger Hypothekenzinsen, rückständiger Abgaben (zum Übergang der Lasten vgl. § 446 Satz 2 BGB) oder von der Zahlung rückständiger Erbbauzinsen oder rückständigen Wohngelds (bei Eigentumswohnungen bzw. Teileigentumseinheiten), so ist auch die Befreiung des Verkäufers von diesen ihm obliegenden Verpflichtungen ebenso Teil der Gegenleistung wie allgemein die zusätzliche Übernahme von Verbindlichkeiten.[5]

Auch die ausdrückliche Übernahme der Verpflichtungen aus einem Abbauvertrag ist eine sonstige Leistung. Ist mit dem Abbau noch nicht begonnen worden, ist deren Wert gleich dem zwischen dem Verkäufer und dem Abbauberechtigten vereinbarten und vom Verkäufer vereinnahmten Entgelt.[6] Denn der dem bürgerlichen Recht entsprechende Grundstücksbegriff (§ 1 Abs. 1 Satz 1) umfasst auch das abbaubare Vorkommen, das unmittelbar Teil der Grundstückssubstanz (vgl. Hofmann, GrEStG, § 2 Rdnr. 5) und damit auch Kaufgegenstand ist. Ist das Abbaurecht durch eine subjektiv-dingliche Grunddienstbarkeit gesichert, so gilt jedenfalls für nach dem 31. 12. 2001 entstandene Schuldverhältnisse nichts anderes (vgl. Rdnr. 13).

---

1 Vgl. z. B. OFD Rheinland v. 20. 3. 2006, DB 2006, 813.
2 Vgl. in diesem Zusammenhang die KleinbetragsVO v. 19. 10. 2000, BGBl I 2000, 1805.
3 BFH v. 14. 10. 1981 II R 23/80, BStBl II 1982, 138.
4 BFH v. 17. 4. 2013 II R 1/12, BStBl II 2013, 637.
5 Vgl. dazu BFH v. 28. 7. 2003 II R 27/01, BFH/NV 2004, 225; s. auch BFH v. 13. 12. 2006 II R 22/05, BFH/NV 2007, 1183, zum Erwerb einer Forderung gegen den Veräußerer, die deshalb einer schuldbefreienden Übernahme gleichstehe, weil sie längerfristig nicht ernsthaft geltend gemacht wird.
6 BFH v. 8. 6. 2005 II R 26/03, BStBl II 2005, 613.

## 2.  Die gesondert in Rechnung gestellte Umsatzsteuer

**Literatur:** *Dürr*, Auswirkungen der Umsatzsteuerschuldnerschaft des Grundstückskäufers ab 1. 4. 2004 auf die Grunderwerbsteuer, UVR 2004, 149; *Krauß*, Umsatzsteuerliche Neuregelungen bei Grundstücksumsätzen durch das HBeglG 2004, DB 2004, 1225; *Gottwald*, Das Verhältnis der Grunderwerbsteuer zur Umsatzsteuer, UVR 2004, 366.

8    Nach § 4 Nr. 9 Buchst. a UStG sind die Umsätze, die unter das Grunderwerbsteuergesetz fallen, (umsatz)steuerfrei. Auf diese Steuerbefreiung kann der Unternehmer zur Erlangung des Vorsteuerabzugs (vgl. § 15 Abs. 2 Satz 1 Nr. 1 UStG) nach Maßgabe des § 9 UStG verzichten. Der Verzicht nach § 9 Abs. 1 UStG kann nur in dem gemäß § 311b Abs. 1 BGB notariell zu beurkundenden Vertrag erklärt werden (§ 9 Abs. 3 Satz 2 UStG). Ist der Verzicht auf die Steuerbefreiung vom Veräußerer wirksam erklärt worden, so ist nicht der Leistende Steuerschuldner, sondern nach § 13b Abs. 2 Nr. 3 UStG nur der Leistungsempfänger, also der Erwerber. Die Umsatzsteuer ist – wie die vom Käufer nach § 448 Abs. 2 BGB zu tragenden Kosten – nicht Teil der Gegenleistung, sondern eine diesen allein treffende Verpflichtung, auch wenn die Option nur der Verkäufer ausüben kann.

9    *(Einstweilen frei)*

## 3.  Übernahme von Grundstückslasten

10    Im Zusammenhang mit der zu den Hauptpflichten des Verkäufers gehörenden Pflicht, die Sache, also den Kaufgegenstand, bzw. das zum Besitz der Sache berechtigende verkaufte Recht frei von Sach- und Rechtsmängeln zu übergeben (§ 433 Abs. 1 Satz 2 bzw. § 453 Abs. 1 i. V. m. § 433 Abs. 1 Satz 2 bzw. § 453 Abs. 3 BGB) und mit den sich bei Verletzung dieser Pflicht ergebenden Rechten des Käufers (§§ 437 ff. BGB) steht die Regelung des § 442 BGB. Nach § 442 Abs. 1 Satz 1 BGB sind die Rechte des Käufers wegen eines Mangels ausgeschlossen, wenn er bei Vertragsabschluss den Mangel kennt. Das entspricht der früheren Regelung bei Vorliegen eines Rechtsmangels. Zum Rechtsmangel vgl. § 435 Satz 1 BGB; zur Gleichstellung eines im Grundbuch eingetragenen, jedoch nicht bestehenden Rechts s. § 435 Satz 2 BGB. Zu beachten ist § 442 Abs. 1 Satz 2 BGB, wonach der Käufer, ist ihm ein Mangel infolge grober Fahrlässigkeit unbekannt geblieben, Rechte wegen dieses Mangels nur geltend machen kann, wenn der Verkäufer den Mangel arglistig verschwiegen oder eine Garantie für die Beschaffenheit der Sache übernommen hat.

Rechtsmangelfrei ist eine Sache (ein Grundstück), wenn Dritte in Bezug auf sie keine oder nur die im Kaufvertrag übernommenen Rechte (die sich aus seiner Sicht als Belastungen darstellen) gegen den Käufer geltend machen können

(§ 435 Abs. 1 BGB). Bei Grundstücken zählen zu den Rechtsmängeln die im Grundbuch eingetragenen Rechte (einschließlich der Eintragungsvormerkungen), also z. B. die Grundpfandrechte, die Grunddienstbarkeiten und die beschränkt persönlichen Dienstbarkeiten, der Nießbrauch, das Vorkaufsrecht, die Reallasten, aber auch der Nacherbenvermerk. Keinen Rechtsmangel stellen die nachbarrechtlichen Beschränkungen (z. B. ein Überbau) dar,[1] weil die Verpflichtung zur Verschaffung lastenfreien Eigentums sich nur auf die Verschaffung von Eigentum in den von der Rechtsordnung allgemein vorgegebenen Grenzen richten kann.[2]

Wenngleich der Verkäufer nach **§ 442 Abs. 2 BGB** ein jegliches im Grundbuch    11 eingetragenes Recht (auch Vormerkungen) auch dann zu beseitigen hat, wenn der Käufer es kennt (was beim Grundstückskauf die Regel sein dürfte, zumal der Notar den Grundbuchstand, über den er sich nach § 21 Abs. 1 BeurkG vergewissern soll, in der Urkunde wiedergeben wird), ist diese Vorschrift durch ausdrückliche Übernahme solcher Belastungen durch den Erwerber **abdingbar**. Zur Frage, wann die Übernahme lediglich als Leistung an Erfüllungs statt anzusehen ist, vgl. Rdnr. 3, 4.

Im Gegensatz zur Grundschuld und zur Rentenschuld (§§ 1192, 1199 BGB) setzt eine **Hypothek** eine Forderung bzw. aufseiten des Verpflichteten eine Schuld voraus (§§ 1113, 1115, 1163 BGB). Der Käufer kann die Hypothek übernehmen, ohne zugleich die persönliche Schuld des Schuldners (Verkäufers oder eines Dritten) mit zu übernehmen. Auch die Übernahme nur der dinglichen Haftung ist Gegenleistung. Deren Wert (§ 9 BewG) ist zu schätzen (§ 162 AO) und kann auch gleich Null sein, wenn nämlich der mit dem dinglichen Recht belastete Käufer die ihm aus der Inanspruchnahme erwachsenden Ersatzansprüche (§§ 1142, 1143 BGB) gegen den persönlichen Schuldner durchsetzen können wird.[3] Sind jedoch Rückgriffsansprüche des Erwerbers aus der Sicht des Zeitpunkts des Abschlusses des Erwerbsvorgangs uneinbringlich (oder wahrscheinlich uneinbringlich), so wird selbst die Übernahme der bloßen dinglichen Haftung mit dem Nennbetrag der Schuld zu bewerten sein.[4] Wird durch die vom Käufer übernommene Hypothek lediglich eine von ihm selbst geschuldete Verbindlichkeit gesichert, so ist die Übernahme (auch) der dinglichen Belastung gleichfalls mit Null zu bewerten.

---

1 Vgl. BGH v. 13. 2. 1981 V ZR 25/80, NJW 1981, 1362.
2 Vgl. Palandt/Weidenkaff, Rn. 8 zu § 435.
3 RFH v. 10. 4. 1923 II A 63/23, StW 1923, Nr. 596.
4 BFH v. 13. 7. 1960 II 173/58, BStBl III 1960, 412.

Übernimmt der Käufer eine **Grundschuld** (§ 1191 BGB) oder eine **Rentenschuld** (§ 1199 BGB: besondere Form der Grundschuld), so ist zu beachten, dass diese nicht – wie Hypotheken (§§ 1113 ff. BGB) – in ihrem dinglichen Bestand von der Forderung, die sie etwa kraft schuldrechtlicher Absprache im Innenverhältnis sichern sollen, abhängig sind (vgl. § 1192 Abs. 1 BGB einerseits und § 1163 BGB andererseits). Das hat zur Folge, dass die gesicherte Forderung auch bei Befriedigung des Gläubigers nicht nach § 1143 Abs. 1 BGB auf den Eigentümer des belasteten Grundstücks übergeht. Trotzdem kann bei der Bewertung der Übernahme lediglich der dinglichen Haftung für eine Grundschuld es nicht unbeachtet bleiben, ob dem Eigentümer bei der Inanspruchnahme gegen den persönlichen Schuldner des Gläubigers Ersatzansprüche zustehen sollen.[1] Übernimmt der Käufer die persönliche Schuld des Verkäufers, so ist diese Schuldübernahme Teil der Gegenleistung, und es besteht kein Anlass, die Übernahme der zur Sicherung dieser Schuld bestellten Grundschuld zusätzlich zu bewerten.[2] Übernimmt der Käufer lediglich die dingliche Haftung, so gelten hinsichtlich der Bewertung dieser Übernahmeverpflichtung die nämlichen Grundsätze wie bei Übernahme der Hypothek zur bloßen dinglichen Haftung (s. o.). Da aber die Grundschuld nur aus dem Grundstück zu zahlen ist, kann die Übernahme nur der dinglichen Haftung nicht höher bewertet werden, als der Wert des Grundstücks selbst ist,[3] wobei auf den gemeinen Wert (§ 9 BewG) als tatsächlichen Wert des Grundstücks und nicht auf dessen Wert i. S. des Zweiten Teils des Bewertungsgesetzes abzustellen ist.

Übernimmt der Käufer die einem Grundpfandrecht zugrunde liegende Schuld, so ist deren Bewertung unabhängig davon vorzunehmen, ob der Gläubiger die Schuldübernahme genehmigt oder nicht (vgl. §§ 415, 416 BGB), weil im Innenverhältnis aus den vertraglichen Vereinbarungen jedenfalls der Käufer verpflichtet sein soll, den Gläubiger rechtzeitig zu befriedigen.

12 Werden vom Käufer **sonstige nichtdauernde** im Grundbuch eingetragene Rechte **(Belastungen)**, die seit 1. 1. 2002 bei käuferseitiger Kenntnis von deren Bestehen nicht mehr kraft Gesetzes auf den Erwerber übergehen, durch den Käufer ausdrücklich übernommen, so gehören sie nach § 9 Abs. 1 Nr. 1 zur Gegenleistung. Zu diesen nichtdauernden Grundstückslasten zählen u. a. der nicht übertragbare, unvererbliche, nur zugunsten einer natürlichen Person be-

---

1 BFH v. 27. 10. 1970 II 72/65, BStBl II 1971, 278.
2 BFH v. 26. 10. 1994 II R 2/92, BFH/NV 1995, 638.
3 RFH v. 27. 8. 1929 II A 351/29, StW 1930 Nr. 136; wohl aber unter Berücksichtigung des Werts im Rang vorhergehender Rechte.

stellte Nießbrauch (§§ 1030 ff. BGB),[1] die subjektiv-persönliche Reallast (§ 1105 Abs. 1 BGB, also z. B. Altenteil, Auszug, Leibgeding, Leibzucht), die subjektiv-persönlichen Dienstbarkeiten (§§ 1090 ff. BGB) einschließlich des dinglichen Wohnrechts (§ 1093 BGB – auch wenn es zugunsten des Erwerbers besteht)[2] sowie das dingliche Vorkaufsrecht (§§ 1094 ff. BGB). Sie alle sind mit dem Kapitalwert (§§ 13, 14 BewG, s. dazu Hofmann, GrEStG, § 8 Rdnr. 33 f.) bzw. mit dem gemeinen Wert (§ 9 BewG) anzusetzen, sofern der Wert nicht mit Null anzusetzen ist.[3]

Die grundsätzliche, wenn auch durch ausdrückliche Übernahme durch den Er-     13
werber abdingbare Beseitigungspflicht des Verkäufers hinsichtlich im Grundbuch eingetragener Rechte betrifft für nach dem 31. 12. 2001 verwirklichte Erwerbsvorgänge auch solche **Grundstücksbelastungen,** die als **dauernde Last** anzusprechen sind. Auch diese durch das Grundbuch verlautbarte Lasten gehen bei käuferseitiger Kenntnis von deren Bestehen nicht mehr kraft Gesetzes auf den Erwerber über. Zu diesen zählen neben dem **Erbbaurecht** (vgl. §§ 1, 10 ErbbauRG) und dem **Dauerwohn-** bzw. **Dauernutzungsrecht** (§§ 31 ff. WEG), die **subjektiv-dingliche Reallast** (§ 1105 Abs. 2, §§ 1106, 1107, 1110 BGB), kraft derer aus dem belasteten Grundstück dem jeweiligen Eigentümer eines anderen Grundstücks wiederkehrende Leistungen zu erbringen sind, einschließlich der **Erbbauzinsreallast** (§ 9 ErbbauRG), sowie die **subjektiv-dinglichen Grunddienstbarkeiten** (§§ 1018 ff. BGB). Sie schränken die Befugnisse des jeweiligen Grundstückseigentümers zugunsten eines anderen Grundstücks in der Weise ein, dass er etwas dulden oder unterlassen muss (z. B. Wege-, Geh- oder Fahrtrecht, Verpflichtung zur Duldung von Gleisen, ober- oder unterirdischen Leitungen, Wettbewerbs- und Bauverbot). Werden derartige auf dem Grundstück liegenden Lasten vom Erwerber ausdrücklich übernommen und dadurch die Beseitigungspflicht des Veräußerers abbedungen, so gehört die Übernahme dieser Last dem Grunde nach als übernommene sonstige Leistung zur Gegenleistung i. S. des § 9 Abs. 1 Nr. 1.[4] Denn unter diejenigen nicht zur Gegenleistung gehörenden dauernden Lasten i. S. des § 9 Abs. 2 Nr. 2 Satz 2 sind nur solche Lasten zu subsumieren, die beim Abschluss des Kaufs bereits auf dem Grundstück ruhten und mit dinglicher Wirkung ohne weitere Abrede auf den Erwerber übergehen.[5] Das ergibt sich schon aus der Stellung der Vorschrift, die

---

1 Vgl. BFH v. 13. 7. 1960 II 49/60, BStBl III 1960, 413.
2 BFH v. 28. 4. 1976 II R 192/75, BStBl II 1976, 577.
3 Z. B. Vorkaufsrecht; s. dazu schon RFH v. 8. 10. 1926 II A 429/26, StW 1926, 2088, und FG Bremen v. 26. 2. 1958, EFG 1958, 313.
4 Ebenso Boruttau/Loose, Rn. 269.
5 So schon BFH v. 25. 3. 1958 II 193/56, BStBl III 1958, 239.

an § 9 Abs. 2 Nr. 2 Satz 1 anknüpft, und wird durch die Gesetzesentwicklung dokumentiert.[1]

Soweit die übernommene Last die Verpflichtung zu wiederkehrenden Leistungen des Erwerbers nach sich zieht, wie das bei der subjektiv-dinglichen Reallast sowie bei der Erbbauzinsreallast der Fall ist, sind sie mit dem Kapitalwert (§ 13 BewG, ggf. i.V. m. § 15 Abs. 2, 3 BewG; vgl. Hofmann, GrEStG, § 8 Rdnr. 33 f.) anzusetzen. Dasselbe gilt für ein übernommenes Dauerwohn- bzw. Dauernutzungsrecht allerdings mit der Einschränkung, dass bei Überleitung auch des aus dem Grundverhältnis sich ergebenden Anspruchs auf laufendes Entgelt, wenngleich es nicht Rechtsinhalt ist, dieser Last gegenzurechnen ist. Bei der Übernahme eines auf dem Grundstück lastenden Erbbaurechts – sei es durch den Erbbauberechtigten oder einen Dritten (nicht den Grundstückseigentümer) – unterliegt lediglich der nach Abzug des Kapitalwerts des Erbbauzinsanspruchs vom Kaufpreis verbleibende Unterschiedsbetrag der Steuer; einer Aufteilung nach der Boruttau'schen Formel (Hofmann, GrEStG, § 8 Rdnr. 24) bedarf es nicht.[2] Ist der Kapitalwert des Erbbauzinsanspruchs höher als der Kaufpreis, so beträgt dieser Null Euro. Das rechtfertigt nicht den Schluss, es sei keine Gegenleistung i. S. des § 8 Abs. 2 Satz 1 Nr. 1 vorhanden, denn es entfällt von der zu erbringenden Gegenleistung nur kein Teil auf das belastete Grundstück.. Die Vielfältigkeit der durch subjektiv-dingliche Grunddienstbarkeiten dem Eigentümer des dienenden Grundstücks auferlegbaren Duldungs- bzw. Unterlassungspflichten lässt nur schlicht die Aussage zu, dass die übernommene Last mit dem gemeinen Wert (§ 9 BewG) anzusetzen ist.

## 4. Begründung neuer Belastungen zugunsten des Verkäufers

14  Begründet der Käufer zugunsten des Verkäufers neue Lasten, so rechnet diese Verpflichtung zur **Gegenleistung unabhängig davon, ob** es sich (aus künftiger Sicht) um **dauernde Lasten** handelt **oder nicht.** Das gilt auch hinsichtlich der Neubegründung subjektiv-dinglicher Rechte (Grunddienstbarkeiten, §§ 1018 ff. BGB), z. B. Wege-, Fahrt- oder Wasserleitungsrechte. Im Übrigen wird es sich regelmäßig um die dingliche Absicherung der dem Verkäufer vorbehaltenen Nutzungen handeln (vgl. Rdnr. 28). Aber auch der Wert einer vom Käufer bewilligten Wettbewerbsbeschränkung (Dienstbarkeit) rechnet als sonstige Leistung zur Gegenleistung.[3] Als sonstige Leistung rechnet zur Gegenleistung

---

1 Vgl. in diesem Zusammenhang die amtliche Begründung zum GrEStG 1940, RGBl I 1940, 397 ff.
2 BFH v. 6. 5. 2015 II R 8/14, BStBl II 2015, 853, unter Abkehr von BFH v. 12. 4. 2000 II B 133/99, BStBl II 2000, 433; vorgehend FG Berlin-Brandenburg v. 19. 12. 2013, EFG 2014, 1025.
3 BFH v. 21. 11. 1967 II 158/63, BStBl II 1968, 220.

auch die Begründung neuer Grundstücksbelastungen (z. B. Nießbrauch) zugunsten Dritter aufgrund einer dem Verkäufer gegenüber übernommenen Verpflichtung. Im Prinzip gilt das auch für die Bestellung einer sog. Mieterdienstbarkeit, die den Bestand eines ausgewogenen schuldrechtlichen Nutzungsverhältnisses für besondere Fälle (Kündigung nach § 57a ZVG und § 111 InsO) absichern soll.[1] Deren Wert ist im Grundsatz mit Null Euro anzusetzen.

## 5. Übernahme öffentlicher Abgaben, insbesondere Anlieger- und Erschließungskostenbeiträge

**Literatur:** *Grziwotz*, Öffentliche- und zivilrechtliche Regelungen über Erschließungskosten als Vorgaben für die Grunderwerbsteuer, DStR 1994, 1014; *ders.*, ZflR 2001, 775 (Urteilsanmerkung); *Bruschke*, Erschließungskosten als Teil der grunderwerbsteuerrechtlichen Gegenleistung, UVR 2002, 281; *Baumann*, Grunderwerbsteuerliche Behandlung von Erschließungsbeiträgen und anderen Anliegerkosten, UVR 2004, 64; *Grziwotz/Gottwald*, Erschließungskosten und Grunderwerbsteuer, UVR 2005, 18.

**Verwaltungsanweisungen:** Ländererlasse v. 16. 9. 2015, BStBl I 2015, 823.

Zu den sonstigen Leistungen zählt auch die Übernahme öffentlicher Lasten, die an sich dem Verkäufer zur Last fallen. Die Verpflichtung des Käufers zur Lastentragung setzt nach § 446 Satz 2 BGB ein mit der Übergabe des Grundstücks. Zur Verteilung der Lasten vgl. § 103 BGB. Die rechtsgeschäftlich nur bestätigte, den Erwerber aber ohnehin kraft öffentlichen Rechts treffende Verpflichtung zu künftigen Leistungen ist nicht Bestandteil der Gegenleistung. Übernimmt der Käufer jedoch durch Vertrag öffentliche Abgabepflichten, die den Verkäufer an sich treffen (z. B. Abgabenrückstände), so liegt darin eine sonstige Leistung i. S. von § 9 Abs. 1 Nr. 1 (s. schon Rdnr. 7), und zwar unabhängig davon, ob sie aus dauernden Lasten herrühren. 15

Besonders virulent ist die Frage danach, wann die Übernahme von **Erschließungskostenbeiträgen** (§§ 127 ff. BauGB) bzw. Kanal- oder Straßenausbaubeiträgen u. Ä., also der **Anliegerbeiträge** i. S. der Kommunalabgabengesetze der Länder als sonstige Leistung zur Gegenleistung gehören (wegen der Maßgeblichkeit des Grundstückszustands vgl. Hofmann, GrEStG, § 8 Rdnr. 19 ff.).

Entsteht die öffentlich-rechtliche Beitragspflicht (für den Erschließungsbeitrag s. § 133 Abs. 2 BauGB, für andere Anliegerbeiträge vgl. das entsprechende landesrechtliche Kommunalabgabengesetz) erst nach dem Zeitpunkt der Verwirklichung des Erwerbsvorgangs, so gehört eine gleichwohl durch den Erwerber übernommene Erfüllungsverpflichtung nicht zur Gegenleistung. Er verpflichtet 16

---

1 So FG Saarland v. 14. 10. 2015, EFG 2016, 51 (Rev.: II R 55/15).

sich nämlich zur Erfüllung einer nicht den Veräußerer treffenden Leistung. Das gilt bei entsprechender Vereinbarung trotz § 436 Abs. 1 BGB. Nach dieser Vorschrift ist der Verkäufer eines Grundstücks unabhängig vom Zeitpunkt des Entstehens der Beitragspflicht verpflichtet, Erschließungsbeiträge und sonstige Anliegerbeiträge für diejenigen Maßnahmen zu tragen, die bis zum Tage des Vertragsschlusses bautechnisch begonnen sind, „soweit nichts anderes vereinbart ist." § 436 Abs. 1 BGB trifft nicht etwa eine echte Lastenverteilung, stellt auch nicht ein gesetzliches Leitbild für diese auf, sondern beinhaltet eine **bloße Risikoverteilung.** Das erhellt daraus, dass die Vorschrift selbst nur eingreift, soweit nichts anderes vereinbart ist. Vor dem Hintergrund, dass fast alle Vorschriften der §§ 434 ff. BGB abdingbar sind (zu § 442 Abs. 2 BGB vgl. Rdnr. 10 f.), und zwar ohne dass dies im Wortlaut zum Ausdruck kommt, ist der Vorbehalt anderweitiger Vereinbarungen eindeutig als Abschwächung zu verstehen.

17 Ist die Beitragspflicht vor Verwirklichung des Erwerbsvorgangs entstanden, das ist regelmäßig mit der Fertigstellung der entsprechenden Anlage der Fall, und bedarf es nach den landesrechtlichen Kommunalabgabengesetzen keiner Konkretisierung der sonstigen Anliegerbeitragspflicht durch Verwaltungsakt, so gehören die vom Erwerber übernommenen **Anliegerbeiträge** als sonstige Leistung zur Gegenleistung (§ 9 Abs. 1 Nr. 1), weil der Verkäufer von einer ihm zur Last fallenden Verpflichtung befreit wird. Bei den **Erschließungsbeiträgen nach** dem **BauGB** entsteht die Beitragspflicht zwar dem Grunde nach mit der endgültigen Herstellung der Erschließungsanlage (§ 133 Abs. 2 BauGB) und ruht von da an als öffentliche Last auf dem Grundstück (§ 134 Abs. 2 BauGB). Die persönliche Beitragspflicht entsteht jedoch erst mit der Bekanntgabe des Beitragsbescheids. Denn beitragspflichtig in persönlicher Hinsicht ist nach § 134 Abs. 1 BauGB derjenige, der im Zeitpunkt der Bekanntgabe des Beitragsbescheids Eigentümer, Erbbauberechtigter usw. ist. Solange der Beitragsbescheid nicht ergangen ist, fällt die Beitragsschuld dem Verkäufer nicht zur Last, trifft ihn keine Verpflichtung zur Zahlung des Erschließungsbeitrags. Ist der Verkäufer eines tatsächlich (voll) erschlossenen Grundstücks aber im Zeitpunkt der Verwirklichung des Erwerbsvorgangs (vgl. Hofmann, GrEStG, § 23 Rdnr. 1; s. auch Hofmann, GrEStG, § 8 Rdnr. 27) mangels Bekanntgabe des Beitragsbescheids noch nicht Schuldner des Erschließungsbeitrags, kann eine „Übernahme" der entsprechenden Leistungspflicht durch den Erwerber dem Veräußerer nicht zugutekommen, kann er nicht von einer bestehenden Verpflichtung befreit werden. Aus diesem Grund ist es u. E. erforderlich, **für** die Frage des **Umfangs der Gegenleistung** grundsätzlich **auf** den **erschließungs-**

**kostenbeitragsrechtlichen Zustand des Grundstücks abzustellen.**[1] Diese Auffassung steht nicht im Widerspruch zu der Entscheidung des BFH vom 15. 3. 2001,[2] weil der Erwerber mit einer solchen „Übernahmeerklärung" bei nicht entstandener Beitragsschuld des Verkäufers keine Leistungsverpflichtung mit Abgeltungswirkung eingeht.

Beim Erwerb erschlossener gemeindeeigener Grundstücke ist festzuhalten, dass trotz der bereits erfolgten Erschließung nach der Rechtsprechung des BVerwG[3] die öffentlich-rechtliche Beitragspflicht erst dann entsteht, wenn sich das Grundstück nicht mehr im Eigentum der zur Beitragserhebung berechtigten Gemeinde befindet. Da aber Gegenstand des Erwerbsvorgangs nur das tatsächlich erschlossene Grundstück sein kann, gehören in einem solchen Fall im Kaufvertrag ausgewiesene Kosten der Erschließung grundsätzlich zur Gegenleistung.[4] Das kann jedoch dann nicht gelten, wenn die beitragsberechtigte Gemeinde von der Einbeziehung der Erschließungskosten in die kaufvertraglich zu erbringenden Leistungen (und damit in die Gegenleistung) absieht und die Erschließungsbeiträge gegenüber dem Erwerber abgabenrechtlich geltend macht.[5] Die nämlichen Grundsätze gelten für die Einbeziehung von Kosten für Ausgleichsmaßnahmen nach dem Naturschutzgesetz i.V.m. dem Baugesetzbuch,[6] und zwar auch dann, wenn die Ausgleichsmaßnahme an anderer Stelle dem Erwerbsgrundstück i. S. von § 9 Abs. 1a Satz 2 BauGB zugerechnet worden ist. Zwar betrifft eine solche Ausgleichsmaßnahme nicht den (körperlichen) Zustand des Eingriffsgrundstücks, sie wirkt aber auf dessen Nutzbarkeit in einer Weise ein, die der tatsächlichen Veränderung des Grundstücks vergleichbar ist durch die mit der Ausgleichsmaßnahme an anderer Stelle verbundene Gestattung, auf dem Erwerbsgrundstück in das Landschaftsbild oder den Naturhaushalt einzugreifen.[7]

Nach § 127 Abs. 3 BauGB kann der Erschließungsbeitrag für den Grunderwerb, die Freilegung und für Teile der Erschließungsanlagen selbständig erhoben werden. Hat die Gemeinde durch Satzung diese **Kostenspaltung** bestimmt (§ 132 Nr. 3 BauGB), so entsteht die sachliche Beitragspflicht für die einzelnen (abgespaltenen) Teilbeiträge, sobald die Maßnahmen, deren Aufwand durch

18

---

1 Gl. A. Pahke, Rz 24 zu § 8.
2 II R 39/99, BStBl II 2002, 93.
3 Urteil v. 21. 10. 1983 8 C 29/82, DVBl 1984, 188.
4 BFH v. 23. 9. 2009 II R 25/08, BStBl II 2010, 495.
5 Offen gelassen in BFH v. 23. 9. 2009 II R 25/08, a. a. O.
6 Vgl. BFH v. 28. 10. 2009 II R 18/08, BStBl II 2010, 497.
7 Vgl. § 1a Abs. 3 Satz 1 BauGB.

die Teilbeträge abgegolten werden soll, abgeschlossen sind (§ 133 Abs. 2 Satz 1 BauGB). Auch diese Teilbeträge ruhen als öffentliche Last auf dem Grundstück (§ 134 Abs. 2 BauGB); auch insoweit entsteht eine persönliche Beitragsschuld erst mit Bekanntgabe des Beitragsbescheids in der Person desjenigen, dem er nach § 134 Abs. 1 BauGB bekannt zu geben ist. Unabhängig davon, dass das Grundstück allein durch einige abgeschlossene Teilmaßnahmen nicht zum vollerschlossenen Grundstück wird, gelten die Ausführungen zum einmaligen Erschließungsbeitrag (vgl. Rdnr. 17) entsprechend.

19    Hat die Gemeinde vor Entstehung der sachlichen Beitragspflicht (§ 133 Abs. 2 BauGB) **Vorausleistungen auf** den **Erschließungsbeitrag** nach § 133 Abs. 3 Satz 1 BauGB verlangt, so ist die Übernahme der Vorausleistungspflicht des Verkäufers durch den Käufer bzw. die Erstattung entsprechender Verkäuferleistungen durch den Käufer nicht Teil der Gegenleistung. Die Vorausleistung ist nämlich stets mit der endgültigen Beitragsschuld zu verrechnen. Sie kommt daher dem Erwerber selbst zugute.[1]

20    Nach § 133 Abs. 3 Satz 5 BauGB kann die Gemeinde Bestimmungen über die **Ablösung des Erschließungsbeitrags** im Ganzen vor Entstehung der Beitragspflicht treffen. Schließt die Gemeinde mit einem Grundstückseigentümer einen (öffentlich-rechtlichen) Vertrag über die Ablösung, kann für dieses Grundstück künftig kein Erschließungsbeitrag mehr entstehen, und zwar unabhängig davon, ob hinsichtlich des Grundstücks ein Eigentümerwechsel stattgefunden hat. Denn es ist das Grundstück selbst, das der Beitragspflicht unterliegt (vgl. auch § 133 Abs. 1 BauGB). Schließt der Erwerber in zeitlichem Zusammenhang mit dem Grundstückskauf eine Ablösungsvereinbarung mit der Gemeinde, ist also er Schuldner der Ablösesumme, gehört diese als eigennützige Erwerberleistung (s. Hofmann, GrEStG, § 8 Rdnr. 5) nicht zur Gegenleistung. Hat aber der Verkäufer mit der Gemeinde einen Vertrag über die Ablösung des Erschließungsbeitrags geschlossen und den Ablösebetrag entrichtet, das Grundstück damit in einem „erschließungskostenbeitragsfreien Zustand" versetzt, so ist die im Erwerbsvertrag (oder daneben) eingegangene Verpflichtung des Käufers, den zur Ablösung aufgewandten Betrag zu erstatten, als zusätzliche Leistung Gegenleistung.[2] Der Umstand, dass das Grundstück noch nicht tatsächlich erschlossen ist und die Pflicht zur Erschließung nach wie vor als öffentlich-rechtliche Erschließungslast bei der Gemeinde verbleibt, steht dem

---

1 BFH v. 30. 1. 1985 II R 6/83, BStBl II 1985, 373; s. auch FM Baden-Württemberg v. 20. 3. 2003, DStR 2003, 782.
2 Gl. A. Boruttau/Loose, Rn. 294.

nicht entgegen.[1] Denn der Käufer vergütet dem Verkäufer von diesem getätigten Aufwand, um das Grundstück im **„erschließungskostenbeitragsfreien Zustand"** zu erhalten. Hat der Verkäufer einen wirksamen Ablösevertrag nach § 133 Abs. 5 BauGB geschlossen, jedoch den Ablösebetrag noch nicht entrichtet, und übernimmt der Erwerber diese vom Veräußerer nicht erfüllte Verbindlichkeit aus dem Ablösevertrag, so ist Gegenstand des Erwerbsvorgangs – weil die ablösende Wirkung eines Ablösevertrags erst im Zeitpunkt der Zahlung des Betrags eintritt – ein unerschlossenes Grundstück. Der Erwerber, der die Verpflichtung aus dem Ablösevertrag übernommen hat, erfüllt diese allein um die ihn als nunmehrigen Grundstückseigentümer künftig treffende Beitragspflicht abzulösen, und nicht etwa deshalb, um den Veräußerer von der Zahlungspflicht zu befreien. Aus dieser Sicht kann die Übernahme der Zahlungsverpflichtung, die der Veräußerer im Ablösevertrag eingegangen ist, nicht Teil der Gegenleistung sein.[2]

Hat die Gemeinde mit dem Veräußerer einen **Folgekostenvertrag** (§ 11 Abs. 1 Satz 2 Nr. 3 BauGB), d. h. einen städtebaulichen Vertrag, in dem sich der Veräußerer zur Übernahme von Kosten und sonstigen Aufwendungen verpflichtet, die der Gemeinde für städtebauliche Maßnahmen entstehen oder entstanden sind, welche Voraussetzung oder Folge eines baulichen Vorhabens sind, bestehen für dessen Entstehung und Fälligkeit keine gesetzlichen Bestimmungen. Es ist allein dem Folgekostenvertrag zu entnehmen, ob für den Veräußerer bereits eine Zahlungsverpflichtung im Erwerbszeitpunkt bestand; ist das nicht der Fall gehört auch bei ausdrücklicher Übernahme des Folgekostenbeitrags die Leistung nicht zur Gegenleistung.[3]   20a

## 6. Weitere Nebenleistungen als übernommene sonstige Leistungen

Der Vielfalt möglicher Vertragsvereinbarungen entspricht ein weites Spektrum   21
sonstiger Nebenleistungen, die zur Gegenleistung zählen, deren Darstellung nicht erschöpfend sein kann.

Eine **zusätzliche Leistung** liegt in der **Vorleistungspflicht** des Käufers hinsichtlich des Kaufpreises oder eines Teils davon. Grundsätzlich sind Ansprüche aus einem gegenseitigen Vertrag Zug um Zug zu erfüllen (§§ 320, 322 BGB), kann also jeder Vertragsteil die ihm obliegende Leistung bis zur Bewirkung der Leis-

---

1  A. A. FM Baden-Württemberg v. 20. 3. 2003, DStR 2003, 782.
2  BFH v. 11. 2. 2004 II R 31/02, BStBl II 2004, 521.
3  BFH v. 18. 6. 2014 II R 12/13, BStBl II 2014, 857.

tung des Vertragspartners verweigern (§ 320 Abs. 1 Satz 1 BGB). Wird die durch das funktionelle Synallagma vermittelte Rechtsposition zu Lasten des Käufers abbedungen, so gewährt er dem Verkäufer einen geldwerten Vorteil in Gestalt der vorzeitigen Kapitalnutzungsmöglichkeit,[1] die der Gewährung eines zinslosen Darlehens bis zur Fälligkeit der Verkäuferleistung (Übertragung von Besitz, Nutzen und Lasten am verkauften Grundstück, § 446 BGB) nahe steht (Jahreswert § 15 Abs. 1 BewG: 5,5 %).[2] Das gilt auch, wenn der Käufer ein ihm eingeräumtes Wahlrecht ausübt, den Kaufpreis nicht erst Zug um Zug mit der Erfüllung der Leistungspflicht des Veräußerers zu zahlen, wenn der Kaufpreis sich andernfalls um 2 % erhöhen sollte.[3]

Bei Leistung von Abschlagszahlungen nach der Makler- und Bauträger VO oder in Anlehnung an diese (s. auch § 632a BGB) kommt der Ansatz einer sonstigen Leistung in Gestalt der Überlassung der Kapitalnutzungsmöglichkeit nicht in Betracht. Derartige Teilleistungen des Erwerbers sind keine Vorausleistungen, sie entsprechen den jeweiligen (Teil-)Bauleistungen des Veräußerers.[4]

Dagegen gehört ein gesondertes Entgelt für die im Wege der Vorleistung dem Käufer bereits vor Zahlung des Kaufpreises **vorzeitig überlassene Nutzung** des Grundstücks durch den Veräußerer nicht zur Gegenleistung. Es ist Entgelt für eine selbständige (Neben-)Leistung des Verkäufers,[5] nämlich die vom Zug-um-Zug-Modell (s. § 320 BGB) abweichende vorzeitige Nutzungsmöglichkeit.

Zur Gegenleistung gehört auch die in einem Grundstückskaufvertrag o. Ä. eingegangene Verpflichtung des Erwerbers, den Veräußerer (ggf. auch dessen Ehegatten) im Bedarfsfall unentgeltlich „zu warten und zu pflegen". Soweit der Bedarfsfall noch nicht im Erwerbszeitpunkt eingetreten ist, handelt es sich um eine aufschiebend bedingte Gegenleistung (s. dazu Rdnr. 13). Der Eintritt der Bedingung ist nach § 19 Abs. 2 Nr. 1 der Finanzbehörde anzuzeigen. Der Wert der Pflegeleistung sollte sich an §§ 36, 37 SGB XI orientieren; sollte der Erwerber zu Ersatzleistungen berechtigt oder sogar verpflichtet sein, ist der dafür entstehende Aufwand der Besteuerung zugrunde zu legen. Der Kapitalwert der Leistungsverpflichtung richtet sich nach § 14 BewG.

1 BFH v. 12. 10. 1994 II R 4/91, BStBl II 1995, 69; s. auch BFH v. 30. 3. 1994 II R 7/92, BStBl II 1994, 560.
2 BFH v. 14. 6. 2006 II R 12/05, BFH/NV 2006, 2126.
3 BFH v. 5. 7. 2006 II R 37/04, BFH/NV 2006, 2127.
4 Siehe BFH v. 12. 10. 1994 II R 4/91, BStBl II 1995, 69; v. 25. 4. 2002 II R 57/00, BFH/NV 2002, 1612.
5 BFH v. 8. 8. 2001 II R 49/01, BStBl II 2002, 98.

Nach BFH vom 27. 6. 1968[1] ist sowohl die Verpflichtung zur **Betriebsverlegung** und -erhaltung – bewertet mit dem den durch sie entstehenden Mehrkosten entsprechenden Betrag (§ 9 BewG) – als auch die gegenüber einer Stadt als Grundstücksverkäuferin eingegangene Verpflichtung zu einer Nachzahlung für den Fall, dass der Käufer nicht innerhalb eines gewissen Zeitraums Gewerbesteuer in bestimmter Höhe zu entrichten hat – angesetzt mit dem Wert der Nachzahlungspflicht im Zeitpunkt des Abschlusses des Erwerbsvorgangs (§ 9 BewG), u. U. mit Null – als sonstige Leistung der Gegenleistung zuzuordnen. U. E. liegt hier jedoch eine aufschiebend bedingte, § 9 Abs. 2 Nr. 1 unterfallende zusätzliche Gegenleistung vor.

Übernimmt der Käufer dem Verkäufer gegenüber die **Verpflichtung, in einen**            22
**gegenseitigen Vertrag mit einem Dritten einzutreten** oder einen **gegenseitigen Vertrag mit ihm oder einem Dritten abzuschließen**, liegt **dem Grunde nach** eine **zusätzliche Leistung** vor. Sind die beiderseitigen Verpflichtungen aus solchen Verträgen **ausgewogen**, findet also kein auf den Erwerbsgegenstand bezogener Wertzufluss bzw. -abfluss statt, ist der Wert einer solchen Vertragseintritts- oder -abschlussverpflichtung mit Null anzusetzen.[2] Das gilt entgegen FG Rheinland-Pfalz vom 24. 6. 1971[3] auch dann, wenn ohne die Übernahme dieser Verpflichtung der Grundstückskaufvertrag nicht abgeschlossen worden wäre. Lassen jedoch gewichtige Umstände eine **Unausgewogenheit** der wechselseitigen Verpflichtungen zu Lasten des Grundstückserwerbers erkennen, so **liegt** im Ausmaß der Unausgewogenheit **Gegenleistung** vor.[4] **Kann die Leistung des Dritten nur dem Veräußerer gegenüber erbracht werden**, so **kommt es auf die Ausgewogenheit** des abzuschließenden Vertrages **nicht an**.[5] Zu Vertragsabschlussverpflichtungen in Fällen, in denen das Grundstück in einem künftigen (bebauten) Zustand zum Gegenstand des Erwerbsvorgangs gemacht wird, s. Rdnr. 71 ff.

Ist Gegenstand des Erwerbsvorgangs ein unbebautes Grundstück und verpflichtet sich der Erwerber dem Veräußerer gegenüber, diesem entstandene Vorplanungskosten, Architektenkosten (bspw. für eine Bauvoranfrage) oder ähnliche Aufwendungen zu ersetzen oder für ihn zu erfüllen oder werden von dem Verkäufer erarbeitete Planungsunterlagen entgeltlich zusätzlich überlas-

---

1  II 112/64, BStBl II 1968, 690.
2  BFH v. 23. 2. 1977 II R 159/72, BStBl II 1977, 486; v. 13. 12. 1989 II R 115/86, BStBl II 1990, 440; v. 17. 4. 1991 II R 119/88, BStBl II 1991, 586.
3  EFG 1971, 552.
4  BFH v. 23. 2. 1977 II R 159/72, BStBl II 1977, 486; v. 17. 4. 1991 II R 119/88, BStBl II 1991, 586.
5  BFH v. 13. 12. 1989 II R 115/86, BStBl II 1990, 440.

sen, so gehören derartige Erwerberleistungen grundsätzlich nicht zur Gegenleistung. Etwas anderes gilt nur dann, wenn sich Leistung und Gegenleistung unausgewogen gegenüberstehen, also ein Teil dieses Aufwands verdeckte Gegenleistung für das Grundstück darstellt,[1] oder der Aufwand deshalb in die Bemessungsgrundlage eingeht, weil das Grundstück in bebautem Zustand zum Gegenstand des Erwerbsvorgangs gemacht wurde (s. Rdnr. 71 ff.).

23    Zur Frage, ob und inwieweit die gegenüber einer Gemeinde als Grundstücksverkäuferin eingegangene Verpflichtung, Beiträge für Einstellplätze für Kraftfahrzeuge zu entrichten, Gegenleistung sein kann, vgl. BFH vom 19. 11. 1968.[2]

Hat die Gemeinde mit dem Veräußerer durch einen städtebaulichen Vertrag eine **Folgekostenvereinbarung** i. S. des § 11 Abs. 1 Satz 2 Nr. 3 BauGB getroffen und tritt der Erwerber im Zusammenhang mit dem Erwerb des unbebauten Grundstücks in diese ein und stellt den Veräußerer insoweit von der Forderung der Gemeinde frei, so soll nach einem Urteil des FG München vom 24. 10. 2012[3] der Folgekostenbeitrag nicht als sonstige Leistung zur Bemessungsgrundlage der Steuer gehören. Die Übernahme der Folgekostenverpflichtung führe nämlich nicht zu einer Bereicherung des Veräußerers im grunderwerbsteuerrechtlichen Sinn, weil diese Kosten erst in der Person des Erwerbers als Folge der Bebauung durch ihn entstanden seien. Dem ist nicht beizupflichten. Die Folgekosten können nämlich von der Gemeinde nicht einseitig durch Verwaltungsakt als Abgabe erhoben werden, sondern allein aufgrund der im städtebaulichen Vertrag eingegangenen Verpflichtung von der Gemeinde verlangt werden. Angesichts dieses rechtlichen Befundes ist die Verpflichtung des Erwerbers, die vertraglich begründete Leistungspflicht des Veräußerers zu erfüllen, als sonstige Leistung Bestandteil der Gegenleistung.[4]

Grundsätzlich keine Gegenleistung für den Erwerb durch eine Gemeinde, die einen Teil des von ihr durch Aufstellung eines Bebauungsplans und Sicherung der Erschließung baureif gemachten Grundstücks erwirbt, ist der Wertzuwachs der dem Verkäufer verbleibenden, nunmehr baureifen Grundstücke.[5]

Übernimmt der Käufer die Verpflichtung, öffentlich geförderte Wohnungen zu einer unter der Marktmiete liegenden gebundenen Miete zu vermieten, so er-

---

1 Vgl. BFH v. 25. 11. 1992 II R 67/89, BStBl II 1993, 308; v. 9. 11. 1999 II R 54/98, BStBl II 2000, 143.
2 II R 16/68, BStBl II 1969, 90.
3 EFG 2013, 269, bestätigt durch BFH v. 18. 6. 2014 II R 12/13, BStBl 2014, 857..
4 Gl. A. Borrutau/Loose, Rn. 303.
5 BFH v. 27. 10. 2004 II R 22/03, BStBl II 2005, 301, unter Aufhebung von FG München v. 22. 8. 2001, EFG 2003, 1329.

bringt er nach BFH vom 5.11.1975¹ zwar eine gesonderte Leistung. Diese ist aber, sofern sie im Zusammenhang mit der Übernahme zinsverbilligter Darlehensschulden steht, nicht gesondert anzusetzen.²

Gewährt der Käufer dem Verkäufer dafür eine Entschädigung, dass dieser ihm das Grundstück frei von Mietrechten übergibt, bzw. ersetzt er dem Verkäufer die für die **Freistellung von Mietrechten** erforderlichen Beträge, weil Gegenstand des Erwerbsvorgangs ein Grundstück frei von Mietrechten sein soll, so gehört diese Käuferleistung zur Gegenleistung. Der bloße Eintritt in bestehende Miet- oder Pachtverhältnisse stellt ebenso wenig eine sonstige Leistung dar wie unabhängig vom Verkäufer ausschließlich mit den Mietern vereinbarte Entschädigungen für die Räumung des Erwerbsanwesens (vgl. §§ 566, 581 Abs. 2, § 593b BGB). Zur Gegenleistung gehört jedoch die Gewährung eines Entgelts dafür, dass der Verkäufer sich eine Ersatzwohnung verschafft, desgleichen eine dem Verkäufer zugesagte Vergütung für die Räumung des Grundstücks³ oder für eine Betriebsverlegung und dergleichen. Denn der Verkäufer hat kein Anrecht per se auf Verbleib im verkauften Grundstück.

Ist in einem Mietvertrag vereinbart, dass der Vermieter vom Mieter errichtete Gebäude usw. bei Vertragsbeendigung gegen angemessene Entschädigung zu übernehmen habe, so gehört beim Erwerb des Grundstücks durch den Mieter der Verzicht auf diese Entschädigung als sonstige Leistung zur Gegenleistung.⁴ Da § 566 BGB (vgl. früher § 571 BGB) nicht hinsichtlich des Ersatzes von Verwendungen des Mieters gilt,⁵ ist die Befreiung des Verkäufers vom Verwendungsersatz aufgrund Abrede sonstige Leistung i.S. des § 9 Abs.1 Nr.1. Auch die Entschädigung für die vorzeitige Aufhebung eines zwischen dem Verkäufer und dem Käufer bestehenden langfristigen Miet- oder Pachtverhältnisses ist Teil der Gegenleistung für den Kauf des Grundstücks durch den Mieter oder Pächter,⁶ weil der Verkäufer mit dem Verkauf (genauer: mit der Übergabe, § 446 BGB) keinen Anspruch mehr auf die abreifenden Früchte hat, er seine Nutzungsmöglichkeit verliert.

Gewährt der Käufer eine **Entschädigung** für eine wahrscheinliche **Wertminderung** des dem Verkäufer verbleibenden Rest- oder Nachbargrundbesitzes infolge der geplanten Verwendung des Erwerbsgrundstücks, so gehört diese

1 II R 106/70, BStBl II 1976, 130.
2 BFH v. 24.3.1981 II R 118/78, BStBl II 1981, 487; vgl. auch Hofmann, GrEStG, § 8 Rdnr. 32.
3 BFH v. 1.4.1953 II 191/52, BStBl III 1953, 145.
4 BFH v. 22.10.1986 II R 125/84, BStBl II 1987, 180.
5 BGH v. 19.3.1965 V ZR 268/62, NJW 1965, 1225.
6 BFH v. 10.11.1954 II 173/54, BStBl III 1955, 10; v. 16.2.1994 II R 114/90, BFH/NV 1995, 65.

„Entschädigung" zur Gegenleistung, weil sie nur die vom Verkäufer ausbedungene, entsprechend den Verhältnissen höhere Vergütung widerspiegelt.[1] Lediglich bei freiwilliger Veräußerung eines Grundstücks zur Vermeidung einer ernstlich drohenden Enteignung gehört die besondere Entschädigung für die Wertminderung des verbleibenden Restgrundstücks kraft ausdrücklicher Ausnahme in § 9 Abs. 1 Nr. 7 nicht zur Gegenleistung. Etwaige weitere Entschädigungen für Betriebsverlegung etc. gehören jedoch zur Gegenleistung. Im Einzelnen vgl. Rdnr. 55.

Wegen der Frage, wann und inwieweit die Übernahme von Erschließungskosten zur Gegenleistung gehört, vgl. Hofmann, GrEStG, § 8 Rdnr. 19 ff. und Rdnr. 15 ff.

24    Nach RFH vom 14. 1. 1927[2] gehört bei der Veräußerung von Gastwirtschaftsgrundstücken der Teil des Entgelts, der auf den **Geschäftswert** entfällt, grundsätzlich deshalb zur Gegenleistung, weil die Gastwirtschaft mit dem Grundstück, für das die Betriebserlaubnis erteilt wurde, untrennbar verbunden sei. Dieser Rechtsprechung kann unter den jetzigen rechtlichen Verhältnissen (vgl. Art. 12 GG) nicht mehr uneingeschränkt zugestimmt werden. Ist ein Entgelt für den Geschäfts- oder Firmenwert ausgewiesen, so kann dieses Entgelt nur insoweit zur grunderwerbsteuerpflichtigen Gegenleistung gehören, als dieser Firmenwert unlösbar mit dem Grundstück wegen dessen besonderer Lage oder Beschaffenheit (z. B. Aussicht, Nähe zu Kuranlagen, Bahnhofsnähe bei Hotels usw., günstige Verkehrslage bei gewerblichen Unternehmen) verbunden ist und auch diese Faktoren bei der Bemessung des für den Firmenwert ausgewiesenen Entgelts berücksichtigt worden sind.[3]

25    Da unter Mineralgewinnungsrechten und sonstigen Gewerbeberechtigungen i. S. von § 2 Abs. 1 Satz 2 Nr. 2 nur diejenigen verstanden werden, die als solche wirklich nach den maßgeblichen Vorschriften als grundstücksgleiche Rechte oder als Grundstücksbestandteile begründet worden sind (vgl. Hofmann, GrEStG, § 2 Rdnr. 18), sind Aufwendungen eines Käufers beispielsweise für ein Sandvorkommen Gegenleistung.[4] Die von einem Käufer übernommene Verpflichtung, die Verpflichtungen aus einem schuldrechtlichen Kiesausbeutevertrag, den der Verkäufer mit einem Dritten abgeschlossen hat, zu erfüllen, ist

---

1  BFH v. 8. 8. 1989 II R 22/88, BFH/NV 1991, 412.
2  II A 565/25, Mr. GrEStG 1919 § 12 Abs. 2 Satz 1 R. 30.
3  Vgl. auch BFH v. 31. 10. 1973 II R 97/66, BStBl II 1974, 250: sofern die Leistung für den „Geschäftswert" nicht eindeutig einen bestimmten immateriellen Wert abgilt, gehört sie bei einem Ausflugslokal zur (Gesamt-)Gegenleistung.
4  BFH v. 22. 6. 1966 II 130/62, BStBl III 1966, 552.

zumindest dann eine sonstige Leistung des Käufers, wenn der Verkäufer das Recht zur Ausbeutung gegen Einmalzahlung vergeben hat und ihm der Betrag verbleibt;[1] tritt der Käufer in einen laufenden Kiesausbeutevertrag oder ähnlichen Gestattungsvertrag ein, bei dem Ausbeutemasse und jeweils zufließendes laufendes Entgelt in einem ausgewogenen Verhältnis stehen, so hat die Übernahme der Verpflichtungen u.U. deshalb keinen Einfluss auf die Bemessungsgrundlage, weil ihr Wert mit Null anzusetzen ist.

Nicht als **sonstige Leistung** und damit als Gegenleistung zu qualifizieren ist    26
der **kraft Gesetzes** mit dem Grundstückserwerb verbundene **zwangsläufige Eintritt** in bestehende **Miet- oder Pachtverhältnisse** (§ 566 BGB bzw. § 581 Abs. 2 i.V.m. § 566 BGB). Desgleichen ist der mit einem Betriebsübergang zwangsläufig verbundene Eintritt des Erwerbers in die Rechte und Pflichten vom Veräußerer begründeter und noch bestehender **Arbeitsverhältnisse** (§ 613a BGB) nicht möglicher Bestandteil der Gegenleistung.[2]

Die vertragliche Übernahme der Kosten der Sanierung eines **kontaminierten**    27
**Grundstücks** ist nur dann Gegenleistung, wenn sich die Sanierungspflicht dem Verkäufer gegenüber bereits konkretisiert hat, die Verwaltungsbehörde ihm gegenüber Sanierungsmaßnahmen angeordnet hat.[3] Der gesetzliche Eintritt der bloßen Zustandshaftung des Erwerbers als künftigem Eigentümer[4] ist grunderwerbsteuerrechtlich nicht relevant.

## IV. Die dem Verkäufer vorbehaltenen Nutzungen

Mit der Übergabe des Grundstücks – spätestens jedoch mit der Eintragung    28
des Erwerbers als Eigentümer im Grundbuch – gebühren die Nutzungen des Grundstücks dem Käufer (§ 446 Satz 2 BGB). Nutzungen sind die Früchte einer Sache oder eines Rechts sowie die Vorteile, welche der Gebrauch der Sache oder des Rechts gewährt (§§ 99, 100 BGB; zur Ausgleichung bei Aufeinanderfolge von Fruchtziehungsberechtigten vgl. § 101 BGB). Die dem Verkäufer vorbehaltenen Nutzungen i.S. von § 9 Abs. 1 Nr. 1 **sind daher jene, die über den Zeitpunkt hinaus ihm verbleiben sollen, von dem an sie kraft Gesetzes auf den Käufer übergehen.**

---

1 BFH v. 22.6.1966 II 130/62, BStBl III 1966, 552; v. 8.6.2005 II R 26/03, BStBl II 2005, 613; s. hierzu schon Rdnr. 7.

2 Offen gelassen in BFH v. 7.12.1994 II R 9/92, BStBl II 1995, 268.

3 BFH v. 30.3.2009 II R 62/06, BStBl II 2009, 854.

4 Siehe § 4 Abs. 3 Bodenschutzgesetz v. 17.3.1998, BGBl I 1998, 502.

Darunter fallen z. B. ein dem Verkäufer auf Lebenszeit oder eine bestimmte Übergangszeit eingeräumtes unentgeltliches Wohn- und Nutzungsrecht[1] ggf. auch die Vereinbarung besonders niedrigen Miet- oder Pachtzinses, die Abrede, dass der Verkäufer Mietvorauszahlungen, die Zeiträume nach der Übergabe betreffen, einbehalten darf,[2] sowie der Vorbehalt des Nießbrauchs, und zwar selbst dann, wenn das Nießbrauchsrecht bei Vornahme des Erwerbsvorgangs neu begründet wird.[3]

Übernimmt der Käufer die Verpflichtung aus als Mietvorauszahlungen geleisteten Baukostenzuschüssen, die dem Verkäufer verbleiben, so ist auch darin eine vorbehaltene Nutzung zu sehen. Sollte bei einem derartigen abzuwohnenden Baukostenzuschuss das Mietverhältnis vor Ablauf der Anrechnungszeit endigen, so ist der Vermieter (Käufer) nach § 547 BGB zur Zurückzahlung des für die Folgezeit entrichteten Teilmietzinses verpflichtet bzw. dazu, das Erlangte nach den Vorschriften über die Herausgabe einer ungerechtfertigten Bereicherung herauszugeben. Die vorbehaltene Nutzung ist entsprechend dem noch nicht abgewohnten Teil des Baukostenzuschusses (ggf. Abzinsung) zu bewerten. Hatten Mieter eine Mietkaution in der Weise zu entrichten, dass der Vermieter während der Dauer des Mietverhältnisses unbeschränkt über den entsprechenden Geldbetrag verfügen kann, so ist die Befreiung des Verkäufers von der Rückzahlungsschuld Gegenleistung.

Ähnlich dürfte es sich verhalten, wenn der Verkäufer gegen Einmalleistung ein Dauerwohn- oder Dauernutzungsrecht eingeräumt hat (§§ 31 ff. WEG). Denn die Einmalleistung gilt auch die Zeiträume ab, in denen das Recht den Käufer (als übernommene – vgl. § 442 Abs. 2 BGB – oder als nach § 439 Abs. 1 BGB übergehende Belastung) in seiner freien Nutzung einschränkt, ohne dass er dafür den – auch für diese Zeiträume bestimmten – entsprechenden Nutzen (in Form der Zahlungen) erhielte. Diese Art der Vorwegverfügung über Nutzungen gegen Einmalleistungen, die dem Verkäufer verbleiben und (notwendig) den Kaufpreis (von der Kalkulation her) mindern müssen, sind u. E. wie vorbehaltene Nutzungen zu behandeln.

# V. Einbeziehung von Vorleistungen?

**Literatur:** *Sommerfeld/Mies,* Grunderwerbsteuer und Immobilienleasingverträge, DStR 2008, 2046.

---

1 Vgl. BFH v. 6. 12. 1989 II R 95/86, BStBl II 1990, 186.
2 RFH v. 16. 7. 1929 II A 356/29, StW 1929 Nr. 947.
3 BFH v. 13. 7. 1960 II 49/60, BStBl III 1960, 413; v. 20. 4. 1977 II R 48/76, BStBl II 1977, 676.

Im Einzelfall können auch Leistungen, die vor Abschluss des den Tatbestand   29
des § 1 Abs. 1 Nr. 1 erfüllenden Rechtsgeschäfts erbracht werden, Gegenleistung darstellen. Das ist nach BFH vom 3. 12. 1975[1] der Fall, wenn der Grundstückseigentümer im Interesse und entsprechend den Vorgaben eines anderen
auf seinem Grundstück ein Gebäude errichtet, dem anderen ein Ankaufsrecht
einräumt, diesem das Grundstück verpachtet und weiter vereinbart wird, dass
sich der Kaufpreis bei Ausübung des Ankaufsrechts auf einen bestimmten Betrag für Grund und Boden bemisst, der Erwerber aber außerdem verpflichtet
ist, den Veräußerer von dessen Verpflichtungen gegenüber Dritten, herrührend aus der Gebäudeerstellung, freizustellen, wobei ausgehend von den Gebäudeherstellungskosten bis dahin geleistete Pachtzahlungen anzurechnen
sind. Bei Ausübung des Ankaufsrechts bestehe die Gegenleistung sowohl aus
dem Kaufpreis für Grund und Boden als auch in den Gebäudeherstellungskosten, die nicht um die Pachtzahlungen zu mindern seien. Dem ist im Grunde
beizupflichten, denn ersichtlich sollte der Erwerber das bebaute Grundstück
u. a. nur gegen Aufwendungsersatz für die Herstellungskosten erhalten.

Ist in einem (Teilamortisations-)Leasingvertrag vereinbart, dass der Leasingnehmer berechtigt ist, zum Ablauf des Leasingvertrags den Abschluss eines
Kaufvertrags über das Leasingobjekt mit dem Leasinggeber zu einem fest vereinbarten Kaufpreis herbeizuführen und kommt es im Hinblick auf dieses Ankaufsrecht zum Kaufvertragsabschluss, können nach BFH vom 15. 3. 2006[2] die
**Leasingraten,** soweit dieses Nutzungsentgelt den Rahmen der Angemessenheit und Verkehrsüblichkeit übersteigt und als Vorauszahlung auf den Kaufpreis anzusehen ist, **sonstige Leistungen** i. S. des § 9 Abs. 1 Nr. 1 sein. Für die
Annahme, dass die Leasingraten auch Vorauszahlungen auf die Substanz des
Leasingobjekts enthielten, spräche nämlich der Umstand, dass die Höhe des
vereinbarten Nutzungsentgelts von der Höhe der Gesamtherstellungskosten
abhängig ist.[3] Dieser Rechtsprechung wäre uneingeschränkt beizupflichten,
wenn der Leasinggeber seinerseits die Ausübung des Ankaufsrechts verlangen
könnte. Im Übrigen dürfte es an dem Erfordernis der kausalen Verknüpfung
der Vorleistungen mit dem Erwerbsvorgang fehlen, denn der Leasingnehmer
hat das Nutzungsentgelt (die Leasingraten) auch dann bis zum Ablauf des Leasingvertrags in voller Höhe zu erbringen, wenn er das Ankaufsrecht nicht ausübt, zu dessen Ausübung er nicht verpflichtet ist und wofür der wirtschaftli-

---

1 II R 122/70, BStBl II 1976, 299.
2 II R 28/04, BStBl II 2006, 680.
3 So auch BFH v. 15. 3. 2006 II R 20/04, BFH/NV 2006, 1702, und II R 11/05, BFH/NV 2006, 1704.

che Anreiz des im Zeitpunkt seiner möglichen Ausübung äußerst günstigen Kaufpreises allein nicht ausreichend ist.

Entscheidend für die Einbeziehung von Vorleistungen in die Gegenleistung ist stets deren kausale Verknüpfung mit dem Erwerbsvorgang (vgl. Hofmann, GrEStG, § 8 Rdnr. 3).[1] Unter diesen Gesichtspunkt kann auch eine Leistung im Zusammenhang mit der vorzeitigen Einräumung eines (ohnehin für einen späteren Zeitpunkt eingeräumten) Wiederkaufsrechts zur Gegenleistung gehören.[2] Nach BFH vom 20.9.1989[3] gehört das für ein langfristiges Angebot eines Grundstückseigentümers auf Abschluss eines Kaufvertrags zu einem genau bestimmten Betrag jeweils für einen bestimmten Zeitraum vereinbarte **Bindungsentgelt** zur Gegenleistung bei Annahme des Angebots, weil der (spätere) Käufer ohne diese Leistung das Grundstück nicht (mehr) hätte zu dem von ihm gewählten Zeitpunkt erwerben können.[4] Dieser Auffassung ist nur unter der Prämisse zuzustimmen, dass das „Bindungsentgelt" keinesfalls einem selbständigen Leistungsaustausch (Ankaufsrecht gegen Bindungsentgelt) zuzuordnen ist.

Zu Leistungen aufgrund besonders gestalteten Leasingvertrags (Finanzierungsleasing) als Gegenleistung s. BFH vom 17.1.1996.[5] Vgl. dazu auch Rdnr. 69.

# C. Der Tausch

Literatur: *Steiger*, Der Tausch im Grunderwerbsteuerrecht, UVR 2004, 98, 131.

## I. Wesen

30  Tausch ist Umsatz eines individuellen Werts gegen einen anderen individuellen Wert außer Geld. Wesentliches Unterscheidungsmerkmal zum Kauf ist das Fehlen eines Kaufpreises in Geld. Durch die Begründung einer Zuzahlungsverpflichtung zum Ausgleich von Wertunterschieden wird die Rechtsnatur eines Tauschvertrages noch nicht verändert, es sei denn, dass die Geldleistungspflicht Hauptsache ist.

---

1  Vgl. auch FG Berlin-Brandenburg v. 21.5.2008, EFG 2008, 1576.
2  BFH v. 16.2.1994 II R 114/90, BFH/NV 1995, 65.
3  II R 131/86, BFH/NV 1990, 525.
4  Ebenso FG München v. 12.7.2006, EFG 2007, 56.
5  II R 47/93, BFH/NV 1996, 579.

Ein Tausch ist auch unter Einschaltung Dritter möglich als sog. **Ringtausch.** Ein eigentlicher Ringtausch liegt vor, wenn A ein Grundstück an B, B eines an C und C wiederum eines an A vertauscht. Von einem Ringtausch kann auch gesprochen werden, wenn Grundstücke von D teils an E und teils an F, von D an E und F und von F an D und E hingegeben werden, wobei entscheidend ist, dass Grundstücke nur zwischen den Vertragsparteien ausgetauscht werden, die Kette also nicht unterbrochen wird.[1]

Haben die Parteien nach dem Wortlaut der Vertragsurkunde (Vertragsurkunden) einen **Doppelkauf** abgeschlossen und nicht einen Tausch, so liegt nichtsdestoweniger trotzdem Tausch vor, wenn nach dem Inhalt der Vereinbarungen die Leistungen eines jeden Teils nur im Verschaffen eines Gegenstandes bestehen soll und somit die ausgewiesenen Kaufpreise nur den Charakter eines Rechnungsbetrags haben. Entscheidend ist auch hier nicht, wie die Parteien die Leistungspflicht bezeichnen, sondern zu welchen Leistungen sie sich gegenseitig verpflichtet haben.[2]

## II. Die Tauschleistung

### 1. Gesonderte Beurteilung jeder Tauschleistung

**Gegenleistung** für den erworbenen (Tausch-)Gegenstand **ist der hingegebene**    31
**Gegenstand, die** eigentliche **Tauschleistung** (§ 480 BGB i.V. m. §§ 433 ff. BGB).
Die Tauschleistung für den Erwerb des Grundstücks, die nach **§ 9 Abs. 1 Nr. 2**
als Gegenleistung gilt, kann in der Hingabe jedes veräußerlichen Gegenstandes bestehen, z. B. in Wertpapieren, in beweglichen Sachen oder als tauschähnliche Leistung in der Gewährung von Gesellschaftsrechten (beachte aber nunmehr § 8 Abs. 2 Satz 1 Nr. 2), der Einräumung von Rechtspositionen aus Urheber- oder Patentrechten, in der Verpflichtung zur Gewährung eines zinsverbilligten Darlehens[3] und dgl. mehr. Besteht die Tauschleistung für den Erwerb eines Grundstücks in der Hingabe eines Grundstücks, so liegen zwei der Grunderwerbsteuer unterliegende Erwerbsvorgänge vor (§ 1 Abs. 5). Der Steuer unterliegt deshalb die Vereinbarung über jedes der in Tausch gegebenen Grundstücke. Gleiches gilt beim Austausch von Miteigentumsanteilen an Grundstücken (zum Umfang der Befreiung bei Austausch von Miteigentumsanteilen zum Zwecke der flächenweisen Teilung eines Grundstückes vgl. § 7).

---

1  BFH v. 17. 1. 1962 II 177/58, BStBl III 1962, 134.
2  BFH v. 2. 3. 1971 II 64/65, BStBl II 1971, 533.
3  BFH v. 17. 4. 1991 II R 119/88, BStBl II 1991, 586.

Beim **gegenseitigen** Grundstückstausch ist jedes Grundstück als Gegenleistung für das andere Grundstück anzusehen.

Da jede Tauschleistung ein eigener Steuerfall ist, ist die Steuer für jeden der Erwerbsvorgänge gesondert zu berechnen und festzusetzen und für jeden dieser Steuerfälle ein Grunderwerbsteuerbescheid zu erteilen. Die Anwendbarkeit von Befreiungsvorschriften ist für jeden Fall gesondert zu prüfen. Zur Hinzurechnung der Steuer s. Rdnr. 87.

## 2. Bewertung der Tauschleistung

### a) beim Grundstückstausch

32    Für den Erwerb jedes Tauschgrundstücks (Grundstück i. S. des § 2, bspw. auch beim „Tausch" eines Erbbaurechts gegen ein Grundstück oder beim Tausch von Miteigentumsanteilen, s. dazu auch § 7) ist der Steuerberechnung der Wert des Grundstücks zugrunde zu legen, zu dessen Übereignung sich der Erwerber als Tauschleistung verpflichtet hat. Die **Tauschleistung** ist mit dem **gemeinen Wert (§ 9 BewG) des Grundstücks** anzusetzen.[1]

Meist enthalten Grundstückstauschverträge Preis- oder Wertangaben. Diese Angaben sind für die Finanzbehörde nicht bindend. Sie können der Besteuerung dann zugrunde gelegt werden, wenn sie angemessen erscheinen, insbesondere nicht der Steuerumgehung dienen.[2] Hat das Finanzamt, ohne eigene Ermittlungen anzustellen und ohne die Vertragsparteien zu näheren Erklärungen zu veranlassen, die in der Urkunde angegebenen Werte der Besteuerung zugrunde gelegt, so ist eine Änderung der Steuerfestsetzung nach § 173 Abs. 1 Nr. 1 AO nicht möglich, weil eine Tatsache auch dann der Behörde gegenüber als bekannt gilt, wenn sie sie nur aufgrund unterlassener gebotener Ermittlungen nicht kannte. Die Vertragsurkunde ist keine Steuererklärung, so dass durch in ihr enthaltene Erklärungen der Steuerpflichtige seine Mitwirkungspflicht nicht verletzen kann (zumal die Wertangaben subjektive Wertvorstellungen widerspiegeln).

In keinem Fall kann das Finanzamt die Werte aller Tauschgrundstücke zusammenrechnen und für jeden der Erwerbsvorgänge die Steuer aus der Hälfte des Gesamtwerts berechnen.[3]

---

1  BFH v. 2. 7. 1951 II 21/51 S, BStBl III 1951, 154; v. 18. 12. 1963 II 87/60, BStBl III 1964, 102.
2  BFH v. 12. 8. 1964 II 6/62, HFR 1965, 117.
3  BFH v. 18. 12. 1963 II 87/60, BStBl III 1964, 102.

Auch ein **Rückschluss vom Wert des einen Grundstücks,** das vielleicht kurz vorher zu einem der Finanzbehörde bekannten Preis käuflich von einem Dritten erworben worden war, **auf den Wert des anderen Grundstücks verbietet sich.** Einmal ist nicht eindeutig feststellbar, ob der gerade vereinbarte Kaufpreis dem gemeinen Wert des Grundstücks entsprach oder ob bei seiner Bemessung persönliche oder ungewöhnliche Umstände eine Rolle gespielt haben (vgl. § 9 Abs. 2 BewG), zum anderen kann auch die von den Parteien angenommene Gleichwertigkeit auf solchen Umständen beruhen, die bei der Findung des gemeinen Werts nicht zu berücksichtigen sind.

### b) beim Grundstückstausch mit Zuzahlung

Da die Vorstellungen der Parteien über die Werte der Grundstücke von subjektiven Überlegungen getragen werden, gilt der Grundsatz der Nichtbindung der Finanzbehörden an die Wertangaben auch dann, wenn die Parteien ernstlich die angegebenen Werte auch zum Ausgangspunkt für die Bemessung einer Zuzahlung gemacht haben (vgl. § 9 Abs. 2 Satz 3 BewG). Auch in diesem Fall ist der gemeine Wert des hingegebenen Tauschgrundstückes jeweils maßgebend für die Findung der richtigen Bemessungsgrundlage. Zur Bemessungsgrundlage s. Rdnr. 35.     33

### c) beim Tausch gegen andere Gegenstände

Stehen sich als Tauschleistungen ein Grundstück auf der einen Seite und z. B. Wertpapiere auf der anderen Seite gegenüber, so sind als Gegenleistung für den Erwerb des Grundstücks die Wertpapiere anzusehen. Die Bewertung der Gegenleistung ist nach den allgemeinen Bewertungsvorschriften (hier: § 11 BewG) vorzunehmen (zur Bewertung vgl. Hofmann, GrEStG, § 8 Rdnr. 31). Besteht die Tauschleistung in der Verpflichtung, einen gegenseitig verpflichtenden Vertrag mit einem Dritten abzuschließen (oder in ihn einzutreten), der zu Lasten des Grundstückserwerbers in Leistung und Gegenleistung unausgewogen ist, so liegt im Ausmaß der Unausgewogenheit eine Gegenleistung vor.[1] Das ist bspw. der Fall, wenn sich der Erwerber zur Gewährung eines zinsverbilligten Darlehens verpflichtet. Der Wert der Gegenleistung bestimmt sich in einem solchen Fall nach der Differenz zwischen dem Zinssatz in der vereinbarten Höhe und dem von 5,5 % nach § 15 Abs. 1 BewG. Auch in diesem Fall ist die Besteuerungsgrundlage nicht der Wert des erworbenen Grundstücks.     34

---

1 BFH v. 17. 4. 1991 II R 119/88, BStBl II 1991, 586.

## III. Zusätzliche Leistungen

35   Ist ein Grundstück nach den Vorstellungen der Vertragsparteien geringwertiger als das andere (oder ist der Wert der sonstigen hingegebenen Gegenstände geringer als der des Grundstücks), so wird sich der eine Vertragspartner zu Zuzahlungen oder sonstigen zusätzlichen Leistungen verpflichten. Das weniger wertvolle Grundstück bildet dann zusammen mit der zusätzlichen Leistung die Gegenleistung für den Erwerb des höherwertigen Grundstücks. Umgekehrt besteht die Gegenleistung des Erwerbers des weniger wertvollen Grundstücks nur in einem Teil des Werts seines (hingegebenen) höherwertigen Grundstücks. Die Bemessungsgrundlage für die Besteuerung seines Erwerbs ist nur der Betrag, der sich bei Aufteilung des Wertes des wertvolleren Grundstückes in dem Verhältnis ergibt, in dem der (gemeine) Wert des geringerwertigen Grundstückes zur zusätzlichen Leistung (bewertet mit dem gemeinen Wert) steht: er hat gleichsam eine Gesamtgegenleistung erbracht (vgl. auch Hofmann, GrEStG, § 8 Rdnr. 22 ff.).

Haben beide Vertragsparteien Leistungen zu erbringen, weil z. B. die Tauschgrundstücke beide mit Hypotheken o. Ä. belastet sind und der jeweilige Erwerber diese sowohl als auch die gesicherte Schuld übernimmt, so ist die jeweilige Gegenleistung zur Findung des auf das erworbene Grundstück entfallenden Anteils in gleicher Weise zu verteilen. Zur Verdeutlichung ein

**BEISPIEL:** X tauscht sein Grundstück (gemeiner Wert 36 000 €) gegen das Grundstück des Y (gemeiner Wert 42 000 €). Auf dem Grundstück des X lastet eine Hypothek in Höhe von 12 000 €, auf dem des Y eine in Höhe von 21 000 €. Beide Hypotheken sind voll valutiert. Der jeweilige Erwerber übernimmt die Schuld des jeweiligen Veräußerers.

Von der Gesamtgegenleistung des X in Höhe von 36 000 € + 21 000 € = 57 000 € entfällt auf das Erwerbsgrundstück der Betrag, der sich ergibt, wenn diese im Verhältnis des erworbenen Grundstücks 42 000 € : 12 000 € (Befreiung von der Verbindlichkeit aus der Hypothek) verteilt wird, also rd. 44 333 €.

Auf das von Y erworbene Grundstück entfällt von seiner Gegenleistung in Höhe von 42 000 € + 12 000 € = 54 000 € der Betrag, der sich ergibt, wenn die 54 000 € im Verhältnis des Werts des erworbenen Grundstücks 36 000 € : 21 000 € (Befreiung von der Hypothekenschuld) aufgeteilt wird, also ein Betrag von rd. 34 105 €.

Als zusätzliche Leistung kommt auch die Übernahme der Grunderwerbsteuer aus beiden Erwerbsvorgängen durch nur einen Tauschpartner in Betracht (vgl. auch Rdnr. 87).

# D. Die Leistung an Erfüllungs statt

Erfüllt ein Schuldner die ihm ursprünglich obliegende Leistung durch Hingabe    36
eines Grundstücks, so erlischt das Schuldverhältnis, wenn und soweit der
Gläubiger das Grundstück an Erfüllungs statt annimmt (§§ 364, 365 BGB).
Nach § 9 Abs. 1 Nr. 3 gilt als Gegenleistung der Wert, zu dem das Grundstück
an Erfüllungs statt angenommen wird, also z. B. der Betrag, der vom Gläubiger
aufgegebenen Darlehensforderung. Zur Aufgabe eines Lohnanspruchs wegen
einer Grundstücksübertragung vgl. BFH vom 30. 6. 1965.[1] Wird vom Erwerber
eine Zuzahlung oder eine sonstige weitere Leistung (z. B. Hypothekenübernahme) erbracht, so ist dem Wert der erloschenen Schuldverpflichtung diese Zuzahlung bzw. sonstige weitere Leistung als Gegenleistung hinzuzurechnen.
Wird nicht nur ein Grundstück, sondern auch eine weitere Leistung an Erfüllung statt hingegeben, so ist der Wert der erloschenen Schuldverpflichtung
anteilsmäßig auf den (gemeinen) Wert des Grundstücks und den (gemeinen)
Wert der weiteren Leistung aufzuteilen (vgl.Hofmann, GrEStG, § 8 Rdnr. 32
und Rdnr. 22 ff.).

Besonders häufig wird die Hingabe eines Grundstücks an Erfüllung statt bei
der Regelung von Scheidungsfolgen vereinbart, etwa in der Form, dass anlässlich der Scheidung (und nur für den Fall, dass diese ausgesprochen ist) der eine
Ehegatte dem anderen ein Grundstück zum Ausgleich des Zugewinns und
(oder) zur Abgeltung etwaiger Unterhaltsansprüche überlässt. Soweit es sich
i. S. von § 3 Nr. 5 um einen Grundstückserwerb im Rahmen der Vermögensauseinandersetzung nach der Scheidung handelt, ist der Erwerb steuerfrei. Zur
„Vermögensauseinandersetzung" vgl. Hofmann, GrEStG, § 3 Rdnr. 38.

Zur Leistung an Erfüllungs statt im Zusammenhang mit der Sicherungsübereignung eines Grundstücks i. S. des § 2 s. Rdnr. 65.

# E. Das Meistgebot im Zwangsversteigerungsverfahren und die Abtretung der Rechte aus dem Meistgebot

## I. Gegenstand der Zwangsversteigerung

Gegenstand der Zwangsversteigerung nach dem Zwangsversteigerungsgesetz    37
können nur Grundstücke i. S. des bürgerlichen Rechts (vgl. Hofmann, GrEStG,

---

1  II 38/62, BStBl III 1965, 514.

§ 2 Rdnr. 2), Grundstücksmiteigentumsanteile (vgl. §§ 1008 ff. BGB) unter der Voraussetzung des § 864 Abs. 2 ZPO, dass nämlich der Bruchteil im Anteil des Miteigentümers besteht oder der Anspruch des Gläubigers sich auf ein Recht richtet, mit dem der Bruchteil als solcher belastet ist, und grundstücksgleiche Rechte wie das Erbbaurecht (§§ 11, 14 ErbbauRG, § 864 Abs. 1 ZPO) sowie seine Unterart, das Wohnungs- bzw. Teilerbbaurecht (§ 30 WEG), sein. Als besondere Art des Bruchteilseigentums ist das Wohnungs- bzw. Teileigentum (§ 1 WEG) ebenfalls möglicher Gegenstand der Zwangsversteigerung. Gegenstand der Immobiliarvollstreckung nach dem Zwangsversteigerungsgesetz ist auch das **Gebäudeeigentum** nach § 288 Abs. 4 oder § 292 Abs. 3 ZGB, **das grundstücksgleiches Recht** ist (§ 295 Abs. 2 Satz 2 ZGB, Art. 233 § 4 Abs. 1 Satz 1 EGBGB i.V.m. § 864 Abs. 1 ZPO; vgl. dazu Hofmann, GrEStG, § 2 Rdnr. 30). Dasselbe gilt, soweit aufgrund anderer Rechtsvorschriften grundbuchfähiges Gebäudeeigentum i.V.m. einem Nutzungsrecht besteht (Art. 233 § 5 Abs. 7 EGBGB).

**Gebäude auf fremdem** Boden jedoch können nicht als solche Gegenstand der Zwangsvollstreckung nach dem Zwangsversteigerungsgesetz sein. Sind sie bürgerlich-rechtlich Grundstücksbestandteil (§ 94 Abs. 1 Satz 1 BGB), so ergreift die Zwangsversteigerung auch die Gebäude, anderenfalls sind sie als **bewegliche Sachen** anzusehen (§ 95 BGB). Das selbständige **Baulichkeiteneigentum,** also das Eigentum an Bauwerken (z. B. „Datschen"), das auf der Grundlage eines Vertrages über die Bodenfläche zur Erholung (§§ 312 ff. ZGB) durch den Nutzer errichtet wurde, ist zwar auch nicht Bestandteil des Grundstücks (§ 296 Abs. 1 Satz 1 ZGB, Art. 231 § 5 Abs. 1 EGBGB), **unterliegt** aber dem **Mobiliarsachenrecht** (§ 296 Abs. 1 Satz 2 ZGB, Art. 233 § 2 Abs. 1 EGBGB) und ist wie ein Scheinbestandteil (§ 95 BGB) bewegliche Sache (vgl. Hofmann, GrEStG, § 2 Rdnr. 29). Die Zwangsversteigerung in als bewegliche Sachen anzusehende Gebäude richtet sich nach §§ 808 bis 827 ZPO. Wird die bewegliche Sache öffentlich versteigert (§§ 814 ff. ZPO), wird sie durch Zuschlag (§ 817 Abs. 1 ZPO) und Ablieferung (§ 817 Abs. 2 ZPO) veräußert. Beide Vorgänge sind öffentlich-rechtlicher Natur. Der Eigentumserwerb erfolgt originär, d. h. der Ersteher ist nicht Rechtsnachfolger des früheren Eigentümers. Deshalb ist es gerechtfertigt, als Gegenleistung in entsprechender Anwendung von § 9 Abs. 1 Nr. 4 das Meistgebot, obwohl es (anders als § 81 Abs. 1 ZVG) kein Recht auf den Zuschlag begründet, der Besteuerung zugrunde zu legen.[1]

38    Die Beschlagnahme in der Zwangsversteigerung erfasst neben dem Grundstück und allen seinen Bestandteilen (also auch den nicht grunderwerbsteuer-

---

1  Im Ergebnis ebenso Pahlke, Rz 115.

pflichtigen i. S. von § 2 Abs. 1 Satz 2 Nr. 1) auch diejenigen Gegenstände, auf welche sich bei einem Grundstück die Hypothek erstreckt (§§ 15, 20 ZVG).

Die Hypothek erstreckt sich nach §§ 1120 bis 1122 BGB auf die vom Grundstück getrennten Erzeugnisse und sonstigen Bestandteile, soweit sie nicht mit der Trennung in das Eigentum eines Dritten gelangt sind, mit Ausnahme der land- und forstwirtschaftlichen Erzeugnisse, soweit diese nicht Zubehör sind (§ 21 Abs. 1 ZVG), und auf das Zubehör (§§ 97, 98 BGB) mit Ausnahme der Zubehörstücke, die nicht in das Eigentum des Grundstückseigentümers gelangt sind. Über die Erstreckung der Hypothek hinaus erstreckt sich die Versteigerung auch auf Zubehörstücke, die im Eigentum eines Dritten stehen, wenn sie sich im Besitz des Schuldners oder eines neuen Eigentümers befinden (§ 55 Abs. 2 ZVG).

Zur Frage der Berücksichtigung der Instandhaltungsrücklage bei der Versteigerung von Eigentumswohnungen s. Hofmann, GrEStG, § 2 Rdnr. 13a. Wegen der Verteilung der Gegenleistung vgl. Hofmann, GrEStG, § 8 Rdnr. 22 ff.

# II. Umfang der Gegenleistung beim Erwerb durch Meistgebot

## 1. Das Bargebot

Nach **§ 9 Abs. 1 Nr. 4** gilt das Meistgebot einschließlich der bestehen bleiben-  **39** den Rechte als Gegenleistung beim Erwerb durch Meistgebot. Der vom Gesetz aus dem Zwangsversteigerungsrecht übernommene Begriff ist dementsprechend nach diesem Recht auszulegen;[1] außerhalb des Zwangsversteigerungsverfahrens getroffenen privatrechtlichen Vereinbarungen kommt keine Bedeutung zu.[2] Das Meistgebot (§ 81 Abs. 1 ZVG) ist das höchste Gebot, das ein Bieter bis zum Ende der Bieterstunde abgibt. Es lässt sich aus dem Protokoll (§ 78 ZVG) entnehmen und begründet den Anspruch auf den Zuschlag (vgl. § 81 ZVG). Bei einem Doppelausgebot (§ 59 Abs. 2 ZVG) bestimmt sich die Gegenleistung nach dem Meistgebot, zu dem der Zuschlag erteilt wird.[3] Das Meistgebot setzt sich zusammen aus dem baren Meistgebot und den bestehen bleibenden Belastungen. Das **Bargebot** (§ 49 Abs. 1 ZVG) setzt sich aus den nach den Versteigerungsbedingungen zu leistenden Barzahlungen, die Teil des geringsten Gebots sind (§ 44 Abs. 1 ZVG), und dem Mehrgebot zusammen. Das

---

1 BFH v. 23. 1. 1985 II R 36/83, BStBl II 1985, 339.
2 BFH v. 3. 5. 1973 II R 37/68, BStBl II 1973, 709.
3 BFH v. 23. 1. 1985 II R 36/83, BStBl II 1985, 339.

Bargebot ist mit seinem **Nennwert** der Besteuerung zugrunde zu legen. Die gemäß § 49 Abs. 2 ZVG vom Zuschlag an erfolgende Verzinsung des Bargebots kann selbstverständlich nicht der Gegenleistung zugeordnet werden.

## 2. Die bestehen bleibenden Rechte

40 Nach § 52 Abs. 1 Satz 1 ZVG bleibt ein Recht insoweit bestehen, als es bei der Feststellung des geringsten Gebots berücksichtigt und nicht durch Zahlung (§ 49 Abs. 1 ZVG) zu decken ist. Im Übrigen erlöschen die Rechte, soweit es sich nicht um Überbau- und Notwegrenten (§ 52 Abs. 1 Satz 2, Abs. 2 Satz 1 ZVG, §§ 912 bis 917 BGB), um Erbbauzins, dessen Bestehenbleiben nach § 9 Abs. 3 ErbbauRG als Inhalt der Reallast vereinbart ist (§ 52 Abs. 1 Satz 2, Abs. 2 Satz 2 Buchst. a ZVG) oder – bei Vollstreckung in ein Wohnungseigentum mit dem Rang nach § 10 Abs. 1 Nr. 2 ZVG – um Grunddienstbarkeiten und beschränkt persönliche Dienstbarkeiten handelt, die auf dem Grundstück als Ganzem lasten unter der Voraussetzung, dass diesen kein anderes Recht der Rangklasse 4 vorgeht, aus dem die Versteigerung betrieben werden kann (§ 52 Abs. 2 Satz 2 Nr. 2 ZVG). Zum Bestehenbleiben des Erbbaurechts bei Zwangsversteigerung des belasteten Grundstücks, obwohl es bei Feststellung des geringsten Gebots nicht berücksichtigt wurde, s. § 25 ErbbauRG.

Gemäß § 9 Abs. 1 Satz 4 rechnen zum Meistgebot als Gegenleistung nur diejenigen Rechte, die nach den Versteigerungsbedingungen bestehen bleiben. **Versteigerungsbedingungen** in diesem Sinn sind entweder die gesetzlichen (§§ 49 ff. ZVG) oder die von einem Beteiligten begehrten abweichenden Versteigerungsbedingungen (§ 59 ZVG). Ein Recht, das gemäß § 91 Abs. 2 ZVG aufgrund Vereinbarung des Erstehers mit dem Berechtigten bestehen bleibt (sog. Liegenlassen), bleibt nicht nach den Versteigerungsbedingungen bestehen. Hat ein Recht, das nach dem Inhalt des Grundbuchs in das geringste Gebot aufgenommen worden war (§ 45 Abs. 1 ZVG), nicht bestanden oder war es in der Zwischenzeit erloschen, so ist es trotzdem Teil der Gegenleistung. Die Einbeziehung in die Gegenleistung rechtfertigt sich daraus, dass der Ersteher in solchen Fällen außer dem Bargebot auch den Betrag des berücksichtigten Kapitals (§§ 50, 51 ZVG) zu zahlen hat. An der Gesamthöhe des Meistgebots ändert sich dadurch nichts. Die nach den Versteigerungsbedingungen bestehen bleibenden und bei der Feststellung des geringsten Gebots berücksichtigten Rechte, gehören nach § 9 Abs. 1 Nr. 4 Satz 1 unabhängig davon zur Gegenleistung, ob es sich um dauernde Grundstückslasten handelt. § 9 Abs. 2 Nr. 2

Satz 2 gilt für diese geborenen Gegenleistungsbestandteile nicht.[1] Als Teil des Meistgebots gehört auch ein dem Ersteher zustehendes Recht bzw. Grundpfandrecht, das nach den Versteigerungsbedingungen bestehen bleibt, zur Gegenleistung. Ersteigert z. B. der Nießbraucher das nießbrauchbelastete Grundstück und bleibt das Recht nach den Versteigerungsbedingungen bestehen, ist nach § 9 Abs. 1 Nr. 4 das Meistgebot einschließlich des Werts des Nießbrauchsrechts Bemessungsgrundlage für die Steuer. Das Nießbrauchsrecht ist mit dem vom Vollstreckungsgericht nach § 51 Abs. 2 ZVG bestimmten Zahlungsbetrag anzusetzen, denn die Gegenleistung i. S. des § 9 Abs. 1 Nr. 4, die vom Zwangsversteigerungsrecht geprägt ist, ist nur von der rechtlichen, nicht aber von der wirtschaftlichen Belastung abhängig.[2]

## 3. Die Bewertung bestehen bleibender Rechte

Die bestehen bleibenden Rechte sind im geringsten Gebot entsprechend dem Inhalt des Grundbuchs oder der Anmeldung mit dem Nennbetrag enthalten (§ 45 Abs. 1 ZVG).[3] Der **Nennbetrag** solcher Rechte ist nicht nur insoweit der Besteuerung zugrunde zu legen, als sie auf die einmalige Zahlung von Kapital gerichtet sind, sondern auch soweit sie mit einem Ersatzwert aufgenommen sind (z. B. ein Nießbrauchsrecht, eine Vormerkung, eine Grunddienstbarkeit). Da das Meistgebot als Gegenleistung gilt, kommt eine besondere Bewertung z. B. nach §§ 13, 14 BewG nicht in Betracht. Ein im geringsten Gebot enthaltenes Recht des Meistbietenden (Erstehers) ist auch dann mit dem Nominalwert, der im geringsten Gebot berücksichtigt wurde (§ 45 Abs. 1 ZVG), der Besteuerung zugrunde zu legen, wenn es sich z. B. um eine Grundschuld handelt und der Ersteher zu ihrem Erwerb weniger aufgewandt hatte.[4]

Zum Schuldübergang bei bestehen bleibender Hypothek vgl. § 53 Abs. 1 ZVG, bei bestehen bleibender Grund- oder Rentenschuld vgl. § 53 Abs. 2 ZVG.[5]

Obwohl die Gegenleistung i. S. des § 9 Abs. 1 Nr. 4 nur von der rechtlichen, nicht aber von der wirtschaftlichen Belastung abhängig ist, ist eine Bewertung bestehen bleibender Rechte unter dem Nennbetrag jedoch dann möglich und geboten, wenn und soweit der Ersteher nicht tatsächlich belastet ist. Das ist

41

---

1  A. A. Boruttau/Loose, Rn. 402.
2  BFH v. 15. 7. 2015 II R 11/14, BFH/NV 2015, 1602, FG Köln v. 8. 5. 2013, EFG 2014, 859, bestätigend; s. auch FG Düsseldorf v. 11. 2. 2015, EFG 2015, 758.
3  BFH v. 14. 10. 2008 II B 65/07, BFH/NV 2009, 214.
4  BFH v. 23. 1. 1985 II R 36/83, BStBl II 1985, 339; v. 8. 10. 2008 II B 42/08, BFH/NV 2009, 46, m. w. N.
5  Siehe auch BFH 12. 10. 1983 II R 18/82, BStBl II 1984, 116.

beispielsweise der Fall, wenn ein Grundstück mit einer Hypothek belastet ist und die Zwangsversteigerung nur einen Miteigentumsbruchteil erfasst.[1] Denn in einem solchen Fall war der Ersteher entweder (wenn er der andere Miteigentümer ist) ohnehin gesamtschuldnerisch (und damit im Innenverhältnis anteilig) verpflichtet oder der Ersteher hat gegenüber dem gesamtschuldnerisch verpflichteten Dritten im Fall der Befriedigung eine Ausgleichsforderung nach § 426 BGB. Ähnliches muss bei einer bestehen bleibenden Gesamthypothek (§ 1132 BGB) gelten (vgl. § 1182 BGB und § 50 Abs. 2 Nr. 2, Abs. 3 ZVG).

## 4. Hinzurechnung zusätzlich gewährter Leistungen

### a) Allgemeines

42    § 9 Abs. 2 Nr. 1 ist in seinem **Anwendungsbereich** nicht auf die ausdrücklich genannten Fälle „vereinbarter" Gegenleistung beschränkt, sondern **gilt gleicherweise für den Erwerb im Zwangsversteigerungsverfahren**.[2] Deshalb ist bspw. bei einer Teilungsversteigerung auch der Betrag in die Bemessungsgrundlage einzubeziehen, den der Meistbietende dem Grundstückseigentümer dafür zahlt, dass dieser den Zuschlag nicht durch Anwendung der ihm als Antragsteller zustehenden Rechte vereitelt. Wird ein solcher Abwehrbetrag nach Abgabe des Meistgebots geleistet,[3] ist die zusätzliche Gegenleistung durch zusätzlichen Bescheid zu erfassen (vgl. Rdnr. 75).

### b) Hinzurechnung des nach § 114a ZVG als befriedigt geltenden Anspruchs des Erstehers

**Literatur:** *Kahler*, Die fiktive Befriedigungswirkung gemäß § 114a ZVG, MDR 1983, 903; *Klassen*, Die Bemessungsgrundlage für die Grunderwerbsteuer bei Erwerb in der Zwangsversteigerung, DB 1985, 1049; *Muth*, Grunderwerbsteuer: Bemessungsgrundlage bei Rettungserwerb in der Zwangsversteigerung, BB 1985, 1260; *Rödder*, § 114a ZVG und grunderwerbsteuerliche Bemessungsgrundlage, DStR 1986, 551; *ders.*, Zur Bewertung der grunderwerbsteuerlichen Gegenleistung im Fall des per Fiktion eintretenden Forderungsverlusts nach § 114a ZVG, DStZ 1988, 562; *Steiger*, Die Befriedigungsfiktion des § 114a ZVG im Grunderwerbsteuerrecht, UVR 1992, 349.

43    Wird der Zuschlag einem zur Befriedigung aus dem Grundstück Berechtigten zu einem Gebot erteilt, das einschließlich des Kapitalwerts der nach den Versteigerungsbedingungen bestehen bleibenden Rechte hinter $^7/_{10}$ des Grundstückswerts (das ist der vom Versteigerungsgericht nach § 74a Abs. 5 ZVG fest-

---

1  RFH v. 8.10.1930 II A 427/30, RFHE 27, 194; BFH v. 12.10.1983 II R 18/82, BStBl II 1984, 116.
2  BFH v. 3.2.1982 II R 141/80, BStBl II 1982, 334; v. 15.11.1989 II R 71/88, BStBl II 1990, 228.
3  Vgl. dazu BFH v. 3.2.1982 II R 141/80, BStBl II 1982, 334.

gesetzte Wert) zurückbleibt, so gilt der Ersteher nach § 114a Satz 1 ZVG auch insoweit als aus dem Grundstück befriedigt, als sein Anspruch zwar nicht durch das abgegebene Meistgebot gedeckt ist, aber bei einem Gebot zum Betrag der $^7/_{10}$-Grenze gedeckt sein würde (vgl. dazu auch §§ 74a, 74b, 85a Abs. 2 ZVG). Der Wert des mitversteigerten Zubehörs ist in die Berechnung der $^7/_{10}$-Grenze einzubeziehen.[1] Dem Anspruch des Erstehers vorhergehende oder gleichstehende Rechte, die erlöschen, sind dabei nicht zu berücksichtigen (§ 114a Satz 2 ZVG).

Grundsätzlich ist der gemäß § 74a Abs. 5 ZVG festgesetzte Grundstückswert für das Prozessgericht bei der Bestimmung des Umfangs der zivilrechtlichen Tilgungswirkung bindend. Hat sich der Verkehrswert nach formell rechtskräftiger Festsetzung des Grundstückswerts geändert, kann noch bis zur Erteilung des Zuschlags ein Antrag auf Abänderung des Grundstückswerts wegen neuer Tatsachen, die im Verlauf des Zwangsversteigerungsverfahrens eingetreten sind und den Grundstückswert negativ beeinflussen, gestellt werden. Die Bindung des Prozessgerichts an den festgesetzten Grundstückswert (§ 74a Abs. 5 ZVG) setzt aber voraus, dass ein solcher Antrag zulässig gestellt werden kann. Fehlt jedoch das Rechtsschutzinteresse für einen derartigen Antrag, so ist der festgesetzte Grundstückswert für die Bemessung des Forderungsverlusts gemäß § 114a ZVG nicht mehr bindend.[2] Das ist auch grunderwerbsteuerrechtlich von Bedeutung für den Umfang der Bemessungsgrundlage.[3]

§ 114a ZVG soll verhindern, dass ein mit seinem Gebot innerhalb der $^7/_{10}$-Grenze liegender Berechtigter das Grundstück in der Zwangsversteigerung günstig erwirbt und gleichwohl den ungedeckten Restbetrag seiner persönlichen Forderung gegen den Schuldner in voller Höhe geltend macht.[4] **Zivilrechtlich** findet § 114a ZVG auch dann Anwendung, wenn der Meistbietende die Rechte aus dem Meistgebot an einen Dritten abtritt.[5] Nach der **Rechtsprechung des BGH** muss nicht nur derjenige zur Befriedigung aus dem Grundstück Berechtigte, der durch einen Strohmann, einen uneigennützigen Treuhänder oder eine von ihm abhängige Gesellschaft[6] das Grundstück zu einem Betrag unter der $^7/_{10}$-Grenze ersteigern lässt, um sich dessen Wert zuzuführen,

---

1 BGH v. 9. 1. 1992 IX ZR 165/91, BB 1992, 1028.
2 BGH v. 27. 2. 2004 IXa ZB 298/03, NJW-RR 2004, 666.
3 BFH v. 13. 12. 2007 II R 28/07, BStBl II 2008, 487.
4 BGH v. 27. 6. 1979 VIII ZR 297/77, WM 1979, 977.
5 BGH v. 6. 7. 1979 IX ZR 4/89, BGHZ 108, 248.
6 Wobei das Vorliegen eines abhängigen Unternehmens in entsprechender Anwendung von § 17 Abs. 1 und 2 AktG zu beurteilen ist, und zwar auch wenn es sich um eine GmbH oder eine Personengesellschaft handelt (BGH v. 9. 1. 1992 IX ZR 165/91, BGHZ 117, 8).

nach § 114a ZVG so behandeln lassen, als hätte er selbst das Gebot abgegeben, § 114a ZVG findet vielmehr **auch** dann Anwendung, **wenn** das den betreibenden **Gläubiger beherrschende Unternehmen,** sei es selbst oder über einen von ihm abhängigen Dritten, das Grundstück ersteigert hat und der Gläubiger im Versteigerungstermin nicht als Bietkonkurrent des herrschenden Unternehmens auftreten konnte.[1]

44 Auch **grunderwerbsteuerrechtlich** gehört **beim Erwerb durch Meistgebot** im Zwangsversteigerungsverfahren **der Betrag zur Gegenleistung,** in dessen Höhe der das Meistgebot abgebende **Gläubiger** mit dem Zuschlag gemäß § 114a ZVG **als** aus dem Grundstück **befriedigt gilt,** und zwar auch dann, wenn der Ersteher im Innenverhältnis zu einem Dritten von den Folgen der Befriedigungsfiktion freigestellt wird.[2] Die als befriedigt geltende Forderung ist auch dann Teil der Gegenleistung, wenn der Meistbietende das der Zwangsversteigerung zugrunde liegende Grundpfandrecht nebst den damit gesicherten Forderungen erworben hat. Der für die Forderungen gezahlte Kaufpreis ist dabei ohne Bedeutung.[3] Das folgt aus § 9 Abs. 2 Nr. 1, womit letztlich jede Gegenleistung erfasst wird, die dem Veräußerer, also demjenigen, der sein Eigentum am Grundstück verlieren soll, hier dem Versteigerungsschuldner, zusätzlich zur „vereinbarten" Gegenleistung vom Erwerber gewährt ist. „Vereinbart" i. S. des § 9 Abs. 2 Nr. 1 wird die Gegenleistung im Fall des § 9 Abs. 1 Nr. 4 dadurch, dass ein Gebot abgegeben wird, das als eine auf den Grundstückserwerb durch staatlichen Hoheitsakt gerichtete Willenserklärung anzusehen ist. Zu dieser tritt die Tilgungswirkung des § 114a ZVG als zusätzliche Leistung hinzu, die – wenngleich sie kraft Gesetzes zu erbringen ist – doch (weitgehend) vorhersehbar ist und um des Grundstückserwerbs willen erbracht werden muss, also auch ihrer Art nach Gegenleistung ist.[4]

Die Bemessungsgrundlage umfasst beim Erwerb durch Meistgebot **auch dann** den Betrag, in dessen Höhe der Gläubiger nach § 114a ZVG als befriedigt gilt, **wenn** dem **Meistbietenden selbst der Zuschlag nicht erteilt** wird.[5] Das entspricht der zivilrechtlichen Rechtslage.[6]

---

1  BGH v. 9. 1. 1992 IX ZR 165/91, BB 1992, 1028.
2  BFH v. 25. 8. 2010 II R 36/08, BFH/NV 2010, 2304.
3  BFH v. 8. 10. 2008 II B 42/08, BFH/NV 2009, 46.
4  BFH v. 16. 10. 1985 II R 99/85, BStBl II 1986, 148; v. 15. 11. 1989 II R 71/88, BStBl II 1990, 228; s. dazu auch BVerfG v. 28. 4. 1990 2 BvR 331/90, NJW 1990, 2375.
5  BFH v. 16. 3. 1994 II R 94/91, BStBl II 1994, 525.
6  Vgl. BGH v. 6. 7. 1989 IX ZR 4/89, BGHZ 108, 248.

Entsprechend dem Umfang der zivilrechtlichen Befriedigungsfiktion[1] ist die 45
Forderung, soweit die Befriedigungswirkung eintritt, mit dem **Nennwert** anzusetzen.[2] Sie ist als dinglich ausreichend gesicherte Forderung – auch wenn sie
von dem eigentlichen Schuldner nicht beizutreiben wäre – nicht wertlos.[3] Unerheblich ist, ob die ausgefallene Forderung im Zuge der Verwertung des
Grundstücks realisiert werden kann.

**Trifft** der **Forderungsverlust** infolge der Befriedigungsfiktion des § 114a ZVG
**nicht** den **Meistbietenden,** sondern tritt er wegen der Erteilung des Zuschlags
an ihn bzw. der Abgabe des Meistgebots durch ihn[4] ein, weil er z. B. abhängiges Unternehmen des Gläubigers ist (s. Rdnr. 43), stellt der Betrag, in dessen
Höhe der Gläubiger seine Forderung gegen den Zwangsvollstreckungsschuldner verliert, die Leistung eines Dritten für die Überlassung des Grundstücks i. S.
von § 9 Abs. 2 Nr. 4 dar.[5] Denn es macht für den grunderwerbsteuerrechtlichen
Gegenleistungsbegriff keinen Unterschied, ob die Gegenleistung privatrechtlich vereinbart wurde oder aufgrund gesetzlicher Vorschrift erbracht werden
muss.

Zur Frage, ob der Betrag, hinsichtlich dessen der Ersteher als befriedigt gilt, bei
Abtretung der Rechte aus dem Meistgebot an einen Befriedigungsberechtigten zur Gegenleistung gehört, vgl. Rdnr. 51.

## 5. Die auf den Ersteher kraft Gesetzes übergehenden Grundstückslasten

Nach § 9 Abs. 2 Nr. 2 gehören zur Gegenleistung auch die auf den Ersteher 46
kraft Gesetzes übergehenden Grundstückslasten, soweit es sich nicht um dauernde Lasten handelt. Diese Vorschrift kommt **bei** einem **Erwerb in der
Zwangsversteigerung** nur **ausnahmsweise** zum Tragen, und zwar insoweit, als
Rechte am Grundstück, soweit sie nicht in das geringste Gebot aufgenommen
sind, nicht erlöschen (§ 52 Abs. 1, § 91 Abs. 1 ZVG). Das sind Überbau- und Notwegrenten (§ 52 Abs. 2 Satz 1 ZVG), das Erbbaurecht im Falle der Versteigerung
des belasteten Grundstücks (§ 25 ErbbauRG), die Erbbauzinsreallast im Fall der

---

1 Vgl. BGH v. 13.11.1986 IX ZR 26/86, BGHZ 99, 110; v. 6.7.1989 IX ZR 4/89, BGHZ 108, 248.
2 BFH v. 15.11.1989 II R 71/88, BStBl II 1990, 228; s. auch BFH v. 8.2.1995 II B 66/94, BFH/NV
1995, 927; s. aber auch Rdnr. 43 Abs. 2.
3 BFH v. 15.11.1989 II R 196/87, BFH/NV 1991, 58.
4 Vgl. dazu die in Rdnr. 43 erwähnte Entscheidung des BGH v. 9.1.1992 IX ZR 165/91, BGHZ
117, 8.
5 BFH v. 19.6.2013 II R 5/11, BStBl II 2013, 926, und II R 6/11, BFH/NV 2013, 1813; ebenso FG
Köln v. 8.12.2010, EFG 2011, 732.

Versteigerung des Erbbaurechts, wenn als deren Inhalt vereinbart ist, dass sie abweichend von § 52 Abs. 1 ZVG mit ihrem Hauptanspruch bestehen bleibt (§ 52 Abs. 2 Satz 2 Nr. 2 ZVG), unter der Voraussetzung des § 52 Abs. 2 Satz 2 Nr. 2 ZVG Grunddienstbarkeiten und beschränkt persönliche Dienstbarkeiten, die auf dem Grundstück als Ganzem ruhen, bei der Versteigerung von Wohnungseigentum, Nutzungsrechte am Grundstück, die nach DDR-Recht begründet wurden bzw. bestehen (Art. 233 § 4 Abs. 4 und 7 EGBGB) sowie nicht eintragungspflichtige, nach Landesgesetzen begründete Rechte und Altenteilslasten (§§ 2, 9 EGZVG). Im Übrigen wird auf Rdnr. 83 verwiesen.

## 6. Leistungen des Meistbietenden an Dritte

47    Zur Gegenleistung gehören nach **§ 9 Abs. 2 Nr. 3** auch Leistungen, die der Grundstückserwerber anderen Personen als dem Veräußerer als Gegenleistung dafür gewährt, dass sie auf den Erwerb des Grundstücks verzichten.[1] Da ein solcher Verzicht nach Abgabe des Meistgebots nicht mehr möglich ist, muss die Vereinbarung zwischen dem Ersteher und dem Dritten vor dem Versteigerungstermin (zumindest vor Ende der Bieterstunde) abgeschlossen worden sein.

Hinzuzurechnen ist eine Entschädigung, die der (künftige) Ersteher einem Dritten dafür verspricht, dass dieser nicht mitbietet, nicht aber eine Entschädigung für das bloße Unterlassen der Stellung eines Antrags auf Versagung des Zuschlags nach § 74a ZVG, weil der zur Antragstellung Berechtigte (Dritte) damit nur erreichen kann, dass dem Ersteher der Zuschlag nicht erteilt wird, nicht aber, dass der Zuschlag ihm, dem potenziellen Antragsteller, erteilt wird.[2]

Hinzuzurechnen ist auch ein erloschenes Recht, soweit es im Zwangsversteigerungsverfahren ausgefallen ist, wenn der Ersteher und der Pfandgläubiger vor der Versteigerung das Bestehenbleiben des Pfandrechts vereinbarten (vgl. § 91 Abs. 2 ZVG), sofern diese Vereinbarung deshalb abgeschlossen worden ist, damit der Pfandgläubiger nicht mitbiete.[3]

---

1 Grundsätzlich zur Geltung beim Erwerb im Zwangsversteigerungsverfahren vgl. BFH v. 22. 4. 1964 II 47/62, BStBl III 1964, 368.
2 BFH v. 22. 4. 1964 II 47/62, BStBl III 1964, 368.
3 BFH v. 31. 8. 1960 II 277/59, HFR 1961, 54.

## III. Umfang der Gegenleistung bei Erwerb durch Abtretung der Rechte aus dem Meistgebot

### 1. Allgemeines

**§ 9 Abs. 1 Nr. 5** handelt nur davon, was als Gegenleistung bei der Abtretung    48
der Rechte aus dem Meistgebot gilt. Dem Sinn und Zweck nach kann § 9 Abs. 1
Nr. 5 aber nicht nur für einen gemäß § 1 Abs. 1 Nr. 7 der Steuer unterliegenden
Erwerb Geltung haben, sondern muss ebenso für das entsprechende Verpflichtungsgeschäft (§ 1 Abs. 1 Nr. 5) gelten. Diese Folgerung ergibt sich zwingend
aus dem Wortlaut des § 9 Abs. 1 Nr. 5 Satz 2. Die Bestimmung der als Gegenleistung geltenden Leistung in § 9 Abs. 1 Nr. 5 gilt auch für die in der Erklärung
des Meistbietenden im Versteigerungstermin, er habe für einen anderen geboten (§ 81 Abs. 3 ZVG), liegende Abtretung der Rechte aus dem Meistgebot[1]
und auch dann, wenn derjenige, für den der Meistbietende handelte, aufgrund
des zwischen ihm und dem Meistbietenden bestehenden Auftragsverhältnisses die Verwertungsmöglichkeit über das Grundstück erlangt.[2]

### 2. Die Übernahme der Verpflichtungen aus dem Meistgebot

Als Gegenleistung für den Erwerb durch Abtretung der Rechte aus dem Meist-    49
gebot gilt in erster Linie die Übernahme der Verpflichtungen aus dem Meistgebot (**§ 9 Abs. 1 Nr. 5 Satz 1**). Darunter kann nur die Übernahme der Verpflichtung zur Zahlung des Bargebots verstanden werden zuzüglich der aus den
nach den Versteigerungsbedingungen bestehen bleibenden Rechte resultie-
renden Verbindlichkeit sowie die Verpflichtungen, in die der Meistbietende
mit Abgabe des Meistgebots eingetreten ist (vgl. Rdnr. 38). Nicht dazu gehören
diejenigen Leistungen, die nach § 9 Abs. 2 zur Gegenleistung des Meistbietenden gehören. Insoweit handelt es sich nicht um Verpflichtungen, die aus dem
Meistgebot entspringen, sondern um zusätzliche Leistungen (vgl. Rdnr. 50).

### 3. Die zusätzlichen Leistungen an den Meistbietenden

Die zusätzliche Leistung i. S. von **§ 9 Abs. 1 Nr. 5 Satz 2** kann darin bestehen,    50
dass der Erwerber dem Meistbietenden Ersatz für seine Aufwendungen an
Dritte (vgl. Rdnr. 47) gewährt, dass er mit dem Meistbietenden das Liegenbe-
lassen (§ 91 Abs. 2 ZVG) von dessen – ausgefallenem – Grundpfandrecht vereinbart oder schlicht einen über das Meistgebot hinausgehenden Preis für die

---

1 RFH v. 7. 5. 1927 II A 176/27, StW 1927 Nr. 409; BFH v. 26. 3. 1958 II 163/57, BStBl III 1958, 336.
2 Vgl. dazu BFH v. 26. 3. 1980 II R 143/78, BStBl II 1980, 523.

Abtretung (Verpflichtung zur Abtretung) gewährt. Derartige zusätzliche Leistungen sind insbesondere dann denkbar, wenn der Meistbietende im Auftrag des Abtretungsempfängers handelt und dieser aus dem Auftragsverhältnis zum Ersatz verpflichtet ist (§ 670 BGB). Unterliegt das Meistgebot der Grunderwerbsteuer, so ist die Ersatzleistung für den Steuerbetrag zusätzliche Leistung an dem Meistbietenden. § 9 Abs. 3 steht dem nicht entgegen, weil es sich nicht um die Grunderwerbsteuer aus dem konkreten Erwerbsvorgang handelt. Zu den zusätzlichen Leistungen zählt auch die Abgeltung der Forderung des Meistbietenden, die dieser kraft § 114a ZVG einbüßt, obwohl der Zuschlag nicht ihm, sondern dem Abtretungsempfänger erteilt wird.

## 4. Forderungsverlust des Abtretungsempfängers infolge der Befriedigungsfiktion des § 114a ZVG

51  Die Befriedigungsfiktion des § 114a ZVG tritt erst infolge des Zuschlags ein. Sie **trifft** also **denjenigen, dem** die **Rechte aus dem Meistgebot abgetreten** sind, **wenn allein ihm** eine **Forderung** gegen den Versteigerungsschuldner **zusteht**. Die ihm dadurch auferlegte Leistung ist **nicht unter § 9 Abs. 1 Nr. 5 zu subsumieren**. Sie gehört nicht zu den übernommenen Verpflichtungen aus dem Meistgebot. Ebenso wenig stellt sie eine Leistung dar, zu deren Erbringung sich der Abtretungsempfänger gegenüber dem Meistbietenden verpflichtet hat.

Der Forderungsverlust kann **auch nicht zusätzliche Leistung** des Abtretungsempfängers gegenüber dem Veräußerer **i. S. von § 9 Abs. 2 Nr. 1** sein.[1] Denn **Veräußerer** des nach § 1 Abs. 1 Nr. 5 bzw. 7 der Steuer unterliegenden Rechtsgeschäfts **ist der Meistbietende, nicht** aber der **Grundstückseigentümer** und Versteigerungsschuldner. Soweit Loose[2] eine zusätzliche Gegenleistung des Erstehers durch Eintritt der Befriedigungsfiktion annimmt, weil der Forderungsverlust notwendige Folge seiner zur Verwirklichung des Erwerbsvorgangs i. S. von § 1 Abs. 1 Nr. 5 bzw. 7 erforderlichen Willenserklärung und deswegen mit seinem Erwerb kausal verknüpft sei, wird dies außer Acht gelassen. Insoweit rechtfertigt der Gedanke, auch für die Auslegung des § 9 Abs. 2 Nr. 1 sei der Gegenleistungsbegriff sachbezogen auf das Grundstück zu werten, weil er den Verlust der Forderung um des Grundstückserwerbs willen sozusagen sehenden Auges erleide, nicht die Zurechnung zur aus § 9 Abs. 1 Nr. 5 zu entnehmenden Gegenleistung.

1 A. A. Boruttau/Loose, Rn. 444 zu § 9; Pahlke, Rz 127.
2 In Boruttau, Rn. 444.

Ist der in verdeckter Stellvertretung Meistbietende Auftragnehmer (Strohmann, [uneigennütziger] Treuhänder) eines anderen, dem gegenüber er aus dem seinem Handeln zugrunde liegenden Auftragsverhältnis zur Herausgabe des Erlangten verpflichtet ist, so leitet sich der Erwerb der Verwertungsbefugnis[1] durch den anderen vom Meistbietenden ab. Auch hier stehen sich nicht Grundstückseigentümer und derjenige, der die Verwertungsbefugnis erlangt und folglich die Abtretung der Rechte aus dem Meistgebot verlangen (notfalls erzwingen) kann, als Veräußerer und Erwerber gegenüber, sondern der Auftragnehmer usw. und der Auftraggeber. Der zivilrechtlich eintretende Forderungsverlust[2] verwirklicht sich nicht im Verhältnis der einander als Veräußerer und Erwerber gegenüberstehenden Personen.[3]

Der dem Ersteher, dem die Rechte aus dem Meistgebot abgetreten waren, vom Gesetz auferlegte Forderungsverlust zum Zwecke des Grundstückserwerbs kann auch **nicht nach § 9 Abs. 2 Nr. 3 zur Gegenleistung** gerechnet werden.[4] Denn tatbestandsmäßige Voraussetzung der Hinzurechnung von Leistungen, die der Erwerber einem Dritten gegenüber erbringt, ohne dass insoweit eine Verpflichtung gegenüber dem Veräußerer vorliegt (§§ 328 ff. BGB), ist, dass der Dritte, das wäre hier der Versteigerungsschuldner, auf den Erwerb des Grundstücks verzichtet. Diese Tatbestandsvoraussetzung ist offensichtlich bei Abtretung der Rechte aus dem Meistgebot im Zusammenhang mit der Befriedigungsfiktion des § 114a ZVG nicht erfüllbar.

## 5. Weitere Gegenleistungsbestandteile (§ 9 Abs. 2 Nr. 2 bis 4)

Kraft Gesetzes auf den Ersteher übergehende, nicht im geringsten Gebot berücksichtigte Lasten (diese sind Teil des Meistgebots) gehören ebenfalls zur Bemessungsgrundlage, soweit es sich nicht um dauernde Lasten handelt (**§ 9 Abs. 2 Nr. 2**). Zu denken ist hier insbesondere an den nach § 52 Abs. 2 Satz 2 ZVG bestehenden bleibenden Erbbauzins, der nach § 9 Abs. 2 Nr. 2 Satz 3 nicht als dauernde Last gilt.

Hat der Abtretungsempfänger bereits vor dem Versteigerungstermin eine Leistung an einen Dritten erbracht, um ihn zum Verzicht auf den Erwerb des Grundstücks zu bewegen (**§ 9 Abs. 2 Nr. 3**), so ist eine derartige Leistung wie im Fall des Erwerbs durch Meistgebot der Gegenleistung hinzuzurechnen (vgl.

52

---

1  § 1 Abs. 2, s. dazu auch BFH v. 26. 3. 1980 II R 143/78, BStBl II 1980, 523.
2  Vgl. BGH v. 9. 1. 1992 IX ZR 165/91, BB 1992, 1028.
3  A. A. Steiger, UVR 1992, 349; wohl auch Boruttau/Loose, Rn. 444 a. E.
4  Ebenso Boruttau/Loose, Rn. 444.

Rdnr. 47). Desgleichen ist eine Leistung der Gegenleistung hinzuzurechnen, die der (spätere) Abtretungsempfänger einem anderen, der gleichfalls an der Abtretung der Rechte aus dem Meistgebot interessiert ist, gegenüber erbringt, um ihn vom Erwerb dieser Rechte abzubringen.

Der Gegenleistung hinzuzurechnen sind auch Leistungen Dritter, die diese dem Meistbietenden dafür gewähren, dass er das Meistgebot an den Abtretungsempfänger abtritt bzw. sich dazu verpflichtet, ihm also das Grundstück überlässt (**§ 9 Abs. 2 Nr. 4**).

### 6. Abrechnung von Leistungen, die der Meistbietende dem Ersteher gewährt

53 Gewährt der Meistbietende dem Abtretungsempfänger eine Entschädigung dafür, dass dieser die Rechte aus dem Meistgebot übernimmt (z. B. weil ihn das Meistgebot reut oder er den aus ihm entspringenden finanziellen Lasten nicht gewachsen ist), so sind derartige Leistungen nach § 9 Abs. 1 Nr. 5 Satz 3 abzusetzen. Für eine Verhältnisrechnung (Hofmann, GrEStG, § 8 Rdnr. 24) ist kein Raum.

## F. Die Abtretung des Übereignungsanspruchs

54 Als Gegenleistung für die Abtretung des Übereignungsanspruchs (§ 1 Abs. 1 Nr. 7) und für das entsprechende Verpflichtungsgeschäft (§ 1 Abs. 1 Nr. 5) gelten nach **§ 9 Abs. 1 Nr. 6** die Übernahme der Verpflichtungen aus dem den Übereignungsanspruch begründenden Rechtsgeschäft einschließlich der besonderen Leistungen, zu denen sich der Übernehmer dem Abtretenden gegenüber verpflichtet hat, und ausschließlich der Leistungen, die der Abtretende dem Übernehmer gegenüber übernimmt. Naturgemäß ist beim Erwerb durch Abtretung des Übereignungsanspruchs für die Höhe der Gegenleistung maßgebend, in welchem tatsächlichen, möglicherweise erst auch künftig herzustellenden Zustand das Grundstück, auf das sich der Übereignungsanspruch richtet, zum Gegenstand des Erwerbsvorgangs (s. Hofmann, GrEStG, § 8 Rdnr. 9 ff.) gemacht wird.[1] Die Regelung entspricht zumindest weitgehend der des § 9 Abs. 1 Nr. 5. Unter besonderen Leistungen müssen zusätzliche Leistungen – solche Leistungen, die über die Übernahme der Verpflichtungen aus dem Geschäft mit dem Eigentümer hinausgehen –, verstanden werden.

---

1 Vgl. BFH v. 16. 2. 2011 II R 48/08, BStBl II 2012, 295.

Nicht unter § 9 Abs. 1 Nr. 6 fällt die Abtretung der Rechte aus einem Kaufangebot (§ 1 Abs. 1 Nr. 6 bzw. 7). Hier ist Besteuerungsgrundlage weder die Gegenleistung für die Abtretung noch die Gegenleistung des aufgrund der Abtretung zustande kommenden Kaufvertrags, sondern der Wert des Grundstücks i. S. des § 151 Abs. 1 Satz 1 Nr. 1 i. V. m. § 157 Abs. 1 bis 3 BewG.[1]

# G. Die Enteignung

Als Gegenleistung beim Erwerb eines Grundstücks im Enteignungsverfahren **55** gilt die Entschädigung (**§ 9 Abs. 1 Nr. 7 Satz 1**). Das sind diejenigen Leistungen, die im Enteignungsverfahren festgesetzt und dem Enteignungsbetroffenen als Entschädigung zugesprochen werden. Die Entschädigung kann in Bargeld bestehen oder in Landzuweisung (vgl. z. B. §§ 9, 100 BauGB) oder auch in der Begründung von Rechten usw. Wird eine Entschädigung in Land gewährt, so ist der Wert der als Gegenleistung anzusetzenden Entschädigung (gleich einem Grundstückstausch) der gemeine Wert des vom Enteignungsbetroffenen empfangenen Grundstücks. Zusätzliche Leistungen, z. B. die Übernahme von Grundpfandrechten an dem Erwerbsgrundstück sind in die Gegenleistung einzubeziehen. Zu beachten ist, dass auch bei einer Enteignung die Entschädigung nur insoweit Gegenleistung im grunderwerbsteuerrechtlichen Sinne sein kann, als sie sich auf das Grundstück i. S. des § 2, nicht aber soweit sie sich auf Zubehör, Betriebsvorrichtungen usw. bezieht.[2] Leistungen, mit denen nicht der Erwerb des Grundstücks abgegolten wird, z. B. Abgeltung von Belegungsschäden usw., gehören ebenso wenig zur Gegenleistung wie die Vermessungs- und Vermarkungskosten, die anlässlich einer Enteignung oder eines freihändigen Erwerbs zur Vermeidung drohender Enteignung entstehen, weil es Sache des Enteignungsberechtigten ist, das zu enteignende Grundstück genau zu bezeichnen.[3] Je nach dem Inhalt der maßgeblichen enteignungsrechtlichen Vorschriften gehören auch die zur zweckentsprechenden Rechtsverfolgung und -verteidigung notwendigen Kosten (bspw. Rechtsanwalts- und Gutachterkosten) nicht zur Gegenleistung, wenn nämlich diese ohne Rücksicht auf den Ausgang des Verfahrens vom Enteignungsbegünstigten zu übernehmen sind,[4]

---

1 BFH v. 6. 5. 1969 II 131/64, BStBl II 1969, 595; vgl. Hofmann, GrEStG, § 8 Rdnr. 36.
2 Vgl. auch BFH v. 2. 6. 2005 II R 6/04, BStBl II 2005, 651.
3 BFH v. 5. 2. 1975 II R 80/73, BStBl II 1975, 454.
4 BFH v. 17. 10. 1990 II R 58/88, BStBl II 1991, 146.

und zwar auch bei der freiwilligen Veräußerung zur Vermeidung einer Enteignung.[1]

Kraft ausdrücklicher Anordnung in § 9 Abs. 1 Nr. 7 Satz 2 gehört eine besondere Entschädigung für die Wertminderung nicht enteigneter Grundstücke, die zusammen mit dem enteigneten Grundstück eine wirtschaftliche Einheit bildeten, nicht zur Gegenleistung, und zwar auch dann nicht, wenn ein Grundstück zur Vermeidung (ernstlich drohender) Enteignung freiwillig veräußert wird. Zum Nachweis der Voraussetzungen des Tatbestandsmerkmals „Vermeidung der Enteignung" vgl. BFH vom 28. 6. 1989.[2] Eine solche Entschädigung bezieht sich nur auf das Restgrundstück; sie betrifft zwar Enteignungsfolgen, aber nicht unmittelbar den Erwerb des enteigneten Grundstücks. § 9 Abs. 1 Nr. 7 Satz 2 durchbricht den Grundsatz, dass nur alle Leistungen, die der Erwerber aufwenden muss, um das Grundstück zu erhalten, die also kausal mit dem Grunderwerb verknüpft sind, zur Gegenleistung gehören (vgl. Hofmann, GrEStG, § 8 Rdnr. 3). Die Herausnahme der Entschädigung für die Wertminderung des Restgrundstücks durch die § 9 Abs. 1 Nr. 7 Satz 2 wortgleiche Regelung in § 11 Abs. 1 Nr. 7 Satz 2 GrEStG 1940 beruhte ausweislich der Gesetzesbegründung[3] auf dem Gedanken, dass der Erwerber für die besondere Entschädigung für Wertminderung keinen Gegenwert erhält. Sie sollte die Rechtsprechung des RFH,[4] wonach die Entschädigung für wirtschaftliche Nachteile hinsichtlich des verbleibenden Restgrundstücks wie z. B. die Erschwerung von dessen Bewirtschaftung, zum Veräußerungspreis i. S. von § 12 GrEStG 1919 rechnete, gegenstandslos machen. Deshalb sollte die Abgeltung von Vermögensnachteilen (Betriebseinschränkungen, Bewirtschaftungserschwernisse) hinsichtlich des Restgrundstücks unter den Begriff der Wertminderung zu subsumieren sein. Der BFH hat jedoch mit Urteil vom 2. 6. 2005[5] im Gleichklang mit der zur Umsatzsteuer ergangenen Entscheidung vom 24. 6. 1992[6] bei einem Kauf zur Vermeidung einer Enteignung dahin gehend erkannt, dass die Entschädigungsleistungen, die zum Ausgleich für Vermögensnachteile infolge der Grundstücksveräußerung (insbesondere für eine Betriebseinschränkung oder -verlegung) erbracht werden, zur Gegenleistung rechneten. § 9 Abs. 1 Nr. 7 Satz 2 betreffe nur die Minderung des Substanzwerts der nicht entzoge-

1 BFH v. 18. 12. 1991 II R 54/89, BStBl II 1992, 301; vgl. auch BFH v. 26. 6. 1992 V R 80/88, BStBl II 1992, 986.
2 II R 102/86, BStBl II 1989, 802.
3 RStBl 1940, 397 ff., 407 f.
4 Vgl. Urteil v. 20. 3. 1923 II A 11/23, RFHE 12, 32.
5 II R 6/04, BStBl II 2005, 651.
6 V R 80/88, BStBl II 1992, 986.

nen Grundstücke, nicht aber Entschädigungsleistungen für Vermögensnachteile, die an anderen Wirtschaftsgütern des Veräußerers eintreten. Maßnahmen zur notwendig gewordenen Mindesterschließung des Restgrundstücks durch Schaffung neuer Zuwege gehören nicht zur Gegenleistung.[1] Ebenfalls nicht in die Bemessungsgrundlage einzubeziehen sind Leistungen an Mieter oder Pächter des Enteignungsbetroffenen für die vorzeitige Räumung und Besitzaufgabe.[2]

# H. Weitere Erwerbsvorgänge

## I. Ein Erbbaurecht (Untererbbaurecht) betreffende Erwerbsvorgänge

**Verwaltungsanweisungen:** Ländererlasse v. 16. 9. 2915, BStBl I 2015, 827.

## 1. Kauf

Der Kauf eines bestehenden Erbbaurechts ist Kauf i. S. des § 9 Abs. 1 Nr. 1. Tritt    56 der Erwerber in die schuldrechtliche Pflicht des Veräußerers zur Zahlung des Erbbauzinses ein oder übernimmt er bei verdinglichtem Erbbauzins die entsprechende subjektiv-dingliche Reallast (vgl. § 9 ErbbauRG i. V. m. § 1105 Abs. 2 BGB; zum Erfordernis ausdrücklicher Übernahme nach dem 31. 12. 2001 vgl. die Ausführungen in Rdnr. 12 f.), so gehört der Erbbauzins zur Gegenleistung. Das galt im Hinblick auf § 9 Abs. 2 Nr. 2 Satz 3 auch für vor dem 1. 1. 2002 entstandene Schuldverhältnisse.

Erwirbt jedoch der Eigentümer des erbbaurechtsbelasteten Grundstücks das Erbbaurecht, so bleibt die verdinglichte Verpflichtung zur Zahlung des Erbbauzinses bestehen und erlischt nicht durch Konsolidation (§ 889 BGB), sie wird vielmehr zur Eigentümerreallast, deren Übergang der Charakter einer Gegenleistung deshalb fehlt[3], weil keine Leistungspflicht einer anderen Person gegenüber besteht. Beim gleichzeitigen Erwerb eines mit einem Erbbaurecht belasteten Grundstücks sowie des Erbbaurechts, dessen Aufhebung im Erwerbszeitpunkt beabsichtigt wird, kann dem Erbbauzinsanspruch keinen Wert zuge-

---

1  So auch OFD Magdeburg v. 3. 4. 1994, StEd 1994, 392.
2  Vgl. auch OFD Erfurt v. 12. 1. 2004, DStR 2004, 686.
3  BFH v. 14. 11. 2007 II R 64/06, BStBl II 2008, 486.

messen werden, so dass die Bemessungsgrundlage nicht zu kürzen ist.[1] In einem solchen Fall sind beide Kaufverträge zusammen darauf gerichtet, dass der Käufer im Ergebnis das nicht mit dem Erbbaurecht belastete Grundstück erwirbt, weshalb der Kaufpreis für das Erbbaurecht nicht gemäß § 9 Abs. 2 Nr. 2 Sätze 1 und 3 um die Erbbauzinsreallast zu erhöhen ist und der Kaufpreis für das Grundstück nicht um einen auf den Kapitalwert des Erbbauzinsanspruchs entfallenen Teil zu vermindern ist.[2]

Zum Kauf des erbbaurechtsbelasteten Grundstücks s. Rdnr. 13.

## 2. Verpflichtung zur Bestellung, Bestellung, Abtretung des Anspruchs auf Bestellung

Literatur: *Dorner,* Grunderwerbsteuerliche Gegenleistung bei der Bestellung von Erbbaurechten, BB 1982, 490.

57     Zu den Verpflichtungsgeschäften i. S. von § 1 Abs. 1 Nr. 1 gehört auch die Verpflichtung zur Bestellung eines Erbbaurechts bzw. eines Untererbbaurechts.[3] Ist eine derartige Verpflichtung nicht begründet worden, so unterliegt die Bestellung des Erbbaurechts zugunsten eines anderen der Steuer. Die Abtretung eines Anspruchs auf Bestellung eines Erbbaurechts unterliegt der Grunderwerbsteuer nach § 1 Abs. 1 Nr. 5 bzw. 7.[4]

Gegenleistung für die Verpflichtung zur Bestellung eines Erbbaurechts sind zunächst die dafür vereinbarten Leistungen, also der Kapitalwert (§ 13 BewG) der Erbbauzinsverpflichtung[5] und bei Bestellung gegen Einmalzahlung deren Wert. Zur Gegenleistung kann aber auch die Verpflichtung des Erbbauberechtigten, ein Gebäude zu errichten und instand zu halten, ein bestehendes Gebäude zu restaurieren usw. gehören, wenn die Substanz der aufstehenden Gebäude letztendlich dem Erbbaurechtsbesteller zugutekommen soll (vgl. im Einzelnen Hofmann, GrEStG, § 8 Rdnr. 6). Dementsprechend gilt bei einem Rechtsgeschäft, das auf Übertragung des Anspruchs auf Bestellung eines Erbbaurechts gerichtet ist (§ 1 Abs. 1 Nr. 5) bzw. bei der Übertragung dieses Anspruchs (§ 1 Abs. 1 Nr. 7) in Anwendung von § 9 Abs. 1 Nr. 6, Abs. 2 Nr. 2 Satz 3

---

1 BFH v. 11. 6. 2013 II R 30/11, BFH/NV 2013, 1632; FG Düsseldorf, 13. 4. 2011, EFG 2011, 1644, bestätigend.

2 Entgegen Behrens, BB 2015, 1890, steht die BFH-Entscheidung v. 11. 6. 2013 II R 30/11, BFH/NV 2013, 1632, nicht in Widerspruch zu BFH v. 8. 5. 2015 II R 8/14, BStBl II 2015, 853.

3 BFH v. 28. 11. 1967 II R 37/66, BStBl II 1968, 223; v. 21. 12. 1977 II R 47/73, BStBl II 1978, 318; v. 9. 8. 1978 II R 164/73, BStBl II 1978, 678; v. 5. 12. 1979 II R 103/76, BStBl II 1980, 135; s. auch Hofmann, GrEStG, § 2 Rdnr. 22.

4 BFH v. 28. 11. 1967 II 1/64, BStBl II 1968, 222.

5 Vgl. BFH v. 26. 11. 1986 II R 18/84, BStBl II 1987, 271.

die Übernahme der Verpflichtungen aus dem den Anspruch auf Bestellung des Rechts begründenden Vertrag einschließlich der zu ihr gehörenden Erbbauzinsverpflichrung als Gegenleistung.

Übernimmt der Erbbauberechtigte im Erbbaurechtsbestellungsvertrag über ein bebautes Grundstück die Verpflichtung, das aufstehende Gebäude umfassend zu sanieren, fehlt der Sanierungsverpflichtung dann Gegenleistungscharakter, obwohl bei Erlöschen des Erbbaurechts keine Entschädigung zu leisten ist, wenn der Eigentümer des belasteten Grundstücks jährlich Investitionszuschüsse zahlt und diese insgesamt einer Entschädigung für die Sanierung des Gebäudes entsprechen.[1]

## 3. Aufhebung

Bei der vorzeitigen rechtsgeschäftlichen Aufhebung eines Erbbaurechts[2] ist Bemessungsgrundlage – sofern der Grundstückseigentümer keine Leistungen dafür erbringt – der Grundbesitzwert i. S. von § 151 Abs. 1 Satz 1 Nr. 1 i. V. m. § 157 Abs. 1 bis 3 BewG des Erbbaurechts (§ 8 Abs. 2 Nr. 1).[3] Der Kapitalwert der erlöschenden Erbbauzinsverpflichtung gehört nicht zur Gegenleistung. Erbringt der Erbbauberechtigte Leistungen an den Grundstückseigentümer dafür, damit dieser in die vorzeitige Aufhebung einwillige, so sind derartige Leistungen grunderwerbsteuerrechtlich irrelevant. Die Steuer ist aber vom Wert der Gegenleistung zu berechnen, wenn der Grundstückseigentümer bspw. für ein vom Erbbauberechtigten errichtetes Gebäude Leistungen erbringt oder die Schuldverpflichtung, die den auf dem Erbbaurecht lastenden Grundpfandrechten zugrunde liegt (ggf. unter Bestellung von Grundpfandrechten an seinem Grundstück), übernimmt.

**58**

## 4. Heimfall

Beim Heimfall, der das Erbbaurecht in seinem Bestand nicht berührt und der Steuer unterliegt (vgl. Hofmann, GrEStG, § 2 Rdnr. 25), besteht die Gegenleistung in der an den Erbbauberechtigten zu zahlenden Vergütung (vgl. § 32 ErbbauRG) sowie aus hinzutretenden etwaigen Mehrleistungen. Weiter gehören zur Gegenleistung die kraft Gesetzes übergehenden Belastungen (§ 33 Abs. 1 ErbbauRG) einschließlich der gesetzlichen Schuldübernahme (§ 33 Abs. 2 Erb-

**59**

---

1  BFH v. 8. 9. 2010 II R 28/09, BStBl II 2011, 227.
2  Zur Steuerpflicht entsprechend § 1 Abs. 1 Nr. 2 vgl. BFH v. 5. 12. 1979 II R 122/76, BStBl II 1980, 136 und Hofmann, GrEStG, § 2 Rdnr. 26.
3  Vgl. BFH v. 31. 3. 1976 II R 93/75, BStBl II 1976, 470.

bauRG; zur Anrechnung auf die Vergütung s. § 33 Abs. 3 ErbbauRG). Der Erbbauzins gehört nicht zur Gegenleistung (Anspruch und Zinspflicht vereinen
sich in einer Person). Wird in Ausübung des Heimfallrechts vom Heimfall-
berechtigten die Übertragung des Erbbaurechts an einen Dritten verlangt, so
unterliegt der dieser Erfüllungsleistung zugrunde liegende Vertrag wie ein
Kaufvertrag der Steuer (s. Rdnr. 56).

## 5. Erlöschen, Verlängerung

60   Da das Erlöschen durch Zeitablauf (vgl. Hofmann, GrEStG, § 2 Rdnr. 27) nicht
der Grunderwerbsteuer unterliegt, ist insoweit die Frage nach einer Gegenleistung obsolet.

Dagegen unterliegt die Begründung eines Anspruchs auf **Verlängerung des
Erbbaurechts** der Grunderwerbsteuer (s. Hofmann, GrEStG, § 2 Rdnr. 24). Die
Gegenleistung dafür ist – wie bei der Verpflichtung zur Bestellung eines Erbbaurechts (vgl. Rdnr. 57) die für die Verlängerung vereinbarte Leistung, also
der Kapitalwert der für den Verlängerungszeitraum vereinbarten Erbbauzinsen. Dazu treten noch etwaige zusätzlich gewährte Leistungen. Der Kapitalwert des Erbbauzinses ist auch dann nicht in entsprechender Anwendung von
§ 12 Abs. 3 BewG abzuziehen, wenn die Leistungspflicht des Erbbauberechtigten erst später als ein Jahr nach der Entstehung der Steuer als Folge des Abschlusses des Rechtsgeschäftes entsteht, weil auch die Sachleistungspflicht
des Eigentümers des belasteten Grundstücks erst nach Ablauf der ursprünglichen Frist einsetzt.[1] Da derart die gegenseitigen zeitraumbezogenen Leistungen „Zug um Zug" erfolgen, kann dem späteren Einsetzen der Zahlungspflicht
des Erbbauberechtigten kein kreditives Element innewohnen, das die Abzinsung rechtfertigen könnte (s. Hofmann, GrEStG, § 8 Rdnr. 32).

## 6. Sonstiges

61   Ist ein Erbbaurecht Gegenstand der Zwangsversteigerung, so gelten für den
Erwerb durch Meistgebot (§ 1 Abs. 1 Nr. 4) sowie für den durch Abtretung des
Rechts aus dem Meistgebot (§ 1 Abs. 1 Nr. 5 bzw. 7) § 9 Abs. 1 Nr. 4 bzw. 5. Für
Zwischengeschäfte i. S. von § 1 Abs. 1 Nr. 6 bzw. 7 betreffend Bestellung, Über-
tragung usw. eines Erbbaurechts ist Bemessungsgrundlage dessen Grund-
stückswert (s. Hofmann, GrEStG, § 8 Rdnr. 36).

---

1 So auch FG Baden-Württemberg v. 19. 1. 2011, EFG 2011, 1181; FG Münster v. 10. 4. 2014, EFG
  2014, 1220.

Zur Auswirkung der Fiktion des § 9 Abs. 2 Nr. 2 Satz 3 auf das dem Erbbaurecht dienende Grundstück und dieses betreffende Erwerbsvorgänge s. Hofmann, GrEStG, § 2 Rdnr. 19.

## II. Erwerb aller Anteile an einer Personengesellschaft durch einen Nichtgesellschafter, Erwerb eines Miterbenanteils

Erwirbt ein Dritter, der bislang nicht Gesellschafter ist, alle Anteile an einer 62 Personengesellschaft gleichzeitig, so geht das Eigentum an zum Gesellschaftsvermögen gehörenden Grundstücken auf ihn im Wege der Anwachsung über. Es liegt also ein Erwerb i. S. von § 1 Abs. 1 Nr. 3 Satz 1 vor. Die Erfüllung der Tatbestände des § 1 Abs. 2a bzw. Abs. 3 ist nicht möglich, weil die Gesellschaftsanteile zufolge gleichzeitiger Vollbeendigung der Gesellschaft untergehen. Die Steuer ist nicht gemäß § 8 Abs. 2 Satz 1 Nr. 2 bzw. Nr. 3 aus dem Grundbesitzwert zu bemessen (s. Hofmann, GrEStG, § 8 Rdnr. 44), sondern nach der Grundregel des § 8 Abs. 1 aus dem Wert der Gegenleistung, weil zwischen dem Dritten, dem Nichtgesellschafter, und den Gesellschaftern keine gesellschaftsrechtlichen Bindungen denkbar sind. Diese ist aus dem ersetzenden Rechtsakt, also aus dem Vertrag über den Erwerb der Gesellschaftsanteile, zu entnehmen. Sie bestimmt sich somit nach dem Betrag, der im Verhältnis zu dieser Gesamtleistung anteilig auf das oder die Grundstücke entfällt.[1]

Bei der auf einem entgeltlichen Vertrag beruhenden Übertragung eines Anteils an einer Erbengemeinschaft gilt vergleichbares, soweit der Vorgang nicht nach § 3 Nr. 3 Satz 1 steuerfrei ist, weil die Miterbenanteilsübertragung auf einen anderen Miterben zur Erleichterung der Nachlassteilung erfolgt (vgl. Hofmann, GrEStG, § 3 Rdnr. 28).

## III. Schenkung unter Auflage – Gemischte Schenkung

Ohne Rücksicht auf die – ohnehin nicht unstreitige – Begriffsbestimmung des 63 bürgerlichen Rechts definiert BFH vom 13. 7. 1960[2] den Begriff der Auflage dahin, dass darunter jede dem Beschenkten auferlegte Leistung zu verstehen ist, die zwar keine vertragliche Gegenleistung bildet, aber den Wert seiner Bereicherung (vgl. § 7 Abs. 1 Nr. 1 ErbStG) und demgemäß die Schenkungsteuer mindert. Im Ergebnis wird die Schenkung unter Auflage grunderwerbsteuer-

---

1 BFH v. 13. 9. 1995 II R 80/92, BStBl II 1995, 903; v. 16. 7. 1997 II R 27/95, BStBl II 1997, 663.
2 II 173/58, BStBl III 1960, 412; ebenso RFH v. 25. 2. 1930 II A 28/30, RFHE 26, 227.

rechtlich wie eine gemischte Schenkung behandelt (vgl. Hofmann, GrEStG, § 3 Rdnr. 23).

Handelt es sich um eine **gemischte Schenkung**, also um einen teilweise entgeltlichen Vertrag,[1] ist die Gegenleistung, der entgeltliche Teil, ihrem Wert nach Besteuerungsgrundlage. Die gemischte Schenkung enthält nämlich sowohl Elemente einer Schenkung als auch eines Austauschvertrages (entgeltlichen Rechtsgeschäfts). Die gleichen Grundsätze gelten bei einer Auflage (§ 3 Nr. 2 Satz 2).

## IV. Auflassung

64   Nach dem bürgerlichen Recht ist die Auflassung ein rein dingliches Rechtsgeschäft, frei von schuldrechtlichen Vereinbarungen. Unterliegt ausnahmsweise die Auflassung nach § 1 Abs. 1 Nr. 2 der Steuer, so sind die sonstigen Vereinbarungen, aus denen die Verpflichtung zur Auflassung entspringt, für die Gegenleistungsbestimmung maßgebend. Dasselbe gilt für die Bestellung eines Erbbaurechts ohne vorherigen Abschluss eines darauf gerichteten Verpflichtungsgeschäfts. Fehlen derartige Vereinbarungen (und handelt es sich auch nicht um ein – steuerfreies, vgl. § 3 Nr. 2 Satz 1 – Vermächtnis), so ist die Steuer nach dem Grundbesitzwert (§ 138 Abs. 2 bis 4 BewG) zu bemessen (§ 8 Abs. 2 Satz 1 Nr. 1).

Ist der Auflassung deshalb kein die Verpflichtung zur Übereignung begründendes Rechtsgeschäft vorausgegangen, weil die Übereignungspflicht sich aus § 667 BGB (Herausgabe des Erlangten durch den Beauftragten) ergibt, so ist als Gegenleistung Besteuerungsgrundlage die Befreiung des Auftragnehmers von den aus der Ausführung des Auftrags entstandenen Verbindlichkeiten (§§ 669, 670 BGB).[2] In diesem Zusammenhang ist aber auch § 1 Abs. 6 Satz 2 zu beachten: die Besteuerungsgrundlage dürfte derjenigen entsprechen, die der Besteuerung des Erwerbs der Verfügungsmacht durch den Auftraggeber (§ 1 Abs. 2) zugrunde zu legen war.

## V. Sicherungsübereignung

65   Zwar liegt der bloßen Sicherungsübereignung, die primär bei Gebäuden auf fremdem Boden (§ 2 Abs. 2 Nr. 2) vorkommt, die als Scheinbestandteile (§ 95

---

1  Vgl. BFH v. 20. 4. 1977 II R 48/76, BStBl II 1977, 676; s. auch BFH v. 21. 10. 1981 II R 176/78, BStBl II 1982, 83.

2  Vgl. BFH v. 24. 11. 1970 II 76/65, BStBl II 1971, 309.

BGB) dem Mobiliarsachenrecht unterliegen, regelmäßig a priori kein wirtschaftlicher Umsatz zugrunde, doch unterliegt auch die Sicherungsübereignung der Grunderwerbsteuer (vgl. Hofmann, GrEStG, § 1 Rdnr. 1). Ist – wie üblich – keine Gegenleistung vereinbart, so ist die Steuer nach § 8 Abs. 2 Satz 1 Nr. 1 aus dem Grundbesitzwert zu bemessen. Ist vereinbart, dass das Eigentum am Gebäude nach vollständiger Erfüllung der gesicherten Verbindlichkeit durch den Sicherungsgeber (bzw. den Schuldner) an diesen ohne weiteres Zutun zurückfallen soll, liegt ein auflösend bedingter Erwerb vor. Da die Sicherungsübereignung lediglich der Absicherung der Forderung des Sicherungsnehmers dient, ist Bemessungsgrundlage mangels Gegenleistung der Grundbesitzwert (§ 8 Abs. 2 Satz 1 Nr. 1). Tritt die auflösende Bedingung ein, so ergeben sich die grunderwerbsteuerrechtlichen Folgen in sinngemäßer Anwendung von § 16 (vgl. Hofmann, GrEStG, vor § 15 Rdnr. 11). Steht die Sicherungsübereignung nicht unter einer auflösenden Bedingung, sondern ergibt sich nur aus dem Sicherungszweck, dass das Eigentum am Grundstück (Gebäude auf fremdem Boden) nach Befriedigung der gesicherten Forderungen zurück zu übertragen ist, unterliegen beide Erwerbsvorgänge der Steuer (u.U. Anspruch aus § 16 Abs. 2 Nr. 1). Für beide Erwerbsvorgänge ist keine Gegenleistung vorhanden; Bemessungsgrundlage ist also gemäß § 8 Abs. 2 Satz 1 Nr. 1 der Grundbesitzwert i. S. von § 151 Abs. 1 Satz 1 Nr. 1 i. V. m. § 157 Abs. 1 bis 3 BewG.

Kommt es mangels Tilgung der gesicherten Forderung zur Verwertung des Gebäudes durch den Sicherungsnehmer, und zwar in der Weise, dass er dieses unter Anrechnung von dessen Wert auf die offene Forderung übernimmt, erwirbt der Sicherungsnehmer damit auch die ihm bis dahin nicht zustehende Verwertungsbefugnis (§ 1 Abs. 2) am Gebäude. Die Gegenleistung bemisst sich nach dem Wert des Anrechnungsbetrags. Bei der Steuerfestsetzung hierfür ist § 1 Abs. 6 Satz 2 zu beachten.

Wird aber das Gebäude auf Rechnung des Sicherungsgebers durch Veräußerung an einen Dritten verwertet, erlangt der Sicherungsnehmer nicht zugleich die Verwertungsbefugnis daran; ihm steht lediglich das Recht zu, sich aus dem Erlös zu befriedigen, während er den Mehrerlös an den Sicherungsgeber abführen muss.[1]

---

1 Vgl. BFH v. 17. 2. 1960 II 53/58 U, BStBl III 1960, 254.

# VI. Verwertungsbefugnis

66  Bei einem nach § 1 Abs. 2 der Steuer unterliegenden Erwerb der Verwertungsbefugnis, die ein Rechtsgeschäft voraussetzt, ist Besteuerungsgrundlage die
dort vereinbarte Gegenleistung, also der Wert der Verpflichtungen, die der Erwerber eingeht.[1] Dabei kann im Einzelfall auch eine als „Darlehen" hingege-
ne Geldsumme Gegenleistung sein, wenn dieser Betrag dem Veräußerer (im
Verkaufsfall) im Hinblick auf die eingeräumte und ausgenutzte Verwertungsbefugnis verbleiben soll.[2] Werden die wirtschaftlichen Konsequenzen aus einem formnichtigen Kaufvertrag (§ 311b Abs. 1 Satz 1 BGB i.V. m. § 125 BGB)
gezogen und wird solcherart der Tatbestand des § 1 Abs. 2 erfüllt (vgl. Hofmann, GrEStG, § 1 Rdnr. 32), bestimmt sich die Gegenleistung folglich nach
dem „vereinbarten" Preis.

67  Bei einem „atypischen Maklervertrag" und ähnlichen Vorgängen (vgl. Hofmann, GrEStG, § 1 Rdnr. 83 ff.) ist Gegenleistung der dem Veräußerer zugesagte Festpreis (zuzüglich eines etwa auszukehrenden Übererlöses). Die **zutreffende Gegenleistung ist über** das **Bild eines gedachten Zwischenerwerbs** und der
dafür erbrachten Leistungen **zu finden.** Gelingt es dem Verwertungsbefugten,
der bspw. das Grundstück aufgrund der ihm erteilten umfassenden Vollmacht
in Sondereigentumseinheiten nach dem WEG aufteilen dürfen soll, nicht, alle
Einheiten innerhalb eines befristeten Vertragsverhältnisses zu verkaufen, und
erwirbt er selbst die restlichen Einheiten (sei es kraft Eintrittpflicht oder aufgrund eigenen Entschlusses), so ist die für den Fall des Verkaufs aller Einheiten
zugesagte Gegenleistung anteilig aufzuteilen. Aufteilungsmaßstab ist das Verhältnis der gemeinen Werte der an Dritte im Namen des Eigentümers verkauften Einheiten zu denjenigen Einheiten, die durch den Vollmachtnehmer selbst
erworben wurden.[3] Dabei darf aber nicht verkannt werden, dass die Gegenleistung für die im Wege des Selbsteintritts erworbenen Einheiten regelmäßig
mit dem Restbetrag des ursprünglich für alle Einheiten vereinbarten Preises
angegeben ist, dieser Restbetrag aber nicht der wahren Gegenleistung entspricht.

**BEISPIEL:** E, Eigentümer eines bebauten Grundstückes, erteilt V notariell beurkundete
Vollmacht, unter Befreiung von § 181 BGB über dieses Grundstück zu verfügen. V soll
insbesondere das Grundstück in Eigentumswohnungen aufteilen und diese an Dritte
verkaufen dürfen. Aus dem Verkauf aller Wohnungen soll V 900 000 € an E abführen.

---

1  BFH v. 3. 10. 1984 II R 109/82, BStBl II 1985, 97.
2  BFH v. 13. 8. 1986 II R 115/84, BFH/NV 1987, 672.
3  Vgl. BFH v. 18. 12. 1985 II R 180/83, BStBl II 1986, 417.

E verpflichtet sich, die Vollmacht nicht vor dem Tag X, an dem sie erlöschen soll, zu widerrufen.

Die 8 Eigentumswohnungen, die durch Teilung nach dem WEG entstanden sind, sollen folgende gemeine Werte haben:

Wohnungen 1 bis 4 je    150 000 €    = 600 000 €

Wohnungen 5 und 6 je    200 000 €    = 400 000 €

Wohnungen 7 und 8 je    100 000 €    = 200 000 €.

V, der die Wohnungen 1 bis 4 sowie 7 und 8 in der Folgezeit im Namen des E an Dritte je um einen Kaufpreis veräußert hat, der dem o. a. Wert entspricht (also um zusammen 800 000 €), kauft von E kurz vor dem Tage X die Wohnungen 5 und 6 um zusammen 100 000 €. Da der insgesamt an E abzuführende „Erlös" von 900 000 € nur 75 % der Summe der gemeinen Werte beträgt, können der Besteuerung des nach § 1 Abs. 2 unterliegenden Vorgangs bezüglich der Wohnungen 1 bis 4 sowie 7 und 8 nur 75 % von 800 000 € zugrunde gelegt werden. Die Besteuerungsgrundlage für den nach § 1 Abs. 1 Nr. 1 der Steuer unterliegenden Erwerb der Wohnungen 5 und 6 durch V beträgt nicht – wie im Kaufvertrag angegeben – 100 000 €, sondern (2 × 150 000 €) = 300 000 €.

Der vom Makler etwa erzielte und ihm verbleibende Mehrpreis ist Folge aus der Erlangung der Verwertungsbefugnis und damit nicht Gegenleistung.

Beim „**Treuhand**"- bzw. **Auftragserwerb** (vgl. Hofmann, GrEStG, § 1 Rdnr. 88 ff.) **68** ist die Gegenleistung gleich dem (gemäß § 670 BGB) dem „Treuhänder" zu ersetzenden Kaufpreis nebst Auslagen (z. B. Notarkosten, Eintragungsgebühren) einschließlich der Grunderwerbsteuer bzw. die diesbezügliche Verpflichtung des „Treu"- bzw. Auftraggebers.[1] Beim entgeltlichen Geschäftsbesorgungsvertrag i. S. des § 675 BGB gehört daneben zur Gegenleistung auch das vom Geschäftsherrn zu zahlende Entgelt.[2] Nicht in die Gegenleistung einzubeziehen sind solche Aufwendungen, die Folge weiterer Vereinbarungen zwischen Auftraggeber (Geschäftsherrn) und Auftragnehmer (Geschäftsbesorger) sind, wie z. B. Aufwendungen für die Finanzierung vorschussfähiger Aufwendungen (vgl. § 669 BGB), die Kosten der sich an den Erwerb anschließenden Verwaltung des Grundstücks sowie die Grundsteuer während der Verweildauer des Grundstücks beim Auftragnehmer bzw. Geschäftsbesorger.[3] Bei Übertragung des Grundstückseigentums von einem Treuhänder auf einen anderen kraft Weisung des Treugebers wird es regelmäßig an einer Gegenleistung fehlen.

---

1 BFH v. 24. 11. 1970 II R 76/65, BStBl II 1971, 309.
2 BFH v. 25. 11. 1992 II R 122/89, BFH/NV 1993, 688.
3 BFH v. 26. 7. 2000 II R 33/98, BFH/NV 2001, 206.

Im Übrigen sind für den Umfang der Gegenleistung auch bei nach § 1 Abs. 2 der Steuer unterliegenden Vorgängen die zwischen dem Auftraggeber und dem Auftragnehmer getroffenen Abmachungen hinsichtlich des tatsächlichen Zustands, in dem der Auftraggeber die Verwertungsbefugnis am Grundstück erlangen soll, maßgebend. Bezieht sich aufgrund eines Auftrags- und Treuhandverhältnisses der Erwerb der Verwertungsbefugnis auf ein bebautes Grundstück, so gehören zur Gegenleistung alle dem Auftragnehmer in Ausführung des Auftrags entstehenden Aufwendungen, die der Auftraggeber diesem gemäß § 670 BGB zu ersetzen hat[1] soweit zwischen dem Erwerb der Verwertungsbefugnis und der Verpflichtung zum Aufwendungsersatz eine kausale Verknüpfung besteht.[2] Bei Übertragung der Verwertungsbefugnis an einem Grundstück mit noch zu errichtendem bzw. noch zu renovierendem Gebäude sind alle vom Erwerber für die Errichtung bzw. Renovierung des Gebäudes aufzuwendenden Entgelte in die Steuerbemessung einzubeziehen, und zwar nicht nur der vom Treugeber (Auftraggeber) an den Treuhänder zu zahlende Aufwendungsersatz (§ 670 BGB), sondern auch Zahlungen an Dritte, die der Treugeber aufzuwenden hat, um die Verwertungsbefugnis an dem Grundstück in dem von den Vertragsbeteiligten bestimmten, möglicherweise künftigen Zustand zu erlangen.[3]

69   Bei einem **Leasingvertrag** (s. Hofmann, GrEStG, § 1 Rdnr. 80) stellen alle vom Leasingnehmer vertraglich zu erbringenden Leistungen (regelmäßig Sonderzahlungen, „Vormiete" und Leasingraten) Gegenleistung für den Erwerb der Verwertungsbefugnis dar, sind sie doch kausal mit der sie ausfüllenden Rechtsposition verknüpft. Für die Herausrechnung eines (geschätzten) „Mietanteils" ist kein Raum.[4] Zur „Verlängerung" eines Leasingvertrags s. BFH vom 5. 2. 2003.[5]

## VII.   Erbschaftskauf – Erbteilskauf

70   Beim Erbschaftskauf (§§ 2371 ff. BGB) handelt es sich regelmäßig um den Kauf von Sachinbegriffen, so dass das Entgelt im Verhältnis der gemeinen Werte

---

1 BFH v. 2. 10. 1985 II R 86/83, BStBl II 1986, 28; v. 28. 9. 1988 II R 244/85, BStBl II 1989, 175; v. 31. 8. 1994 II R 108/91, BFH/NV 1995, 431.
2 Siehe dazu auch BFH v. 25. 11. 1992 II R 122/89, BFH/NV 1993, 688, und v. 2. 10. 1982 II R 86/83, BStBl II 1986, 28, betreffend nach dem Erwerb der Verwertungsbefugnis durch den Erwerber eingegangene Verpflichtungen.
3 BFH v. 8. 2. 1995 II R 19/92, BFH/NV 1995, 823; v. 4. 6. 1996 II R 62/94, BFH/NV 1997, 308; v. 11. 11. 1998 II B 19/98, BFH/NV 1999, 669.
4 BFH v. 17. 1. 1996 II R 47/93, BFH/NV 1996, 579; v. 30. 9. 1998 II R 13/96, BFH/NV 1999, 666.
5 II R 15/01, BFH/NV 2003, 818.

der Nachlassgrundstücke zum Wert der sonstigen Gegenstände zu verteilen ist (vgl. Hofmann, GrEStG, § 8 Rdnr. 22 ff.). Gegenleistung ist nicht nur der Kaufpreis, sondern sind auch die vom Erbschaftskäufer zu erfüllenden Nachlassverbindlichkeiten einschließlich des Werts der darüber hinaus eintretenden Haftung (§§ 2378, 2379, 2382 BGB). Beim Erbteilskauf (soweit Grundstücke zum Nachlass im weitesten Sinne gehören der Grunderwerbsteuer nach § 1 Abs. 1 Nr. 3 unterliegend; vgl. Hofmann, GrEStG, § 1 Rdnr. 28 und 57) ist die Steuer nach der Gegenleistung für die Erbteilsübertragung, soweit diese auf das Grundstück (die Grundstücke) entfällt, zu berechnen.[1]

## VIII. Bauherrenmodelle u. Ä.

Die **Gegenleistung** im grunderwerbsteuerrechtlichen Sinn **wird bestimmt durch den Zustand, in dem das Grundstück zum Gegenstand des Erwerbsvorganges** gemacht wird.[2] Wird aufgrund der Gesamtheit der Verträge ein Grundstück mit einem noch herzustellenden Gebäude (einer bezugsfertig zu errichtenden Eigentumswohnung) erworben (vgl. dazu insbesondere Hofmann, GrEStG, § 8 Rdnr. 9 bis 18), so rechnet **jede Leistung** zur grunderwerbsteuerrechtlichen Gegenleistung i. S. des § 9 Abs. 1 Nr. 1, die der Erwerber als Entgelt für die Veräußerung des Grundstücks in dem (künftigen) Zustand gewährt, in dem es zum Gegenstand des Erwerbsvorgangs gemacht ist, **mit der also objektiv Aufwand abgegolten werden** soll, **der die Herstellung des vereinbarten Zustands** des veräußerten Grundstücks **betrifft.**[3] In diesem Zusammenhang sind Leistungen, die aufgrund eines mit einem Dritten abgeschlossenen Vertrages zu erbringen sind, in die Gegenleistung einzubeziehen, wenn die Leistung des Dritten dazu führen soll, das Grundstück in diesen Zustand zu versetzen.[4] Zur Gegenleistung (hier: § 9 Abs. 2 Nr. 1) gehören auch Vergütungen für nachträglich vereinbarte Sonderwünsche, sofern die Vereinbarung mit dem Veräußerer/der Veräußererseite getroffen werden; anderes gilt nur, wenn die Vereinbarungen unmittelbar mit den einzelnen Handwerkern abgeschlossen sind.[5] Aus der grunderwerbsteuerrechtlichen Gegenleistung scheiden nur solche Leistungen des Erwerbers aus, die nicht den der Grunderwerbsteuer unterliegenden Rechtsvorgang betreffen.

71

---

1 BFH v. 17. 7. 1975 II R 141/74, BStBl II 1976, 159; s. auch Rdnr. 62 a. E.
2 Vgl. z. B. BFH v. 29. 6. 1988 II R 258/88, BStBl II 1988, 898; v. 19. 7. 1989 II R 95/87, BStBl II 1989, 685; s. dazu Hofmann, GrEStG, § 8 Rdnr. 7 ff.
3 BFH v. 19. 1. 1994 II R 52/90, BStBl II 1994, 409; v. 27. 10. 1999 II R 17/99, BStBl II 2000, 34.
4 BFH 13. 12. 1989 II R 115/86, BStBl II 1990, 440; v. 2. 9. 1993 II B 71/93, BStBl II 1994, 48; v. 27. 10. 1999 II R 17/99, BStBl II 2000, 34.
5 BFH 26. 4. 2006 II R 3/05, BStBl II 2006, 504.

72   Hat sich der Erwerber im Rahmen eines „einheitlichen Vertragswerks" zur Er-
     bringung eines **Gesamtaufwands** verpflichtet, sei dieser aus Einzelposten zu-
     sammengesetzt oder seien Teilbeträge aus diesem einzelnen Leistungsteilen
     zugerechnet, müssen die **Leistungen dementsprechend zugeordnet** werden,
     wobei Maßstab der Zuordnung der Erwerbsgegenstand – also das bebaute
     Grundstück, die bezugsfertig errichtete Eigentumswohnung – ist. Alle Leistun-
     gen, die aus der Sicht des Verkäufers einer entsprechenden Sache bei der Kal-
     kulation des einem Erwerber in Rechnung zu stellenden Kaufpreises einzube-
     ziehen sind, gehören danach zur Bemessungsgrundlage der Grunderwerbsteu-
     er.[1] Das sind nicht nur die **Grundstückskosten,** die **Planungs- und Baukosten**
     sowie ähnliche Leistungen, wie die „Betreuungsgebühren", sondern auch die
     **Kosten der Fremdfinanzierung** (Zinsen, Vermittlung und Bearbeitung der
     Fremdfinanzierung, Finanzierungsnebenkosten) für die Zeit bis zur Fertigstel-
     lung.[2] Dabei ist ohne Belang, wann die Kostenbestandteile abgerechnet und
     bezahlt worden sind. Ohne Bedeutung ist auch, ob die Verpflichtung des Er-
     werbers zu ihrer Entrichtung auf einer Abrede mit einem Dritten beruht, so-
     fern sie Bestandteil des dem Erwerber angebotenen Vertragsgeflechts ist.

73   **Betrifft der Aufwand** des Erwerbers **keine** im vorstehenden Sinn **erwerbs-
     objektbezogene Leistung** des Veräußerers oder eines Dritten, ist er **insoweit in**
     die **Gegenleistung** i. S. des § 9 Abs. 1 Nr. 1 **einzubeziehen,** als sich Leistung und
     Gegenleistung nicht ausgewogen gegenüberstehen, weil der Erwerber im Aus-
     maß der Unausgewogenheit eine weitere Leistung für den Erwerb des Grund-
     stücks gewährt.[3] Das gilt für Leistungen aufgrund mit Dritten abgeschlossener
     Verträge insoweit jedoch nur, wenn die Verpflichtung zum Vertragsabschluss
     gegenüber dem Veräußerer eingegangen wird[4] bzw. Bestandteil des nur ein-
     heitlich anzunehmenden Vertragsgeflechts ist. Sind Aufwendungen durch den
     Erwerber auch zu erbringen, wenn er die betreffende Leistung nicht in An-
     spruch nimmt, also die Nichtabnahme einzelner im Vertragswerk angebotener
     Leistungen nicht zu einer Minderung des Gesamtaufwands führt, gehören die-
     se Aufwendungen grundsätzlich zur grunderwerbsteuerrechtlichen Gegenleis-
     tung,[5] es sei denn, diese Leistung des Erwerbers stelle sich als angemessener
     Aufwand für tatsächlich erbrachte und nicht erwerbsobjektbezogene Leistun-
     gen dar.[6]

---

1  BFH 19. 1. 1994 II R 52/90, BStBl II 1994, 409.
2  BFH 19. 7. 1989 II R 95/87, BStBl II 1989, 685; v. 24. 7. 1991 II R 104/88, BFH/NV 1992, 553.
3  BFH 19. 1. 1994 II R 52/90, BStBl II 1994, 409 m. w. N.
4  BFH 13. 12. 1989 II R 115/86, BStBl II 1990, 440.
5  BFH 19. 7. 1989 II R 95/87, BStBl II 1989, 685.
6  BFH 19. 1. 1994 II R 52/80, BStBl II 1994, 409.

Zur Gegenleistung bei **Erwerbermodellen,** die sich zumeist dadurch von den 74
sog. Bauherrenmodellen unterscheiden, dass sie bei Vertragsabschluss bereits
fertig gestellte oder nahezu fertig gestellte Objekte betreffen, vgl. BFH vom
12. 2. 1992.[1]

## J. Nach § 9 Abs. 2 zur Gegenleistung gehörende Leistungen

### I. Nachträgliche Leistungen

Wenn auch **§ 9 Abs. 2 Nr. 1** dem Wortlaut nach von zusätzlichen Leistungen 75
des Erwerbers an den Veräußerer handelt, so können darunter angesichts des
Inhalts von § 9 Abs. 1 nur nachträglich[2] vereinbarte bzw. zusätzlich gewährte
bzw. zu gewährende Leistungen verstanden werden. Als zusätzliche Leistung
i. S. von § 9 Abs. 2 Nr. 1 ist jede Leistung anzusehen, die der Erwerber für den
Erwerb des Grundstücks gewährt und die nicht bereits von § 9 Abs. 1 erfasst
ist. So ist auch eine vom Eintritt einer Bedingung abhängig gemachte Erhöhung der Gegenleistung nachträgliche Leistung i. S. der Vorschrift.[3] Der **Anwendungsbereich** der Vorschrift ist nicht auf die ausdrücklich genannten **Fälle
„vereinbarter" Gegenleistung beschränkt.**[4] Die Steuer entsteht insoweit mit
der (nachträglichen) Vereinbarung bzw. (zusätzlichen) Gewährung;[5] sie ist
grundsätzlich **in einem zusätzlichen Bescheid,** der neben denjenigen tritt, der
den ursprünglichen Erwerbsvorgang betrifft, **festzusetzen.**[6] Die Vorschrift ist
gewissermaßen das Gegenstück zu § 16 Abs. 3, wonach die nachträgliche Herabsetzung des Preises zu berücksichtigen sein kann.

Zusätzliche oder nachträglich gewährte Leistungen, die vom Erwerber erbracht 76
werden, um das Eigentum am Grundstück zu bekommen, genauer die bezüglich des Grundstücks erhaltene Rechtsposition (bspw. Anwartschaftsrecht)
zum Eigentum erstarken zu lassen oder zu halten, die also – wenngleich nicht
mehr unmittelbar mit dem Erwerb verknüpft (vgl. Hofmann, GrEStG, § 8
Rdnr. 3) – jedoch **in rechtlichem Zusammenhang mit** dem (vorausgegangenen)

---

1 II R 20/91, BStBl II 1992, 422.
2 So primär ausdrücklich BFH v. 24. 2. 1982 II R 4/81, BStBl II 1982, 625; vgl. aber BFH v.
  13. 4. 1994 II R 93/90, BStBl II 1994, 817.
3 BFH v. 22. 11. 1995 II R 26/92, BStBl II 1996, 192.
4 BFH v. 3. 2. 1982 II R 181/80, BStBl II 1982, 334; vgl. auch Rdnr. 42 ff.
5 BFH v. 3. 4. 1951 II 152/50 S, BStBl III 1951, 100.
6 BFH v. 13. 4. 1994 II R 93/90, BStBl II 1994, 817; v. 26. 4. 2006 II R 3/05, BStBl II 2006, 604; v.
  28. 3. 2007 II R 57/05, BFH/NV 2007, 1537.

**Grundstückserwerb** stehen,[1] müssen der Gegenleistung hinzugerechnet werden. Beispiel: Nachbesserung der Tauschleistung. Ein derartiger rechtlicher Zusammenhang besteht, wenn sich aus dem Rechtsgeschäft selbst (unmittelbar oder über allgemeine Rechtsgrundsätze) ein Anspruch auf die spätere zusätzliche Leistung ableiten lässt oder bestehende rechtliche Zweifel an der Wirksamkeit eines bereits abgewickelten Geschäfts vergleichsweise ausgeräumt werden.[2] Nicht mit dem Erwerb selbst in Beziehung stehende Leistungen können nicht unter § 9 Abs. 2 Nr. 1 subsumiert werden. So ist die entgeltliche Ablösung eines beim Erwerb vereinbarten Wiederkaufsrechts im Zuge der Weiterveräußerung des Grundstücks mit dieser und nicht mit dem vormaligen Erwerbsvorgang verknüpft.[3]

Nicht unter § 9 Abs. 2 Nr. 1 zu subsumieren sind Leistungen, die als Gegenleistung dafür erbracht werden, dass das Grundstück in den Zustand versetzt wird, in dem es zum Gegenstand des Erwerbsvorgangs gemacht wurde.[4] Derartige Leistungen sind keine zusätzlichen Leistungen, sondern gehören zur Bestimmung der Gegenleistung nach § 9 Abs. 1 Nr. 1 für den nach § 1 Abs. 1 Nr. 1 der Steuer unterliegenden Erwerbsvorgang (vgl. Rdnr. 71 ff.).

77   Wenngleich Bestandteil ursprünglich getroffener Leistungsvereinbarung, kann eine **aufschiebend bedingt zugesagte Verpflichtung** noch nicht der Besteuerung unterworfen werden. Tritt die Bedingung ein, so steht die dadurch wirksam gewordene Verpflichtung einer nachträglichen zusätzlichen Gegenleistung gleich.[5] Obwohl die aufschiebend bedingte zugesagte Leistung des Erwerbers einer nachträglichen zusätzlichen Gegenleistung gleichsteht und die Steuer daraus erst mit Bedingungseintritt entsteht (§ 14 Nr. 1), ist im Hinblick auf den Umstand, dass die Vertragteile sich im Verhältnis zueinander bereits bei deren Vereinbarung gebunden haben davon auszugehen, dass auch bzgl. der aufschiebend bedingt eingegangenen Verpflichtung des Erwerbers gegenüber dem Veräußerer, Verwirklichung des Erwerbsvorgangs i. S. des § 23 (vgl. Hofmann, GrEStG, § 23 Rdnr. 1) eingetreten ist. Denn die Verwirklichung eines Erwerbsvorgangs setzt nicht gleichzeitig die Entstehung der Steuer voraus.[6] Die Frage ist in Zeiten rasanter Steuersatzerhöhungen (vgl. Hofmann, GrEStG, § 11 Rdnr. 1) keine akademische. Denn in Bezug auf die Anwendung des je-

---

1  BFH v. 12. 12. 1979 II R 15/76, BStBl II 1980, 162; v. 28. 6. 1989 II R 4/87, BFH/NV 1990, 592.
2  BFH v. 13. 4. 1994 II R 92/90, BStBl II 1994, 817.
3  BFH v. 12. 12. 1979 II R 15/76, BStBl II 1980, 162; v. 28. 6. 1989 II R 4/87, BFH/NV 1990, 592.
4  A. A. FG Köln v. 19. 4. 1994, EFG 1995, 459.
5  BFH v. 22. 11. 1995 II R 26/92, BStBl II 1996, 162; v. 4. 4. 2001 II R 22/99, BFH/NV 2001, 1146.
6  Siehe hierzu Hofmann, GrEStG, § 23 Rdnr. 2 ff.

weils erhöhten Steuersatzes wird in den entsprechenden Landesgesetzen jeweils auf die Verwirklichung des Erwerbsvorgangs bzw. des Rechtsvorgangs abgehoben. So hat das FG Düsseldorf in seiner Entscheidung v. 29. 7. 2013[1] in einem Fall teilweise aufschiebend bedingter Leistungspflicht des Erwerbs zutreffend den im Zeitpunkt des Vertragsschlusses geltenden Steuersatz von 3,5 % anstelle des bei Bedingungseintritt im Jahr 2011 gültigen Steuersatzes von 5 % angenommen. Zur insgesamt aufschiebend bedingten Gegenleistungsverpflichtung s. Hofmann, GrEStG, § 8 Rdnr. 38. Abzugrenzen davon ist der Fall, dass lediglich die Fälligkeit der unbedingt eingegangenen Leistungsverpflichtung von einer aufschiebenden Bedingung abhängig gemacht wird.[2]

Zur Anwendung der Vorschrift beim Erwerb aufgrund Meistgebots vgl. BFH vom 3. 2. 1982[3] und Rdnr. 42. Zur entsprechenden Anwendung der Vorschrift bei Eintritt der fiktiven Befriedigungswirkung aus § 114a ZVG vgl. Rdnr. 43.  78

## II. Die auf den Erwerber kraft Gesetzes übergehenden Lasten

### 1. Grundsätzliches

§ 9 Abs. 2 Nr. 2 betrifft nur solche Lasten, die im Zeitpunkt des Erwerbsvorgangs auf dem Grundstück ruhen und ohne weitere Abrede dinglich auf den Erwerber übergehen.[4] Die Vorschrift unterscheidet zwischen dauernden Lasten, deren Übergang nicht zur Gegenleistung gehört (Satz 2), und nichtdauernden Lasten, die zur Gegenleistung gehören (Satz 1), denen kraft Fiktion der Erbbauzins gleichgesetzt wird (Satz 3).  79

Durch das Gesetz zur Modernisierung des Schuldrechts vom 26. 11. 2001[5] haben sich durch die sich auf alle im Grundbuch eingetragenen Rechte erstreckende Verpflichtung des Verkäufers zu deren Beseitigung auch bei Kenntnis des Käufers erhebliche Änderungen ergeben (vgl. § 442 Abs. 2 BGB n. F. einerseits und § 439 Abs. 2 BGB a. F. andererseits).

---

1 EFG 2013, 1873; a. A. OFD Nordrhein-Westfalen v. 27. 6. 2014, GErSt-Kartei NW § 14 GrEStG Karte 1.
2 Vgl. dazu BFH v. 22. 1. 1997 II R 23/96, BFH/NV 1997, 705.
3 II R 141/80, BStBl II 1982, 334.
4 BFH v. 6. 6. 2005 II R 26/03, BStBl II 2005, 613, m. w. N.
5 BGBl I 2001, 3138.

## 2. Rechtslage für vor dem 1.1.2002 entstandene Schuldverhältnisse

80   Insoweit wird auf die Erläuterungen in Rdnr. 80 der 9. Auflage Bezug genommen.

## 3. Jetzige Rechtslage

### a) Öffentliche Lasten, die nicht im Grundbuch eingetragen sind

81   Öffentliche Abgaben und andere öffentlichen Lasten, die zur Eintragung nicht geeignet sind, gehen nach § 436 Abs. 2 BGB auf den Erwerber über. Soweit es sich – wie meist – um dauernde Lasten handelt, gehören sie nach § 9 Abs. 2 Nr. 2 Satz 2 nicht zur Gegenleistung. Wegen der Anliegerkosten wird auf Rdnr. 16 ff. verwiesen.

Als **dauernde Grundstückslasten**, die zwar auf den Erwerber übergehen, jedoch nach § 9 Abs. 2 Nr. 2 Satz 2 **nicht zur Gegenleistung** gehören, sind neben den gemeinen (öffentlichen) Lasten (Grundsteuer, ggf. Hand- und Spanndienste) in erster Linie die **subjektiv-dinglichen Grunddienstbarkeiten** zu erwähnen (§§ 1018 ff. BGB). Sie schränken die Befugnisse des jeweiligen Grundstückseigentümers zugunsten eines anderen Grundstücks in der Weise ein, dass er etwas dulden oder unterlassen muss.

Grund für die Ausnahme der dauernden Lasten, die kraft Gesetzes auf den Erwerber übergehen, von der Grunderwerbsteuer, ist der Umstand, dass derartige Lasten, mit deren Wegfall in absehbarer Zeit der jeweilige Grundstückseigentümer nicht rechnen kann, allgemein als eine dauernde wertmindernde Eigenschaft des Grundstücks betrachtet werden.[1] Davon geht auch die Gesetzesbegründung zu § 11 Abs. 2 Nr. 2 GrEStG 1940, dessen Wortlaut § 9 Abs. 2 Nr. 2 Sätze 1 und 2 aufgenommen haben, aus.[2]

Als **nichtdauernde Grundstückslasten** kommen Belastungen privatrechtlicher Art sowie ggf. auch öffentlich-rechtlicher Natur (das galt z. B. für die Hypothekengewinnabgabe nach dem Lastenausgleichsgesetz) in Betracht. Entscheidend ist, dass die Verpflichtung auf dem Grundstück ruht und ohne besondere Abrede kraft Gesetzes auf den Erwerber übergeht. Wegen des Erwerbsvorgangs gehören neu begründete Lasten zu den sonstigen Leistungen i. S. von § 9 Abs. 1 Nr. 1 (s. Rdnr. 14); dasselbe gilt, wenn sich der Erwerber zur Übernahme

---

1 Vgl. BFH v. 9. 9. 1959 II 157/57, BStBl III 1959, 468. 222.
2 Vgl. RStBl 1940, 397 ff.

einer auf dem Grundstück ruhenden nicht dauernden Last verpflichtet. Auch der **Erbbauzins** gehört kraft ausdrücklicher Fiktion in § 9 Abs. 2 Nr. 2 Satz 3 zu den nichtdauernden Grundstückslasten.

### b) Im Grundbuch eingetragene Rechte (Grundstückslasten)

### aa) Erwerb durch schuldrechtliches Verpflichtungsgeschäft

Nach § 442 Abs. 2 BGB hat der Verkäufer jegliche im Grundbuch eingetragenen     82
Rechte auch dann zu beseitigen, wenn der Käufer sie kennt. Diese Regelung ist zwar durch ausdrückliche Übernahme der Rechte, die sowohl aus der Sicht des Verkäufers wie auch des Käufers Grundstückslasten darstellen, abdingbar. Ein im Grundbuch eingetragenes Recht geht aber nicht mehr kraft Gesetzes mit dinglicher Wirkung auf den Käufer über, so dass die Grundstückslasten beim Grundstückserwerb durch Rechtsgeschäft (Ausnahme: Verpflichtung zur Abtretung des Meistgebots bzw. Abtretung des Meistgebots, § 1 Abs. 1 Nr. 5 bzw. Nr. 7, s. Rdnr. 83) aus dem Anwendungsbereich des § 9 Abs. 2 Nr. 2 Sätze 1 und 2 herausgefallen sind. U. E. ist der Auffassung von Loose[1] die vertragliche Abbedingung der Beseitigungspflicht schließe deswegen nicht einen „Übergang kraft Gesetzes" aus, weil eine aufgrund wirksamen dinglichen Rechtsgeschäfts eingetragene Belastung stets mit dem Eigentumswechsel am Grundstück ohne weiteres auf den Erwerber übergehe, falls sie nicht gelöscht (aufgehoben) wurde, nicht zuzustimmen. Sie verengt die Sichtweise auf die sachenrechtliche Rechtslage. Rechtsgrund für den sachenrechtlichen Übergang ist aber der Verzicht des Käufers auf die dem Verkäufer obliegende Beseitigungspflicht, der als sonstige Leistung zur Gegenleistung i. S. des § 9 Abs. 1 Nr. 1 gehört[2] und die Nichtaufhebung der Grundstückslast bewirkt und schließlich erst seinerseits den sachenrechtlichen Übergang zur Folge hat.

### bb) Erwerb durch Meistgebot

Anders ist die Rechtslage beim Erwerb durch Meistgebot (§ 1 Abs. 1 Nr. 4) bzw.     83
bei einem Rechtsgeschäft, das den Anspruch auf Abtretung des Meistgebots begründet (§ 1 Abs. 1 Nr. 5) sowie bei Abtretung des Rechts aus dem Meistgebot (§ 1 Abs. 1 Nr. 7). Bleibt eine dauernde Grundstückslast auch dann bestehen, wenn sie nicht bei der Feststellung des geringsten Gebots zu berücksichtigen ist, wie das Erbbaurecht nach § 25 ErbbauRG, so gehört diese Last nach § 9 Abs. 2 Nr. 2 Satz 2 nicht zur Gegenleistung, weil sie kraft Gesetzes auf den

---

1 In Boruttau, Rn. 568.
2 Ebenso Pahlke, Rz 215.

Erwerber übergeht. Bleibt das Recht auf den Erbbauzins, obwohl es bei der Feststellung des geringsten Gebots nicht berücksichtigt ist, nach § 52 Abs. 2 Nr. 2 ZVG bestehen, weil das Bestehenbleiben des Erbbauzinses nach § 9 Abs. 3 ErbbauRG als Inhalt der Reallast vereinbart ist, so gehört der Erbbauzins wegen der in § 9 Abs. 2 Nr. 2 Satz 3 enthaltenen Fiktion zur Gegenleistung.

Soweit dauernde Lasten bei der Feststellung des geringsten Gebots berücksichtigt sind und deshalb nach § 52 Abs. 1 ZVG bestehen bleiben, gehören sie u. E. nach § 9 Abs. 1 Nr. 4 bzw. Nr. 5 zur Gegenleistung. Soweit Rechte nach § 52 Abs. 2 ZVG auch dann bestehen bleiben, wenn sie bei der Feststellung des geringsten Gebots nicht berücksichtigt sind[1], ist § 9 Abs. 2 Nr. 2 zu beachten.[2]

### c)  Nicht im Grundbuch eingetragene „Lasten"

84   Wie bereits ausgeführt (vgl. Rdnr. 12) stellt das Bestehen nachbarrechtlicher Beeinträchtigungen keinen Rechtsmangel dar. Befindet sich auf dem Kaufgegenstand (Grundstück oder Erbbaurechtsfläche) ein zu duldender Überbau (§ 912 Abs. 1, § 916 BGB), so geht die Duldungspflicht auf den Erwerber über. Hat wegen des Überbaus der jeweilige Nachbar dem Eigentümer des überbauten Grundstücks eine Geldrente zu zahlen (§ 912 Abs. 2, §§ 913, 914 BGB), so geht die Leistungspflicht ebenfalls kraft Gesetzes auf den Erwerber über. Dasselbe gilt für die Notweglast und die entsprechende Notwegrente (§ 917 BGB). Der Übergang dieser Lasten gehört nach § 9 Abs. 2 Nr. 2 Satz 2 nach wie vor nicht zur Gegenleistung. Das gilt für den rechtsgeschäftlichen Erwerb ebenso wie für den Erwerb aufgrund Meistgebots bzw. dessen Abtretung (s. auch Rdnr. 46).

## III.  Leistungen des Erwerbers an Dritte

85   Für die Zugehörigkeit von Leistungen, die der Erwerber an dritte Personen gewährt, zur Gegenleistung nach § 9 Abs. 2 Nr. 3 bestehen **zwei Voraussetzungen:** Zum einen muss die Leistung als Gegenleistung dafür gewährt werden, dass die Dritten auf den Erwerb des Grundstücks verzichten. Das setzt voraus, dass ein Dritter tatsächlich in der Lage und willens ist, das Eigentum am Grundstück zu erlangen, und weiter, dass der Erwerber seine Leistung in

---

1  Das sind die Überbau- und Notwegrenten, der Erbbauzins, wenn sein Bestehenbleiben nach § 9 Abs. 3 ErbbauRG als Inhalt der Reallast vereinbart wurde sowie – unter bestimmten Voraussetzungen – bestimmte Grunddienstbarkeiten und beschränkt persönliche Dienstbarkeiten, die auf dem Grundstück als Ganzes lasten, bei Vollstreckung in ein Wohnungseigentum.

2  A. A. Borruttau/Loose, Rn. 402.

Kenntnis dieser Verhältnisse für den Erwerbsverzicht des Dritten erbringt.[1] Zum anderen darf die Leistung nicht Inhalt einer mit dem Veräußerer vereinbarten Verpflichtung sein, weil sie dann „geborene" Gegenleistung ist (vgl. Rdnr. 22). Kann der Dritte nur den Grundstückserwerb durch den Erwerber verhindern, das Eigentum an dem Grundstück aber nicht selbst erlangen, so sind die Tatbestandsmerkmale der Vorschrift nicht erfüllt.[2] In jedem Fall schließt die entgeltliche Abtretung eines Anspruchs auf Abschluss eines Kaufvertrags über ein Grundstück, das der Abtretende selber hätte annehmen können, einen Verzicht auf den Erwerb des Grundstücks durch den Abtretenden ein.[3] Falls der Abtretungsempfänger das Angebot annimmt, ist die Steuer aus dem Kaufpreis zuzüglich etwaiger sonstiger Leistungen usw. und dem Betrag zu berechnen, der dem Dritten für die Abtretung des Kaufvertragsangebots hingegeben wurde. Leistungen, die aus irgendeinem anderen Grund einem Dritten ohne Einschaltung des Veräußerers im Zusammenhang mit dem Grundstückserwerb erbracht werden als dem, den Empfänger zu dem Verzicht auf den Erwerb des Grundstücks zu bewegen (z. B. der vom Käufer seinem Makler gezahlte Maklerlohn), können nicht nach § 9 Abs. 2 Nr. 3 zur Gegenleistung gehören.

**BEISPIEL:** Honorierung der Nichtausübung eines Vorkaufsrechts durch den Erwerber = zur Gegenleistung gehörende Leistung an einen Dritten.

Nach BFH vom 25. 6. 2003[4] entsteht die Steuer mit der Gewährung der Leistung an den Dritten. Diese Aussage bedarf einer Einschränkung: die Steuer kann füglich nicht entstehen, bevor nicht der Erwerbsvorgang zwischen dem Veräußerer und dem Erwerber verwirklicht ist bzw. die Steuer dafür in den in § 14 genannten Fällen entstanden ist. Folgt die Leistung an den Dritten dem das Grundstück betreffenden Erwerbsvorgang nach, ist diese als nachträgliche Leistung durch einen gesonderten Bescheid zu erfassen. Zur Steuerschuldnerschaft s. Hofmann, GrEStG, § 13 Rdnr. 4.

# IV. Leistungen Dritter an den Veräußerer

Für die Zugehörigkeit von Leistungen, die dritte Personen an den Veräußerer **86** gewähren, zur Gegenleistung nach **§ 9 Abs. 2 Nr. 4** bestehen wie für die Zugehörigkeit von Leistungen an Dritte (vgl. Rdnr. 85) **zwei Voraussetzungen:** die

---

1 BFH v. 25. 6. 2003 II R 39/01, BStBl II 2004, 246.
2 BFH v. 22. 4. 1964 II 47/62 U, BStBl III 1964, 368.
3 BFH v. 11. 6. 2008 II R 57/06, BFH/NV 2008, 2059.
4 II R 39/01, BStBl II 2004, 246.

Leistung muss als Gegenleistung dafür erbracht werden, dass der Veräußerer dem Erwerber das Grundstück überlässt, und die Leistung darf nicht in der Erfüllung von Verpflichtungen des Erwerbers gegenüber dem Veräußerer bestehen (§ 267 BGB). Ob die Leistung des Dritten, die in finalem Bezug zur Überlassung des Grundstücks an den Erwerber steht auf privatrechtlicher Vereinbarung beruht oder aufgrund gesetzlicher Vorschriften erbracht werden muss, ist für den grunderwerbsteuerrechtlichen Gegenleistungsbegriff unerheblich.[1]

**BEISPIEL:** Ein Mäzen veranlasst einen Grundstückseigentümer durch Zuwendungen, ein Grundstück einem Fußballverein zu einem günstigen Preis zu überlassen, damit dieser die Forderungen eines anzuwerbenden Fußballers erfüllen kann.

Die **Leistung des Dritten** muss in ihrem **Hauptzweck** darauf gerichtet sein, dass der Veräußerer das Grundstück dem Erwerber überlässt. Das Interesse, das der Dritte mit seiner auf Überlassung des Grundstücks an den Erwerber gerichteten Leistung verfolgt, muss nicht etwa in der Förderung gleichgerichteter Interessen bestehen, sondern kann auch ausschließlich auf die eigene Person bezogen sein;[2] der Erwerber braucht von der Leistung des Dritten nichts zu wissen.[3]

Bei gleichzeitigem Kauf anderer Wirtschaftsgüter durch einen Dritten kann ein krasses Missverhältnis zwischen dem für das Grundstück einerseits und die anderen Wirtschaftsgüter andererseits festgelegten Kaufpreis ein Beweisanzeichen für das Vorliegen einer Leistung i. S. des § 9 Abs. 2 Nr. 4 darstellen. Nach BFH vom 18. 9. 1985[4] ist jedoch nicht nur dann eine Leistung i. S. der Vorschrift anzunehmen, wenn ein krasses Missverhältnis vorliegt. In dem der Entscheidung zugrunde liegenden Fall hatte der Vater der Grundstückserwerberin, der zugleich persönlich haftender Gesellschafter der die anderen Wirtschaftsgüter erwerbenden KG war, allein die Preisverhandlungen geführt und den Kaufpreis belegt, weshalb der BFH die Boruttau'sche Formel (vgl. Hofmann, GrEStG, § 8 Rdnr. 24) für anwendbar hielt. Unter dem Gesichtspunkt willkürlicher am Ziel der Steuerumgehung orientierter Einzelpreisvereinbarungen ist dem zuzustimmen.[5]

Zur Steuerschuldnerschaft s. Hofmann, GrEStG, § 13 Rdnr. 4.

1 BFH v. 19. 6. 2013 II R 5/11, BStBl II 2013, 926.
2 BFH v. 22. 10. 2003 II B 158/02, BFH/NV 2004, 228; v. 19. 6. 2013 II R 5/11, BStBl II 2013, 926.
3 Vgl. auch BFH v. 14. 7. 1965 II 155/62 U, HFR 1965, 551.
4 II R 168/82, BFH/NV 1986, 698.
5 Vgl. auch BFH v. 15. 2. 1989 II R 4/86, BFH/NV 1990, 392.

## K. Keine Berücksichtigung der für den Erwerbsvorgang zu entrichtenden Steuer

Nach § 9 Abs. 3 ist die für den zu besteuernden Erwerbsvorgang zu entrichten-   87
de Steuer der Gegenleistung weder zuzurechnen noch von ihr abzuziehen. Das
gilt auch, wenn ein Dritter sich (im Innenverhältnis) zur Tragung der Steuer
verpflichtet. Die Nichtberücksichtigung der Grunderwerbsteuer bezieht sich
nur auf die wegen des einzelnen Erwerbsvorgangs selbst zu entrichtende Steuer, nicht aber auf die Verpflichtung, die Steuer für einen anderen Erwerbsvorgang, z. B. einen Vorerwerb des Veräußerers oder als Aufwendungsersatz
(§ 670 BGB) für den „Treuhänder", zu vergüten.

Die Beschränkung auf den einzelnen Erwerbsvorgang ist von besonderer Bedeutung beim Grundstückstausch: übernimmt einer der Tauschpartner (steuerrechtlich gesehen im Innenverhältnis, vgl. § 13 Nr. 1) allein die Steuer für beide (§ 1 Abs. 5) Erwerbsvorgänge, so ist Hinzurechnung der Steuer für den anderen Erwerbsvorgang bei der Besteuerung des die Steuer übernehmenden Erwerbers geboten.[1]

## § 10 (aufgehoben)

§ 10 (Wert des Grundstücks) ist durch Art. 7 Nr. 5 JStG 1997 v. 20. 12. 1995
(BGBl I 1996, 2049) aufgehoben (vgl. § 23 Abs. 4 Satz 2).

## Vierter Abschnitt: Steuerberechnung

## § 11 Steuersatz, Abrundung

(1) Die Steuer beträgt 3,5 vom Hundert.

(2) Die Steuer ist auf volle Euro nach unten abzurunden.

*Anmerkung:*
*Durch Art. 7 Nr. 6 JStG 1997 v. 20. 12. 1996 (BGBl I 1996, 2049) ist der seit*
*1. 1. 1983 geltende Steuersatz mit Wirkung vom 1. 1. 1997 von 2 % auf 3,5 % an-*
*gehoben worden (vgl. § 23 Abs. 4). Die Fassung von Absatz 2 beruht auf Art. 13*
*Nr. 2 StEuglG v. 19. 12. 2000 (BGBl I 2000, 1790).*

---

1 Sei es zur Hälfte, BFH v. 26. 2. 1975 II R 173/71, BStBl II 1975, 675, sei es zur Gänze, vgl. dazu
  Rdnr. 9.

# A. Vorbemerkung

1   Durch das Gesetz zur Änderung des Grundgesetzes vom 28. 8. 2006[1] wurde in Art. 105 Abs. 2a Satz 2 GG den **Ländern** die **Befugnis zur Bestimmung des Steuersatzes** bei der Grunderwerbsteuer eingeräumt.

Von dieser Befugnis haben die Länder wie folgt Gebrauch gemacht:

**Baden-Württemberg:** 5 % seit 5. 11. 2011 (GBl. 2011, 493);

**Berlin:** 6 % seit 1. 1. 2014 (GVBl. 2013, 583);

**Brandenburg: 6,5 %** seit 1. 7. 2015 (GVBl I 2015, Nr. 16);

**Bremen:** 5 % seit 1. 1. 2014 (GVBl 2013, 559);

**Hamburg:** 4,5 % seit 1. 1. 2009 (GVBl 2008, 433);

**Hessen:** 6 % seit 1. 8. 2014 (GVBl 2014, 179);

**Mecklenburg-Vorpommern:** 5 % seit 1. 7. 2012 (GVOBl 2012, 208,209);

**Niedersachsen;** 5 % seit 1. 1. 2014 (GVBl 2013, 310);

**Nordrhein-Westfalen: 6,5 %** seit 1. 1. 2015 (GV 2014, 954);

**Rheinland Pfalz:** 5 % seit 31. 1. 2012 (GVBl 2012, 41);

**Saarland: 6,5 %** ab 1. 1. 2015 (ABl I 2014, 447);

**Sachsen-Anhalt:** 5 % seit 1. 3. 2012 (GVBl 2012, 54);

**Schleswig-Holstein: 6,5 %** seit 1. 1. 2014 (GVOBl 2013, 494);

**Thüringen:** 5 % seit 7. 4. 2011 (GVBl 2011, 66); 6,5 % ab 1. 1. 2017 (GVBl 2015, 238).

Nur die Länder **Bayern** und **Sachsen** haben sich bislang zurück gehalten; in beiden Ländern gilt der Steuersatz von 3.5 % gemäß § 11 Abs. 1.

---

1  BGBl I 2006, 2034.

# B. Abrundung

Nach § 11 Abs. 2 ist die Steuer auf volle Euro nach unten abzurunden. 2

**BEISPIEL:** Bemessungsgrundlage 105 880,00 €

Steuer daraus 3,5 % = 3 705,80 €

abgerundete Steuer = 3 705,00 €

Die Abrundung findet erst bezüglich des errechneten Steuerbetrages statt. Bei Änderung oder Berichtigung der Grunderwerbsteuerfestsetzung ist § 1 Abs. 1 Satz 1 KleinbetragsVO vom 19. 12. 2000[1] zu beachten, wonach die Änderungsschwelle 10 € beträgt.

# § 12 Pauschbesteuerung

**Das Finanzamt kann im Einvernehmen mit dem Steuerpflichtigen von der genauen Ermittlung des Steuerbetrags absehen und die Steuer in einem Pauschbetrag festsetzen, wenn dadurch die Besteuerung vereinfacht und das steuerliche Ergebnis nicht wesentlich geändert wird.**

| Inhaltsübersicht | Rdnr. |
|---|---|
| A. Pauschalierung und Schätzung | 1 |
| B. Einvernehmen mit dem Steuerpflichtigen | 2 |
| C. Rechtsbehelfe, Bindung | 3 |

**Literatur:** *Siepmann,* Vereinbarungen des Steuerpflichtigen mit dem Finanzamt im Rahmen der Steuerfestsetzung – aufgezeigt am Beispiel des § 12 GrEStG, UVR 1991, 299; *Bruschke,* Pauschbesteuerung bei der Grunderwerbsteuer, UVR 2001, 259.

# A. Pauschalierung und Schätzung

§ 12 gestattet der Finanzbehörde, dann im Einvernehmen mit dem Steuer- 1 pflichtigen von der genauen Ermittlung des Steuerbetrags abzusehen und die Steuer in einem Pauschbetrag festzusetzen, wenn dadurch die Besteuerung **vereinfacht** und das **steuerliche Ergebnis nicht wesentlich geändert** wird. Zweck der Pauschalierung ist damit die Erleichterung der Veranlagung. Nach dem Wortlaut der Vorschrift bezieht sich die Pauschalierung auf die Steuer (den Steuerbetrag). Dieser ergibt sich aber durch Anwendung des Steuersatzes auf die Bemessungsgrundlage (§ 8); seine Ermittlung führt daher nicht zu Schwierigkeiten. Kompliziert ist vielmehr häufig die Ermittlung der Besteue-

---

1 BGBl I 2000, 1805.

rungsgrundlage. Dem entspricht es, wenn es in der Gesetzesbegründung[1] heißt, die Vorschrift diene „dem Zweck, die Besteuerung solcher Erwerbe zu erleichtern, bei denen die genaue Ermittlung der nach § 8 maßgebenden Bemessungsgrundlage Schwierigkeiten bereiten würde". Andererseits ist nicht zu verkennen, dass solcherart die Grenze zwischen Pauschalierung und Schätzung von Besteuerungsgrundlagen verwischt wird.

§ 12 kann **kein „Freibrief"** entnommen werden, **von jeglicher Ermittlung** der Besteuerungsgrundlagen sowie vom grundsätzlichen Gebot, diese zu schätzen, **Abstand zu nehmen.** Um dem Postulat der **Gleichmäßigkeit der Besteuerung** und deren **Tatbestandsmäßigkeit** zu genügen, kommt u. E. Pauschalierung bei Schätzungsmöglichkeit der Bemessungsgrundlage (andernfalls s. § 8 Abs. 2 Satz 1 Nr. 1 zweite Alternative) nach § 12 erst dann in Betracht, wenn die Ermittlungslast der Finanzbehörde und die Mitwirkungslast des Steuerpflichtigen sich der Grenze des allgemein Zumutbaren nähern. Unter dieser Voraussetzung, die allein sicherstellen kann, dass das steuerliche Ergebnis durch die Pauschalierung nicht wesentlich geändert wird, ist dann die Steuer unter Berücksichtigung der gewonnenen aber unvollständigen Erkenntnisse selbst zu veranschlagen. Auf diese Weise können sich Schätzung, tatsächliche Verständigung[2] und Pauschalierung überlappen.

Im Übrigen ist es dem Wortlaut der Vorschrift nach auch denkbar, die Klärung von Rechtsfragen zu unterlassen. Das allerdings verbietet sich im Hinblick auf die Einschränkung, dass das steuerliche Ergebnis nicht wesentlich geändert werden darf.[3]

# B.  Einvernehmen mit dem Steuerpflichtigen

2     Die – im Ermessen (vgl. § 5 AO) der Finanzbehörde stehende – Pauschbesteuerung kann nur im Einvernehmen mit dem Steuerpflichtigen stattfinden. Unter Einvernehmen ist die vorherige Zustimmung zu verstehen; es handelt sich deshalb um einen mitwirkungsbedürftigen Verwaltungsakt. Wird die Zustimmung nachträglich erteilt, muss u. E. der Verfahrensfehler in entsprechender Anwendung von § 126 AO als unbeachtlich gelten.

Die **Zustimmung** ist Verfahrenshandlung und als solche bedingungsfeindlich, nicht nach §§ 119 ff. BGB anfechtbar und – nach Erlass des entsprechenden

---

1  BT-Drucks. 9/251 B zu § 12.
2  Vgl. dazu BFH v. 5. 10. 1990 III R 19/88, BStBl II 1991, 45, m. w. N.
3  Gl. A. Pahlke, Rz 4.

Grunderwerbsteuerbescheids – unwiderruflich. Jedoch muss die Geltendmachung der Unwirksamkeit der durch Drohung oder Zwang herbeigeführten Zustimmungserklärung als zulässig angesehen werden. Für die Zustimmung ist keine Form vorgesehen; es ist jedoch zweckmäßig, die Erklärung schriftlich einzuholen.

# C. Rechtsbehelfe, Bindung

Die vor Erlass des Pauschalierungsbescheids erklärte Zustimmung ist **nicht einem Rechtsbehelfsverzicht** (vgl. hinsichtlich der Voraussetzungen dafür § 354 AO, § 50 FGO) **gleichzustellen**.[1] Allerdings **wirkt sich** die Zustimmung **auf ein Rechtsbehelfsverfahren aus**: soweit wirksam Zustimmung erklärt wurde und der Bescheid entsprechend erlassen wurde, kann weder eine Beschwer (§ 350 AO) noch eine Rechtsverletzung (§ 40 Abs. 2 FGO) durch den Pauschalierungsbescheid schlüssig geltend gemacht werden. Unbenommen bleibt es dem Betroffenen aber, geltend zu machen, er habe sein Einvernehmen nicht bzw. nicht wirksam, weil nicht frei von Druck oder Zwang, erklärt bzw. die erfolgte Steuerfestsetzung entspreche nicht dem erklärten Einvernehmen.

3

Die Bindungswirkung beschränkt sich in persönlicher Hinsicht auf denjenigen Steuerschuldner, mit dem das Einvernehmen erzielt wurde. Sie erstreckt sich nicht auf die Person des mangels Zahlung des festgesetzten Betrags ggf. in Anspruch zu nehmenden (weiteren) Gesamtschuldners. Mit diesem ist erneut Einvernehmen zu erzielen.

Ist die Pauschbesteuerung nach § 12 wirksam, so ist die Finanzbehörde daran gebunden.[2] Die Bindungswirkung kann grundsätzlich nicht durch die Änderungsvorschriften der Abgabenordnung beseitigt werden; eine Ausnahme bildet § 172 Abs. 1 Satz 1 Nr. 2 Buchst. c AO.[3]

---

1 Ebenso Pahlke, Rz 12; unklar Boruttau/Viskorf, Rn. 21.
2 FG Schleswig-Holstein v. 18. 10. 2000, EFG 2001, 229.
3 Ebenso Boruttau/Viskorf, Rn. 22.

# Fünfter Abschnitt: Steuerschuld

# § 13  Steuerschuldner

Steuerschuldner sind

1. regelmäßig:
   die an einem Erwerbsvorgang als Vertragsteile beteiligten Personen;

2. beim Erwerb kraft Gesetzes:
   der bisherige Eigentümer und der Erwerber;

3. beim Erwerb im Enteignungsverfahren: der Erwerber;

4. beim Meistgebot im Zwangsversteigerungsverfahren:
   der Meistbietende;

5. bei der Vereinigung von mindestens 95 von Hundert der Anteile an einer
   Gesellschaft in der Hand

   a) des Erwerbers:
      der Erwerber;

   b) mehrerer Unternehmen oder Personen:
      diese Beteiligten;

6. bei Änderung des Gesellschafterbestands einer Personengesellschaft:
   die Personengesellschaft;

7. bei der wirtschaftlichen Beteiligung von mindestens 95 vom Hundert an
   einer Gesellschaft:
   der Rechtsträger, der die wirtschaftliche Beteiligung innehat.

*Anmerkung:*

*Durch Art. 15 Nr. 6 StEntlG 1999/2000/2002 v. 24. 3. 1999 (BGBl I 1999, 402)
wurde der Eingangssatz der Nummer 5 der Änderung des § 1 Abs. 3 durch dasselbe Gesetz angepasst und die Nummer 6 (angefügt durch Art. 7 Nr. 7 JStG 1997
20. 12. 1996, BGBl I 1996, 2049) geändert. Zum zeitlichen Anwendungsbereich s.
§ 23 Abs. 4 Satz 1, Abs. 6 Satz 1. Nummer 7 wurde durch Art. 26 Nr. 5 Buchst. b
AmtshilfeRLUmsG v. 26. 6. 2013 (BGBl I 2013, 1809) angefügt.*[1]

---

1  Zur erstmaligen Anwendung s. § 23 Abs. 11.

## Inhaltsübersicht

**Literatur:** *Schiessl/Rieger,* Schuldner der Grunderwerbsteuer bei Share-Deals mit mehreren Erwerbern, DB 2011, 1411.

# A. Steuerschuldner

## I. Allgemeines

1  § 43 Abs. 1 AO bestimmt rahmengesetzlich die Person des Steuerschuldners und verweist zur Ausfüllung auf die Steuergesetze. Die Ausfüllung nimmt für die Grunderwerbsteuer § 13 vor. Da das Steuerschuldverhältnis ein gesetzliches Schuldverhältnis ist, erwachsen die auf ihm beruhenden Ansprüche kraft Gesetzes unmittelbar aus der Verwirklichung des einschlägigen Tatbestandes unter Berücksichtigung des Zeitpunkts der Entstehung der Steuer. Die Verpflichtung zur Leistung ist nicht durch privatrechtliche Vereinbarung abdingbar.

Steuerschuldner nach Maßgabe des § 13 können nicht nur natürliche Personen sowie juristische Personen des Privatrechts und des öffentlichen Rechts sein, sondern auch die (grunderwerbsteuerrechtlich als selbständige Rechtsträger zu qualifizierenden) Gesamthandsgemeinschaften (vgl. dazu Hofmann, GrEStG, § Rdnr. 18 ff.1). Für die Eigenschaft als Steuerschuldner ist bei **Gesamthandsgemeinschaften** nicht darauf abzustellen, ob sie zivilrechtlich „(teil)rechtsfähig" oder zivilprozessrechtlich parteifähig sind. Letzteres traf seit jeher für die OHG (vgl. § 124 Abs. 1 HGB) und die KG (vgl. § 161 Abs. 1 i. V. m. § 124 Abs. 1 HGB) sowie für die Partnerschaftsgesellschaft (§ 7 Abs. 2 PartGG) zu. Davon ist aber auch seit der Rechtsprechungsänderung durch Urteil des BGH vom 29. 1. 2001[1] für die (Außen-)Gesellschaft des bürgerlichen Rechts auszugehen. Für die Eigenschaft, Steuerschuldner zu sein, ist entscheidend, ob eine Gesamthandsgemeinschaft steuerrechtsfähig ist. Dies setzt § 267 AO voraus und indiziert damit die grunderwerbsteuerrechtliche Steuerrechtsfähigkeit der Gesellschaft des bürgerlichen Rechts als Rechtssubjekt.[2] Das Nämliche gilt für die Erbengemeinschaft, soweit ihr für Außengeschäfte (s. Hofmann, GrEStG, § 1 Rdnr. 19) selbständige Rechtsträgereigenschaft beizumessen ist.[3]

2  Grundsätzlich wird die Identität der Gesellschaft durch einen bloßen **Wechsel im Gesellschafterbestand** nicht berührt; die **Gesellschaft bleibt als solche Steu-**

---

1 II ZR 331/00, DB 2001, 423; vgl. dazu u. a. P. Ulmer, ZIP 2001, 589; Westermann, NZG 2001, 289; Pfeifer, NZG 2001, 296; K. Schmidt, NJW 2001, 993.
2 Vgl. dazu BFH v. 22. 10. 1986 II R 118/84, BStBl II 1987, 183, s. auch BFH v. 12. 12. 2001 II B 5/01, BFH/NV 2002, 812.
3 BFH v. 29. 11. 1972 II R 28/67, BStBl II 1973, 370, und II R 47/67, BStBl II 1973, 372.

erschuldner, denn sie ist die am Erwerbsvorgang Beteiligte.[1] Deutlich wird dieses auch durch die Regelung in § 13 Nr. 6: Steuerschuldner ist nicht etwa die (fiktive) „neue" Personengesellschaft. Zur Haftung der Gesellschafter s. Rdnr. 29.

Zum Steuerfestsetzungsverfahren vgl. Hofmann, GrEStG, vor § 15 Rdnr. 1 ff., wegen der gesonderten Feststellung von Besteuerungsgrundlagen wird auf Hofmann, GrEStG, § 17 Rdnr. 1 ff., verwiesen.

## II. Anwendungsbereich und Grenzen des § 13 Nr. 1

### 1. „Regelmäßige" Steuerschuldnerschaft der Vertragsteile eines Erwerbsvorgangs

#### a) Bei Erwerbsvorgängen nach § 1 Abs. 1 Nr. 1 und 2

§ 1 Abs. 1 Nr. 1 hebt den Kaufvertrag als prototypisch für Rechtsgeschäfte, die    3
einen Anspruch auf Übereignung begründen, heraus. Steuerschuldner sind nach § 13 Nr. 1 Käufer und Verkäufer. Dasselbe gilt für alle entgeltlichen oder unentgeltlichen, den Anspruch auf Übertragung des Eigentums an einem Grundstück begründende Verpflichtungsgeschäfte. So sind Steuerschuldner bei einem Grundstückstauschvertrag für beide Erwerbsvorgänge (vgl. § 1 Abs. 5) die Tauschpartner. Bei der Einbringung eines Grundstücks in eine Personen- oder Kapitalgesellschaft sind Steuerschuldner der Einbringende und die erwerbende Gesellschaft. Dasselbe gilt bei der „Entnahme" eines Grundstücks für die Gesellschaft und den „Entnehmenden". Steuerschuldner bei einer gemischten Schenkung bzw. einer Schenkung unter Auflage sind die Vertragspartner des Schenkungsvertrages. Ist ein Erwerbsvorgang zwar aufgehoben, nicht aber i. S. des § 16 rückgängig gemacht (vgl. Hofmann, GrEStG, § 16 Rdnr. 17 ff.), sind Steuerschuldner der „neue" Erwerber und der Veräußerer, nicht aber der ursprüngliche Erwerber und der „neue" Erwerber, denn der „zweite" Vertrag wird nicht zwischen ihnen als Vertragsteilen abgeschlossen.[2]

Unterliegt ein Vorgang wegen Gestaltungsmissbrauchs i. S. des § 42 Abs. 1 Satz 1 AO der Grunderwerbsteuer gemäß § 1 Abs. 1 Nr. 1, so gebietet § 42 Abs. 1 Satz 3 AO die Steuerschuldnerschaft entsprechend dem „umgangenen" Geschäft zu bestimmen.[3]

---

1  BFH v. 18. 3. 1980 II R 23/77, BStBl II 1980, 598; v. 26. 9. 1990 II B 24/90, BStBl II 1990, 1035; v. 6. 3. 1991 II R 158/87, BFH/NV 1992, 197.
2  Vgl. auch BFH v. 10. 2. 1988 II R 145/85, BStBl II 1988, 547.
3  Ebenso Boruttau/Viskorf, Rn. 18.

Wird ein Grundstück an Erfüllungs statt hingegeben, so sind Steuerschuldner die an der diesbezüglichen vertraglichen Vereinbarung (§ 364 BGB) als Gläubiger und Erfüllungsleistender (Schuldner oder Dritter, vgl. § 267 BGB) beteiligten Vertragsteile.

4   Steuerschuldner sind **stets** die **am Erwerbsvorgang Beteiligten** und **nicht** ein **unbeteiligter Dritter.** Dieser wird auch nicht um deswillen Steuerschuldner, weil Leistungen an ihn oder von ihm nach § 9 Abs. 2 Nr. 3 oder 4 zur Gegenleistung gehören.[1] In einem solchen Fall ist Schuldner der Steuer insoweit dann nur der Veräußerer, wenn der Erwerber die Leistungen des Dritten weder kannte noch kennen musste, sich solche Leistungen auch nicht von vornherein als möglich vorgestellt und sie für diesen Fall gebilligt hat.[2] Ebenso kann der Veräußerer unter den nämlichen Voraussetzungen für Leistungen des Erwerbers an Dritte i. S. von § 9 Abs. 2 Nr. 3 nicht Steuerschuldner sein.

Beim echten Vertrag zugunsten Dritter (§ 328 BGB), kraft dessen der Dritte die Übereignung an sich verlangen kann, sind nur die Parteien des Vertrages, also Versprechender und Versprechensempfänger, Steuerschuldner, nicht aber der begünstigte Dritte,[3] der nicht Vertragsteil ist.

Erwirbt jemand im Auftrag eines Dritten – als Auftragsnehmer, Geschäftsbesorger oder „Treuhänder" (vgl. Hofmann, GrEStG, § 1 Rdnr. 76) –, so sind Steuerschuldner nur der **Veräußerer** und der „**Treuhänder**" und nicht etwa der Geschäftsherr des Auftragnehmers (der „Treugeber"). Hinsichtlich des gleichzeitig entstehenden Anspruchs des „Treugebers" auf Herausgabe des Erlangten (§ 667 BGB, des Übereignungsanspruchs bzw. des Eigentums am Grundstück) sind das Auftragsverhältnis und die daraus erwachsenen Ansprüche maßgeblich. Der Auftrag ist aber auf den Erwerb bezogen, so dass der Anspruch auf Übereignung (Herausgabe des Erlangten) nur Folge des Rechtsgeschäfts ist, weshalb auch die mit Abschluss des Rechtsgeschäfts durch den Auftragnehmer, Geschäftsbesorger oder „Treuhänder" und dem Dritten, dem Auftraggeber, Geschäftsherrn oder „Treugeber", erwachsene Rechtsmacht der Steuer aus § 1 Abs. 2 unterliegt (vgl. Rdnr. 7 und 9).

5   Beim Erwerb von Miteigentumsanteilen an einem Grundstück liegen so viele Steuerfälle vor, wie Miteigentumsanteile Gegenstand des Erwerbsvorgangs sind. Steuerschuldner ist jeder **Miteigentumsanteilserwerber für seinen Anteil**

---

1  BFH v. 14. 12. 1988 II R 87/86, BFH/NV 1990, 321.
2  BFH v. 14. 7. 1965 II 155/62 U, HFR 1965, 351.
3  BFH v. 21. 11. 1979 II R 146/76, BStBl II 1980, 132.

sowie der Veräußerer stets nur für den entsprechenden Anteil.[1] Die nämlichen Grundsätze gelten auch stets bei **Erwerben von bzw. durch Ehegatten,** und zwar ungeachtet des Güterstandes.[2] Erwirbt dagegen ein in Gütergemeinschaft oder im Güterstand der Eigentums- und Vermögensgemeinschaft (vgl. Art. 234 § 4 Abs. 2 Satz 1 EGBGB) lebender Ehegatte ein Grundstück, so wird dies zwar kraft Gesetzes gesamthänderisches bzw. gemeinschaftliches Vermögen der Eheleute (§ 1416 Abs. 2 BGB ggf. i.V.m. Art. 234 § 4a Abs. 2 Satz 1 EGBGB), Schuldner der Grunderwerbsteuer ist jedoch nur der am Erwerbsvorgang beteiligte Ehegatte.[3] Dasselbe gilt für den Erwerb durch einen der Lebenspartner, wenn die Lebenspartner aufgrund Lebenspartnerschaftsvertrag (§ 7 LPartG) im Güterstand der Gütergemeinschaft leben.

**Ist Gegenstand des Erwerbsvorgangs** ein **Grundstück** in einem **Zustand,** in den   6
**es erst noch zu versetzen ist** (vgl. Hofmann, GrEStG, § 8 Rdnr. 9 ff.) ist **Schuldner der (gesamten) Grunderwerbsteuer eindeutig** der **Erwerber.** Aber auch der Grundstücksverkäufer ist i. S. des § 13 Nr. 1 als Vertragteil an dem sich auf das Grundstück im bebauten Zustand gerichteten (tatbestandserfüllenden) Erwerbsvorgang beteiligt und damit Steuerschuldner. Eindeutig nicht an einem solchen Erwerbsvorgang als Vertragteil beteiligt sind die (sogar ggf. vom Erwerber beauftragten) Bauhandwerker, Bau- oder Generalunternehmer bzw. Fertighauslieferanten, und zwar auch dann, wenn aufgrund objektiv sachlichen Zusammenhangs zwischen dem Grundstückskaufvertrag und dem Abschluss des Gebäudeerrichtungsvertrags als Gegenstand des Erwerbs das bebaute Grundstück anzusehen ist. Der Veräußerer ist Schuldner der auf den Gesamtaufwand gelegten Steuer, denn die durch die Bebauung herbeigeführte (tatsächliche) Veränderung des Grundstücks ist in solchen Fällen (noch) der Sphäre des Veräußerers zuzurechnen.[4] Der in BFH vom 23. 5. 1982[5] angedeuteten Möglichkeit, gegen denjenigen **(z. B. Projektanbieter, Initiator),** der die Rechtsmacht hat, das Grundstück als bebautes beim Erwerber ankommen zu lassen, einen „weiteren Teilsteuerbescheid" (gestützt auf § 1 Abs. 1 Nr. 1) zu erlassen, ist u. E. eine Absage zu erteilen. Selbst wenn diejenige Person, die die Fäden in der Hand hält, die also auf den Grundstückseigentümer einwirkt (ggf. die Verwertungsbefugnis eingeräumt erhalten hat, § 1 Abs. 2), damit dieser ih-

---

1 BFH v. 5. 11. 1958 II 166/57, BStBl III 1959, 98.

2 Vgl. zuletzt BFH v. 12. 10. 1994 II R 63/93, BStBl II 1995, 174; s. auch Hofmann, GrEStG, § 1 Rdnr. 4.

3 BFH v. 19. 7. 1962 II 57/61 U, BStBl III 1962, 394; v. 2. 10. 1974 II R 62/68, BStBl II 1975, 150.

4 BFH v. 27. 10. 1999 II R 17/99, BStBl II 2000, 34; s. auch BFH v. 29. 6. 1988 II R 258/85, BStBl II 1988, 898; überholt ist zwischenzeitlich BFH v. 21. 12. 1981 II R 124/79, BStBl II 1982, 330.

5 II R 155/80, BStBl II 1982, 741.

rem Plan, das Grundstück als bebautes einem Erwerber „zu verkaufen", nicht entgegentritt, ist sie doch an dem der Steuer nach § 1 Abs. 1 Nr. 1 unterliegenden Erwerbsvorgang nicht i. S. von § 13 Nr. 1 beteiligt.[1] Sie verschafft dem Erwerber auch nicht etwa das „Gebäude"; an diesem hat sie keine Verwertungsbefugnis. Jene Person ist auch nicht wegen ihrer Beteiligung am Erwerbsvorgang des Grundstückskäufers Steuerschuldner aus § 1 Abs. 1 Nr. 5 ff. oder Abs. 2;[2] denn der Projektanbieter, dem das Grundstück an die Hand gegeben wurde, räumt dem Grundstückskäufer, dem Erwerber des Grundstücks aus der Hand des Grundstückseigentümers, nicht die Verwertungsbefugnis an dem Grundstück ein. Ob zwischen dem Projektanbieter bzw. Initiator und dem (späteren) Grundstückskäufer ein weiterer, der Grunderwerbsteuer aus § 1 Abs. 1 Nr. 5 bzw. Nr. 7 unterliegender Tatbestand verwirklicht wird, ist Frage des Einzelfalls.

7   Die **Auflassung** ist ein dinglicher Vertrag (§§ 925, 925a BGB). Sie unterliegt nach § 1 Abs. 1 Nr. 2 nur dann der Steuer, wenn ihr kein Rechtsgeschäft vorausgegangen ist, das den Anspruch auf Übereignung begründet. Nur in derartigen Fällen sind die Vertragspartner des dinglichen Rechtsgeschäfts Steuerschuldner. So sind Steuerschuldner der „Treuhänder" und der „Treugeber" bei Auflassung des auftragsgemäß durch den „Treuhänder" von einem Dritten erworbenen Grundstücks an den „Treugeber" (vgl. Rdnr. 4). Dasselbe gilt für die Einigung bei Erbbaurechtsbestellungen und -übertragungen (§ 873 BGB). Wird bspw. nach Ausübung des Heimfallrechts das Erbbaurecht auf den Grundstückseigentümer übertragen, sind Steuerschuldner der Erbbauberechtigte (Heimfallverpflichtete) und der Grundstückseigentümer.

**b)  Steuerschuldnerschaft in den Fällen des § 1 Abs. 1 Nr. 5 und 7**

8   Nach § 1 Abs. 1 Nr. 5 unterliegt ein Rechtsgeschäft, das den Anspruch auf Abtretung eines Übereignungsanspruchs oder der Rechte aus einem Meistgebot begründet, der Steuer. § 1 Abs. 1 Nr. 7 unterwirft der Steuer die Abtretung dieser Rechte, sofern ihr kein anspruchsbegründendes Rechtsgeschäft vorausgegangen ist. Bei derartigen Rechtsgeschäften **folgen zwei Grundstücksumsätze** i. S. des Grunderwerbsteuergesetzes **aufeinander.** Der erste vollzieht sich auf der Erwerberseite in der Person des nunmehr Abtretungsverpflichteten bzw. Abtretenden, der zweite zwischen diesem und demjenigen, der einen Abtretungsanspruch erwirbt bzw. Abtretungsempfänger ist. Für den bezeichne-

[1]  So zutreffend Pahlke, Rz 6.
[2]  So möglicherweise Boruttau/Viskorf, Rn. 14.

ten zweiten Erwerbsvorgang sind die Vertragsteile des Rechtsgeschäfts jeweils Steuerschuldner; der veräußernde Grundstückseigentümer ist nur Gesamt-schuldner für den ersten Erwerbsvorgang. Besteht das Zwischengeschäft in der Abtretung der Rechte aus dem Meistgebot, sind Meistbietender und Abtre-tungsempfänger Steuerschuldner; die Steuerschuld allein des Meistbietenden (§ 13 Nr. 4) aus dem nach § 1 Abs. 1 Nr. 4 verwirklichten Tatbestand bleibt un-berührt.

### c)   Steuerschuldner beim Erwerb der Verwertungsbefugnis (§ 1 Abs. 2)

**Tatbestandsmerkmal** des § 1 Abs. 2 **ist** ein **Rechtsvorgang**, der einem gegen-      9
über dem Grundstückseigentümer anderen die Verwertungsbefugnis ein-räumt. Steuerschuldner sind jeweils die Beteiligten an diesem Rechtsvorgang bzw. an dem diesem zugrunde liegenden Rechtsvorgang. Wird nämlich jeman-dem unwiderrufliche Vollmacht zum Verkauf auf eigene Rechnung erteilt (vgl. Hofmann, GrEStG, § 1 Rdnr. 83), so liegt diesem „sichtbaren" einseitigen emp-fangsbedürftigen Rechtsgeschäft ein gegenseitiger Vertrag zugrunde. Beim Er-werb der Verwertungsbefugnis aufgrund Herausgabeanspruchs (vgl. Rdnr. 4) sind Auftragnehmer („Treuhänder") und Auftraggeber („Treugeber") Steuer-schuldner, denn der Auftragsvertrag (§ 662 BGB) bzw. der Geschäftsbesor-gungsvertrag (§ 675 BGB) ist das zweiseitige Rechtsgeschäft, das (durch den Erwerb des Grundstücks durch den Auftragnehmer in Ausführung des Auf-trags aufschiebend bedingt) die Herausgabepflicht und damit die Verwer-tungsbefugnis begründet.

### d)   Steuerschuldner in den Fällen des § 1 Abs. 3 Nr. 3 und 4

Ein Vertrag, der einen Anspruch auf Übertragung von mindestens 95 % der An-      10
teile einer Gesellschaft, zu deren Vermögen Grundstücke gehören, begründet, unterliegt ebenso der Grunderwerbsteuer wie der Übergang von mindestens 95 % der Anteile an der Gesellschaft auf einen anderen (§ 1 Abs. 3 Nr. 3 und 4). Steuerschuldner sind hier die Parteien des Verpflichtungs- bzw. des Erfüllungs-geschäfts. § 13 Nr. 5 ist in seinem Anwendungsbereich beschränkt auf solche Rechtsvorgänge, bei denen erst die Übertragung eines Teils der Anteile einer Gesellschaft mit Grundbesitz zur Vereinigung der Anteile i. S. § 1 Abs. 3 Nr. 1 oder 2 in einer Hand führt.[1] Nur insoweit war eine von § 13 Nr. 1 abweichende Regelung geboten. **In den Fällen des § 1 Abs. 3 Nr. 3 und 4** sind deshalb **Steuer-**

---

1  In diesem Sinne kann wohl BFH v. 5. 4. 1974 II 186/65, BStBl II 1974, 643, verstanden werden.

schuldner der **bisherige** und der **künftige** bzw. nunmehrige **Inhaber von mindestens 95 %** der **Anteile.**[1]

### 2. Beschränkung auf die Zwischenperson in den Fällen des § 1 Abs. 1 Nr. 6 und 7

11 Anders als in den in Rdnr. 8 erwähnten Zwischengeschäften erhält der Abtretungsberechtigte bzw. der Abtretungsempfänger bei den von § 1 Abs. 1 Nr. 6 und 7 angesprochenen Zwischengeschäften nicht einen Anspruch auf Übereignung eines Grundstücks gegen einen Dritten. Es wird ihm nur ermöglicht, mit einem Dritten ein entsprechendes Rechtsgeschäft, das seinerseits der Steuer aus § 1 Abs. 1 Nr. 1 unterliegt, abzuschließen. § 1 Abs. 1 Nr. 6 und 7 dienen allein der Inanspruchnahme dessen, der nicht selbst einen Eigentumsverschaffungsanspruch erhält, sondern aufgrund besonderer Rechtspositionen einen Grundstückseigentümer zum Abschluss eines auf Übertragung des Eigentums am Grundstück gerichteten Vertrags mit einem von ihm – dem Zwischenmann – benannten Dritten veranlasst. Sofern die dem Zwischenmann verschaffte Rechtsposition gleichzeitig die Befugnis für ihn beinhaltet, i. S. von § 1 Abs. 2 das Grundstück auf eigene Rechnung zu verwerten (vgl. Hofmann, GrEStG, § 1 Rdnr. 75, 85 a. E.), sind er und der Grundstückseigentümer Steuerschuldner (vgl. Rdnr. 9). Da das Zwischengeschäft i. S. von § 1 Abs. 1 Nr. 6 und 7 erst der Steuer unterliegt, wenn der Benannte mit dem Grundstückseigentümer einen Vertrag abschließt, kraft dessen er – der Dritte – die Übereignung auf sich verlangen kann (vgl. Hofmann, GrEStG, § 14 Rdnr. 19), der Dritte aber infolge dieses Vertragsabschlusses Steuerschuldner für die aus dem Verpflichtungsgeschäft entstehende Steuer nach § 13 Nr. 1 ist, ist **aus** dem **Zwischengeschäft der Dritte nicht Steuerschuldner.**[2]

## III. Steuerschuldner beim Übergang des Eigentums (§ 1 Abs. 1 Nr. 3)

### 1. Erwerb kraft Gesetzes

12 Beim Erwerb kraft Gesetzes sind nach **§ 13 Nr. 2** der bisherige Eigentümer und der Erwerber Steuerschuldner. Bei voller Gesamtrechtsnachfolge (vgl. Hofmann, GrEStG, § 1 Rdnr. 46 ff.) beschränkt sich die Steuerschuldnerschaft (sofern nicht der Erwerb des Eigentums ohnehin von der Steuer befreit ist, vgl. § 3

---

1 Ebenso Boruttau/Viskorf, Rn. 44; Pahlke, Rz 14.
2 BFH v. 16. 12. 1981 II R 109/80, BStBl II 1982, 269.

Nr. 2 Satz 1 bezüglich des Erbanfalls) der Natur der Sache gemäß auf den Erwerber, weil Verschmelzungen (§§ 2 bis 122 UmwG), Aufspaltungen (§ 123 Abs. 1, § 131 Abs. 1 Nr. 2 UmwG) und die vollständige Vermögensübertragung (§§ 174 ff. UmwG) zum Erlöschen des übertragenden Rechtsträgers führen, und zwar zeitgleich mit der Entstehung der Steuer (vgl. Hofmann, GrEStG, § 14 Rdnr. 3), so dass in der Person des erlöschenden Rechtsträgers keine Steuerschuld (mehr) entstehen und folglich auch nicht nach § 45 Abs. 1 Satz 1 AO auf den Gesamtrechtsnachfolger übergehen kann.[1] Im Fall der Rechtsnachfolge in ein Sondervermögen (Abspaltungen, Ausgliederungen, § 123 Abs. 2 und 3 UmwG, sowie Teilübertragungen, §§ 174 ff. UmwG, die nicht der Aufspaltung gleichstehen) bleiben die übertragenden Rechtsträger jedoch bestehen und sind neben den übernehmenden Rechtsträgern Steuerschuldner. Auch die Übertragung eines Anteils an einem Nachlass führt zu einem kraft Gesetzes eintretenden Übergang von Eigentum an einem im weitesten Sinne zum Nachlass gehörenden Grundstück (vgl. Hofmann, GrEStG,§ 1 Rdnr. 28, 57). Steuerschuldner sind in diesem Falle der Veräußerer und der Erwerber des Erbteils.[2]

## 2. Erwerb im Enteignungsverfahren

Beim Erwerb im Enteignungsverfahren (vgl. Hofmann, GrEStG, § 1 Rdnr. 59) ist 13 Steuerschuldner nach **§ 13 Nr. 3** nur der Erwerber. Wenn oder soweit ein Grundstückserwerb im Flurbereinigungsverfahren bzw. im Umlegungsverfahren nach dem BauGB nicht nach § 1 Abs. 1 Nr. 3 Satz 2 Buchst. a oder b steuerfrei ist, dürfte in entsprechender Anwendung von § 13 Nr. 3 nur der Erwerber als Steuerschuldner in Betracht kommen.

# IV. Der Meistbietende als Steuerschuldner

Im Zwangsversteigerungsverfahren unterliegt der Steuer nach § 1 Abs. 1 Nr. 4 14 bereits das Meistgebot. Dementsprechend bestimmt § 13 Nr. 4, dass der **Meistbietende Steuerschuldner** ist. Meistbietender ist derjenige, der im eigenen Namen das Meistgebot abgibt, auch dann, wenn er im Auftrag und für Rechnung eines anderen handelt, und sei es nur, dass er wegen unzureichenden Nachweises der Vollmacht (§ 71 Abs. 2 ZVG) in eigenem Namen geboten hat. Meistbietender i. S. von § 13 Nr. 4 ist aber auch derjenige, in dessen Namen das Meistgebot wirksam abgegeben worden ist.

---

1 Siehe aber Boruttau/Viskorf, Rn. 28 und Rn. 66 a. E.
2 BFH v. 17. 7. 1975 II R 141/74, BStBl II 1976, 159.

# V. Steuerschuldnerschaft bei Anteilsvereinigung

## 1. Zur unmittelbaren Anteilsvereinigung in der Hand des Erwerbers allein führende Vorgänge

15   Nach § 1 Abs. 3 Nr. 1 und 2 unterliegt der Steuer u. a. ein auf die Übertragung von Anteilen an einer Gesellschaft, zu deren Vermögen ein Grundstück gehört, gerichteter Vertrag sowie die Übertragung der Anteile, wenn sich durch die Übertragung mindestens 95 % der Anteile in der Hand des Erwerbers allein vereinigen würden. Für diesen Fall bestimmt § 13 Nr. 5 Buchst. a den Erwerber (allein) als Steuerschuldner. Zur Steuerschuldnerschaft bei nach § 1 Abs. 3 Nr. 3 und 4 unterliegenden Erwerbsvorgängen vgl. Rdnr. 10.

## 2. Zur Anteilsvereinigung im Organkreis führende Vorgänge

16   Würde die Übertragung des Anteils an einer Gesellschaft mit Grundbesitz zur Vereinigung von mindestens 95 % der Anteile in der Hand von herrschenden und abhängigen Unternehmen führen, so wird dieser Vorgang durch § 1 Abs. 3 Nr. 1 der Steuer unterworfen. Gleiches gilt, wenn sich durch den Übergang von Anteilen (§ 1 Abs. 3 Nr. 2) die Anteile im Organkreis befinden. **§ 13 Nr. 5 Buchst. b** bestimmt für diesen Fall als Steuerschuldner **„diese Beteiligten"**. Darunter sind nur die an der Anteilsvereinigung Beteiligten (sie fiktiv bewirkenden), nicht aber die am Erwerbsvorgang als Anteilsveräußerer bzw. Anteilsübertragende zu verstehen. **Alle Organkreismitglieder, die zusammen** als Ergebnis **mindestens 95 % der Anteile** der Gesellschaft mit Grundbesitz **halten,** sind **Steuerschuldner** für die gesamte Steuer. Es tritt dabei Gesamtschuldnerschaft ein; die Steuer wird von jedem an der Anteilsvereinigung im Organkreis beteiligten Glied in vollem Umfang geschuldet (vgl. auch § 44 Abs. 1 Satz 2 AO). Ein Rückgriff etwa auf die Organmutter findet – soweit sie nicht selbst Anteile an der Gesellschaft hält und damit zur Anteilsvereinigung im Organkreis „beiträgt" – nicht statt.[1]

## 3. Bei mittelbarer Anteilsvereinigung über die zu 95 % beherrschte Hand

17   Bei der Anteilsvereinigung wird die zu mindestens 95 % beherrschte Hand auch dann der sie beherrschenden Hand zugerechnet, wenn die beherrschte Hand kein abhängiges Unternehmen i. S. von § 1 Abs. 4 Nr. 2 Buchst. b ist (vgl.

---

1  So jetzt auch gleich lautende Ländererlasse v. 21. 3. 2007, BStBl I 2007, 422, unter Tz 8.

Hofmann, GrEStG, § 1 Rdnr. 176 f.). Da diese Art der mittelbaren Anteilsvereinigung aber auf einer spezifisch grunderwerbsteuerrechtlichen Zurechnung beruht, ist Steuerschuldner allein derjenige, dem die beherrschte Hand zugerechnet wird; eine Anleihe an § 13 Nr. 5 Buchst. b verbietet sich,[1] und zwar auch dann, wenn der Veräußerer seinerseits zuvor die an mehrere juristische Personen zu übertragenden Anteile zu mindestens zu 95 % in seiner Hand vereinigte.[2] Dasselbe gilt, wenn die Anteilsvereinigung durch mehrere beherrschte Hände, also Gesellschaften, an denen derjenige, in dessen Hand sich die Anteile vereinigen, zu mindestens 95 % beteiligt ist, vermittelt wird.

## 4. Bei mittelbarer Anteilsvereinigung über eigene und „treuhänderische" Anteile

In derartigen Fällen liegt keine durch mehrere Beteiligte vermittelte Anteilsvereinigung vor, sie folgt vielmehr aus dem Innehaben des Herausgabeanspruchs gegenüber dem „Treuhänder" selbst, so dass **nur** der „**Treugeber**" und Inhaber der übrigen Anteile als Erwerber **Steuerschuldner** (§ 13 Nr. 5 Buchst. a) ist. Zur Steuerpflicht dieser Vorgänge vgl. Hofmann, GrEStG, § 1 Rdnr. 157 ff.   18

## 5. Bei Mischfällen

Wird die Anteilsvereinigung teils über eine beherrschte Hand, teils über einen Treuhänder (Auftragnehmer, Geschäftsbesorger) vermittelt (s. Hofmann, GrEStG, § 1 Rdnr. 160), gelten die Ausführungen in Rdnr. 17 und 18 entsprechend.   19

# VI. Steuerschuldner bei Erwerbsvorgängen i. S. von § 1 Abs. 2a

Nach § 13 Nr. 6 ist Steuerschuldner für einen nach § 1 Abs. 2a der Steuer unterliegenden Vorgang stets die Personengesellschaft, die ihre Identität als solche – ungeachtet des Steuertatbestands – beibehält.   20

Zu bemerken ist, dass die nach § 1 Abs. 2a ausgelösten Grunderwerbsteuern nicht Anschaffungskosten darstellen, sondern sofort abzugsfähige Betriebsausgaben der Personengesellschaft sind.[3]

---

1 Ebenso BFH v. 2. 8. 2006 II R 23/05, BFH/NV 2006, 2306.
2 So auch Schiessl/Rieger, DB 2011, 1411.
3 BFH v. 2. 9. 2014 IX R 50/13, BStBl II 2015, 260.

## VII. Steuerschuldner bei wirtschaftlicher Beteiligung (§ 1 Abs. 3a)

21  Nach § 13 Nr. 7 ist bei einem Erwerbsvorgang i. S. des § 1 Abs. 3a derjenige Steuerschuldner, der die wirtschaftliche Beteiligung von mindestens 95 % innehat.

# B. Gesamtschuldnerschaft

**Literatur:** *Oswald*, Inanspruchnahme des Veräußerers für die Grunderwerbsteuer, DVR 1984, 178; *Bruschke*, Die Gesamtschuldnerschaft bei der Grunderwerbsteuer, UVR 2003, 168.

22  Personen, die nebeneinander dieselbe Leistung aus dem Steuerschuldverhältnis schulden, sind Gesamtschuldner (§ 44 Abs. 1 Satz 1 AO). Gesamtschuldner sind somit auch die Vertragsteile eines Erwerbsvorgangs (§ 13 Nr. 1, vgl. Rdnr. 3 bis 10; zur Gesamtschuldnerschaft bei Anteilsvereinigung im Organkreis s. Rdnr. 16). **Jeder** der **Gesamtschuldner schuldet** die **gesamte Steuer** (§ 44 Abs. 1 Satz 2 AO). Die Finanzbehörde kann den Steueranspruch allen Gesamtschuldnern gegenüber durch zusammengefassten Steuerbescheid (§ 155 Abs. 3 AO) geltend machen (s. Hofmann, GrEStG, vor § 15 Rdnr. 2), es steht aber auch in ihrem pflichtgemäßen Ermessen (§ 5 AO), sich (zunächst) nur an einen Gesamtschuldner zu halten (vgl. § 421 BGB). Der andere Gesamtschuldner wird deshalb nicht zum „Zweitschuldner" i. S. eines zweitrangigen Schuldners (eines Nachverpflichteten), er bleibt nach wie vor ein erstrangig in Anspruch zu nehmender Steuerschuldner. Zur Ausübung des Auswahlermessens durch das Feststellungsfinanzamt bei gesonderter Feststellung der Besteuerungsgrundlagen i. S. von § 17 Abs. 2 und 3 s. Hofmann, GrEStG, § 17 Rdnr. 19.

Bei der Ausübung des eingeräumten Ermessens hat die Finanzbehörde auch die **Vereinbarungen** darüber, wer im Innenverhältnis die Steuer tragen soll, in ihre Erwägungen einzubeziehen. Es stellt keinen Verstoß gegen die Begründungspflicht für Ermessensentscheidungen dar, wenn das Finanzamt ohne weitere Begründung (zunächst) denjenigen in Anspruch nimmt, der sich im Innenverhältnis dem anderen Gesamtschuldner gegenüber zur Tragung der Steuer verpflichtet hat, weil hier die für die Ermessensentscheidung leitenden Erwägungen offensichtlich sind.

23  Sind **keine Vereinbarungen** darüber getroffen, wer im Innenverhältnis die Steuer zu tragen hat, ist bei Ausübung des Ermessens auf die grundsätzliche **zivilrechtliche Kostenverteilung** abzuheben. Nach § 448 Abs. 2 BGB hat der Käufer eines Grundstücks (im Innenverhältnis) die Kosten der Beurkundung

des Kaufvertrags und der Auflassung, der Eintragung ins Grundbuch und der zur Eintragung erforderlichen Erklärungen zu tragen. Zu den den Käufer treffenden Kosten gehört zivilrechtlich auch die Grunderwerbsteuer.[1] Der Begründungspflicht für die Ermessensentscheidung ist mit dem Hinweis auf die Zivilrechtslage genügt.[2] Zu beachten ist, dass § 448 Abs. 2 BGB nur Bedeutung für das Innenverhältnis der Vertragsteile hat, das Steuergesetz daher nicht gehindert ist, auch den Verkäufer als Gesamtschuldner in Anspruch zu nehmen.

Die Inanspruchnahme desjenigen der Gesamtschuldner, der nach den Vereinbarungen der Gesamtschuldner im Innenverhältnis nicht zur Tragung der Grunderwerbsteuer verpflichtet ist, bedarf zwar als Ermessensentscheidung grundsätzlich einer Begründung. Besteht jedoch kein Auswahlermessen (mehr), weil die Steuer von demjenigen der Gesamtschuldner, der primär heranzuziehen wäre, nicht zu erlangen wäre, weil bspw. die Steuer ihm gegenüber verjährt ist, macht die fehlende Begründung den Steuerbescheid nicht rechtswidrig.[3] Das Begründungserfordernis entfällt auch dann, wenn die Inanspruchnahme desjenigen, der sich im Innenverhältnis zur Tragung der Steuer verpflichtet hatte, im Hinblick auf dessen wirtschaftliche Situation keinen Erfolg verspricht und dies dem in Anspruch genommenen anderen Gesamtschuldner bekannt oder ohne weiteres erkennbar ist.[4]

Die zunächst erfolgte Inanspruchnahme nur eines der Gesamtschuldner schließt es nicht aus, gegen den anderen Gesamtschuldner später einen Steuerbescheid zu erlassen. Das liegt grundsätzlich im Ermessen der Finanzbehörde, das sich allerdings auf Null reduziert, wenn feststeht, dass die Steuer von dem zuerst in Anspruch genommenen Steuerschuldner nicht mehr zu erlangen ist.[5] Zeitliche Grenze für die Inanspruchnahme des zunächst „verschonten" Gesamtschuldners ist die Festsetzungsverjährung.[6] Auf Verwirkung des Anspruchs kann sich der zeitlich später in Anspruch genommene Gesamtschuldner nur dann erfolgreich berufen, wenn die fehlgeschlagene Beitreibung der Steuerforderung bei dem zunächst in Anspruch genommenen Gesamtschuldner auf einer vorsätzlichen oder sonst besonders groben Pflichtverlet-

24

1 Vgl. Palandt/Putzo, Rn. 7 zu § 448 BGB; Bamberger/Roth/Faust, Kommentar zum BGB, Rn. 8 zu § 448.
2 Vgl. auch FM Schleswig-Holstein v. 3. 9. 2002, UVR 2002, 360.
3 BFH v. 24. 6. 1996 II R 31/93, BFH/NV 1997, 2.
4 Vgl. BFH v. 1. 7. 2008 II R 2/07, BStBl II 2008, 897.
5 BFH v. 12. 5. 1976 II R 187/72, BStBl II 1976, 579; FG Münster v. 6. 11. 2002, EFG 2003, 258.
6 BFH v. 17. 5. 1990 II 8/90, BFH/NV 1991, 481, m. w. N.

zung des zuständigen Beamten der Finanzbehörde beruht.[1] Wegen der Steuerfestsetzung vgl. Hofmann, GrEStG, vor § 15 Rdnr. 2 ff.

25 **Aus** der **Gesamtschuldnerschaft folgt,** dass die **Erfüllung** des Steueranspruchs
durch einen Gesamtschuldner (bzw. auf seine Rechnung) **auch für** die **übrigen
Schuldner wirkt** (§ 44 Abs. 2 Satz 1 AO), also der Anspruch aus dem Grunderwerbsteuerschuldverhältnis mit Wirkung für den oder die anderen Gesamtschuldner erlischt (§ 47 AO). Das Gleiche gilt für die Aufrechnung (§ 44 Abs. 2
Satz 2, § 47 AO). **Alle anderen Tatsachen** wirken **nur für und gegen** den **Gesamtschuldner, in dessen Person** sie eintreten (§ 44 Abs. 2 Satz 3 AO). Als solche „Tatsachen" kommen in Betracht die Stundung (§ 222 AO), der Erlass aus
Billigkeitsgründen (§ 227 AO) und – bei Anfechtung des Steuerbescheids –
Aussetzung der Vollziehung (§ 361 AO, § 69 FGO). Desgleichen gehören zu diesen „Tatsachen" Maßnahmen nach § 156 Abs. 3 oder § 258 AO. Auch der Umstand, dass der gegen einen der Gesamtschuldner ergangene Bescheid nicht
mehr nach Maßgabe der §§ 172 ff. AO inhaltlich geändert werden kann, zeitigt
nur Wirkungen hinsichtlich dieses Gesamtschuldners (§ 425 Abs. 2 BGB).[2]

Soweit einem der Gesamtschuldner die Steuer aus sachlichen Gründen (vgl.
dazu Hofmann, GrEStG, § 15 Rdnr. 9) erlassen wurde, verbietet sich allerdings
die Inanspruchnahme des anderen Gesamtschuldners, weil ihm gegenüber
aus den nämlichen Gründen dieselbe Billigkeitsmaßnahme auszusprechen wäre. Ist demjenigen Gesamtschuldner, der im Innenverhältnis sich gegenüber
dem anderen zur Tragung der Steuer verpflichtet hat, die Steuer aus persönlichen Gründen (vgl. Hofmann, GrEStG, § 15 Rdnr. 8) im Hinblick auf dessen
wirtschaftlichen Lage nach § 227 AO erlassen worden, so steht der Inanspruchnahme des anderen Gesamtschuldners regelmäßig die Überlegung entgegen,
dass wegen dessen Regressanspruchs der dem einen gewährte Billigkeitserlass
diesem nicht zugutekäme.[3]

Ist einer der Gesamtschuldner verstorben oder aufgrund Verschmelzung, Aufspaltung oder vollumfänglicher Vermögensübertragung erloschen, so tritt Gesamtrechtsnachfolge ein. Die Steuerschuld geht gemäß § 45 Abs. 1 AO auf den
(die) Rechtsnachfolger als eigene über (zur Haftungsbegrenzung bei Erben s.
§ 45 Abs. 2 AO). Siehe dazu auch Rdnr. 26.

---

1 Siehe auch BFH v. 18. 4. 1990 II B 171/89, BFH/NV 1991, 189.
2 Vgl. auch BFH v. 13. 5. 1987 II R 189/83, BStBl II 1988, 188.
3 Ähnlich Pahlke, Rz 43.

# C. Haftungsschuldner

## I. Allgemeines

Das Grunderwerbsteuergesetz selbst benennt nur die Steuerschuldner bezo- 26
gen auf die einzelnen Erwerbsvorgänge. Für die Haftung Dritter gelten – mangels einschränkender Regelung im Gesetz – die Vorschriften der Abgabenordnung. **Haftung** bedeutet stets **Einstehenmüssen für fremde Schuld**; wer Steuerschuldner ist, ist nicht zugleich Haftender. Um **eigene Steuerschuld** handelt
es sich auch beim Schuldübergang infolge **Gesamtrechtsnachfolge** (§ 45 Abs. 1
AO). Lediglich für Erben begrenzt § 45 Abs. 2 Satz 1 AO den Umfang des kraft
Schuldübergangs eintretenden Einstehenmüssens für die in der Person des
Erblassers eingetretenen Steuerschulden auf das Ausmaß der kraft bürgerlichen Rechts eintretenden Beschränkungen (§§ 1967 ff. BGB). Die Mitglieder einer Erbengemeinschaft, die als Veräußerin eines Grundstücks oder als dessen
Erwerberin auftritt, schulden (unter sich als Gesamtschuldner) die Grund-
erwerbsteuer.

## II. Haftungsschuldner aufgrund der Abgabenordnung

### 1. Eingrenzung der möglichen Tatbestände

Von den Haftungstatbeständen der Abgabenordnung kommen **bezüglich der** 27
**Haftung für Grunderwerbsteuer nur die §§ 69 und 71 AO** in Betracht. § 74 AO
beschränkt die Haftung auf die Erstattung von Steuervergütungen sowie auf
die Betriebssteuern (= Steuern, die abstrakt die Existenz eines Unternehmens
voraussetzen), zu denen die Grunderwerbsteuer nicht gehört. Auch aus § 75
AO (Haftung des Betriebsübernehmers) ist deshalb keine Haftung für Grunderwerbsteuer ableitbar. Verwirklichung des Haftungstatbestands des § 73 AO
ist gleichfalls ausgeschlossen, denn grunderwerbsteuerrechtlich wird die zivilrechtliche Selbständigkeit der juristischen Personen nicht beiseite geschoben,
und soweit § 1 Abs. 3, 4 Organschaftsverhältnisse anspricht, handelt es sich
um Tatbestandsmerkmale für die Entstehung einer Steuer, wie eben auch § 13
Nr. 5 Buchst. b den Organträger nicht ohne seine Beteiligung an der Anteilsvereinigung zum Steuerschuldner macht (vgl. Rdnr. 16).

### 2. Haftung aufgrund §§ 69, 71 AO

Nach § 34 Abs. 1 AO haben die **gesetzlichen Vertreter** natürlicher und juristi- 28
scher Personen und die **Geschäftsführer** von **nichtrechtsfähigen Personenvereinigungen** deren steuerliche Pflichten zu erfüllen, insbesondere dafür Sorge

zu tragen, dass die Steuern aus den Mitteln errichtet werden, die sie verwalten. Die nämlichen Pflichten hat nach § 34 Abs. 3 AO ein Vermögensverwalter, soweit eine Vermögensverwaltung anderen Personen als den Eigentümern des Vermögens bzw. deren gesetzlichen Vertretern zusteht. An die **vorsätzliche** oder **grob fahrlässige Verletzung** dieser Pflichten knüpft § 69 AO die **Haftung der Vertreter,** wenn aufgrund der Pflichtverletzung Ansprüche aus dem Steuerschuldverhältnis nicht oder nicht rechtzeitig festgesetzt oder erfüllt werden. Zu den Pflichten der Vertreter gehört neben der Erfüllung des Steuerzahlungsanspruchs auch die Anzeigepflicht nach § 19.

Nach § 71 AO haftet derjenige für die verkürzten Steuern, der eine Steuerhinterziehung oder eine Steuerhehlerei begeht oder an der Begehung einer solchen Tat teilnimmt (und nicht Steuerschuldner ist).

## III. Haftung aufgrund bürgerlichen Rechts

### 1. Kraft Gesetzes

29 Das Steuerverfahrensrecht macht sich zivilrechtliche Haftungsansprüche zunutze (vgl. § 191 Abs. 4 AO); es ergreift alle Tatbestände, die kraft Zivilrechts eine Haftungsschuld begründen. Als für die Grunderwerbsteuer relevant sind davon insbesondere zu erwähnen: §§ 130, 173 HGB (Haftung des eintretenden Gesellschafters), §§ 128, 159 HGB (unbeschränkte Haftung des Gesellschafters einer OHG auch nach deren Auflösung bzw. auch nach Ausscheiden; zur zeitlichen Begrenzung s. §§ 159, 160 HGB), §§ 161, 128, 159 HGB (unbeschränkte Haftung des persönlich haftenden Gesellschafters – Komplementärs – einer KG auch nach deren Auflösung; s. aber auch § 160 HGB), §§ 171, 172, 176 HGB (Haftung der Kommanditisten), §§ 11 Abs. 2 GmbHG,[1] § 41 Abs. 1 AktG (Haftung des vor Eintragung der AG in deren Namen Handelnden) und § 278 AktG (Haftung des persönlich haftenden Gesellschafters einer KGaA). Haftungsschuldner ist auch der Gesellschafter einer Gesellschaft bürgerlichen Rechts für die in deren Person entstandene Grunderwerbsteuer.[2] Die Aussage im Urteil des BFH vom 2. 2. 1994,[3] Voraussetzung für die Haftung des Gesellschafters einer Gesellschaft des bürgerlichen Rechts für die Grunderwerbsteuer sei, dass er an dem die Steuer zur Entstehung bringenden rechtsgeschäftlichen Handeln selbst beteiligt war oder ein (auch) für ihn zu handeln berechtigter

---

1 Haftung der vor Eintragung der GmbH in das Handelsregister im Namen dieser Handelnden; s. dazu auch BGH v. 7. 5. 1984 II ZR 276/83, NJW 1984, 2164.
2 Vgl. BFH v. 31. 7. 1991 II B 38/91, BFH/NV 1992, 56, m. w. N.
3 II R 7/91, BStBl II 1995, 300.

Vertreter handelte, die auf den zivilrechtlichen Vorgaben entsprechend der Rechtsprechung des BGH beruhte, ist durch die neuere Rechtsprechung des BGH zur Gesellschafterhaftung überholt. Dasselbe gilt für die Aussage des BFH in diesem Urteil,[1] dass keine Haftung für eine vor dem Eintritt des Gesellschafters entstandene Grunderwerbsteuerschuld bestehe.[2] Denn der BGH hat – seine bisherige Rechtsprechung ändernd – unter **Anerkennung der Rechtsfähigkeit der Gesellschaft des bürgerlichen Rechts** sich zur **Akzessorietät der Gesellschafterhaftung** für deren Verbindlichkeiten ausgesprochen[3] und zwar auch dann, wenn sie gesetzlich begründet sind,[4] sowie konsequent auch die persönliche Haftung eines neu eintretenden Gesellschafters für vor seinem Eintritt begründete Verbindlichkeiten der Gesellschaft bürgerlichen Rechts etabliert.[5] Zur zeitlichen Begrenzung nach Ausscheiden s. § 736 Abs. 2 BGB i. V. m. § 160 HGB.

## 2. Aufgrund Vertrages

§ 48 Abs. 2 AO lässt es zu, dass Dritte sich vertraglich verpflichten, für Leistungen aus dem Steuerschuldverhältnis einzustehen. In Betracht kommen Bürgschaft (§§ 765 ff. BGB), kumulative Schuldübernahme (= Schuldbeitritt) und Schuldversprechen (§ 780 BGB). Nicht in Frage steht die befreiende Schuldübernahme (§ 414 BGB), weil der Fiskus auf ihm zustehende Ansprüche aus dem Steuerschuldverhältnis nicht kraft Privatrechts verzichten kann.    30

# IV. Geltendmachung der Haftung

Die **Haftungsansprüche aus** der **Abgabenordnung** sowohl wie die **auf Gesetz beruhenden Haftungsansprüche zivilrechtlicher Natur** (Rdnr. 27, 28) können durch **Haftungsbescheid** geltend gemacht werden. Die Finanzbehörde ist hier nicht auf die Geltendmachung im Zivilrechtsweg angewiesen (§ 191 AO); sie kann vielmehr selbst einen Vollstreckungstitel schaffen. Wer sich aufgrund **Vertrages** verpflichtet hat, für die Steuerschuld eines anderen einzustehen (Rdnr. 30), kann **nur** nach den **Vorschriften** des **bürgerlichen Rechts** in Anspruch genommen werden (§ 192 AO). Zur Festsetzungsfrist vgl. § 191 Abs. 3 und 4 AO, zur (ausdrücklich geregelten) Verwirkung des Haftungsanspruchs s. § 191 Abs. 5 AO.    31

---

1  Vom 2. 2. 1994 II R 7/91, BStBl II 1995, 300.
2  Ebenso Pahlke, Rz 54; a. A. Boruttau/Viskorf, Rn. 70 ff.
3  BGH v. 29. 1. 2001 II ZR 331/00, ZIP 2001, 330.
4  BGH v. 24. 2. 2003 II ZR 385/99, NJW 2003, 1445.
5  BGH v. 7. 4. 2003 II ZR 56/02, NJW 2003, 1803; zu allem vgl. K. Schmidt, NJW 2003, 1897, und P. Ulmer, ZIP 2003, 1113.

## § 14  Entstehung der Steuer in besonderen Fällen

Die Steuer entsteht,

1. wenn die Wirksamkeit eines Erwerbsvorgangs von dem Eintritt einer Bedingung abhängig ist, mit dem Eintritt der Bedingung;

2. wenn ein Erwerbsvorgang einer Genehmigung bedarf, mit der Genehmigung.

**Literatur:** *Möllinger,* Zur grunderwerbsteuerrechtlichen Behandlung von Grundstücksgeschäften mit aufschiebend bedingt geschuldeter Gegenleistung, DVR 1981, 103; *Barandt,* Steuerliche Rückwirkung im Bereich des Grunderwerbsteuerrechts nach der Novellierung des Grunderwerbsteuergesetzes (§§ 14, 16, 23 GrEStG 1983)?, DStZ 1983, 429; *Jehner,* Wann entsteht Grunderwerbsteuer bei nichtigen Kauferträgen?, DStR 1986, 634.

## A.  Bedeutung der Entstehung der Steuer

1   Der Zeitpunkt der Entstehung der Steuer bewirkt für die nach § 13 als Steuerschuldner in Betracht kommenden Personen die Begründung eines grunderwerbsteuerrechtlichen Steuerpflichtverhältnisses (§ 33 AO). Vor ihrer Entstehung kann die Steuer nicht – auch nicht vorläufig (§ 165 AO) – festgesetzt werden; ein trotzdem ergehender Steuerbescheid ist rechtswidrig.[1] Er ist letztlich Anknüpfungspunkt für den Beginn der Festsetzungsfrist (vgl. § 170 AO und Hofmann, GrEStG, vor § 15 Rdnr. 18).

---

1 Vgl. BFH v. 10. 8. 1994 II R 103/93, BStBl II 1994, 951; zur Heilung bei Entstehung der Steuer vor Erlass einer Einspruchsentscheidung vgl. BFH v. 20. 5. 1981 II R 52/79, BStBl II 1981, 737.

Zur Bedeutung des Zeitpunkts der Entstehung der Steuer für vor dem 1. 1. 1991 erwirklichte, im Beitrittsgebiet belegene Grundstücke betreffende Erwerbsvorgänge wird auf Hofmann, GrEStG, § 14 Rdnr. 1 der 7. Auflage verwiesen.

Kraft ausdrücklich **abweichender Bestimmung in § 23** ist der Zeitpunkt der Entstehung der Steuer allerdings – abweichend vom Regelfall – **nicht maßgebend für die Frage,** für welche Erwerbsvorgänge **geänderte Vorschriften** jeweils **anwendbar** sind. Auf Hofmann, GrEStG, § 23 Rdnr. 1 ff. wird verwiesen. Das Gleiche gilt für die Abgrenzung, welcher **Steuersatz** (s. Hofmann, GrEStG, § 11 Rdnr. 1) zur Anwendung kommt.

**Abgesehen von** diesen **Sonderfragen** des Übergangs ist aber der Zeitpunkt der   2 Entstehung der Steuer **entscheidend für die Anwendung der Steuervergünstigungsvorschriften** (vgl. aber Hofmann, GrEStG, § 5 Rdnr. 9), denn von der Besteuerung kann nur etwas ausgenommen sein, das der Steuer überhaupt unterliegen könnte.[1] Sie ist Ausgangspunkt für die Berechnung der Fünfjahresfrist des § 5 Abs. 3 bzw. § 6 Abs. 3 Satz 2. **Ausdrücklich** zum **Anknüpfungspunkt** für den Anspruch auf Nichtfestsetzung der Steuer bzw. Aufhebung oder Änderung einer Steuerfestsetzung ist der Zeitpunkt der Entstehung der Steuer in § 16 Abs. 1 Nr. 1, Abs. 2 Nr. 1 und Abs. 3 Nr. 1 gemacht. **Mittelbar** hat die Entstehung der Steuer **Bedeutung** für die Frage danach, ob Grundstücke zum Vermögen einer Gesellschaft i. S. von § 1 Abs. 2a, 3 und Abs. 3a gehören, vgl. Hofmann, GrEStG, § 1 Rdnr. 148.

Nach der hier vertretenen Ansicht ist der Zeitpunkt der Entstehung der Steuer **nicht Stichtag** für die **Bewertung** der Gegenleistung als Bemessungsgrundlage (vgl. Hofmann, GrEStG, § 8 Rdnr. 27).

# B. Entstehung der Steuer im Regelfall

## I. § 38 AO

Das Grunderwerbsteuergesetz trifft in § 14 nur Regelungen für die „Entste-  3 hung der Steuer in besonderen Fällen", und zwar in der Weise, dass die Entstehung der Steuer hinausgeschoben („verzögert") wird. Liegen die Voraussetzungen des § 14 nicht vor, so bleibt es bei der **Grundregel des § 38 AO.** Nach dieser Vorschrift entstehen „die Ansprüche aus dem Steuerschuldverhältnis, sobald

---

1 Vgl. BFH v. 24. 10. 1956 II 21/56, BStBl III 1956, 387; v. 14. 3. 1979 II R 73/75, BStBl II 1981, 225; s. aber auch BFH v. 30. 7. 1980 II R 19/77, BStBl II 1980, 667.

der Tatbestand verwirklicht ist, an den das Gesetz die Leistungspflicht knüpft". Entscheidend ist damit darauf abzuheben, wann die einzelnen Tatbestandsmerkmale, die zu einem der Grunderwerbsteuer nach § 1 unterliegenden Erwerbsvorgang führen, erfüllt sind. So entsteht – abgesehen von den bedingten und genehmigungsbedürftigen Erwerbsvorgängen – bspw. die Steuer für Erwerbsvorgänge

▶ nach **§ 1 Abs. 1 Nr. 1** im Zeitpunkt des (formgerechten, § 311b Abs. 1 Satz 1 BGB) Abschlusses des Verpflichtungsgeschäfts (Angebot und Annahme); bei Verlängerung eines Erbbaurechts im Zeitpunkt des Abschlusses des entsprechenden Rechtsgeschäfts;[1] bei vorzeitiger Aufhebung des Erbbaurechts mit der gleichzeitig abgegebenen übereinstimmenden Erklärung des Grundstückseigentümers und des Erbbauberechtigten, dass das Erbbaurecht aufgehoben werde[2] und beim Einbringen eines Grundstücks in eine Kapital- oder Personengesellschaft mit dem wirksamen Abschluss des Gesellschaftsvertrags, der die Verpflichtung zur Eigentumsübertragung enthält (der Feststellung der Satzung: §§ 23, 27 AktG);

▶ nach **§ 1 Abs. 1 Nr. 2** mit der Auflassungserklärung (§ 925 BGB) bzw. mit der dinglichen Einigung (§ 873 Abs. 1 BGB), wenn es keiner Auflassung bedarf (vgl. z. B. § 11 Abs. 1 ErbbauRG);

▶ nach **§ 1 Abs. 1 Nr. 3** mit dem Eigentumsübergang. Bei Erwerbsvorgängen im Flurbereinigungsverfahren entsteht die Steuer mit dem in der Ausführungsanordnung bzw. vorzeitigen Ausführungsanordnung bestimmten Zeitpunkt (§§ 61, 63 FlurbG). Beim Umlegungsverfahren nach dem BauGB entsteht die Steuer im Zeitpunkt der Unanfechtbarkeit des Umlegungsplans (§§ 71, 72 BauGB) bzw. mit der Vorwegentscheidung (§ 76 BauGB).[3] Geht das Eigentum sonst aufgrund Verwaltungsakts über, ist auf dessen Unanfechtbarkeit (vgl. § 34 Abs. 1 VermG) oder auf die nachfolgende Ausführungsanordnung (vgl. z. B. § 117 BauGB) abzuheben. Bei Umwandlungsvorgängen folgt der Eigentumsübergang der Eintragung in das maßgebliche Register (s. z. B. §§ 20, 131 UmwG);

▶ nach **§ 1 Abs. 1 Nr. 4** mit der wirksamen Abgabe des Meistgebots;[4]

▶ nach **§ 1 Abs. 1 Nr. 5 bzw. 7** mit dem Zeitpunkt, in dem der Abtretungsempfänger einen wirksamen Anspruch auf Grundstücksübereignung erlangt, bzw. bei Abtretung des Meistgebots in dem Zeitpunkt, in dem nach § 81

---

1 Vgl. BFH v. 18. 8. 1993 II R 10/90, BStBl II 1993, 768.
2 Vgl. BFH v. 5. 12. 1997 II R 122/76, BStBl II 1980, 163.
3 Vgl. dazu auch BFH v. 25. 11. 1992 II R 67/89, BStBl II 1993, 308.
4 Vgl. BFH v. 14. 8. 1974 II R 73/68, BStBl II 1975, 219.

Abs. 2, 3 ZVG für den Abtretungsempfänger der Anspruch auf Zuschlagserteilung entsteht. Steht das den Anspruch auf Grundstücksübereignung begründende Rechtsgeschäft selbst unter einer aufschiebenden Bedingung (§ 158 Abs. 1 BGB) oder bedarf dieses Verpflichtungsgeschäft einer Genehmigung, entsteht die Steuer für den Erwerbsvorgang i. S. des § 1 Abs. 1 Nr. 5 auch dann, wenn die Verpflichtung zur Abtretung selbst weder aufschiebend bedingt noch genehmigungsbedürftig ist, nicht vor dem Eintritt der Bedingung (§ 14 Nr. 1) bzw. der Erteilung der Genehmigung (§ 14 Nr. 2). Dasselbe gilt für die Entstehung der Steuer bei (bloßer) Abtretung des Übereignungsanspruchs. Denn die Steuer aus dem Zwischengeschäft kann denklogisch nicht vor der Steuer aus dem Rechtsgeschäft entstehen, das den abzutretenden bzw. abgetretenen Anspruch begründet.[1]

▶ nach **§ 1 Abs. 1 Nr. 6 und 7** s. Rdnr. 19;

▶ nach **§ 1 Abs. 2** im Zeitpunkt der wirksamen Verschaffung der Verwertungsmacht; bei befristeter Verkaufsermächtigung s. Rdnr. 18; beim Herausgabeanspruch aufgrund Auftragserwerbs in dem Zeitpunkt, in dem für den Auftragnehmer (sog. Treuhänder) die Steuer aus dem von ihm abgeschlossenen Verpflichtungsgeschäft entsteht;

▶ nach **§ 1 Abs. 2a** mit dem den Tatbestand erfüllenden (ggf. letzten) Erwerb der Gesellschafterstellung durch einen „Neugesellschafter";

▶ nach **§ 1 Abs. 3** mit der Verwirklichung der dort in Nr. 1 bis 4 beschriebenen Tatbestandsmerkmale. Zu beachten ist, dass ein Grundstück, das die Gesellschaft, deren Anteile zu mindestens 95 % vereinigt oder übertragen werden, dann noch nicht zu ihrem Vermögen i. S. des § 1 Abs. 3 gehört, wenn sie zwar als Erwerberin einen Kaufvertrag über dieses abgeschlossen hat, dieser aber einer Genehmigung bedarf, welche im Zeitpunkt der Anteilsvereinigung oder -übertragung noch nicht erteilt war.[2] Auf die Ausführungen in Hofmann, GrEStG, § 1 Rdnr. 148 wird Bezug genommen;

▶ nach **§ 1 Abs. 3a** mit der Verwirklichung des Tatbestands;

▶ **bei nachträglicher** (zusätzlicher) **Gegenleistung** mit dem Abschluss der Vereinbarung über diese.[3]

Allgemein gültige Aussagen lassen sich wegen der Vielfalt der Erwerbsvorgänge abstrakt nicht machen.

---

1 So zutreffend Boruttau/Viskorf, Rn. 31.
2 BFH v. 9. 3. 1960 II 147/58 U, BStBl III 1960, 175; v. 28. 6. 1972 II 77/64, BStBl II 1082, 719.
3 Vgl. BFH v. 3. 4. 1951 II 152/50 S, BStBl III 1951, 100.

## II. Vereinbarte Rückbeziehung unbeachtlich

4    Der **Zeitpunkt der Entstehung** der Steuer ist – abgesehen von den von § 14 Nr. 1 erfassten Fällen – der **Disposition der Parteien entzogen.** Deshalb kann eine unter den Parteien vereinbarte Rückbeziehung, die nur eine schuldrechtliche Vereinbarung dahin sein kann, dass sich die Parteien so stellen wollten, wie sie gestanden hätten, wäre der Vertrag früher geschlossen worden, keine Auswirkung auf den Zeitpunkt der Entstehung der Steuer haben.[1]

# C. Entstehung der Steuer nach § 14

## I. Allgemeines

5    Das **Hinausschieben der Entstehung der Steuer** in den von § 14 genannten Fällen **beruht auf rein praktischen Überlegungen:** Schon der Gesetzgeber des Grunderwerbsteuergesetzes 1940 hat es für nicht praktikabel gehalten, die Steuer in jedem Fall mit der Verwirklichung des Tatbestands, an den das Gesetz die Steuer knüpft, entstehen zu lassen und das Scheitern eines Erwerbsvorgangs erst durch Nichterhebung der Steuer bzw. Erstattung der Steuer (vgl. die Konstruktion des § 17 GrEStG 1940, s. nunmehr § 16) berücksichtigen zu müssen.[2]

## II. Bei bedingten Rechtsgeschäften

6    Durch **§ 14 Nr. 1** wird die Entstehung der Steuer bei bedingten Rechtsgeschäften auf den Zeitpunkt des Eintritts der Bedingung, also auf denjenigen Zeitpunkt, in dem das schwebend wirksame Rechtsgeschäft voll wirksam wird, hinausgeschoben. Denn § 14 Nr. 1 betrifft **nur die aufschiebende Bedingung i. S. von § 158 Abs. 1 BGB;** die auflösende Bedingung führt zur Beendigung der Wirkungen des Rechtsgeschäfts (vgl. dazu Hofmann, GrEStG, vor § 15 Rdnr. 11). Die **echte Bedingung ist Nebenabrede** innerhalb eines Rechtsgeschäfts und macht dessen Wirkungen vom Eintritt eines künftigen objektiven Ereignisses abhängig. Entscheidend ist allein die Ungewissheit, ob das Ereignis eintritt; auf den Grad der Ungewissheit kommt es nicht an. Für den Anwendungsbereich des § 14 Nr. 1 ist es ohne Bedeutung, ob es sich um eine Potestativbedingung, also eine Bedingung, die sich auf das willkürliche Verhalten einer Partei, das sich nicht auf das bedingte Rechtsgeschäft bezieht, eine der Einfluss-

---

1  Vgl. BFH v. 11. 12. 1974 II R 30/69, BStBl II 1975, 417; v. 8. 3. 1978 II R 131/76, BStBl II 1978, 635.
2  Vgl. amtliche Gesetzesbegründung zum GrEStG 1940, RStBl 1940, 387 ff.

sphäre der Vertragsparteien entzogene bestehende Ungewissheit über den Eintritt eines Ereignisses (z. B. für den Fall der Versetzung durch den Dienstherren) oder um eine Wollensbedingung handelt. Im letzteren Fall dürfte nämlich noch kein bindender Vertrag vorliegen, weil sich der Bindungswille einer Partei, die auch ihr Nicht-Wollen bezüglich des Vertrages noch erklären kann, widersprechen, so dass der Tatbestand beispielsweise des § 1 Abs. 1 Nr. 1 ohnehin frühestens mit Bindungseintritt erfüllbar ist. Solchen Fragen im Einzelnen nachzuforschen, erübrigt sich angesichts der Regelung in § 14 Nr. 1.

Die Bedingung kann das **gesamte Rechtsgeschäft** erfassen **oder nur einen Teil** 7 des Rechtsgeschäfts. Wird die Wirksamkeit des gesamten Erwerbsvorgangs von einer Bedingung abhängig gemacht (z. B. Kaufvertrag unter der Bedingung, dass der Erwerber sich mit einer bestimmten Person vereheliche), so entsteht die Steuer aus dem Erwerbsvorgang erst mit dem Eintritt dieser Bedingung. Wird nur die eventuelle Erhöhung der Gegenleistung von einer Bedingung abhängig gemacht, entsteht die Steuer nur insoweit erst mit dem Eintritt der Bedingung, im Übrigen aber mit Tatbestandsverwirklichung.[1] **Nicht** unter dem Gesichtspunkt bedingt geschuldeter Gegenleistung ist die Vereinbarung einer **Wertsicherungsklausel** zu betrachten.[2]

Zu den **bedingten Rechtsgeschäften** zählen **auch solche, deren Wirksamkeit lediglich kraft Parteiwillens** von der Zustimmung eines Dritten abhängig gemacht wurde. Hier „bedarf" nicht der Vertrag i. S. von § 14 Nr. 2 einer Genehmigung; der Zustimmungsvorbehalt ist vielmehr willkürliche Parteiabrede. Anders aber, wenn sich die Genehmigungsbedürftigkeit aus einem vorhergehenden Rechtsgeschäft herleitet (vgl. z. B. §§ 5, 6 ErbbauRG, § 12 WEG). 8

Wegen der Entstehung der Steuer aus § 1 Abs. 2 bei sog. atypischen Maklerverträgen (s. Hofmann, GrEStG, § 1 Rdnr. 85) oder aus § 1 Abs. 1 Nr. 6 und 7 vgl. Rdnr. 18 und 19. 9

Nicht zu den Bedingungen i. S. des § 14 Nr. 1 gehören die **Rechtsbedingungen.** 10 Unter Rechtsbedingungen sind die gesetzlichen Voraussetzungen für das Zustandekommen und die Wirksamkeit eines Rechtsgeschäfts zu verstehen. Enthält ein Grundstückskaufvertrag den Hinweis darauf, dass er zu seiner Wirksamkeit einer Genehmigung bedürfe, so führt dies im Regelfall nicht zu den Annahme, dass eine aufschiebende Bedingung vertraglich vereinbart worden sei;[3] es wird nur eine Rechtsbedingung wiederholt. Wird aber die Rechtswirk-

---

1 Vgl. BFH v. 8. 2. 1961 II 9/60, HFR 1961, 102; v. 22. 11. 1995 II R 26/92, BStBl II 1996, 162.
2 BFH v. 14. 11. 1967 II R 27/67, BStBl II 1968, 45; v. 14. 11. 1967 II 166/63, BStBl II 1968, 43.
3 BFH v. 14. 3. 1979 II R 73/75, BStBl II 1981, 225.

samkeit ausdrücklich abhängig gemacht von der Genehmigungserteilung, diese also zur echten (Potestativ-)Bedingung gemacht, so liegt eine aufschiebende Bedingung i. S. des § 14 Nr. 1 vor.[1]

11    Wenngleich nach § 163 BGB § 158 Abs. 1 BGB entsprechende Anwendung findet, gilt § 14 Nr. 1 nicht für unter einer **aufschiebenden Befristung** abgeschlossene Rechtsgeschäfte, denn in derartigen Fällen ist der Eintritt des Ereignisses gewiss, nur der Zeitpunkt ungewiss.[2]

12    Unerheblich für den Zeitpunkt der Entstehung der Steuer ist auch der Umstand, dass die Fälligkeit der Leistung eines Vertragspartners hinausgeschoben wird.[3] Zur Verknüpfung lediglich der Fälligkeit der Kaufpreiszahlung mit dem Eintritt einer Bedingung vgl. BFH vom 22. 1. 1997.[4]

## III.  Bei genehmigungsbedürftigen Rechtsgeschäften

13    § 14 Nr. 2 betrifft nur solche Erwerbsgeschäfte, die kraft Gesetzes oder aufgrund eines anderen vorhergehenden Rechtsgeschäftes der Genehmigung bedürfen (vgl. Rdnr. 8 zum Zustimmungsvorbehalt). Abweichend von § 184 Abs. 1 BGB **verlegt** das Gesetz den Zeitpunkt der **Entstehung der Steuer auf den Zeitpunkt** der **Genehmigung.**[5] **Genehmigt** ist ein Erwerbsvorgang **dann,** wenn die Genehmigung wirksam wird. Ist die Genehmigung des Vormundschafts- bzw. Familiengerichts erforderlich, so bedarf es ihrer Erteilung und der Mitteilung darüber durch denjenigen, dessen Handeln der Genehmigung bedarf, gegenüber dem anderen Vertragsteil (vgl. § 1829 Abs. 1 Satz 2 BGB bzw. § 1643 Abs. 3, § 1908i Abs. 1 Satz 1, § 1915 Abs. 1 i. V. m. § 1829 Abs. 1 Satz 2 BGB). Zur Wirksamkeit der Genehmigung des gesetzlichen Vertreters s. § 108 BGB, des vollmachtlos Vertretenen s. § 177 BGB, des anderen Ehegatten oder Lebenspartner s. § 1366 BGB. In diesen Fällen kann die Genehmigung auch einem Bevollmächtigten der anderen Vertragspartei gegenüber erklärt werden. Ist die Genehmigung durch Verwaltungsakt erteilt, sind die Voraussetzungen des

---

1  Vgl. dazu sowie zu Auslegungsfragen auch BFH v. 8. 3. 1995 II R 44/92, BFH/NV 1995, 924.
2  Ebenso Boruttau/Viskorf, Rn. 51, und Pahlke, Rz 13; vgl. auch FG Rheinland-Pfalz v. 6. 4. 2000, EFG 2000, 755 und FG Nürnberg v. 31. 7. 2002, DStRE 2003, 117.
3  So in einem Fall, in dem das Grundstück erst mit dem Tode des Veräußerers übereignet werden sollte, während der Erwerber seine Verpflichtungen schon zu Lebzeiten des Veräußerers zu erfüllen hatte BFH v. 7. 12. 1960 II 211/548 U, BStBl III 1961, 78.
4  II R 33/96, BFH/NV 1997, 705.
5  BFH v. 12. 1. 2006 II B 65/05, BFH/NV 2006, 813.

§ 14 Nr. 2 dann erfüllt, wenn dieser den Vertragsteilen oder einem Dritten[1] mit Wirkung für die Vertragsteile bekannt gegeben wurde.[2]

Die Genehmigungsbedürftigkeit des Erwerbsvorgangs kann ihre Wurzeln im Zivilrecht oder im öffentlichen Recht haben.

Kraft **Zivilrechts bedürfen** insbesondere folgende auf Grundstücke bezogene    14 und andere Erwerbsvorgänge zu ihrer Wirksamkeit der **Genehmigung:**

(1) des gesetzlichen Vertreters bei Vertragsabschluss von Minderjährigen (§ 108 BGB),[3]

(2) des Vertretenen bei Handeln ohne Vertretungsmacht (§ 177 BGB; formlos wirksam),[4]

(3) des Vormundschaftsgerichts, wenn ein Vormund (§ 1793 BGB) oder Betreuer (§§ 1896 ff., 1908i i.V.m. § 1821 Abs. 1 Nr. 1, 4 BGB) eine Verpflichtung zur Verfügung über ein Grundstück oder ein Recht an einem Grundstück des Mündels oder Betreuten eingeht sowie zu einer Verfügung darüber. Der Vormund bzw. der Betreuer bedarf der Genehmigung auch zu einem Vertrag in Namen des Mündels oder des Betreuten, der auf den entgeltlichen Erwerb eines Grundstücks gerichtet ist (§§ 1896 ff. BGB i.V.m. § 1821 Abs. 1 Nr. 5 BGB). Auch der Pfleger bedarf in gleichem Umfang für derartige Rechtsgeschäfte der Genehmigung (§ 1915 BGB), sei es des Vormundschafts- oder des Nachlassgerichts (zu Letzterem s. § 1962 BGB),

(4) des Familiengerichts, soweit Eltern eine Verpflichtung über ein einem Kind gehörendes Grundstück zu verfügen eingehen sowie zu einem Vertrag, der auf den entgeltlichen Erwerb eines Grundstücks gerichtet ist (§ 1643 Abs. 1 i.V.m. § 1821 BGB). Die Genehmigung des Familiengerichts ist auch erforderlich zu einem Gesellschaftsvertrag des Kindes, der zum Betrieb eines Erwerbsgeschäfts eingegangen wird (§ 1643 Abs. 1 i.V.m. § 1822 Nr. 3 BGB),

(5) des anderen Ehegatten im gesetzlichen Güterstand der Zugewinngemeinschaft, wenn der eine Ehegatte über sein Vermögen im Ganzen zu verfügen sich verpflichtet (§§ 1365, 1366 Abs. 1 BGB),

(6) ebenfalls des anderen Ehegatten, wenn der das Gesamtgut verwaltende Ehegatte über das Vermögen im Ganzen oder ein Grundstück des Gesamt-

---

1 Z. B. dem beurkundenden Notar; vgl. BFH v. 21. 4. 1999 II R 44/97, BStBl II 1999, 493.
2 BFH v. 23. 4. 1952 II 241/51, BStBl III 1952, 157.
3 Siehe dazu BFH v. 7. 11. 2000 II R 51/99, BFH/NV 2001, 642.
4 Vgl. BFH v. 28. 5. 2003 II R 38/01, BFH/NV 2003, 1449.

guts zu verfügen sich verpflichtet (§§ 1423 ff. BGB); dasselbe gilt für Lebenspartner (§ 7 Satz 2 LPartG i. V. m. §§ 1423 ff. BGB),

(7) des anderen Lebenspartners, wenn sie in Zugewinngemeinschaft leben und der eine von ihnen über sein Vermögen im Ganzen zu verfügen sich verpflichtet (§ 6 Satz 2 LPartG i. V. m. §§ 1365, 1366 BGB),

(8) des Grundstückseigentümers zur Eingehung der Verpflichtung zur Veräußerung des Erbbaurechts (§ 6 ErbbauRG), wenn dies als Inhalt des Erbbaurechts vereinbart ist (§ 5 ErbbauRG). Der Verpflichtung zur Veräußerung eines Erbbaurechts steht die zur Bestellung eines Untererbbaurechts gleich und

(9) der anderen Wohnungseigentümer oder eines Dritten zur Veräußerung der Eigentumswohnung bzw. der Teileigentumseinheit, wenn dies nach § 12 WEG zum Inhalt des Sondereigentums gemacht worden ist.[1]

Zu erwähnen ist weiter § 2 des Preisangaben- und Preisklauselgesetzes. Der Genehmigung der jeweiligen Landeszentralbank bedürfen Vereinbarungen, wonach eine Schuld durch den Preis von Gold oder anderen Gütern bestimmt wird.[2]

15   Aus dem Gebiet des öffentlichen Rechts ist das **Grundstücksverkehrsgesetz** zu nennen. Wenn es sich um land- oder forstwirtschaftliche Grundstücke (näher s. § 1 GrdstVG) handelt, bedürfen nicht nur die rechtsgeschäftliche Veräußerung, sondern auch die schuldrechtliche Verpflichtung hierzu nach § 2 GrdstVG der Genehmigung. Wegen der genehmigungsfreien Rechtsgeschäfte s. § 4 GrdstVG. **Beschränkt auf das Beitrittsgebiet** ordnen § 1 Abs. 1, § 2 Abs. 1 Satz 1 i. V. m. § 3 GVO i. d. F. vom 10. 12. 2003[3] weitreichende Genehmigungspflichten nicht nur für Verpflichtungsgeschäfte betreffend Grundstücke im Rechtssinn sowie in Bezug auf Erbbaurechtsbestellungen, sondern auch für Verpflichtungsgeschäfte, die Gebäude oder Gebäudeteile betreffen, die auf einem besonderen Grundbuchblatt gebucht sind (vgl. auch Hofmann, GrEStG, § 2 Rdnr. 30 ff.). Bezüglich genehmigungsfreier Rechtsgeschäfte s. § 2 Abs. 2 GVO. Diese Genehmigungsvorbehalte dienen ausschließlich der Sicherung von Rückübertragungsansprüchen nach dem Vermögensgesetz. Mit der Erteilung der Genehmigung – deren Wirksamwerden durch Übersendung an die Vertragsparteien oder deren Vertreter bzw. deren Bevollmächtigten (§ 41 Abs. 1,

---

1   Zur Erforderlichkeit der Verwalterzustimmung und ihren Grenzen vgl. die Nachweise in BFH v. 8. 3. 1995 II R 42/92, BFH/NV 1995, 924.
2   Siehe dazu auch OFD Magdeburg v. 28. 8. 1996, UVR 1997, 21.
3   BGBl I 2003, 2471.

§ 43 Abs. 1 VwVfG) – entsteht die Steuer. Die durch Anfechtung der Genehmigung von dritter Seite eintretende aufschiebende Wirkung (§ 80 Abs. 1 VwGO) hat keinen Einfluss auf den Zeitpunkt der Entstehung der Steuer.[1] Genehmigungspflicht auch für das Verpflichtungsgeschäft besteht in förmlich festgelegten Sanierungsgebieten nach **§ 144 Abs. 2 BauGB** und während einer Verfügungs- und Veränderungssperre nach **§ 51 BauGB**.

Durch Gemeindesatzung kann nach § 19 Abs. 1 Satz 1 BauGB bestimmt werden, dass im Geltungsbereich eines Bebauungsplans die **Teilung eines Grundstücks** zu ihrer Wirksamkeit der **Genehmigung** bedarf. Das Genehmigungserfordernis erfasst **nicht schuldrechtliche Verpflichtungsgeschäfte**, weil Teilung eines Grundstücks nach § 19 Abs. 2 BauGB die dem Grundbuchamt gegenüber oder sonst wie erkennbar gemachte Erklärung des Eigentümers ist, dass ein Grundstücksteil grundbuchmäßig abgeschrieben und als ein selbständiges Grundstück oder als ein Grundstück zusammen mit anderen Grundstücken oder mit Teilen anderer Grundstücke eingetragen werden soll. Betroffen von der möglichen Genehmigungspflicht sind folglich nur Verfügungsgeschäfte. Ebensowenig wie eine etwa für das Verfügungsgeschäft nach § 19 BauGB i. V. m. der einschlägigen Gemeindesatzung erforderliche Genehmigung die Steuer aus dem Verpflichtungsgeschäft erst mit Genehmigung zur Entstehung bringt,[2] hindert das **gemeindliche Vorkaufsrecht** (§§ 24 ff. BauGB) **die Entstehung der Steuer** unmittelbar aus dem Verpflichtungsgeschäft.[3]

**16**

**Genehmigungspflicht** besteht nach den landesrechtlichen Gemeindeordnungen, nach dem Flurbereinigungsgesetz u. a. mehr.

Die **Vinkulierung** von **Namensaktien** (§ 68 Abs. 2 AktG) stellt ebenso wie diejenige von **Geschäftsanteilen** einer GmbH (§ 15 Abs. 5 GmbHG) nur deren Übertragung bzw. Abtretung unter Genehmigungsvorbehalt, nicht aber ein darauf gerichtetes schuldrechtliches Geschäft.[4] Bei **Personengesellschaften** bedarf die Verpflichtung zur Übertragung des Gesellschaftsanteils (Mitgliedschaftsrechts) nicht der Zustimmung der anderen Gesellschafter, wohl aber deren Übertragung im Wege der Abtretung. Die Zustimmung kann im Gesellschaftsvertrag antizipiert oder nachträglich erklärt werden; im letztgenannten Fall wird die Übertragung erst mit der Zustimmung des letzten Gesellschafters

**17**

---

1  Vgl. BFH v. 21. 4. 1999 II R 44/97, BStBl II 1999, 493.
2  Vgl. BGH v. 7. 2. 1969 V ZR 112/65, NJW 1969, 837; so auch BFH v. 8. 8. 1973 II R 92/66, BStBl II 1974, 38; v. 23. 4. 1975 II R 195/72, BStBl II 1975, 742; s. auch BFH v. 14. 3. 1979 II R 73/75, BStBl II 1981, 225.
3  BFH v. 25. 6. 1980 II R 28/79, BStBl II 1981, 332.
4  Siehe auch BFH v. 20. 1. 2005 II B 52/04, BStBl II 2005, 429.

wirksam, geht der Anteil an Gesellschaftsvermögen erst dann i. S. des § 1 Abs. 2a Satz 1 auf den neuen Gesellschafter über.

## D. Entstehung der Steuer in rechtsähnlicher Anwendung von § 14 Nr. 1

18  Wird jemandem befristet ein Grundstück an die Hand gegeben (**befristeter Verkaufsauftrag**) in der Weise, dass ihm Verkaufsvollmacht erteilt wird und er einen Übererlös behalten soll, so kann der Tatbestand des § 1 Abs. 2 nur erfüllt sein, soweit von der Befugnis Gebrauch gemacht wird:[1] die Verwertungsbefugnis wird dem „Makler" oder der sonst verwertungsbefugten Person nur unter der in der Natur der Sache liegenden aufschiebenden Bedingung verschafft, dass es ihm (ihr) gelinge, den Verkauf an Dritte herbeizuführen.[2] Daraus folgt, dass auch nur insoweit und erst dann die Steuer entstehen kann (§ 14 Nr. 1).

19  Wird durch einen Vor- oder Optionsvertrag ein Ankaufsrecht eingeräumt und benennt der dazu berechtigte Vertragspartner des Grundstückseigentümers diesem einen Dritten als Ankaufsberechtigten, so liegt in der bloßen Benennung des Dritten nicht schon ein nach § 1 Abs. 1 Nr. 6 der Steuer unterliegender Vorgang; die Ausübung des Rechts liegt erst in der Übertragung der Rechte auf den Dritten in Verbindung mit der Ausübung dieser Rechte durch diesen.[3] Die **Steuer** entsteht damit weder mit Abschluss des in § 1 Abs. 1 Nr. 6 angesprochenen Verpflichtungsgeschäfts noch mit dem entsprechenden Verfügungsgeschäft (§ 1 Abs. 1 Nr. 7), sondern – wenn auch **aus dem in § 1 Abs. 1 Nr. 6 bzw. Nr. 7 genannten Tatbestand – erst mit Tatbestandserfüllung, also im Zeitpunkt der Ausübung der** übertragenen **Rechte** (der Ausnützung der verschafften Rechtsposition) **durch den Dritten.**[4]

---

1  BFH v. 3. 12. 1968 II B 39/68, BStBl II 1969, 170.
2  Vgl. auch BFH v. 18. 12. 1985 II R 180/83, BStBl II 1986, 417.
3  BFH v. 31. 5. 1972 II R 162/66, BStBl II 1972, 828.
4  Siehe auch BFH v. 6. 9. 1989 II R 135/86, BStBl II 1989, 848.

# Vorbemerkung zu § 15

# A. Allgemeines

Der abstrakt entstandene Steueranspruch bedarf zu seiner Konkretisierung 1
der Geltendmachung durch die Finanzbehörde. Dies geschieht durch Steuerbescheid, der seinerseits die Grundlage für die Verwirklichung der Ansprüche
aus dem Steuerschuldverhältnis (§ 37 Abs. 1 AO) bildet (§ 218 Abs. 1 AO). **In
dem Steuerbescheid wird** der nach dem Grunderwerbsteuergesetz **abstrakt
entstandene Steueranspruch konkretisiert** und in Bezug **auf** die an dem Steuerschuldverhältnis **Beteiligten fixiert.**

Das **Grunderwerbsteuergesetz** selbst **beschränkt sich** in diesem verfahrensrechtlichen Bereich **auf Teilregelungen,** nämlich in Ausfüllung des § 17 AO auf
die Bestimmung der örtlichen Zuständigkeit (§ 17), in Ausfüllung von § 179
Abs. 1 AO auf die Anordnung der gesonderten Feststellung von Besteuerungsgrundlagen in bestimmten Fällen (§ 17 Abs. 2 bis 4), lässt in § 16 unter den
dort genannten Voraussetzungen die Aufhebung bzw. Änderung bestands-
kräftiger Steuerbescheide zu (vgl. § 172 Abs. 1 Nr. 2 Buchst. d AO) und regelt in
Ausfüllung von § 220 Abs. 1 AO die Fälligkeit der Steuer (§ 15). Insoweit wird
auf die Erläuterungen zu den §§ 15 bis 17 verwiesen.

Die Anordnung der Anzeigepflichten (§§ 18 f.) hat Bedeutung für die Festsetzungsfrist (vgl. § 170 Abs. 1, Abs. 2 Nr. 1 AO), also für die Beantwortung der Fra-

ge, wie lange die Steuerfestsetzung, ihre Aufhebung oder Änderung zulässig ist (§ 169 AO; vgl. hierzu auch Rdnr. 18). Die nämliche Bedeutung kommt den Anzeigepflichten für die Feststellungsfrist (§ 181 Abs. 1 Satz 1, Abs. 5 AO) zu (s. hierzu Rdnr. 19).

# B. Steuerfestsetzung

## I. Der Steuerbescheid

2   Die Grunderwerbsteuer wird von der Finanzbehörde durch – **schriftlichen** (§ 157 Abs. 1 Satz 1 AO) – **Steuerbescheid** festgesetzt (§ 155 Abs. 1 Satz 1 AO), der zu seiner Wirksamkeit (§ 124 Abs. 1 Nr. 1 AO) der Bekanntgabe (§ 122 AO; vgl. auch § 155 Abs. 1 Satz 2 AO) bedarf. Zur Bekanntgabe des Bescheids über die gesonderte Feststellung nach § 17 Abs. 2, 3 s. Hofmann, GrEStG, § 17 Rdnr. 1 ff. Soweit Gesamtschuldnerschaft besteht (s. Hofmann, GrEStG, § 13 Rdnr. 22 ff.), kann gegen die Gesamtschuldner ein zusammengefasster Steuerbescheid ergehen (§ 155 Abs. 3 Satz 1 AO), der durch Bekanntgabe (§ 122 AO) an jeden einzelnen der Betroffenen diesem gegenüber wirksam gemacht wird (§ 124 Abs. 1 AO). Wegen des Inhalts des Steuerbescheids vgl. § 157 Abs. 1 Satz 2 AO: der Steuerbescheid **muss** die **festgesetzte Steuer nach Art und Höhe** bezeichnen und **angeben, wer** die **Steuer schuldet.** Der Steuerschuldner muss so bezeichnet sein, dass er sich sicher identifizieren lässt.[1] Richtet sich der Steuerbescheid gegen eine Gesamthand mit Firmennamen (OHG, KG, Partnerschaftsgesellschaft), so ist der Steuerschuldner mit diesem zu bezeichnen. Beteiligt sich eine Gesellschaft bürgerlichen Rechts unter einem Namen, den sie sich zugelegt hat, am Rechtsverkehr, so kann der Steuerbescheid an sie unter diesem Namen gerichtet werden;[2] andernfalls ist sie durch Angabe ihrer Gesellschafter zu charakterisieren.[3] Er muss auch im Übrigen **inhaltlich hinreichend bestimmt** sein (§ 119 AO), also den der Steuerfestsetzung zugrunde liegenden Lebenssachverhalt beschreiben.[4] Werden durch einen Vertrag mehrere Grundstücke sowie außerdem nicht der Grunderwerbsteuer unterliegende Gegenstände erworben, ist regelmäßig dem Bestimmtheitsgebot genügt, wenn unter Bezugnahme auf den obligatorischen Vertrag die Steuer dafür in nur ei-

---

1   BFH v. 29. 11. 1972 II R 42/67, BStBl II 1973, 372.
2   BFH v. 11. 2. 1987 II R 103/84, BStBl II 1987, 325; v. 12. 12. 2001 II B 50/01, BFH/NV 2002, 812.
3   BFH v. 13. 3. 1970 II 65/63, BStBl II 1970, 598.
4   Z. B. durch Bezugnahme auf den notariell beurkundeten Kaufvertrag; s. dazu aber auch BFH v. 7. 6. 1978 II R 97/77, BStBl II 1978, 568, und v. 12. 10. 1988 II B 85/88, BStBl II 1989, 12; vgl. auch BFH 12. 2. 1014 II R 46/12, BStBl II 2014, 536.

nem Bescheid in einem Betrag festgesetzt wird.[1] Wird die Steuer beim Erwerb mehrerer Grundstücke aufgrund Gesamtausgebots im Zwangsversteigerungsverfahren in einem Betrag festgesetzt, ist der Steuerbescheid dann inhaltlich hinreichend bestimmt, wenn die Grunderwerbsteuer für jedes einzelne Grundstück anhand des Bescheids und etwaiger weiterer Unterlagen (z. B. durch den Inhalt der Terminbestimmung, §§ 57, 58 ZVG), die dem Erwerber bekannt sind, zweifelsfrei ermittelt werden kann.[2]

In Fällen, in denen **nach Entstehung der Grunderwerbsteuer** für denselben Erwerbsvorgang eine **weitere Grunderwerbsteuer** entsteht (bspw. Gewährung zusätzlicher Leistungen an den Veräußerer i. S. des § 9 Abs. 2 Nr. 1 oder Eintritt einer aufschiebenden Bedingung für einen Teil der bereits beim Erwerbsvorgang vereinbarten Gegenleistung, vgl. Hofmann, GrEStG, § 9 Rdnr. 75 ff.), ist diese in einem eigenen **zusätzlichen Bescheid** geltend zu machen.[3]    3

**Abweichend vom** Regelgrundsatz des **§ 157 Abs. 2 AO** (Unselbständigkeit der Besteuerungsgrundlagen) **ordnet § 17 Abs. 2 ff.** in den dort genannten Fällen die **gesonderte Feststellung von Besteuerungsgrundlagen** an. Wegen der Einzelheiten wird auf Hofmann, GrEStG, § 17 Rdnr. 8 und 17 verwiesen. Die Erteilung des Steuerbescheids ist grundsätzlich auch vor Erlass des Grundlagenbescheids zulässig (§ 155 Abs. 2 AO), die dort festzustellenden Besteuerungsgrundlagen können dann geschätzt werden (§ 162 Abs. 5 AO). Erfolgt die gesonderte Feststellung, so ist dieser Feststellungsbescheid für den Steuerbescheid bindend (§ 182 Abs. 1 AO); seine Änderung zieht die Änderung des Folgebescheids nach sich (§ 175 Abs. 1 Satz 1 Nr. 1 AO). Ob angesichts der besonderen Natur der in § 17 Abs. 2, 3 angeordneten gesonderten Feststellungen (vgl. Hofman, GrEStG, § 17 Rdnr. 8: verkappte Zerlegung) die für die Steuerfestsetzung zuständige Finanzbehörde von dem ihr sonst eingeräumten Recht, die Steuer vor Erlass des Grundlagenbescheids nach § 155 Abs. 2 AO festzusetzen, Gebrauch machen darf, erscheint höchst zweifelhaft; denn der in § 17 Abs. 2, 3 vorgesehene Grundlagenbescheid richtet sich – im Gegensatz zu den üblichen Grundlagenbescheiden – auch gegen die Finanzbehörde (vgl. Hofmann, GrEStG, § 17 Rdnr. 17).    4

Auch in denjenigen Fällen, in denen nach § 8 Abs. 2 die Steuer von den Grundbesitzwerten (§ 151 Abs. 1 Satz 1 Nr. 1 i. V. m. § 157 Abs. 1 bis 3) zu bemessen ist, ist regelmäßig ein zweistufiges Verfahren einzuhalten. Denn der Grund-    5

---

1 BFH v. 17. 9. 1986 II R 67/84, BFH/NV 1987, 738; v. 22. 11. 1995 II R 26/92, BStBl II 1996, 162.
2 BFH v. 13. 12. 2007 II R 28/07, BStBl II 2008, 487.
3 BFH v. 13. 4. 1994 II R 93/90, BStBl II 1994, 817; v. 22. 11. 1995 II R 26/92, BStBl II 1996, 162.

besitzwert, der nach § 151 Abs. 5 i.V.m. Abs. 1 Satz 1 Nr. 1 BewG gesondert festzustellen ist, wenn er für die Grunderwerbsteuer erforderlich ist, ist bindender (§ 182 Abs. 1 AO) Grundlagenbescheid (vgl. § 171 Abs. 10 AO) für den Grunderwerbsteuerbescheid. In solchen Fällen kann von der in § 155 Abs. 2 AO eröffneten Möglichkeit, den Steuerbescheid schon vor Ergehen des Grundlagenbescheids zu erlassen, Gebrauch gemacht werden. Ergeht der Grundlagenbescheid nach Erlass des Steuerbescheids, so ist dieser nach § 175 Abs. 1 Satz 1 Nr. 1 AO anzupassen.

## II. Begründungszwang, zeitlich versetzte Inanspruchnahme der Gesamtschuldner

6 Macht die Finanzbehörde nicht von der Möglichkeit des zusammengefassten Steuerbescheids (§ 155 Abs. 3 Satz 1 AO) Gebrauch – was in ihr Ermessen gestellt ist –, so kann sie sich (zunächst) an einen der beiden Gesamtschuldner halten. Die Auswahl unter den Gesamtschuldnern liegt im pflichtgemäßen Ermessen (§ 5 AO) der Finanzbehörde. Die **Entscheidung bedarf dann keiner Begründung, wenn** die **Inanspruchnahme sich zunächst auf** denjenigen der **Gesamtschuldner** beschränkt, **der im Innenverhältnis** unter den Beteiligten **die Steuer zu tragen hat** (vgl. den § 121 Abs. 2 Nr. 1 AO zugrunde liegenden Rechtsgedanken). Nimmt aber die Finanzbehörde zunächst denjenigen in Anspruch, den die Steuer nach den Vereinbarungen der Vertragsteile im Innenverhältnis nicht belasten soll, so hat sie diese Entscheidung ebenso zu begründen wie die spätere Inanspruchnahme dieses Schuldners (§ 121 AO). Zur Nachholung der Begründung vgl. § 126 Abs. 1 und 2 AO; zur möglichen Auswirkung fehlender Begründung auf den Lauf der Rechtsbehelfsfrist s. § 126 Abs. 3 AO.

7 Die zeitlich versetzte spätere Inanspruchnahme des anderen Gesamtschuldners – der ebenfalls Primärschuldner (vgl. Hofmann, GrEStG, § 13 Rdnr. 21 f.) und nicht Haftungsschuldner ist – wird nicht dadurch kraft Gesetzes ausgeschlossen, dass die Steuer dem zunächst in Anspruch genommenen Gesamtschuldner erlassen wurde (§ 44 Abs. 2 Satz 2 AO), weil § 191 Abs. 5 AO insoweit keine Geltung hat; im Übrigen wird auf Hofmann, GrEStG, § 13 Rdnr. 25 Bezug genommen. Wenn es auch in das pflichtgemäße Ermessen der Finanzbehörde gestellt ist, erst einen der mehreren Gesamtschuldner in Anspruch zu nehmen, so steht es jedoch nicht in ihrem Ermessen, bei Erfolglosigkeit dieser Inanspruchnahme gegen den anderen Gesamtschuldner vorzugehen oder nicht vorzugehen, weil die Ansprüche aus dem Steuerschuldverhältnis nicht disponibel sind; sie ist dazu vielmehr verpflichtet. Aus diesem Grunde muss jeder der Gesamtschuldner grundsätzlich bis zum Ablauf der Festsetzungsfrist

damit rechnen, für die Steuer in Anspruch genommen zu werden.[1] Der bloße Zeitablauf (innerhalb der Festsetzungsfrist) und die vorherige (wenngleich erfolglos gebliebene) Inanspruchnahme desjenigen, der die Steuer im Innenverhältnis zu tragen hat, führt auch nicht zur Verwirkung des Anspruchs gegen den anderen Gesamtschuldner.[2]

Wurde die Steuer gegen einen der Gesamtschuldner bestandkräftig festgesetzt und die festgesetzte Steuer auch bezahlt, so kann die Finanzbehörde in offener Festsetzungsfrist nach den Grundsätzen der Entscheidung des BFH v. 13. 5. 1987 II R 189/83,[3] die Steuer gegenüber dem anderen Gesamtschulder auch dann höher festsetzen, wenn die bestandskräftige Festsetzung fehlerhaft ist und nicht mehr nach §§ 172 ff. AO geändert werden kann. Der Steueranspruch hinsichtlich des „erhöhten" Betrags, der mit Verwirklichung des Tatbestands entstanden war, ist nicht voll durch Zahlung erloschen (§ 47 AO). Die Zahlungsaufforderung muss sich auf den Unterschiedsbetrag beschränken.

# III. Aufhebung oder Änderung der Steuerfestsetzung, soweit nicht § 16 eingreift

Hat die Finanzbehörde von der ihr eingeräumten Möglichkeit Gebrauch gemacht, die Steuer unter dem **Vorbehalt der Nachprüfung** (§ 164 Abs. 1 AO, unselbständige Nebenbestimmung zum Verwaltungsakt) festzusetzen, so kann sie in den zeitlichen Grenzen des § 169 Abs. 1 AO die Steuerfestsetzung **jederzeit aufheben oder ändern** (§ 164 Abs. 2 AO). Denn ein Vorbehaltsbescheid wird zwar formell unanfechtbar, er entfaltet aber keine materielle Bestandskraftwirkung. **Dasselbe** gilt **bei vorläufiger Steuerfestsetzung** (zu den Voraussetzungen s. § 165 Abs. 1 AO) im Umfang der Vorläufigkeit (§ 165 Abs. 2 AO; wegen der besonderen Hemmung des Ablaufs der Festsetzungsfrist s. auch § 171 Abs. 8 AO). Vorläufige Festsetzung gebietet sich meist beim sog. Messungskauf, also dem Kauf einer noch zu vermessenden Teilfläche, wenn Mehr- oder Mindermaß den Kaufpreis berühren sollen. Vor Entstehung der Steuer (§ 38 AO, § 14) darf auch keine vorläufige Festsetzung erfolgen;[4] eine trotzdem erfolgte Festsetzung ist rechtswidrig (nicht nichtig). Die genannten Korrekturvorschriften sind nicht anwendbar, soweit – wie in den Fällen des § 16 – zu dem im Vorbehaltsfestsetzungsbescheid erfassten, die Steuer auslösenden

8

1 BFH v. 2. 12. 1987 II R 172/84, BFH/NV 1989, 455; v. 17. 5. 1990 II B 8/90, BFH/NV 1991, 481.
2 Vgl. auch BFH v. 4. 7. 1979 II R 74/77, BStBl II 1980, 126.
3 BStBl II 1988, 188.
4 BFH v. 10. 8. 1994 II R 103/93, BStBl II 1994, 951; vgl. Hofmann, GrEStG, § 14 Rdnr. 1.

Sachverhalt, dem Erwerbsvorgang, ein weiterer Lebenssachverhalt hinzutritt. Der Umfang der Vorläufigkeit kann einen solchen weiteren Lebenssachverhalt nicht betreffen.

9    **In anderen Fällen** darf ein Steuerbescheid – soweit nicht § 16 eingreift (vgl. Hofmann, GrEStG, § 16 Rdnr. 1 ff.) – **nur aufgehoben oder geändert** werden, wenn die Voraussetzungen des **§ 172 Abs. 1 Nr. 2, Abs. 2 AO i. V. m. §§ 173 ff. AO vorliegen** (z. B. ein gesonderter Feststellungsbescheid nach § 17 Abs. 2, 3 oder nach § 151 Abs. 5 i. V. m. Abs. 1 Satz 1 Nr. 1 BewG zur Folgeänderung zwingt, § 175 Abs. 1 Satz 1 Nr. 1 AO). Von spezieller Bedeutung für die Grunderwerbsteuer ist die nach **§ 175 Abs. 1 Satz 1 Nr. 2** AO gebotene Änderung oder Aufhebung eines Steuerbescheids, „soweit ein Ereignis eintritt, das steuerliche Wirkung für die Vergangenheit hat **(rückwirkendes Ereignis)**". Denn nicht alle Fälle „verunglückter" Erwerbsvorgänge sind von § 16 erfasst. So bringt zwar ein infolge unvollständiger Beurkundung nichtiges Rechtsgeschäft, dessen Folge aber die Beteiligten durch Hinwirken auf die „Erfüllung" i. S. des § 41 Abs. 1 AO eintreten und bestehen lassen (vgl. Hofmann, GrEStG, § 1 Rdnr. 32) die Steuer zur Entstehung; der Steueranspruch erlischt jedoch, wenn die Beteiligten vom Vollzug des (unwirksamen) Rechtsgeschäfts Abstand nehmen und sich gegenseitig etwa gewährte Leistungen zurückgewähren;[1] geschieht dies nicht, so ist es grundsätzlich unerheblich, welche Gründe der Rückabwicklung entgegenstehen.[2]

10    Die **Anfechtbarkeit** (§§ 119 ff. BGB) eines Erwerbsvorgangs ist für die Entstehung der Steuer ohne Bedeutung. Erst die (erfolgreiche) Anfechtung hat nach § 142 Abs. 2 BGB zur Folge, dass das Rechtsgeschäft als von Anfang an nichtig angesehen wird; es wird rückwirkend unwirksam. Das Unwirksamwerden des Rechtsgeschäfts wird steuerlich erst von Bedeutung, wenn auch sein wirtschaftliches Ergebnis beseitigt wird (§ 41 Abs. 1 AO). Im Falle der erfolgreichen Anfechtung eines Erwerbsvorgangs, d. h. des diesen bildenden Verpflichtungsgeschäfts und der Beseitigung der wirtschaftlichen Ergebnisse, ist der Grunderwerbsteuerbescheid nach § 175 Abs. 1 Satz 1 Nr. 2 AO aufzuheben.[3] In gleicher Weise ist eine bereits aufgrund Meistgebots im Zwangsversteigerungsverfahren erfolgte Steuerfestsetzung wegen eines rückwirkenden Ereignisses

---

1   BFH v. 19. 7. 1989 II R 83/85, BStBl II 1989, 989; v. 10. 7. 1996 II B 139/95, BFH/NV 1997, 61.
2   BFH v. 27. 1. 1982 II R 119/80, BStBl II 1982, 425.
3   Vgl. BFH v. 27. 1. 1982 II R 119/80, BStBl II 1982, 425, auch zur Konkurrenz mit § 16; vgl. aber im Bereich des § 16 Abs. 2 Nr. 3 Hofmann, GrEStG, § 16 Rdnr. 46.

aufzuheben, wenn das Meistgebot durch rechtskräftige Versagung des Zuschlags erlischt (§§ 86, 72 Abs. 3 ZVG).

Wegen der Unwirksamkeit (Nichtigkeit) von Erwerbsvorgängen und dem Verhältnis des Grunderwerbsteuergesetzes zu § 41 Abs. 1 AO in solchen Fällen s. Hofmann, GrEStG, § 1 Rdnr. 32.

Ist das **obligatorische Rechtsgeschäft auflösend bedingt** (zur Bedingungsfeindlichkeit der Auflassung vgl. § 925 BGB), so endigt mit dem Eintritt der Bedingung die Wirkung des Rechtsgeschäfts (§ 158 Abs. 2 BGB). Das Gleiche gilt bei auflösender Befristung (§ 163 BGB). Der **Eintritt** der **auflösenden Bedingung wirkt nicht zurück** (vgl. auch § 159 BGB). Der Bedingungseintritt ist deshalb u. E. **nicht** einem Ereignis mit steuerlicher Wirkung für die Vergangenheit i. S. des **§ 175 Abs. 1 Satz 1 Nr. 2** AO gleichzustellen, denn die Wirkungen des Rechtsgeschäfts werden lediglich ex nunc beseitigt. Mit dem Eintritt der auflösenden Bedingung erlischt der Anspruch des Erwerbers auf Eigentumsverschaffung. Die durch Bedingungseintritt verursachte Unwirksamkeit des Rechtsgeschäfts ist für die Besteuerung jedoch unerheblich, soweit und solange die Beteiligten das wirtschaftliche Ergebnis des Rechtsgeschäfts gleichwohl eintreten oder bestehen lassen (§ 41 Abs. 1 AO). Erst mit der Beseitigung der wirtschaftlichen Folgen (Rückgewähr aller empfangenen Leistungen) kann ein Aufhebungsanspruch erwachsen. Die grunderwerbsteuerrechtlichen Folgen ergeben sich **in sinngemäßer Anwendung von § 16.**[1] Denn aus dieser Vorschrift ist der allgemeine Rechtsgedanke abzuleiten, dass in den Fällen, in denen sich der Erwerber oder der Veräußerer der Rückgängigmachung des Erwerbsvorgangs bzw. einer Rückübertragung des Grundstücks aus Rechtsgründen nicht entziehen kann, also ein dahin gehender durchsetzbarer Anspruch besteht, die Steuer nicht festgesetzt bzw. die Steuerfestsetzung aufgehoben werden soll.[2] Enden die Wirkungen eines Rechtsgeschäfts aufgrund Eintretens der auflösenden Bedingung und wird es deshalb rückgängig gemacht, so ist dieser Vorgang unter § 16 Abs. 1 Nr. 2, Abs. 2 Nr. 3 zu subsumieren. Das Gleiche gilt bei auflösend bedingtem Erfüllungsgeschäft, wovon wegen § 925 BGB und § 11 Abs. 1 ErbbauRG primär Gebäude auf fremdem Boden betroffen sind, die nicht grundbuchgleiche Rechte sind (vgl. dazu Hofmann, GrEStG, § 2 Rdnr. 32). Die Finanzverwaltung[3] will allerdings bei auflösend bedingter Sicherungsübereignung auf die Steuerfestsetzung § 5 Abs. 2 BewG anwenden und für den Rückerwerb des Gebäudes deshalb keine Steuer festsetzen, „weil der ursprüngliche

11

---

1 Ebenso Pahlke, Rz 9 zu § 16; Boruttau/Loose, Rn. 385 f. zu § 16.
2 BFH v. 6. 2. 1980 II R 7/76, BStBl II 1980, 363.
3 Vgl. FM Sachsen v. 25. 1. 1993, UVR 1993, 159.

Erwerb als Auswirkung des § 5 Abs. 2 BewG so behandelt wird, als hätte er nicht stattgefunden".

12   Nach **§ 5 Abs. 2 BewG** ist die Festsetzung einer nicht laufend veranlagten Steuer – also auch die der Grunderwerbsteuer – auf Antrag nach dem tatsächlichen Wert des Erwerbs zu berichtigen, wenn eine auflösende Bedingung eintritt. Diese Vorschrift ist ihrem Sinngehalt und Zuschnitt nach nur dann anwendbar, wenn die auflösende Bedingung nicht das Erwerbsgeschäft selbst betrifft,[1] sondern nur dann, wenn sie auf die **Gegenleistung** bezogen ist, also unter bestimmten Voraussetzungen, deren Eintritt ungewiss ist, ein Teil der Gegenleistung nicht zu bewirken bzw. wieder herauszugeben ist. In solchen Fällen erwächst ein Anspruch auf Änderung (Teilaufhebung) des Steuerbescheids, für den Verfahrensvoraussetzung der innerhalb eines Jahres zu stellende Antrag ist (§ 5 Abs. 2 BewG i. V. m. § 172 Abs. 1 Nr. 2 Buchst. d, § 86 Satz 2 Nr. 2 AO).

13   Desgleichen kann ein Änderungsanspruch aus **§ 14 Abs. 2 BewG** i. V. m. § 172 Abs. 1 Nr. 2 Buchst. d AO erwachsen, wenn die Gegenleistung (ganz oder teilweise) in lebenslänglicher Nutzungsgewährung oder in lebenslänglichen Leistungen (z. B. „Leibrentenkauf") besteht und die Verpflichtung des Erwerbers infolge Todes des Berechtigten i. S. von § 14 Abs. 2 BewG „vorzeitig" endet.[2]

14   **Keinen Anlass zur Änderung** einer Steuerfestsetzung bietet die **nachträgliche Gewährung zusätzlicher Leistungen** i. S. des § 9 Abs. 2 Nr. 1 sowie der Eintritt einer aufschiebenden Bedingung für (weitere) Gegenleistungsteile. In diesen Fällen entsteht die Steuer erst mit der Vereinbarung der zusätzlichen Leistung bzw. mit Bedingungseintritt. Sie ist in einem **zusätzlichen Bescheid** festzusetzen, der neben den Bescheid tritt, der den ursprünglichen Erwerbsvorgang betrifft.[3]

# C. Rechtsbehelfe

## I. Rechtsschutz

15   Gegen den Grunderwerbsteuerbescheid (§ 155 AO) sowie gegen den Feststellungsbescheid (vgl. § 17 i. V. m. § 179 AO) ist ebenso der außergerichtliche Rechtsbehelf des **Einspruchs** gegeben wie gegen einen derartige Bescheide än-

---

1  Ebenso Pahlke, Rz 10 zu § 16.
2  BFH v. 17. 9. 1975 II R 5/70, BStBl II 1976, 171.
3  BFH v. 13. 4. 1994 II R 93/90, BStBl II 1994, 817; v. 22. 11. 1995 II R 28/92, BStBl II 1996, 162.

dernden Bescheid sowie gegen die Ablehnung eines Antrags auf Aufhebung oder Änderung eines solchen Bescheids (§ 347 AO). Auch kann unmittelbare Klage (Sprungklage, § 45 FGO) erhoben werden. Zur „Untätigkeitsklage" vgl. § 46 Abs. 1 FGO. Zur **Einschränkung** der Anfechtbarkeit infolge Bindungswirkung eines vorhergehenden unanfechtbar gewordenen Verwaltungsaktes bzw. eines Grundlagenbescheids vgl. **§ 351 AO, § 42 FGO.**

Ist der Einspruch ganz oder teilweise erfolglos geblieben (§ 44 FGO), so kann **Klage** zum Finanzgericht erhoben werden. Gegen finanzgerichtliche Urteile ist nur die **Revision** zum Bundesfinanzhof **aufgrund Zulassung** möglich (vgl. § 115 Abs. 1 FGO). Wegen der Nichtzulassungsbeschwerde s. § 116 FGO. Wegen des Vertretungszwangs vor dem Bundesfinanzhof vgl. § 62 Abs. 4 FGO. Wegen der Revisionsgründe s. § 118 FGO.

Zu beachten ist, dass bei bestehender Gesamtschuldnerschaft zum Rechtsbehelfsverfahren eines der Gesamtschuldner der weitere Gesamtschuldner nicht notwendig gemäß § 360 Abs. 3 AO zum Verfahren hinzuzuziehen und auch in einem etwaigen Klageverfahren nicht nach § 60 Abs. 3 FGO notwendig beizuladen ist.[1] Ein Fall notwendiger einheitlicher Entscheidung liegt nicht vor. Dies gilt auch, wenn die Finanzbehörde von der Möglichkeit des § 155 Abs. 3 Satz 1 AO Gebrauch gemacht hat und gegen die Gesamtschuldner einen zusammengefassten Bescheid erlassen hat.[2]

## II. Vorläufiger Rechtsschutz

Durch Einlegung des Einspruchs bzw. der Klage wird die Vollziehung des angefochtenen Verwaltungsakts nicht gehemmt, insbesondere die Erhebung einer Abgabe nicht aufgehalten (§ 361 Abs. 1 AO, § 69 Abs. 1 FGO). Die Finanzbehörde kann die Vollziehung des Verwaltungsakts ganz oder teilweise aussetzen (§ 361 Abs. 2 Satz 1 AO, § 69 Abs. 2 Satz 1 FGO). Auf Antrag soll **Aussetzung der Vollziehung** erfolgen, wenn ernstliche Zweifel an der Rechtmäßigkeit des angefochtenen Verwaltungsakts bestehen (§ 361 Abs. 2 Satz 2 AO, § 69 Abs. 2 Satz 2 FGO). Soweit die Vollziehung eines Grundlagenbescheids ausgesetzt ist, ist auch die Vollziehung des Folgebescheids auszusetzen (§ 361 Abs. 3 Satz 1 AO, § 69 Abs. 2 Satz 4 FGO), während der Erlass des Folgebescheids unberührt bleibt (§ 361 Abs. 3 Satz 2 AO, § 69 Abs. 2 Satz 5 FGO). Die Aussetzung der Vollziehung kann von einer Sicherheitsleistung abhängig gemacht werden (§ 361 Abs. 2 Satz 3 AO, § 69 Abs. 2 Satz 3 FGO). Gegen die Ablehnung eines Antrags

16

16

---

1 Vgl. dazu auch BFH v. 26. 4. 2010 II B 131/08, BFH/NV 2010, 1854.
2 Ebenso Gräber/Levedag, Kommentar zur FGO, § 60 Rn. 76; a. A. Pahlke, Rz 46 zu § 13.

auf Aussetzung der Vollziehung durch die Finanzbehörde kann nach § 69 Abs. 7 FGO nur das Gericht (FG) nach § 69 Abs. 3 FGO angerufen werden.

Auf Antrag kann auch das Gericht der Hauptsache die Vollziehung eines angefochtenen Verwaltungsaktes ganz oder teilweise aussetzen (§ 69 Abs. 3 FGO); wegen der Zugangsvoraussetzungen vgl. § 69 Abs. 4 FGO (grundsätzlich erfolgloser dementsprechender Antrag bei der Finanzbehörde). Gegen den Beschluss, mit dem der Antrag aus § 69 Abs. 3 FGO abgelehnt (oder ihm stattgegeben) wird, ist die Beschwerde nur gegeben, wenn das Finanzgericht sie in der Entscheidung zugelassen hat (§ 128 Abs. 3 FGO; keine Nichtzulassungsbeschwerde).

Die Aussetzung der Vollziehung bewirkt Hinausschieben der Fälligkeit und Wegfall der Vollstreckbarkeitsvoraussetzungen (§ 251 Abs. 1, § 257 AO).

Ist der Verwaltungsakt keiner Vollziehung zugänglich (beispielsweise Ablehnung des Antrags auf Aufhebung eines Grunderwerbsteuerbescheids), kommt als vorläufiger Rechtsschutz höchstens einstweilige Anordnung nach § 114 FGO in Betracht.

## III. Zinsen

17   Wegen der Verzinsung von Erstattungsbeträgen bei erfolgreicher Durchführung eines Rechtsbehelfsverfahrens s. § 236 AO. Ist Aussetzung der Vollziehung (Rdnr. 16) gewährt, bleibt aber das Rechtsbehelfsverfahren endgültig ganz oder teilweise erfolglos, werden nach Maßgabe von § 237 AO Zinsen geschuldet.

# D. Festsetzungsfrist/Feststellungsfrist

18   Eine Steuerfestsetzung sowie ihre Aufhebung oder Änderung sind nicht mehr zulässig, wenn die Festsetzungsfrist abgelaufen ist (§ 169 Abs. 1 AO); der Ablauf der Festsetzungsfrist führt zum Erlöschen der Ansprüche aus dem Steuerschuldverhältnis (§ 47 AO). In gleicher Weise ist die gesonderte Feststellung nach § 17 an die Feststellungsfrist gebunden (§ 181 Abs. 1 Satz 1 AO).

Die **Festsetzungsfrist beträgt** für die Grunderwerbsteuer **vier Jahre** (§ 169 Abs. 2 Nr. 2 AO), bei Steuerhinterziehung zehn Jahre (§ 169 Abs. 3 AO) und bei leichtfertiger Steuerverkürzung fünf Jahre (§ 169 Abs. 3 AO). Sie **beginnt** zwar regelmäßig **mit dem Ablauf des Kalenderjahres,** in dem die Steuer nach Maßgabe des § 38 AO bzw. § 14 entstanden ist (§ 170 Abs. 1 AO). Im Hinblick auf die Verpflichtung zur Anzeige nach § 19 (= Steuererklärung, § 19 Abs. 5) be

ginnt sie jedoch **erst mit Ablauf des Kalenderjahres,** in dem die **Anzeige eingereicht wird, spätestens** jedoch mit **Ablauf** des dritten **Kalenderjahres,** das auf
das Kalenderjahr folgt, in dem die Steuer entstanden ist (§ 170 Abs. 2 Satz 1
Nr. 1 AO).

**BEISPIELE:**
    a) A, der von B ein Grundstück erworben hat, verpflichtet sich im Jahre 2015 X ge-
       genüber zur Zahlung von 30 300 € gegen den Verzicht des X auf ein diesem zu-
       stehenden Vorkaufsrecht (§ 9 Abs. 2 Nr. 3). Dieser Vorgang wird entgegen § 19
       Abs. 2 Nr. 2, Abs. 3 erst im Jahre 2016 angezeigt. Die Festsetzungsfrist beginnt
       mit Ablauf des Jahres 2016.
    b) X hat dem Y im Jahre 2013 die wirtschaftliche Verwertungsbefugnis i. S. von § 1
       Abs. 2 an einem ihm, dem X, gehörenden Grundstück eingeräumt. Die Anzeige-
       pflicht (Steuererklärungspflicht) aus § 19 wird nicht erfüllt. Die Festsetzungsfrist
       beginnt mit Ablauf des Jahres 2016.

Die **Nichterfüllung** der ausschließlich den Gerichten, Behörden und Notaren in
§ 18 auferlegten **Anzeigepflicht hat keinen Einfluss auf** den **Beginn** der **Fest-
setzungs- bzw. Feststellungsfrist.**[1] Besteht die Anzeigepflicht sowohl nach
§ 18 als auch nach § 19, so bestehen die Pflichten unabhängig voneinander.
Da die **Erfüllung** der **Anzeigepflicht durch** den nach § 18 **Verpflichteten** den
**Beteiligten zugutekommt,**[2] kommt es in einem solchen Fall für den Beginn der
Festsetzungsfrist auf den Zeitpunkt des Eingangs der formgerechten Veräußerungsanzeige bei der Grunderwerbsteuerstelle[3] der zuständigen Finanzbehörde an.

**BEISPIEL:** Im Dezember 2015 wird ein Kaufvertrag über ein Gebäude auf fremdem Boden (Scheinbestandteil i. S. § 95 BGB) notariell beurkundet. Anzeigepflichtig sind sowohl der Notar (§ 18 Abs. 1 Nr. 1) als auch die Vertragsbeteiligten (§ 19 Abs. 1 Nr. 3).
Geht die Anzeige des Notars im Januar 2016 beim zuständigen Finanzamt ein, so beginnt die Festsetzungsfrist nach § 170 Abs. 2 Satz 1 Nr. 2 AO mit Ablauf des Kalenderjahres 2016, auch wenn die Vertragsbeteiligten den Vorgang erst im Jahre 2017 anzeigen.

Für den Beginn der Festsetzungsfrist muss die Anzeige nicht „in allen Teilen
vollständig "i. S. des § 16 Abs. 5 (s. Hofmann, GrEStG, § 16 Rdnr. 60), insbesondere nicht fristgemäß sein; es reicht aus, dass der Vorgang in ihr so beschrie-

---

1 BFH v. 16. 2. 1994 II R 125/90, BStBl II 1994, 866; v. 6. 7. 2005 II R 9/04, BStBl II 2005, 780; v.
  26. 2. 2007 II R 50/06, BFH/NV 2007, 1535.
2 Siehe dazu BFH v. 21. 6. 1995 II R 11/92, BStBl II 1995, 802; v. 6. 7. 2005 II R 9/04, BStBl II 2005,
  780.
3 Vgl. BFH v. 11. 6. 2008 II R 55/06, BFH/NV 2008, 1876, m. w. N.; s. auch BFH v. 29. 10. 2008 II R
  9/08, BFH/NV 2009, 1832.

ben ist, dass die Finanzbehörde in die Prüfung eintreten kann, ob der angezeigte Vorgang einen der Tatbestände des § 1 Abs. 1 bis 3a erfüllt.[1] Das ergibt sich aus dem Normzweck: die Anzeige soll die Grunderwerbsteuerstelle des (zuständigen) Finanzamts soweit informieren, dass sie ein Besteuerungsverfahren einleiten und die ihr erforderlich erscheinenden Ermittlungen durchführen kann.[2] Das wird insbesondere der Fall sein, wenn Veräußerer und Erwerber, Grundstück sowie Gegenleistung sich aus der Anzeige oder den dieser beigefügten Unterlagen (s. § 18 Abs. 1 Satz 2, § 19 Abs. 4 Satz 2) ergeben.[3] Besteht Anzeigepflicht sowohl nach § 18 als auch nach § 19 löst auch die Anzeige eines ausländischen Notars, unabhängig davon, ob für ihn eine Verpflichtung zur Erstattung der Anzeige bestand, den Beginn der Festsetzungsfrist aus.[4]

**§ 171 AO** enthält einen umfangreichen Katalog von Tatbeständen, die den Ablauf der **Verjährungsfrist hemmen.** Im Einzelnen muss auf den Inhalt der Vorschrift sowie auf die Kommentarliteratur zur Abgabenordnung verwiesen werden. **Soweit gesonderte Feststellung** der Besteuerungsgrundlagen vorgeschrieben ist (§ 17 Abs. 2, 3; s. auch § 151 Abs. 1 Satz 1 Nr. 1 i. V. m. Abs. 5 BewG i. V. m. § 8 Abs. 2), läuft die Festsetzungsfrist für den Folgebescheid, den Grunderwerbsteuerbescheid, nach **§ 171 Abs. 10 AO** nicht ab vor Ablauf von zwei Jahren nach Bekanntgabe des Grundlagenbescheids, d. h. seines Wirksamwerdens.

Über **§ 171 Abs. 3 Satz 1 AO** hinaus, wonach die Festsetzungsfrist insoweit nicht abläuft, wenn vor ihrem Ablauf ein Antrag auf Aufhebung oder Änderung der Steuerfestsetzung gestellt ist, bis über den Antrag entschieden ist, enthält **§ 16 Abs. 4** eine **eigenständige** Regelung für die **Festsetzungsfrist** zur Durchsetzung eines Aufhebungs- oder Änderungsanspruchs infolge Verwirklichung der Tatbestände des § 16 Abs. 1 bis 3.

19  Für den Beginn der **Feststellungsfrist** in den Fällen des § 17 Abs. 2 und 3 gilt nichts anderes (vgl. § 181 Abs. 1 Satz 1 AO; s. auch Hofmann, GrEStG, § 8 Rdnr. 63).

# E. Grunderwerbsteuer und Insolvenzverfahren

20  Mit dem Inkrafttreten der Insolvenzordnung zum 1. 1. 1999 ist die Konkursordnung ebenso wie die Gesamtvollstreckungsordnung durch diese abgelöst wor-

---

1  Ebenso FG Saarland 2. 11. 2010, EFG 2010, 1085.
2  Siehe auch BFH v. 23. 5. 2012 II R 56/10, BFH/NV 2012, 1579.
3  Vgl. auch BFH v. 3. 3. 2015 II R 30/13, BStBl II 2015, 377.
4  Vgl. BFH v. 21. 9. 2005 II R 33/04, BFH/NV 2006, 609.

den. Wenn sich auch die Entstehung der Steuer allein nach Steuerrecht (§ 38 AO bzw. § 14) bestimmt, kann nach Eröffnung des Insolvenzverfahrens die Steuerforderung nur nach den Vorschriften der Insolvenzordnung geltend gemacht werden. § 251 Abs. 2 Satz 1 AO räumt dem Insolvenzrecht insoweit den Vorrang ein. Im Übrigen wird auf die Kommentarliteratur zur Insolvenzordnung sowie zu § 251 AO verwiesen.

# § 15 Fälligkeit der Steuer

**Die Steuer wird einen Monat nach der Bekanntgabe des Steuerbescheids fällig. Das Finanzamt darf eine längere Zahlungsfrist setzen.**

# A. Fälligkeit der Steuer

## I. Im Regelfall

Entsprechend § 220 Abs. 1 AO bestimmt § 15 die Fälligkeit der Steuer. § 15    1
Satz 1 verknüpft dabei die Fälligkeit mit der Bekanntgabe des Steuerbescheids. Ein Steuerbescheid ist demjenigen Beteiligten bekannt zu geben, für den er bestimmt ist oder der von ihm betroffen ist. Verunglückt die Bekanntgabe z. B. deshalb, weil der Steuerbescheid an eine nicht mehr existierende Person gerichtet ist, so wird der Steuerbescheid nicht wirksam (§ 124 Abs. 1 AO); auch von der Bekanntgabe ausgehende Wirkungen können nicht eintreten. Ein schriftlicher Verwaltungsakt — und die Grunderwerbsteuerbescheide sind schriftlich zu erteilen (§ 157 Abs. 1 Satz 1 AO) —, der durch die Post im Inland

übermittelt wird, gilt, sofern er nicht nach den Vorschriften des Verwaltungs-zustellungsgesetzes zugestellt wird (§ 122 Abs. 5 AO) und im Geltungsbereich der AO übermittelt wird, mit dem dritten Tag nach der Aufgabe zur Post als bekannt gegeben (§ 122 Abs. 2 Nr. 1 AO), bei Übermittlung im Ausland einen Monat nach der Aufgabe zur Post (§ 122 Abs. 2 Nr. 2 AO). Die Bekanntgabefik-tion greift jedoch nicht ein, wenn der schriftliche Verwaltungsakt nicht oder zu einem späteren Zeitpunkt zugegangen ist; im Zweifel hat die Finanzbehör-de den Zugang nachzuweisen. Zur Ersetzung durch die elektronische Form vgl. § 87a Abs. 4 Sätze 1 und 2 AO; zum Zugang in diesem Fall s. § 87a Abs. 1 AO.

Ist der Steuerbescheid zugestellt worden oder gilt er als bekannt gegeben, so wird die Steuer einen Monat (zur Fristberechnung vgl. § 108 AO) nach dem maßgeblichen Zeitpunkt fällig. Zur Bekanntgabe des Steuerbescheids an Betei-ligte mit Wohnsitz, gewöhnlichem Aufenthalt, Sitz oder Geschäftsleitung au-ßerhalb des Geltungsbereichs der Abgabenordnung vgl. § 123 i.V.m. § 122 Abs. 2 Nr. 2 AO und § 9 VwZG.

## II. Abweichende Fälligkeitsbestimmung

2  § 15 Satz 2 stellt es in das pflichtgemäße Ermessen des Finanzamts (§ 5 AO), eine **längere Zahlungsfrist** zu bestimmen. Das wird insbesondere angezeigt sein, wenn der Steuerschuldner weder im Inland seinen Wohnsitz (§ 8 AO) noch seinen gewöhnlichen Aufenthalt (§ 9 AO) noch seine Geschäftsleitung (§ 10 AO) und auch nicht seinen Sitz (§ 11 AO) hat. Denn ein etwa bestellter Zustellungsbevollmächtigter dürfte in der Regel nicht über liquide Mittel des Steuerpflichtigen verfügen. Darüber hinaus ist die Bereitstellung von Mitteln und die Überführung in das Inland trotz aller heutigen technischen Möglich-keiten nicht stets ohne Verzögerungen möglich. Die Setzung einer längeren Zahlungsfrist bedarf keines Antrags; ihre Anregung unter Darlegung der für die Ermessensausübung maßgeblichen Umstände ist zu empfehlen.

Es müssen vom Regelfall abweichende Besonderheiten der Fallgestaltung vor-liegen, um eine längere Zahlungsfrist als notwendig angezeigt erscheinen zu lassen. So ist beispielsweise allein der Umstand, dass sich der Erwerber im Kaufvertrag ein Rücktrittsrecht vorbehalten hat, für den Fall, dass die mit dem Verkäufer vereinbarte Schuldübernahme vom Gläubiger nicht genehmigt wer-de, auch im Zusammenhang mit dem weiteren Umstand, dass die zu überneh-menden Schulden einen hohen Betrag ausmachen, keine Besonderheit, die die Finanzbehörde veranlassen müsste, eine längere Zahlungsfrist zu setzen.[1] Die

---

1  BFH v. 23. 2. 1977 II R 102/75, BStBl II 1977, 436.

Setzung einer längeren Zahlungsfrist darf nicht zu einer verkappten Stundung (§ 222 AO; Folge: Stundungszinsen § 234 AO) geraten. So kann eine längere Zahlungsfrist nicht deshalb gesetzt werden, um vorübergehenden Liquiditätsengpässen Rechnung zu tragen, und zwar auch nicht im Hinblick auf § 22 Abs. 2 Satz 1.

Der Stundung steht die Setzung einer längeren Zahlungsfrist nicht gleich (vgl. Hofmann, GrEStG, § 22 Rdnr. 6); sie begründet keinen Anspruch auf Erteilung der Unbedenklichkeitsbescheinigung.

# B.  Folgen der Fälligkeit

## I.  Säumniszuschläge

Wird eine Steuer nicht bis zum Ablauf des Fälligkeitstages entrichtet, so ist für   3
jeden angefangenen Monat der Säumnis nach § 240 Abs. 1 Satz 1 AO ein Säumniszuschlag von 1 % des auf den nächsten durch 50 € teilbaren (abgerundeten) Betrags der rückständigen Steuer zu entrichten. Die spätere Aufhebung oder Änderung der Steuerfestsetzung lässt verwirkte Säumniszuschläge unberührt (§ 240 Abs. 1 Satz 4 AO). Bei einer Säumnis von bis zu drei Tagen wird allerdings nach § 240 Abs. 3 AO kein Säumniszuschlag erhoben, es sei denn, die Zahlung erfolgt durch Übergabe oder Übersendung von Zahlungsmitteln bzw. durch Übersendung von Schecks.

Wenngleich bei Gesamtschuldnern Säumniszuschläge gegenüber jedem säumigen Gesamtschuldner entstehen, ist jedoch insgesamt kein höherer Säumniszuschlag zu entrichten, als verwirkt worden wäre, wenn die Säumnis nur bei einem Gesamtschuldner eingetreten wäre (§ 240 Abs. 4 AO).

## II.  Vollstreckbarkeit

Die Finanzbehörden können Steuerbescheide im Verwaltungswege vollstre   4
cken (§ 249 AO). Die Vollstreckung darf erst beginnen, wenn die Leistung fällig ist, ein Leistungsgebot erlassen ist und seit dem Leistungsgebot – das mit dem Steuerbescheid verbunden werden kann – mindestens eine Woche verstrichen ist (§ 254 Abs. 1 Sätze 1 und 2 AO). Zum Vorrang der Insolvenzordnung s. Hofmann, GrEStG, vor § 15 Rdnr. 19.

## III.  Zahlungsverjährung

Mit der Fälligkeit der Steuer ist der Beginn der „besonderen Verjährung" i. S.   5
des § 229 Satz 1 AO, der Zahlungsverjährung verknüpft. Die dafür geltende

fünfjährige Verjährungsfrist (§ 229 Satz 2 AO) beginnt nämlich nach § 229 Abs. 1 Satz 1 AO mit dem Ablauf des Kalenderjahres, in dem der Anspruch nach § 15 erstmals fällig geworden ist. Zur Hemmung, Unterbrechung und Wirkung der Verjährung s. §§ 231 bis 232, § 47 AO.

# C. Stundung und Erlass der Steuer

## I. Stundung

6   Wie durch die Aussetzung der Vollziehung (vgl. Hofmann, GrEStG, vor § 15 Rdnr. 16) wird auch durch Stundung die Fälligkeit hinausgeschoben. Nach § 222 Satz 1 AO können die Finanzbehörden Stundung der festgesetzten Steuer ganz oder teilweise gewähren, wenn die Einziehung bei Fälligkeit eine erhebliche Härte für den Steuerschuldner bedeuten würde und der Anspruch durch die Stundung nicht gefährdet ist. Die Stundung soll in der Regel nur auf Antrag und gegen Sicherheitsleistung gewährt werden (§ 222 Satz 2 AO). Die Finanzbehörde wird sich praktisch stets veranlasst sehen, Stundung von Grunderwerbsteuer nur gegen Sicherheitsleistung zu gewähren, weil die Stundung der Steuer einen Rechtsanspruch auf Erteilung der Unbedenklichkeitsbescheinigung nach sich zieht (§ 22 Abs. 2) und damit das spezifische grunderwerbsteuerrechtliche Sicherungsmittel aus der Hand zu geben ist. Für die Dauer einer gewährten Stundung werden Zinsen erhoben (§ 234 AO).

## II. Erlass

### 1. Allgemeines

7   Nach § 227 Abs. 1 AO können Steuern im Einzelfall ganz oder teilweise erlassen werden, wenn ihre Einziehung nach Lage des einzelnen Falles unbillig wäre. Unter den gleichen Voraussetzungen können bereits entrichtete Steuern erstattet oder angerechnet werden. Schließlich können nach § 163 Abs. 1 Satz 1 AO Steuern niedriger festgesetzt werden und einzelne Besteuerungsgrundlagen, die die Steuer erhöhen, bei der Festsetzung unberücksichtigt bleiben, wenn die Erhebung der Steuer nach Lage des einzelnen Falles unbillig wäre.

Beide Vorschriften sind Ermessensvorschriften.[1] Sie ermächtigen die Finanzverwaltung, die formale Strenge des Gesetzes in solchen Fällen aufzulockern, in denen die Einziehung der aus der Tatbestandsverwirklichung geschuldeten

---

1 Vgl. Gemeinsamer Senat der obersten Gerichtshöfe des Bundes v. 9. 10. 1971 GemS-OGB 3/70, BStBl II 1972, 603.

Steuer eine unbillige Härte bedeuten würde, vorausgesetzt, dass der Gesetzgeber die Härte nicht bewusst in Kauf genommen hat, berechtigen jedoch die Finanzverwaltung nicht zur Korrektur des Gesetzes. Da abstrakt regelbare Tatbestände dem Vorbehalt des Gesetzes unterliegen, gewähren §§ 227, 163 AO der Finanzverwaltung nicht die Befugnis, anstelle einer vom Gesetzgeber unterlassenen (oder gar abgelehnten) sozial- oder wirtschaftspolitischen Maßnahme die gesetzlich geschuldete Steuer ganz oder teilweise nicht zu erheben.[1] Eine Billigkeitsmaßnahme darf auch nicht dazu dienen, eine vom Gesetzgeber abstrakt regelbare, jedoch nicht eingeführte (ggf. nicht gewollte) Befreiungsvorschrift zu ersetzen.[2]

Im Rahmen der möglichen Billigkeitsmaßnahmen werden allgemein zwei Fallgruppen unterschieden: die unbillige Härte, aufgrund derer die Einziehung der Steuer mit Recht und Billigkeit nicht zu vereinbaren ist, kann in der Sache selbst liegen, also sich als unmittelbare Folge der Besteuerung selbst ergeben. Sie kann aber auch aus den persönlichen Verhältnissen des Steuerpflichtigen folgen (insbesondere seiner schlechten wirtschaftlichen Lage), so dass die Einziehung der Steuer zu einer seine wirtschaftliche Existenz gefährdenden Notlage führen würde.

## 2. Aus wirtschaftlichen Gründen

Die Grunderwerbsteuer taucht als Reichsabgabe erstmals im Reichsstempelgesetz vom 15. 7. 1909[3] auf. Aus Entstehungsgeschichte und Rechtsnatur (vgl. Hofmann, GrEStG, § 1 Rdnr. 1) ergibt sich, dass sie als Kostenfaktor bei einem Grundstückserwerb ebenso einzukalkulieren ist wie die Beurkundungs- und Grundbuchgebühren.[4] Daraus folgt, dass Erlass der Steuer im Billigkeitsweg aus wirtschaftlichen Gründen regelmäßig nur dann in Betracht kommt, wenn entweder der Steuerpflichtige aus irgendwelchen Gründen in gutem Glauben mit Steuerfreiheit gerechnet hat und deshalb die Grunderwerbsteuer nicht in seine Kalkulation einbezog (und außerstande ist, die Steuer aufzubringen) oder wenn sich seine wirtschaftlichen Verhältnisse nach dem Grunderwerb, nicht durch diesen veranlasst, in einer Weise verschlechtert haben, dass die Einziehung der Steuer eine unbillige Härte darstellen würde.

8

---

1 BFH v. 9. 1. 1962 I 101/60, BStBl III 1962, 238; v. 2. 9. 1964 I 255/62, BStBl III 1964, 589; v. 19. 1. 1965 VII 22/62 S, BStBl III 1965, 206.
2 FG München v. 16. 4. 1970, EFG 1970, 419; BFH v. 7. 8. 1974 II R 57/72, BStBl II 1975, 51; v. 30. 4. 1975 II R 32/69, BStBl II 1975, 720.
3 RGBl I 1909, 833.
4 Vgl. auch BFH v. 10. 5. 1972 II 57/64, BStBl II 1972, 649.

### 3. Aus sachlichen Gründen

9   Soweit Erlass aus sachlichen Gründen in Frage steht, die unbillige Härte der Einziehung unmittelbare Folge der Besteuerung selbst darstellt, gelten für die Grunderwerbsteuer die allgemeinen Grundsätze. Maßgeblich ist also, ob nach dem erklärten oder mutmaßlichen Willen des Gesetzgebers des Grunderwerbsteuergesetzes angenommen werden kann, dass dieser die im Billigkeitsweg zu entscheidende Frage – hätte er sie geregelt – im Sinne des beabsichtigten Steuererlasses geregelt hätte. Es ist also mit dem Blick auf den Einzelfall (und nur auf diesen!) zu prüfen, ob die Besteuerung nicht nur unter den gesetzlichen Tatbestand, sondern auch unter die Wertungen des Gesetzes fällt oder diesen derart zuwiderläuft, dass die Erhebung der Steuer als unbillig erscheinen muss. Im Übrigen wird auf die einschlägige Literatur, insbesondere auf die Kommentierungen zur Abgabenordnung, hingewiesen.

# Sechster Abschnitt:
# Nichtfestsetzung der Steuer, Aufhebung oder Änderung der Steuerfestsetzung

# § 16

(1) Wird ein Erwerbsvorgang rückgängig gemacht, bevor das Eigentum am Grundstück auf den Erwerber übergegangen ist, so wird auf Antrag die Steuer nicht festgesetzt oder die Steuerfestsetzung aufgehoben,

1. wenn die Rückgängigmachung durch Vereinbarung, durch Ausübung eines vorbehaltenen Rücktrittsrechts oder eines Wiederkaufsrechts innerhalb von zwei Jahren seit der Entstehung der Steuer stattfindet;

2. wenn die Vertragsbedingungen nicht erfüllt werden und der Erwerbsvorgang deshalb auf Grund eines Rechtsanspruchs rückgängig gemacht wird.

(2) Erwirbt der Veräußerer das Eigentum an dem veräußerten Grundstück zurück, so wird auf Antrag sowohl für den Rückerwerb als auch für den vorausgegangenen Erwerbsvorgang die Steuer nicht festgesetzt oder die Steuerfestsetzung aufgehoben,

1. wenn der Rückerwerb innerhalb von zwei Jahren seit der Entstehung der Steuer für den vorausgegangenen Erwerbsvorgang stattfindet. Ist für den Rückerwerb eine Eintragung in das Grundbuch erforderlich, so muss inner-

halb der Frist die Auflassung erklärt und die Eintragung im Grundbuch beantragt werden;

2. wenn das dem Erwerbsvorgang zugrunde liegende Rechtsgeschäft nichtig oder infolge einer Anfechtung als von Anfang an nichtig anzusehen ist;

3. wenn die Vertragsbedingungen des Rechtsgeschäfts, das den Anspruch auf Übereignung begründet hat, nicht erfüllt werden und das Rechtsgeschäft deshalb auf Grund eines Rechtsanspruchs rückgängig gemacht wird.

(3) Wird die Gegenleistung für das Grundstück herabgesetzt, so wird auf Antrag die Steuer entsprechend niedriger festgesetzt oder die Steuerfestsetzung geändert,

1. wenn die Herabsetzung innerhalb von zwei Jahren seit der Entstehung der Steuer stattfindet;

2. wenn die Herabsetzung (Minderung) auf Grund des § 437 des Bürgerlichen Gesetzbuchs vollzogen wird.

(4) Tritt ein Ereignis ein, das nach den Absätzen 1 bis 3 die Aufhebung oder Änderung einer Steuerfestsetzung begründet, endet die Festsetzungsfrist (§§ 169 bis 171 der Abgabenordnung) insoweit nicht vor Ablauf eines Jahres nach dem Eintritt des Ereignisses.

(5) Die Vorschriften der Absätze 1 bis 4 gelten nicht, wenn einer der in § 1 Absatz 2 bis 3a bezeichneten Erwerbsvorgänge rückgängig gemacht wird, der nicht fristgerecht und in allen Teilen vollständig angezeigt (§§ 18 bis 20) war.

*Anmerkung:*

*Die Einbeziehung des Absatzes 2a des § 1 in § 16 Abs. 5 beruht auf Art. 7 Nr. 8 JStG 1997 v. 20. 12. 1996 (BGBl I 1996, 2049); zum zeitlichen Geltungsbereich s. § 23 Abs. 3. Die die Fälle des § 5 Abs. 3 berücksichtigende Neufassung von § 16 Abs. 4 erfolgte durch Art. 15 Nr. 7 StEntlG 1999/2000/2002 v. 24. 3. 1999 (BGBl I 1999, 402), durch Art. 13 Nr. 4 StÄndG 2001 v. 20. 12. 2001 (BGBl I 2001, 3794) wurden die Worte „oder in den Fällen des § 5 Abs. 3" wieder gestrichen. Zum zeitlichen Anwendungsbereich vgl. § 23 Abs. 6 Satz 2 einerseits und Abs. 7 Satz 1 andererseits. Durch Art. 9 des Fünften Gesetzes zur Änderung des Steuerbeamten-Ausbildungsgesetzes und zur Änderung von Steuergesetzen v. 23. 7. 2002 (BGBl I 2002, 2715) wurde in § 16 Abs. 3 Nr. 2 die Angabe „der §§ 459, 460" durch die Angabe „des § 437" ersetzt. Dieses Gesetz trat am 27. 7. 2002 in Kraft. Die Einbeziehung von § 3a in § 16 Abs. 5 erfolgte durch Art. 26 Nr. 6 AmtshilfeRLUmsG v. 26. 6. 2013, BGBl I 2013, 1809. Die Präzisierung des Wortes „ordnungsgemäß" in § 16 Abs. 5 durch die Worte „fristgerecht und in allen Teilen vollständig" er-*

*folgte durch Art. 14 Nr. 2 des Gesetzes zur Anpassung des nationalen Steuer-rechts an den Beitritt Kroatiens zur EU und zur Änderung weiterer steuerlicher Vorschriften v. 25. 7. 2014 (BGBl I 2014, 1266) mit Wirkung ab 6. 6. 2013 (vgl. § 23 Abs. 12).*

## Inhaltsübersicht

**Literatur:** *Barandt,* Steuerliche Rückwirkung im Bereich des Grunderwerbsteuerrechts nach der Novellierung des Grunderwerbsteuergesetzes (§§ 14, 16, 23 GrEStG 1983)?, DStZ 1983, 429; *Viskorf,* Zur Rückgängigmachung eines Erwerbsvorgangs i. S. von § 16 GrEStG 1983, DStR 1988, 205; *Klose,* Die Rückgängigmachung des Erwerbs von Miteigentumsanteilen in grunderwerbsteuerlicher Sicht, DStZ 1991, 525; *Bruschke,* Der Anwendungsbereich des § 16 GrEStG 1983, UVR 1993, 210; *ders.,* Die verfahrensrechtliche Stellung des § 16 GrEStG 1983, UVR 1993, 302; *Heine,* Die grunderwerbsteuerliche Rückabwicklung von Erwerbsvorgängen nach § 16 GrEStG, UVR 1998, 220; *ders.,* Der Einfluss von Wandlung und Minderung von Grundstücksgeschäften auf die Höhe der Grunderwerbsteuer, INF 2000, 38; *List,* Die Rückgängigmachung eines Grundstückserwerbs in den Fällen des § 16 Abs. 1 GrEStG unter zivilrechtlichen Aspekten, DStR 2000, 1161; *Heine,* Grunderwerbsteuerliche Rückabwicklung von Erwerbsvorgängen gem. § 16 GrEStG nach der Reform des Schuldrechts, UVR 2003, 291; *Wohltmann,* Verfahrensrechtliche Probleme bei Rückabwicklungen mach § 16 GrEStG, UVR 2006, 344: *Behrens/Schmitt,* Rückgängigmachung des Grundstückskaufvertrags nach § 16 GrEStG bei zeitnahem erneuten Verkauf an einen Dritten, UVR 2008, 370; *dies.,* Rückerwerb von Anteilen gemäß § 16 Abs. 2 GrEStG bei nach der Anteilsvereinigung eintretenden Änderungen im Grundstücksbestand der Gesellschaft, UVR 2009, 1; *Mayer,* Rückabwicklung von Kaufverträgen – Grunderwerbsteuerfalle beim Share Deal, DB 2009, 1495; *Behrens,* Zur Rückgängigmachung von Erwerbsvorgängen i. S. von § 1 Abs. 2a GrEStG gemäß § 16 GrEStG, DStR 2009, 1611; *ders.,* Risiken bei der Rückgängigmachung eines Erwerbsvorgangs nach § 16 GrEStG durch Ausübung vertraglicher Rücktrittsrechte, UVR 2001, 92; *ders.,* Anteilsrückerwerb, Anteilsvereinigung, Grunderwerbsteuer – Kommentar zu BFH vom 11. 6. 2013 – II R 52/12, BB 2013, 2339; *Adolf,* Anmerkung zum Urteil des BFH vom 11. 6. 2013, AZ.: II R 52/12, GmbHR 2013, 949.

# A. Vorbemerkung

## I. Allgemeines

1   § 16 zieht verfahrensrechtliche Konsequenzen aus dem weiteren Schicksal der Erwerbsvorgänge, ohne direkte Aussagen über das Weiterbestehen oder Erlöschen des durch Tatbestandsverwirklichung entstandenen Steueranspruchs zu machen. Den in § 16 Abs. 1 bis 3 beschriebenen Vorgängen kommt keine Wirkung für die Vergangenheit zu; sie sind keine „rückwirkenden Ereignisse" i. S. des § 175 Abs. 1 Satz 1 Nr. 2 AO. Dem verfahrensrechtlichen Anspruch auf Nichtfestsetzung der Steuer wird der Anspruch auf Aufhebung bzw. Änderung einer Steuerfestsetzung zugesellt. Dem entspricht es, wenn § 16 in Absatz 4 eine besondere Regelung zur Durchbrechung der Festsetzungsfrist zur Durchsetzung des Aufhebungs- bzw. Änderungsanspruchs trifft.

Folgen **mehrere Erwerbsvorgänge** aufeinander, so ist das Vorliegen der Voraussetzungen des § 16 **für jeden Vorgang gesondert** zu untersuchen.[1] Ergibt sich dabei, dass für jeden der Erwerbsvorgänge die Voraussetzungen des § 16 erfüllt sind, steht die direkte Rückübertragung eines Grundstücks von einem Dritterwerber auf den Veräußerer oder den Erstkäufer nicht entgegen.[2] Ist jedoch ein Erwerbsvorgang aus einer Kette von aufeinander folgenden Erwerbsvorgängen nicht rückgängig gemacht, so schließt das die Anwendung des § 16 Abs. 1 oder 2 aus.

---

1  BFH v. 20. 10. 1982 II R 6/81, BStBl II 1983, 140; v. 14. 7. 1999 II R 1/97, BStBl II 1999, 737.
2  BFH v. 16. 10. 2009 II B 37/09, BFH/NV 2010, 240.

Zur Aufhebung oder Änderung des Grunderwerbsteuerbescheids aufgrund anderer Rechtsvorschriften s. Hofmann, GrEStG, vor § 15 Rdnr. 8 f.; zu auflösend bedingten Rechtsgeschäften s. Hofmann, GrEStG, vor § 15 Rdnr. 11.

## II. Wesen des Anspruchs aus § 16

Mit der Verwirklichung der Steuertatbestände (unter Beachtung von § 14) entsteht die Grunderwerbsteuer als abstrakter Steueranspruch. Das spätere Schicksal (soweit es ex-nunc-Wirkung hat = Sachverhaltsänderung ohne steuerliche Rückwirkung) des der Steuer unterliegenden Vorgangs ist auf den einmal entstandenen Steueranspruch grundsätzlich ohne Einfluss.[1] Weil aber die Verwirklichung (Durchsetzung) des Steueranspruchs ohne jegliche Berücksichtigung von Sachverhaltsänderungen bei der Grunderwerbsteuer zu unbilligen Härten führen kann, trägt § 16 dem späteren Schicksal des der Grunderwerbsteuer unterliegenden Vorgangs unter den dort genannten Voraussetzungen Rechnung. Die Vorschrift stellt eine am Besteuerungszweck orientierte **Korrekturvorschrift** zu § 1 dar[2] und nicht etwa eine Billigkeitsregelung.[3]

**§ 16 ist keine Steuerbefreiungsvorschrift.** Zu dem die Steuer auslösenden Lebenssachverhalt muss, damit ein Anspruch aus § 16 entsteht, ein weiterer Sachverhalt, der unter die Vorschrift zu subsumieren ist, hinzutreten. Die Erfüllung einer der in § 16 normierten Tatbestände führt auch nicht dazu, dass der Steueranspruch im Zeitpunkt der Verwirklichung des Tatbestandes des § 16 „entfällt".[4] Der **Steueranspruch erlischt nicht.**[5] Die Annahme, der Steueranspruch erlösche infolge Verwirklichung eines der Tatbestände des § 16 mit dieser, verbietet sich schon aus der Überlegung, dass die Tatbestandserfüllung selbst nicht die Festsetzung der Steuer hindert oder ihr entgegensteht, es vielmehr eines auf Nichtfestsetzung der Steuer gerichteten Antrags des Steuerpflichtigen bedarf. Es würde dem Gebot der Tatbestandsmäßigkeit der Besteuerung zuwiderlaufen, wenn der Steueranspruch trotz Erlöschens vor Festsetzung von Amts wegen festzusetzen wäre, also „steuerbegründende" Verwaltungsakte ergehen sollten. Denn der Antrag selbst ist nicht Tatbestandsmerkmal, sondern nur Voraussetzung für das Verwaltungshandeln der Finanzbehörde (vgl. § 86 Satz 2 Nr. 2 AO; s. auch Rdnr. 70).

2

3

---

1 BFH v. 13. 5. 1992 II B 118/91, BFH/NV 1993, 326.
2 BFH v. 9. 3. 1994 II R 86/90, BStBl II 1994, 413; v. 21. 12. 2005 II B 67/05, BFH/NV 2006, 615.
3 BFH v. 14. 5. 2008 II B 49/07, BFH/NV 2008, 1438.
4 So zu § 17 GrEStG 1940, BFH v. 26. 2. 1975 II R 173/71, BStBl II 1976, 675; v. 14. 6. 1978 II R 10/76, BStBl II 1978, 573; v. 9. 11. 1983 II R 71/82, BStBl II 1984, 446.
5 BFH v. 26. 8. 1992 II R 120/89, BStBl II 1993, 58; v. 16. 1. 2002 II R 52/00, BFH/NV 2002, 1053.

Die Verwirklichung des Tatbestands des § 16 führt auch nicht dazu, dass der entstandene Steueranspruch undurchsetzbar würde, m. a. W. die Verwirklichung des Anspruchs aus einem Steuerbescheid (§ 218 Abs. 1 AO) wird dadurch nicht per se gehindert, die Vollzieh- und Vollstreckbarkeit nicht aufgehoben (vgl. dagegen die Konstruktion in § 79 Abs. 2 BVerfGG).

4   **Wirkt die Verwirklichung** eines Tatbestands des § 16 **nicht steuervernichtend,** so **erwächst doch** dem Steuerpflichtigen ein **Anspruch,** der es ihm ermöglicht, **die Konkretisierung** des abstrakt entstandenen und fortbestehenden Steueranspruchs **zu unterbinden** bzw. eine bereits vorgenommene Konkretisierung (durch Erteilung eines Steuerbescheids) **wieder zu beseitigen** bzw. **zu verändern.** Diesen – **im engeren Sinn dem Verfahrensrecht zuzurechnenden** – Anspruch kann der Steuerpflichtige durch den entsprechenden Antrag realisieren. § 16 gewährt solcherart einen dem Grunderwerbsteuerrecht eigenen Anspruch auf Berücksichtigung eines zu dem steuerbegründenden Lebenssachverhalt hinzutretenden Sachverhalts, ohne den Steueranspruch selbst zu berühren (vgl. auch die andersartige Konstruktion in § 29 Abs. 1 ErbStG, wonach die Steuer mit Wirkung für die Vergangenheit erlischt).

5   § 16 ist eine spezialgesetzliche Änderungsvorschrift, die neben die allgemeinen Korrekturvorschriften tritt,[1] diese aber nicht verdrängt. Zur Aufhebung oder Änderung des Grunderwerbsteuerbescheids aufgrund anderer Rechtsvorschriften s. Hofmann, GrEStG, vor § 15 Rdnr. 8 ff. (dort auch zu auflösend bedingten Rechtsgeschäften).

6   Die in § 16 Abs. 1 und 2 normierten Voraussetzungen einer Rückgängigmachung bzw. eines Rückerwerbs lassen nach ihrem Wortlaut sowie unter Berücksichtigung ihres systematischen Zusammenhangs mit den Rechtsvorgängen des § 1 eine analoge Anwendung dieser Vorschrift auf Fallgestaltungen, in denen lediglich rückwirkend eine Steuerbefreiung zu versagen ist (§ 5 Abs. 3, § 6 Abs. 3 Satz 2, § 6a Satz 4), der Erwerbsvorgang aber selbst unberührt bleibt, nicht zu. Insoweit besteht auch keine Regelungslücke.[2]

## III.  Aufbau der Vorschrift

7   § 16 enthält drei Fallgruppen, in denen dem späteren Schicksal des Erwerbsvorgangs Rechnung getragen werden kann, nämlich bei

---

1  Vgl. BFH v. 17. 4. 2002 II B 120/00, BFH/NV 2002, 1170, und v. 11. 6. 2013 II R 52/12, BStBl II 2013, 752.
2  BFH v. 29. 9. 2005 II R 36/04, BStBl II 2006, 43, unter Aufhebung von FG Düsseldorf v. 5. 5. 2004, EFG 2004, 1387.

(1) **Rückgängigmachung** des Erwerbsvorgangs **vor Eigentumsübergang** (§ 16 Abs. 1; s. Rdnr. 13 ff.),

(2) **Rückgängigmachung** des Erwerbsvorgangs **nach Eigentumsübergang** (§ 16 Abs. 2; s. Rdnr. 37) und

(3) **Herabsetzung der Gegenleistung** (§ 16 Abs. 3; s. Rdnr. 49 ff.).

# IV. Anwendungsbereich der Vorschrift

Der **Anwendungsbereich** von § 16 erstreckt sich grundsätzlich auf **alle Tat** 8
**bestände** des **§ 1 Abs. 1 bis 3a** (vgl. § 16 Abs. 5),[1] wenngleich § 16 Abs. 3 naturgemäß nur dann Bedeutung haben kann, wenn Bemessungsgrundlage der Wert der Gegenleistung ist (§ 8 Abs. 1), nicht aber dann, wenn die Steuer nach § 8 Abs. 2 nach den Grundbesitzwerten i. S. von § 151 Abs. 1 Satz 1 Nr. 1 i. V. m. § 157 Abs. 1 bis 3 BewG zu bemessen ist.[2]

**Keine Anwendung** kann § 16 in den Fällen des **§ 1 Abs. 1 Nr. 6 und 7** (vgl. dazu 9
Hofmann, GrEStG, § 1 Rdnr. 71 ff.) finden. Kommt es nach Abtretung der „Rechte aus einem Kaufangebot" oder derjenigen aus einem diesem gleichstehenden Angebot bzw. nach dem Abschluss eines einen Anspruch auf eine solche Abtretung begründenden Verpflichtungsgeschäfts nicht zur Ausübung der Rechte aus ihm durch den „Abtretungsempfänger", dem Benannten, entsteht ohnehin keine Steuer (vgl. Hofmann, GrEStG, § 1 Rdnr. 75). Nimmt der „Abtretungsempfänger" usw., der Dritte, das Verkaufsangebot (oder die „Kauffofferte") des Verkäufers an, so entsteht die Steuer aus § 1 Abs. 1 Nr. 6 bzw. 7. Eine etwa erfolgende Rückgängigmachung des zwischen dem Verkäufer und dem Dritten zustande gekommenen, der Steuer nach § 1 Abs. 1 Nr. 1 unterliegenden Erwerbsvorgangs, tangiert den Zwischenerwerbsvorgang nicht.[3] Zusätzlich zur Rückgängigmachung des den Eigentumsverschaffungsanspruch des Dritten begründenden Vertrags mit dem Verkäufer müsste vielmehr auch das Zwischengeschäft rückgängig gemacht, also rückabgewickelt werden. Unter dieser Voraussetzung bejaht Loose,[4] die Anwendung des § 16 auf nach § 1 Abs. 1 Nr. 6 bzw. 7 der Steuer unterliegende Vorgänge. Die Rückabwicklung, d. h. die tatsächliche Rückgängigmachung (vgl. Rdnr. 39 i. V. m Rdnr. 17), muss aber notwendig daran scheitern, dass der Zwischenmann die von ihm abgegebene (dem Dritten abgetretene) Rechtsposition nicht wieder erlangen kann,

---

1 Siehe auch BFH v. 16. 1. 1963 II 58/61, HFR 1964, 241.
2 Ebenso Boruttau/Loose, Rn. 231.
3 A. A. Heine, UVR 2000, 57, 63.
4 In Boruttau, Rn. 20.

weil das Vertragsangebot des Verkäufers, also dessen einseitiges Rechtsgeschäft, durch die Annahme durch den Dritten im Kaufvertrag, einem zweiseitigen Rechtsgeschäft, aufgegangen ist und damit isoliert nicht mehr besteht. Das gilt sowohl dann, wenn der den Übereignungsanspruch des Dritten begründende Vertrag aufgehoben wurde als auch dann, wenn dieser oder der Verkäufer vom Vertrag zurücktritt. Das Abwicklungsverhältnis zwischen den Vertragsparteien führt nicht zum Wiederaufleben des Vertragsangebots des Verkäufers (s. § 146 BGB).

## B. Tatbestandsvoraussetzungen für die Entstehung des Anspruchs auf Nichtfestsetzung der Steuer bzw. Aufhebung der Steuerfestsetzung

### I. Abgrenzung zwischen § 16 Absatz 1 und Absatz 2

10    Je nachdem, ob das Eigentum am Grundstück (das Erbbaurecht, das Eigentum am Gebäude auf fremdem Boden, vgl. § 2 Abs. 2) bereits übergegangen ist oder nicht, sind die Folgen aus dem rechtlichen Schicksal des Erwerbsvorgangs unterschiedlich. Ist ein Verpflichtungsgeschäft abgeschlossen oder die Auflassung (Einigung) erklärt und sind diese Rechtsvorgänge **vor Eigentumsübergang** aufgehoben oder rückgängig gemacht worden, so liegt **nur ein der Grunderwerbsteuer unterliegender Rechtsvorgang** vor, nämlich der Abschluss des aufgehobenen bzw. gescheiterten Verpflichtungsgeschäfts (bzw. die Auflassung/Einigung). Die Aufhebung des Rechtsvorgangs bzw. seine Rückabwicklung ist dagegen kein der Steuer unterworfener Vorgang.[1] **§ 16 Abs. 1** betrifft die Nichtfestsetzung der Steuer bzw. die Aufhebung der Steuerfestsetzung in derartigen Fällen, in denen nicht durch einen weiteren Erwerbsvorgang i. S. von § 1 Abs. 1 bis 3 durch den Erwerber erworbene Rechte zurückübertragen werden. Damit ist seine Anwendbarkeit für Erwerbsvorgänge nach § 1 Abs. 1 Nr. 3 und 7 (soweit es sich um die Abtretung der in § 1 Abs. 1 Nr. 5 genannten Rechte handelt, im Übrigen vgl. Rdnr. 9), Abs. 2 und Abs. 3 Nr. 4 sowie weitgehend nach Abs. 3a ausgeschlossen. Für alle übrigen Erwerbsvorgänge kommt die Vorschrift jedoch in Betracht, also auch für § 1 Abs. 3 Nr. 1 (wenn auch wohl nur in sehr seltenen Fällen) und Nr. 3, solange das Verpflichtungsgeschäft noch nicht erfüllt ist. Da § 16 Abs. 2 darauf abhebt, dass der Veräuße-

---

1 So auch BFH v. 22. 6. 2010 II R 24/09, BFH/NV 2010, 2300.

rer das Eigentum an dem veräußerten Grundstück zurück erwirbt, ist § 16 Abs. 1 auch in den Fällen des § 1 Abs. 3 Nr. 2 anwendbar, soweit nicht ausnahmsweise die Rückübertragung der Anteile der Steuer unterliegt (s. nachfolgende Rdnr. 11).

In allen anderen **Fällen, in denen es** also zur Rückgängigmachung einer **Rück-**    11
**übertragung des Eigentums** bzw. der Rückübertragung abgetretener Rechte **bedarf** oder die Rückabwicklung zur Anteilsvereinigung in der Hand des Rückerwerbers führt, tritt zum ersten Erwerbsvorgang noch ein zweiter hinzu. In derartigen Fällen liegen damit **grundsätzlich** (Ausnahme: § 1 Abs. 2a sofern nicht mindestens 95 % der Anteile am Vermögen einer grundstücksbesitzenden Personengesellschaft auf nur einen neuen Gesellschafter übergegangen waren, vgl. Rdnr. 62 ff.) **zwei** der Steuer unterliegende Vorgänge vor. Für **beide Vorgänge** gewährt **§ 16 Abs. 2** einen Anspruch auf Nichtfestsetzung der Steuer bzw. auf Aufhebung der Steuerfestsetzung. § 16 Abs. 2 greift **auch dann** ein, wenn zwar nicht der vorausgegangene Vorgang Steuer zur Entstehung gebracht hat, wohl aber dessen Rückabwicklung der Steuer unterliegt. So erwächst dem Rückerwerber von Anteilen an einer Gesellschaft, zu deren Vermögen ein Grundstück gehört, auch dann ein Anspruch auf Nichtfestsetzung der Steuer, wenn er von seiner Beteiligung i. H. von mindestens 95 % einen Teil abgetreten hat (nicht der Steuer unterliegend) und die Rückabwicklung des gescheiterten oder aufgehobenen Geschäfts zur erneuten Vereinigung von mindestens 95 % der Anteile an der Gesellschaft in seiner Hand führt.

Weder Absatz 1 noch Absatz 2 des § 16 setzen voraus, dass der rück-    12
abzuwickelnde Erwerbsvorgang in einem (obligatorischen) Rechtsgeschäft bestehe oder auf einem Rechtsgeschäft beruhe. Deshalb kommt die Entstehung eines Anspruchs aus § 16 auch dann in Betracht, wenn der (erste) Erwerbsvorgang der Steuer aus § 1 Abs. 1 Nr. 2 oder 4 unterliegt[1] oder die Voraussetzungen des § 1 Abs. 2 erfüllt sind (vgl. Rdnr. 61).

---

1  BFH v. 6. 6. 1984 II R 184/81, BStBl II 1985, 261.

## II. Rückgängigmachung des Erwerbsvorgangs vor Eigentumsübergang (§ 16 Absatz 1)

### 1. Freiwillige Rückgängigmachung (Abs. 1 Nr. 1)

#### a) Anwendungsfälle

13 § 16 Abs. 1 Nr. 1 betrifft in erster Linie die **Aufhebung des Erwerbsvorgangs in gegenseitigem Einvernehmen aufgrund freien Willensentschlusses der Parteien.** Abgrenzungsmerkmal zu § 16 Abs. 1 Nr. 2 ist, dass den Beteiligten kein Rechtsanspruch auf Rückabwicklung bzw. Beseitigung der Wirkungen des Erwerbsvorgangs zusteht. Die Aufhebung erfolgt durch Vereinbarung der Beteiligten **(Aufhebungsvertrag),** die ggf. der Form des § 311b Abs. 1 Satz 1 BGB bedarf.[1] Der Anspruch des Erwerbers auf Verschaffung des Eigentums muss (zivil-)rechtlich wirksam beseitigt werden; eine nur „wirtschaftliche" Aufhebung genügt ebenso wenig wie die bloße Absicht, einen Erwerbsvorgang rückgängig zu machen,[2] weil der Veräußerer derart nicht aus seiner im „ursprünglichen" Vertrag von ihm eingegangenen Übereignungspflicht entlassen wird.[3] Desgleichen genügt nicht eine „Vertragsaufhebung", die sich als Scheingeschäft (§ 117 Abs. 1 BGB) darstellt.[4] Schon gar nicht kann die Bestellung eines Erbbaurechts zugunsten des Verkäufers im Anschluss an den Grundstückserwerb des Käufers eine Rückgängigmachung darstellen; es liegen vielmehr zwei selbständige der Steuer unterliegende Erwerbsvorgänge vor.[5] Zu beachten ist, dass die durch einen vollmachtlosen Vertreter erklärte Vertragsaufhebung erst mit der Genehmigung des Vertretenen wirksam wird, vorher also keine Rückgängigmachung vorliegen kann.[6]

Einer Vertragsaufhebung steht die (stets formbedürftige, § 81 Abs. 2 ZVG) Abtretung der Rechte aus dem Meistgebot an den bisherigen Eigentümer und ebenso die Erklärung des Meistbietenden, er habe für den Eigentümer geboten (§ 81 Abs. 3 ZVG) gleich. Beide Rechtsgeschäfte führen dazu, dass der Anspruch des Meistbietenden auf Erteilung des Zuschlags unter gleichzeitiger Entstehung eines Anspruchs des Grundstückseigentümers auf Zuschlagserteilung er-

---

1 Vgl. dazu BGH v. 30. 4. 1982 V ZR 10/81, NJW 1982, 1639; s. auch BGH v. 30. 9. 1993 IX ZR 211/92, NJW 1993, 3323, und v. 7. 10. 1994 V ZR 102/93, NJW 1994, 3346.

2 Siehe BFH v. 4. 7. 2001 II 115/00, BFH/NV 2002, 69.

3 Vgl. BFH v. 8. 11. 1995 II R 87/93, BFH/NV 1996, 577; s. auch BFH v. 10. 2. 1988 II R 145/86, BStBl II 1988, 547; v. 26. 9. 1990 II R 107/87, BFH/NV 1991, 482.

4 BFH v. 8. 3. 1995 II R 42/93, BFH/NV 1995, 924.

5 BFH v. 8. 8. 2001 II R 46/99, BFH/NV 2002, 71.

6 BFH v. 21. 2. 2006 II R 60/04, BFH/NV 2006, 1700.

lischt, also die Wirkungen des Meistgebots im Verhältnis zwischen dem Meistbietenden und dem Eigentümer beseitigt werden. Ebenfalls einer Aufhebungsvereinbarung gleich zu erachten ist auch der Fall, dass kraft Gesamtrechtsnachfolge (z. B. Erbfolge, Umwandlungsvorgängen i. S. von § 1 Abs. 1 Nr. 1 bis 3
UmwG) der Eigentumsverschaffungsanspruch durch Vereinigung in der Person
des Berechtigten oder Verpflichteten untergeht.[1] Zur Gleichstellung des Erlöschens eines grundstücksbezogenen Übereignungsanspruchs durch Bewirken
einer anderen Leistung, nämlich Abtretung der dem Veräußerer zustehenden
Rechte und Ansprüche aus vorangegangenen Kaufverträgen mit Dritten s. BFH
vom 30. 1. 2008.[2] Dagegen kann der Abschluss eines Rückkaufvertrags u. E.
mangels rechtlicher Beseitigung (Aufhebung) des gegenläufigen Übere-
gnungsanspruchs nicht der Vertragsaufhebung gleichgestellt werden,[3] zumal
die Hauptverpflichtung des Verkäufers dieses „Rückkaufvertrags", den Kaufgegenstand zu übereignen, die Erfüllung des Erstvertrags voraussetzt. Der Umstand, dass sich die beiderseitigen Übereignungsverpflichtungen neutralisie-
ren und damit faktisch ins Leere gehen genügt den Anforderungen des § 16
Abs. 1 Nr. 1 nicht.

Im Falle einer echten **Vertragsübernahme** bzw. eines echten **Vertragsbeitritts**    14
(s. dazu Hofmann, GrEStG, § 1 Rdnr. 41) kann von einer Aufhebung des (ursprünglichen) Vertrags nicht die Rede sein. Bei Vertragsübernahme bzw. Vertragsbeitritt, die beide ein dreiseitiges Rechtsgeschäft darstellen, wird jeweils
ein (regelmäßig zugleich erfüllter) Anspruch auf (volle bzw. teilweise) Übertragung des auf das Grundstück bezogenen Übereignungsanspruchs begründet.
Dieser nach § 1 Abs. 1 Nr. 5 bzw. Nr. 7 grunderwerbsteuerrechtlich als Rechtsträgerwechsel zwischen dem ursprünglichen Käufer und dem Dritten zu quali-
fizierende Rechtsvorgang steht der Annahme eines nochmaligen Rechtsträgerwechsels bzgl. des Vertragsgrundstücks zwischen dem Verkäufer und dem
Dritten i. S. von § 1 Abs. 1 Nr. 1 entgegen.[4] Die Übertragung des Übereignungsanspruchs schließt es auch aus, von der ganzen oder teilweisen Aufhebung
des Kaufvertrags zwischen den ursprünglichen Vertragsparteien auszugehen;
denn ein Rückabwicklungsverhältnis zwischen diesen Parteien soll auch dann
nicht an dessen Stelle treten, wenn formal im Zuge der dreiseitigen Vereinbarung bzw. im unmittelbaren Zusammenhang damit der Kaufvertrag „aufgehoben" wird. Der Verkäufer wird in einem solchen Fall aus seiner ursprüng-

---

1 BFH v. 6. 12. 1978 II R 81/73, BStBl II 1979, 249.
2 II R 48/06, BFH/NV 2008, 1524.
3 A. A. Boruttau/Loose, Rn. 34; Pahlke, Rz 17.
4 BFH v. 22. 1. 2003 II R 32/01, BStBl II 2003, 526.

lichen Verpflichtung schon rechtlich nicht entlassen (vgl. Rdnr. 18). Der Vertragsaufhebung kommt jedoch dann Bedeutung zu, wenn die Umstände gegen eine Vertragsübernahme sprechen, weil das Vertragsverhältnis zwischen dem Grundstücksverkäufer und dem neuen Erwerber – verglichen mit dem „alten" Kaufvertrag – erhebliche Inhaltsänderungen erfährt, sich z. B. der Kaufpreis wesentlich geändert hat oder weitere Grundstücke (Grundflächen) in den Vertrag einbezogen sind, wofür ggf. ein Gesamtkaufpreis ausgewiesen wird. Doch kann es in solchen Fällen daran scheitern, dass tatsächliche Rückgängigmachung nicht erfolgt (vgl. Rdnr. 19 f.). Zu allem vgl. auch FM Bayern (koordinierter Ländererlass) vom 10. 8. 1995.[1]

Wird ein Grundstück von einem Alleineigentümer als Ganzes an mehrere Erwerber (unter sich zu Bruchteilen) verkauft, steht diesen ein gemeinschaftlicher (§ 741 BGB), auf eine unteilbare Leistung gerichteter Anspruch auf Eigentumsübertragung zu,[2] und zwar in der Weise, dass der Schuldner (der Verkäufer) nur an alle gemeinschaftlich leisten kann (§ 432 BGB).[3] Aus diesem Grund ist die Aufhebung des Vertrags zwischen nur einem (Bruchteils)Erwerber und dem Verkäufer nicht möglich, sondern nur ein Vertragsbeitritt und eine ihm folgende Vertragsänderung.

15    Der freiwilligen (Aufhebungs-)Vereinbarung wird in § 16 Abs. 1 Nr. 1 die Rückgängigmachung aufgrund kraft Parteivereinbarung vorbehaltenen Rücktritts- oder Wiederkaufsrechts – dessen Ausübung vom freien Willensentschluss einer der Vertragsparteien abhängig ist – gleichgestellt. Die Ausübung dieser Rechte findet durch einseitige empfangsbedürftige Willenserklärung statt (vgl. §§ 349 ff. BGB). Ist das vertraglich ausbedungene Rücktrittsrecht befristet, so verliert es der Rückberechtigte mit Fristablauf endgültig. In einem solchen Fall kann bei einvernehmlicher Änderung der ursprünglichen Vertragsbestimmungen ein neu entstehendes gesetzliches Rücktrittsrecht wegen Nichterfüllung der geänderten Vertragsklauseln ebenso wenig einen Anspruch aus § 16 Abs. 1 Nr. 2 entstehen lassen, wie ein neu vereinbartes Rücktrittsrecht einen Anspruch aus § 16 Abs. 1 Nr. 1.[4]

---

1  Abgedruckt im Handbuch als Anlage a zu § 16 GrEStG.
2  BGH v. 25. 10. 2002 V ZR 279/01, NJW 2003, 1120.
3  BayObLG v. 14. 5. 1992 BReg 2 Z 139/91, NJW-RR 1992, 1369.
4  BFH v. 2. 8. 2013 II B 11/12, BFH/NV 2014, 383.

## b) Zeitliche Begrenzung

Der Anspruch auf Nichtfestsetzung der Steuer bzw. Aufhebung der Steuerfest-   16
setzung ist davon abhängig, dass die **Rückgängigmachung** infolge des Auf-
hebungsvertrages (der ihm gleichzustellenden Rechtsgeschäfte) bzw. der Rücktrittserklärung oder der Ausübung des Wiederkaufsrechts **innerhalb von zwei
Jahren** erfolgt. **Fristbeginn** ist der Zeitpunkt, in dem die Steuer nach § 38 AO
bzw. § 14 entstanden ist (§ 16 Abs. 1 Nr. 1).

**Bis** zum **Ablauf** dieser Frist muss nicht nur die rechtliche, sondern auch die tatsächliche **Rückgängigmachung** (s. dazu Rdnr. 17 ff.) **abgeschlossen** sein, denn
§ 16 Abs. 1 Nr. 1 stellt nicht auf die Vereinbarung der Rückgängigmachung
usw., sondern darauf ab, dass die Rückgängigmachung innerhalb von zwei
Jahren stattfindet.

## c) Notwendigkeit echter Rückgängigmachung

Der **Anspruch** auf Nichtfestsetzung der Steuer bzw. Aufhebung der Steuerfest-   17
setzung **entsteht nur, wenn** der Erwerbsvorgang **tatsächlich rückgängig gemacht** wird, nicht aber, wenn er zwar formal (dem Buchstaben nach) „aufgehoben", sein wirtschaftliches Ergebnis durch die nachfolgende Vereinbarung
aber aufrechterhalten wird.[1] Ein Erwerbsvorgang ist seinem vollen Inhalt nach
rückgängig gemacht, wenn die Beteiligten **sämtliche Wirkungen aus ihm aufheben** und sich so **stellen,** wie wenn der Erwerbsvorgang **nicht zustande gekommen** wäre, also auch die etwa empfangenen Leistungen zurückgewähren
(vgl. § 346 Abs. 1 BGB). Die Forderung nach grundlegender Veränderung der
durch den Erwerbsvorgang herbeigeführten rechtlichen und tatsächlichen
(wirtschaftlichen) Situation folgt unmittelbar aus § 16 selbst und nicht etwa
aus § 42 AO.[2] Das schließt die Anwendung von § 42 AO in Fällen mit Drittbetei-
ligung jedoch nicht aus.[3]

Der **Veräußerer** muss seine **ursprüngliche Rechtsstellung wiedererlangen,**[4] er   18
muss über das Grundstück frei verfügen können,[5] die Übereignungspflicht
muss aufgehoben werden.[6] Der Veräußerer muss im Ergebnis grundsätzlich
wieder so gestellt werden, als habe der Erwerbsvorgang nie stattgefunden;

---

1  BFH v. 1. 4. 1969 II 83/64, BStBl II 1969, 560.
2  Vgl. BFH v. 29. 9. 1976 II R 163/71, BStBl II 1977, 87.
3  Vgl. BFH v. 7. 10. 1987 II R 123/85, BStBl II 1988, 296; s. hierzu Viskorf, DStR 1988, 206; vgl. auch
   Rdnr. 26.
4  BFH v. 6. 5. 1969 II 141/64, BStBl II 1969, 630.
5  BFH v. 27. 1. 1982 II R 119/80, BStBl II 1982, 425.
6  BFH v. 6. 5. 1969 II 87/64, BStBl II 1969, 556; v. 8. 11. 1995 II R 87/93, BFH/NV 1996, 577.

der Rechtszustand ist auf denjenigen zurückzuführen, der vor Abschluss des Kaufvertrages bestand.[1] Dies erfordert auch die **Wiederherstellung des ursprünglichen Grundbuchstands,** wenn und soweit dieser – ohne Umschreibung des Eigentums selbst – mit Rücksicht auf den Erwerbsvorgang verändert wurde.[2] Diesem Erfordernis ist z. B. nicht genügt, wenn Grundschulden bestehen bleiben, die aufgrund kaufvertraglicher Vereinbarung der Sicherung von Darlehensforderungen eines Kreditinstituts gegenüber dem Käufer (Erwerber) dienen.[3] Dasselbe gilt, solange eine Auflassungsvormerkung zugunsten des Erwerbers (noch) nicht gelöscht ist. Das Bestehenbleiben der Auflassungsvormerkung – gleich aus welchem Grund der Erwerber deren Löschung nicht bewilligt[4] – ist nämlich geeignet, die Verkehrsfähigkeit des Grundstücks auch dann zu beeinträchtigen, wenn die zivilrechtliche Schutzwirkung der Vormerkung (§ 883 Abs. 2, § 888 BGB) deshalb ins Leere geht, weil der zu sichernde Übereignungsanspruch nicht (mehr) besteht. Der von ihr ausgehende Rechtsschein verbietet die Annahme voller tatsächlicher Rückabwicklung.[5] In solchen Fällen nämlich kann der Veräußerer nicht wieder uneingeschränkt über das Grundstück verfügen und es nicht wieder in seinem gesamten wirtschaftlichen Gehalt verwerten. Liegt jedoch die Löschungsbewilligung für die Auflassungsvormerkung verbunden mit dem entsprechenden Eintragungsantrag bereits dem Grundbuchamt vor, so steht der Umstand, dass die Löschung noch nicht vollzogen ist, der Annahme der Rückabwicklung nicht entgegen. Unter Berücksichtigung von § 17 GBO ist der Veräußerer nämlich wenigstens faktisch bzgl. des Grundstücks in die vor Abschluss des Erwerbsvorgangs bestehende grundbuchrechtliche Lage versetzt worden. Dasselbe gilt, wenn dem Veräußerer eine Löschungsbewilligung hinsichtlich der Auflassungsvormerkung erteilt ist und er frei und unbeeinflusst durch den (Erst)Erwerber von dieser Gebrauch machen kann.[6]

19   Dem Erwerber seinerseits dürfen keine Einwirkungsmöglichkeiten vorbehalten bleiben;[7] kurz ausgedrückt: **zwischen den ursprünglichen Vertragsbeteiligten dürfen keine Bindungen von grunderwerbsteuerrechtlicher Bedeutung beste-**

---

1 BFH v. 8. 6. 1988 II R 90/86, BFH/NV 1989, 728.
2 BFH v. 10. 7. 1996 II B 136/95, BFH/NV 1997, 61.
3 BFH v. 4. 3. 1999 II R 18/97, BFH/NV 1999, 1374.
4 A. A. FG Brandenburg v. 9. 10. 2001, EFG 2002, 423.
5 Siehe auch BFH v. 10. 7. 1996 II B 139/95, BFH/NV 1997, 61; v. 19. 3. 2003 II R 12/01, BStBl II 2003, 770.
6 BFH v. 1. 7. 2008 II R 36/07, BStBl II 2008, 882.
7 BFH v. 14. 6. 1978 II R 90/76, BStBl II 1978, 573.

**hen bleiben.**[1] Derartige Bindungen aber bleiben insbesondere dann bestehen, wenn der Erwerber trotz Aufhebung des Verpflichtungsgeschäfts noch die rechtliche oder wirtschaftliche – von ihm auch ausgeübte – Möglichkeit behält,[2] bei der Weiterveräußerung des Grundstücks an einen Dritten wirtschaftliche oder private Ziele zu verfolgen, die er sonst nur als Eigentümer erreichen könnte.[3] Anhaltspunkt hierfür können die von der Käuferseite ausgehende Initiative zur Rückgängigmachung und Weiterveräußerung sein, der sich der Verkäufer untergeordnet hat, das erkennbare wirtschaftliche Interesse der Käuferseite sowie sowohl der äußere als auch der zeitliche Geschehensablauf.[4] Jedenfalls verbleibt dem ursprünglichen Erwerber die Möglichkeit der Verwertung einer aus dem „rückgängig gemachten" Erwerbsvorgang herzuleitende Rechtsposition dann, wenn die Aufhebung des ursprünglichen tatbestandserfüllenden Rechtsgeschäfts und das die Weiterveräußerung betreffende Rechtsgeschäft in einer einzigen Vertragsurkunde zusammengefasst sind,[5] weil der Veräußerer seiner Übereignungsverpflichtung erst zu einem Zeitpunkt ledig wird, in dem er bereits hinsichtlich der Übereignung des Grundstücks an den Zweiterwerber gebunden ist[6], es sei denn, dem Erwerber ist das weitere Schicksal des Grundstücks gleichgültig.[7] Die Feststellungslast hierfür hat derjenige zu tragen, der den Anspruch aus § 16 geltend macht. Ähnliches gilt, wenn beide Verträge in aufeinanderfolgenden Urkunden abgeschlossen werden.[8] Dafür ist es unerheblich, dass der Erwerber den ursprünglichen Übereignungsanspruch von einem Nichteigentümer des Grundstücks erlangt hat.[9] Werden sowohl der Aufhebungsvertrag als auch der gleichzeitig oder unmittelbar nachfolgend beurkundete Weiterveräußerungsvertrag durch vollmachtlose Vertreter beider Vertragsparteien geschlossen, bedürfen die Verträge zu ihrer Wirksamkeit nach § 177 Abs. 1 i. V. m. § 184 Abs. 1 BGB der Genehmigung der jeweiligen Vertragsparteien. In einem solchen Fall hat der Ersterwerber bis zur Genehmigung des Aufhebungsvertrags noch die durch den ursprünglichen Kaufvertrag gewonnene Rechtsposition inne. Auf die Reihenfolge, in der die Genehmigungserklärungen dem Notar zugehen, kann nicht abgestellt wer-

---

1 BFH v. 7.10.1987 II R 123/85, BStBl II 1988, 296.
2 BFH v. 19.3.2003 II R 12/01, BStBl II 2003, 770; v. 21.1.2005 II B 165/03, BFH/NV 2005, 2049.
3 Vgl. BFH v. 17.2.1993 II B 142/92, BFH/NV 1994, 56.
4 BFH v. 24.8.2001 II B 85/00, BFH/NV 2001, 1605.
5 BFH v. 23.8.2006 II R 8/05, BFH/NV 2007, 273.
6 Siehe BFH v. 5.9.2013 II R 9/12, BFH/NV 2013, 2014.
7 BFH v. 5.9.2013 II R 16/12, BStBl II 2014, 42.
8 BFH v. 25.4.2007 II R 18/05, BStBl II 2007, 726; v. 14.11.2007 II R 1/07, BFH/NV 2008, 403.
9 BFH v. 8.3.2012 II R 42/11, BFH/NV 2012, 1486, unter Aufhebung von FG Hamburg v. 21.5.2011, EFG 2011, 2007.

den.[1] Ist der Erwerber an der zweiterwerbenden Kapitalgesellschaft maßgeblich beteiligt und unterzeichnet er den von dieser geschlossenen Kaufvertrag als deren Vertreter oder neben dem Vertreter, so spricht das prima facie für ein Handeln im eigenen wirtschaftlichen Interesse.[2]

Anzumerken bleibt noch, dass das Handeln des Erwerbers „im eigenen wirtschaftlichen Interesse" für sich allein kein Umstand ist, der die Anwendung des § 16 Abs. 1 ausschließt;[3] Der Anwendung von § 16 Abs. 1 Nr. 1 steht jedoch die Verwertung der dem ersten Erwerber verbliebenen Rechtspositionen in seinem eigenen wirtschaftlichen Interesse entgegen.[4] Unter Verwertung der erlangten Rechtsposition ist in diesem Zusammenhang primär die Einflussnahme des Erwerbers auf die Weiterveräußerung kraft der verbliebenen Rechtsposition zu verstehen. Ist der Ersterwerber eine Kapitalgesellschaft, so sind dieser (auch) die wirtschaftlichen Interessen ihres Alleingesellschafters ungeachtet dessen, ob dieser eine juristische oder eine natürliche Person ist, zuzurechnen, weil jener maßgeblichen Einfluss auf die Kapitalgesellschaft hat.[5]

20    So liegt Rückgängigmachung eines Kaufvertrages beispielsweise nicht vor, wenn der vom Verkäufer durch notariell beurkundete Vollmacht ermächtigte Käufer zu notarieller Urkunde die Aufhebung des Kaufvertrags erklärt und gleichzeitig das Grundstück namens des Verkäufers an einen von ihm ausgewählten Interessenten verkauft[6] oder wenn sonst die Aufhebung lediglich zum Zwecke des anschließenden Erwerbs des Grundstücks durch eine vom Käufer ausgewählte dritte Person erfolgt[7] bzw. wenn der Käufer durch den sich der formellen Vertragsaufhebung anschließenden Verkauf des Grundstücks an einen Dritten wirtschaftliche Vorteile hat, die über eine Vermittlungsprovision hinausgehen.[8] Dasselbe gilt im Falle der Weiterveräußerung des Grundstücks auf Verlangen und im Interesse des (Erst-)Erwerbers, wenn der Kaufvertrag aufschiebend bedingt durch die Eintragung des neuen Käufers als Eigentümer in das Grundbuch aufgehoben und der Notar angewiesen wird,

---

1  BFH v. 25.8.2010 II R 35/08, BFH/NV 2010, 2302.

2  BFH v. 25.4.2007 II R 18/05, BStBl II 2007, 726; v. 14.11.2007 II R 1/07, BFH/NV 2008, 403.

3  BFH v. 19.3.2003 II R 12/01, BStBl II 2003, 770.

4  BFH v. 21.2.2006 II R 60/04, BFH/NV 2006, 1700.

5  BFH v. 25.8.2010 II R 35/08, BFH/NV 2010, 2302; vgl. auch BFH v. 25.4.2007 II R 18/05, BStBl II 2007, 726.

6  BFH v. 10.7.1974 II R 95/68, BStBl II 1974, 771.

7  BFH v. 6.10.1976 II R 131/74, BStBl II 1977, 253; vgl. auch BFH v. 29.9.1976 II R 163/71, BStBl II 1977, 87, und Österr. VGH v. 2.4.1984 Z 82/16/0165, DVR 1985, 108.

8  BFH v. 18.9.1987 II R 84/86, BStBl II 1987, 826; s. dazu auch BFH v. 3.8.2006 II B 170/05, BFH/NV 2007, 97.

die Löschungsbewilligung für die Auflassungsvormerkung aus dem ersten Vertrag frühestens mit Antrag auf Eigentumsumschreibung für den zweiten Vertrag dem Grundbuchamt vorzulegen.[1] All diesen Fällen ist gemeinsam, dass allein der (erste) Erwerber an der Aufhebung interessiert ist und dies, weil ihm an der Weitergabe des Grundstücks an den von ihm gewünschten (zweiten) Erwerber gelegen ist: er verwertet die aus dem Vertrag gewonnene Position, ohne den Veräußerer wirklich aus seinen Bindungen zu entlassen; als „Restbestand" des formell „aufgehobenen" Vertrages **verbleibt** dem Erwerber eine **Rechtsposition,** die mit der desjenigen in etwa **vergleichbar** ist, dem ohne eine Begründung eines Übereignungsanspruchs die Verwertungsbefugnis i. S. des § 1 Abs. 2 an dem Grundstück übertragen ist. Das Handeln des Ersterwerbers „im eigenen (wirtschaftlichen) Interesse" ist für sich allein kein Tatbestandsmerkmal, das die Anwendung des § 16 Abs. 1 ausschließt; bei einer im Zusammenhang mit einem Erwerbsvorgang erfolgenden Weiterveräußerung des Grundstücks muss die Ausnützung einer aus dem ursprünglichen Erwerbsvorgang herzuleitenden Rechtsposition hinzutreten.[2]

Hat der Käufer mit Grundpfandrechten belastete Grundstücke übernommen und sich dabei gegenüber dem Verkäufer verpflichtet, weder aus diesen noch aus den ihnen zugrunde liegenden, ihm gegen den Verkäufer zustehenden Forderungen vorzugehen und sich gleichzeitig das Rücktrittsrecht vom Vertrag auch bzgl. nur eines Grundstücks oder einzelner der Grundstücke vorbehalten, und werden die Grundstücke veräußererseits mit der Maßgabe verkauft, dass der (Zweit-)Erwerber den Kaufpreis an den ursprünglichen Käufer zu zahlen hat, so bleiben die Bindungen aus dem (Erst-)Erwerb dann bestehen, wenn der (Erst-)Erwerber erst nach Prüfung der Verträge mit den (Zweit-)Erwerbern von seinem Rücktrittsrecht Gebrauch macht und die Löschung zu seinen Gunsten bestehender Auflassungsvormerkungen bewilligt.[3] 21

Ist in einem Kaufvertrag dem Käufer ein Rücktrittsrecht für den Fall vorbehalten, dass es ihm gelingt, den Abschluss eines Kaufvertrags mit einem Dritten zu vermitteln, wobei ein etwa erzielter Mehrerlös ihm verbleiben, ein Mindererlös zu seinen Lasten gehen soll, so liegt Rückgängigmachung des Erwerbsvorgangs auch dann nicht vor, wenn der ursprüngliche Käufer den Verkäufer schon vor Ausübung des Rücktrittsrechts zur Weiterveräußerung veranlasst.[4] Unerheblich ist, ob der erwünschte Mehrerlös aus dem zweiten Kaufvertrag 22

---

1 Vgl. BFH v. 17. 4. 2002 II B 120/00, BFH/NV 2002, 1170.
2 BFH v. 19. 3. 2003 II R 12/01, BStBl II 2003, 770.
3 BFH v. 17. 5. 2000 II B 135/99, BFH/NV 2001, 204.
4 BFH v. 9. 3. 1994 II R 86/90, BStBl II 1994, 413.

erzielt wird; entscheidend ist allein, dass die Weiterveräußerung (Zweitveräußerung) im Interesse des ursprünglichen Erwerbers erfolgt.

23  Für den Fall des „**Erwerbs im Bauherrenmodell**" vermittels einer Treuhand-Basisvereinbarung genügt es zur Rückgängigmachung[1] nicht, dass der Erwerber ein ihm von der Treuhänderin ihr gegenüber eingeräumtes Rücktrittsrecht ausübt und gleichzeitig das Grundstück dieser für etwaige künftige Bauherren formgerecht zum Kauf anbietet, weil in einem solchen Fall der Grundstückskaufvertrag nicht rückgängig gemacht (und im Verhältnis zu dem eingebundenen Grundstückseigentümer nicht einmal aufgehoben) wird.[2] Scheitert die Realisierung des von der Veräußererseite entwickelten und angebotenen Konzepts infolge Insolvenz des Initiators in einer Weise, dass der Erwerber sowohl in seiner Entscheidung über den Grundstückserwerb als solchen als auch über das „Ob" und „Wie" der Bebauung (vgl. Hofmann, GrEStG, § 8 Rdnr. 9 ff.) wieder frei wird, gelingt es ihm aber, das Grundstück von der noch eingetragenen Voreigentümerin des Initiators zu erwerben, so reduziert sich der Gegenstand des Erwerbsvorgangs auf das unbebaute Grundstück.[3]

24  Die **Einflussnahme auf** das **weitere Schicksal des Grundstücks** bzw. auf die Zweitveräußerung an einen vom „Erstkäufer" ausgewählten Dritten **bewirkt** jedoch **nicht,** dass die **beiden Erwerbsvorgänge sich zueinander wie Kettenverträge** (A veräußert an B, B an C …) verhalten. Für die Frage nach dem Eingreifen von Befreiungsvorschriften ist allein auf das Verhältnis zwischen dem Veräußerer und dem neuen Käufer abzustellen. Denn nur zwischen diesen als Vertragsbeteiligten wird das nach § 1 Abs. 1 Nr. 1 der Steuer unterliegende Rechtsgeschäft abgeschlossen. Während die Einwirkung des ursprünglichen Erwerbers zwar der Annahme echter Rückgängigmachung entgegensteht, bewirkt dieser Umstand jedoch nicht die „Zurechnung" des weiteren Veräußerungsgeschäfts an ihn.

**Abzugrenzen davon** ist der Fall der **Vertragsübernahme** bzw. des **Vertragsbeitritts** (vgl. Rdnr. 14). Denn die Abtretung des Übereignungsanspruchs des Erwerbers aus dem ursprünglichen Kaufvertrag an denjenigen, der in diesen eintritt (ihn übernimmt) oder diesem beitritt, unterliegt für sich gesehen der

---

1  Entgegen FG Köln v. 7. 10. 1987, EFG 1988, 589
2  BFH 8. 8. 1990 II R 184/87, BFH/NV 1991, 267; vgl. auch BFH v. 19. 2. 2014 II B 106/13, BFH/NV 2014, 901.
3  Vgl. BFH v. 24. 10. 1990 II B 31/90, BStBl II 1991, 106.

Steuer (§ 1 Abs. 1 Nr. 5 bzw. Nr. 7);[1] ein (neuer) Übereignungsanspruch gegen den Verkäufer i. S. des § 1 Abs. 1 Nr. 1 entsteht nicht.[2]

Als Grundsatz ist deshalb festzuhalten, dass Rückgängigmachung i. S. der Vorschrift **nur und immer dann** vorliegt, wenn zwischen den Beteiligten des aufgehobenen Vertrages **keine Bindungen bestehen bleiben, die in grunderwerbsteuerrechtlicher Hinsicht erheblich sind.**[3] Daraus folgt, dass **stets** dann, **wenn** dem **ursprünglichen Käufer das Schicksal des Grundstücks gleichgültig** ist, ihm also nur daran gelegen ist, aus dem Vertrag entlassen zu werden, und nicht daran, über den anschließenden Verkauf an einen Dritten zu bestimmen, die **Tatbestandsmerkmale des § 16 insoweit erfüllt** sind.[4] Denn die bloße Möglichkeit des (Erst)Erwerbers, Einfluss auf die Weiterveräußerung zu nehmen, steht einer Rückgängigmachung i. S. des § 16 Abs. 1 Nr. 1 nicht entgegen; er muss vielmehr von dieser Möglichkeit auch Gebrauch gemacht und die ihm verbliebene Rechtsposition im eigenen (wirtschaftlichen) Interesse verwertet haben.[5] Stellt der ursprüngliche Käufer auf Verlangen des Verkäufers, um seine Entlassung aus dem Vertrag zu erreichen, einen „**Ersatzkäufer**", so hindert die „Auswechselung" des Käufers selbst dann nicht die Anwendung der Vorschrift, wenn sie einer Abtretung der Rechte des Käufers an den Dritten gleichkommt.[6] Denn § 1 Abs. 1 Nr. 5 und 7 erfassen eine solche Abtretung erst (und nur dann), wenn sie einen Zwischenerwerb ersetzt oder den eigenen wirtschaftlichen Interessen des Abtretenden dient (vgl. Hofmann, GrEStG, § 1 Rdnr. 73). Verlangt der Verkäufer vom ursprünglichen Käufer die Stellung eines Ersatzmannes, weil er – der Verkäufer – das Grundstück auf jeden Fall verkaufen will, so unterliegt die „Abtretung" der Rechte aus dem ursprünglichen Vertrag nicht der Steuer; der ursprüngliche Vertrag ist damit tatsächlich rückgängig gemacht.[7] Erschöpft sich das Interesse des ursprünglichen Käufers in der Abwendung möglicher Schadensersatzforderungen der Verkäuferseite, so

25

---

1 Siehe auch BFH v. 22. 9. 2010 II R 36/09, BFH/NV 2011, 304.
2 Vgl. BFH v. 22. 1. 2003 II R 32/01, BStBl II 2003, 526, unter ausdrücklicher Aufgabe von BFH v. 26. 9. 1990 II R 107/87, BFH/NV 1991, 482, und damit wohl auch von BFH v. 10. 2. 1988 II R 145/85, BStBl II 1988, 547.
3 Zutreffend hat das FG Hamburg v. 1. 2. 2016, EFG 2016, 743 (Rev.: II R 10/16) echte Rückgängigmachung in einem Fall bejaht, in dem gleichzeitig die Aufhebung eines Grundstückskaufvertrags sowie die Veräußerung von 94 % der Anteile der grundstücksveräußernden Kapitalgesellschaft an die Muttergesellschaft der Erwerberin beurkundet wurden.
4 Siehe BFH v. 5. 9. 2013 II R 16/12, BFH/NV 2013, 2016.
5 BFH v. 6. 10. 2010 II R 31/09, BFH/NV 2011, 306.
6 Siehe auch BFH v. 5. 9. 2013 II R 10/12, BStBl II 2014, 42.
7 BFH v. 4. 12. 1985 II R 171/84, BStBl II 1986, 271.

steht ebenfalls die Stellung eines Ersatzkäufers der tatsächlichen Rückgängigmachung nicht entgegen.[1]

26   Gleichermaßen ist es für die Anwendung des § 16 Abs. 1 **unschädlich, wenn** die **Aufhebung** des Erwerbsvorgangs **ausschließlich im Interesse eines Dritten** erfolgt, sofern zwischen den ursprünglichen Vertragsparteien keine grunderwerbsteuerrechtlich bedeutsamen Bindungen bestehen bleiben.[2] Allerdings kann bei besonderen Konstellationen die Bindung der Vertragsbeteiligten an den Dritten sowie dessen Einflussnahme auf die gewählte Vertragskonstruktion im Rahmen der Rückgängigmachung unter dem Gesichtspunkt des Gestaltungsmissbrauchs (§ 42 AO) der Anwendung des § 16 Abs. 1 entgegenstehen.[3] Das ist der Fall, wenn hinter allen Verträgen als treibende Kraft der Dritte steht, dessen Interessen (bspw. als Kreditgeber) alle vertraglichen Vereinbarungen primär dienen.

27   Aus der Erkenntnis, dass der Erfüllung des Tatbestandsmerkmals der Rückgängigmachung rechtssystematisch nur das Bestehenbleiben von grunderwerbsteuerrechtlich bedeutsamen Bindungen zwischen den ursprünglichen Vertragsbeteiligten entgegensteht, folgt u. E. zwingend, dass **Vorteile, die** der schlechthin aus seiner Übereignungspflicht entlassene **Verkäufer daraus schlägt,** dass er ja nicht zur Vertragsaufhebung verpflichtet ist, der **Anwendung** des § 16 Abs. 1 **nicht entgegenstehen.**[4] Hatte der Verkäufer den Kaufpreis schon empfangen und sind sich die Vertragsparteien darüber einig, dass der Kaufpreis dem Käufer zu erstatten ist, kann folglich die Abtretung der Forderung aus einem weiteren Kaufvertrag[5] über dasselbe Grundstück zumindest erfüllungshalber nicht für sich Anlass sein, den Anspruch aus § 16 Abs. 1 zu verneinen. Auch die Vereinbarung, dass der Verkäufer den empfangenen Kaufpreis in bestimmtem Umfang nicht zurückzuzahlen habe, steht der Anwendung der Vorschrift nicht entgegen, sofern sie der „Preis" dafür ist, dass der Käufer seinem Wunsch entsprechend aus seinen Vertragspflichten entlassen wird. BFH vom 10. 10. 1973[6] steht dem nicht entgegen, denn in dem dort entschiedenen Fall hatten sich die ursprünglichen Käufer mit dem Kaufvertrag bewusst und gewollt die Verwertungsmöglichkeit über das ganze Grundstück

---

1  BFH v. 6. 10. 2010 II R 31/09, BFH/NV 2011, 306.
2  BFH v. 7. 10. 1987 II R 123/85, BStBl II 1988, 296.
3  Vgl. auch BFH v. 7. 10. 1987 II R 135/85, BStBl II 1988, 296.
4  Ähnlich Boruttau/Loose, Rn. 81.
5  Etwa mit dem „Ersatzkäufer" des BFH-Urteils v. 4. 12. 1985 II R 171/84, BStBl II 1986, 271.
6  II R 33/68, BStBl II 1974, 362.

gesichert; sie hatten die ihnen aus dem Kaufvertrag zugewachsene Stellung für sich – unter Beiseiteschieben des Verkäufers – ausgenützt.

Unter Einbeziehung des Gedankens, dass in § 16 Abs. 2 auch der schlichte Rückkauf zur Erfüllung der Tatbestandsmerkmale genügt (vgl. Rdnr. 42), steht es der Anerkennung der Rückgängigmachung auch nicht entgegen, wenn der Verkäufer, um aus seiner Übereignungspflicht aus dem ursprünglichen Vertrag gegenüber dem Käufer entlassen zu werden, diesem nicht nur den Kaufpreis zurückgewährt, sondern ihm außerdem, damit er in die Aufhebung einwillige, eine zusätzliche Entschädigung gewährt.[1]    28

## 2. Rückgängigmachung aufgrund eines Rechtsanspruchs

### a) Grundsätzliches

§ 16 Abs. 1 Nr. 2 verbindet den Anspruch auf Nichtfestsetzung der Steuer bzw. Aufhebung der Steuerfestsetzung mit der Rückgängigmachung eines Erwerbsvorgangs aufgrund eines Rechtsanspruchs, der seinerseits seine Entstehung der Nichterfüllung von Vertragsbedingungen verdanken muss. Die **Kausalitäts-kette** muss gewahrt sein, d. h. der Rechtsanspruch auf Rückgängigmachung muss derart sein, dass er einseitig und gegen den Willen des anderen am Grundstücksgeschäft Beteiligten durchsetzbar und die – jedenfalls für einen Vertragsbeteiligten unfreiwillige – Rückgängigmachung muss auf der Ausübung dieses Rechts beruhen. Deshalb kommen neben den gesetzlichen Rücktrittsrechten als Rechtsansprüche i. S. von § 16 Abs. 1 Nr. 2 auch vertraglich ausbedungene Rücktritts- bzw. Wiederkaufsrechte in Betracht, wenn diese für den Fall der Nichterfüllung von (Haupt-)Vertragspflichten eingeräumt wurden.[2] Ist ein derartiges Rücktrittsrecht befristet und wird die Frist aufgrund entsprechenden Anspruchs eines Vertragsbeteiligten auf Vertragsanpassung wegen Wegfalls der Geschäftsgrundlage ggf. mehrmals rechtzeitig formgerecht verlängert, unterfällt die Rückgängigmachung des wegen Verletzung von Vertragspflichten erklärten Rücktritts, § 16 Abs. 1 Nr. 2. Ist aber die ursprüngliche oder rechtzeitig formgerecht aufgrund Rechtsanspruchs verlängerte Frist einmal verstrichen, ohne einvernehmlich verlängert worden zu sein, ist das Rücktrittsrecht endgültig verloren. Wird es ungeachtet dessen danach wieder eingeräumt, kann dieses im Kulanzweg gewährte (neue) Rücktrittsrecht nur Grundlage einer Rückgängigmachung i. S. von § 16 Abs. 1 Nr. 1 sein, und dies auch nur, wenn das neue Rücktrittsrecht innerhalb von zwei Jahren    29

---

1 Vgl. BFH v. 21. 12. 1960 II 194/57 U, BStBl III 1961, 163.
2 Vgl. BFH v. 14. 7. 1999 II R 1/97, BStBl II 1999, 737.

nach Entstehung der Steuer nicht nur vereinbart, sondern auch ausgeübt wird.[1]

Es ist ohne Bedeutung für den Anspruch aus § 16 Abs. 1 Nr. 2, ob die Nichterfüllung der Vertragsbedingungen dem Verhalten eines der Beteiligten zuzurechnen ist oder sich die Vertragsbedingungen ohne Zutun eines der Beteiligten nicht erfüllen. Unter den im Gesetz genannten „Vertragsbedingungen" sind nicht Bedingungen i. S. des § 158 BGB zu verstehen, sondern schlechthin die „Vertragsbestimmungen".[2]

Die Entstehung des Anspruchs aus § 16 Abs. 1 Nr. 2 ist an keine Frist gebunden, weil alle am Geschäft Beteiligten bei unfreiwilliger Rückgängigmachung dieses Ergebnis hinnehmen müssen und die Zeit, die bis zur Verwirklichung des Anspruchs vergeht, sehr verschieden lang sein kann. **Tatsächliche Rückgängigmachung** (vgl. Rdnr. 17 bis 28) ist **auch** im Falle des **§ 16 Abs. 1 Nr. 2** erforderlich;[3] zur verfahrensrechtlichen Durchsetzbarkeit vgl. Rdnr. 69 ff.

### b) Rechtsansprüche i. S. des § 16 Abs. 1 Nr. 2

### aa) Vorbemerkung

30  Hinsichtlich der Rechtsansprüche i. S. des § 16 Abs. 1 Nr. 2 bei vor dem 1. 1. 2002, also vor der Schuldrechtsreform, abgeschlossenen Verträgen wird auf die Ausführungen in Rdnr. 25a der 8. Auflage Bezug genommen.

31  *(Einstweilen frei)*

### bb) Rechtsansprüche i. S. des § 16 Abs. 1 Nr. 2

32  Zentraler Begriff des Leistungsstörungsrechts ist die **Pflichtverletzung, verstanden als objektiver Verstoß** gegen Hauptleistungs-, Nebenleistungs- und Schutzpflichten. Ein eigenständiges Gewährleistungsrecht gibt es im Kaufvertragsrecht nicht; die Mängelhaftung ist über die Schaltnorm des § 437 BGB in das Leistungsstörungsrecht integriert.

Ein **Rücktrittsrecht** vom gegenseitigen Vertrag besteht nach **§ 323 BGB** in den Fällen der Nichterbringung (mit Ausnahme der Unmöglichkeit, s. u.) oder nicht vertragsgemäßen Erbringung einer fälligen Leistung unter der Voraussetzung, dass dem Schuldner erfolglos eine angemessene Frist zur Leistung oder zur

---

1  BFH v. 18. 11. 2009 II R 11/08, BStBl II 2010, 498.
2  BFH v. 23. 2. 1956 II 286/55, BStBl III 1956, 131; v. 15. 2. 1978 II R 177/75, BStBl II 1978, 379.
3  Vgl. z. B. BFH v. 8. 6. 1988 II R 90/86, BFH/NV 1989, 728.

Nacherfüllung bestimmt war. Ablehnungsandrohung ist nicht erforderlich. Zu beachten ist, dass bei Kaufverträgen vertragsgemäße Leistung sach- und rechtsfehlerfreie Sachverschaffung bedingt (vgl. § 433 Abs. 1 Satz 2 BGB). Bis zum Gefahrübergang (§ 446 Abs. 1 BGB) besteht der Erfüllungsanspruch, für den § 323 BGB unmittelbar gilt, nach Gefahrübergang richten sich die Rechte des Käufers nach §§ 437 ff. BGB. Ist offensichtlich, dass die Voraussetzungen des Rücktritts eintreten werden, ist Rücktritt nach § 323 Abs. 4 BGB vor Eintritt der Fälligkeit der Schuldnerleistung möglich. Zu Besonderheiten bei Teilleistungen bzw. unerheblicher Pflichtverletzung vgl. § 323 Abs. 5 BGB. Der **Rücktritt** ist **nach § 323 Abs. 6 BGB ausgeschlossen,** wenn entweder der Gläubiger für den Umstand, der ihn zum Rücktritt berechtigen würde, allein oder überwiegend verantwortlich ist oder wenn der vom Schuldner nicht zu vertretende Umstand zu einer Zeit eintritt, zu der der Gläubiger in Annahmeverzug ist (zum Annahmeverzug vgl. §§ 293 ff. BGB)

Bei **Unmöglichkeit** der Leistung durch jedermann oder durch den Schuldner, 33 gleichgültig, ob sie von Anfang an bestand (vgl. § 311a Abs. 1 BGB) oder ob sie erst nachträglich eingetreten ist, ist der Anspruch auf Leistung nach **§ 275 Abs. 1 BGB** ausgeschlossen. Der Schuldner wird auf seine Einrede von der Leistungspflicht frei, wenn die Leistung einen grob unverhältnismäßigen Aufwand erfordert oder in einem krassen Missverhältnis zum Leistungsinteresse steht, wobei dann auch zu berücksichtigen ist, ob der Schuldner das Leistungshindernis zu vertreten hat (**§ 275 Abs. 2 BGB).** Zu bemerken ist, dass der Schuldner einer Geldforderung sich nicht auf § 275 Abs. 1 bzw. 2 BGB berufen kann, da er verschuldensunabhängig für seine finanzielle Leistungsfähigkeit eintreten muss. Braucht der zur Sachleistung bzw. Rechtsübertragung Verpflichtete nach § 275 Abs. 1 oder 2 BGB nicht zu leisten, so entfällt nach **§ 326 Abs. 1** Satz 1 **BGB** der Anspruch auf die Gegenleistung (Ausnahmen: § 326 Abs. 1 Satz 2 BGB für die Nacherfüllungsleistung und in den Fällen des § 326 Abs. 2 und 3 BGB). Soweit die nach § 326 BGB nicht geschuldete Gegenleistung bereits bewirkt ist, kann das Geleistete nach §§ 346 bis 348 BGB zurückgefordert werden. **§ 326 Abs. 5 BGB** gewährt dem Gläubiger ein Rücktrittsrecht, wenn der Schuldner nach § 275 Abs. 1 bis 3 BGB von der Leistungspflicht frei wird. Auf den Rücktritt ist § 323 BGB mit der Maßgabe entsprechend anwendbar, dass die Fristsetzung entbehrlich ist. Macht der Erwerber von seinem Rücktrittsrecht Gebrauch, sind die Voraussetzungen des § 16 Abs. 1 Nr. 2 erfüllt. U. E. muss aber auch in entsprechender Anwendung von § 16 Abs. 1 Nr. 2 dem Umstand Rechnung getragen werden, dass sowohl der Veräußerer als auch der Erwerber von ihren gegenseitigen Leistungspflichten frei sind, es also zu keinem Grundstücksumsatz kommen kann.

> **BEISPIEL:** ► A verkauft eine Teilfläche aus seinem im Geltungsbereich des Bebauungsplans der Gemeinde X belegenen Grundstück. Die Gemeinde X hat durch Satzung bestimmt, dass die Teilung eines Grundstücks (s. dazu § 19 Abs. 2 BauGB) zu ihrer Wirksamkeit der Genehmigung bedarf (vgl. § 19 Abs. 1 BauGB). Wider Erwarten verweigert die Gemeinde X die erforderliche Genehmigung.
>
> A ist die Erfüllung seiner Pflichten aus dem mit B abgeschlossenen Kaufvertrag, dem B an dem Kaufgegenstand das Eigentum zu verschaffen (§ 433 Abs. 1 Satz 1 BGB), unmöglich geworden. B hat dementsprechend nach § 275 Abs. 1 BGB seinen Anspruch auf Eigentumsverschaffung verloren. Der Anspruch des A auf die Gegenleistung des B ist nach § 326 Abs. 1 Satz 1 BGB entfallen. A und B finden sich in ihr Schicksal.

34   Zu den Hauptpflichten des Verkäufers einer Sache, diese dem Käufer zu übergeben und das Eigentum daran zu verschaffen (§ 433 Abs. 1 Satz 1 BGB), tritt die **Verpflichtung, dem Käufer die Sache frei von Sach- und Rechtsmängeln zu verschaffen** (§ 433 Abs. 1 Satz 2 BGB), als weitere Hauptpflicht hinzu. Das gilt entsprechend für den Rechtskauf (vgl. § 453 Abs. 1 i. V. m. § 433 Abs. 1 Satz 2 und § 453 Abs. 3 BGB). Ein Sachmangel oder Rechtsmangel des Kaufgegenstands stellt die Verletzung einer Hauptpflicht dar; zum Sachmangel vgl. § 434 BGB, zum Rechtsmangel s. § 435 BGB. Die **Rechte des Käufers** richten sich bei Sach- und Rechtsmängeln **stets nach §§ 437 ff. BGB.** Neben dem erstrangigen Recht auf Nacherfüllung (§ 437 Nr. 1 i. V. m. § 439 BGB) kann der Käufer **gemäß § 437 Nr. 2 BGB** nach §§ 440, 325 und 326 Abs. 5 BGB **vom Vertrag zurücktreten.** Der Rücktritt ist ein Gestaltungsrecht, das wird durch einseitige empfangsbedürftige Willenserklärung ausgeübt wird. Durch die Rücktrittserklärung wandelt sich der Kaufvertrag in ein Rückgewährschuldverhältnis um. Die Möglichkeit, zur Minderung überzugehen, ist damit ausgeschlossen. Auch dieses Rücktrittsrecht gehört zu den Rechtsansprüchen i. S. des § 16 Abs. 1 Nr. 2. Zum Ausschluss der Rechte des Käufers wegen eines Mangels bei Kenntnis usw. s. § 442 BGB.

35   Wird ein Vertrag über die Rückgängigmachung abgeschlossen, so muss das Rücktrittsrecht vor Vertragsabschluss unbestritten feststehen; eine lediglich vergleichsweise Anerkennung des Rücktrittsrechts reicht nicht aus.[1] Zwar steht es der Rückgängigmachung nicht entgegen, wenn der Erwerbsvorgang im allseitigen Einvernehmen durch Vereinbarung rückgängig gemacht wird, doch muss in solchen Fällen das Rücktrittsrecht vor Abschluss der Vereinbarung unbestritten feststehen,[2] weil das Recht zur Rückgängigmachung nicht

---

1  BFH v. 21. 12. 1960 II 194/57, BStBl III 1961, 163.
2  BFH v. 10. 6. 1969 II 41/65, BStBl II 1969, 559.

erst durch den Aufhebungsvertrag geschaffen werden darf.[1] War der Rücktritt begründet und die Erklärung deshalb wirksam, so ist es unerheblich, ob der Vertragsgegner den Rücktrittsgrund anerkennt, sofern das wirtschaftliche Ergebnis beseitigt ist.[2]

Die einst von Rechtsprechung und Lehre entwickelten Grundsätze zur **Störung** **36** (Wegfall bzw. ursprüngliches Fehlen) **der Geschäftsgrundlage** sind inzwischen in **§ 313 BGB** kodifiziert. Als Rechtsfolge ordnet die Vorschrift in erster Linie eine Vertragsanpassung an. Nur dann, wenn eine Anpassung des Vertrags nicht möglich oder einem Teil nicht zumutbar ist, gewährt § 313 Abs. 3 Satz 1 BGB dem benachteiligten Vertragsteil ein (gesetzliches) Rücktrittsrecht.

# III. Rückgängigmachung des Eigentumsübergangs (§ 16 Absatz 2)

## 1. Vorbemerkungen

### a) Begriff des Rückerwerbs

Ein Rückerwerb i. S. von § 16 Abs. 2 (zur Abgrenzung von § 16 Abs. 1 s. **37** Rdnr. 10 f.) liegt grundsätzlich nur vor, wenn er zwischen den Personen stattfindet, die am vorausgegangenen Erwerbsvorgang beteiligt waren (**unmittelbarer Rückerwerb**). Zwischen den Parteien des Erwerbsvorgangs und des Rückerwerbsvorgangs muss Nämlichkeit bestehen.[3] Daran fehlt es, wenn eine mittelbare Grundstücksschenkung (s. dazu Hofmann, GrEStG, § 3 Rdnr. 21) dadurch rückgängig gemacht wird, dass der inzwischen als Eigentümer eingetragene Beschenkte das Grundstück an den Schenker auflässt.[4]

Vom Grundsatz der **Identität der Parteien** als Voraussetzung für die Anwendbarkeit des § 16 Abs. 2 muss allerdings dann abgesehen werden, wenn zwischen den beiden Erwerbsvorgängen **Gesamtrechtsnachfolge** eingetreten ist, also wenn Veräußerer oder Erwerber zwischenzeitlich verstorben und an deren Stelle die Erben getreten sind oder eine beteiligte juristische Person durch Umwandlung untergegangen/erloschen ist (vgl. Hofmann, GrEStG, § 1 Rdnr. 47 ff.). In diesen Fällen richten sich die Ansprüche des anderen am Erwerbsvorgang

---

1 BFH v. 8. 6. 1988 II R 90/86, BFH/NV 1989, 728.
2 So BFH v. 9. 3. 1971 II R 94/67, BStBl II 1971, 597, für den Fall einer wirksamen, weil begründeten Anfechtung mit anschließender vergleichsweiser rückwirkender Aufhebung des Vertrags.
3 BFH v. 16. 1. 1963 II 58/61, HFR 1964, 241; vgl. auch BFH v. 6. 6. 1984 II R 184/81, BStBl II 1985, 261.
4 So zutreffend FG Rheinland-Pfalz v. 6. 4. 2000, EFG 2000, 803.

Beteiligten, die zu einer Rückgängigmachung i. S. von § 16 Abs. 2 führen, gegen die bzw. den nachrückenden Gesamtrechtsnachfolger. Nur zwischen dem Gesamtrechtsnachfolger und dem anderen Beteiligten kann auch ein Rückerwerb stattfinden. Gleiches muss wegen des Untergangs der Personengesellschaft infolge Ausscheidens des „vorletzten" Gesellschafters gelten, denn das Vermögen der Personengesellschaft ist im Wege der Anwachsung (§ 738 BGB) auf den „letzten" Gesellschafter übergegangen.

Die Nämlichkeit der Parteien des Rückerwerbsvorgangs mit denen des vorausgegangenen Erwerbsvorgangs ist auch dann zu bejahen, wenn das allein durch einen Ehegatten (Lebenspartner) erworbene Grundstück ohne besonderen rechtsgeschäftlichen Akt, also gemäß § 1416 Abs. 2 BGB (s. auch § 7 LPartG), in das Gesamtgut der Gütergemeinschaft gefallen ist und das Grundstück vom Veräußerer aus dem Gesamtgut zurück erworben wird.[1] Dasselbe gilt, wenn Ehegatten sich zur Fortgeltung des gesetzlichen Güterstands der Eigentums- und Vermögensgemeinschaft des FBG der DDR entschlossen haben (vgl. Art. 234 § 4 Abs. 2, 3 EGBGB). Für sich an den vorausgegangenen Erwerbsvorgang anschließende rechtsgeschäftliche Veräußerungsvorgänge gilt die Ausnahme nicht.

38 **Wird** das Grundstück **nicht an den Veräußerer zurückaufgelassen,** so sind die **Voraussetzungen** von § 16 Abs. 2 **ungeachtet** dessen **erfüllt,** wenn **entweder** das Grundstück im Auftrag des Veräußerers an einen Dritten aufgelassen wird **oder** die Rückübereignung durch einen Dritterwerber vorgenommen wird, dessen Erwerb dem Veräußerer gegenüber wegen § 883 Abs. 2 BGB relativ unwirksam ist. Im erstgenannten Fall ist entscheidend, ob der Veräußerer selbst mit dem Dritten das schuldrechtliche Verpflichtungsgeschäft abgeschlossen hat (also ihm gegenüber verpflichtet ist, das Grundstück zu übereignen) und sich deshalb nur die dingliche Erfüllung unmittelbar zwischen dem Veräußerer gegenüber zur Rückübereignung des Grundstücks verpflichteten Dritten und dem Erwerber aus dem ersten Erwerbsvorgang vollzieht, also ein vereinfachtes Verfahren („abgekürzter Leistungsweg") darstellt.[2] Die Steuerpflicht aus dem zwischen dem Veräußerer und dem Dritten (Zweiterwerber) abgeschlossenen Erwerbsvorgang bleibt selbstverständlich unberührt. Hat der ursprüngliche Erwerber selbst – wenn auch im Einvernehmen mit dem Veräußerer – das Grundstück an den Dritten weiterverkauft, so ist § 16 Abs. 2 nicht anwendbar.[3] Im zweitgenannten Fall ist die Zustimmung des Dritterwerbers erzwingbar

---

1 So auch Boruttau/Loose, Rn. 203.
2 RFH v. 22. 12. 1931 II A 599/31, RFHE 30, 109.
3 BFH v. 31. 5. 1972 II B 30/71, BStBl II 1972, 636; v. 24. 10. 1990 II B 78/90, BFH/NV 1991, 625.

(vgl. § 888 Abs. 2 i.V. m. § 883 Abs. 2 BGB), so dass der Weg der direkten Rückauflassung an den ursprünglichen Veräußerer, der nach § 267 Abs. 1 BGB zulässig ist, dem Anspruch aus § 16 Abs. 2 nicht entgegenstehen kann.[1] Schließlich steht der Anwendbarkeit von § 16 Abs. 2 auch nicht entgegen, dass der Dritterwerber in Erfüllung neuer Vereinbarungen zwischen dem Veräußerer, dem Zwischenerwerber und sich das Grundstück unmittelbar an den ursprünglichen Veräußerer zurück auflässt, die Rückgängigmachung also auch dem Zwischenerwerber zugerechnet werden kann.[2]

Hindern tatsächliche oder rechtliche Gründe den Rückerwerb des Grundstücks, so ist § 16 Abs. 2 nicht anwendbar.[3]

Kein Rückerwerb des Eigentums liegt vor, wenn jemand ein Grundstück auf eine Gesellschaft überträgt und später mindestens 95 % der Anteile dieser Gesellschaft in seiner Hand vereinigt, weil er nicht seine ursprüngliche Rechtsstellung wiedererlangt, sondern nur mittels der in seiner Hand vereinigten Anteile der Gesellschaft über das Grundstück „wirtschaftlich verfügen" kann.

Auch § 16 **Abs. 2** setzt – wie § 16 Abs. 1 (s. Rdnr. 17 ff.) – voraus, dass der **Rück-** **39** **erwerb tatsächlich durchgeführt** ist.[4] Der Rückerwerb nur der Verwertungsbefugnis (§ 1 Abs. 2), wenn der erste Erwerbsvorgang auf Eigentumsübertragung abzielte (§ 1 Abs. 1), genügt den Voraussetzungen nicht.

### b) Abweichungen in der Identität oder im Zustand des Grundstücks

Beschränkt sich die Rückübertragung auf einen Teil eines Grundstücks, so ist **40** § 16 Abs. 2 nur insoweit anwendbar.[5] Der Anspruch auf Aufhebung der Steuerfestsetzung erweist sich hier als Anspruch auf „Teilaufhebung", also einschränkende Änderung zugunsten des Steuerpflichtigen.

**Veränderungen im Zustand des Grundstücks schränken** die **Anwendung von** § 16 Abs. 2 **nicht ein.** Wenn im Eingangssatz vom Rückerwerb des Eigentums an dem „veräußerten Grundstück" die Rede ist, so wird nur dessen Identität verlangt. Diese Identität des Grundstücks i. S. des § 2 wird nicht dadurch berührt, dass sich dessen tatsächlicher Zustand wertmindernd (z. B. durch Abholzen aufstehenden Waldes, Gebäudeabbruch) oder werterhöhend (z. B. durch Errichtung eines Gebäudes, das nach § 94 BGB wesentlicher Bestandteil des

---

1 BFH v. 20. 10. 1982 II R 6/81, BStBl II 1983, 140.
2 Vgl. BFH v. 14. 7. 1999 II R 1/97, BStBl II 1999, 737.
3 BFH v. 27. 1. 1982 II R 119/80, BStBl II 1982, 425.
4 Vgl. in diesem Zusammenhang BFH v. 27. 1. 1982 II R 119/80, BStBl II 1982, 425.
5 BFH v. 5. 3. 1968 II 165/64, BStBl II 1968, 416; v. 25. 10. 1979 II R 35/75, BStBl II 1980, 129.

Grundstücks wird) verändert.[1] Die Grunderwerbsteuer für den Rückerwerb wird auch insoweit nicht erhoben, als der Rückerwerber wegen der inzwischen begonnenen Bebauung oder sonstiger wertsteigender Maßnahmen (z. B. Erschließung) Ersatz zu leisten oder sich zu einer Zuzahlung verpflichtet hat. Auch der Rückerwerb lediglich einer Teilfläche – etwa weil zwischenzeitlich eine Teilfläche weiterveräußert wurde – hindert die Anwendung von § 16 Abs. 2 Nr. 2 oder 3 bezüglich der Steuer auf den Rückerwerb nicht. Allerdings greift § 16 Abs. 2 in Bezug auf den ursprünglichen Erwerbsvorgang nur insoweit, als die Steuer auf die zurückerworbene Teilfläche entfiel.

Die Identität zwischen dem erworbenen und dem rückerworbenen Grundstück kann in Fällen, in denen der erste Erwerbsvorgang durch Bestellung eines Erbbaurechts verwirklicht wurde, bei dessen „Rückübertragung" auf den Besteller – sofern er nach wie vor Eigentümer des erbbaubelasteten Grundstücks ist – nicht verneint werden, obwohl das als Grundstück geltende Erbbaurecht erst zwischen dem vorangegangenen Erwerb und dem „Rückerwerb" entstanden ist, weil das Erbbaurecht nur eine rechtliche Spaltung des Grundstücks bewirkt.[2] Die an eine Grundstücksveräußerung sich anschließende Bestellung eines Erbbaurechts zugunsten des Grundstücksverkäufers durch den Erwerber stellt jedoch, wegen des darin liegenden, auf einen anderen Steuergegenstand gerichteten weiteren Erwerbsvorgangs, keinen Rückerwerb des veräußerten Grundstücks i. S. des § 16 Abs. 2 dar.[3]

Soweit Gegenstand der Vereinbarungen ein nach § 2 Abs. 2 Nr. 2 als Grundstück geltendes Gebäude auf fremdem Boden betrifft, ist notwendige Voraussetzung für einen „Rückerwerb", dass dieses im Zeitpunkt des „Erwerbs" schon hergestellt war, also mit der Herstellung des Bauwerks nicht erst begonnen war.[4] Bezog sich der „erste Erwerb" nämlich nicht auf ein fertiggestelltes Gebäude und damit nicht auf einen einem Grundstück gleichgestellten Gegenstand, liegt in Wahrheit gar kein der Grunderwerbsteuer unterliegender Erwerbsvorgang vor; dieser wird erstmals verwirklicht, wenn das fertig gestellte Gebäude „zurückübertragen" wird.

41    Da die **Anteilsvereinigung** jeweils nur in Bezug auf das einzelne Grundstück der Steuer unterliegt (vgl. Hofmann, GrEStG, § 1 Rdnr. 134), wirkt sich allerdings die Veränderung im Bestand der der Gesellschaft gehörenden Grundstü-

---

1 BFH v. 14. 1. 1976 II R 149/74, BStBl II 1976, 347; vgl. auch den BFH v. 25. 10. 1979 II R 35/75, BStBl II 1980, 129, zugrunde liegenden Sachverhalt.
2 Gl. A. Boruttau/Loose, Rn. 147.
3 BFH v. 8. 8. 2001 II R 46/99, BFH/NV 2002, 71.
4 BFH v. 9. 2. 1994 II B 43/93, BFH/NV 1994, 738.

cke auf den Anspruch aus § 16 Abs. 2 aus: soweit ein Grundstück im Zeitpunkt der Rückübertragung der vereinigten Anteile nicht mehr zum Vermögen der Gesellschaft gehört (vgl. Hofmann, GrEStG, § 1 Rdnr. 148), ist in Bezug auf dieses der Rückerwerbsvorgang, weil er sich auf dieses nicht beziehen kann, ohne Bedeutung, es sei denn, hinsichtlich dieses Grundstückserwerbs durch die Gesellschaft wäre zwischenzeitlich ein Anspruch aus § 16 entstanden (s. Hofmann, GrEStG, § 1 Rdnr. 149).[1] Gehört zum Vermögen der Gesellschaft im Zeitpunkt des Rückerwerbs der Anteile in den Fällen des § 1 Abs. 3 Nr. 4 ein Grundstück, in Bezug auf welches der Erwerb der Anteile keine Steuer ausgelöst hat, so ist nach den **Eigengesetzlichkeiten** des § 1 Abs. 3 insoweit erstmals Steuer entstanden. Der gegenteiligen Ansicht von Behrens/Schmitt,[2] die allein auf die Rückgängigmachung bezüglich der Anteile der Gesellschaft abstellen, ist nicht zuzustimmen; insoweit wird der Grundstücksbezug der Anteilsvereinigung, die deren Besteuerung nach dem Grunderwerbsteuergesetz allein rechtfertigt, negiert.

Gleiches gilt bei Rückgängigmachung eines nach § 1 Abs. 2a oder Abs. 3a der Steuer unterliegenden Vorgangs in Bezug auf ein Grundstück, dass zwischen der Erfüllung dieses Tatbestands und der Rückübertragung von Anteilen (Mitgliedschaftsrechten) auf den Abtretenden nicht mehr zum Vermögen der Gesellschaft gehört.

## 2. Rückerwerb innerhalb zweier Jahre

### a) Voraussetzungen

Beim Rückerwerb des Eigentums an dem veräußerten Grundstück durch den Veräußerer innerhalb von zwei Jahren seit der Entstehung der Steuer für den vorausgegangenen Erwerbsvorgang wird nach § 16 Abs. 2 Nr. 1 sowohl die Steuer für den Rückerwerb als auch die Steuer für den vorausgegangenen Erwerbsvorgang auf Antrag nicht festgesetzt bzw. eine entsprechende Steuerfestsetzung aufgehoben. Voraussetzung für die Anwendbarkeit dieser Vorschrift ist weder nach ihrem Wortlaut noch nach ihrem Sinn, dass der Rückerwerb aufgrund Rückabwicklung wegen Aufhebung des ursprünglichen Erwerbsvorgangs erfolgen müsse. Die Vorschrift betrifft in gleicher Weise den **schlichten Rückkauf**[3] sowie den **Wiederkauf.** In diesen Fällen wird nämlich die nicht aufgehobene Übereignungspflicht aus dem ersten Kaufvertrag im Ergeb-

42

---

1 Gl. A. Boruttau/Loose, Rn. 275.
2 UVR 2009, 51; so wohl auch Boruttau/Loose, Rn. 275
3 BFH v. 25. 10. 1979 II R 35/75, BStBl II 1980, 129.

nis durch die Begründung der gegenläufigen Übereignungspflicht im zweiten Kaufvertrag wieder aufgehoben. Eine Variante des schlichten Rückkaufs stellt der Erwerb des Erbbaurechts vom Erbbauberechtigten durch den Besteller innerhalb von zwei Jahren nach Bestellung des Erbbaurechts ebenso dar wie die Aufhebung des Erbbaurechts innerhalb dieser Frist. Der Tatbestand des § 16 Abs. 2 Nr. 1 kann auch dadurch erfüllt werden, dass der ursprüngliche Veräußerer das Grundstück im Zwangsversteigerungsverfahren zurückerwirbt (Wiederersteigerung). Desgleichen ist der Tatbestand erfüllt, wenn das Eigentum an einem verkauften und übereigneten Grundstück im Wege der Verschmelzung von der Käuferin auf die Verkäuferin zurückgeht[1] oder infolge Erbfalls das Grundstück dem Veräußerer wieder zufällt.

### b) Fristfragen

43  Die Zweijahresfrist beginnt auch im Falle des § 16 Abs. 2 Nr. 1 mit der Entstehung der Steuer (vgl. § 38 AO bzw. § 14). Ist für den Rückerwerb eine **Eintragung** in das **Grundbuch erforderlich**, so ist die **Frist nur gewahrt**, wenn **innerhalb** von **zwei Jahren** die Auflassung erklärt und die **Eintragung im Grundbuch beantragt worden** ist. § 16 Abs. 2 Nr. 1 Satz 2 derogiert[2] die frühere Rechtsprechung des BFH.[3] Die Frist für den Eintragungsantrag muss unabhängig vom Vorliegen der nach § 22 erforderlichen Unbedenklichkeitsbescheinigung eingehalten werden.[4] Die Zweijahresfrist gilt auch für den Antrag auf Eintragung des Dritten in den in Rdnr. 38 genannten Fällen. Auf den Zeitpunkt des Vollzugs des Eintragungsantrags kommt es nicht an, weil er durch die Beteiligten nicht beeinflussbar ist. Andererseits ist davon auszugehen, dass das Gesetz nur denjenigen Eintragungsantrag meint, der auch zum Erfolg führt.[5] Wird er später zurückgenommen oder endgültig nach Ausschöpfung des Rechtswegs (s. § 71 Abs. 1 GBO i. V. m. § 11 Abs. 1 Rechtspflegesetz, § 78 GBO) zurückgewiesen, sind die Voraussetzungen des § 16 Abs. 2 Nr. 1 Satz 2 nicht erfüllt.[6] Soweit ein Erbbaurecht innerhalb von zwei Jahren seit seiner Bestellung aufgehoben wird, muss der Antrag auf Löschung des Rechts innerhalb dieser Frist gestellt werden. Die bloße Eintragung einer Vormerkung innerhalb der Zweijahresfrist genügt nicht.

---

1  BFH v. 6. 12. 1978 II R 81/73, BStBl II 1979, 249.
2  Ausdrücklich, vgl. Gesetzesbegründung BT-Drucks. 9/251.
3  Vgl. Urteil v. 9. 10. 1974 II R 67/68, BStBl II 1975, 245.
4  BFH v. 18. 1. 2006 II B 105/05, BFH/NV 2006, 813.
5  Gl. A. Boruttau/Loose, Rn. 150.
6  Vgl. auch den in BFH v. 9. 10. 1974 II R 67/68, BStBl II 1975, 245, zum Ausdruck gelangenden Grundgedanken.

Soweit es keiner Auflassung und auch keiner Rückeintragung bedarf, greift die    44
Einschränkung jedenfalls nicht unmittelbar ein. Auch mittelbare Folgen lassen
sich u. E. nicht allgemein ziehen. So muss es für den Rückerwerb im Zwangsversteigerungsverfahren mit der Abgabe des Meistgebots innerhalb der Zweijahresfrist sein Bewenden haben. Andererseits wird aus § 16 Abs. 2 Nr. 1 Satz 2
für den Rückerwerb durch Verschmelzung (vgl. Hofmann, GrEStG, § 1 Rdnr. 49)
nicht die Folgerung möglich, es genüge, wenn innerhalb der Frist Antrag auf
Eintragung in das Handelsregister gestellt ist, denn die Fristwahrung bezieht
sich ausdrücklich nur auf die für den Rückerwerb etwa erforderliche Eintragung in das Grundbuch, nicht aber auf Eintragungen anderer Art, die die Unrichtigkeit des Grundbuchs nach sich ziehen. Für den Rückerwerb vereinigter
Anteile an einer Gesellschaft mit Grundbesitz genügt es nicht, dass zwischen
den Parteien des vorhergehenden Rechtsvorgangs ein nach § 1 Abs. 3 Nr. 1
oder 3 der Steuer unterliegendes Verpflichtungsgeschäft abgeschlossen wird;
es muss vielmehr innerhalb dieser Frist die Rückübertragung erfolgen. Vergleichbares gilt für die Rückgängigmachung eines die Steuer nach § 1 Abs. 2a
oder 3a auslösenden Rechtsvorgangs.

## 3. Rückerwerb wegen Nichtigkeit des vorangegangenen Erwerbsvorgangs

Ein nach bürgerlichem Recht nichtiger Erwerbsvorgang ist auch grunderwerb-    45
steuerrechtlich unwirksam. Handelt es sich um einen Fall bloßer **Formnichtigkeit** (§ 311b Abs. 1 Satz 1 BGB i. V. m. § 125 BGB), unterliegt ein Verpflichtungsgeschäft zwar nicht nach § 1 Abs. 1 Nr. 1 i. V. m. § 41 Abs. 1 AO der Steuer, möglicherweise aber nach § 1 Abs. 2.[1] Folgt dem formnichtigen Verpflichtungsgeschäft die Auflassung und die Eintragung der Eigentumsänderung im
Grundbuch, so wird der formnichtige Vertrag seinem ganzen Inhalt nach gültig (§ 311b Abs. 1 Satz 2 BGB), so dass eine „Aufhebung" oder „Rückgängigmachung" wegen Nichtigkeit nicht mehr in Frage steht. In einem solchen Fall ist
§ 16 Abs. 2 Nr. 2 nicht anwendbar, wohl aber § 16 Abs. 2 Nr. 1. Aus der **Nichtigkeit** des obligatorischen Geschäfts aus **anderen Gründen** folgt nicht ohne weiteres die Nichtigkeit der Eigentumsübertragung, ohne dass ihr allerdings hei-
lende Wirkung zukäme. Dem Veräußerer steht aber bei wirksamem Übergang
des Eigentums am Grundstück ein Anspruch auf Herausgabe zu (§§ 812 ff.
BGB), zu dessen Realisierung es eines neuen Erwerbsvorgangs, nämlich der
Rückauflassung (§ 1 Abs. 1 Nr. 2), bedarf. Nur dann, wenn die Nichtigkeit auch

---

1  Vgl. BFH v. 17. 12. 1975 II R 35/69, BStBl II 1976, 465, und Hofmann, GrEStG, § 1 Rdnr. 17.

das dingliche Geschäft betrifft, weil z. B. der Vertragspartner geschäftsunfähig war, bedarf es lediglich der Berichtigung des Grundbuchs. Dieser Fall ist von § 16 Abs. 2 nicht angesprochen, weil kein der Steuer unterliegender Erwerbsvorgang vorliegt.

Ist ein **Rechtsgeschäft anfechtbar,** so ist das für die Besteuerung ohne Bedeutung; erst die wirksame Anfechtung vernichtet – rückwirkend (§ 142 Abs. 1 BGB) – das Rechtsgeschäft. Dem Veräußerer steht ein Anspruch auf Herausgabe des Grundstücks zu (§§ 812 ff. BGB). Das Unwirksamwerden des Rechtsgeschäfts durch Anfechtung ist steuerlich noch nicht von Relevanz, solange und soweit die Beteiligten das wirtschaftliche Ergebnis (hier sogar das rechtliche Ergebnis) bestehen lassen (§ 41 Abs. 1 AO). Werden die Konsequenzen aus der Anfechtung aber gezogen, so bedarf es der (nach § 1 Abs. 1 Nr. 2 der Steuer unterliegenden) Rückauflassung sowie der Wiedereintragung des Veräußerers als Eigentümer im Grundbuch.

Nach **§ 16 Abs. 2 Nr. 2** wird bei Rückerwerb des Eigentums an dem veräußerten Grundstück durch den Veräußerer die Steuer sowohl für den Rückerwerb als auch für den vorausgegangenen Erwerbsvorgang nicht festgesetzt oder die Steuerfestsetzung aufgehoben, **wenn** das dem ersten Erwerbsvorgang zugrunde liegende **Rechtsgeschäft** objektiv **nichtig** war[1] oder durch Anfechtung **vernichtet** ist. Hinsichtlich des angefochtenen Rechtsgeschäfts besteht Gesetzeskonkurrenz zu § 175 Abs. 1 Satz 1 Nr. 2 AO; doch stellt § 16 Abs. 2 Nr. 2 eine Sondervorschrift (die speziellere Regelung) dar, so dass der Anspruch auf Nichtfestsetzung der Steuer bzw. Aufhebung einer erfolgten Steuerfestsetzung sich allein nach Maßgabe dieser Vorschrift bestimmt mit der Folge der Bindung des Verwaltungshandelns an den Antrag des Steuerpflichtigen (als Verfahrensvoraussetzung; vgl. § 86 Satz 2 Nr. 2 AO) und mit der weiteren Folge, dass die Festsetzungsfrist sich nicht nach § 175 Abs. 1 Satz 2 AO, sondern nach § 16 Abs. 4 bemisst.

Erforderlich ist auch hier der Rückerwerb des Grundstücks; hindern tatsächliche oder rechtliche Gründe diesen Rückerwerb, so erwächst kein Anspruch aus § 16 Abs. 2 Nr. 2.[2]

---

1 BFH v. 27. 1. 1999 II R 78/96, BFH/NV 1999, 964.
2 BFH v. 27. 1. 1982 II R 119/80, BStBl II 1982, 425.

## 4. Rückerwerb infolge Rückgängigmachung aufgrund eines Rechtsanspruchs

### a) Im Allgemeinen

Korrespondierend zu § 16 Abs. 1 Nr. 2 gewährt § 16 Abs. 2 Nr. 3 einen Anspruch   46
auf Nichtfestsetzung der Steuer bzw. Aufhebung der Steuerfestsetzung sowohl für den Rückerwerb als auch für den vorausgegangenen Erwerbsvorgang, wenn der Veräußerer das Eigentum an dem veräußerten Grundstück infolge Rückgängigmachung des (ersten) Erwerbsvorgangs wegen Nichterfüllung von Vertragsbedingungen[1] des den Übereignungsanspruch begründenden Rechtsgeschäfts zurückerwirbt. Wegen der Gleichartigkeit der Vorschriften wird vorweg auf Rdnr. 29 bis 36 verwiesen. Die **nicht erfüllten Vertragsbedingungen** oder -bestimmungen **müssen solche des das Grundstück betreffenden Verpflichtungsgeschäfts** sein. Hat sich der Verkäufer des Grundstücks z. B. den Nießbrauch vorbehalten und es aufgrund dieses Rechts an den Käufer vermietet (verpachtet), so gewährt die Nichtzahlung der Miete (Pacht) keinen Anspruch auf Rückgängigmachung des Erwerbsvorgangs.[2]

Neben den in Rdnr. 32 ff. erwähnten Gründen, die einen Rechtsanspruch auf Rückgängigmachung des Erwerbsvorgangs i. S. des § 16 Abs. 2 Nr. 3 gewähren, kommen Nichtvollziehung der Auflage bei einer Schenkung (§ 527 BGB), die Rückforderung wegen Verarmung des Schenkers (§ 528 BGB) und der Widerruf der Schenkung wegen Undanks (§ 531 Abs. 2 BGB) in Betracht. Zu erwähnen ist auch die **Verpflichtung zur Rückübertragung** des Grundstücks im Fall des **Widerrufs des Investitionsvorrangbescheids** bzw. aufgrund **Verpflichtung im investiven Vertrag** (vgl. § 8 Abs. 2 Satz 1 Buchst. b, Abs. 3 InVorG) sowie bei Aufhebung einer nach § 2 Grundstücksverkehrsordnung (GVO) erforderlichen Genehmigung nach § 7 Abs. 2 Satz 1 GVO.

Generell lässt sich aus § 16 Abs. 2 Nr. 3 der allgemeine Rechtsgedanke ableiten, dass auf entsprechenden Antrag, die Steuer nicht festzusetzen bzw. eine erfolgte Steuerfestsetzung aufzuheben ist, wenn sich der Erwerber oder der Veräußerer der Rückübertragung des Grundstücks aus Rechtsgründen nicht entziehen kann. Unter dieser Prämisse hat der BFH in dem Urteil vom 9. 7. 2014 II R 50/12[3] den Anspruch desjenigen, der mehrere Miterbenanteile an einem Nachlass erworben hatte (s. dazu Hofmann, GrEStG, § 1 Rdnr. 28), diese aber

---

1 Gleich Vertragsbestimmungen, BFH v. 15. 2. 1978 II R 177/75, BStBl II 1978, 379.
2 BFH v. 21. 12. 1960 II 194/57, BStBl III 1961, 163.
3 BStBl II 2015, 399.

infolge Geltendmachung des Vorkaufsrechts durch einen weiteren Miterben (vgl. §§ 2034, 2035 Abs. 1 BGB) an diesen übertragen musste, auf Aufhebung eines nach § 17 ergangenen Feststellungsbescheids bejaht. Wenngleich in einem solchen Fall von „Rück"Übertragung nicht die Rede sein kann, ist doch als Wesentlich herauszustellen, dass der Erbteilskäufer seiner Position aus unabweisbaren Rechtsgründen verlustig ging.

Zwar führt eine mangels Entrichtung des Bargebots (vgl. § 49 ZVG) durchgeführte **Wiederversteigerung** (vgl. § 118 Abs. 2 Satz 2 ZVG) wegen der Besonderheiten des Zwangsversteigerungsrechts (Eigentumswechsel durch Zuschlag, § 90 ZVG, zugleich Eigentumsverlust des Schuldners) nicht dazu, dass der frühere Eigentümer das Grundstückseigentum wiedererlangt. Der mit dem Abschluss der rechtzeitig beantragten Wiederversteigerung eintretende Rechtsverlust des Meistbietenden ist trotzdem entsprechend der Zielsetzung des § 16 Abs. 2 Nr. 3 der **Rückgängigmachung des Meistgebots gleichzusetzen**.[1]

Ersteigert der Verkäufer das Grundstück in der Zwangsvollstreckung „zurück" ist ein derartiger Rückerwerb nicht geeignet, einen Anspruch aus § 16 Abs. 2 Nr. 3 zu begründen und zwar auch dann, wenn ein Rechtsanspruch auf Rückgängigmachung besteht.[2] Die Zwangsversteigerung aufgrund Antrags eines Gläubigers des ursprünglichen Erwerbers unterbricht die geforderte Kausalität.

### b) Besonderheiten beim Erbbaurecht

47   Die Anwendung von § 16 Abs. 2 Nr. 3 auf Erbbaurechte betreffende Erwerbs- und Rückerwerbsvorgänge bietet keine Besonderheit, soweit es sich um Erwerbsvorgänge handelt, durch die ein Erbbauberechtigter das – als Grundstück geltende (§ 2 Abs. 2 Nr. 1) – Erbbaurecht auf einen anderen überträgt und der zweite Erbbauberechtigte hinsichtlich seiner dem veräußernden Erbbauberechtigten gegenüber bestehenden Leistungspflichten (z. B. Kaufpreis) in Verzug kommt und deshalb der Erwerbsvorgang aufgrund § 323 BGB rückgängig gemacht wird. Hier ist die Vorschrift unmittelbar anzuwenden. Dieser Fall ist auch eindeutig abgrenzbar von der **Ausübung** des **Heimfallrechts wegen rückständiger Erbbauzinsen** (§ 2 Nr. 4, § 9 Abs. 3 ErbbauRG), für den **§ 16 Abs. 2 Nr. 3** deshalb **nicht in Frage** kommt, weil der Heimfall hier nicht auf der Verletzung von Vertragsbedingungen des das Erbbaurecht begründenden obligatori-

---

1 BFH v. 14. 9. 1988 II R 76/86, BStBl II 1989, 150.
2 FG Düsseldorf v. 11. 2. 2015, EFG 2015, 758.

schen und dinglichen Rechtsgeschäfts zurückzuführen ist, sondern seine Grundlage in einem Verstoß gegen dingliche substantielle Rechtsbeziehungen hat.[1] Andererseits aber darf eine sachgerechte Anwendung der Vorschrift auf den Grundstücken gleichgestellte Erbbaurechte nicht daran scheitern, dass bei Nichterfüllung auch der Verpflichtungen (Vertragsbedingungen) aus dem schuldrechtlichen Erbbaurechtsbestellungsvertrag die Rückabwicklung weitgehend nur in Form des Heimfalls möglich ist, weil der Rücktritt (mit der Folge der Löschung des Erbbaurechts) durch § 1 Abs. 4 Satz 2 ErbbauRG ausgeschlossen ist.[2]

Wenn auch bei Ausübung des Heimfalls das Erbbaurecht bestehen bleibt, so **kann** doch dann ein **Anspruch aus § 16 Abs. 2 Nr. 3** entstehen, wenn der **Heimfallanspruch auf** die **Nichterfüllung von Vertragsverpflichtungen** (Vertragsbedingungen), die in dem **schuldrechtlichen**, auf Erbbaurechtsbestellung gerichteten Vertrag übernommen worden sind und die zivilrechtlich eine Hauptleistung beinhalten, **zurückzuführen** ist. So kann der künftige Erbbauberechtigte sich beispielsweise in dem schuldrechtlichen, auf Erbbaurechtsbestellung gerichteten Vertrag zur Bebauung des Erbbaurechts innerhalb einer bestimmten Frist verpflichten und die nicht fristgerechte Bebauung vereinbarungsgemäß zum Heimfall führen.[3] In einem solchen Fall ist die Rechtslage nicht anders, als wenn beim Verkauf eines Grundstücks derartige Bedingungen vereinbart sind und die Nichterfüllung der Bedingungen den Verkäufer zum Wiederkauf berechtigt und dieser Anspruch durch Auflassungsvormerkung gesichert ist.[4] Dem Anspruch aus § 16 Abs. 2 Nr. 3 steht in derartigen Fällen die Verdinglichung der Pflicht nicht entgegen; er entsteht somit auch dann, wenn die Pflicht – z. B. die Bebauungspflicht – gemäß § 2 ErbbauRG zum Inhalt des Erbbaurechts gemacht worden ist.

## 5. Entsprechende Anwendung von § 16 Abs. 2 bei Insolvenzanfechtung

§ 16 Abs. 2 Nr. 2 ist nur auf die Anfechtung einer Willenserklärung nach §§ 119, 120, 123 BGB zugeschnitten, denn nur in solchen Fällen bewirkt die Anfechtungserklärung die ursprüngliche Nichtigkeit des anfechtbaren Rechtsgeschäfts (§ 142 Abs. 1 BGB). Diese Wirkung kommt der Insolvenzanfechtung    48

---

1  BFH v. 26. 2. 1975 II B 44/74, BStBl II 1975, 418.
2  Vgl. dazu BFH v. 13. 7. 1983 II R 44/81, BStBl II 1983, 653.
3  Vgl. BFH v. 13. 7. 1983 II R 44/81, BStBl II 1983, 683; s. auch FG Bremen v. 16. 10. 1990, EFG 1991, 500.
4  BFH v. 20. 10. 1982 II R 6/81, BStBl II 1983, 140.

(§§ 129 ff. InsO) nicht zu. Obwohl ein durch die anfechtbare Handlung aus dem Vermögen des Schuldners ausgeschiedenes Grundstück infolge der Anfechtung zur Insolvenzmasse zurückgegeben werden muss (§ 143 Abs. 1 InsO), ist § 16 Abs. 2 Nr. 2 somit nicht unmittelbar anwendbar. Andererseits lässt sich aus § 16 Abs. 2 Nr. 2 und 3 der Grundsatz ablesen, dass in allen Fällen, in denen sich Erwerber oder Veräußerer der Rückgängigmachung des Erwerbsvorganges bzw. einer Rückübertragung des Grundstücks aus Rechtsgründen nicht entziehen können – also ein durchsetzbarer Anspruch besteht –, die Steuer für den Rückerwerb wie für den vorausgegangenen Erwerbsvorgang nicht festgesetzt bzw. eine Steuerfestsetzung wieder aufgehoben werden soll. Deshalb entsteht ein Anspruch aus § 16 Abs. 2 auch dann, wenn infolge erfolgreicher Anfechtung nach der Insolvenzordnung ein Grundstück zur Insolvenzmasse zurückgewährt werden muss.[1] Dasselbe gilt für Anfechtungen aufgrund des Anfechtungsgesetzes.

# C. Herabsetzung der Gegenleistung (§ 16 Abs. 3)

## I. Allgemeines

49   Entsprechend dem Aufbau des § 16 Abs. 1 sieht § 16 Abs. 3 die niedrigere Festsetzung bzw. die Änderung der bereits vorgenommenen Steuerfestsetzung bei Herabsetzung der Gegenleistung (deren Wert die Bemessungsgrundlage für die Steuer ist, vgl. § 8 Abs. 1, § 9) nicht nur vor, wenn die Herabsetzung innerhalb von zwei Jahren in gegenseitigem Einvernehmen erfolgt (Nummer 1), sondern auch dann, wenn sie aufgrund eines Rechtsanspruchs vollzogen wird (Nummer 2). Ist die Steuer nach § 8 Abs. 2 nach den Grundbesitzwerten (§ 151 Abs. 1 Satz 1 Nr. 1 i. V. m. § 157 Abs. 1 bis 3 BewG) zu bemessen, ist § 16 Abs. 3 nicht anwendbar (vgl. bereits Rdnr. 8).

## II. Einvernehmliche Herabsetzung

50   Ein Anspruch auf Berücksichtigung einer nachträglich – d. h. nach Entstehung der Steuer[2] – vereinbarten Herabsetzung der Gegenleistung entsteht nur, wenn die Herabsetzung innerhalb von zwei Jahren nach Entstehung der Steuer (§ 38 AO bzw. § 14) stattfindet. Ob der Erwerbsvorgang selbst Rechts-

---

1  Vgl. BFH v. 6. 2. 1980 II R 7/76, BStBl II 1980, 363.
2  Vgl. BFH v. 17. 4. 2013 II R 1/12, BFH/NV 2013, 1188.

geschäft ist oder auf Rechtsgeschäft beruht, ist ohne Bedeutung. Die Herabsetzung muss sich auf diejenigen Leistungen beziehen, die (formal) gemäß § 9 als Gegenleistung gelten. So müsste z. B. beim Erwerb durch Meistgebot dieses selbst als Gegenleistung (§ 9 Abs. 1 Nr. 4) nachträglich herabgesetzt sein, müssen also Vereinbarungen außerhalb des eigentlichen Zwangsversteigerungsverfahrens außer Betracht bleiben.[1]

Die Herabsetzung der Gegenleistung kann sich in vielfältiger Weise vollziehen. So kann z. B. ein Teil des Kaufpreises erlassen werden,[2] oder der Kaufpreis kann nach Entstehung der Steuer erstmals längerfristig (vgl. § 12 Abs. 3 BewG) zinslos gestundet werden und deshalb mit einem niedrigeren – weil abgezinsten – Betrag anzunehmen sein.[3] Die einvernehmliche Herabsetzung kann aber auch dadurch stattfinden, dass (weitere) Eigenleistungen, die im Rahmen der Mitwirkungspflicht an einem gemischten Kauf- und Werkvertrag zu erbringen sind, vereinbarungsgemäß erbracht werden.[4] Schließlich kann der Kaufpreis durch schlichten Abänderungsvertrag, der der Beurkundung (§ 311b Abs. 1 Satz 1 BGB) nur dann nicht bedarf, wenn er nach Auflassung abgeschlossen wird, einvernehmlich herabgesetzt werden.

Ist Gegenstand des Erwerbsvorgangs das Grundstück in einem künftigen (bebauten, sanierten, renovierten oder umgestalteten bzw. umgebauten) Zustand, und zwar aufgrund mit dem tatbestandserfüllenden Rechtsgeschäft in rechtlichem oder engen sachlichem Zusammenhang stehender Verträge, so wird dadurch auch die maßgebliche Gegenleistung bestimmt (vgl. Hofmann, GrEStG, § 8 Rdnr. 9 ff. und § 9 Rdnr. 71 f.). Wird innerhalb der Zweijahresfrist der Generalunternehmer- oder der Bauerrichtungsvertrag oder ein anderer für den Gegenstand des Erwerbsvorgangs bedeutsamer Vertrag aufgehoben (gekündigt), kann darin eine Herabsetzung der Gegenleistung i. S. von § 16 Abs. 3 Nr. 1 liegen, wenn nämlich der Erwerber aufgrund Aufhebung des Gebäudeerrichtungsvertrags usw. in seiner Entscheidung über die Vergabe der zur Fertigstellung des Gebäudes (zur Renovierung, Sanierung, Umgestaltung etc. des Gebäudes) noch notwendigen Bauleistungen völlig frei wird.[5] Zur Frage der Anwendbarkeit des § 16 Abs. 3 Nr. 2 in einem solchen Fall s. Rdnr. 56.

51

---

1 BFH v. 3. 5. 1973 II R 37/68, BStBl II 1973, 709.
2 Zur Beurkundungspflicht vgl. BGH v. 6. 11. 1981 V ZR 138/80, NJW 1982, 434.
3 Vgl. Möllinger, DStR 1980, 282.
4 BFH v. 11. 2. 1982 II R 58/78, BStBl II 1983, 236; vgl. auch Hofmann, GrEStG, § 9 Rdnr. 6.
5 Vgl. auch BFH v. 10. 8. 1994 II R 29/91, BFH/NV 1995, 260.

52    Die einvernehmliche Herabsetzung muss innerhalb der Zweijahresfrist **nicht nur (formal)** rechtlich wirksam erfolgen, es müssen vielmehr **auch** die **tatsächlichen Konsequenzen** gezogen sein (auf Rdnr. 58, 59 wird verwiesen).

## III. Herabsetzung aufgrund Rechtsanspruchs (§ 16 Abs. 3 Nr. 2)

### 1. Vorbemerkung:

53    Zur Minderung aufgrund der §§ 459, 460 BGB a. F. wird auf die Ausführungen in Rdnr. 42a der 8. Auflage Bezug genommen.

54    *(Einstweilen frei)*

### 2. Minderung aufgrund des § 437 BGB

55    Nach **§ 437 Nr. 2 BGB** kann der Käufer, wenn die gekaufte Sache nicht frei von Sach- oder Rechtsmängeln, also **mangelhaft** ist, **nach § 441 BGB** den **Kaufpreis mindern**. Für den Rechtsmangel ist die Minderung neu. Die Gleichstellung von Sach- und Rechtsmangel erübrigt die Lösung der u. U. schwierigen Fragen, um welche Art von Mangel es sich handelt. Grundsätzlich ist vorrangig Fristsetzung zur Nacherfüllung erforderlich, denn nach § 441 Abs. 1 Satz 1 BGB kann der Käufer, statt zurückzutreten, den Kaufpreis mindern. Die Minderung ist ein Gestaltungsrecht. Die **Minderung** erfolgt **durch Erklärung** gegenüber dem Verkäufer (§ 441 Abs. 1 Satz 1 BGB). Die Minderungserklärung ist eine einseitige empfangsbedürftige Willenserklärung. **Durch** die Abgabe der **Minderungserklärung verändert** sich das **Vertragsverhältnis unmittelbar**, d. h. der geschuldete Kaufpreis vermindert sich gegenüber dem vereinbarten. Deshalb kann der Käufer vom Wirksamwerden der Minderung(serklärung) ab nicht mehr zum Rücktritt übergehen. Da die Minderung ein Gestaltungsrecht ist, kann sie bei Beteiligung mehrerer auf der Käufer- oder Verkäuferseite nach § 441 Abs. 2 BGB nur von allen und gegen alle erklärt werden. Zur Berechnung der Minderung s. § 441 Abs. 3 BGB. Zur Rückerstattungspflicht des Verkäufers hinsichtlich gezahlten Mehrbetrags s. § 441 Abs. 4 BGB.

56    Ist das **Grundstück** in einem **zukünftigen** (bebauten, sanierten, renovierten, umgestalteten oder umgebauten) **Zustand Gegenstand des Erwerbsvorgangs** so ist dies auch für den Umfang der Gegenleistung maßgebend. Das gilt auch wenn der Gegenstand des Erwerbsvorgangs nicht allein durch das tatbestandserfüllende Rechtsgeschäft selbst bestimmt wird, sondern auch durch mit diesem in rechtlichem oder engen sachlichem Zusammenhang stehende

Verträge (vgl. Hofmann, GrEStG, § 8 Rdnr. 9 ff. und § 9 Rdnr. 71 ff.). Dabei gehören die mehreren Verträge meist nicht derselben Vertragsart an: häufig sind vielmehr die neben dem Grundstückskaufvertrag abgeschlossenen weiteren, zur Bestimmung des Gegenstands des Erwerbsvorgangs einzubeziehenden Verträge, Werkverträge i. S. des § 631 BGB. Nach § 633 BGB hat der Unternehmer dem Besteller das Werk frei von Sach- und Rechtsmängeln zu liefern. Ist das Werk mangelhaft, kann der Besteller nach Abnahme des Werks (s. dazu § 640 BGB) u. a. nach § 634 i.V.m. § 635 BGB die Vergütung durch Erklärung gegenüber dem Unternehmer mindern, was im Allgemeinen ein gescheitertes Verlangen nach Nachbesserung voraussetzt. Das Minderungsrecht nach Werkvertragsrecht ist zwar dem nach Kaufvertragsrecht weitgehend angeglichen; es ist aber nicht identisch. Wenngleich **§ 16 Abs. 3 Nr. 2** seinem **Wortlaut** nach sich auf die (kaufvertragsrechtliche) **Minderung nach § 437 BGB** beschränkt, würde eine wortlautgetreue Auslegung der werkvertraglichen Minderung nur Raum nach § 16 Abs. 3 Nr. 1 geben, sich also nur innerhalb der Zweijahresfrist auswirken. U. E. wird ein solches Verständnis dem Sinn und Zweck des § 16 Abs. 3 Nr. 2, einem gesetzlichen Anspruch auf Minderung auch (auf Antrag) grunderwerbsteuerrechtliche Relevanz zu geben, in solchen Fällen nicht gerecht, in denen der Umfang der Gegenleistung eben auch durch mit dem Grundstückskaufvertrag in rechtlichem oder engem sachlichem Zusammenhang stehende Verträge bestimmt wird. **§ 16 Abs. 3 Nr. 2 muss** daher in solchen Fällen **auch bei werkvertraglicher Minderung entsprechende Anwendung finden.**[1]

Zu weit geht FG Berlin 11. 11. 2004,[2] wonach die Kündigung des Bauerrichtungsvertrags wegen teilweiser Nichtleistung nach Ablauf der Zweijahresfrist des § 16 Abs. 3 Nr. 1 zu einer entsprechend dem Rechtsgedanken des § 16 Abs. 3 Nr. 2 berücksichtigungsfähigen Herabsetzung der Gegenleistung führt, wenn der Erwerber in seiner Entscheidung über die Fertigstellung des Gebäudes in rechtlicher und tatsächlicher Hinsicht wieder völlig frei ist. Denn § 16 Abs. 3 Nr. 2 setzt jedenfalls voraus, dass der Erwerber aus Rechtsgründen berechtigt ist, seine (Gegen)Leistung nur in einem geringeren Umfang zu erbringen, ohne dass der Vertrag, auf dem die Leistungspflicht beruht, für die Zukunft aufgehoben wird. Dabei ist auch zu bedenken, dass die kündigungsbedingte Unvollständigkeit des Werks keinen Mangel darstellt.

---

1 Ebenso Boruttau/Loose, Rn. 244.
2 EFG 2005, 554.

57    Obwohl § 16 Abs. 3 Nr. 2 nur vom gesetzlichen Minderungsanspruch ausgeht, ist die Anwendung der Vorschrift auf einen vertraglich begründeten „Minderungsanspruch" nicht ausgeschlossen. Da für die bürgerlich-rechtliche Qualifikation der Rechtsfolgewille maßgeblich ist und nicht die „Benennung", kann das unter der Bezeichnung **„Vertragsstrafe"** Vereinbarte u. U. eine (vorweggenommene) Vereinbarung über eine Kaufpreisminderung darstellen.[1] Zivilrechtlich liegt eine Vertragsstrafe dann vor, wenn sich der Schuldner einer Leistung – beim Grundstückskauf der Verkäufer – im zeitlichen Zusammenhang mit dem Vertragsabschluss sich weiter vertraglich zur Zahlung einer Geldsumme als Strafe für den Fall verpflichtet, dass er die von ihm geschuldete Leistung nicht zu der bestimmten Zeit erfülle (§§ 339 ff. BGB). Die Vertragsstrafe ist verwirkt, wenn der Verzugsfall eintritt, er also seine Leistung nicht fristgerecht erbracht hat. Die Vertragsstrafenvereinbarung ist eine selbständige Nebenabrede; sie zählt nicht zum Inhalt der kaufvertraglichen Vereinbarung. In einem solchen Fall sichert die Vertragsstrafe allein die (rechtzeitige) Erfüllung der Hauptverpflichtung des Verkäufers und steht deshalb nicht in kausaler Verknüpfung mit dem Erwerbsvorgang. Da die Gegenleistung nicht berührt wird, kann kein Anspruch aus § 16 Abs. 3 entstehen (vgl. auch Hofmann, GrEStG, § 8 Rdnr. 4 a. E.).

Kommt eine Vereinbarung über eine Vertragsstrafe erst im Hinblick darauf zustande, dass der Verkäufer (Schuldner) den vorgegebenen Zeitrahmen nicht mehr werde einhalten können oder ihn bereits nicht eingehalten hat, kann (zivil)rechtlich nicht mehr von einem Vertragsstrafeversprechen gesprochen werden. Der Rechtsfolgewillen, der Maßstab für die Qualifikation sowohl als auch für die Auslegung der Vertragserklärungen ist, hat sich in einem solchen Fall im Zweifel darauf gerichtet, dass der Verkäufer eine Geldleistung versprochen hat, die auf die Reduzierung des Kaufpreises abzielt. Wird diese Vereinbarung nach Erklärung der Auflassung oder gar nach Eintragung des Eigentümerwechsels im Grundbuch getroffen, unterliegt sie nicht der Beurkundungspflicht nach § 311b BGB. Ist eine derartige Vereinbarung innerhalb von zwei Jahren nach Entstehung der Grunderwerbsteuer (formgültig) getroffen worden, so ist bei tatsächlicher Durchführung der Vereinbarung innerhalb dieser Frist der Tatbestand des § 16 Abs. 3 Nr. 1 erfüllt.

---

1  BFH v. 5. 8. 1969 II R 11-12/67, BStBl II 1969, 689.

## 3. Notwendigkeit, tatsächliche Konsequenzen aus der Minderung zu ziehen

Entsprechend dem Gebot tatsächlicher Rückgängigmachung des Erwerbsvorgangs für die Entstehung des Anspruchs aus § 16 Abs. 1 (vgl. Rdnr. 17 ff.) reicht es für die Erfüllung des Tatbestands des § 16 Abs. 3 Nr. 2 nicht aus, dass aufgrund Minderungserklärung (§ 441 Abs. 1 BGB) ein Teil der Kaufpreisforderung erloschen ist; die Beteiligten müssen hieraus auch tatsächlich Konsequenzen ziehen,[1] d. h. das Ergebnis der Minderung auch tatsächlich eintreten lassen.[2] So darf der Käufer nicht auch den erloschenen Teil der Kaufpreisforderung entrichten bzw. muss in Bezug auf seinen in §§ 812 ff. BGB wurzelnden Rückforderungsanspruch in dessen Verwirklichung tatsächlich erfolgreich sein. Scheitert der Käufer in seinem Bemühen um Realisierung seines Rückforderungsanspruchs letztlich nur deshalb, weil seine im Insolvenzverfahren angemeldete und unbestritten gebliebene Forderung ausfällt, so nimmt BFH vom 26. 8. 1992[3] Erfüllung des Tatbestands des § 16 Abs. 3 Nr. 2 an, und zwar mit der Begründung, die Minderung des Vermögens des Erwerbers sei nicht mehr kausal auf den Grundstückserwerb, sondern auf den Vermögensverfall des Veräußerers zurückzuführen. Dieser Auffassung ist nicht beizupflichten. Sie widerspricht dem Grundsatz, dass nur der tatsächliche Vollzug und nicht allein die formale Gestaltung Voraussetzung für die Anwendbarkeit von § 16 Abs. 2 und 3 ist.[4] Ebenso wie es für die Unanwendbarkeit von § 16 Abs. 2 nicht auf die den Rückerwerb tatsächlich oder rechtlich hindernden Gründe ankommt, setzt § 16 Abs. 3 den tatsächlichen Vollzug der Minderung durch Realisierung der Rückforderungsansprüche voraus, ohne dass den Umständen Rechnung getragen werden kann, die deren Verwirklichung entgegenstehen.[5]

**58**

Zur Minderung, insbesondere wenn sich die (Gesamt-)Gegenleistung auf der Grunderwerbsteuer unterliegende und andere Gegenstände erstreckt (vgl. auch BFH v. 12. 6. 1968[6]). Wegen auflösend bedingter Gegenleistung bzw. auf das Lebensalter von Personen abgestellter Gegenleistungen vgl. Hofmann, GrEStG, vor § 15 Rdnr. 12, 13.

**59**

---

1 BFH v. 26. 8. 1992 II R 120/89, BStBl II 1993, 58.
2 Vgl. in diesem Zusammenhang auch BFH v. 14. 7. 1999 II R 1/97, BStBl II 1999, 737.
3 II R 120/89, BStBl II 1993, 58.
4 Vgl. BFH v. 27. 1. 1982 II R 119/80, BStBl II 1982, 425.
5 Gl. A. Pahlke, Rz 100; a. A. Boruttau/Loose, Rn. 242.
6 II 155–156/64, BStBl II 1968, 749.

# D. Anwendbarkeit von § 16 auf Erwerbsvorgänge i. S. des § 1 Abs. 2, 2a, 3 und 3a

**Literatur:** *Heine*, Rückabwicklung von Anteilsvereinigungen und Anteilsübertragungen nach § 16 GrEStG, GmbHR 2001, 365; *Gottwald*, Grunderwerbsteuerliche Anzeigepflichten in den Fällen des § 1 Abs. 2a und 3 GrEStG, UVR 2005, 334; *Behrens/Schmitt*, Rückerwerb von Anteilen gemäß § 16 Abs. 2 GrEStG bei nach der Anteilsvereinigung i. S. v. § 1 Abs. 3 GrEStG eingetretenen Änderungen im Grundstücksbestand der Gesellschaft, UVR 2009, 51; *Mayer*, Rückabwicklung von Kaufverträgen – Grunderwerbsteuerfalle beim Share-Deal, DB 2001, 1489; *Behrens*, Zur Rückgängigmachung von Erwerbsvorgängen i. S. des § 1 Abs. 2aGrEStG gemäß § 16 GrEStG; *ders.*, Anteilsrückerwerb, Anteilsvereinigung, Grunderwerbsteuer – Kommentar zu BFH vom 11. 6. 2013 – II R 52/12, BB 2013, 2339; *Adolf*, Anmerkung zum Urteil des BFH vom 11. 6. 2013, AZ.: II R 52/12, GmbHR 2013, 949.

## I. Grundsätzlicher Ausschluss bei ungenügender und verspäteter Anzeige

60   Nach § 16 Abs. 5 entsteht der Anspruch auf Nichtfestsetzung (niedrigere Festsetzung) der Steuer bzw. auf Aufhebung (Änderung) der Steuerfestsetzung nicht, wenn einer der in § 1 Abs. 2, 2a, 3 oder 3a genannten Erwerbsvorgänge rückgängig gemacht wird, der nicht fristgerecht und in allen Teilen vollständig (bis 6. 6. 2013: ordnungsgemäß) entsprechend §§ 18, 19 angezeigt war. Nach dem Wortlaut des § 16 Abs. 5 umfasst das Erfordernis fristgerechter und in allen Teilen vollständigen **Anzeige** sämtliche in §§ 18 und 19 i. V. m. § 20 normierten Anforderungen an die Anzeige. § 16 Abs. 5 dient der Sicherung der Erfüllung der Anzeigepflichten[1] und wirkt somit dem Anreiz entgegen, durch Nichtanzeige einer Besteuerung der in § 1 Abs. 2, Abs. 2a, 3 und Abs. 3a genannten Erwerbsvorgänge zu entgehen und dem entgegenzuwirken, dass die Beteiligten einen der genannten Vorgänge ohne steuerliche Folgen wieder aufheben, sobald diese den Finanzbehörden bekannt werden. Die Pflicht zur fristgerechten und in allen Teilen vollständigen Anzeige durch die Beteiligten hängt nicht davon ab, ob und inwieweit diese, die durch den Rechtsvorgang ausgelöste Grunderwerbsteuerpflicht erkannt haben bzw. wussten, dass ihnen insoweit eine Anzeigepflicht obliegt.[2]

---

1  So auch BFH v. 18. 4. 2012 II R 51/11, BFH/NV, 2013, 1390.
2  BFH v. 12. 6. 1996 II R 3/92, BStBl II 1996, 485, und v. 25. 11. 2015 II R 64/08, BFH/NV 2016, 420.

Der BFH ist mit Urteil v. 18. 4. 2012 II R 51/11[1] von seiner bisherigen Rechtsprechung, eine ordnungsgemäße Anzeigen (§ 16 Abs. 5 a. F.) setze voraus, dass in ihr die der betreffenden Gesellschaft gehörenden Grundstücke bezeichnet werden, ausdrücklich abgewichen. Die grundstücksbezogenen Angaben seien, so der BFH, entbehrlich, weil die Finanzbehörden auch bei insoweit fehlenden Angaben in der Lage sei, sich aufgrund des übrigen Anzeigeninhalts, die entsprechenden Informationen durch eigene Ermittlungsmaßnahmen zu verschaffen. Die Ersetzung des Wortes „ordnungsgemäß" durch die Worte „fristgerecht und in allen Teilen vollständig", ist die eindeutige Reaktion des Gesetzgebers (zum zeitlichen Anwendungsbereich vgl. § 23 Abs. 13 und Hofmann, GrEStG, § 23 Rdnr. 22).

**Ob** eine **innerhalb der Anzeigefrist** (§ 18 Abs. 3 Satz 2, § 19 Abs. 2) formgerechte (s. Hofmann, GrEStG, § 18 Rdnr. 9 sowie § 19 Rdnr. 16), bei der zuständigen Finanzbehörde (s. Hofmann, GrEStG, § 18 Rdnr. 11 sowie § 19 Rdnr. 17) eingegangene **Anzeige den Vorgaben** des § 16 Abs. 5 **genügt**, ist unter **Berücksichtigung des Normzwecks** zu prüfen und zu entscheiden.

Dabei ist zu **differenzieren**:

(1) Für eine, den Vorgaben des § 16 Abs. 5 genügende **Anzeige** eines der Steuer nach **§ 1 Abs. 2** unterliegenden Vorgangs (s. § 19 Abs. 1 Satz 1 Nr. 1) genügt es, wenn diese die eindeutige Identifizierung von Veräußerer und Erwerber erlaubt und das Grundstück, dessen rechtliche oder wirtschaftliche Verwertung der bezeichnete Rechtsvorgang dem Erwerber ermöglichte, bezeichnet und die etwa über den Rechtsvorgang aufgenommene private Urkunde in Abschrift beigefügt wurde (§ 19 Abs. 3 Satz 2).

(2) Um der Finanzbehörde die erforderliche Überprüfung zu ermöglichen, ist es für die **Anzeige** eines nach **§ 1 Abs. 2a** der Steuer unterliegenden Vorgangs **erforderlich**, dass sie die **einwandfreie Identifizierung von Veräußerer, Erwerber, Urkundsperson** (§ 20 Abs. 1 Nr. 1 und 6) und der **Gesellschaft** sowie der Anteile (§ 20 Abs. 2 Nr. 1 und 2) ermöglicht **und** dass ihr diejenigen **Vorgänge eindeutig und vollständig** entnommen werden können, die den **Tatbestand** des § 1 Abs. 2a **ausgelöst** oder jedenfalls **zur Tatbestandsverwirklichung beigetragen** haben. Das bedeutet, dass in die Anzeige **auch die vorausgegangenen,** bislang der Finanzbehörde nicht angezeigten **Änderungen im Gesellschafterbestand** einbezogen werden, die innerhalb der

---

1 BStBl II 2013, 830; vgl. dazu Ländererlasse (Nichtanwendung) v. 4. 6. 2013, BStBl I 2013, 1282. Siehe auch BFH v. 3. 3. 2015 II R 30/13, BStBl II 2015, 777 und v. 25. 11. 2015 II R 64/08, BFH/NV 2016, 420.

Fünfjahresfrist zum Übergang von mindestens 95 % der Anteile am Gesellschaftsvermögen der grundstücksbesitzenden Personengesellschaft beigetragen haben. Weiter ist erforderlich, dass der **Anzeige die** in § 18 Abs. 1 Satz 2 bzw. § 19 Abs. 4 Satz 2 genannten Abschriften – auch soweit sie vorangegangene Änderungen im o. g. Sinne betreffen – **beigefügt** werden. Soweit eine **mittelbare Änderung** im Gesellschafterbestand den Tatbestand des § 1 Abs. 2a ausgelöst oder solche Änderungen zu dessen Verwirklichung beigetragen haben und der Tatbestand des § 1 Abs. 2a nach dem 6. 6. 2013 verwirklicht wurde (vgl. § 23 Abs. 11) muss die **Anzeige,** um § 16 Abs. 5 zu genügen**,** auch eine **Beteiligungsübersicht** (§ 20 Abs. 2 Nr. 3) enthalten.

(3) Auch die § 16 Abs. 5 genügende **Anzeige** eines nach **§ 1 Abs. 3 Nr. 1 und 2** der Steuer unterliegenden Vorgangs muss denjenigen, in dessen Hand sich die Anteile einer Gesellschaft zu mindestens 95 % vereinigen, eindeutig benennen ggf. auch, ob und um welche begünstigte Person i. S. des § 3 Nrn. 3 bis 7 es sich bei dem Erwerber handelt (§ 20 Abs. 1 Nr. 1), die inländischen Grundstücke, die zum Vermögen der Gesellschaft gehören, nach Grundbuch, Kataster, Straße und Hausnummer sowie deren Größe und ggf. die Art ihrer Bebauung (§ 20 Abs. 1 Nrn. 2 und 3) aufführen, die den anzeigepflichtigen Vorgang bezeichnen (§ 20 Abs. 1 Nr. 4) und ggf. den Namen der Urkundsperson enthalten. Zusätzlich ist die Firma, der Ort der Geschäftsführung sowie die Bezeichnung des oder der Gesellschaftsanteile ebenso zwingend Bestandteil einer die Rechtsfolge des § 16 Abs. 5 ausschließende Anzeige wie ggf. bei mehreren beteiligten Rechtsträgern (z. B. mittelbare Anteilsvereinigung) eine Beteiligtenübersicht (§ 20 Abs. 2). Zusätzlich sind etwaige vorangehende Rechtsvorgänge, die zusammen mit dem Erwerbsvorgang das geforderte Quantum erreichen, anzugeben.

(4) **Anzeigen** über Erwerbsvorgänge i. S. von **§ 1 Abs. 3 Nr. 3 und 4** bedürfen, um § 16 Abs. 5 zu genügen, mit Ausnahme der Anführung logisch ausgeschlossener vorangehender Rechtsvorgänge, im Übrigen desselben Inhalts, wie er unter (3) angegeben ist; eine Beteiligungsübersicht (§ 20 Abs. 2 Nr. 3) muss die Anzeige nur dann enthalten, wenn eine mittelbare Anteilsübertragung bzw. ein darauf abzielendes Rechtsgeschäft vorliegt.

(5) Auch die **Anzeige** eines nach **§ 1 Abs. 3a** der Steuer unterliegenden Vorgangs bedarf, um § 16 Abs. 5 zu genügen, desselben Inhalts, wie er unter (2) für die Fälle des § 1 Abs. 2a dargestellt ist.

Enthält die Anzeige Namen und Anschrift des Veräußerers und des Erwerbers steht u. E. das Fehlen der steuerlichen Identifikationsnummer (§ 139b AO) bzw. der Wirtschafts-Identifikationsnummer (§ 139c AO) der Annahme, es handle sich um eine § 16 Abs. 5 genügende Anzeige, ebenso wenig entgegen, wie das Fehlen der Wirtschafts-Identifikationsnummer der Gesellschaft, deren Firma sowie deren Ort der Geschäftsleitung angegeben ist, in den in § 20 Abs. 2 angesprochenen Fällen.

Da § 16 Abs. 5 eine bestehende Anzeigepflicht voraussetzt, greift die Vorschrift nicht ein, wenn sich der Alleingesellschafter einer Kapitalgesellschaft zur Abtretung eines Teils der Anteile an dieser verpflichtet und diese Verpflichtung durch Übertragung erfüllt hat, der Vorgang aber wieder rückgängig gemacht wird. Anzeigepflicht für den erstgenannten Vorgang besteht mangels Erfüllung des Tatbestands von § 1 Abs. 3 Nr. 1 nicht (vgl. § 19 Abs. 1 Nr. 4 und 5), wohl aber für den zweiten, die Vereinigung der Anteile aufgrund Rückübertragung (§ 19 Abs. 1 Nr. 5). Jedoch ist § 16 Abs. 5 bei Nichtanzeige des Erwerbsvorgangs i. S. des § 1 Abs. 3 Nr. 1 oder Nr. 2 auch zu Lasten des Rückerwerbers anwendbar, wenn die Rückübertragung ihrerseits nach § 1 Abs. 3 der Grunderwerbsteuer unterliegt. Das gilt auch dann, wenn den Rückerwerber hinsichtlich des ursprünglichen Erwerbsvorgangs keine Anzeigepflicht trifft.[1]

> **BEISPIEL:** ➤ Q, Alleingesellschafter einer GmbH (80.000 € Stammkapital) verkauft im September 01 M einen Geschäftsanteil i. H.v. 25.000 €. Im April 02 verkauft Q dem M den restlichen Geschäftsanteil i. H.v. 55.000 €. M hat die in seiner Hand eingetretene Anteilsvereinigung (§ 1 Abs. 3 Nr. 1) nicht angezeigt. Im Januar 03 erwarb Q sämtliche Geschäftsanteile von M zurück.
>
> Q, der bzgl. der Verkäufe bzw. Übertragungen der Geschäftsanteile an M nicht anzeigepflichtig war (§ 19 Abs. 1 Satz 1 Nrn. 4 und 5 i. V. m. § 13 Nr. 5 Buchst. a), hat keinen Anspruch auf Nichtfestsetzung aus § 16 Abs. 2 Nr. 1.

Hat der Notar eine ihm obliegende Anzeigepflicht (§ 18) nicht erfüllt, kann Schadensersatzpflicht in Betracht kommen. Die Verletzung der Anzeigepflicht des Notars ist keine leichtfertige Steuerverkürzung (§ 378 Abs. 1 Satz 1 AO), weil der Notar nicht die Aufgaben des Steuerpflichtigen für diesen wahrnimmt.[2] Zur Frage, ob der Anzeigepflicht Genüge getan ist, wenn zwar der Kaufvertrag über ein Grundstück angezeigt ist, eine für diesen erforderliche Genehmigung aber bewusst nicht eingeholt wird und die weiteren Abreden, aus denen sich ein Erwerb i. S. von § 1 Abs. 2 ergibt, nicht angezeigt werden, vgl. BFH v. 12. 12. 1968.[3]

---

1 BFH v. 3. 3. 2015 II R 30/13, BStBl II 2015, 777.
2 BFH v. 3. 3. 2015 II R 30/13, BStBl II 2015, 777.
3 II B 42/68, BFHE 94, 359.

60a **Fristgerecht** ist eine Anzeige, wenn sie innerhalb der in § 18 Abs. 3 Satz 1 bzw. § 19 Abs. 3 normierten Frist, bei der Grunderwerbsteuerstelle,[1] der zur Festsetzung der Steuer örtlich zuständigen Finanzbehörde bzw. der für die gesonderte Feststellung nach § 17 Abs. 2 und 3 örtlich zuständigen Finanzbehörde eingeht (§ 18 Abs. 5, § 19 Abs. 4). Die Fristen sind nicht einer Wiedereinsetzung in den vorigen Stand (§ 110 AO) zugänglich.[2] Sie sind nach ihrem Ablauf nicht mehr verlängerbar.[3] Zur Frage der Fristverlängerung s. BFH v. 20.1.2005 II B 52/04:[4] Möglich auf vor Fristablauf gestelltem Antrag (§ 109 AO: bei Anzeige nach § 19; § 109 AO analog: bei Anzeige nach § 18).

## II. § 16 bei Verwertungsbefugnis

61 Für den Ersatztatbestand des § 1 Abs. 2 kommt Nichtfestsetzung bzw. niedrigere Festsetzung der Steuer begrifflich nur aus § 16 Abs. 2 und 3 Nr. 1 in Betracht. Voraussetzung ist, dass die erlangte Verwertungsbefugnis über das Grundstück an den Veräußerer zurückfällt (nicht etwa ein erzielter Erlös). Zur Entstehung der Steuer bei atypischen Maklerverträgen und dergl. und der daraus für § 16 zu ziehenden Folgen vgl. BFH vom 3.12.1968.[5] Siehe auch Hofmann, GrEStG, § 14 Rdnr. 18.

## III. § 16 bei Erwerbsvorgängen i. S. von § 1 Abs. 2a

### 1. Allgemeines

62 Die grundsätzliche Anwendbarkeit von § 16 auf einen Erwerbsvorgang i. S. von § 1 Abs. 2a ergibt sich aus § 16 Abs. 5.[6] Da § 1 Abs. 2a ein auf die Übereignung eines Grundstücks auf eine neue Personengesellschaft gerichtetes Rechtsgeschäft fingiert, ist einerseits die Anwendung von § 16 Abs. 1 ausgeschlossen. Andererseits kann naturgemäß sich die Rückübertragung i. S. des § 16 Abs. 2 nicht auf die in § 1 Abs. 2a angeordnete fiktive Übereignung (Personengesellschaft alt auf „neue" Gesellschaft) beziehen, sondern muss allein auf die Rück-

---

1 BFH v. 11.6.2008 II R 55/06, BFH/NV 2008, 1876, m.w.N.; s. auch BFH v. 3.3.2015 II R 30/13, BStBl II 2015, 777; vgl. auch Hofmann, GrEStG, § 18 Rdnr. 2 und § 19 Rdnr. 17.

2 BFH v. 25.11.2015 II R 64/08, BFH/NV 2016, 420; s. auch BFH v. 20.1.2005 II B 52/04, BStBl II 2005, 492.

3 BFH v. 25.11.2015 II R 64/08, BFH/NV 2016, 420; s. auch BFH v. 20.1.2005 II B 52/04, BStBl II 2005, 492.

4 BStBl II 2005, 492.

5 II B 39/68, BStBl II 1969, 170.

6 Vgl. auch BFH v. 17.3.2006 II B 157/05, BFH/NV 2006, 1341; v. 2.3.2009 II R 61/08, BFH/NV 2011, 1009; v. 11.6.2013 II R 52/12, BStBl II 2013, 752.

abwicklung der den Tatbestand des § 1 Abs. 2a erfüllenden Änderungen im Gesellschafterbestand bezogen werden.[1] Im Hinblick darauf, dass die Steuer nach § 8 Abs. 2 Satz 1 nach den Grundbesitzwerten i. S. des § 151 Abs. 1 Satz 1 Nr. 1 i. V. m. § 157 Abs. 1 bis 3 BewG zu bemessen ist, ist die Anwendung von § 16 Abs. 3 nicht denkbar (s. schon Rdnr. 8).

## 2. Tatsächliche Rückabwicklung

**Soweit** der **Übergang von Anteilen am Gesellschaftsvermögen** der grund-    63
stücksbesitzenden Personengesellschaft **auf derivativem Erwerb beruht**, ist Voraussetzung dessen rechtliche und auch tatsächliche Rückabwicklung in wirtschaftlicher Hinsicht. Dabei ist **nicht erforderlich**, dass die Rückgängigmachung **in vollem Umfang** erfolgt, es **reicht aus**, wenn Anteile am Gesellschaftsvermögen auf den abtretenden Gesellschafter **nur teilweise** zurückübertragen werden, **sofern** dadurch im Ergebnis kein Übergang von mindestens 95 % der Anteile am Gesellschaftsvermögen mehr gegeben ist.[2] Des Weiteren ist es nicht erforderlich, dass der frühere Gesellschafter seine ursprüngliche Gesellschafterstellung zurück erlangt oder schuldrechtlich so gestellt wird, als ob er Gesellschafter geblieben wäre. Es **reicht** für die Anwendung des § 16 Abs. 2 Nr. 1 **aus**, dass der frühere Gesellschafter innerhalb der Frist von zwei Jahren nach der Entstehung der Steuer aus der Verwirklichung des Tatbestands des § 1 Abs. 2a Satz 1 einen Anteil am Gesellschaftsvermögen **mit Wirkung für die Zukunft** erwirbt und der Erwerbsvorgang nicht verwirklicht worden wäre, wenn er mit diesem Anteil durchgehend Gesellschafter geblieben wäre. **Soweit** der **Beitritt** weiterer Gesellschafter zur Tatbestandsverwirklichung beigetragen hat, ist nicht die Aufgabe des Mitgliedschaftsrechts unter gleichzeitiger Beseitigung der wirtschaftlichen Folgen von dessen Innehaben erforderlich. Insoweit reicht es aus, wenn ein solcher Neugesellschafter im Einvernehmen mit den anderen Gesellschaftern vereinbarungsgemäß seinen Anteil am Gesellschaftsvermögen in einer Weise verringert, dass die Grenze von 95 % unterschritten ist. Eine Beschränkung der Rückgängigmachung der tatbestandserfüllenden Änderungen im Gesellschafterbestand auf solche infolge derivativen Anteilserwerbs ist aus rechtssystematischen Gründen ausgeschlossen.

Da der Tatbestand des § 1 Abs. 2a Satz 1 auch durch mittelbare Änderungen    64
im Gesellschaftsverband erfüllt werden kann, z. B. durch Veränderung der Beteiligungsverhältnisse an einer als Gesellschafterin beteiligten Kapitalgesell-

---

1  Gl. A. Boruttau/Loose, Rn. 251.
2  So auch Ländererlasse v. 18. 2. 2014, BStBl I 2014, 561, unter Tz 9.

schaft (s. Hofmann, GrEStG, § 1 Rdnr. 120), muss der Vorgang ganz oder teilweise tatsächlich rückgängig gemacht werden, der die mittelbare Änderung
im Gesellschafterbestand bewirkte. Auch insofern muss auf die tatbestandserfüllende Änderung im Gesellschafterbestand abgestellt werden (s. Rdnr. 62).
Dabei kann sich folgende Konstellation ergeben: An einer Personengesellschaft, zu deren Vermögen ein inländisches Grundstück gehört, ist als Gesellschafterin die X-GmbH zu 96 % beteiligt. Alle Anteile an der X-GmbH werden
von der Y-GmbH gehalten, die ihrerseits ein weitgefächertes Geschäftsfeld
hat, und von deren Alleingesellschafterin, der Z-GmbH, en bloc an die A-GmbH
veräußert. Der Tatbestand des § 1 Abs. 2a Satz 1 ist erfüllt. Da die A-GmbH
kein Interesse an der X-GmbH hat, werden die Anteile der X-GmbH binnen eines Jahres von der A-GmbH an die Z-GmbH „zurückübertragen", so dass die
Z-GmbH unmittelbar Alleingesellschafterin der X-GmbH wird. Hätte die
Y-GmbH vor der Veräußerung ihrer Anteile durch die Z-GmbH an die A-GmbH
die Anteile an der X-GmbH auf die Z-GmbH übertragen, wäre es lediglich zu
einer bloßen graduellen Veränderung gekommen, weil die Beteiligungskette
um eine Stufe verkürzt worden wäre. Durch den „Rückerwerb" der allein den
Tatbestand des § 1 Abs. 2a Satz 1 erfüllenden Anteile der X-GmbH tritt dasselbe Ergebnis ein. In Bezug auf die Notwendigkeit tatsächlicher Rückgängigmachung stellt sich deshalb bei Erfüllung des Fiktionsbestands des § 1 Abs. 2a
Satz 1 durch mittelbaren Anteilsübergang die Frage, ob es nicht etwa genügt,
dass die Anteile der an der Personengesellschaft unmittelbar beteiligten Kapitalgesellschaft wieder in den Zurechnungsbereich des an dieser zuvor entfern-
ten mittelbar Beteiligten zurückgelangen.

## 3. Anspruch der Personengesellschaft aus § 16

65  Führt die solcherart verstandene Rückabwicklung des Übergangs eines Anteils
am Gesellschaftsvermögen der grundstücksbesitzenden Personengesellschaft
nicht dazu, dass die Mindestgrenze von 95 % nicht unterschritten wird, bleibt
der Tatbestand des § 1 Abs. 2a Satz 1 erfüllt. Im Übrigen aber ist **§ 16** im Zusammenhang mit § 1 Abs. 2a Satz 1 **nicht nur** dann anzuwenden, **wenn alle
Gesellschafterwechsel,** die zu einer Verwirklichung des Tatbestands des § 1
Abs. 2a Satz 1 geführt haben, rückgängig gemacht werden. Wird eine Anteilsübertragung bzw. ein Gesellschafterbeitritt rückgängig gemacht und damit
der für die Erfüllung des Tatbestands erforderliche Übergang von mindestens
95 % am Gesellschaftsvermögen unterschritten, so ist mangels Fortbestands
der Tatbestandserfüllung § 16 Abs. 2 anwendbar.[1] Insoweit gilt nichts anderes

---

1  BFH v. 18. 4. 2012 II R 51/11, BStBl II 2013, 830.

als für die Rückgängigmachung der Anteilsvereinigung i. S. von § 1 Abs. 3 Nr. 2: **es genügt, dass eine** zur Tatbestandserfüllung beitragende **Änderung** im Gesellschafterbestand i. S. von § 16 Abs. 2 **rückgängig gemacht** wird.

Dies vorausgeschickt bewirkt die vollständige oder teilweise Rückabwicklung einer Anteilsübertragung bzw. eines Beitritts eines weiteren Gesellschafters (zur tatsächlichen Rückabwicklung s. Rdnr. 48) nach § 16 Abs. 2 Nr. 1 und 3, dass die rückabgewickelte Änderung im Gesellschafterbestand für den Tatbestand des § 1 Abs. 2a Satz 1 als nicht erfolgt zu werten ist[1] und damit für die Personengesellschaft ein Anspruch aus § 16 entsteht. Zur Auswirkung von Änderungen im Grundstücksbestand der Personengesellschaft vgl. Rdnr. 41.

## 4. Besonderheit: Grundsätze der fehlerhaften Gesellschaft

Hinsichtlich § 16 Abs. 2 Nr. 2 ist Folgendes zu bemerken: Nach den Grundsätzen über die fehlerhafte Gesellschaft verdient diese bis zu dem Zeitpunkt, in dem ein Anfechtungs- oder Nichtigkeitsgrund geltend gemacht wird, im Interesse der Gesellschafter Bestandsschutz. Die **fehlerhafte Gesellschaft** ist **regelmäßig**[2] **nicht von Anfang an nichtig,** sondern ist wegen Vorliegens eines Nichtigkeits- oder Anfechtungsgrunds **nur** mit Wirkung für die Zukunft **vernichtbar.**[3] Diese Grundsätze gelten auch bei fehlerhafter Abtretung eines Gesellschaftsanteils[4] sowie bei fehlerhaftem Beitritt zu einer Personengesellschaft.[5] Sie sind auch im Grunderwerbsteuerrecht zu beachten.[6]    66

## 5. Randfragen

Zum Umfang des Anspruchs der Personengesellschaft bei zwischenzeitlicher Veränderung in dem zu ihrem Vermögen gehörenden Grundstücksbestand s. Rdnr. 41. Zu mittelbaren Folgen der Rückgängigmachung von Erwerbsvorgängen, an denen die Personengesellschaft als Erwerberin oder Veräußerin beteiligt ist, vgl. Hofmann, GrEStG, § 1 Rdnr. 149; die dortigen Ausführungen zur Folgewirkung der Rückgängigmachung eines Erwerbsvorgangs, an dem die Ka-    67

---

1 So zutreffend Boruttau/Loose, Rn. 274.

2 Ausnahme: Minderjährigenschutz, vgl. BGH v. 30. 4. 1955 II ZR 202/53, BGHZ 17, 160; v. 17. 2. 1992 II ZR 100/91, NJW 1992, 1503, sowie Verstoß gegen ein gesetzliches Gebot, vgl. BGH v. 20. 3. 1986 II ZR 75/85, BGHZ 97, 243, 250, m. w. N.

3 Vgl. die zusammenfassenden Ausführungen in BGH v. 29. 6. 1970 II ZR 158/69, BGHZ 55, 5, 8.

4 Vgl. BGH v. 18. 1. 1988 II ZR 140/87, NJW 1988, 1324.

5 BGH v. 14. 10. 1991 II ZR 212/90, NJW 1992, 1501; v. 16. 2. 2002 II ZR 109/01, ZIP 2003, 165.

6 BFH v. 20. 10. 2004 II R 54/02, BStBl II 2005, 299.

pitalgesellschaft als Erwerberin oder Veräußerin beteiligt ist, gelten entsprechend.

## IV.  § 16 bei Anteilsvereinigungen bzw. -übertragung

68  Da die Verwirklichung des Steuertatbestands auf mehreren Anteilserwerben beruhen kann, kommt Nichtfestsetzung der Steuer bzw. Aufhebung der Steuerfestsetzung soweit der Tatbestand des § 1 Abs. 3 Nr. 1 oder Nr. 2 erfüllt wurde auch dann in Betracht, wenn nur eines der mehreren Rechtsgeschäfte und sei es auch nur teilweise[1] i. S. von § 16 rückgängig gemacht wird;[2] vgl. in diesem Zusammenhang auch Rdnr. 64 f. Auch bei einer nach § 1 Abs. 3 Nr. 3 und 4 der Steuer unterliegenden Anteilsübertragung ist davon auszugehen, dass teilweise Rückgängigmachung und Rückabwicklung dem Anspruch aus § 16 Abs. 1 Nr. 1 (im Fall des noch nichtvollzogenen, den Anspruch auf Übertragung von unmittelbar oder mittelbar mindestens 95 % der Anteile der grundbesitzenden Gesellschaft begründenden Rechtsgeschäfts) bzw. aus § 16 Abs. 2 Nr. 1 nicht entgegensteht, Denn maßgebend ist dafür nach der höchstrichterlichen Rechtsprechung[3] allein, das nach der Rückgängigmachung, das Quantum von mindestens 95 % der Anteile, die sich in der Hand des Erwerbers befinden, unterschritten wird. Der Umstand, dass ggf. eine Teilung des etwa einzigen Geschäftsanteils einer GmbH vorgenommen werden muss, kann der Anwendung des § 16 Abs. 1 oder 2 nicht entgegenstehen.[4] Zum Umfang des Anspruchs bei Veränderungen im Grundstücksbestand der Gesellschaft s. Rdnr. 41. Zu mittelbaren Auswirkungen von § 16 auf den zufolge Anteilsvereinigung zuzurechnenden Grundstücksbestand s. Hofmann, GrEStG, § 1 Rdnr. 149.

Kann nach der höchstrichterlichen Rechtsprechung[5] die teilweise Rückgängigmachung von Rechtsvorgängen, die zur Verwirklichung des Tatbestands des § 1 Abs. 3 Nr. 1 oder 2 führen, innerhalb der Frist von zwei Jahren nach Entstehung der Steuer den Anspruch aus § 16 Abs. 1 Nr. 1 bzw. Abs. 2 Nr. 1 begründen – und sei es auch nur im Wege des Rückkaufs (s. Rdnr. 42) – so kann zwar ein zum Tatbestand beitragender Rechtsvorgang, der noch nicht zu dessen Verwirklichung geführt hat, innerhalb von zwei Jahren nach dessen Rechtswirksamkeit mit der Folge, dass ein Anspruch aus § 16 wegen Unterschreitung des Quantums von 95 % der Anteile begründet wird, rückgängig gemacht wer-

---

1  BFH v. 11. 6. 2013 II R 52/12, BStBl II 2013, 752.
2  RFH v. 21. 1. 1938 II 238/37, RStBl 1938, 190.
3  BFH 11. 6. 2013 II R 52/12, BStBl II 2013, 752.
4  So auch Adolf, GmbHR 2013, 951.
5  BFH v. 11. 6. 2013 II R 52/12, BStBl II 2013, 752.

den, wenn die für ihn geltende Zweijahresfrist eingehalten wird und die Rückgängigmachung innerhalb der Frist erfolgt, während welcher der zur Tatbestandsverwirklichung führende Rechtsvorgang diesen Anspruch durch seine Rückgängigmachung begründen kann. U. E. kann jedoch ein Rechtsvorgang, der zur Verwirklichung des Tatbestands des § 1 Abs. 3 Nr. 1 oder Nr. 2 beiträgt, aber in zeitlich größerem Abstand zu demjenigen Rechtsvorgang, der schließlich zur Tatbestandsverwirklichung führt, vorgenommen wurde, nicht mehr mit der Folge, einen Anspruch aus § 16 Abs. 1 Nr. 1 bzw. Abs. 2 Nr. 1 zu begründen, rückgängig gemacht werden.[1] Behrens[2] begründet seine gegenteilige Ansicht damit, dass in den genannten Vorschriften der Beginn der Zweijahresfrist mit der Entstehung der Steuer verknüpft sei. Dem ist jedoch entgegen zu halten, dass § 16 Abs. 1 Nr. 1 ebenso wie Abs. 2 Nr. 1 bezüglich der Frist für eine einen Anspruch auf Nichtfestsetzung der Steuer bzw. Aufhebung/Änderung einer ergangenen Steuerfestsetzung begründende Rückgängigmachung nicht auf solche Erwerbsvorgänge zugeschnitten ist, bei denen es über mehrere, zeitlich auch weit gestreckte Rechtsvorgänge erst durch einen weiteren (letzten) Rechtsvorgang zur Verwirklichung des der Grunderwerbsteuer unterliegenden Tatbestands kommt. Die Vorschriften verlangen vielmehr eine zeitliche Nähe der Rückgängigmachung zu dem rückgängig gemachten Rechtsvorgang, auch wenn dieser für sich gesehen die Steuer nicht zur Entstehung bringt, aber letztendlich dazu beiträgt. Der Umstand, dass ein Rechtsvorgang erst durch einen oder mehrere nachfolgende Rechtsvorgänge grunderwerbsteuerrechtliche Erheblichkeit erlangt, erlaubt es nicht, die Zweijahresfrist erst ausgehend von einem späteren Rechtsvorgang zu berechnen.

Da bei Anteilsvereinigung die Steuer nach Grundbesitzwerten i. S. von § 151 Abs. 1 Satz 1 Nr. 1 i. V. m. § 157 Abs. 1 bis 3 BewG zu bemessen ist (§ 8 Abs. 2 Satz 1 Nr. 3), kommt ein Anwendungsfall von § 16 Abs. 3 begrifflich nicht in Betracht.

# V. § 16 bei Erwerbsvorgängen i. S. von § 1 Abs. 3a

Die grundsätzliche Anwendbarkeit von § 16 auch auf den Tatbestand des § 1 Abs. 3a wird von § 16 Abs. 5 vorausgesetzt. Da § 1 Abs. 3a Satz 1 auf das unmittelbare, mittelbare oder teils unmittelbare, teils mittelbare Innehaben einer wirtschaftlichen Beteiligung i. S. von § 1 Abs. 3a Satz 2 in Höhe von mindestens 95 % abhebt (vgl. Hofmann, GrEStG, § 1 Rdnr. 189), ist die Anwendung von

68a

---

1 So wohl auch Boruttau/Loose, Rdnr. 273.
2 BB 2013, 2341.

§ 16 Abs. 1 ausgeschlossen. Ebenso ausgeschlossen ist die Anwendung von § 16 Abs. 3, weil die Steuer nach den Grundbesitwerten i. S. von § 151 Abs. 1 Satz 1 Nr. 1 i. V. m. § 157 Abs. 1 bis 3 BewG zu bemessen ist (§ 8 Abs. 2 Satz 1 Nr. 3). Die Rückgängigmachung sowie die Rückübertragung muss sich auf einen der Rechtsvorgänge beziehen, der dazu führte, dass der Rechtsträger die wirtschaftliche Beteiligung i. S. des § 1 Abs. 3a Satz 2 innehatte. Das Quantum der unmittelbaren oder mittelbaren oder teils unmittelbaren, teils mittelbaren wirtschaftlichen Beteiligung in Höhe von mindestens 95 % muss unterschritten werden. Ob ein solcher Rechtsvorgang ganz oder teilweise rückgängig gemacht und rückabgewickelt wird, ist – sofern das Quantum unterschritten wird – dabei ohne Belang.[1] Zur Berechnung der in § 1 Abs. 3a Satz 1 angesprochenen wirtschaftlichen Beteiligung s. § 1 Abs. 3a Satz 2. Sofern nicht (nur) der letzte zur Verwirklichung des Tatbestands des § 1 Abs. 3a rückgängig gemacht wird, gelten die Ausführungen in Rdnr. 63, 68 entsprechend. Zum Erfordernis der tatsächlichen Rückabwicklung vgl. die Ausführungen in Rdnr. 17 ff., die sinngemäß gelten. Auch bei der (ganzen oder teilweisen) Rückabwicklung eines Rechtsvorgangs, durch den der Tatbestand des § 1 Abs. 3a verwirklicht wurde oder der zu dessen Verwirklichung beigetragen hat, ist zu beachten, dass sie sich nicht in Bezug auf solche Grundstücke der grundstücksbesitzenden Gesellschaft auswirkt, die, wenngleich sie im Zeitpunkt der Entstehung der Steuer zum Vermögen der Gesellschaft gehörten, diesem im Zeitpunkt der Begründung des Anspruchs aus § 16 Abs. 2 (s. Rdnr. 69) nicht mehr grunderwerbsteuerrechtlich zugeordnet werden können, weil die Gesellschaft als deren Veräußerin sich derer entäußert hat (vgl. Rdnr. 41).

# E. Verfahrensrechtliches

## I. Entstehung des Anspruchs, Antrag, „Antragsfrist"

### 1. Entstehung des Anspruchs

69  Der Anspruch aus § 16 ist den in § 37 Abs. 1 AO aufgeführten „in Einzelsteuergesetzen geregelten Steuererstattungsansprüchen" sehr entfernt verwandt. Er ist neben dem Steueranspruch ein selbständiger gegenläufiger Anspruch aus

---

1 Vgl. die Entscheidungen des BFH v. 18. 4. 2012 II R 51/11, BStBl II 2013, 830 (ergangen zur Rückgängigmachung eines Erwerbsvorganges i. S. des § 1 Abs. 2a) und v. 11. 6. 2013 II R 52/12, BStBl II 2013, 752 (ergangen zur Rückgängigmachung einer Anteilsvereinigung i. S. von § 1 Abs. 3 Nr. 1 und 2).

dem Steuerschuldverhältnis.[1] Dementsprechend entsteht er zumindest in sinngemäßer Anwendung von § 38 AO,[2] sobald der Tatbestand verwirklicht ist, an den das Gesetz den Anspruch knüpft. Da dazu auch die tatsächliche Rückgängigmachung bzw. Rückübertragung gehört sowie der tatsächliche Vollzug der Minderung (vgl. dazu die Erläuterung zu den einzelnen Tatbeständen und Rdnr. 1), gehört auch diese zur Tatbestandserfüllung.

## 2. Antrag als Verfahrensvoraussetzung

Der nach § 16 jeweils erforderliche **Antrag** ist nicht Teil des anspruchsbegründenden Tatbestands, sondern lediglich **Verfahrensvoraussetzung** zur Durchsetzung des abstrakt entstandenen Anspruchs. Die Finanzbehörde darf erst auf Antrag hin tätig werden, also das Verwaltungsverfahren zur Berücksichtigung des Anspruchs durchführen (§ 86 Satz 2 Nr. 2 AO; zur Heilung bei fehlendem Antrag s. § 126 AO). Der Antrag ist an **keine Form** gebunden; er kann schriftlich, mündlich oder durch konkludentes Verhalten gestellt werden.[3] Eindeutige und ausdrückliche Antragstellung ist aber zu empfehlen! Allein in der kommentarlosen Übersendung einer Aufhebungsvereinbarung muss jedenfalls nicht ein Antrag gesehen werden;[4] solche Umstände können aber der Finanzbehörde Anlass geben, auf Antragstellung hinzuwirken (vgl. § 89 Satz 1 AO).

70

Der Antrag ist an das für die Besteuerung nach § 17 Abs. 1 **zuständige Finanzamt** (dessen **Grunderwerbsteuerstelle**) zu richten. Zu Besonderheiten bei gesonderter Feststellung der Besteuerungsgrundlagen vgl. Hofmann, GrEStG, § 17 Rdnr. 28.

## 3. Fristbindung durch Festsetzungsfrist

Wenngleich der **Antrag keiner eigenständigen Fristbindung** unterliegt, muss er doch innerhalb der Festsetzungsfrist gestellt werden; denn nach Ablauf der Festsetzungsfrist ist nicht nur eine Steuerfestsetzung, sondern auch ihre Aufhebung oder Änderung nicht mehr zulässig (§ 169 Abs. 1 AO). Da die Antragstellung selbst den Ablauf der Festsetzungsfrist hemmt (§ 171 Abs. 3 AO), ist es erforderlich, aber auch ausreichend, dass der **Antrag innerhalb der Festsetzungsfrist** gestellt wird, d. h. der Finanzbehörde zugegangen ist (das Benefiz des § 169 Abs. 1 Satz 2 AO gilt nur für die Finanzbehörde). Ungeachtet des Lau-

71

---

1 BFH v. 9. 8. 1989 II R 145/86, BStBl II 1989, 981; v. 17. 4. 2002 II B 120/00, BFH/NV 2002, 1170.
2 Vgl. auch BFH v. 26. 8. 1992 II R 120/89, BStBl II 1993, 58.
3 Vgl. BFH v. 16. 1. 1980 II R 83/74, BStBl II 1980, 359: Einspruchseinlegung als Antragstellung.
4 Vgl. aber FG München v. 14. 6. 1971, EFG 1971, 503.

fes oder bereits eingetretenen Ablaufs der „normalen" Festsetzungsfrist endet nach **§ 16 Abs. 4** die Festsetzungsfrist insoweit nicht vor Ablauf exakt eines Jahres (keine auf den Ablauf eines Kalenderjahres bezogene Frist; zur Fristberechnung vgl. § 108 AO i. V. m. § 187 Abs. 1, § 188 Abs. 2 BGB) nach dem Eintritt des Ereignisses, das den Anspruch auf Aufhebung oder Änderung der Steuerfestsetzung nach § 16 Abs. 1 bis 3 begründet. Maßgebend ist die Vollendung der rechtlichen und tatsächlichen Rückgängigmachung,[1] die zusammen erst diesen Anspruch begründen.

**BEISPIELE:** ▶

a) Von dem am 10.10.01 abgeschlossenen Grundstückskaufvertrag zwischen X und Y, den der beurkundende Notar noch im Jahr 2011 dem FA anzeigte, ist X noch vor Eigentumsübergang am 12.7.02 zurückgetreten. Der Besitz am Grundstück wurde im September 02 zurückübertragen, die Kaufpreisrückzahlungsforderung des Y wurde am 4.10.02 erfüllt. Der Antrag auf Aufhebung der mit Bescheid vom 10.1.01 erfolgten Steuerfestsetzung muss, weil die Ablaufhemmung des § 16 Abs. 4 hier nicht in Frage steht, spätestens am 31.12.05 der Finanzbehörde vorliegen.

b) Zwischen V und E ist am 12.7.01 ein Kaufvertrag abgeschlossen worden. Der Grunderwerbsteuerbescheid ist am 20.11.01 bekannt gegeben worden, die Eintragung des E als Eigentümer im Grundbuch ist im Jahre 02 erfolgt. V übt am 1.4.04 das ihm eingeräumte Wiederkaufsrecht wegen Nichterfüllung der dem E auferlegten Pflicht zur Bebauung des Grundstücks innerhalb von drei Jahren nach Eigentumsübergang aus. Da E das Wiederkaufsrecht des V nicht anerkennt, kommt es zu einem Zivilrechtsstreit. Das Urteil, das E zur Erklärung der (Rück)Auflassung verpflichtet, wird am 20.1.05 rechtskräftig. Die Wiedereintragung des V im Grundbuch erfolgt am 16.5.05, die Rückzahlungsforderung des E wird endgültig am 28.5.05 erfüllt. Der Antrag auf Aufhebung des Steuerbescheids kann noch bis zum Ablauf des 27.5.06 gestellt werden (§ 16 Abs. 4; Folge: § 171 Abs. 3 AO), ungeachtet des Umstands, dass die normale Festsetzungsfrist mit Ablauf des 31.12.05 abgelaufen war.

## 4. Antragsberechtigter

72    Solange ein Steuerbescheid noch nicht ergangen ist, sind zweifelsohne alle diejenigen antragsberechtigt, die nach § 13 Steuerschuldner sind. Der Antrag des einen kommt dem anderen zugute, denn der **Anspruch auf Nichtfestsetzung der Steuer** ist ein **absoluter Anspruch aus dem Steuerschuldverhältnis** (vgl. Rdnr. 2). Er entsteht in der Person jedes Steuerschuldners. Wer von den mehreren am Grunderwerbsteuerschuldverhältnis beteiligten Personen den Antrag stellt, der die Finanzbehörde wegen Erfüllung der Tatbestandsvoraus-

---

1 BFH v. 14.7.1999 II R 1/97, BStBl II 1999, 737.

setzungen des § 16 zur Nichtfestsetzung der Steuer verpflichtet, ist deshalb ohne Relevanz.

Ist die Steuerfestsetzung durchgeführt, so ist jedenfalls derjenige Antragsberechtigter, gegen den sie gerichtet ist. Er ist Beteiligter des formalisierten Steuerbescheidverfahrens. Stellt der andere Gesamtschuldner, der u. U. von der Erteilung des Steuerbescheids an den einen nichts weiß, einen Antrag auf Nichtfestsetzung der Steuer, so ist u. E. die Finanzbehörde zumindest verpflichtet, beim anderen die Stellung eines Antrags anzuregen (§ 89 Satz 1 AO), wenn man nicht schon ohnehin – wie wir meinen – den besonderen verfahrensrechtlichen Anspruch als einen absoluten, d. h. jedem der Beteiligten am abstrakten Grunderwerbsteuerschuldverhältnis zugutekommenden Anspruch ansehen will, für den ein Antrag nur Voraussetzung für das Tätigwerdendürfen (und -müssen) der Finanzbehörde ist.[1] In Bezug auf die Antragsberechtigung im Verfahren der gesonderten Feststellung der Besteuerungsgrundlagen s. Hofmann, GrEStG, § 17 Rdnr. 28.

## II. Der dem Antrag stattgebende Bescheid und seine Aufhebung oder Änderung

Wird auf Antrag die Steuer nicht festgesetzt und über die Nichtfestsetzung    73
ein Bescheid erteilt, so ist dieser Bescheid als Freistellungsbescheid i. S. des § 155 Abs. 1 Satz 3 AO zu werten. Seine Aufhebbarkeit richtet sich nach §§ 172 ff. AO. Das Gleiche gilt für die Durchbrechung der materiellen Bestandskraft eines antragsgemäß erlassenen Aufhebungs- oder Änderungsbescheids. Denn § 16 lässt i. S. von § 172 Abs. 1 Nr. 2 Buchst. d AO die Durchbrechung der materiellen und formellen Bestandskraft eines Steuerbescheides „sonst gesetzlich zu". Die Anwendbarkeit von § 131 AO ist durch diese Vorschrift ausgeschlossen,[2] so dass auch der **Aufhebungs-** bzw. Teilaufhebungs-(**Änderungs-)Bescheid nicht** den Widerrufsregeln des **§ 131 AO** unterliegt.

Den nämlichen Regeln unterliegt ein Verwaltungsakt, durch den der Antrag auf Aufhebung oder Änderung abgelehnt wird (§ 172 Abs. 2 AO). Wegen der Festsetzungsfrist für die Aufhebung bzw. Änderung des Aufhebungsbescheids vgl. § 171 Abs. 3 AO.

---

1  Unklar Boruttau/Loose, Rn. 292.
2  A. A. offenbar Barandt, DStZ 1983, 429, der den Aufhebungsbescheid als Widerrufsbescheid i. S. von § 131 AO qualifiziert.

## III. Rechtsbehelf gegen die Ablehnung eines Antrags aus § 16

74  Gegen die ganze oder teilweise Ablehnung des Antrags auf Aufhebung oder Änderung des Grunderwerbsteuerbescheids ist der **Einspruch** gegeben (§ 347 AO). Der gleiche Rechtsbehelf ist gegen die mit der Steuerfestsetzung äußerlich verbundene Ablehnung des Antrags auf Nichtfestsetzung der Steuer gegeben. Denn über einen Antrag nach § 16 ist verfahrensrechtlich gesondert zu entscheiden.[1]

## IV. Geltendmachung des Anspruchs im Rechtsbehelfsverfahren

### 1. Zulässigkeit

75  Hinsichtlich der Zulässigkeit der Geltendmachung eines Anspruchs aus § 16 in einem gegen den Grunderwerbsteuerbescheid gerichteten Rechtsbehelfsverfahren ist zu differenzieren:

Wird der Antrag nach § 16 Abs. 1 bis 3 auf Aufhebung bzw. Änderung der Steuerfestsetzung **während des Einspruchsverfahrens** gegen den bereits erlassenen Grunderwerbsteuerbescheid **gestellt,** ist das Finanzamt verpflichtet, zu prüfen, ob die Voraussetzungen des § 16 erfüllt sind und bei deren Vorliegen beim Erlass der Einspruchsentscheidung einen in diesem Zeitpunkt bestehenden Anspruch auf Aufhebung oder Änderung des angefochtenen Bescheids zu berücksichtigen.[2] Im Rahmen einer finanzgerichtlichen Anfechtungsklage, deren Gegenstand der ursprüngliche Grunderwerbsteuerbescheid in Gestalt der Einspruchsentscheidung ist, hat das Finanzgericht zu prüfen, ob das Finanzamt diesen Anforderungen gerecht geworden ist. Dabei bedarf es auch dann nicht einer erneuten Einspruchsentscheidung, wenn das Finanzamt es rechtsfehlerhaft unterlassen hat, das Vorliegen der Voraussetzungen des § 16 zu prüfen.

Wird der Aufhebungs- oder Änderungsanspruch aus § 16 **erst nach Erlass der Einspruchsentscheidung** in ein **Klageverfahren eingeführt,** so bedeutet das **Klageänderung** (§ 67 FGO), weil der Klagegrund ausgewechselt wird (der Sachverhalt, der bislang der Rechtsbehauptung des Klägers zugrunde liegt, der Ver-

---

1 BFH v. 16.1.2002 II R 52/00, BFH/NV 2002, 1053.

2 So BFH v. 16.2.2005 II R 53/03, BStBl II 2005, 495, unter Aufgabe von BFH v. 16.1.2002 II R 52/00, BFH/NV 2002, 1053; v. 9.11.1983 II R 71/82, BStBl II 1984, 446, und v. 27.1.1982 II R 119/80, BStBl II 1982, 425.

waltungsakt sei rechtswidrig und verletze ihn in seinen Rechten, wird durch die Einführung des nach Meinung des Klägers den Tatbestand des § 16 erfüllenden Lebenssachverhalts ausgetauscht), ggf. im Wege einer dieser gleichgestellten eventuellen Klagehäufung. Die **Klageänderung setzt** allerdings **voraus,** dass auch hinsichtlich der geänderten Klage alle Prozessvoraussetzungen vorliegen,[1] d. h. die Finanzbehörde den Antrag aus § 16 abgelehnt hat und – sofern nicht Klage nach § 45 FGO in Betracht kommt – das Einspruchsverfahren ohne Erfolg geblieben ist. Fehlt es daran, ist die Verpflichtungsklage unzulässig.

Wird das **Verfahren betreffend** den **Aufhebungsanspruch** aus § 16 **neben** dem finanzgerichtlichen **Verfahren betreffend die Rechtmäßigkeit** der ursprünglichen Steuerfestsetzung **betrieben,** so kann das gerichtliche Verfahren – auch in der Revisionsinstanz – auf übereinstimmenden Antrag der Verfahrensbeteiligten zum **Ruhen** gebracht werden (§ 155 FGO i. V. m. § 251 ZPO). Die **Voraussetzungen** einer Aussetzung des Verfahrens nach **§ 74 FGO** sind mangels Vorgreiflichkeit des Verfahrens betreffend den Aufhebungsanspruch **nicht gegeben;** Gebote der Verfahrensökonomie allein rechtfertigen die Aussetzung nicht.[2]     76

## 2. Kostenfolgen

Erledigt sich die Hauptsache eines gerichtlichen Verfahrens durch Aufhebung     77
des angefochtenen Steuerbescheids infolge Geltendmachung des Aufhebungsanspruchs, so ist – soweit nicht § 137 FGO eingreift (schuldhaft verspätetes Vorbringen) – für die Kostenentscheidung § 138 Abs. 1 FGO anzuwenden, denn die Aufhebung des Verwaltungsakts beruht darauf, dass die hierfür notwendigen Voraussetzungen erst (in der Sphäre des Klägers) während der Dauer des Verfahrens eingetreten sind.[3]

Lässt sich bei Klageänderung das Finanzamt zur Sache ein und verneint die tatbestandlichen Voraussetzungen des Aufhebungsanspruchs, so ist die Kostenentscheidung nach den allgemeinen Regeln zu treffen. Das bedeutet auch, dass bei späterer Abhilfe für die Kostenentscheidung § 138 Abs. 2 FGO maßgeblich ist.

---

1 Vgl. BFH v. 9. 8. 1989 II R 145/86, BStBl II 1989, 981; 5. 6. 1991 II R 83/88, BFH/NV 1992, 267; v. 16. 2. 2005 II R 53/03, BStBl II 2005, 495.
2 A. A. Bruschke, UVR 1993, 302, unter Hinweis auf BFH v. 18. 7. 1990 I R 12/90, BFHE 161, 409.
3 Vgl. BFH v. 23. 6. 1976 VIII B 61/75, BStBl II 1976, 572.

### 3. Vorläufiger Rechtsschutz

78    Wird das auf § 16 gestützte Begehren auf Aufhebung oder Änderung des Grunderwerbsteuerbescheids entweder nach dessen formeller Bestandskraft oder nach Ergehen der Einspruchsentscheidung geltend gemacht und abgelehnt, kommt Aussetzung der Vollziehung (§ 361 AO, § 69 FGO) schon deshalb nicht in Betracht, weil ein lediglich einen Antrag ablehnender Verwaltungsakt keiner Vollziehung zugänglich ist. Etwas anderes gilt jedoch dann, wenn die Ablehnung eines vor Ergehen des Grunderwerbsteuerbescheids oder des Feststellungsbescheids in den Fällen des § 17 Abs. 2 und 3 gestellten Antrags auf Nichtfestsetzung bzw. niedrigere Festsetzung der Steuer mit dem Grunderwerbsteuer- oder dem Feststellungsbescheid verbunden ist. Denn in diesem Fall rechtfertigt sich der ergangene Bescheid aus der Ablehnung des Antrags und ist – erfolgte die Ablehnung zu Unrecht – rechtswidrig.[1]

# F.  Fernwirkung: Erlass von Säumniszuschlägen

79    Mit Beschluss vom 9. 9. 2015 II B 28/15[2] hat der Bundesfinanzhof ausgesprochen, dass dem Steuerpflichtigen in einem Fall des **§ 16 Abs. 1** bereits mit der wirksamen Erklärung des Rücktritts vom Kaufvertrag ein Anspruch auf Aufhebung der Grunderwerbsteuerfestsetzung zustehe (vgl. Rdnr. 69). Deshalb sei die Einziehung von Säumniszuschlägen bereits ab diesem Zeitpunkt sachlich unbillig. Da der Antrag nur Verfahrensvoraussetzung ist (vgl. Rdnr. 70) sei nicht erst auf den Zeitpunkt der Stellung des Aufhebungsantrags abzustellen.

---

1  Siehe dazu auch BFH v. 20. 1. 2005 II B 52/04, BStBl II 2005, 492.
2  BFH/NV 2015, 1668; s. auch FG Berlin-Brandenburg v. 23. 1. 2015, 11 K 4059/12, juris –(BFH v. 9. 9. 2015 II B 28/15, NWB DokID: KAAAF-06279).

# Siebenter Abschnitt: Örtliche Zuständigkeit, Feststellung von Besteuerungsgrundlagen, Anzeigepflichten und Erteilung der Unbedenklichkeitsbescheinigung

## § 17 Örtliche Zuständigkeit, Feststellung von Besteuerungsgrundlagen

(1) Für die Besteuerung ist vorbehaltlich des Satzes 2 das Finanzamt örtlich zuständig, in dessen Bezirk das Grundstück oder der wertvollste Teil des Grundstücks liegt. Liegt das Grundstück in den Bezirken von Finanzämtern verschiedener Länder, so ist jedes dieser Finanzämter für die Besteuerung des Erwerbs insoweit zuständig, als der Grundstücksteil in seinem Bezirk liegt.

(2) In den Fällen des Absatzes 1 Satz 2 sowie in Fällen, in denen sich ein Rechtsvorgang auf mehrere Grundstücke bezieht, die in den Bezirken verschiedener Finanzämter liegen, stellt das Finanzamt, in dessen Bezirk der wertvollste Grundstücksteil oder das wertvollste Grundstück oder der wertvollste Bestand an Grundstücksteilen oder Grundstücken liegt, die Besteuerungsgrundlagen gesondert fest.

(3) Die Besteuerungsgrundlagen werden

1. bei Grundstückserwerben durch Umwandlungen auf Grund eines Bundes- oder Landesgesetzes durch das Finanzamt, in dessen Bezirk sich die Geschäftsleitung des Erwerbers befindet, und

2. in den Fällen des § 1 Absatz 2a, 3 und 3a durch das Finanzamt, in dessen Bezirk sich die Geschäftsleitung der Gesellschaft befindet,

gesondert festgestellt, wenn ein außerhalb des Bezirks dieser Finanzämter liegendes Grundstück oder ein auf das Gebiet eines anderen Landes sich erstreckender Teil eines im Bezirk dieser Finanzämter liegenden Grundstücks betroffen wird. Befindet sich die Geschäftsleitung nicht im Geltungsbereich des Gesetzes und werden in verschiedenen Finanzamtsbezirken liegende Grundstücke oder in verschiedenen Ländern liegende Grundstücksteile betroffen, so stellt das nach Absatz 2 zuständige Finanzamt die Besteuerungsgrundlagen gesondert fest.

(3a) In die gesonderte Feststellung nach Absatz 2 und 3 sind nicht die Grund-besitzwerte im Sinne des § 151 Absatz 1 Satz 1 Nummer 1 in Verbindung mit § 157 Absatz 1 bis 3 des Bewertungsgesetzes aufzunehmen, wenn die Steuer nach § 8 Abs. 2 zu bemessen ist.

(4) Von der gesonderten Feststellung kann abgesehen werden, wenn

1. der Erwerb steuerfrei ist oder

2. die anteilige Besteuerungsgrundlage für den Erwerb des in einem anderen Land liegenden Grundstücksteils 2 500 Euro nicht übersteigt.

Wird von der gesonderten Feststellung abgesehen, so ist in den Fällen der Nummer 2 die anteilige Besteuerungsgrundlage denen der anderen für die Besteuerung zuständigen Finanzämter nach dem Verhältnis ihrer Anteile hinzuzurechnen.

*Anmerkung:*

*Absatz 3 Nr. 1 wurde durch Art. 7 Nr. 9 Buchst. a JStG 1997 v. 20. 12. 1996 (BGBl I 1996, 2049) in Konkordanz mit § 8 Abs. 2 (Satz 1) Nr. 2 erste Alternative (Umwandlungen nach dem UmwG) erstmals und durch Art. 15 Nr. 8 StEntlG 1999/2000/2002 v. 24. 3. 1999 (BGBl I 1999, 402) erneut geändert. Die ursprüngliche Fassung betraf Grundstückserwerbe durch Verschmelzung oder Umwandlung. Die jetzige Fassung des Absatz 3 Nr. 2 beruht auf Art. 7 Nr. 9 Buchst. b JStG 1997. Die jetzige Fassung von Absatz 4 Satz 1 Nr. 2 (geltend ab 1. 1. 2002) beruht auf Art. 13 Nr. 3 StEuglG v. 19. 12. 2000 (BGBl I 2000, 1790). Absatz 3a ist durch Art. 13 Nr. 5 StÄndG 2001 v. 20. 12. 2001 (BGBl I 2001, 3794) in die Vorschrift eingefügt und am 31. 12. 2001 in Kraft getreten (Art. 29 Abs. 5 StÄndG 2001). Durch Art. 13 JStG 2009 v. 19. 12. 2008 (BGBl I 2008, 2794) wurde in Absatz 3a die Angabe „§ 138 Abs. 2 und 3" durch die Angabe „§ 138 Abs. 2 bis 4" ersetzt. Die Ergänzung um § 1 Abs. 3a in § 17 Abs. 2 Nr. 2 erfolgte durch Art. 26 Nr. 7 AmtshilfeRLUmsG v. 26. 6. 2013 (BGBl I 2013, 1809). Die Ersetzung der Worte „Werte i. S. des § 138 Abs. 2 bis 4 BewG" durch die Worte „Grundbesitzwerte i. S. des § 151 Abs. 1 Satz 1 Nr. 1 i. V. m. § 157 Abs. 1 bis 3 BewG" erfolgte durch Art. 8 Nr. 3 des StÄndG 2015 v. 2. 11. 2015 (BGBl I 2015, 1834) im Hinblick auf die Änderungen in § 8 Abs. 2 Satz 1.*

## Inhaltsübersicht

**Verwaltungsanweisungen:** Ländererlasse v. 1. 3. 2016, BStBl I 2016, 282.

# A.  Allgemeines

## I.  Hintergrund der Vorschrift

1    Da das Aufkommen der Grunderwerbsteuer den Ländern insoweit zusteht, als diese von den Finanzbehörden in ihrem Gebiet vereinnahmt wird (Art. 107 Abs. 1 Satz 1 GG: örtliches Aufkommen) und die Grunderwerbsteuer als Landessteuer durch die Landesfinanzbehörden verwaltet wird (Art. 108 Abs. 2 Satz 1 GG; s. aber Art. 106 Abs. 7 Satz 2, Art. 108 Abs. 4 Satz 2 GG, vgl. dazu Hofmann, GrEStG, Einführung Rdnr. 7), bedurfte es der Ertrags- und Verwaltungshoheit entsprechende Regelungen, die der Beschränkung der Gebietshoheit der Länder auf ihr jeweils eigenes Gebiet Rechnung tragen. Das ist mit dem Regelungswerk des § 17 geschehen, das den an eine derartige Regelung zu stellenden Anforderungen genügt.

## II.  Sachliche und örtliche Zuständigkeit; Konsequenzen aus Zuständigkeitsfehlern

### 1.  Sachliche Zuständigkeit

2    Unter **sachlicher Zuständigkeit** ist die Verteilung der den Behörden zugewiesenen Verwaltungsaufgaben auf verschiedene Verwaltungsträger zu verstehen. Sie knüpft an sachliche Gesichtspunkte, d. h. an bestimmte objektiv umschriebene Tätigkeiten an. Nach § 16 AO richtet sie sich nach dem Finanzverwaltungsgesetz (FVG). § 2 Abs. 1 Nr. 4 FVG bestimmt als örtliche Landesfinanzbehörden die Finanzämter. Damit aber ist das weite Feld der sachlichen Zuständigkeit, die auch die funktionelle (instanzielle) Zuständigkeit der örtlichen Finanzbehörden umfasst, also die Zuständigkeit in derselben Sache auf verschiedenen Ebenen, nicht erschöpfend umschrieben. Die funktionelle Zuständigkeit ergibt sich für die Landesfinanzbehörden aus § 16 AO i. V. m. § 17 Abs. 2 bis 4 FVG.

3    Für eine Steuer, die wie die Grunderwerbsteuer gebietsbezogen ist, ist aus dem Bereich der sachlichen Zuständigkeit die **verbandsmäßige Zuständigkeit** von besonderer Bedeutung. Sie betrifft insbesondere die Zuständigkeit einer steuerberechtigten Gebietskörperschaft. Nimmt ein Finanzamt, dem die verbandsmäßige Zuständigkeit in diesem Sinne fehlt, eine Steuerfestsetzung vor, erlässt bspw. ein bayerisches Finanzamt einen Grunderwerbsteuerbescheid,

der einen hinsichtlich eines Grundstücks in Berlin verwirklichten Erwerbsvorgang erfasst, so ist dieser Verwaltungsakt nichtig.[1] Für die Bescheide über die gesonderte Feststellung von Besteuerungsgrundlagen nach § 17 Abs. 2 und 3 ist die verbandsmäßige Zuständigkeit der sie erlassenden Finanzbehörde ohne Relevanz.[2]

## 2. Örtliche Zuständigkeit

Vorschriften über die **örtliche Zuständigkeit** regeln nur, welche von mehreren    4
sachlich zuständigen Behörden den einzelnen Steuerfall zu bearbeiten hat. Sie bestimmen den räumlichen Wirkungsbereich dieser Behörde. Fehler in der örtlichen Zuständigkeit führen niemals zur Nichtigkeit des ergangenen Verwaltungsakts (§ 125 Abs. 3 Nr. 1 AO).

Ein unter Verstoß gegen die örtliche Zuständigkeit ergangener Verwaltungsakt ist zwar rechtswidrig; doch kann dessen Aufhebung nach § 127 AO allein deshalb, weil er unter Verletzung der Vorschriften über die örtliche Zuständigkeit zustande gekommen ist, dann nicht beansprucht werden, wenn keine andere Entscheidung in der Sache hätte getroffen werden können. Da § 127 AO auf gebundene Verwaltungsakte zugeschnitten ist, ist die Vorschrift auf Ermessensentscheidungen nicht anwendbar. Bei diesen kann nämlich nicht davon ausgegangen werden, dass keine andere Entscheidung in der Sache hätte getroffen werden können.[3] Anders ist die Lage bei Bescheiden, die auf einer Schätzung der Besteuerungsgrundlagen beruhen; auf diese ist § 127 AO anwendbar.[4]

Hat eine Finanzbehörde unter Verkennung der Voraussetzungen, unter denen nach § 17 Abs. 2 oder 3 eine gesonderte Feststellung der Besteuerungsgrundlagen stattfindet, einen derartigen Feststellungsbescheid erlassen, so liegt darin keine bloße Verletzung der Vorschriften über die örtliche Zuständigkeit, so dass § 127 AO nicht anwendbar ist. Denn einer Finanzbehörde kommt eine örtliche Zuständigkeit nur zu, wenn die tatbestandsmäßigen Voraussetzungen für ihr Tätigwerden erfüllt sind.[5] Auf Fehler in der sachlichen Zuständigkeit ist § 127 AO nicht anwendbar.

---

1 Vgl. auch BFH v. 5. 3. 1985 VII 146/84, BStBl II 1985, 377, 380.
2 Vgl. BFH v. 21. 9. 2005 II R 33/04, BFH/NV 2006, 609.
3 Vgl. auch BFH v. 15. 10. 1998 V R 77/98, BFH/NV 1999, 585, m. w. N.
4 BFH v. 19. 2. 1987 IV 143/84, BStBl II 1987, 412; v. 11. 2. 1999 V R 40/98, BStBl II 1999, 382; ebenso Pahlke, Rz 20.
5 Vgl. auch BFH v. 26. 10. 2006 II R 32/05, BStBl II 2007, 323.

# B. Örtliche Zuständigkeit zur Steuerfestsetzung

## I. Soweit gesonderte Feststellung der Besteuerungsgrundlagen nicht stattfindet

5 Sind die Besteuerungsgrundlagen nicht nach § 17 Abs. 2 oder 3 gesondert fest-zustellen, so ist dasjenige Finanzamt örtlich zuständig, in dessen Bezirk **das Grundstück** bzw. bei einem **auf ein Grundstück** sich beziehenden **Rechtsvorgang** dessen **wertvollster** Teil liegt (§ 17 Abs. 1 Satz 1), sofern sich das Grundstück nicht über die Landesgrenze erstreckt. Das gilt auch dann, wenn mehrere Grundstücke, weil sie eine wirtschaftliche Einheit bilden, nach § 2 Abs. 3 Satz 1 als ein Grundstück behandelt werden. Es hat die Steuer festzusetzen. In diesem Fall bilden – soweit nicht die Steuer nach § 8 Abs. 2 nach dem Grundbesitzwert (§ 157 Abs. 1 bis 3 BewG) zu bemessen ist, – die Besteuerungsgrundlagen nach § 157 Abs. 2 AO einen nicht selbständig anfechtbaren Teil der Steuerfestsetzung. Ist die Steuer aus dem Grundbesitzwert zu bemessen, hat es den vom Lagefinanzamt verbindlich festgestellten Grundbesitzwert der Steuerfestsetzung zugrunde zu legen (§ 151 Abs. 1 Satz 1 Nr. 1 i.V. m. Abs. 5 BewG i.V. m. § 182 Abs. 1 AO). Letzteres gilt auch, wenn Geschäftsleitung und Belegenheit der Grundstücke in Umwandlungsfällen, in Fällen des § 1 Abs. 2a und des Abs. 3a sowie bei Anteilsvereinigung bzw. -übertragung im Bezirk eines Finanzamts (des Geschäftsleitungsfinanzamts) liegen.

6 Ist die Steuer nach § 8 Abs. 2 nach den Grundbesitzwerten des § 157 Abs. 1 bis 3 BewG zu bemessen, kann das nach § 17 Abs. 1 Satz 1 zuständige Finanzamt nach § 155 Abs. 2 AO auch dann einen Steuerbescheid erlassen, wenn der Grundbesitzwertfeststellungsbescheid noch nicht ergangen ist. Das gilt auch für die mehreren nach § 17 Abs. 1 Satz 2 zuständigen Finanzämter. In diesem Fall können die in dem Grundlagenbescheid festzustellenden Besteuerungsgrundlagen geschätzt werden (§ 162 Abs. 5 AO). Voraussetzung für das Vorgehen nach § 155 Abs. 2 AO ist, dass im Zeitpunkt der Erteilung des Steuerbescheids noch überhaupt kein Grundbesitzwertfeststellungsbescheid ergangen ist. Nach Ergehen des Grundlagenbescheids ist der Grunderwerbsteuerbescheid diesem nach § 175 Abs. 1 Satz 1 Nr. 1 AO anzupassen, und zwar auch dann, wenn der Grundlagenbescheid angefochten ist (§ 182 Abs. 1 AO).

## II. Soweit gesonderte Feststellung stattfindet

Für die Erteilung des Grunderwerbsteuerbescheids unter Zugrundelegung des 7
Bescheids über die gesonderte Feststellung der Besteuerungsgrundlagen
bleibt das jeweils kraft Belegenheit des Grundstücks bzw. Grundstücksteils
örtlich zuständige Finanzamt zuständig (§ 17 Abs. 1 Satz 2).

# C. Voraussetzung für die gesonderte Feststellung und örtliche Zuständigkeit

## I. Vorbemerkung: Feststellung und Zerlegung

Wie bereits in Rdnr. 1 ausgeführt, regelt § 17 die örtliche Zuständigkeit für die 8
Besteuerung unter Berücksichtigung der Ertragshoheit der Länder. Deshalb
sieht die Vorschrift die gesonderte Feststellung von Besteuerungsgrundlagen
insbesondere bei Erwerbsvorgängen vor, die Grundstücke oder Grundstücksteile betreffen, die in verschiedenen Bundesländern belegen sind. Darüber hinaus wird gesonderte Feststellung angeordnet, wenn ein Erwerbsvorgang
Grundstücke im Bereich verschiedener Finanzämter betrifft. Dabei ist die **Bezeichnung** als „Feststellung der Besteuerungsgrundlagen" leicht **irreführend**.
In **Wahrheit** handelt es sich um eine gesonderte **Feststellung der Bemessungsgrundlage sowie** um die **Zerlegung dieser Bemessungsgrundlage** (vgl. auch
§ 17 Abs. 4).

Soweit nach § 17 Abs. 3a die Grundbesitzwerterte des § 151 Abs. 1 Satz 1 Nr. 1
i. V. m. § 157 Abs. 1 bis 3BewG in den Feststellungsbescheid nicht aufzunehmen sind, muss sich die gesonderte Feststellung, ein Institut, das grundsätzlich der (gesonderten) Feststellung von Besteuerungsgrundlagen vorbehalten
ist (vgl. § 179 Abs. 1 AO), auf Anführung der betroffenen Grundstücke, auf die
verbindliche Entscheidung über die Steuerpflicht dem Grunde nach, das Eingreifen einer Steuerbefreiung bzw. einer Steuerbegünstigung und ggf. deren
Umfang sowie über die Person des oder der Steuerschuldner sowie die Bezeichnung der für die Steuerfestsetzung zuständigen Finanzbehörde beschränken. Auch die Festlegung auf die Bemessungsgrundlage (Grundbesitzwerte)
muss dem Grunde nach im Feststellungsbescheid erfolgen, denn § 17 Abs. 3a
ordnet nur die Nichtaufnahme der Werte an.[1] Das Feststellungsverfahren ist
damit einerseits denaturiert und andererseits unvollständig.

---

1 Unklar Ländererlass v. 1. 3. 2016, BStBl I 2016, 282, unter Tz 9 Abs. 2.

## II. Bei Erstreckung eines Grundstücks über Landesgrenzen

9   Bezieht sich **ein Rechtsvorgang** auf **ein Grundstück** i. S. von § 2 (z. B. eine wirtschaftliche Einheit, § 2 Abs. 3 Satz 1), das in den Bezirken von Finanzämtern verschiedener Länder belegen ist, so ist nach § 17 Abs. 2 erste Alternative gesonderte Feststellung der Besteuerungsgrundlagen geboten. **Örtlich zuständig** ist hierfür (nicht für die Erteilung der Steuerbescheide [!], vgl. § 17 Abs. 1 Satz 2) dasjenige Finanzamt, in dessen Bezirk der wertvollste Grundstücksteil bzw. der wertvollste Bestand an Grundstücksteilen (im Fall des § 2 Abs. 3 Satz 2) bzw. der wertvollste Bestand an Grundstücken liegt. Die Bestimmung des Feststellungsfinanzamts richtet sich grundsätzlich mangels Bezeichnung eines anderen Maßstabs nach dem Verhältnis der gemeinen Werte der Grundstücksteile usw. zueinander. Die Finanzverwaltung lässt es aus Vereinfachungsgründen zu, zur Bestimmung der örtlichen Zuständigkeit auf die etwa vorhandenen Grundbesitzwerte für alle Grundstücke oder auf die Einheitswerte zurückzugreifen.[1] Der hilfsweise Rückgriff auf vorhandene Grundbesitzwerte setzt jedoch deren Vergleichbarkeit voraus, die für unbebaute Grundstücke dann nicht besteht, wenn Grundbesitzwerte vorliegen und bei bebauten Grundstücken ohnehin nicht immer besteht. Vergleichbares gilt für den Rückgriff auf das Verhältnis der Einheitswerte zueinander, weil unter Berücksichtigung des gespaltenen Bewertungsgebiets Einheitswerte, die für Grundstücke in den alten Bundesländern festgestellt wurden, mit denjenigen, die in den neuen Bundesländern gelten, nicht kompatibel sind. Im Zweifelsfall haben die gemeinsame Aufsichtsbehörde bzw. die fachlich zuständigen Aufsichtsbehörden über die Zuständigkeit zu entscheiden (§ 28 Abs. 1 Satz 1 bzw. Satz 2 i. V. m. § 25 Satz 2 AO).

## III. Bei mehreren Grundstücken in den Bezirken verschiedener Finanzämter

10   Unabhängig davon, ob nur Finanzämter eines Landes oder Finanzämter mehrerer Länder betroffen sind, sind die Besteuerungsgrundlagen gesondert festzustellen, wenn sich **ein Rechtsvorgang** auf **mehrere Grundstücke** (§ 2) bezieht, die in den Bezirken verschiedener Finanzämter liegen (§ 17 Abs. 2 zweite Alternative). Entscheidend ist die Zuständigkeit für die grunderwerbsteuerrechtliche Würdigung, dagegen kommt es nicht darauf an, welche Finanzbe-

---

1 Vgl. Ländererlasse v. 1. 3. 2016, BStBl I 2016, 282.

hörde als Lagefinanzamt für die Feststellung des Grundbesitzwertes zuständig ist. Geht nach Kündigung einer Personengesellschaft deren Vermögen im Wege der Anwachsung (§ 738 BGB) auf den einzig verbleibenden „Gesellschafter" über (vgl. Hofmann, GrEStG, § 1 Rdnr. 56), sind die Voraussetzungen für die gesonderte Feststellung nur gegeben, wenn die zum Gesellschaftsvermögen gehörenden Grundstücke nicht nur im Bezirk eines Finanzamts liegen. Geht infolge gleichzeitiger Kündigung mehrerer Personengesellschaften deren Vermögen auf nur einen verbleibenden „Gesellschafter" über, ist für jeden Anwachsungsfall als je eigenem Rechtsvorgang die Voraussetzung des § 17 Abs. 2 zweite Alternative gesondert zu prüfen.[1]

**Örtlich zuständig** für diese gesonderte Feststellung ist dasjenige Finanzamt, in dessen Bezirk das wertvollste Grundstück oder der wertvollste Bestand an Grundstücken liegt; ggf. bestimmt die gemeinsame Aufsichtsbehörde oder bestimmen die fachlich zuständigen Aufsichtsbehörden gemeinsam die örtliche Zuständigkeit (§ 28 Abs. 1 Satz 1 bzw. Satz 2 i.V.m. § 25 Satz 2 AO). Soweit dieser eine Rechtsvorgang in Umwandlungen besteht oder nach § 1 Abs. 2a fingiert wird, richtet sich die örtliche Zuständigkeit nach § 17 Abs. 3 Satz 1, soweit nicht die Voraussetzungen des § 17 Abs. 3 Satz 2 vorliegen. Kein unter § 17 Abs. 2 zweite Alternative fallender Vorgang ist ein Grundstückstauschvertrag, mit welchem ein Grundstück aus dem Bereich des Finanzamts X gegen eines aus dem Bereich des Finanzamts Y getauscht wird: es liegen **zwei Erwerbsvorgänge** vor (§ 1 Abs. 5).

## IV. Nach § 17 Abs. 3

### 1. Bei Umwandlungen

Beim **Grundstückserwerb durch Umwandlungsvorgänge** aufgrund eines Bundes- oder Landesgesetzes findet gesonderte Feststellung der Besteuerungsgrundlagen in folgenden Fällen statt:

(a) wenn ein außerhalb des Bezirks des Finanzamts, in dessen Bezirk sich die Geschäftsleitung des Erwerbers befindet, liegendes Grundstück betroffen ist,

(b) wenn ein sich auf das Gebiet eines anderen Landes erstreckender Teil eines im Bezirk des Geschäftsleitungsfinanzamts liegenden Grundstücks betroffen ist,

11

---

1 Vgl. BFH v. 26. 10. 2006 II R 32/05, BStBl II 2007, 323.

(c) wenn sich die Geschäftsleitung des Erwerbers nicht im Geltungsbereich des Grunderwerbsteuergesetzes befindet und entweder in verschiedenen Finanzamtsbezirken liegende Grundstücke oder in verschiedenen Ländern liegende Grundstücksteile von dem Vorgang betroffen werden.

Zu beachten ist, dass zu den von einem Umwandlungsvorgang betroffenen Grundstücken auch diejenigen gehören, die infolge Übergangs von mindestens 95 % der Anteile einer grundbesitzenden Gesellschaft (§ 1 Abs. 3 Nr. 4) bzw. des Übergangs einer wirtschaftlichen Beteiligung i. S. des § 1 Abs. 3a nunmehr dem Erwerber zuzurechnen sind (vgl. Hofmann, GrEStG, § 1 Rdnr. 148).

**Örtlich** zuständig ist in den unter **(a) und (b)** genannten Fällen das Finanzamt, in dessen Bezirk sich die **Geschäftsleitung des Erwerbers**, also der Mittelpunkt der geschäftlichen Oberleitung (§ 10 AO), befindet. Bei Verlegung des Orts der Geschäftsleitung ist § 26 AO zu beachten. In den unter **(c)** genannten Fällen richtet sich die örtliche Zuständigkeit nach **§ 17 Abs. 2** (vgl. Rdnr. 9 und 10).

Sofern gleichzeitig ein Tatbestand des § 1 Abs. 2a, 3 oder 3a erfüllt wird, richtet sich (mangels Grundstücksübergangs) die örtliche Zuständigkeit dafür nach § 17 Abs. 3 Nr. 2. Nicht beizupflichten ist der Finanzverwaltung,[1] dass bei gleichzeitiger Erfüllung eines Tatbestandes des § 1 Abs. 2a, 3 oder 3a durch einen Umwandlungsvorgang sich die örtliche Zuständigkeit dafür nach § 17 Abs. 3 Nr. 2 richte. Die grunderwerbsteuerrechtlichen Folgen eines Lebenssachverhalts sind erschöpfend in einem Verwaltungsakt zu erfassen. Eine Aufsplitterung aus Gründen örtlicher Zuständigkeit verbietet sich in einem solchen Falle.

12   *(Einstweilen frei)*

## 2.   In den Fällen des § 1 Abs. 2a, 3 und 3a

13   Unter den in Rdnr. 11 unter (a) und (b) genannten Voraussetzungen findet bei Erwerbsvorgängen i. S. des § 1 Abs. 2a, 3 und 3a gesonderte Feststellung der Besteuerungsgrundlagen durch das Finanzamt statt, in dessen Bezirk sich die **Geschäftsleitung der Gesellschaft (§ 10 AO) befindet**, deren **Grundstücke** (bei unmittelbarer Anteilsvereinigung oder -übertragung) **oder deren Anteile** (bei nur mittelbarer bzw. teil mittelbarer, teils unmittelbarer Anteilsvereinigung) betroffen sind.[2] Bei Verlegung des Orts der Geschäftsleitung ist § 26 AO zu beachten. Unter den in Rdnr. 11 unter (c) kumulativ und alternativ genannten

---

1   Ländererlasse v. 1. 3. 2016, BStBl I 2016, 282, unter Tz 4 Abs. 5.
2   Siehe dazu BFH v. 21. 9. 2005 II R 33/04, BFH/NV 2006, 609.

Voraussetzungen findet gesonderte Feststellung der Besteuerungsgrundlagen in den Fällen des § 1 Abs. 2a, 3 und 3a durch das nach § 17 Abs. 2 zuständige Finanzamt statt. Hat die Gesellschaft nur Grundstücke im Bereich ihres Geschäftsleitungsfinanzamts, entfällt die Notwendigkeit gesonderter Feststellung ebenso, wie wenn sie – ohne ihre Geschäftsleitung im Inland zu haben – nur ein Grundstück oder nur Grundstücke im Bezirk nur eines Finanzamts hat (vgl. Rdnr. 5). Auf den Sitz der Gesellschaft (§ 11 AO), deren Anteile betroffen sind, kommt es nicht an; er ist weder für die Steuerpflicht noch für die örtliche Zuständigkeit von Bedeutung.

## V. Absehen von der gesonderten Feststellung

Nach **§ 17 Abs. 4 Satz 1 Nr. 1** kann von einer an sich gebotenen gesonderten   14
Feststellung der Besteuerungsgrundlagen abgesehen werden, wenn der Erwerb steuerfrei ist. Die Entscheidung darüber obliegt dem für die gesonderte Feststellung örtlich zuständigen Finanzamt. Aus diesem Grunde sowie deshalb, weil Klarheit geschaffen werden muss, muss u. E. ggf. das für die gesonderte Feststellung örtlich zuständige Finanzamt einen entsprechenden negativen Feststellungsbescheid erlassen, es sei denn, dass die Steuerbefreiung, wie z. B. in den Fällen des § 3 Nr. 4 und Nr. 6 ohne weiteres erkennbar ist.

Ganz oder teilweise von der gesonderten Feststellung kann nach **§ 17 Abs. 4 Satz 1 Nr. 2** abgesehen werden, wenn die anteilige Besteuerungsgrundlage für den Erwerb des in einem anderen Land liegenden Grundstücks**teils** 2 500 € nicht übersteigt. In diesem Fall wäre der Erwerb, würde er sich nur auf dieses Grundstück bzw. diesen Grundstücksteil beziehen (und weiter reicht die Ertragshoheit eines Landes nicht), nach § 3 Nr. 1 steuerfrei sein. Da sich aber der Erwerb auf das (ganze) Grundstück bezieht und dementsprechend für den Vorgang die Freigrenze des § 3 Nr. 1 überschritten ist, weshalb die Steuerbefreiung nicht eingreift, ist diese anteilige Bemessungsgrundlage den anderen für die Besteuerung zuständigen Finanzämtern verhältnismäßig zuzurechnen (§ 17 Abs. 4 Satz 2). Mangels anderweitiger für die Ermessensentscheidung nach § 17 Abs. 4 Satz 1 Nr. 2 maßgebender Kriterien, muss die vorstehende Überlegung entscheidend sein. Deshalb ist davon auszugehen, dass bei Vorliegen der tatbestandsmäßigen Voraussetzungen das Ermessen der zur gesonderten Feststellung zuständigen Finanzbehörde auf Null reduziert und regelmäßig die 2 500 € unterschreitende Bemessungsgrundlage nach § 17 Abs. 4 Satz 2 den anderen für die Besteuerung zuständigen Finanzämtern verhältnismäßig zuzurechnen ist.

Unklar bleibt, wie dem Feststellungsfinanzamt die gesondert festgestellten Grundbesitzwerte, die nach § 17 Abs. 3a ja nicht in den Feststellungsbescheid aufzunehmen sind, überhaupt bekannt werden, damit es die ihm obliegende Entscheidung nach § 17 Abs. 4 Satz 1 Nr. 2 treffen kann.

Soweit ein Rechtsvorgang sich auf mehrere Grundstücke i. S. des § 2 bezieht, die nicht nach § 2 Abs. 3 Satz 1 als ein Grundstück anzusehen sind, ist trotz der gebotenen gesonderten Feststellung in deren Rahmen jeweils auch die Freigrenze des § 3 Nr. 1 zu beachten.

# D. Aufteilungsmaßstab

15   Das Gesetz selbst sieht keinen Aufteilungsmaßstab vor. Gemeint sein kann nur eine Aufteilung, die die Ertragshoheit der einzelnen Länder (Art. 106 Abs. 2 Nr. 4, Art. 107 Abs. 1 Satz 1 GG) ebenso berücksichtigt wie die Bedürfnisse der Finanzausgleichsgesetze der Länder (vgl. Art. 106 Abs. 7 Satz 2 GG). Unter dieser Prämisse kann Aufteilungsmaßstab nur das Verhältnis der gemeinen Werte (§ 9 BewG), ggf. der Teilwerte (§ 10 BewG) der vom Erwerbsvorgang betroffenen Grundstücke zueinander bilden. Das gilt auch für die Aufteilung des Grundbesitzwerts einer sich über die Landesgrenze erstreckenden wirtschaftlichen Einheit (s. § 2 Abs. 3 Satz 1). Aus Gründen der Verwaltungsvereinfachung lässt die Finanzverwaltung dann eine Aufteilung nach dem Verhältnis etwa vorhandener Bedarfs- oder Grundbesitz- oder der Einheitswerte zueinander zu, wenn offensichtlich ist, dass sich dadurch keine gravierenden Wertverschiebungen bei den festgestellten Besteuerungsgrundlagen ergeben.[1]

# E. Gekappter Feststellungsbescheid (§ 17 Abs. 3a)

16   Nach § 17 Abs. 3a sind in die gesonderte Feststellung nach § 17 Abs. 2 und 3 nicht die Grundbesitzwerte des § 157 Abs. 1 bis 3 BewG aufzunehmen, wenn die Steuer nach § 8 Abs. 2 zu bemessen ist. Diese Regelung ist eingeführt worden, „um unnötigen Verwaltungsaufwand zu vermeiden", könne doch die Ermittlung dieser Besteuerungsgrundlage vom Festsetzungsfinanzamt veranlasst werden.[2] Ob durch § 17 Abs. 3a „unnötiger" Verwaltungsaufwand vermieden werden kann, erscheint äußerst fragwürdig, muss doch das Feststellungsfinanzamt jedenfalls alle Grundstücke, auf die sich der Rechtsvorgang be-

---

1 Ländererlasse v. 18. 7. 2007, BStBl I 2007, 459.
2 Gesetzesbegründung, BT-Drucks. 14/6877, 32.

zieht, in den Feststellungsbescheid aufnehmen (s. Rdnr. 17). Aus dieser Sicht ist es kaum verwaltungsökonomischer, dass es, dem die Erwerbsvorgänge nach § 18 Abs. 5 bzw. § 19 Abs. 4 anzuzeigen sind, nicht auch die Feststellung der Grundbesitzwerte veranlassen soll, sondern diese „Last" den für die Steuerfestsetzung zuständigen Finanzbehörden obliegen soll. Die Ortsnähe ist in dieser Hinsicht keine Hilfe und damit aus verwaltungsökonomischen Gründen ohne Relevanz.

Eindeutig wird die ursprüngliche Regelung in ihr Gegenteil verkehrt in den Fällen, in denen § 17 Abs. 2 i. V. m. Abs. 1 Satz 2 die gesonderte Feststellung deshalb anordnet, weil ein Grundstück oder die mehreren nach § 2 Abs. 3 Satz 1 als ein Grundstück zu behandelnden Grundstücke in den Bezirken von Finanzämtern verschiedener Länder liegen. Denn Bewertungsgegenstand ist die wirtschaftliche Einheit (§ 2 Abs. 1 Satz 1 BewG), deren Wert im Ganzen festzustellen ist (§ 2 Abs. 1 Satz 2 BewG). Zur Feststellung des Grundbesitz- oder Bedarfswerts zuständig ist bei finanzamtsbezirksüberschreitendem Grundbesitz dasjenige Finanzamt, in dessen Bezirk der wertvollste Teil des Betriebs der Land- und Forstwirtschaft, des Grundstücks oder des Betriebsgrundstücks liegt (§ 151 Abs. 1 Satz 1 Nr. 1 und § 152 Nr. 1 i. V. m. Abs. 5 BewG i. V. m. § 18 Abs. 1 Nr. 1 AO). Es liegt auf der Hand, dass es unter Berücksichtigung der Ertragshoheit der Länder der Aufteilung eines solchen Grundbesitzwerts bedarf. Dies ist offensichtlich im Glanz des Gedankens, eine Verwaltungsvereinfachung herbeizuführen, übersehen worden. Denn es kann nicht davon ausgegangen werden, dass der Gesetzgeber sehenden Auges in Kauf genommen hat, dass sich die beteiligten Finanzbehörden über die Aufteilung der Bemessungsgrundlage einigen müssten oder gar der Streit darüber, in welchem Umfang der Grundbesitzwert in solchen Fällen von den beteiligten Finanzbehörden der Steuerfestsetzung zugrunde gelegt werden kann, auf dem Rücken des/der Steuerpflichtigen ausgetragen werden soll. Da dies aber nun der Fall ist, bedarf § 17 Abs. 3a einer möglichst baldigen Überarbeitung durch den Gesetzgeber.

# F. Verfahrensrechtliches

## I. Inhalt des Bescheids über die gesonderte Feststellung

In dem Verwaltungsakt über die gesonderte Feststellung der Besteuerungsgrundlagen nach § 17 Abs. 2 und 3 ist stets **verbindlich zu entscheiden**

► über die Steuerpflicht dem Grunde nach sowie über die Frage nach dem Eingreifen einer Steuervergünstigung, also danach, ob der Vorgang nach

17

§§ 3, 4, 6a oder sonstigen Vorschriften steuerfrei ist oder ob und inwieweit die Steuer nach §§ 5 bis 7 nicht zu erheben ist;

► über die als Steuerschuldner in Betracht kommenden Personen. Die Notwendigkeit dieser Entscheidung folgt aus § 179 Abs. 2 AO;[1]

► über die zur Steuerfestsetzung berufenen Finanzämter.[2]

Des Weiteren ist – soweit nicht § 17 Abs. 3a eingreift, insoweit ist nur anzufügen, dass die Grundbesitzwerte i. S. des § 151 Abs. 1 Satz 1 Nr. 1 i.V. m. § 157 Abs. 1 bis 3 BewG die Bemessungsgrundlage bilden– zu entscheiden

► über die insgesamt nach § 8 i.V. m. § 9 der Besteuerung zugrunde zu legende Bemessungsgrundlage (vgl. § 188 Abs. 1 Satz 1 i.V. m. § 157 Abs. 1 Satz 2 AO) sowie

► über die Zerlegung der Bemessungsgrundlage, also darüber, welches Finanzamt aus welchem Teil der Bemessungsgrundlage die Steuer festzusetzen hat (vgl. § 188 Abs. 2 Satz 1 AO). Die entsprechend § 188 Abs. 2 Satz 2 AO erforderliche Angabe der Verteilungsgrundlagen gehört zur inhaltlichen Bestimmtheit des Verwaltungsakts.

Die gesonderte Feststellung – auch soweit § 17 Abs. 3a eingreift – hat **für alle** von einem der Grunderwerbsteuer unterliegenden Rechtsvorgang betroffenen **Grundstücke in einem** Verwaltungsakt zu erfolgen. Wird dabei ein Grundstück nicht berücksichtigt, obwohl es zu berücksichtigen wäre, kann nicht ein weiterer Bescheid erlassen werden, sondern nur der Feststellungsbescheid nach Maßgabe der Korrekturvorschriften der AO (vgl. Rdnr. 4) geändert werden.[3] Der Erlass eines Ergänzungsbescheids nach § 179 Abs. 3 AO scheidet aus, weil der Feststellungsbescheid nicht lückenhaft, sondern schlicht inhaltlich unrichtig ist.

18    **Nicht zum Inhalt** des Bescheids über die gesonderte Feststellung der Besteuerungsgrundlagen gehört eine etwaige – nur außerhalb des Anwendungsbereichs des § 17 Abs. 3a mögliche – **Anrechnung** der Bemessungsgrundlage nach **§ 1 Abs. 6 Satz 2.** Ob für einen vorausgegangenen Erwerbsvorgang die Steuer berechnet wurde, gehört zum „Herrschaftswissen" des zur Steuerfestsetzung berufenen Finanzamts. Dasselbe gilt für die Anrechnung nach **§ 1 Abs. 2a Satz 7.**

---

1   BFH v. 31. 3. 2004 II R 54/01, BStBl II 2004, 685; s. dazu Rdnr. 19.

2   BFH v. 1. 3. 2004 II R 54/01, BStBl II 2004, 658; s. dazu Rdnr. 20.

3   BFH v. 15. 6. 1994 II R 120/91, BStBl II 1994, 819.

## II. Beteiligte am Verfahren über die gesonderte Feststellung

### 1. Die Steuerschuldner

Nach § 179 Abs. 2 Satz 1 AO richtet sich der Feststellungsbescheid gegen den 19
Steuerpflichtigen, dem der Gegenstand bei der Besteuerung zuzurechnen ist,
d. h. in das Grunderwerbsteuergesetz übersetzt, gegen denjenigen, der Steuerschuldner der aufgrund der festgesetzten Bemessungsgrundlage festzusetzenden Grunderwerbsteuer ist. Kommen mehrere Steuerschuldner als Gesamtschuldner (§ 44 Abs. 1 AO) in Betracht (§ 13 Nr. 1, Nr. 2 und Nr. 5 Buchst. b, so wären grundsätzlich die gesonderten Feststellungen ihnen gegenüber **einheitlich** vorzunehmen (§ 179 Abs. 2 Satz 2 AO). Eine **Ausnahme** vom Gebot einheitlicher Feststellung besteht dann, wenn das Feststellungsfinanzamt, das die Entscheidung über die Auswahl des in Anspruch zu nehmenden Steuerschuldners im Feststellungsbescheid zu treffen hat,[1] sich nach pflichtgemäßer Ausübung seines Ermessens zur Inanspruchnahme desjenigen Steuerschuldners entschieden hat, der im Innenverhältnis zur Tragung der Steuer sich verpflichtet hat oder verpflichtet ist (vgl. Hofmann, GrEStG, § Rdnr. 2213).[2] In einem solchen Fall ist es – wie bei der Steuerfestsetzung (s. dazu Hofmann, GrEStG, § 13 Rdnr. 23) – nicht ausgeschlossen, gegenüber dem anderen Gesamtschuldner später einen Feststellungsbescheid zu erlassen. Einheitliche Feststellung kommt auch dann nicht in Betracht, wenn sich der Ermessensspielraum des Feststellungsfinanzamts auf Null reduziert hat, weil bspw. über das Vermögen des anderen Gesamtschuldners ein Insolvenzverfahren eröffnet oder dessen Eröffnung mangels Masse abgelehnt wurde[3] oder ein als Steuerschuldner in Betracht kommender Rechtsträger aufgrund Verschmelzung oder einer Aufspaltung o. Ä. erloschen ist (§ 20 Abs. 1 Nr. 1 bzw. § 123 Abs. 1, § 131 Abs. 1 Nr. 1 UmwG). Damit reduziert sich die Möglichkeit (und Notwendigkeit) einer gesonderten und einheitlichen Feststellung auf den Fall der gleichzeitigen Inanspruchnahme beider (im Fall des § 13 Nr. 5 Buchst. b: mehrerer) Gesamtschuldner.

---

1 BFH v. 31. 3. 2004 II R 54/01, BStBl II 2004, 658.
2 Siehe auch BFH v. 31. 3. 2004 II R 54/01, BStBl II 2004, 658, und v. 6. 7. 2005 II R 9/05, BStBl II 2005, 780.
3 Vgl. BFH v. 31. 3. 2004 II R 54/01, BStBl II 2004, 658; v. 2. 7. 2005 II R 9/04, BStBl II 2005, 780.

## 2. Die zur Festsetzung der Steuer zuständigen Finanzämter

20    Bindende Feststellungen hat der Verwaltungsakt über die gesonderte Feststellung nach § 17 Abs. 2 und 3 darüber zu treffen, welche Finanzämter aufgrund welcher Besteuerungsgrundlage zur Steuerfestsetzung berufen sind. Dies ergibt sich eindeutig aus § 17 Abs. 4 Satz 2. **Da** insoweit der Feststellungsbescheid **Zerlegungsbescheid** ist, sind **diejenigen Finanzämter** in entsprechender Anwendung von § 186 Nr. 2 Satz 2 AO **Beteiligte** am Feststellungsverfahren, denen ein Anteil an der Besteuerungsgrundlage zugeteilt worden ist oder die einen Anteil daran beanspruchen.[1]

# III. Feststellungsfrist

20a    Wie eine Steuerfestsetzung, ihre Aufhebung und Änderung nach § 169 Abs. 1 Satz 1 AO nach Ablauf der Festsetzungsfrist nicht mehr zulässig ist, ist auch eine gesonderte Feststellung, ihre Aufhebung und Änderung nach Ablauf der eigenständigen Feststellungsfrist,[2] nicht mehr zulässig (§ 181 Abs. 1 Satz 1 i.V. m. §§ 169 ff. AO). Die Ausführungen in Hofmann, GrEStG, § 15 Rdnr. 18 gelten entsprechend für die Feststellungsfrist.

# IV. Rechtsbehelfe

## 1. Rechtsbehelf und Rechtsbehelfsbefugnis

21    Der Bescheid über die gesonderte Feststellung ist einerseits Grundlagenbescheid (vgl. die Definition in § 171 Abs. 10 AO) und andererseits Zerlegungsbescheid. Als außergerichtlicher Rechtsbehelf ist der Einspruch gegeben (§ 347 AO). Die Rechtsbehelfsbefugnis steht grundsätzlich allen Beteiligten (Rdnr. 19 und 20) zu.

Die als Schuldner der Grunderwerbsteuer durch die gesonderte Feststellung Betroffenen können ihre Einwendungen gegen Grund und Höhe der Bemessungsgrundlage ohnehin nur im Rechtsbehelfsverfahren gegen den Grundlagenbescheid geltend machen (§ 351 Abs. 2 AO; s. Rdnr. 23); denn der Feststellungsbescheid ist für die auf seiner Grundlage festzusetzende Steuer bindend (§ 182 Abs. 1 AO). Das insoweit schlecht an das Verfahrensrecht angepasste Grunderwerbsteuerrecht schließt es nicht aus, dass beteiligte Finanzämter den gesonderten Feststellungsbescheid auch hinsichtlich der Feststellungen

1 Ebenso Pahlke, Rz 16.
2 BFH v. 6. 7. 2005 II R 9/04, BStBl II 2005, 780.

über Grund und Umfang der Steuerpflicht und die insgesamt festzustellende Bemessungsgrundlage anfechten könnten. Das ist eine Folge des hier vorgesehenen einstufigen Feststellungs- **und** Zerlegungsverfahrens. Im Hinblick darauf, dass die Finanzverfassung des Grundgesetzes eine ineinander greifende Länderkompetenz nicht vorsieht (vgl. die Regelungen in Art. 108 Abs. 4 GG) und die Ertragshoheit der einzelnen Länder gerade durch die gesonderte Feststellung mit Zerlegungscharakter gewahrt werden soll, erscheint es auch nicht möglich, die Rechtsbehelfsbefugnis der beteiligten Finanzämter aus dem § 360 Abs. 2 AO, § 60 Abs. 2 FGO (s. auch § 40 Abs. 3 FGO) zugrunde liegenden Rechtsgedanken schlüssig zu versagen. Soweit die Zerlegung von Bemessungsgrundlagen betroffen ist, ist die Rechtsbehelfsbefugnis der beteiligten Finanzämter aus § 186 Nr. 2 Satz 2, § 188 AO gegeben.

## 2. Notwendigkeit einheitlicher Entscheidung

Die Notwendigkeit einheitlicher Entscheidung über den Rechtsbehelf des Steuerschuldners oder eines beteiligten Finanzamts folgt aus § 365 i.V.m. § 179 Abs. 2, §§ 186, 188 Abs. 1 AO. Die übrigen Beteiligten (Rdnr. 19, 20) sind zum außergerichtlichen Rechtsbehelfsverfahren **notwendig hinzuzuziehen** (§ 360 Abs. 3 AO); im Klageverfahren sind sie **notwendig beizuladen** (§ 60 Abs. 3 FGO). Der Einheitlichkeit der Feststellung folgt stets die Notwendigkeit der Einheitlichkeit der Entscheidung.   22

## 3. Unzulässigkeit des Rechtsbehelfs gegen Folgebescheid

Der Bescheid über die gesonderte Feststellung nach § 17 Abs. 2 oder 3 enthält den verbindlichen Ausspruch über Grund und Umfang der Steuerpflicht und – falls nicht § 17 Abs. 3a eingreift – über die Bemessungsgrundlage (vgl. Rdnr. 15). Er ist somit bindend für die auf ihm beruhenden Folgebescheide (§ 182 Abs. 1 AO). Einwendungen dagegen können zulässigerweise nur gegen den Grundlagenbescheid, nicht aber auch durch die Anfechtung des Folgebescheids geltend gemacht werden (§ 351 Abs. 2 AO, § 42 FGO). Der Grunderwerbsteuerbescheid kann eine **eigenständige Beschwer** folglich nur insoweit entfalten, als das für die Besteuerung zuständige Finanzamt (§ 17 Abs. 1) zu eigenen Regelungen befugt ist (Multiplikation der anteiligen Bemessungsgrundlage mit dem Steuersatz bzw. im Falle des § 17 Abs. 3a Multiplikation des Steuersatzes mit dem oder den zugrunde zu legenden, bindend durch das Lagefinanzamt festgestellten Bedarfs- bzw. Grundbesitzwert(en), Anrechnung der Steuer nach § 1 Abs. 6 Satz 2 oder § 1 Abs. 2a Satz 7).   23

Sollte die für die Festsetzung der Steuer nach § 17 Abs. 1 zuständige Finanzbehörde im Vorgriff einen Steuerbescheid erlassen haben (§ 155 Abs. 2 AO), so ist dieser Steuerbescheid in vollem Umfang anfechtbar.

### 4. Vorläufiger Rechtsschutz

24    Zur Aussetzung der Vollziehung von Grundlagenbescheiden s. § 361 Abs. 2 AO, § 69 Abs. 2 Sätze 2 und 3, Abs. 3 FGO; zur Wirkung auf den Folgebescheid vgl. § 361 Abs. 3 AO bzw. § 69 Abs. 2 Sätze 4 ff. FGO. Siehe im Übrigen Hofmann, GrEStG, vor § 15 Rdnr. 16.

## IV.  Aufhebung und Änderung der Stufenbescheide

### 1. Vorbemerkung

25    Wegen der in Bezug auf § 16 zu ziehenden Konsequenzen vgl. Rdnr. 28.

### 2. Änderung des Grundlagenbescheids

26    Soweit der Grundlagenbescheid unter dem Vorbehalt der Nachprüfung (§ 164 AO) steht bzw. vorläufig (§ 165 AO) ergangen ist (zur Zulässigkeit vgl. § 181 Abs. 1 Satz 1 i. V. m. § 157 Abs. 1 Satz 2 bzw. § 185 i. V. m. § 184 Abs. 1 Satz 3 und § 157 Abs. 1 Satz 2 AO), ist der Grundlagenbescheid – innerhalb der Feststellungsfrist (§ 169 Abs. 1 i. V. m. § 181 Abs. 1 Satz 1 AO) – jederzeit veränder- bzw. aufhebbar. Im Übrigen richtet sich die Durchbrechung der Bestandskraft nach §§ 172 ff. AO. Der Grundlagenbescheid ist insbesondere nach § 175 Abs. 1 Satz 1 Nr. 2 AO zu ändern, wenn in ihm positiv über eine Steuervergünstigung nach § 5 Abs. 1 oder 2 oder nach § 6 Abs. 3 Satz 1 entschieden wurde, der Veräußerer bzw. der Gesamthänder jedoch innerhalb der Fünfjahresfrist des § 5 Abs. 3 bzw. § 6 Abs. 3 Satz 2 seinen Anteil am Vermögen der erwerbenden Gesamthand vermindert. Denn die Entscheidung über das Eingreifen bzw. Nichteingreifen einer Steuervergünstigung ist stets – auch in den Fällen des § 17 Abs. 3a – im Feststellungsbescheid zu treffen. Dasselbe gilt bei Verletzung der Nachbehaltensfrist des § 6a (s. Hofmann, GrEStG, § 6a Rdnr. 19).

Da der Feststellungsbescheid aber auch Zerlegungscharakter hat, greift – beschränkt auf die Zerlegung – sinngemäß auch § 189 AO ein. Danach ist die Änderung der Zerlegung zulässig, wenn der Anspruch eines Steuerberechtigten auf einen Anteil der Bemessungsgrundlage weder berücksichtigt noch zurückgewiesen wurde. Die Entscheidung über die Steuerpflicht sowie die insgesamt der Steuerfestsetzung zugrunde zu legende Bemessungsgrundlage wird dadurch nicht berührt.

### 3. Änderung des Folgebescheids

Der Grunderwerbsteuerbescheid als Folgebescheid des Feststellungsbescheids 27
ist diesem nach § 175 Abs. 1 Satz 1 Nr. 1 AO anzupassen. Wird – wie in den Fällen des § 17 Abs. 3a – die Bemessungsgrundlage nicht im Feststellungsbescheid festgestellt, sondern legt das für die Steuerfestsetzung örtlich zuständige Finanzamt seiner Festsetzung den vom Lagefinanzamt festgestellten Grundbesitzwert zugrunde, ist bei Änderung dieses Feststellungsbescheids der Grunderwerbsteuerbescheid nach § 175 Abs. 1 Satz 1 Nr. 1 AO anzupassen. Denn der den Grundbesitzwert feststellende Bescheid ist Grundlagenbescheid für die Steuerfestsetzung und für diese bindend.[1] Wegen der diesbezüglichen Ablaufhemmung der Festsetzungsfrist vgl. § 171 Abs. 10 AO.

## G. Folgerungen aus der Anordnung gesonderter Feststellung für § 16?

Beruht ein Steuerbescheid auf einer gesonderten Feststellung, so ist diese für 28
ihn bindend, soweit die im Feststellungsbescheid getroffenen Feststellungen für diesen Folgebescheid verbindlich sind (§ 182 Abs. 1 AO). Der Grundlagenbescheid nach § 17 Abs. 2, 3 berücksichtigt nur den der Steuer unterliegenden Lebenssachverhalt. Tritt ein weiterer Sachverhalt hinzu, so löst dieser grundsätzlich die Bindungswirkung auf, d. h. über den nachträglich hinzutretenden, die Konkretisierung des Steueranspruchs inhibierenden Anspruch aus § 16 enthält der Grundlagenbescheid keine Aussage.

Ist vor Durchführung der gesonderten Feststellung der Besteuerungsgrundlagen ein Anspruch auf Nichtfestsetzung der Steuer bzw. niedrigere Festsetzung der Steuer aus § 16 Abs. 1 bis 3 erwachsen, muss dieser auch zu einem Anspruch auf Nichtfeststellung bzw. niedrigere Feststellung der Besteuerungsgrundlagen führen. Über diesen Antrag hat das Feststellungsfinanzamt gesondert zu entscheiden;[2] es kann die Ablehnung des Antrags äußerlich mit dem Bescheid über die gesonderte Feststellung verbinden.[3]

Im Falle des **§ 16 Abs. 3** (Herabsetzung der Gegenleistung) erscheint es mit Sinn und Zweck des § 17 Abs. 2, 3 Nr. 1 überhaupt nicht vereinbar zu sein, diesen berücksichtigungsfähigen nachträglich entstandenen Sachverhalt dann nicht – und zwar **ausschließlich** – im Wege der **Änderung des Feststellungs-**

---

1 So auch FG Münster v. 12. 6. 2002, EFG 2002, 1141.
2 Vgl. BFH v. 16. 1. 2002 II R 52/00, BFH/NV 2002, 1053.
3 So auch BFH v. 20. 1. 2005 II B 52/04, BStBl II 2005, 492.

**bescheids** zu berücksichtigen, wenn sich die Herabsetzung der Gegenleistung finanzamtsbezirks- bzw. länderübergreifend auswirkt.

Aber **auch in den anderen Fällen** des § 16 ist dem nachträglich hinzutretenden, den Anspruch auf Aufhebung der Steuerfestsetzung sowie auf Nichtfestsetzung der Steuer für den Rückerwerb (§ 16 Abs. 2) begründenden Lebenssachverhalt nach Sinn und Zweck der gesonderten Feststellung des § 17 im Wege der **Aufhebung** der **gesonderten Feststellung** Rechnung zu tragen. Die Aufhebung der auf ihr beruhenden Folgebescheide richtet sich dann nach § 175 Abs. 1 Satz 1 Nr. 1 AO.

In entsprechender Anwendung von § 357 Abs. 2 Satz 2 AO genügt u. E. zur Wahrung der Feststellungsfrist (s. dazu Hofmann, GrEStG, § 16 Rdnr. 71) dann rechtzeitige Antragstellung bei einem für den Erlass des Folgebescheids zuständigen Finanzamt.

# § 18 Anzeigepflicht der Gerichte, Behörden und Notare

(1) Gerichte, Behörden und Notare haben dem zuständigen Finanzamt schriftlich Anzeige nach amtlich vorgeschriebenem Vordruck zu erstatten über

1. Rechtsvorgänge, die sie beurkundet oder über die sie eine Urkunde entworfen und darauf eine Unterschrift beglaubigt haben, wenn die Rechtsvorgänge ein Grundstück im Geltungsbereich dieses Gesetzes betreffen;

2. Anträge auf Berichtigung des Grundbuchs, die sie beurkundet oder über die sie eine Urkunde entworfen und darauf eine Unterschrift beglaubigt haben, wenn der Antrag darauf gestützt wird, dass der Grundstückseigentümer gewechselt hat;

3. Zuschlagsbeschlüsse im Zwangsversteigerungsverfahren, Enteignungsbeschlüsse und andere Entscheidungen, durch die ein Wechsel im Grundstückseigentum bewirkt wird. Die Anzeigepflicht der Gerichte besteht auch beim Wechsel im Grundstückseigentum auf Grund einer Eintragung im Handels-, Genossenschafts- oder Vereinsregister;

4. nachträgliche Änderungen oder Berichtigungen eines der unter den Nummern 1 bis 3 aufgeführten Vorgänge.

Der Anzeige ist eine Abschrift der Urkunde über den Rechtsvorgang, den Antrag, den Beschluss oder die Entscheidung beizufügen.

(2) Die Anzeigepflicht bezieht sich auch auf Vorgänge, die ein Erbbaurecht oder ein Gebäude auf fremdem Boden betreffen. Sie gilt außerdem für Vorgänge, die die Übertragung von Anteilen an einer Kapitalgesellschaft, einer bergrechtlichen Gewerkschaft, einer Personenhandelsgesellschaft oder einer Gesellschaft des bürgerlichen Rechts betreffen, wenn zum Vermögen der Gesellschaft ein im Geltungsbereich dieses Gesetzes liegendes Grundstück gehört.

(3) Die Anzeigen sind innerhalb von zwei Wochen nach der Beurkundung oder der Unterschriftsbeglaubigung oder der Bekanntgabe der Entscheidung zu erstatten, und zwar auch dann, wenn die Wirksamkeit des Rechtsvorgangs vom Eintritt einer Bedingung, vom Ablauf einer Frist oder von einer Genehmigung abhängig ist. Sie sind auch dann zu erstatten, wenn der Rechtsvorgang von der Besteuerung ausgenommen ist.

(4) Die Absendung der Anzeige ist auf der Urschrift der Urkunde, in den Fällen, in denen eine Urkunde entworfen und darauf eine Unterschrift beglaubigt worden ist, auf der zurückbehaltenen beglaubigten Abschrift zu vermerken.

(5) Die Anzeigen sind an das für die Besteuerung, in den Fällen des § 17 Abs. 2 und 3 an das für die gesonderte Feststellung zuständige Finanzamt zu richten.

*Anmerkung:*

*Die Anfügung des Satzes 2 in Absatz 1 Nr. 3 beruht auf Art. 7 Nr. 10 JStG 1997 v. 20. 12. 1996 (BGBl I 1996, 2049). Durch Art. 26 Nr. 1 des Dritten Gesetzes zur Änderung verwaltungsverfahrensrechtlicher Vorschriften v. 21. 8. 2002 (BGBl I 2002, 3322) wurde in Absatz 1 Satz 1 (Eingangsworte) das Wort „schriftlich" eingefügt sowie Abs. 1 Satz 3 angefügt. Dieser Satz wurde durch Art. 9 Nr. 1 des SteuervereinfachungsG 2011 v. 1. 11. 2011 (BGBl I 2011, 2131) wieder aufgehoben.*

## Inhaltsübersicht

**Literatur:** *Heine,* Anzeigepflichten bei der Grunderwerbsteuer, UVR 1996, 227 und UVR 2002, 246; *Gottwald,* Grunderwerbsteuerliche Anzeigepflichten in den Fällen des § 1 Abs. 2a und 3 GrEStG, UVR 2005, 334; *G. Hofmann,* Anzeigepflichten des Notars nach dem Grunderwerbsteuergesetz und deren Hintergrund, NotBZ 2001, 164; *dies.,* Anzeigepflichten des Notars nach dem Grunderwerbsteuergesetz, NotBZ 2006, 1; *Wohltmann,* Die Anzeigepflichten im Grunderwerbsteuerrecht – Ein Überblick, UVR 2006, 183.

# A. Vorbemerkung

1    Die in der Vorschrift normierten Anzeigepflichten dienen – ebenso wie die nach § 19 – der Sicherung des Steueraufkommens. Sie bestehen unabhängig davon, ob der Rechtsvorgang steuerpflichtig oder steuerfrei ist (§ 18 Abs. 3 Satz 2). Die Anzeige soll der zuständigen Finanzbehörde Kenntnis von den anzeigepflichtigen Vorgängen verschaffen und es ihr ermöglichen, die grunderwerbsteuerrechtlichen Konsequenzen zu ziehen und die dafür erforderlichen Ermittlungsmaßnahmen einzuleiten.

# B. Anzeigepflichtige Vorgänge

## I. Anzeigepflicht bei Beurkundung bzw. öffentlicher Beglaubigung

### 1. Anzeigeverpflichtete

2    § 18 Abs. 1 Satz 1 Nr. 1 enthält eine weitgespannte Anzeigepflicht, soweit inländische Grundstücke, Erbbaurechte und Gebäude auf fremdem Grund und Boden betroffen sind (§ 18 Abs. 2 Satz 1). Sie betrifft außerdem Vorgänge, die nach § 1 Abs. 2a, 3 oder 3a Bedeutung gewinnen können (§ 18 Abs. 2 Satz 2). Zwar wurden durch Art. 23 Nr. 1 StÄndG vom 24. 6. 1991[1] dinglich gesicherte Nutzungsrechte i. S. des § 15 WEG und des § 1010 BGB den Grundstücken gleichgestellt (vgl. § 2 Abs. 2 Nr. 3), jedoch wurde die Anzeigepflicht auf diese nicht erstreckt.

---

1 BGBl I 1991, 1322.

Die Anzeigepflicht trifft in erster Linie die **inländischen Notare** (§§ 128, 129 BGB; § 56 Abs. 4 BeurkG; vgl. in diesem Zusammenhang auch § 102 Abs. 4 AO und § 84 FGO), gilt aber in gleicher Weise für die **Gerichte** (§ 127a BGB) und **sonst** zur öffentlichen **Beurkundung zuständigen Stellen**.[1] Voraussetzung für die Anzeigepflicht ist, dass der Rechtsvorgang beurkundet wurde oder dass die Urkunde von der Urkundsperson entworfen und darauf eine Unterschrift beglaubigt wurde. Ist die Urkunde nicht von der Urkundsperson entworfen, sondern lediglich die Unterschrift beglaubigt worden, besteht keine Anzeigepflicht; in diesen Fällen hat die Urkundsperson die Urkunde ohnehin nur darauf zu prüfen, ob Gründe bestehen, die Amtstätigkeit zu versagen (§ 40 Abs. 2 ff. BeurkG). Die Anzeigepflicht ist eigene Amtspflicht.

## 2. Anzeigepflichtige Rechtsvorgänge

Der Anzeigepflicht unterliegen alle inländische Grundstücke (unter Einschluss der Erbbaurechte und der Gebäude auf fremdem Boden) betreffenden Rechtsvorgänge. Neben den Vorgängen, die in § 1 Abs. 1 bezeichnet sind, kommen beispielsweise als anzeigepflichtige Vorgänge in Betracht Vor- oder Optionsverträge, Kauf- und Verkaufsangebote, Erbteilsübertragungen (wenn Grundstücke betroffen sind und das der Urkundsperson bekannt ist), Ausübung von Vor- und Wiederkaufsrechten, sofern beurkundet usw. Nicht unter diese Vorschrift fällt die Einräumung eines dinglichen Vorkaufsrechts, die sonstige dingliche Belastung eines Grundstücks; diese Rechtsvorgänge betreffen nämlich das dingliche Recht und nur vermittels diesem das Grundstück i. S. des § 2.

Da die Anzeigen der Sicherung des Steueraufkommens dienen, erstreckt sich die Anzeigepflicht auch auf diejenigen beurkundeten usw. Rechtsgeschäfte, die den Gegenstand des Erwerbsvorgangs betreffen, die also bspw. darauf abzielen, dem Erwerber das im Grundstückskaufvertrag als unbebaut bezeichnete Grundstück als ein bebautes zu verschaffen. Das gilt zwar insbesondere dann, wenn die für sich allein nicht formbedürftige Vereinbarung wegen ihres rechtlichen Zusammenhangs mit einem Grundstücksgeschäft i. S. des § 311b Abs. 1 Satz 1 BGB beurkundungsbedürftig ist, beschränkt sich jedoch nicht darauf.[2] Denn die Entscheidung über Grund und Umfang der Steuerpflicht ist allein den Finanzbehörden vorbehalten (arg. § 18 Abs. 3 Satz 2).

3

---

1 Vgl. §§ 10 ff. Konsulargesetz v. 11. 9. 1974, BGBl I 1974, 2317; § 61 Abs. 4 BeurkG und die dort genannten Vorschriften.

2 Siehe auch BFH v. 25. 1. 2006 II R 61/04, BFH/NV 2006, 1059.

## II. Berichtigungsanträge

4   Die Anzeigepflicht (zur Person und zur Voraussetzung vgl. Rdnr. 2) besteht auch hinsichtlich der Anträge auf Berichtigung des Grundbuchs (§ 22 GBO), wenn der Antrag darauf gestützt wird, dass der Grundstückseigentümer (Erbbauberechtigte) gewechselt habe (§ 18 Abs. 1 Satz 1 Nr. 2).

## III. Beschlüsse, Entscheidungen und Registereintragungen

5   **Zuschlagsbeschlüsse** im Zwangsversteigerungsverfahren (Inhalt vgl. § 82 ZVG) unterliegen ebenso der Anzeigepflicht wie **Enteignungsbeschlüsse** und „andere Entscheidungen, durch die ein Wechsel im Grundbucheigentum bewirkt wird" (§ 18 Abs. 1 Satz 1 Nr. 3). Als derartige Entscheidungen kommen neben denjenigen der Flurbereinigungsbehörden bzw. solchen im Umlegungsverfahren (§§ 45 ff., 72 BauGB), im Grenzregelungsverfahren (§§ 80 ff., 83 BauGB) sowie im Enteignungsverfahren in Betracht. Anzeigepflicht der **Gerichte** besteht beim Wechsel im Grundstückseigentum durch Eintragung im Handels-, Genossenschafts- oder Vereinsregister. Das galt schon vor der Neufassung des § 18 Abs. 1 Nr. 3 durch das JStG 1997.[1]

## IV. Änderungen und Berichtigungen

6   Die Anzeigepflicht erstreckt sich nach § 18 Abs. 1 Satz 1 Nr. 4 auch auf alle nachträglichen Berichtigungen oder Änderungen anzeigepflichtiger Vorgänge. Änderung in diesem Sinn ist auch die **Vertragsaufhebung.** Auch – notwendige – **Ergänzungen,** wie bspw. die nachfolgende **Konkretisierung** eines nicht hinreichend bestimmten Grundstücks durch weitere Vereinbarung, einen Vertragspartner (vgl. §§ 315, 316 BGB) oder einen Dritten (vgl. § 317 BGB) sind (zumindest) nach § 18 Abs. 1 Satz 1 Nr. 4 anzeigepflichtig.[2]

## V. Bei Anteilsübertragungen

7   Ohne Rücksicht darauf, ob der Vorgang wegen Erfüllung eines in § 1 Abs. 2a, 3 oder 3a normierten Tatbestandes der Grunderwerbsteuer unterliegt, besteht die Anzeigepflicht nach § 18 Abs. 2 Satz 2 für alle Vorgänge, die die Übertragung von Anteilen an einer Kapitalgesellschaft, einer bergrechtlichen Gewerk-

---

1 Vgl. BFH v. 16. 2. 1994 II R 125/90, BStBl II 1994, 866.
2 Vgl. auch BFH v. 17. 10. 1990 II R 43/88, BStBl II 1991, 144.

schaft (s. aber § 163 BBergG), einer Personenhandelsgesellschaft oder einer Gesellschaft des bürgerlichen Rechts betreffen, **wenn** zum Vermögen der Gesellschaft ein **inländisches Grundstück gehört.** Angesprochen ist damit die **spezifisch grunderwerbsteuerrechtliche Zuordnung** von Grundstücken für Erwerbsvorgänge i. S. von § 1 Abs. 2a, 3 und 3a (s. dazu Hofmann, GrEStG, § 1 Rdnr. 115 und 148).[1] Insoweit erzeugt die Anzeigepflicht auch eine **Erkundigungspflicht.** Ob der konkrete Vorgang im Übrigen geeignet ist, Steuer nach § 1 Abs. 2a, 3 oder 3a auszulösen, ist für die Anzeigepflicht unbeachtlich.

# C. Frist, Inhalt, Förmlichkeiten

## I. Frist

Die Anzeige ist innerhalb von **zwei Wochen** nach der Beurkundung, der Unter-  8
schriftsbeglaubigung oder der Bekanntgabe der Entscheidung zu erstatten (§ 18 Abs. 3 Satz 1). Die Frist ist in analoger Anwendung von § 109 Abs. 1 Satz 1 AO auf einen vor ihrem Ablauf gestellten entsprechenden Antrag verlängerbar,[2] was für die Frage, ob eine i. S. des § 16 Abs. 5 fristgerechte und in allen Teilen vollständige Anzeige vorliegt, von Bedeutung ist (s. dazu Hofmann, GrEStG, § 16 Rdnr. 60). Das gilt **auch, wenn** ein Rechtsvorgang von der **Besteuerung ausgenommen** ist (§ 18 Abs. 3 Satz 2) und auch dann, wenn die **Wirksamkeit** des Rechtsgeschäfts **abhängig** ist vom Eintritt einer Bedingung, vom Ablauf einer Frist oder von einer Genehmigung. Die Anzeigeerstattung ist Voraussetzung für die Urkundenaushändigung, die Erteilung von Ausfertigungen bzw. beglaubigten Abschriften an die Beteiligten (§ 21).

## II. Form und Inhalt der Anzeige

Die Anzeige ist schriftlich nach **amtlich vorgeschriebenem Vordruck**[3] abzuge-  9
ben (Deckblatt und fünf Durchschriften!). Eine elektronische Übermittlung der Anzeige ist trotz der Aufhebung des Satzes 3 von § 18 Abs. 1 durch Art. 9 Nr. 1 SteuervereinfachungsG 2011[4] durch § 18 Abs. 1 Satz 2 ausgeschlossen (vgl. dazu § 87a Abs. 3 Satz 1 AO; s. auch § 126 Abs. 3 BGB). Sie bleibt nach § 22a Satz 3 solange und soweit von der in § 22a Satz 1 enthaltenen Verordnungsermächtigung nicht Gebrauch gemacht wurde ebenso wie die elektronische

---

1  Vgl. BFH v. 21. 9. 2005 II R 33/04, BFH/NV 2006, 609.
2  BFH v. 20. 1. 2005 II B 52/04, BStBl II 2005, 492.
3  Das ist der bundeseinheitliche Vordrucksatz „Veräußerungsanzeige"..
4  Vom 1. 11. 2011, BGBl I 2011, 2131.

Übermittlung der Urkunde ausgeschlossen. Der **Inhalt** der Anzeige ergibt sich aus § 20 Abs. 1 für Grundstücke betreffende Rechtsvorgänge, dem der Vordruck Rechnung trägt. Bei Anzeigen aufgrund von § 18 Abs. 2 Satz 2 treten dazu die Bezeichnung der Firma und des Orts der Geschäftsleitung der Gesellschaft, die Bezeichnung des oder der Gesellschaftsanteile sowie bei mehreren beteiligten Rechtsträgern eine Beteiligungsübersicht (§ 20 Abs. 2). Die seit der Neufassung des § 20 durch das JStG 2010[1] erforderliche Angabe der Identifikationsnummer gemäß § 139b AO bzw. Wirtschafts-Identifikationsnummer gemäß § 139c AO dient nicht unmittelbar grunderwerbsteuerrechtlichen Zwecken (vgl. § 139b Abs. 4 AO).

**Beizufügen** ist der Anzeige eine Abschrift der Urkunde über den Rechtsvorgang bzw. den Antrag, den Beschluss oder die Entscheidung (§ 18 Abs. 1 Satz 2). Ist die Urkunde nicht in deutscher Sprache abgefasst (s. auch § 16 BeurkG) so kann die Abschrift nur den ursprünglichen Text wiedergeben. Die Urkundsperson kann von der Finanzbehörde nicht verpflichtet werden, eine Übersetzung in deutscher Sprache vorzulegen. Begnügt sich die Finanzbehörde nicht mit der Urkunde, kann sie den Beteiligten, die ebenfalls anzeigeverpflichtet sind (s. insbesondere § 19 Abs. 1 Nr. 3a bis 7a), die Vorlage einer Übersetzung aufgeben (§ 87 AO).

## III. Weitere Förmlichkeiten

10    Nach § 18 Abs. 4 ist über die **Absendung der Anzeige** ein Vermerk anzubringen. Sie ist entweder auf der Urschrift der Urkunde oder – wenn eine Urkunde entworfen und darauf eine Abschrift beglaubigt wurde – auf der zurückbehaltenen Abschrift **zu vermerken.**

# D. Adressat der Anzeige

11    Nach § 18 Abs. 5 sind die Anzeigen – soweit nach § 17 Abs. 2 und 3 gesonderte Feststellung stattfindet – an das für die gesonderte Feststellung zuständige Finanzamt (vgl. Hofmann, GrEStG, § 17 Rdnr. 9 ff.) sonst an das für die Besteuerung zuständige Finanzamt (vgl. Hofmann, GrEStG, § 17 Rdnr. 5 f.) zu richten, und zwar jeweils an die Grunderwerbsteuerstelle der zuständigen Finanzbehörde.[2]

---

1 Vom 8. 12. 2010, BGBl I 2010, 1768.
2 BFH v. 11. 6. 2008 II R 55/06, BFH/NV 2008, 1876, m. w. N.; s. dazu auch BFH v. 29. 10. 2008 II R 9/08, BFH/NV 2009, 1832.

# E. Bedeutung der Anzeige

Die Absendung der Anzeige ist nach § 21 Voraussetzung für die Urkundenaus-händigung usw. an die Beteiligten. Für den **Beginn** der **Festsetzungsfrist** kommt der Nichterstattung der Anzeige i. S. des § 18 keine Bedeutung zu (vgl. Hofmann, GrEStG, vor § 15 Rdnr. 18). 12

Betrifft die Anzeigepflicht einen nach § 1 Abs. 2, 2a, 3 oder 3a der Steuer unter-liegenden Vorgang, so schließt die Nichterfüllung bzw. nicht fristgerechte und nicht in allen Teilen vollständige Erfüllung der Anzeigepflicht die Entstehung des Anspruchs auf Nichtfestsetzung, (niedrigere) Festsetzung der Steuer bzw. auf Aufhebung (Änderung) der Steuerfestsetzung nach § 16 Abs. 1 bis 3 aus (§ 16 Abs. 5).

# § 19 Anzeigepflicht der Beteiligten

(1) Steuerschuldner müssen Anzeige erstatten über

1. Rechtsvorgänge, die es ohne Begründung eines Anspruchs auf Übereig-nung einem anderen rechtlich oder wirtschaftlich ermöglichen, ein Grund-stück auf eigene Rechnung zu verwerten;

2. formungültige Verträge über die Übereignung eines Grundstücks, die die Beteiligten unter sich gelten lassen und wirtschaftlich erfüllen;

3. den Erwerb von Gebäuden auf fremdem Boden;

3a. unmittelbare und mittelbare Änderungen des Gesellschafterbestandes ei-ner Personengesellschaft, die innerhalb von fünf Jahren zum Übergang von 95 vom Hundert der Anteile am Gesellschaftsvermögen auf neue Ge-sellschafter geführt haben, wenn zum Vermögen der Personengesellschaft ein inländisches Grundstück gehört (§ 1 Abs. 2a);

4. schuldrechtliche Geschäfte, die auf die Vereinigung von mindestens 95 vom Hundert der Anteile einer Gesellschaft gerichtet sind, wenn zum Vermögen der Gesellschaft ein Grundstück gehört (§ 1 Abs. 3 Nr. 1);

5. die Vereinigung von mindestens 95 vom Hundert der Anteile einer Gesell-schaft, zu deren Vermögen ein Grundstück gehört (§ 1 Abs. 3 Nr. 2);

6. Rechtsgeschäfte, die den Anspruch auf Übertragung von mindestens 95 vom Hundert der Anteile einer Gesellschaft begründen, wenn zum Ver-mögen der Gesellschaft ein Grundstück gehört (§ 1 Abs. 3 Nr. 3);

7. die Übertragung von mindestens 95 vom Hundert der Anteile einer Gesellschaft auf einen anderen, wenn zum Vermögen der Gesellschaft ein Grundstück gehört (§ 1 Abs. 3 Nr. 4);

7a. Rechtsvorgänge, aufgrund derer ein Rechtsträger unmittelbar oder mittelbar oder teils unmittelbar, teils mittelbar eine wirtschaftliche Beteiligung in Höhe von mindestens 95 vom Hundert an einer Gesellschaft, zu deren Vermögen ein Grundstück gehört, innehat (§ 1 Abs. 3a);

8. Entscheidungen im Sinne von § 18 Abs. 1 Satz 1 Nr. 3. Die Anzeigepflicht besteht auch beim Wechsel im Grundstückseigentum auf Grund einer Eintragung im Handels-, Genossenschafts- oder Vereinsregister.

Sie haben auch alle Erwerbsvorgänge anzuzeigen, über die ein Gericht, eine Behörde oder ein Notar eine Anzeige nach § 18 nicht zu erstatten hat.

(2) Die in Absatz 1 bezeichneten Personen haben außerdem in allen Fällen Anzeige zu erstatten über

1. jede Erhöhung der Gegenleistung des Erwerbers durch Gewährung von zusätzlichen Leistungen neben der beim Erwerbsvorgang vereinbarten Gegenleistung;

2. Leistungen, die der Erwerber des Grundstücks anderen Personen als dem Veräußerer als Gegenleistung dafür gewährt, dass sie auf den Erwerb des Grundstücks verzichten;

3. Leistungen, die ein anderer als der Erwerber des Grundstücks dem Veräußerer als Gegenleistung dafür gewährt, dass der Veräußerer dem Erwerber das Grundstück überlässt;

4. Änderungen im Gesellschafterbestand einer Gesamthand bei Gewährung der Steuervergünstigung nach § 5 Abs. 1 und 2 oder § 6 Abs. 3 in Verbindung mit § 6 Abs. 1;

4a. Änderungen von Beherrschungsverhältnissen im Sinne des § 6a Satz 4;

5. Änderungen in der Nutzung oder den Verzicht auf Rückübertragung, wenn der Grunderwerb nach § 4 Nr. 5 von der Besteuerung ausgenommen war.

(3) Die Anzeigepflichtigen haben innerhalb von zwei Wochen, nachdem sie von dem anzeigepflichtigen Vorgang Kenntnis erhalten haben, den Vorgang anzuzeigen, und zwar auch dann, wenn der Vorgang von der Besteuerung ausgenommen ist. Die Frist nach Satz 1 verlängert sich auf einen Monat für den Steuerschuldner, der eine natürliche Person ohne Wohnsitz oder gewöhnlichen Aufenthalt im Inland, eine Kapitalgesellschaft ohne Geschäftsleitung

oder Sitz im Inland oder eine Personengesellschaft ohne Ort der Geschäftsführung im Inland ist.

(4) Die Anzeigen sind an das für die Besteuerung, in den Fällen des § 17 Abs. 2 und 3 an das für die gesonderte Feststellung zuständige Finanzamt zu richten. Ist über den anzeigepflichtigen Vorgang eine privatschriftliche Urkunde aufgenommen worden, so ist der Anzeige eine Abschrift der Urkunde beizufügen.

(5) Die Anzeigen sind Steuererklärungen im Sinne der Abgabenordnung. Sie sind schriftlich abzugeben. Sie können gemäß § 87a der Abgabenordnung in elektronischer Form übermittelt werden.

**Anmerkung:**

*Durch Art. 7 Nr. 9 JStG 1997 v. 20. 12. 1996 (BGBl I 1996, 2049) wurden der Eingangssatz von Absatz 1 redaktionell neu gefasst und Absatz 1 Nr. 3a eingefügt; Absatz 1 Nr. 3a bis 7 wurden neu gefasst sowie Absatz 2 Nr. 4 angefügt durch Art. 15 Nr. 9 StEntlG 1999/2000/2002 v. 24. 3. 1999 (BGBl I 1999, 402), s. dazu § 23 Abs. 3 und Abs. 6 Satz 1. § 19 Abs. 1 Nr. 3a wurde neu gefasst durch Art. 13 Nr. 6 StÄndG 2001 v. 20. 12. 2001 (BGBl I 2001, 3794) und § 1 Abs. 2a Satz 1 i. d. F. desselben Gesetzes angepasst. Die Vorschrift ist nach Art. 39 Abs. 5 StÄndG 2001 am 31. 12. 2001 in Kraft getreten. Durch dasselbe Gesetz wurde in § 19 Abs. 1 die Nummer 8 eingefügt und § 19 Abs. 2 Nr. 4 unter Berücksichtigung der Einfügung von Satz 2 in § 6 Abs. 3 durch dieses Gesetz neu gefasst. Diese Vorschriften sind nach § 23 Abs. 7 Satz 1 erstmals auf Erwerbsvorgänge anzuwenden, die nach dem 31. 12. 2001 verwirklicht werden. Die Anfügung der Nummer 5 in Absatz 2 erfolgte durch Art. 5 Nr. 2 des Gesetzes zur Beschleunigung der Umsetzung von Öffentlich Privaten Partnerschaften (ÖPP-Gesetz) v. 1. 9. 2005 (BGBl I 2005, 2676). Die Fassung des § 19 Abs. 5 beruht auf Art. 26 Nr. 2 des Dritten Gesetzes zur Änderung verwaltungsverfahrensrechtlicher Vorschriften v. 21. 8. 2002 (BGBl I 2002, 3322). Dieses Gesetz ist am 28. 8. 2002 in Kraft getreten (Art. 74 Abs. 1 des Gesetzes). Die Einfügung des § 19 Abs. 2 Nr. 4a erfolgte durch Art. 7 WachstumsbeschleunigungsG v. 22. 12. 2009 (BGBl I 2009, 3950). Zum zeitlichen Anwendungsbereich s. § 23 Abs. 8. § 19 Abs. 1 Satz 1 Nr. 7a wurde durch Art. 26 Nr. 8 Buchst. b AmtshilfeRLUmsG v. 26. 6. 2013 (BGBl I 2013, 1809) eingefügt. Durch Art. 28 Nr. 8 Buchst. c desselben Gesetzes wurde § 19 Abs. 2 Nr. 5 den Änderungen in § 4 durch dieses Gesetz angepasst. Die Einfügung von Satz 2 in § 19 Abs. 3 erfolgte durch Art. 18 Nr. 1 des Gesetzes zur Modernisierung des Besteuerungsverfahrens v. 18. 7. 2016 (BGBl I 2016, 1679).*

Literatur: *Heine,* Anzeigepflichten bei der Grunderwerbsteuer, UVR 1996, 227 und UVR 2002, 246; *Gottwald,* Grunderwerbsteuerliche Anzeigepflichten in den Fällen des § 1 Abs. 2a und 3 GrEStG, UVR 2005, 334; *Wohltmann,* Die Anzeigepflichten im Grunderwerbsteuerrecht – Ein Überblick, UVR 2006, 183.

# A. Vorbemerkung

1    Ebenso wie die den Gerichten, Behörden und Notaren in § 18 auferlegten Anzeigepflichten dienen die Anzeigepflichten der Steuerschuldner der Sicherung des Steueraufkommens. Die **Pflicht zur Anzeige** von der Grunderwerbsteuer unterliegenden Vorgängen **ist** gleich der Pflicht zur Abgabe von Steuererklärungen (vgl. auch § 19 Abs. 5) **eine objektive,** die unabhängig davon besteht, ob die anzeigeverpflichteten Beteiligten in der Lage sind, die grunderwerbsteuerrechtliche Erheblichkeit der Rechtsvorgänge zu erkennen.[1] Bei rechtlichen Zweifeln eines Beteiligten über seine diesbezüglichen steuerlichen Pflichten treffen ihn Informations- und Erkundigungspflichten.[2]

# B. Anzeigepflichtige Vorgänge

## I. Enumerativ aufgeführte Vorgänge

2    Die Anzeigepflicht erstreckt sich auf die in **§ 19 Abs. 1 Satz 1** Nr. 1 bis 8 aufgeführten Vorgänge und dient damit primär dazu, den Finanzbehörden die

---

1 Vgl. BFH v. 25. 3. 1992 II R 46/89, BStBl II 1992, 680; vgl. auch BFH v. 12. 6. 1996 II R 3/93, BStBl II 1996, 485.
2 Vgl. BFH v. 19. 2. 2009 II R 49/07, BFH/NV 2009, 1291.

Kenntnis von Erwerbsvorgängen zu vermitteln, die nach § 1 Abs. 1 Nr. 3, Abs. 2, Abs. 2a, Abs. 3 oder Abs. 3a der Steuer unterliegen. Sie gilt auch für sog. „Treuhandverhältnisse" (vgl. Hofmann, GrEStG, § 1 Rdnr. 87 ff.). Die Anzeigepflicht besteht unabhängig davon, ob der nämliche Vorgang auch nach § 18 anzeigepflichtig ist.

Die Erwerbsvorgänge i. S. des § 1 Abs. 2a betreffende Anzeigepflicht nach § 19 **Abs. 1 Nr. 3a** hat seit ihrer erstmaligen Einfügung durch das JStG 1997 verbal kaum je den anzeigepflichtigen Vorgang korrekt erfasst. Das galt schon für § 19 Abs. 1 Nr. 3a i. d. F. JStG 1997, der die Anzeigepflicht für Erwerbsvorgänge nach § 1 Abs. 2a in der ursprünglichen Fassung normierte (anwendbar für solche Erwerbsvorgänge, die nach dem 31. 12. 1996 und vor dem 1. 1. 2000 verwirklicht wurden) und ebenso für § 19 Abs. 1 Nr. 3a i. d. F. StEntlG 1999/2000/2002, für nach dem 31. 12. 1999 verwirklichte Erwerbsvorgänge. Insoweit wird auf Rdnr. 3 der 8. Auflage verwiesen.

3

Mit der **geltenden Fassung** des **§ 19 Abs. 1 Satz 1 Nr. 3a,** die auf dem StÄndG 2001 beruht und zum 31. 12. 2001 in Kraft getreten ist, hat zwar der Gesetzgeber erkennbar versucht, die Mängel der vorhergehenden Gesetzesfassungen zu beheben; Eindeutigkeit und Klarheit ist ihr indes nicht zu attestieren. Das liegt aber am Tatbestand des § 1 Abs. 2a, der grunderwerbsteuerrechtliche Zuordnungen mit Anteilen am Gesellschaftsvermögen vermischt und deshalb jedenfalls für einen anzeigepflichtigen Laien ein Maß an Kenntnis des Grunderwerbsteuerrechts voraussetzt, das wohl die Grenze der Zumutbarkeit erreicht bzw. nahezu überschreitet. Anzeigepflichten sollten aber in wünschenswerter Klarheit den Tatbestand aufzeigen, für den sie bestehen und das Pflichtenmaß für jedermann erkennbar machen; tun sie das nicht, so kann ihre Verletzung kaum die üblicherweise mit ihr verbundenen Konsequenzen rechtfertigen.

Die in **§ 19 Abs. 1 Nr. 3a bis 7a** normierten Anzeigepflichten für die dort beschriebenen Vorgänge bestehen stets – und nur dann –, wenn zum Vermögen der Gesellschaft ein inländisches Grundstück gehört. Damit wird an den Einleitungssatz des § 1 Abs. 2a und des § 1 Abs. 3 bzw. an den Tatbestand des § 1 Abs. 3a Satz 1 angeknüpft, weshalb auch § 19 Abs. 1 Nr. 3a bis 7a die **spezifisch grunderwerbsteuerrechtliche Zurechnung** von Grundbesitz anspricht. Die Anzeigepflichten bestehen auch dann, wenn der Erwerb Anteile an einer Gesellschaft betrifft, die ihrerseits **teils mittelbar, teils unmittelbar** oder nur **mittelbar** im erforderlichen Umfang an einer Gesellschaft mit inländischem Grund-

4

besitz beteiligt ist.[1] Sie ergreifen auch mittelbare Änderungen des Gesellschafterbestands.

5   § 19 Abs. 1 Satz 1 Nr. 7a ist anzuwenden auf Erwerbsvorgänge, die nach dem 6. 6. 2013 verwirklicht werden (§ 23 Abs. 11). Die Vorschrift bürdet demjenigen Rechtsträger, der die wirtschaftliche Beteiligung innehat, als dem Steuerschuldner (§ 13 Nr. 7) die Pflicht auf, Rechtsvorgänge, aufgrund derer der Tatbestand des § 1 Abs. 3a in seiner Person verwirklicht wird, anzuzeigen.

6   Die Anfügung der **Nummer 8** in den Katalog des **§ 19 Abs. 1** Satz 1 (anzuwenden auf Erwerbsvorgänge, die nach dem 31. 12. 2001 verwirklicht werden, § 23 Abs. 7 Satz 1) ist sicher auch eine (späte) Reaktion auf das Urteil des BFH vom 16. 2. 1994[2], sie wirft aber vor allem ein Licht darauf, dass die Gerichte (auch die Registergerichte) und die Behörden der ihnen nach § 18 Abs. 1 Satz 1 Nr. 3 obliegenden Anzeigenpflicht offenbar nur zögerlich nachkommen und diese wohl deshalb zur Vermeidung von Steuerausfällen (die Verletzung der Anzeigepflicht der Gerichte und Behörden hat keinen Einfluss auf die Festsetzungsfrist, vgl. Hofman, GrEStG, vor § 15 Rdnr. 18) durch eine eigene Anzeigenpflicht der von der Entscheidung bzw. Registereintragung betroffenen potenziellen (s. Rdnr. 8) Steuerschuldner flankiert wurde.

7   Die Anzeigepflicht nach **§ 19 Abs. 2 Nr. 1** besteht für alle gegenleistungserhöhende Vereinbarungen, die formal außerhalb des tatbestandserfüllenden Rechtsgeschäfts getroffen werden; sie beschränkt sich nicht auf zusätzlich (nachträglich) dem Veräußerer gewährte Leistungen i. S. des § 9 Abs. 2 Nr. 1.[3] Sie besteht auch bei (aufschiebend) bedingten Leistungen (z. B. Mehrerlösvereinbarungen, Baulandausweisung), soweit es nach Bedingungseintritt zu einer Erhöhung der Gegenleistung kommt.[4]

Ist Gegenstand eines Erwerbsvorganges das Grundstück in einem künftigen Zustand, in den es erst zu versetzen ist (Grundstück mit noch von der Veräußererseite zu errichtenden Gebäudlichkeiten), wird häufig nur der „Kaufvertrag über das unbebaute Grundstück" notariell beurkundet. Grunderwerbsteuerrechtlich maßgebend sind – auch für den Umfang der Gegenleistung – die damit in rechtlichem oder objektiv sachlichem Zusammenhang stehenden Vereinbarungen, die insgesamt das Grundstück als bebautes beim Erwerber ankommen lassen sollen (s. Hofmann, GrEStG, § 8 Rdnr. 7 ff.). Zur Anzeigepflicht

---

1  BFH v. 21. 9. 2005 II R 33/04, BFH/NV 2006, 609.
2  II R 125/90, BStBl II 1994, 866; so Boruttau/Viskorf, Rn. 20.
3  BFH v. 30. 10. 1996 II R 69/94, BStBl II 1997, 85.
4  So auch Pahlke, Rz 10.

der Notare bei Beurkundung auch solcher (weiterer) Vereinbarungen s. Hofmann, GrEStG, § 18 Rdnr. 3. Derartige zum Kaufvertrag über das unbebaute
Grundstück hinzutretende Vereinbarungen sind nach § 19 Abs. 2 Nr. 1 anzeigepflichtig, und zwar unabhängig von einer etwa nach § 18 bestehenden Anzeigepflicht.[1]

Die Anzeigepflichten aus **§ 19 Abs. 2 Nr. 2 und Nr. 3** treffen niemals den Drit-    8
ten, an den der Erwerber oder der an den Veräußerer leistet, denn diese gehören nicht zu den in § 19 Abs. 1 bezeichneten (potenziellen, vgl. Rdnr. 12) Steuerschuldnern (s. dazu auch Hofmann, GrEStG, § 13 Rdnr. 4).

Die Anzeigepflicht nach **§ 19 Abs. 2 Nr. 4** i. d. F. StEntlG 1999/2000/2002 be-    9
schränkte sich auf Änderungen im Gesellschafterbestand bei Gewährung der
Steuervergünstigung nach § 5 Abs. 1 und 2 (zum zeitlichen Anwendungsbereich s. § 23 Abs. 6 Satz 2). Ihre Erstreckung auf die Gewährung der Steuervergünstigung nach § 6 Abs. 3 Satz 1 i. V. m. § 6 Abs. 1 durch das StÄndG 2001
steht im Zusammenhang mit der Anfügung von Satz 2 in § 6 Abs. 3 durch dasselbe Gesetz. Die Anzeigepflicht nach § 19 Abs. 2 Nr. 4 tritt unter Einbeziehung
der Regelungen in § 23 Abs. 6 Satz 2 für ihre und des § 5 Abs. 3 bzw. in § 23
Abs. 7 Satz 7 für ihre und des § 6 Abs. 3 Satz 2 erstmalige Anwendbarkeit erst
ein, wenn für einen nach dem 31. 12. 1999 bzw. nach dem 31. 12. 2001 durch
eine Gesamthandsgemeinschaft verwirklichten Erwerbsvorgang (vgl. Hofmann, GrEStG, § 23 Rdnr. 1 ff.) die Steuervergünstigung nach § 5 Abs. 1 oder 2
bzw. nach § 6 Abs. 3 Satz 1 i. V. m. Abs. 1 gewährt wurde. Insoweit ist sie zu
eng gefasst, weil die Voraussetzungen, unter denen § 5 Abs. 1 und 2 bzw. § 6
Abs. 3 Satz 1 i. V. m. Abs. 1 nicht anzuwenden sind (§ 5 Abs. 3, § 6 Abs. 3 Satz 2)
auch schon eintreten können bevor die Steuerbegünstigung „gewährt" wurde.
Im Übrigen steht die die Anzeigepflicht konstituierende Vorschrift nicht in
Kongruenz zu § 5 Abs. 3 und § 6 Abs. 3 Satz 2. Anzuzeigen sind ihrem Wortlaut
nach nämlich „Änderungen im Gesellschafterbestand einer Gesamthand", also
Vorgänge, die die sachenrechtliche Ebene betreffen, während § 5 Abs. 3 und
§ 6 Abs. 3 Satz 2 an die vermögensrechtliche Beteiligung – deren Minderung –
am Gesamthandsvermögen anknüpfen, die nicht nur durch eine Veränderung
im Gesellschafterbestand herbeigeführt werden kann (vgl. Hofmann, GrEStG,
§ 5 Rdnr. 16 ff.). Andererseits ist die Anzeigepflicht in § 19 Abs. 2 Nr. 4 zu weit
gefasst, weil sie dem Wortlaut nach auch über den nach § 5 Abs. 3 bzw. § 6
Abs. 3 Satz 2 maßgebenden Fünfjahreszeitraum hinaus besteht.

---

1 BFH v. 30. 10. 1996 II R 69/94, BStBl II 1997, 85.

10    Die Anzeigepflicht nach **§ 19 Abs. 2 Nr. 4a** dient der Überwachung der Nachbehaltensfrist (s. dazu Hofmann, GrEStG, § 6a Rdnr. 19, 20). Anzeigepflichtig
ist derjenige bzw. sind diejenigen Rechtsträger, die die Pflicht zur Anzeige des
nach § 6a Satz 1 und 2 steuerbegünstigten Erwerbsvorgangs als präsumtive
Steuerschuldner nach § 13 Nr. 1, 2, 5 bis 7 hatten, denn sie hatten ohnehin diesen bei dessen Verwirklichung anzuzeigen.

## II. Blankettklausel

11    Über die in Rdnr. 2 bis 7 erwähnten Anzeigepflichten hinaus statuiert **§ 19
Abs. 1 Satz 2** eine Anzeigepflicht für alle Erwerbsvorgänge unter der einschränkenden Voraussetzung, dass die Anzeigepflicht nicht nach § 18 ein Gericht,
eine Behörde oder einen Notar trifft und auch nicht kraft § 19 Abs. 1 Satz 1 besteht.[1] Die Blankettklausel betrifft solcherart z. B. die Anzeigepflicht für die in
der Benennung eines Dritten liegende „Abtretung der Rechte aus einem Kaufangebot" und dieser verwandte Vorgänge ebenso wie gewisse „Treuhandverhältnisse" im Rahmen der Anteilsvereinigung (vgl. Hofmann, GrEStG, § 1
Rdnr. 159 ff.) und schließlich auch den Grundstücksübergang auf den „verbleibenden" Gesellschafter (Hofmann, GrEStG, § 1 Rdnr. 56).

Sie **gilt auch** für **Vorgänge, die dinglich gesicherte Sondernutzungsrechte** i. S.
des § 15 WEG und des § 1010 BGB (s. § 2 Abs. 2 Nr. 3) betreffen, weil insoweit
keine Anzeigepflicht nach § 18 besteht (vgl. Hofmann, GrEStG, § 18 Rdnr. 2).

Die **Anzeigepflicht** nach § 19 Abs. 1 Satz 2 **besteht** aber nicht nur in Bezug auf
diejenigen Erwerbsvorgänge, für die sich die Steuerpflicht unmittelbar aus § 1
ergibt, sondern **auch in** denjenigen **Fällen,** in denen wegen Umgehung des
(Grunderwerb-)Steuergesetzes gemäß **§ 42 AO** die Steuer so entsteht, wie sie
bei einer dem eigentlichen Gehalt der Vorgänge angemessenen Gestaltung
entstanden wäre (vgl. Hofmann, GrEStG, § 1 Rdnr. 26 f.). Denn die Anzeigepflicht der Beteiligten besteht unabhängig davon, ob und inwieweit sie die
grunderwerbsteuerrechtliche Relevanz des Rechtsvorgangs erkennen und ob
sie sich ihrer Anzeigepflicht bewusst waren.[2]

## C.  Zur Anzeige verpflichtete Personen

12    Die Anzeigepflicht aus § 19 besteht nach dem Eingangssatz des § 19 Abs. 1 nur
für Steuerschuldner. Da die Anzeigepflicht nach § 19 Abs. 3 zweiter Halbsatz

---

1  FG Münster v. 10. 4. 2014, EFG 2015, 1838.
2  BFH v. 25. 3. 1992 II R 46/89, BStBl II 1992, 680.

auch dann besteht, wenn der Vorgang von der Besteuerung ausgenommen ist, **erstreckt** sie sich auf alle Personen, die als **potenzielle Steuerschuldner** an den anzeigepflichtigen Vorgängen beteiligt sind; der Eingangssatz ist zumindest unglücklich gefasst. Eine Anzeigepflicht, die für Dritte zu erfüllen wäre (vgl. in diesem Zusammenhang § 9 Abs. 2 Nr. 3 und 4), beinhaltet § 19 nicht. Zur Verpflichtung gesetzlicher Vertreter usw., steuerliche Pflichten der Vertretenen usw. zu erfüllen, vgl. §§ 34, 35 AO.

# D. Inhalt, Frist und Form der Anzeige

## I. Inhalt der Anzeige

Den Inhalt der Anzeige bestimmt § 20. Aus der gemäß § 19 Abs. 1, 2 zu erstattenden Anzeige muss sich ergeben (1) die Person der Beteiligten unter namentlicher Benennung (Vor- und Zuname) und Anschrift sowie der steuerlichen Identifikationsnummer gemäß § 139b AO bzw. der Wirtschafts-Identifikationsnummer gemäß § 139c AO, (2) ggf. persönliche, eine Steuervergünstigung aus § 3 Nr. 3 bis 7 begründende Beziehungen, (3) die genaue Bezeichnung des betroffenen Grundstücks (§ 20 Abs. 1 Nr. 2 und 3), (4) die Beschreibung des anzeigepflichtigen Vorgangs, (5) der Kaufpreis oder die sonstige Gegenleistung und (6) – sofern Beurkundung stattgefunden hat – der Name der Urkundsperson. Bei Anteilsvereinigungen bzw. -übertragungen (§ 19 Abs. 1 Satz 1 Nr. 4 bis 7a), beim Wechsel im Gesellschafterbestand einer grundstücksbesitzenen Personengesellschaft (§ 1 Abs. 2a) sowie in den Fällen des § 1 Abs. 3a muss die Anzeige auch die nach § 20 Abs. 2 Nr. 1 und 2 erforderlichen Angaben enthalten. 13

Soweit Erwerbsvorgänge nach dem 6. 6. 2013 verwirklicht werden (vgl. § 23 Abs. 11 sowie Hofmann, GrEStG, § 23 Rdnr. 1 bis 4), müssen Anzeigen, die sich auf eine Gesellschaft beziehen, bei mehreren Beteiligten nach § 20 Abs. 2 Nr. 3 eine **Beteiligungsübersicht** enthalten. Das sind in erster Linie die Anzeigen betreffend Erwerbsvorgänge i. S. des § 1 Abs. 3a und solche i. S. des § 1 Abs. 2a und 3 bei mittelbarem Gesellschafterwechsel sowie mittelbarer Anteilsvereinigung bzw. -übertragung. Der Umstand, dass die Nummer 3 an § 20 Abs. 2 durch dasselbe Gesetz[1] angefügt wurde, durch das auch der Erwerbsvorgang des „Innehabens einer wirtschaftlichen Beteiligung" in § 1 als Abs. 3a sowie die Anzeigepflicht nach § 19 Abs. 1 Satz 1 Nr. 7a eingefügt wurden, lässt vernünftigerweise nicht den Schluss zu, § 20 Abs. 2 Nr. 3 gelte nur für Anzeigen

---

1 Das AmtshilfeRLUmsG v. 26. 6. 2013, BGBl I 2013, 1809.

i. S. des § 19 Abs. 1 Satz 1 Nr. 7a. Dabei sind unter **„mehreren Beteiligten"** nicht diejenigen Rechtsträger angesprochen, die an dem jeweiligen Rechtsvorgang, der zur Tatbestandsverwirklichung führt, als Vertragsparteien beteiligt sind. Denn die genannten Erwerbsvorgänge erfassen jeweils auch mittelbare Änderungen im Beteiligungsverhältnis. Deren grunderwerbsteuerrechtliche Beurteilung setzt die Kenntnis der Finanzbehörden von den einzelnen Beteiligungsstrukturen voraus, die diesen durch die Beteiligungsübersicht verschafft werden soll. Zu beachten ist, dass die Anzeigepflicht nach § 19 Abs. 1 Satz 1 Nr. 3a für die Personengesellschaft als Steuerschuldnerin (§ 13 Nr. 6) erst bei Verwirklichung des Tatbestands des § 1 Abs. 2a und die Anzeigepflicht nach § 19 Abs. 1 Satz 1 Nr. 7a desjenigen, der Steuerschuldner bei Erwerbsvorgängen i. S. des § 1 Abs. 3a ist, nämlich der Rechtsträger, der die wirtschaftliche Beteiligung innehat (§ 13 Nr. 7), erst bei Tatbestandserfüllung besteht.

Geringere Bedeutung dürfte § 20 Abs. 2 Nr. 3 für den Inhalt der Anzeigen haben, zu denen der Notar nach § 18 Abs. 2 Satz 2 i. V. m. Abs. 1 verpflichtet ist. Denn die Anzeigepflicht hinsichtlich der Vorgänge, die die Übertragung von Anteilen an Kapital- oder Personengesellschaften betreffen, wenn zu deren Vermögen ein Grundstück gehört, bestehen unabhängig davon, ob durch die Anteilsübertragung zur Erfüllung eines der in § 1 Abs. 2a, 3 oder 3a normierten Tatbestände führt (s. dazu Hofmann, GrEStG, § 18 Rdnr. 7). Das gilt auch für die den Behörden und Gerichten auferlegte Anzeigepflicht nach § 18 Abs. 2 Satz 2 i. V. m. Abs. 1 sowie für entsprechende Anzeigen der (potenziellen) Steuerschuldner nach § 19 Abs. 1 Satz 1 Nr. 8.

**Beizufügen** ist der Anzeige der (potenziellen, vgl. Rdnr. 12) Steuerschuldner eine Abschrift der Urkunde, wenn über den anzeigepflichtigen Vorgang eine privatschriftliche Urkunde errichtet ist (§ 19 Abs. 4 Satz 2).

## II. Anzeigefrist

14    § 19 Abs. 3 Satz 1 verknüpft die Anzeigefrist von **zwei Wochen** mit der Kenntnis von dem anzeigepflichtigen Vorgang. Die Kenntnis betrifft nicht das Bestehen der Anzeigepflicht, sondern den Vorgang, der Voraussetzung für diese Pflicht ist, d. h. die Frist beginnt z. B. in den Fällen des § 19 Abs. 1 Nr. 4 und 5 in dem Augenblick, in dem derjenige, der nach § 13 Nr. 5 Steuerschuldner ist, erfährt, dass sich mindestens 95 % der Anteile einer Gesellschaft, zu deren Vermögen ein Grundstück gehört, in seiner Hand bzw. im Organkreis vereinigt haben. Da die Anzeigen Steuererklärungen i. S. der Abgabenordnung sind (§ 19

Abs. 5 Satz 1), ist die Frist verlängerbar (§ 109 Abs. 1 Satz 1 AO);[1] vgl. dazu auch Hofmann, GrEStG, § 16 Rdnr. 60 f. Zur Fristwahrung s. auch Rdnr. 17 a. E.

Die Verlängerung der Frist gemäß § 19 Abs. 3 Satz 2 auf **einen Monat** dient dazu, ausländischen Steuerschuldnern eine längere Zeit für die Erfüllung der Anzeigepflicht zu gewähren.

## III. Anzeige als Steuererklärung; Form

### 1. Steuererklärungscharakter der Anzeige

§ 19 Abs. 5 Satz 1 bestimmt ausdrücklich, dass die zu erstattenden Anzeigen **15** **Steuererklärungen im Sinne der Abgabenordnung** sind. Das hat zur Folge, dass die Erfüllung der Anzeigepflicht aus § 19 nach deren vollem Inhalt (vgl. Rdnr. 19 und § 20) **erzwingbar** ist (§§ 328 ff. AO). Aus dem Charakter der Anzeige als Steuererklärung folgt auch, dass bei Nichterfüllung bzw. bei nicht fristgerechter Erfüllung der Anzeigepflicht ein **Verspätungszuschlag** festgesetzt werden kann (§ 152 AO). Schließlich folgt daraus, dass den Anzeigepflichtigen sowohl wie seinen Gesamtrechtsnachfolger die Pflicht zur Berichtigung der Anzeige aus § 153 Abs. 1 AO trifft. Endlich hat die Nichterfüllung der Anzeigepflicht auch ggf. steuerstrafrechtliche Konsequenzen (§§ 370, 378 AO). In diesem Zusammenhang ist darauf hinzuweisen, dass der subjektive Tatbestand einer leichtfertigen Steuerverkürzung (§ 378 AO) nicht wegen des bloßen Unterlassens einer Anzeige verneint werden kann, den Verpflichteten vielmehr Erkundigungspflichten über das „Ob" und das „Wie" einer Anzeige treffen.[2]

### 2. Form der Anzeige

Anzeigen, die **nach dem 27. 8. 2002** erstattet werden, bedürfen der **Schrift-** **16** **form**, wobei die Übermittlung in **elektronischer Form zugelassen** ist (§ 19 Abs. 5 Sätze 2 und 3 i. d. F. Art. 26 Nr. 2 des Dritten Gesetzes zur Änderung verwaltungsverfahrensrechtlicher Vorschriften vom 21. 8. 2002[3]). Nach wie vor braucht sich der anzeigepflichtige potenzielle Steuerschuldner (im Gegensatz zu den nach § 18 anzeigeverpflichteten Gerichten, Behörden und Notaren) keines amtlichen Vordrucks zu bedienen.

---

1 Vgl. BFH v. 20. 1. 2005 II B 52/04, BStBl II 2005, 492.
2 BFH v. 19. 2. 2009 II R 49/07, BFH/NV 2009, 1291.
3 BGBl I 2002, 3322.

# E. Adressat der Anzeige

17　Die Anzeige ist, wenn nach § 17 Abs. 2 oder 3 gesonderte Feststellung der Besteuerungsgrundlagen geboten ist, an die Grunderwerbsteuerstelle des dafür zuständige Finanzamts,[1] das in den Fällen des § 17 Abs. 3 nicht identisch sein muss mit demjenigen Geschäftsleitungsfinanzamt, das für die gesonderte Gewinnfeststellung (§ 180 Abs. 1 Nr. 2 Buchst. a AO) nach § 18 Abs. 1 Nr. 2 AO oder nach dem Körperschaftsteuergesetz nach § 20 AO zuständig ist, im Übrigen an das für die Besteuerung (verstanden als das für die Grunderwerbsteuerfestsetzung nach § 17 Abs. 1) zuständige Finanzamt zu richten (§ 19 Abs. 4 Satz 1). In Bezug auf den von der Anzeigenerstattung abhängigen Beginn der Festsetzungsfrist ist davon auszugehen, dass deren Lauf auch dann in Gang gesetzt wird, wenn die Anzeige an das Belegenheitsfinanzamt gerichtet wird obgleich aufgrund einer auf § 17 Abs. 1 und Abs. 2 Satz 3 FVG beruhenden Verordnung über die zuständigen Finanzbehörden ein anderes Finanzamt für die Festsetzung der Grunderwerbsteuer zuständig ist.[2]

Hinsichtlich der Wahrung der Anzeigefrist wird man § 357 Abs. 2 Satz 2 AO sinngemäß anwenden können, d. h. die Frist muss auch in den Fällen gesonderter Feststellung der Besteuerungsgrundlagen mit Eingang der Anzeige bei einem nach § 17 Abs. 1 für die Erteilung des Steuerbescheids zuständigen Finanzamt als gewahrt gelten.

# F. Bedeutung der Anzeige

18　Wird die Anzeigepflicht durch die Verpflichteten nicht oder nicht rechtzeitig erfüllt, so wird der Beginn der Festsetzungsfrist nach § 170 Abs. 2 Nr. 1 AO längstens bis zum Ablauf des dritten Kalenderjahres, das auf das Jahr der Entstehung der Steuer (§ 38 AO bzw. § 14) folgt, hinausgeschoben. Da die Anzeigepflicht die Finanzbehörde in die Lage versetzen soll, die grunderwerbsteuerrechtliche Beurteilung des anzuzeigenden Vorgangs vorzunehmen, kommt die Erfüllung der Anzeigepflicht – unbeschadet dessen, dass sie grundsätzlich andere Verpflichtete nicht von der Pflicht entbindet – durch einen Verpflichteten auch dem anderen zugute. Das gilt auch bei Erfüllung der Anzeigepflicht durch die nach § 18 Verpflichteten, wenn unabhängig davon die Beteiligten anzeigepflichtig sind.[3] Siehe dazu auch Hofmann, GrEStG, vor § 15 Rdnr. 18.

---

1　BFH v. 11.6.2008 II R 55/06, BFH/NV 2008, 1876, m.w.N.; s. dazu auch BFH v. 29.10.2008 II R 9/08, BFH/NV 2009, 1832.

2　Siehe dazu auch Hofmann, GrEStG, vor § 15 Rdnr. 18.

3　BFH v. 21.6.1995 II R 11/92, BStBl II 1995, 802.

Hinsichtlich der Bedeutung der Erfüllung der Anzeigepflicht für § 16 Abs. 1 bis 3 vgl. § 16 Abs. 5 und Hofmann, GrEStG, § 16 Rdnr. 60 f.

Im Übrigen ist darauf hinzuweisen, dass die Verletzung der Anzeigepflicht insbesondere aus § 19 Abs. 2 Nr. 1 es ausschließt, gegenüber einer Änderung des Grunderwerbsteuerbescheids nach § 173 Abs. 1 Nr. 1 AO Ermittlungsfehler der Finanzbehörde geltend zu machen,[1]

# § 20 Inhalt der Anzeigen

(1) Die Anzeigen müssen enthalten:

1. Vorname, Zuname, Anschrift sowie die steuerliche Identifikationsnummer gemäß § 139b der Abgabenordnung oder die Wirtschafts-Identifikationsnummer gemäß § 139c der Abgabenordnung des Veräußerers und des Erwerbers, gegebenenfalls auch, ob und um welche begünstigte Person im Sinne des § 3 Nr. 3 bis 7 es sich bei dem Erwerber handelt;

2. die Bezeichnung des Grundstücks nach Grundbuch, Kataster, Straße und Hausnummer;

3. die Größe des Grundstücks und bei bebauten Grundstücken die Art der Bebauung;

4. die Bezeichnung des anzeigepflichtigen Vorgangs und den Tag der Beurkundung, bei einem Vorgang, der einer Genehmigung bedarf, auch die Bezeichnung desjenigen, dessen Genehmigung erforderlich ist;

5. den Kaufpreis oder die sonstige Gegenleistung (§ 9);

6. den Namen der Urkundsperson.

(2) Die Anzeigen, die sich auf Anteile an einer Gesellschaft beziehen, müssen außerdem enthalten:

1. die Firma, den Ort der Geschäftsführung sowie die Wirtschafts-Identifikationsnummer der Gesellschaft gemäß § 139c der Abgabenordnung,

2. die Bezeichnung des oder der Gesellschaftsanteile;

3. bei mehreren beteiligten Rechtsträgern eine Beteiligungsübersicht.

---

1 BFH v. 26. 2. 2009 II R 4/08, BFH/NV 2009, 1599.

**Anmerkung:**

*§ 20 Abs. 1 Nr. 1 sowie Abs. 2 Nr. 1 wurden durch Art. 29 JStG 2010 v. 8. 12. 2010 (BGBl I 2010 1768) neu gefasst. Die Anfügung von Nummer 3 an § 20 Abs. 2 beruht auf Art. 26 Nr. 9 Buchst. b AmtshilfeRLUmsG v. 26. 6. 2013 (BGBl I 2013, 1809).*

**Literatur:** *Gottwald*, Angabe der steuerlichen Identifikationsnummer in der grunderwerbsteuerlichen Veräußerungsanzeige, DNotZ 2011, 83.

Auf Hofmann, GrEStG, § 18 Rdnr. 9 und § 19 Rdnr. 13 wird verwiesen.

# § 21  Urkundenaushändigung

**Die Gerichte, Behörden und Notare dürfen Urkunden, die einen anzeigepflichtigen Vorgang betreffen, den Beteiligten erst aushändigen und Ausfertigungen oder beglaubigte Abschriften den Beteiligten erst erteilen, wenn sie die Anzeigen in allen Teilen vollständig (§§ 18 und 20) an das Finanzamt abgesandt haben.**

**Anmerkung:**

*Die Einfügung der Worte „in allen Teilen vollständig (§§ 18 und 20)" erfolgte durch Art. 8 Nr. 4 StÄndG 2015 v. 2. 11. 2015 (BGBl I 2015, 1834). Zum zeitlichen Geltungsbereich s. § 23 Abs. 13.*

1   Die Vorschrift dient (mittelbar) der Sicherung des Steueraufkommens, soll sie doch die Erfüllung der Anzeigepflicht sicherstellen.

2   § 21 betrifft lediglich die Aushändigung von Urkunden an die Beteiligten bzw. die Erteilung von Ausfertigungen oder beglaubigten Abschriften an diese. Dem Grundbuchamt (sowie der Genehmigungsbehörde) dürfen die Urkunden usw. mit der Stellung der Anträge auch vor Absendung der nach § 18 erforderlichen Anzeige vorgelegt werden (z. B. zur Eintragung einer Auflassungsvormerkung und dergl.), um den Grundbuchverkehr (vgl. insbesondere § 17 GBO zur Rangfolge von Eintragungen) nicht zu behindern.

# § 22  Unbedenklichkeitsbescheinigung

**(1) Der Erwerber eines Grundstücks darf in das Grundbuch erst dann eingetragen werden, wenn eine Bescheinigung des für die Besteuerung zuständigen Finanzamts vorgelegt wird (§ 17 Abs. 1 Satz 1) oder Bescheinigungen der für die Besteuerung zuständigen Finanzämter (§ 17 Abs. 1 Satz 2) vorgelegt werden, dass der Eintragung steuerliche Bedenken nicht entgegenstehen. Die**

obersten Finanzbehörden der Länder können im Einvernehmen mit den Landesjustizverwaltungen Ausnahmen hiervon vorsehen.

(2) Das Finanzamt hat die Bescheinigung zu erteilen, wenn die Grunderwerbsteuer entrichtet, sichergestellt oder gestundet worden ist oder wenn Steuerfreiheit gegeben ist. Es darf die Bescheinigung auch in anderen Fällen erteilen, wenn nach seinem Ermessen die Steuerforderung nicht gefährdet ist. Das Finanzamt hat die Bescheinigung schriftlich zu erteilen. Eine elektronische Übermittlung der Bescheinigung ist ausgeschlossen.

*Anmerkung:*

*Die Anfügung des Satzes 2 in Absatz 1 beruht auf Art. 15 Nr. 10 StEntlG 1999/2000/2002 v. 24. 3. 1999 (BGBl I 1999, 402). Durch Art. 26 Nr. 3 des Dritten Gesetzes zur Änderung verwaltungsverfahrensrechtlicher Vorschriften v. 21. 8. 2002 (BGBl I 2002, 3322) wurden Absatz 2 die Sätze 3 und 4 angefügt. Dieses Gesetz ist am 28. 8. 2002 in Kraft getreten (Art. 74 Abs. 1 des Gesetzes).*

## Inhaltsübersicht

**Literatur:** *Schuhmann,* Zur grunderwerbsteuerrechtlichen Unbedenklichkeitsbescheinigung, UVR 1996, 76; *Wohltmann,* Die Erteilung der grunderwerbsteuerlichen Unbedenklichkeitsbescheinigung – Eine lästige Formalie?, UVR 2006, 154.

# A. Vorbemerkung

1    Neben den Anzeigepflichten (§§ 18 bis 20) und dem Verbot der Urkundenaus-
händigung vor deren Erfüllung (§ 21) **dient** die Vorschrift der **Sicherung des
Steueraufkommens**.[1] Absatz 1 Satz 1, der sich an die Grundbuchämter richtet,
bewirkt eine Grundbuchsperre; Absatz 2 regelt die Voraussetzungen, unter denen die Finanzbehörde verpflichtet bzw. berechtigt ist, diese durch Erteilung
der Unbedenklichkeitsbescheinigung aufzuheben.

# B. Grundbuchsperre

2    Nach § 22 Abs. 1 Satz 1 darf der Erwerber eines Grundstücks in das Grundbuch
erst eingetragen werden, wenn die Bescheinigung(en) der für die Besteuerung
zuständigen Finanzbehörde bzw. -behörden (§ 17 Abs. 1) vorgelegt wird bzw.
werden, dass der Eintragung steuerliche Bedenken nicht entgegenstehen (sog.
Unbedenklichkeitsbescheinigung). Da es der Entscheidung der Finanzbehörde
vorbehalten ist, ob im Einzelfall eine Steuer entstand, ist der Begriff des „Erwerbers" im grunderwerbsteuerrechtlichen Sinne so zu verstehen, dass die
Vorschrift **jede Art von Eintragung eines Eigentumserwerbs** an einem Grundstück i. S. des § 2 betrifft, also **nicht nur rechtsbegründende**, sondern **auch lediglich berichtigende Eintragungen** von Eigentumsänderungen. Zu Letzteren
gehören alle diejenigen berichtigenden Eintragungen, die dadurch erforderlich
geworden sind, dass das Eigentum am Grundstück bzw. das Erbbaurecht außerhalb des Grundbuchs auf einen anderen übergegangen ist (z. B. durch Erbanfall (§ 1922 BGB), durch Eintragung von Umwandlungsvorgängen – mit Ausnahme des Formwechsels – in das zuständige Register (vgl. § 20 Abs. 1 Nr. 1,
§ 131 Abs. 1 Nr. 1 UmwG), durch anwachsungsbedingten Übergang des Vermögens einer Personengesellschaft auf eine Person infolge Ausscheidens des
oder der übrigen Gesellschafter).

Da bei der Eintragung einer Gesellschaft des bürgerlichen Rechts nach § 47
Abs. 2 Satz 1 GBO[2] als Eigentümerin eines Grundstücks oder als Erbbauberechtigte auch deren Gesellschafter im Grundbuch einzutragen sind, hat das

---

1  BFH v. 12. 6. 1995 II S 9/95, BStBl II 1995, 605.
2  Angefügt durch Art. 1 ERVGBG v. 11. 8. 2009, BGBl I 2009, 2713.

Grundbuchamt im Hinblick auf § 1 Abs. 2a in allen Fällen eines Gesellschafterwechsels vor der Berichtigung des Grundbuchs (vgl. § 899a i.V. m. § 894 BGB) eine Unbedenklichkeitsbescheinigung anzufordern.[1]

Das **Grundbuchamt hat** vor beantragter Eintragung in eigener Zuständigkeit **zu prüfen,** ob ein der Grunderwerbsteuer unterliegender Erwerbsvorgang gegeben ist. Kommt es eindeutig zu dem Ergebnis, dass der Rechtsvorgang seiner Art nach nicht unter das Grunderwerbsteuergesetz fällt, darf es die Vorlage einer Unbedenklichkeitsbescheinigung nicht verlangen. Ist das Ergebnis nicht eindeutig, hat es die Vorlage der Unbedenklichkeitsbescheinigung zu verlangen, denn die Klärung etwaiger Zweifel in tatsächlicher oder rechtlicher Hinsicht am Vorliegen eines der Grunderwerbsteuer unterliegenden Vorgangs – und sei es auch aufgrund § 42 AO – ist der Finanzbehörde vorbehalten.[2]

3

Eine **gesetzliche Ausnahme** vom Erfordernis des Vorliegens der Unbedenklichkeitsbescheinigung enthält § 3 Abs. 2 Satz 2 des Gesetzes über die Feststellung der Zuordnung von ehemals volkseigenem Vermögen – VZOG – i. d. F. der Bekanntmachung vom 29. 3. 1994[3] mit späteren Änderungen.

4

Allgemein kann das Grundbuchamt von der Vorlage der Unbedenklichkeitsbescheinigung bei Eigentumswechsel durch Erbfolge absehen.[4] Darüber hinaus haben die Länder in unterschiedlichem Ausmaß die Vorlage der Unbedenklichkeitsbescheinigung für entbehrlich erklärt; s. nunmehr die Ermächtigung in § 22 Abs. 1 Satz 2.[5]

# C. Erteilung der Unbedenklichkeitsbescheinigung

## I. Rechtsanspruch auf Erteilung

Nach § 22 Abs. 2 Satz 1 hat das Finanzamt unter den dort genannten Voraussetzungen die Unbedenklichkeitsbescheinigung zu erteilen. Auf die unverzügliche Erteilung besteht ein **Rechtsanspruch.** Hinsichtlich der Erfüllung der Vo-

5

---

1  Ebenso Boruttau/Viskorf. Rn. 15 und Pahlke, Rz 3.
2  Vgl. BayObLG v. 8. 12. 1982 BReg 2 Z 99/82, DB 1983, 169; v. 6. 10. 1983 BReg 2 Z 81/83, DB 1983, 2567.
3  BGBl I 1994, 709.
4  Vgl. EinfErl. v. 21. 12. 1982, BStBl I 968 zu Tz 13.
5  Vgl. in diesem Zusammenhang z. B. FM Nordrhein-Westfalen v. 2. 5. 2011 - S 4540-1-VA6.

raussetzungen des § 22 Abs. 2 Satz 1 ist jeweils auf den konkreten Erwerbsvorgang abzuheben.[1]

6 Die Unbedenklichkeitsbescheinigung ist nicht nur zu erteilen, wenn die Steuer entrichtet oder wenn Steuerfreiheit gegeben ist. Entrichtet ist die Steuer, wenn der Anspruch aus dem Steuerschuldverhältnis erloschen ist (§ 47 AO), sei es durch Zahlung (§§ 224, 225 AO, wobei nicht darauf abzuheben ist, wann sie nach § 224 Abs. 2 als entrichtet gilt, sondern darauf, wann der Betrag auf dem Konto der Finanzbehörde gutgeschrieben wird), durch Aufrechnung (§ 226 AO) und durch Erlass (§§ 163, 227 AO). Die Steuer muss auch dann als entrichtet gelten, wenn sie wegen Eintritts der (Festsetzungs-)Verjährung (§§ 169 bis 171 AO) nicht mehr festgesetzt werden kann oder wenn Zahlungsverjährung eingetreten ist. Die Unbedenklichkeitsbescheinigung ist auch dann zu erteilen, wenn die Steuer sichergestellt oder gestundet ist. Zur Sicherheitsleistung vgl. §§ 241 ff. AO. Ist Sicherheit für die (etwa entstandene) Steuer geleistet oder ist ein Erwerbsvorgang von der Besteuerung ausgenommen, so ist im Zusammenhang mit der Erteilung der Unbedenklichkeitsbescheinigung nicht zu prüfen, ob (überhaupt) ein bürgerlich-rechtlich wirksamer Erwerbsvorgang vorliegt, denn diese Entscheidung steht dem Grundbuchamt zu;[2] so im Zusammenhang „mit ausländischen Briefkastengesellschaften" auch die Auffassung der Finanzverwaltung.[3]

Ist die Steuer entrichtet, kann die Erteilung der Unbedenklichkeitsbescheinigung nicht etwa deshalb versagt werden, weil angefallene Säumniszuschläge (§ 240 AO) nicht entrichtet wurden.[4]

Auch die **Stundung** (§ 222 AO) begründet einen Rechtsanspruch auf Erteilung der Unbedenklichkeitsbescheinigung, der nicht etwa dadurch „wegfällt", dass die Stundung zwischenzeitlich abgelaufen und nicht erneut Stundung gewährt wurde.[5] Ist die Steuer sowohl gegen den Erwerber als auch gegen den Veräußerer festgesetzt worden, Stundung jedoch nur dem Erwerber gewährt, so ist – obwohl die Stundung, anders als Zahlung und Sicherheitsleistung, nur für diesen wirkt (vgl. § 45 Abs. 2 Sätze 1 bis 3 AO) – u. E. der Rechtsanspruch auf Erteilung der Bescheinigung zu bejahen.[6] Hinausschieben der Fälligkeit nach **§ 15 Satz 2 steht** der **Stundung nicht gleich.**

---

1 Vgl. BFH v. 4. 5. 1962 II 160/62 U, BStBl III 1962, 314, betr. sog. Kettengeschäfte.
2 BFH v. 12. 7. 1972 II R 168/70, BFHE 106, 277; v. 12. 6. 1995 II S 9/95, BStBl II 1995, 605.
3 Vgl. Sen. Verw. Bremen v. 21. 3. 2000, DStR 2000, 778.
4 So auch FM Sachsen-Anhalt v. 14. 5. 1998, StEd 1998, 430.
5 BFH v. 14. 1. 1987 II B 102/86, BStBl II 1987, 269.
6 Offen gelassen in BFH v. 14. 1. 1987 II B 102/86, BStBl II 1987, 269.

Aussetzung der Vollziehung eines angefochtenen Grunderwerbsteuer- 7
bescheids nach § 361 AO bzw. § 69 FGO kann – soweit sie nicht gegen ausreichende Sicherheitsleistung erfolgt – keinen Rechtsanspruch auf Erteilung der Unbedenklichkeitsbescheinigung begründen. Die Gewährung von Vollziehungsaussetzung bewirkt, dass der Finanzbehörde jegliches Gebrauchmachen von den Wirkungen des Verwaltungsakts, die auf die Verwirklichung seines Regelungsinhalts, d. h. der in ihm ausgesprochenen Rechtsfolgen (sowie der sich daraus ergebenden Nebenfolgen) abzielt, für deren Dauer untersagt ist.[1] Damit schiebt die gewährte Aussetzung der Vollziehung die Fälligkeit hinaus. Wegen dieser auch bei Stundung der Steuer eintretenden Wirkung der Vollziehungsaussetzung hat der BFH im Urteil vom 31. 7. 1985[2] Letztere der Stundung gleichgestellt und solcherart einen Rechtsanspruch auf Erteilung der Unbedenklichkeitsbescheinigung bei Aussetzung der Vollziehung ohne bzw. ohne ausreichende Sicherheitsleistung angenommen. Die Finanzverwaltung[3] verneint dagegen bei Aussetzung der Vollziehung ohne Sicherheitsleistung einen Rechtsanspruch auf Erteilung der Unbedenklichkeitsbescheinigung und wendet § 22 Abs. 2 Satz 2 an. Zutreffend weist Viskorf[4] darauf hin, dass die über den Wortlaut hinausgehende Auslegung der Vorschrift durch den BFH[5] mit Sinn und Zweck des § 22, der darin besteht, den Steuereingang zu sichern (vgl. Rdnr. 1), nicht vereinbar ist, sowie darauf, dass Stundung und Vollziehungsaussetzung mit Rücksicht auf diesen Zweck nicht vergleichbar sind. Denn die Stundung darf nur gewährt werden, wenn der Anspruch aus dem Steuerschuldverhältnis durch sie nicht gefährdet wird (§ 222 Satz 1 AO); sie soll regelmäßig nur gegen Sicherheitsleistung gewährt werden (§ 222 Satz 2 AO). Vollziehungsaussetzung dagegen wird im weitaus überwiegenden Maß deshalb gewährt, weil ernstliche Zweifel an der Rechtmäßigkeit des angefochtenen Verwaltungsakts bestehen. Zwar kann die Aussetzung der Vollziehung von einer Sicherheitsleistung abhängig gemacht werden (§ 361 Abs. 1 Satz 5 AO, § 69 Abs. 3 Satz 3 i. V. m. Abs. 2 Satz 3 FGO), doch ist der Ermessensspielraum unter Berücksichtigung des Grundsatzes der Verhältnismäßigkeit, der die Abwägung der Erfolgsaussichten des Rechtsbehelfs bedingt, eingeschränkt.

Ob Steuerfreiheit gegeben ist, bestimmt sich nach §§ 3, 4 und 6a bzw. den 8
spezialgesetzlichen Regelungen.[6] Sind die Voraussetzungen für eine volle Steu-

---

1 Vgl. z. B. BFH v. 31. 8. 1995 VII R 58/94, BStBl II 1996, 55.
2 II R 76/83, BStBl II 1985, 698.
3 Vgl. FM Niedersachsen v. 1. 2. 1993, UVR 1993, 160.
4 In Boruttau, Rn. 24 f.
5 In BStBl II 1985, 698.
6 Siehe dazu die Ausführungen in Hofmann, GrEStG, Anhang zu § 4.

ervergünstigung nach § 5 Abs. 1 oder Abs. 2, § 6 Abs. 1, Abs. 2 oder Abs. 3 Satz 1 i.V. m. Abs. 1 bzw. § 6a erfüllt, ist die Unbedenklichkeitsbescheinigung ohne Rücksicht darauf zu erteilen, dass nach § 5 Abs. 3 bzw. § 6 Abs. 3 Satz 2 der Eintritt späterer Ereignisse zur rückwirkenden Versagung der Steuerbegünstigung führen könnte. Sind Erwerbsvorgänge nach § 6a Satz 1 oder 2 steuerbegünstigt, steht der Umstand, dass bei Nichteinhaltung der Nachbehaltensfrist (§ 6a Satz 4) ebenfalls die Steuerbegünstigung rückwirkend zu versagen ist, der Erteilung der Unbedenklichkeitsbescheinigung nicht entgegen.

## II. Erteilung in anderen Fällen

9   Nach **§ 22 Abs. 2 Satz 2** darf die Finanzbehörde die Unbedenklichkeitsbescheinigung auch erteilen, obwohl die Voraussetzungen des § 22 Abs. 2 Satz 1 nicht gegeben sind. Die hierbei zu treffende Ermessensentscheidung hat sich danach auszurichten, ob die Steuerforderung gefährdet erscheint. Das entspricht dem Sicherungszweck der Grundbuchsperre, die durch Vorlage der Unbedenklichkeitsbescheinigung aufgehoben wird.

# D. Bedeutung, Inhalt, Rechtsnatur der Unbedenklichkeitsbescheinigung

## I. Wirkung der Unbedenklichkeitsbescheinigung

10   Der Unbedenklichkeitsbescheinigung kommt **allein** die **Wirkung zu, die Eintragungsvoraussetzung** nach § 22 Abs. 1 **zu schaffen.** Ihrer Erteilung kommt nicht die Bedeutung einer Entscheidung über das Bestehen oder Nichtbestehen eines Grunderwerbsteueranspruchs zu.[1]

## II. Form der Unbedenklichkeitsbescheinigung

11   Da der Erwerber eines Grundstücks in das Grundbuch erst eingetragen werden darf, wenn eine Bescheinigung des zuständigen Finanzamts vorgelegt wird bzw. Bescheinigungen der zuständigen Finanzämter vorgelegt werden, dass der Eintragung steuerliche Bedenken nicht entgegenstehen, ergibt sich die Notwendigkeit der Einhaltung der **Schriftform** schon aus dem Gesetz. Die Anfügung des Satzes 3 an § 22 Abs. 2 stellt trotzdem nicht eine bloße Wieder-

---

1   Vgl. BFH v. 12. 6. 1995 II S 9/95, BStBl II 1995, 605, m. w. N.

holung dar, denn sie steht – ebenso wie die Anfügung des Satzes 4 an § 22 Abs. 2 – im Zusammenhang mit der ebenfalls auf dem Dritten Gesetz zur Änderung verwaltungsverfahrensrechtlicher Vorschriften vom 21. 8. 2002 beruhenden Einfügung von § 87a in die Abgabenordnung. Nach § 87a Abs. 3 Satz 1 AO kann eine durch Gesetz für Verwaltungsakte oder sonstige Maßnahmen der Finanzbehörde angeordnete Schriftform durch die elektronische Form ersetzt werden, soweit nicht durch Gesetz etwas anderes bestimmt ist. Das ist dann in § 22 Abs. 2 Satz 4 geschehen.

## III. Inhalt der Unbedenklichkeitsbescheinigung

Der Inhalt der Unbedenklichkeitsbescheinigung richtet sich nach ihrem Zweck, die Grundbuchsperre zu beseitigen. Sie muss unzweideutig Auskunft darüber geben, auf welchen Rechtsvorgang und damit auf welche Eintragung sich die Bestätigung der Unbedenklichkeit bezieht. Im Regelfall genügt es, dass die Bescheinigung auf die Urkunde Bezug nimmt, und zwar auch bei einem sog. Messungskauf (Kauf einer noch zu vermessenden Fläche), wenn das Grundstück in dieser zuverlässig bezeichnet ist.[1]   12

## IV. Rechtsnatur der Unbedenklichkeitsbescheinigung

Die Unbedenklichkeitsbescheinigung stellt einen **Verwaltungsakt** dar.[2] Besteht nach § 22 Abs. 2 Satz 1 ein Rechtsanspruch auf ihre Erteilung, so kann sie als gebundener Verwaltungsakt nach § 120 Abs. 1 AO nicht mit einer Nebenbestimmung, insbesondere nicht mit einem Widerrufsvorbehalt erlassen werden.[3] Da es dem Zweck der Unbedenklichkeitsbescheinigung (Aufhebung der Grundbuchsperre) zuwiderlaufen würde (vgl. § 120 Abs. 3 AO), darf aber auch in den Fällen des § 22 Abs. 2 Satz 2 die Bescheinigung nicht mit einem Widerrufsvorbehalt versehen werden.   13

## V. Zuständigkeit zur Erteilung der Unbedenklichkeitsbescheinigung

Zuständig zur Erteilung der Unbedenklichkeitsbescheinigung ist dasjenige Finanzamt bzw. sind diejenigen Finanzämter, denen die Festsetzung der Steuer obliegt (§ 17 Abs. 1).   14

---

1 BFH v. 27. 8. 1975 II R 40/73, BStBl II 1976, 32.
2 BFH v. 26. 10. 1962 II 169/60 U, BStBl III 1963, 219.
3 BFH v. 20. 6. 1995 II B 83/95, BFH/NV 1995, 1089.

# E. Verfahrensrechtliches

15    Wird die Erteilung der Unbedenklichkeitsbescheinigung abgelehnt, so ist hiergegen der Rechtsbehelf des Einspruchs gegeben (§ 347 Abs. 1 Satz 1 AO). Außergerichtlicher Rechtsbehelf gegen die Untätigkeit des Finanzamts ist ebenfalls der Einspruch (§ 347 Abs. 1 Satz 2 AO). Bei Erfolglosigkeit des außergerichtlichen Rechtsbehelfs steht der Klageweg zum Finanzgericht offen (Verpflichtungsklage).

16    Grundsätzlich kann die Finanzbehörde nicht zur Erteilung der Unbedenklichkeitsbescheinigung im Wege einstweiliger Anordnung (§ 114 FGO) verpflichtet werden, weil dies einen Vorgriff auf die Entscheidung über die Verpflichtungsklage auf Erteilung der Unbedenklichkeitsbescheinigung bedeuten würde.[1] Ist im Einzelfall zur Vermeidung von irreparablen Folgen für den Antragsteller die Erteilung der Unbedenklichkeitsbescheinigung in Vorwegnahme der Hauptsacheentscheidung im Wege einstweiliger Anordnung unabweisbar, so gebietet die Berücksichtigung des Sicherungszwecks der Unbedenklichkeitsbescheinigung (vgl. Rdnr. 1, 2) regelmäßig die Anordnung einer Sicherheitsleistung für den Steueranspruch.[2]

# Achter Abschnitt:  Durchführung

# § 22a  Ermächtigung

**Zur Vereinfachung des Besteuerungsverfahrens wird das Bundesministerium der Finanzen ermächtigt, im Benehmen mit dem Bundesministerium des Innern und mit Zustimmung des Bundesrates durch Rechtsverordnung ein Verfahren zur elektronischen Übermittlung der Anzeige und der Abschrift der Urkunde im Sinne des § 18 näher zu bestimmen. Die Authentifizierung des Datenübermittlers sowie die Vertraulichkeit und Integrität des übermittelten elektronischen Dokuments sind sicherzustellen. Soweit von dieser Ermächtigung nicht Gebrauch gemacht wurde, ist die elektronische Übermittlung der Anzeige und der Abschrift der Urkunde im Sinne des § 18 ausgeschlossen.**

---

1  BFH v. 16. 1. 1974 II B 59/73, BStBl II 1974, 221.
2  BFH v. 14. 1. 1987 II B 102/86, BStBl II 1987, 269; vgl. auch BFH v. 20. 6. 1995 II B 83/95, BFH/NV 1995, 1089.

*Anmerkung:*

*Die Vorschrift wurde ebenso wie die Abschnittsbezeichnung durch Art. 9 Nr. 2 SteuervereinfachungsG 2011 v. 1. 11. 2011 (BGBl I 2011, 2131) eingefügt.*

Von der Ermächtigung ist bislang nicht Gebrauch gemacht worden.

# Neunter Abschnitt: Übergangs- und Schlussvorschriften

# § 23 Anwendungsbereich

(1) Dieses Gesetz ist auf Erwerbsvorgänge anzuwenden, die nach dem 31. Dezember 1982 verwirklicht werden. Es ist auf Antrag auch auf Erwerbsvorgänge anzuwenden, die vor dem 1. Januar 1983, jedoch nach dem Tag der Verkündung des Gesetzes, 22. Dezember 1982, verwirklicht werden.

(2) Auf vor dem 1. Januar 1983 verwirklichte Erwerbsvorgänge sind vorbehaltlich des Absatzes 1 Satz 2 die bis zum Inkrafttreten dieses Gesetzes geltenden Vorschriften anzuwenden. Dies gilt insbesondere, wenn für einen vor dem 1. Januar 1983 verwirklichten Erwerbsvorgang Steuerbefreiung in Anspruch genommen und nach dem 31. Dezember 1982 ein Nacherhebungstatbestand verwirklicht wurde.

(3) § 1 Abs. 2a, § 9 Abs. 1 Nr. 8, § 13 Nr. 6, § 16 Abs. 5, § 17 Abs. 3 Nr. 2 und § 19 Abs. 1 Nr. 3a in der Fassung des Gesetzes vom 20. Dezember 1996 (BGBl I S. 2049) sind erstmals auf Rechtsgeschäfte anzuwenden, die die Voraussetzungen des § 1 Abs. 2a in der Fassung des Gesetzes vom 20. Dezember 1996 (BGBl I S. 2049) nach dem 31. Dezember 1996 erfüllen.

(4) § 8 Abs. 2 und § 11 Abs. 1 in der Fassung des Gesetzes vom 20. Dezember 1996 (BGBl I S. 2049) sind erstmals auf Erwerbsvorgänge anzuwenden, die nach dem 31. Dezember 1996 verwirklicht werden. § 10 ist letztmals auf Erwerbsvorgänge anzuwenden, die vor dem 1. Januar 1997 verwirklicht werden.

(5) § 4 Nr. 1 in der Fassung des Gesetzes vom 24. März 1999 (BGBl I. S. 402) ist erstmals auf Erwerbsvorgänge anzuwenden, die nach dem 31. Dezember 1997 verwirklicht werden.

(6) § 1 Abs. 6, § 8 Abs. 2, § 9 Abs. 1 und § 17 Abs. 3 Satz 1 Nr. 1 in der Fassung des Gesetzes vom 24. März 1999 (BGBl I S. 402) sind erstmals auf Erwerbsvorgänge anzuwenden, die nach dem Tage der Verkündung des Gesetzes verwirklicht werden. § 1 Abs. 2a und 3, § 5 Abs. 3, § 13 Nr. 5 und 6, § 16 Abs. 4 und

§ 19 Abs. 1 Satz 1 Nr. 3a bis 7 und Abs. 2 Nr. 4 in der Fassung des Gesetzes vom 24. März 1999 (BGBl I S. 402) sind erstmals auf Erwerbsvorgänge anzuwenden, die nach dem 31. Dezember 1999 verwirklicht werden.

(7) § 1 Abs. 2a Satz 3, § 2 Abs. 1 Satz 2 Nr. 3, § 6 Abs. 3 Satz 2, § 16 Abs. 4, § 19 Abs. 1 Satz 1 Nr. 8 und § 19 Abs. 2 Nr. 4 in der Fassung des Gesetzes vom 20. Dezember 2001 (BGBl I S. 3794) sind erstmals auf Erwerbsvorgänge anzuwenden, die nach dem 31. Dezember 2001 verwirklicht werden. § 1 Abs. 7 ist letztmals auf Erwerbsvorgänge anzuwenden, die bis zum 31. Dezember 2001 verwirklicht werden.

(8) Die §§ 6a und 19 Absatz 2 Nummer 4a in der Fassung des Artikels 7 des Gesetzes vom 22. Dezember 2009 (BGBl, I S. 3950) sind erstmals auf Erwerbsvorgänge anzuwenden, die nach dem 31. Dezember 2009 verwirklicht werden. § 6a ist nicht anzuwenden, wenn ein im Zeitraum vom 1. Januar 2008 bis 31. Dezember 2009 verwirklichter Erwerbsvorgang rückgängig gemacht wird und deshalb nach § 16 Absatz 1 oder 2 die Steuer nicht zu erheben oder eine Steuerfestsetzung aufzuheben oder zu ändern ist.

(9) Soweit Steuerbescheide für Erwerbsvorgänge von Lebenspartnern noch nicht bestandskräftig sind, ist § 3 Nummer 3 bis 7 in der Fassung des Artikel 29 des Gesetzes vom 8. Dezember 2010 (BGBl I S. 1768) erstmals auf Erwerbsvorgänge anzuwenden, die nach dem 31. Juli 2001 verwirklicht werden.

(10) § 6a Satz 4 in der Fassung des Artikels 12 des Gesetzes vom 22. Juni 2011 (BGBl I S. 1126) ist erstmals auf Erwerbsvorgänge anzuwenden, die nach dem 31. Dezember 2009 verwirklicht werden.

(11) § 1 Abs. 3a und 6 Satz 1, § 4 Nummer 4 und 5, § 6a Satz 1, § 8 Absatz 2 Satz 1 Nummer 3, § 13 Nummer 7, § 16 Absatz 5, § 17 Absatz 3 Satz 1 Nummer 2, § 19 Absatz 1 Satz 1 Nummer 7a und Absatz 2 Nummer 5, § 20 Absatz 2 Nummer 3 in der Fassung des Artikels 26 des Gesetzes vom 26. Juni 2013 (BGBl I S. 1809) sind erstmals auf Erwerbsvorgänge anzuwenden, die nach dem 6. Juni 2013 verwirklicht werden.

(12) § 6a Satz 1 bis 3 sowie § 16 Absatz 5 in der am 31. Juli 2014 geltenden Fassung sind auf Erwerbsvorgänge anzuwenden, die nach dem 6. Juni 2013 verwirklicht werden.

(13) § 1 Absatz 2a und § 21 in der am 6. November 2015 geltenden Fassung sind Erwerbsvorgänge anzuwenden, die nach dem 5. November 2015 verwirklicht werden.

(14) § 8 Absatz 2 und § 17 Absatz 3a in der am 6. November 2015 geltenden Fassung sind auf Erwerbsvorgänge anzuwenden, die nach dem 31. Dezem-

ber 2008 verwirklicht werden. Soweit Steuer- und Feststellungsbescheide, die vor dem 6. November 2015 für Erwerbsvorgängen nach dem 31. Dezember 2008 ergangen sind, wegen § 176 Absatz 1 Satz 1 Nummer 1 der Abgabenordnung nicht geändert werden können, ist die festgesetzte Steuer vollstreckbar.

(15) § 19 Absatz 3 Satz 2 in der am 23. Juli 2016 geltenden Fassung ist auf Erwerbsvorgänge anzuwenden, die nach dem 22. Juli 2016 verwirklicht werden.

*Anmerkung:*

*Die Absätze 3 und 4 wurden angefügt durch Art. 7 Nr. 12 JStG 1997 v. 20. 12. 1996 (BGBl I 1996, 2049); sie haben ihre jetzige Fassung (ohne inhaltliche Änderung) durch Art. 15 Nr. 11 Buchst. a und b StEntlG 1999/2000/2002 v. 24. 3. 1999 (BGBl I 1999, 402) erhalten. Die Anfügung der Absätze 5 und 6 beruht auf Art. 15 Nr. 11 Buchst. c StEntlG 1999/2000/2002. Durch Art. 13 Nr. 7 StÄndG 2001 v. 20. 12. 2001 (BGBl I 2001, 3794) wurde Absatz 7 angefügt. Absatz 8 beruht auf Art. 7 Nr. 2 des WachstumsbeschleunigungsG v. 21. 12. 2009 (BGBl I 2009, 3950). Absatz 9 erhielt seine jetzige Fassung durch Art. 26 Nr. 10 Buchst. a des AmtshileRLUmsG v. 26. 6. 2013 (BGBl I 2013, 1809). Absatz 10 beruht auf Art. 12 Nr. 2 des SteuervereinfachungsG 2011 v. 1. 11. 2011 (BGBl I 2011, 2131) und Absatz 11 auf Art. 26 Nr. 10 Buchst. b des AmtshilfeRLUmsG v. 26 . 6. 2013 (BGBl I 2013, 1809). Absatz 12 erhielt seine Fassung durch Art. 14 Nr. 3 Gesetz zur Anpassung des nationalen Steuerrechts an den Beitritt Kroatiens zur EU und zur Änderung weiterer steuerlichen Vorschriften v. 25. 7. 2015 (BGBl I 2015, 1266). Die Absätze 13 und 14 wurden durch Art. 8 Nr. 5 des StÄndG 2015 v. 2. 11. 2015 (BGBl I 2015, 1834) angefügt.*

# A.  „Verwirklichung eines Erwerbsvorgangs"

1      Die entscheidende Weichenstellung für die Anwendung des Grunderwerbsteuergesetzes 1983 vom 17. 12. 1982[1] schlechthin sowie für die Anwendung der durch das JStG 1997 vom 20. 12. 1996[2] bzw. StEntlG 1999/2000/2002 vom 24. 3. 1999[3] geänderten Vorschriften usw. setzt nach § 23 bei der Verwirklichung des Erwerbsvorgangs an. Auf die Entstehung der Steuer (§ 38 AO, § 14) wird nicht abgehoben.

Die **Verwirklichung eines Erwerbsvorgangs bedeutet Umsetzung** des auf einen Erwerbsvorgang abzielenden Wollens **in rechtsgeschäftliche Erklärungen**. Ein **Erwerbsvorgang ist** dementsprechend dann **verwirklicht, wenn die Beteiligten**

---

1  BGBl I 1982, 1777.
2  BGBl I 1996, 2049.
3  BGBl I 1999, 402.

**im Verhältnis zueinander gebunden** sind,[1] und zwar unabhängig davon, ob dieser Rechtsvorgang bereits die Steuer zur Entstehung gebracht hat.[2] Die erforderliche Bindung der Beteiligten muss einen Rechtsvorgang i. S. des § 1 Abs. 1 bis 3a betreffen. Deshalb können rechtsgeschäftliche Erklärungen nur dann zur Verwirklichung des Erwerbsvorgangs führen, wenn sie unmittelbar die Tatbestandsmerkmale für die Steuerbarkeit eines Rechtsvorgangs i. S. von § 1 Abs. 1 bis 3a erfüllen, ohne dass bereits ein Erwerb eintritt.[3]

Diese Aussage ist von Bedeutung für alle Erwerbsvorgänge nach § 1 Abs. 1　2 Nr. 1, 2 und Nr. 5 bis 7 sowie Abs. 2 und Abs. 3 Nr. 1 und 3 (für § 1 Abs. 2 nur insofern nicht, als die Verwertungsmacht sich auf einen Herausgabeanspruch i. S. des § 667 BGB gründet); zu § 1 Abs. 2a vgl. Rdnr. 12 und zu § 1 Abs. 3a vgl. Rdnr. 20. Im Falle des Erwerbs durch Meistgebot (§ 1 Abs. 1 Nr. 4) liegt nur eine einseitige Erklärung vor. Beim Übergang des Eigentums i. S. des § 1 Abs. 1 Nr. 3 fallen notwendig Entstehung der Steuer und Verwirklichung des Erwerbsvorgangs zeitlich zusammen.[4] Dies gilt auch dann, wenn – wie in Umwandlungsfällen – der Eigentumsübergang, der durch die Eintragung im zuständigen Register bewirkt wird (vgl. z. B. § 20 Abs. 1 Nr. 1, § 131 Abs. 1 Nr. 1 UmwG), letztlich auf rechtsgeschäftliches Handeln zurückzuführen ist.[5]

**Verwirklichung des Erwerbsvorgangs** setzt bei Erwerbsvorgängen, die durch　3 übereinstimmende Willenserklärungen gekennzeichnet sind, stets **wirksame rechtsgeschäftliche Willenserklärungen** der Vertragschließenden voraus, **durch die** eine **Bindung** der Beteiligten **an** das vorgenommene **Rechtsgeschäft eingetreten** ist. Zum Eintritt der Bindungswirkung bei Vertretung eines Vertragsbeteiligten durch einen Bevollmächtigten bei nur mündlich erteilter Vollmacht s. BFH vom 28. 3. 2007.[6] Ist ein Rechtsgeschäft unbedingt abgeschlossen und bedürfen die abgegebenen rechtsgeschäftlichen Erklärungen zu ihrer Wirksamkeit keiner Genehmigung, so tritt diese **Bindung mit Vertragsschluss** ein. Bindung tritt auch grundsätzlich bei einem Rechtsgeschäft ein, das die Verpflichtung zur Übereignung eines Grundstücks (§ 1 Abs. 1 Nr. 1) bzw. zur Abtretung eines Übereignungsanspruchs usw. (§ 1 Abs. 1 Nr. 5) oder eines Anteils

---

1  St. Rspr., vgl. z. B. BFH v. 8. 2. 2000 II R 51/98, BStBl II 2000, 318.
2  BFH v. 28. 3. 2007 II R 57/05, BFH/NV 2007, 1537.
3  BFH v. 22. 9. 2004 II R 45/02, BFH/NV 2005, 1137.
4  Vgl. BFH v. 25. 11. 1992 II R 67/89, BStBl II 1993, 308; s. in diesem Zusammenhang auch FG Berlin v. 15. 3. 2002, EFG 2002, 779.
5  Hessisches FG v. 19. 11. 2002, EFG 2002, 877, insoweit bestätigt durch BFH v. 29. 9. 2005 II R 23/04, BStBl II 2006, 137; a. A. Hörger/Mentel/Schulz, DStR 1999, 565, 574; Gottwald, BB 2000, 69, 77.
6  II R 57/05, BFH/NV 2007, 1537.

an einer grundbesitzenden Gesellschaft (§ 1 Abs. 3 Nr. 1, s. auch § 1 Abs. 3 Nr. 3) von dem Eintritt eines ungewissen künftigen Ereignisses (**aufschiebend bedingtes Rechtsgeschäft**) abhängig macht, soweit nicht eine Potestativbedingung vorliegt. Denn die aufschiebende Bedingung erzeugt keine Bindungslosigkeit der Parteien, sie ist rechtsgeschäftliche Nebenabrede und setzt gerade die Wirksamkeit des Rechtsgeschäfts und damit die Bindung der Vertragsparteien voraus und hindert solcherart nicht die Verwirklichung des Erwerbsvorgangs.

Übt ein Vorkaufsberechtigter das ihm eingeräumte Recht durch Erklärung gegenüber dem Verpflichteten (s. § 464 Abs. 1 Satz 1 BGB) aus, so kommt der Kauf zwischen dem Vorkaufsberechtigten und dem Verpflichteten unter den Bestimmungen zustande, welche der Verpflichtete mit dem Dritten vereinbart hat (§ 464 Abs. 2 BGB). Damit wird der Tatbestand des § 1 Abs. 1 Nr. 1 erfüllt. Verwirklicht ist der solcherweise zustande gekommene Kaufvertrag im Zeitpunkt seines solcherart gekennzeichneten Zustandekommens. Der Zeitpunkt des Vertragsabschlusses zwischen dem Verpflichteten und dem Dritten ist denknotwendig dafür irrelevant.[1]

Durch den Abschluss eines Vorvertrags zu in Aussicht genommenen Kaufverträgen kann zwar im Hinblick auf die im Einzelfall getroffenen Abreden ein Erwerbsvorgang i. S. von § 1 Abs. 2 verwirklicht werden (s. dazu Hofmann, GrEStG, § 1 Rdnr. 71), es kann aber mangels Begründung eines Eigentumsverschaffungsanspruchs nicht schon ein Erwerbsvorgang i. S. von § 1 Abs. 1 Nr. 1 als verwirklicht angesehen werden.[2] Das gilt in gleicher Weise für eine Vereinbarung dahin gehend, dass sich der Kaufpreis nachträglich erhöhen soll.[3]

4    Auch das **genehmigungsbedürftige Rechtsgeschäft** ist grundsätzlich tatbestandlich vollendet und voll gültig und führt zur Bindung der Beteiligten; **keine Bindung** tritt jedoch ein, **wenn** die **Genehmigung erst** die **Wirksamkeit** einer **abgegebenen Willenserklärung** herbeiführt. Das gilt insbesondere für das Erfordernis einer familien- oder vormundschaftsgerichtlichen Genehmigung (s. Hofmann, GrEStG, § 14 Rdnr. 14), sofern die Genehmigung nicht, was möglich ist (§ 1829 Abs. 1 Satz 1 BGB), vorab erteilt wurde. In diesen Fällen entfaltet der ungenehmigte Vertrag für das Kind, den Betreuten bzw. den durch einen Pfleger Vertretenen keine Wirkung; selbst wenn die Genehmigung erteilt ist (s. dazu § 1828 BGB), sind die Eltern, der Vormund, der Betreuer oder

---

1  BFH v. 20. 12. 2000 II R 13/99, BFH/NV 2001, 937.
2  BFH v. 22. 9. 2004 II R 45/02, BFH/NV 2005, 1137, unter Aufhebung von FG Brandenburg v. 9. 7. 2002, EFG 2003, 113.
3  BFH v. 26. 4. 2006 II R 3/05, BStBl II 2006, 604.

der Pfleger in der Entscheidung darüber frei, ob sie die Genehmigung dem anderen Vertragsteil mitteilen und dadurch das Rechtsgeschäft wirksam machen wollen (§ 1829 Abs. 1 Satz 2 BGB). Erst **mit der Wirksamkeit der Genehmigung tritt die Bindungswirkung ein;** erst in diesem Zeitpunkt ist der Erwerbsvorgang i. S. des § 23 verwirklicht. Dem Umstand, dass zivilrechtlich nach § 184 Abs. 1 BGB grundsätzlich die Genehmigung auf den Zeitpunkt der Vornahme des Rechtsgeschäfts zurückwirkt, kann grunderwerbsteuerrechtlich für die Frage nach dem Zeitpunkt, in dem ein Erwerbsvorgang verwirklicht ist, ebenso wenig Bedeutung zukommen, wie für den Zeitpunkt der Entstehung der Steuer im Falle des § 14 Nr. 2.[1] Die nämlichen Grundsätze gelten für einen von einem Vertreter ohne Vertretungsmacht abgeschlossenen Grundstückskaufvertrag, der zu seiner Wirksamkeit nach § 177 Abs. 1 BGB die Genehmigung der für den „Vertretenen" abgegebenen Erklärungen durch diesen voraussetzt. Auch in einem solchen Fall wird der Erwerbsvorgang erst mit der Erteilung der Genehmigung wirksam.[2] Zum Erfordernis der Genehmigung von rechtsgeschäftlichen Erklärungen eines Minderjährigen s. § 108 BGB. Zur Genehmigung nach der GVO vgl. BFH vom 10. 5. 1993.[3]

# B. Überleitungsvorschriften zum GrEStG 1983 (§ 23 Abs. 1 und 2)

Wegen der inzwischen verstrichenen Zeit von 30 Jahren wird auf die Erläuterungen in der 7. Auflage verwiesen.     5

# C. Zeitlicher Anwendungsbereich des § 1 Abs. 2a a. F. und der mit ihm verbundenen Folgeregelungen (§ 23 Abs. 3)

Insoweit wird auf die Erläuterungen in Rdnr. 8 der 8. Auflage verwiesen.     6

---

1 Vgl. zu allem auch BFH v. 18. 5. 1999 II R 16/98, BStBl II 1999, 606; v. 8. 2. 2000 II R 51/98, BStBl II 2000, 318.
2 BFH v. 7. 11. 2000 II R 51/99; BFH/NV 2001, 642.
3 II R 71/92, BStBl II 1993, 633.

## D. Zeitlicher Anwendungsbereich von § 8 Abs. 2 und § 11 Abs. 1 i. d. F. JStG 1997 (§ 23 Abs. 4)

7    Da die durch Art. 7 JStG 1997 vom 20. 12. 1996[1] neu gefassten Vorschriften bereits auf Erwerbsvorgänge anzuwenden sind, die **nach dem 31. 12. 1996** verwirklicht werden, wird auf die Erläuterungen in Rdnr. 9 der 8. Auflage Bezug genommen.

## E. § 23 Abs. 5

8    Der durch Art. 15 Nr. 2 StEntlG 1999/2000/2002 vom 24. 3. 1999[2] **geänderte § 4 Nr. 1** ist nach § 23 Abs. 5, angefügt durch dasselbe Gesetz, erstmals auf Erwerbsvorgänge anzuwenden, die **nach dem 31. 12. 1997** verwirklicht wurden oder werden (s. dazu Rdnr. 1 ff.).

## F. Erstmalige Anwendung der Neuregelungen aufgrund des StEntlG 1999/2000/2002 (§ 23 Abs. 6)

### I. Allgemeines

9    Für die erstmalige Anwendung der auf Art. 15 StEntlG 1999/2000/2002 vom 24. 3. 1999[3] beruhenden Neuregelungen mit Ausnahme der Änderung des § 4 Nr. 1 (s. dazu Rdnr. 8) bestimmt § 23 Abs. 6, angefügt durch dasselbe Gesetz, in Satz 1 und 2 unterschiedliche Zeitpunkte.

Folgende Vorschriften i. d. F. StEntlG 1999/2000/2002 sind auf Erwerbsvorgänge anzuwenden, die nach dem 31. 3. 1999 verwirklicht wurden: § 1 Abs. 6, § 8 Abs. 2 Satz 1 Nr. 2 Satz 2, § 8 Abs. 2 Satz 1 Nr. 3, Satz 2 und § 9 Abs. 1 sowie § 17 Abs. 3 Satz 1 Nr. 1.

---

1 BGBl I 1996, 2049.
2 BGBl I 1999, 402.
3 BGBl I 1999, 402.

# II. Erstmalig nach dem 31. 12. 1999 anzuwendende Vorschriften (§ 23 Abs. 6 Satz 2)

## 1. § 1 Abs. 2a n. F. sowie § 13 Nr. 6 n. F. und § 19 Abs. 1 Nr. 3a n. F.

Die Neufassung des § 1 Abs. 2a durch Art. 15 StEntlG 1999/2000/2002 ist    10
nach § 23 Abs. 6 Satz 2 erstmals auf Erwerbsvorgänge anzuwenden, die **nach
dem 31. 12. 1999** verwirklicht werden. Das gilt auch für die Vorschriften der
Steuerschuldnerschaft (§ 13 Nr. 6 n. F.) und die Anzeigepflicht (§ 19 Abs. 1
Nr. 3a n. F.) in den Fällen des § 1 Abs. 2a n. F. Allgemein zur Verwirklichung eines
Erwerbsvorgangs s. Rdnr. 1 ff. Gedanken darüber, wann ein durch mehrere Teilakte über einen Zeitraum von höchstens fünf Jahren sich vollziehender, allein
auf Fiktion beruhender Erwerbsvorgang verwirklicht worden seien kann, haben – anders als in § 23 Abs. 3 a. F./n. F. – in der Vorschrift keinen Niederschlag
gefunden. Auf die Verwirklichung aller Teilakte, die wirksame Übertragung eines Anteils am Vermögen bzw. den wirksamen Eintritt eines Neugesellschafters bis zum Erreichen der Grenze von mindestens 95 % hebt § 23 Abs. 6 Satz 2
seinem Wortlaut nach nicht ab. Dies ist natürliche Voraussetzung für das Greifen der Fiktion in § 1 Abs. 2a n. F. Man wird § 23 Abs. 6 Satz 2 insoweit dahin
verstehen müssen, dass der Anwendungsbereich der Vorschriften des § 1
Abs. 2a n. F., des § 13 Nr. 6 n. F. und des § 19 Abs. 1 Nr. 3a n. F. sich danach richtet, ob die Voraussetzungen des § 1 Abs. 2a n. F. nach dem 31. 12. 1999 erfüllt
sind.

Im Übrigen sind jedenfalls Änderungen des Gesellschafterbestands einer    11
grundbesitzenden Personengesellschaft, die vor dem 1. 1. 1997 eingetreten
sind, nicht geeignet, den Tatbestand des § 1 Abs. 2a n. F. zu erfüllen, den diesbezüglichen „Erwerbsvorgang" zu „verwirklichen". Dasselbe gilt für mittelbare
Änderungen im Gesellschafterbestand in der Zeit vom 1. 1. 1997 bis zum
31. 12. 1999. Denn § 1 Abs. 2a i. d. F. JStG 1997 erfasste nur unmittelbare Änderungen im Gesellschafterbestand einer Personengesellschaft, der Gesellschafterbestand musste sich nämlich „bei ihr" ändern (§ 1 Abs. 2a Satz 1 a. F.).[1] Die
Einbeziehung auch mittelbarer Änderungen im Gesellschafterbestand durch
§ 1 Abs. 2a Satz 1 i. d. F. StEntlG 1999/2000/2002 stellt eine Steuerverschär-
fung dar. Einbezogen in den Tatbestand des § 1 Abs. 2a Satz 1 sowohl
i. d. F. StEntlG 1999/2000/2002 wie auch i. d. F. StÄndG 2001 können nur unmittelbare Änderungen im Gesellschafterbestand einer Personengesellschaft

---

1 Vgl. dazu auch BFH v. 30. 4. 2003 II R 79/00, BStBl II 2003, 890.

werden, die nach dem 31. 12. 1996 eingetreten sind und aus der Sicht der späteren Verwirklichung dieses Tatbestands sich als Teilakte innerhalb des Fünfjahreszeitraums erweisen.

### 2. § 1 Abs. 3 n. F. sowie § 13 Nr. 5 n. F. und § 19 Abs. 1 Nr. 4 –7 n. F.

12    Durch § 1 Abs. 3 n. F. ist das für das Vorliegen einer **Anteilsvereinigung bisher** erforderliche Quantum von **100 %** = aller Anteile auf **mindestens 95 %** der Anteile einer Gesellschaft mit Grundbesitz **herabgesetzt** worden. Nach § 23 Abs. 6 Satz 2 ist § 1 Abs. 3 n. F. erstmals auf Erwerbsvorgänge anzuwenden, die **nach dem 31. 12. 1999** verwirklicht werden. Da sich wegen der inzwischen verstrichenen Zeit die Übergangsfragen erledigt haben, wird auf die Erläuterungen in Rdnr. 16 und 17 der 8. Auflage verwiesen.

### 3. § 5 Abs. 3 sowie § 16 Abs. 4 n. F. und § 19 Abs. 2 Nr. 4

13    § 5 Abs. 3 betreffend die Nichtanwendbarkeit der Begünstigung aus § 5 Abs. 1 oder 2 insoweit, als sich der Anteil des Veräußerers am Vermögen der Gesamthand innerhalb von fünf Jahren nach dem Übergang des Grundstücks auf diese vermindert, ist nach § 23 Abs. 6 Satz 2 erstmals auf begünstigungsfähige Erwerbsvorgänge anzuwenden, die **nach dem 31. 12. 1999** verwirklicht werden (vgl. dazu Rdnr. 1 ff.). Dasselbe gilt für § 16 Abs. 4 n. F. (Festsetzungsfristregelung) und für § 19 Abs. 2 Nr. 4 (Anzeigepflicht).

## G. Zeitlicher Anwendungsbereich der Neureglungen aufgrund des StÄndG 2001 (§ 23 Abs. 7)

14    Nach § 23 Abs. 7 Satz 1 sind folgende Vorschriften i. d. F. des StÄndG 2001 erstmals auf Erwerbsvorgänge, die **nach dem 31. 12. 2001 verwirklicht werden**, anzuwenden:

▶ **§ 6 Abs. 3 Satz 2**, der eine § 5 Abs. 3 entsprechende Nichtanwendbarkeitsregel für den Übergang eines Grundstücks von einer Gesamthand auf eine andere Gesamthand trifft. Angesprochen sind damit die nach dem 31. 12. 2001 verwirklichten Erwerbsvorgänge, die nach § 6 Abs. 3 Satz 1 i. V. m. Abs. 1 begünstigungsfähig sind;

▶ die Neufassung von **§ 1 Abs. 2a Satz 3**, der einerseits die Anfügung von Satz 2 in § 6 Abs. 3 berücksichtigt und andererseits bei dieser Gelegenheit

„klarstellt", dass die ganze oder teilweise Versagung der Grunderwerbsteuervergünstigung wegen Verminderung des Anteils eines Gesellschafters am Vermögen der Gesamthand gegenüber dem Stand im Zeitpunkt des Erwerbsvorgangs nicht eine Nacherhebung der Steuer beinhaltet. Insoweit bringt die Neufassung keine materiell-rechtliche Änderung mit sich;

▶ die Neufassung von § 19 Abs. 2 Nr. 4 durch die lediglich die Anzeigepflicht auf § 6 Abs. 3 erstreckt wird;

▶ die Streichung der Wörter „oder in den Fällen des § 5 Abs. 3" in **§ 16 Abs. 4**, die Einfluss auf die Festsetzungsfrist für die aus der ganzen oder teilweisen Versagung der Steuervergünstigung nach § 5 Abs. 1 oder 2 festzusetzenden Steuer hat;

▶ die Erstreckung der Steuerschuldnern obliegenden Anzeigepflicht auf Entscheidungen i. S. von § 18 Abs. 1 Satz 1 Nr. 3 einschließlich des Eigentumsübergangs aufgrund Registereintragung in **§ 19 Abs. 1 Satz 1 Nr. 8**;

▶ die Einfügung von **§ 2 Abs. 1 Satz 2 Nr. 3**, wonach das Recht des Grundstückseigentümers auf den Erbbauzins nicht zu dem erbbaubelasteten Grundstück gerechnet wird.

Folgerichtig zum zeitlichen Geltungsbereich von § 2 Abs. 1 Satz 2 Nr. 3 bestimmt § 23 Abs. 7 Satz 2, dass **§ 1 Abs. 7**, der durch das StÄndG 2001 aufgehoben wurde, letztmalig auf Erwerbsvorgänge anzuwenden ist, die bis zum 31. 12. 2001 verwirklicht wurden.

Hinzuweisen bleibt noch darauf, dass § 23 keine Bestimmung für den zeitlichen Anwendungsbereich des ebenfalls durch Art. 13 StÄndG 2001 in § 17 eingefügten Absatz 3a enthält. Diese Vorschrift ist nach Art. 39 Nr. 5 StÄndG 2001 zum 31. 12. 2001 in Kraft getreten und gilt für alle von diesem Zeitpunkt ab durchzuführenden gesonderten Feststellungen nach § 17 Abs. 2 oder 3, gleichgültig, wann der Erwerbsvorgang verwirklicht ist. Dasselbe gilt für die Anpassung von § 8 Abs. 2 erster Halbsatz sowie von § 17 Abs. 3a durch das JStG 2008 bzw. JStG 2009 an § 138 BewG i. d. F. JStG 2007 vom 13. 12. 2006,[1] die faktisch klarstellender Natur sind.

---

1 BGBl I 2006, 2978.

# H. Zeitlicher Anwendungsbereich von § 6a (§ 23 Abs. 8 und 10)

## I. Allgemeiner zeitlicher Anwendungsbereich

15 Die durch das WachstumsbeschleunigungsG eingefügten § 6a und § 19 Abs. 2 Nr. 4a sind − **vorbehaltlich** der **Einschränkung** nach § 23 Abs. 8 Satz 2 − **erstmals** auf **nach dem 31. 12. 2009** verwirklichte Erwerbsvorgänge anzuwenden (§ 23 Abs. 8). Das gilt auch in Bezug auf die durch Art. 12 Nr. 1 OGAW-IV-UmsG 22. 6. 2011[1] in § 6a Satz 4 eingefügten Worte „oder Gesellschaftsvermögen" (§ 23 Abs. 10). Da nur übertragende Umwandlungen begünstigt werden, deren Rechtswirkungen mit der Eintragung im Handelsregister oder dem entsprechenden Register bei Umwandlungen im EG- bzw. EWR-Raum eintreten, können diese Erwerbsvorgänge erst im Zeitpunkt der Registereintragung verwirklicht werden. Unerheblich ist der Abschluss des Umwandlungsvertrages.[2]

## II. Einschränkung für rückgängig gemachte Erwerbsvorgänge, die zwischen dem 1. 1. 2008 und dem 31. 12. 2009 verwirklicht wurden

16 Die in § 23 Abs. 8 Satz 2 normierte **Anwendungsbeschränkung** kraft derer die Anwendung des § 6a dann ausgeschlossen ist, wenn ein im Zeitraum vom 1. 1. 2008 bis 31. 12. 2009 verwirklichter Erwerbsvorgang rückgängig gemacht wird und deshalb die Steuer nach § 16 Abs. 1 oder 2 nicht zu erheben ist oder eine Steuerfestsetzung aufzuheben oder zu ändern ist, dient der Missbrauchsverhinderung. Sie soll schon der bloßen Möglichkeit eines Mitnahmeeffektes entgegenstehen, der dadurch eintreten könnte, dass vor dem 1. 1. 2010 bereits verwirklichte Erwerbsvorgänge deshalb rückgängig gemacht werden, um in den Genuss der Steuervergünstigung zu gelangen.[3] Eine darauf gerichtete Absicht ist nicht erforderlich.

17 Nach Sinn und Zweck betrifft § 23 Abs. 8 Satz 2 nur solche der Grunderwerbsteuer unterliegenden Erwerbsvorgänge, an denen die nämlichen Rechtsträger beteiligt waren, die auch an dem nach dem 31. 12. 2009 erfolgenden Umwandlungsvorgang beteiligte Rechtsträger sind. Die Anwendungseinschränkung setzt also **Beteiligtenidentität** voraus. Da § 23 Abs. 8 Satz 2 weiterhin vo-

---

1 BGBl I 2011, 1126.
2 Ebenso Pahlke, Rz 31.
3 Vgl. BT-Drucks. 13/147, 10.

raussetzt, dass für den im Zeitraum vom 1.1.2008 bis zum 31.12.2009 verwirklichten Erwerbsvorgang nach § 16 Abs. 1 oder 2 die Steuer nicht zu erheben bzw. eine Steuerfestsetzung aufzuheben oder zu ändern ist, ist auch **Grundstücksidentität** erforderlich.[1]

Soweit der Anwendungsausschluss auch solche Erwerbsvorgänge erfasst, die  18
im maßgeblichen Zeitraum bereits vor dem Bekanntwerden des Gesetzesentwurfs zu § 6a, also vor dem 9.11.2009[2] sowohl verwirklicht als auch wieder rückgängig gemacht und deshalb der Antrag nach § 16 Abs. 1 oder 2 vor diesem Datum gestellt wurde, bedarf § 23 Abs. 8 Satz 2 **keiner einschränkenden Auslegung** wegen überschießender Tendenz.[3] Denn § 23 Abs. 8 Satz 2 ist eine typisierende Regelung,[4] die ohne Rücksicht auf die mit der Rückgängigmachung verfolgte Absicht nach dem 31.12.2009 erfolgende Umwandlungsvorgänge dann von der Steuerbegünstigung nach § 6a ausschließt, wenn innerhalb des Zweijahreszeitraums, der der jeweils in § 16 Abs. 1 Nr. 1 und Abs. 2 Nr. 1 genannten Zweijahresfrist entspricht, vor dem 1.1.2010 zwischen den am späteren Umwandlungsvorgang beteiligten Rechtsträgern verwirklichte Erwerbsvorgänge rückgängig gemacht wurden und die Steuer nach § 16 Abs. 1 oder 2 antragsgemäß nicht festgesetzt oder eine Steuerfestsetzung antragsgemäß aufgehoben oder geändert wurde.

# J. Zeitlicher Anwendungsbereich der Erwerbe von Lebenspartnern betreffenden Vorschriften (§ 23 Abs. 9)

Die durch Art. 29 Nr. 1 JStG 2010[5] erfolgten Änderungen in § 3 Nr. 3 bis 7 ein-  19
schließlich der Einfügung der Nummer 5a in § 3, die der Gleichstellung der Lebenspartner mit den Ehegatten dienen, sollten nach § 23 Abs. 9 i.d.F. desselben Gesetzes erstmals auf Erwerbsvorgänge anzuwenden sein, die nach dem 31.12.2010 verwirklicht werden. Auf Vorlagebeschluss des FG Münster vom 24.3.2011[6] hat das BVerfG mit Beschluss vom 8.8.2012 1 BvL 16/11[7] diese Anwendungsregel als mit Art. 3 Abs. 1 GG nicht vereinbar erklärt. Daraufhin

---

1 Ebenso Boruttau/Viskorf, Rn. 74.
2 Das ist der Tag, an dem das Bundeskabinett den Gesetzentwurf beschlossen hat.
3 A. A. Pahlke, Rz 33.
4 So auch Boruttau/Viskorf, Rn. 75.
5 Vom 8.12.2010, BGBl I 2010, 1768.
6 EFG 2011, 1447.
7 BGBl I 2012, 1770.

erhielt § 23 Abs. 9 durch Art. 26 Nr. 10 Buchst. a des AmtshilfeRLUmsG[1] die nunmehrige Fassung. Die Vorschrift stellt ab auf das Inkrafttreten des LebenspartnerschaftsG zum 1. 8. 2001[2] und ermöglicht die Anwendung von § 3 Nr. 3 bis 7 soweit Steuerbescheide für Erwerbe von Lebenspartnern noch nicht bestandskräftig sind.

## K.  Zeitlicher Anwendungsbereich von § 1 Abs. 3a und dessen Folgeregelungen sowie von § 4 Nr. 4 (§ 23 Abs. 11)

20   Nach § 23 Abs. 11, angefügt durch Art. 26 Nr. 10 Buchst. b AmtshilfeRLUmsG[3] sind folgende Vorschriften, die auf demselben Gesetz beruhen, erstmals auf Erwerbsvorgänge anzuwenden, die **nach dem 6. 6. 2013** verwirklicht werden:

► **§ 1 Abs. 3a**, wonach als Rechtsvorgang i. S. des § 1 Abs. 3, soweit weder dieser noch § 1 Abs. 2a in Betracht kommen, auch ein solcher gilt, aufgrund dessen ein Rechtsträger unmittelbar oder mittelbar oder teils unmittelbar, teils mittelbar eine wirtschaftliche Beteiligung i. H. von mindestens 95 % an einer grundstücksbesitzenden Gesellschaft innehat.

► **§ 1 Abs. 6** i. d. F. des o. g. Gesetzes, wonach die Norm auch für Rechtsvorgänge i. S. des § 1 Abs. 3a gilt.

► **§ 6a Satz 1** i. d. F. des o. g. Gesetzes, wonach auch Vorgänge i. S. des § 1 Abs. 3a in die Begünstigung einbezogen werden.

► **§ 8 Abs. 2 Satz 1 Nr. 3** i. d. F. des o. g. Gesetzes, wonach auch bei einem Erwerbsvorgang i. S. des § 1 Abs. 3a die Steuer nach den Werten i. S. des § 138 Abs. 2 bis 4 BewG bemessen wird.

► **§ 13 Nr. 7** betreffend den Steuerschuldner im Falle eines Erwerbsvorgangs i. S. des § 1 Abs. 3a.

► **§ 16 Abs. 5** i. d. F. des o. g. Gesetzes wonach § 16 Abs. 1 bis 4 auch dann nicht gelten, wenn ein Erwerbsvorgang i. S. des § 1 Abs. 3a rückgängig gemacht wird, der nicht ordnungsmäßig angezeigt wurde.

► **§ 17 Abs. 3 Satz 1 Nr. 2** i. d. F. des o. g. Gesetzes betreffend die gesonderte Feststellung der Besteuerungsgrundlagen im Fall des § 1 Abs. 3a.

---

1  26. 6. 2013, BGBl I 2013, 1809.
2  Vgl. Art. 5 des Gesetzes zur Beendigung der Diskriminierung gleichgeschlechtlicher Lebenspartnerschaften v. 16. 2. 2001, BGBl I 2001, 266.
3  Vom 26. 6. 2013, BGBl I 2013, 1809.

▶ **§ 19 Abs. 1 Satz 1 Nr. 7a** i. d. F. des o. g. Gesetzes betreffend die Anzeigepflicht bei Erwerbsvorgängen i. S. des § 1 Abs. 3a.

▶ **§ 4 Nr. 4** i. d. F. des o. g. Gesetzes, betreffend die Steuerbefreiung von Grundstücksübergängen sowie von Anteilsübergängen i. S. des § 1 Abs. 3 Nr. 2 und 4 als unmittelbare Folge eines Zusammenschlusses kommunaler Gebietskörperschaften sowie von schuldrechtlichen Verträgen i. S. von § 1 Abs. 1 Nr. 1 und Abs. 3 Nr. 1 und 3 aus Anlass der Aufhebung der Kreisfreiheit einer Gemeinde.

## L. Zeitlicher Anwendungsbereich des § 6a Satz 1 bis 3 n. F. sowie von § 16 Abs. 5 n. F. (§ 23 Abs. 12)

Durch Art. 14 Nr. 1 des Gesetzes zur Anpassung des nationalen Steuerrechts an den Beitritt Kroatiens zur EU und zur Änderung weiterer steuerlichen Vorschriften v. 25. 7. 2015[1] wurde **§ 6a Satz 1** sprachlich konziser gefasst und auf **Satz 2** die Begünstigung auf Einbringungen und andere Erwerbsvorgänge auf gesellschaftsvertraglicher Grundlage aufgrund des Rechts eines Mitgliedstaats der EU oder eines Staates, auf den sich das Abkommen über den Europäischen Wirtschaftsraum Anwendung findet, erstreckt. Schließlich wurde in **§ 6a Satz 3** die Beschränkung der Begünstigung auf herrschende Unternehmen und abhängige Gesellschaften auf Einbringungen und andere Erwerbsvorgänge auf gesellschaftsvertraglicher Grundlage normiert. In zeitlicher Hinsicht sind diese Neuregelungen auf Erwerbsvorgänge anwendbar, die nach 6. 6. 2013 verwirklicht werden.

21

In **§ 16 Abs. 5** wurde als Reaktion des Gesetzgebers auf das Urteil des BFH v. 18. 4. 2012 II R 51/11[2] das bisherige Verlangen nach ordnungsgemäßer Anzeige präzisiert. § 16 Abs. 5 n. F. gilt ebenfalls für Erwerbsvorgänge, die nach dem 6. 6. 2013 verwirklicht werden. Im Einzelnen s. Hofmann, GrEStG, § 16 Rdnr. 60.

22

---

1 BGBl I 2015, 1266.
2 BStBl II 2013, 830.

## M. Zeitlicher Anwendungsbereich der durch das StÄndG 2015 geänderten Vorschriften (§ 23 Abs. 13 und 14)

### 1. § 1 Abs. 2a n. F.

23  Die Konkretisierung von mittelbaren Änderungen im Gesellschafterbestand von den an einer Personengesellschaft auf welcher Ebene auch immer beteiligten Personengesellschaften sowie von unmittelbar oder mittelbar an der grundbesitzenden Personengesellschaft oder einer weiteren mittelbar beteiligten Personengesellschaft beteiligte Kapitalgesellschaft in § 1 Abs. 2a Satz 2 bis 5 durch Art. 8 Nr. 1 StÄndG 2015 v. 2. 11. 2015[1] gilt für alle Erwerbsvorgänge, die nach 5. 11. 2015 verwirklicht werden. Bei sukzessiver Veränderung des Gesellschafterbestands der Personengesellschaften (vgl. Hofmann, GrEStG, § 1 Rdnr. 99) führt das zu Problemen. Siehe Hofmann, GrEStG, § 1 Rdnr. 111b.

### 2. § 21

24  Die Voraussetzungen für die Urkundenaushändigung wurden durch das Verlangen nach in allen Teilen vollständiger Anzeige mit Wirkung ab dem 6. 11. 2015 verschärft.

### 3. Änderung der Ersatzbemessungsgrundlage (§ 23 Abs. 14 Satz 1)

**Literatur:** *Haarmann,* Verletzt das Verfassungsgericht das Verfassungsrecht?, FAZ v. 8. 8. 2015, 27; *Joisten,* Verfassungswidrigkeit der Ersatzbemessungsrundlage i. S. des § 8 Abs. 2 GrEStG — Wann schadet die rückwirkende Gesetzesänderung dem Steuerpflichtigen?, Ubg 2015, 463; *Wagner/Knipping,* Verfassungswidrigkeit der Ersatzbemessungsgrundlag im GrESt-Recht, DB 2015, 1860; *Fertig,* Verfassungswidrigkeit der Ersatzbemessungsgrundlage im Grunderwerbsteuerrecht …, DStR 2015, 2160; *Schade/Rapp,* Verfassungswidrigkeit des § 8 Abs. 2 GrEStG: Worauf darf der Steuerpflichtige vertrauen?, DStR 2015, 2166; *dies.,* Ländererlass vom 16. 12. 2015 zu § 8 Abs. 2 GrEStG nF — Vertrauensschutz „light"?, DStR 2016, 657.

**Verwaltungsanweisungen:** Ländererlasse v. 16. 12. 2015, BStBl I 2015, 1082.

---

1 BGBl I 2015, 1834.

Die durch den Beschluss des BVerfG v. 23.6.2015 1 BvL 13/11, 1 BvI 14/11[1]  25
erforderlich gewordene Änderung des § 8 Abs. 2 Satz 1 ist durch Art. 8 Nr. 2
Buchst. b StÄndG 2015 v. 2.11.2015[2] erfolgt. An die Stelle der Werte i. S. des
§ 138 Abs. 2 bis 4 BewG sind die Grundbesitzwerte i. S. des § 151 Abs. 1 Satz 1
Nr. 1 i.V. m. § 157 Abs. 1 bis 3 BewG getreten, und zwar – den Vorgaben des
BVerfG entsprechend – mit Wirkung für (alle) Erwerbsvorgänge die **nach dem
31.12.2008 verwirklicht** wurden und werden. Daraus ergeben sich Fragen
nach der Änderbarkeit bisher ergangener Wertfeststellungsbescheide sowie
Grunderwerb- und Feststellungsbescheide nach § 17 Abs. 2, 3, weil dieser –
worauf auch schon das BVerfG in Rz 88 seiner Entscheidung hingewiesen hat
– der Vertrauensschutz nach § 176 AO entgegenstehen kann. Nach § 176
Abs. 1 Satz 1 Nr. 1 AO darf bei der Änderung eines Steuerbescheids sowie eines
Feststellungsbescheids (s. § 181 Abs. 1 Satz 1 AO) nicht zuungunsten des Steuerpflichtigen berücksichtigt werden, dass das BVerfG die Nichtigkeit – hier:
Unvereinbarkeit mit dem Grundgesetz – festgestellt hat. Das gilt auch für die
Änderung nach § 164 Abs. 2 Satz 1 AO sowie für die Änderung vorläufiger Bescheide nach § 165 Abs. 2 Satz 2 AO.[3] Da im Regelfall davon auszugehen ist,
das die Grundbesitzwerte i. S. des § 151 Abs. 1 Satz 1 Nr. 1 i.V. m. § 157 Abs. 1
bis 3 BewG höher sind als die Werte nach § 138 Abs. 2 bis 4 BewG ergeben
sich für diese Konstellation folgende Konsequenzen:[4]

**a)** Soweit vorläufige **Wertfeststellungsbescheide** für Grunderwerbsteuerfälle,  26
bei denen die Steuer nach dem 31.12.2008 aber vor dem 6.11.2015 entstanden ist, die bereits unanfechtbar geworden sind, ist eine Änderung der Bescheide zuungunsten des/der Betroffenen nach § 176 Abs. 1 Satz 1 Nr. 1 i.V. m.
§ 181 Abs. 1 Satz 1 AO ausgeschlossen. Sie sind auf Antrag unverändert für
endgültig zu erklären (§ 165 Abs. 2 Satz 4 AO). Für vorläufige **Grunderwerbsteuerbescheide**, die in Bezug auf die Höhe der Bemessungsgrundlage auf solchen Wertfeststellungsbescheiden beruhen gilt dies ebenso (§ 181 Abs. 1
Satz 1 AO).

In **Feststellungsbescheiden** nach § 17 Abs. 2, 3 waren zwar die Werte „i. S. des
§ 138 Abs. 2 bis 4 BewG" nicht aufzunehmen (§ 17 Abs. 3a), weil aber in ihnen

---

1 BStBl II 2015, 871, ergangen auf Vorlagebeschlüsse des BFH v. 2.3.2011 II R 23/10, BStBl II
  2011, 932, und II R 64/08, BFH/NV 2011, 1009.
2 BGBl I 2015, 1834.
3 BFH-GrS v. 23.11.1987 GrS 1/86, BStBl II 1988, 180.
4 Sollte der Grundbesitzwert im Einzelfall gegenüber dem Wert nach § 138 Abs. 2 bis 4 BewG
  niedriger sein, besteht Anspruch auf Änderung des Wertfeststellungsbescheids nach § 165
  Abs. 2 Satz 2 AO. Der Grunderwerbsteuerbescheid ist dann anzupassen (§ 175 Abs. 1 Satz 1 Nr. 1
  i.V. m. § 181 Abs. 1 Satz 1 AO).

über die Bemessungsgrundlage dem Grunde nach zu entscheiden war, mussten sie die Aussage „als Bemessungsgrundlage sind die Werte i. S. des § 138 Abs. 2 bis 4 BewG anzusetzen" enthalten. Darin liegt eine diesbezüglich bindende (§ 182 Abs. 1 Satz 1 AO) Feststellung. Auch sie sind auf Antrag unverändert für endgültig zu erklären, wenn die Wertfeststellungsbescheide, die auf § 138 Abs. 2 bis 4 BewG beruhen, nach § 176 Abs. 1 Satz 1 Nr. 1 i. V. m. § 181 Abs. 1 Satz 1 AO nicht geändert werden können.

Ist der vorläufig ergangene Wertfeststellungsbescheid noch **nicht unanfechtbar** geworden, greift die Änderungssperre des § 176 Abs. 1 Satz 1 Nr. 1 i. V. m. § 181 Abs. 1 Satz 1 AO nicht ein. Hier hilft nur die Rücknahme des Rechtsbehelfs.

27 b) Sind **noch keine** vorläufigen **Wertfeststellungsbescheide** ergangen, sind die erforderlichen Feststellungen der Grundbesitzwerte unter Anwendung des neuen Rechts (§ 151 Abs. 1 Satz 1 Nr. 1 i. V. m. § 157 Abs. 1 bis 3 BewG) unter der Voraussetzung zu treffen, dass die Feststellungsfrist (§ 153 Abs. 5 BewG i. V. m. § 181 Abs. 1 Satz 1 und § 169 Abs. 1 Satz 1 AO) nicht abgelaufen ist. Die Grunderwerbsteuer ist entsprechend erstmalig festzusetzen. Das gilt dann nicht, wenn das Festsetzungsfinanzamt von der in **§ 155 Abs. 2 AO** ermöglichten vorgreiflichen Erteilung des Steuerbescheids Gebrauch gemacht hat. Die in solchen Fällen erforderliche Schätzung der Besteuerungsgrundlagen (§ 162 Abs. 5 AO) wird sich nämlich an den Maßgaben von § 138 Abs. 2 bis 34 BewG orientiert haben.[1]

28 c) Soweit Gesamtschuldnerschaft (vgl. Hofmann, GrEStG, § 13 Rdnr. 22 ff.) besteht und die Finanzbehörde den Wertfeststellungsbescheid sowie einen Feststellungsbescheid nach § 17 Abs. 2, 3 und den Grunderwerbsteuerbescheid nur gegenüber einem der Gesamtschuldner bekanntgegeben bzw. erlassen hat, kann der andere Gesamtschuldner noch zur Steuer herangezogen werden.[2]

## 4. Vollstreckbarkeit von Bescheiden (§ 23 Abs. 14 Satz 2)

29 § 23 Abs. 14 Satz 2 beschäftigt sich mit der Vollstreckbarkeit aus Steuer- und Feststellungsbescheiden, die nach dem 31. 12. 2008 ergangen und wegen § 176 Abs. 1 Satz 1 Nr. 1 AO nicht geändert werden können. Die Vorschrift dingt § 79 Abs. 2 BVerfGG ab, wonach die Vollstreckung aus einer Entscheidung – aus einem Verwaltungsakt –, die auf einer gemäß § 78 BVerfGG für

---

1 So auch Ländererlasse v. 16. 12. 2015, BStBl I 2015, 1082, unter Tz 1.3.2 Abs. 2.
2 Vgl. in diesem Zusammenhang BFH v. 13. 5. 1987 II R 198/83, BStBl II 1988, 188, s. auch Hofmann, GrEStG, Vor § 15 Rdnr. 7 a. E.

nichtig erklärten Norm unzulässig ist (vgl. auch §251 Abs. 2 Satz 1 AO). Deren Vollstreckbarkeit ist nicht mehr gehindet.

# §§ 24, 25 (aufgehoben[1])

# §§ 26, 27 (gegenstandslos)

# § 28 Inkrafttreten

**Dieses Gesetz tritt am 1. 1. 1983 in Kraft.**

*Anmerkung:*

*Die Vorschrift betrifft das erstmalige Inkrafttreten des GrEStG 1983.*

---

1 Durch Art. 7 Nr. 13 JStG 1997 v. 20. 12. 1996, BGBl I 1996, 2049.

Die ersten Zahlen hinter den Stichworten verweisen auf die §§ des Gesetzes, die Zahlen nach dem Komma auf die Randnummer.

## B